U0540133

蕉

報

國家圖書館出版品預行編目資料

蘇報

上海蘇報館編輯. – 初版. – 臺北市：臺灣學生，1965.05
面；公分(中國史學叢書)

ISBN 978-957-15-1841-1 (精裝)

1. 中國報業 2. 晚清史

628.11 109015849

中國史學叢書
吳相湘主編

國立中央圖書館藏本
蘇報
（清光緒廿九年 二、三、四等三月份）

編輯者：上海蘇報館
出版者：臺灣學生書局有限公司
發行人：楊雲龍
發行所：臺灣學生書局有限公司
臺北市和平東路一段七十五巷十一號
郵政劃撥戶：〇〇〇二四六六八號
電話：（〇二）二三九二八一八五
傳真：（〇二）二三九二八一〇五
E-mail:student.book@msa.hinet.net
http://www.studentbook.com.tw
本書局登記證字號：行政院新聞局局版北市業字第玖捌壹號

定價：新臺幣一〇〇〇〇元

一九六五年五月初版
二〇二五年四月初版二刷

6580118

版權所有・翻印必究

出版前記

編輯叢書以保存及流傳資料，在中國已有七百六十餘年的歷史。在這悠長的歲月中，歷代刊行的各種叢書號稱數千部，其中個人詩文集約占半數，內容割裂實際不合叢書體例的又居其餘之半，其名實相符者仍有數百部；即經過商務印書館再三精選後刊行的「叢書集成」，內含各種叢書也有一百部之多。這在中國出版界眞可說是洋洋大觀，對於促進歷史文化的研究與發展實在有難以形容的價值。

但在這樣龐大的數量中，使用「史學叢書」名稱的却只有淸光緒年間廣東廣雅書局的一部。事實上：歷史學在中國是發達最早的一門學問，二千餘年來連綿不斷地繼續發展，並且隨著時代演變更新進步。在世界文化史上，中國史學眞可說是一枝獨秀。近年以來，中國歷史文化的研究成爲世界各國學術界一時風尙，中國史學先哲前賢的珍貴而豐厚遺產，更受到舉世的重視和尊敬。惟其如此，我們自然可以堂堂正正高舉中國史學的大旗，這就是本叢書命名的由來。

中國史學的範圍非常廣泛，要想在這一部叢書中包羅萬象，是事實所不許；今惟有在適應當前中外學人的普遍興趣以及編者個人學識能力的原則下，決定一個方向，就是以明淸史料作本叢書選輯的優先對象。

至於史料的選擇取用，主要原則在「實用」與「罕見」，由編者綜合若干有關專家學者的意見而後決定；是這樣地集思廣益，應該可以適應一般需要。

對於史料的形式，也就是版本，儘可能選用初刻或精刻的善本，在「罕見」的原則下自然更注意搜求手寫稿本。

印刷方法是完全按原版影印，不加描摹，因爲此時此地印刷廠沒有描摹的人才；並且爲適合國內多數學人的購買能力，對於許多卷帙浩繁的書籍是採用縮小影印方式，以減少篇幅降低成本。在技術上也無法描摹。至於罕見的手寫稿本則儘可能地按原書大小影印，以便閱讀。

選印在本叢書內的每一史料也就是每一部書，編者都儘可能地約請專家學者撰寫序跋，指陳其價值或版本異同，中外學人當可一目瞭然其書內容大要。

儘管在編印體例上有若干與衆不同的改進，但一定還有許多疏漏的地方，希望海內外方家多加督責，以便隨時更新。

吳相湘

中華民國五十三年十一月十二日於臺北市

(二) 陽歷二月二十七日

光緒二十九年二月初一日

蘇報

總發行所◎上海英租界二馬路中

分售處 [illegible]

西歷一千九百三年
日歷明治三十六年

每號大錢十二文

外埠價目

每日一寄連郵代全年六元八角
七日一寄連郵費全年六元
西洋加倍
東洋照加
郵政不通處酌加寄費

告白刊例

第一日每字取錢四文第二日至第七日每字取錢三文第八日以後每字取錢二文封面告白照後幅加倍論年論季面議投行告白二百字起碼短小告白以五十字起碼多則以十字遞加

論說

（錄湖南官報）勸遊學外洋說　與湖南政純稿

泰西之學大都由移于日本若政治法律經濟財政商務以至天文地理地理生物醫學電化等總而計之爲類數十一類之中分科數十難盡於億萬之于於數十年之心力以瞻館之衣食之猶懼不克有成況以極少之人數欲以之日月安得不拾其皮毛而遺其精粹哉北樽而叱其必發之分乎凡百科家之盛衰者當以人才之多寡爲比例人才之多寡又當以就學者之多寡爲比例瑞士小國也千人之中通普通理者殆九百餘人日本小國也四千萬人之中能閱報紙作書札者殆三千萬人能知外國語言文字初學算術者殆千萬人吾邦號爲聲明文物之淵藪黃帝姚姒之子孫今誠以各國相比較聲明文物之淵藪果能及歐亞兩洲彈丸之國乎該黃帝姚姒之子孫果能及紅毛之番蝦夷穢多之族乎兩吾國人猶晏然自足見仙人工藝之精則曰此奇技淫巧也吾不屑爲見仙人商務之精則曰此工于牟利也吾不屑爲見宗教之堅固外交之敏捷則又曰此作奸行僞也吾非不能爲蓋不必爲此豈非無腦筋之甚耶是之謂愚之一流雖然此猶未盡其狀態也今値創深痛鉅之際或者又以爲白人才力優勝十百倍於我對盛營積千萬倍于我乃不惜施其奴顏婢膝之醜態毀己界人之敗行以崇拜之供奉之冀得其唾棄拋擲之錙銖利益詼諧笑之榮彩光輝而不知并此而不得者比比皆是反若捨此一途無可爲生活計者此又吾國一二勝種乃倡效隸役之性質者所爲而吾湘數千萬之人其自然人格之高所萬不致此者也是之謂賤之一流愚者賤者日多而國耶日益脆弱人品日益低下風俗日益衰頹社會日益貧苦詩云我生之後逢此百罹止吾國今日之謂也其獨何心而不洋洋滾流繼之以血耶雖然愚者賤者胡爲而來者耶蓋無常識（一國尋常之知識人人應有者也）故也其所以無常識者以無學問故也一家之子弟不知學問必破其家一鄉里之父老不知學問必極其鄉里一國之人不知學問而其國不衰敗以至于盡者有是理耶某念及此而不得不爲諸君正告者厥有三事一立學校也一設圖書館也一遊學外邦也三者之中不可以畸輕畸重然某遊學生也深知遊學之利請爲諸君陳之一對于國家遊學之利也吾國之人世界所謂無國家思想者也封建之制久已不行故今日知郡縣而已不知有國王者一統環列皆小蠻夷故今知華夷之界而已不知有國及于近世以來露國強國欲案祖上之肉以塞其腹而後存亡危急之關係始諸數千年來爲特開之新例始晤前人之所謂存亡者不過一朝之關係如秦漢魏晉等是也今日之所謂存亡者爲一國之關係如埃及印度波蘭等是也夫有人將執寢墓戕伊殘冷炙於侯門之下已爲尋人賤行爲君子所不齒然歷朝以來猶有苟顏行之者爲其卑躬屈節苟延殘喘尚有蠅羶之利益以分潤於奴隸之身未嘗非猛獸咫尺之計而今則不然矣埃及亡矣埃及之王后何在波蘭亡矣波蘭之貴族何在印度亡矣印度之碩儒碩學何在皆衣行酒黃冠以風雨當日已埋首出今視之恐亡國之君民悉無此等幸福也君等少年得無一處書發乎

此稿仍未完

時事要聞

電諭照錄〇正月念八日奉上諭光祿寺奏請簡署卿缺一摺光祿寺卿著王培佑署理欽此

親王使法傳聞〇法國開設大博覽會聞政府有擬派醇親王前往之說

擬派總裁傳聞〇今年會試入總裁聞有派徐公白熊之信未知確否

人語粵東會黨〇當會黨初敗時即有傳教廣西黨人云事已洩宜回避致黨人等謂近資得復有電致廣西云人已搖脫事在必成黨仍級餉等語

又外間傳說上月初二日在汕口輪船逃逸之首領又富有票縣大營防範各兵搜查不及祇將蘇陳二人拿獲未幾該船開輪竹即由大營奶而出仍坐原處同舟多有見之者

又前查封之信義成貨店外間已有揭封之說並得復無其事日前不知何人潛將封條揭去故有此等謠傳也

桂匪擾粵續誌〇粵東鹽山地面與廣西南寧等處毗連近日西省游勇揭竿踞山亦時受驚擾茲聞去臘下旬盜之那路墟到有西黨四百餘人盤踞村內外駐紮該處之振新營及廣西仁字營管帶陳營出與鏖戰自朝至暮斃黨十餘名斬首五級獲得槍械一枝官軍亦傷勇丁二名北後黨力不支遂焚村而去

粵西會土黨揭竿進經官軍勦捕而威勢仍大且聞兩廣總督之監剿及六竹涌等處地方近有西省黨首夏賊生等率其黨羽數百行至該處現爲駐紮該處營勇及福軍前往圍勦云

桂匪耗兩誌〇廣西亂黨猖獗王撫所仍發軍克勇一千人以遏賊失利後一致主撫計日前以撫者所謂頭目大牛爲最所用皆舊式鳥鎗且稱欲收王撫點卯後即編成隊伍命之打把無一人能中南槍者惟其中悍黨則縱橫衝突移不肯受撫云

又聞廣西桂林以潯州府駐守鳴歧一軍稍爲得力所屬桂平瀨有防勇五百人均留守自備口糧專練成軍者防禦頗爲嚴密

天津擬立會審公堂四條〇天津交還以後便有建設會審公堂之議刻下各國分劃租界華洋交涉日益繁多其事尤為規劃四報得悉各租界已公推紳董婁君貞克利諸君公議各董發議定辦法十餘條以待決議茲錄如下　一會審仿上海各公堂章程其公堂地址租界相近一會審官品級須視知府並優給辦公公費　一公堂專理界內西人控華人及華人控洋人一切案件　一審理開庭西人及各捕房所送雜案　一公堂須公推熟悉案之人爲領袖　一遇派洋員專司傳案及犯人押禁釋放之事　一議各國會審人員輪流值期

未完

世界要聞

河內君合田具錢七○寶室之左有山嶺如凹字形者與竹山同向凹字之右發爲日本山品所內以採藝陶爲大宗審如次之其磁器皆時下之物而製繪極工采藝陶亦然均皆收買極爲方則一小器價至百數十金者不少槃見其甚別具一種特質令人可登其非不患其不工不實而每失之豐非化工之巧不足以娛東方之目漢藏多具逸致而講理不明無心部陶溢亦滋亦有之惟大小任意長短不等其不中規矩一耳且其狀物山更鮮講究虎犬鳥獸其徒排拙積習千年非步進種日人皆以爲憂故講難有所謂倭派漢派之別而倭派實淵源於漢派不過名爲技巧而已自維新後百凡取則於歐美丹青一門亦非常進步然日人究不能擺脫舊習故命筆擇題總帶幾分漢並意味且皆好之每自命比諸磁器爲勝一籌遂以爲陶於工藝中見無窮精而不見其賦淡轉而不見其能其磁器與藝藍各器之繪工雖非絕技而每多可傳之作且兼有漢洋風味宜雅宜俗可東可西絕非小國之所及矣其式樣亦極其方圓曲折之致盡變從前之鈍相又在林織之窯山林水石花鳥人物不犯舊時川本尚工川認翔妙不可言淡若秋資淡如秋水總脫俗淡而不露一毫針線痕跡其法殆本中國北搬之法本則脈絡光澤諧彩則莊穆高遠而現法深之色有大幅橫直約五六尺收價逾千價點貴而物質住也除外有巡種細小器皿如傘柱小用及諸般華做東西之用具數十百類凹字正面間爲數小段內有北南陳列所貨物不多最稱其者爲大理石小屏數面又有安南女數人穿戴一如該者七人以新遊人之目其裝式上身與滿洲之服大同小異而下身則皆以長裙首飾皆用銀作種種花朵珠旋橫插豎垂不見髮臉手胸腳鈎恐車夜當野氣可掬陷壁爲海口都再則爲北海道所都貨物以法藍椰器爲巨擘法藍以鹿名產工藝亦甚發惟千篇一律難成單同不堪久玩景泰藍多川銅胚而法藍則必用銀景泰藍之圖畫界線用扁條而法藍則用圓條景泰藍由爐後非光面各數次而法藍則無之製爲酒器食具亦皆楚楚動人然不足以當大器也椰器亦然大抵不過用供杂器之具而已其製造之法亦爲精巧法將椰殼破爲各器之形雕以人物花卉復塗以漆內鑲以合銀之錫當其洗刷乾淨之時黑白分明用貯飲料未嘗不足以助雅興　未完

英注水師○字林西報二十五號倫敦電云英首相毀福宜晉云吾英所最注意者水師故于其所需者皆當勉力圖之惟觀于吾英近日所爲凡水師用照所我并不較陸師爲多且吾英與敵國所爲足辨別者或在遣陸軍出并學習惟設有戰而斷弃一旅水師或陸軍厭可了是吾雖近日不肯經營于北事者皆不能辭其咎也

俄心叵測○又云得英京華盛頓消息俄國現勸各國瓜分中國各項權利但此事恐不確也

英設無線電○泰晤西報倫敦電云英政府將由滿洲俄使(路透)至舊金山一帶地方設立無線電報以通商情

俄國添築鐵路○又云俄與英工築道由吉林至屆成須(路透)鐵路其意以便於運載米穀主威海衛之用

俄國備兵○又二十五號路透電云英京太晤士報得駐俄國斯哥訪事函云俄國現在準備大兵二十八萬以備一旦有事可遣調并聞東務官員現甚忙碌若將有飛常舉動云

英法處置非事○字林西報譯倫敦文報傳來云法外部大臣提爾開斯現因非洲摩洛哥之事與英國會議吞其國海疆一作爲英法兩國中立之地云

英不干預○又云威納助拉與已決意加收關稅英國各報紙於此事並未有發言

跨海築路○英國小呂宋來電云英員及理文氏總理本國及附太平洋鐵路現已築一鐵路由紐約越太平洋直達小呂宋以便火車往來行往華盛頓都城發明百里靈大德與相臣律師君互機一切事宜

古代錢幣○紐約週來要路濟埠消息云西人名德于一千八百九十三年偶經某地見有貨物出投當用銀一卷二仙投得英文初學書一冊亦不甚珍重至今查得此書乃美人初由英國傳來新英倫之書通英國書籍以此書爲最古現有建議書籍公司給價二千元與之承買云

檀香山近事錄○元旦賀年向例凡華人之居美洲者一律從同自伍廷芳使美於是年改遲一日之說亦緣東西半球日光不同故自是舉不謂號令不行適成其文而已其從伍氏說者除各領事受其所轄外美洲各地皆官自官而民自民即以本埠而論領事之賀年亦僅商民一日

檀山代表國風成凧確氏到美京時盎衛大臣惠以西瓜生菜番茄紅蘿蔔諸仁該代表國郵交呂兆君分贈檀山種植家諸君欲講求植物學者盡往取之

稅務司接英京電部來電稱煤炭入口一律免稅業已稱請院議可云

千拿有華人總教習以館地不相宜欲與別教習易位投陳遞上書於文部請後爲該處居人所阻以其名爲教華人之名云

上禮院紳畢二人提頸亞枝對人曾日此次稟院時我必力爭以免入息稅云

關力山美京致電於檀香刀斌查其隣達庫部開列檀山匯款情形隅刃督擬飭庫部消息然後上稟云按此電內情形想必此次賠款由美京發銀與非如前者所賠十分之一由檀山出資也

各省紀事

湖北○武昌日新學堂開辦兩年並無效驗堂主虧累甚多現有閩歎之說聞宋教仁擬即接手改爲全川學堂其款須由士商捐助

齊守鄂撥已撥作鄂垣銀元局提調因新提調某君不和衆口

故行從緩云

江寧○張江督以現辦上海機器局郎道孝曾經四川岑督奏調茲已奉　旨赴川隨同辦理商務自應另派他員接辦上海機器局事俾得早日赴川因遴選擬派委文案局郭道接辦以其前辦金陵機器局有年辦事熟手也

張江督創設三江師範學堂由三江官紳保送舉貢廩增之深通經史算學者候親加考驗派沈學員頌取八十人以九十人充教習十人輪赴日本查考學務二十人備補俟到堂之日即月給薪水五十元諸生見利紛趨並不自揣學問如何輒爭叩儀學之門求其保送且有不少以多金謀補增缺以求合於保送之格者頃聞三學所保已不下一百餘人云

省垣前後調來之湖北護軍十數營現張督因交卸在即特飭該營先期遞回

蘇州○長元吳高等小學堂由縣於上月二十二日傳考後丞悉設學堂開辦在即應設提調經蘇金林三令稟請設立聞省憲以三學教官係所事事有提調派充該教提調之說

崇明縣自田令奕樂調補青浦後遺缺由陳瀚暨李令如松鮮補在案茲經吏部核准咨覆到蘇當由藩司下札飭知惟該令因在江寧當差始於上月二十六日由寧來省稟見謝補

蘇松常鎮太五屬桑樸恩派修河道分段水利總巡委員勸修並務此次郎撫軍次無從發款由各該州縣設法籌款日來已委通判陳倅前至無錫金匱宜興荊溪丹陽等縣守提回省解局應用

恩撫近日疊據吳淞工程局何道及鎮江府許守蘇太倉州謝牧據稟稱屆令清簽等紛紛來省投稟懇賜要公當即分班傳見

揚州○兩淮應解本年兩批京餉經程運司札委經歷鄒貽麥於上月念三日登輪赴庫領銀六萬餘兩其補齊備即於是日辭行登程飭各撥兵勇按站護送

揚郡河務同知衙署有二一在郡城東關之左其一則在高郵州境因河務是其專責故駐揚之日多今正由河工行次來揚分赴各署賀年約留淡旬於上月杪辭回高郵工次

時論擇要

俄之滿洲　錄國民新聞（）地球之上五洲之內再閱十年其無支那國之名乎試觀首待之轉瞬間將使我國民親睹此慘劇矣瓜分支那即距俄人蠶食滿洲之政策而布置之當如千百大繩轉束蠕動之華人無復能轉側其運動之妙不可思議箝制奴隸之術尚有能出其右者哉經余此番之考察始知瓜分之舉即速施行之亦無不可者

俄人之不循公理不顧名義而强佔滿洲也各國無策以箝制之故思出一抵制之策我國家非不知此妙用也而以財絀之故故每不能應付並馳然努力爲之自可達此目的今則不必明言徒爲人所注目第將余所考察者爲我國民紹述可也

余曾於五年以前旅行滿洲地方當時乃支那卒爲旅行中極困難而此次乘鐵道汽車滑澤極速甚爲愉快且所過之處相款亦甚僻遠乃盛京東三省之首府並在滿洲腹部新都錦沃之哈爾賓已經俄國建爲租界者亦占綵一過俄于哈爾賓用永久占領之手段同時建築數千最堅牢兵舍以屯軍隊又沿鐵道全線見支那之勞働者皆像俳隸黑目不忍視有大可驚者土地街衢雖然爲俄國也而該處人士已若不復爲爲俄之領土矣清人來往轉同旅民支那人無愛國之心即此可見

五年以前之哈依拉爾者不過接于貧寒之支那街內僅僅息五六蒙古氈幕而已今則俄人商店旅館病院等駢列隣與矣停車場之汽關車其數二十有二而哈爾賓之俄國居民已有九千餘日愈繁盛而愈發不日將成最安壯之俄羅斯市街若五年前曾說則惟有二三蒙古包之敗舍而已

松花江流域沿哈爾賓至黑龍江有小汽船往復不絕觀樂之河川若相彷彿市街之工事今甚繁盛所需木料皆由此運有其他如機關店與亞細亞各地毫無遜色汽關倉庫則可收容四十二乘之汽關車若哈爾賓之東方山地穹隆和及其他各處五年前猶爲山賊盤踞今均爲俄之大殖民地矣

與俄國境相接之伯打拉義趣那支野地方昔無人煙今亦繁爲最繁盛區域有煉瓦廠電燈水道公園圖書館等並有可容念一台之機關車停車場及倉庫等鐵道所經市鎮無不有俄國租界蓋起設爲最早　此稿仍未完

專件擇要

續錄戶部侍郎奏請辦捐官捐以濟國用摺（）臣等覆查該御史條陳各節自應審慎斟酌民力將因擬籌辦官捐以濟國用究此度支奇絀需款繁多之時如果確有實濟無傷政體臣部自當亟議試行以期款集巨款惟是詳查事理博訪輿情官捐之議有可采擇酌辦者亦有窒礙難行者並就原奏所擬擬略陳之自古體恤臣之道端在重祿即近來講求時務者亦謂中國廉俸過薄非正本清源之計方議改廉俸爲公費俾足辦公而資辦公歲需頓今若一驟定數勸捐似與發官方之意相反自應援照辦理原擬公允可行夫會攬陳奏大員原俸較優即學政監督鹽政織造等官均爲優差同爲受恩深重際此時艱無論紳但力所能及當不待勸勉自能心存君國竭誠報效若道府有裨之黃州縣府民社之寄一切辦公皆不能無資故有進款亦有川項並非盡入私囊其中不乏優缺優差力能捐輸者而出入僅足相抵或入不敷出者亦復不少甚在督撫持廉秉公詳爲提倡使各該員激發天良情甘輸納方爲得體且各省州縣缺分之優瘠其等差不一人才之賢否其品類亦不齊若一律勸捐在賢者或自知急公而不肯者必取償於民甚名爲捐之於官實仍捐之於民更恐取於民者倍

嗣於所捐之數即從寬核減恤民先已受捷爲與出於候補人員以至教職佐貳等官貧困者多實裕者少勢難勒令同捐但如武職提鎮等官統帶兵勇多年頗有坐擁厚貲者然皆非其本缺之應俸所能致富是亦在資撥之餘款得官職除情由剜切勸導再臣等再四籌商擬請 飭下各將軍督撫各就該省情形設法勸導提倡除候補人員及教官雜職武弁實係貧無力者應免繳捐外其餘文武各官不必拘定官階限定捐數但擇其缺差較優及力足以捐輸者核實查明撒以公款除以時限令其竭力捐輸勉副報效聖恩抑或撥令按口爲難則滋流弊仍令各該省將軍督撫究係如何勸集詳細妥籌先行奏明辦理又原奏所有從前減成實捐者均令補繳十成一節臣部與吏部從前會議捐輸亦曾籌商及此因恐朱既准減成之交納今復令補足十成殊不足以昭大信且勒令補繳時移事歷案牘人來錢以所難必數有缺者巧取民財奉樂者暗蝕公款徒滋弊端雖有實濟未便遽行施行又原奏所稱有報捐短缺過萬兩以上者由督撫將捐請獎無論官階翎銜等項皆宜恩出自上不准由臣下援案擬議一節深爲得體臣部前已將此項人員分案具奏自應再行申明通飭各省遵照以杜冒効倖取巧之弊又原奏降革人員保開復竟奏請免繳捐復銀兩致緣濫保一節持論尤切中時弊該御史既因舊例有捐復之條應由吏部檢查向例參酌情形分別核擬擬定降革人員保奏開復並請免繳捐復銀兩係屬 旨允准者即欽遵辦理保奏 旨交部議者仍令分別補繳加五成捐復銀兩又失守城池及避等項人員保奏開復概不准奏請免繳捐復銀兩又凡降革人員無論開復捐復概不准保分發省分留省補用各節請 仍未完

學界風潮

兩紀廣東女學堂○城西女學堂亦同人於上月初九日一點鐘敘會商訂開學日期及刊印章程事宜并擬設校舍於逢源西街教習杜清池劉佩琛兩女士依舊教授云

張竹君女士前資賢女學堂去年因女士有南洋之行暫中教習致有缺席今年聞女士擬加意整頓并招考女教習俟有學問師範如式者然後聘請

諮兩粵理科師範學堂○許君國瓊等創設兩粵高等理科師範學堂擇地於黃沙爲開辦之所課授化學礦務等哲理各專門之學兼課經史政治分班並習英日文字以養成師範之資格限一年畢業學生定額一百名須年在十六以上曾習過經史大義及泰西普通學術爲合格須先到堂掛號俟考驗合格收入每人每年收銀三十六員其中文哲學理科則聘定廣西舉人程式穀爲教習西學格致理科則聘定純仁氏爲教習云

遠遊入冒險求學○美國新報云有逃離人名桐坦者貴介公子也素有大志久知西學之可恃乃立志出洋遊學以期成材於是求命其父求助貲斧其父不允桐自念平日所習尚可敷往英川貲遂挺身附輪直抵英京抵岸時僅存銀四十員復有人荐往某棧船操工留作枝役及作工六月該船主不給分文適該船前赴英國卜忌利埠桐登岸流覽遇一西人詢留寓何處遂據實相告遂語見桐似係遲入故桐遂訴詢之該西人始知桐志在出學冒險而來即留之於家俾其立志讀書功課之餘助其家人廚役俾得兩便迨日前問遊太子遊卜忌利桐即往謁之并述歷所苦遊太子嘉其有志慰諭之曰如學有成材他日回國吾必重用云

本埠紀事

因公詣滬○江蘇候補知府沈守酒孫因公到滬昨至上海縣拜會

價索贖銀○蘇州吳縣城內盛宦家〇正被賊綁去勒贖縣役由林令飭差緝拿至今未破因于前日函致上海縣汪令協緝幹差兩名到滬緝拿不識汪令准僧否

渡浦驗屍○浦東胡家巷鄉民張阿坤于元宵夜在家聚賭因賭之間與鄰人計文階五相口角計即率子將阿坤兄毆受傷越至念二日傷勢增劇阿坤兄旋即斃命張計聞見命案慎與鄰人將阿坤屍移至張阿坤家未幾即死由屍兄懇知念四保三十一圖地保閔秀山于昨日投上海縣稟驗縣主汪令即於午後帶同刑書仵作人等渡浦前往相驗

疑案錄要○浦東賈家角鄉民將被賊李滑鏘毆斃縣差緝獲獲到兇手孟學林訊押劉又拘獲供出之姪兇王虎林解縣研訊事經汪令提訊王下恐嚇因不肯供認兇殺係與孟學林有夙嫌致被誣服再三詰問仍然狡賴飭令掌背四十下孟不承認孟學林供亦翻前供命掌頰五十下掌背四十下供稱前次供詞因爲有病懼責故認一人打死王虎林是否兇犯悉曉人多並余等亦昇妄供列下肚下生痧求恩寬宥汪令飭上天平架良久孟一味不認汪令察得孟學症屬實勿放下分別釋押押川訊

會訊作保○長振岐偕作郎凱弟士投英公堂稱去年三月初被開設張記牛奶棚之張發祥父子借去英洋五千元向索將張記牛奶棚作抵詎至今正張帶人將奶牛四只打壞並毀什物搬未從來請追如供此項欠洋乃伊子阿妹串出據保提遣請爲究懲張發祥之央户翁判張押候交保候下禮拜四傳齊證人證再行核奪

先廨停訊○昨爲法公堂訊案之期克總巡查得應訊人犯祇有兩名故飭照會孫讞員暫停會訊一期

法捕房亦摘錄○甬人某甲向染坊沒所住法界西源里去歲因病身故棺殮無資後由尚居之同鄉人某乙出資成殮今春甲妻某氏與流氓某丙姘識昨被乙撞見一正言訓斥詎氏及丙惱羞成怒反將乙毆辱復扭入捕房捕頭察核情形飭令氏與丙押候解訊

○有住居法新租界之傅周氏因不允流氓徐毛毛借屋聚賭昨被徐糾人向氏索詐鄰人楊宗林出爲理勸徐遂以楊稠阻反將楊兇毆復互扭至捕房捕頭飭來管押解辦

光緒二十九年二月初二日

蘇報

總發行所設上海英租界三馬路中

分售處

[illegible]

西歷一千九百三年

日歷明治三十六年

每號大錢十二文

外埠價目

每日一寄連郵費全年六元八角

七日一寄連郵費全年六元

西洋加倍

東洋照加

郵政不通處酌加信費

告白刊例

第一日每字取錢四文第二日至第七日每字取錢三文第八日以後每字取錢二文封面告白照後幅加倍論年論季面議択行告白二百字起碼短者亦以五十字起碼多則以十字遞加

論說

致湖南青年勸遊學外洋書　再續稿　湘鄉周家純稿

夫知有今日之近而不知有百年之遠是蟪蛄之流也不可以人類論凡有血氣機械之屬豈得至此若然則愛國者非愛國也愛一家而已愛國之道不一端而愛學問爲其起點不知政治者不得爲格蘭斯頓不知外交者不得爲畢士麻克不知航路者不得爲哥崙布不知槍砲者不得爲克虜伯不知哲理者不得爲盧梭不知物理者不得爲牛頓不知汽學者不得爲瓦特不知天文者不得爲哥白尼不知陸軍者不得爲[illegible]不知海軍者不得爲納耳遜世界學問不一端救中國之方法不一道三家之村學究除高頭講章外何一能知之求乎坊間揷架之書汗牛充宇除撫拾陳言剿襲緒論外何一足供教科備參考者乎然則捨遊學之外而能有稗益於實用者雖智如孔孟學如孔顏有何策可出耶一對於自家遊學之利也凡人豈有高尙之思想者也讀至世界近至一國非舉以國爲念者自然眼觀之己僅僅適人情之中無所謂以尙也若有人焉而朝夕戀戀於身家其爲人已有亡國之性質何也身家者志士所不屑道而宜捐棄以全注於一國者也苟有一分愛身家之念則其愛國之心僅餘十分之九苟有二分愛身家之念則愛國之心僅餘二分之一遞減遞殺以至於無是豈能知有國家者耶故東西之人謂吾華無愛國心也雖然以此爲奇傑責之則可尋常之人其程度猶不足以語此故身家云者亦卑之無甚高論而已某故于國家之外進而言身家之利夫身家之利宜莫如名譽也莫如富貴也如有欲名譽者乎以俄羅斯之彼得微服遊學異邦親執賤役而後世稱道不絕莫不謂彼之聞名于世界駸駸然日進不已者皆彼得爲之始況吾儕小人目不一睹山河與國之界身不經遊歷艱辛之苦而能坐享聲譽蒸蒸隆隆以介紹於社會是猶棄康路而求舜水之利折枯苗而望豐年之嗚豈非夢夢之至乎古之名於歷史者亦多矣其所嘗之滋味所經歷之危險恒有倍於尋常之人無論出征士也經濟家也執干戈登行陣者也即一二文人學士虫魚箋疏詞章文賦猶必獨祭寒暑白首以鑽故紙況以今日宇宙一變英雄怪傑如演劇然一舒其巧拙立見吾輩逍遙於十丈窗之內而不衣冠以登以身献其聲音笑貌而徒與古昔詆斥昨賢不知七尺之身一旦戰搖寒暑不出汗三日而與草木同腐矣不亦可羞然傷哉如爲富貴計乎天下之豪傑動稱一國之幸福所以自貴之厚爲已貴者也然不能不稱私家之幸福者所以貴人之藩爲他人貴者也爲如路易好如華特其富貴之期之不能久遠者以無識故也帝王圓相猶且如此況以一私人而不爲大局計耶有利乎且也與其爲脚靴手版嗑嚅奔走之吏人何不爲遊歷歐洲大助位之木戶與其爲攜籃倚卷呻吟如病之士子何不爲會暴泰西遊大內閣之伊藤故人亦視其所以致富貴之道何如耳張横渠有曾學顏淵之所學志伊尹之所志此其人吾方患其不云世以衽席若生也凡此各首非出能辯之說以相人有曾目病者則爲衆皆繰自病故者則爲衆皆黃苟無則自得與相某雖言之其得與相與否仍視其人之程度何如而已若以陳義過高相非則某知娓矣嗚呼楚南多石誰與崛起之人凡上者猶是未移之曲西書言英雄如鴻雁必爲群而飛鳴三十六灣江上八百餘里湖濱豈少鳴飛之鴻雁否哉雁兮雁兮盍歸乎來吾待之于蟠蜒之洲矣

時事要聞

電諭照錄○正月二十九日奉

上諭禮部奏省紳符枋振遙懇恩與宴一摺候分衛頂品頂戴前山東布政使崇保早登科第洊授藩司現在年近九旬其遊泮[illegible]崇保加恩着賞給太子少保銜准其重赴恩榮筵宴以示恩耆年欽此同日奉

上諭朕於三月初八日恭奉慈禧端佑康頤昭豫莊誠壽恭欽獻崇熙皇太后祇謁西陵初九日恭詣泰陵行敷土禮並恭詣隆恩殿行大饗禮所有應行典禮着各該衙門敬謹預備欽此

惠州肇耗三誌○廣東惠州亂事及省中調兵前往各節疊誌前報茲聞該黨所招大半皆椎埋少年絕不知文明理想爲何事近日在平山三多祝白芒花一帶移日以搶掠爲事居民不堪其擾又聞會黨日前在惠州仍擬再於上月十八二十兩日起事今其期已過想係故作虛聲然惡風地方其黨尙盛恐未能一旦寢息也

又聞惠州城內封掠新聞金帶街一帶商務最爲繁盛而白日封掠之事幾於無日無之兵勇從不過問城市如此村落可知宜乎亂黨橫行久而愈熾也

又聞去臘博羅地方拏獲羅亞玉等七名就地正法地方亦略爲安靖

遠東督查辦報館○探聞兩江督日前飭地方官查禁新報館設在在牌樓地方中西書局見該局有附設報館股票逐罷並店夥兩人一同拿去據因教民得放現尙未有後文

重建塔院○字林西報云當拳匪亂時北京正陽門亦遭焚燬現聞　皇太后擬重建此門惟若欲復舊時寶塔寺之大觀預算其費約需銀三十萬兩此爲額外之役勢不能由戶部支撥然如中國目下情形實爲一詔諭時代內廷諸臣皆喜取他人之財阿諛於　皇太后故飭各省督撫將軍皆當分供其費之說聞此費一佈凡各省將軍督撫皆無敢推諉以得罪於　皇太后故現在北京監工者所得之費已不下預算三分之一聞皆爲湖北山東河南及他省督撫所供奉者現已興工建造矣

續天津議立會審公堂詳略○一議定何國爲訴主國案即由何國領事主政　一債務在千兩以上押銀在二年以上各要案始准上控領事及關道　一公堂應在各租界發明有管理中外人

答之權　一凡無約各國及無領事管轄之各國商民涉有控案亦歸公堂管理惟定案必須各國領事公同商約　一傚務翻定訟費五千兩以下每百兩給訟費一分五千兩以上每百訟費五厘　一門設竊盜及不關錢財案件不取訟費　一訟費專供公堂經費抽册所遊案件應罰款中的各工費用　一立冊須詳載各項案件以備稽考　一傳案拘票在各界內須由各領事簽名

江督奏設遊查江甘岸商鋪奬摺○奏爲遊查江甘岸商把持壟斷嚴禁引課設店侵銷各商據實稟陳恭摺仰祈聖鑒事竊臣承准軍機大臣字寄光緒念八年九月初八日奉　上諭有人奏江南揚州府屬江甘岸劣商徐兆裕把持壟斷短引課并私設子店銷至鎮江儀及浙岸請飭嚴頒等語著張之洞嚴飭淮運司認眞查究如果有侵蝕包攬等弊即行從嚴懲辦以維鹽政而杜國課原片著抄給閱看將此諭令知之欽此當經飭札兩淮運司程儀洛欽遵查辦去後茲據詳稱原片內所稱向例江甘官局除本城外瓜儀鎮並准設盆岸茲查與北於沿江一帶私設子店數十處名爲零銷實與私梟勾通一氣一節查江甘分岸內皆爲轉司署有案可稽歷年已久所有沿江一帶江都縣境經該司分派委淮南局員候補道胡光國方硃陞及委場院黎勘先後查明呈覆江都縣境內轉岸所設總分各店除仙女廟鎮係屬內河並非沿江外其餘距江稍近各鎮現祇楊子橋瓜洲虹橋三汊河四方橋沙頭鎮即在再與門內祇設一總店北計六處從前奉准分設係因地制宜便民購食起見惟虹橋頭橋楊子橋瓜洲四處或地居收理或鎮居稠市仍其舊其與洲四方橋兩處均戶稀且洲地逐圖來南兩岸徒地相接旣與浙岸毗連似應將該兩店的向內地遷移以免混淆兆經該司移儀洛飭將四方橋一店押閉再與洲一店亦移內地設法分售以便民食另給告票註明越出江甘引岸即以私論祇准零售不准盜包以弭私販影侵浙岸此查明該岸並無設店數十處及現辦之實在情形也　　未完

世界要聞

紀駐日英使○字林西報二十五號倫敦電云日本駐英欽使海野雷男爵現爲日本共濟社之首領在英國說日英同盟之原理者

英藩屬國○又同日電云英理藩大臣張伯倫昨晚已由南非洲起程回國臨行時甚覺不忍云

調和愛爾蘭事○又二十六號路透電云英俟爾來特門現擬促政府將愛爾蘭土地之報告早日佈行彼黨謂彼與其友皆願政府于調和愛爾蘭之事備極公平駐愛爾蘭總督和德愛德而謂來君之言實爲可望之兆云

刑政判牘○又電云英京華盛頓高等刑政司署現下一緊要判牘云議院有總理專利權行之權

允許財政部○又同日電云英京華盛頓下議院已將非利賓財政時價貨幣發團并未將元老院議員伯倫生之改良政策列入又同日老院已公認云　按伯倫生之政策乃調和金銀幣制以與用金銀爲本位之國定一商務而同用

俄與協力改良○又同日倫敦電云俄與政府有所協其改良政策時下令巴拿例各邦謂如彼等已明晰於精西匠尼之間則以後暫不得增加輔佐云

派員查驗稅務○益新西報云日政府以俄國現在設定托歸地方加收日本貨關稅之籍已派警察員他貴賓至彼查驗矣

日韓交涉○又云日本駐韓欽使海野雷現告韓政府云韓國允許俄員趙萌伯代理漢城鐵路之領將破惡列和平之局并謂日本將深拒此舉惟俄公使則竭力欲韓政府早日允許以承認此路　韓政府現在反請甚力云

各省紀事

湖北○武學院甄別考取第三名之巡檢王九成因與綠守有瓜葛已委辦武學院收支事兆卯一之役被人劾之撤差究向隅故外間頗爲不平

端督現爲其弟某甲中聘前任襄陽府鄧守之女爲妻于上月二十四日納采以爲滿漢聯姻之倡

端撫督現發出告示附四一勸勉民趣貨赴海參威以爭利權也

漢口鐵路局總辦現經盛大臣委候補道接充前總辦鄭道孝胥則移住南京

漢口租界會審委員吳牧得立與各國領事不甚洽現有另行改委之說

漢陽協樊鎮之子與槍砲廠收支王令在某娼寮鬧事互毆欽差鎮臣即以樊引誘其弟遊交已赴鄂局告發任其夫人某氏當赴撫轅爲子喊冤未知如何了結

聞上月杪綠何兩兵在本埠獲到匪兩名押赴漢陽縣審訊縣訊令飭辦

宗關卡務現爲吃緊抄劉守度未築已調辦四川鹽務上憲委派程守接辦即于日前到差

江務○九省鐵路衙學漢口就議設局濟賦督藩一切辦法早經訂章程發經李藩察度各府廳縣地方就先從淮徐通海等處著手緣以上各處潮地較多能開墾成田其於賦稅所裨較開墾江南等處荒出利益不啻倍蓰云現委派道員赴徐設局專辦開墾湖灘事務其通海湖灘墾務仍札委往辦

鎮江○近日府署發出六言示云　奉省特設學堂　招考師範諸生　遴選舉貢增廩　俱文保送到事　破格培植教員　入堂即予薪金　周年學成出學　便爲經世通品　督憲頒發文告　懸示本府頭門　多士有志上進　速赴府縣報名　限期雖已稍逾　仍當轉祥乞恩　再過半月不收　仍勿自誤前程

前有吳某私運偽洋至縣署捏稱撞騙收換請照一案茲悉吳某名文魁在仁和小錢舖為夥與同事余洽泉用藥水偽造銅元班騙已非一次當堂供出係受店東吳錦堂指使洪令簽提余犢到案對質屬實擬按律嚴辦至前所記偽洋太古公司東西人小為椒煙此說不確

杭州○杭省武備學堂總教習日本齋藤季治郎於去臘返國稍延期於今正開課之前製同各訓教習來杭蒞堂照常訓練

鎮海船貨捐局委員翁令寶章因新任錢塘司曾牡係其堂叔祖將次來杭例須迴避應先交卸差務所遺捐局劉奉黃署藩另飭史令璵厚往鎮承代

秀水縣陳令其昌因病出缺所遺篆務奉撫院飭委嘉興縣令翊勛兼代已於上月二十日接篆詳報到省茲奉藩臺因該縣為首劇繁要未便久懸故即札委候補縣謝令希傳署理

闔省學堂如官辦之大中小及武備蠶桑并紳設之安定等均於上月二十等日先後開課去臘畢業各生遺額亦均考取補齊惟求是學堂原設堂中共設二十齋乃遲延日久僅以四齋整改設備須俟夏間開課

駐防乍浦旗營佐領吉某毆斃繼妻母族投司告發等情已紀昨報現由理事廳馮丞與錢塘縣汪令提到陳氏之棺踏底出屍如法檢驗傷身有拳傷係太陽穴致命吉在供俯首無詞因即填明屍格飭令盛殮復將全案原被人證研供詳報照例擬抵

時論擇要

續錄俄之滿洲　譯國民新聞○奉天鐵道停車市街十五里之地今則改造而橫跨西城隣各停車場之周圍俄國租界有十五方里之地積大兵營鐵路官吏之社宅永久駐屯將校之官宅皆在其中

目下無所謂鐵道守備兵者蓋兵隊皆冠以國境守備兵之名稱其數約稱三萬有急則從此增加守備兵則緣鐵道線路以配置之至線路或關於戰略之要點則駐有大兵營其他則每三里必建設永久兵隊所用之兵舍線路工事雖尚未完全而鐵道全線已儼然備矣

由是觀之試問俄人之苦心經營而通此大血管於支那海岸也果為商務上之觀念否耶其用意一以預備與我總攻一以久遠佔踞而制支那之死命也倘不以吾言為信則再試以俄國內情觀之各項工藝無論道路通暢與否而幅員遼闊向以鄰于冰洋之故地苦荒寒各項生熟貨之出產亦未見繁盛則俄人之擬此鐵路令設於貧困之地上也其為商務與否自能解明矣大凡鐵道之亡人國也極於恐嚇無拘泥既恃此以強佔地土又可以暗吸精華暗吸者商務上是也則蓋須知英德各鐵道之作用也強佔者軍事上是也則俄之西伯利亞鐵道也既能用其暗吸即能施其強佔此等滅國之術視時局而轉移惟求強力以相抵制而已惟近日各國之對於支那也多用暗吸之手段而俄獨異其方針者其亦有故既因地形之宜於韓國又自俄土戰役以來在地中海之勢力屢為英人所扼者勢而不能逞大彼得之遺訓已幾無可望俄人益陷狡而持重者也至此有急不能待之勢不能不轉在太平海岸立一門戶故我與西雖聯盟彼亦不暇顧矣列強捷足獨我瑪瑪若不能論謀國者亦思對於俄國而在支那所施政策如何而後可耶

又考察自西方國境至哈爾濱相距六百五十里自哈爾濱轉東方國境距離三百三十五里而哈爾濱旅順間六百十五里各停車場之距離則大率十五里最長者不過二十里每七十五里有工作場有相當停車場各停車于幹之外均有二條之長避讓幹則設置于西方之若格克倫剛隧道之國境約三千八百三十八野最近于西方國境山間三個之隧道棧路乃自奉天以一直綫大減其距離苦洛克倫剛隧道約在九月間竣工其他之隧道本年中亦宜告成　此稿仍未完

事件擇要

續錄戶部議奏捐官捐以濟國用摺○又光緒二十五年六月初十日欽奉　上諭御史徐士佳奏懲辦貪吏請於處分之外分別罰贓等語國家定制懲治貪墨條例最嚴若如該御史所奏近來官場積習以官為牟利之階剝削脂膏取民肥己故聽發覺已革無不流徙而歸似此情形殊堪痛恨著各該督撫隨時考核如有此等不肖官員於定例處分外分別飭令繳出贓款悉充軍餉以申法律而警貪婪欽此欽遵當經通行在案近因講求實務人才難得往往於降革人員保奏開復留省酌用並有免繳捐復銀兩朝廷亦以需才孔亟破格錄用然皆　恩出自上並非事例之常至因公降革開復人員亦情節較重者向不准繳捐復銀兩若不論公罪私罪情節重輕如原奏所稱開復時概令補繳捐復銀兩轉恐辦公者所規避似非持平之道臣等公同商酌擬請嗣後凡降革開復人員向例不准捐復銀兩者照舊准繳其例應補繳捐復銀兩者一律令其補繳不准奏請免繳以歸畫一至罰款一節應再行申明光緒二十五年六月初十日　諭旨令各將軍督撫府尹隨時考核凡被參人員實係貪酷者分別罰款充公即時奏明辦理兵部查定章凡失守城池帶罪留營之員以次得有勞績免罪留營之員二次得有勞績准其開復均令完繳加倍半捐復銀兩又革職人員弁於本案開復者免繳捐復銀兩若非本案開復仍應完繳銀兩又　部議處分例內開降革人員除以犯六法貪酷姦汙各款仍不准捐復外其餘緣案情節尚可原者降調准其加級革職准其加倍捐復仍按照情節擬定准駁奏請　欽定臣部推廣例案內開降革捐效各員均令由大臣查明常例准捐復者保奏開復後令照例繳捐復銀兩照常例加倍半補繳捐復銀兩各等語以上各條臣部向守定章辦理向無流弊如原奏所稱開復時概令補繳捐復銀兩似案情亘相混名公私未能區別行之不能窺破臣等悉心商酌自應仍照舊章辦理

以免畸重畸輕之弊。至於 特旨免徵捐稅銀兩 恩出自上臣部自應欽遵辦理惟近來將軍督撫統兵大臣不詳查案之巨細我之公私率請免徵捐稅銀兩殊多含混應請 飭下各將軍督撫統兵大臣嗣後毋得含糊率請數案例章仍照臣部定章分別可否捐免並詳細聲敘數多寡咨明臣部核准飭令向戶部繳請然後准其奏請開復以上擬請各節係照原奏采擇變通分別辦理一俟奏奉 俞允即當通行遵照仍令各省籌還賠款無論勸捐何項務須體察民情寬恤民力妥慎籌辦並一律行查禁需索中飽一有此等弊端立即嚴參重懲總期款項歸公事無而民不擾是爲至要所有遵議緣由理合恭摺具陳伏乞 皇太后 皇上聖鑒

學界風潮

紀滿洲留學生○癸卯元旦東京留學生大會於上野演說諸君有以民族主義立論者滿洲學生聞之於日不食作書三百餘函飛告各省滿洲大員人之自愛其種固宜爾爾

紀湖北學生界○湖北學生界出版係內地人士月爲後生小子之作聞者甚少張宮保忽電告學生總監督嚴禁其出版四方聞之乃大驚異飛函定閱不下數十現首册已再版矣各處辦報者安得各有一張宮保爲之介紹推廣乎

紀粵東武備學堂○廣東武備學堂去年開辦時所給軍衣帽履幾以采藍頗類婦女之服故堂中有學生扮了姪之說監課教習戴立夫傳諭各生每早起先將衣櫃掀播以去穢濁之氣復行摺疊齊整然後下樓敲每早巡視見有衣櫃未疊者必代爲疊理故堂中又名敎習作慈母之稱見堂中學生每夜須給洋燭一寸許燭盡即寢監課教習復巡視一週遇有未寢者則諄諄誥誡諸君明日須早起上堂夜分不宜晚勞云云

紀育才書社○河南育才書社向學染已有頑政恐經費不敷難以持久擬本年常例每學生按日收取學費銀二元探明該書社統計每月開銷須七百餘金始敷現在該社中學生即以二百五十人計之月中不過九百金倘須賠墊二百餘金云

開論學堂之弊○沈君小宰來函云近閱貴報一切論說凡於學界之關係教育之發展無不剖切詳哉以振發一世之聾聵喚起國民之精神有志之士同發欽佩今愚亦有一言敢上陳左右蓋中國興一事必多一弊夫人皆知目今科舉漸廢學堂漸興總而言之廢科舉莫非欲去其弊也興學堂莫非欲求其有也吾則曰將來學堂之弊有更甚於科舉者何則科舉之弊不在欽替在徵倖一科之中倘有一半欽替徵倖而來一半學問而來將來學堂之弊吾恐總辦由徵替而來教習由情面而來學生由挽人作薦而來一堂之中無非乘紈袴子弟招考種種虛應故事而已凡果學貫中西文理明通以及家寒有志之士無門得入或可移老施闊而或有一二人能力挽頹風革除弊實終或皆無能爲之而操切敎習不免謙遇于下或總辦敎習能爲之而督撫反掣肘於上一學堂之設不知經幾許人節制經見各殊是非莫辨況中國人作事非以賄賂而成即以勢力相壓尚何暇論我 皇上股肱求才之心哉愚謂一育以決之欲學堂之與選舉歸一大公無私之考驗敎習及學生之實庶寒畯不至向隅而眞才可以蔚出矣

本埠紀事

調換營勇○浦東楊涇渡泥涇等處之防營標營所駐防營勇每屆秋季例須一律更換昨日由營務處飭各防營互相調往駐防以免日久生弊

失洋洋紐○南市外倉橋同德烟店主王某擬往浙江海運洋三千元至海門收貨不料甫至輪船忽失去七百元當即協同王某投馬路工程局報請查緝

派差護解○南匯縣汪令前偕文飭差押解淫婦吳周氏串姦夫唐立生謀殺本夫吳阿潘謀死男婦二犯赴蘇謹爲法蘇泉勘凡事于昨日趁間道經滬上汪令即加文派差護解回南

紀○本邑漕河涇圖二十八保錢媽婦劉范氏昨借地山投上海縣報稱丈夫劉勝全於正月二十八日出外即不回家迨二十八日經人到家報稱丈夫現臥於二十六保十四圖乾枯柴堆內婦人往視無恙向夫詢問據云遭現住二十六保二十二圖妹夫姚梓卿糾衆兇毆受傷拋棄於此等語當即抬回醫治無效而死爲此呈投控求驗汪令

驗屍縱法○護汛驗屍已紀昨報茲悉前日齊若刑仵行抵浦左三林塘東號了如投呈求驗仲望二十四保三十一圖地保汪令即飭仵驗得因阿耕遇鬥無傷棺收殮准免封並驗將與阿坤飭同縣

縣案二則○前日有曹月章扭禍勤前晚經汪令提訊曹供成衣度日子份沿途未兩人爲媒聘定馮女爲媳鎮前偷富牛鎮過門年僅八歲二十來往領不故張娶復又索聯財總致至今月初四日妒央原媒往說馮將女藏匿婚帖呈堂馮供住周浦向錢時許與曾故齊發過門因姑好淫不肯從回去冬被人拐去判令馮交保公堂訊以別案無恥列下作非夫妻兒向時行兇將其辦判狀候停訊○昨爲法廨敘落之期因上停一期

假造彩票○倪有榮向居法新租界芝蘭坊票昨爲法包探查悉即拘頭前往拘

(四)

捕房很供非倪同黨係向張收取帳目擬飭取交保候查倪押候解究

匠工賬鬧○泥水匠錢祥英嚴小毛姚祥祥昨在中虹橋修理房屋但有陶阿和之搭車滿載洋磚而來車忽覆于濱內遂將祥祥壓傷遂嚴錢共立喚巡街捕將陶拘入捕房立飭包深查傳院醫對來再核

新諧錄雅

記某書庄○江省去年某君倡辦之某書莊其初宗旨頗佳取價亦廉目下[illegible]種腐敗日前有某君往購書一部該夥上給人二部貨可謂濫惡士林一日又有人往購新書原價數角者彼開價數元數元者開價數角如此淆亂無章實不值識者一笑云

春聯特別○江西今年春聯可笑者最多聚馬橋某部宅門一日忽揭一聯其聯曰轉眼一年春看目下春光幾許關懷萬狀問海內新政如何下筆伯[illegible]攬句應此何人都

三

光緒二十九年二月初三日

蘇報

西歷一千九百三年
日歷明治三十六年

每號大錢十二文

外埠價目
每日一寄連郵費全年六元八角
七日一寄連郵費全年六元
西洋加倍
東洋照加
郵政不通處的[illegible]外費

告白刊例
第一日每字取錢四文第二日至第七日每字取錢三文第八日以後每字取錢二文封面告白照後幅加倍論年論季面議長行告白二百字起碼短小告白以五十字起碼多則以十字遞加

總發行所　上海英租界二馬路中

分售處
[illegible]

論說

傷心語

來稿

傷心語者歷記比年旅滬所見所聞種種最痛心之事也今日滬觀彼歐美皆曰中國必亡中國必亡顧亡於內耶亡於外耶自亡耶他亡耶嗚呼以吾觀之亦內亦外亦自亦他種種色色皆足以戕滅其國滑絕其種族者也賢者不察而猶具無窮之希望曰維新維新三十年後可以步武日本此殆執劣以求勝果北相漿相報之理必不然矣必不然矣

辛丑元日余與友人程君散步於黃浦之濱故事中國元旦各國泊滬中之兵船必懸旗致賀是日各國兵船除懸掛其國徽外絕不見有此舉動因已令人觸目驚心生無限之感慨已及行至十六舖法界將盡處有菜市場一所場之外周以籬門十坊其地殷道坦坦適於步履余與程君偕行其上忽有法捕一人執棍相逐且詈曰賤種人汝不得履此辟地也程操法語與之辨捕怒舉提欲擊時有華捕三四人蜂至一擁遽捽程將拘去斯時華人旁觀者數百人余對大衆訴此事之情狀衆人若罔若不聞絕無有憤怒形於色者程與法捕辨良久始得釋法捕既去華捕猶申申怒詈其野蠻之語令人不忍聞噫此一事也辛丑二月余從友人家夜歸行至洋涇濱閘口有西兵一人偕一華人之爲通事者自東之西適有挾妓歸人手攜竹籃乘月夜歸西兵截於路捽以兩手掀其乳婦曰我規矩人也通事曰無論規矩人非規矩人外國人要做爾即不敢拂其意婦大啼號是余見此事即駐足立觀距婦約一丈五尺視此情狀心肝爲裂怒目以視西兵西兵遽捨婦而來擊余余退數武以避之西兵乘勢驟挨余憤不可遏不暇計利害拉西兵一手倒推之驟入溝中用力甚猛西兵仰身臥溝內不能遽起通事趨至牽余袂余急以手格之亦躍入溝兩人首相撞大號呼救余奔告婦曰汝急去吾亦從此逝矣此又一事也壬寅夏友人某君衣我國水師學生制服行於路有西兵數人猝至撲毆之某君訴於巡捕之英人官西兵之無狀英人微哂曰若猶未死此若之幸尚何說焉其他所歷猶多不能殫記此又一事也壬寅冬夜某君聞其比鄰友家有日本工人橫鬥急往解救爲日工所毆工人固日本某印刷社所雇者社員聞而大憫閱其社中華人某甲解釋其事欲某君忍訟某君執不可甲大慍一日濟衆詣某君若欲以力脅某君從其求者適他客趨至甲乃去此又一事也以上各事淺見者必以爲微渺細故自深識之士觀之則亡國之顯象滅族之兆端不待龜蓍可以決其必然矣夫法捕之橫鷙此在破都之餘和約未定之際挾其憑陵之勢戰勝之威橫戾恣睢猶可曰也通事之諂事西人奴隸之常態因不足怪然今日通國此醜何其多也聯軍入京此種情狀不暇縷數就其甚者言之則今日出使某國之某使臣欲假聯軍之刀以殺某觀察某滿侍郎殺並欲聯軍以其妻女充役樂有老僕見而泣下者某侍郎遂操杖逐之去惟恐西人不懽然近日東三省滿民爲俄兵謀諸外國之勢以後同種日報所載絡繹不絕然則此事直全國人之代表矣所尤奇者某甲因婚嫁之事出洋學生而以強國自命者其侵犯同類亦復如是嗚呼外禍之來既如此其亟而我國人之無種界無自立心無公德無群學又如此其極也吾更下一斷語曰中國必亡中國必亡

時事要聞

○照錄天津大公報北京要事○正月十七日上午各國公使咸集英使署會議之事茲經探悉其所議最要者爲阻止中國政府征收出口米稅因和約條款中曾經言明中國政府允許華米出口洋鹽進口與免納稅近日中國復行征收出口米稅之議未免有背前約云

探聞直督袁會同署江督張奏請遞減鄉會試中額以免阻礙學堂自明年恩科後起每科減三成三科減盡即永廢科舉其辦法仍照從前江鄂會奏各節略爲變通聞日內即將出奏云

近有某某華人已奉明文准其在張家口附近一帶地方開採煤礦係用西洋新式機器採掘云

○英報論俄皆同任事○字林西報二十六號倫敦電云英國環球報言中政府將署江督張之洞復任兩湖是顯欲損壞英國在揚子江流域之勢力因深詆英政府不力諍之并謂此役深望英日二國協力請中政府將張之洞留任兩江並兩國同應力相襄之責也

俄員將赴滿洲○又二十六號倫敦電云俄國鐵路總統尼格拉司公爵不日將由俄京啟程起程至滿洲查核情形

函述粵東會黨事○茲接西報得廣東函云此間自正月初拘拿會黨後旋有四起數日前諸傳會黨爲總督所保已皆釋放并謂本處各報詆總督辦事現在要求毀壞報館事務人員家貨物八萬元並被拘者中有總領事署人員也

又云本處官場尚未能釋然於會黨據云除前次搜獲軍械火藥外尚有未經搜出者故日來晚間巡緝甚嚴凡幽僻之處皆往巡查

江督張奏減江甘岸商鹽獎摺　續昨稿○又原片內所稱江甘岸額二十萬引歷經商屢次稟請減引希圖免課免加現祇照一萬五千引繳課一節查江都甘泉高郵寶應天長五州縣向稱江甘五岸同治八年定額江甘應銷一萬三千引高寶應銷三千五百引天長應銷三千五百引共二萬引嗣因私充官滯商情苦累搶請減額於光緒十五年前經前督臣曾國荃批准每年減去三千引五岸額銷一萬七千引近來添勇巡緝力戒因循岸銷漸有起色該岸商首次請減之三千引飭令照數加認以復二萬引舊額商人運鹽必須照章完納課厘不准絲毫虧短該岸商果有侵蝕情弊自應查明嚴懲惟江甘嗣岸向係本事商認辦定章商人請運引鹽先將應運引數按照食岸科則完納課鹽然後由司給照赴垣掣鹽場員查照按斤加督飭掘運沿途經過場卡驗照掣

詮不准夾帶多斤查出則沒入官每年按照定額包完課釐如有溢銷仍照舊之數完繳該商免隊後照額以匠短少光食明該岸商照銷數納課釐無從侵蝕之實在情形也至江甘岸商承由公鼎豐公記的名諸公泰源等本年八月間已據稟明招股劉令典承辦由該司詳經前督臣劉坤一批准更名原片所稱之徐兆裕自係舊商諸公泰經理岸務之人雖查無侵蝕課釐情事而沿江子店既圖銷旺利多致招物議嗣後應不准再管岸務及改名隱充等情詳覆前來臣覆查淮鹺立法各食岸商人必須先繳課匣然後飭運即溢銷之鹽亦必按則照繳茲查江甘岸商所銷鹽數核之東納課釐之數絲毫未虧確有按數可稽列入淮南上下半年造報現據運司飭令每年加認三千引加復舊額應納屬課缺則包完溢則照繳更無從虧其推銷鹽斤沿江各子店亦復飭查明確均係真准分設並無數十處之多飭令將近浙界者一店押閉一店暫移內地祇准設盆零售不准躉包且給以路照以後可無越侵銷浙界 在前浙界商人尚無控告該岸商侵銷之案原片所稱包攬勾通和泉一節係屬傳聞之誤惟徐兆裕經理諸公泰多年該時祇圖銷旺利多致招物議亦屬不合應如該司所擬徐兆裕以後不准再管岸務復改名隱充以免再有煩言除由臣飭飭運司督飭現辦商人認合與鹽額岸務就現設子店加意整頓不得稍滋弊竇以免有虧額引而保課釐外理合將遵查前辦江甘岸商把持壟務各緣由據實覆陳伏祈 皇太后 皇上聖鑒訓示謹奏光緒念八年十二月十三日奏正月念二日奉 硃批知道了欽此

世界要聞

提倡軍制改革〇字林西報二十七號路透電云英俊將英提督陸軍軍制佈告依中改良之事茲悔末將印度軍役減省惟駐印發海留留登宜晉示除印度陸軍軍制與五洲大國比例為最小之國外其餘諸大國陸軍之役皆已加增故其改良之策作為罷論而佈告從則已 發矣

英國改訂韓事〇又電云英國輔佐日本辦理高麗錯亂之事茲見重於日本云

公祭日皇〇二十七號東京電云駐日英德欽使現奉命代祭小松宮親王

俄人反對〇字林西報德文報傳單云俄國現已下令反對巴爾幹諸小邦之意蓋以彼等欲越俄與改良之範圍也并謂其欲良之舉皆現已實行凡諸紛亂皆已平靖

不願協辦〇又云英政府不願與法國同辦理摩洛哥之事於此見法外部大臣提爾開斯之見信於人遠不如前矣

預備廢約〇又云威納助拉條約將轉遞於海其法廷者現已預備矣

各省紀事

江西〇江省因鹽務特停特委員分赴各屬試辦統捐惟有小縣偏所出產者未免徒勞耗費故改章擇各要地派員往辦以示撫節

南昌臨川豐城等縣上台擬每年酌提公費若干以濟臨川首上台擬將銀爐一律裁撤商人未免有向隅之歎因特變通辦法令每銀爐帶作報効若干仍准開辦

柯護撫近派各道員往辦農田水利以開利源惟三個月內辦無成效者即撤差

內河水師改為河面巡警已于日前開辦

山東〇周撫札飭礦務洪道札文刊錄於左 為札委事照得山東華德煤礦公司在濰縣坊子地方開井出煤前運往青島不少何以不見該公司報稅查中國各省開礦章程煤鐵出井值百抽五作為落地稅至出口稅仍照章在海關完納從未見有不完稅者查光緒二十年二月二十一日奏升院與華德煤礦公司商訂礦章二十款係係試辦開採章程所有出採以後如何完納稅項如何酌提餘利如何派員經理稍稍未詳細訂明特於章程後聲明此後彼此若有增損之處祇能由山東巡撫或特派大員與山東煤礦公司彼此商酌等語是開採出煤以後自應照章納稅天下無無稅之國亦無代人保護自貼經費之理華德煤礦公司自應按煤動山井口之數照値百抽五完稅俟出海口時再照海關章程完納出口稅至該公司獲有餘利中國自應收保護費查該公司自在山東開辦礦務以來歷經特派大員會同勸辦又派防營駐紮辦礦各處妥為保護每年所費甚多保護費自不可少再查山東華德煤礦公司章程第八款所載該公司所購地段應完國課一節須照他國人在中國他處開礦章程辦理以昭公允等語係專指地畝完納錢糧而言亦應另行訂明凡係官地則令備價承租民地仍照原定田則完納錢糧以符賦額此項錢糧應仍歸地方官征收或由該公司代收轉交各地方官彙付糧單亦無不可至該章程第十款內載山東巡撫派兵保護該公司應給此項衛兵津貼等語現在亦應訂明此與保護費保屬兩事未便牽混以上出井稅出海口稅保護費以及完納地畝國課津貼衛兵等項除由本部院函告德國派駐濟南商務事件委員前署煙台領事梁凱轉飭該公司遵照合行札飭札到該道即便遵照向華德煤礦公司米海樂商訂經收細章報明候核以便轉報外務部戶部各衙門查照此札

江寧〇張江督前撥上海機器局總辦鄒道孝荀調赴蕪湖勸擇安善地段以備建造子局併放溜局所造軍裝茲鄒道在蕪勘定地址一區擬為擴造局廠之用繪圖具陳現督現特札委滬道學祖前往會勘俟覆核奪

李撫部去冬在城北雞鳴山下擇定地段以備建造三江師範學堂茲者張督撫飭學務處刻日興工趕造學務處督飭指揮道以學堂工程浩大且擬仿造西式省垣工匠無人能任人特咨江督令宗仁

赴滬選擇估價較廉之匠人來寧包造云
兩江督署當劉忠誠歿後谷返楚後即經善後局籌款派員督匠興
修茲因務期不日將臨趕緊加工然現已於上月中旬告竣邸
現經委派營守永輪驗收工程稱守指點督署逐處點驗兩日始
畢旋詣督轅稟明銷差
省垣新舊各學堂人現以會試期近自元宵節後已陸續登程進上
月下旬公車之行者已十居八九矣
蘇州○恩撫於上月二十八日午後率同司道以下升堂提勘錯
江府浦縣宜興發縣句容邳州等一州六縣解到之命盜各犯
入起男女罪犯十三名於對原供因內有一起翻供故仍發司發
勘
恩撫以兩江總督後奏准各屬設控命盜各案凡地方官審斷不公者
由各案証投稟上控惟所設收呈委員何令榮已調辦厘差故另
委錢令懋溶接辦
蘇省藩司行撥解甘肅新餉銀三萬兩近由該省督撫咨稱該省
來擬新政賠款飭將此次協餉留蘇收解江海關道作為該省賠
款之用
鎮江○長鎮道之公子于上月二十六日完姻係娶八旗祥織造
之女是日由省來鎮暫假六吉園為行館所有桂藩等于兩日前
送至道署吉期闔郡文武印委各員均備禮稱賀瓜洲高鐵及其
夫人亦親加道賀
上年洪令勸辦十家民團原議自臘月起至本年二月止無加餉
戶所出柏燭燈因循怠玩多不能如數只辦之人因收收經費數
招租諸境各段踏勘設坐夜巡久不聞金柝之聲矣
揚州採辦各租界內兩段稅務島有書貨本甚充足上年結總大為
虧折因所貨之物多係等星期滿變價不敷本利兼之錢庄兌來
銀元每千加銀二分該典因此吸虧不小聞今年須大加整頓也
揚州○高淮泰兩草地廟溝等場近十餘年淤漲二千餘頃悉為
場商某某私佔詐匿征錢糧及歷年積價數至七八百萬上年十
一月由泰場大使之宣孫廷璧開摺稟奉運司批飭委分司派委
翁君二大使按照所指坐落地畝逐細查核正詳復間詎孫受司
擊刑恐係掛號之某甲串詐詞內牽涉鐵事且敢不候司辦越
控督轅督飭運司拿到督批即於正月二十日仰首領官提孫究訊
由小保之弟某星夜赴湖灣鄉尚孫到司二十四日程運司升坐
二堂先究係以誠斷之罪非謂鄉尚仁豐公等所佔淤蕩本司批
飭其兩已准飭公司查辦僅乃受人愚弄別生枝節須知非不干
己該當何罪鳴冤手心二十板因孫備省乞恩求寬顧念姑從寬
宥飭令當堂具結以後淤蕩私墾不得干預如違惟該人是問飭
舉傳首領官收具保入加結備案

時事擇要

再續俄之滿洲　國民新聞○現今自全線路之兩端每日有
三列車行走今飭當增加十列車並為運兵迅速之計停車場之
較亦漸漸倍増以後通過避線間最長距離將減為七里而避線之
長者為普通列車長之二倍以上故二列車雖同時亦可進行
普通列車運貨二十五客車一客車通常可容兵十八人之武裝
兵卒並備砲台從此等處觀之俄國利用此鐵道以輸送軍隊益
便因此則其軍隊之源源而來已不知凡幾矣而我等並不覺悟
是為從來吾人失察之一端也
自東方國境(國境外有滿洲近有俄之大衛戍地數處)至哈
爾賓以二十四時間自安拉斯巴依卡力野過西方以境至哈爾
賓以六十四時間又自哈爾賓至旅順口六十時間此輸送軍隊
之迅速也
俄之宜實行滿洲撤兵豈不能以虛辭對各國所當實行者也乃有
大可驚怪者今俄之占領自東三省各要地而直通富饒之各市
街集中于鐵道沿路不可不悟俄之將來視實行撤兵以前滿洲
之確在其掌中其基礎更形堅固也
鐵路自哈爾賓南下而過克苑齊因會開原鐵嶺奉天遼陽海城
等之商業市街其沿道沿國境且遼河之河孟各所在土地肥沃
物貨潤澤謂亞細亞之寶庫亦非過譽即觀諸市街貨物橫溢圍
道上今俄商旅往來其數每日不下二千人七四之驢馬曳滿載
之車輛行此在東部亞細亞始得見之而旅客往來亦無不便
所謂撤兵後人又有妙用矣請與吾人細思之余十月八日于遼
河之西日報與國之所謂實行撤兵者即莫可狀何則不過從條
約之文面而移其軍隊于奉天東方租界內而已租界內而能永
久駐屯軍隊乎勢必藉辭依鐵道協商為鐵道守備之用殆其已
布滿設施何有何地不在掌握俄人此行猶為實踐約行事而奏
之何
此稿仍未完

寄件擇要

奏辦山西直隸東部蒙旗礦業公司章程　三續稿
八本公司每月開列四柱清冊由總辦以次按准護川間防按四
詳報欽憲存查年終統計造報彙總派員查核并附月柱年
結彙刊清冊俟派利息時分給股商以昭大信
九本公司設立流水分款各項數簿經理人日滿月結併得掛借
浮支此項數簿無論官商皆可隨時取閱查考
十本公司上下人等不准食洋烟以及酗酒冶遊賭博滋事主公
司用人信貸必嚴另立專條遵守
十一本公司官商合辦築嶽盡力川事已詳較宗旨第四條欵第
事不能築室道謀應歸劃一且官本亦若一半如股商中有欲
更易新章另立章目其人名下須有商股中過半股份方能開議
如為衆商推舉則必須持有本公司商股中三分之二股票呈驗
方能開議以符三占從二之意
十二本公司薪工公用各項應公同商酌并照請欽憲酌定
十三本公司股商應得利息詳載股章條欵屆時憑交各處股實
行號代給股商查照清冊之數憑票發給支領本公司自當先期
登報轉手極欵人不得照刊發清冊之數籍名扣用遲延欠交至

許君判將王等押候查明再核酒款應如何給發由公司在股商利息內公平攤付一併列明請研之內本公司樂從核實辦理　仍候示完

學界風潮

楊君千里致教育會函○教育本部幹事諸君僉鑒教育會新建立時天職適在海上因聯若木郭君徵二君之介紹委以教育之責無何天職以他事去滬遂認定本會章程第三章位置事業在蘇州東部同鄉諸君五十四州組織一同川學會年終察察駁駁進化今年第一次演說布示本會之目的易名教育支部研究會隨將作例郵寄本部備就此間風俗對症施藥未得過求宕連統希望核且於開會時布示無議應有改良之處隨時賜函駁正尤所至願愛國學社先後章程規約均乞寄一分至本會支部天職又創辦女學名蒸雅同里之紅塔埭教習倪澤楊錢綸紀錫洪江黃理若諸一切章程課程題名已經付刊續行寄呈以究合鑒名列後查即與時筐入本部約刪賜寄即寄蘇州同里鎮教育支部代表人楊千里餘俟續報敬承起居惟爲國民自愛楊天職謹狀

震旦學院開學記○壬寅二月朔上海震旦學院開學其師即南洋給事馬相伯先生也先生嘗曰我國人士讀西學讀西文數十載矣然所非皆彼中商紳商工所智習而非我士大夫所從及也鄙人繼三十餘年孜孜於東西名家之作不少所以得以區惡智惟此士大夫之學所與好學深思之士共相討論也先生此念蓄有年矣然此設凡之設質以臨項君渭臣發起之院設於上海西鄉徐家滙即天主教古天文臺舊址也先生居於土山灣工藝學堂相隔約半里許是日先生臨院諸生皆降階迎先生諸身合衆兩入相與同行演說聽行師生相見禮先生面南立諸生皆北向以對各三揖而退先是入課堂各以次就座先生已西國學堂開課之日教師必演說今日我震旦學院開學鄙人亦演說一知識界求宗旨其文錄下

今日我震旦學院雖一小小學院然挾佛宏遠前程何限如一芥之微撒之寰之可以遍坤我震旦其奚異哉然諸君子孜孜來遊斯學必於其未非爲學乎抑姑借學夫間者世界所最希望者也彼欲以功名非不可矣然卑鄙齷齪腐敗點綴之終欲榮譽之則榮譽之欲富貴之則富貴之此齷齪之所以不能賤之也定如此一點靈明父子不能相傳兄弟不能相收朋友不能相攜聰明雖大地沒世不忘之精能而可貴哉雖然學問之道有入己之別也我國自秦漢以降皆爲人之學也曰資論則策論矣曰時賦則詩賦矣曰經義則經義矣降而至於八股則八股矣我不解奴隸性質之何以若是之深入腦髓也學之一家之中其家主雖眾多之不分是非之黨排然其奴隸必樂拜之服從之彼爲人之奴奚異哉故爲學亦有奴隸與非奴隸兩派吾不解中國奴隸之學何以若是之爲哉姑無論爲節之士年頗抑鬱或掩涕一室長嘯空山作傾頹醜態之可笑可憐也即彼大魁天下留身翰苑幾冠棋將掘據耳目者試叩其所學則抑抑嚅嚅凡此奴隸之學非所樂聞今茲所稱皆格物窮理之學求之十已而無與於人者也故開宗明義力求自主夫自主與自由異自由者今日欲左則左之明日欲右則右之而自主則不然有堅忍不拔之氣獨立不退之志且而矣之則在從兩个雖所謂三軍之帥可奪而匹夫之志難移此鄙人所欲與諸君子共勉者也

公學之外務部○近南洋公學擬以與西教習言語不通故命西文教習胡某爲總辦胡某告命待爲常於學生自稱爲外務部

寄函勸學○東洋會所開安文書院係爲支那人特設入院肄習過成師範科半年即可卒業江蘇留學者已有百餘惟鎮江一郡祇有八人現在同人寄函來鎮力勸諸同志出洋留學其書有二千餘字現已刊刻布告矣

江西公校雜志○江西候補知府汪文校爲張江督調赴江寧辦理學堂事宜

大學堂派范袁兩孝廉爲功課事宜

大學堂擬聘倪化桂念祖爲教習桂君因宗旨不合已辭却矣

張督部決計不來日前已函鄂柯撫矣

籌措鄂莊之原由○江南鄂莊係官場中人合股所用人炎員料仍高陞已經遺漏各大員股東無米其茗足資繳劵存款托保取米皆赴總辦某君處近因股東某合擬世人總理其事故某君大爲不悅擬將各莊一律清理退還印字抱機匠見股東待總辦若是亦咸有戒心相率停工數莊恐難持久也

本埠紀事

掣獄回籍○寶山前赴滬城垣公幹並已於前晚返回

籍撤理火○漏稅棧川棧日昨被稅務司及滬關撤巡防有私帶稅被卽彈八百五十箱故率巡往查獲並查獲西豚當俗之號衣二件放拘傳主號已逃遁祇將載之內弟王俊傑拘獲移送上海縣押辦非特嚴機扣封一面稟明關道發電留往仔詢問有無委托給照情形

宰猪公司○本埠南北兩市猪作共計有八百餘家每日宰猪約以數千計日來有某甲等私設攔在內門外寧波會館後面設立殺猪公司凡各猪作一律併歸公司宰殺以免死猪灌水等弊各猪作主因知已於昨日齊集會議矣

會訊竊案○鄉民王四控王金桂起意串竊大利商人呂執役店內忽失去洋酒洋菜等物報捕包探搜獲少頃帶解捕房許君帶同各人投公廨會同審訊員提訊原告甘人投堂訴明失竊情形並稱在王家內抄出空酒瓶請究王供此項空酒瓶乃兄弟從前查西飯店內取回應用王妻同供各有專責不敢行竊爲此同之

（四）

匠工飛鉈棍記○有恒公司場車夫繆文莊陶阿和謝阿廷趙玉山戴于六等裝運貨物拉車至西華德路車忽掀翻將工部局修路添之姚祥扉壓傷斃命其餘甲乙二人因傷送醫報探陳洪遠解送英廨訊究姚妻朱氏投供窮苦請優給撫卹判繆等押候補提人証質訊究斷

販孩案錄要○販孩匪徒前晚飭提英公廨因解拐案內男婦七人訊究先提吳阿炳供有四歲一子去秋七月被拐今由包探獲到拐匪徐才帆供在虹口錢姓家煮飯同鄉崇明人阮子儀批攏誤將去秋與阮誘拐吳孩由阮托畢福榮賣於粵人羅阿水得洋四十元後與阮因崇明又拐八歲一孩仍托畢為中賣於羅阿水得洋三十五元阮供兩孩由徐誘拐托售畢供代阮先後賣去兩孩因伊云是一子一弟故為作中兩次共得洋十二元伍王與蘇人王蘇氏同供住在虹口同鄉羅阿水買兩孩帶回廣東包探來拿案週詐洋四十元又這解案羅叫海供羅阿水是父親回粵未返貲孩之事並不細悉即舉判將東海發堂領與伍王王蘇氏退去嚇阮貴五百板徐貴二百板一併釘鐐判與畢福榮均押候訊

訊

訊俞假冒○倪有榮即展速榮在家私造假發財小票被法包探查悉往拘拏獲嚴及彼之舟謝小堂等三人並起出機器一部昨日解解請訊張謝同供托嚴荊印發票昨日向問適被包探拘可以查訪嚴供此票係蘇州某店托印因不知租界章程誤犯求恩孫讞員判機器並罰洋五十元一併充公張謝無干省釋

作訊定貨不交案○唐炳泰上年承包永興洋行鴨毛定期求交因病身故延宕至今昨日該行西人扭唐廣廷唐長生至公堂控稱唐未世後號中各事係長生經理所定鴨毛到期不交該算應繳銀三千五百七十兩查得唐華順小輪船局內有股份若干可以償抵請飭追究唐供此事係叔父定下華順有股實不小的亦不得知中西官會判候查明華順股份若干再行覆訊核辦

光緒二十九年二月初四日

蘇報

總發行所上海英租界三馬路中

分售處

西歷一千九百三年
日歷明治三十六年

每號大錢十二文

外埠價目

每日一寄連郵費全年六元八角
七日一寄連郵費全年六元
西洋加倍
東洋照加
郵政不通處酌加寄費

告白刊例

第一日每字取錢四文第二日至第七日每字取錢三文第八日以後每字取錢二文封面告白照後幅加倍論年論季面議長行告白二百字起碼短行告白以五十字起碼多則以十字遞加

論說

教育會支部研究會序

教育何以而附研究也曰是研究人類之智識性而以教育爲之方面者也教育之結果也有二曰客觀之界曰主觀之界主觀具而客觀不成謂之教育之初點可也謂之教育之結穢不可也客觀成而主觀不立謂之教育之平衡可也謂之教育之立體不可也客觀之界形式也主觀之界則精神也形式何也如今日而組海軍也則島皇島也設輪艦也設立海軍衙門督辦會辦諸名目也若海軍才客觀也明日而興商務也則改設商部銀行也造鐵路也設立通商大臣督辦商務諸名目也若商務之客觀也精神何也則貫於形式之內者也今夫合個人而成社會集社會而成國集國而成世界夫世界之發達則人類爲之也人類如動生之嬰孩而教育實爲之哺乳故教育者人類之智識性也夫胎內則有教育矣家庭則有教育矣學成而選舉代議行政司法交戰通商殖民領海皆以臨時之經驗證夙業之研求則亦教育矣彼學堂者特教育之一部分而爲全部發達之中心點然則進化之理不明合羣之礎不立國家之觀念不起權利之思想不達其影響至於民族萎縮國勢頹敗而教育實宣其衝此閔馬父所以知殷氏之亡而印度爲墟彼婆羅門教與有力焉也普閔西國小學教員無不具大學之本領而中級學生忠愛之高術有過於日本之博士者無他教育之精神異耳日本今日教育爲脫胎稚而少年時代若吾中國則學步之初期也自舉明昭京師各省府廳州縣官立私立學堂一年之間無慮千百似歐化非歐化似國粹非國粹其守舊也極端其維新也亦極端其專制也極端其放任也亦極端形式敗壞精神腐敗朱子曰教學者如扶醉人扶得東來西又倒是代表今日之學界味乎其言之也今日南洋公學因事破壞潰潰繼之吾恐此後學界將標此破壞之一刻而成立教遊革命者立窯避破壞者宜何從也往者西鄉旋耳吉田松下講淨從微以精神教育鍛錬志氣發達神識以爲日本文明先進之學校而今賓南學士亦立教育會於海上分布同志觀支部於各區域之地與江學藥顯厥人材精究科教將育才能擧九州八閩之名者推尸其始然亦教育之腐敗有以致之痛哉疾呼來者十數人物以研究改良實力運動爲約結集之系念客觀之成考察吸引之理定主觀之位凡諸重要問題無慮百數理想實驗分途會辯諸君子有負家庭鄉里教育之責而與會者矜愿定章程若干條如左

一宗旨　本會以改良教育研求人材爲宗旨提倡國民獨立之精神結集合羣之能力推演而化育人之思想

一義務　各會員有委身從事教育之義務尤當合羣辦理一切實成遊學分設學堂推廣演說會圖書館東西書籍與起實業料辦報務等事

一目的　本會目的在文明普及務使鄉里男女青年各具完全國民之資格將來地方自治國民同盟起點於是亦無不可

一方法　會合會員研究教育問題發揮心得分著世論札記演說四項凡經議決新法之件俱當實力進行

一會員　會員題名每年納金一圓公積學堂以爲辦事之費

一會期　會期以星期日自八點至十二點鐘齊集同川學堂如有別事不能到須前一日具函告假以免久待

一圖書儀器　關於教育之圖書儀器例應添購由會員公決認可每年同川學堂撥出金二百圓如或溢出由會員均派擔任

一會規　開會時演說宗旨一切會中例禁及投票舉人之方法須詳細別設規則以議定之

一通信　會員住居別地須時時報告盡力於本會各事會員於集會時布示同人如有會外之人函詢本會教育各事亦一律布示其函詳答

一會所　現附設於同川學堂內各地來函均郵寄是處

時事要聞

電諭照錄〇二月初二日奉

上諭榮慶現在出差刑部尚書著溥良署理欽此同日奉

上諭徐會澧現在出差兵部尚書著徐郙兼署欽此同日奉

上諭張英麟現在出差吏部右侍郎著楊佩璋署理欽此同日奉

上諭孫家鼐現在出差翰林院掌院學士著王文韶署理欽此

同日奉

上諭京師上年冬間雖經得有大雪尚未透足現在節屆雨水農田望澤方殷允宜虔申祈禱朕於本月初六日親詣大高殿拈香時應宮著派醇親王載灃恭詣昭顯廟著派貝子溥倫凝和廟著派輔國公載澤同於是日拈香欽此

直隸天津大公報要事〇傳聞直隸玉田縣地方土匪起事抗糧大肆搶掠誠拜保貝主字樣未知確否

傳聞此次　兩宮駐蹕保定一切糧川均由民間供給不准請民力並不得動用公款日前特發內帑二十萬交差局委員某令支應由兩宮各項委員昨已由總辦楊札派候選候補各□接七十餘員

中國派往日本大坂勸業博覽會大臣那桐陳名侃率同隨員姚允實等十八人於三月間乘輪往會所聞此次那陳二人各支公費銀二千兩隨員亦允實等各支公費銀一千兩

○年餘御史請停各種彩票設立國家彩票以收利權一節部議動款一年所彩一次政府以爲難遂罷仍以彩票爲是又開撥旗彩票搭放併停及粗劣去

九龍□□會黨被捕多人日前兩廣□□□□摺將全黨姓名□□□咨究至如何辦理未得其詳

會黨欲至廣西聯絡散勇一節現聞兩廣各屬紀律□□購槍砲即推爲頭目其土人之希投入會者亦不問其來歷如何

但攜有隨身洋鎗則欣然納之無則不收此次付箴特投其所好多購軍火曾往接濟西匪藉樂為之用

又據港友函云膠州總督有電致粵省大吏請將李某之子釋放未知確否

又運來旗兵連日均聯將軍之陰撥運新式洋砲偏布城樓以備不虞而各處稽查仍未稍懈

惠州亂耗四誌○海豐縣為海寇出沒之區向有暑字營勇駐紮近因郡城戒嚴調赴防禦會黨多閒乘放處結連海寇以圖舉事以致民心惶恐未知如何也

欽州亂耗續聞○四黨來欽幾於遍地皆是李芷香所部卓勇四營為黨擬規擬剿辦總弁有忠知發卓勇抵截獲黨多人而兵勇亦有損傷

擬設煉腦公司○浙省煉製樟腦公司前曾擬定章程官商合辦杜絕洋股准予專利舉委萬砥庄黃子蕃二人為總辦須給鈐記在綱鹽局附辦并派各項執事委員偵查山場赴試用通判蔡倅承嘉來杭為提調於去冬分赴上山一帶勸查樟產復在台州等處采辦老樟樹數百株給價砍伐裝運來省每株可煉提樟腦百斤日內即當設廠開爐試煉矣

世界要聞

美國外交報照譯()據某國戶部大臣稱借與各國之款共金元六千兆計俄國一千二百兆等四千萬西班牙六百兆奧國五百兆等七千五百萬意國三百兆南非洲英屬地三百兆英國二百兆其餘分借與地球各國法國以此巨款借與俄奧以期永敦和好蓋借項均出自民間既分借各邦即不能失利囚兵端一開則雖以收款民間必受虧折也然法國民間雖甚富而國用則不足去歲不敷金元八十萬戶部長極力撙節期出入相抵迄今未能如願法國年來加增地稅民心不從不但稅務不能多增常有民變之患法國近於陸軍水軍每年投出有所加以固邊防財用因而日絀非大減軍費財力終不能有餘但以歐洲近日情形而論兵力又不能不增殊兩難也

俄國北灑報照譯○自英日聯盟後俄法兩國交涉益艱然外人皆智英日在東方所得利權雖多然無實際並千八百九十六年俄日因韓國交涉曾立專約內載兩國均可任便在韓國屯兵是以日本現在韓國屯兵亦分內事也

意與商約現已屆滿與廷梁經知照意國應另訂新約想不日當各簡派專員開議矣

德國新聞報照譯○近來英國兵船汽鍋以煤油代煤甚為得力因煤油火力均勻而煙亦少故水師機器工頭稟請政府飭後船廠無論再造兵輪商輪均需用油云

德弁習漢文者在津充當巡捕於上年西三月設立德文小學堂一處教中國幼童以備充當巡捕之用初次來學者共十六人到學之後詢伊等籍貫姓名三代多有不能答者中文亦劣然該生

一甚勸唯不能捲舌音頗不便猶皆

俄國新時報照譯○俄國某王夫人慨捐鉅資創衛生學堂於克發布克實係辦者為女學士古自森錯亦精衛生學者擬教為柏實格羅先以試辦之法宣示於眾曰此次立學宗旨欲個人人盡知衛生學問以發明發與尋常醫院中兼設衛生學諸習外科者不同必須於各學堂之中擇年及十五歲八人專習外科凡醫治諸法討論甚不厭煩務以期精益求精以後視學問高下再分班次試辦學堂所擇基地甚寬且距西近殊宜於衛生就計建築校須六千盧布云

比國時務士報照譯○比利時王為儲君時曾發遊地球甚注意中國至欲自立一麥因亞非利加有事中止拳匪亂後在漢口得一租界據地雖小而為漢口鐵路所經之處將來比國商務之盛可操券也

各省紀事

北京○順府尹前托沈道能虎代買選辦白米在成米出境除在本處轉發外尚餘千數百石現已陸續運京先立南北兩局平糶一在府門一在四眼井工賑局以濟貧民云

京師學堂即以五城學堂改作於上月十九日考試報名者二百餘人所試者一百餘人題目兩道照錄　漢光武小敵怯大敵勇論　學校科舉異同得失策

天津○袁督意欲振興農務今農務局顧問官補原議定先借小站稻田若干畝為農務試驗場按照日本新法試辦俟有成效再行各處仿行

特科人材固有人人探悉而欽佩者然濫竽充數或亦不免故袁督此次獨不保

袁督以科舉減放以後學堂與獎學生須督力主全廢故探得確實消息必俟二月間袁鄭二公晤于京城後方可與某商議可行與否前聞袁張二三公本擬會銜今悉以二公皆將預政務應有言責伊則必於樞垣中有以此為言者乃敢與聞矣下主國智只袁張二公

聞袁督於二月二十日前後赴保定驗看　行宮工程及各學堂又赴常備軍隊操演畢再赴　西陵驗看　行宮鐵路云

奉天○奉錦山海道一缺北實任例由簡調凡委署向歸直隸奉天輪委上屆奉省遴委二次今番應歸直隸委派錦州口俄軍尚未退出交涉繁多誠恐直隸所委之員與俄人不相夾鍼共事為難不能不預為慎重現在奉天交涉局總辦李道席珍辦理交涉三年此情熟手且為上峰倚重於是一面咨商直督一面據情入奏即以李席珍接署山海道缺務

新設綏中縣前復州知州許牧彭齡撤省委候知縣程令適成前往接署錦安東縣候補知縣徐令之駿署事期滿撤省遺缺飭委實任義州知州高牧[illegible]錦州缺務委候補知縣俞令安署

叩

江西〇王守以絫日曾起服來省領憑赴部咨調江寧遞將惟
江省舉行新政正求才若渴之際因即咨覆撫州府以挽留之
王令飭州爲官出中通達之人故識丁畝返揭夫作服調信遺缺
促來江辦理新政於日前下檄委辦工商務事宜
製造局機器現已到齊不日即當開辦
武備學生業已選考到堂分班肄業並派員赴學堂監督功課
江寧〇有學録學校士員戴例於二月初二日由江督考試甄別
今屆張督頒給學堂來取計及數投考士紳之中俯就甄選無知云
上元縣戴令去冬奉委前往檄飭與縣城縣陳令互調該令因有
經手未了事宜稟請上台另委他員代理縣城縣篆茲者戴令在
即旋欲赴任頃據乃陳令交代後辦迄尚不即旋任戴令
鳳陽縣篆刻委員庖代
蘇州〇正月中蘇國昭文東鄉士民與外來光棍因爭搶賭場啟
鬨一人光棍恐士民不相容持千金運昭署賄房負債使之講和
並莱衙署主得銀五百元餘五百元作爲縣署開銷事完後光棍
又於候用飭大偏旗鼓云
常昭賭風北常邑郭令嚴禁以後恐逃至吳文縣境於是大東
門內大步橋某學幼梅家北門內縣公殿前燕園歸家皆徹夜開
設一擲千金錢氏酣鎖中我何無爭國爭自恃門第不肯倒歸正
月二十六日昭署差役數十人齊至季宅速人便打將並上鎖拌
恐行搶去錢姓云衆人之父子久生食某姓昭季姓失火飲行搶
入亦被衆役痛毆金敕偕昭署謂嗣差役此令當之不倒
上海道於上月二十八日由中抵蘇當投文武衙門投刺拜謁
及抵蘇戰恐撫部院見面較久
蘇垣盤門外青暘日蘇近由日領事在租界推廣馬路九條直照
會蘇撫請闢葑門以維市面故有二月中動工之信
鎮江〇新守許田赴蘇賀年乘興登舟時狎遇營兵在租界內酢
擾一事已紀前報顧悉是晚事定後即附輪上駛一切騷擾情形
想謁見張督時必須面稟矣
往年冬賑局粥廠至二月內始停今局委以歲內所存粥米業已
告竭衆之經費支絀異常雖以搞拄不遑已與明許守於本月二
十四日截止閉城內各善堂粥廠亦於是日停杓云
揚州〇鹽運司以年來所設各欸稟請劉督亦派公款効公家
旋以未奉准行反使餘欸存而無用因將城內外橋梁廟宇孔聖
與修上年冬間府學業已修竣縣學聖廟亦派梁首領會同巡檢
呂桂芬承修已於上月二十二日竣工由運司親往驗收聞工堅
料實絕無偷減草率之弊
新正以來鹽務地方文武印委以及紳宦之赴署賀者指不勝屈賀
惠觀朱令士俊赴省公幹舟至邗江於上月二十一日入城分詣
運府賀年道即稟辭南瓜州南渡同日運判許念祖又辭陶高寶
據私又二十三日運判丁乃銘詣同李鳥公所收公鹽
上月二十四日運司派委知事倪壽銘督解正月分金陵軍餉並
示期二十九日來庫兌領

淮南總局向來門丁調之稿門專司公文出入上承下發與門習
無異而積尤過之茲委員常換而門稿如故也該局稿門陳姓充
當已二十年陳死由其戚李姓頂充近因辦事將來可仿革另選
司事接手永爲定例
杭州〇錢塘縣典史缺前付以新海防遇缺先班之居培松詣細
現接部覆該准已來新覆諸防知赴任矣
向在衆安橋南首開設乾泰義銅器鋪之馬姓於上月二十一日
因燈火上燭立兆焚如及各鄰貨物幣馳救已四面延燒無從施
救約歷二句鐘始熄共燬房屋百餘間且有數人因逃躲致斃
傷殘重云
杭會海西十餘里之琉塔州方言坚朱姓夫　杪其夜被盜所
失不資有一傭工因在屋後追致被開鎗擊傷甚重危現已稟官
請緝矣
大禹陵在會稽縣境本年爲大祀之期應由鎮浙將軍主祭預經
紹守會同例紳趕備齊牲並非設行台禀請到省常將軍於上
月念六日挈同隨員人等出候潮門渡江赴紹准二月朔日獻祀
爲三載一次大典云
正任寧波府高守英前經任撫保升道員照須過班開缺遺缺奉
撫署奏擬定正途特用知府喻守兆蕃署補日內須接員先往
接替俾高守得以早日交卸云
寧波〇寧波河道府由宗守招徒設立可工司事管理工程管乃
日久玩生以致河道淤塞今經高守訪知其中有弊遂傳該局董
吊簿細查揭算尚有餘欸當飭各段保甲會同地保迅傷該工役
挑浚日已動工矣
上月杪鄞山縣方某富家被匪搶封所失不資次日失主聞單
稟報鄞縣黃令立飭捕役嚴緝

時報擇要

三喇嘛之滿洲　譯國民新聞〇不第此也牛庄之撤兵者自牛
莊以軍隊轉移於距牛莊僅四里之俄國居留地大石橋也一在
牛莊上流依於鐵道東方約一時間可達之大石橋爲搆造堅牢
石材及煉瓦之廠最適於久駐兵營而冬季尤可入處亦不可不
縣也奉天之撤兵者在奉天之市街內以俄國軍隊僅移於其城
壁外租界而已此租界亦預備設有可容六千兵之軍營將
來錫之撤兵亦以軍隊自城內轉移於城外而城外已建有最多
之樓房及煉瓦屋更搆築幅四百尺深五十尺之兵營二座又可
置砲八尊之砲台一座可容汽關車二十一架之汽關倉庫若干
及病院與駐兵三千人之各要件近日亦設備而無遺憾此外之
撤兵則亦恃其租界之廣完華咫尺可以移駐與前情況大同
小異但哈爾賓既爲俄國所有之租地則不撤兵亦無足疑怪者
也
吉林省之首府吉林者有人口四十萬之大都會也俄雖屯在堅
占領之而撤去此地軍隊又伴爲明年四月八日之預定一此經

日本之今年皆一然如此撤兵即會議定於何時以俄兵官之能盡可撤退將如山而關此之撤去者亦以軍隊移向克兇有因會議並附近而已而俄國又迫清政府俄得自該地至吉林支綫取款之許可其故爲不使此間撤去八十里遠之軍隊有行軍三日之勞亦可見俄國之情惜軍士有過我國者矣何則我國無中國鐵道在奉天都將代我軍士之設沙山盛時也吉林撤兵之結局亦以其市內駐屯之軍隊移在市外鐵道停車場之附近將從此後其限定之得宜尤以注目者在滿洲主要道路無一不以其兵據路守備兵亦以於配置務使各市街皆在其守備之下者其有一分永遠之概　乃余嘅

學界風潮

四川沙小學堂○川沙小學堂創辦於壬寅之秋以全力與地方頑固黨經戰四月之久俄乃停現定二月十六日開學以陸君逸如擔任教務[illegible]以黃君楚南張君方鴻擔任學務[illegible]聘教日籍[illegible]

蘇湖小學堂○蘇湖小學堂學生以及師範生均經[illegible]試[illegible]擇於二月初旬開辦又擬創設中學堂一所云

[illegible]江俄文學堂○江省舊有俄文學堂庚子之亂毀於兵火現經[illegible]龍江將軍[illegible]以[illegible]分省知府黃忠[illegible]主事[illegible]生沙[illegible]南山[illegible]山[illegible]生[illegible]站挑[illegible]子弟錄取三十名分班肄業常年經費約銀三千五百餘兩

本埠紀事

[illegible]○[illegible]少[illegible]黃均隆湖北候補知州吳勤修孔祥[illegible][illegible]昨日抵申上海縣拜會

學堂出案○[illegible]試本邑[illegible]正學堂錄取各生業已出榜前列五名[illegible]如梁沈承大[illegible]

[illegible]○昨[illegible]文[illegible]大[illegible]之[illegible]以及文武各官往來拈香致祭

代理[illegible]○滬南製造局[illegible]學習因公赴甯迄未回滬故局中大小事件現由[illegible]委員[illegible]及周提調暫行兼管云

赴[illegible]控[illegible]○本邑[illegible]人[illegible]氏投縣報稱伊夫[illegible]全遺夫妹[illegible]投[illegible]求[illegible]相驗[illegible]由縣主汪令[illegible]下縣[illegible]二十八保[illegible]山投[illegible]已由[illegible]若無力代爲[illegible]作[illegible]己死[illegible]全縣[illegible]不[illegible]因病身死[illegible]保[illegible]姚姓[illegible]收[illegible]返[illegible]

[illegible]大案○昨[illegible]巡[illegible]役[illegible]內[illegible]大[illegible]彈丸八百餘[illegible]門[illegible]取同[illegible]到[illegible]汪令[illegible]人王[illegible]在案茲經汪令於前晚[illegible]究王供[illegible]波人由東入[illegible]川[illegible]收房租[illegible]出租與地[illegible]來[illegible]每月租銀二十餘兩[illegible]行堆儲軍火八百餘箱號掛不知何來汪令[illegible]供[illegible]押候提[illegible]究[illegible]所有[illegible]省[illegible]之號掛[illegible]庫

局[illegible]○[illegible]鄉人曾[illegible]如[illegible]百元忘[illegible]南市協記肉莊[illegible]拾上向索不[illegible]在十六舖南局[illegible]由[illegible]局員判令協記店主朱桂生[illegible]五十元[illegible]不[illegible]即[illegible]局[illegible]令[illegible]以[illegible]由[illegible]局員[illegible]定[illegible]出外理[illegible]候再核○恒吉[illegible]店[illegible]欠[illegible]包[illegible]三百餘元由[illegible]保人天成染坊[illegible]提[illegible]在[illegible]令[illegible]○[illegible]金泉在十六舖中[illegible]再[illegible]光緒[illegible]五年[illegible]米水[illegible]一百元[illegible]出外[illegible]同[illegible]人[illegible]理[illegible]

控[illegible]本○[illegible]人[illegible]上年[illegible]之[illegible]人某氏出資本洋八千餘元在[illegible]店[illegible]及[illegible]月[illegible]水[illegible]然[illegible]不[illegible]情[illegible]公[illegible]控[illegible]准[illegible]控[illegible]候[illegible]告[illegible]究[illegible]

怙惡不悛○己革包探[illegible]因與[illegible]王小妹[illegible]中[illegible]明[illegible]頭[illegible]將[illegible]究[illegible]之[illegible]向船戶某甲[illegible]告[illegible]水[illegible]包探[illegible]林[illegible]到水船[illegible]去[illegible]上海縣[illegible]以做效尤

公司[illegible]○上年法工部局[illegible]租界[illegible]地若干[illegible]三項公司一所於日[illegible]工[illegible]所有牛羊豬須先由公司中[illegible]明[illegible]方准宰殺[illegible]否則不准

田[illegible]○包[illegible]等[illegible]代[illegible]向[illegible]地一[illegible]人分[illegible]被[illegible]山[illegible]別[illegible]以[illegible]無從交[illegible]限[illegible]日包[illegible]現[illegible]本[illegible]惟加利息一千餘元受[illegible]不少[illegible]法[illegible]找出[illegible]洋[illegible]百九十元亦[illegible]法[illegible]給[illegible]五天內將[illegible]去[illegible]行[illegible]

新諧錄雅

英國女包探案○[illegible]英國武員名葛那[illegible]在印度從公多年家富無子祇生一女名奧利弗二十有二斯時葛君辭[illegible]居本[illegible]林[illegible]中[illegible]池沼[illegible]林下[illegible]之[illegible]一夜[illegible]中[illegible]內犬吠[illegible]不介[illegible]句[illegible]其[illegible]奧利大[illegible]起出[illegible]見其[illegible]中[illegible]救得[illegible]死[illegible]君[illegible]其[illegible]水之故女曰[illegible]測葛君[illegible]久之[illegible]別[illegible]知包探[illegible]此[illegible]包探細心驗[illegible]內花園[illegible]無[illegible]其[illegible]但[illegible]奧利[illegible]水之處有男女[illegible]印[illegible]可疑或奧利[illegible]人[illegible]亦未可知包探

（四）

即詢司戶者曰奐利墜水之前曾有男子進閣否曰祗有一男子物何由而得乃問葛君曰尊夫人之戒指何在曰變故後即將戒在門外往視奐利良久方去包探曰此即可疑之人也吾將窮究指擲入池中現已問及未免觸動愁情包探暗思奐利與友辭別之乃向奐利臥室見一小箱滿貯男女各樣小照反覆查驗內有時雖然火車疾馳未及離車亦可在第二站下車何必隨友到家男像一張有佐治之名但字跡已毀滅過半似有不願人知之意此中必有隱情乃往某地為徵查考婚姻冊籍內有佐治奐利乃問葛君千金有深愛之男子否曰無之小女頗守本分案不遠二名係于某日某時成婚者暨奐利與友辭別之日並奐丈失而出怪道某日靜早出至晚方回據云與友辭別適因火車開行太速不及抑更有他人同名者乎斯時包探偶過郵局差役乃問及此急未及離車遂即隨到友家即以此方寄發即居某地次日包探事答曰佐治索居本埠與一女子魚雁常通音無虛日近聞佐治又在奐利臥室覓得金戒指一枚疑竇頓生因思奐利並未出閣此成婚後忽患癲疾故此音問幾杳矣

未完

光緒二十九年二月初五日

蘇報

總發行所上海英租界三馬路中

分售處

西歷一千九百三年

日歷明治三十六年

每號大錢十二文

外埠價目

每日一寄連郵費全年六元八角

七日一寄連郵費全年六元

西洋加倍

東洋照加

郵政不通處酌加寄費

告白刊例

第一日每字取錢四文第二日至第七日每字取錢三文第八日以後每字取錢二文封面與告白間後幅加倍論年論季面議凡告白二十字起碼短於告白以五十字起碼多則以十字遞加

論說

軍隊

軍人抵禦乎世界極有禮之一文明物也軍人有禮乎世界極無禮之野蠻物也試述其義

國民軍之成立也歟制國家之關血流國民之稅折絕腦力鑄造殺人之器械殺人時局勢非危人之政策組織步伍驅殺人之技術慘矣哉沈沈能鼠姑姑窩水擁憐天之悲風血雨立人吾軍人之戰國也歟請戰術者曰攻之者使必勝退之者使必避防之者使必因固之者使必排難有函谷遺關之限長江天塹之險沙漠瀚海之保障吾軍人舒其慓悍勇敢橫行馳逐之絕技席捲如疾風牧馬南下必將使舞鼓青血敵人之無老無少無貴無賤無強無弱凡與我逆我避我不服從我者焚其土地擄其大下國其城郭男子為奴隸婦女子作使為婢敵人民族千年萬年屈伏於我肘腋之下永無自由平等資格不敢仰視吾軍之名聲頭震敬士卒者曰升平大於一細塞蟻對為言將汝能之乎曰能淫寸挺於汙海浴全擄於湯火汝能之乎曰能長官與其強迫壓制手段以強國民義務教士卒士卒為其為折千回困於不稍之中以強國民義務對長官汝能之乎曰能於是有軍人犯為時神歸其國魂張吾民族維制他種官揚國旗於全世界者於能之一字如曰不能則軍人義務將全國民之財產付於他人男女哀於道路者起於不能二字故軍中以不能二字為亡國亡種之自殺為禁厲即有於發遺者為全地球之思才力所不能者亦必使為之曰能故曰軍人無禮之事

現時民族帝國主義勃興歐洲列強皆倡軍國民教育一途之勢推隨而轄軍人更有軍人特別教育以對待國家行有定則食有定冊手足舉措皆有嚴肅紀律遂成軍人姿勢也隊長愛其兵卒兵卒順其隊長室內室外諧洽若父兄子弟群居于一聯隊決心深水人位於上其軍一塊尤以軍人特質上級與下級下級遇上級者必敬禮與不識者亦然此軍與彼軍亦然本國軍人與外國軍人亦然夫軍人者同衛其國家同保其民族有共生命共患難接之關係其敬禮也非有所畏懼有所要挾而實此處與委蛇也維冠劍俱盛羽而來者即視若命身流血壯吾國民特色抵禦外人侵入之人愛國思必以為勃起不能不手之行於禮也故曰軍人有禮之事

痛哉軍人之破壞力也一戰而勝積尸盈野積血成渠草枯木黑下者鴆而味食者生人血肉之精也親失其子妻失其夫依生還壯十段歌入城者戰死之新鬼也一戰不勝城毀其宗社覆滅其人民殘戶化為灰燼沒於他族敵人乃持其餘大縱橫捲其地之子女玉帛以行一時之樂以佐術陋之然其土地其人民遂沒沒長夜屈伏於壓制排抑之下又其長者今皆其人民收沒其財產使其父與子不相見妻與夫不相過則原故舊或流寓或放鬼域隨行叫號天各一方始因其地金幣財力收其地盡用其地之金幣財力制其地終滅其地之金幣財力不使其地之人民甚居其地耶死軌道中者非假人放亡國民於西比利亞乎波蘭越矣印度亡矣睹彼民族慨然當年何無起全國民命而一戰乎淫虐慘狀足以反對文明禮制者將親見於吾身也夫處今日優勝劣敗之世無文明無公理曰強權而已戰事之平和結局必以被侵掠被殺戮被淫虐之國出其金帛割其土地為軍費賠償之用若失而默嗣然後戰勝者復舉殺人平城之盛業懸之國旗播為軍歌以教國民若教人為天演公理者故曰世界極無禮之一野蠻物

夫處今日軍力比較之世軍力者相國國家之城壁膨脹民族之風潮生助諸種文明之舟也或借軍力發達其商業或挾軍力直行其宗教或恃軍力利用其外交或憑軍力配置人種於殖民地凡文明上之一器一物軍力強其文明程度與軍力程度段增高如日中天如盤承水活潑吾民族之權利發得以游刃直行而無滯阻軍力弱則國家頹敗民族沈淪文明進步亦相迫頹矣不觀十九世紀之中葉直打國民族主義勝敗與一戰乃舒其以手段挾軍國民族主義直行其實業帝國主義膨脹於二十世紀歐洲之大舞臺備科學亦進步為西班牙入十九世紀以來拋上權力放棄殆盡而日之航海殖民學術商務諸種文明亦挾手而讓於他人故夫世界無文明思想文明技術之國必其軍力疲敗不足自存其民族亦永無光大之勢力則凡關於一大民族占全世界優美特色之文明點者未有其全國軍人不流國民之血救國民之源而能產出者也故曰世界極有禮之一文明物

無禮者軍人之性質也有禮者軍人之性格也無禮而含野蠻性質者軍人之運用也有禮而含文明性格者軍人之範圍也假難斯哈薩克騎兵不含野蠻性質不得跨於此偉全世界殺人利人以救軍為以野蠻為的文明其心思野蠻其手段而後可以文明待同族可以野蠻待外族

宗完

時事要聞

電諭照錄○二月十四日奉

上諭兵部奏請派員往閱直隸等省營伍一摺近來各省營伍已成具文積習相沿之時尤應力求實際嗣後各省督撫均著督飭各營將弁認真操練加訓練俟有成效再行特派大員前往查閱以示實事求是之意欽此

張督撤斯教員○日前皮錫瑞學務處所附保送三江師範學堂教員名冊內有皮君某某等大為張督所閱知其為湖南學會所演說及湘報所登論說皆附和康梁主張平權自由邪說煽惑人心者以此人選充教員而保送者為荒謬絕倫擬俟皮君來寧時因而嚴加懲辦保送者以處分又名冊中似此類者尚多亦擬一網打盡之舉此事係為學堂為人習之

出其不意查獲新報○南皮昨派員保查各街坊之購閱新報股

稟及新民叢報者於是中西書局及明達書莊均經縣飭差提人搜查到縣後縣令將貨扣留而釋其人附皮又行文通飭嚴緝孔中詳意水前明達大約因中西書局中人到縣時聲稱與美商合股故未之及聞此事係由仲圻進言故有此舉又稽坊書報館亦經調查其曾購買清議報等書者除書坊及一二紳外其餘衆人無不被差役訛索者

惠州匪耗五誌○惠州府屬上月十八日由平山回署聞由營公綴所獲之三十九人審實後已戮五人餘皆釋放凡入黨則捕必先在村外鳴金吹角故作虛聲然後敢入故各匪皆聞風遠颺云

又惠州自庚子三洲田會黨起事平滅一役剿軍不戰而潰鄧令渡江先逃杜典史奔蝦被擄事動數月不能一律肅清其後吳川守報逃解圍於香港黨人乃紛紛潰散收事後　論衆排清鄉而舉行不實餘燼復熾延蔓至今去冬黨人由外洋潛回聯盟拜會以圖再舉時地方紳士已有知之者稟請究竟行轅撥而洩洩如故也

惠州分東西二汛其西江一帶地近富洋時有海盜出沒劫掠所船而背以羅山爲巢穴沿江上溯其險要之地曰上磡閘曰黃屋曰利壩頭曰新壩尾曰考丫山曰鴉鵲地曰牛眠沙曰雞卵水曰白芒花曰紅花地曰下底圍曰西山穴曰塘頭曰新歷仔曰雷公嶺曰觀音坪曰荒利圍曰蕉園閘曰三洲田曰擲戟嶺上至三多祝皆有匪蹤其東江則上而河源下而博羅其中險要曰七星湖曰三百洞曰羅峒曰力閘曰蓮塘曰上村曰橫沙曰望閘曰古竹排曰栢塘皆爲各匪易於藏匿之所若剿捕者能分路搜亦或節節進逼斯惠州全局或可肅清以

十誌粵東會黨○黨首洪全福不日將發不遂而仍結爲大排下延股際不今不古不中不西已屬可笑性尤好奇服裝每以著貲紅綢爲長衣遊行市中顧盼自豪見者莫不失笑

前聞黨首洪全福乃三點會中之最有資格者該會以復明爲宗旨以太平開國年號曰洪武洪字從三點故取以名其會茲復聞該會自潮州鄭氏敗後其部下散入福建即陰相聯結復爲此會經二百餘年蔓延益廣近數十年則南洋及舊金山一帶其黨尤盛凡入會者必須入引進稱之爲母舅稱所拜之會及爲者母會中派稱頭目爲大路母屆開會謂之演戲入會者謂之看戲會外人到者謂之做封入會之人由黨首量其才具加以封號新舊各三人其中名色有稱爲關者亦曰先生即會中之軍師也有稱爲棍者即會中之先鋒及偏裨也有稱爲草鞋者即會中之偵探及走卒也蓋會中舉動頗秘密故立此等名色以瞞外人耳目有稱關與棍之封號者則會中人皆衆之然以總於部所以爲尚者所笑曰會黨欲聯絡他黨而他黨不肯受其封號者爲其也且會中以復明爲宗旨總黨亦久不以爲然云

江督就職補遺○字林西報三月十一號得北京訪函云署江督張之洞現奏請簡放江督佑將擬進京陛見面奏近年所辦辦約

事宜以及學務軍制并而請　飭凱閣已遵　徐尤敢擅留上勤已飭達軍機處告以將由滇漢鐵路來京矣

桂匪竄擾湘境○益新西報路透轉北京電云廣西匪耗氣熾日熾現已竄入湖南境界矣

世界要聞

美添戰船○益新西報云美國上議院現在改良水師章程添備戰艦四艘巡艦兩艘

英使獲賞○又云英國駐美欽使赫白脫以辦理威納助拉事有功已由政府賞給寶星矣

宣佈同盟○字林西報二十八號倫敦電云英大臣好夫鐸現已宣佈同英將進呈南非洲荷蘭首領以結兩國之好

英暹交涉○又電云去秋英暹之約英國已認暹羅君主位在巫來由君主之上而暹羅則亦允用英人爲顧問官云

日政府意見○又云日本政府現在甚不以英國各報載高麗及北中國將有亂事之言爲然

據地屯糧○又二月念八號路透電云英水師提督海明於本月念二號帶領水軍前往征服亦爾斯其意擬據該處爲一屯糧之所

總統述勖○字林西報述德文報傳單云德國總統及副總統不日將有大運動故現在維新黨人皆出而提議矣

俄屬安靜○又云俄西皮尼自改良後時事甚有進步現在各屬節極安靜

拓地爲難○又云德法聯盟開拓屬地一事頗覺難以爲力蓋以俄兵仇視之見現尚未消故也

波斯稅務○字林西報述法文報云波斯政府所擬賦稅章程於俄國之貨不徵釐免而於英貨則仍加稅云

協助邀路○又云俄京探得德國現擬助韓京運勝銀行主承造漢城鐵路及出借道欽推英國則深詆之云

招墾荒島○有文來島者著地近南洋係英國所屬距厦門水程約六日島中水土和平地亦肥美現在英國招雇華人前往開墾特托某洋行爲之介紹定有章程七條錄下　一華人果願往墾該島耕種者在厦每人先給川資洋五元到島後再給洋四元作爲安川其給過之洋限二年內全數歸還　一華人耕種者到島後每人給地三十畝第一年不收地租第二年起每年每畝收地租洋一角懷望前往之人隨帶牲口及耕種各項器具以便即日開墾爲要至於各種米穀應予切做各項種子由英國分給不取分文倘欲種蔬菜瓜果各物者種子由華人自行帶往　一耕種開墾華人英國每人每月給銀三元其有家眷者每月給銀五元作爲米飯之費滿六個月爲期即須停止給發此項銀元應聽華人自便俟獲有利益隨願繳還以示優異　一前往該島華人不能耕種者亦有謀生之法可以在火車路受人雇用或傭地成鐵木等工每日工銀至少四角　一火車路各站由英倫派往

野牛華人染病者由該醫生送院醫治不取分文　一該島地方祗有進口出口貨物完納稅銀並無別項稅則征收之事　一該島左邊所在實爲對面有[illegible]島及仙仔簡眺連如由香港前往三天可到

各省紀事

蘇州○[illegible]省學務[illegible]刻已由恩[illegible]奉　上[illegible]飭下司道轉行府縣即日[illegible]局仿照[illegible]辦理云

蘇州銅錢[illegible]自去冬開鑄[illegible]銅錢按日收押二百元爲限近由總辦馮孝廉派[illegible]工匠加工鼓鑄出數[illegible]故自二月初一日起每日加鑄二百元云

蘇州撫憲[illegible]戶部[illegible]文[illegible]命令[illegible]各赴[illegible]令該員[illegible]解銀[illegible]入都

杭州○浙江一帶自去冬今春以來[illegible]白[illegible]科去冬在嘉湖江[illegible]二名就地正法現[illegible]紅幫[illegible]會匪均[illegible]江面亦安靖異常

嘉湖爲通商口岸交涉事繁自[illegible]後[illegible]委員專辦交涉[illegible]等事[illegible]件[illegible]民教訟案

杭州○紳士[illegible]設[illegible]已經[illegible]款[illegible]又有紳[illegible]序[illegible]議等求[illegible]見[illegible]間[illegible]以地方[illegible]耗之款一律[illegible]務[illegible]一中學堂以[illegible]

新[illegible]浙學紹[illegible]分[illegible]一[illegible]己奉[illegible]飭[illegible]赴任因于上月念七日午刻接篆

洪[illegible]新[illegible]日[illegible]有[illegible]在[illegible]數十間[illegible]殺[illegible]茶[illegible]收土[illegible]派[illegible]分[illegible]洋止之閩茶[illegible]本山[illegible]近[illegible]封禁辦[illegible]故[illegible]擬云

浙省[illegible]季[illegible]今歲自[illegible]現[illegible]秒[illegible]往來之[illegible]不[illegible]可見內地[illegible]民[illegible]之勢[illegible]僕[illegible]茶上市時方[illegible]色[illegible]交易約[illegible]四千箱之[illegible]云

廣東○[illegible]日[illegible]市[illegible]不[illegible]同[illegible]日[illegible]仙土十[illegible]七[illegible]收解赴[illegible]局[illegible]外[illegible]號[illegible]無[illegible]操[illegible]依然[illegible]局員現[illegible]緊[illegible]工匠[illegible]川之[illegible]器[illegible]理大約[illegible]月初旬便可[illegible]數[illegible]元矣

時論擇要

[illegible]俄之滿洲　[illegible]民新聞○[illegible]首府[illegible]十六里之地有[illegible]守[illegible]兵[illegible]以制[illegible]爲[illegible]要點也[illegible]比[illegible]十六里之[illegible]守備兵亦爲[illegible]守此要地[illegible]之滿洲撤兵[illegible]不過[illegible]千可加[illegible]各地點而已吾人[illegible]此又不能不思戰爭要點[illegible]果對于何人而言耶並以迄今待斃之支

[illegible]對之一[illegible]何[illegible]我而[illegible]戰也雖然支那土地當大何嘗不可[illegible]俄人既如此肆怨於我我亦何心而破毀其已成之[illegible]可[illegible]血肉而[illegible]他人之[illegible]我國人若徙欲以[illegible]俠之[illegible]則[illegible]此在[illegible]我國[illegible]上之競爭則自[illegible]之[illegible]已能見一大可爲之[illegible]此無須[illegible]也

滿洲者[illegible]俄國之支配下者也一切之[illegible]國[illegible]爲[illegible]死人[illegible]有[illegible]息[illegible]一[illegible]人之許可[illegible]就也何日不[illegible]兵何[illegible]不撤兵而此[illegible]之[illegible]土權如[illegible]在[illegible]印度王國之上[illegible]得效果已早成不可拔之勢矣

各水[illegible]向[illegible]俄所[illegible]兵後亦依然可得任[illegible]分[illegible]之[illegible]唱至于河川往來者[illegible]之[illegible]小汽船及拉依[illegible]無[illegible]之此河川爲[illegible]內者故北[illegible]亦[illegible]爲俄人之[illegible]野[illegible]現今東三省[illegible]兵[illegible]受俄人之[illegible]束號令[illegible]兵[illegible]之小[illegible]須[illegible]俄人[illegible]以[illegible]印[illegible]俄人[illegible]之不[illegible]校[illegible]無[illegible]火[illegible]足[illegible]俄人[illegible]心[illegible]全[illegible]洲內之[illegible]群[illegible]火[illegible]及[illegible]台[illegible]收之[illegible]十[illegible]有[illegible]之[illegible]在俄國[illegible]路[illegible]之地方[illegible]法律之狀態日[illegible]進步而俄人[illegible]此情形[illegible]兵後恐[illegible]國各將[illegible]爲[illegible]去乃令陸軍委員數人爲之作計其所在人數如左

齊齊哈爾[illegible]大佐

吉林[illegible]仝

奉天[illegible]仝

此等陸軍委員[illegible]所以監督各[illegible]之軍[illegible]防[illegible]在滿洲恢復之企圖正[illegible]二百餘年[illegible]制支那本部之[illegible]也　仍未完

學界風潮

[illegible]本[illegible]學情形○我邦[illegible]日本熊本者已有多人[illegible]之[illegible]有三人擬入熊本縣立第一中學校[illegible]公使於去年[illegible]文[illegible]本外務[illegible]私[illegible]學生[illegible]革命[illegible]之[illegible]等入[illegible]立學校須[illegible]否則於兩國外交大有關[illegible]入[illegible]學校者不[illegible]人[illegible]亦有[illegible]前[illegible]鮮人二名在中學五年每月由校[illegible]人[illegible]十元以[illegible]皆十分[illegible]待而二人[illegible]之後不[illegible]一[illegible]故[illegible]長[illegible]之[illegible]於二月二十二日[illegible]校長已將此事[illegible]定[illegible]公使或監督保證并須日本外務部文書方准入校否則一[illegible]不收此三人因此均不得入校云

勸[illegible]士君子出洋留學書○僕等東遊[illegible]餘不獲[illegible]諸君子分一日之[illegible]日[illegible]士不忘[illegible]人不忘[illegible]等[illegible]何[illegible]雖然[illegible]而不[illegible]者[illegible]之言而不[illegible]達[illegible]之寸心所欲[illegible]赤[illegible]子所[illegible]僕等[illegible]受[illegible]賦[illegible]而外[illegible]何知有所謂世界有所謂國家

有所謂人民與國家之關係我即人民中一分子彼若其立國之本源強弱之要素更如入五里霧中茫然不辨至逾甲午而後外患紛迫乃與二三知交談論時事□然以東西各國稱強一世者備□□□而已工商發達而已外交敏捷而已舍此亦別無他術耳及俟等留學東來觀於江戶見其學校林然比比皆是徒□然□□□也始恍然大覺而知其若政治若軍事若經濟若實業若學術者乃僅其外形之現象而其精神所存在也至其能易俗移風□去□使國中士庶視國如家愛人如己同念同胞有若手足成此尚結不解之團體此萬衆一心之民族者無一非國民教育之力為之日本變法僅三十餘年其國無不受普通教育之人無不具國家思想之人洵洵乎民智與國步並進嘗其改革之始更尚閉關十倍於我國其能造一新帝國屹然獨立於太平洋中者推厥原始皆由其數十志士留學歐美歸故所得輸昔□淡折絕心力以致此也迄今日號進突飛一躍而與強國並對□兄頡頏於東西大陸駸駸為世界第一等之國矣使予來以來我國家銳意維新獎勵留學前者人士接踵已近千數雖僻陋若滇黔亦若甘涼吾儕亦不乏人江蘇風氣之開甲於諸省留學人數已近百餘然考其籍貫蘇常太一府三州十居七八京口□□八人而已開之交通之城文明發達最著先輸其□□便利使然也京口居揚子江流域當運河淮北之衝央□上遊此為都會又聞山川雄抱人物蔚起其坤靈孕育使然也吾鄉會儀北固自古稱第一□山□之士代有其人以今方昔□□不□又聞三吳之人文甲於天下之人強而悍其風俗積習使然也吾鄉地接吳楚有二者之長而無其弊故民剛而有禮智而不浮□勤耐勞不□異物忍辱而堅忍不拔之概是故吾鄉以山川論則天下且□也以人物論則中國□種也以交通便利論較黔滇秦晉甘涼則津梁衝要不可以道里計也何以留學人數□遠□人先步登吾鄉有志之士銷聲匿跡畏阻迅避卿毋亦以道遠與國人情所□終以習□不□種族殊別□傑之士趑趄不前是也同人有鑒於此已設立會館招待留學歡迎□忘在□國航海來游亦何所憚故夫諸君子不欲救吾鄉於□吾國家則已如憫種族之□危以天下為己任勢必蹈海殷險深入虎穴取人所長救吾所短他日為我四百兆同胞造一偉□民族□大□光□等所□□頂禮而祝非所□者並□利□之在□乎嗚呼今日世界競爭世界也國與國競民與民競優者勝劣者敗此天演之公例也

未完

本埠紀事

總辦返滬○江蘇海運滬局總辦孫守述亭因公赴蘇昨已公畢返滬

公子過滬○□江督之公子□植於月前由京□□駐滬□棧內定於昨晚乘順和商輪北上

□請核奪○查獲□彈一案由縣主提到□□王□□□供□收押已紀昨報茲悉生汪令□此案□□供□□□□示

染坊□□○本邑城廂內外各染坊前近因□□□以學徒不用縣以數無業之人擬方覓食故於前昨二日分發傳單停工聚衆由□□等租出以後每店祗准收徒二人逾額定當□罰不論各店主能允與否

市價居奇○本埠附近出口米捐以二月某日為始每石銀一錢於是河下米船到滬後牟利之徒紛紛爭購打包上棧以致米價日昂米行之糶出者每石價洋七元一角云

飭查寺院○前奉上峰札飭各州縣將境內□□寺院查明可以改作學堂即改□□等因故本縣汪令諭令僧道將寺□□□□□確遣則□□縣□□□在案茲悉僧等□□已遊□□□□□□延不□邑汪令昨復訪察論僧矣

□□□□○若北門外康悅米店及瀛□源三和米店因將湖北錢□□□□故由縣主訪察發封並提到為少東陳瑞州二人訊供收押在案昨汪令論□若為央人向南市□□分局說求懇□可從輕發落□為抗不遵論情願收押候究

□□紙○浦東□□泥渡一帶□民俱知□將□□手拋棄並在□入坑□浦東□□巡查知後特於昨日出示諭令

□埋屍棺○□□□□巡□附北河塘及爛泥渡一帶□□有□屍棺□不埋葬恐一□□免釀疫故特出示曉諭□本□止有□□遵即埋葬無主者山□□□□埋云

□□□□○朱阿酒□在伊□□控□□□□□□□私自送□一□昨日朱又投稱□氏係再醮之婦□□□悉□夫□因其□物件來伊即向問別人□□今被□各戶均欲賠還實在受求□發□配孫□□提□氏至案□二百下供已後□其改□□□去朱又堅執不允將氏送□押兩過月俟悔悟□行□□

西□□□○□物□□西□□□□□□□五元朱□□□□□一枚□一□昨日□□供□在西人□內□□□□□□□□□人物件此次不□彼何人□去□□□謂□□□人□去汝等亦有□守不□之□必須賠還朱□又供現在洋□□□有一月工洋永取可否將此作抵□押候查明再核

英界火□○昨□英界北河南路成大南貨店內失慎□□水□來聞□□□□□□始息共毀去左右樓□十三□

縣□□□○本縣汪令赴鄉相驗□□□□□□范氏□□□□□□行兇之姚桂□□究姚供□兄□□全于正月念二日□□人家所晒棉花半斤被□□□巡局□□二百板後同□□□去保□局□等洋七元均已□□回到家中□母□□□□□□丫頭之面用竹稍□打□□下□之□足□□因□身死實未□□汪令□□之小腿上□□何來供不知□判押候□□□□○又□□求□□之金□氏供□□生一胞弟□□□□夫與□人□□□家同居族人□六□□□□不□□□將□人□□□足求□提究判候查核

（四）

案 破獲

續誌英國女包探案○包探實舉即返回在花園各處詳細查驗遂見池中有一小艇即下艇自棹池雖寬闊而水不甚深緣苔青草叢生水面正在往來遊行間忽遙見有一黑物為青草中掩就而觀之乃一硬帽也帽甚新包探撿之帽用紙襯草帽時偶見男屍一具欲加詳察即令僕人撈出細驗屍身容貌已不能認但見衣服將有佐治二字包探即對葛君曰此事可以無疑直問千金便得詳細葛君向其女美利曰此屍何來曰不知葛君曰汝墜幕池中時大聲呼救否已疑之今在池中得此屍汝必知情美利仍堅執不認後經包探將所得憑據一一提出美利自覺不能諱乃供曰佐治曾與我同學多年其人性情良善且極聰明同學諸人莫不愛而敬之凡其德才俱備之人也故曾允作其妻一日佐治來電訊速定婚姻叮囑要伊結婚父命速行婚禮之證事畢即赴中國辦理要事斯時父親正在印度故擬先行成婚後再詳細稟上不料佐治忽患顛疾日甚一日余以婚姻大事由男女契合而成必彼此相愛乃可以得一生之樂佐治既如此癲狂愛情先已消化遂不得不與之絕交自念並未過聞又未同牀大可將此事掩沒作為罷論故佐治雖屢次求見我始終未曾允從一日佐治在門外注目視我若不忍舍棄者然窺其夜間必踰牆而入故特飼之以防其被犬傷也是夜佐治竟緣牆而入園內以致犬吠及見我時急問曰何以斷絕會面與我絕交乎我乃婉辭謝之不料竟被推入池中在水中苦圖之倩不堪留喻及救出水時已迷惑而不省人事倘被佐治已跑相逼去至今方知其投水而死也

光緒二十九年二月初六日

蘇報

總發行所◎上海英租界三馬路中

分售處 [illegible]

西歷一千九百三年
日歷明治三十六年

每號大錢十二文

外埠價目

每日一寄連郵費全年六元八角
七日一寄連郵費全年六元
西埠加倍
東洋照加
郵政不通處酌加[illegible]費

告白刊例

第一日每字取錢四文第二日至第七日每字取錢三文第八日以後每字取錢二文封面告白照後幅加倍論年論季面議長行告白二百字起碼短行告白以五十字起碼多則以十字遞加

論說

枏近日所聞後　來稿

張督蒞兩江數月汲汲振所設施儼然未竟摧殘之者惜令瀕行矣忽有禁新民叢報之一舉吾深不知新民叢報之可禁者何在也就張督之意揣之得罪於朝廷實爲第一罪狀　太后當禁得罪於權倖之辛執當禁然吾觀新民叢報無有也倡破壞之說當於刺顧制之時實禁少抑乎等自由之旨當禁然小節新民叢報實之也中外報日本報有言之較甚者矣新民叢報或且持平確之說以糾正其偏激之說矣吾見其援索東西名儒而譯之實之書使足資中國之借鏡吾見其討探國家政治之原理社會進化之消長按之惟恐不當行之惟恐不顧務使針對中國之病證張督慨然沾沾然以公留宗制從佛氏捨身求足喩此苦心也往年北京有某侍御授讀禁之本未果行而已蒙爲笑柄不圖張督乃以公之繳且有過爲吾誠竊轉不得其故連日紛論之操縱報作惡而止昨日到一來稿特以公諸同志非附錄已見前報南詩

近日本埠各報紙羣之洞對學界各事紛而論之有足令人駭歎笑樂一時俱來者鳥乎張之洞其愛新覺羅氏之忠孝矣張之洞汲引歐洲首倡排說破壞嗜幽至洞然而出數百千萬之少年使橫行於操如倒如之學界然後實行叛逆爲所倡新說不過以投時好旋因宦中武官宗社譁噪不已從而縱以出者復欲率之使入又不敵於時勢而且不能不頓前不惟出者無法使入尙欲掩人耳目派學生與學堂壩與少年之耳目以出之於之域竭皆歸無效於是翻新政翻緣延士石未敢倡逆之操之一惟其富貴一惟其功名

又逢君阿君精則貴之歆心於游談之私覓至頑固者始爲福祿開敏者病爲魔王五年之間一國朝野上下互相猜疾人心之日散一日無非張之洞一人之力所以張之洞一日不死愛新覺羅氏之天下即斷送其手不謂之寇學而何

今各報所載有如禁湖北學生界有如禁南京留學新報有如欲甘心于三江師範學堂教習皮君

夫三江師範之設廓落無實不過假借科舉中之斗方名士即廣雅內湖之老蠹矣禁新報雖明知無効而仍爲之即勸學編及與出洋留學生文之老蠹不値歸者一文

然其用心則甚可惡今官中何殊異常支絀欲設學堂宜如何阻勉拮据斟酌盡善乃務爲擴張者明知徒乎爲繼特存三日京兆之恩欲形榮者之拙耳所文字之獄張洞貴之蕃苟亦知不可興欲則浮慕息邪間敗之風味謂此中有名之可居行將入都不能不載此新禁令以爲贄見故又爲此掇掇鳥乎娛哉

惟彼自破壞愛新覺羅一家事愛新氏之心惨者方且柱石之而山嶽之而我輩尙言往昔遂役之怒久賦絕交時以寬容相待矣

何必又爲之躊躇之審顧

此戰事中我不能不爲明達非偉爲皮君惜偉明達者偉其皆賀新報不如讓先入教致不能與中西者至同享利益然而虎須之下宜亦自知有不測竟不欲以入教自衞所謂偉者偉其孤尉可歎而心實未嘗不深敬之也

爲皮君惜者我不知皮君爲何如人據各報之所載皮君非官弁裂乎衆宗自與張之洞必反對既反對矣宜如昔中東洋留學生與張督所謂我與公宗旨皆已一定任公等人間窮貴我則願忍此絕爲監護之苦安得賀貿然竟爲張之洞之師範教習豈知皮君則有意修好兩者公則不我同情求榮反辱求親反疏不能不爲皮君惜也所謂惜者惜其旣具五官四肢如何竟至無噉飯處必搖尾乞憐於反對之人所以我念皮君雖止惜之其實痛恨近日皮君何其多未嘗不忍極而笑也甚甚吾民實具奴隸之資格萬不可藥矣蕩淘復淶淘

時事要聞

欽州匪耗四誌○廣東欽州與地皆匪所目不下數十而以黃晚黎十廣文隆鎮三四匪爲最著各擁衆羽千餘人或數百人所用賣新式快鎗四出擄劫往來關鎮以十萬大山爲老巢居民遷徙流離見之酸鼻現在兵力祇有卑勇四營進剿則兵力單弱坐守則餉耗頗仍況欽毗近越南萬一往人出而干預不堪設想也

廉州匪耗六誌○廣東廉州海豐近匪徒蠢動已登前報茲聞都令擬由縣自募勇丁二百名該縣紳士亦擬捐募練團以資保衞欽防勇少賊多大寺一子十室九空所餘商民多被脅入會中以圖自存貨台一帶上游宜化爲兩廣來必經之地聞李牧擬派欽勇移紮該處實力防堵俟省撥營勇一營赴欽始能得手云

四備演說○六馬路格致書院向有演說一席自客歲英國進士李佳白先生主講後續聘高超士林仰之若泰山北斗　聞所講之中俄政治已刊于某報報端傳行海內今聞先生定於二月初七日晚演說中英政治之異同云

濟南近事彙錄○本林西報濟南訪函云英國教師古寄耳君新從上海到此充當大學堂教習聞大學堂師美人爲西學教習者四人古君乃其一也然已到者惟古君一人明日本爲開學之期但教習尙未到齊故不得不稍展緩矣

又云大學堂總理陳君頗有才幹竭力整頓各事更定立新章且謂此間官府無意改變北京所欲崇拜孔子之定列故收錄入教學生之事恐不能有望矣

又云於西關城外建造新學堂一所近日布置一切頗爲竭力磚石各料均已運集一俟開凍後木料從烟台運到即可興工

又云是間官府意欲在城東開一新門以便貿易蓋將來鐵路旣成運貨必多目前通城祇有城門三處且東門常有貨車擁擠出入甚不便利嘗有人欲開築一新路直達東西城以爲貿太頗作

爲船論故派開城門將來必可大興商務凡貨於彼處情形者皆能知之當望愈速愈妙也

粵東近事彙譯○探新西報得貲州府函云德太子路伯總督乘德砲艦駕駛斯於昨午抵埠沿途由德國砲艦二艘護送關係前往德領事署云

又兼特克君暨其夫人亦於昨日乘輪由香港到埠

又輪敦日報被該處官吏查查私藏軍械等事今飭將已於黃沙地方搜獲來福鎗十二枝並軍器槍彈無數私藏之人已經逮捕

又廣州各處學堂現已附學兼習英文其收法均歸完備惟各私設之學校大中收取學費每月自一元至三元不等

客商被封述電○益新西報云山西撫台趙於日前電致北京政府謂某縣令來文報稱去年臘月二十三日該處各客商數人攜帶皮貨等件來此運售被俄國土匪劫掠一空該貨約值洋二千兩以上並已經趙撫札飭該縣査明此事有無虛實即日稟覆云

護軍返鄂○又云張督從兩江時由湖北帶來護軍兵士由藩司給發口糧現因新任魏督將次蒞甯已命悉數遣還乘南洋水師兵輪起程矣

世界要聞

列國帝王統領年歲

清國光緒帝　現年三十三歲

日本皇　現五十歲　高麗皇　現六十四歲

暹羅王　現四十九歲　波斯皇　現四十九歲

美國統領　現四十五歲　法國統領　現六十四歲

英國皇　現六十一歲　德國皇　現四十四歲

俄國皇　現三十四歲　意大利王　現三十三歲

葡萄牙王　現三十九歲　土耳其皇　現六十歲

比利時王　現六十七歲　荷蘭女王　現二十二歲

墺地利匈牙利帝　七十二歲

丁抹國王　現八十四歲　希臘國王　現五十八歲

瑞典諾威國王　七十四歲

英人擬頓武備○字林西報三月二號倫敦來云駐亞丁土耳其人已決計俟三月九號皮克拉宴舉行之後退回開仙湖地方并謂英人現在各處竭力整頓武備

俄人注意財政○又他云俄京聖彼得堡消息北京道勝銀行總理璞君現請俄國內務大臣台股斯登夫君仍爲倫敦大臣辦理財政事宜

新員監督○又云英大臣海米派若已授爲巡察提督之職以監督慘斯皮尼變革之事

各省紀事

湖北○公法家丁韙良前經宜鄂人旅之同鄉聘爲會館教習令各子弟前往肄業後又經端護督聘充仕學院教習現因與該撫

訓練守望[illegible]伯未聞者皆之[illegible]一律傳呼將給執照以備稽查州衙門丁收刑入者現在縣護督憲在必行已札飭南司妥議具詳大約不日即須考派

江甯○新任魏江督將次蒞甯各情早誌報端茲悉上月二十七日省中接到湖南來電知魏督已抵長沙將便道回籍勾留數日二月初准可啟程北上沿途地方官大致以公館站供應爲難飭該時照主此宜力戒浮文接應供張務宜節省不准稍涉奢侈是以至要云云

金陵新關稅務司並督權各領事官因見太古輪船剝岸一再崩坍現經江督將商埠移往草鞋夾之老江口並經江督遴派道地方察狹不適于用且下關商埠[illegible]就緒值此經濟窘之際實難輕議遷移若改於江岸則有崩坍凡濱江地方何處可以逆料昨經札下金陵關道照會稅務司暨各領事商埠仍設舊處毋庸再議遷地云

張督以米盛出口勢難禁止防飢平糶籌局於滬濱勸李道光豫勸辦米捐存儲平糶之用並遴委同上海關道巡撫米業總董興辦米捐再四婉商飭總其收集每石抽銀一錢顧江督咋經批准飭於二月初一日開辦已電飭武道矣

松江○松郡西門外白龍潭谷陽書院學堂於正月二十日開館延請[illegible]爲中文教習孔姓爲西文教習共有學額四十名其十名保甘棠義塾所撥入者作爲極貧之額不取修脯其餘三十名每年須取修脯洋十二元其極貧之學生如欲學習西文者每年亦須取修脯洋六元已經婁縣汪令出有示論矣

杭州○浙省水利趙有道內主簿等員向不考求因之內地河道淤塞不堪且該民田五倍狹窄異常如杭嘉湖山中向有英人匠工開石發運至申已歷數載茲因水淺船直難以運輸昨由上海英總領事將督理船稅事宜之司員與仁和縣令[illegible]因即同赴該處履勘河道一周英員即行返滬籌辦疏濬籌款云

西湖令沙議之紅學館由杭守迪臣創設延聘日本專家爲教習已歷有年頗著成效前因監院某君告退暫行停辦現於上月二十五開課添聘總辦杭府宗守派委大挑縣李令問庭爲提調駐館綜理各事

時論擇要

五嶽俄之滿洲　時國民新聞○彼之勸乃十馬前將軍於支那拳匪騷亂之時以三百之可薩克兵從克拉戈濟沁斯克啓行遂於奉天附近橫行無忌如入無人之地俄人睹此情狀如夜入暗室頓起賊心因欲南界滿洲擴張勢力不惜與列國爭事上之抵抗如此吾亦爲之憮然嗚呼前日武裝之滿洲而今安在耶日月已長天演無已俄之占領滿洲其虐待滿洲人民固優勝劣敗之公例也所不可測者俄之於滿洲人民有時待之在人格而

相待是從忽然視同禽獸雖至慘酷亦不留手甘其籍名鐵的保守乃留兵築寨爲永久之基俄政府勉使在西伯利之俄人陸續遷入滿洲其數約七八千人虐使土民淫辱婦女橫暴無所不至如黑暗地獄中蹂躪出無數惡魔無能附其快意土民經此蹂躪多逃遁於直隸山東等處雖然俄國之在東三省所施政策如此豈得謂爲無故蓋可以見俄國之存於盛京矣凡過奴隸之道有時宜用和平以副其來蘇、、宜施狠辣以堅其畏懼之心如捕猴者然得百殺一殺一警百又時擲果以哺之以猴之黠更敢不聽於猴人也由是觀之非國民化人乃可以強暴仁義關意而施之國民者強橫既得不能屈又豈仁義之所可以加哉

滿洲之慘辱更不止此也土匪橫行如助俄行俄人不欲鎮抑之蓋有強者兵敗既被制限而軍械盡劣視土匪所携已先奪氣此等直之支那兵乎茲時也無可如何則惟賂之以金盡報防衛之布置於俄政府而已

總而言之觀西亞者在世界上稱專制手段之大脫拉斯特也大公司之意當其曲肱如許時有限豈忍不一伸且賴天然地形之便利其地北背冰洋若綱領一面席捲之勢觀西亞而外無有出俄以羅之譬如大鳥負全亞而立面五洲而歇息左右翼於地中海太平洋之兩岸將擊支那俯視天下俟墮頭一啄必攻近者則西藏滿洲非緣邊之餌耶且俄人梟雄性成又險詐而難辭厲前芽革命之風潮者多軍人也使其一旦安閒則天遣此一線專制之孽根即有掃穴犁庭之奇禍是以不能不務外掠而消內訌藉勞役以洩膨脹伐俄越者用此革命之精神而移爲天演之競爭也以此與洱內患何患不息以此餘陷長城何城不摧瑯瑯乎陸觀乎二十世紀東亞之俄羅史也然俄鼻亦具苦心焉非但有刑遺貪婪之奇願也李代桃僵鄰國爲堅可憐之支那遂代蒙其怨毒矣

己完

莊松亦先生從國演說稿〇先生於正月十八日演說後即由申他行此稿於近日始行覓得照錄於下　我亦不過一人何以餘均不演說我獨演說豈我較餘人具有何等特別學識乎噫使人人存此思想則自開會之時止起至散會之時必至無一演說之人即一區區演說之小事猶如此依待如此推諉何能有望於他種較大於演說之事乎況現在中國情狀至於如此豈僅恃演說一事便能報讎便能雪恥然使并演說而無之更恐有氣閉之人我不知何人是我讎何事是我恥安能問之以報與雪之法昔者越王句踐於來復吳仇之前嘗臥薪以求達其目的今中國形勢較之於越何啻百倍諸君安坐於椅以聽演說豈是報讎之樣且因保國之地在上海租界故諸君大膽是氣在此演說假使設張園於北京即不在北京在上海道署前有往演說者否今以租界爲諸演說者之藥力所不到異種人之保護力所能及故敢在此演說噫中國國民在本國之內而求一容其演說之地而不得不得已借異種人之力以達其欲演之說何等光耀何等爽樂且中國人承受禁力習以爲慣自有帝王使人人只具做百姓之想不問何代何王有他做皇帝我總不至不能做百姓所以不管同種異種同族異族止顧一人叫他皇帝便再無一人敢有他說以極淺者喻之國譬一家皇帝即其家主今將其家主日易一人而我總爲其子孫稱之曰父親則我成何物所以現在中國國民人人怕做印度怕做波蘭由我看來中國已竟做過幾百幾千年的印度波蘭而不自覺耳凡世界各國皆系其國國民所公有之物如其國爲國民之所不能有者則爲屬國爲領地其名如屬英印度屬法安南之類以中國歷來看論久當於其地國加一屬字加一個字因中國人向來不能有其國也當我說此語之時必有一長者在傍竊竊斥我必謂此意我不曉事開口便罵彼亦未思彼之先人皆中國人如此狂談豈不皆在其內此樣實備我實難推辭我并決不推辭且我本連我祖宗連我己身皆算在內不過我既具此思想出此言論或者我案從我以下便成能有其國之國民至於在我之人我實不敢保其不再做幾代屬國領地之民矣方纔有幾位先生說得平等自由我想平等自由須得配平等自由之人有平等自由之德行具平等自由之學業之設不得此人不有此德行不具此學業亦緣平等自由之名則女人自縛其足與人何干天足會所使人自由嫖客化錢取樂其受嫖之女得其嫖之錢因受嫖之辱亦何妨於平等之理但提之一節尚須少加申說在上海完大少爺者何人不擺花酒試問所嫖之人較常人有無異相損一目乎曰否減一耳乎曰否屈一口一鼻乎曰否殘一手足乎曰否否設有幾戲誰復擺其花酒然則同具形體同屬人類則同爲天演界內之人即同是爾我之同胞姊妹今以奧錢擺我姊妹之花酒括括叫囑得來條去擺沒設所以我說現在之中國人尚不配平等不配自由

學界風潮

勸鎮江士君子出洋留學書　續昨稿〇今以天下大勢論歐洲民族行其所謂帝國主義卅戈東向如萬馬奔騰如怒濤澎湃合各國全力咸與注於喜馬拉亞山東麓滔滔河揚子江流域所謂支那大陸者岌岌乎有不可終日之勢夫彼挾其全力全勢合而謀我腦風血雨乘潮直搗天地慘號所向摧折我非披髮狂呼逆流痛哭喚醒我國民精神誓與彼族爭此一命不然將見黃帝之子孫只爲三等奴永不得操特別人格馳騁於我東亞祖國也鎮江者扼于江南岸一大重鎮支那大陸上一大分子也乃放捨其責任弃其義務坐數中原沸沸神洲陸沈竟爲我鎮江志士仁人推之者以一鄉一邑論鄰邑鄰省民智日開風潮狂擊飆舉爵湧文明程度繼長增高而我鎮江依然猶昨太平歌舞渾渾噩噩沈睡於大夢之中徜徉於漏舟之上異日新世界新舞臺盡爲他人捷足先登而我鎮江烟雲領域慘黯無光當此時也雖求為奴隸以從他人之後亦不可得此儕等不得不以留學利益與吾邑前途

深望於諸君子也東留學日本歐有三難中東文字雖同而未習
和文亦能粗解大義較諸習西文者時日短長不啻倍蓰其善一
歐美留學經費浩大日本消耗廉而較便其善二也、又道路
密邇事故歸國有如度歲日與我邦一葦帶水數日夢航其善三
具此三善吾知諸君子襁被登輪來者如織明春二月櫻花亂開
僕等得與諸子渡吾墨堤出向島携酒痛飲狂醉老櫻樹下歌鄉
風發一問金焦相識者必目日此京口留學生之一小團體也碧
海萬里西望上書頓首頓首
敬再啓者日本教科分爲速成循序兩門循序者先習普通後專門
約需四五年畢業速成者卽宏文書院師範科一門半年畢業不
學語言譯發由譯員傳譯專討論大中小各學校及幼稚園之性
質並教授之法辦理之方暇時並由教習率之察看各校教育規
則現開堂已八月餘矣我國家留促各省興辦學堂甚亟思精對
大斷非可草率從事現當新舊之交爲過渡時代目前既無書無
師並無辦事之人卽以鎭郡論開辦學堂爲當今急務試問辦事
爲誰教員爲誰況夫僕入歧途者足予人口實精審決擇是在我
輩至於中小學校乃普通學科無人不學無事不習全國之教育
在是立國之命脈在是試辦之不得當教之不得法差以毫釐謬
以千里消息至微所關極大尤非可淺率視之宏文書院速成師
範科特爲中國人開設教法美備大可救我目前之急諸君子凡
關國文並甚已深而熱心鄉里者如得多人來東進入該校學習
速成師範學業歸國後開辦學堂實有把握此實關係鎭郡文明
發達新機萌兆此其機與將來進步較吾黨獨亦非特吾鎭江一
府一縣之福至學費川資英洋三百元已足辦事所費甚小收效
至大資本不及捐佐雜小者或之串而所獲利益合公私而共論
之則不可以道里計矣故此爲目前最要之圖然如無款此爲先
鋒不可無後勁故諸君子凡年長須歸整家政者可學速成級年
少而力能久留者宜以久留爲幹援急進舉不可偏廢在諸君子
審察耳故國秋老悵望與懷區區之誠尚祈垂鑒幸甚幸甚

本埠紀事

上海官場彙紀〇南市撫標偵探軍營統領部鈸鎭國前出使德國欽差譯員張守永鎭防局員朱令枚會丈局陳令會培昨日因公先後至上海縣拜謁〇浦東爛泥渡巡防局委員徐鵠臣前日奉道札飭與南市念三七鋪巡局委員高文軒對調聞不日卽須到差〇浙江海運滬局會辦尹良因有要公於昨日乘輪赴杭

解械鹽主〇私販犯火之獄向川由縣防閘前往將屋發封並提戴之妻友王俊傑到縣訊供收押候將戴山訊在案茲悉戴至今尚未拘獲昨日加委總巡朱令帮同嚴緝訊究詳報

擬禁出口〇本埠近日出口之米不可勝數以致米價日昂現聞蘇州恩撫以米價如此飛漲小民何堪故將嚴禁出口以蘇民困

驗收糧米〇浙江海運滬局總辦林守少筠昨日片請招商局漕務總辦陳令至南市碼頭將各屬糧船逐一驗收約計驗有五萬餘石

札飭防範〇鎭江督日來訪得長江一帶屢有匪徒欲思糾黨倡亂故特札飭各屬一律嚴防本邑亦奉道札後分移各州縣防範矣

捕傳屍屬〇漕河涇鄉民劉范氏在縣控夫妹丈姚桂卿將夫劉勝全毆傷斃命由汪令詣驗在案昨日汪令飭差拘傳屍母朱氏屍族長劉和尚到案候訊

光蛋拐人〇北新涇華漕鎭朱姓家僱用遊光蛋糾衆劉湖拐去一人迫令勒贖朱遂投上海縣具報訊辦

毆斃局賭〇賭棍傀芝山林炳順將寶棍賣之客人楊宏元誘入安慶里賭博孔去洋二百四十元收探訪知獲河川洋五十八元解入英廨訊追餘洋以張林無力照繳判各責五百板押半年旅期滿取安保開釋林迺解回給洋給原件具領完案

毆辦流氓〇舟主沈阿大與桂榮華等在乂袋角聚賭抽頭爲流闖流氓程仲周等糾集三十餘人前往索取賭規不允強將洋五十八元並沈之金戒指一枚搶去報探王炳林於昨日拘解英廨訊訊沈阿大投訴被搶情形程等俯首無詞讞員關之美白翁譯判爲首之程仲周責五百板押西牢半年遊街示衆各責三百板押三月遞出租界陳阿金不恤代借小船從寬免辦搭賭充公屍阿二雁毛過送洋烟與阿大責三百板陳阿二責二百板完結

巡緝輪船〇本埠各長江商輪夫開行時每有長江賊潛入艙中竊物雖經法包探在船查察惟船須天明開行午夜以後難以照察故由招商局另用沈阿寶一名專司夜間巡緝之事前日由局咨照法捕房允准自行拘拿竊賊送案究辦故沈於前日已到各輪查緝矣

縣案紀略〇日前局大毛扭族人高小弟控串同伊嬸高蔡氏盜賣房屋一案經汪令訊着高小弟傳論蔡氏賣房務將大毛各堂串間讓出在案前日忽據高王氏扭高蔡氏到縣喊控當奉訊供判兩造均係健訟正在中斥間旋有蔡氏之舅母某氏在堂插供遂衛祭學頌十下判蔡氏不得盜賣此田並高大毛被押捕房發王氏自行往訴〇何福生批尹少卿對曉其控拐騙等情亦經案訊供尹堅稱並無與伊要犯及誘拐情事汪令以何控拐淑姑判尹少卿帮同找尋

改期會審〇湖北義興洋行的後蘇紳祝少英擔保案延不料理一案業於近訂于昨日在洋務局會同領事傳供原被提訊理訴昨日提兩造所延律師因有事禮拜今日旬訊不及請改期安並卽改于禮拜一卽十一日午刻在洋務局會審

法解訊案〇朱茂林因控馮某幾批案係行主初爾審騙換支票經法國員孫令訊判將該行拍賣備抵在案此已拍出計洋一千五百元存公堂昨日朱投稱除去房租米洋等項祇有一千

二百四十元尚少銀二千餘兩求追因又提初詰訊供一時難以 ○候補知府孫守榮前日捎帶公文洋銀皮箱一隻乘輪起行
措辦只能陸續拔還官問如何拔還之處須汝面憂原告再行保一被賊竊去卽經舉問船上巡緝之沈阿寶等查知贓所開煙間
出備理○某洋貨號夥帥連福上年私用客帳洋三百元被號主 內見贓與賊劉金山正在分贓一併拘獲扭交捕房昨解公堂訊
陸子芳查悉扭控到案請追後經比追數次挺押不繳昨亦投追．訊據守投請懲辦判劉枷示一月責五百板發不服窩賊分贓罰
因又提訊卽供洋已用去實難繳出判枷號一月期滿責三百板一洋二十元充公再責三百板
來電照登 ○蘇宮保暨旅滬各協子翁施子翁暨諸善長鑒迭接滬振翁及小兒信札正月瓊汛又沖毀二百餘村莊房屋僅
不可言賑民一縣六百數十村均在水中二麥顆粒未種決口尚未合龍須俟秋收方可指望待振日長非有數十萬金不敷散放善
望饕濟云明知勸募已成弩末然不忍中途而廢除蒙宮保籌墊二萬竿午帥二千孟仲帥二千陳石帥一千吳觀察一千外猶挪借
二萬四千補杯水車薪無濟於事伏望宮保與諸善長設法協濟俾數萬災黎不致終填溝壑則感同身受嚴作霖九頓首 仁濟函
堂轉振公所[illegible]錄

光緒二十九年二月初七日

蘇報

西歷一千九百三年
日歷明治三十六年

每號大錢十二文

外埠價目
每日一寄連郵費全年六元八角
七日一寄連郵費全年六元
西洋加倍
東洋照加
郵政不通處酌加寄費

總發行所　上海英租界三馬路中

分售處

告白刊例

第一日每字取錢四文第二日至第七日每字取錢三文第八日以後每字取錢二文封面告白後幅加倍論年論季面議長行告白二百字起碼短行告白以五十字起碼多則以十字遞加

論說

有治法無治人說

語曰有治人無治法蓋謂法不待人而行法爲不易之規制其運用之妙全在乎人故與其恃法不如恃人使得其人則雖無法之實質而亦能得法之效用吾國學者莫不奉此說以爲定論然古代事簡人與人之關係國與國之關係均無近世之複雜故即法不完備而有時得人尚可圖治而近世社會變遷世界進步人類之事物狀態其複雜千百於古代故非有完全之法則幾無所措其手足日本田尻稻次郎氏有言方今之世事情變遷非昔日可比使制度不得其宜則雖當局有人亦無以施其技故以立善法爲第一要義斯言也實有見於世界之人類無不範圍於法之中而近世之國家則大彰明較著古代所謂有治人無治法云者蓋一時有爲之辭且亦古代國家進步未達其極事情簡單之所致也若近世之國家就其國內之關係而言則治者與被治者之間且有一定憲法就其國外而言則弱國與強國々間且有一定之公法其他有一事即有一法有一新事生則一新法與之俱立世界之秩序無不賴法維持而所謂法治國之時代乃實現於世界故觀近世之法學日進法理日精法々日備人人知法而人人守法則雖以極端之說曰有治法無治人又安見其不當也

記者曰夫中國亦何嘗無法故中國人何嘗能守中國之法故卑簡不備之法尚不能守況其爲煩瑣遠出之法乎故必先有法人而後法可恃有治人無治法者殆謂此耳特最數千年來儒論其他即所謂治人亦無足當治人者力足以擔人智足以燭照邪慝者其遂爲法所從出究之未能自範於法之中其法何以範天下未能範天下於法之中徒法何以行憑勢力恃智慧而衡者甚則其所立法亦弛矣甚者不惜其法之未能及人而日以其才可離人嗚呼天下豈有不足恃之法哉天下豈有不能離人之法而足爲法哉吾願此現深有望乎其有治法無治人之言而又欲人人知法人人守法其法乃足爲法也嗚呼不齊天下之人而法之外人以立法豈有治人哉又豈有治法哉

時事要聞

電傳上諭　二月初五日奉

上諭本日召見之候選道吉甲加恩賞給四品卿銜欽此

京函照錄〇正月二十五日白雲觀出士介其特邀借光彩觀於癸探悉詳案高老道結交權要聲勢甚熾本與李連英換帖又與華俄銀行璞科第相與見中花園與李連英出資修造門首有條曰俄國璞大人公館疾從不倫不類蓋往年璞科第避暑時所粘也

某日俄國馬軍操演特請某提前往看操俄兵馳馬如戲有一人立於兩馬上馬疾行如飛人於其上尚能打鎗又有三人共騎二馬其立於二馬背上橫鐵一竿一人坐其上且能三人齊立放鎗其馬起伏進退惟意所使操畢俄官言其兵乃一處人因問某提督部之人有能通外國語者乎某提因令一能解蒙古語者往與一俄兵問此俄兵自稱本蒙古人現在蒙人充當兵駐中國邊內者約四五百人之多俄國選兵之法均取天生之子此種人不識父母由國家撫育於產生嘗少長學於國家學堂專學爲兵之事此外別無所繫念故能耐苦不畏死也

某日某相與唐侍郎在吏部閒坊縱論今日辦理學堂之難與現在辦法之不善張侍郎尚存謂適在座亦從而慫恿其說云

惠州亂耗七號〇粵省惠屬和山平等處土匪蠢動已起而相聯聞河源縣地方近亦有土匪蠢發擾亂鄉村地方官稟請派嚴亦未得手至省官派往之安勇上月二十三日拔隊下船二十四日啓程馳赴惠州

惠州龍川於前數日報稱仍役赴鄉查緝匪與各營統帶暗商派撥兵勇駐紮防堵勿任滋擾又在平山地面會同各營及撫武軍牲畜公館營務處地面獲匪十二名軍械數十件大砲一尊即行嚴訊招拜會不諱隨即斬決矣

記河南福公司情形〇一條北風氣不開百姓多不知鐵路爲何物凡地勢略低之處福公司造橋否則設法阻撓致路道被道釘時被偷去且竟敢將大石頭設道上以阻火車行駛者現林道擬請福公司派洋兵駐守並查各鐵路彈壓委員設給津貼因查係地方官易於照料也

一福公司現在豫省所築鐵路僅二三百里然尚擬築澤州至汴口一線與蘆漢津鎮兩幹路並行聞已在上海設立分局以通消息近因該局乏人經理故倫敦總局擬調現在道口沙非理爲督辦往上海辦理該局事務

一現在便道已釘至李源屯即須二段副工程司烏拉司君駐札之處計程每日道以七十五里按每日釘軌一里半計算元宵節後當可通至衛輝矣

粵東警務彙誌〇粵省巡警局現擬派出分局辦事各員第一局員易懷玉第二局員元英第三局員丁某第四局員陸樹銘第五局員胡發監督帶總巡殺兵把總裕漸總稽查都司鐵凱主日前所挑選之勇丁則分撥於各局差遣云

閩省官於保甲局各員限期再一月巡警事大約三月便方能一律舉辦蓋以近日盜賊蜂起誠恐保甲已裁而巡警未能偏設辦理轉無從措手不如仍用保甲舊法按戶清查尤爲得力且試辦五家互結而民間則以鄉右無從深知爲辭且以平日未嘗犯法亦不肯具結局員於此事遂無從下手云

彙錄順天時報要事〇樂務大臣貼殺查辦蒙盟街永德城致府有電令速來京商辦要事

蒙地此次所裁四大段聖於從前所收租款之外統計每年可多提出二萬兩云

本年所裁蒙地大小十六段均既飭該管地方官辦理都統擬設

年分爭委派候補人員於該處查辦税務時酌給薪水以免假蝕優差之弊

蒙古地屬向歸蒙民雜居本難治理近更交涉日繁該部擬就名位較輕恐難鎮攝政府擬將熱河都統改爲巡撫俾北方不致空虛云

奥國與津中鐵路有侵佔奥界地方經奥領事照會袁督暑謂現時鐵路所侵佔本界之地須出地價銀三十萬兩否則不准行車云云現袁督因此事極費躊躇經幕僚爲之調停尙未了結其辦理如何俟明續登

係錄天津日日新聞要事〇烏都統請民墾蒙古各旗荒地礦務通妥定章程另擬辦法諮行外務部妥議進行奉 旨允准聞外務部以所擬辦法章程尙爲切實可行但須將該地畝情形與民地不同須咨請理藩院詳細核覆再行妥辦

西陵鐵路修理竣後俟曾前報茲聞關內外鐵路總局會辦梁守如浩奉袁督派委於上月二十二日由北京前往查明由高碑店起至良谷莊行宮止之鐵路計程按華里共有七十八里之遠內七十里均已修好鐵軌其餘尚有八里現在料理安設鐵軌趕緊修造所有沿途河溝凡有水者皆已配修便橋其無水者則係暫用新土墊平梁守詳細査驗各項工程均屬異常妥當擬定二月二十日前後即可行車云

查北洋水師〇益新西報云自大沽砲臺被燬後北洋水師無所練之處現聞直督袁世凱已與東撫周馥商妥將烟台作爲北洋水軍屯札之所并聞袁周之意將駐紮該處之陸軍移駐他處以備水師之用其事已由直督札知水師總兵矣

俄防馬賊〇字林西報述東文報云俄京近欲將堡以滿洲境內馬賊異常兇悍大有妨于鐵路故決計加倍駐兵於該處聞其數約七萬五千人云

世界要聞

西報評論亞東事〇字林西報三月二號倫敦電云英京太晤士報得法京訪函謂及中國亂事之將傳云歐洲和平之局將爲亞東破敗一若其破敗於巴爾幹者而英京華盛頓各報則謂俄國之所以擴軍經武者蓋爲亞東而非爲巴爾幹山

致電唁慰〇又北京電云中國大皇帝已致電於日本大皇帝唁慰日本親王小松宮之逝又聞小松宮親王已於初二日安葬

紀韓使之言〇益新西報述東文報云新簡駐日韓使榮惠斯同其參贊隨員等已於上禮拜一抵日聞韓使辨稱諸傳韓覬于俄至俄國之說係無根之語實則將來大阪觀博覽會也又云日本妙義現已通行於韓邦矣按榮君曾於一千八百九十五年奉命駐於日本當在東京三日云

宣布工價報告〇字林西報三號倫敦電云工廠會報告書已於昨日宣布

宜示仮任〇又云致電云英國下議院現宜示於林甯然君命其將林克仕

議院爭論〇又云英國下議院日前爲改革軍制之事又起大爭論

英日交誼〇又云駐英日使昨晩已入倫敦國家會館宴立說林董曾請於英日聯盟之事並望其永久云

俄與干預土事〇文匯西報云俄奥在柏西俄尼既及之事日前遁告土王要以不得在該處干預二國政策云

法兵駐海防〇從前越南總督駐紮西貢去年西十月移駐河內遍近欽廉與廣州灣成犄角之勢其鐵路已築至鎮南關復於河內南定海防三省增添兵營聞西二月調兵二萬駐紮海防現因海防水道稍淺三千噸大船不能入於交趾運動不便擬將水道濬深作爲軍港云

各省紀事

天津〇候補侍郎吳重熹日前由京來津經天津袁督令彷辦礦路人在河北吳楚公所預備公館又袁督札委候補道楊道紫瑚直省各府屬新事宜又候補道楊道杏城現已將鐵路公司事宜趕緊交代擬於二月初旬起程南下接辦招商事務

艸由紳款設立工藝學堂業已竣工於二月初十日開學所有近取學生均令入堂肄業

巡警局總辦曾道作翰因越界捕房越界華人向英公使交涉現聞英使派人詳查此案總理衙署公捕頭並允知照英領事各守界限不復再入華界捕拿華人云

保定〇客歲督轅警務學堂分派文官學生赴各局稽査戶口及高等學生巡警衙面稽查總辦現因學生近來荒學業致荒功律調回學堂恐其久荒學業致弛前功

保定警務學堂已將六個月期滿茲擬選撥教習暫調入師範學堂學習東文及算學博物地輿將畢業後派充中學堂小學堂教習已於二月初一日入堂肄業

北京〇徵兵保學堂新式操法已於上月十八日起至二十一日止陸續來保當即分發保標各營每營約撥一百餘名其中不可造就者不過一二名云

湖北〇探聞新授江寧藩司黃某定於月初到鄂故地方官已預備一切供張

探聞調署鄖陽鎮府某因不願赴鄖陽鎮新任故劉下將有命陞之行

湖北李某前被拘悉武昌人盧雲山即吳丙虎等種種不法捜害地方樂紡武漢兩府一體通緝務期必獲

聞夏口營總在武穴地方拘獲行刦要犯一名解轅嚴審訊辦

江寧〇摂江督由鄂移節兩江業經奏調多員遄又電調江西知府汪守文殺來寧差遣汪守接電已於前月抄行抵白門當詣督轅稟到

江寧府奉江蘇學政李做倫辦科考事宜受轉飭所屬各邑先行

縣考上江兩令員於二月初一日開考文童頭場元邑循例假上江考棚衙邑循例假下江考棚局試

省垣市面通來將行銅元北價初與制錢一律近日各錢鋪忽將銅元另作行情每遇持換銅元之人多方留難每銀一元較之換錢減少四五十文經管藩庫稽查所致其實錢價以銅元不便換錢錢俏耳堅斷云

蘇州已裁省委派海米京滬各局總辦司員混同各員均於去冬到差而前沽各局員倘未前往現當漕局開運之際故總辦湯守在衙與守子佩鑑守良及各局員已稟飭迅飭於日內迅速赴局

蘇州府官粥廠於去冬十一月開辦後已及三月現由蘇府向守冊會紳現紳推崇道等勸程牧錫甫彭丞仲迪等各局均於正月底止一律撤廠故該紳等已將粥廠收回如期停止矣

吳江縣荒廢歷歷田畝由宗令加强設局清丈頗著成效都邑廣澤夏令芝孫亦擬仿辦即會中特委根令葆辰前往查辦

鎮江丹徒兩縣歷欠漕糧銀兩前經奏明每兩作錢一千六百九十六文作為啟徵光緒二十八年歷欠二十七年分減徵五成八徵漕糧迭次催徵各花戶仍然抗玩洪令現限本月初十日以前一律掃數完清如再逾不繳分別比追

當月杪各勝會等嘗并至第一樓茶館因賠欠茗資口角互毆并受傷之次日糾約同黨多人執毛刃前往茶館肆毀主見勢不特函淺該業喻官出為調停其事始寢

廣東○近年廣東庫帑自謂支絀異常而實吏舞款正不遺餘力去歲入款祇就善後總局核計業據云已增至五百二十餘萬兩除支出外抵外僅存一萬餘兩若預算今年入款小閘姓再加籌劾餉十萬兩酒餉捐已認者九十餘萬兩豬捐已認者四十餘萬兩閘姓捐議歸廣兩大當廣德惠昭四小當較去年當多收一百餘萬兩此外各局廠白物稅項尚有加增云

時論擇要

日本波邊氏世界政策論　譯日本太陽報

方今二十世紀之政策或膨脹殖民或保護貿易或保護工業或擴張領土或改正兼備水陸并考因之各國交際利害常接其關係復雜影響微接綜複大勢殆合世界各國為一團體之條約聯邦有如商工業一大競爭中者果誰得超然獨出立於成敗以外而孤立獨存者哉雖各國版圖有大小人口有多寡兵力有強弱民生有貧富至於執政根據主義斷不可無世界思想即斷不可無世界政策思想以余所見世界之大勢既如此矣而推動列邦之情狀其本國之現勢恒視世界大勢之旋轉以為變遷世界不啻立於一大活動場裏國與者又不啻執一大活動物此中或把持之運轉之操縱之致界之以此力量展其國勢增進其民福者等蓋旣其趨時若驚鳥猛獸之發斯為政治之錚錚者也今試為我日本論之人觀見日本及今文明漸國距知此所以國之之由固己實握世界政策之本原而確立其基礎規畫其方針乎若非以大其國力者開發展之端緒至本世紀中葉必漸至微弱皆無自衛之道而危急存亡無可如何之時勢亦必將至於目前雖一轉瞬之間豈可甚起因循左支右吾坐耗時日哉然則於此二十世紀中其第一急務要於國際大競爭中發展此商工業海運業及殖民業三者之主力而外交政略以此為樞紐之而無不張海陸軍備以此保護之而無不強斯又余之所以斷言者也人果以此法權衡本末輕重各各無憾殆於世界實行政策唯一之關鍵抵既矣前與國外務大臣拓庶深幼斯克氏嘗宣言於衆曰十六十七兩世紀為宗教爭亂時代十八世紀為自由民權主義之勝利時代至十九世紀則為民族主義時代將來之二十世紀則為幾為各國貿易工業生存競爭時代拓氏之言明眼如洞炬矣方謀國之人可不猛省乎余是以為天下有志之士大聲疾呼皆秩而起凡所謂政府政黨實業家及教育家等皆為握實行之勵風發具有涵蓋一世之氣槩尤願有人格之國家皆振其精神透徹於全膜鼓其熱血激盪於方寸直疏其脈絡貫通於四支當脫導心整氣向其世界政策以活動方針於商工海運及殖民事業竭萬端之力而改良擴張之於繁文縟禮及虛妄儀狀第一已之欲而剛除省略之由世國華榮實去偽存眞不亦善乎夫太陽不下則昇太陰不盈則缺全球之國力不發達則縮少雖一日幾時刻國無放於一地位停止實行者也稱世此君子博言哉以身體力行之競爭之至而轉為平和是則予之所為不虛也夫

專件擇要

川沙小學堂簡明章程

辦法　本學堂遵欽定章程兼就地方情形酌定辦理

定名　本學堂定名為川沙小學堂

位置　本學堂即將原有之觀瀾書院改設

宗旨　分德育智育體育而歸本於愛國

職員　設總理一員副辦一員統轄全學事宜

教習　暫設教習二員助教兼監起居一員

學額　額定學生六十名由本學堂考驗取入

學齡　學生以年在十歲以上十六以下為合格

學費　學生但繳伙費概免束脩

學科　分脩身讀經作文習字史學輿地理科圖畫算學體操凡十科

班次　學生分高等尋常兩級隨學生之程度高下而定不限三年卒業

考試　分月考年終考卒業考年終卒業由總理副辦呈請縣尊會考均以平日學生積分為本再行核定榜示分別給獎

規律　學生違犯本學堂定章由教習記過重者由教習會商總理查明屬實隨時開除

出身　本學堂卒業生由總理副辦申請縣尊擇尤保送府城中

學堂經費給撥留堂肄業

經費　本學堂開辦經費由地方紳富協助常年經費先將原有之觀瀾書院田租全行改歸本學堂收支以後隨時與准撥款撥來

報銷　本學堂收支經費每年由總理開辦造開清單二分一呈學務處備一分榜示

學界風潮

河南學堂之來函○河南碩地建學頗難然開化之要亦須在頑悶之地方是正理

錫頁於罷春之後於新學上大加振作故特建廣廈爲課吏館次學堂之用嘗其在汴省之時各官尙畏其怒不敢糊混一去之後便成廢故事

總辦胡翔林爲河南僅紅極出色之道員然於學務亦茫然章程亦由彼國朋友徐鼎臣等商定毫無實話胡入都後代辦之吳陳邦更屬糊塗

敗教習汔森田無一點新知識其舊知識亦惟八股而已常駐學堂一事不管胡翔林等多不甚來堂堂中除教習外無問借香監督徐仁鑄有文明之小名而胸中茅塞全無辦事之才且常欲要倒教習以媚上師保鏡使口中常以混字動人學生亦不受其籠束

其餘委員并無一能辦學事者管學十人能知算術在錄者學造不知分別科別名爲大學堂惟英文法文算學中文而已教習不特中文教習不得教育之法即洋文算學教習亦僅知其前十年之舊學堂不知大學堂之等級及其門學之學

中文教習半皆從前教書先生其授課之時惟持成書向學生期誦一遍再將注解念一遍學生並無課本披閱幷名之曰中學

洋文教習尙能稱任惟缺少思想於教法缺少精神與耶穌教堂之教法同幷名之曰西學

算學教習二人學問不等惟皆無教育之法當道有中算西算之分

學生聰明者多惟不知進學堂爲何事大半以學堂爲科舉之替代故聘請假六個以應兩次鄉試中式者即去學矣其學業狼籍心者亦不知國家爲何物員師亦不知開導教師亦不知也此有兩法文教習因此情形於去年間家之後遲遲不去並聞因委員有得罪之處決意辭館

本埠紀事

會辦回滬○駐滬江蘇海運會辦鐵林因公赴蘇業於昨日回局視事

限催竣河○本邑西鄉俞塘河開竣以來本縣汪令查得西段貽次工竣東段仍無頭緒茲委水利劉孫主簿駐工督催並傳諭地保工頭人等僉於本月初十日頭限竣工資洋十二元十五日二限竣工資洋十元二十日三限資洋八元如違三限不克完工扭案懲辦云云

罰辦窩匪○縣錦川王凱祥等專在本埠南市等處私收賊贓首日浦東楊家渡巡局獲賊李東生一名賠訊贓銷錢王二人與經贊局員將張王提訊判張王各罰洋三十元李責二百板枷號一月示衆

服勸緝盜○昨報光蛋擄人一則茲悉失主係新科舉人朱吾朋被賊恃强竊去銀洋衣物約值三百餘元並無擄人情事本縣汪令業於昨早率同書役人等前往股勘情形再行核辦

巨案冰銷○浦東謝總巡前在局中載同川所兩棧出內查獲軍火一案業奉岑雲帥札飭提到營樓人王鶴傑訊押等情已紀前報茲復近據營屬頭領詳明照會內稱此項軍火由廣西蘇提督託本埠地亞士洋行代辦因銀未付齊存棧未解請爲酌察等因遂即函請海關稅務司立派水巡捕前往該棧啟封入內查點共計八百七十六箱箱上均有西字號碼第一抄照同時歸復派守棧門之勇丁亦即撤回又經朱令從中介紹押在縣署王傑鶴昨亦交保候提載同川所亦訊

擬設公所○昨閩淮北各車商主近日迭次集議擬即具稟近照創設東洋車公所一處遇有破壞車輛即由該公所代爲修理並求吞照西捕准予設立公所以便購地建造云云不知確否

違章拘賊○漢口夏口撫民府馮丞以徐姓家失竊珠飾衣物約值洋一千八百餘元報由醫警派李姓會同警捕營弁何雷生等協同跟線履七安追踪來滬將賊犯余長進李春茂拘入點押所復以之詳陸續內搜包探買知將值知以嫌疑等有路工部局定章昨將犯等拘解英公堂關讌究辦出金洋飭抄等約値洋一千三百餘元該犯員披閱夏口文函無犯商之英租界以該犯等因公違章情有可原遂飭李警各責三百板嚴刀充公余李兩賊俟發落後押上輪船交給來差解回漢口歸案訊辦與七安訊明無干省釋

移提巨竊○前月二十八日第一樓茶館玻璃大珠寶店失竊鑽珠金鋼鑽戒等金飾約値洋一萬三千九百八十餘元報捕查緝在案茲由包探買知滬縣串竊之犯阿坤獲送英廨訊稱正犯緊巳逃避丹陽日爲值文移提等情解英員准如所請判暫押

移提英廨○永興洋行西人前控英公堂控告長生不交定貨毛二十擔求追銀三千五百餘兩經孫讞員提訊據供係叔唐炳泰定下現已身故奉判暫押追繳在案昨提長生訊稱因唐在蘇亦有被控不交定貨各案故飭探片送英廨訊辦

賭案錄要○老北門外廣悅來彩票店主莫少榮誤償出售湖北彩票由縣發封提莫訊押在案茲經汪令提莫複訊莫供因存票太多不知違章判從寬交保不准再賣彩票以○浦東三林塘鄉人陳阿康在三團鄉阿坤家賭錢被計文階毆傷身死由屍兄閔進聚鄉呈請縣飭差掩兇手未獲劉兇原告將二十一圖地保潘秀

如三[illegible]地保沈兆[illegible]解請比追當晚亦經飭究[illegible]係因阿庚身死[illegible]由[illegible]董[illegible]勸民[illegible]已取檔費洋二百念五元此案諒可和息準日即能到案[illegible]飭沈保[illegible]兇[illegible]阿秋等均已逃逸故將[illegible]阿坤解案訊究判着沈退去仰阿坤收押俟沈保交到計文[illegible]訊

法廨訊案摘錄〇[illegible]招生[illegible]欠[illegible]銀六百元被控到案[illegible]杜[illegible]局[illegible]訊管押比追迄今[illegible]　被[illegible]押不理[illegible]又[illegible]訊俟[illegible]覓保再理昨日已准其[illegible]保出[illegible]〇[illegible]芳[illegible]小[illegible][illegible]二千一百兩被王具控到案[illegible]押追迄今不理昨日王投稱[illegible]家產其[illegible]有[illegible]力[illegible]求[illegible]作[illegible]今[illegible][illegible]明[illegible]再[illegible]

新諧錄雅

實做嚴又陵〇有某學堂最多之省其學堂之學生有[illegible]數嗜阿片煙非人人[illegible]之也中國學[illegible]清國[illegible]以[illegible]中[illegible]既[illegible][illegible]有餘財嗜[illegible]自然[illegible]中[illegible]之[illegible]亦[illegible]戒煙丸[illegible]不該學堂中人[illegible]有此病有一二已畢業出堂之學生新自他處[illegible][illegible]不[illegible]其[illegible]學一洋[illegible]煙盒[illegible]之門下其中最[illegible]者出學曰嚴又[illegible]的學問亦吃阿片煙的[illegible]者答曰你本來只須學吃阿片之嚴又陵何必[illegible]學究學問之嚴又陵并且學問上的嚴又陵不大好學不如阿片上之嚴又陵[illegible]下去就成功了其中少[illegible]日我們不會再[illegible]其中下者則於[illegible]者[illegible]後[illegible]中[illegible]將其[illegible]之[illegible]者刮出而吸之[illegible]者所知[illegible]報紙[illegible]中國之學生均服此[illegible]學生覺[illegible]之法已吃[illegible]之人均自居以嚴又陵來吃之人[illegible][illegible]做嚴又陵[illegible]公[illegible]各[illegible]必大[illegible]嚴又陵[illegible]嚴又陵之[illegible]起之吃阿片嚴又陵

吸[illegible]片生不如戒阿片死〇某處有一[illegible]之子人方少年[illegible]已老[illegible]人勸[illegible]間戒法人[illegible]戒煙[illegible]又問如戒去了煙有了病死[illegible]答曰[illegible]其吸阿片而生不如戒阿片而死何必定要做活阿片鬼

陽曆三月六日
光緒二十九年二月初八日
蘇報
總發行所◎上海英租界三馬路中
分售處
西歷一千九百三年
日歷明治三十六年
每號大錢十二文
外埠價目
每日一寄連郵費全年六元八角
七日一寄連郵費全年六元
西洋加倍
東洋照加
郵政不通處酌加寄費
告白刊例
第一日每字取錢四文第二日至第七日每字取錢三文第八日以後每字取錢二文封面告白照後幅加倍論年論季面議長行告白二百字起碼短行告白以五十字起碼多則以十字遞加

論說

續論張督禁新民叢報

張督之禁新民叢報也猶有一險之明者皆能指斥其非矣日者張督親信之人某來滬相告曰張之有此舉非故與進步之報館爲難一則恐梁卓如之說盛行有害於安靜之秩序也一則學西學者當研求格致不當援拾無根據之自由民權而近來江寧之各校生徒閱此報頗多也一則張將入覲恐人將有以不禁此報報任其流行之情事入劾也嗚呼張督自命爲通人顯宦千萬人所閱之數十年而如斯愚闇耶某之言若果信也則是張督無一毫研究心也則是張督無一毫自主心而惟以個人權位之喜怒爲行事之綱本也

張督以新民叢報之說爲梁卓如一家之言乎抑出梁卓如杜撰而冒以西人名乎如爲梁一家之私說一人之杜撰此不待張督之嚴禁海內學子早有辨其謬而不附矣東西諸國學者起而詰責者矣而何以歡迎於本國者若此稱譽於外人者又若彼也新民叢報者名雖曰報實則取遠西之學說其精要融納於本國故名爲叢報實則譯介爲商家湊合之功稍與於他譯耳張督遠加之以屬辭然則他項譯籍亦將連類而禁之乎不特此也歐籍者依以供不通東西文之人之取求也厲者具在張督所設之各國語學校之生徒及所遣派之留學生皆可隨地隨時購閱張督能一一加之禁乎且張督所莅之省必爲之設學堂聘西洋教習東洋教習是使之習東西文以讀類如新民叢報之書籍寇兵而資盜糧此皆與其禁新民叢報之心大相刺謬而爲思慮不周之缺點也此其無研究心者也

張督以今日學西學者但當講求格致不當援拾無根據之自由民權吾不知將以格致二字作何解說乎以自由民權作何解說乎格致二字我國譯者皆取以該博物理化而自由民權則皆文明諸國政律中語文明諸國之法律皆從各科學問推而得者則自由民權其原即出於格致也蓋自格致之理明而人類進化之跡乃大顯知原始時代皆出一祖則帝胤之說於是乃著平等之旨由茲以往昌神權天授之僞說既破天尊地卑之謬論亦除文明諸國乃始定憲法許國民有各種自由權參政權而紀載於法律此自由民權所由起也張督如欲禁之也則必盡廢通國學校之西學格致諸科而後可必令學生止許讀本國所頒聖賢經傳爲教習禁止出洋遊學而後可必禁止東文西文之書輸入且焚已譯諸書數百現代天算哲學宗教使民權自由之說永絕於亞東大陸而後可今不齒其本而齊其末不澄其源而清其流此又其無研究心者也

戊戌政變以後張督改其策行易其宗實際四十年歷中外之名譽觀然以求生存保全於倖佞附下其行事之爲志士仁人所歎息痛恨者往往相繼不絕吾不欲一一指斥恐人疑爲詬詈也然吾敢爲之下一斷語曰無自主心嗚呼七十老翁何所求而必如此如此

時事要聞

惠州匪耗續誌〇廣東惠州匪耗迭登前報茲聞歸善縣城北隔海有望岡者匪之淵藪也孫媒夜候渡江行劫上月二十夜伍瑞南城守勝勇探得該匪蹤跡於此者匪黨悔督亦在焉是夜督勇圍捕該匪拒捕自三鼓交戰至天明不能入村勇多負傷矣於是將陸提城守營飭劉尚著匪徒黜人與僅獲數人聞係劉親剿匠云

欽州匪耗五誌〇廣東欽州紳商以匪黨猖獗與綢紳舉辦團防請鄉紳擇上官兵之所不逮惟匪黨多用快鎗團勇急需購備軍械始能防勦乃今牧世請軍械局借撥大鎗一千枝配足子碼拜緊運欽防以資團勇之用似此官民協力當可聯鄉吾圉矣

粵東會黨十一誌〇上月二十三日惠陽營會弁官兵勇前往城北築横沙等店起獲軍火一幫大小洋鎗十餘枝並鎗子火藥藥子彈以及鐵器槍械器具等物並其店東李亞保一名一併拏回營中轉解縣署究辦矣

日前搜出會黨之餅乾現已發交廣濟醫院代估開發出之數約共九百餘箱其餅乾之形式與尋常不同形以日本之湯煎餅云

會黨劉單眼前數年與劉永豐同謀關因事洩逃往星架波去臘返粵會首洪全福飭令前往惠州白芒花等處糾合會黨至紫金同何某仔潛赴潮州勾結與廣惠合黨約期舉事因染微病未行而省城同黨事已敗露藏匿東莞之平湖荷村偶被城守千總歐陽葵偵悉派兵勇圍捕擒獲閱督認供不諱隨解虎門懲辦

廣東大小兵艦巡輪等務各輪船表

伏波　鎮濤　安瀾　廣庚　廣金　廣玉　廣保　南圖
宜威　福威　定功　廣元　廣亨　廣利　廣貞　飛霆
健銳　惠安　肇安　廣安　廣福　廣境　廣東　克虎
報捷　保捷　保康　保勝　永勝　決勝　化善　綏民
安靖　安濟　利濟　廣濟　同濟　公濟　公武　利川
飛熊　澄川　鎮東　緝西　靖海　東海　東雄　靖海雄
河濟　海安　海珠　建功　平江　靜江　綏江　定海
小海晏

紀山西省學堂工藝廠〇晉省滿營旗丁往往不事生產遊手好閒現當厘定章程編設常備軍以期練成勁旅而其餘丁戶衆多恐藉不振日前委辦教育補選甘與試城守尉等再四籌商擬即省中原廠於滿城內立小學堂專教滿營子弟復另設工藝廠一所招募各旗丁習藝其中俾得各有生業惟是學堂工藝廠兩項費用不資雖於前省餉銀內撥大錢有二千餘兩不敷甚巨嘗與籌司再四籌商將二十六年八月十一日起至二十八年十一月止滿營裁缺各項餉銀七千五百十兩六錢又馬步甲出缺截曠銀二千兩百六十四兩九錢零此二項自二十八年十一月以後歲已不列算入常額內請其十一月以前皆係司庫應出滿營應支之餉祇二十六日飭令該旗隊出防宿值京津亂起兵丁

偽亡始有此項師範之所業將准提出作為殖業設文學堂工藝廠六年經費云

京師禁娼◯字林西報北京訪函云此則自入春以來街道不修之處皆依例之此等事務其效驗似尚可觀惟官場腐敗之情則一仍其舊各處賄賂皆遵禁止而志士之權所關者則獨得倖免於以見在中國之權勢愈大者則愈足以反對法律也

世界要聞

開院議事◯字林西報四號路透電云奧總統甌斯佛日前下令于本月九號開上議院以商議伯島拿遐河及古巴兩約事宜

英外部宣言◯又電云英國上議院論及威納助拉事外部大臣藍斯敦宣言云英國在威納所行各事與政府固已早知而奧國所行之事則始終與英和好云

大員反對◯又電云奧戶部大臣利脫加飛因政府派商務大臣事皆反對之謂政府將因此以分商部及治理部之權也

德儲遊歷◯字林西報述德文報傳單云德國儲君偕其夫人已由德京起程往地中海各處遊歷聞此處之事與政治并無關係且四月間尚須至丹京云

俄兵部辭職◯又云俄國皆言士兵部大臣克羅巴拉不日將辭職

法退和約◯字林西報述東文報云法退和約現嘖有煩言惟法外部大臣提爾喀斯擬仍仿此政策

允許改良◯又云土耳其王已允俄奧兩國在馬其頓改良其政治該處僧官皆樂於穩協而保護國則已命巴爾開諸國無事暴動矣

韓國外交◯益新西報述東文報韓京訪函云韓政府現擬向日本製船局購戰艦一艘約價五十五萬圓惟宮廟王覲見俄國駐紮韓國大臣時俄大臣當以韓國度支缺乏遊說韓王以停止此事又宮內府日前議日本鈔票在韓國通行之事駐韓英使曾援助日本要求韓政府允准其票通行之前一日英使亦至外務部以力贊日本事務監察大臣云

韓使借助學校◯又云駐韓國新簡駐日欽使高瑞一起程前曾于漢城某銀行借貸二萬五千九百圓以為日本之高麗留學生經費云

紀東京哲學館事○日本東京哲學館係碩學井上圓了氏所創設所講支那哲學印度哲學西洋哲學文部省特設各卒業生為中學師範學校教習之特權此次哲學館教師講西洋倫理學中有自由殺人之語政府以為破壞國體令奪其特權於此倫理者係譯西文乃文部省所公認且許為學堂教科書者今復有此事故議紛紛以為文部省眾說比事自相矛盾且背其所尚之太酷云

紀地球學◯香港西字報云地球之成不知始自何日格致家所推測而臆斷之亦各不相符英人咽活付標按地熱外散之理及太陽收縮之理潮水長退之理推測之則地球自初結地殼以至今日當不出三萬萬年又地學師講現在河水積沙積石之程度而推之則地球當歷四十五萬萬年而動植物學師則謂生物變形分類之程度極緩竟有目前生物變類之象則知地球自有生以來至少經歷二千七百萬萬年而咽活付標則駁之謂緒以生物變相之程度為準亦未必須如是之久然作波羅祗島上之黃蛉蛉歷百五十年僅得一變今人考知其有一百十十種矣可知化類之速也云云

各省紀事

天津◯天津自來水公司第二次添募新股章程已由公司公同議定如有股三分由公司派分新股一份無庸另納股本用示利益均沾之誼

城南海光寺即機器南局有巨鐘為光緒初年英國獻之李文忠公嚴諸寺中其後拳匪閃其間拳匪亂後移於西工局內留為報警之用現該鐘架毀已不堪連擊數次聲甚沈細人必須之

津郡設立軍醫學堂業經開辦考試現間以校址局地甚狹小北洋醫學堂又為鐵路所擠於之地一時未能遷徙已議定三叉河口東隣地一區另建學堂為各生徒肄業之所矣

江西◯今年贛金停止各貨改收統捐贛州關稅委改設於吳城以徵進出口貨稅

贛郡礦產甚多礦質亦佳前官紳商開辦迄未定例埋沒利權誠為可惜劉紳等所開之銅礦已大獲利權餘不及早開採利權恐難保守也

贛州府舊守衛門丁某在外發事為臨川縣令拘訊知縣研究刑數次該守敷衍了事此種與威不校故有乞假之舉

萍鄉煤礦多用西法開採出煤頗旺現漢陽鐵廠需焦炭甚多已飭各商暫時停辦藉此者大為失望煤價亦因之跌落云

江寧籌台季有葉以興鳳藝荒為己任特聘洋員勘製水利之人赴寧來往一切

江寧◯江寧信將軍因欲觀部軍操法曾於鎮江督操乃邀信於初三日同赴校演是日先令部軍之洋槍隊砲隊工程隊以次開操歷兩時之久始各舉事畢入席即退入營帳午膳畢復出閱省垣各軍操演至天色昏黃始傳停操云

揚州◯淮北新設之干擾水卻私卡經程運司訪聞現辦之員未能得力因即撤委另以鄭補運判與作梅首往接辦與運判已於上月二十六日束辭赴差

上月二十一日本府余守朔赴寶浦叩謁陳讚督兹於二月朔日回署

蘇州◯蘇撫於初六日大考武備學堂學生由督辦松道及提調王孫二監督戴子適兩令等迎送入內一時辦公諸生均各我裝齊集所武廳由教習帶諸生分班次操練各種陣式均無先後不齊之病操畢命各出班演說給賞

蘇州恩撫遵奉文采閣　兩宮恭謁西陵並保定行宮一切沿途應用五色綢緞彩色緞幔旗鼓等件近以起解日期爲時已迫故城東石子街總織局工匠之趕造者忙碌異常大約初十左右可以起解云

飭紀委解京餉一節茲悉恩撫以此項京餉計共五萬二百兩應行鎔釘精錠即由司札派傳匠裝封經過水路地方分札淮常鎮揚將江等處地方官妥爲保護並札本標水師撥出砲船弁兵護同會合督解起程

廣東○廣東大學堂學生去年缺額七名本年須考選補足客臘曾由大學堂並準馬出示招人報考後陸續註冊者共有二百餘人現已由丁仁長分場考試已將日期人名編定榜諸越華書院前矣

粵漢鐵路總委員會同擇工匠師等發動車軌所經沿途業已佈置從速開辦茲聞鐵路總旂號兒士拜謁督撫司道各官談及鐵路一切章程已擬定於二月內即行興工

粵省鐵路省城以黃沙公車頭將來商務必旺故各項舖戶皆爭開設省中向例每屆上元凡坊內新開之舖均須具酒一場集送坊廟以供上元燈酌今年黃沙一帶所收之新開酒三倍於昔云

時論擇要

去年支那之外交界　譯日本每日新聞○從來滿水戰縱論風林無常與與甲之世亦必無安寧之國也甲午以後彼東方老大帝國疲弊殘疾萎靡不振之狀態一一表揚於世界正其名直不啻一大陸也而何國之足云故舉世列强如蜜赴餌如蟻赴羶卽國方病夫之土耳其尙賓一染指況地居比鄰任該顧東亞之實者故以今日操縱其傀儡之政府陰懸服其人民餘斷攬其主權時故時機不可失矣卽以弱肉强食優勝劣敗天演界之公理論之雖世之戮之牛馬之奴隸之固無所謂不公亦無所謂背理惟一任其疲軟殘疾搖拜不振不獨坐視此大陸實兼于險服奴之事擬令彼冷笑東亞之無人矣一以阻礙社會文明妨害世界公理相抵觸能無爲之結舌乎若背乎同洲同種之私館尤不足以明揚吾人之目的也何則立國于競爭之世其國民無肆視全球之氣量卽自取滅亡之性根已則本振于我何尤凡我國民決不甘因循姑息坐失時機讓彼白人獨握其利權而擴張其勢力也故庚子以還我國權勢直達彼土者日見進步非一端矣如練陸軍則多聘我邦教習一切操練之法悉遵我邦模範支那人無愛國心崇拜外人以爲身家富無事時其所練兵從仰我國成信一旦有事行公分之　則彼軍必棄其所學而投我以爲保護身家性命計如庚子聯軍入北京情形可得一明證故彼今日練一軍卽我他日增一助今日練十軍卽我他日增十助此吾所敢爲豫斷者若彼中某督所謂今日練兵不過防禦賊云云何拿有此明示以壯我對外交上無形之聲威也此陸軍權知已歸我掌握也如建立學校旣多用我邦教習夫學問之程度如何教育之精審妥在彼國茫然無容其論特以我邦應聘諸君洞有不可不注意者卽支那人之奴隸特質固根深無日不臨辱之於人之論支那人民僅知其然而不知其所以然何也支那人之奴性蟠繞于政府之威迫利誘幾於一擲打盡究之人民所以入其殼中亦實因近千餘載恒自迷信古來失眞之教育頗受影響以預爲之媒不然彼中自戊戌兩後非無犧牲其身以公揚造國民之先與者止孟子所謂牛山之萌孽也若以我邦遇此當不知如何保護之利用之以徐引於富強乃支那一蹶不振且乘其下井而投石者舉國若狂其腐敗之官吏勿論卽平日所推爲碩學名儒亦如飲狂泉固當初及身之提倡者彷若隔世無由是而向支那以曾外交暗度令針獨操勝算者舍我其誰我邦之應聘者盡玩其今度改革之一切章程所謂以四書五經爲根抵泰西工藝爲輔孤二語可卽持此爲不二法門以立于彼國教育界中則教育權之落我掌中豈可爲永年之定則矣如最大者遠者旣立此外若修鐵路立工廠等亦曾無稍讓彼白人獨沾利益致減我邦外交之勢力也謂予不信易一觀去年支那之外交界而可知矣茲條舉其事畧如左

此稿未完

專件擇要

川沙小學校章程　來學須知

一凡學生年在十歲至十六歲身體强健資質聰穎皆可報名投考考取後驗其程度高下以定班次

一考取入學者除貧寒學費寄膳宿者每年收膳金洋二十四元走讀寄午膳者每年收膳金洋十二元逢閏均照加分春秋兩大期學時繳納

一教科書籍均由學堂代辦學生備價向堂中購買

一學堂不准私帶銀錢入學時預將零用及購買書籍等費對存假房代理每學年假暑假結算一次

一寄宿者行李宜簡潔不得過四件

一走讀者每晨由學堂飭僕分投招領須遵照所定來學時刻不得參差午膳菜不放回由學堂飭僕分投取飯只宜一飯二菜以便攜取惟以城內爲限住城外走讀者須寄午膳

一每晨六點半鐘由司閽按鐘開門七點鐘早膳七點半鐘上課走讀者須於七點半鐘前一律到堂晚間四點半鐘散學

一年假以一月爲度暑假以四十日爲度淸明端午中秋各假三日

一萬壽節及　至聖誕辰各假一日其餘除星期休假外設有要事請假以家屬來函或面領爲限不得無故假歸

一學堂所定規則皆爲學生有益起見均屬簡便易行如有違犯重者斥退

一學生肄業勤惰每半年由學堂將所定考課分數報告各生家屬以備考察

一僕人使役走讀寄宿者每年各繳洋銀所叨佀寄午膳者一四

一寄宿者各備帳子一頂用白色被褥全具

一走讀寄宿者各備靳帽一頂魚白竹布長衫一件羽緞圓頭鞋一雙

摘錄王君惕齋致殷小舫周令箴兩道函〇聞風評銀樓爲朋市價收買金洋誠屬一案洋員狀商殊深慨嘆中外交涉若非早定法律受累無窮老鄉甚病痰在抱必能與京外各大員詳細商訂號能改正法律則於交涉各端得益匪淺實國之大幸也

又聞上海通商華銀行爲假鈔紙擠目下大衆不敢收用弟早知有此弊也國家銀元銅元紙幣應當自己國中製造不能托外邦代做及印此係各國皆然念弊年前…木初辦派員到歐代印鈔票約定印坡并一切器具一同購買回來豈知後亦吃虧千餘萬元竟不能追究此事可作殷鑑則因此屬欲聘國技師到日教教授國人月俸八百元不惜煩費故近來幾能自造鈔票及印郵票印花弟想中國亦當如此辦法近在日本屬工藝精良之技師月逾三百兩再辦盤緊要機器刻線圖機數架約銀五千兩光景所辦並未過鉅而利權不致屬雜之處但來遊歷諸官未能詳細測查服印刷局…而論非數十萬金不可未知可通融辦法近來各國機器愈出愈精價亦步應無關緊要之大機目下可以不購且開辦自印又可養近處男女工約百人也其價較托外邦能廉三分之二弟從洋界年以來代北江十年常僞…紙已久近年代四川定造暗紋鈔紙自…兩度恐其銷數到蜀自壤可照鈔版加凸文鉄印像皮軟印等必須到華過六七度雜手乃可杜絕僞造目下暗紋之紙我國一時不能仿造只可在外定做彫刻印刷開廠自辦大約銀一萬兩左右紙幣細密精巧花紋與日本鐵川鈔票一式凡約定機器弗六七個月方可交清如恐官場錯弊可委入督印況有國法可治其罪若外邦買造則我竟無可如何近日本有人買造我國五分白銅幣查出亦未辦罪刻買造我國銀票當將多川村超二人下獄審判以買外邦之幣云未有定法律不能與買造本國貨幣同罪當已釋放回家惟丞經相說探不准此兩人再彫刻票據等件乎我國自辦即使華人盜印亦屬…得財不外盜較之被外假冒應得…利析明無他…員及早自行設法若蹉跎不斷將來悔必多至其購置仍須自造而後已則何若不待其弊而早操其柄之爲妙也必不得已而先暗紋紙在東定造到華彫刻印票兩地乘住況過六七度預防難冒之法亦稍可杜絕作僞及盜印最爲無窮之弊若純任外邦則斷不可也

學界風潮

湖南派出遊學生〇湖南近日官派出洋學生二十四名王人秋先生之公子亦在其內另有自費生十餘人亦一同東渡聞不日可到大約留東後可以附輪東渡矣按王先生向不以新學爲然今亦遣其公子遊學湘中風氣當可丕變矣

忠士來遊〇閩函云福州烘賢講會中忠士林莘仲志均程郁庭樹德同舟山…於正月二十八早乘輪赴滬會員陳易園進誠偕諸同志送之自岸而返按林程二君均係自備斧資投林墳案下豐程進港拓因求學情殷故親友多欣助之想他日學成回國輸入文明定爲閩中生色也

本埠紀事

縣署官廳〇候補直隸州…縣與令呂稿昨日先後到縣拜會

保留縣令〇本縣汪令莅任以來已屆三載任滿例應升調茲聞已經商約大臣呂尚書請督憲保留一年惟尚未見明文

勸察鴉…〇本縣汪令前日督同差捕赴莊家涇新鎮人朱晉朋家搜勘封驗一家勸得大門等處並無砍傷痕迹惟各臥房床帳衣箱櫥櫃俱已翻亂狼藉情形必有土人勾引光蛋劫竊險防查保赶緊設法緝外並由委吏繪圖填明情節遂即回城

驅逐光蛋〇三次塘巡防孫局員查有光蛋多人聚集陳家行塘口一帶難免滋擾因屢由浦東稽總巡於前日稟請拜合遠明情形查得此幇光蛋由前在頭鎮轉至吳淞將近路當過哨弁之途從周浦等處糾合而來汪令立即函請吳淞將弁往驅散

私運宜究〇滬北鐵路近日運形短絀皆由奸商私販出口所致聞前數日又有某奸商私運數十萬串至北省一帶藉獲厚利

違禁被拿〇婦女入煙館…屬禁乃有大…東煙茶店容留婦人陸氏在內與男子同燈吸煙當包探金立生所見拘入捕房昨解英公堂判全安店主王三紀罰洋二十元氏罰洋十元一併完公仍取改過甘結送查再違重辦

縣案錄要〇前日有黃稷泉投縣喊求驗傷前晚經汪令提訊黃供駕漁艇航船由高橋來往吳淞去年十一月初六日由吳淞搭客數十人並裝菜油豆油花生等物開回高橋駛至上寶交界之穿心河忽遇彭…所開祥記號之金源泰沙船裝載出口被沙船因避頭火輪前行致被撞覆搭客均皆墮水被沙船扯帆逃去並不援救後幸他船經過救起搭客撈獲菜油四件花生六包餘均漂失並溺斃船夥李長一名後經撈獲尸身稟准追赶沙船業已出口後追故於初九日回滬向船號主理論約俟該沙船回滬理處至去歲除夕該沙船返滬向論初經號主央人理處竟避移圖賴欲將該沙船舵工許…桂扣押反被毆傷判候飭查復提究〇盜賊李慕卿在浦東殺人…被…民毆斃由尸子…報縣詣驗拘到孟掌林訊認行兇收禁後又拘到供出之幇兇王虎林到縣複訊孟忽翻供前晚復提研訊以其刀賴掌爐二百下仍供如前惟稱小的與患…王虎林供並未…因與孟有嫌致被誣累判孟還禁王虎押候再移地保成如山…再訊英界會訊〇張…吉祥…香菜館主張益祥打傷…一案昨由包探陳云忠將兩造解訊原告律師凱弟士投稱…堂上嚴行訊追並有抵押…員按照以無地保證…未便作准被告

（四）

律師代為公稟此欵均屬華人應請堂上歸晚堂訊斷以昭公允供證詳供此案係逆子子與串通張振岐押據誆控況伊祀牛奶欄所處早已推抵與英商洋行處有憑據並保加章求懇給予堂供稱此牛奶欄乃與父親押出餘供含糊判該逆子胆大妄爲本便姑容押候究辦原告交保候傳再抵押據上中人等到案質訊究辦張證詳斥退

扶麻摘紀（　）滿藥發報開行主孫德春曾以支票與朱廣林調換現銀一案昨孫德員判將該行拍賣作抵現拍得洋一千五百元除去房租各項祇有銀一千兩左右尚少二千昨日朱將洋具領外將追餘洋有陳鴻廷投稱願爲保人求限七天保出清理准予保奉理明[illegible][illegible]供[illegible]（　）華王氏投稱控稱丈夫前在南門外開設稻香村故後因遭火災得有保險銀一千兩店事歸夫弟華潤伯及趙文星經管現被吞沒資本尚論不理華供胞兄在日虧欠甚大此欵論還各欠外資本已盡被嫂聽唆故此涉訟訊供雖爲經理所有保險銀已歸虧欠宜以氏寡居孤兒著潤伯自向理處酌貼若干[illegible][illegible]候核

光緒二十九年二月初九日

蘇報

總發行所　上海英租界三馬路中

外售處

西歷一千九百三年
日歷明治三十六年

每號大錢十二文

外埠價目

每日一寄連郵費全年六元八角
七日一寄連郵費全年六元
西洋加倍
東洋照加
郵政不通處酌加寄費

告白刊例

第一日每字收錢四文第二日至第七日每字收錢三文第八日以後每字收錢二文封面告白照裱輻加倍論年論季面議長行告白二百字起碼短行告白以五十字起碼多則以十字遞加

論說

論中國今日之學堂

今中國有一事焉無賢無愚無新無舊莫不以為當公即有不以為然者亦若惑於曹此頑錮之尖甚不敢復矢諸口此何事哉則學堂是也夫自歐美以至日本其興也孰不由於學堂我中國其亦殆興矣乎嗚呼可以賀矣雖然吾嘗歷觀吾國一切學堂之實相

北京之有大學堂久矣政變以後個變以前雖有如無不足論論其後夫以張管學之精悍端淑其前後左右之屬達名尚聚精會神以相提挈吾敢決斷之曰實心欲辦一好學堂矣然吾終不敢謂其為一好學堂且不敢謂其為一好學堂則何故求經濟之充足難求教習之勝任難求規則之純備難此人人知之而管學及其左右所難不在此也求免於掣肘難求免於盈縮難求免於搖動難此亦人人知之而學堂之難不在此也夫管學及其左右所謂者乃與於學堂所難所從事於學堂所難乎抑從事於已所難又從事於學堂所難則悠悠孜孜於經濟教員規則其他一切無所問可也然而掣肘之矣然而盈縮之矣然而搖動又繼之矣無論於所事而先損其身此中國人所以不爲盡職之性質所以獨富於他國也然則惟以掣肘盈縮搖動爲慮經濟不足不必求其足也求其足則妨害於其他之康我矣教員不勝任不敢求其勝任也求其勝任則高材絕足之士多政府所深嫉者矣規則不備不敢求其備也求其備則自由平等之域爲頑錮所不欲見矣吾故曰不敢謂其爲一好學堂不敢望爲一好學堂嗚呼京師大學堂如此猶倘敝之管學如此連名尚之左右如此況其爲各行省乎況其爲僻遠不顧物議之總辦委員乎如江寧如江蘇如湖北如湖南如江西如安徽其皆已有報告者無論矣其他各省將來陸續入吾耳中者一葵柄而已復何所望哉嗚呼經濟不敢求充足教員不敢求勝任規則不敢求全備吾不能預證此等學堂將來造就何等學生約而言之其精者則去之其與之終古者則亦科第而已則亦保舉而已則亦捐納而已其足以為世界將者殆猶且無論於科第保舉捐納

雖然政府之所求豈不欲其致於科第保舉捐納也求與乎其名而欲與乎其實也則夫官吏之爲此學堂也誠宜若夫社會熱心之士或以公衆之款或以私家之資創建一學堂則必宜有大異於此者矣乃吾試觀之精神之其造就人材之思想亦若猶未於是夫教養教員之勝任與規則之純備也誠之曰力不足誠不足矣抑有其力能爲彼亦不爲也吾爲此言者以人身之能勝稱貸之曰汝必七尺於汝必百鈞其力此不能強責也然必人所有者皆有人所無者皆無然後可以名之爲人然後可以望其漸至於長成有目可視有口可食且四肢其足亦將曰時後至乎亦得曰有四肢乎今學堂所需力不足者非精幹之不足也非氣力之不足也與足之未除且何論官吏之位置乎嗚呼彼萃其力以求科第保舉捐納之與名同此我復何而求與之與名同相官立之與私立去一間而未能望百益乎

嗚呼吾國之學堂其相如此吾恐人以之興者我將以之亡也且不暇賀於何有吾所以鄙恤於學堂之建設而識頌於學生之破壞

時事要聞

學東會黨十二港○閩三點會凡招人入黨必由會中人領至公所凡歷三門每門必有人按例詰問數語入者亦按例以對其問答之語大約皆會中之宗旨也既得入則之逆洪門於時會中乃舉會中有口辯者登座演說極力陳說會中宗旨之正令人入會之利益凡會中人皆須踴躍以其財力以資斯會之成等語演說畢乃命人進瓜子凡捐款之多寡必視取瓜子之數以為差然演說者能鼓動人之熱心座客每有多取瓜子以自豪者焉中捐款為數甚鉅云

又會黨梁平獲案後收押南營巡捕館近日該黨在押患病經看守人役稟報提堂察驗屬實惟恐病情甚大不能交保醫調經該會察驗准為保醫調治并例給棉被一牀

學東巡警諮要○閩省巡警去歲已設局開辦惟至今尚未將兵分派者實因會吏原議委首府辦理爲巡警教練善後事宜決意間稍守制而林帝一經出來委定故稍遊移矣決以教分巡兵役久未分派閩省須各項議妥後乃能按街分巡其時當在五六月之後而局中經費已不止籌多少矣

派員會辦鐵路○字林西報云本報前載世報局總辦朱道寶璡已派爲總辦福建鐵路今聞上憲又加派梁唐溎三道以爲朱輔聞以上四人除溎道未曾至歐美遊歷外餘三人皆為英國遊學生播遷即會同經手總辦理英粵鐵路者也

世界要聞

英國院停議○字林西報倫敦電云英國上下議院自議定水師經費約計八千一百八十七萬七千金元并造戰艦五艘後已經停議矣

英政聯合商務 又電云英倫敦商務會於是時駐英法使明姆經會演說云英法政府聯合數力于商務則每年交往約得八千萬磅

英國統宜兵○文匯報倫敦電云英國統戰斯佛已於上月二十三號在議院演說行兵工藝當時兵官及人民之來觀者甚衆惟兵部大臣極以惡辦未到議事院斯佛對衆宣言云武備之育學堂實在施教育之實而非徒侍乎名也此堂之設當與經保脫水師學堂相類學而各自為勝故望凡國少年兵官皆赴日來此肄習現當此時勢英不可無一種之新學問而昔英今又附於列強宜如何謹慎小心以振發此學問使得學一而甲於諸國也

英還戰艦○文滙西報云英國已將萬源事之咸納助拉敗艦數艘交還威國矣

俄艦過波○波斯西報路透電云俄阿剌伯英國亞丁消息謂日前有俄國水軍一隊由該處啓程前往中國者大與已先至波斯海灣

紀英相之言○又電云首相鮑爾福昨於下議院對議員鐵爾斯言云英政府允許阿剌伯英屬其宰相說東之某海口有世守之安一事甚不足以顧其平允云

英殿長餘缺○又電云英政府近下令除迎送外殿去長餘缺

報告臘傳○又電云俄國駐安南領事地耶克耳以閭臘傳謂英人將有與暹斯聯邦聯合之事故不已將進告政府

棉花價昂○又電云英國棉約之棉花布現狀與自一千八百九十六年以後其各處所定之價當以此次為最高而剩下各處來定者已不下八十萬金元云

大西洋風潮○又電云大西洋近又風潮大作英國船之遇災者甚多法船當亦不免也

各省紀事

北京○農工藝學堂案由順天府於正月二十日考試取錄十七名入堂肄業其未取各生均赴本局各工科學習手藝又因學額不足於二十九日續行招考矣

正陽門向閉夜城係備以延供職人員居時入值每夜子刻司閽者啓鑰派守城兵其門內暫時開只准入城不准出城乃近來關城時不上鎖內門閉而外門開南關非但進城者無論男女早晚均可任意馳驅即出城者亦隨時任其行走

日昨有蒙古親王攜其格格一人游覽至宮廠暴間工藝章程并乞抄錄一分以備查照王視格格係蒙非喀喇沁部長也

天津○春盤將將開造幣各處人等於二月初一日前往唐沽地方預先安備官廳及應用家具以候幣分司視臨查秤

草廠庵一帶地方昨有某委員率同各弁等勘丈地址所有侵碍官地民房一律論令拆去以便趕蓋學舍云

直督奏調江蘇候補知府蔡守紹滇佐理北洋洋務當經奏准

直隸開辦中學堂一所業有眉目現聞全省學務處總教習丁君家立將規定各學堂章程一切並按試諸生附丁君擬于日內先赴直省各處一律俟被處試畢再赴北京

江西○江省商家現在風氣漸開漢幫中人特在省城設一會館公所以備隨時會議商務利益

醫藥局已考取學生入堂肄業惟多有不堪造就者故屢須招考以補缺額

製造局去年付歸銀元標金上憲檢查因領缺乏故咨准行用現無期也

湖北○江督魏於初一日舟抵皖省已有電致鄂□行抵十五日接印之說

鄂督張之弟已於初六日迎娶漢陽府鄧守之女完姻

初一日武昌府梁守在學務處考錄文普通學堂學生十三名於點名時即批以不取正取之四因有火警即飭學堂三卷均主公羊說該守疾之故甚又云三生尚未不揚之故附說本知執拗殊屬可怪

鐵路局總辦鄒道學背經川督岑奏調鄂督張允許之乃赴上海製造局於日前亦於日內首途因江督有保其五年不更換之說

漢口鐵路局總辦一差自鄒道於上月杪稟請交卸委魏道接辦

新署漢陽府稅守直存於初三日接印余道肇衡須至南京謁見段督然後赴荊州消假

漢口稅司賀璧理君以與商約不能到任現在將理之稅務司君聞有寶和斯就之信

江漢關岑道現逐日與稅務司賀璧理欽商稅政一切事宜甚為秘密

蘇州○駐蘇學務處議員程沆陳因公至杭謁晤及黃鑑蓀主初三日公畢來蘇惟此次返杭因蘇松常鎮太倉五屬引地去年銷數日絀故須切實整頓以杜私販日內將赴湖河及鎮江各屬查辦一切云

中西大學堂皆辦理由鄂撫陸正卿中丞學堂督辦劉道時乾近來擬分札飭令兼辦商務洋務兩局差事兩道因藉口辭委分別銷差

蘇省大興水利先由城之西南河挑經各門打樁作壩現已次第工竣其蘇婁兩門一帶河道亦由元和縣金令進勸夫役打樁築壩即日興挑云

本報紀去冬蘇城閶盤非仙姓家被搶金珠首飾等物由長洲縣捕總巡分巡嚴勘此搶劫贓物各飾甚悉屢案臟犯迄未弋獲而該姓事主係在閶門外美國醫院託醫士兩將何能故長洲蘇令特捐廉懸賞給發賞格如能獲到此案贓犯者賞洋一百元知風報信五十元

蘇垣煤油去冬至今逐次飛漲每箱已加漲一元以外至近日煤油公司英商亞細亞美孚僉牌每箱須洋三元六角次者亦須三元左右零售須六十四文一斤價值之昂為從來所未有

揚州○兩淮年終考覈關繫各員交代虧空之碍理鹽州分司蔣志沂金沙內大使均因現此外尚有二三員銜名未詳

某局弁馬總兵因公名向方圖門新姓賭探案詐未遂夥同防軍練勇三四提標督局上月二十三日夜間將賭徒放大人等約四五十人全行捉獲致之鄰佑恐亂大禍繼內解圍不料局勇以刀砍斃手指並傷及甲乙丙三鄰人昨已赴官請驗矣

杭州○杭省常備洋操各軍於新歲開操現下分由各統領照知轉飭本隊出省分赴各屬巡哨並可兼練行軍之法云

一正任樂順縣朱令懋采前經任揭念北本缺辦苦劉暑跋安縣俊缺余及期年劉乂挙齊前飘省所迨歸籤另委前辦洋務公牘之俟補縣丁令燮羣現業已下札矣

時論擇要

去年支那之外交界　錄日本每日新聞

一改正滿洲條約

滿洲者支那今代制廷發祥之地而久爲俄人勢力範圍也庚子亂後俄人乘勢占領及亂平清廷派全權李鴻章向之索取未幾而李沒世人皆以爲歸和本件必從一大挫而俄公使拉薩氏持定片針全無挫色四月八日卒與北京政府締結退還滿洲條約四條得極大之勢力當是時我日英兩國駐紮北京公使見其態弱如此乃又迫其再與俄國改正條約其已删除者錄於左

一原約之第一條第三項　日英二國官吏如欲利用滿洲外鐵道清國必有限制

第四條　清國欲俄國退還鐵道必償金百五十萬兩

一第二條第二項　清國除俄退還鐵道之費外再出俄兵屯駐滿洲二年間之兵費與之

第三項　保護鐵道之俄兵既歸於清國政府之下該兵弁有自由旅行各地之權

一第三條中所列之採掘礦山條約其有關於太局者亦被删除

一第四條　除清兵除俄人外清國不得應許他國

由是觀之俄國讓步其新而滿洲仍歸於政府主權下矣雖然是不獨形式上而已俄人猶欲伸之勢力傾全國之財政而經營此地今乃遇此時機豈能不達其目的而甘休乎是不待智者而後知也今我日英二國所以有此干涉者亦不過欲留收其餘地使之毋驟動於府丞其特權宜清政府尙從然視之而況鄰國乎

未完

事件擇要

實收英君上其觀察書摘錄○今將近時關政郵政情弊摘舉其害之大者敬陳一二得備偵探而觀上達　天聽事弊興利天下幸甚萬民幸甚一在關政上海海關大小洋員額加薪資在華人薪水不特不加反行七折扣發至今春二月起舍人薪水全不給發試觀與稅司互相推諉央鑠以勸士國家定制今薪水不給司事者安能枵腹從公且關吏相缺向係納資將來勢不能空手告退寧之請託生弊豈國家立法之意乎夫關爲中國之關自應中國人員自行辦理豈外人立之初因華人不諳洋文不諳洋例事務已假於洋材暫爲代理今已數十年仍未收回利權所以一切事務皆歸辦實我華人之所痛恨也日本維新初年其情形與我國相似惟改革後事事留意學習未及十年將聘用洋員悉皆退去收回利權能使政由我出財不外流所以日進於強也我國反是重用洋員惟命是聽我國近來熟悉洋務者亦不乏人不習業迎閱歐何其重洋輕華若是耶今欲甘其以兩江督憲劉峴帥懇請革除關弊裁批飭責縱未能一一核辦而洋員聞之亦稍知儆向來洋商行李概不開驗下等洋人每多私包偷漏逃亦一例查驗此弊乃絕知洋員亦未始不畏公論也然其中充公一項爲害最大而終不能革華商之受苦者不堪言者吳凡貨物之應稅不及者理宜加征乃有做細貨件譬如註錄單內漏報一項本無稅則並非偷漏一經查出竟作充公或託人説情問有索回然必遲延三四天在此三四天中旅店飯食已耗費二三元値可抵作貨價況未必能人人索回按日本關稅凡繳細之件未報稅者以其貨估價作稅亦已寬矣至歐美各國皆有照稅其征取多少亦各不同凡客商隨身行李並無充公之例其充公爲我國洋員所獨創至其充公所入歸公乎歸私乎固非外人所能知也一爲郵政在我國疆宇廣闊戶口繁多一時難遠內地其勢難然於通商埠頭行之猶易本行之數年其弊滋生於國家反無利益其故何也蓋在主辦者不得其法耳夫寄郵寄遞總在便捷不悞爲主哉蒐有險阻延閣或探訪不實甚至要件稽延每图私行開拆減没肥己此固選手作弊然其實在用人不當主辦者不得辭其咎自應設法認真一面賠償以示體恤一面嚴究以警將來乃往往互相遮掩含糊了結即有收條亦難作據無怪投信者皆裹足不前矣不特日本[illegible]國所收郵政反不得日本百分之一豈我國信件少於日本乎此不可解者也我國以關政郵政爲大利源悉任稅司一人獨斷獨行權亦不可爲不專而其所辦全然有弊無利國家受其此人乎草野妄議謂此關政郵政能得一于公大臣秉公辦理於國家可歲入巨款於商旅亦以免此苛擾其利益治非淺鮮者外各國僱任洋員者莫如埃及大臣爲英人工部大臣爲法人陸軍鄰稅爲英人以及稅關鐵道郵便等長官共計洋員千三百餘人以致國事日壞不可收拾此可爲我國近時之殷鑒也知閣下熱心時政屢屢俱陳數語不禁情陳告並附陳管見云云　未完

資辦山西直隸京畿礦業務公司章程　四續稿

第四股章

一本公司股票每百兩一股每股一張分期招股每期以三個月爲限自本公司開設之日起至年月日截止

二本公司股票做照三聯票式騎縫號蓋用欽憲督辦礦務大臣關防並中蕃邦本公司關防一紙股份執照一留公司存名一解欽憲備査官股商股各自編號並簿本股票註明股人名籍貫或是堂名或是號名及經手人等底册送一詳註以備査考

三商股除發股票外隨給息摺一扣部照該股銀數在息摺編號摺內標明股商某人收執蓋用本公司關防此後各號憑摺支取

利息

四招股之日股票未及印刷以曾留發三連實收為據此項實收即與號數蓋用欽憲督辦鐵路大臣關防股本要需方能發給所有注明認股姓名一切悉照股章第二條款所載憑此實收掉換股票如有遺失即照下第五條款辦理　　仍未完

學界風潮

浙杭州某書店○杭垣三山址某書店以售各種新書新報去年開辦之初宗旨頗佳定報照原價對折書價九折及至十一月間書籍又改為八折今年正月因與某某等店爭攬生意又改為定報八折書籍七折二月初一起又改為無論購書定報均照原價不折不扣聞其未及週年新書新報之價何忽漲忽落若此殊為可怪若該店者豈欲為新世界增一笑柄耶

[illegible]○[illegible]挑選學生出洋遊歷○即由[illegible]現挑選工藝兩科自強并四學堂高等學生三十一人分赴英德日本遊歷試擬以為觀[illegible]聞定於初四日起程

新書介紹

啟學叢書本全部　是書共分七編前三編就眼前淺理引起兒童讀書之興趣及地理歷史物理各科之大綱附入啓蒙便函遊戲均[illegible]一定了然四編以後德育用論語弟子章分綱提目系以[illegible]歷史故事[illegible]示以[illegible]之[illegible]也　五編以孝弟智育聖賢格言[illegible]系以問答詮理至明至晰可為倫理學之階引　六編前半為修辭以美術高尚之文寫遊戲習慣之事為兒童觀史漢巨篇之引後半為論理即以遊戲之事令兒童演為論辯之篇是學作論說文之秘鑰也　七編選史漢通鑑最有興會之文暨國策周秦諸子為獎之篇以及唐宋諸國朝名家論說自一編至七編由淺及深次第井然此係無錫三等學堂三年以來評論之書實近今蒙學中第一巨著也

現世支那錄○西儒孟德斯鳩有言說國之盛衰必自其社會始社會之中有秩然有序國未有不強者日本博士加藤氏曰欲知他國情勢必先究他國撰述書論為基礎欲知己國情勢亦必先以他國撰述書論為鑒衡蓋國之強弱必無偶然而非大智鉅識者詳究而精討亦終不得其要領是書英國儒[illegible]充夫恩所著分六章首總論次支那之政治次社會次外交次財政殿以結論日本文京山門學校有譯本風行一時稱精確今允之好評詢為闡港以來絕無僅有之佳構

本埠紀事

[illegible]○[illegible]及候補知縣[illegible]孫[illegible]令昨日因公[illegible]到至上海縣拜會

局員[illegible]調○[illegible]巡紀兩市二十三七鋪巡防局局員李貢廷札[illegible]與南左[illegible]渡徐局員對調兩局員已定本月十六日調差

罪犯過站○南洞士棍姚炳生前因作[illegible]抽頭由南邑[illegible]汪令拏案訊實詳准上憲擬定罪解[illegible]文起解昨日[illegible]經[illegible]上憲上海縣投文過站本縣汪令立即加文派差起解接站發往陝西[illegible]州到配

未便保釋○滬左[illegible]渡[illegible]內存洋火洋燭[illegible]八百七十五箱為稅務司會同[illegible]獲並將貨[illegible]提督兵弁之號掛二件當[illegible]封後由[illegible]提到司[illegible]王[illegible]其[illegible]主[illegible]人就[illegible]盈洲[illegible]在逃未獲[illegible]朱守到[illegible]停保王出外[illegible]封[illegible]稅務司好君[illegible]核案[illegible]以此[illegible]無[illegible]籍[illegible]今未獲[illegible]求保[illegible]故[illegible]札[illegible]保交案從嚴[illegible]究

[illegible]藥[illegible]○[illegible]近來價值日[illegible]至今春[illegible]又次次飛漲約較去冬[illegible]十分之一每[illegible]陳公同[illegible]八百三十餘兩[illegible]亦竟加至一百兩[illegible]有加[illegible]已云

[illegible]○[illegible]人朱炳川[illegible]日投[illegible]求驗[illegible]汪令[illegible]朱供[illegible]兄故後[illegible]子山[illegible]周氏[illegible]三[illegible]孫所有家產[illegible]被周氏之[illegible]阿[illegible]吞[illegible]斷[illegible]周氏[illegible]各半勻分在案并有公共[illegible]一分[illegible]由氏執[illegible]今被[illegible]阿[illegible]私[illegible]地串通地保[illegible]成[illegible]此情急先[illegible]科[illegible]明扣留遊契外一面與地保[illegible]非但[illegible]反[illegible]求[illegible]此[illegible]情[illegible]不符[illegible]再[illegible]○[illegible]之[illegible]記[illegible]行[illegible]

一案[illegible]晚亦[illegible]先[illegible]供[illegible]記[illegible]徒[illegible]由[illegible]保[illegible]在[illegible]者店內[illegible]因老店收[illegible]店內派[illegible]之[illegible]時來[illegible]令[illegible]出外遊玩去年[illegible]日過[illegible]在[illegible]究[illegible]深[illegible]在[illegible]下投[illegible]緞子[illegible]正[illegible]店中失去各色紬緞六十八疋[illegible]成[illegible]控外公[illegible]四十疋[illegible]包[illegible]內[illegible]疋[illegible]已[illegible]供[illegible]令[illegible]三百元不[illegible]求[illegible]供[illegible]人[illegible]常來店[illegible]之[illegible]因有[illegible]姓托[illegible]店中[illegible]一疋其[illegible]久不[illegible]中[illegible]紬[illegible]疋[illegible]只此一次[illegible]外[illegible]未[illegible]汪令判[illegible]二[illegible]二十下仍供如[illegible]判[illegible]再究

[illegible]○某[illegible]貨店主[illegible]伯[illegible]林[illegible]買取王[illegible]生店內色布七十疋值洋四十元[illegible]提[illegible]在案昨又提[illegible]供已托[illegible]兄至[illegible]求[illegible]判令[illegible]再核○[illegible]向[illegible]人伊[illegible]店去秋[illegible]川客[illegible]洋一百四十元[illegible]追[illegible]今分文不[illegible]昨又提[illegible]供[illegible]判先還洋三十元[illegible]辦[illegible]核

[illegible]外虹口某客棧內[illegible]晚[illegible]客[illegible]身死棧主恐被[illegible]戶外[illegible]巡街捕[illegible]見[illegible]探查[illegible]戶[illegible]一面[illegible]棧主究[illegible]○[illegible]兵輪[illegible]水手數人[illegible]飲酒[illegible]醉在[illegible]老[illegible]由巡街捕[illegible]車送入捕房[illegible]再核

光緒二十九年二月初十日

蘇報

總發行所 上海英租界三馬路中

分售處 [illegible]

西歷一千九百三年
日歷明治三十六年

每號大錢十二文

外埠價目
每日一寄連郵費全年六元八角
七日一寄連郵費全年六元
西洋加倍
東洋照加
郵政不通處酌加寄費

告白刊例
第一日每字取錢四文第二日至第七日每字取錢三文第八日以後每字取錢二文封面告白照後幅加倍論年論季面議長行告白二百字起碼短行告白以五十字起碼多則以十字遞加

論說

學生之價值

人有恒言學生者將來中國之主人翁也夫主人翁者於政治界有權利有義務之謂也然必有政治界之權利而後乃有以盡其義務然而政治界之權利不可不藉教育界之義務以得之然而學生時代權利之時代非義務之時代也學生之義務在於進知識練技能其義務也實其權利也故曰非義務之時代也然而此言也為開明時代之學生言之則可設其時至治大進職功分職之界別明凡國民當盡之義務自有其資格相當才力相副者出全力以任之學生者後備軍也未來世界進化之原素也出全力以為他日盡義務之預備斯可矣然而吾國幼稚時代其一國之民自對而觀之皆共有義務而無權利爲者其義務也如器械之受用牛馬之被役是不得謂之義務者也彼其於國民當盡之義務直以非而棄之非其有意棄之也直無有知之者然而學生者深知此義務之大也且深知此義務之當盡而一國中實無有能盡之者也恨國權之日墮迫滅亡之旋踵於此而不奮激急追轉性百折以圖之將非人也然而吾前者固謂欲盡政治界之義務必有藉於政治界之權利而欲得政治界之權利又必有藉於教育界之權利然則學生所知義務可知矣教育界之義務有三曰管理教授也曰監督也曰捐助學校也此三者吾國之民蓋稍稍有為之者矣然而管理教授者徒吸俸給以自肥編譯圖書者徒知攫取以弋利捐助學費者自一二高識熱心者外大抵博素學之名為偽話植奴隸之材是其於器械之受用牛馬之被役何擇焉嗚呼吾見有放大光明於此黑暗之界者乃得之於學生社會吾姑舉吾之所見者上海愛國學社社員之任教科及公舉兩為自治團體之職員者凡二十餘人精密奮厲勝當世官勸者萬萬焉此其盡力於第一義者也日本留學生自新書籌編而後有湖南遊學譯編有湖北學生界有浙江潮而美國留學生亦有國民叢報社之聯約皆主於發揮政論開通風氣勝當世資稅弋利者萬萬焉此其盡力於第二義者也愛國學社之學校自中國教育會之擔任及一二巨公海外僑商之捐助外社員以自役及擔世譯報所得捐助之日本留學生亦相與盡資而助之夫巨公僑商之力誠足以及此然而有見於茲事之關係而慨然捐他費以助之此亦吾國非常之明哲矣而社員若留學生其全力至為拮据其助一金比於他人之千萬金焉此其盡力於第三義者也以今日之國勢觀今日之民實為學生者雖使犧牲其學生之權利而竭全力於國民之義務亦不為過然而吾所云云諸學生則固會矻矻於其權利以為他日盡義務之預備是真不愧為將來中國之主人翁者也至於身入學生社會而以奴隸之材自居又或剽聞西洋權利之說而鹵莽應用欲乘世界之噱味而巧享其有權利無義務之利益是皆學生社會之稂莠而必爲天演界之所淘汰者也是不足以損吾學生之價值

時事要聞

電諭照錄○二月初八日奉上諭世鐸等奏倭林保任意偷安不再行啟奏一摺內廷當差人員應如何勤奮趨公無曠職守乃近來值班各員動輒請假實屬不成事體至委散秩大臣倭林保前經領侍衛內大臣以該員玩誤要差奏參奉旨降旨交部議處現復傳諭不到任意遊玩尤屬荒謬倭林保著開去委散秩大臣差使並交部嚴行議處以儆其餘嗣後各該員等務當振刷精神力圖奮勉毋得仍前玩泄自干咎戾欽此

照傳宮門抄○二月初八日　召見軍機清銳

京函照錄○京函據稱廣西藩司電云柳州吳守柳州知府被匪戕害已有電旨詢問矣　按此事此間亦已得信

文明書局編印之蒙學課本七編經管學大臣鑒定後現在八旗小學堂已訂購八百部以爲課本之用

五城學堂今正考取之學生內有一名因欲與友人同住一屋商之司事不允各齋皆貼有名條彼不能安寓與某君不諳規例竟自將名條交與司事並移收行李入室時始知已被革退當即懇商監督請從寬就學請想初犯從寬收錄該監督一再不允直加以惡語竟令其僕將某君扶出

永平府七屬向係產鹽之區常價二三四文一斤本等本無甚私名目現在直隸鹽務經[illegible]擬上條陳於鹽政局請收歸官辦於是鹽運使得總辦另有委員七人由鹽政札委每月薪五十金又有司事多人皆於正月底前往各屬開局凡鹽皆由局收買而以每斤十四文售出所增太巨小民不為辦竟有數處未能開局云

同洲不當如是○漢口東肥洋行係日本商民所開租定鄂人周某之房屋若干間每月租銀數十兩乃積欠至數百兩之多屢索不還周某以其為日人不敢十分堅索又因不索則此屋之租終不可得不得已挽李文忠聯俄拒英之法將此屋暗與某英人實英商之代索孰知事為日本人所知怒其假英勢壓已嘖有煩言迨東肥洋行失火兩周某之受影愈甚往索舊欠僱得其保險費若干兩而房租依然不得日本文明之國且於我有唇齒之誼以此舉觀之則殊令寄於同洲之愛者失望矣

稟錄天津大[illegible]○與辦[illegible]在病故後管學大臣已奏派山陰湯令爵濟爲大學堂總教習聞湯君已電復管學大臣力辭此席云

京師大學堂本年新章凡師範仕學兩院全班學生皆須添習日本文字因日本教習不能華語講義由翻譯傳述往往有扦格不入之弊聞此章一出諸生向文明書局購求東文典問答者每日不下數十起該局竟至應接不暇云

探聞北京至張家口鐵道定於四月起手測下洋工程師以及中

國各項辦事人等於該鐵道工事計劃殺施其形忙碌因此次從築事宜股東總理辦事員□□□云

二月初二日駐京美國公使康格君邀請倫貝子諸開甲及美員凱路君在使署午宴商辦粵路商務事宜

探聞慶邸近因丁道周內辦理交涉需派專員已調吳守仲賢到京以備委用按吳守本充天津工程局員

探聞政府因東三省與俄國交涉之事日繁特於烏里雅蘇台地方做照恰克圖之例設立通商事務局一所遴派幹員前往辦理已於去歲抄附辦云

文化女學堂開學○錢佩英女士在湖南開設文化女學堂今日開學諸海上有志女學者須視何日按另日延請女教授女士即現充三等學堂教習錢海帆君之女弟往年曾在城內女公學辦事者

另造鐵道開學○鑒新西報云　皇太后因不願由鐵路進謁西陵故已下旨命另造一道蓋欲不使人窺其顏色也并聞明年進謁　西陵之蹕道或將造一堤道云

請簡將軍歸開○字林西報云得北京消息津天將軍增祺告退現已　俞允遣缺由榮祿奏請　皇太后簡其叔奎俊爲之接榮爲聯俄黨首領其叔亦不卜可知則俄國將來於滿洲之事可得無慮疑也

查究私鑄○新聞報六號天津電云直省私製制錢又見於市問宜督已會督藩臬出示聞私製者須罰其所製一百倍云

世界要聞

議設保國會○字林西報六號路透電云英首相議稱現創設訂英國宜立保國會偕世界承付之勿替聞此事贊助之而贊其成者頗有人云

英國預算軍政○又電云英國國會預算表計印度兵二十三萬五千七百六十一名每年共需餉銀三千四百二十四萬五千磅其南非洲兵則需餉四百萬磅云

英兵部報告辭○又電云英兵部大臣拖列克因與衛軍□勁之事當議發辭告文保兵衛衛軍統領經我區以坐失事機早已革職然按照平日所爲□不應知暑□而亦爲彼軍之尖則亦不得不辭也至於一切舉動情形現皆疑止矣

籌設水師總操場○鑒新西報二月六號倫敦電云英首相□□日前在下議院宜布謂英水師操練之所擬移設於快弗來附近之密寶加島地方

調查團練○又電云英兵部大臣拖列克擬將調查團練之事已經宣布

宜布財政情形○鑒新西報云英國上議院已將菲律濱財政時價查有良謂有以銀爲本位而致價者宜照時價值此搭既佈凡銀錢者皆甚喜悅云

各省紀事

湖北○鄂督擬現擬日內親赴漢口鐵砲廠考察一切故日來工匠甚形忙碌

漢陽縣知縣令陳同江夏縣陳令樹屏武昌知府曾倅受詔均赴日本看博覽會現該兩縣缺之府令自初八日接印之辰

警察局歸併以來分設清道所一處歸武昌府經歷向獄分管各局不能過問以至事權不一辦理不善經歷□□向獄沈內榮又適小票□案照驗□查得其情弊殊無限惟知□役分歸警察六局經理

上年漢口稅關所收子口稅共二百二十萬多與昔年收數無出增減惟岳關則仍無起色

漢黃德道岑道現因修築鐵路將次北上擬請督一再挽留岑即止駕聞不日即將出矣

蘇州○日前撫標水師營勇獲住所犯□葑門齊岸捆解至元和縣收押訊□□以犯係在某鎮設櫃聚賭之罪由余令收押而該營統領徐營將錄供即於初七日復行營師出巡江浙一帶云

江蘇學政□士前本年主考仍由恩師聘請朱紳砚生接主講席並定於十六日開課默則省即札府預備課卷以便考試惟是日恩撫親臨點名諸生蔡卷亦須親到云

現辦葑門水關添委員郭縣丞學齡近屆一年期滿故由效臬照章派委另委何巡檢運芬往承其乏已於初七日到差

杭州○杭省官道驗馬對於朋黨不斷造既當道示禁仍於視訟具文惡風最初一年有一年將六十之徐姓行經平津□□突來怒馬一匹疾馳而過將叟撞倒踹傷多處血注痛極騎者見已肇禍揚鞭遠遁

時論擇要

綜去年支那之外交界　錄日本每日新聞

一退還天津條約

匪亂雖平而天津陷於聯軍之手各國盤據其所以而要挾之清政府固知其不可抗然有不得不抗之勢故德法兩國亦相繼頒諸後直隸總督袁世凱復致函與英公使請將此次議和約成債兵費其抵押全在河關而得關之實在於今天津不退還則恐不能速支出然故云去初天津陷時各國亦早知其不可久據原不過欲此要求今時勢既至此乃深表同情以八月十日將天津退還其締結條約之要點如左

一大沽及北京海口各處所已築之砲台均宜一併毀去又不得於海岸沈阻妨害軍艦往來之物且既拆毀壞者永不得再築天津城亦然

一凡外國兵駐紮之處相隔二十海里不得令清兵往來以杜兩國軍隊衝突之患

一據平和議定書第九條云清國政府因維持北京海口各國自由交通之故許其占一地爲□□□今天津都統衙門既爲

連環所與各國即公認以此究之

一凡火車站之外國官吏其管轄權可及其地以南三英里

夫津退讓乃當時最大之一問題而連環永踞該地損害有形權利上尚覺其大之損失反之則無形權利上之損失殆更千倍之也嗚呼吾人觀今日東方大勢至此宗當不為其悲悼亦未嘗不自咎自勵　未完

事件擇要

南翔許君稚梅演說文（）吳君承三錄寄鍾洋僑居南翔歷有年所今歲在其宅中開一演說會每逢星期一次本月初三日為第二期舉行鄙人亦與其列演說如下

其首曾士農工商四民當以平等看待不得自命為士而卑視農工商蓋天下事虛名不如考實際一言蔽之則只辨別生利與分利而已大學曰生之者衆即生利之人衆也食之者寡即分利之人寡也小之一家大之一國生利者衆分利者寡未有不興反是而生利者寡分利者衆未有不敗亡者也今試問我等為士者究為生利中人乎抑為分利中人乎彼農則動種植以生利工則精製造以生利商則務流通以生利雖三者有直接間接之不同然同為世界不可少之人今試問讀詩書而談仁義者果其為世界所不可少乎在諸君豈不曰士而得志致君澤民士不得志亦設教授徒教化鄉里三家中塾序者尚不乏人阿莫非教育之力也士雖不農不工不商亦何負於世界不知人立世上貴有進步方今東西各國實業學堂蔚然林立其進步之速正如電掣風馳而我中國則今之農猶是古之農也今之工猶是古之工也今之商猶是古之商也人皆急迫我獨與猶人皆求新我獨守舊其故何哉蓋他國之民皆知有國界國與國相競我不自立即不免受人之虧而我國則雖士林中人亦不知有國界夜郎自大侈然自以為天下之大惟我獨尊其一種腐敗不堪之學說深印入于腦中於是凡為農工商者幼時一受其薰染即混混沌沌但知有天下而不知有國以如此之因造如此之果我故曰農工商之不進步皆我堅頑撲不破之學說階之厲也今日之世界乃生利競爭劇烈之世界諸君而果能播生利之種子于農工商乎是諸君之直視農工商也彼農工商必有角勝於他國之一日而我等亦與之俱生諸君而不能播生利之種子於農工商乎是諸君之輕視農工商也彼農工商恐不免有坐困干涸轍之一時而我等亦與之同盡此則可直為痛心而深願為我鄉中人大聲疾呼者也

擬辦山西直隸東路礦務公司章程　五續稿

五股票如果遺失應將該股號數并股商名及經手人名姓叙詳細具有保結呈報本公司查照銷號存案另行換給其所失之股票即作為廢紙

六本公司開辦伊始招股人員其實收股銀請即發并給凡論及路者該管地方官出示曉諭以杜影射

七股息擇俟停辦之日股商收齊本息之後仍當繳回本公司查銷官本股票亦一律繳銷

八官本股票應解足欽憲行轅以備查照存案

九此項股票如股商情願讓與親友須持票呈報公司立明退約承受之人亦須取具保結叙股歷堂名領本公司查明承受之人實無妨礙之處方許易名注冊作據不得私相授受

十如股商因有事故將股票遺交親族人等則與原領股無異不在以上股票第九條款所講之內　仍未完

學界風潮

莊君丞亦致學界諸君函（）學界同胞諸君鑒鴉片烟一物於世界中為最毒之惡蓋凡有人心孰不知之況我中國自鴉片烟入口以來於國家則有林則徐之大創於國民則因以致死者致痺者約四萬萬分之半則為中國人者更當如何懲戒至於學界中人則中國後來期望最重之人設又蹈此病自願死痺則中國尚有何望孰知一學堂設多之省分著有美名之學生竟以究學問保國民之絕大問題為腦後之物而以吃鴉片烟為消遣口福之法喪心病狂自棄自賊莫此為甚因中國人皆我同胞兄弟恨不得效林則徐之法舉害我兄弟之毒物盡毀棄之以報斯讎而學界中人則又同胞兄弟之最親愛者也故因一時之熱心擲去所指學生之烟盒此事與此學生為愛對為反對人必知之孰若此學生發一最可笑話謂嚴又陵尚吃此物穴嚴又陵之所以成為嚴又陵者其賴吃此物以成乎抑嚴又陵之學問以成之乎今不學學問上之嚴又陵先學鴉片上之嚴又陵則其私數嚴又陵者正賊殺嚴又陵此蓋無用愚者乃又有官聽汝打去再買不難夫人至如此無恥亦復何法可想且又有曾汝胡不打盡煙燈夫學界中人自嘗於烟燈上之阿片鬼亦復何嘗可毀更有最奇之事竟有將已擲之烟盒拾以刮吸其未盡之渣者千載奇談學界汚點不意其最奇之事又不止此竟有於此端大閙之後隔一日而仍大開燈者恐心火迸發手從心顫悉舉烟燈烟盒之類擲之碎之衆口大罵為荷除去一兄弟之毒何懼傷萬人之叱其學辯者有謂文明不在阿片洋槍無異烟槍種種之奇論筆慨為述其事曾或為實話不必深究惟願學界同胞抛除自想阿片是否吸之有益之品學界中人是否吃鴉片烟之人中國現勢是否吃阿片烟之時改之惟我學界同胞再吸之亦惟我學界同胞惟恐之擲碎為我救同胞之應盡義務特此函告願中國海內外之學生咸鑒其苦衷自除其毒之舊以救我中國尚有轉機設此諸學生已受愚之擲碎而猶不改則為我學界之公敵必將其名姓開清登報揭出上之嚴又陵無留吸阿片之嚴又陵

南翔學務會鑒主人來函○縣報執事台鑒前月二十八日貴報學界風潮一門載有南翔學務會設一條僕閱之不勝慚悚僕一介寒素視田為生若敝貴山豈能與學惟念從游同學不乏英髦不揆謫陋思有以勵向學之熱誠立溥通之基礎爰於去年將得英文教員如年教授來學者不下三十人特寒畯居多借貸不充

賠累支持一載迄損勞今年另一辦法改英文凡程度較高者與令出外肄業現赴王氏育材書塾者約十人左右其一二無力而勸勉可造者由俱與館同志籌商津貼以期有成蓋此亦吾儕應盡之義務也至本塾之現狀雖仿照小學校規則而才質力絀勢難完美近收得學生三十六名女子居十之二四酌分兩級幽雖稚不忍以輕心掉之蓋皆吾社會中人也質雖鈍不敢怒以氣餒之是亦國民一分子也鄙人僻處鄉閭既不獲逢吾四方之志同道合私願如斯而已敢貢其實以質同志

新書介紹

衛生學問答○是書共九章講求保養身體之法頗爲詳備一刻於山西武備學堂再刻於無錫埃實學堂三刻於蘇州中西學堂今第六次石印本卷首增入全體圖與舊本迥別有志於育者宜家置一編也

東文典問答○是書共十三章從各種日本文典輯出首總論次[illegible]詞次名詞次代名詞次動詞次形容詞次助動詞次副詞次接續詞次感動詞次助詞次接續詞次文句之剖解於動詞助動詞助詞等各種變化及活用皆詳細明白以備獨修之助後附東文摘要述作文速成之法又附東文雜記論學東文之門徑及應具之書

國民婚育學○是書日本山川政懸著六章首論結婚次娶兒之體質次乳哺之[illegible]次少年之[illegible]育其言切實易行衛生家與家當留一冊也於育之智及應[illegible]其有得乎

算學啓蒙日報○是書共三卷日中算類日西算類日中西算法類以算法家門徑書中並附記各書訂爲如代數三角微積等書各有訂誤數十條頗便學者末附算學門徑書目則皆近日算之捷法誠初學之寶筏也

本埠紀事

侍郎抵滬○探聞 聞上海電報局非滬會辦吳侍郎重熹業於昨晚乘新裕商輪抵滬

糧捐將來○南市江蘇海運滬局總辦孫守葆生因採悉糧捐甚森杰將次來滬飭局添丁役預備一切

局員添委○滬關道昨日札飭巡洋委員巡檢王丞之辦理北新涇巡防局兼其伙王沇巡防局一差札飭本城西局員相聘候接辦王丞二員差務即委擇日到差

曉諭示禁○本埠城廂內外各街道往來擔担往往不加桶蓋以致穢氣四播頗易致染病保甲局巡衆合因于昨日出示曉諭各業居民人等知照嗣後凡過挑糞于清晨起九點鐘止須在桶上加蓋如違究辦

添設龍頭○大東門內大街各店號近見十鋪四鋪向自來水公司出資添裝太平龍頭故各店號亦向公司訂購裝設每一龍頭計洋念五元於昨日興工無如日間開機水勢猛急難以從工經公司特在城門外裝一放管於每晚七下鐘將城內水管之水盡放至晚間十一點鐘方准工匠乃得照常動工至天明而止故工程頗覺遲緩

公司籌款○南市自來水公司近因生涯不旺故將經理人吳某辭歇由張某接辦而總辦唐楊兩道擬將租捐章程將自來水捐加於房捐之上兩道明張會銜示諭俾得照辦以事近勒加斷難照准惟飭札飭實業會同上海縣出示曉諭居民購食免用致濁之泉至公司資本支絀並將籌款撥作公司以資運轉其道準札發到與唐楊二道及[illegible]一再會商衛東妥洽

偽票出關○近日又有匯人偽造英銀行鈔票出售在市混用被銀行聞有此說恐將來取用者紛至沓來故於前昨兩日張貼英洋數十萬元俾人領取以致閘北洋行每元飛漲數分不知確否

[illegible]○昨有許姓來滬報稱寶島之某四人等特偽捉賊外寶島場試辦者甚夥

傳說新章○英捕房監察捕頭近以埠車時有碰傷情事昨特稟請英美租界總巡定新章嗣後凡過車載二千磅重者加用車夫七名不准[illegible]違拘究罰[illegible]遊行矣

提訊拐案○[illegible]女曾被某甲誘拐來申托媒售與錢文焗兩二僧與包姓氏要沈[illegible]嘉信李陸氏花煙間內爲娼昨日經由廣籍來申尋見報捕將一干人拘解公廨研訊後投訴會情求辦楊氏供本無[illegible]領交托買陸氏供此事不知底細紙借房間與容供彼某甲誘來由劉做爲中保現原主王某到楊氏李寶一百下陸氏交保判張押追某甲到案再辦楊寶給善堂留恤交

違章受罰○法界各居民擅自施放風筝數日之間共拘到數起各予罰洋充公昨日又有王阿福違章施放亦被捕拘獲解送法公堂判罰洋五元充公

賬案詳要○英公堂西蘇施文才控炳生到庭會訊經汪令升訊施供向與裕興隆天津信局於二十四年推於蘇炳生接辦得洋四十元二十六年分設漢口信局用我入行當年被蘇將申漢兩局所估來究蘇供漢口之局是施開設今欲在申局另設一櫃派伙自收因此不允推據求開另撥江元豐投稱爲文淵閣書坊伙去年漢口某號當本店洋一千元祇收七百元致裕興隆信局各洋三百元閉逃今知在滬下涉訟投求究追汪令察核推據判孫口一局併歸蔡開森償還江元豐洋二百元餘供蔡復收洋人再追○又訊孫永源控蔡某一案孫供是永潤米行執事去歲蔡來購米入十餘石付下若公茂計洋五百元支票一紙期晉元庄收取無着公茂復閉向蔡追索現洋關閉控案來追蔡供在蔡辛某因爲伙計托管少若曾去楊花收得者公茂支票至永潤購米復關閉公茂關閉欠洋無着經人勸令償孫洋二百五十元由孫出立收清據不事汪令核供各執判蔡交保送同某甲檢查再核訊

光緒二十九年二月十一日

蘇報

總　所　上海英租界三馬路中

分售處

西歷一千九百三年
日歷明治三十六年

每號大錢十二文

外埠價目

每日一寄連郵費全年六元八角
七日一寄連郵費全年六元
西洋加倍
東洋照加
郵政不通處酌加寄費

告白刊例

第一日每字取錢四文第二日至第七日每字取錢三文第八日以後每字取錢二文封面告白照後幅加倍論年論季面議長行告白二百字起碼短行告白以五十字起碼多則以十字遞加

論說

獨立篇　錄女學報

夯何人斯中國所謂大流以婦豎而稱者也中國所謂無才爲德以殺我婦字爲名事者也平居自思既生爲女子矣又生于女權不振女學不講之中國矣我何能以哉亦惟甚守無才爲德之說爲一無才無學之人而已雖然吾讀西籍竊念夫東西哲學之所習聞及我中國通儒之所發明於我所獨居深念多相契合于是喟然歎我雖生爲女子雖生於女權不振女學不講之國我之思想智識固未嘗異於彼男子異於彼泰西人權也耳我曰女流獨我以無才彼爲此菲薄之詞者何哉於是再而思三而思嗚呼豈人之菲薄女子哉女子自菲薄耳我自安於卑下人乃得以女流悶我我自安於無才人乃得以女德困我我才矣我才而德矣彼德吾所德豈足以束縛我哉我挽其流而上之人且視女流爲不可幾及爲敬以婦賢並論嗚呼爲男子尚可以無學爲其學者衆也爲東西各國之女子尚可以無學爲其學者衆也今中國二萬萬女子盲其目刖其足桎梏其身爲束縛其智慧方且不能識字何論讀書方且不能讀書何論學與權生小家者如此縉紳世族亦如此愚蠢者如此秀慧者亦如此皆無一二人矯正之引二萬萬人之事爲一己之事徒以身命肢體委之男子即有以女學復女權爲志者亦必以提倡望之男子無論彼男子之無暇專此也就其暇爲恐仍爲便於男子之女學而已仍爲便於男子之女權而已未必其爲女子設身也就其能設身爲不能自謀其學與權之女子能受彼明達男子之教乎借曰能之則與其使彼受明達男子之教毋寧得明達女子自教之矣且今天下男子之失教者十人而九不啻也彼明達者方以興女學備教育後來國民之用我豈可轉以己之私責望之男子乎我又何忍以二萬萬女子應盡之義務討之彼明達男子乎嗚呼吾再思之吾三思之殆非獨立不可所謂獨立者脫壓力抗阻撓猶淺也其要在不受男子之維持與干預夫維持美名也干預熱心也奈何卻之雖然獨不思吾女子所以受壓力困阻撓以致今日者其始非皆由維持干預來乎譬之聯邦情勢雖爭必各有自主之權而後可稱聯邦也一旦望人之維持受人之干預幾何不爲屬國爲吾願明達女子有興女學復女權之志者勿自比於屬國也夫創一女學堂曰爲之男子立一女學曰爲之男子女子之數少於男子宜也數雖不少於男子而耳目想思或有不如亦宜也今估新則有爲而無礙較性質則有種之類卑及調劑姻姆之多耶吾視彼冠裳之老成猶惡僧惡視彼狠惡之子弟猶甚婢謂女子識字者較少耶吾視彼男子所爲之盛如未識吾視彼男子所識之字如衆誰謂天下女子久受制於家庭之父若夫若兄弟若子孫耶吾視男子亦徒能驕其妻妾耳大官則受制於朝廷小吏則受制於大官百姓則受制於小吏今且舉朝廷大官小吏百姓而悉受制於外人其於吾女學女學之會不能有所稗益殆無以大於女子且試觀今天下之男子其舉一事而能確有共和思想者何人哉自相殘賊自相肉食者蘊無往而不然而於吾女子之事望其維持聽其干預曰此必勝於吾自爲之嗚呼何其悶耶夫女子識字識字者雖少非竟無識字識字者也思姑婢雖多非盡惡姑婢也受制於家庭之父若夫若兄弟若子孫者雖衆非竟無可以自立之人也選於萬人而得一則二萬人矣選於十萬人而得一則亦二千人矣或用其智或用其才或用其勢有二千人分布各省猶患不足提綱挈領耶二千人爲之提綱挈領不出十年女界中殆無不與之事亦無不復之權矣不特合其類仰分思爲餘機緣因人成事而猶若有德色焉且視甘受維制甘爲奴隸者相去一間而已吾無取乎爾吾無取乎爾

時事要聞

徵論照錄○二月初九日奉

上諭三月初八日祭先農壇朕親詣行禮欽此

拿獲盜犯誌聞○得北京電云本月初九日提督衙門奏拿獲結夥盜犯小徐等三名又拿獲持械搶劫行人盜犯劉士祥等一名又拿獲捆縛事主盜犯曾廣等五名咨同宗人府解交刑部審訊當即奉　旨允准

京函照錄○初一日孫相擬　太后召見所問皆家常瑣語及退出後被簡爲正考官並向來科甲在後也孫相老成平正現年七十七精神却好聞考官已定分四起出京第一起於十二動身四起截於十八動身云

各衙門皆有卄月差使向以資格淺者充其任並皆事也現在刑部派委殺富月司兵亦亦有數章專取深入員當八以期慎重此係滿堂裕德之意然較之刑部有得保奏程序免相形見絀耳

官醫局自去夏開設以來雖各局情形不同然於貧病不爲無益今年該局擬與府治縣定章每開一方給實三分一貧病人一存本局一案月呈堂此自官樣文章以臉風石傳計方藥而庸亦略諳醫理也

張督內用述聞○探得張督奏大聲請　陛見已奉批准大約必須內用

吉林金礦述聞○吉林天寶山金礦已由總辦程光第招得英商薩式利股本集於去冬訂立合同并聞已由長將軍批准並將合同蓋印

魏督抵鄂○探得魏督准定十五日出卸後先至湖北一行然後入京魏督於初六日午刻抵鄂

記中國招商局與日本湖南輪船公司交涉事○據日本大阪每報云中國招商局因知日本新在中國設湖南輪船公司故即求該公司准其入股而盛大臣亦欲作股東會作函致該公司商立合同用其輪船載運萍鄉所出煤炭惟該公司須前往該處查詢情形始能訂立合同其合同大意謂用該公司輪船由萍鄉運煤至上海計每年六萬噸以五年爲期間其煤運至上海可每噸

約可曾銀四兩在押都則每城皆須二兩加以運費故在烟徵
售價四兩此後新煤至澀時日本運到之煤其價必爲之跌也

北[illegible]要聞

某君旅行俄京日記(一)予於九月朔由旅順搭火車起程僅二日
中到哈爾賓程尤迅於金州瓦房店熊岳城遼陽奉天鐵嶺[illegible]林
等處
哈爾賓爲俄人所之爲新舊二埠夜中俄兩國工程局與鐵路公
司及中國交涉局均在舊埠地多中國俄人時往新埠近車站之
間俄人營衙署開馬路建房屋朝夕不息擬令設行於新
此地爲入俄境往海參威分途東三省最吉往來總匯雖比旅順
若勝而負務不齊盜賊充斥大商店祇有華人華參一家此外
資本微薄故局面甚狹隘也
由哈爾賓再搭車行三日到滿州站站防俄設關征稅查驗極嚴
各國洋貨無物不稅中國貨物除茶葉計中國一十八斤征稅念
四俄元約中國庫平銀念二兩此外無稅再由該站換車行三日
計程二千四百餘里到拜喀爾湖湖廣千數百里有輪船二艘其
大者可容火車十餘架每日開一二次擔冰而行不必碎冰船也
渡湖僅三刻鐘現俄人沿湖邊營造鐵路求省船費不日可成云
舍船登陸再搭火車半日路程即到依路古士此埠雖爲俄西伯
利亞東北重衛然街道不整生意平常華人有商店七家運往客
貨小本營生之徒約八十餘衆均山西人以茶綢爲業者爲獲利
息甚微從此再轉運恰克圖至俄內地貨物之所云
由依路古士搭火車經西伯利入歐洲每大站三十餘起小站二
百餘起共行十一日到莫斯科　未完

記黃金國○英京華盛頓來電云今日英國國庫貯黃金塊總額
達六億一千萬五千九十二元之多是實前代所未有俄國國庫
從前貯黃金五億九千八百四然猶不及今日之英國遠甚且俄
國彼時當金所以如此之多者乃因一千八百九十七八兩年鑄
造金幣起見故尤不可與英國之今日同日而語兩年幾使國
庫所蓄金幣減至二億萬四矣又俄國國庫今日所蓄金塊亦不
過三億六千三百四萬外如法國國庫蓄金爲五億九百萬四德國
爲二億三千四百四萬與何兩國爲二億二千一百四英國爲一億
八千三百四皆不及英國所蓄之多然則今日之英國當推爲世
界第一之貴金國

各省紀事

北京○本屆各部院京察人員吏部擬於上月二十七八兩日過
堂二十七日係各衙門一等人員暨宗人府翰林科道內閣外務
部吏戶禮等部衙門之二等人員二十八日係兵刑工三部暨大
理通政翰寺衙門之二等人員內惟宗人府翰林科道儀唱報等
數不呼名過堂其餘各員均按名高唱魚貫排列過堂如儀聞二
十七日過堂時有戶部郎中某年已七十餘不日即艱於步履是
日爲人衆擁擠挨擠過堂時竟跌撲堂上當由各堂官飭令
執事者扶掖以出
又聞外務部應行過堂各員以由該部遴選保升堂明各員均
在署辦公不能親到過堂云云　吏部於點名[illegible]
總數并不按人唱名云
湖北○端督以近來外交事件日內必設[illegible]
事一二次每次必於暗中詢問及一切[illegible]
日人在漢商務大有進步近有該國商人[illegible]
貨就小輪數艘行駛湘漢兩埠惟此時[illegible]
前有日商二名向端督面請開辦[illegible]外
遂婉詞卻之
杭州○浙省案情重大某犯擬大辟之犯於[illegible]府縣供
無異應由撫院提勘如有冤抑准其翻供[illegible]該犯人命盜
誠恐擁擠於初四日午堂提勘案犯當出案[illegible]在省
獄提出各犯到院聽點逐供畫押甘罪分別[illegible]
會稽縣陳令鼎仁奉文調省遺缺以秀縣[illegible]遞遺
發委即飭撤任在省之前正任會稽縣俞令鳳岡署理山陰縣汪
令一鵬現因告病乞假遺缺委補縣譚令暫署理

時論擇要

再續去年支那之外交界　譯日本每日新聞

三清英改訂通商條約

以商務亡人之國乃英人之慣計庚子亂後英人屢迫清政府改
正通商條約至本年九月五日兩國全權會議于上海始得調
印共十六條其最要者如左
一清國政府可將十八省及東三省水陸各處之釐金關卡一
與撤除惟海岸之關港及可入清國內地之稅務局不在此
例
一英國政府因清國裁撤各處釐金之故可依一千九百一年
之平和議定書之例凡五分之入口稅可改作七分二釐惟鹽
及內地產之鴉片煙則不在此例
此條約發布以來歐美之富商幾無一不反對者皆以爲清國釐
金之積弊相沿既久而官吏賴其弊以致富者殆十中七八今欲
一旦改從則官吏中必生誤以力釐金之弊既不能革而入
口稅益重是明明增其國富源而已然至此約成後兩廷曾屢降
上諭裁撤釐金紛紛欲將釐金弊除去其果能除也則不能不爲清
國賀若終不能除去則將來內外之衝突亦有所不免

四退還關內及關外鐵路

當聯軍入京時關內外之鐵路悉被占領關內者英領之要求從
日英德三國還置會辦將校事務官並修築天津保定間及北京
與張家口間之鐵道權始得退還俄佔關外公使抗之因其國勢力
圍所在修築鐵道權決不能讓予他國清政府如願英國之請則
俄國必不退還關外鐵路於是欲俄擯二國使然除去此抗逆而延

路曰羅官之事可設之不論而俄築鐵道之約則清國如欲借此鐵道必自出資本方可爽快許之九月二十七日俄國以關外鐵路退之後將其管轄亦歸關內鐵路 仍未完

專件摘要

晉撫山西直隸東路墾務公司章程 六續稿

第五辦法

一本公司辦法專以墾地放地為主不同別項公司但分年息永不收本一經辦有成效隨時稟請停辦截收歸款絕無虛耗濫用

二股商中如有情願領地者照佃戶一律因地歸佃股商不得藉有股份即提抑勒按本領佃本公司有操縱利權之責然尚不得作梗

三本公司承領地畝無論放墾發佃應造具詳冊送由官墾局照冊部照發交公司分別轉發收存押荒由公司繳納至歲租數目升科年限統應由欽差督辦知地方官照章辦理

四本公司除放地之外所有墾地必須極力經營凡牌具耕牛麥豆籽種等物均應於開墾時酌量備辦以興地利而佐農功

五公司所收墾局撥交荒地按時詳報憲臺即按所收之地籌備荒價的款呈報之後遵候憲示撥撥或解行轅或交墾局不得延誤

六墾務局須將所放之地編列字號備文撥交公司咨明地名頃畝[illegible]本公司如有不符[illegible]

七墾務局撥交荒熟各地方凡有訟案未能消結之地本公司不能承領[illegible]撥交訟結荒公荒熟各地當時隨結作了而撥交之[illegible]不能[illegible]應由墾局代行判斷[illegible]後本公司[illegible]領交價至該處地應如何判斷之處公司概不與聞

八本公司所領之地肥瘠不一應分別上中下三等發佃公議另立章程之後公議之後自總辦以次簽押為準 仍未完

紀寧波某君上某觀察書摘錄

一財政其要在振興商務凡一切機器製造等廠亟宜講究興辦以杜輸入而不致利源外溢近年如鄂閩粵蘇杭各處皆開辦紗廠花廠絲廠及銀元等局歸商經理未始無利一歸官辦勢必耗本其故何也蓋弊在素不諳習商務之員充為督辦總辦[illegible]論每月官俸動支數百金而其跟隨役夫皆給月費且或[illegible]用[illegible]不[illegible]無[illegible]辦廠務往往自恃辦私人紊亂廠規流弊不可勝言此而欲求廠務之利安可得乎在日本各廠多賣民[illegible]政[illegible]商不數年亦許押借官項即如印刷紙幣局歸政府[illegible]辦理一切商務絕無官派所以能事事從實杜絕耗費自得利益也

一[illegible]隨[illegible]財政宜汰除上官舉公小[illegible]官無論堂官部[illegible]外[illegible]皆[illegible]旅費皆由 朝廷撥給旅費大或每日給十元或二十元小或數元其隨從只准帶記一名隨員一二名旅費各由公給或每僕從一人此費歸本官自給不准令當地州縣辦差供給并不准受取分毫饋禮在各縣各鎮令民間設立上等客棧以備官員旅宿(上等旅宿一次或一元或二元餘中等下等分別遞減各得適宜)

一廣設郵船航海許商民合股開辦仿日本三菱公司之法往來歐美如未到諸洋以寄郵信以通商旅即可資以習諳海道不然彼皆能來我獨不能往是示弱也且可藉此資助海軍

一近年來 朝廷力圖新政而所行無一見效其故有二一在膠執舊學一在妄事更革一於膠執者猶可原也以其目未睹海外之風足未履海外之地不知時局之變遷民風之趨向若使之遊歷外國必能翻然改變至若浸曾游識自命通才意氣相持之不察其理者其流弊更可慮要知國家之大一切行政斷不能徑行直遂持單純之思想以出之也譬如宜稻之地必令改為食麥餅瓦屋之家必令改作洋房國家或誤用此等人改辦時政則紊亂朝政貽害國民其禍必有甚於守舊者矣此為當今 朝廷所最宜深察也

一辦理郵政宜令各州縣不分市鎮鄉僻確查門牌編立某府某村某號字樣再令各戶門前懸掛姓名俾可按名投遞鄉鎮皆立郵政分局斯可廣行 仍未完

學界風潮

紀[illegible]

為滿洲同學所持不許入聯隊進士官學校其原因則以今年元旦會館演說多有排滿之議當時滿人甚為惱急劉君則在湖北學生界倡說人種與元旦議論頗多疑似故亦為滿洲學生所忌日人以借用支那政府為外交主義亦允其請故劉君竟無可設法矣聞其事如良君弼諸君尤為驕悍秉持制漢之旨今聞東京立有三策一聯諸政府多殺漢人殺一個好一個此為激烈辦法二殺一二人以警其餘此為和平辦法三速請多派滿人學習陸軍警察漢人則以後不許習陸軍警察諸學此為常治久安之辦法聞近日東京滿漢衝突甚為劇烈云

記浙江大學堂之衝突〇二月初六為浙江大學堂開學之期循例擬請撫藩皆到先謁聖後向總理行託付禮是日十時撫憲誠勛至後有小學生甲盜玩其輿甚可愛欲揭觀輿中物轎夫呵之甲竟不服轎夫蹴其足擊其頭甲遂大呼學生聚集皆責轎夫轎夫亦不服漸風諸生于是學生皆怒欲拽轎夫昇誠撫稽察教習某乙與錢仁甫藍諸令出視仁甫藍令某丙即欲執轎夫責之新令藍丁懲戒不許並稱諸生當知禮今日謁聖豈可用刑學生益忿乃經監督等力勸恢行謁禮再命諸生方勉許而喧譁又起則責學務之弊兵因入大成殿學生阻之亦出惡聲相報也直誠立命藍令拘執兵丁懲責始成禮謁學學生間轎夫辦法藍令無詞可對亦不致顧明誠撫及誠撫出見始知之乃訓斥總理兄弟四院即將轎夫枷號學堂門首午後撫憲遞補至持誠撫片智轎夫

巳賞二百有奇否兇其粉示總理告諸學生學生不允總理日曾出於廣義之口入于諸耳又出于吾口入于學生之耳今學生欲我踐言我則不敢畏撫台之踐言惟須告巡捕將撫台驅逐爲協台之學堂學生爲撫台之學生我爲撫台之朋友爲其爲撫台之僕役排不排還請撫台主張我欲食言惟有辭館而已故望學生等聞總理言議定小若決裂即同時散學現在正相持中也聞此事之不料調停當歸罪于仁和新令之稽丁云

紹興教育會○紹興人之寓上海者於昨日午後一時至四時開同鄉會於老閘徐園定議設一紹興教育會到者五十餘人初由杜坦人漢民友杜亞泉二君演說紹興教育會之關係次紹興公學評議會員何琪等演說府城公學創辦之狀況而歸於教育會之不可不立次公舉教育會之辦法公舉幹事四員經君元善徐君方閣王君社琴蔡君民友杜君亞泉任庶務並決定三月初一日公舉第二次會期決定會章云

新書介紹

英軺日記提要○英軺日記十二卷附山載子載振撰文明書局印行以子於壬寅春奉使赴英兼聘比法美日四國之路經途八萬里爲時十七旬周歷彼邦[illegible]錄成帙其凡例頗是書仿顧氏日知錄體紀事之餘附參論議大抵英詳於商務及學校而略此詳於製造工藝詳於議院各部門制度而於教務必持之[illegible]新英[illegible]各部[illegible]其所不道故於憲法等事由加研究而於教育之法尤三致意焉又謂出洋日記近人所著首推郭嵩燾之使西紀程薛福成之四國日記然郭書未能究備薛書則多係紬繹報章無關宏旨是書宗旨務在考求各國政治學術律令典章旁逮商務工藝冀以立齊心於戰冰寒於水之[illegible]故於[illegible]少益說國之要同者也其大山

羣學肄言提要○[illegible]譯廿十六篇分四卷英哲斯賓塞爾撰嚴官嚴復譯成於光緒壬寅出版於癸卯之春文明書局印行復自謂此書生平極盛之作雖[illegible]一如本書所[illegible]潤者成幾會謂者忘其爲斯方天演論後來居上矣全書所論乃爲治羣學者知其先路故名肄言首三篇爲總論本科綱要次四篇至第十二分心物與心物對待三者以歷言此學之難治一切生心害政之由[illegible]其偏以見時流探作後四篇乃言教育學問門徑而於生理心理尤爲羣學之要點附於斯賓氏本以天演言羣者也於晉新黨人多持平之論云

本埠紀事

札委局員○滬城緝防西局委員楊昭[illegible]候已奉[illegible]道[illegible]撤差委王波巡局差所遺西局一差札飭該巡檢[illegible]辦理

營員易委○滬城[illegible]地[illegible]軍營[illegible]管帶[illegible]員李士良現由[illegible]道撤差委候補守備劉光明接辦劉奉札後即[illegible]撤委矣

委員瓜代○川沙南匯交界之[illegible]委員王有衡現已刑滿由滬關道撤差另委[illegible]列朱[illegible]前往接辦

致祭武聖○昨爲[illegible]祭武聖之期黎明時本邑道暨縣文武各官皆至西門內關帝廟致祭

曉諭商人○上海縣汪令接到松江府許守札文內開準商務局朱札奉[illegible]撫憲札開准外務部咨[illegible]貨之稅適中國整頓商務之時於華商[illegible]貨從速運[illegible]出省必獲厚利者行查照出示曉諭商人周知遵照辦理等因到院准此合將原文札發札到即便遵照辦理[illegible]行各屬一體遵照出[illegible]仍將原文呈[illegible]備案等因到局奉此除呈復外合抄原文通飭等因到府奉此合就轉飭該縣遵照汪令奉到後已出示[illegible]候曉諭矣

投案認領○南市工程局巡捕[illegible]日出巡[illegible]見年未成丁之僧人[illegible]在途迷路當即帶回局中[illegible]訊得向在紫明會仙寺爲徒因事到申迷途故[illegible]小南門外[illegible]寺收留爲徒在[illegible]詎昨日忽有[illegible]村投局[illegible]稱[illegible]係親生子今[illegible]恩發寺投求給領仍回會仙寺師[illegible]守即[illegible]提到[illegible]飭即判候覓[illegible]保人來案方准給領

[illegible]停收用○[illegible]北各店鋪因[illegible]行[illegible]必有假造在市混用之事故於昨日起[illegible]收用以[illegible]不知確否

拘獲巨竊○巨竊朱阿土[illegible]日[illegible]行[illegible]店玉器[illegible]等物價值[illegible]由[illegible]朱[illegible]法包探拘獲[illegible]否[illegible]英[illegible]中西官核奪

飭匠[illegible]修○法大馬路西八仙橋[illegible]工程局以橋面新放[illegible]界[illegible]山入要道於前日飭[illegible]

假[illegible]拘究○[illegible]西人[illegible]沙[illegible]店[illegible]等物[illegible]破[illegible]追[illegible]拘入美捕房押送[illegible]

[illegible]案而錄○縣[illegible]汪令[illegible]晚提訊[illegible]生[illegible]命[illegible]情[illegible]一[illegible]供[illegible]汪[illegible]求[illegible]如再[illegible]桂山等三人訊究汪供[illegible]作息後又加抵及[illegible]不付[illegible]租求究李廷叙供[illegible]俱不允[illegible]反被控局[illegible]一百四十千[illegible]又訊[illegible]和再訊

[illegible]晚[illegible]○[illegible]投英公堂[illegible]家[illegible]求[illegible]情[illegible]向[illegible]晚[illegible]劉氏[illegible]不見[illegible]成衣匠[illegible]家[illegible]不放情急求[illegible]劉氏供[illegible]夫[illegible]全[illegible]首求[illegible]供不知[illegible]夫之[illegible]求[illegible]公[illegible]

四)

責發百板枷示一月滿發改過所羈押一年該氏甘心受責認戒
責宝百下交本夫具領該充追身價具改過甘結斥釋完案
王逭勒逼該慶認賠容方單求提究交等情亦經提訊王供上年
秋間騙該慶以非生意向山驛去六月公產之四分三壹四卷方

單一紙相轉押銀二千兩據來向追一昧遊約顧供在乾隆肆年生
意此項方單抵銀乃因生意虧本所致況經友人俞厚卿封過貼
借銀五百兩收贖堅不允從判押限半月將單取贖呈案還于傳
同中人張長根等質訊斷辦

陽曆五月十日

光緒二十九年二月十二日

蘇報

總發行所●上海英租界三馬路中

分售處

每號大錢十二文

西曆一千九百三年

日曆明治三十六年

外埠價目

每日一寄逓郵費全年六元八角

七日一寄逓郵費全年六元

西洋加倍

東洋照加

郵政不通處酌加寄費

告白刊例

第一日每字取錢四文第二日至第七日每字取錢三文第八日以後每字取錢二文封面告白照後幅加倍論年論季面議長行告白二百字起碼短行告白以五十字起碼多則以十字遞加

論說

論中國普通教育之基礎

余前者已論中國普通教育宜與族學又論中國教育普及於國民之難此兩論者乃余研究中國的教育之與引譬稍由白之開片鐘頃之閒曲講余也將於是黯然終止歟則又不然夫如屋必有其基代材必相其質然後建設家屋可以堅固而有我之所有權不然為風潮拜時勢移則我之所得究為何者則不然茫然無得矣不哀哉此外之所以不能不再縷縷而為是說也

夫教育者在東西諸國其目的皆在改良國民之性質而在我中國則為再造邦家之堅址幾有廣狹即術有大小此中國的教育第一之基礎縱令握源導流披榛開道不能越此畔岸也雖然建屋者必辨其光暗度其方斜較令使習開鍬之法而不習其測量之細草估其建築之工程是猶之揣鉼充饑耳故余既言基礎之界劃然後再將其測量所得之布算一一開演出之以質世之有習教育者

夫教育界之受教育者約分二類一曰造士一曰國民

造士之基礎　我中國儒教以儒士為教徒即以士為安族輔王者惟士參政者惟士教民者惟士故孔子制禮十七篇通名為士禮鄉飲許謂未為君者無貴賤之別皆在士列據此以言則士者允為中國民中最貴之族故秦漢以來以儒為國教太學之教化極重儒士之參政權至大其時之士尚有為公法人之資格者也故新莽篡漢必與太常博士爭教術文若一死皆孺慕及身不敢篡漢此皆為儒士之力及於政法上者也賊至晉頹廢代炎漢於是儒教之以一統衆之宗教主義漸為中絕阮嗣宗曰禮法豈為吾輩設哉是蓋知儒教之亡制權以參政之權於是不可復得矣噫乎士乎士乎至是遂失其固人之資格矣有宋以來周程朱陸稍欲此旨故蔡京實貫儒學之禁復以其帝與東漢黨錮遙遙後相對現而士得參政之權于以移絕矣今日者欲再造新獨立自生之國家不可不亟造新法人而于是士之質又恢增重即教育士子之基礎亦不可不開工建築

造士基礎之實在　蓋教化最之大者有二一曰輔王當手萬世一曰捍夷狄以安中國案之儒胡廣之斷何叔右佛异自一姓千秋世之政策也實乎亦孰非我漢種獨立強盛之心乎然要而論之有驅逐劣種侵陵之法無抵拒文明種人之德是才得不為我儒教之大缺典也然而非我漢族自在一家中操戈賊甲要與胡族為緣（附歸晉七王之亂舊）亦烏能佔我優土主我漢民哉嗚呼往事已矣有心方遊今日之為士者其自立之基礎非去其輔王室之積習而改為國民參政之資格國民自治之主義既無以對內而望國步之改良亦無能對外而為獨立自尊國民之望可不懼哉可不懼哉故吾望司教育之責者力保儒教造就獨人資格之主義而改其輔王室之宗旨則庶乎中國之士風可以大振也歟是教育基礎之一也

此稿未完

時事要聞

電諭照錄○二月初十日奉

上諭印鑄著和授內閣學士兼禮部侍郎銜欽此同日奉

上諭太常寺卿著定成補授欽此同日奉

上諭此次祇謁西陵除軍機大臣照例扈從外其部院各衙門著派世續徐郙葛寶華奎俊隨扈敬謹與其尚印皆隨扈其餘各衙門均毋庸奏請簡派並著內務府各司員人員亦著從簡揀派以昭省約欽此同日奉

上諭朕於三月初八日啟鑾後著派慶親王奕劻協辦大學士戶部尚書榮慶吏部尚書鹿傳霖四人分日輪流在內值宿不值宿者於中刻散值俟回鑾後著照步軍統領衙門每日進內辦事仍於值宿午刻先行散值欽此

粵東會黨十三號○廣東會黨一事作何辦理外間傳聞紛紛茲聞官場已奉到　廷寄大意謂此次會黨潛謀不軌幸籍兵頭事官不分畛域預為通告得以早破奸謀德國領事官協同辦理於教民不為袒護俟事定後奬叙一面從嚴洪全福梁慕光務獲究辦云云

會黨梁不日解省　被獲一再提訊營押候保所嗣因患病輕縣稟調理初四日梁已病痊遂令即於是日飭差將梁提出在內訊問甚為秘密云

日來三合會黨在開建縣屬欽縣起事經省吏札飭駐防該處之福軍開花砲隊會同地方官相機防辦現福軍管帶柯壬貴移營去縣城五十里之長安墟搜捕先後搜獲黨羽大頭目梁金祿等數十名斬於市又據線報有西省獲黨稱縱匪一名現尚未獲又日前合中會頭目夏麻生曾派黨人來省探聽軍火事洩省吏嚴行各處緝拿而夏亦逃往別處云

欽州防務紀聞○廣東欽州一帶地方近被匪黨滋擾現擬舉辦團練以靖內亂將該處地面分作十團東興都區分兩團防城縣地分四團欽州分四團共十團給發團紳實力舉辦

粵西軍事紀要○桂省游勇蔓延久未能平靖上年王撫特命許炳璋赴粵東辦理師船并飭領軍械四上許接飭後即向軍械局請領開花砲出之軍械快槍抬槍二百枝碼子六萬粒無烟槍二百枝碼子六萬粒皮彈袋二百個八响毛瑟二百杆枝配碼七萬八千粒餘袋二百念個皮彈袋四十個十二磅快砲車劈山開花砲四位開花子六百實心子六百又架砲後膛車輪開花砲六位開花子一千一百實心子一百均交許道領送西省云

各路官電彙錄○北京某大臣接江督端督電二月間必到京又外務部路礦總局接陝撫升電稱該省三國各礦已由各該處紳商集款試辦惟與道理迅速機器難得祇得先用土法開彩淘煉以期逐漸推廣除將礦質照樣分別咨呈外先此電懇

諮何南福公司事○由道口至大土鎮電線均已造成監工現已折回道口接辦車務總管事宜闕開君已函請津局各處熟識車

務數人到據分派站段車手各項差使
局公司經礦師利德君去歲由宣化鎮來張家口與鐵路總工程司詹君商辦公事已於日內回衛煤礦劉君云擬於二月間往山西澤州潞安府一帶查勘礦山與鐵路礦云
道口三里河船塢與衛輝平漢鐵路土方此兩項工程均已報竣

桂撫電奏請開○字林西報得北京新聞云桂撫王之春現已電大學士榮祿謂桂省亂耗之難平由於統帥蘇元春治兵不善據稱當兩軍相對時非特不足以區別且彼此敵營皆非潮悉時或內換軍械甚至號衣亦常互換故請將蘇元春革職并自願繳蘇之任於兩月內勦滅云

津屬教案擬開○又云天津以北大沽地方又有焚燬教堂之事

議事擬開○字林西報云駐藏大臣近電北京政府云現在藏民以俄法人民時來游探故皆操練武備擬起而拒之又云現在彼皆竭力與和其間至以後之事則皆當詳細遵行云

世界要聞

英國注意防俄○字林西報路透電云阿剌伯英國亞丁地方現有一俄國水師兵官以偵探英國砲台致為英官擒獲事後由英官護送 即為船長來藏并聞此次俄國水師以進窺亞東取道 諸處之防守英兵皆甚注意提防云

議建南非洲鐵路○又倫敦電云南非洲洛德尼斯伯鐵路之議創自英貴族彬爾奈君現聞此事已經定議准由奈台爾地方造至洛德尼斯伯矣

土國實力改良○又路透電云得土京康士但丁消息謂土王與諸大臣會議後允將梅西度尼改良之經營施諸實際故該處治理官員皆已新選衙署亦已改砌而一切駐守之兵皆將以國兵官訓練至與國則已約於密稅羅佛太地方設一領事衙矣

英國預算軍費○又路透電云英國預計經斯那[illegible]年度設砲一次約計二百五十萬磅其製造局一所砲台一所及一切火藥軍費皆在內其第二次預算則於德國假有密謀並有反對於德國水軍處也

法國鐵路○字林西報遞巴黎文報傳單云[illegible]鐵路將於三月內由黑海至[illegible]起造其經費已標德京台脫克銀行及法國銀人承認并聞德俄兩國行將付銀款以起造此路成者皆以為將來有大希望云

注意法事○又云西班牙現甚注意于法國與英會商摩洛哥之事并擬使法國不能大得志于此事云

河內新會開見錄七：其次為上海徐家滙紫其所間比北海海口皆為較大陳設各物品天主教堂內所用之物如耶穌馬利亞各聖徒及本華傳教有名者數十并在華殉教各人之像與夫各式之神壇亦臥之蠟燭並金銀器等類雕刻精工金彩絢爛塑像皆[illegible]教會所作皆出華人教民之手而受法人之教授者也各出估山之貨處處而此處之貨覺漸將會盛盈法人皆集大一致家內皆有神龕偶像及祖先神前之陳設而此處之器具木像又極為可愛故生意獨見其旺盛也其鄰直隸四字之左為[illegible]陳設之總揭也其總均占四字廊之左半為內[illegible]類南北雜陳應有盡有陳列設飾花箱[illegible]其群其最卷則有七尺象牙一枝勻身雕花繪刻[illegible]於大玻璃內殊壯觀聞取值近千五百元惟據其說為人像者[illegible]派與常呆板所可收者在手工之精細而已日本[illegible]雕羅牙器其間尤別其神采每覺乎華工之上於此又可以較兩國進止矣有各省銀錫之器而以廣東為第一工藝精雅者居[illegible]其餘絲茶磁器漆器骨董玩物字帖礦石多是常見之物無特色可記

仍未完

觀某君旅行俄京日記○香貿斯科為俄之舊京[illegible]名[illegible]為商滙之總街道區非常寬綽闊極為流麗入游皇[illegible]球[illegible]裝舉千餘年歷代帝王袍服羅列殿間[illegible]大破得變名姓游英學藝所手製自用木器亦[illegible]一段[illegible]行[illegible]九十餘年御駕親征十七年法皇拿破崙[illegible]兵[illegible]之衆以代俄[illegible]游野以歸之寶器入[illegible]待別存之宮外環列[illegible]法人銅砲數百[illegible]以示武功其禮堂等知鮮櫥所有貼綴均以[illegible]大者費數千萬小者亦數千萬至於博物院[illegible]閣亭臺樓榭疏密標紗[illegible]茶館其裝修[illegible]萬者其浴堂以玉為池磁作壁金作數百萬[illegible]西人茶絲所[illegible]家生靈賦佳惟茶葉一項俄[illegible]採辦用輪船裝運至俄其貨本厚商情熟欲[illegible]數月期限俄商茶貨乃由輪裝至通州再由[illegible]東轉至依路市士給設[illegible]車[illegible]入俄埠計[illegible]資本微薄商情散漫故難與俄[illegible]爭衡從此[illegible]而已絲貨亦為洋流之大宗中中可消數千[illegible]諸貨如牙器玩器磁器玩器花[illegible]貨[illegible]珍奇均堪獲利由山西商人偶就已見不[illegible]往西華往[illegible]貨物徑特絲[illegible]項[illegible]茶葉每俄[illegible]衹計中國庫平銀五錢餘[illegible]每擔[illegible]入[illegible]予返華時又聞有增價之議至絲貨[illegible]之貨條鐵路場設來[illegible]幾至收拾[illegible]免稅[illegible]之絲貨價值昂貴華貨被[illegible]收賦無稅則計算有利一[illegible]收稅[illegible]商我絲貨與爭衡[illegible]謂稅既定在當際與說[illegible]征[illegible]與絲茶議稅之說是在商約大臣竭力[illegible]挽回[illegible]已[illegible]商之在俄將來商途之推[illegible]此外各省十產各貨[illegible]輕而推廣之仿製[illegible]抵[illegible]完之因利乘便教然[illegible]偶其中[illegible]工[illegible]不少[illegible]

仍未完

各省紀事

天津○北洋大學堂在西沽武庫建造經營數月督工趕辦約至二月杪可以工竣其規模較前大學堂並村類預北洋學堂內另起藏書樓一所以儲中外書籍俾學士博覽之用

河東奧國開闢租界業將界內一切房屋以款不應手尚未大舉聞奧領事近日擬借款三四千磅週年給息六分為修建衙署工料之需

工藝學堂現已工竣該堂辦公人員已遷移入堂矣

新開河車站至督署東轅門外約三里餘其間家口巡南道路接通新修乃依地勢高低不平日前仍飭元字軍隊一律和勢

湖北○端制軍現將由漢口至信陽州火車票分贈湖北公車北上之新舉人赴開封之需

此次新委漢口鹽局府有未接事之前端督變給辦事官同本巡丁各名喝令位置其餘撤役自太夫人以下內而僕婦家丁外而巡捕戈什無不存入竟至三十餘名之多因漢口係繁盛厘務在在需人辦理故以與署中人相熟故也

孫仲韜學士在鄂充當兩湖書院監督多年現已服闋本擬晉見因端督再三挽留學士允許數月後再行北上惟在該書院與梁守宗旨不洽即改聘為經學館總纂

又日前端制軍考試學生已於初一日發榜聞此次去取頗爲公平聞日亦節鄂省陸軍附試名之人不皆以[illegible]也

火車生意極旺連日因公車紛紛北上故又添設三等客位以廣招徠

鎮江○上年有丁某在揚州與紳家領資本一萬餘金至鎮開設錢莊名曰大而由其姓經理一切而及半年被兩人侵吞挪蓋各款友亦任意虧空存欵無幾現紳聞知極令交銀一味支吾現已稟請提訊勒限追繳矣

安仁善堂今年籌款招募土工十人給予號衣號褂凡遇火警無論遠近及時奔赴如有停棺未葬者昇出火場另給號衣名曰義扛因去臘城內滿營門口李姓家曾有屍棺被焚之故也

上年洋布市價有增無減故綢布各家存貨均不甚多惟新穀和牌行貨本年來市價各色略亦不少今年來貨極少價又加昂聞該行一月之內獲利將及萬金

揚州○初四日為程運司校士之期各題錄下 梅花 問歐美各國及日本學制異同孰為可採 天子造舟諸侯維舟 士耳其與俄有東洛部興廢之原鄉邑一是二者 安定 問近人謂埃及印度於上古而制作在唐虞之世希臘羅馬於周秦而制作在夏商之世羅馬帝國於成周而制作在兩漢之世試詳證之 論泰西三大戰 決水心習學記言論又廣陵校士論惠余 繕兵備守課國公既竭心思獲至仁覆天下矣 留侯鄒侯論 餉期於既久策

杭州○杭省大學堂本由求是書院改名所有學生已於去臘二次學業當即招考補齊缺額茲於初六日開課先由提調齋守齋知各齋均於已刻到堂行開課禮

杭省各書院於初五日寄午皆命駕詣拱宸橋分賂一極大官紡吳選乎版胸係張傲之父赴天竺燒香者

近有上海某銀行西人來杭勸用而欲以該行之鈔幣如一元五元十元三種鈔票在杭發行行用惟恐錢業中人傾軋阻抑曾在大井巷泉國局撤請錢業各董商議以現銀存儲若干為其隨時收兌俾衆樂用現聞此事錢業尤洽升悉該行尚擬在各省及長江各埠一律行用鈔票云

時論擇要

二 俄國去年支那之外交界　譯日本每日新聞

五 滿洲撤兵

滿洲為俄國所占後爲國朝野上下咸期不及夕欲恢復之而俄人亦夙知支那人之性質其所欲恢復者非誠出自其熱性亦不過欲恢復其名而已乃毅然應其撤兵之請十月七日始行撤退一部之兵然後逡巡若冰解凍前所定之約已忘於何有之鄉彼十月上旬倫敦泰晤士報云英國博士某旅行滿洲目擊俄國撤兵之狀況歸而告於新聞社曰今日俄國所謂撤兵僅有其名耳不觀其撤兵最早之牛莊及奉天遼陽乎清政府之意以爲和約既成三處駐兵悉已撤退矣而俄人則僅改其名目而稱鐵道守備隊其兵數之多及駐紮之處亦無異於舊皆反建築無數宏壯堅牢之兵營以供永久屯駐之用此外如哈爾濱[illegible]古塔等處其辦法亦未有出此例外者觀之清政府如誠欲恢復滿洲則非講求恢復之實不可若如今日現像則不僅一滿洲爲俄人所奪雖在滿洲北能保守而不爲人所奪者殆希矣

六 借金問題

辛丑和條約既成支那償各國之兵費殆四百五十兆兩其籌出之法除十八行省之總督及巡撫担負三分以外悉由外國銀行借入正月下旬借滙豐上海銀行之欵凡一千六百八十二萬九千五兩始了第一期之借款初各國皆要求支出銀幣至六月末政府一變悉改用金磅北京政府出于無可奈何遂亦諾之支那人素以地大物博自豪無端受此大挫抑猝然以自今以後吾恐其國民之脂血亦將搜括之無可搜括雖欲苟且偷安亦必不能也

仍未完

學界風潮

漢皋學務彙紀○漢口商務公會堂後所設之商學學堂業已開學附學者較上年爲多續該堂本年大加整頓添聘教習併選加功課云

漢口花樓後街漢口日報館對門新建之師範學院早已落成現檢定大概開學之期及一切課程尚未揭示也

端督於本月初一日鼓輪赴漢查閱夏漢中學堂校二堂功課及一切情形

儀徵劉君師培留別揚州人士書○僕聞文明諸國之盛也人無不學學無不成而野蠻之國則反是中國數十年來所習非所用

所用與所習故列强日爲無教之民而社會無復日新之望近者諸志士恥爲亡國之民知非學無以立國於是或游學東京或私立學塾務新學開智識輸入文明誠盛舉也揚州處江淮之間乾嘉以來學術稱盛今處優勝劣敗之世竟無一人焉具超群之識而與世界學術爭一日之長可恥孰甚焉今僕將有汴京之行僩揚州教育之不發達恐恍然爲諸君言之夫中國學術所以不進者一曰苟安旦夕二曰因守舊習與國皆然而以吾揚爲尤甚蘇省至戊戌以來留學日本者日衆蘇杭爲盛常鎮次之通州淮安又次之而吾揚則闃然無聞以揚州如是之大日本如是之近而留學者如是之寡可不爲之浩嘆乎夫日本教育取法歐美復能合其所長以發展國民之特質於中國教育之程度殆有合焉且中日之際一水可通東京學費歲僅二百餘元況風俗純朴不染習華俗禮拜日外皆爲在塾之期何至招此匪之嫌以爲錮之禍乎今揚州富家子弟不乏英俊之才徒以輕其地不克早圖自立誠能以移服飾之費作留學東京之費廉然有同鄉皆中科以增吾揚人士之名譽且 朝廷獎勵遊學予以出身之階學成歸國不患無致用之期凡吾揚人士所宜共勗者一也且學校之設以興學爲基而興學之要素視教師之良否今揚州學校僅儀徵育才一區少年子弟仍多受業於塾師而爲塾師者復非由師範講習新理使青年之智識錮塞於無形不亦大可痛哉夫師範學校非設於省會則設於都會教師[illegible]非人吾見近日揚州之學界不患無講習智識之人特患無新智識之士欲興學必先立之教育必宜先立師範學會以講師範學校之科至設會之意務使爲塾師者入會門學一科復出其學科之長以互相教授互相切磋以研究學[illegible]無精深質論之虞不越數年而揚州師範之才成矣若改[illegible]一曰依一定之時二曰依一定之課本三曰朴實之法悉宜改良四曰教課時數宜儘同此數法行於過渡時代之教育庶可合於嶄新吾揚人士所宜共勗者二也　仍未完

新書介紹

最新學校管理法○是書爲無錫竢實學堂總教習秦君所編輯凡如何聯絡生徒之父兄如何鎮定諸生之擾亂如何維持教室之秩序如何驅除頑劣之生徒皆言之甚詳有管理學堂之責者不可不一讀此書每部二角

最新教授法○是書爲無錫竢實學堂總教習秦君所編論述教授修身讀書作文習字算術地理歷史理科唱歌體操遊戲等法與夫管理一一皆可施行欲諸實驗諸此即於學堂之教授法也方今各府州縣紛紛設立學堂急須有所仿法盍以此書爲指南乎每部二角

新和文漢讀法○此書共九十一節悉自日本各種文典纂之者第一節至十二節詳論九種字類十三節至二十一節論動詞之變化及用法二十二節至二十三節論形容詞二十四節至四十七節論助動詞之用法及其附係四十八節至六十四節論文句之排列法及係結六十五節至八十節論句與文之習性八十一節論各字下所附之假名八十二節至九十節列和文漢譯十數則以資學者自習九十一節附錄富山房活語一覽表列皆頗動詞形容詞使新學知各段語尾活用之妙是皆力求淺顯凡通漢文者讀之無不了解讀者當自知之定價二角

●本埠紀事

侍郎抵揚○[illegible]侍郎[illegible]已於昨日八點半鐘乘輪裕甯輪抵揚由於利涵碼頭登岸往[illegible]公館暫駐擇吉接印委任新例調

上海官紳○四川主簿俞臨岑山東道員方燕年松江督糧通判劉[illegible]生又海運京沽局委員[illegible]海運京沽局委員余合昨日先後至道署二稟拜會

委員接辦○本邑城廂內外稽查[illegible]一差現由道憲札委巡檢羅[illegible]接辦業已下札飭知又稽查[illegible]州河[illegible]一差昨亦奉委巡檢敖師[illegible]接辦

匪解總巡○[illegible]匪項[illegible]由十六[illegible]在公[illegible]七名[illegible]者押巡局縣逃[illegible]由高姚二局員比[illegible]行[illegible]十六名[illegible]局[illegible]押[illegible]在[illegible]巡局賊[illegible]求[illegible]朱[illegible]巡立[illegible]南局員將[illegible]於昨日[illegible]究

米行受[illegible]○[illegible]所[illegible]本埠[illegible]有[illegible]出口以[illegible]之說然至今多日未見[illegible]深爲不解而貪利之[illegible]間[illegible]出口[illegible]以[illegible]昨兩日米價[illegible]二三[illegible]致[illegible]縣之[illegible]米行受[illegible]不少[illegible]示平米價以[illegible]

[illegible]○[illegible]已紀昨[illegible]到同[illegible]日本人[illegible]一名一[illegible]究

[illegible]○[illegible]二[illegible]錄文[illegible]竹[illegible]文[illegible]中傳與包楊氏[illegible]非自己所拐係王[illegible]二人托[illegible]提訊[illegible]楊氏[illegible]一百下[illegible]張供[illegible]王[illegible]托[illegible]係任文[illegible]欲出[illegible]因與包楊氏[illegible]故[illegible]托[illegible]文爲中[illegible]供相同[illegible]交王[illegible]二人[illegible]

[illegible]失火○[illegible]法[illegible]於昨晚八點二刻[illegible]失火[illegible]及救火[illegible]人[illegible]施救[illegible]

[illegible]摘錄○北新涇人湯[illegible]任氏[illegible]之力[illegible]湯[illegible]四十元[illegible]將[illegible]交于湯之[illegible]王山[illegible]見分文[illegible]氏至[illegible]巡局[illegible]去[illegible]由局[illegible]任合[illegible]出[illegible]情分別[illegible]提[illegible]晚[illegible]供代收任氏[illegible]

（四）

僧?十元歲杪如數交于沿?金判從寬斥釋〇四裁王二寶於十六歲時其母由揚州原籍挈帶來滬賣入長[illegible]妲花煙間迄今已屆五載年二十一歲轉被剝因身病不能接客恐遭[illegible]婦[illegible]訴日奔赴[illegible]署稟求超拔判令發堂擇配[illegible]〇王子山因偷竊[illegible]巡丁[illegible]稟請上海縣[illegible]英公堂派差協探倪[illegible]往提[illegible]王[illegible]至捕房

控告逼[illegible]等情昨經解案又延律師[illegible]投案代訴並懇存保洋一百元交保該[illegible]之英[illegible]如所請〇與榮生[illegible]洋東數[illegible]上[illegible]鐵[illegible]等物[illegible]洋[illegible]出水包探[illegible]林獲案請辦判責五百板押十四天[illegible]押捕房半年〇[illegible]許[illegible]私[illegible]白[illegible]巾及外國[illegible]子兩疋[illegible]由包探[illegible]解[illegible]押追[illegible]贓洋[illegible]元在案昨[illegible]解[illegible]判責三百板押捕房半年遞解回籍

（一　陽歷三月十一日

光緒二十九年二月十三日

蘇報

總發行所●上海英租界三馬路中

分售處

西歷一千九百三年
日歷明治三十六年

每號大錢十二文

外埠價目

每日一寄連郵費全年六元八角
七日一寄連郵費全年六元
西洋加倍
東洋照加
郵政不通處酌加寄費

告白刊例

第一日每字取錢四文第二日至第七日每字取錢三文第八日以後每字取錢二文封面告白照後幅加倍論年論季面議長行告白二百字起碼短行告白以五十字起碼多則以十字遞加

論說

論中國普通教育之基礎 絅非稿

遺民之基礎 中國儒教不主教育國民其徵旨所在不過爲利于政易于統一把持故微諸儒諸以民與小人同位又謂庶人無廟是其斥爲賤从不屑教化之並顯然故中國下等社會之人依然爲太古之原人守其古教治其古俗卽古代神道設教之宗亦米今猶（注一）吾支在中國爲自然多神教約分天神地祇人鬼物彪四類天神以昊天上帝爲首下至六宗爲地祇以西王母爲首下至山川道路爲神人鬼以后稷爲首下至名賢鄉宦之祀物彪尙未查明又攷古代教制天地山川君主祭之卿大夫以下則祟拜人鬼庶人以下則祟拜物彪故至今猶信狐鼠五通拜蛇拜蛙皆其遺也其故因天神地祇皆貴族首領主祭故民于天神地祇之祭制不得與聞也際陽占驗禍福與非之學說深淺隱際（注二）據漢藝文志古陰陽家別爲六派一星占一祭祀巫祝一醫一卜筮一星相一雜占至今下等社會主持國教仍此六流故知其爲深信古教也一故儒教之影響既不能及卽下至佛教輸入亦祇以菩薩之名代夫神祇之號以輪迴超度之說補祈禳占卜之處總之中國之國民既無國家思想亦無宗教思想故欠將教育基立一基礎于下等社會之中誠如築屋基于沙礫之上納鐵塊于碩石之中嗚呼難矣雖然余今者已測得一建設基礎之處矣請聲其所在如下

遺民基礎之所在 一曰教以人治之資格夫人代天工乃儒教之大旨然其代天之制祇及于君相而不及於人民是亦其設立專政教旨之偏蔽也然人工代天之教必不崇神此種教旨于破小民迷妄之見大可利用且語出儒宗于抵拒西方獨一神教亦可恃爲堅城此教小民基礎之一也二曰借士之名義立法權以與民人之權利儒家雖不教民然升進秀民亦有此制自三國以後造士制政之制發而選士士制尙存雖選舉未必因公科舉則宜文學然國法之上除娼優隸卒不准與試外其餘四民皆得爲官是可知階級制度已行毀滅而四民平等亦漸有大達進化之理也故今日欲我國民宜務以爲士之名而廣擴以平界平等之理然後及于地方政界（指地方自治行政言）再則及於中央政（或者獨立之國民可以加入新造之邦家可以久立乎此教小民基礎之二也知此二基礎則國民教育其有建築之時代乎

以上者但實國民教育之學理其教授之術及教育制度以待之其繼續於下二期再爲續成今姑以此教綴之於篇以質我國之論教育者

論中英政治之異同 李佳白稿

今試問中人曰中與英戰爭今英國仇敵乎抑友邦乎則將應之曰昔爲仇敵也不知英在中亦宜友睦之不宜仇敵之英若誠屬心積慮決裂而中國之受創猶不止此試觀擾亂尚央包將戈努力爲中國勵莊以復中原其明證也余今舉中英兩國政治之異同約略言之以與諸君參考爲一曰人民之情形英人直而不偏中人忠而有禮英商與華商貿易同聲同氣皆有體諒其名同者一也 二曰京都之政府英國國權由主其機上下議院兼任之中國國權由軍機處外務部及六部兼任之其名同者二也三曰京外之政府英分英格蘭蘇格蘭愛爾蘭三省各設官司分理其事中國二十行省各有督撫藩臬分執其權其相同者三也四曰地方之事務中國各邑各村各鎮皆有鄉老紳董與聞地方公事英亦類是其相同者四也一曰屬地中國屬地惟內外蒙古及西藏而已其地由理藩院專管不若撫綏英國屬地最多甲於環球卽如印度澳大利亞亞非利加洲等處其地甚廣有大總督以治之保守有方從無淪夷此中與英異而中宜取法於英者一一曰補缺之久暫英國政府各缺以及議院人員安於永守其職以終其身故能諳練公事鮮有隔閡若中國則吏調無恒多因賄進最以視爲傳舍稍緩者希此中與英異而中宜取法於英者又一一曰判訟英國審判故貴公正東西各國皆稱道之若中國則判訟不依律例惟以賄之多寡爲訟之勝負自府縣以迄京師無不如是下民冤抑無由得伸故余嘗謂中國舉行新政當以修改律例爲先判訟者必以律例爲準此中與英異而中宜取法於英者又一一曰國教中國三教儒與佛老三者惟儒教最盛衣冠來往半皆儒教中人英國人士無不奉耶穌教各奉其教各行其道此其異而同者又一也綜舉八端詳以比較雖然中英政治各有短長彼此既爲友邦卽可互相借鑒吾願兩國共敦睦誼永歸於好庶幾玉帛往來得以相安於無極云

時事要聞

電報股商與盛大臣往來電文〇盛宮保鑒 電報商局由我宮保經營二十餘年苦心經營始能獲著成效今已奉 旨改歸官辦商等追念德澤尚不忘公同酌議將公積項下先提出一成酬報宮保以表微忱將來官發價值如能按照時值其溢出本銀之款亦應照此辦理想滬商同明大體當亦樂從伏乞俯納爲叨拒卻爲幸港滬商山記等公啟〇香港電報股商公覽 來電具見貴商雅誼殊堪感悅惟憶創辦前十年並無以利後十年雖有公積擬齊線路三萬六千里並加雙線三線四線通扯六成餘里初以殘線多利欵厚均在衆商也十七屆後恰線完工擬收出洋桿投外勝一年正可多派公積乃舉亂毁線再造西北數省又我領去歲全工甫峻而出亦成此後無可推責矣今歸官辦本大臣久承諸商之託幸釋仔肩所疚心者鐵廠萍礦前息借水線餘利四十四萬兩載在水線帳契訂使鐵廠獲利全還現銀則當速撥還乃以無款因萍礦已見成效特由萍礦出給股票二十二萬兩鐵廠出給股票二十二萬兩連前共股今成四十四萬兩按照股各給鐵廠股票銀二十兩俟結帳分派現洋之時一並給發諸人訖甚多深感華商此後力助國家振興商務並於提成酬謝萬不敢當務望一一致意宜令非

粵東會黨十四誌○洪全福自稱為洪秀全之弟實則為洪秀全擬
第三子按洪秀全長子洪福瑱當克復金陵時年不過十四五歲
使其人至今尚存亦不過五十餘歲今洪全福已七十豈得謂洪
福瑱之弟耶或為出於依託殆或然也

欽州匪耗六誌○廣東欽州綏邊候督駐紮東興與安南毗連凡
督帶人員須與法人交涉現因匪黨猖獗四出竄擾督帶廖文光不
諳洋務法公使嘖有煩言經由李牧據情稟請大憲外委羅廷選
接管即經起辦交卸日間即當赴防云

紀河南鐵公司事○第二號四州段工程師由衛輝府至大王鎮
等處石碑水溝均已開辦其石料石塊粗沙等物均已有人承辦
前月間事之豫北右軍哨官某甲已被督帶丁良臣扳賞並記大
過三次其為首滋事之勇丁二名則押著游街示衆
道口自開辦鐵路後地皮價值飛昂有在大王廟北首購地千餘
畝原價十六兩至今僅及數月每畝竟已漲至百五十兩之多其
日後可知矣

紀偽傳鈔票事○外間紛傳又有假造銀行鈔票之事本館連日
詳探惟通豐銀行之五元鈔票聞有假造者然亦並不多且其式
與真者迥異亦易辨認其餘各銀行則並無被人假造鈔票不知
何以為此紛擾致市面震動也

演說中俄政治○尚賢堂總辦李佳白先生每於禮拜四晚在格
致書院演說各國政治其講義屢刊報端傳播海內頃聞本禮拜
四即下禮拜四晚八點鐘仍在該院演說中俄政治之異同有志者盡
往觀乎

世界要聞

招人承造商輪○字林西報九號路透電云北美洲英屬坎拿大
政府現招人承造郵輪一艘以為行駛大西洋之用其船速率以
每點鐘行十八至念一海里為度并聞將來當為英國之產而不
得在他國航口行駛云

英人反對軍制○又同日倫敦電云昨日英國自由黨組織一項
兵法以反對英國何加利所訂之練兵章程其大旨以憲兵則深拒
此事而力主解散之故該黨中已有六十人被擯矣

派兵據地○又同日電云英國駐紮北好德爾地方統領斯惠姆
電告政府云彼於本月三號派品杭尼斯兵兩隊沙梅利馬兵一
百名及某某等兵數隊至台毛脫地方占據其地聞此口北軍至
該處時敵人皆退縮軍追之殺敵三人并獲牛口無算

中國進出口貨○又同日電云英國計算二月分出口貨數已增
至英金一百四十六萬三千磅進口貨數則減至一百十二萬磅

叛黨拒戰○字林西報述東文報云威納助拉叛黨與英兵鏖戰
十二點鐘之久卽被佔據楷拉彭拿口岸

法退交涉○又云法國某報現因政府不允法退之約乃諷之云
自英日聯和後退羅之位置固已處於自由之境并謂政府當與
俄可克和好云

坦迎建鐵路○又云法國外交大臣提爾個斯之外交手段
於攝羅迎一鐵路
政黨首領○文匯西報云得北米吞北斯消息時洛部政策之印
已於上月念六號見一血戰王黨大勝而民黨則退至台吞地
方以避其鋒

河內督府聞見錄八○四字廊左翼之末劃給間出古北京黃中
毬工藝局之出產陳列處視其內覓長各將二丈許輪圍以大櫃
高與齊當中懸放方櫃一具門際兩旁各置長方櫃一具用玻
璃鑲嵌一望晶明內陳該工廠所製之各式景泰藍器寶爐花瓶
果碟花瓶大小不一形式雖有大者數百元小者十數元精者倍
之尋常者半之蓋聚斑斕令不忍去景泰藍不知創自何代當明
代中葉上下苟安雖邊患頻仍而文尚奢靡代宗（年號景
泰）一此物最稱精美故相沿稱以此名及後製法漸失雖代有其
物而製作日見窳陋退不如前查此物製法先以銅製成各器之
胚復將鏈扁之銅線彎為各式花樣以膠黏於器上將五色磁油
填滿凹處入爐燒之取出復將其缺陷再填再為燒烤如是者三
四次至乾為一律平滿不見微穴為度又以其擁腫之味不適觀
也則用沙炭等物研光之且置於皮金盤內皮以真金如時出之
便覺金碧輝煌光可鑑髮矣物之貴賤固因上之工拙亦視用工
之多寡為準均同一器有數日可竣者有數十日始竣者故其價
之貴賤相去數倍者亦足為奇日本此器原師中國而以之運
彼國政府獎勵工藝而彼國學問亦日進無止故其檢查較佳設
色亦妙即製磁油亦似較為鮮潔且不惜工本如鍍銀為器皿之
胚故益覺名貴非常其磁質顏料燒好時光若無物潤可見底比
諸中國所造尤為奪目惟爐氣鐘其過為種類殊欠古雅況質料
復脆薄不堪久用稍受衝突破裂隨之其值雖較中國者為高而
堅實終不能駕乎其上也近經黃氏悉心改良已克追前代如
更能設法改造恐非日本所能輕易追躡者也此次中國日本皆
擬派工匠於四月中旬各赴小工場製造此器任人縱覽將其中
將次曲所注示於人無不歎其用心之特精而嘆其成器之不易
仍未完

再續某君旅行俄京日記○莫斯科與俄京聖彼得堡相離不遠
若搭快車十一刻鐘可到此地未有華商俄人設茶葉店二家以
命館名之裝飾如華店門首列華人偶像藥動衆目彼族之重華
貨可想而知其皇宮形如方壁其樓三層金輪輝煌光芒射目
各殿舖陳顏色互異殿壁懸列代功臣宗室遺像又油繪歷代
戰形圖以示不忘武功之意雖殿宇壯麗而規模之廣大亦及莫
斯科留京並於舖戶房舍飛閣流丹則又勝一籌到此幾疑天上
仙人間矣駐俄胡欽使馨吾與予極言今日中國舍商務無要圖
到俄國貿易為目下好機會宜沿途勸告各商厚集資本到俄營
運以圖商途以發民生云云其姿所諸君亦以商務是尚一掃向
來英官商隔閡之弊

寄俄羅斯雖為今雄國地居極北橫亘二洲北至北氷洋南訖地中海東盡太平洋西亦幾及大西洋占地球二十五分之一平陸七分之二縱橫九百餘萬方里在歐洲凡四部西曰波蘭的海部南曰黑海部東南曰鹹海部西北曰白海部在亞洲三部西曰略夫喀士部東北曰西伯利部南曰中亞細部合計所有大省七十七小省十九國都有二名城有七其鐵路皆似蛛絲往來梭織合計約近鐵程七萬里過水則設長橋過山則穿洞穴其三四等客車貨車約有百餘萬架頭二等客車共約十數萬架平時則運兵神速無比則商旅稱便化並為邇縮遠若近無異以陸作海以車當舟蓋昔商務不講困守一隅今則百貨逐漸流通商賈日形輻輳西伯利等處闢日曠土開墾甚便無業流民相率移徙將來富庶日臻邊備日充生聚教訓沈機觀變相時而動誰能禦之雖曰天時地利有以就之然非鐵路之效曷克臻此

各省紀事

湖北○夏口廳屬舵落口地方本為南北孔道該廳因此處迭出搶案爰撥派團勇三十名前往駐守以資保衛

新委鐵路局總辦梁道瀚於去歲秋季始行到鄂即為南皮契重辦理洋務事宜嗣復兼充江漢關監督法文翻譯蓋梁道除法文外於各國語言文字均皆嫻熟也

湖南○此間課吏館並不認真辦理所有在館人員到館者日少大有停止之勢

會試在即貢院業已動工修理矣又有修理　行宮加高五尺之信

正月十五日撫牌武安縣知縣劉瑞璟撤任遺缺揀委試用通判周光昌署理　又常寧縣知縣查乘鐸撤任揀委教習知縣陳有慶署理　醴陵縣知縣郭克昌撤任揀委候補知縣鄧世仁署理

江西○江省學堂已經開辦者尚未及半近大學堂札各府州縣來經費者赶速籌辦

製造局工程預計數萬金材料細綱工作机草圖增已有坍塌之勢屋宇過雨即漏由上台派來查驗收工理會經具結工料堅實官場之蒙蔽實愈趨愈甚也

製造局有東南西北卡房四所每所額派護勇十名現因經費支絀故在某營調兵若干以充其職

近有紳士某某集股創辦自來水并製造局南昌江守亦出一萬兩助製造局提勸倣勝門外地基興造

江西煖捐現派各縣勸辦大縣八千中縣六千小縣四千

贛省派委各屬試辦撫捐之員現加札催辦

江省武備學堂開學定兩個月卒業

三營兵勇已於日前裁汰若干

撫州○長撫縣令自殺權接征漕米以來祇及一月而完者不甚踴躍故定於本月望日飭令權官及時徵權逾期不完一律提追

[illegible]想當消釐札開警察局經預備開辦悉應用警察勇丁分班巡捕除由總巡保甲局改辦外擬將現設之營撥安定旗異丁全數撥出歸管哨弁一併充當警察哨弁

揚州○前經巡司捉獲無端上控一則初五日辰刻又提孫延慶到堂加取不再干預卑捻轄於恐嚇之事除令嗣後安分謀生並交保人保孫不再上控等因發莫經歷親取各結存案

初五日辰刻經巡司接到江寧省電即於是日午後登舟啓行

初七日黎明余守又乘舟前赴金陵謁見各憲聞將有建閣仙缺之信

寧波○聞呂提督近日邀集紳黃守商議開辦工藝營以安置裁汰之勇黃守即為代擬章程由呂提督轉呈商憲擬奏請開辦云

各歲寧波府高守創設四隅小學堂頗有成效茲思道又邀郡紳商議擬立中學堂於湖汀衆紳均以為然

茲鄞縣缺上憲已飭王令署理於初一日接印代理之曾令已於日前回省仍辦洋務局差

時論擇要

四　議去年支那之外交界　譯日本每日新聞

七　鐵道礦山問題

鐵道礦山政策之利害此天下所知能早一日用此政策者必早收一日之成效本年以來列國在支那經營之程度殆日益百倍加遽支那鐵道南北之漢口信陽綫現已告成南北區之正定廣平綫亦於十一月末告竣工矣粵漢鐵道目下正在建築中而粵漢鐵道亦將著手自德國由膠州至濟南之鐵道皆成以來各國更加一層注意如山西澤州至南京之晉寧鐵道及四川鐵道為建鐵道其數殺權相繼奪去雖然僅有權而不能見諸實用則徒然無益不得不研究投資本取材料方法於是又注目於礦山以為輔助鐵道成立之用如俄之滿洲金礦德之福建炭礦英德連合之雲南四川礦山德英之湖南礦山是皆他國積數年之經營而去歲所收之成效也其中之最大者即英法連合所得之雲南全省礦山三國政府之約以十年為期限開八十五處之礦蓋世界稀有之大利我國除土倉庄一鄉所得之安徽省宣城炭山採掘權外餘皆屬工商業上之經營而經濟之上神會殆少我國民其勿輕視之而不留意也

八　上海撤兵

撫名之曰屯駐于他國乃公法所不許而北清事變以後和約告成天津北京之兵皆已撤退滿洲撤兵雖有名無實而尚有所藉口獨上海屯駐之兵久不撤退則非一時風月詳觀列強舉動之變遷必不能解其意之所向支那揚子江一帶乃英人之勢力範圍而德人以其地為支那全國富源所在斷不能讓與一國遂欲以兵力迫政府而分英人之勢力且相觀望於是各不撤退其屯駐兵大有欲再保之勢而德人又恐釀成巨禍致失固有勢力乃亦表同情至十二月始撤退其兵各國亦繼之是去年清國外交最終之事也

今一言以蔽之曰今日之支那乃世界最富庶而最無抵抗力之國任人機縱迫脅而莫敢誰何此列國所澈底澄清而別無所疑故久算其自今以後其疲癃殘疾痿痺不振之狀態必永無再興之一日由是惟日孜孜以握其權爲小故一舉而劃其地爲根據再舉而握其政權三舉而攫其全國經濟終不致其死命而不已吾願吾國民三復此去年支那之外交界而後引以爲方針也

學界風潮

紳倪啟劉君師培留別揚州人士書〇夫中國學校不能普設者由於國用不給也學校不能普設則教育不能普及雖日下强迫教育之令何以使人民悉從哉考日本小學校之立一曰建設費二曰維持費凡市町村之公民皆有擔任此費之義務而歐美各國莫不皆然今吾揚人士殊乏公德資以興學亦恐資格之難籌然以一歲之中統計之迎神賽會之用按戶抽收數近萬金誠能以無用之資財興便民之實利設學務委員四人以徵收學費每歲之中每戶收學費五角於揚城之中分劃四區每區之中各設二校使闔境貧民皆受普通之智識雖下至村鎮亦可本此推行如仍虞學費之不足則宜立義塾小下數區然有學校之虛名無教育之實效曷若併入小學校之爲愈乎此吾揚人士所宜共勗者三也若皇華坡擬之曾曰幼兒之命運全關其母之智愚若何誠教育之術以家庭教育爲基而婦女實操其本雖東西婦女之風稍於近我而女學校特別爲中國所行者中國女教則以卑弱爲入德之門而今世所傳之女四書女學與卑迂陋不可卒讀神序淵染迷信以生其智識思想之閉塞鄙俗不經之說未此而相夫教子亦不關文明之進步者乎今女學校之設遍於湖南東省今次第推行以揚州風氣初開女學尚難驟立然欲[illegible]賢媛似宜以入塾本中塾爲宜此塾規則以三年爲卒業之期而課程之中仿分高等尋常二級入塾數年庶婦德可以修明而家庭教育之基立矣如慮其越軌踰閑則女塾之中德育爲最何至生此弊端此吾揚人士所宜共勗者四也嗚呼今日之時何時乎今日之勢何勢乎吾觀蘇省人士興黨演說之會設群學之所而吾揚之士游其間吾今以一言爲諸君告曰建立小學基礎而不必倣效大學也曰實行新化主義而不必託言國粹也曰保守之習宜革也曰羣眷之念宜捐也諸君有此數者庶不至局於一隅而不識全球之大勢矣不然鄙子以此城已歸英人勢力範圍京鎮鐵路旦夕興工則長淮以北且將入英人之掌握雖欲保之亦無及矣諸君而欲早圖自強宜勿無惟傲與共勗之

新書介紹

憲法要義〇日本高田早苗著金匱張鵬[illegible]憲法爲立國之本人知之矣然使國民無立憲思想則憲政亦無由而立高田博士精研政學不阿政府惟以振起國民立憲精神爲務雖篇幅小冊而於憲政原理該括無遺較他家諸憲法者有過無不及也每部二角

理財學綱要〇日本天野爲之著無錫稽鏡譯本書特色在學理則宗歐西實例則引東亞與吾國有切近之關係爲書凡六編曰生財曰析分曰交易曰用財曰策富曰財政理財學之綱要盡於是矣每部四角

地球之過去未來〇日本横山又次郎著無錫蔡[illegible]譯上海揚我江譯此書歷舉天空諸星若者爲地球已歷之境若者爲地球未歷之境考定地球將來必有四厄識論精闢圖繪鮮明譯筆雅達當今一大奇書也每部三角

生物之過去未來〇日本横山又次郎著無錫蔡[illegible]譯此書立論謂下等動物向在後而今在前向在小而今在大較小人類是也將來世界必有一種動物向在後而今在前向在大而今在小其聰明才力遠過於今日人類者徵引博精理闡[illegible]以圖畫工緻譯筆雅暢尤能發明者之旨每部二角

本埠紀事

縣令赴寧〇上海縣汪令因有要公昨午乘舟赴寧面謁許守

縣主抵滬〇川沙廳陳丞昨日因公到滬午後至道署拜謁

砲師調省〇南市製造局砲教師[illegible]千總[illegible]省另候差委於前日[illegible]赴金陵

稟求禁阻〇浦左十五圖[illegible]同鄉民投上海縣公稟稱有英商在南碼頭[illegible]近火[illegible]是與火燭[illegible]因兩有妨礙求[illegible]等情縣主汪令即派差往查昨據[illegible]及地保稟復[illegible]英商[illegible]行新[illegible]現堆之煤油皆儲於[illegible]箱中封口[illegible]油池並未[illegible]飭[illegible]示施行云

梟匪横行〇本邑北新涇地方前晚又到有梟船十餘艘各梟匪手執軍械任意横行該處巡防[illegible]縣汪令立派皂快二班並[illegible]前往[illegible]新私鹽捕營與營官派兵協拏

[illegible]〇巳革營捕[illegible]上海縣汪令查知[illegible]

[illegible]

洋藥[illegible]〇洋藥[illegible]已[illegible]本報近又有加[illegible]已

[illegible]五十兩左右

[illegible]拐犯〇拐犯江元[illegible]

販[illegible]由英包探[illegible]送英[illegible]

板[illegible]二月[illegible]二年[illegible]

冒[illegible]英界[illegible]

徒[illegible]日[illegible]在法界被英探[illegible]

包探一併拘[illegible]有英探[illegible]如[illegible]

（四）

英廨信案呈覆劉供詞游？　向鬥案欠洋銀並非冒充探夥
案詐孫謝員判劉交英探帶回管　案詐柳號一月枷三百板
縣訊拐案○成衣顧關洲之子前年被拐經控傳毛弟等多人今
正中毛弟竟見顧孩報捕拘押公堂後入城批拐孩之王曹氏顧
阿鳳伊女訊發訊押發由公堂將孩解縣訊晚提訊黃周氏供向
與顧關洲同居由孩被拐批案長控特押並搬去家川什物及釋
氏毀川己巨丈夫因此氣忿身死求恩究辦命毛弟供亦被顧經
拘今正在租界同德里邸姓家尋見顧孩邀同顧及黃周氏控縣
獲訊訊探拘得買主邸愛之詢係王曹氏伊女拐賣批案控押王
錢氏供與邸愛鄰居顧阿鳳之母干曹氏來帮阿鳳現將出嫁
賞銷訂拐出伊謂將嫁奩祇索洋二十元三天後曹氏挈孩對來
批賣出告鄰，碰求代中顧阿鳳洪得現用孩買獻不知

夥亦未到如後誰告知囑勿聲張故不敢說王曹氏供認拐孩顧
關洲供曾年失孩後亦由王曹氏與對鄰王阿銀告知旋同居黃
周氏誘拐查又借洋八元囑令控告小孩今解案下求領迮令斥
其不應將搬黃周氏家什物罰洋十元並賞黃周氏洋念元孩交
顧領阿鳳王錢氏等交保王曹氏既犯拐孩價賣又敢移禍黃
氏殊堪頓二百下釘鐐交捕管押候提案訊明核辦
法廨訊案摘錄○陶阿亭投案稟稱有妹被股王氏誘嫁與彼
擔婦王張氏為媒又有氏之姑丈黎同鄉亦欲覓人作保後王氏
不允吵鬧投捕捕房拘氏押案求請斷給為妻王氏供求超拔揚婦王
張氏供並未斷嫁從良因恐陶為人不安故此不允黎供恐後來
王氏一人股浪到來討人故令陶覓保判氏暫留捕房着陶黎出
外覓同作保之事並不陶將出身價洋四十元方准給領

（一） 陽曆三月十二日

光緒二十九年二月十四日

蘇報

總發行所 上海英租界三馬路中

分售處

西曆一千九百三年

日曆明治三十六年

每號大錢十二文

外埠價目

每日一寄連郵費全年六元八角

七日一寄連郵費全年六元

西洋加倍

東洋照加

郵政不通處酌加寄費

告白刊例

第一日每字取錢四文第二日至第七日每字取錢三文第八日以後每字取錢二文封面告白照上格加倍論年論季面議長行告白二百字起碼短行告白以五十字起碼多則以十字遞加

論說

書近日所聞後二　來稿

甚矣賤種人之好作大言使人齒冷也漢種賤種也即外國所謂支那種乃日本之博士於女學會演說列其種於人類館之野蠻人類中嗚呼猶列人類中耶猶儼然列野蠻人類中耶咄咄咄咄大怪事

元旦何日演說何事吾知為光緒二十九年之元旦則詩詩曰白光緒二十九年元旦之元旦何必裝妖作怪想起演說既演說何不說許多食君祿上食毛踐土深仁厚澤之吉利話以博主人歡即或大膽敢死敢為激烈語亦當日被旗親政調和滿漢同禦外侮如此雖猶未主人不其詩於小主人之明白者必代諒其千句非一句如此方不背安分守己清白世家之老教育

乃東京留學生之漢人賤種於光緒二十九年元旦日在大清國留學生會館演說夾雜排滿字樣實屬逆糟包身罪大惡極當時貴種之滿人皆大怒誠無怪其然恨其死賤奴才亦知此言為貴天共憤否

今日能排滿者異日實於俄必排俄實於英必排英實於德法日亦必排德法排日本況滿人或亦染於漢習漢人能排滿滿人又排俄排英排德排法排日本紛紛而起食君祿上食毛踐土深仁厚澤之義將掃地以盡

禿禿禿狗奴才此風胡可長敢曰此言為獲天所共憤區區余小子聞之尤齩牙切齒罵之為放狗屁

雖然我又代為之原諒彼當時之作此言必昏迷顛眩語無倫次無端好奇慎為此大惡何以知之蓋據區區余小子之所見可演說者亦止寥寥一則吉利話如食君祿上云云一則激烈語如同禦外侮云云

此公必亦若是如主第一說此時光緒二十九年之元旦所謂滿漢同洪當天津十城慣說恐即四洲血祝一萬年有道之長者已四百兆我亦云云似乎不

如主第二說在滿人心中發皆洪利大方則惟恭順必且勸聽然禦之與排同義而異名有注其者必有逆心滿人必惡之孰熟漢人益中有同即無所為外如其同豈有不同英俄德法必同于滿故知兄弟內鬩將論異族之慷慨語無非謂官也果其有外侮有所鬩禦則外之界說無定然禦之輕就排之熟貪厭甘冒徒貽後悔亦為滿人所不取

所祝交戰於中無一而可故神份其說聊就演說座以尤演說料不自知其作何語也恕之曰放狗屁套原情誤罪從輕發落否則主人之何不能不則亦知法犯口罪所應得即如賤弱等所劃三族則與其十族減其同種多殺一個好一個其法乃尤二則係戮此輩一二人以懲其餘所謂法外施仁體上帝好生之德其法亦公我知此無辟賢公等動手有漢人恐失其奴才之資格者苟有風聞吾當殺法排到無不盡力也凡公等所劃之第三策尤妙所謂此我家事何與於奴才奴才但當敝聰塞明口誦食君祿上等字樣完全奴才之教育主人亦氣住服侍主人主人氣運不佳宜與別國仍代主人服侍主人之主人漢人聽者此為不二金丹願敬謹遵守是為至要

良策第三條惟多派滿人學陸軍警察一語稍有未安學陸軍警察為將何為將禦外侮則即所謂排俄排英排德排法排日本矣倘英俄德法日諸國各有一良策享其主人翁之權利亦必二策以滿人待漢人者待滿人滿人將如何豈非仍照漢人之擯棄必有無父無君之一日

區區小子則應之曰否所謂學陸軍警察者原不過防家賊也禦外侮之一說太東劣等人種從今休提漢人聽者滿人聽者此為不二金丹願敬謹遵守是為至要

時事要聞

照錄○二月十二日京報

上諭德壽等奏革員虧欠銀米延不完解請旨監追查辦等語廣東已革候補知縣劉啟鎔前署新安縣任內虧欠正雜款銀三千二百餘兩米四百餘石迭經嚴催未解竟敢私行離省殊屬玩延該革員著飭江西巡撫柯逢時查明如已潛回原籍即行拿解赴粵監追並將家產查封備抵仍著德壽等查明該革員歷過任所有無在籍隱寄財產一併查封照例辦理欽此同日奉

上諭聯芳著補授外務部右侍郎欽此同日奉

上諭此次京察引見年至六十五歲以上之戶部郎中世昌等均著照舊供職引見不到之兵部郎中恒安刑部郎中奎凱著該部照例辦理欽此同日奉

上諭此次京察一等開出人員著各該堂官再行出具切實考語交吏部帶領引見開出之滿洲蒙古中書筆帖式等官著歸入理事同知通判遇有缺出與舊記名人員一體帶領引見漢軍漢人著交部以應陞同知通判等官分別選用起居注主事巴圖會同大理寺寺丞李桂知太常寺寺丞兼讀祝官姚恩光祿寺署正照芳侍衛處主事潤昌倉場筆帖式訪覆光祿寺署正倪垣鴻臚寺司務承啟內閣典籍蘇允龍宗人府委署主事定秀戶部寶泉局大使英勛禮部主事聯錫太常寺讀祝官恩存贊禮郎廣耀國子監助教敖松廷鴻臚寺鳴贊額圖理侍衛處署主事林成鑒侍衛處鳴贊官梅順欽天監主簿扎果鈞五官正朴澍俱著交部照例以應升之缺升用其內閣侍讀貴鐸等二百六十一員均著准其一等加一級引見不到之刑部筆帖式崇先著該部照例辦理欽此

紀陳嶽奏○去年欽奉寄諭一件匪亂竄入江西安徽等省派委拜會到省咨是何陵院特委統領常備軍左右營前赴邊防駐紮

贑州先賴州一帶故無材兵續備陸軍防禁廢弛毫無足恃自壬寅到後民心稍安王亦勇於辦匪在赣屬各處許親自督兵緝捕雖山路崎嶇風雪載途亦不稍退前後獲匪甚多什奇山陳凡山廖仁山吳玉山其中之最著者雖所獲之匪間有冤抑亦屬由該處紳士保放督中隨員有呂巡檢春瑄者係廣西人深知匪情頗得其力欲東惠州匪亂畢連江西地方王道親赴江廣亭（爲江西廣東交界處）防守其嚴常服庠裝換衣率兵丁各處巡查謄大手段人皆謂其神出鬼沒雖慣以殘殺同種爲能事然亦時露文明思想安道之師間亦係出於廣東香港各處革命黨匪首有陳扠人廷鳳亦近世新黨中之豪傑王甚欲解散其黨羽招之入幕曾謂其將弁幕友曰吾之辦匪以吾之野蠻對彼之野蠻耳若有帝王思想豪傑思想者吾亦敬之吾何嘗好殺云云又嘗對贑南道府云吾殺作官有愧于匪匪尙有國種愛力近日官與惟利傾軋而已若王道者亦可謂近日官場中之賢者矣

龍州近事彙述○猪山一帶賊匪現經管帶殺勇副首梁秀春都司會同地方團紳於本月十四日至十七等日分隊前往搜匪巢據山拒抗搶砲齊施官兵奮力上前直抵巢穴匪黨從山後逃竄陣擒三名斬首五級並獲洋槍五枝馬刀兩把衣服糧食不計內有號衣兩件間一係紅領邊防大旗一係右翼左哨親兵惟時天已沉黑不辨東西且山路崎嶇不能追逐只得收隊距料壯家窖匪之健字某營幫帶與兇於翌日在該處附近山路埋伏又復截獲二名案已解送到龍不日即當正法倘此後若果留兵戍守餘匪自不敢歸伍將一路或可通行無礙也

龍州鎮山鐵路計長一百三十里曾與法商費務林公司訂立合同包工承建但該公司索價過昂共需佛郎四百萬元發辦鐵路緣元春未敢酌定將已咨請北京核辦因該家有事未暇及此故該公司已將辦事人等陸續辭退現僅存司事一人聞此人日內亦須回國所有該公司一切物業暫交該國領事官代爲管理俟將來有成議再行重振旗鼓云

恭何南大成公司事○大成公司一切材料均係由恭記轉運局由天津包運至道口後再用車分發他處山有商人擬向公司包攬此項生意所由道口至新鄉計程百四十里每噸運費價大錢九百文

公司中各工程司自到道口後與本地紳商均甚和睦今年元旦均邀入城各紳商處賀年前聞公司擬擇日大排筵席遍請地方官與紳商等赴宴以期聯絡交誼云

會議稅則詳聞○盛新西報云總稅務司赫德現與王文韶會商稅則事宜

殷與浙礦詳聞○又云中政府現電飭浙撫撤廢與礦利

世界要聞

俄羅斯將制定憲法○頃俄國大藏大臣維衣台與內相封蒲列之羅夫大開四其間國爲何難不書明徵諸氏等之書動確係準備採用立憲制度蓋南州曾守憲法主義者欲使俄國政體爲立憲制及維衣台向莫斯科日麻斯得威行政員披明實憲政時代將近與彼國人私語亦是爲此意予謂俄國採用憲法先當大準備使其必行以中央新聞

青泥窪設領事館○滿洲租界改撤非獨歸俄國人所有之既經詳論矣前局者至今始開俄國交涉之端緒十分調查選用適當之手段擁護洗得之權利爲吾人所深信而法權問題之解決在今日最緊要者青泥窪設領事館是也

旅順青泥窪及沿東清鐵道線路居住營業之人總數將達二千在沙市重要者爲數非鮮而保護者有帝國領事宜在滿洲二千人除受牛莊領事及浦鹽斯德貿易事務官之間接保護外無直接之保護而滿洲之俄國官吏概無法蹂躪邦人之權利與利益被害在滿洲者望帝國領事館之設如大旱之望雲霓也吾人對於當局者可公同滿洲貿易根據地於歐亞樞關大鐵道之終點青泥窪設帝國領事館以保護同胞爲己任於東亞大陸不得不希望促進吾經濟之勢力

或曰青泥窪清國之領土而俄國之租地也行設領事館爲對於清國乎抑對於俄國乎以理言則顯然於事實上日清二國交涉俄第二國也彼行司法權率有一切生權新設領事館似與清國交涉清國執此以問則何以答曰今之交涉非地主之清國乃借權之俄國也得俄國承諾而設領事館是對於俄國之領事館而非對於清國之領事館也若俄國勢力能驅逐我於東三省外則已不然此等紛動是防衛我既得之權利也夫滿洲之事可謂則亦謂之奈俄國非可測度者今徒拘名分躊躇荷不早爲之所利害關係非鮮也此則不得不勸告當局速設領事館於青泥窪邦人之在俄國租界者統爲領事管轄可也以東京朝日新聞報

德皇將遊丹京○字林西報述德文報傳單云德皇擬於下月親往丹京遊歷

英總統報告軍情○字林西報路透電云英總統梅明告報云北所部馬軍已于木月三號進據猾侖楷雨城其餘敵營則于五號亦已占據并謂此舉并不過火實歸敵人所自取之咎云

又云猾侖楷雨曾長已逃至離城五十里之猾來狄地方聞當開戰時敵人并未迎戰而逃云

訓練水師○又電云英水師總督已決計將西非洲水師與開拍駐防兵分別訓練并另立水軍一隊名之曰南大西洋水軍以爲駐防南非洲海面之用

英水師軍餉預算數○文匯西報路透電云英國下議院已將水師軍政預算每年約計英金三千五百八十三萬六千八百四十一磅其間三百二十萬二千磅爲今新增者至爲數之鉅則大半係造船所用并聞現下合造戰艦三艘帶甲巡艦四艘護衛船三艘偵探船四艘水雷艇十五艘海底船十艘其官兵人數亦有十二萬七千一百名其間四千六百名則爲新增者云

英外部官告政府之語曰○字林西報倫敦電云英副外部大臣克來蓬宣告云英政府之意甚願與俄政府和衷共占波斯及他處之利益故英俄兩政府現在熱商此事惟非無公布云

英日兵官言上海之退兵○倫敦西報云英副外部大臣克來蓬宣於下議院宣告云中國自各國於上海退兵與德國訂約後從晉英國決不使他國有損害晉英於揚子江流域利權之事晉其不能決其事之確否惟自英日聯盟以後晉英在中國之地位自當較前堅固也克君又云英國於將來辦理中國稅關之事並無更改

英外部反對俄阿之親密○字林西報倫敦來文報云本月三號英副外部大臣克來蓬當於下議院對議員特爾克宣言甚說其反對於俄官之與阿富汗王親密云

土國改良進步○字林報述德文報傳聞云俄政府以梅西度尼改良之事較前有進步故甚滿意云

俄使照會韓廷○益新西報云俄國駐韓欽使昨日知照韓政府云韓不當不再收台克鈔票以用於俄國者我非謂其票之通行與否當由俄人主與云

專使告法○又云西貢以從法國之命與暹羅斯開脫聯和之事已咨使照告於法國外務部矣

各省紀事

江寧○江寧府中學堂暨元寧兩縣小學堂去臘放給年假後原訂於正月十五日開學緣各分教習或隨師範練教習遊赴日本觀究查學務教育章程或因北上公車未能剋期來寧者多而無幾不敷分教是以延未開堂兹兩縣遴選附保教暫備遴於本月初二日開學

張江督所株罰行護軍向來有時時出外滋事城北永隆茂餘慶典兩家均被沖閙先後閉歇現在該軍奉令返防初六日為該兩典行之日各鋪各公典價被滋擾相約屆期暫閉一日以避其鋒

蘇州○近蘇戶部議准發設國家彩票其票每號分一百則售銀一千兩由戶部頒發各省設局發行詳細章程已札行到蘇矣

蘇省商務局將擬禁止息借札委張道鼎祜接辦聞局兹恐張道到差後議力為整頓照息借以局務紛繁請添文案一員以資臂助

蘇省自設立官估銅元局以來官局商店兌價均定九百文惟歲底年首則商店兌價短於官局至本月初九日各處錢莊則兌九百另五文官局仍兌九百文云

時論撮要

論清國皇族　譯東京日日新聞○現時清國皇室懿親將年有為之王公當先屈指二親王二貝子二親王者醇恭二王二貝子者振倫　貝子也醇親王　皇上之胞弟有賢明之聞為政界上之人物栄中堂之大搭棒勢承於增進將來之行動中外所仰望也恭親王　皇上之從兄弟有森放抗直之名符有外客見親王總繼數千言論清國必要改革親王冷然喝破曰我國小清國大以學大國土較廣大無過之清國將何容易清國孔孟之教備於存在一定不變之制度貫通於上下今日之情態不過一時之變象水落石出去取自明貴客乞勿談改革親王之氣宇亦可得測知其頭腦偉大不屈之自信力文弱卑之清國於官界尤足珍增倫貝子　皇上之嫡親及被親愛皇嗣問題之起也貝子實為候補大阿哥然則貝子於宮中之威望處極尊敬之地也英國開設聖路易博覽會美政府特請清國王大臣來遊　皇上命振貝子為博覽會特派員且命視察英國現狀貝子本年末或明春赴美研究文明的風物賴振貝子慶親王子曾為出使賀英大臣漫遊歐米大略據日本視察列國形勢具知其有益自旅程於東京貝子一舉一動為中外矚目所上要識論樣切言傳世人之嘆賞貝子年二十八歲明晰伶俐交際上之人尤敬愛之貝子之前途如洋洋春海醇親王恭親王倫貝子振貝子四人將年皇族兩宮之信任甚篤前途之可望尤多尚高於春秋淵深文明的智識皆界為同一之人物清國皇室繫於此四人處正多不待論也而四人於皆年皇族中以活潑的態度試為政之實論者尤推振貝子或著歐米漫遊日記供上覽御感或建議設置商務部黜老大冗官或切論海外留學之必要深厭儒之腐而近又將再航日本視察大阪勸業博覽會振子之現時及將來殆可貴哉

郵件撮要

再續將汝某君上某觀察書摘錄

一查近年日本製絲業獲利甚巨其國內所產不敷織組多購自我國黃繭所繭及雙繭等一絲收入其機廠多設在鄉取用水機可省煤炭故資本亦輕或數千元或一二萬元即可開辦如琴馬埼大福岡靜岡宮城等縣皆有水機絲廠核計日本每年出絲可多占數百萬元所出之絲細密白淨是以售價亦高出我國所產至煤炭大機廠不過數處僅時我國所設絲廠皆仿其大機廠規模資本動需數十萬僱用洋員發派督辦且採辦蠶繭高價抬買我用既大是以每廠未見獲利也遊聞無錫一縣近來中小繭行共有五十餘家若能仿日本辦法各處設立水機小廠引水線抽或僱日本織絲工婦二三人作為教師資本不巨易於開辦凡我國所產蠶繭皆歸我國自製自用絲綢將不怕洋商不出特價可獲十本之利也

一查洋酒二行稅可加增洒菸不必另紅派捐須按照頭貼戳門照價以全成計算如六角一瓶貼用一角二分印花一角照加如售出酒壇不貼印花即為偽漏議定稅辦照爾民間各縣各應宜派員照查自用之酒酌量人口或許造一缸二缸先期報官給領自用免罪或有藉此出售私出照定議加罰烟菸每包計價貼用一成印花另售每十文抽碼亦貼二文印花若速裝出口驗有印花照上不得重稅驗無印花照章倍罰內地所產

阿片煙得宜按價三成計算貼用印花捧煙歸關上稅叢報稅
雪茄煙板煙等亦歸入口關上報稅併用關稅印花免致朦混
推之各種生菜出售之貨皆用印花所用印花視其貨之出息
以分輕重惟食米柴炭菜水等項爲民間生活要需宜從豁免
一我國通用紙幣及印花郵券宜雇用日人到華彫刻我國彫工
卽可就此學習紙幣乃國家命脈在外國製造一有僞造等弊
斷難究辦聞日本維新時託外國製造紙幣溢印至千餘萬元
後經發覺不能追辦[illegible]所印紙幣之紙名爲暗紋韌紙
亦可雇傭日本造紙工人到華令教導造法學成我國亦可自
造不必購自日本財利自不至外溢　仍未完

蒙辦山西直隸東路墾旗墾務公司章程　七續

九本公司凡招佃之地應將逐段地名號數界址標貼通衢并懸
示公司門首以廣招徠
十所有佃戶領地准其徑到公司掛號所需佃價隨時由司理登
記以備比較夫役人等概不許阻隔更不得需索司理各員不
得私受賄賂查有以上各弊卽行嚴究
十一凡本公司招佃之地假如地脈本屬磽瘠爲佃戶所爭或而
互相觀望不肯加價承佃無已則應設暗標之法開標時以價
高者得
十二假如荒地均在一段肥瘠各有分別而無上中下之等差各
佃互相爭領公司難以臆度應將地段劃分證界令各製籤鬮
刊明將地分片自行掣籤以昭公允
十三公司如以後分設派辦處自當遴委妥員另立專條而大旨
不能違背此項章程凡所有就近放地之法亦須有派辦處領
袖之人作主
十四凡公司放出荒熟各地其似佔種要共見共聞每放墾一次
懸掛牌示標明以防流弊
十五如有佃戶指明願佃之地段墾局未及出文而已經佃戶先
行認定預繳押租將應由公司知照墾局撥給清丈則承領者聞
風而來事省效速
十六凡佃戶領地公司先發小票實收卽派員指界將該花戶所
領地段弓數逐一註明備冊移送墾局取照令佃戶繳回實收
公司換照以免隔閡　仍未完

學界風潮

蘇民友演說紹興教育會之關係（續）諸君皆紹興人也試思紹興者何人之紹興乎紹興一切之事何人之責任乎一家之中家用之備豫子弟之良否其爲家之人之責任無可疑也卽使家之人以事遠游其恐家用之不足而補助之恐子弟之荒嬉而勸勉之其責任移無可諉也然則吾輩既爲紹興之人則紹興一切之事非卽吾輩之責任乎願吾輩責任莫大於爲紹興人之人格而使無爲世界上了無關係之人請先言性事紹興之風動而耐久一附之中幾無隙地而浙西江南墾荒之民紛與人概占其一部爾至閩粵由抵衛藏皆有紹興人之足迹顧僧之法冠絕全國爲是爲實業界之勢力自滿以來儒林文苑諸傳無不有紹興人者而王陽明氏之道學及今尚爲海外哲學之一派黎洲氏且得東方盧騷之目爲是爲學問界之勢力數百年來以例治國而吾紹興人能利用之曰幕友曰胥吏此二者在今日既爲紹人所唾罵爲亡國之媒然其時民權未昌憲法未立所謂神聖不可犯者例而已矣因而利用之是亦天演優合之通例爲是爲政事界之勢力　未完

新書介紹

續譯包探案（二）是書從滑震筆記內譯出記歇而摩斯探案事甚詳足補舊刻所未備福爾摩斯英國著名包探歷辦各案離奇變幻眞有令人不可思議者讀之不獨能增長見識啟發靈性且可供茶餘酒後之談助云每部四角

東洋之佳人〇日本東海散士原著散士爲著佳人奇遇情節綠中國出早經膾炙人口是書與佳人奇遇同工散士因見彼國上自君王下逮庶民莫不酷好華仿西法而不務其立國之實際悠然有後顧無窮之憂感故託爲仙女隱示箴規寓諷於放逐警懷君國造騷賦之同體也譯者爲元和馬汝賓文辭悱惻動人寓意甚儁結十分富艷爲說部中罕有之傑作每部一角半

開闢新世界之鼻祖〇哥侖布一名哥倫波共二十四章美國勃蘭氏原著歷敘哥氏探獲新洲至衛至艱可泣可歌之事譯者長於史漢古文但論其文章之妙亦近時譯著中一時無兩者也每部三角

本埠紀事

留設蒙塾〇本邑四鄉各業前日奉到上海縣照會內開案上憲札文飭卽查照各紳業立蒙學堂以期培植人材等因爲此照會希卽擇地興學設立俾得觀望各董刻已邀請會議辦法矣

循例較斛〇滬南各米行每逢春夏秋冬四季必將米斛呈集該處以防弊實本屆春季於前日經米業司年咨照各行將斛送至萃秀堂循例校閱

請禁出口〇南市各米行因米石出口太多以致米價日昂故於前日合詞赴縣即投縣懇求禁止出口俾平米價等情未識能邀批准否

調查米價〇松江府日來訪知滬上米價飛昂每石已售至七元以外札飭本縣汪令將念七年分以迄本年正月止按月米價大小查明申詳以憑察核汪令業已飭差向米市調查矣

巡匪抗捕〇昨有紀總巡棒行一則茲悉上海縣汪令於赴松時卽派皂頭全順快頭蔣貴率同通班差役等至北新涇區巡輯梟匪仍不遊捕他往定欲在鎮[illegible]路二口睦參無恭卽協同念九保六圖地保同赴縣叩候示

英界火警〇昨日黎明英界老閘第一百五十六號門牌茂昌謀

（四）

炭內失火焚燬轉角無錫路口北共燬坍屋六幢

開何臨逐〇西門外城河浜停泊江北僱船船戶北某以致何職為之倩登關訪法工部局查悉商之捕頭轉請孫職員照會朱總辦防營將該惟內有十數係工局船作工之人故另行開報姓名送往總局將該船免予驅逐云

縣審搶錢〇前日據蔡開生投縣喊控土棍仇長江糾同沈阿中沈和尚等搶劫兇毆等情當由汪令訊供並驗傷受傷屬實判即

提案訊辦〇娼姚氏與武生董玉江互控一案氏今道諭帮女秀英到案亦經提訊秀英供年二十七歲前被鄰人董子孔之子騙賣許聘女子為妻借去首飾及洋一百餘元去冬董子另娶母親往董借去首飾洋銀圖賴扭局將案子江今又不交其子到案求究姚氏供同董供兒子並未向借物件現出外未歸故未帶案汪令命董限童求限九天交案判准限務交[illegible]迫秀英交母帶回候訊

光緒二十九年二月十五日

蘇報

總發行所◎上海英租界三馬路中

外售處

西歷一千九百三年
日歷明治三十六年

每號大錢十二文

外埠價目
每日一寄連郵費全年六元八角
七日一寄連郵費全年六元
西洋加倍
東洋照加
郵政不通處酌加寄費

告白刊例
第一日每字取錢四文第二日至第七日每字取錢三文第八日以後每字取錢二文封面告白照後幅加倍論年論季面議長行告白二百字起碼短行告白以五十字起碼多則以十字遞加

論說

論中國急宜興辦礦務以爲列强之倪說　英國山雅各稿

合環球各國皆有之其貧至中國極矣外困於賠償內窮於支應賠款四百五十兆連償三百餘兆三十九年中何以支此危局乎是原獻策或言折漕或論加稅或稱幷滅本原固有之利乃置而不問亦悖甚也方今中國欲開利源當以開礦爲第一要務中國礦產之豐久已著稱於西人之口矣如雲南山銅山東貴州出鐵湖廣江西出錫齊魯荊襄出鉛硝川蜀山陝出金鐵皆屢驗有效其餘東三省閩浙各處其未經開採者大利所存尚難指計西國論礦利者咸以中國礦產之富甲於五洲洵不虛也夫晉英屬區三島物產不饒惟鐵山煤鐵甚旺富强甲於天下其他如比利時如奥利隈如法國西如德意志如瑞大利如瑞西等或以金銀礦獲利或以銅鐵礦獲利或以煤鉛礦獲利其歲出之國用無不取資於礦產而中國度支奇絀若此乃秘不發而不汲汲無非要留中以恨而因噎以廢食也今日欲與列國爭富强則以務商政武備皆在所必須而發給於開辦者礦務尤其要焉開採礦產之事其從前多端是以歷來或商辦或官辦或招民股或參洋股多未成效間半途而廢弊端百出揆其實處終不能收開採之利者則以開辦礦務有三難焉

一曰經費之難礦務之興其能得大利者皆必需時日西國與一礦經費所費或以萬計或以兆計官既樂觀之於前商又樂助之於後中國官辦商辦既虛靡經費推多而華洋股則利權又歸諸西人掌握在者山西已事可爲殷鑒矣夫無米不能爲炊洋股既不可招華今日即知各處礦利之厚而開辦伊始經費多多官既不能特籌招商入股一時復不能鳩集則開採之難者一

雖然衆以爲無辦法苟籌畫周密辦礦務之始各省商人惟恐不能入股更因各省辦理無成效未莫歸故而今某大員欲興辦南礦務招集商股各商皆裹足不前甚啟於前事之失也今誠能特派礦務大臣設礦務專局綜覈辦理明以大信一處有成則各處商人莫不聞風興起夫中國之民小有財而無恒產者甚多將者招集股起其股票求領辦者接踵而至如開採稍有功效孰不樂於集股乎商家既願集股則經費不患其難矣

一曰礦學之難雜綜西之礦學兼地學化學工程學三者亦有之求其精於礦學者亦非少中國既無大精礦學開採之初必任用西人則礦產之盈絀礦工之費省但憑外人一言遂定其去取未能深知且礦且無論何礦開採不深者其利必不厚水源不止一孔不隔不止一層若不用西洋之人以備資試以中法遇水遇石即已廢然而返是礦利終於不可興也此開採之難者二

雖然衆以爲無術也夫西人礦學雖精未始不由閱歷而來今兩廣川滇各處皆有素信礦學者開辦時誠聘一二西人與之並力合作久之則識見增長學問亦進可以自相授受矣再遣各學堂學生入各國礦務局學習數年求其新法而歸用以治理其事後日習礦務者不患無人不必再任西人矣蓋華人之心思尤捷於西人誠能悉心講求則學力識力必有過於西人者誠能與以資斧遣其出洋學習又能量材取用數年後何患不精於礦學者不接踵而出乎則礦學不患其難矣

一曰防弊之難西人開採事絕無弊竇中國每舉一事弊端層出不窮況於礦務大利尤易作弊總辦監工之流指者員之役吞工匠之偸漏及隊諸公十夫其九矣試旅出資集股即請歸官辦而委員之役吞如故也工匠之偷漏如故也總辦監工之染指如故也況諸礦所出之利又無實數可稽任便私饒而於公家毫無裨益久之不見其效則又將中輟矣此開礦之難者三

雖然衆以爲無難也夫辦事者患不認真辦理如能認真辦理未見弊之不能絕者昔沈文肅創辦馬江船政凡收船政中一草一木悉以取法從事一時諸弊無不悉絕誠能廉明公正大員爲礦務大臣爲礦務督辦於辦理礦務者以厚與薪水嚴加約束其委員工匠如有侵吞偷漏等弊即按以軍法孰不悚然懼乎雖無私家而何至以身試法也則防弊又不患其難矣

夫礦務所辦辦者以有此三難耳三難既無之則以亞洲地力之厚礦產之盈其收利必十倍於歐美蓋在當事之留意也今日若不於礦務加意振興則各國眈眈虎視覬何日久恐固有之利轉歸於他人掌握矣德人謀佔山東之礦法人謀據廣西之礦日人於福建亦垂涎此久與日俱恐以礦利爭端也時不可失利宜急興辦願中國有幸勿以辦而閉門自塞其利源焉

時事要聞

電諭照錄○二月十三日奉

上諭廣東惠潮嘉道員缺着裕成補授欽此

電傳宮抄○二月十三日召見軍機許應騤紹祺

魏督行程述聞○聞江督魏得爲任觀督來電有准於本月二十日可以抵甯接篆之說

張督調任傳聞○張督交卸在即聞官中傳說咸謂雖未奉回任明文然前京電遞傳已有仍回鄂督任所之信惟張督已請陛見特旨入覲後再行回任云

采錄天津日日新聞要事○熱河一帶馬賊仍猖獗異常或數百人一股或數十人一股出沒無常搶掠將來必成大寇所幸目前尚無大股也熱河錫都統現已添招馬隊一營步隊一營名曰練軍○錫都統建昌一帶向由武衛左軍宋路統領孫多設駐防茲因馬賊猖獗以操防緊要擬於本月底將孫多兩所統各營調赴熱河由各處以便就近併操○錫都統已派統領林耶等管夏馬隊兵楊玉書率領所部前往建昌朝陽一帶換防以便孫多兩營回熱河侯將軍督分派　熱河派往林城總領事官已經外務部奏派陳木仁俟川資照發即領銀若干兩於已

南 駐韓國公使許台身云
錄天津大公報要事○玉田縣土匪四出滋事已將起獲首領數名聞此
等匪類即庚子漏網之黨勳水鎮李安堂等親往剿捕獲小匪八
名女匪一名格斃匪十餘名又拔首犯已於日前派員務處總理
張潤錫豐前往查辦云
探聞錫汎督此次請 陛覲北上正值 兩宮謁 陵未歸已
有改赴保定 行宮 陛見後仍回原任不復入都之說
外務部消息云去歲年終各國公使統領照會外部欲於京城附
郭地方借地一區爲各國駐防兵隊操場當經外部婉商允准劃
出已於朝陽門外覓定官地一所約周圍六里有奇業行知照各
公使勘驗合宜近日業已動工築造圍牆并營房等十餘間
云
蔣御史式惺以北京大學堂提調辦理庶務井井有條近復力辭
此差而兩管學則合力挽留云
奉天專函云俄人撤兵之事實與未撤無異實駐紮牛莊之兵撤
去之後移在遼河俄租界內離牛庄不過隔一鐘的程奉天府駐
紮之兵撤紮城外租界內離城僅數里耳且在該處建設兵房足
容六千兵又如遼陽駐紮之兵亦僅撤出城外鐵路租界內亦建
造兵房兩座醫院一所砲台尚在修理並聞日前照會奉天將軍
云貴國曾許我自行保護鐵路之利權故等四月撤兵時惟步騎
二軍可酌量減少且須增加砲兵以防貴國馬賊擾我鐵路等語
觀以上云云俄人藉保利權大有永久駐兵滿洲之勢
北京消息云大學堂漢教習楊主政由某近因演說之嗣學生不
甚悅服已經告退某總教習作念鄉誼示意學生挽留[illegible]
大臣不許近聞某總教習又自求管學大臣恫嚇[illegible]
全體面云
前年四月間永清縣拳匪李振邦同子文惠戕殺英國教士二名
士一案業將李振邦正法其子文惠在逃現聞該犯又潛回縣境
外務部接英使照會請飭拿辦又永清縣塔兒營村大寺僧人
前因附和拳匪經縣令拿逃今亦潛回數日前有該寺僧人二名
在教堂門首騷擾並請防範等語現在外務部行知順天府
迅飭永清縣拿辦又札委候補知縣鮑[illegible]前往改裝密查嫌犯已將
僧人光福拿獲審問又札委正任良鄉縣知縣戴汝[illegible]前往會同
緝拿李文惠務獲究辦並將僧人光福提府札交發審局嚴刑
究問一面添委[illegible]馬通判劉於佑前往永清縣並鄰境各州縣督
同各印委一體嚴拿李文惠並咨請直隸總督通飭各屬會緝被
發該匪風又特懸賞格云
中英交涉紀要○各新西報云英京華盛頓消息云英政府得中
國使臣報稱中國維新黨人在新金山紐約諸城者其勢非爲發
達現向彼等向宣英各華商募捐購置軍火輸入中國以爲保皇
會所需惟此事之確實與否雖還得然使果有其事則中國國家必
能知悉吾欲[illegible]保皇會所欲行之事聞諸中國深恐不安靜
此事恐各國亦皆備之而各華北條約中國當允不由他國[illegible]
軍火惟中國官場則當隨官諸彼等權力不足以及之故對他國
留意禁阻之云
校勘記○時報論說第七行光緒二十九年之元旦其十字悞作
光緒二十九且斗之元斗合行更正

世界要聞

德皇將遊意俄○文滙西報遞德文報傳單云德王將於三月間
往遊意大利并擬在羅馬勾留四日再往俄國遊歷云
英議部報告○文滙西報路透電云英理藩大臣張伯倫報稱當
英脫兩國戰時所拒脫人八百名現在尚禁印度仍不願發誓服英
故脫國已派統領鮑太前往訓諭服從矣
各國疑英○又云英國現於增添水師經費不遺餘力地球各國
皆疑以爲非保全和平之意云
俄大臣建議○文滙西報云俄國財政大臣建言俄國當於一千
九百另四年起退兵六十萬並將滿洲境辦理鐵路以五年爲滿期
俄英交涉○又云俄國某報云俄國已允英國在西比利亞海濱
沿揹林海二十萬方里之內皆以其範圍聞英國現已於該處設
一公司矣
英大臣病痊○字林西報路透電云英理藩大臣張伯倫前由南
非洲回英因感冒風疾故在梅特拉地方勾留四日聞現已痊愈
舉行慶典○又云英皇愛特與英后完姻以後至今適四十年故
已在白經漢宮舉行慶賀禮矣

各省紀事

蘇州○蘇省應解二十七年漕糧因去夏來源[illegible]由督撫奏留
備荒撥作平糶之用茲悉此項糶米當奏留時係將秋後購還而
存米至今尚未解清故由京倉札發知縣沈令爾濟由京來
省轉赴滬江前往催解云
蘇鄉各圖如東坊橫塘等處光蛋橫行附近劫掠之案無月
無之初八夜附鎮一帶匪徒被匪劫十一家殊駭聽聞
蘇省各州縣沿江新漲沙田均有刁民爭種興訟經年
現由恩撫札委郭道本[illegible]即日設局清丈
恩撫于初九日赴撫首府三縣均恭詣往問此行係迎文鄂
諸山長祭范文正公云
杭州○新任翁藩於前歲奏調赴都順道回籍刻已就任抵杭
准于初八日起程約十一抵省十二日進城即于是日接
說
杭省數文書院本年仍延汪侍郎主講已由許監院等備卷名
劉由誠撫于初六日舉行甄別派委陳守文[illegible]到院點名命題
試餘如詁經精舍亦即照例甄別
浙省上江一帶去年亂後滿目瘡痍民不堪命茲由官紳人等以
防亞不足靖欲自行興辦團練兼可巡緝盜賊當邀[illegible]紳
非

杭拱宸安插店舖相麇坊內於月之初四日失慎延及鄰舍及由各龍往救趕將毗連之屋拆去始得救熄已燬房屋念餘間

廣東○探聞官場接北京來文言京師同文館業已歸併大學堂廣東旗營所設之同文館亦擬歸併學堂一體辦理

此次省城戒嚴德督諭各營勇日夜防守并諭水師各兵輪晝夜梭巡外將黃埔游擊各江水師準守準許出去梭抄防備利兵輪亦派飛鼓輪至省河一巡即駛回南石頭灣避險安且防範不足又管帶廣金兵輪李標則泊在南關馬頭全不升火開輪巡緝不臨關只詭稱輪缺駛閒紛至念名現德督札飭將管帶兵輪呂聚將文標則將兩兵輪管帶撤換其廣金派管帶缺額過多飾詭詞飭將留營効過云

近來粵省錢價日昂市面不敷周轉貴錢局每日鑄造銅仙士六十萬枚解赴藩庫後局除搭放各局薪糧外餘發錢號兌換照章撥作鋪市買換奇錢根依然緊短間局飭提趕緊多鑄以求經濟工將未經開用之機器修理大約本月初旬便可日增數萬銅元矣

時論擇要

東亞冷觀　譯日本報○嗚呼今之時代一東西種人競爭之界故猛烈競爭之于社也掃除一例凡見物度同仁而無歧視悲智說大日月不死矣世界陸地人盡究竟皆歸合此而更有他適耶雖然有純淨高尚之理想而無應用至積之勢力從而附將小乘者將頹收渡與泊相遣矣嗚呼自皮猶太亞域之種人所以卒滅亡于他族而永無復振之期也是三系者各挺一教未嘗相師然其大端積有甚深無上之義作為則同而其適出于東球之亞細亞也則亦同而今也泰西多我紛紜其故國淪淵之價物不拆然理無更興同其制抑法器久為沈失毀壞不可收拾一翠相趨于皮相虛妄之末客觀亡而主觀亦非不支獻其貽誤實際取辱外來也效之晚矣不亦宜乎

夫教者既不能永存其宗派而流風所披猶得其張于北新大之種人然此非其教力之雄厚有以致之也彼教篤者亦皆從信仰于其全盛之時矣已而拘守舊儀莫知改良於其究竟幾須千作而國以强此相尋也則如之何大抵歐洲之有今日也雖然于豁之政教學術不無悠久之原因然要其現象之實際自非近三百年世運進步人心日趨于智密故益得推廣擴張以引世界未竟之緒也則其功以故凡一教之轉移源其理由之屬强乎而亦諸其際所經歷有若異彼之相微而不可測知者恐蓋又存于教法改良之外論吉誠今者故求可徒用于衰敗而並迹其真實之將保獻

自平總獨立之理數不明於天下凡古今東西智人所欲施以援世不成者不滿之中斯說也其於一族社會優劣可以其所明行之學說而定之而國之存亡與否殆亦從以徵驗矣以故教育未精之邦其國家斷難以自衛之希望實人民其人民斷難以共衛之智力弱國家何則凡世界進步經驗之物故以其保存發展於此一社會者無論我之爲國爲家成有其深相關係理一致之說而此積人智聞守於其數千餘年政殿之說與而並以其窮無謂之狀陷愚錮於乎由此而無族孫我烈之事鴻然影響於其目中數百年而其父子兄弟家人不復相呼而求給暖之所以也吁乎是何得總望責備於其社會之一二人乎故若非子云此之謂天之牧民抑又何惑於不爲人所迷也矣

未完

專件擇要

奏辦山西商務礦東路礦務公司章程　八續稿

第六利益

一本公司辦理地事除撥荒假外轉發細戶所得放墾餘即是本公司利益

二公司利益按年清算除去薪工股息費用一切外乃是餘利又由此項餘利內提出二成花紅作爲酬勞公司辦事人員外乃是股本應得淨利於淨利內提出八成官商按股勻分所存二成作爲公積以備隨時添置墾地與具俟停辦之日再行按股勻分

三官商各股均議週年股息五釐週閏不加每年清算利益時照數支給應分花紅須儘先計足股本五釐年息外然後再提花紅以重股本

四官股大致已如數發交公司所招商股則先後交期不一應以交銀之日起息俟股份收齊截至成數分別結清遞年一律自正月起算以歸劃一

五如果以公司利益股本停息官商自然一律即所有薪工亦應從減

六議提花紅二成原爲酬勞出力人員起見自應事定然後酬勛若股本分給餘款之時方能提出不得提前預計先支以杜取巧

七本公司所提花紅應分別各員任事之先後辦事之勤惰以定酬勞之厚薄作終歲由欽憲酌付分給以昭公允

八停辦之日所有存款除撥荒價酒借項外先歸官本次及商本官商派分先後而所得本息仍是一律

九官本所有股息餘款均應按時詳請欽憲核撥惟官商股本則無論利益厚薄不得中途抽退

仍未完

學界風潮

報載民友演說謂教育之關係○雖然勢力無常與時相爲消長者不變移以絕滅吾君今日之時如何乎大地交通智力相競實業家無不本學理利國情聯合力者吸收全世界利權之勢彼國廣人爲作戰國鈴轄外商尚不免奴役隸屬之苦而況賴與人之同促域中者乎學問家無不通古今時中外因性所近成一家言而吾紹興人自官立數學堂外無可肄業遊學日本者不過二十人歐美則無勢觀地方制度關於政治家無不嫌民改良

之道而吾國與人以一斑之例自封者如故嗚呼準此以往其福於衰歇降於卑賤也遠矣夫使吾紹興人誠不知衰歇卑賤之將至則亦已耳今者諸君殆皆知之而卒無以救之者何哉教育不興故也夫教育者非徒一二學堂之謂若演說若報若統計若改革風俗者創立議會皆教育之所範圍也即以學校而言亦徒補偏於一小學校而已自幼稚園以至於成學之研究其級若干自家庭而下以至於政法理哲其科若干此尤教育之首要者也而以此種種之責任冀於一二分家居之紹興人風氣之未開交通之不便即有深識熱心者大聲而提倡之殆不足以集事也況今者居遊之紹興人而合力以圖之不可上海全國交通之樞紐也內之可以輸進文化外之可以聯絡聲氣非於此為一教育會以吸收之尤不可且上海者文化輸入之第一步無論士商皆以多見聞工此將視內地為首倡開通者也於此而不能交通則亦何怪故鄉之無所風氣演進各省者之演說故鄉而二方乎諸君果欲吾紹興人之與世界進化而為世界之紹興人以無至於衰歇而卑賤也則請於今日贊成此紹興教育會之舉為合力行事之基礎焉

常州胡氏演說記○癸卯一月某日胡雅蓁生先生行新婚之禮常州舊例吉夕新婦席新婦在右更設男席延賓友之婦女相陪謂之坐筵雅蓁先生之弟生先生女學校特發敵會內君介紹全會居至演說以開風氣同志先生挽俗之良志突於風氣開化體諸之及期六下鐘全體會員魚貫入胡宅主人夫人亦皆未幾廟筵坐定會員序班入中國先由同志會君宣讀祝詞舉全體會員行一揖禮以賀次由莊君演說古今婚禮之異同又次由君演說常州亟宜興女學又次由蔣君演說女學之與宜先戒纏足並纏足之弊又次由程君演說女子求學當一如男子並現今女學不如男學之害既畢主人胡先生出席揖謝會員答之如儀班序而出此當日胡氏演說之大概情形夫演說之足以開通風氣人人所知同人之演說於育志學堂全立小學堂也不過此意而來聽者大半男人方誠無演說女學之處適承胡氏之請常州俗語大從人願雖此一與未見鷗者提倡吾常女學之先聲而全體會員出入以禮主人之迎送亦以禮昭昭在人耳目乃近有恐人妄加誹謗以致聞者莫不疑敝會當日有過甚之舉且多失禮者故特因不足辨恐負胡氏一番良志矣爰用作記以俟公論焉

新書介紹

新出無錫埃實學堂課文○埃實開堂四校諸生課文彙錄成編是書發明經史大義並論近世政治教育各種新法足為開化之資與尋常書院課文不同排印每部二冊收回工價洋三角

新譯十九世紀歐洲政治史論○是書為日本酒井雄三郎著於十九世紀歐洲各國政治之進步變遷窮源究委闡發無遺、精核徵引宏博凡欲考究近百年歐洲政治之真相者必不可不讀此書也譯筆亦力求明暢間有難以達意之處更詳附註釋無不一目瞭然每部大洋二角

新譯日本小兒養育法○是書為日本大醫院通行本論調理產婦選育小兒選擇乳母考察牛乳等法搜括備而與理新而確皆可試驗實用誠宜家置一編以備查檢每部洋二角

本埠紀事

上海官場○前水利局總辦同知司徒翰昨至上海縣拜會又浙江解餉委員湯令衍梅到滬後昨至道縣二署辭行押餉北上

會辦赴都○會辦江蘇海運漕糧事務候補令林曾由蘇垣到滬茲已于前日乘輪入都

縣令回滬○上海縣汪令前日因公赴松茲已於前晚乘舟回滬

局員赴省○清道局總辦貢令世猷因欲赴金陵公幹故於昨晨親至南市及城內稽查垃圾一週遂於晚間乘輪赴寧

川縣謁客○川沙縣陳丞桓士因公抵申後昨日至南市工程局拜會鉛守

鈔票阻礙○中國通商銀行鈔票七月因有假票以致商市驚動距日來謠傳又有匪人偽造某銀行鈔票故市上鈔票行用大為阻礙南市各劃匯庄因此亦暫行停收雖往來店號俱皆退回云

鳥槍斃命○流氓朱華生前年因伊兄朱長華被同黨計木林戳斃故亦糾黨在浦東將刺傷身死即逃赴仙埠當時已入泉由泉海出近日來滬行返里鄉偵知後定於前日串黨報仇並為朱得悉立至滬南糾合惡棍百餘名各執鐵刀至塘待門幸地保得知向鄉止始免釀禍

英界小火○前晚十一點鐘英界勒路金姓家灶房失火幸即與衆救息燬平屋一間

疑獄釀命○木作頭顧少卿因學徒湯阿三失去布鞋疑彼司務所取吵鬧之下由顧將鞋丁事並將顧卒頻數下陳即向告其妻尚氏被傷拒延至是晚竟行斃命由包探朱桂生獲送英廨以案關人命判押候令地保報請上海縣相驗核奪

抗欠包銀○湯十葊投法公堂控有由伊担保之殷阿綱前承工部局捐務不繳包銀恐被拖累求保一事昨日提訊殷供現願將銀繳清不願再包判令殷退包與湯備探押出將各小包戶捐交清除返將欠銀出方准開釋

訪獲拐犯○姚姓媒婆阿二劉錦文拐姓婢女控由法廨訊供押交于二人在案昨日提案訊追供不知二人匿在何處無從交出判張賠四百板劉賠二百板完案

合訊訂證反悔案○英商白克投該管領事署控永吉祥船主王永清訂證反悔請為傳究等情移請張讞員訂於昨午會同與總領白保羅君提訊原告洋人白克投供商人前與永吉祥船主王永清訂定帆篷合同合做雜貨生意詎王先則允准嗣忽反悔幸有

(四)山

中人可實現死者僑律師某投稱此項是無頭不能作死匠米簽字並作廢云請為省釋判王出去除傳中人復訊核奪

典捕房中摘錄○姚阿長近以飢寒交迫於前晚至西北路福宜里內吞煙自盡旋即斃命巡街捕查見報知捕房請西醫救治無昆園旋為死者友人所知代為購棺收殮○浙江路某剃頭店廿順三福昨在長浜附近突被仇人拔刀猛刺十餘下乘機逃逸旋由巡街捕在見送入捕房捕頭即飭轉送醫院醫治一面飭令包探務獲兇手送案歸辦

（一）　陽歷三月十四日

光緒二十九年二月十六日

蘇報

西歷一千九百三年
日歷明治三十六年

每號大錢十二文

外埠價目

每日一寄連郵代全年六元八角
七日一寄連郵費全年六元
西洋加倍
東洋照加
郵政不通處酌加寄費

告白刊例

第一日每字取錢四文第二日至第七日每字取錢三文第八日以後每字取錢二文封面告白照後幅加倍論年論季面議長行告白一百字起碼短行告白以五十字起碼多則以十字遞加

總發行所（一）上海英租界三馬路中

分售處 [illegible]

論說

與鄂省學生與旅京學生　來稿

近日東京留學生有滿漢衝突之大風潮其事起於元旦學生會館演說有某生者主張排滿滿人之留學者某某兩生聞而大憤三日不食疾作將斃乃以遺滿人之當路有權勢者使速備漢故壞激烈不一辦法激烈法主張殺漢人和平法則殺演說排滿者而將欲此乃令此種學生使漢人得以隨意驚察而悉遵滿人學之某某兩生北京學生監督任大變使不許遂主張排滿之某生入成城學校又有某生者陸軍初級既卒業矣以挑戰其論說於湖北學生界於近排滿某某兩生此後往監督不許其卒業除江監督唯唯聽命於是漢學生全體譁然各開會聯合以抵敕演此衝突原因之大凡也

論曰滿學生自二百六十年前之遊獵牧畜其族佔據禹域食我之毛踐我之土不思報德而顧為盜而主人之財人之忘恩負義有如是之甚者耶此在北京閉禁界之王公大臣一物不知耳目閉塞者吾無怪其然也而獨怪既留學於外而無外界擊刺之感與同國同情之念嗚呼人之冥頑不靈何一至如是乎豈其六根六塵別有一世界事物與之接觸而忘其所處之危而欲操戈於同室乎且彼自入關以後性質久已漸變而同化於禹域故二百年來漢族亦漸忘之若不知其為異類者一切專制之政皆順受其正所謂臣罪當誅天王聖明之思想實彌綸於一切在官在民者今試問方鬼滿文式的滿人歷來順受之代數也故有權力有機會如曾國藩李鴻章輩皆不敢稍萌異志此無他政教之所習有以使然也值戊戌政變剛毅之徒猶倡大梵神學說生搆禍絕於是漢族知身家性命終不足託於頑固肝腸之手仁人志士求其在我者乃倡為自立革命排滿之說然推其所以致此則皆滿人之頑固者有以感召之也今滿學生不知殺漢人之道事出於與官近耶而可乎近耶之主張殺漢人者無過於剛毅戊戌八月剛毅後庚子八月以前又為滿洲人材輻起殊運歷合之盛會順其殺漢人之中林衢如乎身殺之人不論節烈士許從澄其祖徐川儀張而其紛罹禍令　入于小建郊關邱墟北婁大被縶軍之蹂辱財物被掠奪之封豕者何可勝道而當時滿族之覆被皆擁兵與忍無有起而勤王者然則平日所謂受恩深重者所減於何地耶無亦平居相期之空言不足以見切身之實禍也使非有李鴻章其人者出而排難解紛剝漢民之膏血以保滿人之殘喘則滿人歷迢在未可知也今之滿學生其猶林林然將能卓然較諸剛毅何如今日之時局較諸戊戌八月以後庚子八月以前又何如付不審己付不量力而徒泥因襲之私恨吾恐異數之鬼其將餒而此不能保與者也

漢學生者其自命為中國之主人翁乎然則其名達其目的與否吾不敢知然既以此自命則必有種種之責任種種之義務其對於本國之方面也又必為種種之研究行種種之預備種種之方法且必有弘毅之力具固不拔之操任己為革命之偉徹嚴栗之態而後有庶幾之望而吾環顧中國尚未見有斯人也然則取一二革命排滿之言論諸口說者可以恢復中國乎吾見其都邀作偽器根淺劣而斷非可以當大任之人也亦不云乎無根人之志而令人疑者拙也有根人之志而令人知者危也事未發而先聞者殆也今漢學生坐此三失而猶曉曉然曰革命排滿嗚呼自由此謬口頭禪之革命排滿而革命排滿之實際乃無望矣不特此也中國之前途黑闇如漆革命以興乎亦以亡乎立憲乎專制乎民政乎雙立君乎聯邦乎分治乎凡此一一絕大之問題皆悉東西之大政法家窮累年之腦力有不敢輕下一判斷者今也未嘗稍加未嘗躊躇而輒欲銀其赤幟是欲以神洲為賭局之一孤注也或謂禍福相倚利害相待子所處為禍為害者則詎知非福利之所存凡事就一面論之則易流於偏頗或之甚誠然然吾所責望於漢學生者則猶有說焉慎斜有知為知者知而不行者不可以為知也故陽明之學即知即行其意以知而不行與不知等也今漢學生治東西學說者亦有年所東西諸國絕不附有稍道其知者無亦知而不行而入國以為一無所知乎而我漢學生六七百人顧於所應盡者以忍此辱亦足以見其無能為也嗚呼某某兩滿生倡其狂言欲制吾漢學生之生命其人非有九重之威嚴六師之擁護也我漢學生誠以為公敵則一夫之力足以勝而去之矣而必央會以圖乞援於土偶木梗之監督夫亦大可鄙矣

時事要聞

江督抵鄂日期　新江督坐輪在塔洲擱淺遲至初八傍晚始到武昌接差者已預備三日矣

道員調湖北要○新任湖北鹽道朱延熙因迴避與湖南鹽道鐵昌對調此次係由吏部呈准請簡出　按此官場言之鑿鑿然尚未見邸抄不知確否

粵東會黨十五萬○此次會黨來粵聞仍多聚香港省中大吏深恐其潛回內地即將城守河道一切事宜分別責成各員弁合力嚴查保甲並飭臬司多派幹員於省城內外各街巡查戶口保甲已札飭各試館各會館公所庵觀寺院客寓煙館均加盤詰責成屋主不准收留來歷不明之人取具街坊鋪戶保結方能開設編查戶口發給門牌於隨時查對如有大幫客籍貨住以及行蹤可疑情形詭秘之人即行訪明拿辦云

粵西軍事兩誌○粵西亂尚未平王制軍會黨竄來東省調安勇前往剿辦大吏業與統帶安勇郎鎮商擬撥勇兩營惟刻下安勇無多必須另行招募因擬日間即派弁赴北江清遠英德等處速募成軍開拔前往

四川亦思藉桂省為桑梓之邦亂耗時為所念日前電致粵省特委督撫文探詢粵西省軍務情形隨時電報

紀錫山與瓊山近情○錫山與瓊山相距瓊山才八十餘里近將英里十二

運火車由東京河內古遠同好約八點鐘路程卽爲文淵州該處向有土州居民衣服略似華人法人呼之爲蠻由同登至鎭南關四甚嶺道路亦有鐵路直達關下惟平時並無火車往來華官運貨時偶一用之

鎭南關駐兵共有三營現因廣西勦匪調出一營僅餘兩營兵皆老弱藍縷不堪平時除護送洋人外專以賭博吸煙爲事一旦邊警殊不足恃

鎭南依山壘石爲城頗爲險要惟關外法人在山頂駐紮兩營逼近咫尺且往來不絕

同登有華商百餘多以煙館爲業又有華人卅設賭局一所名曰公司法人每月收稅六百元華兵多出關聚賭遂無所爲諒山亦有賭局法人每月抽稅一千餘元

由河內至北寧沿途多稻田北寧以北山峯重疊居民甚少地甚荒蕪猛虎出沒每年傷人常至二三百之多惟草水暢茂宜牧牛羊法人尙未經營及此

由河內至諒山鐵路係一千九百九十年造成此處本係窄路現已開成大路矣此路皆係法兵駐紮砲台纍纍相望每日早七點二十分開車下午兩鐘點十分抵諒山三點九分抵同登頭等車價十一元餘二等車價八元餘若購來回票約省四分之一鐵路所用工人盡係安南人並無華人

長江艦隊之新組織〇東京朝日新聞云現南洋大臣管轄艦隊自從泰鏡澄南瑞琛數艦外有三艘運送船四艘水雷艇皆老朽不堪不但不能用於外海卽長江之守備亦不足恃今欲裁汰此等無用之艦數隻或者連舊時戰船全行裁汰每年得餘經費二十萬兩十年之間將爲長江防備行文外國購吃水淺戰艦數隻聞此節已經北京政府允許云

日淸貿易協會〇又云大阪支那貿易者及其關係者於明治三十六年三月五日午後協議創立日淸貿易協會

世界要聞

決議陸軍數目〇字林西報十二號路透電云英國下議院現已決議陸軍以二十三萬五千七百六十一名爲額

會議陸軍增減事〇又同日倫敦電云英國保守黨將斯脫君起議減少陸軍二萬七千名并謂自此減少將來於訓練新軍亦易爲力惟可藤君則貿波愛毛脫及可司脫二人之議改革黨特爾克則深嘗陸軍之不足用而獨來之君則深恐軍事廢弛而國家不安于太平之說惟兵部大臣伯老特克堅持向來之議不稍變通且謂陸軍制度之宜改良勢不能緩聞此事非者二百四十五人是者一百五十四人云

英大臣之旨〇又路透電云英郵政大臣張伯倫云現在南錫蘭島尙有拘獲之特人三十人不肯發矢服英故英政府謂如伊等不肯服從英國決不釋伊間特別伊等自欲往他國亦不能允也

英大臣宣旨〇又電云英國副兵部大臣赫特孫克在上議院宣旨云目賀衛中將勸誡領事老伯倪定罪後老伯倪得臣已爲申說輕之所犯乃公罪並不足以汚其平日之聲名云

法外部反對英法班聯盟事〇又電云法國外部大臣提爾開斯現甚反對于法國與英國西班牙聯盟拱擁摩洛哥之事

遜川客卿〇又西報云英國格佛特大學堂法律專家司脫毀爾君已出遜王所爲刑政大臣矣

英員逝世〇字林西報云前英國駐滬總領事愛其斯現已逝世

大阪博覽會記〇東京日日新聞云明治三十六年三月一日爲博覽會開會之日是日雖天氣陰鬱然兩全市百萬之人有可惜殺依望空放歎早爲果陰午後霽海日瑞氣氤氳和風徐徐不揚不辜祝吉祥之開場式

當日午前十時舉開場之假式其式在場內之寄貨室初大隈寄貨總長各部長事務官松崎府知事鶴原市長本會協賛會長以下名譽會員各府縣委員各國參列員等均集平田副總裁隨同總裁宮殿仁親王蒞有賀事亦一同答禮行禮之式簡單整肅親王之演說云

本會以今日開場出品之觀覽當以本會爲故盡力當局及有關係諸君幷本會參事出品外國事務員諸君得會見此事之成本職所最欣幸也今回博覽會比之前回不獨規模擴張其出品數目三十二萬四千餘達於前回之一倍加之今回新附設參考館現有海外十四國之出品從此事業盛大其經營上勢不免又加複雜而著手以來規畫無遺算者蓋進步今也豫期不誤得以本日開場皆由諸君夙夜爲本會勵精之效果本職於此情形不得不深感謝諸君也本會開會之式典雖日尙未定本會之事業止以今日蒸蒸日上首途成效與否繫於今後慇望如何所望諸君共奮勉勵圖整頓事務全本會開設目的云云　　未完

朝鮮遣派留學生〇又云韓國政府派遣留學生於俄國自土木學校生徒中選拔八名其他二名合計十名每月給學費八十元想不日前往矣

英國再起暴風〇又云大西洋及英國海峽再起猛烈暴風英國有二隻艇破船法國有許多之死傷者

各省紀事

江西〇前國巡政大夫劉雲觀門憫公來江謁見當道

江省勸業學生訓練徐考兩次多有不願入內肄業者

江省鐵路局開辦至今亦未見效故特派員赴浙考察一切

萍鄉七寶山金礦經邑人議定招股開辦刻下已在招集股份矣

湖北〇仕學院開已于二月初九日開學

新任江夏縣原令現定新章告誡家丁每日三時振鈴有何緊要公事概不准稟陳一爲早膳時一爲出署登輿時一爲黎明時聞該令品詣最正恐公牘中有不吉字樣早起不欲入目也

八旗會館現經同鄉捐助多金大加修理端護督委巡檢沈紹奎趕監工刻已完竣故特發給口糧金以酬其勞

謝令文敏擬籌餘命事已經端督任我則與朱姓父子無涉並謝
令付在江西舍館俾令出報拐花銷因拐款糾葛之故也
張江督飭赴南洋各軍鳯因交卸在即均紛紛回鄂
江甯　張督曉諭官紳保送三江師範教習陳明所保之員所長
何學以待分門科加考試茲欲於未交卸時選定是以一再催備
初二日圖資學務處報名冊計見已有三百數十名爰令停止保
送添於初六日開考乃考期前二日忽聞新任魏督抵寧有日遂
以考試教習一事委諸江甯學務司院胡根道學務處楊道擇日
在貢院扃試
省垣各學校寒假每年照例於二月初二日舉行今年屆期張
督因師範學堂無假措資初衙江甯府羅守改期初四日繼
又令改期初六日屆期又因考試師範教習且待新任魏督履新
在即遂令再行展緩留待後任舉行
杭州○新簡浙江布政司陸鍾琦南下赴浙蒞新於十一日過經吳
城分投官武各衙門拜謁因急須赴任故由蘇撫檢撥部平官輪
護送出境
鎮江　陸藩司抵鎮京口駐防奇都統克蒙布札委標下印務章京彭庚
鎮帖式春卿投咨請領駐防全年官弁薪水及馬丁口餉當經陸
藩批准撥給即於十三日支領回鎮
恩撫於初六日大考蘇省武備學堂時因閑雜人等擠入觀看殊
屬不成事體故由督辦松憲派數稽查一員委道庫大使文濟
劉欽充當
揚州○江甘兩縣籌辦釐捐一事以蘇營兩委會同稽查兵丁乃館揚
州以原訟之方延判案經催辦淮南局審不認應厭也
江都縣境客冬迄今出封案今正及二月初三四等日又出大小盜
案六七次地方官奈何束耳不聞也
廣東　中省鐵路工程標營有日其經由佛山之基址工程司已
再三相度備立界址以期合宜日間佛山正埠河面灣泊數船皆
開辦鐵路事務者風聞旬內即可興工云
省河一帶倡築長堤其工程局已設於南關補樓上月念一日
工程師某君乘小輪船在西門外踏勘山川形勢並欲開山取石
以資工料也並聞原議二月初三日即築砌以時日太促現擬改
於中和節後興工東自川龍口起至德興街止所有河口什處俱
高架西式鐵橋以通舟楫復由同德大街口向西起築堤伸開數
十丈環繞米市直達沙與鐵路街接至興工之日先由德興街
等處搬分站將築數門迎珠街所泊紅艇有礙工程各沙泥船來
往不便令各艇暫於灣泊琉璃水面或將往別處現擬似未定云

時論擇要

論西京冷嘲　譯日本報○西學之教育政學自明治日進於高
尚而其宗教亦不得不捨棄舊慣然先大而效良此固發達之
功乎亦其大勢所然使也
夫彼自希臘立國以來大業者學術而無宗教彼之崇以爲教以

爲我之固有者乃實出於內亞一偏之種人也而今也以人合天
既有休戚永存之係然而於其宗國也感情雖係亦淡然適任其
滅亡而莫能誰何此知西人足跡之所及亦既覘其勢力之大何
足以排擠之與否而已而其他義理情分之所關則固未嘗屑屑
而過問何則凡生存競爭之理推鋒陷刃必奪至盡之險惡無他
惟智之與愚而已矣今試問天下有智而不愚者乎有愚而不智
者乎智愚相緣一群做爆骨奧之覺兩旁觀之敵入乃得肆其壯
狡明聽之森陷陷於其術而莫之致概矣曉乎是非東方五十年
來之歷史而一群所齒冷者歟
今大陸之上旣爲非白人智力所權服而此國界之影響對峙然
幸存於洪潮激湧而猶強人敢者則夫東亞唯數片土幾希已
間耳乃至欲求其勢力之所旣卑微而猶能與彼相頡頏相抗衡
不任受其驅勒侵蝕則舍我區區三島外而餘殆絕矣又此
皆天下所共觀我之言殆將不然歟今者橫覽東亞大勢所繫其
所以應付白人之法固未嘗無所耳斯其爲患也要當暗握五印
度之耳其阿富汗爲一家以貫串于西域附藏內外蒙古而成東
西深固不拔之形勢由是控南洋群島趣暹羅緬甸而以運越爲
代表斯二端者固已所謂捲沙撥影可言而難行之事矣然其最
要之樞要乃在中日韓三國而已也是三區者果能連屬一氣共
表同情奮然而欲有爲於東亞之間乎則大本既立雖微爭白
伙者昌祥而不可謂試問彼歐人智其果抗偉絕之恩有見及此
者歟否也抑此且力之所是方且猶自振不能自拔邪噬是則偏
屢歎痛不勝麻木之感云
夫朝鮮者今日方亦爲人之屬下而我日人雖欲顧我兄弟之同
情而莫出援捨其手斯乃吾人絕可憐之事也乃韓之臣民亦旣
韓恢內虛而有愛鳴求友之思其君亦復含垢臥薪日即自強而
從事於是自獨立稱帝以來逾一切改頭大示維新以圖新已而
爲服斷發浸漸冊情應凡若此者皆爲彼支那人所最難堪者也
而不圖於衰弱敗弱之小邦竟得決計以施行則其他六端又將
可槩知然則彼韓雖不振其前途固未可遽量乎以此較彼而小
之實於大也亦旣多矣　仍未完

學界風潮

記中國遊學生在美國考試事○美國大學校每年分兩學期每
期例考一次計分五等間有數學一年考一次者中國曾次派往
之學生已屆一年期滿此次考試計得一等者九人中等五六人
其餘多列二等亦有列三等者工程生胡棟朝習鐵路其所
習之關爲全班之冠教師獎譽不止陳錦濤各格致數學均列一
等吳焌習機器學亦列前茅王寵惠習律法學王寵佑習礦學
最爲榮習政治學均在一二等之列惟嚴錫金則尤爲出色於考
試武備時得有美國中衛之銜云　按學生得此銜者不過可教
習操練而已然英人嘗以此爲榮因美國倘有戰事必須有此銜
方能充當民兵之任非虛銜可比如無戰務時亦可充當實任武

員也

誌莆田學務○福建興化莆邑故茂才厚安富於財日擊興化閉塞不通特邀集同志如曾備仲黃彤軒曾古初陳淸臣林輝堂等共籌巨款組織一興化榮實學堂堂中功課悉照規模宏遠肄業者將近百名職員中共計總理一人黃君任之漢教習四人與治如劉貢光其卓卓者英教習五人中以福州志士李君競強獨擔之力爲多堂中章程課程皆其手創監督文案各一人正月二十日開學是日興化府玉守莆田縣劉令及郡中諸紳士皆在座行禮茶會按李君競強方自海上歸本擬東渡因黃君敦促赴莆至以教習英文相托故暫擱東行而其宗旨在實施教育實行福建主義現雖在興亦樂考其風土民情以資閱歷也

紀儲英學堂○鎭江儲英學堂各學生前經奇郡統派往江陰閱看水陸合操回鎭後告假休息數日現於本月初六日開學照常肄業

論辦小學堂○鎭江中學堂監督已經吳南府總辦一切惟小學堂尙未興辦丹徒縣洪奉憲札飭催洪令因縣四鄉堂款事何瀚如爲總辦何以經費難籌力請洪令復以款項紳官捐募布置各事由董一手經理再二面論經何應允現已擇定城內拾遺祠及老源堂兩處研究爲學堂不日卽可選請興工改建云

女學得人○粵東省城西關女學堂經已開學頃聞由龍伯純特往上海聘其女弟龍寶貞女士來粵爲該堂教習又添請朱女士某爲該堂教習針黹機織之事云

更正○昨報學界風潮欄民友演說紹興教育會之關係之第七行勢視地方制度六字應排列政治家無不乘民族攏與之之下合行更正

新書介紹

中等日本文典譯釋初編○原書係日本文學士三土忠造所著爲日本最通行文其文法最爲簡要此書先列原文存原書之舊叙次列譯義以漢文譯其意義次列釋要解釋和文之要字條例非然洵然獨修之善本每本洋三角

新譯泰西通史○是書係將日本理學士箕作元八峰岸米造二先生合著之西洋史綱及西洋史綱要解二書合譯者要解一書敘倍于史綱正文其中有衍義有評論有圖釋務以透切明曉爲旨自上古以迄近今原原本本纖悉畢具爲現譯西史中未有之善本全書凡數十萬言今分爲上中下三編上編定於四月間出版又本書之地名人名與凡中國有舊譯者均仍其舊名以資證一仍各於譯名下附列西文以便閱者查核凡研究史學者必以先睹爲快也每部一元

高等修身教科書○修身書最難編輯易蹈宋人語錄之弊及俗儒格言之習非所以適各種學課本獨缺修身一類此書採取學案[?]之粹而不雜唐宋後一語非特說理精卓而文詞之短[illegible]保尤足爲扶翼懸諸國門信不能增損一字語錄仕撰之弊庶幾免矣每部大洋一角

本埠紀事

滬上官場○駐滬欽差商約局會辦吳侍郎重熹又於將伏新縣查令敬修又本埠布捐局委員張令鎭青又禮務總辦滬守政瑛昨日皆至道縣拜謁

總辦滬局○附市製造局總辦郎道孝胥前赴金陵公幹茲已于前晚乘輪返滬

飭查錢數○滬北海關總巡與稅務司在甬人載登川輪內查獲鎗彈及錢炮兩件當將管機人王俊傑解縣訊供後將王交保各情屢詳前報茲悉此案現經袁道查得關總巡與好稅務司所報鎗彈乖數大不相符故於昨日札飭總巡會同海關洋員梅君前往詳細核明實數稟候核示

飭征浚費○本邑西鄉開浚俞塘河工程已及六七成日來本縣汪令申詳江督以浚河經費由縣籌措莊款現擬分上下忙灣糧[illegible]徵歸還等情現督得稟卽札飭蘇藩核明畝數計畝分算陸續司盆轉札汪令飭卽開明不佔水利田畝分爲浚協浚二項詳細造冊呈報以便核辦汪令已遵照辦理矣

奸商稱便○前報紀恩縣漁札飭袁道封禁販米出口俾辦糧不致爲難小民得免枵腹袁道除札後迄未曉示而奸商聞此消息購運更覺踴躍致米價每石陡漲至七元一二角前日侯關海關有不准報關運米出口之說販戶聞而大恐設法再求袁道弛禁啟日再行禁止不知袁道作何辦理也

縱勇驅逐○本邑西北鄉北新涇封有梟匪槍船十餘艘在該處大開賭局本縣汪令飭差往逐梟匪抗不遵諭前日汪令由松同縣弁知其逍於昨日札委滬北營巡捕營沈管帶委弁帶勇往逐如再抗違格殺勿論沈管帶稟札立委幹弁帶勇下鄉矣

英界火警○昨日黎明時四馬路錦谷春番菜館後披忽肇火災鄰舍三界洋龍馳至救息計燬比鄰有彰祥貨店樓面四間

縣案紀略○鄉人陸彩祥投縣喊求驗傷當經汪令提訊陸供住子云新橋船爲生曾借去洋數元不還故屢往催討不給致被毆首托錢莊餅四十九張被搶併盜贓向論被毆求驗判候飭驗查核○又訊徐家匯巡防局解胡瑞林控訴姦拐女阿毛一案初供訴前情李不認拐汪令核得李某安分之徒判責二百板斥釋○又陸姓投控朱阿孟吞沒資本等情亦經提訊判著一併出外邀齊各股東算明帳目照股勻分完案

法界訊案摘錄○前有名阿毛洪山二人誘得某姓大土數各物轉相交王氏樓上半閣匿居在內前日被包探偵悉前往搜出原贓距阿毛洪山由某大友適信先逃祇將王及二犯東李王氏拘案歸訊李供阿毛等祇借住數日不知其爲盜賊判亦不知逃往何處王不認爲借判氏退去限交阿毛等到案訊辦王責五百板開釋○包聲標李信標侯兆邦等前代法商盧尙古購買田地

三月十五日

光緒二十九年二月十七日

蘇報

總發行所●上海英租界三馬路中

分售處

[illegible]

西歷一千九百三年
日歷明治三十六年

每號大錢十二文

外埠價目

每日一寄連郵費全年六元八角
七日一寄連郵費全年六元
西洋加倍
東洋照加
郵政不通處酌加寄費

告白刊例

第一日每字取錢四文第二日至第七日每字取錢三文第八日以後每字取錢二文封面告白照後幅加倍論年論季面議長行告白二百字起碼短行告白以五十字起碼多則以十字遞加

來函代論

頃接來函為桃花嶺官近中學校學生散班事
此函從郵局遞來例因錄入學界風潮因篇幅過長故登
報首以代論說　本館附誌

貴報館大主筆閣下貴報主持清議久為海內欽服而於教育一事猶能力排衆議獨主提倡將來教育進步社會改良定當以貴報所版撰為一大紀念某等讀居鄉者久悉閩學因官學校不收客籍遂至桃花嶺民辦皆而中學校肄業距至今四五日教習與學生反對學生不堪其辱遂相率而退雖人數甚少魄力卓然不愧如南洋公學仍學諸君組織一愛國學校以自課然亦見我國學界風潮之發達將將此學情形錄之以公天下且為熱心教育之士一加評論

校為新水陳氏教陳昆仲以附校得名散均於去歲傾那雅校中課程以史學為故為主方言國算為輔每日嚴定時刻在講堂臨問十日一試每試四十條即前日所問者須不訛一字方為合格批。字即為半條不算分數所限之教習有定式一舉動輒覽一為歷史最要一為地理而答一為西洋史要其他不與焉即有亦不能因無暇也校中無晤務者且無閱報之權教習有中外漢口二日報學生因報均須自備一切自由平權之說皆在禁例校中風潮發起班學生拾餘人今春又添新班新拾人內共其二君係退成學校學生近因學停辦二君以某公關教習丞熾由關係至歸新班中步特之士故日抵一週詳風學教習某少年傲倖也但恐成宦學風不足制學生象出一理學面目以繩之而又陂於潛陸坐聽學生翻以為紀過之據學生知其故亦數違無與官所學篇一日問學數人謂報後在預備閱時本然如覺偽所學巨教習又在會外假國者人將在房則坐之舊班某君喚出謂其既為舊班學生理應遵守學堂條規以為新進者戒某君答以此稍告新生新生以聆由自取無可如何且我國階級習氣太深凡皆如是然新學生為奴隸舊學生為牛馬亦唯氣吞聲曲意教習肘下而已詎忽師一禮逐成風云（為學以靜為第一義若不能安靜則所學必無成新來諸生數為陵轢之十冥居梁處其為噬牌願以後遵守條規永不再留館期望如以拘束不便於己則可自行告退免致開除）新生閱之以成悴悴或以為犯去免致激成事故有像原而且罰學生喧擾即如校中概規亦不過記小過一次且可於功課分數內抵除而況係低并未如談笑在開除之列伊戚葉某無端在飯廳笑與以極擊同學之門教習因報狀何竟如無如與不過問耶既使學生告密即無與開除學生為中國未來之主人翁何為受此奇辱舊班學生對某至新生係立聯命對某日教習使余稟告諸君新生中有願自行告退者請速開名呈上新生以既為教習見孤何因居此此待聯名告四叙蔵傳聞教習喚某某二君初以為關君代為乃知某教習於關君未啟述二君入校關君遂令二君立刻出校也二君既出乃等不去是無以對二君及關先生遂束裝歸行事至此某教習猶不明乎義一紅紙於壁將在新班房門坐之某君開除開其鼓發新近也某君恐某等必不平遂相率至教習處取甘結非開其鼓發及開除之由教習不對惟將甘結交還某等紙某君甘結求退但告一紙與之云（與弟同學一年亦非偶然今日之事弗余所樂為也甘結不必還問者曆易事人必爭為說辭以全移始）某君但之狂矣而小某等亦依次而退所有在校公堂上覬者非教習故意即不知力爭自由之擊此某等全班退學之現象也厭彼教習自知理屈會舊班諸生一再挽留且將牌除去沒新生去志已決不可挽回矣嗚呼望某同胞皆有曾日有自由的思想然後能盡天賦之責任享個人之幸福今日之學生我支那前途之希望也恐其拘於成見情仍窮服故教之演說以啓其本心與之歌唱以勵其忠豹之證襲以養其勇敢之自由以鼓其勇敢求有辦學生如犬馬學生如奴隸而能開民智增人材結團體與富強而為我國民進步之一助也雖然以教習之組織此學校也已不知擇幾許心血費幾許經營如克有今日之規模也某等敢倡言於其事使之起者因我而生風力致為人道之罪人乎時怪夫火燎於原水決於川不早為之防而猶一激再激三激也又怪夫我同學舊班諸君受內界外界無限數之激刺而猶倪倪化化居之若柔安之若皆此某等所痛心疾首不得不大聲疾呼以為我四萬萬同胞告也

時事要聞

專東會鳥十六號學中大吏近接延吾箱錄如左　外務部電兩廣閩省等悉仍書嚴密防範國首洪春魁梁慕光務獲嚴辦并須時時嚴密防範毋稍疏懈此次英德兩國香港總督不分畛域協力查緝偵拿亦能破除偏私實力相助得使逆謀敗露深堪嘉尚仰從速時由總督等聲明謝其至私藏軍火之和記公司者一并查明究辦欽此

又聞令會匪擾使傷補生帶梁慕光之徒梁平赴港拿人又稱某港督三合會匪亦再調福州一營前往日間已派輪拖運營上

日使查學務〇東京朝日新聞云日本駐華內田公使少根少將擬於下月三月三日赴天津視察軍學少校各科學堂等於四日午後回京

玉田匪耗〇又云滅除玉田縣匪幫猖獗甚有已派員查辦

電聞近情〇又云上海某報局股東等集大會議後王相宛如以政府為全數之股東欲買收之

公使過日〇又云新任駐英清國公使梁誠於日前已見天皇拓神戶午前十一時四十九分餞三宮乘親覽堂會來大阪次日由海路前橫濱再遊歷東京後赴英公使任

領事升任消息○又云駐韓京清國總領事陳以仁有將升任駐韓公使之說

世界要聞

英皇將遊荷京○字林西報路透電云英皇愛德華將於四月三號往遊荷蘭京城作四日之勾留云

法國外交政策○文匯西報云法衆院因辯論外交政策議員曾倫卑愛宜曾云均富森以為法國不必拘式其意甚不為然蓋法國欲伸太平洋權力即在拘式與俄法聯盟兩事也

英國陸軍費○字林西報倫敦電云英下議院已決定陸軍軍費以九百六十四萬七千磅為額惟有議員數人反對擬將此數稍減云

英軍進襲○孖剌西報云昨日議員蘇格立倫消息謂某國首領曾受他國接濟軍火以拒英兵而英兵則現在禁止此事英軍總統皮文帶領水軍擬進襲之

宣示辦法○字林西報路透電云俄國以釋放奴隸之事俄皇已宣示其如何辦法并許彼等地方自治此事人皆以為俄國之進步云

工師進步○又電云英國急需熟悉地方工師之良否頗處人類以為重要之事將來該處之工師可望其大有進步云

英國海軍根據地○國民新聞云英首相巴爾福宣言於下議院謂格蘭騰雪斯特島中有生得羅斯港可為海軍根據地當設砲於此港前面亦思設烈之附近云

美國海軍○東京朝日新聞云美國議會元老院與代議院協議支出海軍經費八千百八十七萬九千兩凡添造五艘戰艦

宣戰經費○東京日日新聞云英國衆院首相巴爾福答議員巴爾斯之質問曰現方與謀洛喇塔(譯音)(喀港)投於英國勢範之內務不足之說

摩洛哥戰事○又云摩洛哥政兵現與叛徒合戰但其勝負情形尚難知悉

陸軍預算○國民新聞云英國陸軍預算費除印度二十三萬五千七百六十一人外計三千四百二十四萬五千磅

國兵義勇○又云英國陸軍大臣勃羅特斯克聞在議會有擬裁撤義勇兵之情態將告於議會

俄報通行○東京日日新聞云歐洲及西伯利亞與滿洲及遼東省並旅順口哈爾濱間往來之公衆電報東清鐵路之海塔斗管一哈爾濱及哈爾濱與海參崴與旅順口間之電信據該然可述絡通信

臺灣近情○又云日歷三月五日臺灣總督府開地方官會議

觀博覽會○又云觀博覽會之臺灣客有百餘名於日歷三月八日乘福岡丸來長崎

碳業大會○又云來月二十八日大阪開日本碳業大會舉開會式後創設一切學術衙門監視會云

美國議會○又云美國議會以五月四日開會上議院為批准巴拿馬河運條約及古巴之互惠條約三月五日尚開臨時會云

各省紀事

天津○袁督於日歷三月四日招集各國領事及司令官宴會

湖北○呂撫台欲學前次奏請通飭各省挑不准擾民一摺已奉行到鄂

王守仁後將赴東洋博覽會所遊仕學院文牘教習大約以宋道育仁代理

江寧○張督考試教員已委由李藩司胡糧道暨三江師範學堂總辦劉道世珩學務處總辦楊道觀圭於初六日在貢院闈試以圖是日與試者以江蘇省居多其蘇皖贛各屬所到無幾張督飭於此次考試後再行催飭三省趕緊保送一如試場屆時辦法俟各屬考竣以來總試再合四屬會考選取八十員之額限以本月竣事三月初即開學

省垣下關江岸早經各國劃定租界迨去臘太古碼頭傾圮擬中所有工程即時一律停止以待撥地選擇興辦經張督諭阻各國官商遂仍就原地重興工作

江南銀元局總辦某觀察選派張督論飭令准李精務均以現有銀元不敷周轉亟宜加工趕鑄以補救圜法之缺爰飭各工廠加添晚工夜工兩班晚班自七點起至十二點鐘止夜班自一點鐘起至五點鐘止每班按月照日工例給洋人元有能以一人而兼作日晚夜三工每月即給工價二十小元在局各工莫不踴躍從事

蘇州○蘇省釐金自戊戌年起抵還洋款現屆本年第一期繳款之期曾由恩撫札飭蘇州牙釐局司道陳藩朱臬等迅即籌齊撥解故于十三日先撥款二萬九千十七兩交儒裕源滙三號商具領撥滙

江蘇候補知縣孫令友齊前以丁艱去省今已服滿由山東原籍領憑來省于十二日稟到

李古堂潘主校去年被控于本月二十七日在石子街本宅領帖翌日發引已歸葬當道矣

鎮江○李鎮傳路數年前曾設淸江道學租華委勸迭界址關因籌款難收是以中止茲聞張督欲復前議因此年已久所立標誌淹沒無存擬仍派員沿途找勘以便興築

徐寶山部下因淮揚之巡司縣任事尚不日表卸合同當僱向淥萬三邑積私債甚夥佶于幾政肿紅假傘等至揚盜法

沒洩自上年臘月染病在家調治迄今仍未就痊聞有請假之說

丹徒縣署各糧戶應完上年條銀漕米所欠尚多現奉恩撫飭令本月二十日以前一律補繳如完清屆時即行撤櫃

芋米一行鎮郡向來出產不多銷數甚少近因米價太昂食此芋以充飢者頗衆各行戶遂乘此販銷存數每石不過一兩六錢有零者售價升二十餘文云

鐵部出口米穀上年北京政府與上海同加稅銀以充賠款劃已飭定米加一錢四分一石麥加一錢七分一石俟奉到南洋明文即可開辦

杭州〇浙省前自任撫開缺溫臬因病出缺後遂以蘆臬遷三司及關道首府挨次升署雖各缺業經　簡放現惟新任鎮撫將次來杭餘尙不克到任茲聞已經北京政府分別電催儘速赴任因各員均有本任職守未便久懸缺也

鄞縣典史劉顯貽前屆任滿因在甬郡辦理房捐未便交卸故由寧府高守詳請留辦將一載乃捐收解已經告竣應須調回所遺篆務即委候補未入流方佩培赴鄞接署

浙省課吏館學習人員於去冬給假後茲應開課照例舉行甄別當由誠護撫憲飭將各爲本部院定于二月十六日考試課吏館甄別在省候補人員無論正途捐納一律先期赴課吏館報名以同通州縣爲一班以佐貳雜職爲一班聽候命題扃試爲此仰與考各員一體遵照務於日內齊赴報名切勿遲延觀望甘自廢棄云云

寧波〇寧府高守英于日前接準鄞札于初六日號輪晉省

鄞邑紳李某等集巨款向外國定造輪一艘往返甬滬大約年內可以駛行

福州〇福建水師協黃兩提督於日前由厦門附元凱兵輪晉省聞係商辦籌餉改練巡警軍之事

本屆科試福州府屬閩清等七縣武童考畢其閩侯長十二縣亦將次竣茲福州府玉守示期於二月十五日取齊府試二十二日試八旗閩侯長等縣文童二十七日考福清七縣文童

福州柴薪運來興常昂貴甚至每把抬至二三十文聞因台灣厦門兩處缺煤需用柴薪多由省中奸商販運出口所致茲經周潛出示嚴禁出口並派員督率小輪船在瑁頭長門梅花各口常川查驗以杜盤運偸漏之弊

廣東〇日本將開博覽會經該國照會中國外務部電達各省大吏預派專員前往觀看現粵省已飭勸業道照查明如有紳商人等運貨物往日本赴會者務將紳商姓名是何貨物共有若干種類逐一稟明並將何員督帶於于二月初十日以前具文申報以憑轉咨外務部辦理云云

廣府中學堂前任張守原擬在河南購地興建已於海幢寺旁擇定基址事未成而丁憂開缺遂致中止現聞新府沈以河南地隔一水諸生向學殊形跋涉已定將老城衙邊街前廣府縣學修整俟有成效再行推廣

時論擇要

再續東亞冷觀　譯日本報〇今支那最大之問題乃在確能下與大變之與否耳若北竟不能得平則吾恐將來畢竟之衝突必及之漕決其前途狀況頗有不堪設想者興言及此有識者毛髮爲淅爲夫禹域者以其數千年文物之古邦一旦流遠處敗莫能自振圖服從於強力之下者豈有他哉亦迫於勢而已矣彼非榛狉之野材具人心有天良一切勳官祿秩高貴利達之事取之於其自族之中與其人怕其人義務之應有而非特受之於彼高爲者之一人也其努力齊心以防亂類害亦爲耗會而已其忍尤納污以顧全大局亦郎此同胞而已吾以彼孚大位持重權者其設心亦若此而已至其他一切以及微兆之士民深熱之仁俠斯爲一致所共認無俟吾之複言也然則爾如此也而岌岌之勢顯猶可問耶凡茲叢端情事則皆以吾日人之特性揣同胞之隱曲其果否符合非所敢知也要之印人既滅於英矣而教育所至其曾長土人皆有宗權自治之思蓋米利堅止已事又將復見於此都此爲吾人可卜決者矣夫西鄰之人智顯皆印人之匆若也哉亦自審爲而已矣

仍未完

專件擇要

本埠文化女學堂章程

一宗旨　本學堂以造就女子之完全教育開其智通知識爲目的

二校舍　本學堂暫租大南門外清心堂後面高大洋房內開辦

三學級　設普通蒙學兩班每班各二十名

四學格　凡女子八歲以上三十歲以下均得入學視程度之高下分班

五課程　普通班授倫理歷史地理算術國文英文東文醫學格物體操家政音樂十七項蒙學班授修身國文數學物理體操習字六項

六脩脯　每月膳洋三元普通班脩洋兩元蒙習東文者加洋半元蒙學班脩洋一元

七職員　擬舉總理二人監院二人男女各一並事四人以男子爲之司事二人監起居二人東英文教習一人普通學教習二人蒙學教習二人均以女子爲之不得以男子承乏

八禁令　學生非監院及監起居允許不得出門不得任意作爲

九學規　設課程表記每日功課分數設功過簿記學生過犯月考據此以別殿最

十考試　每六禮拜一小考半年一大考分別給獎

十一學時　上午八點至十二點下午一點至四點晚間七點至九點

十二學期　普通蒙學各以二年畢業給予文憑

十三設會　禮拜日停課舉行演說辨論歌唱針黹手工等會各聽其便

十四服制　以樸實爲主不得華麗服不得務爲奇異擇足與否暫不勉強惟總以不纏爲是

十五舍規　以樓上爲寄宿舍監起居監之男子無論何人均不上樓學生之父兄來探者賓客來觀者均在樓下款待

十六入學　入學須得總理許可先繳半年學費如半途而廢概

不發給

十七假期　正月二十日開館六月二十日放假七月二十日開館十二月二十年假餘游明端午中秋冬至各三日此外必須有人來館方准出門

籌辦山西寶晉礦路墾牧樹藝務公司章程　九款

第七推廣

一本公司如辦有進步且本充足公議將如所有別處墾務事宜再行擴充辦理

二如以上推廣第一條款所留而存款不足以擴充或另行添出股分但求與宗旨前後相符別無限制

三本公司俟荒地一律放墾耕竣所有開辦溝渠水利一切農務利益到時再行分股承辦

四本公司除墾地放地爲正辦之外所有商務中開浚利源等事或來就商或由公司與他隨時集股均無所限制

五股商中如有招佃辦款領地購買器械具以及講求種植事利之舉自應由公司處請欽憲核奪立案

六本公司如辦有成效之後獲利豐厚到時提酌提餘款創辦農務學堂以開民智此係公司因時酌辦請欽憲主持現時規一條未能預定

七股商中如有自備資斧願赴游歷並願考求農學者本公司自當與商上憲咨送給本公司股東以外概不干預

八公司所定章程如有未盡事宜商而不盡者上下稍等宜者應是所有未盡事宜隨時公議稟請憲示

已完

學界風潮

蘇府中學堂之專制○蘇垣自設立官辦學堂以來皆辦監督之奴隸學生任情驅斥者時有所聞茲悉府中學堂監督生沐樹春李光漢張澤林等不知因何觸監督劉道之怒一併斥革並札縣查收原保紳士照例申斥

詳紀湖北仕學院○本月初九日黎明總護督率同各學員謁見教習行謁學禮○初十日係禮拜十一日逢辰十二日始上堂開講○公法教習丁雖良君仍同堂兵法教習鐵方大佐現因父故須十七日始能到館○去歲所定班次劉父大爲更改有數別班特等反無名者有列甲等有名者此中不無輿實情面紛紛向提調詰問據○十一日因各學員未與學先一日未經牌示各員均鬧之收支委員王士衡王盛氣凌人倨傲異常衆欲毆之○刻下功課只有地輿兵法公法算學餘均無教習去年各員所指定各門改守任意更改以至怨聲載道○初六上堂各教習所講均與功課無涉無非要扶自強摒諸甚至有憾類江督德政者人咸陋之即此可見必難收效

教習更換○湖北自強學堂德文教習本道自熙守舉芳到堂后會便不安其位遂改就武備學堂繙譯今已如願而棄於自強學堂以後需請教習不得其人姑反側爲悲仍請爲教習同堂爲致習經綸不就蕊守復辭兼理而武備為教習不允不得已與前總文學長孙漢陽鋼藥廠翻譯同堂充任斯席又恐鋼藥廠需人不允從以現學長屈的本代之此派學長王鍾汀爲本學堂監同教習此派正教習以其爲本學堂學生於仙教習而子徑得故仍爲本學教習而界以正教習之虛名云

錄梁溪陶仲實致告無錫公私學校中諸教習文○諸君諸皆為為奴隸之教習耶抑爲有良心之教習耶其爲利己之教習耶抑爲開民智之教習耶爲名爲學權在諸君而他人所不能強者然處多事之秋居過渡時代之時即市衣乎民亦莫不知所先務何況身爲紳士衆人表率乎中國之際爛非一日矣人才之缺乏亦非一日矣教習愚昧學生乏才誦讀四書夕誦五經無一息之暇以八九齡之孩童課以精深難測之書雖近年來吾國之志士憫國家之衰弱慨人才之墮落公私學校紛紛立者不下百餘大者如旅次如東林中者如城南城北務實諸校辦理者無不是紳士衆人宜其人才輩出矣然而課程之等級不加改良爲學生之程度不問有志爲吾於此誠不解諸君立學校之宗旨究竟如何苟以學校爲造就奴隸之區耶則中國之前途將不可問矣中國之人才將從此殄滅矣諸君之名譽將從此掃地矣吾爲中國惜更爲諸君惜

未完

本埠紀事

續會議者○江蘇鐵路公司[illegible]十點鐘開會

局員交替○滬城巡防西局局員鄧丞楊聘侯奉道調辦此王渡巡局所遺西局委巡檢梁其接辦已分別到差視事矣

嚴飭防範○南市營標統備奇兵營管帶羅軍將游擊澤其營管帶龍鎮國前日接奉提督來電內開長江一帶會匪有與游勇謀不軌九江更爲吃緊相應飭令防範嚴查等因昨已派弁出差矣

示諭票店○滬城老北門外有倪采廣茂源彩元浴華源等四彩票店前因將湖北彩票擅行跌價私賣損害由駐滬票局局員李介移請上海縣飭將該票店發封惟浴華源倪采廣元業已縣提到店主訊供公保在案至本月初六日其滬駐江漢票局道總辦湖北彩票事宜及候補道王粟以廣倪采等四店恆行跌價與由督憲札飭道縣查封在案深恐各票店故態復萌出爲出示曉諭云云其道接憲後即於昨日出示曉諭各彩票店以後不准擅行跌價如違查究

積往異遞○昨紀營勇驅逐一則茲悉前日某某奉札飭營巡捕營沈管帶派弁帶同什長逐回抵北河仍不退讓追哨弁一再曉以利害依然置若罔聞昨日上海營汪參將悉情形以該匪目無法紀深堪痛恨故稟請道憲於今晨派率通班差役並續備奇兵營巡捕兩營兵丁馳往相機驅逐矣

販米宜禁○聞昨日又有某奸商等販米出口約有數十萬石之

（四）

多以湖北米市發售價仍在滬不知當道尚能設法禁止以蘇
民困否
縣案節錄○准英公堂移解王阿鳳蔡文福邵金福並黃氏等到
縣前晚汪令飭提訊問據王阿鳳供現年十七歲父母早亡出外
祇媳發年九歲許配蔡姓爲童養媳至今尚未成親因被翁蔡文福
與姑朱氏將伊女阿二阿三賣與先後逼迫爲娼後逼女子爲娼妓每
日出外攬客得遇原媒邵金福訴明不願爲娼轉告外人扭到公
堂遂來思鮑邵金福並黃氏同供作媒蔡供支吾英公堂斥
之下訊實判與兩媒一併斥釋阿鳳發堂擇配○前日有王永和
投縣控驗傷亦經提訊王供有坟地一方對被地販某甲盜賣
將大擱坟向論被控求驗驗得王受傷屬實判候覆核○楊裕亭
控地販趙茂盜賣抵單一案亦經提訊供詞與公堂原卷不符
且無案卷判兩造即退候移吊原卷再訊
法界批示○昨日法公堂發出批示云據律師侯魯公呈法國總
領事界註册保護商人原告沙奧與控華民王明生立有定單買
賣各項股票貨物被欠銀二萬五千二百另八兩五錢作償年七
厘利息及各項費用銀兩應請給還等情查該原告沙奧係屬法
商被告王明係屬華人有定單據帳可憑自應歸法公堂審理
合行批示如該一個月該被告延不到堂即由本公堂從案訊追
此批

陽曆三月十六日　（一）

光緒二十九年二月十八日

蘇報

總發行所○上海英租界三馬路中

分售處

[illegible]

西歷一千九百三年
日歷明治三十六年

每號大錢十二文

外埠價目

每日一寄連郵費全年六元八角
七日一寄連郵費全年六元
西洋加倍
東洋照加
郵政不通處酌加寄費

告白刊例

第一日每字取錢四文第二日至第七日每字取錢三文第八日以後每字取錢二文封面告白刊後幅加倍論年論季面議長行告白二百字起碼短行告白以二十字起碼多則以十字遞加

論說

論體育係中國盛衰　來稿

體之所謂舞象舞勺莊周之所謂熊經鳥伸方技之所謂易筋八段西方之所謂體操其致一也然前世尚武而體育之說盛晚世守雌而體育之術發柒北宋代則以唐宋爲大界而中國民氣之發達與其衰敗亦于是乎ヾ今中國言保種保國者紛紛矣然坐論數歲而行事卒不可見或小舉則輒敗輒諉保種保國之責事於盜泉馬賊之徒豈非以肢體羸敝故習者彌多而行者彌少耶昔宋元晦當南宋衰微嘗痛心於王道陵夷胡寇侵突與及門諸子言輒涕泣不自禁顏習齋譏之曰使先生舍章句講論之業而從事於古之所謂三物六藝者可使有勇且知方也則楚囚對泣之醜免矣不能若是而徒以訴諸文字教人宜其憤激而無成效也嗚呼今之世皆元晦也嘗見稱說立憲持論革命張皇一楊舉出金石及遍擔䟫其門外則嚚嚚矣所者以斯羸質而自任支那之國民雖授以兵符補以勁旅懼不免爲敗將房琯之續也雖既矣弛懈不能已無可奈何而借資于山寇會黨自以爲奇智葛讚復出彼必以王資遺我以王佐待我既幾得展吾志矣孰意山寇會黨亦以體魄強弱而分祿秩之高下令以書生羸積力不能勝一匹雖欲苟依附權勢爲帶者即適爲彼所唾鄙耳吾見有維新志士身入寇窟不數週遇挫而返者然則冠軍之被戮於項羽大全之見嫉於秀清豈其不思得一國士而與之斷盡大計哉亦以已無爪牙股肱之利徒藉口談適使彼蔑視爲厭物而已且用兵之道王佐不過一人士卒則居十百無布越則子房不得成無羽飛則武侯無所藉今者有千百子房武侯而布越羽飛不見一人彼王佐何其多而士卒何其少也吾謂士卒未必能爲王佐王佐必當能爲士卒不然得何去非與同父之徒于中國何所與焉夫欲變中國民體之衰頹而必之使能制仇敵懼必自陸軍始欲習陸軍必自兵式體操始體育之道一曰體操二曰遊戲三曰衛生不設體操則步伐不齊期會不信不可見之施行不遊戲則苦生勞形其進大殺不可使之持久至於衛生一塗固人人所當討論而非專隸于體育者也是故有號令約束作止進退之法則不至如吳宮之笑矣有耶歐舞蹈蹴鞠扶檣之樂則不至如墨子之羸矣有時氣上流血輪殺蟲之用則不至如郭泉之疲矣兵式體操既就於是肄習陸操講論兵術然後向之所謂保種保國者始有塗徑可尋何至衆千百王佐而相與效楚囚之對泣乎或曰言教育者有體育智育德育美育四者亦猶立法行政司法之三權鼎立者今獨注重體育何也曰人無體育安所受智育德育美育耶今夫人類固一種有機之器械也機之朽蝕其轉動必不能靈運夫形疲體弱之子凝思一事靜驗一理不數刻而頭痛目眩則所思所驗者復廢矣彼智育安得就也赴方朋之困既任國家之艱危ヽ弃不欲有是德也而疲弱者必不能舉至于信之爲德中外所共棄係雖且約劃期當主戒非爲適之而猶不能行政治事係還而時不暇給則其信不得不失矣況乎無體怯弱者其氣怒恆遂於柔脫于病者而可知也何者已ヶ能任則仰于他人者多仰于他人者多則賴于他人者備凡夫妄行暮皆亦皆體小健進弗能任亦有以致此彼德育安得就也山澗之幽卉木之纖日月之明此生人所共樂也而與痛苦之時則對之適增抑鬱彼美育安得就也夫三者不就則社會之幸福絕生人之樂趣盡矣而皆不受體育以致斯弊語所注重體育得不在此乎中國盛衰有必賴乎此也抑吾ヶ聞社會學家之言曰草昧原人最能耐苦耐苦於人爲美德而彼則適見其惡何也非已覺其苦而能忍此正以神經遲鈍雖苦亦不覺耳吾觀中國民種亦可謂能耐苦矣一亡於蒙古再亡於滿洲三亡於歐美權利盡失并爲臣僕其苦不可謂不至而國人曾無所覺方從游宴以遊之懷亦神經遲鈍之故耶夫神經者殆奔湍然處盤之一物而必有形體以持之者也

時事要聞

京函錄要〇去年山西趙護撫於諮爲山西鄉試展緩請中直及停止科舉之議切政務處議奏以今年舉行　恩科所請應無庸議並俟他日學堂辦齊成效昭著再行酌議停廢科舉聞政府之意確以科舉爲可停其所以謂爲可停者以現試策論講大者多以爲爲於八股故也

北京大學堂總教習新訂教習學生功過格先行頒示諸人如有不以爲便者許具說帖自封呈交如某條不合於衆即可作廢又議暫停科學專習外國文及算學二年然後再習科學亦令學生投票問此議之者多因現定章程每日功課太多學者莫不苦其繁雜也故問此種融會只可於教育上用之以防別滋流弊

會試四總裁皆於十九日由鐵路至正定由正定馳驛赴汴現試策論開發者約號數大約四月初十日外方能揭曉

榮祿請假李蓮英現亦請假李在宮中所居與　太后太后甚遠其益李爲大總管又有二總管者姓崔北氣強較李爲大

紀中國教育會第二次演說會〇本月十七日中國教育會開第二次演說會於張園安塏第先是教育會欲設體育部以鍊國民體幹故此次開會即以體育爲演說之主義午後二點三十分先由吳稚暉君登壇表同情於大衆次由蔣竹莊君演說軍國民之宗趣以次徐寶妹女士蔣增媒君演說外禍之酷烈急望國民自立蔣君僅六七齡之童子徐女士僅十餘齡而其言極沈痛甚矣習種靈苗之不絕而支那之前途猶有望也復次數夢蕉君爲叙倫君沈步洲君林子超君金松岑君徐鏡湖君蔣竹香君相繼演說各樹一義而皆哀痛迫切沈君之言尤爲慷慨淋漓令人生勇猛之念林君演說兼及大坂博覽會之人類館以支那人列於野蠻族事欲我國民急設法以出否則說赴會者使之停止以示相絕之意而當時舉手以表同情者甚多復次吳稚暉

君再演說人奴隸之慘與國民獨立之不可救語語切於如漸片片脯肝割獻同胞聞之人多有泣下數行者復次擊欲初君爲武君干蘊深君視傾儀君周則某君朱友剛君姿興以君教演說君群原尹君蔡民友君陳君生君相繼演說以君說歐洲革命三大原因一曰多數人之幸福二納稅如保險費三民族主義所其皆確實之學理繼君仍發揮教育部主義陳君爲鎮江益智演說會會員陳說工商主義其其愷惻且於激烈改革尤具其雅其倘之意而次以稚暉君第　吾演說其首多與陳君反對激昂盡迅四座鼓動彷大金陵來君演說曾中國宗教之當改革語語簡而當復次何君和君再演軍國民之主義復次徐統湖君國民文君論演說爲及己意以決於衆最直有反對者之攻駁辯駁於兩面則衆始見乃不阻於法執我執而有生心者非之禍從爲此次演說會之一收束復次吳稚暉君演說將育部本國而令欲留學者題名斯時已五點三十分矣於是有百餘人題名簽乃各散去此次演說聽者近三百人天雨途濘不因是而阻步較諸正月十八日第一次演說會尤爲勝云

粵東會黨十七歲○粵東官吏於正月初二日拿獲之孫子山原名林二人縣總辦訊得其供詞錄下　孫子山供二拾四歲籍南海沙人父金發母周氏家有妻子平日在香港油麻地設店西廚汐頭亞范寵於上年十二月二十七日晚同三合會頭目林挺夫及陳華林赴省同在米石巷某祠艇居住坐待三十夜起事因洩漏風聲因遲因初一日無船故遲至初二早始行搭船故被捉獲斯時會挺夫知機先行上岸會中洪全福係大將軍其口面設在香港等如何辦法若何人做頭則用何人任號件挺夫云已有三四十路人馬分在東西兩江地方至起義各項軍械藏在省城各數處至洪全福所爲之事向不與外省人會及故未與之同謀因爲據黨羽之會挺夫說知始悉其事會挺夫於十二月初八九等日接到洪全福公函內有黃綾票據一張內寫念七夜爾得知有三四十路人馬定於三十夜省城起事迨至念七晚會挺夫邀同到省河面做一紫洞艇與已獲之陳華林三人同住嗣因會挺夫所幹何事擬於三十晚起火功破誤事不用將手槍間藏械存在何處云存在數處未曾話實何處數究係開子彈多少云存港有五百萬之多又訓黨羽有一萬數千人俱在省城內外埋伏預在那間分五路進攻又問何爲五路云以省城地圖一看便知又云廣東省城已經消息惠州即已起事北至花縣至水口廣東東西兩江亦同時而起所有軍火均由廣東省城接濟三十日間西關已拿數人事經洩漏城門又已早閉人皆不敢起事即晚返港共多因問挺夫後事如何云現雖被拿三幾人於事定要做的有城之事辦與不辦間港方能定奪又問洪全福之東家是誰據說倒何姓其名并不說出只說陳姓有勢力因伊與香港大長頭相知故其伙同在內是以住居香港油麻地英隆棧後頭三間已被去拿新聞公司云云

匪中兵器在其臼滿住宅船舶內搜出文件其中內有對聯云天下已滔滔兆我人斯問誰究其姿明臣自立在二千年古國淵中有蛟蛟跋扈夫子豈忍以丹非途繼怨臨此四百兆生民劍此亦足以知哥黨之猖獗云

惠州防務誌要○廣東惠州自本年元旦後哥匪紛紛滋擾府縣獲黨人數名就地正法督飭香縣令爲聯絡辦團之策特情詳報上台並柳坑仔黃姓與沙坊梁姓兩族人丁既衆財力亦豐收在兩姓紳耆辦團練如果兩姓得力擒獲犯人定必按照定章給予獎敘云

湘鄂小輪已開日前○由長沙至漢口向有小輪船四艘來往行駛事由湘紳龍湛霖王先謙馮錫仁與日商白岩君所倡與其六成金即湘紳各股及紹述股份均在內云

閩省武備學堂（）閩省武備學堂學生學習武藝將屆一年茲經辦及教習等擬令學生赴東校學試演槍炮而民間不知誤皆駭然謂日本派兵三千來閩與學生比較武藝云云因之謠言蜂起殊可笑也

閩省武備學堂前擬買官馬百餘匹以資學生練習馬戰當派王委員係仁前往張家口一帶採辦日前已購得回閩矣

世界要聞

拼論去歲日皇因英事（）論傳聞報云客歲十一月德皇往會英皇傳言紛紛或謂德皇來英非徒會晤必有緊要交涉或謂德皇此次之來係與英國訂約聯盟而辨之者則謂德皇此次見英大必不肯深與英訂盟此來將係探詢英國海軍情形以日下論有英德俄三國交涉事實大相持不下俄國欲自波斯至印度建造鐵路特爲防範英國英國擬自印度至歐洲建一鐵路以抵制俄國藉者英國因波斯交涉欲與俄國立盟然英俄關係如英國尤許俄國佔據土地不但於印度有損而於英國商務利權亦大有關礙是以英國擬自印度建造鐵路直至歐洲亦因保護印度疆英國商務此路告成俄人在中亞細亞之權勢益減而其商務亦必爲所逐也現英俄兩國均欲佔據土耳其古城口岸英國如得此土是不惟於商務有利兼又多一屯船口岸將於土皇無定策見俄國知英國故兩國至今皆未能得實益剝下兩有英國給德在該口巡視俄國人覺其外舉動英國必先佔據該口德國欲在小亞細亞得一大處擬與商議德皇此次欲與英立約以免相爭國並允若因波斯交涉俄與英爲難德國必輔助英國也

日俄論俄○俄國東報云月前日本某報用英日文字著論以助議間某云俄在滿洲與其謀蠶擾與百餘凡俄所屬以佔之事同日人所不樂然亦未曾過而問者何說操縱人滿洲一切布置或關於日非日則無由或政權在滿洲大有作爲凡所有利權將獨據之持此論者傷見夫俄人也夫俄舉業好爭不待智者如有益專利他人不得稍沾餘利何俄國旅居該處從事貿易者倍於於什日那國人欲雖其兵力於東久習滿洲之各邦勢必起然而論日本不欲滿洲商利可以獨佔與西比利亞一般

商務亦非僅能周乎殺於己而損於人豈彼所樂爲商埠琛珠各國深明此義者熟思而詳察之

各省紀事

江甯○前紀初六日開考三江師範學堂教習各員仍由學務處委由江甯縣多員分司校閱於初十日晚示共取八十一員令於十一日赴貢院聽候覆試即此八十一名中元甯兩縣已居十之六七三江居十之二他省居十之一此次覆試尙需大加淘汰並聞須行附考云

省垣爲前明故都有殿久塌遺址尙在本　朝駐防旗兵環居其地週圍數里內作有牧畜絕無人種植於其間並經旗兵人等將明代故宮所有荒地一律開墾改種菜蔬矣

蘇州○前蘇藩濮擬糧絹一款近以經費日見成本日重而同業中向例交易小洋每不貼水現已一律除去該錢業故由首領邀集同行於城南白堤下城隍廟內會所重訂行規並除積例俱發行用矣

元和縣金令前奉撫藩兩憲示諭勸捐款爲設義船河道轉僱已批飭轉爲河道需數若干及應須約若干詳細估計明白稟候核辦理

蘇垣○四川保福自去冬至今迭次加價已至三成之一故運來市上煤油美孚老牌每箱已漲至三元六角價增一神亦須三元一角近日昇平牌煤油每箱已按價漲價約增作一角

松江○松郡提標自兵變以後向有中左前城守四營現經省憲札飭有提於四月初一日起裁去前左兩營只存及兵士等以備緝捕之役

松郡西郊祭江亭迤西舊有河而雖闊淤塞特甚已經婁縣知令飭董開浚并抽小存典生息以資浚費於初六日祭埸興工

揚州○皖撫以賑款不敷奏准在淮北加收鹽運賑捐每斤二文業於客冬派委下游籌高前來設局開辦嗣因鹽運司以商力艱難須由張季督奏請收回成命將中大字以江西省再仿行鄂省又擬其後淮北商力見不能支且代皖省計出所少無幾擬自今年起札飭淮州分司將皖之賑捐批解每年可得十五萬兩云云已承鹽批鹺准奏矣

頃聞督院到去職李黃在內派辦停辦紙價之議並又按奏迭爲周擬價值各品已奏內務府道呈請　皇太后所頒異常傳令兩淮鹽商再撥一次說　內庭育殿未綿裝潢錦紙北糸以兩淮貢紙爲第一故又爲傳辦云

蘇州○前閩浙督端欲奏中江撫院改創小學堂等情已紀前報現取定教習李祺等八名學生共取錄五十餘名分甲乙丙三班陽湖李仲作爲總教總教習及算學教習尙未延定兼今本月初六日開學堂內章程悉仿上海南洋公學辦法劃一傳日於午前繳本減從之一次考察課程及學生功課

今上月念六日奉兩江派撤揚清學風來蘇效勒

內有本切游製造局地址似猶未又勘得金山及滬址兩地較萬頃湖爲作已於本月初四日回省稟覆矣

蘇州新關稅務司因經理新關得蘇州郵政分局近日添設日前委郵局供事項述三赴鎮總查辦

皖南鎮荷錦山於初十日由寧回任所來蘇迎迓者衆

杭州○省垣有商人因知日本將開博覽會擬以我浙古玩及土產各物赴滬賽會呈報商務局持往賽會內有珍品數十種欲使外人考求以便日後銷路

巨匪李係六等在衢州一帶肆行劫掠送省審辦及當道防閑派役解李又逃往嘉興復經獲送省現經撫憲批令設法捺獲訊供不諱非上峯照例正法矣

廣東○粵省設立巡警局以來已將省城各段保甲卡防一律裁撤並將該各街之防勇練改行裁併名改爲巡警軍

廣東兵額經三次裁減不敷分布北伐匪蹤不得不另募勇丁以資防剿因庫款支絀去年共支出勇營餉項二百一十餘萬大吏酌定撥而開已札行各營自三月初起將原有勇額一律裁減三成每營共得三百五十一名

現聞李撫因近日司局各庫支絀異常即飭善後局於各局所有應行裁減亦加察度以資核辦

時論擇要

力行論　譯國民新聞○日本維新以來歐美之新學天然存於個影之下日雖欲激玩然深自憂世之意然世人之行化於兩間其惟力行耳吾人之才能如此發達吾人之幸福以此求得者不力行俯仰可愧無異于偷安苟且之怯作動物矣而力行者非無形之戰鬥乎

以意志之力裁制本能克己川之欲望名曰力行人孰不欲安逸然所以得遂其欲者意志之力也而行險則力行者也力行不獨爲智者之事在不獨爲純潔之靈荷欲之無人無時不可須臾忘之要訣也而我今日之國民更不可不從我青年諸子於此尤有注意者

歐雄我國之在世界猶孤舟之在怒濤中我日本民族於此世界大競爭之所其可以維持獨立發揮勢力者一係國民力行何如然今之力行者望于政黨耶不可得望于學校之講堂耶不可得國之志惰荷安依賴民力之發展不振如故學生動輒放恣慎今日世間頹廢之俗成性日無根柢於此多數外實行其力之士有幾人哉慨而論之我國民之躊者不以力行求之而欲以偷安求之也

雖然吾人獨道安就難可乎誠恐不能悍勇斷然以避難就安爲處世要訣是使我國之人相率而入於腐敗也夫怠惰放縱逸樂之生活縱令有如何美名即日本能主義樂天主義行樂主義其實不外消磨人之元氣消耗國人之神經吾人之仇敵可努力救之亂吾偷安放逸之傾向實係於此日

夾敘之一字為世俗所鄙然甚之動人不明諸人之旋乃卡耐基氏發揚知之其言曰予不欲彼以偉大之財產流予孫又曰吁嗟富者于桑而視福貧困者其智若猛烈耕學如以財此滋害青年資有害於青年不如貧困之為益也吾人可不玩味卡耐基之教言耶然對於富豪之子弟因不得不為如上說法若富而自力行者來故亦如富與力行為反比例者亦任其富矣惟宜深思極慮詳究其如何力行乃可以致如此之富耳 未完

事件擇要

寧波某君上某觀察書摘錄 三續

一若袖綾綢緞各品舊時稅則以斤兩計每百斤完納若干稅銀十二兩去年改為值百抽五凡紬綾緞稅必計其丈尺再秤斤兩紬綾正頭必有染漿既被解散必至折損且又不免沾污致損顏色一經剝折有礙售賣在商人係明納正稅復暗受虧耗為害非輕不如按近市價值百抽五仍以斤兩計算徵稅至於紫白綾白綢可照純絲斤兩徵稅於國家可多徵稅額在商人亦可免意外虧折斯為上下兩益

一出入貨稅宜照一例不分中外以免華商隱蔽洋商牌子貨出國然日本二十年前因關稅重亦有日商出貨託華商出名運商日政府因之申令閉歇後由歐洲諸國定例製造土產各種不准外國關稅今我國所則自來大概西歐所納皮酒作物成托日商出名者所可以掛牌與我國類例相反

一湖州所產絲羅等貨為出於日本產品而運出外其價反低其故在製造不精也兩湖則蘇將貨竿攪水中必待以浸而後去皮如此則質既去漿性亦短而產絲數銷中貨運去皮故韌性不走其價較高耐久是以其價較昂仙如徽州歙州所產生漆亦高出日漆而價反賤亦在製造之不精也兩相同製法急宜改良大可占利我國出品惟關係所製紙硯徽州所製之墨此兩種可稱地球上特別佳品皆出出外洋製品之上又有我國綾枝日本人特織工不能仿造亦所佩服

一酒與煙稅宜分別煙狀煙兩種歌煙稅只准作酒運則酌減煙酒稅行數太多亦為國家害日本之例非官照許不准為煙酒煙女諸路時醫系官必再四釋准公司之看昭告移各地動不可任倍父母一面之詞只知取利不知惜兒女身殆為煙者令回家與其所愛之親戚團聚再來方許領照照此辦法可免造方煙煙館陷阱之害又保護妓女不准煙館殿打倘有不合之處許妓造控訴警察承公審判再令妓官必公設病院每月一中必令煙女入院查驗免受傳染其保護煙女亦甚周到則國家收徵妓稅亦不至受惡名矣

一木料出口近來新例皆係估價納稅往往折扣以致損貨本不如仍照斤兩計算免得折扣又或由估價尚大不合成本以致不能暢運往別埠減成銷售估價之關更豈能壟知各貨價目使投國民為害之甚 已完

學界風潮

樹莊淡陶仲實敬告我鄉公私學校中諸教習文〇諸君知今日之小學生為世界上之主人翁乎諸君知今日學生之責任重大乎新潮方起非惟培之反而折之可恨可悲孰有過於是者吾恨之者不得不試為教習者告之吾不得不告為教習者兩府學生之欲做諸淡學生之告退令所以起學堂及為教習者之魂魄前車之鑒後來之鑒諸君果能一而不稍改其手段吾恐爾等淡之風潮已在諸君目前矣本有非常之禍有不測防之愈發而為患益甚矣之意而而反抗益大專制之手段能行於昔而不能行於今也明矣野蠻之教育能施於前而不能施於後也亦明矣且也我地學生不乏通才加以今日學界風潮之大其不思反抗脫專制也難矣吾為學生賀又為諸君懼

諸君諸君其為無心人歟抑為有心人歟若謂習舊而知為進思深悔那則吾且賀之不暇而又何所為學界風潮之膨脹正所以勵諸君若諸君又何懼也何愧悔也嗚呼悟耶否耶諸君之自由權耳於學生何尤於他人何尤

本埠紀事

示禁運米〇昨一宮關道發出禁止運米出口示論略謂本埠本道現以本兩府屬地近被旱米價昂貴內地民食維艱惟賴米糧來照常出口外各項商運俟市價平減民心安定隨時察酌情形聽行解禁所以國民生計為念故禁止運米以救本商出示照辦此示仰商民人等知悉須知江浙上年秋收豐稔而本年民依然食貴近來米價長增高且近一日較一日若再不設法禁止內地自不能不預防地步現飭兩縣迅行禁米出口實係米商購運保全民食起見自示之後如再有將米糧裝運出口立予從重懲罰云

梟匪猖獗〇本邑西北鄉北新涇有梟匪與兵開仗梟匪由新涇往逃抗不遵論中日本縣江令會同營兵督巡捕營開仗並非同兵勇在法華會集馳往駱逕既抵北新涇梟匪與匪船早已開仗逃去當即將頭目役全顯有竊取出此次出梟匪沿途搶掠係土匪徐全英會同全州人科合敢作為獲

縣署摘錄〇山東人劉日新與無賴結合開在前販做挖泥小工因張姓招領至於十二日彼此為人聚吃談茶爭論打架劉當即七刻登林被頭破血出扭至巡捕房巡局控告又有添告其命阿五拚斗多不能奪以柄與快刀掛三百元數被班發班捆拘打並劉某正一毛大本後到案館探望被局差將該人一併解局由局訊解判斷 汪令逐一審明判該官有餘四五各責五百板酒頭各責二百板其餘乙人斥出續押十天稍判將李某氏封條〇保甲局發地販之與院各山合丈局函請汪令批飭照掮記控追田單供有地一方被合丈局充公由縣郵飭詳局至命出單米計被請提追到將單呈局丸並具結取保候函覆令丈局如未呈單再行嚴辦

（四）

欠租涉訟○候補知縣余福厚遣抱家丁全升投英公堂呈控買
害詐李春榮館之賬記牛奶棚主顧益祥以單契抵押銀二千五
百兩盤剝不服求為提追等情英讞員准詞飭探協探將該棍
案押候傳同□質訊核追

會審詳訟○法界楮家橋堍水煙店伙作之王某前與丁氏姘識氏
有兩子一女均隨母住在王家前日王欲將女許人因氏之長子
某甲不允[illegible]乃王即將刀戳甲扭傷及致命之處當時即命

包探[illegible]往拘王[illegible]脫逃捕頭飭探[illegible]相驗因在會赴縣求
四[illegible]探[illegible]捕頭飭即將屍看守[illegible]候核
嚴行押解○西門外城河浜前因[illegible]船停泊河沿由捕頭函之
法總巡本地巡朱令飭即一律遷[illegible]日捕頭稱社[illegible]勸見
各船俱未開去故又轉稟朱令迅即飭差押遷出境
[illegible]船[illegible]○[illegible]子路[illegible]有大號[illegible]船一艘駛進風浪傾覆
經巡街捕[illegible]捕[illegible]飭探往查有無損傷人口候核

陽曆三月十七日　（一）

光緒二十九年二月十九日

蘇報

總發行所　上海英租界三馬路中

分售處

西歷一千九百三年
日歷明治三十六年

每號大錢十二文

外埠價目

每日一寄連郵代全年六元八角
七日一寄連郵費全年六元
西洋加倍
東洋照加
郵政不通處酌量加費

告白刊例

第一日每字取錢四文第二日至第七日每字取錢三文第八日以後每字取錢二文封面告白照後幅加倍論年論季面議以行告白二百字起碼短行告白以五十字起碼多則以十字遞加

代論

同里教育支部特會演說　金敬宇

中國何以弱何以貧田地外國何以强何以富田地莫非爲愛國心莫非是民族主義莫非是民族帝國主義是也我且講愛國中國人不愛國未曾不愛家譬如盜來了眼見得把我心愛的金銀財帛都要搶去心非不愛其人無能爲力何然則愛國之效仍視國民之尙武精神何如耳有器人之尙武在公衆之尙武國人之尙武其效不過如我所云愛家而止然則一家之中而人人尙武强盜雖來我亦何懼中國自命爲文明之古國夫文明不足恃野蠻亦不可輕文明其思想而野蠻其體魄此西國之所以强也野蠻其思想而文弱其體魄此中國之所以弱也我今欲導國民以尙武之精神吾且言秦漢時之歐洲希臘國希臘有二國曰雅典曰斯巴達雅典尙文而斯巴達尙武其尙武也民間男女初生必報於官而驗其身之强弱有弱也則棄之溝壑以爲他日無益一衆之强種而且男子尙武女子亦尙武男子角力之場使女子環而觀之太子角力之以使男子發奮觀之世紀波斯來侵時有一老婦歩子七人皆戰死而屍以歸此老婦則出而歌曰斯巴達乎斯巴達乎吾生汝爲斯巴達而生此七人者也故斯巴達以中國敗版之地爲希臘之盟主者尙武精神之效也吾曾與英國人當南非洲戰時其國民在倫敦及寄居印度南洋新加坡香港上海者皆賣勇而願往前敵者數百萬計國王嫁女結婚則相與捐金或衛身衣及火爐手套香煙罐頭食物以犒前戰之諸軍士其愛國心及尙武精神何如吾復言德國德國以陸軍名天下其兵士之貴重爲國民之最優等故德國婦女無一不願嫁軍士者其尙武精神何如吾請復言日本日本所謂武士道大和魂者曾爲國民尙武精神之極致扶桑三島爲豪俠之士之出產地自與俄國決戰後似與勵武俯相傳親民生平不喜華美之衣惟隨陣則服之或飲皮酒數瓶唱歌而出當日子聯軍入京之時兵士之家屬相送於道各舉紅織標數語於上賀其榮行如中國人之入京會試及捐官蒞任其中或有書祈戰死三字者蓋以死爲榮生爲辱也其尙武精神何如夫歐洲各國皆重軍人亦國皇相遇則互相以已國操兵之第一爲以王公世子今日爲海陸軍提督之職者其初皆自水手小兵遞推而陞者也中國民兵之制與中國三代時同今中國此制之廢久矣愛國之心冷之而滅則瓜分之禍既然將來江蘇必劃英國北洋劃較俄法精爲覽大心中爲之一戰惟聞有民兵之一隊則又爲之一喜殊不知汗顏學子猶能執干戈以衛社稷希欽兒郭猶之發感先實盛以民之義務西哲有言軍務者國民之負債也中國人惟不知此義中外交戰則相與觀望以爲吾安得天下有信諸葛亮岳飛其人乎吳祿信諸葛亮岳飛爲仙吾等亦可爲之也總之今日局面非一二英雄鬪智角力之時代乃數十萬英雄鬪智角力之時代也西國兵士皆受普通教育地勢

吳將皆知一二！人乃雅之日本兵懷中皆有中國地圖今我在席諸君曾翻看中國地圖向西北角瞬間中國什何處者其袖度相去何如耶欲以數百萬之英雄來而我欲以一二人之外雄往而况其弄梁措進狗則衲失乞丐兵安得不敗國安得不亡然則欲强國莫如激起其尙武精神欲激起其尙武精神先從體操著手體操之效非一端約言之曰强筋骨智步伐齊心志三者其要也公等無日日爲西人試觀上海西人無不身體雄偉形式威武並肩而走萬足如一今吾中國之人乃曲肩縮項萎萎如病且短不齊忽前忽後優劣如斯可以欲英故體操一門最爲要者西國學校皆以此殷科學之末凡我學生均宜練習然此可爲知者道耳今省議會育學生不做覽我爲何教仙學天算學生不看風水爲何教仙學地理然則學生又不去江湖賣技爲何教他學的操呢今日諸君子爲愛國心而學的操爲江湖賣技而學體操當能辨之抑又有進者則著手之法是也一日模實樸實者頑朴不破之謂也芒鞋布襪衣粗食此人必爲擔事之人若夫輕影國風長髮濃傾雖玉樹臨風吾恐取以數二十世紀之事屢爲足而貌其模故尙武精神當以樸實爲第一著手一日勞動伸手茶來放手水來欲自擔一舖稻而不能安能負笈出門瓜拌遊學勞動者人生應盡之義務西國曾有個人見蟻蜂勞動以釀蜜乃嘆其取而摘花於其旁蜂卒蝕死人而不能勞動是礦物植物而非爲動物也故尙武精神當以勞動爲第二著手一日敢進單槍匹馬死不問前險阻在前皆不介意西人所以有今日之殖民政策也中國則一則曰老成再則曰持重以釀成腐敗之世界諸君亦知腐敗之結乎譬之一橘望之如金玉剖之如敗絮形質諸然酸味換矣雖未到濁爛之地而生氣則已盡矣此腐敗之義也若再則而言之則一陳死人而已安有尙武精神安有愛國心安有民族主義安有民族帝國主義諸君子其戒之哉今日一席演說是提倡體育會開幕請諸君子有願發心者請舉手

時事要聞

電諭照錄○二月十七日奉

上諭此次內務府互院等處京察一等圖出人員著該堂官再行甄別具實考語帶領引見開出之堂主事文起堂筆帖式文珣文秀聯敦由慶泰裕慶以增山英紳廣覺英奎樊文溶鐘振時松陳增祺廣鐘凱筆帖式泰桑榮桂學翔防守理內雷領事務小筆帖式敦祥裕森內務府小務監察御史衙門筆帖式恩第御藥房筆帖式玉衡立聚院主事多斌筆帖式錫口式備院委署庫掌世光奉宸院筆帖式孫桂明國六品苑丞恩祺恆勳七品苑丞連仲八品苑副鐵以均着交吏部記名照例遇用所有一等官員筆帖式德釣等均着准其一等加一級不判之內務府堂筆帖式瑞莊著該衙門照例辦理至年已逾歲之寡備以郎中廣毅等均着照發供職欽此同日奉

上諭王之春奏已革知縣經征錢糧延不解交請飭提解勒追並

夜封家產一摺廣西已革知縣餘炳勳前署賀縣任內虧欠正雜各款銀兩三千一百餘兩延不批解潛逃無蹤殊屬迴玩請革職飭緝廣東藩司七之椿查覆並未回籍飭各省督撫查提解學勒追並著飭該管州縣原籍家產查抄備抵以重庫款欽此同日奉

上諭荊州將軍著綽哈布補授欽此

諭北京大學堂○北京大學堂東洋教習與學生不能直接似乎用力多而成功少總教習深知其弊故一律學習東文又欲訪本國有學識者無奈薪水太低多不願遠來似宜加重薪水不可緩編譯局內多有領薪水而一字不見者與其空耗不如節此以益教習接編譯局領薪水而不辦事者惟廣東最多且係管學門生某公貫管學忙須來省故不易去云

此番考試有南樓某齋長向總教習強求公車之役總教習將大發雷明說官課之又訓先生不助學生學生將去不成唾手可得之功名一旦為候補之不可惜然則總教習亦無情甚矣不肯成人之美矣聞該齋長素好新學之名故臨去時在韓家潭梓行調華者邦多自己亦揭飯局我四十餘金有才之人都揮霍如此也聞元宵前後該齋長與某某少主人安瀾少主人及狗有少王人同路一車遊白雲觀甚晚即在雲蘇飯局放花砲報欣喜以為會榜預賀云

京函照錄○道員伍昭扆去歲由大學堂總教習很過游時力請入都襄理學務到京面之管學以電相招某君陰忌其才旨方阻撓因以不果迨歲底某出都而伍君已為駐侍郎延入京幕維經張總教習再四勸駕卒因與侍郎為本紫求過兼顧現已轉辭幕職民君代兌而來京逍遙無掛某君因私廢公殆不學術可為慨嘆榮古哈拉沁王年班入京遍覽各處學堂及工藝局日與維新者相往還并欲延攬某某諸公商酌整頓全蒙事務用意至為深遠云

特賞醇邸舊宅坐位○內廷傳旨鑒駕謁陵御乘龍車預備一寶座二圍椅二兇二茶几均仿西式靈巧華式雖則坐椅則用黃絲緞七寸厚係官工藝局敬謹預備由陳府尹飭數坐位次序開列於下　中設寶座預備皇太后御坐　左首第一位設圍椅一座預備皇上御坐(較寶座略小用螺絲腳可以隨身過轉便於冥對一切)第二位設兇一座預備榮壽固倫公主御坐(無圍靠亦用螺絲腳)　右首第一位設圍椅一座預備皇后御坐其式與左首第一位同第二位設兇一座預備隨親王福晉御坐其式與左首第二位同又傳旨預備細巧藤椅六坐油漆用蛋青色因其輕便擬擺設上可以隨便御坐然係預備六座除進脈館車七預備五座外其餘一座預備何用容俟續聞

魏督抵寧確信○新任魏江督已于十六日抵寧省中自衡督以下文武各員亦均赴江干迎迓魏督當于十七日進城逕入督署有擇于二十二日接印之說

學東會黨十八人誌○前在香港拏獲會黨十三人宣經英國外部援照公法飭令釋放并聞刑部議定釋該十三人保護六個月凡出入須向捕房報明

聞某子山即係湖南人戊子與于漢口之事者

又聞巨盜區新自去年由南洋潛回在新會虜門附近據山為巢招納亡命且欲自出洋後好識兵當聞有新釋之木多方托人代為訪購其於山川險要皆測繪為圖去冬曾與仙霸爭據某山區差高指揮動中窺要仙霸不諳地勢遂為所敗口前會黨聞其名特收為羽翼此次收羅區復亡命外洋矣

紀福公司近情○福公司擬俟明年夏間由道口至清化鎮路告成後即展一路接辦澤州路安太汾等處分達太原西安以聯絡山陝豫三省日前總工程司甘得爾君特委員裴爾泰附搭僧威器沿淇河至路安府查勘地勢矣

衛輝附城西十餘里新庄左近有一何名孟家女河為鐵路必經之地該處夏間水發其勢甚巨福公司特造一長三丈餘之大橋以渡之

摘錄天津日日新聞要事○法國駐京公使接到在梧州領事官電稱廣西匪勢日益披猖安南總督深恐波及邊界業經籌備抵禦等語法公使當即將情照會外務部迅速設法籌辦聞外務部僅以尚未接到廣西十分緊急消息復之○廣西京官云桂撫王芍帥已捐賠戰餉四十三萬餘兩以助軍餉○工部尚書松鶴因貢獻不周此次該不賜討○聞浙撫飭許應騤被參多款有旨飭交署江督魏之洞查辦茲聞某當道授意于張廷就了事不可過於挑剔因許總督之公子現在某當道處參贊機密

拏獲軍械同安○英報西報得香港十三號電云今日在某鎮又搜出來福槍五千支聞為接濟廣西亂匪之用惟為首則迄未擒獲云

武衛左軍全軍銜名單○欽命總統武衛左軍兼統中路五營太子少保貴州提督紫禁城騎馬直隸提督馬玉崑　總理武衛左軍全軍事務長兼總統前營管務提督王鳳鳴　統領武衛左軍前路五營總兵孫多慶(步隊)　統領武衛左軍後路五營都司方有田　統領武衛左軍左路五營游擊陳希義　統領武衛左軍右路五營游擊趙倜(內有馬隊二營)　統領砲隊兩營都司于仁同　總教習游擊趙延凱(武備學生出身)　糧台副將銜補玉崑　總文案知府何宗遜　營務處主稿王德謀　軍械局副將崔沛然　支發處道隸州吳國辰　報館與直隸州汪濟安　營務副都檢杜昌宇　總巡捕遊擊莊殿臣　以外官十八哨長一百一十員兵一萬一千人

世界要聞

宜布裁則兩者○字林西報十四號路透電云英國下議院已將以土台樓所擬改輕判斷失殺教則及除去牧師認否權之事辦ᄀ水宜布聞貨成者一百九十八人認否者一百三十九人

又同日倫敦電云此教師實亦時同派者皆猛省詞既爲教師所失於放縱猶不治罪則未免太姑息矣故持論深非之聞當即論時爾脫學來教師長及他教師貴族翻臣赫可德首相樞樞皆在座議久不決合樣乃謂此遣者有理說故不得不許各選舉員一決其行止惟發福則格否之云

倫敦英藩部〔又路透電云現英京各報皆非載理藩大臣張伯倫同英之事據云此次南非洲之役非得大臣則不足以奏此奇功故現在人皆以爲最勇敢如與大臣及其部下乘已同國又何事之不可爲哉

又十五號電云英理藩大臣張伯倫此次回國在倫敦及南愛姆報登廣頓受非常之款待當張大臣在南愛姆報登宴會時當實皆云此役南非洲之事足可坐保太平雖現難過於希望然吾亦自信此舉之必可恃也又聞當英國各大臣公宴張大臣於某處時到者皆極欽仰之人而當張大臣行於道途人民之聚而觀者皆備極敬愛之意又當張大臣船至南愛姆報登時該處各船皆懸旗致敬各項人民皆在岸次迎接聞張大臣宴畢即乘御火車向倫敦進發而所過之處皆結彩相迎沿途人民之來觀風采者亦異常擁擠云

德國水師經費預算〔又同日路透電云德國利名司台掛省財政司報告水師軍費預算時已定每年出費六十五萬英磅其在中國厦門船塢費亦在內云

俄皇遊歐展期之故〇字林西報譯俄文報傳單云俄皇遊歐馬之期所以遲至十一月者因現欲會商軍機之事其　欲良之係告俄國已深許之云

法外部辭任之由〔又云法國外部大臣提爾開斯之所以辭任者因當委員會使館附件深許之也

法議院與外部問答〇強新西報云法議會委員舍姆般脫當問及駐法暹使所以能允出銀款以成法暹之約之故法外部大臣提爾開斯回答云暹使雖已允許而暹政府則深非之駐法安南使臣提爾忨說辭則其頗臻辦此事並謂彼願願安南勢力來足以逐辦法國在中國諸事並亦問及與斯開脫事之究竟惟議員立卜脫則深勿以提爾開斯之外交手段爲是云

法外部宣言〇又云法外部大臣提爾開斯會宣言云英國並不阻礙斯開脫之自立於不顧並謂摩洛哥及其李來爾太現在皆當允其自治然此則并非法國有意頭兵革之意對則欲同各國共謀權西度尼改良之事故不得不留也聞提君又望議會允許其增改屬地及與俄意聯盟之議云

各省紀事

松江〔〕二月十六日松江府許守甄別求忠書院爲三書院之期向例在學院扃試此次因求忠改爲校士館增添投課寥寥均改作小學堂經費許守另行籌款將致用書院各存內外課三十名附課三十名不准再行投課故是日親往求忠書院點名課題錄下　求忠　左氏以所考叔爲純孝論　武王周公其達孝矣乎義　暨陽　公羊以祭仲爲知權論　可與立未可與權義　致用　敬業以衛輒爲拒父論　必也正名乎義　暨陽書院自經改爲小學堂後劃已修葺一新門面均用玻璃其形頗緻松郡府學東偏隙地現擬建屋若干間作爲中學堂聞已定於三月興工

揚州〇福建考官吳主試陸培自去秋試竣回假籍掃墓茲已假滿由揚州原籍起程赴京聞　命初十日舟過揚州即於次日過站北上

時論擇要

縫力行論　錄國民新聞〇人間莫不欲求幸福然吾人由安逸之徑路達之乎抑由力行之徑路達之乎而答曰前者之問題皆不論幸福生活第一要件當捐個人之私利謀世界之公益而後能行所謂充實勞苦之生活也嗚呼誠知智故安逸之生活一日或可樂二日或可忍至三日亦自覺困倦無聊矣材耐加日精神與意志當自醒覺若精神與意志待人喚起是爲不幸而黃金時代之說福爲偉大之事業者其可不熟察其所由之徑乎

羔磨播日神向人間擇取安逸與真理二者取其一不可得兼又日美酒飲小人砂糖甘飲俠遊戲花街柳巷不過飾輕薄兒英雄不以甘味養其口唯其心感情火常爲苦境透風怒吹勇士船吾人誦斯語每黍縮自愧不衍其至故知避之就之可愧而非處世之要訣也吾人與其爲安逸國之奴隸若爲力行國之戰士與其待他人之命令孰若吾自決取捨

關于力行而爲吾人之務接物者富以外才能與功名也吾人力行千內縣敏索自然之聰明於外鄙岩學遊游有餘力更不可不進而開闢新思想新學術新事業然凡改事必宜審慎周詳以免失墜至于成功與否要紀憶其比較的成績若夫今一成功喜則日毀敗懼無堅持之心尚有何事能爲故論力行者無成敗利鈍者也力行雖爲手段然其手段即爲既定之目的譬如登山未達絕頂前惰偷旗健可遽止其運動耶

按日本爲現今強國而其士夫猶論猶兢兢于戒安逸尚力行我中國時勢如此而國安逸者十人而九也故譯之以爲棒喝譯者識

學界風潮

紀福州倡志學堂〇閩垣創設之倡志學堂業於上月開辦堂中英漢各教習皆能認眞教育故肄學者日多現擬該堂其課程大學堂及各處存案備查擬俟三年後課成一班功業完滿即可遊學　除肓瞭送大學堂考選云

紀福州益聞社〇福州益聞社社員擬在長樂開設閱報所一節

效開議所應將各報均已陸續購齊已於十七日開所並延請通時局志士到所演說

南昌派報處致江西學界革命人書〇前正月二十七日梓桐學界風潮一門所列尊函拜讀之餘既感既佩敝處為江西派報之起點向以廣開風氣為宗旨故定價公平以便閱者派送迅速以發衍息戊戌政變後禁報館內地派報者無不消踪惟敝處立志不撓猶然獨存其時閱報者稀若異鳳敝處猶竭力支持始終不易此為學界同志所深獎許者也惟近年風氣漸開閱報者日多敝處各日報所數隨增致各期報派送不及已為愧歉今年已加意改良力求迅步添雇派報人專派各種期報以慰諸君之殷望新設敝處之發務惟函云敝處各日報較他處遲滯十數日之多不勝駭異即如上海中外日報此間惟敝處一家代派按日由郵局寄江至內河水淺小輪不能速行之時至遲亦不過十一二日所謂他處者必非報館之代派其報亦必非報館特寄者必係自別處者輾轉之間必不至較敝處為速也特此申復以答雅意並釋羣疑

新書介紹

浙江大學堂蔡君元敦來函〇蔡君為主人約翻譯書籍一面之緣未作一夕之談然讀上蔡左右未免聲咏然鄙人日讀貴報見其體例之完備選擇之精良議論之縱閎已冠蓋各報之冠且處處必有一宗旨範圍其間則尤為鄙人所心折近日又增新書介紹十四日[illegible]書賈所快為悲傷學界實非淺鮮鄙人於去秋曾採集西文各書以成該文教授法一書專為中學教授文法而設且於國文粗通者及習東西文亦不無小補乃當時議者有謂我中國自有文法何必以西人面目（指各動詞而言）反使教者學者相轉為難且近出以學各課本亦但於篇首略為論及未有背此時之始終抱定此教者然鄙意以為我國向無文法專書學子之通文皆得其自然教者因無從代為力學者亦無從自為力此皆文法體例未備之故今者得西文示以程式取而參酌之可於我支那語言之順然研究然肥合況日本從前亦無文法得自與西國交通大為改良近則九類之名目與森皆知而通國中亦幾無不通之人此即其明驗也未知貴意以為何如茲特寄奉一本希即察閱倘蒙收入介紹一門未始非提倡斯學之盛意惟一人之見有限將來中華雅處必多若於公餘之暇詳加删正俾得改良則尤所殷切者也

按此函於日昨寄來當與宋刊一俟謀看寄來察閱再行為雅概判布也　本館附誌

本埠紀事

杜令來滬〇前山陰縣杜令仁榦昨由紹興到滬即赴滬縣拜謁

嵇波縣員〇南市嵇波局員許令小學現因期滿故袁觀察札委候補知縣吳昌碩接辦吳令定於二十一日到差

示諭遊歷〇新北門內東城垣下去冬大火後保甲總巡朱令在得為此街道狹窄出示曉諭各業戶于造屋時讓地若干訂立樁標以一丈寬闊等情在案今經朱總巡飭差各區生有抗違情事故于昨日再行曉諭凡新北門內東城根去年被災之處所有各段街道均須讓地中人督前往勘丈樁以一丈寬為度業經釘立樁標出示曉諭在案其所留一丈內關係以兩邊牆脚為界查各業戶仍未能一律讓進合再出示曉諭所有該處房屋增砌務各遵照樁砌造其山牆滴水概准在牆脚之上不得越於樁標之外將來房屋落成各處水落尤便行人各宜遵照云云

迷路興復〇上海縣汪令會營往北門迎拘迷路興集富時拿獲上犯徐全英金福全二名將縣收押昨日汪令親訊並傳將擄迷情形研訊其詳核示矣

追拿未獲〇川沙小灣北堤寶仁仙前因糾合匪徒在局門口[illegible]係川沙縣陳承家解並將僕丁二名船戶一人次日大隊往拘乘已逃逸祗將船停之地保某甲拿案收禁不數日甲竟越獄而逃前日縣差探知甲逃匿南市大東門外因到縣投稟文汪令即派差協同往拘而甲已聞信先避矣

投案研訊大〇即墨丁王氏前買林桂紅為煙妓後被鄙人陳幹坊山東寶山王氏聽其扭投法公堂孫讞員以王氏買良為娼二百下臀責五百板姑妓發堂待質在案昨日伊母來局具稟投州求將女領回以便中途夫家擇日完姻官以此亦恐有不准判令退去家仍判再核

旦被向縣〇[illegible]京人王阿四在英界行竊某姓飯館釘柴包探查獲拘押並解英廨訊實押滿期限解在案不料王在押患病即經捕房立即送至醫院醫治延至前日因病殞命當經醫生函致捕房即飭地保報稟收殮

相驗殺命〇昨報紀命案待驗一則茲悉本縣汪令于昨午帶同刑件人等親詣屍場地係小[illegible]死者丁阿二係祇在逃之犯父王某殴斃屍母丁李氏供前夫生有二子一女死者係長次子女兒現欲定親次子欲姓丁大欽姓王以故互殴當時適有本小外甥宋月路殴斃汪令飭件驗得並非殴斃實川[illegible]太陽穴而死當飭棺殮俟氏所稟究封驗具候獲兇王姓即行批解仰候傳訊究可也

介紹捐[illegible]〇張東鼎投英捕房控稱捐公所巡丁王子山朱福卿俟迴因被英生等追索在租界內搬酒十六罈等情聚經英廨訊供在案昨又提傳訊原告延律師高易理師投稱此案實在租界訳內將酒搬去有見証四人可以傳案張供上年十二月間即與俟等督明四船來滬捐洋三十元至正月初五日因風潮後大紙來一船計捐洋三十元不料又被取去酒十六罈內裝先允照原繳復不允情急控究張訊和供是船均裝酒來小停泊與界紅旗浜內有人來搬酒假是漏捐當被取去十六罈不知情由阿三供是船上夥計每日見王子山等搬酒十六罈包探[illegible]現已時滿從貨捐局提案研訊該告律師當請將[illegible]

告各供原價殺訴與徵費以日己過午而之祖君判一併退去訖
伎訊繳案
顧家訴被○而鮑汪令提訊條認詳控與叔明不肯抵單一案判
獲限三天繳洋五百元附車並追息洋一百二十元除俟賠洋三
十元外其餘九十元准從寬免提訊具結了案○又訊丁惠生與
錢有山互控梅婦再醮一案汪令核閱各供以丁沈氏再醮屬實
諒因身價尚未撥交致釀訟端判丁掌嘴四十下沈氏二百板交保
沈氏亦掌嘴四十下發堂餘人退去候示

西歷三月十八日號
（一）
光緒貳十九年二月二十日
蘇報
總發行所 上海英租界三馬路中
分售處
西歷一千九百三年
日歷明治三十六年
每號大錢十二文
外埠價目
每日一寄連郵費全年六元八角
七日一寄連郵費全年六元
西洋加倍
東洋照加
郵政不通處酌加寄費
告白刊例
第一日每字取錢四文第二日至第七日每字取錢三文第八日以後每字取錢二文封面告白照後幅加倍論行論字面議長行告白二百字起碼短行告白以五十字起碼多則以十字遞加

論說

致愛國學社諸公書　來稿

教育會者老大之支那人愛國學社者支那人之新中國也豈其比喩則如是以其實事則新中國之小影也愛國學社者新中國之愛國學社又腦中有新中國小影之人之愛國學社也教育會雖爲掛合的對乎我新中國全體無異一個人故教育會之發起愛國學社發起演說會發起教育會即無異一個人發起一事業此事業之成立共合兩類人集合之一曰教育會類一曰非教育會類即無類者一曰甲乙一曰甲其間有發起類表同情類之分別全無主的與客的之分別者也故既成爲愛國學社即新中國人之愛國學社無所謂教育會之愛國學社也既成爲演說會即新中國之演說會無所謂教育會之演說會也既成爲教育會即新中國之教育會無所謂以育會之教育會也教育會既爲發起人則宜格外扶持其權利以爲發起之事之公奴僕一若有義務無權利也者可也一若有辛苦無快樂也者亦可也一若其事既落即教育會人墮落之又無不可也蓋發起人之責任有如此然此等格外之思想非教育會之心跡可自以責乎小實則有所不可言之明理其實發起之義務常如此而其子孫遂享主權之權利亦不自覺支那數千年之政體其表面載在經典一若有義務無權利者其實情微露現象一若有權利無義務者無非發起者常立于主點表同情者常立客點有以釀成之也若以新學說論斷之則罪在發起者由在表同情者漫表同情於負獨任義務之甘苦投以放棄權利之實禍要知義務之與權利猶佔之與贅雖一名實一物也故天下後世若有敢爲大言而給人曰我孔教務義權利此即附權利之大奸思也其殺之可矣若有妄作夢想欲享權利義務之權利此即失權利之可憐蟲也徒自取滅亡耳故發起扶助愛國學社之說爲教育會以其表同情者爲附洋公學散班之公會以學社成立之發起人爲教育會新黨會以其表同情者爲四方來此之同志者教育會員盡扶助之義務新會員當擔任之義務四方同志盡補助學費之義務遂同享愛國學社爲我愛國學社之權利然後義務非此一身權利亦非此一身此新會員擔義務扶抑社會以獨任義務而四方同志亦當擔義務抑新會會員獨任義務此義務何謂云云乎凡公共之義務當公共任之而已其義務何權利即關係於公共之權利而已其任之奈何則宜任之而已爲乎愛國學社區區何足數哉爲其爲新中國之小影故不以發當區區之學社視之也否則如此之課吾之所宜者以爲教育會新黨之教育店也則此種種小雜貨舖所在皆是矣何必是

時事要聞

北京電〇二月十六日奉

上諭前因京師雨澤稀少茂中祈禱昨經撥有數陰霑未渥沛甘霖尤宜再行虔誠祈禱著於二十一日親詣大高殿拈香時應宮着仍派醇親王載澧昭顯廟着仍派貝勒載洵宣仁廟着仍派貝子溥倫凝和廟着仍派貝勒載濤同於是日分詣拈香欽此同日奉

旨前黃旗蒙古都統著榮慶補授欽此

北京宮抄〇二月十六日召見軍機聯芳

京內新聞〇以貝勒載振平日於漢文並未通順遊歷各國亦毫無攷究其所上章疏均係國子監祭酒王垿代筆

識者惜此次洪榮相收五千金榮相怒擲於地皆其門丁知人曰我必有以報之不數日榮兒戰局矣直撫與直臬說甚豈約計值二十萬左右遂得接遞席仕鋪榮時榮曰我即遣報局進款其大難一撫台亦不能如此今日之世好官不過多得錢你好自爲之

四川督保奏保舉皆爲四川督辦礦路大臣准其專摺奏事以給即衙政府深恐部之不替遂將與事皆以道員發往四川爲道員輕調督辦礦路仍照內外亦不許問部撥款數照之例報助節欵或可照准

榮相拜跪無力起立時殊多不便每日召見後惟仰懇必扶掖之一時猶因扶榮將王文韶跪以掖住致三人同倒於地跪倒殊往援手亦跌　太后大笑

新派議將學榮必有入軍機信息

王文韶耳聾甚甚一日榮跪奏一事不休　太后問王意如何王不知所云但笑而不言　太后問之王曰笑　太后曰你怕得罪人與榮是琉璃班王笑如前

貴撫開督來援巳於〇南京來函云江督查辦閩督之摺案已拜發並未洩漏聞楊文駿在革職之列

勵延攬恤延聞　粵省某遊學生桂撫王之春赴桂勵可後其江寧院案局於去歲接桂撫等情已紀前報茲接皖函官二月初十晚新寧又接該鎮二月初八由右江鎮署發來家信云此月十一日親督隊伍出邊防勦邊勝十餘仗擒斬土匪數百名並兩貴州邊界及白色等處一律肅清於二月初八日回右江鎮署並云天氣北坡地方瘴氣極重俟各內防歸約三月底四月初可以回院云云

欽州匪患〇本報前因欽州匪徒形迹紀當粵撫派李已派所部外出要隘以備剿匪佐英而粵撫那夫帶兵千名竹軒云粵扶陳張俗瑞詳稱督非小京張遊擊成銘戶督非那思日前已與土匪接仗三次奪據數人陣斬十餘人執獲餘賊二十挪惟該處地瘠民貧近年又復失收以致米珠薪桂民窮思盜盜匪獨少皆賊小盜一帶與廣西毗連西匪亦相勾結則後患不堪設想云

又稱品與守備林制往來後營非諒兵與該處與安南相隔十河時有往來鈔北各防營責任尤重云

中國駐各國外交官之近況〇英國駐華使臣薩道義抵倫敦之

第一日英皇即召見非留英閱有兩禮拜至兩日之久其爲難英交際之事不問可知而那彝駐英使茫然不知及有人詢及始恍然若悟似必須往拜者亦爲各國外交上最新新聞

張使隨帶人員有二十餘人之多致誤承有對五成者有發六成者各人亦抱怨之且因此衣冠不潔偶行街市旁人竊笑

張使派駐新嘉坡之總領事風愛乃移日抱恙不能見客故新嘉坡華人若不知有領事者

西歷年終倫敦府尹請客行幼童跳舞之舉西人視爲交際上之親愛張使及其夫人同在座各穿一件極舊之衣故有與人接談即行退避於是日來不潔華人之稱又爲平常談論矣

卸任法使裕庚之夫人爲上海關拌打手美國人之女其母又非美國人故美國人不認有此奧種而裕氏周居然在法國新聞報上宣言曰吾妻女現均爲中國之貴族中人故衣西服且均不樂足紀者以詢閣人究竟裕夫人是否貴族出身且詢求穿西服囑足之家鄉女是否非貴族

中國賠款問題○東京朝日新聞云賠款問題至今尚未議決各國公使已請示於本國政府

撤兵協商○又云直督近日屢與各國領事及司令官會議撤兵事件

天津敎案○又云天津白塘口耶穌敎爲土匪焚燬直督命道員查辦

世界要聞

英軍獲勝○字林西報十七號亞丁訪函云英將史潤根往非洲蘇國之兵已在拉蘇斯脫爾附近擊敗強敵別殺十五人擒獲擊傷者甚多蘇將末拉已往恩哥勝地方徵兵英將孟常在倫刺開夏額占形勝史潤亦與孟將聯絡爲一斯時末拉適居一三角之中甚一面爲衛爾開夏一面爲倍木脫一面爲排利而排利地方現爲附屬於英軍之挨皮新尼人所占故末拉正三面受敵也

英廢帝入覲○又倫敦電云英理藩大臣張伯倫前日在孛經衙姆皇宮謁見英皇及皇后云

英爵回國○又電云阿爾蘭尤諾脫公爵及其夫人由印度歸國現已抵地中海稱爾泰島矣

英國水軍權力○字林西報十六號倫敦電云英國水師預備軍佈告云現在水師之權力富保護而務缺乏之用已足以淡募勸誘水師各委員井亦建言改良水軍編隊制及如何處置本國水軍之事

舉行改良政策○字林西報十七號路透電云俄相國下之委員已在舉彼得堡舉行地方行政部改良各事矣

日增水師○倫文新報云去歲日本政府增添水師因上議院批駁終未成議衆議院因此乃國勢強弱之樞紐頗爲勳念此事尚可望成查日政擬添船艇除魚雷艇不計外大船八艘共計八萬五千噸合現有戰鬪鐵甲船六艘共十四萬五千噸而增添之噸數較舊有已逾其半則日本水師將來可以雄長東亞矣自俄在東亞已添水師今日本又有如此舉動不讓德國水師在東亞等處已足保護利權耶抑尚須增設耶

俄路將成○路透西報路透電云俄國財政大臣威德現巡省於俄屬滿洲鐵路將於七月間可以往來貿易云

又云俄國所派考員領袖者爲內務大臣已在開辦俄[illegible]各省政治改革之舉矣

德增東亞水軍○又電云德國水軍大臣惻爾斯現宣言云德國已從外部大臣之解利去蘇汾之議將於亞細亞加增水軍兵力矣

紐約備兵○又世云得紐約消息此間因中國復有拳匪之謠甚囂恐慌故已預備兵械倘中國一旦有事即可調遣并語如中國再有此等恐於國際交涉上更行棘手也

土國訓練兵隊○字林西報十七號倫敦電云土耳其因俄國與德國官長反對之故已聘挪威及瑞典各教師訓練憲兵尼爲步各隊矣

法意合辦得力風○俄文新時報云法意得力風線早有成議於去歲秒始行創辦兩國政府訂定其線之長約於歐洲各邦之上查德京柏林至法京巴黎得力風線其長僅一千一百十八基羅密達而巴黎至羅馬得力風線竟有一千五百九十三基羅密達其中惟八百三十四基羅密達在意國國地其餘七百五十九基羅密達皆在法國國地此線設於法意兩國須出里茶山別爾士辦梅傑瑞洛運入羅那各地方巴黎得力風其聲較意京情期絲意京得力風公司所用機器未甚精良也

海軍大演習○東京朝日新聞云此次日本海軍大演習參與之艦除中井上大將所率第一艦隊外於目下橫須賀國於日高中將之指揮第二艦隊集合於佐世保軍港作備第一艦隊參謀爲瓜生少將既數日前至演習地伊東軍令長有馬松永阪木等各審判官今尚在京數日中一同出發

參觀海軍大演習○又云參觀演習者奉遣之侍從武官東宮武官陸海軍大臣外省總務長官參謀總長次長各部長陸海軍大學校長其他樂觀者自容不過二十餘名如陸海軍大臣者但觀末後演習則全部參觀者僅十名內外云

提督來遊○又云本年秋季大演習清國政府想必特派遣長江水師提督程文炳於我邦參觀演習程氏者長髮賊之亂立戰功甫後多年歷練提軍督之從事戰爭大戰役極有奏績效日本徵兵制度專心處理督務極企望兵制革新者也

擬大坂博覽會記　譯東京日日新聞○會場　舊臨吳橫濱倣倚日本紀之荒陵德川氏始祖之陣營名茶臼山者即會場也長短廣闊約十萬餘坪雖以勢爲京都之盛不能比也據山控野高低相宜加以鐵路之便四通八達嗚呼誠勝氣哉當其初建時地

形非有如斯之合宜也就工設計利用地勢人工組織至此甚事之苦心經營歷歷可睹迎賓館小賓欵與禮堂正門之右有盆景林從水產陳列館動物花卉栽培迎等館亦在其背後左有工藝教育二館乃米國慈特術斯陳列其令社館其中央讚大之非壇有飛瀑西極工雅之噴水塔而瞭後亦巍然獨立之大美術館壯氣勁撲於其上而騰覽各國諸館盡在目中其樂其快亦至極矣更往觀四方又可一覽全館白堊之建築暄暄然綠瓦之屋鱗次然其規模之大實非筆墨所能形容殆可謂極大建築法之能事歟

却說三月一日之開會也家家懸燈市旗市人之盛興踴躍一時當開館開會之際七時頃入者三萬餘人後者來人波淹溢將門首木柵折去三枝其騷動之狀態可想見况日本橋梁不甚寬闊一來一往所謂肩摩轂擊者也

自大道至會場門首左右右巡査之制同警吏蓋當日第一之勞苦也夕間盛況略述如右入夜中央路之噴水塔電氣機器也其作用時間落下瀑水有七色云

第一大砲○紐約來電云日前在山地曲綠砲台試放新砲十六寸口大砲據國當以此砲為最大者當有兵弁數百名及馬斯丑官皆現為華盛頓下議員紀烈在此觀看紀為下議院派出管理撥欵鑄砲之員連放三響第一響用無煙藥五百五十磅該彈打去有二千四百碼力每步遠二百丈擊三尺寬第二響用無煙藥六百四十磅該彈去遠一千零五十丈遠古路砂將軍謂此大砲甚為合用惟紀議員謂過于重大不甚適用究不若小砲之利便也當放三響所耗彈藥值銀十萬員擬即按置山地曲地方該大砲能擊二十英里之高惟人目力祇四五英里之遠若遠五英里外已非目力所及砲彈雖能及遠恐難命中云爾

各省紀事

江寧○三江師範學堂總辦督出示招考教習餘於初六日在貢院扃試已於日前揭曉十一日覆試茲將各題列下 史學 問北宋約金滅遼而北宋亡於金南宋約元滅金而南宋亡於元然則敵國之力固不可恃歟試詳論之 地學 河套為西北要地今議興鐵路其利害安在說 經學 樂記小成大成說

江南陸師學堂添設普通武備學堂一所特於十三日初次招考題為唐太宗論

江南陸師學堂二次畢業前月選派學生十八名往東洋遊學係隨考察學務之繆總教習同往現又擬派八人至東國右聞俟二月初劉考察商務劉道世珩一同東渡

金陵高等學堂總教習繆筱山擬於附近就高等學堂一所購附貢街為校舍現已辦有端倪不日可以開學矣

江南格致書院開辦三年所有頭班學生今屆畢業特出示招收新生於十七日考試

揚州○運府大郎赴省均忠本初十二日江都吳令亦僱舟前赴金陵

上年甘泉西境偽獸填地方出有搶劫江甘岸商引鹽千餘包拒捕格殺一案二月初九日奉到督撫批文飭將已死之首盜兩犯照例戮屍仰令華文會即出城勢棺驗屍如法用刑仍取結棋首級派差發往犯事地方示衆

杭州○新任鎮藩由常熟原籍繞道嘉興雇舟由小河輪拖駛于十三日抵杭進武林門巡入署即于十四日未刻接印任事

蒙古喀喇沁親王現委派貢官臨守稻來杭采辦桑秧聞共須二十五萬株并向西湖金沙港蠶學館訪求育蠶栽桑各種新法以便將秧選至蒙地種植大興蠶桑之利因蒙境寒冽已訂定每年須秧二三十萬株派員來杭付價領收

杭省武備學堂去冬畢業各生選懸之額前經出示招考報考各生計有二百餘名憑文理懸貨合例因奉總辦伍守諭於本初五日扃試後招覆八十餘名並又于十二日覆試再行挑選

嘉湖○巡警局呂道於本年正月起創辦事船門牌各捐以充經費

巡警局現又推廣在城內設立分局已由呂道札委縣丞孫涵初都司成碩卿為城內巡警分局委員

嘉湖大街溝路及二三街馬路均經商務局於去冬撥欵修築代辦商務局呂道對於縣紳挨造二街溝路每日由紳董右營趙游擊督率兵勇數十名輪流挑浚以防厥水

廣東○前大學堂礦學專門教習美國林德瑞克現與美國某公司之聘來東粵查勘礦務隨帶測驗考驗儀器已於前數日取道新嘉坡航海南來

美國領事官照會大吏謂稱該國商人李姓陞稱從日前有鑛砂運往佛山被該處差役勒抽每千斤索銀一毫請為禁止等情現大吏已飭廣府查明差役有無向該商人所運鑛砂勒抽分別禁復究辦云

粵省鐵路築路之處由城西黃沙過石圍塘以達佛山省則以黃沙為站頭佛則以紅瓦棚為站頭日前工程師勘路之時用藍色紙繪圖凡數十張現復由地方官出示工匠再行丈量仰知須地若干以便向民間購買上月念八日有鐵路公司委員携鐵路形圖帶同差勇至佛山踏步度勘各處公司預為佈告想購地之議自有定章矣

福州○福建郵政現在極力推廣上下游各埠凡有輪船行駛之處無不設立分局內地各處現亦經海關札稅司派設分局及信櫃等以便往來寄遞

近有美國兵輪兩艘由小呂宋游弋到閩於十二日在馬江下椗十三日該艦兵官函到福州美署偕同美領事進城拜會各當道各當道亦到美署回拜聞該兩艘不日將駛往長江一帶遊弋云

日本千早兵艦於客歲到閩遊弋在馬江寄泊刻已開駛矣

時論擇要

三韓東亞冷觀 譯日本報〇西人之滅國也其術嚴必周將俾人無更生之會而無如其政教學術精甚之所發則怨毒皆引人以宗邦同族之思噫此其文明程度所以高絕於現象而為世界公理之機緘也以故吾人今日乃始發利用此師資而大地抑屈不平之事或者天殆假之以一洩云爾抑吾日本者雖曰已行立憲乎而大權在握固依然於華族藩閥之手其士民雖有奧絕之智學未必希與此驟抗行也然自朝幕改革以來倒幕之霸權復古之皇政豈皆受成於士民萬幾公論萌於明治之五誓其時正朔服色律度量衡一切與民以更始巨細精粗煥然視西洋而無二而天下猶謂此皆維新之皮膚未能惟其意也以故西鄉有去位之事已而明治四年徵九州重兵於京師廢藩置縣而封建之革代始成此皆西鄉復出以全力注重之而後有也然其時立憲之政治固猶未齒及而其下革改潮流已四匹蠢動不可遏抑矣西鄉者沈毅偉度意將進欲伸勢力於大陸以張國權以欲革政法於朝廷以順民氣征韓論僨羈然歸休已而有明治十年之事烽烟雖歇而士氣益昂國內岌岌不可以終夕而明治二十年立憲之政治始成一切言論社會悉予人以自有之制而上下齊受治於法度之中矣噫是我日人文明最高尚之希望固未能如斯相假耳然而以觀我西鄰沈痼之始則若何有心者不能不代之疾首而痛心也

專件擇要

揚州師範學會啓〇嗚呼世界當二十世紀之初由兵戰商戰之時代一變而為學戰之時代生於此時立於此國入於此社會人人為造就人才之人即人人負造就人才之責況教育之法因時制宜處若何之時需若何之才則行若何之教育今中國學堂未能普及少年之子弟仍必受業於向時之師勢也向時之師舍教育別無他業亦勢也待學堂有限之師範以戕教則甚及之期望幾窮攘閉關自守之習慣以相傳則腐敗之情形益烈蓋必有逐漸改新之道以為此天然過渡之機所謂欲令一新旌旗變色轉移之機既伊異人今 改革之家即他日文明之祖凡占有皋比一席者皆宜激厲以圖之者也使仍墨守舊章因循不振無有良法與發其知識從蔡未開之民智忘學界之頹靡使英俊之才消磨於不覺永永沉淪蠢封不惜非孔子所謂賊夫人之子者哉且此亦非教師之利也譯東文之書曰變動不居者物種爭自存之公例變其現在之情形以歸於更新乃自保存之道今處優勝劣敗之世界為教習者不欲圖自存之道則已使欲圖自存之道則教之能改良者必為學人所欽仰不能改良者亦惟有咨嗟怨恨橋鍛牖下而已事有必至理有固然為教師者曷亦同念及此耶吾觀西人之教習多由師範出身致府給與文憑方可充選今中國教育之程度未及歐西故改良教法為造就青年之本不揣固陋擬創師範會於揚州與教師共求進步庶教育之法不囿於舊習而取學之士亦不至誤入歧途民智之開可計日而待矣吾聞夏君頌來之言曰揚州人士然趣遠大再歷數年其學力必為江淮冠是誠也吾願與有教育責者共勉之

學界風潮

紀杭州崇文小學堂〇正月二十五日為杭州崇文小學堂續考之期總理徐君左泉所命各題大率謬陋不堪內有一題為越勾踐法威廉論夫威廉係德國創聯邦之君識時務者類能知之總理徐君誤為法國之君當有周某者學問淵博因聞該學堂總理徐君左泉每次出題屢有錯誤然得之傳聞尚未敢信以為真爰於是日與友某某等同往投考不料竟有此事向該總理辨白衆人譁然該總理以為爾既博學如此何必投考小學堂周某謂爾之招考告白內並無學問淵博者不必投考一語今忽變為此語實屬自相矛盾於是該總理理屈詞窮無辭可答周某亦不屑完卷去而之他

本埠紀事

關道赴寧〇茲聞瀛接到金陵來電知新任魏督帥已到寧擇於二十二日接篆故即於前晚乘輪赴寧叩賀任禧

統帶赴寧〇統領撫標親兵營龍鎮葆珊因恐魏沂帥接印在即故於前晚赴寧

帮帶易員〇本埠撫標緝捕營幫帶守府田副將春館近因年邁交卸回籍遺缺由統領龍鎮稟請以右哨哨官沈某准升補

舉領例銀〇去歲本邑中式甲辰科舉人本屆會試應領杯盤銀花袍帽銀兩業由本府許守札飭本縣汪令內開奉藩司陸札准江蘇司咨照江南文闈鄉試例應給該縣中式舉人杯盤銀花袍帽銀兩四兩五錢一分一釐仰即飭傳具領等因汪令奉札後即飭吏于前日傳知新中舉人朱君朋千暨鎬汪錫圻黃德園孫炎培諸永圻六名到縣具結承領云

示禁僞醮〇本縣汪令接到松江府許守札文內開訪聞鄉間陋俗搶孀逼醮如孀婦不從輒串匪黨主強搶或招入贅名為招夫生子如此自亂宗族實堪痛恨等因汪令遂于昨日出示曉諭矣

地販宜懲〇昔年朱炳川與嫂朱周氏因爭僉田產在縣涉訟訊明判令兩造不准擅賣在案詎近日該周氏川紅誤田價舞弊經頭圖地保陸賢仁串通地販逼朱周氏出賣陸得盡數洋四百元事後為朱炳川查知即投縣稟控汪令准詞飭差提陸抗不到案至前日汪令拜客回署經有陸之巴差副役強某攔輿買頂投質汪令喝交原差收押候訊

縣案節錄〇此次在北新涇拿獲與光蛋由賭之徐金行余訓全前晚即奉訊究徐余不認同賭判徐掌嘴二十下笞責二百板與金押候再訊〇北新涇巡局獲賭者蔡博生控唐心泉即王

（四）

氏一案已縣亦由莊令提訊判王氏掌頰一百下交孫領回管束
二百板具結交保開釋王氏逃失惟唐是問
英廨訊案摘錄○寧波婦人錢吳周氏並女孩兩口被陳德昆苗金
桂拐至蘇州女工嗣來上海借小客棧內寄留復將該氏售入某
花烟間被鴇該氏不服經由包探李昌福獲案解捕張讞員略之
美白誘拐判各責五百板押西牢半年遞解該氏與女隻身上海
雖免又入匪手着一併遞解寧波○曾阿四押牢二年之流氓曹炳
福及押一年之流氓湖王阿三陳大毛沈阿仁等在妓間內向新
犯人王阿元張阿連勒索洋十元不允兇毆張犯傷重送醫王犯
傷輕昨由包探方長鄭拘案請辦判曹堂各責責三百板加押三

月
法廨訊案摘錄○上年丁王氏控陳幹夫婦拐去煙妓桂紅除
將陳訊從外桂紅發堂待領昨日其母章楊氏投求給領故在堂
內提出供前夫死後由母親售入王氏花煙間內被陳幹拐出轉
售與王如來來恩斷與後夫楊氏供求領同家探婿丁王氏供稱
有押票三帋出與楊氏求領給還孫讞員判楊氏桂紅一併管押
再核期票三帋追出給丁王氏具領斥退○蔡仁伯前控店夥楊
瑞甫私刻圖章冒取色布七十疋價洋四十五元屢經訊押比追
迄今未繳昨日蔡續來追究因又提訊供實在無力措繳判枷號
一月 責四百板完案

啟強逢吉 ○胡縣垣紳士因客歲初度之辰承諸親友祝嘏今將筵資移助振款爲諸君使[illegible]計文創洋一百元又計君榮
封翁曁文孫[illegible]亦將筵資移助計規銀一百兩古讀天亦氏因鼎閭生產平安洋一百元諸君子念繫災黎情殷拯恤郁伴文而[illegible]
實總行善事以迓天庥福祉之臨正未有艾乞登報尾藉遂頌忱 上海六馬路仁濟善堂籌振公所施則敬等謹啟

光緒貳十九年二月念一日

蘇報

總發行所◎上海英租界三馬路中

分售處

[illegible]

西歷一千九百三年
日歷明治三十六年

每號大錢十二文

外埠價目

每日一寄連郵費全年六元八角
七日一寄連郵費全年六元
西洋加倍
東洋照加
郵政不通處酌加寄費

告白刊例

第一日每字收錢四文第二日至第七日每字收錢三文第八日以後每字收錢二文封面告白照後幅加倍論年論季面議長行告白二百字起碼短行告白以五十字起碼少則以十字遞加

論說

敬琛樂來稿

孟子曰大人者不失其赤子之心者也赤子之心熱心也即真性情也此熱與真之心性常保持而不失擴而充之大則世上誰是大人何來半部無醒之劣種賤行彼世上所謂半部無醒之劣種賤行則世上何者為大人何者為小人人則人耳大小之名不必立亦自然無可立也然惟不能者豈非以此熱與真之心性不能保持而不失擴充而光大乎兩者所以不能者則非性之力有所缺而實習之積太甚耳赤子者何習則不何積習之性力既為所缺習將何自而來而不知親親敬長赤子良知積習之然其性力者本由良知之大門而入父母之教訓師長之提撕赤子可勿聽乎赤子而勿聽則無良知赤子而聽之即為積習積之日深一日即熱與真之心性日滴一日然此熱與真之心性本於天賦然於生初雖日消而究不至全失也其不至全失者究有何確據則觀於酒肆可知矣僕飲酒前觀察飲酒朋友亦知多飲於酒酣耳熱之餘此熱與真之心性必湧現其熱誠有之不已且必達之於舌出之於口發之於議論舉凡時所崇所愛悉而不敢思不敢言不欲思不欲言者思想無不到言論無不透悲憤填膺若不自已僕如是僕之友亦如是飲席之未酣者未至如是而飲席之同儕者亦無不如是有酒後而尋仇鬪毆者有醉後而發氣成事者矣恐不同是非與定要無非此熱與真之心性未全失而發現之確據也及至酒醒而尋仇鬪毆者有悔心矣發氣成事者有悔心矣古語云少杯不亂性此語大謬豈此赤子之熱與真之心性久為父師長所斷喪殺至斯時終得借此鈎時之鈎曲曲釣出反謂亂性斯[illegible]所謂[illegible]不分者矣此乃僕沉湎因而有得之言而不謂演說之功用性感竟有與酒味吻合者遂不必言者昨日教育會在張園開第二次演說會僕亦得躬與其盛其高興無異與多人入一大酒肆也是日會時到會初不過三百餘人後竟不下七百餘人則不惟酒肆之大其酒味之美會亦於矣人口實不然何隣雨而僅如是其盛也時交二點鐘二十分因[illegible]先生[illegible]今天為第二次演說會此演說會為中國之演說會教育會會員不過作一發起人而已中國人多有一分人人可聽人人可演此演說為最要緊的事情假如過了[illegible]亦必須演說[illegible]說云何大序救命而已此演說會正為四萬萬之同胞大呼救命四萬萬同胞其各自救其命亦互救其命而[illegible]下[illegible]一場陳酒甫行[illegible]不飲自醉回後將君竹莊諸君步洲穆君杼齋等諸君絡續演說皆今大勢如何爭在求立推翻前因後[illegible]無孔不入無微不至已甚[illegible]心滿懷既畢吳君又復登壇發一大問題謂地球上將來必無一弱劣之種可以立足其問諸君北謂中國人為任種乎抑劣種乎如謂是劣種也無可改良也則地球上何能容此無可改良之劣種定被任種所殲滅于是[illegible]中國[illegible]外族[illegible]絕非痛陳波蘭印度黑奴之慘禍中國人如果是劣定無可改良之劣種則波蘭印度黑奴之慘禍與中國前此受外族淫殺之慘禍將積漸而一一親罹無可逃避即在目前大聲疾呼一語一淚一字一珠僕於斯時心不知其何痛哭不知其何酸眼不知其何熱而此內行已國之淚竟欲不滴其不能斜睨旁座亦復如是個視全堂均我同情嗚呼噫嘻豈全堂盡是大人乎其赤子之心盡保持而不失擴充而光大乎果何中國之愈趨愈下而成為今日中國也嗚呼吾何感人之深至於此極也然君友徐君敬吾等又續演說途希望與學之切條各無微妙聽者悲憤交并吳君又復陳人為政治動物既無參政之權何以為人雖生不如其死而況今觀學劇烈之關斷無生理更聽了提及教育事則凡事俱躬身體力行揮魄最為緊要故教育會中特設體育一部敬[illegible]同為簽名入心怦怦若不自己回觀滿堂之顏色以悲以憤鴻異夠會之始其本學生而未受體育者即向體育部簽名竟至百餘人之多嗚呼痛哉何感人之深至于此極也僕聽罷回社燈夜甫交六時心亂如麻內熱如沸悲憤填膺念念交集夜眠亦不得安穩自念演說亦數數聽矣亦不過當時慷慨過後漸漸冷安何此次心之凝結不解竟至如是殆酒有淡淡即醉有大小乎然有醉必有醒不過醉愈甚醒愈遲耳而豈有不醒之酒乎果使聽者亦只此一時悲憤說者亦徒作此搖尾狗吠中國前此外族淫殺之慘禍與波蘭印度黑奴之慘禍將過一日近一日而無可倖免但願長醉不願醒僕以之自誦更為我四萬萬同胞日日同誦願我四萬萬同胞亦日日同誦

時事要聞

上諭照錄○二月十一日

上諭張之洞奏特參兩淮鹽務貪劣各員一摺前署泰州分司[illegible]缺陷溺同知綿延恩候補川劣跡顯比姑[illegible]候補知縣[illegible]前署什代人賑私賠大安為阮本[illegible]私收入己利均著革職永不敘用本任通州分司孫列[illegible]性成商情不洽著開缺另補署利州大使陳家慶性情偏執吏論[illegible]著開缺另行另片奏道員倪文蔚前辦五河釐卡務任劣員舞弊營私著該倪文蔚交部議處[illegible]知道欽此同日奉

上諭此次京察一等帶領引見各員內除恩佑潤昌瑞洪森李傳元陳伯仟余維宗[illegible]方培愷恩壽錫麟恒康傳鼎泰劉嶽雲沈[illegible]文斌宗鑑玉瑞張鼎周麟瑞齡賈璜緒厚榮林杜年楊[illegible]吳[illegible]冊記名外宗室錫嘏著以四五品京堂候補宗室[illegible]順[illegible]以[illegible]宗室覺銘玉麒均著以五品京堂候補賀壽玉綸連甲段友蘭曾福元張凡吉陸鍾琦穆特賀袁方韶鄒沅毛[illegible]口李家駒[illegible]周儒臣[illegible]以道府御同成和瑞麟榮慶[illegible]泰如[illegible]大鈞吳允[illegible]穆特恩[illegible]安[illegible]李士[illegible]王鴻承[illegible]白珩[illegible]武錦[illegible]瑞[illegible]

上諭何汝綸俞[illegible]煇瀚江武陵此番潘文冲長開辦鐵路動員華僑[illegible]
帆湖錢塘洲非辦來仝經歷深辦稍餘忠廉文榮陳汝霖著均士鑅榮
清涼璋州厚均着交部從優議紀名以道府用欽此

照傳官抄○二月十九日召見軍機陳璧

惠州匪耗九誌○廣東惠州亂匪猖獗白芒花一帶於上月下旬刦去數十家本月初三四五六連夜復有匪數百名手執快槍擁至永湖城將當店錢鋪貨物搜刦一空排炮列隊而去又到處巡人入會有不從者則焚其居居其人不僅被刦已也計該城中因不願入會而被焚屋宇者已十餘間以致稠是居民頗爲困苦將無天日喪後亦未見兵勇前往緝捕

又聞信勇現有數營已到稔山駐紮並與鎮洋達仍未到惠云

天津整學會館式名單○天津整學會武程擬楷已經准件各僑津函云會中各職事已於本月初九日開會選舉於下 總理方舉 副總理顧文耀 幹事 徐廷俸曾鉞泉俞濟恒郭思督介計 關炳桑錢樹棻 書記王正庭倪兆春

錄天津大公報要事○北京函云宮中傳說此次 兩宮謁陵及保陽院機器有赴河南之說

又云翰林院奉 旨編輯御錦一事在京購得城內南城胡同民房數十間改爲編書館辦公之地

又云慈禧內廷從內監大臣面奉 諭旨因數節有保云自今以後遇有興辦要件須與督撫商議酌核而行不准再如前坊凡事獨斷施行等語

又云官場傳說督辦鐵路飭傳隊於本月二十日來京之說又將因 兩宮謁陵須在鐵路上指揮一切或謂因病辦撤[illegible]門等車站之事

又天津函云營口北隅夾皮溝地方忽起六合拳匪甚多[illegible]擬變其害者不可勝計有匪首倡言於衆曰能擄得所食者予重資以故肆凶者揮拳毆力槍往攻數四亦不悍其勞某村猱伏村民若干人思附殺尾因協發勢凶已有官兵馳往剿捕矣

探聞政府日前接外省電報桂匪已竄至湖南永州及廣東韶邊界廣西巡撫新簽之際又值防務空虛情形頗危急情之詞已略謂江防難剿有匪徒在長江徐州一帶起事之說

北京傳說革黨劉學詢到京仍請舉行國家彩票政府之意頗能

紀駐津國練兵○字林西報十八號路透電述天津訪函云各國扎天津之團練兵已準備北京接濟之用

正誤傳○本報紀此次張之醫謂蘇子山即湖人與詔本報前所錄之非姓名次則謂並無其姓云云今函改以免誤傳

世界要聞

論英國臣○字林西報十七號路透電云大學士稱論及無論英首相致辭名望如何以謂信任政府之心已失或云理藩大臣張伯倫當能閣走內外各大臣之職收辭本信如此則外伯倫從東非洲各國之劃同適合其時也

[illegible]聯約○文函稱[illegible]已聯約協力從事北隣近土耳其海岸[illegible]兩國亦當治及諸國航路之不增貴於商務有妨因而[illegible]介益有所於他國矣

法外部宣言○字林西報述東文報云法外部大臣提出新約在議院宣言云俄法聯盟之事宜於法國政治上并無應取英國現在與盎斯締脫聯約則共以可笑其許摩洛哥以爲自治則亦適以與愛附其利阿利益也又云當德及摩洛哥改良之事提君謂適足以迫歐洲之不和至於決裂也并問在孟斯脫鄰近地方土耳其兵已與比利時兵開戰矣

英佔海島○字林西報十七號路透電云據倫敦電稱英國會館中官據法國官電來函英國已佔據[illegible]於脫立坡利之屬排島此島在地中海革雷得島之附屬排海灣中紙則力言其非確云

中論英法地中海交涉○又傳倫敦電云羅內利君在意大利使署中論意國政府絕不知英法在地中海往來交涉之事且將來所有變更各節亦皆從先彼將稟英法政府則證實證明此等變更當不至與意政府有損害云

丁匠之劣○文匯西報云羅西哥海底鐵路所需汽機火車皆爲英國之貨現已請英美各機匠管理尚英匠較美匠爲優因欲等聘英國頭等工師云

脫國選舉會○字林西報十七號路透電云本月十四號脫京發利氏稱登遂爲大客當選議員未有選舉之人時撫得者有百餘人其中一百七十人被選爲議員以二十四號爲開選

俄國民變○東報云英國亂大臣發密摩著尼群島中兩斯灣之北岸與生得馬爾列格瑞民斯勿列相接兩國設定新海界根據地動員工役二百五十萬磚此工事中造船所一處及建築要塞井廣大的武庫德國以此新海軍根據地若有事與俄對抗者頗起不快之感情

十國新改革○歐洲斯丹達新聞曰土耳其宰相於梅西度尼改革事件十十執行既著手新官吏之選任辦事務局漸有成效於梅西度尼之後興動鐵路工作憲兵隊則聘德國將校督手改革又於奧大利米蘭盛威市增設土國領事館

博覽會參觀者○東報云日本三月入日博覽會入場者參觀覽人內國二萬四千五百七十六人歐米四十一人清國二十五人持優待券者內國人百八名歐米人九名清國人九名持普通入場券者十七人水族館觀覽者內國人三千十三人歐羅巴人一人清國人四名優待券二十二人特別入場券二人

桂首相赴京○又云日本桂首相爲微疴靜養赴葉山於日前三月八日午後三時五十分歸京邸

朝鮮移民○又云韓國第四回布哇移民自二十四名內十七名女子於日前二十八日乘仁川丸出發韓國之布哇移民及[illegible]

委者大久保視察台灣〇台灣總給廠長大久保工兵大佐視察台灣各支廠於日歷三月十日起行

山根正次衛生談〇代議士醫學士山根正次自日歷三月八日午後三時於山口縣衛生談會聽者三百餘名既畢於祇園社內榮舜亭〇懇親會出席者甚多兩會皆盛會也衛同氏者於本日在佐波郡防府演說

扎尼羅河〇日歷三月七日埃及國王舉行尼羅河灘岸中間的者斯塔水堰竣工式此次工費百萬磅與阿斯灣河斯思名水堰相待而完成

河內君會聞見錄九〇若氏君發晤內載列珍玩玉器千金漆器絲絨之屬地既各種並應該工藝局自製分絲毛兩種絲質雖貴而尖紋稀疏不大適用毛質價廉而厚可發不堅潔耐久手工之精比奧外國惟花樣設色則遠不如人外洋花色而忌紅綠交錯丁無雅趣故其用色雖七色皆具而宜淺宜深斟酌配合務使渾和無間至其花樣亦務取大方自然故千花萬葉密不早地而不覺其呆板折枝碎葉隨意點綴而又覺其清雅可愛也廣東花席亦因循已上諸弊而無日上之美故暢銷日不如前此則黃氏所宜細其利弊而悉心改良者也即各既比外洋之機織者為貴而比諸手造者為特賤云價約每丁方英尺値洋銀一元之譜約乎一間非三數百金不辦也平金一項乃刺繡搭牆其式係點本無足稱然其余線之排紮緊貼機關之疎密停勻則實為南省所不及南中所沾多備桌衣靠枕等用惟不十分耐用好之者仍不多珍玩玉器亦友人所搭沽者有羊脂玉碗一隻口徑約四寸高三寸値十元餘數百元一器者不一而足漆器皆川紅漆法用木製器胚薄約一二分裹外以漆塗之數十百次乃厚將寸許再用極細之工雕鐫各式花樣復以漆過之玲瓏光滑珍貴無匹以手稱之輕若桐木此器以百餘年前造者為貴近造者次之中有一器如燈盞高約二尺底面至三百餘元平常所造丁方三二寸之盒子亦取價至十餘員瓷器亦不佳製如景德窰醴陵監等器之蠶絲者名手惟無人過問懸之高閣而已 仍未完

各省紀事

湖北〇十湖北思由廣東委調〇鄂省造歷充各局廠要差獲效楯且與鄂紳綫素不相浹洽已與請仍回粵東候補

鄂中各書肆因開市京幾傳各新書現均紛紛懸掛洋旗或求洋官保護惟恐被學部偵察訊辦〇不能為帶皆解

蘇省〇前者揚州仙女鎮米客與兩淮鹽運司爭訐判省先將揚州府知府作俊參革並將江甘兩縣撤任鶴皋查辦茲因得勢參述同時赴粵桌升任右軍守以緩劾案革將欲上聞乃開與程某不兩立程亦自揣胃昧託請垣某當摺出為鶴皋詞說緩代復功名且謂揚州府任香則決不能甘米論將來如何了結也

張學憲以一鐵機器局漢掛趙田率 負派往四川經辦商礦所置機器局采極購緊要接替頗難北人爰以招來以湖北候補道趙滋彥調鮎兩江候補委辦起岸建築 上諭准行立節屯召組道來寧給以委札並留駐寧江寧府知

江寧 江師範學堂經提學督招考教習揭曉後已於十一日複試茲悉此次招收只取二十名尚擬續考一次共錄取約六十名細考試期大約必在月內也

蘇州〇蘇垣平江書院自去年裁併爲陽校士館後錢經承府向守捐派獎賞按月考課惟後院肄業生窮究經的欵故事由學務的經費內使興辦當奉批准故即於一十六日先行甄別

訴省漕運保案近因大部稍嚴須遲至六年後方可核准故丁酉年保案至今始行題准惟上年海運司員府經[illegible]由倉督專摺列保兒補本班以縣丞仍留原省補用故特同省因知過此

揚州〇城內總巡龐溶現已病故遣缺因速府督省未回故尚未委定

篤材學堂自調令去後並不講求實學必文算學兩科竟付缺如現各學生稍知向學者均多告退

上年兩忙凡在江都縣境至今未繳者十之六七刻下奐令川差催繳並示期三十日一律繳清逾則定千重辦云

鎮江〇前報紀中西義學樓刷改潤州學堂一節茲悉該學堂設於城外孫家巷內報名來學者尚未滿額經理各友現已[illegible]三日朔日先行開學俟有來者再臨時補入云

[illegible]供命以與阻學堂的欵防阻城鄉內外[illegible]者不少且不撥派分招因論流遂一法育勸諭捐輸以充學堂常年經費

浙江〇溫州府紹興縣前創設巡報局溫州現已告設書派巡報學生前往承值由紹興縣范令傳衣管理一切並因處郡離省九百餘里水陸乘程宜由緊要小件當即每[illegible]遞來商民之書絡繹不絕殊形忙碌因本巡報省局總辦鐘道飭當總知縣徐起杼撥派委從九沈思桂為管理稽查[illegible]責成

時論撮要

四種東亞治談 評日本報〇大阪[illegible]

立國之生命云也凡大地國數方略治跡亦然以一族[illegible]過接之維治則北相為對待之情事較之同族者必有[illegible]之懸絕也在身受而或悠久習慣也未之或覺也而至于[illegible]得之人則希有不代為之憤而無聊者也如是[illegible]猶之理測之蓋謂之天人使民必待人控制與亦[illegible]之者噫此北人也北不為文化而獨立自營之民[illegible]矣以故印度亡社之夫凡歐亞各國例不許入其[illegible]於而果有知也否不知其理契居議狀何境也[illegible]而淨土尺滅個族凡大地屬土如斯例者屈指極[illegible]而其子孫顧一付俯思沈吟半晌友之非此哉今[illegible]之總稱皆因世界 日本論則彼黃人者因[illegible]

專以感精之統系相提而印證則夫內人出人強人之三家乃尤爲一母之血屬聯綿固結而不可解脫云云也三子析產其仲莕足以自立其季乖至于未亡而其伯則局促于訓仙之觀宇且昂然自視不知其乃翁之何能矣嗟乎希臘亦兩千兩足之民耳彼獨非古國也哉閱顧有心者一考其歷史而已　仍未完

專件擇要

遊學會章程擬稿

第一章　宗旨

第一條　本會以教育中國男女青年資助有志之士赴西洋各國遊學保種救國爲宗旨

第二章　會所

第二條　本會設本部於天津擬逐漸推廣設支部於各省各埠

第三章　事業

第三條　本會經費充足即酌定人數資遣會員赴西洋各國遊學惟被遣之會員必須實係有志講學而無力自備資斧者以投票公舉法決定並須由本會敦請中西通儒先行考試其學業資格是否堪以資遣所資助之條目如下　一協助出洋川資之半　一協助出洋學費之半　一協助學成回國川資之半　一無力領取出洋護照者由本會代爲擔保具領

第四條　出洋遊學之會員須將遊學情形及功課分數詳細寄告本會並須將本年所學事業札記若干則

第五條　出洋遊學之會員卒業後無論得有何項職業應酌量財力不嫌提倡協助本會以期持久

第六條　本會每半年一次舉行大會每月一次舉行常會本會會員如有遠往他處或有疾病事故者須先期發明緣由並寄達意見書於本會

第七條　本會遇有緊要重大之事須開特別議會者不拘時日可以舉行惟開會時各會員到者須有三分之二方可舉人決事

第四章　會員

第八條　本會如有餘力並可資助內外有志無力之士出洋遊學惟須有體面人保薦並經各會員查實公認方可

第九條　凡本會會員者須專心一意委身從事於本會之事業

第十條　本會立定以後願爲本會會員者須有本會會員二三名以上之介紹援引經本會公議認可始能入會

第五章　贊成及名譽會員

第十一條　有熱心贊成本會之宗旨不能委身從事於本會之事業而或捐助金錢及物品者或以大力提倡協助本會之事業者爲贊成員

第十二條　有位望而又有名譽之人出力協助本會之事業者本會推戴其中之有力者爲名譽會員

第六章　職員

第十三條　本會所設理事之會員如左　一總董一員　爲本會之代表人總理會中各種事業　一副總董一員　輔助總董辦理會中各種事業　一幹事四員　隨時隨事輔助總董辦理會中事業　一會計二員　專司金銀出入之事　一書記二員　專司總務繕札之事

第十四條　以上理事之員由會員投票公舉每屆半年爲任滿改舉一次　未完

本埠紀事

醫署官場〇江蘇糧道某杰因鎮洋縣應解漕米迄來滬解放委滬庫大使陳培基在滬昨日該員由鎮洋上即投上海縣拜會〇候補道尹道國瀾及本埠稽查清道委員程令邦達二十三七鋪徐局員昨亦至縣投刺拜謁

筵讌商公〇上海縣汪令昨日在署設筵柬請出口捐局員李明軒劉樹山兩令及捕盜局改至高昌廟巡局員馬午樓飲宴合讌公務

局諭渡船〇滬南義渡局委員查得各碼頭渡夫裝載渡客往往濫載致有失事前日傳集各渡夫頭到局曉諭以後務照定章每次祗准載客二十名如敢再違定當送縣嚴辦

局訊撞船〇沙船戶莊文發控阿旺前日滿載貨物在浦東浦江行駛詎至中流突將陸阿祥之米船撞損致浸濕白米六十餘石陸將該船夥十人扭入十六鋪巡防局驗實昨解縣請訊[illegible]錯判令交保候收水巡捕查明實情再行訊斷

撤回木牌〇前日吳淞浦鮑君令轉申界營設事假充稽查木牌一律除去當由各山分令包探將該木牌紛紛取回以便撤呈核銷

失孩待領〇英界北蘇州路昨有年約五六齡之男孩一口在途啼哭巡街捕知其迷路因即拘送捕房飭探查訪該家屬認領

買孩糾轇〇浙人馮汝勳昔因家貧妻病將兩歲幼子出與秦某爲嗣秦之家屬相繼病亡僅存七旬老母朱氏耳目不聰無力哺養遂欲將孩贈與秦某即給與孫姓爲子迄今四載孩已十齡詎馮近以拐騙情控秦於縣前經汪令訊明判飭斥馮不應始則拋孩今又誣控詐索至求減價給領判將小孩暫行發堂限於半月繳洋三十元領孩又罰洋十元交保措繳以儆刁健期前洋與朱氏斥訊完案

英廨訊案摘錄〇大同鏢局盛荊事之子盛桂生以周小帆所付之僞票鏢銀念兩赴北協盛堂往取經怡大莊察出交由包探趙銀河送案請訊據供此票乃周小帆所給不知是假故囑人往取致被糾察准英張兩讞員訊斷判將抄候徵安保來案再行于下禮拜五復訊察奪

法界火警〇昨晚一點餘鐘小東門外洋行街順泰海味行不知因何失火經法捕房洋龍首先駛救當即熄滅燬去該行貨物及房屋數椽惟有學徒一人倉皇下樓跌傷時入仙樓昇

(四)、

今[illegible]趙家亦因遭火積薪殘燬黃姓香山[illegible]先生救比人情[illegible]列[illegible]堂日前[illegible]楊氏投訴[illegible]配[illegible]不

[illegible]東築[illegible]燬減[illegible]去被退一間顧問[illegible]後夫王知來係[illegible]以各執一[illegible]押[illegible]又[illegible]

送縣選領丁王氏[illegible]桂紅因被[illegible]等訊仍執前供[illegible]判[illegible]

光緒貳十九年二月念二日

蘇報

總發行所●上海英租界三馬路中

分售處

[illegible]

西歷一千九百三年
日歷明治三十六年

每號大錢十二文

外埠價目

每日一寄連郵費全年六元八角
七日一寄連郵費全年六元
西洋加倍
東洋照加
郵政不通處的另行加費

告白刊例

第一日每字取錢四文第二日至第七日每字取錢三文第八日以後每字取錢二文封面告白照後幅加倍論年論季面議長行告白二百字起碼短行告白以五十字起碼多則以十字遞加

論說

論今日世界學戰之劇

學之爲術至確者也方當歐凡左圖有哲析生理之微芒考物質之蕃變從而咀嚼非人生奉和談戰之役尚至慘烈世鐵鳥金戈彈風雨雨擲生命於瞬息流行血於川原悲壯奇慘非世界慘劇哉斯二事者皆：不同悲歎涕與殆猶南轅北轍歷爲古今無相交之點也今乃謂處處細說之上實演伏尸流血之觀是謂結締康之說將不待智者而非之已雖然苟考究歷古之成迹綜五洲之近事戰爭發發從求成效未嘗不歎學戰之烈其所結之效果最後之勝利實較干戈之禍倍蓰之什百之而未有已也戰禍之烈蓋自有世界之日始而學戰之端則實晚近之文明開之夫上古之世榛狉初開始而人類與物類相戰繼而此種與彼種相戰泯泯棼棼幾閱歲年然是時人類之學乳未發食料之供給甚富但憑腕力爭而據之斯亦受而有餘故但知有戰初無所謂學也自是厥後祿食稍艱始而恃魚獵者繼乃不能不力稼穡矣始而用原料者繼乃不能不習工藝矣雖其時勸學之心猶未及尚武之習然已漸演漸進日趨於崇尚腦力之地位矣及近世民智宏開上之人知無學之不足以立國也競競以獎勵教育爲務下之人知非學之不足以立身也孜孜以研究專門爲業學說之昌明學科之燦備蓋自年來同一工藝也自汽機之學興而每日可製貨數百倍同一通信也自磁電之學明而頃刻可通傳數萬里同一殖也自擇種土化之學精而一粒可穫萬餘顆其餘諸科非皆進步如儕輩數倍其好學深思之力加以旁參博考之功至能測諸星之定質延人生之壽命非特往古耳目所未聞抑亦前人夢想所不到西人有言曰世間雖有最能武斷之人亦決不敢言二十紀以後世界作何景象者因學問演進左右世界其力甚之宏變遷之速有不可思議者存也夫世界二百年前進步極停滯矣乃付無幾時而文明程度燦爛奪目幾有一日千里之勢人生腦力發達之速一至於斯嗚呼何其盛也且夫學業之盛衰熾發皇光大此乃國家富強之要點福澤之根原無端而拔之以戰是以爭安富學者而視爲至危至險也天下事有是耶雖然待我言之今夫天演之公例有二一曰天然之淘汰一曰人力之淘汰萬物之生適者乃存蛇之色似青苗蟬之聲似樹皮沙漠之蟲其色如沙冰海之熊其色如雪非其繁然受生之始皆如是也蓋其色適與所處之地相似故能避外界之衝突衛生之術如是乃宜其不如是者皆幾經淘汰而漸滅以盡也惟人亦然凡今日之繁衍如大環相生相養以息以食者皆天然淘汰之子遺而最後之結果也過此一級則天然之淘汰漸絀而人力之淘汰乃起人力之淘汰者何則學戰是矣論世者分甲乙人種族息爭弭兵致樂私愛和平之局庶保無啟疥癬之憂不復再見而不知彼移其爭武好武之心以勸學育才之事其所獲之勝利所及之影響較諸執槍弭以從事戎行者且將什百倍蓰也　此稿未完

時事要聞

電諭照錄〇二月二十日奉

上諭此次內務府三院奏交京察保薦引見各員除恆啟全發濟良世榮記名外存恆濬啟恆啟延世鈞啟鏞杜文紳崇廉存文陸延齡文洪椿山德恆械與慶桂慶雲書祿都慶樂科魁賀文鑑諸正文保琨口保桂均著交軍機處記名以道府用欽此同日奉

上諭張之洞奏參營弁傳船員弁由日刊一摺鄂建楚川漢艦何心川管帶鐵甲船半日竟不遵奉督撫寬嚴之洞嚴飭科校閱奏功謀竟無實際練兵亦無玩視號令出而何心川著即行革職以昭儆戒餘著照所請辦理欽此同日又

上諭廣西巡撫府知府員缺著余誠格補授欽此同日奉

旨榮慶先在出京所管府旗務著古都統奎裕德著理欽此

不得督門抄〇二月二十日召見軍機部將

大員迎調傳述〇傳聞皇太后擬命閩督許應騤入京一條要屆衙門由督閩浙之說或謂係榮相所請云

錄天津日日新聞要事〇本月初九日外務部遞封奏三件交務處遞封奏多件聞外務部所遞封奏內一件係與各國要款及務處一件係飭各省兵勇撤營辦法餘未詳

翰林院奏設編譯書籍局以來因新署窄狹不敷辦公之用聞現於城內西單牌樓數十間牌樓付給譯書房爲修理即可作爲編書館云

京師貿易課業〇英國進士李佳白先生在六馬路開設尚賢堂已紀前報茲探得正月份課案名次照錄於下　品行　山中寬治　劉季康　司徒衍　許樑九〇各國條約　于寶軒　胡乩衍〇各國史學　鄧璐生　山中寬治〇漢文策論　秦自ㄓ　司徒衍〇英文策論　胡穎之　鄧璐生〇英文特班　胡穎之　鄧璐生　頭班　沈鴻程　張毓駿〇二班　馮嗣棓　司徒衍〇三班　朱方儀　俞乃璜〇四班　龔作翰　秦自ㄓ〇英國文法　張毓駿　許寶蘅〇特班算學　胡穎之　鄧璐生〇二班算學　馮嗣棓　黃德中

世界要聞

英國新定水師費〇字林西報十八號路透電云英國下議院已決定將每年所出六百三十一萬二千八百磅水師經費記錄聞當時贊成者二百五十二人駁否者二十七人於此可見其預算水軍之費附造各艦無異言而以此費爲必要之備也故雖老拔脫則將宜供軍費之事深爲反對惟水軍費記錄向脫則謂此大水軍之費於英國實爲生命之緣必不可少而於歐洲各國則亦爲必需之事自當允許也若各國於此事猶不能寬容則恐將於弭兵之事恐亦不能與其項背也

英國預算水陸軍費〇文滙西報述東文報云英國下議院已將水陸軍費預算計共七千四百萬磅其比前年預算則尚約增三百

萬務亦單提督衙門議宣言云政府之意將用私船以資公需其現所議者爲戰艦三艘巡艦四艘小戰艦三十艘又水雷艇若干且以衆反對者之口而兵部大臣李者今已允改良訓練兵官之事矣

日本鐵路經費〇字林西報十八號日本東京電云日政府將實行去年所定以一千七百萬元作鐵路費之事其款將由日本國家銀行担認當進去年所提數一千五百萬元云

議論英國〇又倫敦電云羅馬教會及屬地之事拓讓英國之教任大臣恐有反動力之險而欲以威力禁制之則又未可故因地而能讓供其役謫足以見其誠服吾英也

宗教爭論〇又云可婚案政府已於扶桑院議勝而宗教之爭尚亦不免然以其國中素弱恐不能相衡也

博物家病故〇文滙報云俄國南部著名博物家來特已於俄歷五月病故行年七十二

德國博覽會〇字林西報述德文報云德國利紙斯台爵省現擬設一博覽會其設會之處因已擇定於本省某山之上築一大室以列各種技藝

俄報館之內情〇據香港英字報言俄國報紙初由俄皇大彼得創行至今適二百年今年俄國各報館特舉辦慶典以祝誌二百年報章之發開其所辦之慶典頗形熱鬧但報館行外之人甚少附和其事然其所以不助慶之故蓋因俄之報律未甚完善致論不能自由故民間以爲報章之旨未足爲國民代表不能達上下感情就以報行內之人而論亦多有未滿意於此律者曾有某報任一論說以次二百年報章慶典將何以祝之爲問題先條陳別報所倡議之得失如何以聯絡報會如何可以倚攜之政策末復叙之歷史次則自下議論此條議者則有矣但未爲至要而別有至要者在其要爲何即重修報律是也又曰溯昔本會有著名之主筆二人均因王爵[illegible]報館得自由其[illegible]政府[illegible]其議既而政府許之當時外部大臣且論之曰許等本昔亦如賓重自由想爲致公所發議且凡[illegible]使人各得直言無隱但爲國家人民公益吾何敢不許然所慮者有欲爲循例之人入報放縱擾亂是非彼又將互相攻擊反唇相稽將何以限制而抵禦之術等均能犯而不較乎即如[illegible]雖受納又何以能[illegible]使[illegible]述之人亦如此乎夫直言切當誠爲國民最大公益若使見其犯便於己則行之不便於己則止之莫若勿開此例之爲愈也蓋以本大臣而論本大臣之罪過可容之指摘若涉及本大臣之得失決不以[illegible]治之等語此乃一千八百六十五年事也迨後該兩主筆亦守該大臣之旨未嘗反執他人之錯己者外部大臣亦從不干預報館之事當時各報館內凡願而悅之欲仿此例後爲別部大臣所阻止遂不果行殊可惜今次慶典莫如重提此例使清議得以行於報界也又俄之報章分爲二類其一曰監察凡俄國各報幾盡因此類凡新聞論說必先得監察官許可然後刊行其二曰非經外務大臣許可勿論所刻何事倘有不洽該大臣之意者即可罰該報現任外務大臣似極寬恕然查其所出之官報言論仍有未能自由即以該士達治報而論其所從之旨論以因平和而亦當被壓力不能直言無隱俄之報律如此不良可慨哉

法韓新交涉事件〇東報云韓國東海道地方之加特力教徒及英沙斯得之信徒之間忽生紛爭本月外務部交涉局長李應翼將查該地事件顛末自法英兩國各派遣宣教師一名韓國亂民怙衆不服韓廷派平壤鎮衛隊二百名出陣將[illegible]平穩法國公使法郎希向韓外部要賠款十五萬元外部大臣李道宰以前月二十三日斷然拒絕法國欲用強硬手段今尚未了

要求金礦〇又云伊太利欲與各國均霑利益[illegible]文致函要求金礦之採掘權

摩洛哥形勢〇又云據丹崎報之公報法軍於二十二二十七日血戰敗後現叛王位者均因路於溪山[illegible]之附近

暹羅法律顧問〇據波士頓來信哈威特大學之法學教授斯得羅倍爾被聘爲暹羅皇帝之法律顧問官

女史遊日〇康有爲之次女同璧爲研究政治學留學英國道過日本英國[illegible]女丈夫之概又女史感明治講話會之聘而來十四日午後三時於神田青年會館說英語演說

河內賽會[illegible]十〇四字[illegible]之正面有丁方殿屋一間亦華人陳設之所內多磁器[illegible]物紅木[illegible]等貨而稍足記者爲寧波床兩張狀如小廳事一間中安一籐床鋪安一茶櫃兩傍各放椅子床之左右後三面圍以椅屏[illegible]以紗紗上繪藍花鳥人物雕鳳凝秋[illegible]黑白元色[illegible]雕以博古等花樣間嵌以象牙玲瓏細鏤[illegible]亦如之內外[illegible]以明角花燈乍見之居然一半截船艙也[illegible]取價四百員一[illegible]百員皆爲某學人購去此貨乃洋國某洋員所設者

合場之極西有安南各山民之屋式有安南土人雕刻紡織陶器諸匠鋪席造傘等之工廠強半榮銅舊法有小呂宋跳舞做一班以藝平常有登江輪船地小爲來客遊戲之具又有小茅屋一間內有安南老人一鼎木作頭紅衣垂地垂手盤立旁有一人以手弄其髮長跪至足背細膩之無僞跡斯亦足稱奇觀已

以上所述祇得其大槩而會內之情景亦略盡於此矣會場本擬西正月杪收場後展至二月十五日各商以買客稍減皆折賣擬不俟完場而歸者有之即黃氏之工場亦已折卸千其餘可想惟黃氏之得貨以爲特色者磁等褒狀兩張一銀獎盤一貨地既也家藏玩器及不合廠體亦各得銀牌一面云據聞貝所及廠東之大象牙得頭等褒狀一張其餘之得金銀賞牌者頗不少總而論之場內貨色之多且陳設之井然有條則亞洲之中實以中國爲首屈一指清國政府派出洋驗洋員三人員赴會場爲各商之照料廣東官吏亦派出觀察員三人道員蔡綱直知府莊績寬知府姚紹[illegible]特派撫署之文案云

各省紀事

江寧○上海試器局總辦一缺近經張督札派湖北候補道趙濱彥來江辦理等情已紀昨報現聞趙道已於日昨來省赴轅禀到矣

仍歸督署委楊君小山赴日本考察學務已於正月十一日東渡日前又委訓導乃賢頒赴東洋會同楊君詳加考察學務事竣訓導來省禀辭即赴滬謝不日想可就道矣

新督魏於十六日抵省後闔郡出轅謁客各官均遞手版稟恩惟李藩司請見時談良久

浙江日報於去冬創辦至新正十一日始行出版不意未及一月因經費不足遂即停止

蘇州○蘇垣米市自各口弛禁內地米糧之輸入外洋日多十日故米價亦隨之日漲本月日來市上交易貨盤之昂貨物之少較前爲甚而門市各價又於十五日按貨各加一百文一石二十日又續再加一碼當道雖有禁止出口之令而奸商之私運則依然如故也

效集近據揚州府屬某民人等投稟上控命盜應須提省訊究惟案証甚多提解非易故特委謝令蘭軒前赴邗江會同余守石麟秉公訊斷云

發鎮李瀆一帶向以銷行內地爲織布絞綫之用爲數無幾故價亦極廉近據各行家訪及海上各洋商廣爲收購故價值之漲已較去年幾加十倍矣

浙江○鳳山門外錢江馬頭以上直至嚴州東關一帶茶葉鹽金前由鄂某等認准承包既因有人爭奪互相加增包數距去歲收數大減以致入不敷出積欠捐款不貲迭由牙釐局派員催提未能遵繳故飭札飭孫令啓榮會同縣拘到鄂等飭行訊追另招妥人承包惟恐鄂踏鄂狡猾敷衍不繳殊包云

紹郡船貨捐局委員計令錦孫茲因迴避新任藩司故已另委候補令蔣舜卿往接代又有寧郡洋藥局局員現屆瓜代擬委徐倅鼎勛承乏已蒙藩憲批飭赴甬矣

溫屬樂淸縣丞缺已委大挑以王汝潘署補該員由都領憑來杭稟到於日前驗到

於杭等處土產烟葉行銷甚廣近年以來葉價殊昂茲忽有人來杭訂購多多益善因之定貨定盤價較往倍蓰據云因此種烟葉質性奇純以新法化學製之可成極品之煙故不惜善價搜羅云

福州○閩省稅務局曾派洪史各委員前往粵省採辦煙葉及土硝等貨已於日前回省

自去歲江寧胡郭兩觀察來閩查辦稅務後風聞所有各項捐款類均歸併各省中各項開銷尤多浮冒於是民間謠言四起中有一訓省垣各街悲所築貯積藏章之小土圍統計不下萬餘所每所十匠需工料錢千數百文而省局報銷至數十兩未知確否

廣東○廣州府閣中學堂頭就廣府發學開辦昨經沈守出示者考又調所得本府閣中學堂經費前撥府署文案辦將羊城外紅義併另擇基址興建學堂內此項工程浩大約半年始可告竣當院既創學堂未立無以饜士人嚮學之心故以習此衙邊街廣州義學舊址派員左右民房先行建闢開辦所有中西兩學教習現已次第仿聘來學定於二月擇吉開學除將外所有肄業生並自應照章先期招考茲定於二月十六日在貢院收錄學生命題考試算等或隸府屬或寄籍貫凡有年齒合格文理通順殷心嚮學並無疾病嗜好者准來府報名及年貌籍貫填冊應考毋稍觀望延候其章程一切悉依大學堂及各省學堂酌辦理合宜遵照云

時論擇要

問中俄交誼如何○中俄兩國之交誼不可以一律論而當以前後別也大抵此十年間中國交俄國以厚而俄國交中國以薄中國交俄國以誠使俄有益而俄國交中國以詐使中國受虧試略言之當中東未戰以前中國兵雖不強而勢不甚而歐美各邦猶以爲龐然帝國未敢欺侮當此時也中國政府未免有藐視俄人之心來狄俄人之事而俄人卒能忍氣吞聲不以分毫貸中國者以中國之威名猶在也洎中東既戰之後割台灣償兵費開商埠環球各國莫不識中國以老大敝中國如兒童而要索之端開矣挾制之術起矣當此時也俄人亦以馴以之交變而爲巧詐之交矣然不可以一律論而當以前後別者東三省密約旣成中國之地俄人視之中國之礦俄人占之舉凡一切重大利益皆入俄人之手此中國交俄國以厚者賠款用金英國尚可通融俄人堅執不移以公共之利猶不能稍讓其他可知矣此俄國交中國以薄者俄國出入貨物不得水利必經沙漠千里鮮能獲利自中國准造西伯利亞鐵路以來商務大興商利大擴即一旦有事東洋亦可以運兵送械利國利商莫此爲甚此中國交俄國以誠使俄國有益者甲午之禍實俄國俄人即以旅順口大連灣爲築要佔於是列國執利益均沾之說矣以威海衛需中國法以廣州灣租中國德以膠州要中國使俄人不索旅大於前英法德必不能要之於後而中國險要如故也此俄國交中國以詐使中國受虧者百畢服下從牛聞抗時務願就所知以對蔡白國來稿

五觀東亞冷觀　譯日本每日新聞○雖然是其公理也殊奧南其爲事也絕機逆知夫彼族遺嗣之心腦尚未必人人悉有耳惟無者之數多故有者之數必特孤蚊虻負山銜埴海移古瓶可就之日矣噫君之言抑付諸滄海橫流無足恥輕已耳凡彼人者亦惟有惟日孜孜強勉從事於其自有之教育而已矣而或者有能以其種類說明之首恐而以行摩西馬哈默呱呱性吞之塞乎來當非鄙人所希也要之彼族今日之程度其種僞敗壞腐獘腐腐之俗尸非伍十年教育普及不足有爲云爲云淨頭同胞勿因我材一已窮試則得少語云婦人孺子瓜熟則蒂落瓜熟落勸受[illegible]業所生[illegible]時時提醒勿少睦睡而已此

公事之陰符莊坦之秘要黃石勾踐語我云今彼人口矜留學哉亦嘗卒業及之歟而或留以余言爲非者惟相與撟隱之而已隔靴之搔不計爲可也

己完

學件擇要

續游學會章程擬稿

第七章　經費

第十五條　本會之經費以諸收入之款充之　一項會捐及月捐之款　二項會外募捐之款　三項出洋遊學之會員學成後協力資助本會之款

第十六條　本會會員酌量自己財力認定會費隨時交納

第十七條　每半年一次作本會會計之支出收入表以報告於會員

第八章　本會會員之權利

第十八條　本會會員一律平等無厚薄高下之分贊成員及名譽員亦然

第十九條　本會會員皆可享資助遊學之權利

第九章　本會會員出會之期

第二十條　本會會員如有宗旨不合自願出會者須將其出會之由詳達總董由會員公議決定除名

第二十一條　本會會員如有不守會章放廢義務或傷損本會體面及名譽者須有會員二三名以上告知總董開會公議或

[illegible]

附則

第二十二條　本會總事務所暫設天津海大道新學書院後教習處

第二十三條　開會之先由總董酌定會所由書記通報各會員

第二十四條　日後出洋遊學之會員宜將所擬出觀之一種報告遊學情形及本會事業或月出一冊或半年出一冊

第二十五條　以上各條可由會員隨時公議修改

學界風潮

客國東京學院退學事○客有自東京歸者談及東京學院我國學生退學事誠有令人髮指者爰錄其語以告我國熱心之志士客之言曰日本有東京學院者西國教士之所設也我國學生肄業其間者不乏人類皆思想發達熱心於社會之士因當學監冠全院院中教習咸敬之而日本學生常居劣等於是因劣生妒因妒生陷害之心而造不得間院中日本某生某爲犯小野堅教心奸險者也自者於無人之際集衆少之履便溺其上追諸生歸見悉大忿同詣教習請究治教習始爲諸生請之迄無應者而教習必欲得其人某生恐洩其事不然揭日於衆曰我日本人素文明夫豈爲此野蠻之舉動者爲此野蠻舉動者必支那人也衆生深信之我國學生聞其語愈怒有不能於離行者互相究詰衆咸說聲白其誣從與之力辯曰本人見我國學生不可屈遂欲設計辱之復揚言曰支那人既不自認可延留士設其下從情況當尤辨矣我國學生恨其語且念辱我一身何異辱我四百兆之同胞悉辱之以我十餘人遺四百兆同胞之辱他日將何以對我國乎遂力抗其議日人說其勢孤欲以勢力壓制之我國學生誓死不受屈卒致格鬥遂相率而語曰吾輩受此奇辱胡忍鬱鬱久居此設教習聞我國學生欲引去知非所爲乃出謝學生願仍留院諸生曰此事與教習絕無干涉日本東京學院學生野蠻達於極點吾不屑與顧設此院者西人也其給在西人之放縱若欲止吾行非西人親至引咎不可教習請約期日越期不至我國學生遂相率出學云

嗚呼聞此事者孰不疾首痛心於日本人之無禮欲得東京學院之學生而洩其憤哉而記者曰是何足怪是何足怪日本人爲同種究非同類以辱加我云胡不宜君盍觀去年之南洋公學澥溪公學與東學堂今日之京師北洋諸學堂奴隸其同胞壓制其主人翁猶之漱飲器（此語出之南洋公學某教習某教習曰吾輩皆公學生時須漱盥盂以此爲相爲教育中國之本亡安可得乎裝水煙者乎（此語見新民報）夫以同種同類同胞之兄弟尚相壓制相敵殺烏能禁非我同種同類同胞之凌辱且吾聞之亡國之奇辱者千茲已將三百年而未嘗知辱豈于二百餘年後如死之灰燼於之燄忽爲外來之火燒而復燃乎如其然也吾祝四百兆同胞洗其辱吾惟望外來之壓制日加其烈也

本埠紀事

縣署官辟○福建候補知縣郭令陸生及北新涇巡局員王燮之昨日朱後至縣署拜會

奸商被拿○閩江提查得滬上每屆歲辦漕米有奸商王子香與子和二人包辦各縣漕米從中勒賠把持居奇以致胥吏與生員堪痛恨故札飭查拿札汪令飭差從而王已病故紙將吳于和於昨日拿獲解縣候訊

日食分數○三月初一日日食計江蘇江寧府日食七分初虧辰初一刻十四分食甚辰正二刻十二分復圓巳正初刻五分

嚴查船戶○南市工程局總辦會守日來訪悉浦中每有不法船戶糾衆賭博聚賭抽頭實屬目無法紀故於昨日飭水巡捕嚴拿以懲刁頑

拘獲賭棍○浦東塘橋賭棍周東興近日每夜糾人賭博致有薛局員訪知親率兵勇前往將周等三人拿獲押候訊辦

召領屍首○昨日上海縣汪令發出召領屍告示一道略謂去年九月十三日第二十四保二十四圖地保宜良卿報稱陸家嘴浦江撈獲無名男屍一名當經前往驗係受傷身死當即棺殮封厝訖一面申詳勒捕在案因日久無人認領爲此出示召認俾屬親年約三十餘歲面赤鬚麻無痣身穿元色縐紗棉襖白布褲帶藍布彩褲足穿白布襪元緞鞋

縣訊命案○鄉董計某之子文階因賭鳴令沈阿秋殺阿莊殷傷閔阿皮斃命一案茲役拘到計等三犯於前晚升堂訊沈

唐二人受針賄囑不認與阿坤供與尸由館行反實並寧領四十
下始一一供認復詰沈唐始各含糊招狀及與針文階妥供阿庚
料梁販鹽□蕉花園之茶館賭博曾去喝明並來爭吵汪令命與
照前復供一遍計遂支吾祇供阿庚死後□有案子明等勸心津
一百二十五元由秦付過尸次兄閔三六而尸長兄閔逆叙復問
沈洋不炊虽拉禍啟閔進叙供阿庚被針喝案見殿事後由阿庚
供知次弟一六得洋一節均未知曉汪令謂爾與由弟俱為販私
殊不安□惟計犯賄賂囑賣求免飭給還叙埋葬洋六十元與
阿坤從三百板沈□各責二百板四人均交保判兩造各具切結
候核

搶洋鳴□○□家宅□太昌煙紙店學徒某甲前晚八下鐘由該
店主命其携洋二十元出換小洋當經□□□附近□遇無賴十
餘人搶□□□逸□□報捕□拿

擬洵失火○順泰□行超火燒斃學生馮筱甫一名昨由法公
堂傳到行主秦少齊供稱是晚從何起火實不明白其時總間家
中以致不及施救焚死學徒現已成殮並保火險銀八千兩本貨
實值銀一萬餘吃虧不少□□□□□本應宣□給金學徒焚斃究
予兩洋若其結從寬擬邮遣之父親如遵千究

洗廨訊案摘錄○林少亭扭沈福卿至案稱控首向沈定購棉花
二千包被俟漲價沈即不交現該□價沈須貼洋一千五百元案
追沈供因定貨時未收定銀故不能作數判兩造均各交保限一
禮拜理清○華王氏稱伊夫與弟華潤伯及管事趙文國吞沒故夫
股本之小東門外稻香村茶食店股本保險銀一千兩迭次判理
尚未了結昨日氏又投迫□□案□供所□保險□□去寫下
詞銀祇存銀八百兩股□算氏之故夫只有六股判趙給氏銀
二百四十兩限三天□四候核

(一) 陽歷三月二十一日

光緒貳十九年二月念三日

蘇報

總發行所◎上海英租界三馬路中

分售處

西歷一千九百三年

日歷明治三十六年

每號大錢十二文

外埠價目

每日一寄連郵費全年六元八角

七日一寄連郵費全年六元

西洋加倍

東洋照加

郵政不通處酌加寄費

告白刊例

第一日每字收錢四文第二日至第七日每字收錢三文第八日以後每字收錢二文封面告白照後幅加倍論年論季面議長行告白一百字起碼短行告白以五十字起碼多則以十字遞加

論說

論今日世界戰爭之劇　仍昨稿

雖然此亦非盡人之得已也勢使然也今夫封疆之畛域有定界出物產之精華有定額也而人口之增殖無窮昔歐洲列國常以獎勵產子為有益於民生者如英人有兩子以上者享免稅之特權法人貧家有子七人者准支公費以教養焉此皆當於合甲以救貧賤自十七世紀英人馬爾薩斯著人口論出驚而此制乃廢焉馬爾薩斯之言曰人類繁殖增加之率常突過於食物增加之率食物之增加以術數級數（即由二而四而八而十六）人口之增加幾何級數也（即由二而四而十六）倘無術以預防之則人滿之患必不能免而戰爭自殺之風將汎濫而不可遏此論一出全歐耳目已為振動嗣有達爾文者繼之以生物學家經多年之閱歷搜羅無限之證佐大倡生存競爭之說以為地上產物之數較諸其發物育當必過之使有出無滅則一雌一雄所產之子孫一千年而將足立於地球矣以有限之土生無窮之動植物既各愛其生矣不出於爭將何獲耶然萬物競爭矣類與類之間爭不如同種競爭之激烈蓋各自求其所宜之食料則彼此不甚相妨如虎之與牛猿之與羊及人之與蛇其競爭不如虎與虎猿與猿蛇與蛇也大抵愈相近則其爭愈劇人與魚爭不如人與獸爭之甚也人與獸爭又不如人與人爭之切也其範圍愈大愈深愈迫切較馬氏殆為過之以故近四十年來戰爭也進化也殆為優强勿為劣弱也歐洲各國下自小學校生徒上至卿相耆宿莫不以習此為國學術界政治界之方針以為之一大變於是兵行强制教育者十人九矣智勇者發明新機者故常有數千百人矣凡此諸端皆質然為之徒擲黃金於歲牝乎蓋將以為戰勝之具矣飢之誅欲與他種生殺之權給付伊擁使為已族中物也此其腦力之安手段之捷因腦力幼稚之學術黑暗之他族人所對之而滋慄者也或曰信如是則救亡何弛武備矣今乃海陸之兵車容山立鉛職之掛燈鉄川流卽又何也曰凡人類不外兩種一曰尙武一曰殖產此兩者皆所以為戰之具無論何盛中皆同時並存不可偏廢者也雖然其時有文野其力之消長亦隨之而變遷其在前古野蠻時代以戰爭為常以平和為變凡所以重兵者者薪以發兵而已是為尙武之征其在晚近開明時代以平和為常以戰爭為偶凡所以飭兵者皆藉以衛民而已是為殖產之征夫殖產者所以强腦於强腦力使其智識益高而科學戰亦益烈也今日世界因赴於開明之會也假令生斯會者仍以亞立山大之志為志成吉斯汗之志為志無論志之莫能成也就令雄才大略拓地萬里然使士之榮譽雖增而國民之實力反減一旦有鄰國者起運其精敏之思想出其精能之藝術與吾周旋則吾國民之失敗也必矣是雖擴有形之戰勝而流為無形之征服也歐人知之故自滑鐵盧之役以後但使無涉均勢之局不妨自主之權者皆以和平了結之約束堅明贏戰少息其或馳兵外域冒險遠征者則或以兵戰為學戰之先鋒或以兵戰為學戰之後殿要其著眼注意積慮處心固在此而不在彼也今日大地兩相為歐人佔據者三分之二全球人口十五兆餘而屬歐人者九分之二問世界之資本家則悉頤頤了其主人翁也問世界之工商界則倫敦紐約其中心點也而奇精之肸膨脹之力即就日前論之蓋已不可思議而況乎其機長增高日新月異而未有艾止　仍未完

時事要聞

京奉路線○榮學堂工程係由東河與木廠包辦前撥一萬二千金有樓房二區又有養病院等處現已與工約日那許之後不穩於五

永平七屬礦務改歸官辦於正月底之局現閱其銷數太滯虧欵局訓三月以後如果無效須將各委員司事薪水停給

某學士創設工藝局創辦成效近因北奧來台非開大府延請宜設總公司以作保護原料之設以便米商戶皆可運物赴台某中堂核題其詞

又每次外國奏台辦商社貨者由稅司彙備七萬元為照料津貼之用將年赴英道道行文稅司擬加給七萬共合十四萬之數

張發行期○寶券共二十二日交卸九件奏准於二十五日東發赴鄂由信陽州火車赴京陛見

京中會黨十九號（二）日前辦捕局拿獲會黨閏榮平梁鑫劉王政蔣子山陳林蘇居漢木容其吕等九名已將其搜收押大概其首領有杜與蘇德滋文劉福等五名則未獲搜查拘押獄所云

又此次被獲會供稱積成發帙其中起事始末皆之甚詳容俟訪明續登

磁河南磁州公司○新公司在老牛河煤井現已開至五十丈八尺尚深尚未見煤擬聘礦師測勘其非難掘至六十四丈始能見煤現該處將廠名曰哲美生廠查此公司發辦為名之也惟外人不知者每稱之為灤煤礦云

熟鐵公○道自王至大王莊一帶鐵路兩旁地畝有許多為鐵路隔斷以致不能耕種特與公司商議准農民於割種時在鐵路餘地走車現已於國貼說帖出示曉諭矣

陵差巡警保定站至涿州河溝錢天津日日新聞云兩宮謁陵凡經過地段之巡護兵隊分派列下　城門至永定門段歸步軍衛右軍護衛迎　北京至高碑店路段歸　高碑店至良谷莊步軍保定路常備軍馬隊（孟恩遠帶）高碑店頭站前稽查至良谷莊非數軍一營　行宮宿衛自強軍四營　保定行宮宿衛先派巡警兵二百名　衛隊由保定常備軍各營弁兵各學堂學生由車站至城門跪道迎送　入城武備右軍二百二十名護旗八面（王懷慶帶）常備軍步隊四百名龍旗十六個攝政又保定

行旨另派常備軍一營宿衛其餘馬步隊並武衛右軍左翼及接應砲隊全行備操

得東京電云日本大博覽會人類館已將中國女煙鬼足等類删除汪監督＊變已於十五日電告政府

肅親王辦理工巡局歷年餘所用之件均係借用九門提督衙防緝隊伴統轄軍由日本考察警務歸京付諸工巡捕分爲二局政府諸公殊不謂然近聞肅親王奏請另設內防城云政府諸公仍照前例將來須設關防之時關防文曰各條街道工程管理巡捕事務依舊合爲一事

榮諳倫公主於女學堂事頗爲注意將來洋文教習均用日本英國女士 皇太后甚喜擬即派公主爲總理云

會議關稅用金事○字林西報二十號北京訪函云本禮拜二北京外務部會議時法公使奉法國政府之命申言各公使應允照中國政府之請徵收關稅當用金爲本位俄國公使首贊成之惟其餘各公使則均不肯允中國所請云

奏會改期○字林西報二十號福州訪函云因日內天氣未晴故變會之舉已改期至禮拜六下禮拜一矣

世界要聞

宜智中國賠欵○紐約報德京柏林來電云德國外務部大臣李起叔於在議院答問預算委員時宣言中國前兩期賠欵已照銀數付出但前已公認用金數給還惟此時尚不能照行若各國若已允中國用金數徵收關稅之議中國政府亦自願照金數交付賠欵故對下各國討論此事紛紛未定云

商議整頓軍務○字林西報二十號倫敦電云英國下議院整頓軍務之事保守黨猜測欲裁汰防兵三千以求[illegible]發之兵惟發戰艘等則欲更改新式兩兵務大臣李老[illegible]絕此議當時非議者二百四十六人認可者祇七十三人而該議遂決

移充非兵役○又云憲黨所擬預算委員已爲省經費十五萬磅爲本年兆責諸北婦之費矣

抽收人口稅○又云英屬大首相衛那列特洛利亞已札飭下議院凡中國移樹該處之人每增人口稅自一百元至五百元金其餘又船主欲搭帶中國人移居該處者須能担保其此項稅則方可也

英設副領事○又倫敦非電云英外部聞議君在議院宣言因德國度尼地方擾亂情形已將於該處芒納伊貪地建設一副領事矣

勝准運河條約○字林西報二十號路透電云英國上議院已允准哥倫布人與那買馬河條約之議其事詳見本月四號本報

南美變故○又云南美安瓜亞人組成革命之衆北勢頗劇甚已變趨會猝矣

希國衛突○各日倫敦電云希臘國皇與諸大臣衝突之勢甚危爲海內有心人[illegible]此變將爲激烈近兵務大臣有函至國會欲斥革親王元帥之職函中所陳頗形憤懣之心云

英國新艦隊○東報云英國海軍大臣演說曰政府自審堅築海鎮割西亞非利加艦隊新組制艦隊名爲大西洋艦隊助南亞美利加東南岸艦

加拿大大西洋航路○又云加拿大政府特定大西洋之航路公示勸人入股可應募東船船之資格有自十八拿脫至二十一拿脫之速力擬爲英國人之所有且其船舶途中得寄椗於外國港灣

東京工業博覽會○又云工業館東京博覽館日曆二月九日午後二時開館陳列之模様比他府縣不僅爲優以其特色種異彩有使觀覽者注目處

亞丁情形○倫敦電報云亞丁內地情形甚不妥當英國駐紮官赴附近地方觀察爲土人反抗不得已遠離十里以外之地

日本大饑○又云日本東奧地方青森縣饑饉之慘狀筆難盡述因天候不順米作水田作共告凶歉農民食草根木皮命如朝露今草根木皮漸又缺乏頃刻死亡而盛文明時代飽食暖衣之世之民幾夢想所不及而此不在天上不在地下我東北人民演此慘澹之大悲劇吾輩空拍手傍觀其奚可耶

青森縣饑民之激甚如此猶計北津輕郡之一部上北三戶之全部迄今秋不得糊口者人員約四萬以上云最著者上北郡總戶數首五百八十七人口四千八百二十四昨年米作四百餘町僅不過十四石千三百七十二人迄今歎可留生命者僅百人內外

鬻腦誌異○紐約政府者鑑出售若非密布可以不用封查移送自稱代表[illegible]此等情義願奇中給三小孩唯其組徵作泡形一誹云以手指之該小孩能作聲云

留腦待驗○紐約加拿大有貞固士勿者博聞強記著作等身今遺體在已遺囑將其腦[illegible]其死後可剖其腦送交美國哥尼路大學存俾該學生之考驗云云蓋西人嘗謂名儒碩學之腦必與常人異故欲以生平所成自有可驗故捨此腦以致人見聞也以此等亦在常人間知則無不謂人自戕遺體而爲至愚矣不知西國風俗殊不相然以能犧牲其身爲國民公益爲上爵皆聞其人異某世界之慨手不高倚厚祿以自養無所成於同此待遇獨死後將其屍化爲灰置於某某地田中以爲如此尚有一點益人之功勞與草木同腐也似此雖非正理而其志趣亦可敬可悲但不如[illegible]位而負國負民者則知有動其愧心否耳

來函

[illegible]

四醫浩東來函○敬啓者昨見某報論[illegible]者一節不禁欷歔那國敗之現象至此[illegible]而可謂極矣然其中感覺有不得不揭

數十年來所未有抑亦二十行省所未有近年以來若劉鍔韓之縱子納賄余誠格之臥治數月一任革潘榮伯衡劣耕洪引之等貪缺實病送任後沉到浙接印甫數日即委其孫婿姚某爲山陰表弟爲某鹽務洋廣鹽局其他任用私人一年之間指不勝屈去秋自知謗讟四起紛紛懸杖告退而去誠果良謹院後首先以賄賂紛紛相爲升任如步又作移京中燃逆炭致左支右絀不免稍稍斂跡若宗子材以知府署督其明識然尚知愛惜聲名不敢大開賄賂之門院遣下藩司一缺無人接手遂藩之迹司積幼受召以補缺勞而選缺爲缺搭而運缺肥始而閭肆既又願張撫者之緯號曰胡天錢申子久已退選兩名無事實述其到任後即與幕中某某串通作弊先屬其羽翼出外佈語督謂某缺當更動須送若干可免某缺將調浙某缺雖不撤調亦可想法須送若干即日懸牌兩列一單四出兜攬於是以賄免調者則有蕭山縣李蓁送二千長興縣畢詒策送六千武康縣程忠韶送一千海甯州鄭文魁送八千其餘皆疑信參半有欲送未送者有決意不送者遂致不問其實缺及署事之別濫與否一槩紛紛調省王家駿先以千五百得署慈谿繼又送四千黃竟於交卸之前一日懸牌補王慈谿實缺秦椿送二萬亦於實交卸之前一日懸牌補秀水實缺先是秀水病故出缺謝希傅以萬金得委署繼又因付款糾葛適有現任樂清何士循以夜驗省竟欲調優缺亦送謂之數實以現缺竟許調已委之秀水改委於何而追還謝之委札並擬還謝已付之款一時傳爲笑柄他如下燮以萬二千得署諸安何啟森以萬二千得署平湖趙長保以八千得署山陰趙協榮以四千得署安吉劉恩亭以三千得署嵊縣孫啟榮以三千得署太平史揚乾以二千得鎮海船局徐鼎勳以五千得調常廣局侯贊森以二千得補船貨捐局丕堯禎以二千得署水槽鹽局余寶瀧送一千於黃交卸之日委秀水鹽捐局以上皆彰明較著繼國皆知且經爭議付有人尚有鹽務及差雜之延調者亦以數十處計無一非賄甚至藺捐一差年例須三四月方委者黃亦于交卸之前三日一一實去可謂搜括無遺總之黃之索賄是其長技不然何以宦至百萬中江某大參肆亦其開設其爲人祇知有利不顧廉恥特是將缺以行賄而得必無清廉自矢之人又安望其盡心民事之舉辦新藩之未蒞數萬無算遺庚子之北方近日之粵西此可爲失聲長歎者也今者黃已交卸誠亦將去浙方百新來藩中丞未至似有整頓之機姑拭目俟之云云

各省紀事

北京○太學堂師範館洪字號齋長杜某記過革去齋長又督學大臣牌示廣東舒送師範生廖忠傳一名定於本月十六日巳刻赴本學堂聽候點名覆試

兩宮恭謁西陵須由永定門外趕車現擬在離城半里許地方建造戶台行宮以及王公大臣休憩之所約須佔四十丈之進于是將附近一帶墳塋挖平尸骨滿野兩門始見有人會作拾塋合裝一簍包內目下包已積數千之多掩埋何處尚在未定

日刻有日本佐木君向某邸商議擬在北京設立車捐公司大車每月捐一元人力車每月捐六角尚未議准

西便門外附城一帶坟墓甚多此次因修御路須益勘估地然并無私佔坟地挖棺擲尸骨之川文無如奉派之買地差役任意勘佔各坟主無法情人關說許以洋銀若干元免佔猶塋差役人等已允其請每塚二十丈云

陝任浙江按察使樊增祥本請入都　陛見後再赴新任昨由陝甘總督專摺奏請新任按察使許涵度□陝赴任以再行入覲

天津○自該頭私鹽後官商運鹽至津不派有此數商民人等亂爲希□之物遂有起意販運出境借射私利者聞近日業有一班人僞爲小本負販逐日私運其運法則服將數貨至西營門外大小閘等處積聚又進城一人十次則便有七八十吊多十人十次則便盈千以是市面現錢空虛幾至不可支持云

歷屆河冰沖後南輪抵埠者帆檣林立貨物壅屯本年南輪抵津者較上屆不過百分之十五輪船亦不接聯而至蓋藥特甚稅項爲之銳減

前任日本駐津領事官鄭永昌君解組歸田已經兩載於日前由日本航海來津僦寓紫竹林日本郵船會社聞不日擬赴北京一遊云

江寧○新任魏督於日前到省[illegible]均以優禮相待十七日出轅遍拜文武大小衙門親自謁步雖以藩臬之門無不親莅

兩江所屬文武各官因新任魏督莅寧接印均紛紛來省其見轅賀且來省稟內外冠蓋紛紜多有應接不暇之勢

蘆漢鐵路自接至信陽州後工程殊形延緩聞張江督以命試在運公準不便驗飭臨工員勒限二月內將鐵路接通[illegible]以便多士趲程

蘇州○蘇垣中西大學堂及府正館中學堂均設督辦一員至長元吳三縣高等小學堂現雖招考生徒以房屋尚未竣工故迄未開辦其總設督辦現已改爲總理由陳觀察介正途知縣劉令欽雅充當將來開課時三縣錄取學生均須聽候總理考驗

蘇省道建李文忠公專祠業由監修田守勘定元和縣屬之虎邱山塘刻經田守鳩工庀材給價劃界矣

鎮江○長道批民人王漢田稟詞云此案率稟督憲沙鉞該民人原稟批示抑道已由道照會駐鎮領事轉致布沙的輪船管駕官剋日極明帳據乘公照章償卹一面函請會同就近僱前商辦以期迅結而免再延並稟明商留憲鑒核云

壽州○壽州院試於正月初六日齊集初十日開考童生論題係唐太宗樂譜道曾祥瑞有不解題義者以唐太宗乃一人樂譜道乃一人曾祥瑞又一人仿史書列傳將作三人合傳者又有不知

諸道二字之義者以為道即借退之貸文中即以此錢立論海生不及千人而錯解題目者聞有三百人之多

總宗師在太平府考試某縣某生卷有以耶穌孔子並稱者總公訓為侮聖將某生發學戒責若干

安慶○皖省各屬保甲向歸地方官兼辦茲撫帥就臬札委佐班微員分赴各屬辦理保甲以資津貼

皖岸蕪江口捌江砲台年久失修茲經撫帥委員勘估工程日前已札委和州牧張令其從速工修理

浙江○浙省仲於去年采辦木料入都以供庚子被毀之各部院衙門京修衛川館巡撫前茲又奉到部文飭即趕解長木一千餘根俾支撥速放札委候補牧某照數運辦即速至上海裝輪赴都由大水解入都城從內上交由內地按驛北上不但迅捷而又稱延誤也

蘇州去冬匪亂附郭府屬於本根首領某某投誠後但押府署大獄惹有姑息不即正法者茲刻仍將伊分水一帶重行嚴拿逃匪劫掠前經各部已均撤回惟留數哨為守護教堂之川兵九孤單一日有餘殊覺可慮云

杭州○省江僧設鐵路仲各行舖演劇其中捻取微利例一律緊趕交局組推辦數[illegible]自去[illegible]被騙子弟少生目得長均續辦[illegible]劃一百餘員向風氣概兒合旋至此辦畢對至上即被駁斥以致兩造不服設非楼遂協同包探緝獲匪黨[illegible]合出示曉諭云

銘已某紳[illegible]一艘往返運砲而僱假火輪船停輪之處[illegible]行爐船將來輪船更多

廣東○省河新築堤岸已於十一日興工茲將新堤填築寬狹情形列左

一由川龍口起迄西長七十八丈填寬十五丈再西至觀音廟水界止長四十五丈四尺填寬二十九丈

一由觀音廟水界起至東濠口止填寬四十五丈

一由東濠口起至打廟止即今八旗水師營舊址界之東利水稽流口填寬五十丈再由八旗會館橋界起直至首條馬路頭填寬二十丈由首條馬路頭至三水埠頭碼頭堤岸止填寬十五丈

一由齊堤基址沙面止填西下機海門碼頭北填寬十丈

一由沙基海門碼頭起迄西至濠畔對珠江大船馬頭邊填寬十五丈復由濠畔大街起築至四十丈至米埠外現線而至黃沙止云

又省河新築長堤開街建築業已竣工所有一切即於日間開投其開投築路工人[illegible]其承辦司理人約於初十日開始限地面招工約名每月工食銀十元調從東邊川龍口先填築至馬頭為止[illegible]亦年內可以竣工也

時件撮要

[illegible]研究支部附設之青年會敘○危乎微乎我生之後乎天不生我於閉關獨立之時代而生我於五洲大通之時代[illegible]而不生我於五洲大通時代之英之俄之法之德之美之日本而獨生我於五洲大通時代之中國我非崇拜彼英俄法德美日諸國至於捐棄國而從之而無如猶我中國之人方乎哉茫茫乎盛德香黑不知世界諸國今日何日迫論國勢迫論政俗設論學問雖然此豈中國學究之罪而亦國民之罪也即身為國民一分之學界青年如我輩亦與有罪也自吾黨志士持海上教育主義而設支部於吳社今者揚諸青年學會之設舉手贊成者以百數嗚呼歐風習習亞洲深漫獨人[illegible]出於東睡我錦繡山河之前途如海賢誰之初無本我神黃胄同胞學界之責任與有責耶時乎時乎不再來朝為英少年夕為成敗老及今日而改學揮其新機關而研究之於將以為二十世紀之新人物乎走也不敏忝為之敘章程具簡章應守如下

一本會由教育支部會員提倡專收十歲至十六歲之學生名曰青年會

一本會目的專以開發青年智識成爰獨立之精神及發表其愛國心為主

一會期每月朔望二次由會長命題學生臨次考驗分別優劣

一演說期每月逢十計三次月小逢九先由會長發宣講學生按期輪派五人學習演說

一會期演說學生既抱文明之思想尤須學習文明之規矩如有嬉戲擾亂會所和平之秩序者公議撤退

一會所暫借川沙[illegible]教育支部會員中公舉會長

一各學生報名時必須[illegible]如自問不能遵守者早自引退

本埠紀事

保留砲師○[illegible]前任電防南市製造局總辦鄒道[illegible]得防知砲教習胡爾森十總赴[illegible]另有[illegible]委郎[illegible]接電後因炮教習一差且下前經[illegible]委故電乞[illegible]保留一年

局批照錄○淞滬厘捐局督辦朱道批伯許[illegible]北不一道云附監生施毓秀與批沿[illegible]該生[illegible]分別代繳防撥[illegible]明縣詳複以啟生執鈞即秀生[illegible]名本係與蔡鑫四合股原[illegible]之人數十[illegible]少[illegible]一卡乃分所當然[illegible]又據施秀升[illegible]附丁[illegible]各冊均經[illegible]批示在案今據[illegible]先令批飭迅速[illegible]價再遲延[illegible]切切速此批

飭查屯田○前東[illegible]保四十七八等圖[illegible]家[illegible]石橋津[illegible]一帶向有金山衛屯田約計一千八百餘畝[illegible]年由旗丁[illegible]旗丁[illegible]收租與農民[illegible]租約[illegible]一千[illegible]八兩[illegible]上年[illegible]川沙[illegible]現[illegible]金山衛屯田係上海縣所管故[illegible]田數及何人承和詳細[illegible]於昨日派[illegible]慕花費矣

約束夫役○工程局總辦姚守近日查得所雇夫役每日於上午之

際復雖地段吸煙調笑實屬不成事體故于日內製造腰牌按名發給懸掛俾有查考昨復面諭捕頭嚴加管束如違提懸革辦云

失火候訊〇某甲向居法界中八仙橋西首慶星前晚四點半鐘時因從火被屋積薪中一時火星上冒幸經各洋龍赶到始得救滅祗焚燬披屋一間事後甲出探傳入法捕房究總巡論令到廨候訊

相驗自刎〇小販阿二係居吳縣穿虹浜忽於前晚自刎身死當由鄰右訴知巡街捕投報捕房立飭該圖地保陸錦全赴縣報驗邑尊汪令准於昨午十一點鐘從處飭仵檢驗喝報死者喉管已斷左手抱傷委係自行刎斃並無別故判令地保報堂棺殮標封飭屍族候召戶屬認領

縣案摘錄〇昨日有吳永生投縣喊控族人吳阿奇拐佔伊妻等情汪令正欲傳訊忽據吳阿香到縣擊鼓呼冤當即提訊永生供稱作家中向由母親在外幫傭去年十月間來滬做工妻子吳氏被阿奇誘拐無踪尋至十二月底在松江見妻被阿香拐匿伯翻究該佔爲妻尚佔不放至正月間逼同阿香帶妻同至新閘家中並子仍被霸佔在伊家祇將同去之兒子交還訴由地保往勸不允反欲出言將妻賣伊以此情急喊控偶被捲去衣飾一併求追阿香供與伊妻兩姦多年永生知情縱容借錢多次共數十元去年永生時將伊妻斥罵致伊妻氣忿不甘願與伊爲夫婦故願欲跟隨十一月初乘永生出外將出獨奈領至松江借居沈伯勳家永生於十二月底蹤迹尋來致伊妻捲出之衣飾洋七十元備用兼被窃給非將兒子帶去自愿當收去身價洋一百二十元其妻由此怕過付伊妻領回滬來家中不肯回去汪令核供以永生亦有不合扩阿香淫佔有失之處俟父到案擊鼓呼冤殊屬不法判重責三百板押候提張氏到案復訊察奪〇浦東總巡局匪徒受傷人陸阿二陸阿毛及行兇之柳禾與老木到縣訊供舉仵件驗得陸阿二受傷微傷判飭令自醫惟[illegible]不應糾人毆打俟貨刀判各責二百板押候責枷

新譜錄雅

滬有提線傀儡〇傀儡之爲物也[illegible]北始[illegible]有人隱身幕中信手撥弄使步履跳躍猶生也易以提線傀儡乃益奇少見者以爲此自己亥年末土始[illegible]傀儡從來華而後中國始有提線傀儡吾幼即見之而不識信其說來方有大國其中若干部無一不類是是謂提線傀儡固傀儡雕刻成人形木偶之亞耳老者少者村者俏者無不周目顯而妥髮須宛然問傀儡何能傀儡無能而首而身而手而足本稿木無知覺無精神無思想無腦氣筋而竟能動作自如活潑地者一線之力也周身三百六十骨節每節有黑線各線總貫於幕上納於木板之右手持木板而傀儡足不踏地嗚呼異乎偶然人矣此提線傀儡之大致也何謂內方有其共以內[illegible]提線者爲傀儡亦傀儡也從線者爲督撫督撫亦[illegible]提線[illegible]亦傀儡也提線者爲幕友門丁胥吏其人會去則[illegible]坐於上耳以外交也用人權有提線者[illegible]提線[illegible]財權有提線之者路礦權有提線之者航海權有[illegible]利權皆視提線者爲轉移然則大國之小政權[illegible]之內政大國之外交提線者之外交非不因人不悟於內之[illegible]外之提線其與精神思想腦氣筋之不可無[illegible]提線[illegible]不欲[illegible]線傀儡存活劇乎雖不[illegible]亦彼[illegible]此矣

一　陽歷三月二十二日禮拜

光緒貳十九年二月念四日

蘇報

總發行所　上海英租界三馬路中

分售處

[illegible]

西歷一千九百三年

日歷明治三十六年

每號大錢十二文

外埠價目

每日一寄連郵費全年六元八角

七日一寄連郵費全年六元

西洋加倍

東洋照加

郵政不通處酌加寄費

告白刊例

第一日每字取錢四文第二日至第七日每字取錢三文第八日以後每字取錢二文封面告白照後幅加倍論年論季面議長行告白二十字起碼短行告白以五十字起碼多則以十字遞加

論說

敬賀體育會　來稿

生二十餘年矣念紀元前丁茲國步艱難莫濟魂魄悠悠若失其據則雖濟濟者四百兆神將丘墟吾二萬萬七地竊恐知其無望也於是彷徨一室之中仰天而歎慘淡悲涼輾轉反側思有所以斡旋坤軸長遺子孫者忽覺景光昏霾天地無色黯淡四顧如入鬼關橋索之一切光明倏現當此之時若此身已不容語有無以名之名之曰犧牲犧牲者致身也野蠻之世以致身於其長之世以身於獨人專制之世致身於君人共和之世乃致身於國家人民是亦社會進化之階級未可強之以一概幾矣十九世紀以來者專制共和過渡之時代也何物歐西以致身於寡人者忽一變而致身於國家人民而國家人民遂享此無窮之幸福雖然追因以結果收稅以還利理固不容如是耶是故犧牲犧牲之聲幾遍於大地而以身而犧牲則一身強以家而犧牲則一家強以國而犧牲則一國無不強吾中國之或有犧牲亦犧牲不離乎寡人即不犧牲之亦必以寡人自犧牲而致人犧牲彼之爲寡人如是不得謂之犧牲且直謂之無犧牲嗚呼此所以至於今日國家人民卒未有能犧牲之者也我之國家我之人民我不犧牲將誰犧牲且我不犧牲人將代我犧牲也且我不犧牲他日雖欲犧牲我所當犧牲者亦不容我犧牲也可畏哉可畏哉吾乃正告吾同胞曰犧牲爭不祥之物也犧牲亦至可愛之物也不犧牲乎國亦當犧牲於家不犧牲乎家亦當犧牲於身甚至於一身猶不犧牲則各掩面飲泣無可爲同胞贊之不然以一身爲犧牲之豫備此其時矣敢育會之設體育部者爲欲以至可愛之犧牲相贈於四百兆同胞人之手也同胞亦知犧牲之至可愛是以往者安壇須之會踴躍而爭赴以名者一時百有數十人吾雖疲病亦得與於此盛而不禁爲犧牲之賀升不禁爲犧牲賀雖然更不禁爲體育部諸同胞進一言曰自今以一身入此會即當以體育部爲犧牲結果如苟不以犧牲爲結果是體育會以至可愛之犧牲贈同胞同胞拜之而不受而自放棄其義務矣苟不以犧牲結果於體育會是體育會放棄財於同胞而不得同胞之予財同胞對於體育會亦放棄其義務矣夫既不能犧牲於一身不能犧牲於體育會更何有於國家更何有於人民且也同胞毋以體育會範圍狹小而不屑犧牲也體育會者國家之縮印本也國家之寫真片也欲犧牲於國家先犧牲於體育會不能犧牲於體育會必不能犧牲於國家故以體育會爲體育會可以體育會爲國家亦可吾與同胞有既約乃復下以斷語曰體育會爲犧牲國家之豫備科體育會爲犧牲國家之結果以體育會爲揚子國家之發給子息所

論今日世界學戰之劇　再續稿

衆生品類根不齊種族盛衰從匪一有優劣矣即不能不有勝負有勝負矣即不能不有存滅此亦物競之大則而進化之公理也然而兵戰之滅人種也飢然戰之滅人種也斯矣於人種也學戰之滅人種也兵戰之滅人種也如虎斷背股腱其然風雨嫉人猶得而救援之拔助之挺之稍久休養生息猶合積之恥拜殺國之喝非所難也學戰之滅人種也如孤益其猶爲其體日腹月削元氣大傷而死亡隨之雖有扁鵲亦必無以葬其後蓋經濟上之困難術戰上之失敗探其歸宿無可救藥凡此情勢稍涉西史必能言之特味味者未之察耳彼哥洛布之初至美洲也其地紅夷林林總總今則僅以博物院之陳列品而已（美國某報有當設法保存紅人勿使絕種以備考設之用）又西曾聞自檀香山歸來者言日爲英人吸收郡初至彼島稍其戶籍計二十餘萬至一千九百年僅餘二萬人斗此以前歐人誅夷而殘以之乎誰愚喑未能作戰乃至爲歐人腦力所并吞而不自覺嗟乎當獨紅夷當獨檀山彼自號爲四百兆之漢族者易視此矣前車已覆後轍方遒吾每一念及之未嘗不爲之栗然變立而涕然涕下也雖然兵戰之禍政治上之競爭也學戰之禍術戰上之競爭也政治上之競爭是國與國相與戰也惟國家乃得而任之術戰上之競爭是人人自爲戰也即個人亦得而主之歐美人常揚言曰全球三分之二爲劣等民族所據不能發宜地利以供人類之用故優等人當以勢力經而有之甚者且謂世界者優等人之產業也優等人之斥逐野蠻猶人之斥逐禽獸此公理之適當而無慚德者也夫同此圓顱同此運動同此知覺抑何所分其優劣乎夫亦優劣於其學識而已吾願國人之有志者自今而往發憤自強爲農者研農爲商者研商學爲工者研工學爲士者研究一切政治法律物理哲理之學求智識於宇內精術界之專門以求爭存以求自立安見黃之異白亞之與歐聰明材力有殊絕之點也若計不出此而以食視息玩時惕月棄其至貴之人格貴其天衆之靈性必至舉性命財產爲歐人腦力俘虜之一日嗚呼非洲黑奴自昔亦尺及成土種日見凋落夫當不深心歟

時事要聞

電諭照錄○二月二十二日奉

上諭欽天監監正徐森奏假期屆滿病仍未痊懇請開缺一摺徐森著准其開缺欽此同日奉

旨右翼前鋒統領着溥良補授欽此同日奉

旨正藍旗滿洲副都統着鐵良調補正黃旗蒙古副都統所遺廂白旗蒙古副都統着恒順補授欽此

京傳宮門抄○二月二十二日　召見軍機余誠格覺厚

桂電蒙召、京津太晤士報云中國外務部於三月十七號得桂撫來電謂法人現已預備砲船查勘廣西水道

蒙古盜風○又云自張家口外至蒙古一帶沿途盜賊橫行無忌日前有喇嘛剛來之蒙古人雖有官兵護送前來仍不免於搶掠亦可異矣

英皇照賜提督○字林西報二十號天津信云英皇愛德華威爾因中國海軍提督[illegible]於去年紛亂時在[illegible]救護英[illegible]有功特賜金錢一枚以酬其功

請使照會韓廷○東報云清國駐韓公使許台身向韓外部要求假還電綫架設費五萬三千元因前清國招商局為韓國架設電綫支出七萬元其後清日戰役起日兵占領京釜電綫與京義電綫平和克復後將兩綫交付韓廷清國公使今此要求係由招商局支出七萬元之餘金五萬三千元韓國向招商局所借者故向論之韓電綫我日本戰利所得物因京釜綫交付韓廷韓國政府有應分之主權就該要求今後必起種種之葛藤

世界要聞

德相演說○字林報述德文報十九號柏林電云德國首相畢洛伯爵在議院宣言曰我國據理阻[illegible]山拉之事深合公理故[illegible]現成與第一次賠款案經交與中國已平定吾料兩國與附近各國決不致開戰於我國矣　又宣言曰德意與三國連盟之約已[illegible]年[illegible]改章程與三國政府意見相同之故三國連盟係得和平起見云

俄土交涉○文匯西報[illegible]電云俄國財政大臣宣言云吾願於東亞之事竭力爭之向者土耳其王信服吾俄政策之事與足以見其誠服之心伯爵[illegible]土王于此次辦理悔改之事亦足以見其誠心也

南非洲礦工問題○又路透電云英理藩大臣張伯倫在下議院答某紳之詢云本大臣自將南非洲工程情形詳告外部後英經外部允准由阿非利加土人一千名前往試辦各礦工作以為試習地步有謂此係政府預防華工者實係無根之談至于雇中國人入礦工作情事現在議之尚覺太早蓋俟各種人試用皆不合式而後議及未為晚也

美國運河利益○文匯西報電述法文報得華盛頓海底電云美國上議院已批准決計買巴拿馬運河之利益當時投票贊成者共七十三人而非議者祇三人云

礦師赴勸○又字林西報二十號倫敦電云脫蘭斯哇礦務公司派出公程師二人一為斯扣納爾君一為那伊思君現已行抵倫敦定期本月二十八號赴紐約及舊金山查勘各礦情形再至日本神戶逕往中國通商口岸小駐兩月再赴星加坡馬來由一帶查考招募華工章程

[illegible]○又云南非洲[illegible]地人民日前在[illegible]方登[illegible]論[illegible]得[illegible]河之南礦工不敢採掘應否招募亞洲工人須請示於英政府云

英土交涉[illegible]○又云駐土耳其英國使臣因土廷於虐待[illegible]地之事並不改良乃[illegible]土廷若再不改良屬地之事我英當代為[illegible]見此情形已照會英使准如所請矣

維新派演說○又云英維新派凱勃納璋若在利支埠演說曰英國維新派於前十二年所主意之維新事業尚未消滅惟因時未至故仍暫停將來必能興起之一日云云

俄國郵寄信件○字林西報云俄國郵政局因西伯利亞鐵路告竣故定於即日起由上海郵寄信件直遞旅順大連灣改乘火車輸往歐洲云

英相演說○東報云英國首相巴爾福於利威爾浦市之保守黨俱樂部演說曰英國政府對委內瑞拉之行動不可以己政府之行動不可急遽不可貪婪不可無仁合眾國政府於此事件信任英國政府不得干涉亦其孟祿主義於英國非一人之敵也若合眾國政府戒飭南美諸國使守國際間之義務及歐洲列國之間不生紛議其貢獻於文明界之效極大也羅士勃雷伯爵英國與英國或德國之干緊英國於委內瑞拉所欲強制要求者除與德國提挈之外無良策凡英國於國際上無用之懷恐自弱之一源泉也世人謂英國之大被嫌惡於歐洲大陸嫌惡歐洲大陸之英國若嫌惡之情歐洲之不和[illegible]何國可保持者又文明之事染受[illegible]何國可進步者歐洲列強自今尚一同協力提攜巴爾幹諸國思所以治之之道唯保有文明大國之協同動作歐洲之運動從來之例[illegible]於一國獨運動在世間公論人人務須不怨國際間之干緊不顧無用之嫉妬此極易極難之事羅士勃雷免職乃大將之印度陸軍部督任英國陸軍大臣當因人立之家行政之變局開此說尤奇怪也蓋伯之意惟在增陸軍之效力如此[illegible]英國[illegible]又於實際之政策[illegible]任者也

德相演說○又云德國宰相畢洛夫演說英德之干緊曰於伯林與倫敦及內閣之干緊兩國久已試之所懷者友厚之方針兩國各處理天下之事當互用為妥以不相爭為事然兩國大利害不相投亦不少今和友厚之間協同提攜此自然之數也

各省紀事

湖北○鄂督有電致鄂撫交卸後擬即赴京留半月始能入都因鄂在鄂督任內尚有數件未完公件也

仕學院法律教習已聘定日本島村君兵法功課因無妥員[illegible]端撫又派委提調某姓一員入保[illegible]同[illegible]辦理一切此公係端撫[illegible]來鄂勸捐不因與端至厚得兼此差亦不過假月附支薪水以資旅費耳

河南○正月二十九日有自夏邑縣逃行者男婦四五人偕[illegible]亭將其玉皇土像打破面目於是街巷哄傳謂此人欲謀不軌携有槍砲故擬碎其像豎其位以威人觀聽云云旋拿數人自夏邑[illegible]省與玉皇[illegible]守[illegible]於勒索進一層門索香五百數人大怒與道士相[illegible]道士見勢不[illegible]乃自毀玉皇之像見其携有槍砲遂[illegible]其欲謀不軌如[illegible]所云若[illegible]將數人送縣究懲一[illegible]審訊乃知數人受[illegible]逐出而[illegible]之惟[illegible]人[illegible]亦受[illegible]

係該數人者聞亦潛蹤焉

九江〇江蘇候補道汝杰奉南約大臣呂尚書札委留辦南約事務故於日前赴督轅面知大約不日即當赴滬到差

已革揚州府石守作楨前因仙女廟米案被參有飭石守自行投究者有詔程運司查辦未清案惟石守因被參失官頗爲憤懣遂程又升任粵臬將次赴任遂於前月底由省赴揚與程理論程乃潛行來省石復追至而彼前程甚大將欲與之拚命并擬赴京控究不知將來如何了局也

三江師範學堂招考教習於初六日在貢院頭門考試錄收八十名十一日覆試已於昨日揭曉收二十名第一係京口駐防甲午舉人崇樸

日本大阪公司於南京安設商輪欲與三公司相抗運貨加工趕造已於日前告成十七禮拜日上下客貨

蘇州〇昨報紀長元吳三縣高等小學堂總理已委知縣劉令歆雅一節茲又續委正途直州同阮倅瑞成爲該學堂副辦並飭即日到堂與劉令迅擬章程擇吉開辦

揚州〇上年自七月初一日起住房一律停捐所有舖房主客各半其租金在兩元以內者仍不加捐乃舍舖戶應捐六月以上之六个月至今抗不遵捐甘泉縣張令訊該舖戶於應繳捐款延不遵繳天良何在除出示催繳外仍令捐董督同差役按戶追繳倘敢支吾立提究辦云

日前鹽巡道所委各員將赴差各員咸下大使李元振將赴仙六巡檢汪祖齡詳赴六安開辦私分司毛昌駿詳赴皖岸大使王慶成到總局稟准知照分司信昌到總局文案委丁芮祐到差檢紹巡

鎮江〇英商泰昌生小輪公司去冬以潰江以下挑浚河道開壩後貨船又擁擠難行故正月內未及開班現在河道已經春水泛漲故于十九日起照常行駛

洪令因近日每有青年子弟游手好閒流入青紅兩幫爲匪者大爲民害現發諭各團族者父兄人等如有子弟入幫不先行捆送至縣訊辦一經犯案該父兄等一併嚴懲

鎮郡制錢缺乏大洋一元僅兌錢八百四三十文洪令因上年徵收冬漕時折色洋價作錢八百六七十文現值支放旗營兵餉暗耗甚巨特諭各大錢莊暫將洋價抬高錢價跌落庶不至于折閱云

蕪湖〇江督張擬在蕪擇地添設製造局前派郎道學曾來蕪勘得內河萬傾湖地方擬就學祠勘得金山地方開張均不以爲然日前又委章牧邦直來蕪覆勘聞章牧又勘定距蕪六十里內河斜沚鎮較該兩處尤妥當已繪圖詳撫院覆矣

明沁劉本月十七日在署提訊匪犯王子標聞係庚子七月十四日封裕溪營軍火之案

杭州〇補川縣侯令資森前辦義橋鹽局交卸已久茲經由牙釐總局查得尚有拐款及餘項下錢一百七十八千應即歸公下札飭知後侯令知歸辦如數繳還故爲上峰稍許故又調委寧波船貨捐局差

杭省新會獲到拐匪發交鼓樓前大街用木籠站號後此風爲之一息邇來又訣聞有失孩情事故又有拐匪施其故技矣

專件擇要

美國移民制限法〇美國移民法案以日曆三月三日經過兩院協議會翌四日經大統領之裁可發布施行由此初俾來今摘錄其法案中於本邦有特種之關係者如左

一入國稅二弗而可負担入國稅者於上院有原案各族客新移民至此須繳改原案決於兩院協議會之結果復存原案於上院削除加拿大免除之除外例於兩院協議會復存原案設此除外例

一不許入國者如左

白痴癲癇狂病者貧困而受公共之扶助者有將來需人扶助之虞者乞丐者有傳染病者治以重罪其他若已受破廉恥之罪而不法行爲之罰者多妻者無政府論者及其他顛覆政府或醜業婦欲以醜業爲目的勸誘婦女之輸入者亦治以重罪合衆國人渡美者於合衆國內不問要熟練與否凡就勞働事業或職務者有特別明示或默契或依協議者及自合衆國入國之日一年以內於合衆國內勞働或就業務有協諾者與被招邀者以他人之名義或得他人之資補助或交付他人之扶助而渡美者

但本條不適用於合衆國居住之人不屬前記除斥之種類有親戚或友朋之照料及不涉於破廉恥純然國事犯罪人則不除斥又不適用於熟練工手之輸入但於同種業之合衆國內缺乏情形又可適於契約勞動與本法之規定者俳優技術者講師唱歌業者各宗派之教師大學專門學數教授遊學者與公認國於有職業者及端正之僕婢可使用者則不除斥之

一教育試驗規定被全體削除者

一欲以賣淫爲目的輸入婦女於合衆國又圖輸入者治以重罪一年以上五年以下之禁錮及處五千弗以下之罰金

一當記載移民人名表之事項如左

姓名年齡男女之區別已婚或未婚能讀書寫字與否國籍人種最後之居處到上陸時由何口兩入經過何港先旅行何地旅行之旅費有無文憑給費自辦否或受他人之支借其人爲誰須申明所持金能否有五十弗以下現須幾何有無親戚朋友在此其親戚朋友之姓名住址何時來美其時日及職業亦須言明曾入牢獄或貧民救濟所或慈惠院瘋癲等病院否多妻者否無政府論者否精神及身體上之康健如何不具廢疾者否若有此數病其原由與期間須一一聞明

一抵觸本法之諸法令槩行廢止

但關於清國人之[illegible]住[illegible]拒絕移住取行法不能與[illegible]止關於其他入國之拒否權與之方法則員之任免合議之組織方法等[illegible]中央新聞

本館按美國禁絕華工爭一日矣今又新定移民制限法日本人[illegible]當已視之中央新聞報而我華人未之知也其內有特別一條曰祇[illegible]本法之施行概行廢止惟拒絕清國人者不廢止又一條曰關於他國之拒否亦在廢止之列然一則特別之條[illegible]於華人耳而日本與我同種者且將列我於野蠻人類矣噫

學界風潮

社[illegible]泉[illegible]紹興設立公私及教育之意旨○於乎吾越十餘年來民風之頹蕩半由之猶乏衣在[illegible]以外吾[illegible]乍知有匪賊而已而十年以來盜風日熾聞山陰一邑去年刦案凡三十起他縣亦殆稱是[illegible]刦性之被刦不過無賴市民與衆烏合乘機擄掠乃蹂躪地方吾[illegible]吾鄉村孫氏被飢民滋擾數日許每人給錢[illegible]角近村之人聞之父詔子兄勉弟皆往丐也吾家傭人子侃如十餘里而色之聞其父欣欣有喜色此向人誇其子之能[illegible]有志所之滅民對如斯乎滅性之中人於吾越人也大部如是吾儕人乃其代議者焉[illegible]實民害見我家子弟產殆中人而宗國[illegible]作爭先恐後若既不飢者[illegible]一[illegible]業則奴隸[illegible]以[illegible]之根性乎抑[illegible]吾非[illegible]人吾[illegible]三[illegible]以與其[illegible]而已[illegible]小民[illegible]日[illegible]十[illegible]年[illegible]者必[illegible]流爲盜賊[illegible]者皆將瀕於死亡諸君流寓他郡功名事業發達無何付一同首而將有無家可歸之慨歎吾友遊日本者歸告予曰併於火車瀕行時買五文之餅以無零錢[illegible]而去而[illegible]者追而還之以彼此均吾越人也於[illegible]人之與那亦教育之效也孟子有曰有七年之病求三年之艾苟爲不畜終身不得我郡有病我郡人不之圖[illegible]千百年必無自愈之日徒知[illegible]已耳吾郡人身[illegible]不爲而救之謀之而成爲同[illegible]謀之謀之而不成焉亦當以救之而卒不成焉亦卒不得不謀救之如何非有天賦之[illegible]財公吾郡學校會延教師任[illegible]焉非有天降之神聖爲吾郡人請道德[illegible]智慧不日而卒[illegible]哉惟有吾郡人各[illegible]其[illegible]於[illegible]而已今[illegible]中設公學有同志三十餘人[illegible]創始即注意於教育之一端也然吾願吾郡人之有[illegible]力者皆注意於教育吾尤願吾郡人之未有學識[illegible]力者皆注意於教育吾尤願吾郡人之有學識[illegible]力者皆注意於教育而設立教育會吾[illegible]願吾郡人之未有學識[illegible]力者亦之注意於教育而協助教育會吾尤願吾在上海之同鄉人即[illegible]此教育會之題目[illegible]此教育會之旨趣以告吾鄉人吾鄉之人其素有同情者必大[illegible]之[illegible]與之其未有同情者或不免之或[illegible]之解釋之疑慮之致令之非笑之者[illegible]之凡此種種亦皆[illegible]於教育之一端也天下[illegible]思不注意耳注意以後欲[illegible]志[illegible]進行以爲效驗[illegible]一切皆[illegible]於此吾今敢何問諸君以吾郡設立教育會之宜否

本埠紀事

官場紀事○招商局會辦鎮守楊夫貨捐局會辦[illegible]令崙山撫標退軍營帮帶沈[illegible]將偉丙戌科翰林饒叔光昨日皆至上海縣拜會

局員[illegible]○新委南市念三七舖巡局員徐錫臣自到差後查得所轄境內每有流氓聚賭故前日特傳地甲局勇人等至局諭令遇有前項情事准隨時查拿辦不許得賄包庇如違査出定當從究云

領事赴東○昨聞英副領事孫比南君有擬即日起赴東洋之說至英公堂會審事宜聞已倩其繙譯官代

代驗糧米○江蘇海運總局總辦孫守述亭近因沾恙故於昨日片請松海防同知代赴招商局將各屬解運糧米逐一驗收云

派設路燈○浦東各鄉鎮向無路燈行人殊形不便刻經浦東塘巡總會岳公[illegible]知即飭匠按段裝設俾便行人並雇夫每日燃點惟所需款項向各店舖收取月捐以充經費云

拐騙女孩○常熟女子四四[illegible]母私逃[illegible]城出家弄迷路經縣署[illegible]頭全順在見解縣發堂留發一[illegible]由汪令[illegible]文照會飭傳其母到案認領至昨日其母某氏帶照文赴縣並及[illegible]外念一圖地保到中投[illegible]認文[illegible]給領[illegible]令准爲保[illegible]領

[illegible]作○[illegible]千[illegible]典已[illegible]把持[illegible]以致各[illegible]維[illegible]當[illegible]札[illegible]拘拿解[illegible]悉[illegible]被拘後即火[illegible]守[illegible]夫到縣具保與亦自願具結決不退還[illegible]上汪令准之

屢次被竊○本邑城人朱[illegible]朋家被匪搶刦衣[illegible]乃朱於[illegible]城船門[illegible]日又被賊二次行竊計失[illegible]衣洋共約五六十元當即函報明縣署[illegible]局員當即[illegible]勘[illegible]今[illegible]破朱縣以[illegible]務難[illegible]道並求將[illegible]院[illegible]山[illegible]札飭上海縣趕緊比捕嚴辦矣

押掛包銀○[illegible]與[illegible]投[illegible]公堂其[illegible]有股[illegible]銀[illegible]文約二人共包辦工部[illegible]清潔事務代爲担保被欠解[illegible]銀四百數十兩[illegible]追押繳一案昨又提訊[illegible]稱當時係與[illegible]合做現在[illegible]身[illegible]外求提究追股供無力再包願將包與[illegible]欠所[illegible]銀自願[illegible]准[illegible]退包與[illegible]各小包戶之押[illegible]及西二月十五號以前所欠一切[illegible]銀均歸[illegible]理[illegible]另[illegible]提案訊究[illegible]退押繳[illegible]欠[illegible]准[illegible]

失火被罰○金桂堂住居法界八仙橋西首[illegible]保有火險銀[illegible]千兩[illegible]晚被[illegible]中起火[illegible]洋[illegible]堂[illegible]供被匪徒縱火[illegible]被搶去衣[illegible]洋五十元[illegible]英[illegible]案[illegible]○[illegible]人[illegible]失去[illegible]

探貨如海在王朱氏家竊獲贓牌將其夫阿大連牌俱同失主送案請訊張縣員訊非拐匪商賭徒李錫麟判王責一百板氏責手心三百下牌交處儲管束〇小工孔全貴沈阿大徐榮仁陳佳莊等由巡老公茂花廠洋紗二十餘包由探劉森榮獲案惟有李阿祥未到判一併押候移提人贓解案復訊究辦

新諧錄雅

編譯偵探小說施樂雄傳〇施樂雄者奇人也腦性過人沈毅明決日以去偵緝奸宄為事余與之相處數年凡重大煩難之案經其破獲者不知凡幾余恐其久而湮沒也因擇一二事之尤要者記之一千八百九十七年偕往某武員處避暑地近郭外有叢林茂竹之勝抵地之夕見家人戒備極嚴詢之則曾數夕某姓被劫東西雖甚眾賊只探去書檯內詩草一卷風雨表一具及一二零星小物而已翌早聞人入報同村某姓紳之僕於昨夜十一點三刻鐘時被殺何某包探入見問訊蓋久耳施名因詳言此命案之初未發時紳父子同居樓中之彼十一點三刻鐘聞館房遙聞呼老僕方就枕於窗間睹賊突飛而過其子少爺時在樓房戲觀聞僕呼救登梯趨而視見僕在下與一賊相鬥號放鎗僕願換賊即逃入後園踰竹園而去追已無及云云包探在僕之手內拾紙一角只撕賸十一點三刻鐘到知數字為此紙反覆尋觀後即偕余共武員包探往視途間施語包探曰予知此角紙有何意耶包探曰紙上之時刻與被殺之時刻相符其為有約無疑僕與賊遇亦未可知倘果能尋出此紙撕去之半則此案無難明白施領之既抵後屋施四週巡視後入屋晤彼父子寒暄數語後問有頭緒否包探曾無甚頭緒但能來舉施忽面無人色手作自斜昏迷到地余數人忙扶之起置椅上少頃始甦問之曾無恙不過痰受寒邪耳於懷際出一紙與彼曰是乃資格余意如欲水落石出必懸重賞方可君如不以五百金為然煩簽名格上彼諾之然格細閱一過謂施曰子誤矣余僕被殺時係十一點三刻非十二點三刻接洗筆簽名旋為之更正余竊默然施亦錯愕余意施事無大小無不精細何乃不細若是彼簽名後施納紙於袋再遊視房間入一室近門有一桌上列藥品施略後與余齊行乘人不覺擠桌使藥品滿地施謂余曰何子不慎至是乘彼君長者不然怒汝失僕余知其必有用意遂默然眾皆俯拾果子及起施已杳然余等面面相覷少頃乃父曰施君神色恍惚似為二盜所役吾尾之觀彼何為二彼遂去

未完

一　陽歷三月二十三日禮拜

光緒貳十九年二月念五日

蘇報

總發行所●上海英租界三馬路中

外售處 [illegible]

每號大錢十二文

西歷一千九百三年
日歷明治三十六年

外埠價目
每月一寄連郵費全年六元八角
七日一寄連郵費全年六元
西洋加倍
東洋照加
郵政不通處酌加寄費

告白刊例
第一日每字取錢四文第二日至第七日每字取錢三文第八日以後每字取錢二文封面告白照後幅加倍論年論季面議長行告白二百字起碼短行告白以五十字起碼多則以十字遞加

論說

說魄力

魄力者意識競爭之結果使有意識運動變爲無意識運動所以發意識之力而求其進步者也此爲自昔宗教家之所利用而古今哲學家亦未曾能出其範圍者何則自一人所占之空間而推其上下四方之所抵未有能知其究竟者也自一生所占之時間而推其前後之所窮又未有知終始者也自人類根器之所接觸言語之所記錄而任取一種之現象而深求之又未有能知其本體者也夫人類第之一支而斷其作用之終點者以管見全體也即識之一日而斷其氣候之適否者以歷歷全歲也即一物之斷象而斷其狀態之同異者以管見實物也若乃不見其全不知其實而安執一端一象以所論之流於宗教捕風捉影之類耳是故人間之事自飢食渴飲以至殺身成仁自刻苦穿鑿以至貫金世界無餘涅槃苟其有動作有目的則皆魄力之所驅遣而未有能道其所以然者彼宗教家之迷一以爲的無論矣夫哲學家亦何嘗不強一以爲的者即或其言舉一切而盡破之然而其人固不能捨一無目的無動作之境也故曰未有以出於魄力範圍之外也然則一切目的一切動機皆魄力之所驅遣吾又何足控持而一切人間本類之競爭失亦可以已乎曰是不然吾既不知此目的動作之果是吾又烏知無之之果是乎且吾即以所以無之而已如影之逐形而不可得則又何若即此不可逃之範圍中圖所以利用之者乎利用之奈何曰進化進化之原因如何曰狹不如廣暫不如久虛不如實此實魄力驅遣之範圍中所不可破之比例也而魄力之利用即在乎是用其意識之運動於此以成其無己之進化吾今以人類界爲式而舉其前後兩界以證之細胞狹於人人狹於社會此空間之遞進者也細胞之壽夭於人人之壽又夭於社會此時間之遞進者也夫狹與暫之爲虛而遐廣遐久之近乎實者可知也是故居今日論哲學一以爲的非社會則何然兩人之爲社會尚若是其淺窮者何也曰人之自爲尚爲意識運動之故也夫意識之力有限不塞之於此則不能注之於彼過去世界細胞之於人必不能如是之密切也及其無意識不動之境而人之生命始自由矣大而果爲社會也其必以其生命之能係爲無意識之運動而後可其道非於此利用魄術以得之彼夫宗教哲學之徒神遊冥想而終不脫[illegible]意識運動之象也人之公社會也亦若是則已矣

來稿

紀常州演說會事

常州何君[illegible]去歲獨捧一[illegible]堂頗以有志閩紫堂[illegible]何君海樵[illegible]師[illegible]生客歲至里中[illegible]以振興學務爲己任[illegible]伯繡三[illegible]兩茂才在育志學堂內組織一演說團斬社公聚居敬山工部爲總理其事各同志於每星期到社演說工部因常州風氣未開頑固紳士團力爲阻[illegible]笠涨大命出示按保今[illegible]容夾者乃假地於武陽公學自正月初七日起至十三日止每日來賓之就旁聽席者動輒五百人以上演說者慷慨悲憤之概四座拍掌之聲如雷方謂風氣漸開矣而某紳者素頑固[illegible]演說會其必欲破壞之而後快演說皆於公學[illegible]學爲寓蒙華若[illegible]持某紳[illegible]示演說會會員皆係[illegible]猖獗某紳之說紳抑不售乃嗾播謠言謂演說會會員[illegible]之十且揚惡武陽兩縣附府公學董事[illegible]嗚呼近日公理[illegible]如蘇州知縣江皆設立演說會不聞彼處紳出而干涉而常州乃有意外之阻力豈非咄咄事耶去秋居敬山工部在里演說時某紳必就旁聽席聽凡公所演說之有益[illegible]亦以某紳爲最力一口而可部已極[illegible]逢其臨球中但一[illegible]居工部工部既入都[illegible]者皆與演說會反對思欲迎合其意[illegible]會員周旋之迹於是阻力迭[illegible]演說會[illegible]函錄報於下　未完

時事要聞

○電諭照錄○二月二十二日奉上諭南洋各埠多有華商出洋貿易熟悉中外情形尤深明于君國身家互相維繫之義雖係居海外心仍不忘故土其忠愛悃忱朝廷深爲嘉尙迭經諭令沿海各省于該商等回籍時設法保護現在振興庶政講求商務一切應行事宜全在得人尤應保恤商情加意招徠著各埠華商人等因事回籍者其家財產均著該地方官切實保護即行妥定章程奏明辦理倘有不肖官吏及地方奸民藉端訛索即予按律嚴懲決不寬貸着即由沿海督撫及商務大臣出使大臣愷切曉諭宣布朝廷德意俾衆咸知欽此[illegible]旨有[illegible]督者[illegible]去欽此

○電傳官抄○二月二十三日召見軍機胡燏棻[illegible]

○粵漢鐵路述要○粵漢幹路鐵路經督辦總公司大臣議定先將湘潭至岳州一段測勘開辦托美公司代理人葛利定派洋工程師一由岳州向湘潭一由湘潭向岳州分投測勘該洋工程師工師一名佐理一名倫仁會同洋匠三名至五名帶匠數名皆赴湘分投勘辦由湖南撫台委員預赴岳州守候分起伴護岳州督帶一路由總公司加派調習文武之員[illegible]件送長沙至湘潭一路派三品銜分省補用[illegible]日路程分投勘辦[illegible]會[illegible]途所需料物任由[illegible]事云

○[illegible]茶葉運銷○中國出口貨向以絲茶爲大宗而茶之銷路尤必以漢口岸爲最廣近年爲印度[illegible]所奪[illegible]關之於[illegible]一日未始不由於此此事關係[illegible]設法整頓[illegible]將一千八百九十八年六月十三號定例第五十款即抽收[illegible]之例自光緒二十八年十二月初三日起即西歷一千[illegible]

十仙之多前經駐英出使大臣汪咨照外部據稱云現英國商核茶稅於向來華茶入英由粵東辦運者居多從前屢經稅關查驗茶色不純中多攙雜致被扣留紛紛來驗均皆發回照會中國仍多未經查驗一槪英商因而虧折誠恐此後英稅關難免偶或商民無知仍蹈前轍一經斥退[illegible]由西人驗茶等處地方官剴切勸諭華茶出口不可作偽攙雜之故出示曉諭反從重險惟飭各關茶商均來公議擬以一行立定行規申明辦法如有包攙作偽假冒字號從嚴科罰以示公平彼此互相稽察本業以杜私弊於出洋口岸設立公所選中抽驗務祈精純不准免致他人作口實既去獲利必微此外應如何設法覈以求合宜商務[illegible]以昭一律公議以資保護自相保險以收利權則在各商行[illegible]情形愈見[illegible]本代辦大臣為保護商利起見具此照文咨呈貴部煩請[illegible]出示曉諭各商人矣

江西醫務處遴選○醫務局所考學生發考錢少亦未能遴選京學醫故至今尚未足數

外宗聞現擬在上海府外來南西北各局皆設醫館一旦已派員赴滬定造矣

江西各屬[illegible]上台均擬設館公用仲宪等以禁煙省城醫院已由紳招募外府亦已派員前往興辦矣

江督接任○新任張督已於二十二日循例接收督篆卸任張督于交卸後即定期二十四日由省起程赴鄂經理學事之督理兩江沿途經過卽各省亦先派兵艦來寧以供指揮

三江師範學堂名單○監督 程職 盧賡慶 李翊才 劉厚 [illegible] 吳炎萃 李時敏 張的 卞頌元 郭文徽 陳翊 尤江 陸炎康 王鑫森 鄒如漢 汪律本 楊邦彥 陳尚 [illegible] 戴錫章 徐為琛

[illegible]赴寧○江南商務局因擬撥款派員赴日本大阪博覽會恭督委員赴省華商赴日本商業博覽會前往赴會人員往宜道不另派[illegible]商會派員往[illegible]乃派員到[illegible]正辦[illegible]已訂於月底由本府就道矣

設學顧問各府顧問名單○總理 徐念慈 副總理 何模○常務 [illegible] 朱積熙 張翊○幹事員 [illegible]武進 李兆時 王光蔚 沈同午 火燧 介員丁國鈞 楊紹伊 龐樹敘 徐宗鑒 陳元樞 鄒凌 毛[illegible] 余振元 王鍇 殷[illegible] 趙仲蘇 [illegible]炯光 吳朋龍 楊[illegible]熙 盧朋林 孫同[illegible] 錢[illegible] [illegible] 胡文[illegible] 曹[illegible] 王國[illegible] 邱觀成 陳[illegible]

[illegible]公文[illegible]○為札飭事照得江西近來上控之案無不牽涉訟[illegible]下其級出[illegible]情形[illegible]批斥究辦[illegible]差役[illegible]勒詐[illegible]入案[illegible]之風甚

幾不合官吏[illegible]成案丁[illegible]考所在皆是街市中高大房屋大半為丁之產[illegible]益非盡應設法挽回實力整頓[illegible]食現在[illegible]收發公文皆外道府州縣即[illegible]自己與請往往為同黨所薦[illegible]故多不[illegible]嗣後應由課吏館將[illegible]月考取[illegible]文[illegible]潘臬兩司挨次派委各屬衙門[illegible]收[illegible]有性情乖僻不能治事者仍由該[illegible]一經查出或被告發定即勒令[illegible]與敵將本官撤參[illegible]各[illegible]保甲[illegible]覺有[illegible]年不到差者尤屬不成事[illegible]作各員是否在差能否得力[illegible]吏館考取之員揀派各[illegible]往[illegible]以飭[illegible]此札[illegible]期有利無弊切切可行是為至要切切此札

世界要聞

英國文風○據英國文部報告謂合該國全國之教育費計之每一人約攤一[illegible]九[illegible]各公私學校學生之總數有一千三百二十九萬九千二百三十人較之前年計增有二十七萬八千五百二十人又該國[illegible]育一千五百七十一萬三百九十四人此外[illegible]校士人學校化學校[illegible]等學校[illegible]其餘各[illegible]十五萬餘[illegible]人[illegible]總額[illegible]七千九百十九元此中[illegible]分之四十為學校所[illegible]之十六為州稅百分之六十八人[illegible]各項

東清鐵道○東報云東清鐵道會社[illegible]及上海直航一週一周之定期開始航[illegible]本會社汽船非僅利耶號充之[illegible]號充之

補助費○又云俄政府東清鐵道汽船[illegible]及白令克海沿岸諸港之間定期航路[illegible]給補助費十六萬盧布已決定矣

[illegible]洛河開通○又云該國代議院外部[illegible]英西一國間協約將成之[illegible]

各省紀事

天津○工藝局[illegible]東西一[illegible]記[illegible]行[illegible][illegible]保[illegible][illegible]各同多人在[illegible]總工云

自去歲中英兩國定商約後[illegible]

辦理▷(札飭前赫德君以上年收數不甚暢旺不能不將
鹽商究竟下▷故本爵擬此後擬一律按照時值徵收值百分之五

山東▷撫札飭撥道開辦巡警所公文云照得東省綠營制兵業經本部院奏明裁汰所有節項應至二十九年春季截止並將裁兵以後應設巡兵事宜分別咨行核辦在案現屆巡警兵之時所有省城撫標左右二營濟南城守一營向來派兵駐守之所以及差遣事宜均應改歸巡警局酌派兵丁接手管理俾制兵及時裁撤節省開銷免致有誤將其糧餉撥歸保甲局現有勇丁亦均歸巡警局管理如人不敷用先招巡兵若干名暫時派撥接替巡兵挑選裁撤再將保甲兩局勇丁酌定裁留務於本年二月十五日以前佈置妥當勿稍遲誤其歸於省外各營應撤制兵並以巡兵即由撫標門營三鎮會同各道府將上年十二月間札文迅速核辦亦於二月中旬一律舉辦具復以憑會案奏報云云

湖北〇張宮保交卸江督篆後即由輪船上駛取道漢口由大智門外乘座火車北上故端午帥先期赴漢預備歡送並派員赴金陵迎送以便沿途照料一切

江陵縣知縣令在該城設立學堂院內選派學生二名前往赴日本學習師範速成科此外另有自備資斧學生數名附行昨已取道滬漢更換商輪順流而下矣

江寧▷省垣銀價日跌前有奸商從中把持非開設官銀號由官定價無以持市價之平去歲冬間即經江督飭司籌款委員開設官銀號迄今未能開辦以前託日本代製鈔票尚未告成之故茲稍將前張宮保札催已忘關代印鈔票趕緊印刷寄來以便即時開辦云

省垣創辦寧鈔江南銀元局雖鑄有銅元其價日貶於制錢仍不足敷救濟現經張督飭銀元局志道趕緊添購機器以資多鑄昨已購到機器四架即可添鑄銅元矣

機器局委員自來到江寧該局各官無不設先機能倍將軍李前於十九日首先在機器局設宴公請張宮保游覽竟日以為各官之倡

省垣現有舉匠數人從前都能旋即隨處精巧懸賞以勸督率之機匠名分別賞給至今諸作未釋者不料亦隔未久遠來城鄉各處均有此輩雖在皆有所習當亦者加之意焉

蘇州〇紫陽書院改辦學堂業經於本年六月頒別後北外學古堂為全省高才生研究之所以究學故奉定額二十人為甄別

蘇省商務局向由朱道之榛兼辦近來另行設局委李道經設局改...東首向設工程局一所現以改作批准於二十六日開局收回民...已...局中矣

安慶〇六安州士紳來省上控該州...征...任意浮收省憲批飭署府查明征收折價向有定章不准浮收如果竟有無浮收情弊仰六安州即行查明據實詳報毋稍徇延云

來件擇要

錄選興義撰公興俱樂夫會〇弟自入愛國學社即傾心認定此社...時...脫...師友...時...此中甘苦非...能...也故持世俗之見者每斥弟為大愚至愚而弟獨亦...耳...也所謂區區之心亦不過各為身家起見犧牲現在以求將來無窮之幸福父母兄弟妻子皆所忍棄人倫而不顧正欲求盡人倫之義務耳惟是舉世滔滔必有先覺已立立人已達達人吾儕存心不當如是如是嗚呼吾故高深迄二千四百五十二年而未得一行今欲求其偶而難不為世所詆...其哉痛哉欲留而遲硬心碎矣夫弟豈木石之不如木石之無情哉義務自有所見也弟不幸而生於二千年來專制之老大帝國忍想不得自由苦於不得自由乎止而不得自由弟一人之不自由何足惜我四萬萬同胞兄弟神明之胄靈秀之種沉淪黑暗受異族之欺壓奴隸制削而無所底止而猶守此...極風之味餘以自來...弟向與...異...知無...人不...我我亦自安...自視...師友以來已...我...知之而不言不為何以對我同胞更何以對我更何以對我父母兄弟妻子弟思之弟重思之而覺吾人生居中國且生居今日之中國捨此路更無生路今何時乎今何勢乎迂緩其不及矣...往或猶可也夫...之...切...有過於父母兄弟妻子乎此後之父母兄弟妻子其猶可保乎其猶可保守也則弟與...仰承歡膝下吹簫...凡弟文理...自問一...亦皆容易入...父母必與弟完姻...之樂又豈弟志所不願乎而無如時勢驅人兒女之情牛...亦雄之氣...英雄...使不為今日之英雄知必無後日之兒女英雄者兒女之母而兒女...英雄之賊也　未完

同川學堂章程

第一章　宗旨

第一節　本學堂以...學...格內容無收高尚思想實行改良教育發達人材之義...學生分高等尋常兩級一期於貫中西研求科學為他年出洋游學之基礎一以...究算理講習東西語文為將來入省府學堂之階級

第二節　中外交通新理日出近法日本並宗歐英追蹤東西文學聽...以期造乎實學悉照後列課程辦理

第三節　教科尚少惟...急切未求完備約分十課日習字讀書作文倫理算學中外歷史中外地理物理圖畫體操

第二章　學所

第四節　...有...院...或仍舊貫或待擴充謹列如左甲講堂　乙誦堂　丙藏書館(井下)　丁閱報所(井上)　戊儀器房(做擇地添造樓房)　己試驗所(同上)　庚博物院(新出

各種標本圖畫佔地不多并入藏書閱報所一八宇譯書館
王體操場　發演說臺
第三章　辦法
第五節　聘請英文算學教習各一人東文兼中文教習一人高等速成科十名特常初級學生東西各三十名高等無年限初級學生以十三歲為起限
第六節　學生不分畛域城鄉客籍一律收取惟須門第貞白性質俊朗始為節錄闒茸浮滑與歸屏退並須有人引學則定學年不得先後另轍如或意見兩歧及因事故不能卒業准其告滿年限由引學人於三月前預行告退
第七節　學生脩金凡走讀者每月繳銀一元半膳者二元膳宿者四元東西文兼習者每月加一元自二十九年起報名者先付半年各等課本字譜洋紙筆硯水盂石板初次由學堂置辦出資領取以後概歸自辦
第八節　藏書館閱報所備列書目報紙以期擴充知識學廣見聞鄉紳有志不在學堂肄業者可報名逐日觀覽惟須預貼每年茶水一元一切章程另列附款

學界風潮

梁溪陶仲衡敬告我國學生○國勢朽壞頹然將傾不恃國勢既矣虎狼環列左衝右突不拔則國命矣今日學界之腐敗何異于朽株哉總辦教習之專制何異于虎狼哉諸君皆少年英雄皆革命軍之先鋒也而一朽株尚不能仆一虎狼尚不能抗則與日處于虎狼之旁人亦不知諸君將有何說之哉束手待斃孰若起而反抗之一人倡而十人和一人退而十人進英雄作事固當如是耳既有此等志向有此等氣節何慮學界風潮之不膨脹哉野蠻教習之不驅亡哉此吾所以告諸君者一也

諸君非中國之國民乎諸君非中國之主人翁乎國家興亡匹夫與有責焉今日中國之疲弱其故何哉由于教育之不得其方耳諸君之義務未盡耳人有疾病必延名醫治而藥投之而後可見國病哉然則今日國家之存亡惟教育之精粗是賴而教育之精惡惟總辦教習之優劣是依而總辦教習之優劣又惟學生之能擇之是依是則諸君者救我中國及四萬萬同胞生存之人也諸君之責任不亦重大也哉諸君之境遇不亦艱險也哉拔其萬大而鼓舞之擴其識而發之則吾恐諸君之外將為萬矢之集的矣故國存諸君國亡亦諸君野蠻教習之投諸君以非制教育也諸君不受猶可説也受之而不亟脫之則吾敢大聲疾呼于諸君曰我四萬萬同胞亡矣無希望矣諸君奈亡矣無希望矣此二語究何謂哉良以教育之壓制非反抗無以求生存非破壞無以見功效吾不知諸君於此其為遇否耶此吾所以告諸君者二也

半行汽血年少于諸君之口耶自由平等奔出于諸君之口耶既出之于口必當行之實事效為彼之否以自欺何足道哉居野蠻教習之下言論不得自由舉動不得自由牽制束縛既諸君已身受之矣諸君受之不自悲而他人為諸君悲諸君受之不自處而他人為諸君處諸君之自毀其志自放其責何一致如是哉犬馬役于人奴隸役于人故一舉一動輒受束縛吾思諸君非木石非犬馬奴隸非冷血動物何苦受此等虐待遭此等困苦哉此吾所以告諸君者三也　未完

本埠紀事

委員調縣○江蘇海運滬務委員汪令立元昨日因公至上海縣拜會

倉稟米價○本埠米價迭漲碾米上峰札飭出示禁止白米如日來仍有漲無已以致米價漲而復漲昨日米價漲至若干等在邑廟萃秀堂設局東請上海縣汪令飭商一切手續如散

解請驗兌○浙江府解糧米駛船滬者約計一百餘艘皆停泊江日久未蒙驗收故各糧船糧戶投向湖縣局督辦尹令前往驗兌當飭各船駛往南碼頭聽候逐一驗兌云

移文催提○通州人程文明之子程殿谷甚及程殿禮之子程金龍近遭拐匪朱富昌誘拐來滬賣與法租界西新橋開設妓館之潮州人許二處為婢失孩伊查知底細即投通州察控由該州移文到滬請汪令提訊及開孩解通歸經汪令飭提無著案宕迄今昨日又請王訪文催提汪令遂加派西捕嚴查拘矣

局員提賭○[illegible]外來光蛋在彼設攤聚賭擾害居民局員會同防勇拿禁距各棍不梁賭如故昨日滬局局員[illegible]捉拿已聞風逃逸未獲一人當將賭棚一併燒燬

派差押逐○法捕房曾因西門外城河浜船游船停佔河道商旅往來不便轉請保甲總巡朱令照會逐開以各船戶陽奉陰違不令特於曾日派役差勇除工部局做工船十號外其餘均押令出境故剝下船隻往來不以從前阻礙矣

會訊吞款逃匿案○英商老公茂洋人向控王文林吞洋潛逃花洋銀二萬二千餘元一案經中西官訊供押錮陳詳將王之家產查提山表將木器傢伙各物盡由王妻沈氏呈繳貨珠花一只金鐲一封作抵在案前年堂上經庭訊會同英德副領事復訊原告洋人投案請追王供現在赶將別人所欠銀洋逐戶清討一有成數即當陸續還不敢再延所提案之各木器傢伙可否迅予發還旋沈氏投呈領木器懇結一紙呈案遂判王還押赶緊清償所有木器准即領去以示體恤

毆案摘錄○浦東人吳永生之妻李氏被同族吳阿香毆傷拔在松江去冬永生往松尋間復被毆傷永生投縣控告阿香嫌敢越界來案追案汪令收押在案茲提鎮氏到案復訊氏一昧袒庇稱夫反以丈夫因貧縱妻逃拐尋囘即將婦人賣與阿香為妻聲請汪令向案[illegible]無有隱係誤行供飭仍將永生至案質將

與氏成貸五十下判即飭同官東阿香婊再訊辦（）事炎角霖鐺
順鄧氏去年五月憑胞弟鄧海榮爲中僦買岡尤恩智即與曉
岩田一畝一分計洋七百七十元立契日交清另紙交付買契田
單迄今未交致氏投縣控告奉廷令提訊鄧氏聲供曾憑張曉岩
供稱收洋四百元有鄧氏收條呈覽兼因該氏以田單破爛轉換
升科執照去年二百六十元亦應歸償原中鄧海榮地保邵歧秀
供受得斷賜所供相同判既有田單何容另換升科執照乃著名地
販將該田單混串詐騙與事著五十下鄧貸一百板一併押候
函詢升科局仍到庭辦鐵亦貸一百板交保

新諧雅

絕頂偵探小說施樂排傳 續昨稿（）宋機關呼救聲甚厲施聞聲
疾往不一室則見一女被撿施於地一拖一吭一扭其胸幾氣爲擠
解施起立指二女語包探曰可拿此二人是即謀殺凡僕者大盜
俯首無詞少頃則探手懷驟目光炯炯若窮迷歸之狀包探急
以六喻開一根呼眾至押二女往捕房二女知事無濟道
試員家搜求施樂排詳言其能發

明乜案之據施曰當包探以披斯之角紙示余時余見其上有
二人同寫而一人寫一字者字跡不同而黏處筆勢有相連
證知寫此字之二人爲骨肉之親無疑余昔大費推敲觀察
之筆跡故一見即知爲骨肉然並知其爲一老一幼所以一人
一字者則因事甚危大欲禍累與共也探少頃待賊放餘即逝則
此紙必非爲賊所撕去而撕之之人必與此案有關故余敢決得
撕去之紙即得兇手所在據云賊去後先往救僕者最少須則紙
爲少女撕去亦未可知余遂試尋此撕去之紙拖延屋時包探遠
談及此紙余恐其盡破敗事也故詐病以止之後余出覓格使者
女眼簽名以觀其字跡因確知二女寫彼紙矣余細思撕去
之紙必在睡衫袋內故擠翻其衣乘其不意往搜睡衫袋搜
紙一女已至知君等進往一刻不復聚首矣二女見事已洩幾和
盤托出蓋初時彼欲被劫之家因產業與女姓有齟齬母女因思
劫其貨殺不濟乃掠去碎物以掩人耳目事爲僕所知因薪謀非
其藥物役僕二女思心頓起誠有以除之始告嘱僕於十一點三
刻鐘赴與爾商議中計時且往少頃敵贖之並奪其什匯被盜殺
不虞撕下信之一角而即爲敗露之原也

陽歷三月二十四日

光緒貳十九年二月念六日

蘇報

總發行所 上海英租界三馬路中

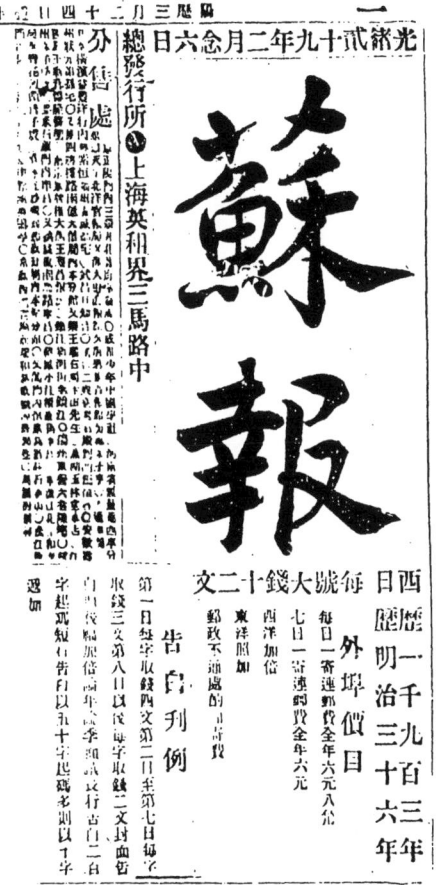

分售處 [illegible]

西歷一千九百三年

日歷明治三十六年

每號大錢十二文

外埠價目

每日一寄連郵費全年六元八角

七日一寄連郵費全年六元

西洋加倍

東洋照加

郵政不通處酌加寄費

告白刊例

第一日每字取錢四文第二日至第七日每字取錢三文第八日以後每字取錢二文封面告白加倍論年論季另議長行告白二百字起碼短行告白以五十字起碼多則以十字遞加

代論

紀常州演說會事　續昨稿　來稿

演說會會長假武陽公學總教習君若孫若○某公昔已設立大抵采風影之說深不慊於演說體育二會之所為凡懷有所於武陽公學也者兩一則曰嚴嗚呼再則曰嚴資從非此事影響於學界甚鉅某恐故責教習顧因吾師以行之某公可乎學堂之有體育與智育德育並重凡體操者體育中之一部分也體操之設東西教育大家備言之即某公亦稔知之今傳者乃謂之曰做猴操然則京師大學堂之仕學館師範館亦設體操矣彼監司大員與京朝官及各省之高才閱歷敝敝躬從事於此今傳者見之亦將指目體操而斷之曰做猴操乎欲開民智莫如設演說會聞人之集齊敝舌而不以為苦者誠欲納人人於良善之途且欲使人人知國與民有密切之關係而發成愛國之思想也傳者不知此義故詆之曰說話耳某公既知小學堂之宗旨在納子弟於良善之途宜使子弟知國與民一體之理矣然則演說會之宗旨未嘗與之刺謬其功用且能補學堂所不及某公試靜思之有劫乎無劫乎演說會會員大半從事體操者見其疑挨衣操衣譁然大訛而斥之曰奴隸之曰可收演說會會員乃與析言衣服之有關係便并其貌其大體之不能練習體操復引孔子為設以尊孔子周人也顯有取乎夏殷服者何取乎取其便耳試詢某公此非演說諸君之格遵孔教耶而乃訶之曰悖孔耶常州僞佛之風甚熾糜費有用之金錢而乞靈於無知之土木若學堂若閱報社若演說會凡開通民智之事皆惜費不為演說諸君深痛乎此因有除天地祖先以外不必敬神夫中國內所謂崇拜祖先教者今傳者乃臆斷祖先二字何哉敬祭非其鬼孔子詔之然則此正演說諸君之格遵孔教奈何又訶之曰悖孔耶以武陽之人興武陽之風氣運動於武陽之公學孰賓孰主識者自能辨之何待某之嘵嘵為某公而惜惜桑梓也且提倡之且扶掖之而乃一則曰擬晚再則曰防貿然主必欲防而劃之於武陽公學之外乎然之演說體育二會之假地於武陽公學先請命於吾師且得堂流某君之承諾約定十五日止借師範爲文明學堂代表武不至因此一再頑毀擯斥以排阻吾常志士之氣即某公不日亦胡以開通自任又何忍終蒞其過以排沮吾常志士之氣而以頑不悔賊胃者則以傳者指昏為吾顛倒是非致一某公所為所阻力之來或恐其於今日改論者必且目某公曰守舊指某公曰頑固大發術詆之曰文明學界之公敵某誠不願賢者之橫被此名也抑好利用機械欺世罔之吾師并請質之某公何如

右函係紀君梁君肇楨以帶紙致特某紳函示為君竹莊敬函中學科之名體育會分十數組第三組第一組由莊君仲希編君仲達担任教授之責第二組由何君山漁邵君友棋担任教授之責第三組則汪君偉士担任教授之責然而某君觀演說會體育會特附及焉耳

某紳數武陽公學堂並借○聞有人來說近日書院太形騷擾武陽公學原係龍城書院故某紳備小紙揭書院二字名因○而有人說如此做猴戲（做猴操指體操說演說）我之子弟國已將名亦不願入堂矣今日又有人自某某處家已赴杏院聽名愕然赴演說會公堂去矣且聞演說諸人有講笑寬大衣服者有謂除天地以外不必敬神者果爾則與悖孔教無異所播大有礙於我武陽之學務（此中係指斥堂事用人之不當與演說體育會二無涉故不錄）書院街改為學堂而驅散如備似此人乖欲收成效雖矣吾兄如學堂事一任有意非弟不能不負賢者之後不得心也吾之弟恭請紳之後地方公事不經手則可不問否則不可也　而者此後如有人來堂演說必先將底稿呈堂審查檢覆後果合方可允准否則無成稿抑除小學堂宗旨在使子弟為良好之人在使子弟知國與民一體之所演說宗旨亦然

右係某紳致俗演說會會員對將宗旨揭示會所一發揚孔教精神一發成愛國之思想一演說學弟真理一振興教育一助正風俗某紳未之見但日會一二友難別合之謂遊與演說諸人為敵近且有按名立辦之說吾不知某紳有何權力而大言不慚如是吁始則中之以蜚語繼且劫之以虛聲演說同子誤不過附附亦可哀矣

時事要聞

欽州匪耗七誌○前月土匪欽攻鬼卓營已紀前報茲聞現復有大股西省匪闌入聯合土匪於初六夜攻卓營勇不及統隊與滿互相激戰一日之久計斃匪十餘名傷百餘名卓勇數名誠斃且戰且走至晚匪竄入山

欽州亂事未已梓卓勇駐防向其使每欲敵遁聞已由李家焯函請大吏撥兵往援現已准派安勇一營前往助辦已乘坐兵輪前赴欽州矣此次派勇所用槍械均係一律新式毛瑟槍云

屯請撥軍火以資○前日粵東大吏接梧州府周守天霖梧州協營將中配述梧州開懷賀會黨蠢動梧州與國盜匪惡未剿捕總督飭就地勇駐紮所有安勇一營除調赴潯州勦亂外不敷分佈茲奉飭紳商就地籌款添募廣勇以防禦而新勇無快鎗昨電梧州局亦無從撥給仰懇廣東局撥發鎗枝配足碼子派輪運梧等語大吏以東省本存軍械甚多雖分撥梧州四江上游防務與東省關係甚要飭已欲撥募勇皆無鎗械東省自應竭力協濟以保無虞所請鎗枝子碼能否如數撥行飭局明辦理現由軍械局稟稱後膛開花炮及撥開打心手鎗局均無存貨從撥給鎗一項只有打急快鎗約計數二十枝并配發碼彈二百防及鋼帽大約千等項已飭解回梧以資備用云

俄國在東三省舉動○又云俄國將召派兵乃忽於近日購馬租地僱人亦甚怪之

深守驗稅○又云俄宜做建議設立總家口總局與其他要地之分局征收東古貨稅已奉政府允准

杞縣督撫入京○東報云盛宣懷之入京明係由李蓮英之議近
日條與其總督武因李蓮英以圖挽回自己之權勢
紀聞興鐵路○又云南京上海鐵道借款一切已經總署
具奏 諭旨批准

世界要聞

說明傳說○字林西報二十號路透電云英國已證明前傳非英國已佔據非洲北海濱龍排島一節實屬無稽之言矣

兩誌梅西度尼亂黨○又同日倫敦專電云梅西度尼亞無政府情形革命黨之偵探散布各地勸誘劫奪財物及行刺等事其各隊伍時與大軍格鬭擊敗之後即特該村落居民之助敵逃竄將

又紀約十一號海底電云梅西度尼戰事自下月中旬一旦計算亂民約計二萬人現在錫山附近各省之土耳其兵日逐歸向亂黨麾下大軍與亂黨無日不相衝突且於兩大隊依然相遇當即開仗相持甚久鹽面亂黨被土耳其兵殺戮殆盡之狀凶猛殊甚云預先籌備偵防伏兵彼等係未經訓練之師是其失敗之由也現亂黨中顯分幾派一種思欲應允俄奧二國於本地方舉行改良各事者惟大半不願從俄奧改良之策而公然爭其自主之權故俄奧大軍大約不日即當派兵前往鎮撫矣

古巴條約尚未批准○又云美國上議院已允准古巴條約更改各節惟尚待下議院之認可故未認古巴糖斤輸入美國一節現尚遷延未定也

註英樞部○又云英理藩大臣張伯倫在倫敦公會中演說時頗抨矣公議地方人所欲俱議實彼云彼因確知近來南非洲戰事有必不能已之勢但從來將情形看起而確信南非洲之問題易決也演說畢後即偕媚郁君同往邸宅小憩媚郁陳祝詞畢張伯倫言彼望繼其後者更能從彼遊歷之舉現時英國正公歷史上緊要關鍵時代一舉一動豈可稍有疏忽若歷來中央政府之識見當下新之而改為一統之社會新思想也

英國進兵○又云本月六號英國團隊長福司根率領大隊離索比對地方而進擊蘇國因天氣甚熱該軍大半困疲云

法國近事○又二十二號路透電云法首相可孛司於上議院列舉牧師所已經宣布之命令及其各信札之侵犯政府者且宣言牧師亢亮違犯若從干預政府之事政府將公布其罪狀矣

俄兵揚言○東報云奉天俄領巡邏之俄兵異口同聲與日本開戰已經準備

英俄交誼○又云英外務次官演說政府之意見從來英俄爭論關於波斯及其他之問題兩國友誼可望妥協

詳紀英國海軍○又云英國海軍經費表總計三千五百八十三萬八千八百四十一磅比前年增加三百二十萬二千磅此係指新造修繕維持諸款其內包含戰鬭艦三隻一等巡洋艦四隻頭甲巡洋艦三隻偵察巡洋艦四隻水雷破壞艦十五隻潛航水雷艇十隻之建造等工程又其人員合將校兵卒定十二萬七千二百人比前年增加四千六百人

匈牙利黨人被獲○又云匈牙利之首部富塔塔斯得獨立黨因反對匈奧聯合陸軍衆公騎馬巡查捕獲六十名其黨羽

各省紀事

湖北○武昌縣紳耆等現經縣尊諭開辦小學堂多起已將有的款但教習尚難其選

去歲漢口獲利最豐者以錢業首屈一指以故今春新設者不下十家左右其中局面闊大者則推源大萬豐源二家並去歲正頭土藥洋紗洋油等項亦俱獲厚利

江西○省憲現派將道松齡前赴江甯恭賀魏督任禧

江西官報設局於百花洲張公祠正月積本已定候機器運到即行開印

江寧○三江師範學堂錄取之各教習昨由李藩司傳詢面見又諭學務工程總員會令敬修前學堂憲札飭赴湖估建學舍工程已于十八日同省館堂

江南北米石經魏督加收米捐准予出口已於七海設局抽收然聞恩縣撫日前來文咨稱米薪萬不能開恐將來米價日昂貧民無以聊生常鎮通海道亦有申詳與恩撫之意相仿魏督頗為不悅不知新督之意若何也

山東撫指經來撫札委道員來省勸捐已於城北四象橋設局收

松江○江北海門匯米案一事原被告先後到松候審經松江府許守於日前升堂訊問殊無端倪令將原被告首名恆發捕廳羈管以待復訊

城內開濬市河築壩一月之久尚未竣工皆由東門甘姓並事勉扣工資每丈向有例給錢一千文鄉人以工食不敷則而滋足遂致延緩工程也

運來米價雖稍平減然每石猶需洋六元三四角其餘魚肉蔬菜一不倍其價貧苦小民何以堪此

蘇州○劉觀察在中江書院創設學堂一所業於本月初六日開學間小學堂經費皆由常關籌出故命名曰蘇關小學堂其創辦中學堂一節亦經劉道禀請督撫在江安兩省鹽無抽收米鹽項下籌撥一俟批准當可議定開辦矣

劉觀察於十七日甄別中江書院各屬生 問院南各屬議產歲需如何而社外人說能保 擬中江書院私祀長大常碑記 商 處士横議 擬院南中學堂記

巡警局包探陳大隆因恃符聚賭經該總辦呂道查覺立即斥革此外戲園劉已與准出認巡捕捐于本月十八日起添演夜戲

浙江○兩浙黄運司現於交卸鹺署藩篆後因已奉有旨 諭調補兩淮故即催新任榮運司來浙接以不能久待擬於下月初赴揚履新所遺之缺詳請浙撫派委候補道員暫署不日當有明

文宗

湖南農工商務局創設□□毛□
□□□□□□振仰巳秀福守水□□□□埠□一□
□□（□）□□樓□省城□門之□□□□□越有利□仿效」
省城□造來市等令各小販攤至□中免使官街擁擠有碍行人
在街□□□□隙□不知何人□□巳出示招主持與赴縣領價如
無地主即將□□歸充公地也

廣東○□□築堤一□□□價照將其章程錄下 一堤岸填
實□丈□□排□視沿河之形勢以定填築之寬窄不使阻碍河
流其馬路之用有餘泥並沙者或填無水少填勞河料由無碍民
居 一請丈河道從實擬照仿照前堤築私凡侵佔填築之戶但
須請丈明白呈驗契據均實其私占私築之罪不再追繳賣租其
道有碍居者非實有大碍不令拆毀倘必須拆去仍照修理原價
給與其有碍礙原路太窄者必須撤去數丈俾為道路寬平並使
門前寬敞因必築堤仍補回上落銀兩 一凡橫水渡步頭以及
扣縮浦佔之列俟堤岸工竣修築坦平之後仍准其永遠照舊例
擺僱悉人不准租賃始准別人承領 一建造河岸以及官河沙
川必須填築之□如有非□人等狡□有碍修築者以□□□防
合價徒其澆築內□橋木板搭成補給從價不使虧本照舊□天
字碼預算程從寬□值視每間之大小酌量補給何般北銀出本
委員會縣約給其所有木板杉橋仍准其拆搭以便還搭 一原
在浦口□□□□□□□□□□□□□□□下行□□巳永亦
可以流堤外之小艇船隻倘遇颶風亦不避避之所至沿河多低
大皆使堤內□□之水皆引入歸河最為利民之舉 一做照沙
基堤岸俯修數丈即做石級一層以便行人上下艇 一河北
既修□堤岸河兩無□侵占者仍無限制擬將河身一律丈清於河
南之岸務劃明界限先行□立石界現在款項不敷俟河北堤成
後將河南之堤一併填築以利河道 一堤內填成之餘地
隨時招人承領同□一地先准毗連業戶領受如毗連者不願方
准別人承領凡願領承者來局報明親赴看後局具□俟局核准
後繳價銀若干由行□局收銀給照 一堤外各段可為船隻停
泊□□之處招人承租其□□租作□□者親赴看後局具□俟
核准後每年繳若干由局收銀給准

時件緊要

擬條□□□□振令則□傑夫書○且孟子曰三不孝□□□□不為
祿仕陷親不義不□無子夫祿仕□無學可□乎即可於心其安
乎如安其路民奚從愛之來不可陷而謂生我之親可陷乎況□
夏生子欲其傳種也今者中國□□之說騰於全球不失抵抗此
滅種之風潮如□裹生子亦不過買役日一添大倦劇耳弟三敘
家書未□一技兄如□弟乞寬告我慈親弟心實是無他不過欲
謀非現在以傳將來耳夫人無百年不□之身而有百年不□之
心亦為將來耳將來者生人之大希望□賢之階梯也我親愛我
勵我親於我於國民我必以非常之□□報我親使我親為非常
人之父母豈不善哉弟之□數樓□□兄□力吹噓感□無既再
者吾兄不□當作冰人惟□下人□與□大不相□弟之行
止□與□大不□同請細議與陸宅知道如□不□□然弟意既堅
如識者不可一轉惟□□假昨日勸不忍□□陸宅小姐之□
年也□□吾先生附□下情□其□有之不□□□□以
冀敢請吾兄想達弟意勸陸小姐故是□務本大學□□將來成
就共和大局以期同享自由之太平也如其不□此□□非將□
換如婚老先生明達素稱斷不出此吾兄以為何如時有遺漏則
請將弟書示之

同川學堂章程 一續

第四章 分職

第九節 設學董一人主延聘教習暨禁生□□□定章程各事一切應辦事宜總董二人主持大局堂董一人管理學務□□功課常川住堂副董二人一主撰選文□□□要件一主□□□友進退□不常川住堂

第十節 學董必須精通西學方能督察功課同學□□□公額外聘

第十一節 學董路隔遙遠不能到堂□□由堂董隨時□□堂董或有事外出一切應辦事宜由副董□□代理

第十二節 司事一人管理一切□□度支約束僕役並學一人司□□□□□□□□□□□□□□□□□□□□□須有保存方能辦訂

第十三節 司事僱學廚夫挑水按月給發不得預支司事以上辦事各人概不開支分文薪水

第五章 教習

第十四節 聘訂教習須中文明達人地相宜□□□學兼授各種技術俟各學友學業深造人多款充再行設立專門在□不□議

第十五節 教習按照□時上課應將各生分數詳記下□□准各生有不論何時從容□論之義務不得以界限為□不理

第十六節 星房山□何□□□課教習於下午二點鐘採各國政略西國□□派人種生滅合群進化以及西報中緊要時事用普誦演說判平化除拘囿開發知識輪派學生筆記歸入副董儲藏各生中有□□演說者亦准於堂宣講

第十七節 教習除以上一切義務餘款概照合同 未完

學界風潮

梁孫陶伸質敬告我國學生 □□稿○□不數築世界之公理也優勝劣敗強存弱亡天演之公理也一校之中為教習者幾何人為學生者幾何人以十抗一以百抗十勢如破竹何威事之不成耶且文明人敵對野人尤易操必勝之券印度之歐洲太之苗

埃及波蘭之大宜其可以自立矣惟其國民野蠻卒以一蹶不振則以今日十餘野蠻救我其斷不能彼勝也然矣諸君盍行破壞乎盍行決裂乎盍共起義憤而反抗此野蠻乎行之毋懼爲之毋誤吾中國前途既幾其有望矣此吾所以告諸君者四也

天下事無有易成之事亦無有無阻力之事事愈艱難而諸君之心愈堅事愈有阻力而諸君之心益不回是則艱難與阻力誠諸君之福耳諸君之幸耳諸君當更其艱難者以賀艱難易其懼阻力者以敬阻力謂余不信請諸君一閱南洋公學罷與學校及湖北普通學校諸學生賀阻力之始末可乎孟子不云乎天之將降大任于是人也必先苦其心志勞其筋骨餓其體膚空乏其身云云良以人之成一事也必經幾多挫折歷幾多危險而後有濟也故吾敬諸君有艱難賀諸君有阻力特告諸君勿自喪其志可也此吾所以告諸君者五也

以上五端皆所以望諸君其破壞與否其反抗與否其決裂與否一聽諸君之自擇非吾所敢必也噫夫噫夫中國之前途茫茫學界之風潮鬱鬱吾不知英雄之愁淚其有已日否耶更不知諸君之肝腸亦同此情狀同此境遇否耶敬爲諸君泣祈諸君深計而熟察焉

學者擬創公益學堂○今廣府中學堂將招考而各官紳有文明思想者群欲於地方上合辦公益之事擬設一學塾取名叢益用中學課程研究北京師範生附等人爲中文歷史兩科教習曾大學堂監課郎君任優化教育各校公舉學教習今大學堂西文教習林蔭保英文教習張中文教習朱某民政習本學籍水先收四十人每月入費若干於二月下旬擇地開學

演說○粵省嶺東同文學堂既於日前開學曾開特時邀邑紳合學堂監督邱仙及汕中紳商觀來學生行禮莫時忽日下午總教習何士果分教習楊守愚温丹銘及崇學教習陸琇生在堂演說大致係關學界與自由界宗旨頗爲和平

新書介紹

泰西事物起原○世界上事事物物各有原始漸至於發達完備泰西近學新發至今而愈盛然探源溯流俱有來因日本博文館所編泰西事物起原分類數十門上自政治學術下及一名一物莫不推究其所自始爲新學中第一部有趣味之書譯筆傳君毅於此文尤邃於各科學亦中經傳君補入者六七百條完備與仙譯本迥然不同每部四角

彼得大帝○是編日本佐藤信安著敘俄帝主彼得共九章首緒論次彼得之誕生次彼得之幼時次彼得之壯年時代次彼得之遊歷外國次彼得之改革內治次彼得之外交及侵略次彼得之晚年次彼得之人物評論之叙亦爲近時所罕見此爲世界史說之第一種也與坊間所譯之小崎氏本迥然不同購此者幸勿誤視每部三角

新史學○是書原名史學原論係日本早稻田校講師浮田和民氏所講述其論歷史之法取精用宏該洽精詳洵究心乙部之範籍而讀史者所不可不備之書也其譯筆亦詞雅健達若用當必爲新學界所歡迎者也每部五角

世界三怪物○原書爲美國斯密德文著於一千九百二年出版斯密氏深憂近日歐美之強國咸以帝國政策軍民政策富族政策爲主義將演殆滅人類之慘劇於二十世紀之舞臺斯密氏因著書以問世目三者爲怪物現經侯官李君譯出我國民讀之庶幾驚心怵目自危而自救也每部三角

美國憲法○美國憲法爲各國成典憲法之祖書凡七章又續增十五章一章立法部二章行政部三章司法部四章州與州相交往及與中央國家交往五章增修之法六章施行之法七章簽署之法紹第一至第十章國民之權利一章司法部十二章修行政部十三章南北戰後訂定釋奴及普設之法選舉留學生島程章宗元譯出每段附有案語章君深通法學是書尤其專精之作實近今憲法書中之第一佳著也每部三角

蒙學理科教科書○是書係無錫三等公學所編譯以日本高等小學校理科教科書爲藍本刪其深奧之理與彼國之物產而存其日用淺顯與吾國之兒童相契者以縮而續之共二冊與蒙學本全書相輔而行每部大洋三角

動植物學教科書○原書爲日本理學博士松田功太郎谷信五郎合著上海文明書局譯印是書共二十二編詞簡明次第并附插圖精緻根據形狀示形態無遺誠蒙學書中之善本也每部二角

本埠紀事

關道將回○袁觀察道於日前赴寧恭賀新督任疏並擬赴京中得悉袁道將次回滬故飭執事人等預備迎迓

邑署紀事○浙江候補知縣俞令剛昨至上海縣投刺拜台

局員返滬○滬城濟道局委員袁令世猷日前赴甯公幹昨已事畢返滬

會看米捐○上海縣汪令前日會同米業董在邑廟萃秀堂會議米捐並將因日前收及去年十月十九夜南市浦江米船被風潮沖損之事因北市仁濟善堂米業中每石米一石捐錢一文以充該業賠償被災後歷乞該堂撫恤拖延至今祇允給洋三百元因而米業行各米商之意以後米業擬於每米一石捐錢一文內抽出一釐於仁穀堂以備急需然如堂董不允汪令遂諭候訂定章後各分散

限期竣工○本邑西鄉俞塘河年久淤淺前經紳董禀請於去冬開浚給限期竣至本月中旬務須一律工竣現因工程已及八九分因連日大雨河中積水甚多以致延緩日前汪令詣勘飭令趕緊於上下水閘之際即日報竣

訪拏探捕○江西現欲築撫局洋務與分捕房故奉柯撫札飭本埠首道抄送章程並派熟悉是差之探捕到江候用其請即札飭工程局總辦龍照會即於昨日諭飭包探黃良海帶捕朱中海乘輪前往

不准派兵、製造局總辦鄭道孝胥於庚子拳匪擾亂津沽時本局付撥砲隊親兵營防護迫事定裁減至今祇存兵三十名選因督乏人故選派該兵中什長陳高額升以哈弁陳華委後即呈請撫部鄭觀察斥不准理

控案求銷案○大闊人盛桂生前被怡大庄控用假票假鈔兩奉英廨中西官判成實叫百下柳一月押西牢一年逐出租界在案昨律師佛威投稱此案現怡大庄具禀聲稱實非假造求銷案並懇請在押之盛桂生開釋等情讞員商之英翻譯判令俟會訊後再行覆訊開釋

控案不誤○本埠泰茂賑行主劉雨春上年向姚客朱茂林經借銀三千兩延約不還被朱具控英公堂讞員訊判押追不能繳著將該行先行抵償所少之銀保出清理在案昨日朱投稱雖各拍賣得洋一千餘元除收外尚少銀二千兩前奉公判限期七天理明迄今已逾一月延不照追來稟提究判令退去[illegible]案與迫

鍋案摘錄○前日准丁程局函稱原[illegible]令[illegible]等三人[illegible]和尚[illegible]六年分與[illegible]

五十汀船裝洋油之船裝至台州由寧出售分銷及間上所算帳被存洋一百餘元求究查供裝洋油至台州所買價洋給交金手收支用五十汀價洋六十八元尚欠油行洋七十元船戶葉衛松供稱由寧客洋事判金給寧洋兩元合成七十元歸還行帳了案

新譜錄雅

男女子○奧斯特發德國柏林人也幼從父母僑居西班牙半方二八妖艷絕倫見者莫不垂涎性好武藝西有鬥牛俗女欲以鬥牛者自鳴遍訪教師習其技役歸京日日與牛之近挺身至柏林欲與眞鬥以鬥牛為的約主者以其幼女弱之不可强之而後可屆期觀者環堵女從容登場先與一小牛角勝之再與一大牛角又勝之主者乃出其最兇壯者兩頭見者皆爲女寒心乃甫交手兩牛俱然倒地而女神色自若于是拍手之聲震動十里

英婦人○法國杜拉斯有一女名波兒絕代佳人也當時歐洲文人墨客無不以波兒爲一點目而詩詠之四方聞其名而爭往觀者絡繹不絕杜拉斯旅館每有人滿之患波兒一出門觀者如堵[illegible]不能不往[illegible]因此釀成事端杜拉斯市會以之[illegible]決議波兒外出必用搭網遮面而市民聞其事大鼓皆不得已再下一令命波兒每一禮拜內須選定兩日[illegible]一點鐘偕立春俯任[illegible]來[illegible]波兒以市會一再干涉失身體自由訟之[illegible]院[illegible]市會[illegible]女爲自視曰[illegible]世世勿作英婦人[illegible]敍

陽曆三月二十五日禮拜　一

光緒貳十九年二月念七日

蘇報

總發行所：上海英租界三馬路中

分售處

每號大錢十二文

西歷一千九百三年
日歷明治三十六年

外埠價目

每日一寄連郵費全年六元八角
七日一寄連郵費全年六元
西洋加倍
東洋照加
郵政不通處酌加寄費

告白刊例

第一日每字取錢四文第二日至第七日每字取錢三文第八日以後每字取錢二文封面告白照後幅加倍論年論季面議長行告白七百字起碼短行告白以五十字起碼多則以十字遞加

論說

論租借地之裁判權 譯稿

自德人租借膠州灣俄借旅順大連灣英借威海衛法借廣州灣依國際上之定例凡國占領他國土地或分割他國土地乃可以實行國法律於其主權之下若今之租地於清國者可謂特殊之事其他類所不見從國際私法上定一切民事刑事裁判權之關係甚非容易者也是以有識者併倡宜協定是等法律之關係以促列國之注意蓋租借者除膠灣旅順港口等其力不能及他今在關係諸國對此問題極冷淡徒尚未講及是事自租借之事六年於茲未嘗有所制定豈可不謂獨於等閒乎頃者日本士官於旅順以被疑爲軍事偵探而逮捕之務大臣大隈伯使駐俄特公使抗議於俄政府不得要領以俄皇勅命放免士官俄外務大臣以其所交林公使謂其間由所旅順日本人中有數居之人投出其他日本人俄國官吏以裁判管轄之有無爲疑而不逮捕被害者之俄人及訴其總爲逮捕之命日世間議論俄國租借地之裁判權者於是爲此事而起也

於租借地裁判權之事租借契約除之上不甚明白德國之膠州灣租借條約載於千八百九十八年一月五日德國志帝國官報其協商要領曰爲避不害於兩國親交之因與清國政府於租借期限內將該地一切主權委託於德國政府又英國千八百九十八年十月五日批准之換威海衛租借條約曰在租借地域內英國獨有其管轄權由是觀之德英兩國其租借地與他土有同樣之權利而與英國之治香港借利斯島九龍之治巴士尼那海峽辦別相同其裁判權之屬於租借國無可疑者獨俄羅斯之千八百九十八年三月與清國締結旅順大連租借條約故中爲避分割清土之名條約第一款有租與俄國以中國帝權不得稍有損害裁判權亦只俄國人依俄國政府特權之等語不甚明瞭然依以上文字推之日本國民於旅順大連有治外法權其他諸國各地不謂可得其權然俄國政府若妄志強裁權之固已超等之協定衆尚必容易雖然於膠州灣德國有其土權於威海衛英國專其管轄權而謂俄國果無均沾之意思乎且千八百九十八年三月二十七號條約之外俄清間別有所協定乎否乎是亦一疑問也

俄國經營滿洲土地依賴他國人民之力其始於達爾尼市所招徠日本國民之方案且滿洲礦山及其他事業待我國民之資本及技能者不必贅也且將來滿洲尼港經營日本皆居重要之地位有不容疑者俄官吏要求有旅順大連治外法權則俄急於親我政府亡許我認彼之裁判權其特別便宜而待我國民也是豈滿兩國之交涉及清與他國均衡上俄得使我任意妥協否耶尚屬於疑問耳

時事要聞

電諭照錄○二月二十五日奉

旨杭州織造仍著倫桂接管欽此同日奉

旨蔭恩惠志恩厚全勝著賞給二等侍衛王忠余聯芳祺著賞給三等侍衛汲審瑞斌著賞給三等侍衛阿那杭阿德山尚其棨承以夏恩駒崇音升柏森著賞給藍翎侍衛著在大門上行走欽此同日奉

旨此次派調內監總管引大臣著派倫恩之奎俊崇灣與貴昌印務處綿勳溥灃溥倫世續廣仙等問定成欽此同日奉

旨此次派調內陵隨人員著以門著派世續那彥圖者阿穆爾靈圭走戰派倫博迪蘇榮陳奎林等尚尼欽此同日奉

旨此次派調內陵週游各派那彥圖者欽此同日奉

旨著派俗欽特尼晉專為向寓所欽此

北京○二月二十五日召見軍機兼臣瑞澂成和

京師鐵路○大津內鐵路將在前門車站擴大地址以爲貨棧車廠之用該地點貼鄰城河河之南即打磨廠一帶鋪戶極多聞局中擬收城河河史附拓念丈經鋪戶設法懇免拆毀亦不果行並聞有某侍御揚首欲奏某特排然無濟也

今年兩總裁乘坐花車前往正陽門車站有五城練勇排隊恭送並有兵部司員多人衣冠齊集因嗣考官係東南從以兵部衙門舉順天府尹與家京堂官向無令屬員站班之例自去年裕德出京爲會試官前往恭迎內閣各衙門無屬員排班之例恐他官執眼一律仿傚以混其迹其用心良苦矣

某省有子入人會院科權傳言去年有某亦可得數萬金爲七少爺撥手亦以仙少爺所知爲起見以結某省乃令均分而使得於下者得以從容私發以開其勞

某方伯與其令姪榮相得調後缺然實口寔現在榮相示意催缺某方伯奉力張羅仍未足數

龍州近事述函○接二月十一日龍州訪函云匪首黃寶齋嘯聚於寶墟後山上石岩恃其天險官兵未易進攻時出劫掠行客擄人勒贖無所不爲日前與中軍何同榮都司各帶親軍及設伏兩面後各營掩旗息鼓分路前往圍捕距匪半已聞風逃去官兵連夜追趕終不能及旋於附近各村獲得匪黨十餘人身上搜有探報皆偵探消息之爲齊賊後即在該處正法矣現在上游一路頗爲安謐

前任太平思順道楊榮近欲王總兵香排南寧遊勇前遣散凡投誠之匪頗爲多著劉局給資遣交回籍俾安生業惟由南寧水路公司聞知招若干名作工人行文大憲口前該局委員已由管押解二百名抵楊則尚有數百名不日亦可陸續到

貴縣有八分一號因公前往南寧縣途遇有官塢及商家數人並載板圍土貨物該已值悉候其行近時兩岸突出攻擊彈如雨扒船力不能支墮水者均泅水逃命聞全船二十餘人只得水手三名生還云

惠州匪耗十誌〇廣東惠州亂匪前經官兵往剿已經次第撲滅
就地清惟近聞餘黨仍欲蠢動且不時劫掠居民戕儲殊不安該處
地方官現已電稟督憲請示辦法大約非再調兵剿辦不克解散云
訂期演說〇今日晚八點鐘美國進士李佳白先生仍在六馬路
格致院演說荷比兩國政治之異同云

世界要聞

脫總統辭職〇字林西報二十三號路透電云南美洲威納瑞拉總統治司脫羅現擬辭職惟議院尚未允准

總統辭職緣由〇又云治總統并不願繼任其所以辭職之故聞該總統頗覺疲乏云以該國現在一切佈置皆恐有不悅於各國也其繼任總統將於下次開會時公舉現在暫由治君之弟代理惟美國亦頗不願該國已允之賠款復有所更動也

秘密南非洲戰事〇又同日倫敦電云英國文部省以現在英國各報常議論南非洲戰事特防令各訪事秘密其事不使彰揚又云支那現又派兵前赴干那王所屬川其餘帳則已移扎氣候甚宜之處而在皮阿及盤拉兩處亦有兵隊往來矣

南美安靖〇又路透電云南美洲歐洛圭革命之舉現已和平了結諸處均已安堵矣

法國財政〇紐約西報述法文報云法國上議院現於財政問題已經停議財政大臣李羅君當宣言云政府欲預算一千九百零四年之出款當議加增進口稅云

辨論南非洲華工事〇又同日電云英國衆議院討論南非洲倫敦礦招募土人工作之事并謂如此招募實不啻奴隸其人也理藩大臣張伯倫則深駁其議云

阿加剌學生反對〇又同日電云阿加剌醫學大學因脫地方各學生忽爲何國古時愛國者可稱之局面起而反對政府警察之往彈壓者皆被驅散其故有不受所出者

鳳國防疫〇文滙西報云鳳國西部時疫盛行逐日死者不下千數雖西南部較甚實則通國皆是沿文咗孫來特海濱一帶已立時疫則限地處船隻于限內不得進口闖梗兵皆駐館留立以俟有偷渡者皆驚擒住云

教皇行述〇羅馬教皇今年舉行登位二十五年慶典除本教諸國及耶甫教外各國皆遣使稱賀其盛事也按教皇名爲阿第十三以一千八百七十八年四月十八號繼前教皇庇士第九之位至今二十五年今日之慶如西例視典之盛也皇生於一千八百一十年三月二號現年九十三歲乃意大利人原名黎斯八歲時父命與其兄同傳於威打摩教會書院一千八百二十四年母氏逝世遂寄養於從父某公家後入意國某大書院研究皇殊聰慧凡天文格致諸學皆有深得一千八百三十七年被選爲教中神甫旋發就比路古國神甫之席後由比國教徒推舉爲大神甫未幾擢遊意京特取道英倫請見維多利亞女皇頗其洽留至巴黎見法總統路易腓力已覺名稱久爲衆所歸矣此係羅馬教皇升加里崩主教即位一千八百七十七年復陞爲教任衣紅主教前教皇庇士年二月七號因土因病卒於羅馬城內 神甫六十九人推舉即位教中翕然現皇年雖老精神仍矍鑠云

二號大阪博覽會紀〇什誌 本屆會之純用品并製造物之一所謂賣買物品台灣館 在美術館之後 其一從是館之外面及內部之全部陳設台灣土俗與支那相彷彿并其他各島白般小物悉人此館或行即可見其地之風物人民起居服食之物悉以物者總收入其內爲所陳列人類學館即以我同胞以新領國館末之一人任之館內裝置大概等設 在美術館之後彼落日山之斤上有一千幾百尺之高樓有古碑出設參觀之付孫位者欲觀其物用昇降器而上下其上有許多評判員入工所造物正門前之噴水池與利加殿 銅製 有日本所同賞也次爲美術館館有觀音像立於噴水池之背上容貌莊嚴大士最大貢獻今於開男女陪伴至而流覽仰之逝者即此文六之塑像也 雕匠者東京美術學校教授剛邊正火氏製作者高村光雲氏 次出品者工業林產水產教育機械通運館既經頓非七八分僅有二分或三分今猶有大工師東指揮及假漆師刊塔字塔許多工人搬運貨物一宗中陳列火車與地隧非殷出產等物其間又有海老原之少女小學校之運動會其有趣味一切陳列稽其全數僅及七分云其中七分以上爲工業林產水產之三部欲仔細檢點其中之物恐二三日尚不能盡也予所見者如儀尾不過大倉之一聚動物不過九牛之一毛如工藝等不過千萬之一機先是因所陳之物粉粉雜沓不能次第入目急須之甚然此火車與地隧及特舊驛模擬級網直方得其詳〇美術館 美術所列品亦不可勝計最動人目者爲正門內楠公乘馬之塑像 東京美術學校教授生天目均一氏 昭和少丈夫士 東京岸刈盤太郎氏 繁殿之天使及舞蹈之姬小彫野猪熊間材社後婦人等之陶像 錦洲山崇兵衛氏 天賞堂出品之猴曾公其外能與兒童集聚虎格鬥之物可稱逸品目本以及京山水 九十五翁吉見逸川氏 手持折扇之長幼小板英人 尼修月讃氏定價三百圓 夏九山水野村文乘氏 小倉照問門 川端玉章 松猿 鈴木華邨氏 美六歌仙 富岡永洗氏 三百圓 遣使與朝鮮之國 尾竹竹波氏九百圓 月夕旅流 桃夫美蓉 田村彩明氏 姬子櫻 玉妹丈史 青六八東八幅 橋本雅邦氏 華燭 川崎國藩氏 秦 人婦人狩獵圖 尚極佩物氏印東報

各省紀事

江寧〇省垣陸師學堂定章每年正月半後開館本屆總辦姚學堂會辦劉副都統以改爲學生添製衣靴求免就於開日須始一律完工即於二十日開學

省垣仿設開及鍾山文正兩書院雖向有誠我然外人學術僅回未有志士風氣分購備中外有用書籍以備兩學生隨時閱內例設金陵書院以爲士之有志實學者皆得赴科借閱借款項不

足徵籍未能多設選由經理認眞提倡竭力擬先剋下約與款項

有數手書之難云

蘇州○效泉擬委員解到[illegible]一起[illegible]將以與原詳不符故特札傳該縣傳令於[illegible]十二日[illegible]且提史案証過堂覆訊

蘇省巡撫對森擬報安定旗勇以便開辦茲自二十三日起由效梁特傳候補佐雜人員六十四員擬即選派警察局巡員之用

上游水利以巡探守護芸近因吳澤縣境內淤[illegible]已由該縣詳報到省故水利局會辦即飭孫守前往履勘以便開浚並悉會同兩縣河道前已勘定經該縣紳耆來省[illegible]浚照邑冝擬救再須會往覆勘云

揚州○揚郡選彩票盛行本月初[illegible]文[illegible]租貨[illegible]大街乃屢開設湖北簽捐大票懸有江淡[illegible]道印示上月發記頭彩在順記發文太古諸店合股私造之票反使得彩之人無彩可領刻已赴縣控訴矣

二月朔日起迄今兩旬有餘城內疫症盛行鄉間天花[illegible]出染此症者十死八九[illegible]醫某某妄用辛散之劑誤人性命不少亦爲甘邑斷聞昨已[illegible]提究辦矣

揚城市面日艱錢價日昂每洋一元止兌足錢七百九十五文米價增至六元上下柴則每担價錢三百二十文洋油每箱三元八九角土裂因加捐[illegible]價[illegible]今[illegible]一家[illegible]但暗中交易而已綢布兩業貨價均昂紙磁因江西來貨太少價亦日增木業更多漲云

鎮江○城南崇學堂開辦半年尙有成效許守以該堂經費充裕今又添聘一教習一司事又增入學生二十名以廣教育而開風氣云

寧波局有市房在鎮山門上年賃與謝瑞酒樓因鄰居裕和廣貨舖於燬延及酒樓屋宇今鴻工重建該裕和乃救生會市房恐仍借爲建造該局與孫仁茂等處訴請核示批云此項市房既經該董等公稟各先將界址畫明[illegible]以社擬退保爲經費支絀持年舉起見查閱揭開工料各數亦尙核實應准照辦仍候丁咨[illegible]附入月報冊造報至該會此後重造市房應自砌山牆憑址再作聯安柱致貽後患候札行鎮江府飭由府傳知該會紳董遵辦可也

浙江○嚴屬去冬匪亂迭由省中調撥營勇彈壓現省憲以吳岱忠逛與[illegible]擬飭不無微勞已咨部洊保俟該營將缺後以副將仍留原省補用

浙省土產之紙以衢州之碑爲最佳近來因各山產竹不旺工料昂貴以致紙價日增刻由該業司董與衆公議擬欲設法改良籌款創一大紙廠公司購用機器製造俾得精益求精且可抵制洋紙以維利權並須先行遣人前往東洋學習新法云

廣東○府考試時省城大學堂及時敏學堂所有學生凡欲與

[illegible]自由[illegible]監督具文申送考試學使均命提堂與府縣前考無與狙傳者亦頒多今回福取回支尋常亦擬照辦已通知與試

客壽堯現擬司具詳[illegible]吳世認實缺人員例不能無故離省乃各員於飭新到如前[illegible]每求出省差使巡免例議此係迎融辦理之法局仿原無不可而各員多有一二年不回省者於同省後又往因公出禁[illegible]給發半廉是則部議家國[illegible]上官以街部因的之意[illegible]生開倣私營之心未免過於取巧嗣後凡係實缺人員條款不准[illegible]省如有事故回籍即照例[illegible]以便照例辦理應並經云云已奉督撫批准照辦並札飭所屬遵照

時件擇要

同川學堂章程　二續

第六章　學生

第十八節　學生到堂先由總理交閱章程引學人塡寫引進單即爲認守本學堂規範不致違背之確據

第十九節　學生報名准否由堂派副董照以下各條察定　甲身家不清　乙煙酒嗜好　丙經別處學堂斥退　丁負介子弟官氣過大　戊確知其不能學成年限

第二十節　曾過東西各文國來堂報名時自行聲明由教習考驗派歸某班惟班次不能過分程度高者宜稍行降格程度低者仙者先自覓人補課

第二十一節　章程課條各生有不便之處隨時撰具說帖簽名遞交堂董副董斟酌改良如或並不簽名有類揭帖仍留不議

第二十二節　各生分數逐月彙榜核升降班次年終考試彙核分數優者獎以中外書籍筆墨儀器劣派作附設蒙學師範分數過劣無班可降者知會引學人辭退

第二十三節　學生衣服整潔不得敝垢上課專心一志端坐聽講不得嬉笑出入學生短視准戴眼鏡及趨立觀者游戲呼交願游散時不得喧譁爭論壞及圖書儀器損毀者除記過外並責賠償

第二十四節　學生起假以幾無爲例假或事故假在一月以外仍照全年核算引學諸君及各生父兄深明開辦艱難力顧大局約束在先諒不任其曠欠

第七章　課程

第二十五節　教習學生照各科課程應盡之職則如下○習字科高級生不用此科示中文此科可以略歸○一描寫○二臨寫○甲巡媒　旗盤法　執筆法　擺架之態度○乙講示等示程式　講解筆法先後○丙評論　[illegible]斥劣令各生同改

讀書科○一授課　甲拼音　輕重法　變化法　長音短音之誦認　自二字以至七字論令類推○乙講書　字義之性格

（教授之辦法　過去與在未來之界限〇丙討論　自習
教員令學生餘或溫習〇丁質問　設問令學生還答　以中語譯西　以西語答中
二溫課　甲溫讀　令學生挨次續授過之課　乙溫講　授過課中每生任指一課挨次溫講　丙默寫　授過課中每生任指一課默寫　作文科（中文西同法）（中文擇最著之史論為課本）〇一聯字〇二做句〇三嵌虛〇四增長〇五減短〇六翻譯〇七長嵌虛〇八小記事文〇九小札（日本兩國名作用之文者較平素所習稍難）十小論　先論歷史事物次作歷史時事　甲評論　如習字科教授法　乙以示　改示認題各生同閱詳為講解
倫理科〇一講解〇二考案
算學科〇一心算〇二珠算　三筆算　甲講解　乙質問　心算任令一生答問同班合決　珠算挨次連珠　筆算同班演草　一歷史科（歸入中文）　一講解〇二還講
一外國地理科（歸入中文）　一講解〇二觀講〇三描繪地圖
一體操　度數　比例尺　器械用法〇四暗射地圖　描繪一二次後即精一空漿任指何處令學生答問　仍未完

學界風潮

解散才就說紹興額設公學之原狀〇紹興教育之關係及其日約我由紫生口君野人走尚宰者甘過去年八日以來在郡內議議公學狀況及此次歸斷更見進步決議四項曰設曰地曰法曰入經費必須籌經費籌安籌公費不敷無名之虛款惟就研人中先行盡力認定常年捐款俾得應不必強迫將來興辦以經費之多寡定局面之大小積小而大逐漸擴充以期永久此籌費之狀況也地址尤宜寬廣應擬他日可以擴充郡城惟東門之能仁寺最合用寺之檀越爲郡姓有名彥猷者勝主僧某介友人詢之郡君願入會亦始在端緒此定地址之狀況也至於辦法當先定宗旨初蔡君建議以師範爲修循通三科並舉惟今年府學堂已改設師範院而各縣小學堂亦以次設立皆依普通學科當此需材孔亟之時自應以專修速成爲主但吾郡教育根柢未深普通科目多多設法則惟有兩科並設應無疑義至於校員自應公舉惟應舉幾員某員任某事則須臨時酌定至是此事已漸有緒同志凡二十三人於是以此月二十三日集議於府城老虎橋徐宅除議出及因事不能到者外其主者凡十人能仁寺僧智聞亦在座先提議地址議定借寺之半與智聞約以殿後隔東五楹及西偏樓五楹及偏屋數間爲學舍其佛殿與偏樓六楹仍歸寺僧住持而殿中一楹則借以爲講堂其餘基地一任建置其東府縣立案公學之地址以定次第二議辦法決定專修普通兩科的舉第三議校員先定規則數條一曰文牘員若干人由同人公舉任贊助亦議之職二曰文經理一人由議員中公舉任經理全校事務之責三曰經理任期以兩年爲限期滿再由公舉事在者乃至五四日郡學內全校行教之職議員由任亦議才能斯附五日由會議由大者由經理定期會集議員議決之六曰公學內設學務會議所一處每月朔望兩期同入會議一次其不在會者亦得入座旁聽凡郡中各學校員即不任議員之職亦應各抒所見以資集益是日即依第一二條用投票法公舉經理議員從多數公推宗伯彌爲經理餘人均爲議員續有入會者從後再舉第四議籌款已認之款計是日已認捐者都一千四百一十元公議交存經理其有認而未登及續有認捐者由同人各就所識陸續措冊往勸夫此同人在紹興辦公學之始末也然而款既無多力有未逮區區之水一蠶之丞祇小小者擴而充之是所望於諸君

新書介紹

皇朝政治學問答初編（泰東西士夫之究心晉學者究我朝事實凝詳凡吾胸所得輒錄小册還以叩之吾國士夫大都晉排口稱否而不能答也此書共三卷專詳宗室覺羅之事證以大清會典宗人府則例并借恭親府邸私著若干種搜羅宏富詞句簡明洵考求掌故者必需之書也每本大洋三角

皇清政治學問答二編〇是編所述無微可證由作者在邸舍數年旁諮而得上自皇上修德行政下至臣工具摺奏事咨爲分記注以札設之語使讀者易解下卷於紫禁城內外各處指其地舉其名山京及外國各處一一爲初學講解方向而已每部大洋三角

再版國家學原理〇日本高田早苗著無錫楊銳鋕譯爲一國之民而欲各國民之資格必自知國家之所以爲國家始本書宗歐美大家之說以科學闡國家之原理凡爲國民者不可不讀也洋裝一册定價三角

中外故事讀本〇兩叔社編輯本書共五十課凡課州古今大家傑可稱可法之事一一中一外兩兩比較可以悅兒童之意啓兒童之智壯兒童之氣全一册定價一角半

本埠紀事

領事赴京〇昨聞駐滬美總領事擬於日內赴京公幹應代者爲英國商務參贊英森君未知確否

滬道籌捐〇本埠城廂內外滬道同員查令此狀近因捐款不旺開發支絀故函請縣主汪令勸辦昨日汪令貼出屏告二件論與三紙飭吏速送典鋪茶館菸所並赴查收轉向各號勸捐

粥廠停辦〇南市奉諭設立施粥廠自去冬開辦至今已經四月現奉廠中姚委員定於此月初一日停止施粥云

相驗刃斃〇昨晨有年約三十形似小工之無名男屍倒斃於西門外的石橋左近當由該處念五保十三圖地保稟請如東往查兒該屍頭頸背受刀傷故投上海縣報請相驗午後汪令帶同書差刑作人等詣屍檢驗當場件作喝報該屍咽喉頸上共受數命刀

飭西區巫保諒堯達彷壞明晃格中堂棺私撬封牆埋所有壯兜一箇布鞋一雙彷彿柴間儲庫一間餘限差保於三日內赶緝兇犯務獲解辦

淳合鎮控○成家鎮按英公堂具控佐楊姓界之貝小湖昨日投案差役持票押提到法廨貝供開湖羊行有吳咸林與祁家福合開豢豬牛羊店被吳欠去貨洋六百元今正吳祁均閉逃去欠款無着覓吳與祁串通和假造吳欠伊借據捏造某名爲中人朱順泉以保人令復越界勝訴判貝退去給來案曰現有定章以原告既被告者將原告送回法廨訊辦

寄洋料號○某信局主吳子生托江永輪船茶房鄒阿二帶洋一千塊往他埠詎鄒竟收去百元昨由吳尋見扭至英公堂請究江永買辦投稱鄒係帶洋理應交與帳房現吳托茶房私帶以致被竊皆由自取請免究不准判鄒罰洋一百元充辦吳亦不自[illegible]押[illegible]十元充公

攙水牧門○徐仁記[illegible]牛奶棚因[illegible]攙水牛乳昨被法包探查獲○供認送法公堂請訊驗係牛乳內有水十八分余姚同供役夾不敢再爲判各罰洋二十元充公

[illegible]岸會吏○湖南[illegible]號船公司前晚被賊偷去[illegible]包白米十八包昨日開明失單報請馬路工程局總巡捕房飭捕嚴緝○浦東童子大來阿貝與弟阿二來滬遊玩昨日與弟失散被十六鋪地保[illegible]丁查見送至局轉送安福善堂局員訊判發堂留養待領家屬[illegible]領

[illegible]○南門外[illegible]寺住持僧昌山去年將寺旁空地出賃今[illegible]

楊供瑞昌[illegible]子助產盜賣得洋四千五百元與中保申吞濱川求究汪令曰詩伯盜賣寺產有蓮保與究與伊等何干爲楊戒賞二十下與蓮一併斥退地保徐如山供瑞昌賣地得錢[illegible]三十元中人唐阿明供得中錢洋三百五十元因瑞昌修廟乏[illegible]故將中費洋存在得主處助爲修費俯稱來供師父瑞昌修廟乏資賣去空地查錫[illegible]人與師有隙去年師弟竊物被師訓責故以毆打幼徒等情報捕將師拘押捕房今矜求釋又在案下控告判限處送五人將所得中金錢投洋繳案候核○又訊賊究之[illegible]氏供丈夫從北梅在洋行爲賬有[illegible]所出兩子華珍阿二均婚人唐長已與華珍完婚阿[illegible]來性呆戇被華珍逐出求乞婦人不忍於十八日招[illegible]回家華珍當晚即將婦人驅逐昨日在街購物仍被毆打咬破指此求究阿二供同判出去候查明訊究

介訊收租糾葛○比商哈同閣投控收租人胡榮棠私加房租吞沒租洋請爲訊究等情據胡自稱即簽差將胡提案訂十[illegible]午候合[illegible]比國領事魏君提訊原告代人投供向人自市房一所雇胡收租不料私向各租戶抽[illegible]私加租洋五角共洋一百四十元又被吞沒不[illegible]十元兩共一百七十元向論支吾須爲訊追[illegible]供認三[illegible]元[illegible]加租中西官以原告既明語[illegible]判令[illegible]三日內繳洋一百七十元由原告分別繳還各戶完案

[illegible]搶錢[illegible]王阮氏中同包車夫沈三街被收主人爲陳氏家衣飾[illegible]山包探[illegible]案[illegible]提王之[illegible]夫施才處訊辦在場作證[illegible]已逃[illegible]訊[illegible]十歲自称之[illegible]判氏

[illegible]二月[illegible]判[illegible]完案

光緒貳十九年二月念八日

蘇報

西歷一千九百三年
日歷明治三十六年

每號大錢十二文

外埠價目

每日一寄連郵費全年六元八角
七日一寄連郵費全年六元
西洋加倍
東洋照加
郵政不通處酌□加費

告白刊例

第一日每字取錢四文第二日至第七日每字取錢三文第八日以後每字取錢二文封面告白照此加倍論年論季面議長行告白二百字起碼短行告白以五十字起碼多則以十字遞加

總發行所●上海英租界三馬路中

分售處

[illegible]

論說

論東京留學滿漢之衝突　來稿

致十九世紀競爭之風潮者雖乎民族主義爲之也其上焉者若德意志之聯邦若意大利之統一其次焉者若匈牙利之自治若希臘之獨立其下焉者若杜蘭斯哇之戰爭若波蘭斯之抗俄雖成敗不同而其爲民族主義所驅使則一也風潮所趨漸及亞東二十世紀之中國爲民族競爭之一大劇場無疑也嗚呼我高尚優美之漢族受制於異種之轄下者將百年於此矣溯其原因以我民族之能力不足以禦外侮實由歷代政教歸於一尊權力之壓制實陰之錮束既足以挫其銳氣使之不克自由而又加之以科舉使聰明才力之士耗費其精神畢生從事於此於是乎異族得乘而入之試觀晉宋諸代而五胡因以亂華宋講理學而金元相繼滑夏明之失國則八股爲之漢族致弱之原因非在此歟雖然我漢族遺傳之性質固最富於民族主義者也何則自我漢族入主中國以來曾此之苗族日即衰耗今求其種類惟在煙荒煙瘴之區數莽森林之內猶存一二而已蓋我漢族帝政之成立雖始於夏而自黃帝至禹四百餘年節節南侵夷苗開化殄死荷相爲撫育猶我祖宗經營之餘烈及今猶可見焉而當是時北方之嚴古條亦已漸次強大日思乘機南下我漢族執之不遺餘力節向日然獯鬻中原之苗族猶未滅泯也於是竭智合力以從事於爭競其於南方也常持進取主義其於北方也常取捍衛主義詩曰戎狄是膺荊舒是懲則亮我敢承我漢族歷代神聖之於外侮因無不以懲膺爲政策者也蓋非我族類其心必異漢族滿洲族之力達於極點制勝厥後稍稍衰矣遂敗至於今日追溯歷史向日偉大國民之名譽安在恐今者歐化東漸民權自由之說入我輩進化之理日光積於青年之腦筋有史以來遺傳之性質以外界壓力所擬去者一旦再復其本來則其勃然不可復制如火之燎原水之潰隄豈一手一足所能阻遏哉從政之士主調和之政策而不知其無不調和也顧固之於初日制之方法而不知其無可抑制也孰優孰劣孰勝孰敗一任天演之自然而已爲者今將謂顧生其皮傀操力及早設防猶可倖安苟自肆於此風潮未有不自速其亡者也嗚夫用外交者猶手與面以賤視爲國之以心者此日之所得幾何他年之損失何及奈何爲國者竟視爲唯一之政策耶悲夫

徐君介成來函照錄

敬啓者鄙人於壬寅歲爲江陰南菁學堂東文教習繼而游學東丁叔衡太史作古同事亦以歲移解館散之四方今歲南皮尚書蒞鄂我山侍御任總教習我山宦途失志南皮利川之戶以遷其威故延訂如習總改舊章變爲札付彼處以爲有此收諸公中之俗幸則號研而與退附而與無所不可也待教習如此待學生可知爲恐南菁學堂自茲將有事矣及將收致祭周兩廣文請其代擬札付函稿送請貴報登錄爲學界留一記念

附致學務處函文原函已呈給柏初先生前遠行以來教符換歲日昨到南接歸聞函敬聆一一有故上年在澄恭以東文分教詞學諸子誠不敢自信有效順年移解館幸免慰九今歲復承勤駕雖不能止心感佩之不盡也接學院札文一通行札和留期來堂認真分課等語因之不勝詫異夫自各省開辦學堂以後風潮起伏時有所聞過明知士持者亦得其人而每遇學生因以詭而發氣勉之不顧其成於激烈意念士之與官本爲一體今日之官即從前之士今日之士未始非異日之官何必預起風波致以同類而成仇敵試觀日本留學界起初無非使尖保途之依南洋公學亦起兩派地結非和之計據論其手段之不足以焚書坑儒也即實有焚書坑儒之手段究竟有何損益有何快心南皮尚書督任兩江未見赫赫得濟然聞其與訂議友悉川札文有浙省之孫詒讓然不就南皮撫如之何付幾何時而學院之延訂教習又步其後塵矣今日設誤諸公視他國之教士則敬祝本國之儒生則賤出之於鴻臭進身者不足怪出之於科第進身者則尤奇有成上年之就聘也以明有敎弟子殿林之嗣今歲求川官樣文章予以札付而後倒裝不免不倫豈徒學堂時有風潮而江陰猶將裁撤言以爲點然無色耶抑他日學生多受壓制而江陰更復傳敎習以爲進步改良耶容諸江蘇學院李侍郎南菁學堂總敎習劉侍御循此法而行之將來必能造就許多新鮮奴之才以應世變造明代之八股僅能造武臣而今日之學堂更可造奴隸也每況愈下言之慘然所有札文一通印呈代徵此函已致報館登錄千萬勿爲隱諱云云

時事要聞

軍機處抄錄二月二十六日奉

旨江南織造著何恆去欽此同日奉

旨著派色楞額乘祿貴昌恭詣西陵致祭紅椿欽此同日奉

上諭前據御史李灼華奏參福建學務處等情當經諭令張之洞確查茲據查明覆奏所參各節究無實據惟該學只任封圻不能約束下收受禮物家丁勒索門包於所聞並不辦理索能尤協並用人太偏下情壅蔽以致閣者不免許應敬著交部議處臬司樊增祥才微行多戰挾制不恤民隱離於民隱之任務以此員降補伊尼撫錄總兵師榮安在任疏忽交部嚴行提懲此事將所以於將伍不能校其發鋤徵有關係各營督標中軍副將顧文藻丁於趨附罷引私人名以守備降補補用道孫道仁年少然中未求好利惟不日尚知練兵講求新法著以通判降補仍留甌建思充武備學堂總辦盡其責任整務思以觀後效通判閩縣知縣徐瑞保大使朱炳星貪鄙昧利均著即行革職撤州知府前署莆田縣知縣溫慶祐半部宦爲劣跡多端著革職永不敍用署仙遊縣知縣汪士駿派出苛刻激成事變率行請兵燬民多命名革職永不敍用並發往軍台效力贖罪黎將沈學全督兵彈壓濫行開炮著即行革職候補道柯欣榮於山崖收受一乞

旨[illegible]發摺不交部議[illegible]各省所議[illegible]理該部[illegible]欽此同日上諭昨據[illegible]奏[illegible]辦事[illegible]振勸[illegible]撥銀二十萬兩[illegible]品片被災[illegible]各片[illegible]補[illegible]振動久[illegible]外洋熱心[illegible]商情甚[illegible]辦籌[illegible]勸[illegible]款[illegible]義急公[illegible]振動前經[illegible]慈保奏已[illegible]令該部引見[illegible]即送[illegible]預備召見[illegible]旨[illegible]恩[illegible]依議欽此

[illegible]傳抄〇二月二十六日召見軍機[illegible]王[illegible]士[illegible]地東[illegible]〇日[illegible]安香山協[illegible]三[illegible]縣[illegible]獲人犯一名[illegible]變[illegible]辦[illegible]閩[illegible]犯亦係[illegible]中人[illegible]已交[illegible]縣[illegible]局員會同審訊矣緝捕局委員會[illegible]黨[illegible]拘[illegible]聽[illegible]之孫文[illegible]頭[illegible]等五人提[illegible]禁[illegible]子山[illegible]居[illegible]劉玉[illegible]等九人[illegible]照批[illegible]大約九人中[illegible]四五人而[illegible]李順[illegible]可以[illegible]決云

惠州亂耗十一誌〇惠州亂事[illegible]已漸[illegible]不靖惟各處村落伏莽尚多日前經大吏札飭委員分赴博羅歸善[illegible]屬會同地方官辦理清鄉事宜又聞陸路提督秦已於十四日由[illegible]赴省與督撫[illegible]商地方上善後事宜

詳述柳守被戕情形〇前述政府以柳州府[illegible]守被戕一事又有一說謂因該守素性殘[illegible]以致所屬人等大半與[illegible]暗[illegible]自此次[illegible]時該守不求[illegible]抵禦之策惟[illegible]下[illegible]以至人心[illegible]然有[illegible]該守[illegible]死者其如何被害情形[illegible]細[illegible]未得[illegible]然不殺[illegible]亦必殺於同類其不[illegible]已可概見聞刻下政府已准[illegible]矣

[illegible]〇[illegible]外[illegible]鐵路[illegible]相關一事[illegible]已[illegible]下月初間即可告成[illegible]徐[illegible]力[illegible]料[illegible]校[illegible]之[illegible]尤力[illegible]大阪[illegible]觀[illegible]振[illegible]等[illegible]部[illegible]船[illegible]天津之[illegible]已[illegible]往返二[illegible]亦[illegible]三月初四[illegible]日乃能到[illegible]即[illegible]辦云云

西山煤礦[illegible]宋忠勤公孫[illegible]部郎[illegible]辦[illegible]礦[illegible]局不肯[illegible]之於外務部不知[illegible]何用華人[illegible]開[illegible]內政而心[illegible]外務部已[illegible]不料外[illegible]不准該[illegible]理[illegible]與[illegible]不[illegible]知[illegible]矣

見[illegible]〇西人[illegible]神戶[illegible]行[illegible]人[illegible]華人之[illegible]同[illegible]受其[illegible]不能[illegible]已[illegible]一[illegible]抵[illegible]人[illegible]上[illegible]貨[illegible]之[illegible]因[illegible]口[illegible]施[illegible]船[illegible]上不[illegible]水然已入傷[illegible]華人於是大憤[illegible]判所[illegible]陸錄十五个月[illegible]此等西人凌虐華人之事近年以來已屬司空見慣[illegible]日本尚有[illegible]可言耳

担保借款[illegible]〇文滙西報二十五號天津電云外國各銀行已[illegible]允[illegible]地[illegible]行[illegible]三百萬兩[illegible]由大[illegible]担保云

世界要聞

英外部宣言梅西度尼事〇文滙西報十四號倫敦電云英外務部大臣[illegible]前在上議院宣言梅西度尼之事[illegible]與[illegible]協助[illegible]加利[illegible]尼改良之策云

[illegible]決[illegible]煤礦[illegible]案〇字林西報二十四號[illegible]法[illegible]十一月間英國[illegible]總[illegible]物[illegible]派[illegible]那[illegible]罷工[illegible]之委員已決[illegible]此[illegible]全[illegible]工人所[illegible]成[illegible]加增工[illegible]及其他要求之事[illegible]工不過求得一時之勝[illegible]所[illegible]允各款大都[illegible]息事[illegible]起[illegible]已工人之安[illegible]雖[illegible]已允准而其[illegible]商會之[illegible]動[illegible]該委員所[illegible]且[illegible]數其[illegible]可[illegible]之事[illegible]將來必[illegible]禁止也

英人[illegible]之[illegible]〇又同日倫敦[illegible]云當[illegible]論英國海軍[illegible]英海軍大臣[illegible]諸[illegible]政府乃[illegible]本國海軍之力可以抵禦[illegible]敵國之聯[illegible]云云[illegible]該大臣[illegible]來[illegible]明[illegible]政府有無與他國[illegible]訂[illegible]兵之[illegible]也

法國近事〇文滙西報[illegible]法國來電云法國上[illegible]院[illegible]本[illegible]首相[illegible]之[illegible]康[illegible]無[illegible]不[illegible]政府與宗教家所立之約當仍維持不[illegible]國[illegible]之[illegible]約也

俄英交涉[illegible]〇又同日北京電云[illegible]國政府已認[illegible]有利[illegible]鐵路之[illegible]現與俄政府[illegible]地方[illegible]非[illegible]之人[illegible]租地及[illegible]權利云

兵官[illegible]起程〇又十六號倫敦電云德國[illegible]土耳其[illegible]亂地方[illegible]之各兵[illegible]均[illegible]未行云

[illegible]英[illegible]被告事〇文滙西報[illegible]云[illegible]馬克[illegible]自一千九百零二年[illegible]將來[illegible]近已[illegible]因[illegible]告[illegible]各[illegible]命[illegible]在[illegible]所判斷此事[illegible]所犯[illegible]在該屬地刑[illegible]範圍之外云

亂黨[illegible]〇[illegible]日[illegible]云[illegible]令[illegible]地方亂[illegible]向各衙門亂[illegible]及放火時巡兵即[illegible]保[illegible]內[illegible]出火中[illegible]數人[illegible]及[illegible]海船派拉[illegible]及水[illegible]脫當即派[illegible]兵[illegible]動[illegible]仍[illegible]不可[illegible]救令速[illegible]西印度[illegible]之一小島也與[illegible]洲大陸相距約七英[illegible]之[illegible]近[illegible]大[illegible]納[illegible]拉所[illegible]云

[illegible]大阪[illegible]記〇美術館列品之[illegible]武者[illegible]村氏[illegible]八十一[illegible]

皐常　阪谷耕造氏　仙洞御所　長安雅山氏　奈良大佛殿被焚圖　坪正義氏價一千圓　瀑布　鈴木華邨氏　彈琵之排水天　山田敬中氏　補陀　大亦觀風氏　釋迦降生圖　西山翠嶂氏　用津雄於夜山寺　山根耕崖氏　少年勇士　尾竹國觀氏　秋花鳥秋草屏風　川端玉章氏　觀畫之月梅　七十三翁荒木寬畝氏　有山僧之銘瀧口入道　寺崎紫紫氏　江口君　湯川松堂氏　海魚遊泳　濱田直城氏袖世界法雅圖　山田耕雲氏　容貌極可憐之女　原田西湖氏　孔雀　平井直水氏　月下之草花　大野木光岳氏鷹兒卿起　仲芳曉氏　有竹取物語之銘赫奕姬昇天　福永耕美氏　欠臥之虎　小山友默氏　千鳥波濤　高瀨五畝氏　西觀一品成於琉球人之寫生沖繩縣之風俗並三幅又洋畫陶棋　近非太一郎氏　孟母斷機　白瀧幾之助氏　蜂蝴叢叢之間　織田東禹氏　大島圭介翁半身　長野草太郎氏汽車之下等室　赤松麟作氏　能樂淺成寺　某氏　山間之水車　岡西枝氏　酒樽　神中子　夫婦山門　小林萬吾氏　初夏之頭折花背面美人讀書之美人一面裸體　岡田三郎助氏　雨中渡頭　白瀧幾之助氏　離別之船中　玉置照信氏　冬日之水村　半裸體　海婆　和田英作氏　神巫之舞　八條捐告氏　郊野之樂樂　山內愚仙氏　踏青　田中寶山氏　海濱納涼　以上皆油繪　以上二部繪畫自不待說要而論之所以類皆係有物也又刺繡織物染物極刻繡之妙技壁獅子　飯田新七氏繡工加藤鐵三郎氏價四二千五百圓群鶴之屏風一對　同上原圖今尾景年氏　價三千五百圓妙品中之一富士左右山水之掛屏　同上　奥原晴湖孔雀獨立圖　京都刺繡者作　枯蘆白鷺飛翔之刺繡　田中利七氏　富士之刺繡　村田德松氏原圖今尾景年氏　岸竹堂淋漓之瀑布中觀音刺繡　磨岡伊兵衛氏　四季花鳥刺繡屏風西村總左衛門氏價二千三百圓　富十時臨刻繡扁額　同上價七百五十圓　嵐窪勁風天鵝絨額友掛屏　同上　五百五十圓　銀世界留中白熊由屏　同上六百圓　北北之虎刺繡掛屏　同上十三百圓　其中最奇者長谷川浪洲滿物濟水氏細織金屬等名物也錄東報

各省紀事

北京○初九日爲內務府挑選三旗女子先當宮娥之期所有三旗各承領均在景山後排班以備夜內進海　兩宮挑選云

昨內務府挑選宮娥之日凡來候選之女子家屬皆在內西華門一帶租賃小寓以待彼等之消息遂陡然漲起每屋一間租一日非京錢十千不辦

德國親王亨利夫人乘德輪於十三日到津小作勾留即於十六日乘大火車晉京德國使署兩三日內即往西陵及五台恆山等處遊歷請公使已於日前知會外部請其准該親王瞻視西陵內部及其附近一帶地方

湖北○李臬司前經訪拿沔陽州瓜田山等多名在案茲聞陳都司已捉獲戕殺匪首黃永奎陳金玉二名解省覆訊後治矣

牙役朱元向在漢口地方無惡不作因經上憲訪拿乃於丹漢陽府稟請慕緝作惡符肆恐奮其受害之家已聯名上控矣

蘇州○蘇卓劉河設局向設總分兩局委正佐人員統轄劉令鍾山候補知縣朱令國元分別管理近因劉令調署崑山縣朱令亦稍期滿而省中督撫以朱令比較有盈特札飭留辦至劉令所遺局事擬即歸併朱令兼辦云

蘇省讞局醫務選派候補佐雜於二十三日由效吳候見挑選各節已詳昨報茲悉二十四日又傳見城廂內外七路段巡各員到司謁見議將現辦各員酌留數員以資熟手

松江○華亭縣獄中日昨有自滬解來之吳姓要犯一名於夜半時乘看役不備扭斷鐐銬越獄脫逃經陳令稟明松府許守飭

府署前查記錢莊日昨有陝菜以銀票一張來店取洋二十元經該店主核對年月字號悉未符合知是假冒遂扭送縣署當將陳姓拘提到案暫行收押

鎮江○鎮屬丹陽縣之校士館于二十日甄別今將施令所命試題錄下　生　問泰西官制政體多與周禮相符其說可得失試比例而詳證之　三下則大壯亡旬成　題　問泰西[illegible]兵中保甲團防之法是否相符如欲仿行果有利無弊否．設爲庠序學校以教之義

學件擇要

同川學堂章程　三續

物理科○一講解　教授科學者時兼以眼前名物指證○二溫講

圖講科○一影寫○二臨摹　甲巡察　如習字科教授法　乙講示　舉示模範　講解形物名目　內評論　如字　科教授法

體操科○一指授○二練習　兵式　柔軟　器械　每日間習

第二十六節　星期六日下午課中文史論一篇

第二十七節　放假以限是屆處清明日一天清明端午中秋冬至各一天暑假二十八天年假一月

第二十八節　住院諸生非有大事不准無故告假其不得已須由父兄具函來堂走讀者日按課時先半句鐘到堂風雨不更如有請假亦須引舉人具函來堂除越兩限便公曠課二日記過一次記滿三過抵銷功課五十分

第八章　起居

第二十九節　膳宿者伺應茶水撥抹燈台掃除穢雜自有館僮床帳被褥歸自理膳時教習與學生同席晚間十點鐘一律息燈不准在內嬉笑怒罵彈唱歌謠並攜非分物件致出違罰　未完

學界風潮

常昭書院改學堂論○常熟本有書院一所在西門內石梅山麓書院之側院中有沙田四千餘畝租覈極每年可得四千餘金又城鄉典當共有二十四鋪每月認捐各十餘千文每月可得二百餘千每年可得二千餘金因咸豐時書院有存典生息之款其數頗巨兵燹後各典鋪祗認利息錢故每月收此巨款以為寒士膏火之資其佔生童膏火每月祗發二百餘千文所餘不啻皆為山長脩脯之用紳衿書院之門亦已相安無事無待煩言矣客臘十二月中撫督憲催開學堂於十二月念二日常昭二令於石梅書院局門考試生童照為應民去之任子作之二何義與考者不過二百餘人生童以題目所遺皆不肯用心精構文皆惡劣不堪至今春一日學堂之事寂然無聲書院改為游文校士館亦不開課然游文校士館於二月十六日開課添課童卷來加數期吾邑文人相率與縣催請開課兩令不得已於二月十二日減為十四齋火的於居然開課題亦陳腐推那太史伯衡總理游文田畝典捐於是有殷後起廷紳舍數間接連書院之後以為開學堂地步發官紳合夥算計衆士借此學堂為肥家之計此我昭近日學堂之實在情形也論者謂中國新政斷無振興之日如科舉不停反加恩科學堂不立先將書院老師宿儒餓斃於風雪之中者僅指不能勝數如是而欲行新政行而求効也夫常昭公款何處不可籌即如從前崇良田四千畝之鉅捐有二萬金米行捐十負命皆以公款飽私囊貪婪之士之生涯無窮之怨鑿此等狼心狗肺之徒安可與言新政哉夫中國之人才非不多也中國之財用非不足也而國家日貧民生日乏者皆因為官者之中飽即如房捐一事本捐棄主後因朱紳之言改為賓主各出一半而各店鋪皆加價於物以致百物騰貴民生日難此朱紳之咎不特無益於民并且有害於民在朱紳亦始願不及此也不過在上者必欲侵剝小民死己之甚假賠款之名以欺天下而姓錢租則按畝加捐食鹽則每斤加四文房則復及錙銖煙酒則稅及於娼妓此等亡國害民之事接踵而起在倡議之人以為小民壞堅官吏肥身家本國無窮之禍并且可使天下之民結怨於外人一舉兩得何其巧也然而天須有知人心自在以此欺天則天不可欺以此欺人則人不可欺觀各省之匪徒與大吏皆無新險之不足守舊之心實在圖逞之志復萌欲授寇以兵以逐外人而外人亦明知之任中國之官自擾而自立危亡然後豆剖瓜分可送各國之乘隙也加以綱有操縱之徒對有國獻之狀拙焉極而思亂大吏貪極而貪學堂真心開辦而亦無補時艱如使我昭衆士不赴書院之膏火不入學堂之圩英文英語常昭士大夫亦極究心不惜重資而遊學之功成故目前之厄運此吾所以為天下人民惜為常昭衆士七千歲之晉以作我之一紀也某某子來稿

新書介紹

權利競爭論○德國伊耶陵原著金匱張肇桐譯著者為德國私法學大儒嘗為奧國維也納大學教習因奧人權利思想薄弱故著此書以鞭策之今我以鞭與中國人尤為對病之藥也原書在本國出版九回他國文譯本二十一種每至一國必受一國之歡迎必為一國之思想界放光明今既出現於我國矣不獨與吾民之關係何如也洋裝一册定價一角

學生立志論○日本柳內蝦洲著無錫秦毓鎏譯今日中國之學生將來中國之主人翁也今之學生豈猶是古之學生哉夫倪倪抱殘守缺吾老大中國之學生也蕭蕭烈烈發揚蹈厲奠列強之學生也此論凡八章曰立志曰目的曰熱心曰功名心曰獨立曰獨立曰除家累曰君子二十世紀中國之學生不可不一讀也洋裝一册定價二角

初等國史教科書○啓智社編輯中國歷史博而深非兒童所能閱讀此書以百餘頁小册網羅四千載事跡既簡且明本社倣各國讀本例分全史為二百課前後長短秩序整然小學讀本以發育愛國精神為最要本書於近世國恥之得失一一詳誌務令兒童有所感發全二册

實用教育學○日本將智瀬安東辰次郎著金匱張肇桐翻譯此書共六篇首論智德體三育次論致知進德所生之方次論教學亦宜既論概切譯文簡明中國談教育雖久而教育學之譯首推是書有志於教育者不可不人手一編也洋裝一册定價四角

教育學講義附教育史合刻○日本天眼鈴木力著中國四郎編史金匱張肇桐譯論以自育為旨以為吾人學問當求諸己吾國學校伊始教育未盛士子方彷徨失所恃此論必有以堅其心而壯其膽史則凡歐西教育現情無不備載展卷一讀即如躬遊諸國考察一切更妙不可言合而譯之意在使讀者知歐學之昌明與之發達又知自化之有術而必求之身也洋裝一册定價四角

本埠紀事

緝拿光蛋○泖東陳家行及松伯圖橋地方近日到有光蛋在彼糾同土棍設場聚賭為鄉間紳耆知即稟請汪令於昨日派捕前往拘拿

緝拿逃犯○上海縣汪令前於因案押日本論贅堂之知人王氏兩名昨晚忽在堂私行逃逸得悉後飭役追尋毫無下落因此懸求賞緝等因汪令准飭於衆嚴行跟緝務獲解究云

派委選所○皖人協同湖南因創辦之事由英公廨訊懲解縣諮為選舉作奉縣主汪令備文派委解選回徽州交地方官嚴究矣

查究破車○法捕房日前查得法界各東洋車其中皆朽壞不堪特飭各巡捕於昨日共拘到一二百輛經捕頭親驗實屬不堪乘客之車將最破者擊碎數輛其餘罰令速即修理然後方准推行如違提究

(四)

解犯脫逃〇命案兇犯劉壯士前由上海縣倫文派差充頂發配
陝西在案詎料解後按站解至滸浦紛然脫逃無踪現由該處
縣令移文到滬請汪令飭差查拏矣
西人小殮〇聞由香港派來之公某西人昨日在滬病逝其靈柩
舁至外國墳山時西人之執紼送者不知凡幾救火會西人亦各
沿途鳴鐘以誌哀悼
工程局案〇積竊李友山前日持鋤鋤在新馬路求賣被工程局
巡街捕拘局請核在案昨由英讞讞提訊李供稱現住南市
洽興街天作棧內當即飭捕至該棧起獲箱子一只內有銀飾等
物樣連箱一併函〇上海縣訊核〇婦人李王氏前門扭祝元發
祝福五回工程局控稱偶賭騙洋求請究追一案昨奉黃邑尊訊
知祝等騙得氏洋十八元遂判祝福五繳洋三元祝元發繳五
元在逃祗領了案因元發抗論不允故判責四十板還押候將欠
洋交案再行核辦
縣案摘錄〇翁媳互訟一案前晚經汪令升訊執供媳
陳氏去秋夫故後私將衣飾交與陳王氏運回至九月間媳亦回
轉卅家迭次命人往領至今未歸并聞王氏恣閨另嫁求究顯屍

供丈夫故後因貧不避嫌疑忍人誘論不得已而居母家前
運衣飾所帶但史督布服與王氏供詞汪令探陳氏不願守志判
准陳王氏領回再醮惟衣飾作五十元具結了案〇又訊盛
新寶控金梅亭串賣訴辦一案判金有串混領即傳訊某中證
還盛之房屋兩間并將契上四址更正
復訊定貨不出案〇英商謙利洋行控俞寶記定貨不出一案前
午後英陪審領事會同英翟讞員復訊原告延律師哈華託俞延
律師畢道立各到案代訴先據畢律師稱此案見証于茂之已到
請訊王供華歷念四年分在俞處帮夥關承荐入謙和當式拉夫
其時俞作證相保字間內將此定貨單照我送到某棧洋人收單
上面亦係俞寶記與未有見簽字作證和約三年光景即行辭出
俞在外按係使帶訊先不知情後來聽見人說今既奉傳從實陳
明副領事孫川觀中西官判俞王出去候傳孫到案復訊察奪
公廨訊案摘錄〇宰阿坤捕由和申號萬源祥珠寶一案昨由包
探查知兩造係周氏及宰劉解請訊斷張訊員商之英翟繙譯判
各責五百板枷示三月滿押五年遞解蔡氏從寬限十四天出遂
出境完案

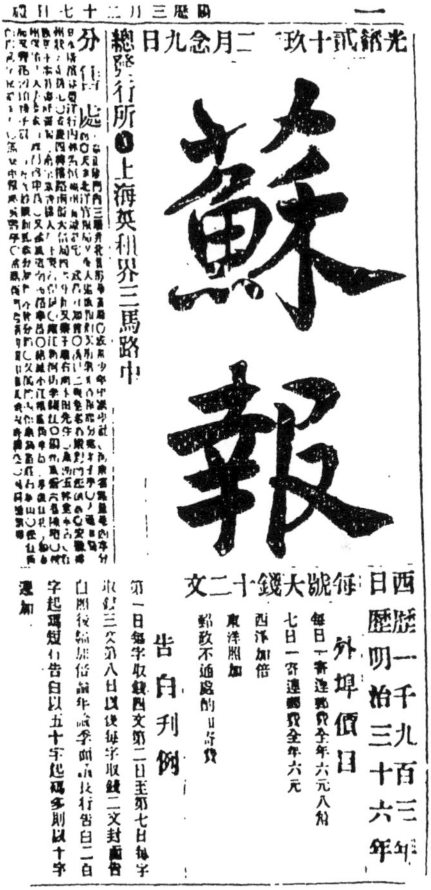

陽曆三月二十七日

光緒貳拾玖年二月念九日

蘇報

總發行所 上海英租界三馬路中

分售處

西歷一千九百三年

日歷明治三十六年

每號大錢十二文

外埠價目

每日一寄連郵費全年六元八角

七日一寄連郵費全年六元

西洋加倍

東洋照加

郵政不通處酌加寄費

告白刊例

第一日每字收錢四文第二日至第七日每字收錢三文第八日以後每字收錢二文封面告白照後幅加倍論年論季面議長行告白二百字起碼短行告白以五十字起碼多則以十字遞加

論說

論中國不免於破壞　來稿

今朝鮮之無可希冀夫人而知之矣我有土地我有人民固當好自爲之而可倚賴他人乎或者曰中國人之無自治力也久矣以此一盤散沙而欲其成團體不可得之數也故不先發成國民之資格而遽欲伸民權開會什是則未學操刀而使割其不傷及手也幾希嗚呼欲待人格發成固已然許不知人格發成其樣度之合宜與否將賴何者爲衡也且猶此區區之學堂報館而欲收發成人格之效吾恐遠水不救燃眉阿膠不能止濁論待及濟之後而學界之現象依然如故也吾恐及此將如之何故吾以爲中國之存亡此如懸一髮以千鈞懸乎殆哉孤注一擲也得已乎凡一國經一大變革其初措置一切斷難盡善故所用之人才貴有長刀闊斧之手段而不貴有細針密縷之手段道咸湖楠定然後可逐漸改良故臨時之經綸其收效有遠過於事前之討論者聞者疑吾言乎。索證正不在遠英人之鳴獨立也其時人人心目中惟知與英爲讎且求於勝英後之如何建設初未嘗念及也故後此十三州創定條約組織聯邦民主之政體其困難有遠過於七年之血戰者設預知其困難如此遲疑者或不肯輕發則英國至今爲藩屬可也日本之鳴討幕也其時人人心目中惟知與幕府爲敵其注意於討幕後之如何建設亦未嘗留及也故自德川傾覆而扶植之主義一變而爲開港與其先有大相觸謬者設預知其變動如此劇烈且強縱務求穩者則日本至今爲分裂可也然則不有破壞安有建設今維新之士猶欲以運動政府爲目的以爲苟得一二賢相大行干涉主義使民德民智民力三者逐步然後與以參政之利益如是則平和之變革乃可成也其用意未嘗不善無如變革之事必以流血爲之代價外觀民族競爭之劇烈內察民賊壓制之慘酷日復一日年復一年哀哀漢族徒此之憔悴顛連淒慘流徙必有什伯於今日者而猶欲享平和之幸福得乎與其拆掠而死無寧奮鬥而死若遷延不發而曰人格未成猶有待焉則務療已成而把死罔生之無望較之緩疾也甚矣今各國利用滿洲政府之傀儡我漢族之膏脂因將使我拆掠而死也奈何竟讓。。術中乎且復此更有一最怖之現象其破壞之動力發於下等社會其慘劇有將不能風過者則教案及賠款是也今之官吏畏外人也如虎所以諂媚之者恐不至凡於民致相生之兼以壓制吾民爲惟一之宗旨若知人心不即致禍之根原他日義和團之舉動且沾小而薄大已此其一也從來各國民變之出其受政治界之影響者少而受經濟界之影響者多今之官吏日孜搜括閭閻以供賠款而一切生利之事不能舉一切耗財之政不能除惟知抄肉新抽敷衍旦夕遂乎民不聊生懶耕太息於隴畝者日益多。。嗚呼火之事所在蠭起雖有強力豈能遏之此其暴亦今已稍稍見矣不能保不于年中國內地之燎煽可以預決此又其一也然則破壞之舉動與其發之於薄弊耗竭之後何如發之於元氣猶存之時乎與其發之於困餓寒而起者而不能有所建設何如發之於有政治思想者而以破壞成乎我同胞乎我同胞之志士乎其亦痛心於破壞否耶其亦知此痛心之事將至於無術解免耶嗚呼可以惕矣

時事要聞

電諭照錄〇二月二十七日奉

上諭周馥奏山東惠民縣境劉旺莊漫口堤岸合龍請將出力各員獎勵一摺此次劉旺莊堤岸漫口情形甚爲危險督飭各員上緊堵築于二月十八日斷流工程堅緊實係辦理得宜爲妥辦周馥駐防後料點竟全功着開復降調處分其在工出力各員亦應給予獎叙山東按察使尚其亨該補道吳煜該補同知查□補候補道直隸州任嘉棫均着開復降留處分已革調將郭成發將館廷慶候補知縣蘇葆均着開復原官並免其送部引見已革候補知縣李□候補府經歷過銘鐸候補直隸州判崔樹□均着准其開復原官候補知府□民該員着以道員分省補用候補知府松緣朱式泉直隸州□候補知府□□均着免補本班以道員仍留原省補用候補同知□□候補直隸州知州辛□□均着免補本班以知府仍留原省補用候補知縣丁□□本班以知府仍留原省補用試用府經歷島純仁□□□□□候補知縣□□均着免補本班以知縣仍留原省補用□□□□□□□均着免補本班以□□總兵吳□□着賞加三代一品封典總兵彭全福副將□□□□養賞給花翎候補副將李長神朱康仁郭升榮□□□均□□兵記名簡放補用游擊□□□□□□□本班以參將儘先補用該部知道欽此同日奉

上諭昨據□□□□□□□□□□□□□□□□□□□□□照所請辦理

上諭昨據□□□□□□□□□□□□□□□□□□□□□□□□□□□□着該部知道欽此同日奉

上諭□□□

電傳宮抄〇二月二十七日召見軍機許應騤達中段友蘭

豫省礦務業經〇委辦開封礦務委員程合錦文日前稟陳大憲開礦金裝一區產金最旺辦理之法尚須俟開挖充現業委所開辦建築務擬將稅捐聆訓諭俾得以力從事又以西匯之亂西都之長安地方民多被道人會請准紳者保結銷除會名貸令做工報效自贖可藉以多集採收金礦等語經大憲以開辦金礦前據該令四礦苗甚旺可與渭河相埒辦理已及一年尚無成效現委據藥係一更無勞貸應即振刷精神認真辦理冊得敷衍搪塞斤陳入會之人准除會名一節查該縣民連年貧土匪會匪均應嚴緝究辦除首要署名會匪斷難輕貸勸誡其被脅從者若能悔罪輸誠由紳者出具切實保結自應從寬予以自新至金礦選入用工應擇其性質良善者令其居同開採仍必須加意防範勿令聚衆滋生事端是爲至要並批行潘臬台同詳查核

勸道云

江山曲縣屬之新老衙大灘山大石鼓山[illegible]歐衙山大宿山張子衙山刻[illegible]坪山老虎冲山等處均產有錳鉛等礦自收歸官辦先經由大憲派員領欸前往[illegible]採閱該處礦山共[illegible]一切俟工施採因為收礦解運未免事務殷繁故大憲之意欲派大員前往督辦以專責成現聞後局憲以南船運後由駐巡花孔礦山可以就近[illegible]順因特移請張道督辦其各山礦產應如何開採方能有效應由經費應如何開銷方照核實各委員辦理是否得宜有無流弊并[illegible]查核并督飭各礦員認真辦理以期工歸實用欸不虛縻云

[illegible]縣屬石塘鄉大嶺山產有煤礦昨有紳商谷昆欲行開採臨由廣州口[illegible]國[illegible]前事照會大憲行局飭縣查勘南海縣裴令當將大嶺煤礦情形[illegible]覆[illegible]大憲批行善後局飭令[illegible]勘明確可否開採察[illegible]核辦並飭[illegible]處鄉民到案詳細開導曉以利益勿任阻撓云

紀頤和園鐵路○字林西報述北京訪函云頤和園鐵路將於一[illegible]月內完工其現在[illegible]築之路自西華門起約長十里者係專備皇太后由宮中至頤和園之用

政府意見○又云政府[illegible]議以世凱之意見待督辦鐵路大臣盛宮保至京後商議商部大臣惟本月初十日 兩宮竟有一大衝突事是日 皇太后召見榮祿[illegible]面慶王及諸大臣則頗受[illegible]責云

廣西亂耗[illegible]又云廣西亂耗日漸猖狂[illegible]撫[illegible]元春[illegible]受挫折聞已逃走南寧云

俄吏東三省交涉○捷報西報述十六號北京訪函云英政府現已認俄政府可在滿洲境內施其政策并與立約將于關原地方設一英領事館以便英國人民亦可有權利在彼處租地及開礦等事

法請代平桂亂○文滙西報二十五號柏林電云法政府屢欲請于中政府將派兵赴廣西代平亂耗

毀鐵天津日日新聞要事○北京將立同文館已有年矣自庚子之亂被俄兵駐紮而毀一空[illegible]欲經管學大臣張尚書奏明附入大學堂內[illegible]開即在大學堂內仕學館前作為同文館講堂宿舍改名為[illegible]學館[illegible]因地方過窄不敷所用又在東華門內購房一所房屋甚多但作[illegible]學館地方聞已付價不久當為修理即可告成云

開辦[illegible]放[illegible]西[illegible]府[illegible]外部政務處均擬奏請[illegible]沈[illegible]部咨[illegible]已[illegible]縣令將[illegible]政務處亦擬[illegible]留[illegible]亦因[illegible]川督奏調于式枚[illegible]中大學堂于已[illegible]往[illegible]尚書及政務處督[illegible]不使他去云

翰林院[illegible]書館[illegible]書籍[illegible]開由大學堂咨請[illegible]書[illegible]一門所有[illegible]不[illegible]用已[illegible]文外部[illegible]咨[illegible]其[illegible]各種地圖[illegible]開[illegible]京備

此次[illegible]進士[illegible]入大學堂[illegible]肄[illegible]後改爲另建[illegible]堂[illegible]名進士館刻[illegible]太僕寺衙門[illegible]一所已[illegible]修理端[illegible]可[illegible]工

王文敏公附祀國學定於三月初四日

[illegible]開政府諸公[illegible]籌議經濟特科前列人員第一名[illegible]四品京堂加二品頂戴以下諸人按[illegible]原官各升一階

親[illegible]山漢河等處礦務[illegible]將開辦因股本未[illegible]由[illegible]督[illegible]信銀一萬兩給[illegible]辦劃道台[illegible]以五千[illegible]開辦之費以五千[illegible]川資[illegible]護[illegible]交俄[illegible]事[illegible]辦[illegible]以便起程前赴[illegible]山漢河一[illegible]勘祝云

電報[illegible]局亂[illegible]未[illegible]現已[illegible]次復設[illegible]事[illegible]局少川

英俄[illegible]地一[illegible]英[illegible]事及鐵路大臣[illegible]德璀琳[illegible]公[illegible]收[illegible]開[illegible]稅務司已[illegible]各項[illegible]開[illegible]凡鐵路應[illegible]往來孔道及鐵路與俄租界分劃亦宜亦公論德璀琳[illegible]訂定約一二體并後即可揭曉

法[illegible]租界[illegible]前[illegible]鐵[illegible]天津以[illegible]各[illegible]定[illegible]備[illegible]項現聞此[illegible]限一[illegible]告成

世界要聞

德國批准發稅○文滙西報二十五號柏林電云德國李鄉方於[illegible]會現已批准決計除免英國輸入南洲各貨之稅

法國[illegible]減用費○又[illegible]京電云法國上議院現已採用各處財政預算將減省其[illegible]用費

法員反對○又云法國上議院現反對于[illegible]克東門西出使[illegible]煩鐵[illegible]之事[illegible]反對者一百八十二人贊成者八十二人

英[illegible]自[illegible]○又滙報二十五號[illegible]報[illegible]七[illegible]云[illegible]將軍已於今日下午在巴[illegible]客[illegible]川[illegible]自行[illegible]殺

戚總統辭職確實○又電云戚納[illegible]拉總統[illegible]可脫離現已辭職

英[illegible]南非洲事○字林西報二十五號倫敦電云南非洲戰事之結局已由伯郎姆方[illegible]會議決英國當[illegible]其處置之法及如何[illegible]民其地

南非洲亂耗○又電云南非洲[illegible]達特島土匪之亂死者十四人傷者四十人[illegible]并[illegible]歐人在內云

同時地震○又電云西[illegible]度[illegible]島現在地震[illegible]其間文[illegible]及[illegible]鐵尼[illegible]兩島[illegible]又[illegible]山[illegible]之[illegible]大利國之佛[illegible]維[illegible]英國之[illegible]合[illegible]特及[illegible]白[illegible]地方皆同時地震房屋間有[illegible]下居民皆[illegible]街中[illegible]尚[illegible]大[illegible]損云

[illegible]洛哥戰事○東京朝日新聞云據公報[illegible]洛哥官軍于二十七日激戰之後[illegible]王之軍[illegible]不得不[illegible]退[illegible]附近

日本海軍大演習○東京朝日新聞云海軍大演習以日[illegible]二月十日開始於[illegible]世保之[illegible]軍港地方[illegible]處數十間[illegible]一[illegible]并[illegible]司令長官坐[illegible]旗[illegible]數[illegible]首第二[illegible]隊以[illegible]令長官乘坐

伍嗣之丁嘉八作罪狀宣布指揮所副司令長官翁爲之嗣擬試伊集院少將旗艦決議內田少將旗艦千歲與各指揮艦集於吳近海孫水名經特別之演習於本月中旬兩艦隊各分試對抗演習諸大艦航於月二十日之夜顧既對抗演習始爲兩艦隊之對抗演習至本月六日與中將宠奈月九日佐世保軍港投錨撒津演習

大坂博覽會與覽入數〇十七日入場者　特別觀覽券　內國人二萬七百六十人歐米人三十七人清韓人十八人　優待券　內國人七十八人歐米人十八人清韓人五人　特別入場券所持者五十九人　現金九人　合計二萬九百七十六人　十七日入場者（水族館）特別觀覽券　內國人三千七百六十六人歐米人二人　優待券　內國人十八人歐米人二人　特別入場券所持者九人合計三千七百七十七人（讀賣新報）

四稱大阪博覽會記〇工業館林業館教育館等之陳品既各陳列在九分彼夫亦多之其中東京府神奈川縣愛知縣京都府其他橫生伊勢崎八王子等之織物橫濱之精巧又可供示範爲縣之作品總由各出品二千餘有圓之純金板飛艇陸場於茶臼山丘上之地面飛小艇又有不思議館之奇術女優克梅思訪演電氣作用之奇劇自五月開也又搜內外之古今人類館動物園諸種之有趣味物溢於眼目與衆陸離公私宴會徐夜行舞蹈之樂所路巡查等員終夜奔走目爲之眩此博覽會大與舫形也（讀賣報）

各省紀事

蘇垣〇藩署開辦房捐以來辦因季未收捐各屬往往延不解省內由房捐局坐辦陸守映庚以應解去冬一季房捐竟有延不呈繳而所辦捐照存根應須一併呈核亦未據解到於藝詳判劃作討文下念七日會往提解云

宜興縣未文道和常平倉穀已于日內一律賠齊詳報到省故陸藩即委與介家權前往盤驗

江陰原南總辦染丞巳回居加滿奕經督辦司道照章飭回外調現辦吳淞江都局知縣郭令前往接辦所遺吳淞江局務詳細思撫仕委撫蔭文季伊令往承其乏

揚州〇淮揚京餉鏡程運司札委分司梁世禮領文往解梁分司證於十九日赴庫拔銀五萬六千餘兩是日過上過解餉之大使下獻廷由京回揚照報銷差

邑紳王守說已于去臘送投湖南沅州府缺茲悉正月分又飭俟寄居揚城之王伍紹爲湖北荊州府判魏棠錫爲湖北武昌同知

鎮江〇丹徒洪會理縣簽以來現已期滿則省憲以不便過易生手擬令再行接署一年

福州〇月之十八日爲孔子誕辰福州下渡將正一十一境紳士公在十境祠恭行紀念之禮闡紳士等於祀孔聖定額入月二十七日舉行祝聖典禮云

國知六蜂鳳池山書院於本月十八日假別大觀示知各考生於於十五十六兩日赴院報名屆期齊集聽點領卷茲將題目列下

試　李鴻郭子儀皆出偏生立大功論　道之以德齊之以禮義　賦　甘露醇陳湯論　不患人之不己知患不知人義

福州府試原定於二月二十日開考茲復改於二十二日考試

廣東〇學省督撫接到直隸袁督咨開略謂直隸學校司呈稱學堂教科東西文籍浩繁編譯各省皆需均有編錄誠恐重複徒費心力請咨移各省凡有關涉於學堂教科譯輔專門者查明務須編後無論官立公立私立各學堂如有翻行編譯就近在各省各報錄登以便查覽等語現省官已飭局一體遵照出示曉諭矣

芳村瀝海一帶地甚荒僻向不值錢自近年洋人卜居此間地價因而驟漲然猶未已也將來鐵路告成該處滿當其衝其漲度更不知何若聞有土人某甲付以賤價百七金購得荒地一區謂必須抵價始售當時咸笑其妄詎近日果有某巨商擬於該處覓地鑿一深池以爲存貯生油之用求購於甲甲索價八千金某亦如數與之現已訂定該商尚從中托等處販運生油來粵每苦無地存貯故不惜重購以建棧凡鑿池存貯則免滲漏之虞而將來製設輪船亦可以泊近棧外以汽機起卸貨物尤爲便利

事件擇要

武陽學生會擬章

一總則　甲　本會以團結武陽學界同志互相協助交換智識爲目的　乙　凡關於學界事項本會同志當出其精神以補不足　丙　設雄辯一科彼此發難以養成辯才　丁　設各種體操器械以便會員隨時運動以強體魄　戊　設俱樂部爲踏挙唱歌休食宴會之地　己　備辦報圖書以便會員瀏覽　庚　本會設本部於武陽設支部於海內外各地凡武陽學生均爲一系

二會員　甲　本會會員皆當委身從事於本會之事業　乙　本會會員之運動總本於議會之議決會員有個人之意見祇可於開會時提議不得於未經議決之事有單獨之運動　丙　自熱心贊成本會之目的捐與財間及金圓等協助本會之事業者爲贊成員　丁　有位望而又有名譽之人協助本會之目的者本會推戴之爲名譽員

三職員　甲　本會所置理事之會員如左　會長一員　副會長一員　幹事六員　會計一員　書記二員　評議六員　執法四員　既以評議員不得爲執法員　乙　各職員以投票選舉　丙　職員處理本會一切事務及其執行方法另設定細則　丁　會長爲評議員議會之議長以議決之結果指揮會員從事於本會各種之事業幹事掌記會計亦與評議員議會事　戊　幹事會計掌記評議員由會員中選出會長副會長由幹事評議員中選出

此稿未完

學界風潮

試建學務學堂○閩縣吳航鄉少年會社長以該邑風氣閉塞民智未開特邀集同志在十洋街李家祠借設茶社閱報所備中日欵項購書報供人披閱社開與會中諸同鄉君亦以巨款助之長邑士紳亦樂捐廉給未以贊其成海內外志士尤多捐助已於二月十七日開社是日公舉林毅鄉氏為之主持社務蓋林君經理福州益聞社能盡義務為衆所欽佩故吳航人士素推服之午後行開社禮休息演說林君乃首席致辭發明爲宗旨並教勸諸社員實力振攝以圖進步同座皆服然起敬已而大開義堂以相題贈社所標覺說楹聯亦甚多如七字句云放眼二十周時局無心四百兆生靈六言句云長喚支那睡夢飽看大地風潮又云博採名言平論諸以發聵振聾五言句云振愛國精神借保身才義又云發文明思想絕奴隸脈胎又兩聯云大局如斯試問諸君誰了局古人已往苦心一片說誰知不出戶庭可以周知天下事欲開風氣因當道責局中人語皆警策故附錄之以諗我邑父老之想志焉

閩垣文茂山朱子祠與紳某某紳等議在該祠設立法文學堂招考學生肄業開堂於三月初一日開堂

閩垣新設日文書館亦兼課東文並設速成兩科譬通課語習文字課習一年畢業每月收修金二元速成課課習三個月畢業每月收修金二元額以三十名爲限自本月十五日起報名至三月十五日止

福防釐局程溫牧杳欽奉文憲札飭年開文藝三處因課稅家子弟爲閩邑校友起見籌款生息改爲學堂經費聘請中西教習分課並其章程現行開辦云

閩邑紳商高等小學堂副辦官紳學生願習英文者原分三所茲開校行招考學生二十名於本月二十四日開考有招致十二元者免考許其入堂一體肄業

在非巷中西學堂設立有年間有學業完美者擬作特班除已送入大學堂免行考校外餘復招考若干名以充其額

紀閩省小學堂○閩邑小學堂經費制軍嚴撥備撥兩邑均如額閩紳董等籌撥遊文學愛二書院入款及米捐四成撥充經費舉紳鳴文洄松年兩紳爲正副總理考取學生四十人不日開館業已派員籌賬延漢文教習一人監督一人餘付缺如井以舊屋不敷仍令學生於三六九期至堂課以資論如此因陋就簡兒由遇總十人行審中藉口者不可更僕數何足怪哉

寄存總第三款

新書介紹

東京留學要覽○此書係日本留學生所輯凡如何入學如何上輪船如何上火車以及饋餞行李等瑣碎之事無不備載又附載各學校章程及留學會館章程誠東遊者必備之書也每部定價洋一角半

兩等小學讀本一編二編三編○是書爲南洋公學師範院陳仲不學庶杜譏所編節取東西小學讀本擇其精要而適合於我國風俗者由淺及深句語雅潔凡兒童遊戲之事無不揣摩深長二三與夫修身物理與夫喻言故事圖繪似皆生動活潑妙絕倫誠蒙學書中第一善本且印刷精緻裝訂華美每部大洋五角

新譯日本地誌○是書爲日本吉田勿忞君所著敘述文忠生平分全洲地理內政外交四大綱紀事實亦器論彼之持論誠以文忠爲政界中有希之人物不毀不譽持論平允冰主人作者殊其勝論者爲吉國巨子文筆流暢近今新刊中之上品也洋裝一本計數白餘頁每部價洋三角
外埠已

世界地理學○是書爲日本高等師範學校教授矢津昌永著樹城編譯中總敘與實勢而以日清兩國爲主敘述特詳其次自近及遠由朝鮮以迄南美俾覽者一目瞭然矢君學有家法原稿成與矢君原介成附其首列東京師大學堂總教習吳君汝綸之哲嗣也書在日本印成字體放大精良爲印刷中所少有附圖八十餘幅川上奕洋裝全字皮面爲本中從來未有之裝潢每部價洋一元五角書到無多欲購從速上海四馬路胡家宅文明書局啟

本埠紀事

新例撤防○湖南紹軍於去冬派出冬防弁兵在各隊巡緝照例撤回現於二月初十日撤隊

新例知縣○二月朔爲日食之期上海縣汪令因於巳刻傳調衙前吹鼓手等伺候以便届時舉行救護禮

補捉彩店○湖城老北門外廣興彩票店因將湖北彩票賣與被拏局委員會同縣汪令飭差提到瑞州與少發兩人判令供究保將店發封茲而汪令查悉個小發係瑞州人店當時亦係何人係紊亂定究今姑免提訪究若令具呈切結飭店主謝日華抗不遵論縣王汪令因於昨日將該店上匾額收押候訊

詢訊米○通州縣船公司夥友周毛毛向由小輪拖駁之白米十六石欲爲售賣被米行夥察覺即付同該公司將盜案扭送巡捕請究委朱令提同判責等伊候訊辦

失火拘捕○前夜閘北華界新閘路廣和和茶包店失火經救火會西人馳往救息延燒市房兩幢僱山包探拘同華往將該店主徐子和拘入捕房後爺押在再核

查封家產○無錫人榮錦芳上年被王芬在法廨具控吞沒小麥洋二千七百元經讞員訊判押追迄今案懸未了昨日王投稱榮吞去之銀均在原籍設廠求將查封作抵榮供有房一間係三房公產孫讞員論王邀同中人榮安廟再派包探祿勇備文主無錫縣查明家產發封備抵

兇毆殞命○前晚十一點鐘虹口西華德路小菜場某鋪內怨

日帮□工要毛林因與同伴許阿四阿六等口角爭毆棄之在地□□等用刀戳傷頓時□地□巡街捕到夾兒手菜已過夫當將受傷送醫院醫治延至昨晨殞命捕房以案關人命立飭探查拿□祇□兒友生拘送押候飭傳報縣相驗

工部局案○去冬北市泥船公所□□有執事在工部局控佃戶徒高長林私將□地分劃給劉阿虎十兩□茂寶又兩水英行賭支洋一百五十元一案由局訊供斷高押繳洞庭某地甲投局保出並繳洋五十元餘約七日內繳清詎屆期不繳原告投局稟催當經飭總辦立飭差甲往提訊高行主本路拜忠總捕側地保甲稟明總局□傳家屬拾回醫治候拎再核

縣案摘錄○本縣汪會前奉准撫台發廳委將移詳防提申詞已半地保黃士泉送呈該地之時施生訊排掛禁避附兩秋近牡始得獲案□□。訊據供二十五保二圖內有義地人分與錢阿毛之地□分　北連兩地均屬錢□買因但無方單故以老契與查□振代遞契據均在湖南省內二十一年分會丈局查得□地充公嗣後初未知曉故仍每年貼錢發糧賦銀十兩後經縣文憲赴局繳價將兩地承買曾禀省中反以盜賣妄報請十泉供同汪令曰曾將控將西門外花塚地據稱即被出售速即收出說完究諸供□論當前升志黃買給該地另立代單抵押與兩百無出售之說汪令因該塚為盜葬之區附有據請印論抵銀□令拖下□□詢即首求免賠限十天先將印論呈繳並存皆同□將該地業據及該地收據據實求繳案判□□各交的保□到各□□行□○改過，□存有王陸氏私給銀水與押犯徐阿大□□徐張氏二人送縣訊實徐仍還押个提陸氏供出之錢少堂與婆媳徐氏到案訊究判給夫歸其錢交保陸氏斥退

英廨訊案摘錄○在內實難失去玩花紅錶等物旋有任福成持玉兜角由探李四拿解訊押查在案昨探兜角批無存惟任福有刑供決非其存在該處價為訊辯但供制支吾掌責之美白繙譯判責三百板押四年一作遞解完案

法廨訊案摘錄○朱茂林□控西報□賴欠行主初由春泰銀三千兩□雖將行招抵償欠銀二千兩一案昨日朱復投稱初保出後仍況不理求追孫□□飭探拘傳不到故將保人陳阿狗傳案供求再限□天當即交到諭令即速交出遠千代押

新諧錄雅

□□奇□○昧諸埠有兩商名賈利正近與西大地逐秣途一面之緣該商見其面擁桃花豔冶有非常人可比者向語大曰若卿之容貌雖楊妃西子不能專美於前今知將容儀一致笑否女笑而不答□利□見不悅再詢其可否娶仍□答卻不可恐為勞人所見笑□則亦見其十擁□欲以大一□利香居不以錢必得乃出金□元卻之女不以為意再出與十金大仍未首肯加至二三十金仍堅拒卿何□□亦不諾□□女□□如所願論與歸□□□□□□是迷□肉貼然為欣諾遂與之狎□同□所答以身許之□私未數此數□為之□四百五十九次□□同往發□食□酒館□□時□私往銀行領□乃□行主人以為數過多□問該人是否方□交銀或□賬是占此數否以出可與之五十元本可多交□逐秣以真□行發給□官聞此語□大發時日如此定然云云□□此觀

西歷三月二十八日 週

光緒貳十玖年二月三十日

蘇報

總發行所 上海英租界三馬路中

分售處 [illegible]

西歷一千九百三年

日歷明治三十六年

每號大錢十二文

外埠價目

每日一寄連郵費全年六元八角

七日一寄連郵費全年六元

西洋加倍

東洋照加

郵政不通處酌加寄費

告白刊例

第一日每字取錢四文第二日至第七日每字取錢三文第八日以後每字取錢二文封面告白照後幅加倍論年論季面議長行告白一百字起碼短行告白以五十字起碼多則以十字遞加

論說

賀能育會諸君書

某頓首某不以事實斷有犧牲能育會之議雖然犧牲者危也死也以恒情論見危見死方且弔唁之悲憫之不暇而悉有不弔唁不悲憫而反現踴躍之情致慶祝之詞者然某不避事封於諸君仮又不然有所賀焉

擬之者曰予之賀之得毋以諸君其眞國民之資格乎曰否否惡敢言眞國民必有所以表之者未可以一日致也某之賀未及此日得毋以諸君行險事之豫備乎曰否否惡敢言險事必有所以造之者未可以一蹴幾也某之賀亦未及此然則某之賀之何在欲陳其說請先述其原因

吾中國自處民族主義之世界內遭專制之壓抑外受列強之欺凌於此言變法十年言維新十年言逆鴻圖復敵讎者而年其間風潮之發起思想言論之膨脹某嘗一一不耳之目之以爲中國自今必有熱雖然吾以變法視中國變法而不變法者如故也以維新視中國維新而不維新者如故也以逆鴻圖復敵讎視中國逆之復之而不逆不復者如故也此何故歟曰精神不足故不尙精神故無精神故

非不有挾平等自由獨立改革之說以鼓舞群生者然平等自由有秩序獨立改革有條理秩序條理所以實行此等宗旨之具而中國未聞也此精神不足之說也

秩序條理知之者有焉矣然不求所以循行之者雖盧騷生中國將奈之何矣法蘭西之文明莫不歸德於盧騷然向無拿破崙反激而迫促之其革命恐得成即成亦恐能若是之速也西儒之言曰文明之程度必無直達其的者蓋其軌道曲線而非直線也吾中國未聞有循曲線而行者由此不尙精神之說也

今吾人於此欲循其線而實行此線之方法則可乎曰未也吾有欲殺人無努力以挾吾殺人其爲吾殺乎人不爲吾殺人之過乎吾之過也此無精神之說也

夫無精神不可以謂人人而無精神時曰死人若是乎吾中國之稱爲四百兆者皆悠悠忽忽已死之遊魂而屈因於枉死城者也某何取賀某又何敢賀雖然某爲自尊自貴者來見夫吾中國遊魂不冒羅網其寃枉而付諸轉輪者矣某不覺心怦怦動一搖兩臥之無何忽呱呱者墮於地則又降生吾可愛可敬之中國矣拭目詳視非他能育會之諸君也蓋能育會即轉輪處諸君之既死而得生皆能育會一轉輪之力也某至此爲得而不賀賀諸君之降生賀諸君之降生於今日

諸君既生於今日則自今日始其速迎此精神而發揮此精神以思想種種方法見實行種種方法俾不負其所生并不負某之賀諸君之所生焉

精神者天下萬事之母也苟欲立大業成大功報大讎雪大恥者無不航於此蓋必歷過之無不捨至艱過之無不屈至險過之無不爽越之敗於吳也棲於會稽男臣女妾然以有精神故卒以報復而沼吳德之敗於法也限其兵額認國債浪然以有精神故卒以驟洪而稱覇日本明治以前蓋府秕國外受挾內訌外患不可終日然以有精神故卒以維新而中興非律賓政府腐斯扶衛乖死者必矣然以有精神故抗美英大國而屢挫其鋒獨立不覊者若干年嗚呼可愛者精神可敬者精神

夫越也德也日也菲也當彼之時非所謂已死之遊魂乎而精神一至其膽若此則其臥薪嘗膽之第一日即其轉輪降生之日也其練兵復讎之第一日即其轉輪降生之日也其抗英美之第一日即其轉輪降生之日也某亦於諸君降生之第一日賀諸君之爲越爲德爲日而已矣某頓首

時事要聞

電諭照錄○二月二十八日奉

上諭湖北安襄鄖荊道員缺著貴福補授欽此同日奉

上諭山東泰安府知府員缺著拔友閣補授欽此

合肋桂匪逃竄○粵匪雲廣西貴州雲南三省撫軍剿辦土匪小股鋒仗現在大股匪徒均在百色縣以上小股不計數竄在該縣下游

奉天要事○俄國軍隊佔據遼江西岸派華人張古元執旬新招兵二千五百人槍械均齊一待俄偏收拾張占元本係爲賊頭目所招兵亦係馬賊居多

探廣航利遠要○近聞有粵東新甯人劉汝森伍賀光等以中美洲墨西哥國天時永土地爲相小而種植礦務工作又極繁多華人前往甚爲相宜擬聯絡同志招募華民備船由香港前往該國之孖市加關埠又轉駁與內地秘魯等國沿途所經之商埠山檢香山日本之橫濱搭載各種貨物帶往發售擬定章程稟請代辦出使大臣奏准立案每年保護以挽利權而維商業業已集股份立公司自備船隻以洋貿易搭載客貨足以挽利權振興商務起見墨西哥國是立約通商之國種植開墾采礦築路需人甚多華人前往水土合宜將來漸次推廣工商均有裨益小聞章程亦周妥即批准咨行各處查照凡行各埠領事隨時保護中是外務部立案備咨行向來華人出洋每有奸徒借名招工販運人口等弊並飭該公司嚴密稽查如有上項情弊准其隨時扣留並將其人指名究辦以杜流弊現已咨文粵督照辦立案矣

又聞該公司現租輪船四艘每二禮拜由香港開行一次於本月念八日由香港裝載客貨約於三月念八日可抵該國之民成力埔埠云

粵省鑛務總局○日前撫批田江大石鼓鍚礦委員遊擊張福貴具稟省吏以現在分界僱工採出礦砂並繳領軌事辦礦務情形稟省吏批行行後局核飭遵照嗣後按領公欵務宜先行繳明至現領之五百兩該欵在何欵內借支由局查核飭將欵並飭該

述緊實力辦理毋稍歷投千給料局員往開採大石鼓等處礦恐擔延安徽銅陵等情南昭連道接月在太平關餉內撥給取具印領移局以便解鉤時發還解款惟該道擊現借支銀五百兩聲明、另行設籌究竟係在道庫何款內借支未據切實聲敘移請南昭連道查核辦並飭張道擊嗣後將借公款造批先行咨明借支以重款項至該礦情形該道擊在省時曾與到工後情形詳晳稟不一究竟現在分界及工專辦礦務是否確有把握可收實效飭令詳加籌度據實稟覆毋得空言搪塞如日久虛糜飭項辦理無效屆時該道是問斷難曲宥云云

又黃溝礦因借用獨老項錫礦局窰存窝字迎照戳運第一批號淨錫三萬五千斤來省行經蕪湖之窰廠與前運照不符將物扣留現已由務後局員飭放行繼行至河口經廠又被扣留嫌仍須由局咨飭方可放行也・

中國貸款擬述○字林西報載某西報訪函云中國近又向法國比二國借貸八百萬磅俄政府為之担保云

照錄天津大公報要事○竇慰帥與張香帥會奏停廢科舉推廣學堂一摺聞交政務處盛宮保以為此事關係人才盛衰固不必為一二孤寒留倖進之階亦不可使天下寒俊陡登絕之路特而論政府博考眾論安慎籌議事失之遲緩不可失之操切云

探聞日前張管學大臣一電約千餘字大致係謂欽定京師大學堂章程不甚完善是以堅辭排論聲請管學大臣一缺亦係長篇其大要謂伏讀電示兼匡不逮非事不敢方命惟未按吳照給假恐於拜稽置宜有未便其中小學堂無洋教習之處均遊學論詳每屆給假一日又電以學堂各教習須體照辦節制等語從而廷定總教習央學術原為發光足以綱一切令學己近世本堂總教習一席擬派某道紛紛代理刻下來其帖緩似不宜遲總辦奉飭云

世界要聞

土皇將遊丹國○文滙西報接德國來電云土皇將於四月一號自君士但丁起程至丹麥國遊歷皮路伯爾借土皇同猶於下月在意大利相會後同行云

教育條款未定○又法國來電云日內國會中商議教會所議各條款非議者三百零四人可者二百四十六人首相康柏士堅執謂教育為反對全國之人且宣言惟傳教一端應照舊約聽教士獨任云

詳述英將自戕事○字林西報二十六號路透電述英馬德軍在巴黎著棧自行戕斃機繼由有電云馬將軍於本月二十號獨乘小火輪至巴黎時正擬首途巴黎紐約報所載之錫蘭島案法官調所一節至十一句鐘後彼猶忧恐喪氣尚未登岸繼而遣其客棧安臥當中蹤必即於是時開槍轟斃所用之槍係幾螺旋小手鎗槍彈從中右額在一句鐘時既身分為棧中使婢所見

案起阿附閣事○又電云英參贊溫達姆在阿附閣下議院提陳阿附閣田地一節允阿附以英金一萬萬磅買還此款以三十年計再增加其利百分之二又四分之三並許以款中一千二百萬不起利息當時穆台騎省代議員留特芒深嘉溫君之識云

又同日倫敦時報云溫君之識謂此次往阿附閣商議田地之舉其宗旨在欲使阿附閣得至安寧之福也但又恐貽阿附閣將來百五十年之憂耳

又同日路透電云倫敦日報頗許溫君之識但說其條款紛繁而未敢加以斷語云

覆兵探索南極兵艦○又倫敦電云探險接濟艦已抵新西蘭列・・似口岸探索艦在南冰洋安然無事按西報探索南極之艦於一千九百零一年十二月二十四號離紐絲蘭海口接濟艦於去年七月九號離太姆司河十一月始抵新西蘭島在該島添裝糧食於十二月六號離威靈頓口岸云

各省紀事

山東○安邱柳令接到撫臬會札以奉撫憲札飭議定保甲章程五條行令各州縣遵照辦理在於城鄉分別設局遴派董事妥為經理務期興利除弊嫌積閉等因到縣柳令遵此次奉辦保甲定議立總全縣官紳聯絡維持新政起見亟應遴人設局認真來行以求實效除城內應設之局另由本縣會同城官紳商辦外自行諭飭鄉社及立鄉道照於該社各莊內慎選公正廉明素負鄉望之人來縣聽候以憑派充局董辦理保甲一切事宜除本縣親履各鄉察看情形每一社設一分局或數社派一董亦須時再按社之大小各庄相距遠近分別議定酌議遣派共一切詳細章程亦候本縣屆時曉知云云

去歲會有徵收包工在當樂設廠包工招樂匪類假充工人常於夜間結夥成群私入鄉村富家大肆搶掠四城南某鄉亦曾遭搶湖南近莊村被害者已有數家呈稟在案縣令遂捕已於去冬將匪黨一與擒獲拿究供認不諱今聞該犯業已收監云

壽光縣田令於正月杪出示曉諭該縣士子弟凡年紀在十五歲至二十歲者當來縣投考取中者即送大學堂肄業云

江西○新昌縣擬提各廟宇經費充為公用已令各廟首事將帳簿呈覽近因派辦學堂小學堂尚年經費稟請尼勒令還俗老者亦使云

撫州撤去拆于城設立學堂十都當設立四區

德興縣居民前因小米被鬥各傷數命地方官親力調處上台已派委守候擬稟隨往查辦 縣主張令鳴珂已將此事詳報府道臬台制台於柯院求提臬報

江省商務公所擬在於江二公司內設一會議公所已經呈准派朱葆成朱臧成二道辦理惟設新官報局亦經准設於該處將來不知如何辦法也

蘇新官報局擬請巡撫守又派為主筆外間皆稱遴某主持之事必無人購閱云法與學近聞擬派范守試為主筆云

蘇州○蘇城催徵漕又忠公祠一節前經修訂守祠勸丈

□地于臨□虎咀山崗因該處有鄧紳汪姓祠堂基地一再勸諭始經允租今希斷結並二十七日劃地界傳集工匠破土興工一俟磚瓦木石各料辦齊後即當鳩工起造並聞近有派洪令常川督造之說

省城機匠齊行由長元吳三首縣出示曉諭押令開工後茲悉近日又有銅鎖各作以銅價日昂成本虧耗于日內亦一律停工齊行加價並向吳縣求給示諭

吳縣教諭以價值已奉明保知縣送部引見遺缺由司委令劉蓬丙暫行代理已于念六日交替

機匠齊行一事茲經長元吳三首縣以各機戶遵行街市恐未帖然即傳諭各該地保限令各戶一律開工至怠加工資准即傳□帳房一體酌加云

廣東○月初有商人由湘豫兩省運米回粵路經南雄韶關等處咸被關廠扣留或為紳民搶掠嗣由該處廣州府約電致省中各善堂伸商大憲將米放行現下已將廣濟醫院紳董吳福元黎德標等函批示云查悉米穀為民生養命之源遇有荒歉亟宜酌盈劑虛何得意存畛域今上游米賤下游米貴不使流通接濟何以平市價而紓民艱昨據愛育善堂來函經照會已同明兩院照會致南韶道飭屬於行主據照陳各情既係由湘豫運來之米自有貨單可憑一經驗明即當斷不致再有阻滯也此批

佛山致某私製軍火被官所獲自去歲敗露被獲解官審究至今尚未擬辦現復有洗某在佛山洗悲私造鎗彈火藥等項接濟賊匪為彩陽堂洗某弟值知於十五日帶同營勇會往將某等兩人拏獲并起出彈子火藥一并帶回營中審究矣

瑣件擇要

同川學堂章程 四續

第九章 籌款

第三十節 秦西風俗公私學堂經費紳商同志皆任捐助之我本學堂由書院改良經費不多除俗時添籌撥支同裕典捐錢常年二百千文外現在擬准改撥閣練項下肉捐錢約九百千文米豆榮麥一項尚未梅有宜數皆非悠久之謀如飛鄉邦賢達贊其宏助厥舉資將鐫名勒石以誌不忘倉稅令額酌准保結學生保送之人視所捐十分之九抵繳修膳抵滿之後應如何章程再行議訂

第三十一節 經費約分二項一為開本一為備用開本款項存典生息備川數項除例應支出修整貨食及每年添補器新一百元外如添造房屋成設圖報動用至百元以上須與學堂商准學生議決方可支用

第十章 附則

第三十二節 本學堂試辦年餘擬分設四等學堂如日本附屬學校之例不取修金章程別訂

第三十三節 現在同志創興教育研究會實驗教育新理分著述開會禮記並設四班合力研討無論學道學生均可與會以趨為衛學堂不歸枯寂

第三十四節 此係草創章程難免會有不宜之處日後或有不便及遺漏者隨時公同刪改

第十一章 賞罰

第三十五節 自二十九年起姑立特等每月提出獎賞另議肄業各生月課試辦一年再行定議

第三十六節 自二十九年起凡學生肄業扣足三年分數及格由學堂資送修金洋三十六元以資鼓勵 已完

學界風潮

某君致海內外學生書○中國海內外滿漢學生閣下嗚呼我中國何不幸而數有今日也我中國亦何幸而數有今日耶伐國初之時即入關其疾而猶去之則全球之文化之沒次無有高於我中國者經無數十年之閉關十餘次之懲創亦安能激我學生而孫之於今之舞臺亦安能居我學生於後來東方主人翁之位亦安能撤黃種人統一六大陸之榮之大夫既自貽自居自撤之矣其不可不自奮自衛自植之理不待智者其必不可自退自戕自盜之理亦不待智者孰知漢族學界之內竟有排滿之謬說貽陵擄奔雖常害之不問而問其兄弟於猛狼虎下深山以噬人於孔與之不顧而鋼腦鳴於中然乎否乎雖愚必知然亦滿人自招之也滿之排留乎猶特榮之悉蹙乎現在鋒鋩八國之軍驚走 兩宮之怨使非列強相持上實作之地圖安有我中國之名世界之人王安有道古斯之族既做天牽猶不自知昏昏噩噩如斯如此不惟不振而猶固之滿乎滿乎誰之咎乎孰此而殺端榮惟恐億萬倍蠑榮之身之數猶不足以本殺之之刀之數執此以排滿惟恐溫貿滿人之毛髮之孔以百舌猶不足以自解漢族學界之議甚宜孰知滿洲之學生復有衛滿之舉有過不以加之以文藉首於仇人而不羞技背於同門而好勇然乎否乎雖愚必知然亦漢人從成之也投路火以瓦礫猶知還吹並滿人所含之奴性猶其於豢犬而能衛受之耶滿人之衛滿亦宜苟兩不咎且各賀之賀漢之能自作也賀滿之能不受侮也惟我國民於今日之天下為天下所共排之人中國於今日之天下為天下所互衡之由我國民咸共排之位互衡之地方扶疾病助守望以禦敵兵於斯時之人之不暇為得分寸陰以自戰耶況戊戌之政行諸今皇滿人豈必盡非庚子之亂李秉衡豈皆可戮漢人豈必盡善國如日本猶引為唇況滿洲乃已關中國之界者必欲排之則忠得之者亦不乏人滿洲既亡東方主權中國豈能獨有鄰近斯實施於東三省之手段甚之漢然劉成為元旦日演說之經反成大忽無論漢人之數殺不可盡即盡殺之亦未足饜食滿之謬為害不一去一助先自刈有是理乎否乎敢為漢學生一言我皆國家之一分子當視國家以為愛惡舉凡世人之言行有益於我國家者不問其人之種族而異悉我類而何外乎滿人其言行有損

於我國亦若雖叔伯昆弟妻子之親亦難逃乎大義而何私乎漢族吾不敢謂漢族盡可不救之人吾更不敢謂滿人盡不可不救之人也吾所爲滿學生一言人不自侮人孰敢侮望排者之不排必使排者之無可排鑒我之前失自茁除之晚我之精神自振作之曰求排滿猶恐不得非然者劉成禺縱不入聯隊如其已入者何禁滿人之不爭陸軍如其爭陸軍之不能禁之非漢人何吾不敢謂排滿者僅一劉成禺吾更不敢謂排滿之影響僅見之於漢說也吾願漢學生努力無先排人先求人之不我排吾願滿學生自愛勿怨人之我排先求我之可不排則漢滿之爭息滿之族强滿洲與中國俱存中國與地球共久矣爲一身計當如是爲一於一國計亦當如是是時非諸君衝突時也吾不盡言願再排

按此係某君由湖北寄來爲照錄之以供衆覽

鮑君雨溪記此蘇州中學堂情形○貴撫遴選紳耆爲府中學堂章程甚不完善中文功課除講勸學要旨及讀經外無他事作文則禁用新名詞又不許過長以三百字爲限總教習王某爲老朽好滑扶舊抑新專以壓力壓學生學生中稍有志氣者往往辭出求去夫學堂爲培植人才而設乃以此等教習來以教成一班奴隸吾恐讀其學堂之人固由彼等教受過奴隸教訓慣極不堪因自鄂有學界風潮一鬨故將鮑君述其壓制之情乞當道入是視是感非乞當道作爲論說以規訓學堂之人及身爲教習之人則更書由坐外來

梁啟馮伯如支那進化子致學社諸君論名譽書」諸君亦知名譽之爲物乎歟東西之學者異於衆者必以爲人生必要之先務夫名譽云者即中國人所稱道之名傳千古一語是中國人本好名無疑也而前代之士則與于世俗以爲大學大皆附於好名者惟其不好名故人從而名譽之苟其好名則必不得名也故欲爲聖賢必自惡名始斯二者說似相歧夫固各有其當惟吾謂則不然名之當好否惡宜視乎其有益於民族社會與否有益也吾則好之無益也吾則惡之大都一社會一民族必有名譽之人名譽之人多者其發達必速其國歐文明獻視之歐美諸國如康德休莫華盛頓拿破崙之往不下十餘輩是以其文明之程度能達此極也由此觀之則人人必以名由希望而達目的前因後果卒成一名譽之人名譽之人既多則此民族與社會或可與其發達然吾頗競名譽於古人不顧其名以垂久遠優勝劣敗天演之公理也此人既以才學高得名譽苟有一加其上者則此人之名譽必漸消滅而無人顧苟再有一人加其上者則此人之名又消滅矣名譽之發達即社會進化不息之徵也苟任一人能爲名千古是易明社會中皆無一寸之進步也不然否何無一人能駕此人之上嗚呼我中國之孔子以吾觀之不過一教育家耳而中國人已米不敢祇能步其後而無有超其上者嗚呼以一孔子而我數千及是足見自孔子而今二千餘年我中國竟無一步之進化也夫豈孔子所及料哉

高才生出游○湖北選派學生出洋業已次第成行以學致出自鄂省故他省榮求派及後有自強學堂生文華業生戴某吳文華業生胡思滋等與諸同時出游茲由端撫牌示陳游學德國因柏林通法文之故胡游學美國并均任出洋學技不日即須起行其餘同時共與之生四人則另有他任云

附志不及○湖北派往東遊之學生徐天叙同作至滬少耶作樂至東行之日尚在某處打茶圍興盡回棧而同伴已均登舟東發趕附不及現在滬跡中孔吁遊學而先狎妓因狎妓而誤遊學界之污點而亦徐君之污點也過勿憚改但日至東其勿如今日之主淵而後可

本埠紀事

開缺返滬○貴道赴常閱督已于前晚乘萃和輪船回滬安

縣稽官登」江蘇候補知縣伊令立勳內閣中書徐德璋前日因公到滬昨至上海縣拜以

函請示禁○滬城三牌坊耶姓局營近日開堂宣講聽者任人入聽並有道士張在門外任意胡鬧故由紳士某君函請本縣汪令示禁汪令得函後除派差前往照料外准候即日示禁

稽查糧米○江蘇浙江兩海運總局自設局以來蘇省折辦四十萬石自下約十六萬石而江蘇須解六十萬石現下派撥有十四萬石不在右故江蘇總辦孫守昨已照催各屬將糧米解滬以便驗收云

延不放米○去年江蘇上海縣糧米由南市各米行向本縣汪令承包立有票據乃近因米價飛漲各米行受虧殊甚故延不即放昨日汪令在知立即飭差向各米行催除如延提究

扣留米船○糧船戶沈姓前日由平湖縣承裝糧米二百八十石駕駛來申行至南卡被卡員查得米照不符將船及船伙並扣德一併扣留後將米照換正始准放行

染疫已逝○油車街伯盟街及陳家巷兩處因有染疫料合士根開出紫暗出本縣汪令飭差快即全順薛貨帶夥下鄉堅逐昨據該差回縣稟稱染疫者已逝散

英界小火○前晚十一點二刻英界江西路某洋房被火焚比及救火會西人聞警馳至眾經衆人撲滅祇燬披屋二間

吞洋案結○江永輪船茶房鄒阿二吞沒九江客中之洋銀五百元失主來申報捕查獲抄出原贓解案訟公堂孫讞員訊供判罰洋一百元充公案昨因鄒無力繳洋改爲枷號二月責一千板釋放

縣令驗屍○流氓許阿四阿六在吳淞提籃橋將鄉人吳毛林用刀戳斃逃逸經屍弟毛仁報探沈阿岳將許兄家松獲案並協保赴上海縣報驗在案昨由上海縣汪令於十二點鐘時登場飭仵

（四）

檢驗屍傷報稱死者左腿面受有刀傷一處深約五寸有奇因尸屬自願棺殮准免覆訊先具領棺切結所獲之許兄家伙仍由捕房送由解縣給兒究辦

新諧錄雅

拖東洋車之志士〇客有慕滬上志士之名而來遊者遍訪鄰人曾滬上志士如此之多而我日事訪問乃竟一無所得是何故余謂之曰凡頭戴西帽後垂小辮者皆志士也其人恍然大悟曰此即志士乎吾知之矣一日出外閒遊歸而大喜曰幸矣哉今日之事也欣矣哉今日之事也是誠生平難得之榮樂也余詰以故答曰吾今日自法界坐車歸其車夫乃一志士夫志士而爲我御車不亦榮樂矣哉余曰何以知其爲志士曰吾見其頭戴西帽後垂小辮卻與君所言者無纖悉之異故決其爲志士無疑余乃笑曰非凡戴西帽垂小辮者皆志士志士者必實有志士之學問志士之思想方得爲一完全無缺之志士若汝之所言者非志士也實車夫也然則豈車夫不能爲志士乎曰非也有車夫而有志士之行則亦爲志士耳惟其無志士之行故雖形式相似祇能謂爲車夫也以上所言雖爲笑語然竊願滬上之自認爲志士者一聞此言回念己之究爲完全無缺之志士乎抑亦徒一拖東洋車之志士耶諸君諸君盍自思之　來稿

一　西曆三月三十日禮拜

光緒貳十玖年三月初二日

蘇報

總發行所▽上海英租界三馬路中

分售處

[illegible]

每號大錢十二文

西曆一千九百三年

日歷明治三十六年

外埠價目

每日一寄連郵費全年六元八角

七日一寄連郵費全年六元

西洋加倍

東洋照加

郵政不通處酌加寄費

告白刊例

第一日每字取錢四文第二日至第七日每字取錢三文第八日以後每字取錢二文封面告白照後〔?〕加倍論年論季面議長行告白二百字起碼短行告白以五十字起碼多則以十字遞加

論說

勸豁河友人勸學獨立書　燕北不爲奴隸人來稿

此稿昨由江西郵來另附以函云（貴報敢負于學界放一大異彩于海內志士論學書尤樂爲之延擱播新思想之種于天下佩服佩服竊聞上海各報多斥燕人有奴隸性質喚醒國民功德無量　僕燕人也其期心于燕較他人爲甚雖僑居外鄉日久然依戀故土之心終不能忘茲有一書勸豁河友人勸學獨立（即僕之所居）雖不敢自居文明然于學界亦稍有關係新貴報登入學界風潮一門使吾鄉人得徧閱之則吾鄉雖日得享文明幸福即謂爲僕所輸入可也）云云記者玩其詞意沈痛切實確爲有心人今爲登錄俾彼都人士聞風興起庶不沒此君苦心也　本館附誌

僕特罪謫上書於我最愛之同鄉諸君閣下別來已三年矣去歲波濤驟起風雲聯翩　尊主攘夷其間之可慨可悲可慨可時可太息痛哭者不知其幾千萬端而之爲外人奴隸牛馬雞豚者亦不知幾千萬兄諸話亦聞者疾首蹙額而卿能不勝爲之歟欷也之慘魂爲之魄蕩而無所依哉乃于遊滬得故人書及閱上海各報皆莫不大聲疾呼曰燕人無恥燕人無恥凡上自士大夫下至與臺莫不高拱某大國順民之旗舉爲民疏揭某大國功德之牌而以奴隸爲榮嗚呼吾燕古稱多慷慨悲歌之士而今竟若此哉諸君其亦知不獨立即奴隸之義乎其間之界限甚微不如此即如彼矣夫與卒走卒之甘爲外人之奴隸牛馬猶可說也學士大夫而甘爲外人之奴隸牛馬則野蠻國之所不恥豈文明越吉之國所應有乎又豈慷慨慕義者之鄉所應有乎今則風波漸靜地方少安矣吾知親歷此境者之痛定思痛當不止十倍于我旅居異鄉之人然僕有不容已于言者請一陳之夫獨立豈空言哉諸君不思獨立則亦已矣若其思之則必求獨立之術而後可獨立之術者何勸學是已孫吾聞之管之破齊而不敢滅其國者畏其有學也印度之能脫英羈而獨立者恃其有學也印度之見滅於英也無學也土耳其之見侵於俄也無學也人而無學不足謂之人國而無學不足謂之國吾未見無學之人而能免於奴隸者無學之國而能獨立者今日海禁大開學界風潮一篇　與四方有志之士或自備資斧遊學日本或組織學堂以教育子弟或開設報館以公理爲討論或翻譯西書以輸入文明定內地爲學之方針此皆熱心發憤有感於美法有鑒於印土者而中國前途之果能獨立尚未可卜也然吾燕凡非此四者而無之誰日諸君奴隸倡言獨立果何恃乎居今日而爲吾鄉計則遊學日本往立學堂二者必不可缺至譯書報館各省已設已開者亦復不少足可爲文明先導尚可徐徐及之然吾又以知諸君之必以遊學無資立學無資爲辭也噫此國民義務所當盡者昔哥侖布之航海求印度也喪其資斧毀其裝子卒不少挫其志者得發現新大陸福澤諭吉一旅人耳也名食歐美師其人歸建慶應義塾以敎育國民至今終占日本新歷史高尚之位放受日本新國民無窮之歡迎假使當日　賢亦借無資爲辭則今日北美半球尚屬混沌日本三島依舊野蠻亦未可知也諸君試一思之吾鄉近日若待官立學堂必無可望假使有之亦不過一小奴隸學堂而已必不能如私立之日見進步一二富紳爲之倡則款自立而立學生之食欲學生以學教育僅及夫爲何難若經費一時難以擴充則可租定寬大房屋一所先行開辦吾鄉當務學時代素以帖括爲業於中國經史與初幼稚者誦習以西學之深者必多不通且亦躐等不如即依各省私立之已著成效之蒙學堂小學堂章程酌定一合吾鄉學者之程度者分倫理歷史外國語習各國與地諸門附之以淺近科學循序漸進乃能日起有功其餘各處義塾亦可改爲蒙學堂以教幼年子弟使之人人皆知國民之義務以獨立相勗勉有聰穎子弟立志遊遊者無資以行同人有力者務竭力以助之使之遊學日本以增其學問長其能力吾鄉雖小他日士子興起各抱高尚之理想懷愛國之精神得一學即得一學之用則安見燕人之不能獨立乎此僕所以謂勸學即獨立之母也噫乎大陸將沈睡獅未醒風雨如晦安得雞鳴諸君國魂未遠曷共招之以雪此爲奴隸牛馬雞豚之恥乎僕頓首

時事要聞

電諭照錄〇二月三十日奉

上諭許應騤奏參員弁惰偷分別參劾一摺浙江樂清協副將湯朋盛任性滋事江汛千總彭德元交通匪氣新公然私宰金華巡防都司和川都司王友作擅離職守遇事張皇湯明成彭德元王友住均著一併革職溫州協總兵劉祥勝於所屬營員漫無覺察著交部議處以爲營伍該管知道欽此同日奉

上諭雲南臨安開廣道員缺著魏景桐補授欽此

電諭補述〇二月二十九日奉

上諭恩壽奏恭錄　聖諭像解進呈一摺咸豐年間　聖祖仁皇帝特頒　上諭十六條爲化民成俗之本海內士庶固已家喻戶曉茲據恩壽採訪原任安徽繁昌縣知縣梁廷年輯　聖諭像解一書恭錄　上諭並各將經史事實分繫於後並爲淺易解說附繪圖像頗爲醒豁　聖諭啓迪愚蒙著該撫即將石印成書分發各省由該督撫飭發府廳州縣各學堂俾資觀感以端風化欽此同日奉

上諭貴州布政使著曹鴻勳補授奎瑞著調補貴州按察使著南按察使著劉春霖補授欽此同日奉

上諭蔡元春著迅速來京陛見廣西提督著蘇元春署理欽此

電傳宮門抄〇二月三十日召見軍機段方關秉衡陸鍾琦奉旨著於三月二十七日換戴凉帽

內東山含衆二十一誌〇日前右城芳村地方起出軍裝槍食多件經省吏轉求威衣弟佳帕及各項軍器發交軍械局收存外所有

之乾年內發築小號分作場所雇有護宇公所之的旗分地捐提宇運來安省

衙勇及省城內外名營勇以作碼頭外身分防派員前赴捐宇給

全數前回分給各勇具報矣

又奏該營派撥二十名日前由供給局委員會同德領事監承審各官押現核定其要緊釘欽犯押內監拘留並○令家屬起人每日給以銀錢作伙食計每年每六人每人日給二毫半其餘四人則日給二毫云

廣西匪耗○○正月念四日黃鐘基補方同管帶滇軍方作由西林赴八渡剿匪沿河村寨均被殘破彈痕斃兩石亦分計被官軍殺斃者九百名二日八日合兵於剿陷擒獲頭目巫洲大將軍一黃二潤二及亞陽陳亞坤等一同五王潤戾大等九人頭目陳亞秋亦被殺仍率引兵逃去又李二老板一股於上月二十二日被官軍圍困於下邦勢甚危險衝突者不得出遁大生擒乘隙分二路突圍而逃南軍窮追數日卒不能及因懸重賞購之現在黔滇邊境者爲平靖而西省內地搶掠之案則日甚一日又縣元春近日督隊往八角山搜勦斬犯甚多惟殺良民亦復不少此則官軍之慣伎也

二月二十二日粵省接到桂撫來文昔聚集百色上遊之亂黨經官軍與戰三次爲官軍擊敗逃往百色下遊官軍仍復窮追稍爲搜剿惟神武此股亂黨係大具歸誘人助效並非大股亂黨可比聞有省港之人爲之暗中饮助云

欽州匪耗八誌○廣東欽州遍地皆亂幾無尺寸乾淨北州屬每期情詞爭訟者僅數紙而亂控者則多至四五十起防城縣皆今諸事不管日惟以治武剿獲解之黨恐其黨與報復訊實亦不敢辦來與駐紮之文武員弁尤爲廢弛該官吸有煙聲勢將千頭云

延聘洋務顧問官○浙省洋務局因乏熟悉外交之員刻由誠撫擬延聘南洋律法官西律師祖文爲杭省交涉顧問官孚貸妥政祖君於日昨由滬到杭拜會誠撫晤敍一切聞誠撫於本月內赴皖履新後尚須延祖君爲皖省顧問云

紀妖人郭葆亭○相士郭葆亭自稱內務府人寓於鄂埠斗級營京新客棧門立招牌一計四丈高懸黃旗四面船中居珠字爲御封頂正活佛張神仙相顧三生緣佈三爽云云警察局見而駭異立往盤詰兒郭實有英人援少父操奧語郭亦作滬上音別無長物惟符籙數包僅札一捲而已當將黃旗扯去郭竟持晚生帖赴泉署拜會李泉未與之晤郭又往拜某局總辦某守未肯丁擋總辦大肆咆哮呼其名而痛罵某因見之郭自云係李總管蓮英之義子而棄職抵人某詢以何故上海行郭曰乘乾父命俑遊天下查訪貪官已十餘年矣某惶恐莫知所之再一服罪郭始悻悻而去某又具衣冠登門負荊將郭所送遍且中傷委員之流涕刻仍懇撤如初云

世界要聞

加賀斯大日九十八年聚各國八十六萬六百二十一人千八百九十九年四月計北九十一萬九千七百八十二人計九日平又增至九十六萬六千五百五十一人千九百年又增之等於一等有五千七百三十八人又等有五萬三千九百三十七人二等有三十萬一千六百三一四人又由該國鐵路運載之客民共有二十萬五千四百二十六人此中經俄國官吏之手護運者於十九百年時有二十一萬一千九百七十三人是年乘各車以共有白六十一萬四千六百四十四員貨物裝運毀共有二萬七千七百五十六○目所運重要貨物爲魚肉果品及西伯利亞各種物產又該處新覓獲之煤礦已經開採者推說斯克州爲最盛千九百年所採之煤有八萬一千三百噸之多云

德國海軍○又云德國皇帝前以欲振頓海軍今考該國一千九百年水兵僅一萬一千二百人艦中職工僅七千一百五十五人至一千九百一年水兵增至一萬二千二百人艦中職工增至七千八百二十人是年水兵增至一萬二千九百四十人艦中職工增至八千九百六十二人今年水兵則增至一萬三千八百人職工則增至九千八百四十二人是故近三年間水兵共增二千六百人船中職工共增二千六百八十七人觀此則該國海軍之盛可知已聞該國尚擬於後此數年間新編海軍聯隊二隊造艦職工團兩團故其在喀爾維哈姆司哈映之水兵隊及職工團必漸膨脹將來水兵擬達二萬六千七百六十二人造成職工者達二千九百六十二人云

多鑄金錢○又云日本大阪鑄幣局於西二月內共鑄出金十元金錢二百五十二萬枚半元銀八萬八千五百六十二萬枚

擬雇華工○又云南非洲派來中國考察招川華工之委員于前月二十五日由南非起程赴英京聞往美國調查尼亞省勸其英國屬國華工法以便相擬死士卜職場工作

各省紀事

天津○唐沽近日爲華洋交涉之節鎮各國商民購買地段時有所聞時同知貸璋聞○現准直督設立田產局一所專管華洋購地事宜及收稅稅契刻經擬文向各領事接續所所管矣

平市銀號論歸商辦之說津沽業已傳述始悉前因不得商紳以支持危局任大責重有已以兩耳重商告商楊少微以兩紳則北視行楊兩紳以定從違恐此局難以有成也有擬以前辦理銀號某紳爲總理之說

日本租界行政委員會額長鈴木君委員竹內岩野君會同租界局開第十五回委員會議創辦宜伊集院亦臨會與理事官即先報告嗣後以後之事務如例次討議當日之問題其決議事項如下 一巡捕總巡病院給與費用之件 一巡捕器械之件 一新換設施及服非衍批之件 一巡捕經費支出之件 一四村理事歸國事務代辦之件

湖北○前准從教端中丞嚴禁湖北學生界端以無可禁之故武昌府梁守力贊之擬發出札稿一紙飭令送報人向漢口日報分售

湖北藩司邵廷韶由牧令起家在鄂三十餘年工於粉飾從不得罪一人官場以水晶球目之撫院上憲之維新守舊也彌能迎合意旨歷任湖北皆稱均疏薦之不知如何竟與臬司李岷琛大爲齟齬李現決計告退想一經出奏可邀俞允

湖北學報係兩湖書院畢業生陳毅主辦梁守鼎芬總其事出報後閱者寥寥不敷開用不得已遂向各處勒銷每帖應派二百分善後局百五十分其餘外府州縣及省城營局學堂無不以壓力分派之近貴徐令久林干牧士衛移日奔馳沿途逢人說項竟銷能閱報若干的可立發後奏可謂報館之別開生面矣

九江○魏督自上月二十二日接篆後連日板傳總統督標護軍新兵等營並任福山鎮總兵楊金龍到轅終日諮詢要務每至深夜始令回營所謂云何外間無從探悉或謂因該鎮在省日久熟諳兩江情形特傳詢地方一切利弊以便次第布施云

省垣去歲秋收本稱大有乃秋冬米價仍昂故歲以來日益增漲皆因奸商貪利接納偷運出洋以致米價日增選蒙上台嚴禁米糧出口一面諭商平價米價因以減濟每石六元四角一石者刻已減至五元五角矣

蘇州○上月二十八日恩撫臨頒訓學堂田 起明堂肄業臺宗樂撫徵滿經濟能之士論 問學校工藝兵制宜如何取捨參酌西而古制仍利於用者否等是日與考者共計五百餘名

蘇省漕運救已開局起運而府屬常熟縣應解漕米尚未免齊故由漕局總辦孫守特札縣派何佐貳前往催解到滬

蘇垣大雨連朝已及一旬蘇府向守特飭長元吳三首縣於城隍廟設壇自上月二十八日起祈禱求晴

松江○婁縣獄中於上月望後有上海縣 姓要犯越獄脫逃據治今尚未弋獲兩婁縣飯歐中押有挑欄攸婚之逆倫日當亦乘隙逸去婁縣尉令立即飭差嚴緝刻已在西鄉附近泖湖中拘獲解縣矣

東門外都橋道南一帶人烟稀少上月杪有某甲不知與某乙何仇於夜間將乙綁縛手足抛擲活埋於該圖地保查見已徑報縣矣

揚州○向例上忙錢糧於二月開徵四月完半現甘泉縣稟令於上月十六日開徵並示期三月初五爲首限十五爲限念五爲三限刻下已派糧差逾甘泉山一帶催完矣

日前蘇臬札飭本府轉飭所屬縣備造件作至蘇發所學習以備驗造札都吳令式政於蘇文發院時招募刻已招有一名兌保中屆至蘇驗候啟用

鎮江○詳守曾奏上憲將南徐學舍改爲中學堂一事現聞該堂如丁修洋將來告,因出示招考丹徒丹陽金壇溧陽四縣學生遊堂肄業凡年在十六歲以上三十歲以下身家清白[illegible]業無嗜好者方爲合格限三月初十日以前取具甘結報名入册約在三月中旬示期開試

前三江師範學堂招考鎮江府祥守保送十餘人復試案出牌示係所取三人均在前列第一名吳樸京口駐防舉人第十名王點元丹徒縣學廩生十七名楊邦彥丹徒縣學監貢生

福州○福州府玉福防同知閩縣黃恢官縣誌撥理閩縣沙洲委員李辦理侯官縣沙洲委員朱令衡出示云照得閩省歲徵米糧入十萬兩從照部章奏撥各捐隨糧一項係按正賦田收則沿江沿海沙灘洲地以及江河成民間私自墾種或作塘蟶等埋或租成商山客堆積木植雖其間亦有報縣完糧與充書院膏伙者爲數亦屬無多自應一律分別抽收以昭公允前經督帥吉奉司道憲批明設局並委員會同地方官諭查出示曉諭在案茲侯官縣所轄洪山橋下之半道亭新港道前亭嶼洲下南機坡尾浦安等鄉直達南台三縣等洲外洲又名門島橋上渡閩縣所轄對洲係船廠等處均自堆積木植或由山客連貨或係北幫買存以船裝運出口或爲木棧寄儲木器木匠同一沙洲皆爲公家物業所有木植擱租從容鄉民排夫君孔人等控收肥己況該民等小費工本其利已厚於田因茲不給既往自光緒二十年起收官項挑塢租者按照三成抽捐俾得撥解價款除先由業驗訪木商各號局所各幫排塢租費五成分派出示曉諭外合先示仰各鄉民及排夫君孔人等知悉須知沙洲皆爲國家所有官府出示經藏支撥分應同濟時觀自示之後須即前赴沙洲局照章領照繳租不得觀望挨延如敢故違定將經手支租人拘案究辦抽收洲租排塢事在必行毋得以身試法毋謂言之不預也各宜凜遵毋違特示

廣東○銀局鑄造銀元所需紋銀向由西關各銀店承辦每届半年合議應補紋水數目一次現屆二十九年上半年應議價之期經善後局員飭令局員會同銀局委員飭傳西關永興等銀店到局議定每百兩補給紋銀水一十兩零七錢並仰照章聯結枚局存案已據永興等銀號於本年正月二十八日具結呈繳請准等永辦銀局鑄銀且紋銀遞照藩庫九八成色每百兩以[illegible]子兌換補給紋銀水一十兩零七錢算其紋色不足藩庫九八成色任由隨時退換現訂由元月二十六日起至六月底止自定價之後倘遇紋水漲落彼此不得異議如紋水價落亦不得向外人購買以昭公允理合繳立具結呈繳存案云

專件擇要

潤州學堂章程并序

今之論種族者謂歐美之人曰文明種族謂非洲之人曰野蠻種族然人造生人獨有厚於歐美之人而遊於非洲之人耶予知其必無是理也究其文明與野蠻之由亦教與不教之判耳一則多設學堂使人人得其教育授以有用之學教以純正之道日積月

彌家學淵源其進於文明也自易一則未有學堂以教育之乃祖乃宗牛未親字無知無識百歲猶蒙其流爲野蠻也亦易昔英儒析庚曰世未有□道未嘗而曾行能是者東洲之民以蛇而拜之曰是吾祖也如其其祖則是吳而無如其愚也故格致不精之國其政令未施而民之天乘多變矣保羅曰未嘗聞道焉能行道耶曰逸居而無教則近於禽獸禮曰玉不琢不成器人不學不知道是故古之王者建國君民教學爲先是知中國三代之隆泰西歐美之盛未有不於教育求之也

古之教者黨庠術學小成大成即今西國大小學堂按之投課之遺意也山經爾雅左圖右史即今西國地誌物理格致歷史之初桃也舞象舞勺六藝之文即今西國樂歌數算體操武備之濫觴也慨自周末文盛百家之學蜂起孔子之時已有從先進之歎降至今日江河日下小家珍緘説術虛文高其儒冠長其爪甲閉物成務委之學人人受小知自高位置日月之食則視爲災異風雷之作則信爲有神怒於風水迷於土木問其雲雨何以旅行耳目何以視聽成倫吉林是何地方五特森端是何人物大懵茫然莫對嗚呼爲士如此其餘可知西人目中國爲半文明之國有由然也嘗聞英儒李佳白曰日本識字之人男居十之八女居十之四中國識字之人其能有此多數乎所識之字其能有濟時用乎吾敢斷之曰今中國之人其能粗通文理者恐百人中亦無數人其所貴之於能[illegible]一人較之日本尚且如此較之歐美其可問乎故中西互市以來恐無有不受侮與步仆相形見拙不問而知是學制之急宜改良學堂之急宜廣設也

吾邵爲七省通衢運河長江流出其間華洋雜處教堂林立有志西學者固多猶之教中子弟日漸日盛似不可以無學堂以教育之雖本地官紳創有學堂多所究風杯水車薪抱向隅者不可榜述客歲壬寅本會同人以明濟學堂之耶而之質收兆祥富紳慨允每日以數小時助教西學同人俯聞之下其爲感激投於各報刊刷招帖言從取名潤州學堂專授中西有用學術一時赴堂滿問者戶限幾爲之穿惜彼時館地未定僅有三十餘人報名掛號適有某學堂因監院偶抱清恙加以傳道事煩一時不能兼顧總辦因囑同人從速定賃館地自願將其衆賓西學之生徒六十餘名並其西學一館歸併同人聞此佳音愈加忻忭遂賃定本城西門外菲家巷後新建房屋一所擇於本年三月初一日開學啟同人深愧淺深短蚊負山處然關係民覺世本爲吾道之指歸袖手旁觀豈是國民之義務會念及此於心未安敢竭所知以鼓新學惟希中西各士指示方針俾中國早進文明此誠敝同人心香所祝者謹述緣起以告同志

未完

樹武陽學生會擬章

四辦事　甲　本會所辦主要各事如左　招待調查出版發行　乙　凡會中一切事務由各職員公宜辦理主開會之日將其所辦各事彙報本部　丙　凡修改章程由各職員會議提稿擬定後由衆許可方可作爲定例　丁　本會辦事有違背會章者須人代理給以幹事印章以昭慎重　戊　會員有不滿意於職員辦事之處雖無阻止之權亦可將其意見表白於衆

五經濟　甲　本會經濟以左之各項充之　特別捐　常年捐

六責任　甲　本會會員皆有發達本會事業及保全本會名譽之責任　乙　本會會員各々遵守章程之責任　丙　本會會員有互相勸戒之責任　丁　本會會員有提倡實學之責任　有勸導遊學之責任　有照料人學之責任　有照料留洋之責任　有調查學堂報告本部之責任　有調查留學報告本部之責任　戊　本會會員有擔任經濟之責任

仍未完

學界風潮

紹興教育會〇紹興教育會前開第一次月會於城內學心街浙紹公所議決教育會章程及教育決科事務所規則會員均於是日自寫志願書而受證書以去前次所公舉之會計員經亨頤二君以商作者莽洲君自代已經會員公認矣

本埠紀事

定期封港〇道委周南製造局總辦趙道濱彥奉委來潤本定昨日接差關因赴省叩賀新督任等故屆期不及接差須俟公事周[illegible]

提調易員〇潤關製造局砲廠委員兼理提調之陳丞昨奉總辦趙道將提調撤去潤撤局西館將火藥局所遺提調一差另委候補知府方守接辦

局員被差〇新豐南市義渡局吳委員昨已被差視事矣

循例救護〇昨爲日食之期潤屬城中營縣文武各官俱循例救護邑城隍廟亦於四門在城救護云

封口何遲〇本邑米價逐漸稍漲由來開道准府札文出示查禁存米豈以永禁之前運出川之價照舊未運恐故各商仍運口號運出川剝間已爲護照之米一律運出昨經批示知即准於初一日封口杖米不准私運出口如違察出定予嚴究

周發恤銀〇衆源商船主余某控訴被搶盜局稟求給恤非奉陶總辦批示將訓本局收款不敷開發去冬欠發各和兵輪辛工廿餘請道台撥銀四千兩兼代發給船請給恤銀五六百兩查二次稟求撥發給銀三千五百兩商船所請非但分毫無着即本局所須之款亦不足數現在再四籌劃惟有在本局款內酌提銀二百兩發給該商具領云云

押追欠款〇鎮南海天寶勝茶樓之許少甸即小許與馮夫阿六即與國英合開一股放國時收去徐子榮周劍人等押櫃信洋數百元近三度閉歇小許避信無門除將寶勝樓盤與甲乙等兩張外所得信洋不敷開銷竟將徐周等信洋概没向索挑撥即

（四）

情投英公堂職控華探顧嚴員准訊殺叔盛協探陸阿四將張許先後
拘獲送入英廨押候質訊
飭查軍械（）法捕房包探查得江寬輪船由湖北運來洋鎗一百
三十箱皮．數十箱抵埠後另僱駁船裝至吳淞過北洋通濟兵
輪運往天津當即照知捕頭另派包探前往吳淞查明禀復
解諭查遣（）某甲海門縣人住居小東門泰源客棧適因衣食無
資吞煙自盡為棧主知悉當即投報法捕房着甲送至仁濟醫館
施救由包探命查回捕房候解總法公堂訊問以便查遣回籍
嚴案兩則　盛炳元前日復扭華保金梅亭到廨喊控前晚經汪
令訊質盛供叔金陵使叔母朱氏私售公產房屋計洋二千四百
元被金梅亭前得扭控經斷三股均分乃金仍抗不交付公再扭
究金供稱朱氏將房設於陳松松計洋二千元陳將原契轉押於
宦得洋二千四百元私肥四百元朱氏尚存陳處四百元有存據
在炳元處汪令命炳元具摃保四百元判金為地保原中與陳
協公串吞房價飭責一百板押以四百元案控一千元掌頰五十
下候提訊追（）誘拐孩童頂湖州小孩之王曹氏被扭到廨訊男
釘鐐發示官媒管押本案現因王氏染病解訊汪令訊得患病屬
實仍發堂將治病痊還押懲辦

光緒貳十玖年三月初三日

蘇報

總發行所◎上海英租界三馬路中

分售處

西歷一千九百三年
日歷明治三十六年

每號大錢十二文

外埠價目

每月一寄連郵費全年六元八
七日一寄連郵費全年六元
西洋加倍
東洋照加
郵政不通處酌加寄費

告白刊例

第一日每字取錢四文第二日至第七日每字取錢三文第八日以後每字取錢二文封面告白照後幅加倍論年論季面議投行告白二百字起碼短行告白以五十字起碼多則以十字遞加

論說

論常州演說會　來稿

頃閱蘇報知常州志士有演說會之舉凡紳知紳士同商說會衛突一切竟不禁且欣且懼且怒發不揣昧陋援筆而爲論其始末爲夫中國今日之所以百度乖張太阿倒持者其分內遺因雖不一而其根因實因要當以國乏人才爲第一大問題故內地有學校演說會諸會之設無論其爲文明教育爲野蠻教育爲完全教育爲缺點教育爲有規則以無規則爲無規則爲規則皆吾所詬病之而排之者也何則赤身於赫冷之際得敝衣而如獲重裘乞食於餓饑之下獨粗食且視同八珍雖曰不若聊勝於無耳常州演說會之設其宗旨其章程未獲詳觀雖然常州非文明之區而演說會志士乃竟能排衆議與論結成斯會倡武陽公學地演說其冒險進取之精神其不可思議不可幾及大丈夫行事磊磊落落爲一世所欽羨固宜若是焉且凡我同人應共表同情即疾視新學者亦必歎其辭曰新舊一致也中外無殊也乃何物老朽竟敢明目張膽舞文弄墨強阻演說會並武陽公學演說且以大皆認爲演說會乃是其文明之公敵也然是何傷於演說會乎吾知演說會之經費必藉此而躍增數百今演說會之會員必藉此而驟增數十人彼老朽雖日以空言相恫嚇亦無如演說會何也不寧而爲所禁即吾知亦只能禁其形式而不能禁其精神只能禁其在武陽公學演說而不能禁其至他處演說且二十世紀之時代我國方將爲全世界之主人翁少術之進步誰得而阻之吾恐阻之適以揚之廣之也嗚呼彼老朽者大都風燭殘年不久行將就木而我諸青年則人世未久且將大有所作爲老朽而阻遏新機猶可言也若因老朽之阻遏而青年遂自暴自棄不可言也演說會之志士乎慮其不可思議不可幾及之冒險進取之精神以行傳其宗旨乎推倒千古開拓萬世此其時耳若以老朽之阻遏竟自暴自棄命運之不濟以棄此莫大之責任勝特一生之名譽有關凡一國之文運亦將從此而大生阻力吾知愛國之志士必不出此彼老朽者何不多吃幾服補劑暫保守其萬口共咒之詭魄佇觀十年以後彼演說會之結果何如矣

右撰作一篇自知一無精意伏祈承不棄收入學界風潮一門論以常州演說會與紳士衝突事件亦足爲演說會諸志士奮勉之一助云爾至於字句之間求滿意而不求精確知不免遺笑大雅也

愛國學社特別告白

前月已付蘇報登告白而來者仍源源不絕本社實不能容特此再行登報申明謝絕諸同志暫授杜頗俟本社擴充再行廣登報佈告可也

時事要聞

電[illegible]報錄○二月初一日奉

上諭四月初一日孟夏時享太廟朕親詣行禮後殿著派載濤行[illegible]中旗八旗[illegible]派立監火長[illegible]分獻[illegible]

上諭四月十三日常雩大祀大於圜丘朕親詣行禮四從壇著派延祉恭代[illegible]著派貝子溥倫各分獻欽此[illegible]

諭旨初八日[illegible]著派[illegible]行禮欽此

[illegible]傳[illegible]抄○一月初一日[illegible]見[illegible]公發力親[illegible]

廣西匪務述聞○正月念五日午後陸良[illegible]武裝黃國超赴南寧[illegible]與朱[illegible]村有匪目[illegible]左元甫何附[illegible]哨勇[illegible]派[illegible]左哨[illegible]十餘人[illegible]派仇[illegible]同刻往直入村中[illegible]少[illegible]先已[illegible]伏砲火[illegible]官軍到來彼[illegible]匪陣亡[illegible]亡哨勇兩名傷二名匪目[illegible]亦中砲斃命當由哨勇將其首級割去并擒[illegible]一名解回[illegible]化縣驗究[illegible]任縣丁令立[illegible]二十元哨勇[illegible]每名賞[illegible]二十元賞哨弁砲傷者十元二等傷七元三等傷二元按朱[illegible]村在[illegible]屬化縣

逆匪陳阿秋部下衆多全係[illegible]自[illegible]在白色剝隘一帶勸收路稅現在往來[illegible]水旱各路[illegible]貿易大爲減色加以年荒米貴民不聊生同仁善堂平糶洋米二百餘石業已[illegible]近日本地米每觔漲至六十餘文是月十四日地方官示令[illegible]施粥賑濟以定民心

隆安賊勢[illegible]爲披猖[illegible]與官軍對壘[illegible]勝仗不獨代理縣事張令兒而[illegible]此[illegible]總兵盛治因是陣亡[illegible]兵[illegible]因是敗走[illegible]提元[illegible]亦[illegible]包抄[illegible]故[illegible]者[illegible]培若來[illegible]先往[illegible]隆安方[illegible]妙[illegible]培[illegible]公因[illegible]官[illegible]能否擒剿實難預決

聞去臘底[illegible]欽[illegible]防務[illegible]培[illegible]欽防次丁[illegible]起程約至二月中方能[illegible]

聞柳州[illegible]尚未就緒[illegible]江一帶亦未安靖

又聞南寧各紳[illegible]議以廣西地方[illegible]已[illegible]各員則[illegible]不出見效欲託[illegible]試[illegible]公將來到京時[illegible]地方[illegible]情形求[illegible]官宴請派馮提督子材出山剿匪以救生靈與大局其有裨益也

[illegible]商[illegible]稅紀○[illegible]省[illegible]商聚衆一事已紀本報茲悉連日[illegible]之磁船共有八九百號經過[illegible]並未完稅[illegible]大通兩處[illegible]卡委員均已[illegible]省與[illegible]河[illegible]局委員會銜出示三卡應完之厘統歸[illegible]河抽收並[illegible]勇[illegible]外[illegible]驗[illegible]八折[illegible]磁商仍不[illegible]欲[illegible]已飭練勇兩棚及水師砲船駐紮江干現磁船[illegible]不敢[illegible]而司勇亦不敢上船查貨不知如何了事也

照會簽字述聞○字林西報述德文報傳單云駐京各國公使已照會中國政府將應付賠款之約簽字

世界要聞

貴族宜智○字林西報二十八號倫敦電云本月二十五號英貴族祖斯勃來在上海討論又新設鐵道公會一事甚爲許可并謂

其歐洲之事第一著皆由振頓軍械入手始君又深悉惜于此時稅則之重非但為謂兵部大臣當以昔伏克乞納任之而深以現任大臣勃老克立武備政策之不善諸員皆備謂雖君之意欲以克乞納君為兵部其若然恐內閣諸大臣未必盡信克君也又云昨日議論陸軍時議員利本爾書謂君等於此事若非勃老立克建議之諸事終不能盡瞭惟議員赫特惡克則于此亦持之甚力并竟有謂數月之間國家將遣陸軍三隊出洋學習矣

英軍戰耗○又二十九日電云英將軍腦來所統之軍已於二月十六日由開能起程至蘇可士并與敵鏖戰凡四小戰數次兩軍皆以炎旱為苦而十四之軍間已陣亡將士格矣

大學堂罷武○又云英京大學堂罷武師姆勃力其勝八次而與克利福勝二次云

公衆議長○益聞西報二十九號倫敦電云英議院公衆議員來省分任保長時舉保守黨愛茲者五千七百人與改進黨鄧孟者四千五百念九人云

英將軍之柩回國○字林西報二十九號路透電云英馬將軍之柩已於昨晚由法京巴黎起程回國當起行時執紼而送及探聞其被創情形者實繁有徒云

文滙西報二十九號路透電云英馬將軍之喪已于今日抵英國之皇家鐵路并聞今晚沿途有親族數人循[illegible]格蘭時相送云

德后受傷續誌○字林西報二十九號路透電云日前德皇后跌傷之處甚微無甚妨礙云

德相演說○某西報云德國首相在下議院演說云以保護國內政外交無不竭力即如為工人設立保險公司及各種章程皆他國所不逮朝廷以愛惜貧民為第一要事而外交則務宜與他國聯絡時尚以防外患并令國人習他國之文字教化以期文明日進聞者稱善

又論英國交涉情形中明英人恐德之由謂英特別戰時德匯各報每登無稽之言毀謗英兵故英疑德暗助特人情事但德英之事既已聯合前嫌自可盡釋況歷次英德合謀之事德獲利益獨多結英君主與德皇至戚情誼偽滑我國人不可不知也

法議院承事○文滙西報二十九號路透電云法議院於議論梅脫利克司地方教士所是教義之事非之者三百二十二人是之者二百二十二人

又云法國上議院現已議決財政預算之事以其大臣陶茂爾之意于陸軍用度頗以為大故已決議每年減省軍費二百萬矣

派員辦理遜事○又云法議院已派大臣愛丁會同外部大臣提斟酌所辦理遜位之事矣

英土交涉史○文滙西報得北京防函云英政府已照會土政府云如土國任脫蘭司那人派兵至阿剌伯則英國當據沿江海各口岸云

工匠同關○文滙西報二十九號路透電云俄國斯台士司脫地

力爭僑西保護工人各將服務之區一工人將於該期日公各該處赴協兵威兩爵[illegible]身死二十八人傷五千人

日韓遠略○東西報云駐韓日公使承政府之令函致韓政府其尹將大臣擬去求不復用韓外部大臣應以韓係日之幫川人係內政非日本所得與日公使仍以數語云如不允願諒惡與邦交有礙求知韓政府能堅持爾議否也

中明原委○又云俄政府現命凡駐外各國公使英外部申明俄國水師毀壞大沽三加娄砲台之故云俄兵船經過炮台時守台委兵以巨砲相擊俄船主不得已乃以大砲相應並先照明德水師提督俟提督傳諭始將三加娄砲台盡行毀壞使英與德水師成此想亦如此辦理也

比國新議○又云比利時王於本年正月接見[illegible]小本年百官敘賀後北士答云我國對於地方雖多而無敵船難以保護安特外本海口雖為比利七所國內務在他國掌握殊為可惜我國製造日益精奧若無船運銷所務終難振興儀不設法整頓則為國商務將為他人足跡矣現比國政工當務速籌定保護之例(如陷老殘病殘廢各章程)務望各臣工速籌良法成此保護所有民人飲酒過度有礙衛生然國家稅項此為大宗如裁此稅有損於國又進如不裁則有害民生望各臣工詳加籌辦以副採川

日皇圖治○又云昨日本皇於天長令節命同上議院院長小野親王院副[illegible]田口右下議院長岡君院副本田君以及上下議院各員齊來議院會日庚子北清變亂全球震驚幸相同已成各國皆於對後與我國通商各國遇有事故必須聯盟辦理力為盡助以順大局所望各臣工居安思危我國務力圖如何增加我國財政如何整理以及明治三十六年度支應如何認真酌核其各抒議論毋怠

各省紀事

江蘇○新任兩督制軍因新湘台與鐵基湘被控緩恐奏調江西候補道[illegible]紹與培來事接伊時該道方充江西大學堂總辦倉猝奏調來省未及交代學堂事宜故特於日昨由象山啓程來省面謁督憲赴蘇交代

將鎮前[illegible]廣西委員投呈桂撫咨文以該省匪勢日見蔓延防軍缺少攻勦巡防所需軍火甚形支絀省軍需支絀全賴湖北洋及各省協撥接濟以供防勦之需時張督猶劉兩江督飭上海製造局撥濟軍火若干今陸軍械所撥濟軍火若干因軍械所係解撥交該委員即先赴滬相待茲悉小械[illegible]數擬作特委員解往上海點交廣西委員收領轉解

蘇督[illegible]兩江時查得徐州府屬湖灘新墾荒地極多亟宜招人開墾當委江蘇候補道陶道聚林督墾剛難刊給關防人昭信守該道正月間即已派委因有他務稽延刻始赴差任以經始布紫需

人助理又安徽用同知問從濟知縣賀炳文飭赴徐州聽候差遣
孔薛侯補道楊道之相助于道路情形久公賞識器重甄者台簽
道語參察鐵路鐵路督委該道諳助賀用估計工程遂因蕭淡飭赴
辦路才為前料督辦於將大交卸時會同議給督辦飭札委該道
辦理淡鐵路路茲值鐵路督辦之始該道由與明以委旋即辭行
探得三月師範學堂亦諳司提於三月初旬開學聞已稟知督憲
省垣將近作俗各種新報新會前經張督飭禁止當時咸有
戒心有因已到任而非之借各種新報者又復如前矣
前建德縣尹令於交卸後虧空交代虧短之款與稱俟由操非抗
欠因由彙司派委將令本鐵截往稽查
揚州○兩淮鹽運司督省調赴魏督已於上月二十六日返揚
日昨運署牌示以大使許廣文飭回本任揚州即委洪鼎棻接任
兩淮運鹽向由鹽司札委候補人員分運自從枝欄近接辦諸事
悉從筋省口前令少運司調此後運鹽改歸商運飭商報效十萬
因聞已奏請江付矣
安徽師範課已由韓吳兩山長會同於上月二十九日照常師課
鎮江○有波某商在鎮開設順記火油棧有年去歲獲利甚厚因
在江口購地建造洋房發賣東西洋各貨於上月二十六日開市
最旺貿易繁盛舖門內外擁擠不堪洪令及新勝營撥兵山都司
均親自至該舖彈壓
前日有一西人攜帶鐵器赴西北城隅登高眺望測繪城外江邊
地勢繪成一圖携之而去
杭州○杭城學海堂書院為孝廉肄業之所例於仲春甄別茲因
各學人赴試春闈故由該院院長諸鄒紱官師課各五次
上都河南同鄉中許紳居廉於去歲籌假同鄉省親採錄茲屆期
滿故即洎吉北上聞許已得邀保將以道府外放
烏程縣南潯巡檢蘇樹人近由藩司詳省察看後因與情不洽又
查得聲名平常樹蘇猥鄙故即撤詳候憲奏參乃蘇於交卸時與
士紳啟牌以資撫人耳目云
拱宸橋地方雖商務尚未振興然娼妓已經盈千每妓不巡防局按
月納捐洋一元撥作經費下因每有新到之妓照捐費始不遵定
章故由各妓院會稟原請局員驅逐云
昨聞此次中西學堂招考學生係分兩場頭場試史論四書義各一
篇二場時務策二道如有什算學與測繪算學化學機器西洋語言
文字者命時報明以便考取云
安慶○朝督米江督於上月二十九日下午七點鐘過皖閱城文
武均赴江干迎送
皖城郵政司非改某辦理向稱得法於城廂設立信箱又仿郵章
成設商民稱便乃近日司收信件者不諳郵政任意需索致與郵
政有礙也
廣東○李撫居督前有裁安勇之意惟與總則謂學須料捕向剿
安勇居多李協恐拂其情故不敢將安勇裁撤現聞辦營督就緒
安勇撥充李協之林即訓安勇向諳料捕之法今番作為欲助
以收犄角之功且可以分安勇之勢也
聞杭州駐防東常備中軍江西記名提督徐紹楨於接統時查點廣東
新操兩軍存舊存給砲無幾不敷應用特具稟○領托國快槍四百
四十桿克虜伯七生特半過山砲二十一尊並酌配子彈分給各
營操演尋悉稟大憲以常備中軍訓練純熟殺敵可恃自顯發給
精利鎗砲俾資練習批行軍械局核發給領惟以此項鎗砲必給
各隊平時宜妥為收儲務須時時手練純熟其裝拆之法便
宜細加參考既免剝蝕損壞故並飭局備修徐統領知照云
廣東武備學堂經費不敷大憲設法籌措以各屬武舉武生武監
之捐冊全資興公車川資等款武試業已停辦款無所出擬提
充學堂經費特札行各縣將此等款項確切查明立限稟解云夫
以武試之川款濟武備之要需本屬得宜惟聞各屬奉札觀望行
所因紳遊多以此作別項新政經費恐此款又成畫餅也

聞件擇要

閩粵女學校試辦簡章

女學不興使我中國二萬萬女子淪為廢材無惑國勢然弗昌也抑女學不興母教不立欲培我子弟難哉比來上海廣興女校若務本若愛國若文化蔚然可觀我浙東女子向渡如鯽順或泥於家政或乏於力志而非途良亦有之同人閔焉爰合籌小款創斯校以為我浙東女學之起點以作我中國自強之始基

一本學校定名曰某女學校將以與女學開發智
一本學校設在川沙南門內立本堂沈宅
一願來學者不問年紀大小程度高下皆可來學分班教授
一額定學生二十人走讀生十人寄宿生十人免收學費寄膳宿者每月收費洋□圓
一每日午後一句鐘上課四句鐘散課
一寄宿者除上課時刻外概在內宅由校長陪伴陪令溫課另延名媛教以縫紉烹飪灑掃等事照料周妥
一學科分家政國文作文習字算學圖畫凡六科
一教科書籍雜物由校中代辦學生繳價購買
一經費就山局志捐任倘有大雅君子同為贊成或慨賜資助或贊襄教務俾資推廣尤所感佩

再續武陽學生會擬章

七權利
甲本會會員一律平等無厚薄高下之別
乙本會會員皆有享受本會利益之權
丙本會會員皆有提議修改會章之權
丁本會會員皆有質問職員之權
戊本會會員皆有提議修改會章之權
己本會會員皆有選舉□□

決贊成員及名譽員除丙戊己三條外皆得與本會會員同享以上之權利

八　罰律

甲不准吸食洋烟

乙不准冶遊

丙不准賭博

丁不准遊惰

戊凡犯以上法律者經會員二人以上察出報告全體會員當員開會勸戒再犯者即逐出會如留學海內外者有此項情形應由支部會員報告本部通知其父母

己凡留學海內外者有傷全羣名譽為衆所不齒即由會中勒令回籍　未完

學界風潮

遊學折回　湖北陸軍[illegible]李泉[illegible]及道臺[illegible]之公子九人於二月中偕出遊學未赴東初往之時亦甚踴躍[illegible]孰知赴東而俱不及進成城學校[illegible]亦並不再想另入他學俱喚不如歸去此為遊學者我學界之一大污點

新書介紹

浙江潮第一期出版○在東京留學浙人所創雜誌一種名曰浙江潮月出一冊今第一冊已到上海矣

德國學校制度　日本加藤駒二著中國國民叢書社編譯是書共分[illegible]編第一編總論[illegible]第三編[illegible]學校分列四門甲文科中學校乙實科學校及高等平民學校丙專門學校丁大學第三編專紀私立學校分門別類次序秩然且敘述詳明誠為有志教育者所當家置一編也由商務印書館發行

地理問答○仁和鍾觀誥是書共分十一章凡地理緊要地名以及名山大川無不指掌且措詞尤淺近易解洵為蒙課[illegible]之善本由商務印書館發行

歷史教科書　商務印書館編輯是書分上古中古下古三史上古自三皇五帝至于戰國中古自漢至隋下古自唐迄于近世條分縷析包括無遺與前[illegible]無異洵初學之津梁也由該館發行

本埠紀事

經歷有缺○正任廣西南寧府知府馮守[illegible]務委員[illegible]會[illegible]分省[illegible]張德源[illegible]於前日以公抵[illegible]昨至上海縣拜會

[illegible]店安結○粵人[illegible]日華在老北門外開設洋貨源彩票店前因[illegible]北彩票跌價虧本[illegible]汪令飭提到案候訊[illegible]自己[illegible]後自知不合情願具結以後決不再違定案擬行[illegible]汪令姑寬免

[illegible]

[illegible]逃犯○積竊吳桂金因行竊[illegible]城[illegible]守家[illegible]由縣拿獲訊供[illegible]解松府請[illegible]松府許守諭發華亭縣獄收禁保[illegible]上月[illegible]吳[illegible]越獄逃逸追拿無著現由許守飭各縣一體協緝本縣汪令業已飭捕查緝矣

竊案何多○南市太平[illegible]義順新店前晚被賊竊去銀洋等物約值一百餘金昨由該店主開明失單投十六舖北局請緝又[illegible]碼頭[illegible]煙間于前晚被竊失物頗多昨[illegible]開明失單投報馬路工程局請緝又[illegible]人魏阿[illegible]前日持化洋五十七元行至南市道[illegible]被竊賊截去[illegible]將洋竊去當[illegible]悉數[illegible]入十六舖南局稟辦

擄犯[illegible]○巨竊楊和尚屢次犯竊前為浦東謝總巡查知飭拘拘獲解縣請辦經汪令提訊後將楊[illegible]由謝總巡[illegible]四百板枷不[illegible]交[illegible]示衆距近由該[illegible]總巡[illegible]員[illegible]楊[illegible]自[illegible]移昨[illegible]總巡[illegible]知[illegible]將情形[illegible]請[illegible]道核示矣

[illegible]○流氓郭祺祥與阿狗等[illegible]向人[illegible]詐[illegible]為法界包探拘[illegible]解送法[illegible]孫[illegible]員訊供屬實判先[illegible]五百板枷號一個月期滿再[illegible]五百板

縣案三則○英公堂前日解兇犯徐阿四之兄徐[illegible]到縣當晚汪令研訊徐供[illegible]人有阿四阿六兩弟[illegible]阿四在[illegible]內與同[illegible]小工之[illegible]茂林[illegible]後[illegible]門首[illegible]如何將[illegible]倘當時[illegible]兇者[illegible]阿[illegible]三人當[illegible]巡捕送[illegible]至同仁醫院因傷身死被扭解案下不知阿四今逃何處判收押再訊○[illegible]姓等在縣控告盜賣田地一案由汪令飭提二十二保五十[illegible]保[illegible]及[illegible]及[illegible]王等五[illegible]戶共[illegible]田九畝餘去歲被[illegible]名[illegible]三人勾串己[illegible]保[illegible]盜賣與洋商得洋二千餘元分用[illegible]供兒子[illegible]與[illegible]為[illegible]保元將[illegible]及[illegible]保元[illegible]三百餘元判均[illegible]保[illegible]訊○[illegible]人[illegible]月[illegible]收得[illegible]以[illegible]地交執[illegible]人[illegible]原[illegible]由縣[illegible]保仍不[illegible]理[illegible]又提[illegible]姚[illegible]供[illegible]該山[illegible]于[illegible]戶將大收[illegible]判[illegible]二百板姚[illegible]枷一百下收押[illegible]十天[illegible]

新諧錄雅

老學究即[illegible]老學究支那人[illegible]人也[illegible]其性命人或稱之曰老學究學究師以自[illegible]其姓字不克詳云學究父教[illegible]牧[illegible]活[illegible]一夕[illegible]家人立爾曾日[illegible]君[illegible]有日[illegible]而學究生十歲入[illegible]之[illegible]其不[illegible]學究[illegible]夕[illegible]冠四子書已能[illegible]誦[illegible]五經[illegible]十字[illegible]家[illegible]文[illegible]誦[illegible]師[illegible]其[illegible]入股之文且[illegible]名[illegible]中[illegible]此[illegible]吃衍不[illegible]究[illegible]受[illegible]入乃[illegible]之說[illegible]師所指授於[illegible]合反止之法[illegible]名[illegible]之曾[illegible]研所指大進[illegible]壯[illegible]生員[illegible]間[illegible]吳[illegible]之[illegible]里中向無入邑庠者有之自學究始[illegible]

以女陸將文招與村童以學究為之師詁釋句讀外無百出然謬習勤苦從出身胸中所蓄一一祕傳衣鉢固或有惜良師之審擇滋甲習非勝氏以良人貌狠瑣性情猶劣心弗善也而學究事之誤錯衣裝食因有不給先人[illegible]收存[illegible]耗去一夕又有所解脫學究而與之語刺刺不能休[illegible]究以哉誤則須方手小跟正如一固時而作北明聲時而作曼歌聲間或效胭西大漢唱大江東去搖手頓腳口沫噴溢任妻婢架若為弗聞也者悲甚奮所讀本習諸[illegible]間外究六經輒足切齒仍取而置諸頂門為唱過罪過自此[illegible]閒間時有途可逃學使客座搜遍得一卷如獲拱璧批云[illegible]熟讀正[illegible]由[illegible]及揭曉則學究也學究既受珠實以僞尊飯於序故[illegible]自[illegible]力八股文相依為命況草課藝房行卷抄摘積厚尺許[illegible]隆起從學者日衆儼然擁皋比稱宿學矣會戊戌變法詔下罷八股文改試策論學究大不懌鎮日座供木主其上題曰八股家始祖大唐秘公不識之位集同志數十人告之曰此子孫子從弟創八股文令我輩取功名富貴者也今文運不昌極遭劫難吾始祖在天之靈痛恨奚似願與諸君發主哭乃偉翁長跪如喪考妣衆亦對泣聲聞數十里一人曰諸君誠哀八股者宜為所以報之徒哭何為學究曰僕籌之熟矣莫如直大莽即刪論語孫中挽回有願從我詣燕京者乎則有二人應曰願往學究曰三人行[illegible]不孤矣語未竟忽作地不起良久始甦曰適夢始祖告我此行[illegible]必有行者出力[illegible]吾依焉乃出殊示衆乞署成牽一[illegible]二兩或銀錢[illegible]十文不等以入都華惟一人不欲曰吾命識而殺所入佛尊[illegible]蕃[illegible]數[illegible]尚累[illegible]不獲安所得阿塔物壯君行色貌入股移[illegible]覓食無所吾將改而刀[illegible]或改而是命卜筮亦不復[illegible]非吾始祖[illegible]衣[illegible]去

未完

成為守舊黨詩維新者傚（）偽愛國粗知者志促破壞為樣野蠻言為[illegible]帝子孫[illegible]作白人奴[illegible]究其目的撲人蹈筋將歸個人之社陰審帝皇之想自由登論程度不肯低人獨立[illegible]神關係無非[illegible]已歐國民千[illegible]政府以共和加以革命為心流血改革近[illegible]獄[illegible]假冒文明演說歸[illegible]排易服帝國之所同族世界之所不容猶復膨脹民權急激主義[illegible]之母后黨之為那拉國之宗親喚之曰[illegible]鳴呼路易十四之不作亞力山大之已亡公理發明如改良之[illegible]究教學[illegible]改[illegible]專制之遊獎[illegible]順民[illegible]人公僕[illegible]本[illegible]之[illegible]力[illegible]亡國之[illegible]心義利關之競爭良[illegible]以[illegible]頑固派之組織[illegible]徒然[illegible]川是氣慣洋煙志安[illegible]且作生番之代表順動物之感情及赴舞台以攻政府上達者大下及少年鐵道輪迴汽船直接抽[illegible]動[illegible]之川[illegible]制[illegible]值外交之[illegible]何處[illegible]魄[illegible]而亞[illegible]神而泰西[illegible]則五洲[illegible]世紀殺[illegible]以此守舊何曾不及以此[illegible]何新不做公[illegible]或居[illegible]或宿[illegible]家或[illegible]床成習入股于[illegible]深入腦[illegible]忘心祖宗[illegible]奴隸特[illegible]何[illegible]能滅[illegible]復[illegible]姻主[illegible]共步[illegible][illegible]之[illegible]乘波[illegible]之[illegible]凡[illegible]利[illegible]作馬牛若其[illegible][illegible]人之險必貽[illegible]之[illegible]今日之[illegible][illegible]人[illegible]

一　　陽曆四月一日禮拜

光緒貳十玖年三月初四日

蘇報

總發行所　上海英租界三馬路中

分售處

[illegible]

西曆一千九百三年

日曆明治三十六年

每號大錢十二文

外埠價目

每日一寄連郵費全年六[illegible]

七日一寄連郵費全年六元

西洋加倍

東洋照加

郵政不通處酌[illegible]

告白刊例

第一日每字取錢四文第二日至第七日每字取錢三文第八日以後每字取錢二文[illegible]

[illegible]論年論月[illegible]

字起碼短行皆以五十字起碼[illegible]

遞加

代論

湖南墾地公司條議

論湖南之大計枚急莫如練兵因本莫如屯田今練兵既斷而行之矣然公家無餘歲之儲百姓有離土之志強兵而不足食非所以持久也湖南山多田少十指民貧生齒之繁約四千萬額豐稔僅可自給礼歲一遇偏災陵谷隔衡山餓死者有餘人或數十人不等恰然在中曾有餘痛然非有司之不能賑乃人滿而賑不勝賑且不及賑也夫一人之食十人食之則飢十人之產百人用之則匱比年各省湖軍大半遣撤游勇與游士收而歸者數且十萬此十萬人皆無路謀生而輕去其鄉者也一旦還鄉年業既不如前而人口反多至十萬不求所以養之則飢寒迫身不顧廉恥大亂由此起矣夫有國者以民爲基民以食爲天桑人魚農而前六國漢武屯田而制西域安國之策豈不在于樹基立本乎今沅江南洲華容龍陽各屬縣洞庭西北隅之淤地洲渚參錯有版大至一二百里數十里者（以三百六十弓爲里計之南洲院田進深有至三四千弓者一地有連至十數院者蓋數百里矣數十里猶其小者）天將與之以奥利惡此湖湘而人不知因所利而利之豈徒棄地哉是違天也謂宜厚集資本勸墾荒設立墾地公司大府先撥官地以助之若冷飯湖沅湖蒿官洲草尾嘴土發肥美足以大開屯墾建公所于南洲設井設及學堂于彼篤以勸其力學以致其知并以合其群物土之宜深耕易耨種植與畜牧聚資合作獎墾收稅皆用新法而自七人民布大開社會以講習之大集衆會以比較之所屬城塘戶口將增將貧瘠荒漠之區可變股實劇南洲同肥沃其利尤不可殫計矣夫丁壯者得盡地力則無饑饉之慮窮老者仰食社倉則無流亡之苦于以固民志蓄軍資統四方豪傑而用之則大利可興也所有開辦事宜條列于後

一宜清釐歷查明該處魚課蘆課戶名若干歲徵若干由地方官出示曉諭令其呈閱契據由(?)如實係領課無欠蘆地則照(?)給還魚地則照課給弘(?)此外悉歸官地歸公司清丈開墾

一宜定經界官荒民業其初本不相涉自淤漲之積川港盡失故流經界不可複識往往草萊未闢訟端已興嘗聞南洲農夫之嘗訟者多于耕者變而其志終歸于良惻可勝言歟今宜于疆民影射奸民強佔之地及先年勘爲官荒之地飭派湖地方官請查撥入公司以杜糾轕而息訟源

一先劃荷地段官撥之地即用官定弓步丈量以二十五畝爲一段川木牌編列字號標題某字第幾段并戳明地段弓數造册

一授地宜有定例今之二十五畝古之百畝一夫授田以二十五畝爲中不許包攬圖佔

上稿未完

時事要聞

電諭照錄○三月初二日奉

上諭欽天監奏節候日食一摺內開詳查未敢諷該衙門室司谷官均著交部議處欽此

京兩服鎗○自張督之洞在兩京鐵政(?)軍民設寂非常(?)建政用政府現議一律禁止不日宣布此令惟北京仍由兩首正街局暫信未知當道何以處之

近京一帶近日謠言紛興皆謂若國復出並有三月十五起事之說市井傳說頗以爲眞亦足見地方不靖皆由招攬繁重所致也

某道黃綠人榮祿之門所費何啻十萬然卒未能故缺一怒而變產報効聞擬以十萬金爲捐云

李連英爲總紅頂玻璃翠翎皆(?)屬(?)借(?)敢玻璃擬擬指其值一萬(?)餘金聞似此者尚有多起皆他人所貢献也

榮協至大學堂後難無新政然於教習人等之容有新思想者頗不悅他日歸來必有表見也

粵東會黨二十二日○此次會黨本擬省惡同時舉事旋以敗露中止當時惠州府備守在所閱拏獲黨黨幅等據供認歸者能國人鍾從沿蘇地悉和黨公司之余某彭林亞海等起意糾黨混入省城嗎伊同惡招募黨羽余某彭爲什中小心日其大頭目係新安縣石崗人別白江亞華及不知籍貫之陳亞如等皆同謀縱事其在惠州以白芒花爲巢穴潛行設堂拜會以該處與東莞和安接壤外連香港下接石龍四處均可接應故也

又現由何提督派大隊協仁勇百名於沙魚涌四如淡涌等處各駐廿名水提亦派靖勇三百五十名分駐深圳連塘沙頭角等處又派前營都司合同保字營偕同將所部練勇保勇分紮四府馬福田清溪鯉頭邊門石館等處擇要駐隊云

城西裝貨坊附近有製品秋者向以辦茶爲業近遭賊閥門前由某營弁查出智炒(?)於去年十一月假鐵路招工爲名舞招募五千人又領會黨千餘金親往香港購買麵包定造小輪等件業於上月二十日由棧賊獨同勇丁併貨備小輪二乘前往該處將其兄弟三人一併拿獲納入小輪中解回營中審訊又聞賀之被獲係由梁某供出當時鐵路招工一事賀實爲梁所託(?)付以爲其故相牽涉云

錄天津日日新聞要事○前次有人條奏宜飭川官銀行以挽利權而濟時困或採川西國外法變通機宜或收擇東京規模參酌利弊等情均交外務部會同戶部核議聞擬俟那侍郎赴博覽會時訪查確定再定行止然聞宗室與周議去又曾創議此興決議擬辦已幾經毛道總辦(?)行事務但頗欲待給恐尚難時日也

外務部中人云西域科布多阿拉克別克卡倫侍衛常駐俄使強令撤去昨據科布多參贊大臣瑞洵來電將該侍衛撤故先行撤去(?)大局惟該處地接俄疆交涉日煩若非肆應之才似難勝任該部與侍衛處商酌奏派妥員以慰國體而固邦交云

蘆漢鐵路之北路所有正定至順德鐵軌敗散已經日內可以開

東奏

北京各國公使因二十七年條約禁止軍火進口兩年之限有己滿期者聞日內即當會議弛禁之策

又俄都與某國公使辯議蒙古事有因故遷涉墾荒大臣貽穀之說究係何國公使因何故遷涉貽穀容俟探明再續

有友由奉天來京述及俄人在滿州權勢頗未稍減又有將大隊馬步兵改作警察隊之說並告知各處道聞各當道若不甚注意

玉田團亂什將起事情形探悉前報聞匪首名于香太匪王禿獅亦經求遵拘獲旋行審訊供認與姘夫于香合謀及起意燬城狀害不諱其事日好以小說家言之劉金蓮自比玉田縣當日派差會擒時于禿獅與手刃一人因傷身死此次除當場擊斃七人外其餘獲十人訊七人無干省釋者二人其一則留作眼線云

新嘉坡近信梁任公久有遊美之志故於正月二十三日由橫濱乘輪前行同行者有黃君懋之數人黃君少年英俊愛國情深而又嫻於商學家本鉅富各口岸皆有商店其父以全盤生意委之經理獲利益加故能行其志才可見一斑近日以中國商權爲外人所奪實由將絕必合大公司以興商務乃能爭回利權以海外爲商多有同心故欣然與梁君偕行又美國東方各埠聞梁君來均請臨本地加奪保皇會總理葉君恩亦擬隨遊各埠遊歷一切云

又梁君昔日去故自林崙乘汽車南下所至二十餘埠莫不開會歡迎商股踴躍異常過者數抵晚士和與黑西哥國境相近墨中義士黃寬焯黃耀堅黃汇開之電請梁君入境開會梁君即允所請先寄詩一首以見意詩曰中原無地走龍蛇轉同妖狐眼望賒好是美南春色到又遊說現不還家黃君酒掃旅舍以待白駒之至後以梁苑埠爲總會以統全體之合串云

薛女士偉論○江尼若西報云現在卜技利大學堂肄業之中國薛錦琴女士志在振興中國而抱甚爲苦心且見中國愈危其心愈急今西人多以挽回法國之若安女士比之倘果成功實尤勝於法女若安也有訪其曾論事宋者述其所曾謂須保全自己之國不許他國及其他各國侵佔蠶吞料將來必不免於一戰然苟執而死爲則爲國捐驅尚不失爲壯烈也其平日所著組新之志欲以一己爲之提倡使全國婦女盡而明知與男子實爲平等他日將有其所生子皆明公理不以爲人之責任置國中可以得其力云又云女士自智係維新黨人曾到大學時倡言男女平權今則所學逐成伴早日同歸提斯婦女以此視之華人亦漸睡醒似有轉機矣女士又云中國學堂教習須聘西人之有學問者爲之不可延請教會之人因其教不能移於我國孔子以我國維新而論要在革除腐敗日進文明不論所入何教也若侍進教以自命維新中國必不能挽救云云按舊報所述薛女士之旨尚不止此因此數事確有見地函節錄之

定期演說○英儒李佳白先生于本月初五日晚八句鐘仍在格致書院演說英國之政府大與美國政治之異同云

議派督辦軍務○東報云張之洞趁羅便魏光燾督辦廣西軍務旋傳榮祿相國擬於榮祿處奏入京商辦使請旨

榮祿病狀譯述○又云日本醫田中醫依倫貝子之紹介診察榮祿之病其病爲老衰之症使麻痺斯左右之足首生腫左膝關節有疼起居十分不便然非不治之病大約三週間可全治

廣西近情譯述○又云近廣西之亂黨情形勢不稍近報匪徒先擬攻陷省城其根據之計畫現分三大隊自香地至省城拒任收路阻貨物之運入省城有九百人之守備兵皆時與匪徒通謀一旦被急成倒戈相向形勢極危險也雲南貴州廣東諸省與廣西接境地方不逞之徒皆與匪徒聲息相通而動匪勢之猖獗如此然北京政府深信地方官之報告目下之形勢甚不留意偶見州一軍官兒事之不容易匪徒有勢多之軍械各與各國人賊探仰其供給喚起軍機處之注意軍機處以爲兩國與列國之交際最關係今日想無是郭建議欲以匪徒勦討之全權委任張之洞或魏光燾兼今廣西全省一任匪徒之跋扈云

世界要聞

英提宣習○字林西報三十號路透電云英水師提督提出當因視水師操練時曾宣言謂以六師可爲地球各國之冠而德國水軍則亦不可限從然現時英國水師之佈置實足使德國虛欲羨而效尤也德國某羅斯佛報接督在華盛頓某處宴會并聞其所以不要設於水軍之故猶英國實力相等似合不爲之益然其出言則頗稱并無畏懼惟謂其意所不過營之小而亦經實佈則其說者與也然如此問答恐相當附之甚不相宜而於外交上則自無妨患耳

俸亂譯述○又同日電云爆西度尼現又有械斗殺北國人十八士耳其人十五個若則其多云

英將軍安葬○文滙西報三十號路透電云英馬將軍已於今早在蘇格蘭京城要丁白安葬

工人罷市○文匯云英國以晒乙司夫地方各棉花廠工人現因加工之事約有一千七百餘人一律罷工

改良文法○益新西報得柏林電云德皇現甚願將德國文字改良以新所用之字如決計不用而其文法則亦須極力改爲後便此事之關係各大學堂進言云

德荷交涉○又云德國與荷蘭之聯盟現將實行德皇之意亦因將荷蘭作爲德國之一部分而許其自治以德國付許其武備之保衛故此議其覺兒許於荷蘭云

工師誤驗○字林西報三十號倫敦電云考狀南部之工師近日墜陷于深坑深穴中下役協力救援得免于難并設法所追之食物已經燃燒此坑者役夫爲食有工師一人則已抵絶坑九千尺地方訓該處呼救求爲爲云

擬設俄奴○東報云俄國特設巴奴武官之當日俄皇詔各派言文之行由已抵力自治設之推舉且宣言自強制時勞勵救

助農民此皆於俄國自由主義之發達所當重要視之
日本海軍大演習〇又云海軍統監伊東大將三月十三日正午率淺間丸假設南岸四村統監部十四日午前自神戶乘汽車赴吳乘軍艦命剛十八日發宮島富進行對島地方

各省紀事

北京〇學堂之主體在學生而教習實有指導學生之權利其位其望亦至重南橫街設補小學堂開立有年茲聞其所聘之英文分教習則甚某某兩人不但英文不見高明抑且漢文尚未通順而其給俸則每月價京銀十二千此誠地球上教習極難之新俸彼抗顏者不足責獨怪當事以而省經費之故不恤有斯文掃地之痛當時之師範何在傾日之人才可知不禁對支那各學堂發一長歎也

五城學堂野蠻之專制久彰彰在人耳目彼受其壓力者類能道之然因中國官辦各事之常態不足深責也日前有某君往訪堂中某生因門役無通報人踞踞傲人突見有怒氣而來者指斥一人稱即爲管堂謂學生別無客至何得任意開人擅入禁地詞極橫厲某君以語侵己不復能耐乃曰我訪人者有犯禁令然何可押殘乃假衙役俵亦衙勢力留內人稱耶遂氣憤填結舌而去論之人則此其心怪而所斥之者則門役或竟即某君所訪之學生云可憐亦可駭也

巡捕之設所以衛保地方保衛閭閻爲緊要者也東交民巷西口向來中國巡捕二名亦以取締抑爲事自皆而然所謂口御紙煙日從遊女者尤其樂之細者也某日午後有一少年婦行經該處不知何故將巡捕手持之棒奪去擲棄笑相追至操練場旁石凳階上竟將該婦鉸倒并行接吻毆良久乃去婦亦不喊叫惟用棒亂擊其背以爲戲於是觀者如堵有坐紅拖洋車之大者過亦東雒往日以笑聞彼洋捕則以火燒斜睨而嘻嘻野蠻現象種種如此少有人心者無不爲之髮指眦裂也

江甯〇魏江督因省垣洋價跌落米價太昂特於日前出示平糶平價每洋照易制錢九百文糙米每石不得過四元

蘇州〇前翰紀欽省垣設消丈沙田畝局札委郭道本謀爲督辦及由督辦詳請添派文案委員以資臂助等情茲悉陸藩司已備如所請札委知縣徐令恭日承其乏已隨同郭道於上月二十八日開局辦公矣

在省候補知縣陳令克恭近奉江撫總辦督務稅局札調赴寧委令辦理揚州新設捐局陳令奉文後即趨謁各級因辭赴揚

防務司以文呆辦端陽節宜刻已將來備齊將即與錦恩撫委員起解刻由恩撫委令武巡捕秦守備領解起程

廣東〇粵東產米不敷民食近年米價翔貴又值青黃不接之際已發民不聊生若任奸商販運出洋則米價益昂後患何堪設想比來丁糧司訪聞近有人在香港購買內地米石運往上海特飭首後局傳諭各邦安會同[illegible]縣嚴禁商販出洋禁止以維民食矣

日昨紳局國衣館亦致總台函云木稅國商民周德公產士名新積沙上找田坦共計念七頃五十畝前經部照粮中戶額碑示各據被周姓擅院以土名遷新沙佔爭經中局員曉諭兌公召變一案前經本領事照會貴部院查照辦理已批行司道飭將所叙各該據呈案是否相符確切查明辦理等由在案兩造人等自應靜候本領事與貴部院酌商辦理詎現據商民周德顯縣去年十二月內已將該沙批與區錫廣黃齊成等承耕不料去臘二十二日被督院劣董吳國元等督令梁字號沙艇梁遷何徒彬同徒爛兒弟科率惡匪百數十人硬將周姓沙上所懸曾經偽造文駁牌示兩石倒毀希圖滅跡現又科派沙艇何家沙艇南胸到沙滋擾恃勢佔耕求代函訴報案等情查該牌示內有蓋明新積沙上載字樣故彼欲毀滅以資將改土名殊屬兇橫且何家沙艇係希禹縣屬何得越境肆擾本領事現已繕列案據行又北京貴國外務部理論應即靜候北京部行到省辦理除另函香山縣知照外爲此繕列案據相應函請貴部院云云

學界風潮

東洋留學某君函而錄〇近日成城學校牌案因江陰師學堂學生而下爲日本川武關初時係劉姓之過繼則六人打劉姓一人亦屬不合斯之近總監督汪文發訊局查辦術未定如何辦法陸師學堂本因斷料作監汪監督事在各學生[illegible]致有分別前尤其於巴結所以衆學生久爲驅之兩新木則較各省監督爲從皆爲巴結之力也去年吳孫兩人所同時人皆痛恨之姚獨以爲應作如此辦理云

昨日時事新報載撫具于二月二十四日坐弘濟丸由天津來東二月二十八日赴上海之輪船有陸軍學生二三十人附之同回

紹興官立學堂之腐敗〇紹興府學堂自丁酉年徐君倡議建立獨捐千金故行政權幾全歸其掌握已歷之間雖與總理教習有新舊之衝突然彼此皆爲教育効果起見不過宗旨不同耳及去年以府城一書院之經費并入因延請書院之某孝廉爲總理而知府某遂漸肆其干涉第一事由書院撥入之款知府扣其十分之二此與某孝廉而訂定者第二事應薦其私人爲教員闈秋冬間各教習至各投門生帖於知府以固位而學堂一切聯軌純粹鴉片煙外一無所知至不能習中外日報以其鎮集界二府出見宜派矣今年某孝廉以事仙去落某進士代之某進士除八股文壁上有去年用者某月某日值房處所停課者則日無撤之今年仍可用也其渾沌如此近日新紀師範院奇知府若一告紀員而學堂已有人矣不敢違知府命乃改將記爲師範院經學教習而以將記任知府所薦之人其山陰縣學堂則日課學生明誦小戴記明日使默誦之不能者責之官立學堂窳敗乃爾江

乎志士之亟亟於公學也

紀杭州興學○近日廣東惠府吳守忽傳海陽縣徐面商籌辦學堂事務甚急切該令傳保安局紳舉人李芳閣王鑾論以開辦學堂之款開議於郡城興一小學堂由學堂由該令先籌款數千員旺廣開辦并嗣城廂內外各巷舉公款以助經費而徐令自問揚頂王姓九百員助學經費以後又問潘口劉姓五百員近日又問烏洋頭姓四百元當議問時陳某極力宣求該令斥之日爾們好訟都是恃著財勢財充地方紳舉日後定不敢多事陳某不得已乃遵論認捐乎開辦學堂不能不用強迫之手段而籌辦學堂之經費亦不能不用強迫之手段也

汾袁學堂之笑話○汾袁學堂新延臨安姚某爲教習初到講堂問學生曰吾與爾輩辦拔貢同年去年又解榜同年也自指其帽結曰吾以丁艱故不去會試耳吾問爾有學問者也學生雖均幼稚然無不竊笑之

新書介紹

男女交際論○日本福澤諭吉原著者爲東邦第一流偉人因欲念當日日本女子墨守古訓無才爲德之說故特撰是論以挽救當時積弊自此論一出日本女學勃興去壓制服從之陋習得平權自由之利神戶公此書誠文明之功臣今由東京早稻田大學體學生以此譯出俾我國學界大予日本國界思有以挽救之故亟譯以餉我海內志士之熱心女學者至文辭雅馴尤屬餘事閱者當自知也由文明書局發行

國民讀本○是書係上海朱孝廉樹人所編著仿泰西國民教育書體例由爲教育少年而設凡社會國家國民之名義國民之公德政府官制學校財政賦稅法律交涉警察兵役戶籍宗教之名義制度以及科學之要義皆其爲文理淺白語氣和平意在開通民智以立憲政之基礎無攻擊政府之意凡十二三歲以上已習歷史地理者均可購讀即日歲已適無暇涉獵他書者讀此亦可略知政治之梗理究出文明書局發行

靑年○此書爲日本鈴木力所著中國范迪吉所譯實我國靑年所宜臨玩者也

本埠紀事

浙撫將來滬○探得浙江陸撫道由杭起程來滬今日約可抵埠

五馬拜客○昨有江蘇候補知府楊吉安到滬拜客

華商合辦○北省開平礦務局自西商入股以來一切利權未免爲西人佔據現聞湖北各華商以該礦華股居多應由華商主持故已于連日會商數次以爲設法抵制云

與築撥局○滬南馬路工程局總辦黃守因局內所裝藥水燈殊不相宜擬仍改換電燈兼因電燈機器廠設在老白渡亦未安洽遂欲移至仁濟醫院現已稟請道憲核示

杭界火警○法界榮市街某洋成比昨日午後五點鐘火火勢頗烈及救火會西人聞警馳往得熄焚去房屋一間因何起火容後續登

擬闢馬路○滬南大碼頭向西直街自工程局派捕巡查以後據稱守論飭兩傍店鋪將估出櫃檯柵欄一概撤進以便行人往來街公出入大東門要道擁擠異常稟請提改闢馬路稟請道憲批准一面先派差役在此丈量矣

備文移犯○本縣汪令前准青浦縣移文內稱陶子卿承辦青邑冬漕延不清解避匿在滬請爲移提解辦汪令飭差陶寓所居英界因即備文派差赴英公廨投請協提

備文解犯○本縣以犯應入命局．諸者係金鴻昌錫阿寶鄭阿妹張榮生張培生朱錫金汪品山等七人現因將大前期汪令已飭書吏備就批文並札委水利廳孫從幹閔行司王葆亭定期押解赴蘇

店毆故事○本邑內鄉謝華寺每屆三月朔起爲點香市藉經營消遣例示禁婦女燒香宿廟在案茲邑猶恐無知婦女藉祀燒香寺僧貪利偽不察迷刷貼札飭該處巡防局沈委每日督勇到寺彈壓如有違犯立拿送縣訊辦

拘押滋擾○蔡某近在美界西華德路開設菸紙店迭次糾人擾鬧家賊小偷捕捉房頭昨特函請會審公廨立出傳單提鞫究辦

遙見示諭○滬上工部局總董因屠宰事體大有礙民生爰在新租界建設公共宰牲場公司定章先將豬隻過磅由公司宰殺而法界各肉莊主則仍每豬出洋四角惟仍須自用人至公司宰割公司不允亦爲捕房所關以其有違章程故於昨日傳到肉莊主沈阿泉等十戶解送法公廨請訊判各罰洋十元充公

毆人被捕○法界各肉莊主公同投縣控某甲把持行情汪令准詞飭差查拘詎差役四人並不將伊等帶案竟差等反在法界新協成煙館將某甲取小估人評論被包探查見以其有違租界章程一併拘入捕房捕頭諭令押候核辦

國案摘錄○汪令前准浙江海運局移請緝拿盜賣漕米之船戶吳秀玉卽吳空昌船伙陳元時等現先獲案收押茲由吳不協同來縣縣令役將吳提解到案詢吳供由汪令研究吳供本秀水縣漕米三百石來滬行至閔行船船被淹沉下有胡某其夥小船三只將米過駁陳元時的胡同夥胡竟逃匿一船仍解兩船計米九十二石當已交海運局聞胡將米寄在奉賢南橋地方故往找尋詎被陳供胡某其爲廿一歲當勇餘供支吾令將人押候再訊○法公堂訊解在江永輪船行竊之犯崔阿到經訊押回西捕簽堂訊已明被查案復訊

法廨訊案摘錄．協成昌爲店股東近阿三爲蔡生上年放火圖賠保險銀兩被捕房查悉飭探逃逸將聽妻施氏及店夥楊紹云拘解公堂交保限交販與二人在案乃逾限已久尚未交出昨又傳訊仍供不知逃在何處質訊讞員判令一併管押比追

（四）

新諧錄雅

老學究叩閣記　一級〇學究曰非吾徒也鳴鼓而攻之可也檢所贏亦不下數十金乃發篋出玉匣記反覆展視曰某日黃道吉日可啓行吾向以是日啓程赴考皆大吉詳暢再以而故至曰三人皆爽貞貧讀本齎餉金遊陸而北行式縱論衆承彼此商権極洗滌拳投逆旅則滿壁競作學究又以論文之暇支給旅費因得乾沒十餘金既緊裕間二人不知也一日大雨道途泥濘數步一躑躅實物漸重不可支正惶遽間有數巨盜擁馬而至三人泥首乞命并自陳皆窮措大無以爲獻盜怒曰汝貧孤如許尚逛我耶所二人立斃學究疾呼曰此中皆不值一錢物可啓驗也發簏果盜大失望攫剩金及乾沒十數金而去學究既被盜歸將窮途無所得食幸胸中五言八韻詩記憶尚多乃摹仿賓詞口吻沿過村市高唱求乞適爲秀才講章文秀才摘豔入市聞之詫曰此同志也詰得其實助之貲而遣之北遊京師則八股文已由順天府尹何乃瑩奏復狂喜不禁嘆曰何公眞學人吾又當添一木主矣乃詣府尹展謁何一一見禮爲上賓復爲游揚於朝列御史毛樂編修林二妙史耕曾皆折節訂交自是往來士大夫間結文社研韻語兩效顰習楷法波大歎剝符籙又奔走金華街院顧學堂各處森華惠課屢寶劣等亦報也無何義和團起鄰下鼎沸殺山本書紀牛信發志公使於途識者以爲大贓學究曰義和團天地之正氣也乃帕首露刃作匪狀乞入壇稱弟子時時爲匪造妖言構揭帖匪以其文人也推爲師兄焚劫所得亦分餘潤獲免枵腹一日同匪首迷旋霸辭攻使館指揮如意期以必克　此稿未完

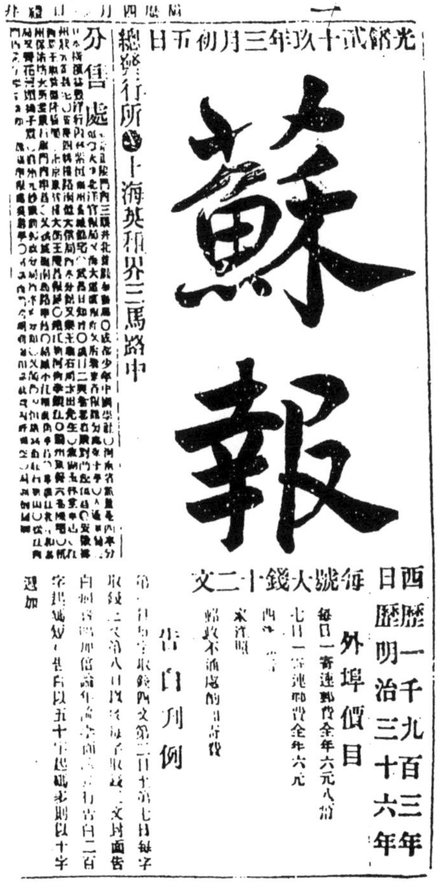

陽曆四月二日禮拜

光緒貳十玖年三月初五日

蘇報

總發行所 上海英租界三馬路中

分售處 [illegible]

西曆一千九百三年

日曆明治三十六年

每號大錢十二文

外埠價目

每日一寄連郵費全年六元八角

七日一寄連郵費全年六元

西洋 [illegible]

東洋 [illegible]

郵政不通處酌加寄費

告白刊例

第一日每字取錢四文第二日至第七日每字取錢二文第八日後每字取錢一文封面告白 [illegible] 告白二百字 [illegible] 以五十字起碼 [illegible] 則以十字遞加

代論

湖田墾荒公司條議（續）

一業經給佃照有多佔執照懸不開墾者有佔田百畝僅報二三十畝者由地方官清查撥入公司

一先年取有執照而至今無力築隄者可耕之地既不能聽其久荒應完之糧亦未可任其久懸請由地方官撥入公司仍照給照費

一湖上之人每每借魚課以爭滕地查光緒十五年王中丞奏案昔有湖蕩今成陸地者無准豁除湖課不得藉水佔地今擬自隄外至水邊淸丈現在長若干丈詳明注冊截至本年爲止凡以後洲尾新淤之地均歸入公司以免漁課社其爭佔

一六府之修水利爲急然必去其患而後能興水利自宋之世開濬洞庭直河設斗門溉田今猶可以推按其遺跡擬于南洲設濬湖局（濬湖局宜以濬河局湖已淤成洲不能濬矣未淤者亦不待濬惟河則宜濬不待別設局即以并入公司可也或以墾務局兼理亦可）購挖泥機器歲時修濬力求疏洩引湖水以歸其洪底而湖實而不爲患溢機器本買水爲川泰西皆然士河到處有刮沙船歲一周遂推沙入海未觀成效使洞庭得此因地勢之宜順水性而導使暢行則湖面廣不泥沙但下旁無壅滯自無泛溢瀕湖州縣所保全者多矣何必圍爲築地與水之爭日取民田而蕩平之乎

一田間必多開溝渠通以小河輔以池塘因其曠土復古井田之制不惟此且所起之土即以培路築隄傍樹成林根株盤結水力不能穿決而所通之水亦即以備旱澇至于春夏盛漲溝洫四達小河相貫以殺水勢則游波寬衍所容者大自無決溢之害按沈夢蘭先生有五省溝洫圖說其略曰西北橫流沖溢而衝決爲患其誤也則河泥淤澱而淤塞爲患作爲溝洫以治之使縱橫相承淺深相受伏秋水漲則以疏洩爲蓄此善用其決也春冬水消則以挑浚爲糞治此善用其淤也要皆不煩可施于治洞庭之水

一古者田間之涂九軌凡開墾之地其道路宜以時平易務爲寬大禁濫蕩不可行馬車種樹兩旁如槐柳桐梓及梨杏栗棗之類罪蔭行旅以取材幹之用泰西以材木爲大政有專禁有專律暗與古虞衡合日本尤用心於此有樹林之學有造林之篇有種樹之法有伐木及伐採之法皆不可不講

一洞庭大湖芳草連天便宜牧務若使牛羊蕃滋歲歲不休收其毛足以織絨呢氈毯而牛毋取乳製以鐵瓶遠餉遣他寄遠行銷其利尤大近法國有以飼雞爲業不十年而致百萬美人又有以養蜂爲業富至數千萬者此畜牧之宜亟講也

一湖水澄清性肥而吸太陽久照光熱之力至足種桑最宜沅江縣太守琳曾取湖州桑秧栽種葉大如掌沃若與湖州無異以之飼蠶吐絲尤極光柔今擬以萬畝種植湖桑由湖州採買接本桑株發賣用器具並招募匠師來湖由公司派技授所以各屬倡導大興蠶利一計湖桑每畝三年後一歲可出絲五十斤一其日本栽桑樹設機繅絲諸法亦可派人譯出以求精也既致于蠶絲究其利病而改良之法與時俱進中國絲業人利益有過于浙江者與日本分能矣　仍未完

時事要聞

粵東匪耗迭聞○粵省訪函云日前會匪在欽州防城之那黎那思等處滋擾竹樹欽州來報該省派兵營務處派出安勇數營會往剿辦兩欽防地方四處皆匪實因粵西剿辦甚急匪由十萬大山竄而來又本地之三點會人與之勾結聲勢之盛匪黨之衆防勇曾與交鋒無如兵少賊多勢力不敵亂防兵勇又多在十萬大山不克援救又聞有匪首黃爵亭下百數十人在那坭等地方練一新匪四圍多開營口沿途凡開炮者他驚然防軍不能往捕乃用火攻之法梳櫛焚之幾匪衆多防勇亦有傷亡者已兩次與賊往救勇不能支而退現在該處戒嚴大約安勇一營定能平靖此山

粵東會黨二十三誅○粵東會黨闖被事敗拘獲二梁姓亂黨于山岭訊自稱係供認亂黨首不諱在案上月二十三日下論即吳臬司開擬將合同緝捕局員照會盜人犯十名將凡梁盛光等供認首惡不諱已成信讞擬定將梁盛光梁子山等八名斬決其梁不等二名則因其供開係以徒流罪到案即日故暫留押候法梁不之叔梁某在逃未獲訊將其死屍懸首處斬梟示封供懸示以儆梁其已定案之命於日間親到批飭即行正法矣

總督到鄂日期○黃州來函云張督于上月念九日抵府擬游赤壁因雨未果兵輪泊江心三十日上午初一日方至武昌省城聞須恃腿痛大發沿途服藥

錄天津日日新聞要事○閩中礦務經王侍御祖同擬參詞極錄原奏　上諭著[illegible]明白回奏於本月望後復經[illegible]督覆劾小硃批著張翼設法趕緊收回如有遲誤惟張翼是問并著外務部切實磋商妥辦

又探得確實消息中國以金徵稅一事俄法兩國並無允許之意不但英德爲然而美國亦無堅定之議

聞有某處土匪竄入淶水縣境內劫掠行旅昨有解往西陵辦差銀兩行至淶水適與該匪相遇被劫一空該處縣令查明稟報來省當派衛隊二營交趙守智雅率令前往詳細辦理

蒙王抵日譯聞○字林西報東京電云蒙古親王日前已偕肅王二子及那侍郎之子抵日至大坂觀展博覽會矣

賜送寶星譯聞○又云中國　皇上以拳匪亂時日本官員曾有在北京保皇宮者故已特諭館發寶星二百至日分賞有功各員矣

傳聞異詞○文匯西報四月一號香港電云廣西賊勢現甚熾烈不日將進擾梧州惟據本館梧州訪函則云并無其事惟廣西全省則甚荒飢云

日擴租界譯聞○東報云日本擬擴租界近已決定其大要在厦

專中所設區域之內近白河現定必要之部分約四百畝圍入租界其他豫定之地開左之條件返還清國

不許外人租借祇許清人賃貸日本所擬保租地以收無異議記於地券　公設水道與公共事業清國之資本而許外人合辦者付要與日本同意　自南門外至海光寺日本行軍不必要之地交清國修繕之而為公共之道路日本租界道路修築成時清國當聯絡之設新道路

搜獲軍火○又云自香港來電日歷十三日香港坎納街一倉庫內搜出小銃五千挺私販者尚未分明多分供廣西叛匪之需用者

世界要聞

英皇病癒○字林西報三十一號倫敦電云英皇將於七八月間偕英后往遊愛爾蘭又云英皇今日已至葡萄牙京城利斯伯而英后則已往丹麥京城可坡咳勤

英軍占地○又云南非洲英軍已於本月十四號占蘇呼脫城繼續嚴格則於十九號始抵該處云

文匯西報云此次蘇可脫之被占實將百年前一完全無缺之國喪失而英國之權勢則又伸張五十萬方里而多二千萬植民矣

英外部宣言○字林西報三十一號倫敦電云英外部大臣藍斯唐在上議院宣言云英政府已與土政府照會云土國駐扎阿剌伯亞丁之兵現已撤退而其界限亦在越立矣

法統帥逝世○又電云前法國駐北京水軍統帥克嘉德現已逝世

希大臣辭職○又電云希臘兵部大臣現已辭職

英將軍葬儀○字林西報三十一號路透電云當英馬將軍安葬時蘇格蘭人之執紼者甚多惟郡中甚靜故歷時不久而此聚會事遂散閉執紼者中有蘇格蘭議會議員一百三十人云

統領詰問○又云英陸軍統領克雷于下議院問兵部大臣勃老立克云何以將馬將軍被告之事不加斟酌而徑宣告其罪總督立特騰云

德后受傷三誌○文匯西報三十一號柏林電云德皇后現在身子甚佳惟跌損之骨需五禮拜始得痊愈現在則將石膏敷治閒

美總統羅斯佛當教習閱課云

奧派商家來華○又電云奧大利現擬派一班商家來華中國考探商務情形以為設一航行地步聞奧政府擬出一千二百五十萬利耶乃（幣名）為資該航行來本主總行則設於天津云

留學生與觀光客○東華云神戶丸自上海載湖北浙江上海之留學生四十九名來長崎換搭雅斯島第彭號自香港赴神博覽會洋人二十餘名向神戶

德議會膠州灣豫算問題○德國議會定膠州灣之豫算案海軍大臣在委員會說明該膠州灣之發達自今以與鐵道完成上本入貨物非常增加膠州灣將來有望煤礦產出之石炭從於日給煤條議求得解除之俾煤轉而自山東省供給十分充足

德皇行幸丁抹○德皇以來月行幸丁抹地方

各省紀事

天津○北洋銀元廠鑄造銅洋流通市面所發有限尚不足供官商之用不敷近又有人將運出境致津市又有銅錢之虞聞此種銅元京市頗利行用故不敷行津沽銅元即不多見

開平礦務局曾因裝運各貨不無殘短已飭所司詳細清查凡光緒二十六七兩年或短或殘一應各貨准各商人繕列清單一體照賠以恤商艱並繕告示一通懸諸局門俾衆知悉

保定○省城南城樓庚子之亂被毀現因與　行宮甚近以故工程局於正月間興修二月以來尚未竣出監工委員極力督飭趕緊修齊以壯觀瞻

省城鳥君廟向有福音堂一所前牧士路君另擇西大街寬大房屋修理整齊每日講道所有鳥君廟之舊堂已改為女學堂凡願學之女子年在十餘歲者均□□名隨班學習以開風氣

晉省保獎洋員名單○趙撫以晉省教案議結特將洋官洋教士等銜名開具清單請旨分別獎敘計開　漢口法國領事官璣對珥駐京法國參贊端貢均擬請　賞加二品頂戴　花翎二品頂戴翻譯用遊擊比國人林輔臣擬請免補遊擊以參將補用　天主教比國官主教方濟衆擬請　賞加三品頂戴　天主教牧士王達文宇關安范濟如席聞遠均擬請　賞加四品頂戴　耶穌總教士李提摩太擬請　賞戴花翎　耶穌教士瑞守真敦崇禮何斯德榮晃熙均擬請　賞加四品頂戴

江西○撫督交卸兩江督篆後即順道來潯遊覽廬山柯護撫因赴往九江迎迓

撫督於潯報已行文江西不知官場作何辦法

江省大學堂所備書報學生欲領閱頗不易且須等一月後學生乃能得見并設成班次學生違失即須賠補故學生中頗有向隅者（忠若干人備款購求各種新書新報以便分閱

河南○開封府石庚已於二月十四日未時接印

祥符縣令近日出示驅逐流娼嚴禁賭場并防約保諭戶清理街道各衙役貼告示甚多頗似諸事整頓自有識者視之道不常開市之招貼耳

知貢舉於二月十六日由北門進城

洛縣近日出一巡員為盜命案偵探稍嚴一切事各詳報

江蘇○美員福開森君因赴江督下車伊始特由申到省於前月杪晉謁節轅稟督詳論良久始行辭出寓文正書院暫駐

江督前在兩江時委派道員中辦理徐州湖灘委員近□辦理並州湖灘並委徐道陸續勘辦湖屯田並經設立從徐道往燕督辦屯田江寧漕司亦奉飭補府各委知府一員督辦完竣田地所有江寧府屬已委宋守其昌揚州府屬委梅守錫璋淮安府屬委田守承熙徐州府屬委吳守請各員奉札後均於前月杪赴

論督辦謝委

前紀江蘇候補道傳學祁事鐵路大臣盛會同前署江督派札委專辦鐵路將赴漢口即情茲發鐵道專委督辦路工非漢口執道實係前議興造之事鐵路選紳盛仲鎔有巨款不獨可由事省造至鎮江且可接至上海該道來委督辦乃係滬寧鐵路不日即可興工云

元事兩縣皆管局之外五縣科考臨試已於前月中旬告竣首府羅守先已奉江蘇學政李來文知將於四月間按臨江蘇函備赴行府試當即示期三月初七日取齊初九日開考府試正場昨已札飭各縣各學山示曉諭矣

揚州府屬運河年久未加濬治每年修築堤岸間有餘土堆入河中以致河道日淤舟楫難行高郵州界首地方河身尤極淤曲去冬水枯之際經大憲撥款派員前往督理挑挖營以丁道開生面曾經辦撈局隍丁於該處河道情形較爲熟悉委該道往司稽濬事宜茲者河工告竣適值督下車始飭該道特由界首到省晉謁察陳一切

蘇州○蘇省前經駐日蘇使咨稱日本國於本年三月在大阪設立博覽會以比賽中外商品業經蘇撫及時招商赴賽故由各縣招集商人造冊繳解商務局業經該局督辦陸道植楠詳請恩撫札委楊守兆吳帶同商人赴日賽會云

省中設立清丈沙洲局業於上月二十八日開辦茲悉蘇松常鎮太五屬中如武進江陰溧陽常熟南滙丹徒丹陽寶山等八縣均係濱臨江海沙洲田畝應行清丈者均宜各設分局一所已委知縣周冬軒赴常熟縣丞承恩府經胡錫麒周紹棠赴南滙從九周恩紱赴九陰府經陶惟清赴丹徒從九吳啓昆赴丹陽各設一局分別清查以杜隱匿

蘇城紗緞各莊以機匠停工索加工價由三首縣斷令案緞每尺加工洋五釐花緞每尺加工洋七釐刻已遵斷開工惟各莊織造緞匹除機匠外有跌絲接頭刷邊等三項工匠相輔而行而此三項工匠以機匠已經加工亦須一律照加相率停工以之各緞莊殊覺爲難云

杭州○本日朔日爲日蝕之期查得杭州府日蝕六分三十二秒初虧辰初二刻四分食甚辰正三刻一分復圓巳正初刻八分

誠撫院現於新任翁藩來杭後擬即以巡撫暨藩二部院關防移交護理於日內駛赴皖撫新任已經北來奏調翁允皖省已派文武巡捕官戈什哈等到杭迎迓至浙省各委官於恭送誠撫赴皖後即可啟程來浙云

浙省前因日本大阪舉行博覽大會接准領事官文稱富以土產絲茶扇布綢緞等物應之祇以內地商民向不考求新法且均未解設會宗旨仕途中人更不在意故所備之貨概由海關支撥云

杭省洋關向歸官辦歷年耗費甚鉅其刊行之冊如九通等書由浙省定購幾于應接不暇刻又由北京大學堂飭將官板各書每種照備若干部逕于日前排齊由解餉委員帶入都矣

廣東○近有美國牧士聯合同志著成一書名曰防訟釋訟各其大旨不外民教相安現已由駐京美使照會外務部咨行來粵轉飭查照矣

近有粵人在香港創一中國商務公司聯合各埠以挽回利權特派黃毅之赴美遊歷各外埠察商務開招股份正月初旬先到溫哥華埠盤桓一月即偕梁恩伯同入美境矣

粵東新寧伍梁劉諸君等倡辦輪船公司往來中墨國由使臣咨文到粵立案已紀前報茲去年冬月伍學晃梁錦明兩君親到美國舊金山大埠察看情形後携同律師茂利前往墨國與該國政府商安一切於本年正月十三夜復回大埠十四日兩君附搭香港丸輪船先行返港開辦租貨輪船四艘一名狼度路一名正和一名勞地因一名香拉化磁每艘可載貨物八千噸先在大埠聘定總理該公司事務之西人茲奕命亦於是月十七日附搭美拿輪船往港任事該公司又在大埠付命街二百零四號設一分局於西歷三月一號即中曆二月初四日開辦另僱有一西人裘活代理大埠事務因該公司船常有貨客往來也現將其公司說帖照錄如下　中華輪船公司經得墨國政府准照行駛輪船至得墨政府及各埠西商之優待實出意料之外本公司輪船入口稅比較別公司輪船減少四分之一現將本公司與各大市鎮公司訂立約駁載客貨往來南美洲卡卡士務公司向撫輪船駛泊墨國民成李祐埠現因本公司船隻定泊該埠故該公司即允開船由該埠駁載本公司船隻所載客貨往來南美洲各墨國地方向爲西班牙屬土二百年前每月白桃船往小呂宋因商務未興旋即中止至今忽見中華公司開船往來故墨國君民皆異常歡喜將來船隻開行實可興旺中墨兩國商務現時墨國商工孔亟由民成李祐埠通至墨京尚有四十餘英里未有鐵路相通該政府即欲興築鐵路計需華工四千餘名地方肥美該處可開闢新疆可容華工十萬之多查墨國工值最少每日可得墨銀一元五毫爲白人與主顧工每月亦可得墨銀六七十元將來西國及華人往來中墨及往來南美洲者待本公司開船後可以不須假道美國免橫遭美例之苛至于舟資本公司必加廉收以利益旅人俾得相助爲理務既中國商旗于美洲與外國共爭商戰墨國將爲正直鐵路直達美國紐約連埠華人往來美國東方亦可以直搭該公司船隻現租貨輪船四艘每三禮拜由香港開行一次惟不泊檀山以期直達快捷云　按墨西哥國土產瓜腴銀礦豐富祇以來路未開商業至地利未闢今華商伍梁諸君與之訂安各節從此華人之困守於彼者目下又可得生機而墨國綰華人之力以開闢荒藉其興旺可爲預決也

李學使試竣廣州巡潮郡已於七月二十二日啓程乘坐伏波兵輪赴港然後轉搭商輪到潮

專件擊匠

潮州學堂章程

一本學堂以開人智識進入文明培人行德爲大器爲宗旨

一本學堂每日分班教授中西各等藝術學術計分八門曰習經曰國文曰歷史曰天文曰地志曰格致曰算法曰衛身每日午後另有特班教授英文均由西人教授以免訛誤然所定課程自不能一時並授必須循序漸進庶無躐等之獘

一專習各項藝學者每年束脩六元兼習英文者每年束脩十二元全習者十八元於春秋入館時分兩次淸繳毋得拖欠倘有遠路欲來就學者稍酌數本學堂膳宿亦可商議

一學生年歲以八歲以上十六歲以下爲合格過大過小不收

一習英文者年歲不論

一本學堂年假約放四禮拜伏假約放六禮拜端午中秋各放假一日逢禮拜日休息

一諸生所讀之書各按班次均須一律或給假由本學堂代辦免致參差不一另有本學堂自備各種藏書諸生亦可借觀但須限時交還倘有遺失損壞均須照價賠償其應用紙筆及桌凳均歸自備

一早晨八點半鐘開學十二點散學午後一點鐘開學四點半鐘散學冬夏酌量更改

一諸生須在學習無故不得曠課以致功課落他如家有要事必須早日聲明所有曠廢之課當於禮拜六下半日自行補讀

一如有游惰性成不受約束宜遵屏出者或有不能卒讀者束脩概不給還以爲游惰無恆者戒

一本學堂爲教會所設每日早晨必按照日學課讀聖經勸諸人行德諸生理宜肅靜坐聽若入教與否則各聽自便決不强人信從

一每逢伏假年假時均將諸生半年所讀之書出題考問加取列高等者本堂當給獎賞以示鼓勵并將諸生考得分數函示列家人

一本學堂所有課程諸生如能畢業一切考驗屬實則由本學堂給與文憑俾得出而問世

一本學堂暫租潮城西城外薛家巷蔡氏房屋開辦俟後擴辦有成效當設法購地另建或與本教會特派西國名儒襄助一切

一本學堂本當草創缺欠實多章程課程均未盡一深望高明之士不時教誨并願各處牧師教士代爲本學堂祈禱不勝企盼之至

學界風潮

來函論蘇州設正蒙院○（其函者之姓氏另有存記）

蘇州會設正蒙院者杭人錢敬若之所設也學生約數人正月間在街道貼廣告曰本院聘日本名師教授東文東語近有人欲至該院習東文而於習會缺其人近始擬函安蘇爲收習尙未觀

妥又復一種黄紙故告出來矣安蘇深鄙之又以錢之種種行爲全蘇人士所嘅歎故不屑就後挽人再四强之乃就僕以速成學社中聘安蘇爲僕師故欲入該院讀東文前數日至該院報名見門首大書特書專習東文者月修三元錢云牌又紙製門面云學者僅可減收一元以廣招徠又云須具受業帖三分僕對以受業帖對業師而具亦祇一分其餘二分不識與誰名之不存質將爲附僕不爲錢云不具亦可後挽某君來討須送贄敬僕以初從安蘇時本無贄敬今師易地而我不易師但知循常例而已今日爲開學之日僕至該院錢出僕欲趙與爲贄錢適自斟視若不見者然僕問束脩交誰錢云交我僕即出學費二元授之彼見無贄敬憤不可遏呼某君來大詈其不當遂逐僕曰勿得見我且忽某君聞學費之交但安蘇向不將學於故者錢云彼日今人知贄敬爲何物且彼亦無收贄敬之權贄敬乃我院中之僕問院中何人得之錢云此禮也十元八元吾皆敢收吾院爲吾之學院惟吾有權何人得之非若之所得問也受業帖如何亦不送僕曰安蘇向亦不將此帖錢忽躍起以手指其鼻追向僕怒且詈曰受業帖即對我而具者也尙不知乎僕曰我背具受業帖者必其人能教我外國語言文字不識閣下能教我何國言語文字錢乃仙脚而曾曰吾院束脩本定預繳半年君一月一繳者乃吾絕大之情誼吾院學生皆不更之即今君竟將一月之束脩公然當衆丁丁當當擲出來亦成何事體僕告以此乃正大光明之錢何事不可公然當衆拿出來錢默然僕亦不屑與爭論遂決意而出故告諸君錢君惟錢是視束脩減價收敬乃渠所應得之錢欲入該院讀書者非先繳十元八元作錢君之贄敬不可

本埠紀事

提督來滬○江南提督李前日因公來滬舟泊盛家渡碼頭昨日宮道命駕謁李李已捉岸拜客當由差弁擋駕

循例致祭○初八日爲介官致祭先農之期昨日江令已飭丁役預備應用各物

關道勸犯○太倉州派差中解拒捕施姓王姓兩命之案業經生搜道過堂赴昨午升坐二堂審訊據供太倉人此次因被案經勸令捕船逮送來蘇到案內納拒捕殺斃兩命其道到仍飭禁上海縣監候示

辦理收捐○南市馬路工程局自派巡捕在裡馬路及大東門外沿街梭巡非法索取以來聞時半載收捐數總款局于歲底各店舖房租內抽收捐後以籌支給巡捕飯食費等次刻即已有端倪將次起收矣

局購洋龍○工程局總辦姚守在城外各衙署局所咸備有洋龍而本局祇有水龍因此取議置擬在某洋行購得洋龍一架昨已載送到局

聚衆停工○向業紙傘之朱阿順與紙傘店朱阿生有何仇隙曾日勒令各店司徒停工聚衆百餘人在東關樓

能命人廿漸阿生前來園詐阿牛係不敢往昨赴二十三七舖巡局覈訟局員論飭地甲查明確情覆候核辦

解犯脫逃〇張阿忠陳阿方前在青浦縣境糾衆強搶某姓耕牛物經該縣兪文本縣券提張陳二人判案訊明前日由差夥押解赴青行至七寶鎭西首兩犯乘間逃逸差夥追趕不及祗得回滬稟明汪令限令緝拿究辦

火警道誌〇前晚十一點鐘新馬路四十四號押店失火旋即救息祗燬樓房一間〇又當晚十二點一刻王家厙附近德新洗衣公司又兆焚如亦舒救滅共燬平屋十四間均保有火險不致虧耗云

趕緝兇棍〇鄉棍孫阿炳與先掛派名小麥稈首因各糾黨羽執持器械在浦東說家宅爭鬭後被三林塘巡防局員責悉將孫拘拿送請浦東總巡訊明發押既過局半年察擬一面論飭案保赶獲小麥稈到案懲辦

賬案一則〇前日據供阿五投縣喊求驗傷當晚由汪令提訊據供生有一女現年十七歲早已徵謀許與吳小弟之子吳順發爲妻今年二月間吳小弟病故經吳順發之母請原媒商令將女兒過門成服完婚當將女兒送去後聞因吳與母將女凌虐致女逃出前往探詢反被兇毆求驗提究判一面之詞難以憑信論令尋獲女兒回來質核辦〇余邦濟扭金小寶到縣喊控圓網賭洋案情亦經從案訊供帶案得金網賭局實係□手所抛涉已認判兩造各行開銷判令還洋六十元限一個月拔還具結交保〇去冬縣西失慎焚燬德記順紙店主虞錫榮控王福堂順未丟吞沒寄物一案亦經提比現已調楚判均交保再核

已届五載本利無着一案經孫讞員訊判押追後雖將田單抵與原告僅不足數奉判交保亦未保出昨又提訊供須與梁核算賬目約還數天可以保出判速理處

新諧錄雅

老學究即開記。三續〇忽謀者報洋兵共十餘國精悍不可當津沽相繼失陷行且破北京攻孫堡長驅入京矣匪首股慄失色學究曰吾自東發受符以來於鄉什爲無所不窺未嘗聞外洋有如許強國且聞洪鈞老祖令五雷守大沽龍背挑爽船皆立沈內地鐵路亦已焚毀敵豈能飛至耶此謀必洩好敵故爽勢以相嚇嚇可斬也匪首聞之膽稍壯斬謀者不數日敵軍果自廣渠門入篋歸詐收走大掠而西匪黨釋帕棄刃各鳥獸散學究從之愈遠間向所抄掠二尺許者忘未攜取乃返手探納懷中遂爲敵兵所獲被踢哀免力辯非匪出懷中物爲證一人曰此即爲匪確證也吾聞中國此次肇匪者八股家爲多必殺無赦一人止之曰盍問若以禍中國之去其疾非策也乃縱之去乞食數月始抵里門里人爭集問訊學究像節一切倒託言被亂兵劫掠而已逃有舊時學侶相繼間入股法殺帳如初一日友人來曰我殺命途貫太假變入股改文將矣學究妄之曰此齊東野人之語也稱括如不癡入股文者必不能復今復無幾日當負笈一喚再誤知胡底必不出此都人見地所以忍後於足下者正以開端自不輕信耳友出袖中論旨示之細未畢一慟幾絕曰懸夫天之將喪斯文也聊徙則耗漸引去強留不可學究努目相向曰汝即去來修不可道也否者且亦訟來不得已半給爲數來稱請逾月已髮久之殺然或某日不舉火發吳氏時時交謫窘愁慘狀於

[illegible]

光緒貳十玖年三月初六日

蘇報

總發行所 上海英租界三馬路中

外售處

[illegible]

西歷一千九百三年
日歷明治三十六年

每號大錢十二文

外埠價目

每日一寄連郵費全年六元八角
七日一寄連郵費全年六元
西洋加倍
東洋照加
郵政不通處的山僻[illegible]

告白刊例

第一日每字取錢四文第二日至第七日每字取錢三文第八日以後每字取錢二文封面告白照後封加倍論年論季面訂長行告白二百字起碼短行告白以五十字起碼多則以十字遞加

代論

湖南墾地公司條議（一續）

一廣植物產必先辨土性之宜管子有曰九州之土爲九十物即西國土壤爲所本。加以改良有肉則若周禮草人剛用牛赤緹用羊之成。且美國挪佛之地磽确荒瘠不可以動旋籍得土性所宜輒嘉嗣相合而其產豐哉又宜牧羊于是廣植苜蓿令民豢羊飼種肥草以資其食卒獲利與沃壤無異此則大證也今南洲與亞尾哺土宜如橡樹以製漆橡樹以製織種洋棉苧麻以織布（進口竹布即苧麻爲之）種橡以製膠種甘蔗甜菜以資糖料爲相變化以棉油皆當大宗爲之即種煙與加非亦大利也木材既多然後能講求工藝輸出製造增出貿易又有拉英草者製麻類織造各物同于絲綿雖原野不毛亦可繁殖而最宜于磽鹵砂土日本以其栽培物爲一歲可收穫二次得利甚厚本公司又不可不仿而行之也個人希文斯時當究察植物之性發憤水濕洞庭淤地無不宜者惟定一獎賞種植之法及殺害樹木之罰懲勸並行民必自感勸矣

一魚米之鄉古聞其名而漁之利莫如洞庭近該魚取魚[illegible]波網皆多用西法聞英之法皆比克海網魚利歲可得二十餘萬果于洞庭講求搜捕以縮頭爲扶髮入先鐵路四方亦大利也且漁師詳于曲港設人紀自周官古之學士已行之矣宜能獎勵漁業嚴澤梁之禁而收復魚課歲入不欺即足以發水師上下巡防使盜賊不致出沒而遇有風浪非可救生行旅便之尤爲功也

一葉蔬魚豬肉用饒者之法亦可從也

一酌定村戶滿五百人者設立保甲分局以資稽察

一官地撥歸公司宜照荒每畝繳價錢三百文以後即永遠爲公司產業

一宜寬起徵年限查戶部例水田旱田起科有六年十年之別今請于公司開墾之日起限六年升科以舒民力衆知墾荒之有利振皆自然踴躍爭趨一二年間湖內淤地可盡化無主之田爲有主之田則舒民力以開闢土地而成土即以足國賦也

一西國地學家皆謂盡地所受日之熱力[illegible]英里可容王一萬六千人英里一個華里三個[illegible]上地面所獲[illegible]者學之講不講也夫刈禾則一人可兼數百工播種則一日可及二百畝播種則一[illegible]四十粒千粒可食人一歲二畝可養人一家以及[illegible]大種一熟可收數熟者非學之明效乎斯氏[illegible]必[illegible]西農學家最精博者日本新從出矣故東瀛之農學非中國所能及也今擬聘日本農學師二人教學生二十名開學課皆化分土宜研究極力及一切肥料各物體性講求生植備利用之器師防害之法區地概述利

一湖田實廣沿所陷而下之溝渠如洗泥草尾續自南嘴起至邊界而南縱橫七十里有奇東極湘陰北[illegible]湖田成熟其亦宜用外有火力爲力則人力省而成功速（一人之力足抵四十人之工則一畝之收亦可望四十畝之利）其餘犁耙之類兼求新式利其器自能善其事（近上海坊農亦仿照美國新式犁可排土深英尺二寸價二十四元）　仍未完

時事要聞

上諭○錄○三月初四日京報

上諭荊州將軍[illegible]於咸豐年間隨同僧格林沁出征轉戰直隸山東河南等省迭著戰績補授副都統[illegible]將軍訓練荊州將士[illegible]防範[illegible]深加悉著照將軍例賜卹任內一切處分悉予開復應得卹典該衙門查例具奏[illegible]欽此

[illegible]

欽此同日軍機大臣面奉

上諭[illegible]

[illegible]召見軍機[illegible]袁世凱馮玉[illegible]

[illegible]有亂[illegible]各國[illegible]派兵[illegible]以[illegible]其事[illegible]云英政府已下令兵部預備一切[illegible]下統領台[illegible]司已備有[illegible]兵以備臨時調遣矣

允用鐵路[illegible]要○字林西報四月一號天津電云津地各國銀行已允出中國國債[illegible]英天津市面

世界要聞

土耳其亂耗紀要○字林西報四月一號路透電云梅西度尼之亂現又甚熾[illegible]信息傳至土國後[illegible]逐夫狗殺[illegible]要特林諸浦[illegible]地方鐵路一條已被焚燬又云駐札[illegible]非阿各員現稱土國兵已將要日立設地方之革命黨及其居民爲行屠戮惟俄京要彼得堡則實爲謂該革命黨志在破散梅西度尼改良政策故深怨土國故其黨以敵其所傳耶穌教又云禮拜一有愛爾彭巴人一隊內什密脫老維[illegible]城要索將該處所有殺之俄國領事[illegible]去并攻取該城惟不久即[illegible]土兵擊退現在俄國則數[illegible]北[illegible]將戒而與京維也納則亦甚形不安云

英議部國會○文滙西報四月一號路透電云英理藩大臣[illegible]倫以陸軍統領來克開爲將軍被告之事何以宜告于[illegible]一事在下議院回答云[illegible]總督立克[illegible]非特不[illegible]爲將軍[illegible]與其所告事之不必深究云

定期宣布財政豫算○又云英國財政豫算將於四月二十三號[illegible]

儀侍

[illegible]已離丹京接丹人曾總[illegible]
[illegible]出遊實大有關係於非洲[illegible]遊歷各部而止
法總統定[illegible]遊非○又云法總統擬自脫將於四月中遊歷非洲
之前[illegible]其將于月底在巴黎設立維拉與英皇愛德成會
晤云

紀法議員○又云法上議院現已決計仲財政預算

舉行紀皇慶典○字林西報四月一號路透電云本年十一月九
號係英皇愛德威爾登位之期將於各國租界行慶祝之禮

英國出欵計數○又電云今年英國財政出欵預算需一萬五千
一百五十五萬七千六百九十九磅及上年出欵加增在八百五
十[illegible]萬[illegible]十九磅惜較之上年財政大臣支出所預算
之欵則少六十三萬三千三百另二磅云

英兵赴俄 又電云英馬將軍夫人之訴訟者皆云英兵都於馬
將軍之喪當派砲車護送是其待之甚厚蘇格蘭軍隊鄉亭
祝及其風俗皆與於執拂而馬夫人則亦甚當之也現在愛丁白
及猶米司扛山處皆在[illegible]道[illegible]將軍道像矣

紀法財政部○又云法國財政部現已將部事辦妥

法國外交○法國代議院委伏氏為政府助理[illegible]公使[illegible]法國
條約投巨額之餞此事當求外部說明外務與特爾說[illegible]之日
此件進政府亦以自[illegible]給[illegible]云使 印度支那代議士特倫古爾
曰[illegible]間[illegible]將來法進[illegible]印度支那永遠據此地應
付法國當蓄十分兵力更[illegible]斯京間設一營有英國[illegible]之軍
隊一求籍明進步發展外務科伯氏攻擊外務[illegible]之
政略 特爾克修答之曰英國無役皆馬克斯得自[illegible]見[illegible]
主張摩洛哥之獨立者[illegible]海峽之自由通航[illegible]兵間[illegible]
法國無非先發議解兵之理就俄西度尼改革問題[illegible]國協
力[illegible]作且曰法國得[illegible]強海外殖民地俱與俄國同[illegible]意國
調和各[illegible]政[illegible]顧議會[illegible]成之 代議院滿場一致[illegible]之宣
言議論極久

法國代議院○法國代議院就外交問題多所質問討論[illegible]國民
黨米爾蘭尼以社會之解兵論為空想的不和唯[illegible]而不
解急公事若此在[illegible]法同盟云 社會黨中人約[illegible]要求
法政府必迫十耳[illegible]使[illegible]西度尼實行改革 又該[illegible]者主
斯論摩洛哥問題對法國宜自[illegible]立并海峽[illegible]及自
由當協定英佛西三國之間使不生疑

海底電線○法國正務[illegible]提出今後三十五年內海外[illegible]各地
海底電線完成預算案[illegible]國政府商[illegible]柴棍[illegible]克閭
間設海底電線[illegible]陸地荷蘭政府[illegible]島延
長[illegible] 東京日日新聞

俄[illegible]起[illegible]列米[illegible]於日[illegible]三月十四日[illegible]向俄
國巡[illegible]

本國勞働家之勢力○[illegible]德利[illegible]遠[illegible]勞[illegible]大得勝利本
次選舉[illegible]大收成功極可注目者即同黨之人云

韓國改革兵制○韓國現以[illegible]為傭兵今日官報下兵制改良
之詔其要旨[illegible]各國徵兵制度[illegible]以外各地方分為
十[illegible]川都[illegible]制

十將[illegible]兵士官○土耳其皇帝為聘用德[illegible]士官有俄國之反對
乃招聘瑞典及諾威人一名為梅西度尼[illegible]兵[illegible]官

釋放農奴紀念○農奴釋放紀念式之當日俄國皇帝[illegible]
致之自由[illegible]地方自治制度且自強制[illegible]勞働[illegible]救助為
民此宜[illegible]國於自由主義之發達最為重要以上譯東京朝日
新聞

各省紀事

湖北○[illegible]局總辦趙道[illegible]彥已委上海製造局差所遺差務
飭督以候補道中無人堪勝其任特飭揭升道員[illegible]其之黃
岡縣知縣[illegible]令[illegible]迅即[illegible]任委充牙釐局總辦
已故[illegible]年向寓省垣[illegible]公館下故後僅餘[illegible]日有[illegible]
[illegible]數人至胡宅大呼打[illegible]人告以此屬[illegible]治[illegible]之所
勇[illegible]中[illegible]一[illegible]佯狂而去其家人[illegible]南局[illegible]實
[illegible]只可[illegible]非所知又[illegible]告於總局[illegible]其守[illegible]不能
[illegible]人[illegible]捕[illegible]之使去因胡與武昌[illegible]守同
年[illegible]以情[illegible]始[illegible]出[illegible]之人刻已多[illegible]
[illegible]令[illegible]守現飭包探二人至胡宅[illegible]行丁事

江西○[illegible]公所[illegible]江二公[illegible]現[illegible]已[illegible]
[illegible]文[illegible]公所之說
太[illegible]地方[illegible]受[illegible]去年
上台以其[illegible]新[illegible]縣丞[illegible]補上[illegible]縣丞現[illegible]邑紳[illegible]元勛
[illegible]公同[illegible]上台[illegible]
[illegible]自各[illegible]如棉紗一宗[illegible]
[illegible]二[illegible]下[illegible]三[illegible]各[illegible]短[illegible]
實因[illegible]自去冬[illegible]船夫[illegible]匪[illegible]壞船至今[illegible]
兵保[illegible]以數[illegible]心不敢由港[illegible]貨
[illegible]各[illegible]價過低[illegible]實少每花銀可
換錢[illegible]市風之壞[illegible]已極[illegible]省中已經發下
[illegible]府示[illegible]民間[illegible]比[illegible]五分換錢亦
[illegible]出千二百[illegible]

[illegible]京土[illegible]公所[illegible]年均[illegible]自各號交易[illegible]近年來[illegible]每賣土
與公司[illegible]不能[illegible]價且交土時又復自[illegible]折因此
吃虧[illegible]均不[illegible]交易[illegible]托[illegible]代賣土
百五十箱[illegible]仍須[illegible]中
止今[illegible]土百二十箱到[illegible]有洋
[illegible]兵[illegible]人[illegible]由[illegible]解至[illegible]首

蘇州○前月下旬數坐昌小[illegible]自蘇赴[illegible]大[illegible]有客大人甲莊

蘇候補知府乙為兩含餘丙丁戊己四人搶盜山衣服匪都中乙不知為綠林中人惟乙目入船時即心中作惡既出復入亦如之乃自顧帶囊囊鑰甲則一概搜劫吞鍵吐珠行李中有洋三百元為諸劫賊知悉一下鐘人靜後將甲戕斃為六段棄於館中乙故心疑不能睡聞其聲自隙窺之乃以衣物繫身入水賊救舟人舉刀乙曰不必救我館中盜殺人矣速捕之無一漏網者送官審訊供認不諱本月初二日在北寺塔前悉行正法

蘇省各屬分設潮丈沙洲局委員往辦各節已詳本報茲悉陸藩近又稟委訓導褚翊知縣馮令瑄赴武進知縣慶令梅齋赴丹徒縣辦分局事宜刻已會同該員前往該縣會縣開辦矣

蘇州府待質公所委員准補蘇州府經歷劉樂係近來陸藩札飭赴任所遺差事刻經陸臬札飭該所副委員孫令升辦

蘇省秋審案由陸臬通札起解飭令審錄求嚴速行現據吳縣陸令首先造冊移會典史□士林押解案內各犯投司投到

松江○華亭縣獄中日前逃去山東海州府過堂之吳桂芳一犯迄今已滿旬日仍無蹤跡現經華亭陳令出示賞格如有人拿獲者賞洋二百元如風聞報信因而緝獲者減半

浙江○嚴州等處山中之礦均含鐵質向由民間私自開爐採煉成鐵運赴各埠出售數共浩繁近有人送火持砂偕化學專家一再考求僉謂其中尚有別種五金之質必須由精礦學者以機器兩法化驗始克分別現山主程本煥與某洋商訂約特地開鑛議定以十成之二成半納稅以四成歸洋商以二成半歸山主以一成為經手諸人酬勞

廣東○上月二十日廣府林招考中學堂學生約共一千四百餘人臨點不到者甚多考生中竟有四十餘歲者點畢先出問題令考生對舉乃出題目未幾派人到號令查核年貌年輕者隨手任意寫錄問題及□目錄下　問從前有過某某等書至今記得有幾成可一一分別答之　問不日涉獵過某某各書　問廿學東西語言文字及算學否曾習格化動植各學否　問各師文字各科兼文論說文詞賦及考據文作過與否可摺實條答之　問從前應過各府考試否約有幾回　問曾遊學他方或隨侍父外出否所至者有幾處　問曾入他處學堂否曾為醫院住院生否本年在何處　問祖與父及兄之存在與家長者何名何字均操何職業　問曾娶妻有子女否同父兄弟之現在者幾人　問從過某某等現在作保之人何姓何名係該生何人　問現在之居何處此次應考有作保同來否　又題　學問之道無他求其放心而已矣義　宋神宗更定科舉論不作者聽

要件摘要

武陽學生會擬章　四續

九選舉

甲今年會計書記評議員由會員中選出會長副會長由幹事員評議員中選出

乙本會職員每任事一年改舉一次有連舉者均可連任

丙凡年在十六歲以上者皆得投票選舉

十會期

甲本會每年開大會二次本部於六月十二月支部於二月七月

乙本會每月第一星期開月會一次

丙大會月會開期由職員酌定會期由書記預先布告各地會員

丁本會會員每星期應於上午十一點鐘齊集俱樂部或講學或議事或共同游泳散

十一議事規則

甲凡舉人決事須在開會時公舉用投票舉手之法以多數為準

乙凡提議一事須有二人贊成方可開議

十二開會規則

甲開會時各會員到者須有三分之二方可與人決事

乙開會時先由幹事中說開會緣由次演說次議事

丙演說議事如有反駁須俟一人詞畢然後再說

丁演說議事不得互相談笑與人喧閙

戊開會時會員不得故意不到或有要事不能到者須先期通知書記由書記於開會時宣示同人

己贊成員名譽員於開會時特設客席並得於演說時表其所見惟議決之權仍在本會會員

學界風潮

來函論上海澄衷學堂之腐敗○具函者之姓名另有存記

澄衷學堂創自鎮海葉氏以私財建小學堂為中國開風氣之先厥功甚偉開始之際本請蔡君元培為總理與舉劉君樹屏以自代嗣又請蔡君元培為名譽教員嘛聽理各事并定字課圖說一書劉本有幹材負經濟任事戊戌之前在京中曾被新黨之名變政後國南乃一變其宗旨在澄衷學堂中頗欲附和作學講求形式由是蔡與之不合辭而去之蔡既去劉益以此專制手段壓制堂內師生時字課圖說一書以中國本無教科書不暇熟籌遂往購之風行海內厥利倍蓰劉遂以為獨攬各書乃以堂中存貨購印字機器一部延白振民編纂初為綠屬人尚不諳英文僅解日本文而又各科學均少研究白在南洋公學稍稍著名因則係劉私物也不如自推按月支俸數十金耳編輯科學連年乃著選各種史論并四書止義札記等但於村塾究攜考付諸石印以冀獲利而堂中應用之教科書一未屬稿名欺葉氏子弟之不學又經堂董樊時勛王海帆等皆商賈中人也然他人頗有怨讀者而本附之向劉催促劉不得已增辦中學堂添教師範生墊試各報設特通科學英法國文為欲以此故羅致分子弟之長於英文者入堂後即稱師範分編歷史地理等書以代總纂之任而省

綱錄八條諸生多不願劉延而慰之謂今冬保試辦明春必爲美五云諸生有見機而作者亦有姑忍以待者此劉未發關以前之情形也劉恃才自用其初爲總理時頗收拜名辦事稍稍越其既以此傲倖賞識遂於是在安徽辦小學堂并兼代南洋公學總辦於中要事遂漸毀之不能兼顧或經旬不得一面與一齋教習蔡剛軒鍛劉不答其所爲答語之曰蔡氏以巨貲創此學堂豈不望日起有功哉無總理精分餘力以治事毋令他人虛擲巨貲看曰吾誰作事但求無愧安望有功故蔡北容而至之日此亡國人夫之舊非稍有人心者所宜出也劉辭究婉容謝之未幾劉暑無期關諸缺撤而去而與學堂所訂之約未即交由常州府竹石商之孫事劉乃還所訂約毀之（中略）一原稿模糊不可辨認故略之）而師範生亦推舉一山爲該學堂總教因蔣哉新作舉于蔡代劉之任其人胆甚怯日夜惟恐保全私利而已事亦有命於白撫民優柔而竟斷間者惜焉白自辛丑年入堂攜世手資春間忽欲往廣東依陶制軍遂求去劉挽留之不得許爲俟又不得乃不欲爲敎既而陶制軍不用欲仍入學衷學堂擬於前事乞張季直函致劉設合劉勉應之白既復入乃引其同學吳君措一與爲師範教習未幾與學堂立二年之約既而吳遂往江西學務處命其兄一時來代事竣復允以此背約後遂輾遂去今秋某中丞派充今中學堂總教習[illegible]遂故若[illegible]數[illegible][illegible]人均積怨乃論沒要事家[illegible]其形式[illegible]新辦[illegible]以洩其私忿旋于因之給蔡白二人於是促張一澄偶爲不從於怨衍未息必欲我故劉師範班並日雖知不合於理然欲保全己利不敢開罪乃向師範生日吾輩受食於人雖非吾操不能爭也因諸君究我師範生遂散去夫使稱非據於若輩則發報時何爲云白撫民爲總教習招考後竟修改學總理總改簽押簽押者足見其全權也受事者因學力不厚之不得斷引身而去耳豈可苟戀棧乎以戶位哉此則不能爲蔡白諸君辭也蔡氏以有用之資財糜費於人所限之間而竟累於學界尤不可不揭其始末告諸當世以爲鑑其後者戒

本埠紀事

浙紳過滬○浙江陸觀察因公赴蘇業已於前日乘輪來滬假寓滬北吉陞棧昨日南市海運滬局總辦林守儒同令辦尹令前往謁見稟陳一切

謁信兩公○觀局總辦吳侍郎之委員楊倡士於昨午後抵上海縣拜會汪令商辦要公

飭差彈壓○昨日午後本縣汪令飭差帶同馬快各役馳赴龍華寺彈壓並禁止婦女進寺燒香如敢抗違立拿解究

押退棺木○邇有無主尸棺二口拋在浦東招商局分棧旁由該棧函致上海縣請爲押退昨經汪令飭派差保同該段尸屬押令遷移矣

獲犯逃犯○前由上海縣僱文綱差役解常州武進縣之拐匪陸寶以不料行過崑山縣姑蘇犯即私行逃去現奉諭縣移諸本縣派差協拿云

控案被訊○王介穀係已故蘇粱道王佐卿之子前控趙靜如行控欠銀兩案避今被職員王瀛洲控稱劣弟汝傑被害王介穀唆使將伊毆辱控准拘押仍拘拿到案求賜提究等情英廨讞員俄即簽派協探將王於昨晨解送公堂請辦判押候過堂審問原告到案究據稱東翁公等號七八人控案稱王係極惡之人不應拘拿請爲交保讞員以之不知如何在作惡所內經怒訊差押住候辦時讞用武權復拖入牢門當由門丁出爲勸散

冒認拆梢○張安祠同女子將翠紅投控係廨供稱伯住寶文炳客棧內賬女將來收取洗衣被流氓朱阿本稱大宕頭阿福寶永泉阿林等冒充包探與蘇宿以棧不允即被戲弄依旅館核究時供向亦搞訟寶棧主寶文炳供告時力阻不得後經巡捕來拘不致讞員訊至此有英包探稱同夏小弟順三爲投稱原在英界亦被朱阿林等三人拆梢行兇求請同訊辦朱等四人俯首無詞惟陳供前非同黨讞員判朱責一千板程張各責六百板候移滬再過英廨究辦寶棧主[illegible]號枷號一月責一千板陳枷號一月責五百板寶文炳不應容留婦女罰洋念元充公

局案換錄○張江友因騙訛劉日新之銀劉[illegible]控經浦東[illegible]

[illegible]案摘錄○前晚訪提顧何欠租兇毆一案茶院地保顧復恩供稱阿相租種學堂田二畝半每年念七年止積欠租洋三十餘元去歲租洋八元數角分文無存學堂派人前往催討復被兇毆故與學堂先發訴控審伊子顧阿根到案訊明教訓下鄉猶敢恃棍逞兇究係阿相供多狡賴判張鳴如一百下收押予限十天先繳去歲欠租洋八元餘欠按年拔償學堂收回田地另選佃戶耕種

英晚堂案○職員余祖厚控抱余升控英公堂控四吉拜將之張發祥欠銀不還求提追究等情據張供與員准提于前晚堂提訊余升供上年秋間張挽中趙氏借將二畝學田契抵借去銀二十五兩至今本利無著求追張供認欠洋每月共銀念七兩餘有利息當按月照付趙供爲中是實所欠利息多少求賜查追判張交原保取限按月付息趙送捕房管押

新諧錄雅

老學究叩閽記　四牌○乃復召同人與登叩閽如前約順新學漸昌無一應者同邑武舉姓馬名少虎而冠者也當對衆人曰學究學究既不獲同志之助則馬以廢武科故其怨與乃聯門致闘曰里中文武才吾二人爲巨擘視鄉人若几上肉甘乃敢較者情有武科八股者耳今先後並廢吾二人將不如喪家狗矣君素桀驁能同我叩天閽以復舊制此不世之功也馬大喜約期與侯

（四）

學究念資斧無措細君似頗不安於室不如因兩貨之備所攜獲而歸圖卜鎖有飛艇狀者[illegible]何人意其他機器俟兌之[illegible]動我恨情變委之爲我所固有[illegible]狀頭人乎私訂已定設示意於其君欲附我不義乎孰不可爲[illegible]之學究曰[illegible]方將其醉入[illegible]妻變正樂得脫衔勒以去也無與窺機以三十金購於某甲得券闖梗石器當碎爾難肋矣學究無奈且念[illegible]亦隨行[illegible]乃從爲[illegible]預擬一呈詞大意謂入股屢後寒索失衆餬口無資窺悉規程舟抵滬過洋涇橋私語被拘入巡捕房[illegible]復以應士林仍舊[illegible]如之何何必改作[illegible]再四自嘆拙妙乃約會去歸寓[illegible]曰吾盛遊都門[illegible]任渤公私[illegible]馬鞍陸北一馬曰吾策應合試輪舟良便奈何[illegible]遠就勞學究聞海乃禁人[illegible]安得我利[illegible]起將鬼子悉數殺[illegible]輪舟何狀何人所作馬具告之學究曰然則洋人物也洋人物惟至此也馬曰爾目不睹事尤人奚爲

（仍未完）

一　西曆四月四日[illegible]

光緒貳十玖年三月初七日

總發行所 上海英租界三馬路中

蘇報

西曆一千九百三年

日曆明治三十六年

每號大錢十二文

外埠價目

每日一寄連郵費全年六元八角

七日一寄連郵費全年六元

西洋加倍

東洋照加

郵政不通處酌加寄費

告白刊例

第一日每字取錢四文第二日至第七日每字取錢三文第八日以後每字取錢二文封面告白照例加倍論年論季面議長行告白二百字起碼短行告白以五十字起碼多則以十字遞加

分售處

[illegible]

代論

湖南墾地公司條議　三續

一糞培之法亦宜講明英國撤里司白里一地平原礦野磽瘠異常乃搜海島各鳥糞以肥之一畝之收竟倍十培彼其肥料近用尿石燐酸骨粉電氣使與土性及所種之物適合其宜故能化淡爲濃易少以多刻期成熟天功而補以人力彫鎪草人土化之法其有取乎今南洲等處糞肥既無待肥料但能耘鋤培壅事半泰西而功必倍之

一編保甲以便稽査設地之初先以五家十家分段即就各家擇長稽其散戶而統於里長由里長統於保甲局出入相友守望相助情誼自相聯而伏莽無所容矣

一屯丁什伍相束以兵法部勒興長則約束十長十長則約束五長使勤戰旅習務農之暇發給軍械以操練每秋月三日夏季六月一日冬季十一月別勤惰優劣而賞罰，其徵歲分租有由段按、備辦交納

一開墾三年之後每千畝酌捐穀一百四十石入省城儲備倉以重積貯約年遞積不難累支十年米過三年便朽不足食若穀之西穀可藏入倉者雖二十年可也偶遇凶歉可以推陳出新肉早人和鄰里市價照所恩其居命役備貧民受賜尤無涯也

(升科後每千畝每年仍捐穀八十石)

一開辦之始請撥官地五萬畝借官款五萬金除開始一年不計外第二年繳還五千金第三年繳還一萬金第四年繳還一萬五千金第五年繳還二萬金第六年升科　今官款繳清繳私款則貸如如商股不原沃地峽植雜穀其獲息較火柴造紙礦務尤旺商人必樂於從事宜擇地設局由大府提倡刊行股票(每張五十兩)而股款自收其出入各款詳細造冊刊印成帙年終請同人鑒察以昭大公入股三千金不可派人入局司事大致仿招商局理然雖係招商究屬地方公事似宜遴正紳爲委員並與刊發屯政局關防以專責成、

一溶湖局常年經費請由鹽金項下歲提撥四千金岳常辰沅各營餉局歲提撥二千金(營局必不肯捐即可于田租內取之)以資疏濬并撥水師砲船十號以供差遣

一防勇無事請就近撥二三營分紮南洲任築隄修路開渠栽樹之役應節省經費兵勇亦以習勞而日強(防勇只有巡緝營著有成效惟需增加無事則督修築則以多爲貴隨時招募亦可撥營則難)

一湘中紳富宜分任倡造各州縣有講求地面之利者並聽其集股舉辦惟以本公司爲總滙之樞將來興築大興人得所發有謀生之路無滋事之心消患未萌是理財即弭可弭盜

一公司所以通官民上下之氣瓜民智之不開公司勵之民偽之不但公司除之民力之不逮公司扶助之外洋有新法公司可爲經費國學有研理公司相與講明俾悉民情評汶官方志在倍增內家給人足均當科學各種地方各種人工既富而後教化可行也

一學堂內設農醫博覽館一所由各方土產川奇貨物一一先錄行送公司礦務小會考求物產以備將來開一三年後擇用分設種植畜牧製造各類以相比並庶利源日旺別優劣給獎以銀牌使商法日精商理日出其人益進而東上有新器以長技巧而商人益鼓行：

時事要聞

電論照錄○二月初五日奉

上諭朕欽奉　慈禧端佑康頤昭豫莊誠壽恭欽獻崇熙皇太后懿旨現在時事艱難民情困苦常在朝廷廑念之中此次祇以西陵典禮修路以省地方供億之煩已將切曉諭所有辦差一切均准作正開銷不得絲毫擾累民間茲再重申禁諭地方官不准藉端攤派即平日抽捐雜稅等項亦不准派及民間食用微物如有不肖官吏從中漁混實堪痛恨著嚴拏辦其輪屆官吏人等並無藉地方供給備有所名稱詞爲無論何人立即究辦大小臣工當仰體朝廷軫恤民艱力崇節儉悉戒虛糜之至意欽此同日奉

旨右翼四額銀緞領印鑰著敬昌佩帶廂白旗護軍統領印鑰著希明阿佩帶正黃旗護軍統領印鑰著秀吉佩帶廂紅旗護軍統領印鑰著承璋佩帶欽此同日奉

旨正藍旗滿洲都統印鑰著敬信佩帶正藍旗蒙古都統印鑰著松溎佩帶欽此同日奉

旨健銳營印鑰著崇禮佩帶欽此

廣西匪亂誌○桂內云近日南寧官場接白色來電云蘇元春與黃星畔已二次攻擊匪目陳亞秋並其黨羽千餘人皆經獲勝殘匪百餘人現各匪皆竄入西林西隆交界之八角山官兵已四面圍困並設各勇亦嚴守邊界又蘇軍在百色行營獲匪四十餘名梟行正法

又云上月二十三四日有匪三百餘人在宜化縣之蒲廟地方劫掠扒船一艘斃水勇數名委員被擄者五人商人被擄者一名所有軍械被搶一空宜化丁令已督隊往剿矣

又云東京法國督鮑源氏電致王撫軍謂擬由東西招人五六千以便興工建造至雲南省城鐵路並無藉遊民由各地督匪有所安插云云鮑君此舉於廣西大有裨益經阿遞二譯出示從前爲匪者槩許自新前往作工並不追究由王撫籌款給盤費近日已分二三百一批陸續前往矣

郭館之盜賊○兩江日報館者始於郭陶齋與鄧稼之所開金陵報館郭向充刑幕積蓄甚豐金陵報未開設而購辦機器爲人所慫己銷耗不少因投中報郭與鄧樵恐無策乃說向狀勤陳道子

元訓令投先於是假扒辦路行川任二千元郭亦自認入股二千合成六千即於下關開兩江日報館郭日在花天酒地不以報事爲意而股隨二十日郭叔堡稍停告於眾謝曰六千元已罄矣諸等如欲再開須各加股三千元否則作廢陳謝爲所換辭以無力郭遂將報館停歇陳謝均不過問且告人曰此區區者皆如父賦後給了不少計也陳郭於強補貪失外共贏得三千一百餘元云如此闊闊真極於之盜賊矣斯文此類實尤當之

命錄天津日日新聞要事○近有某御史劾順天中學堂及九城學堂亦宜認其名實不符因所取者順屬客籍各居其半且五城學堂羅延學生已有二十餘人此等學堂不能援照大學堂章程各省投考舉業等語此摺已交政務處議奏

外務部接駐藏大臣電咨謂藏地某某兩國教士因勸教彼此爭鬩藉詞辦理滋擾之事須嚴飭調停不過敷衍一時終非常計乞妥籌明復爲禱云云

鴨綠江西岸旌木甚富俄人覬覦已久今已派兵佔守鴨綠江西岸木山獨攬利權復有他國聯合某某開埠得以與華商辦理路礦各節接行之際候俄人消息

錄天津·公報要事○北京函云前有某侍御參劾廣東鹽運使國鈞臚列十二款大小畢具其有密旨交德壽查辦德壽覆面認真查辦刻間始據總督德壽廣州府覆稱俗街坊所奏云實無實據惟國鈞前因腳疾不甚見容恐已起坐接見屬員其一切事宜非不隨伊子者幾手等語此摺既上留中不發聞此事該道司部寫一切所發書翰云

又云日前外務部接張之洞來摺爲遊 有關派學生出洋遊學以資遊就於江南省城水師學堂選取舉業學生曾習英文者八人派往英國水師學堂以四人專習管輪之學以四人專習駕駛之學每年經費二萬兩在蘇州紗廠官本生息項下定存備出洋遊學經費項下如數動撥又於陸師學堂選取舉業學生曾習德文者八人派往德國陸師學堂分習步騎砲工各門學問每年需費二萬兩在司庫籌備要政經費各款項下如數動撥其往返川資治裝等費統由司於要政經費項下撥足請由外務部分咨駐英使臣張德彝駐德使臣蔭昌就近派員督察照料等語

二月二十三日 上諭南洋各埠多有華商出洋貿易熟悉中外情形尤深明於祖國身家互相維繫之義著派貝子載振王商奏按膺王之熟悉南洋商情得於第二世子平安出洋查閱所載情形不下萬言王子如此幼齡洞悉時事亦甚少年中不可多得者也

政務處傳旨此次會議停科舉一摺已經照准惟原奏所稱爲舉貢生員等寬籌出路一節其中頭緒甚多不易酌定必須與大學堂暨吏部彼此籌商方能擬酌盡善其事爲非一時所能定議此番會議擬奏擬先與各部詳訂大綱節目再行請 旨辦理云

傳聞近有某大員向人談論謂張南皮奏請科舉一事誠爲云莊在宋時朱子本有科舉宜廢之論然不過一時憤激之語今欲實作其事似最難新故其實未免流古且原奏請科舉不既即宜與公欵亦不肯提作學堂之用似又尚爲經欵起見不知科舉一廢即廣東闈姓一切每年官家少進若干萬之的欵此亦因小失大云云總如果真有可謂別有見解者矣

借欵造路要○益西報紐約函云中國現向各國擬借銀四百萬元以爲建造滿洲鐵路之用

美軍來華將要○文滙西報云近有美國水軍六隊將於西七月間駛至煙台駐札

法國狡謀○東報云法國爲討滅廣西之亂先派法國軍隊再與清國從謀

世界要聞

土國亂事述聞○字林西報二一號倫敦電云土耳其國之愛爾尼阿人向甚見信於土王蓋以土王之醫衛軍中有二大隊皆係該處人也然此次該處之叛亂土王不得已將鎮壓之并須惹爾尼楷調兵至彼以兵力又云當愛爾尼阿人攻擊留脫老維柴城以前曾安撫都城但督將以理改良政策之法其十一人獻出云又路透電云此次愛爾尼阿人之襲擊脫老維柴城實爲甚有規則之戰蓋路非防兵乃三千土耳其常備兵也目下土京康司旦丁人心甚形泉惴因留脫老維柴鄰近之伐乞脫地方尚在劇戰云

俄英交涉聞○字林西報六號倫敦電云英國水師提督提爲爾將視水軍時失官阻抑德國水軍一事經德總統擬斯佛諾川之役非特於兩國交際上非無衝突且將從此益形親睦云

德相赴意聞○又云德國首相披洛于西一月三十號至意大利拜會意國外部大臣梯林納脫因柏君有疾故君因交誼起見至彼慰問于國政上並無關係云

備迎日皇○文滙西報云當日皇至大阪觀展博覽會時將便道考察大阪海口故現在大阪龜台婦女生之道已在預備一切以備迎迓御駕矣

日本改革學制○去冬高等教育會議論改革學制案中於本會決定關於小學校及專門學校事項關於實業學校令改正事件實業學校設置之件經法制局審查後始下勅令以來四月一日發布 樞密院會議可決學校令改止之件徵兵事務條例中改正之件 實業學校教員資格規程於本月中宣布

日本醫校○獨立大學京都分科之一刪除也三月二十五日公布勅令因於京都大學總長事務之一部得委任福岡醫科大學長自四月一日實施之

京都帝國大學之分科大學依帝國大學令第九條法科大學第一醫科大學第二醫科大學文科大學及理工科大學第二醫科大學設之福岡

第一醫科大學稱京都帝國大學京都醫科大學第三醫科大

學稱京都帝國大學[illegible]科大學
三國情形○墺大利匈牙利及伊大利間德相拔洽守政談演說
非常滿足
歐羅巴地震○倫敦路透電云據各地報告謂三日前西印度洋星得區昂得及馬爾洛克地方又有地震德國聯邦索遜國之克爾斯爾市有激烈地震而南伊大利之有名噴火山惡斯威由斯有震動之象又斯達威爾特爾並特爾皮爾及其他地方亦有地震煙突、井幹之倒毀市民或飛出屋外受非常之損害以上録東京朝日新聞
德國海軍○德國議會豫算委員決定海軍豫算案中六百五十萬磅
英國汽船○英國汽船若歐號以船中有患香港丕斯得病者命於香港停船十日以上録東京日日新聞
調查棉花總數○字林西報倫敦電云華盛頓商務調查部查得本年美國所出棉花總數共得市包一千一百另七萬八千八百八十二包約合常包一千另六十三萬另九百四十五包

、各省紀事

奉天○近有客自錦州來者據云錦州營口一帶俄國購買糧石情形頗愈故糧價為之[illegible]漲設補糧客前往告糴者多空手而回並聞日人近亦在錦搜糧不知何意
保定○保定各學堂學生[illegible]總督袁
省在火車站附近又省城東文學館設在西關皋華館招集學生照額取中已於上月開學今發給各學生操衣靴帽帶一律整齊日加訓練以備考選　津報云
省城新練常備軍經洋教習訓練已有成效上月念二日藩臬兩司赴教場閱操時各營官早將馬步隊伍分排停當所演陣法係行營對壘式自早十點鐘演至三點鐘始畢
湖北○前聞漢口有設局鑄錢之信茲悉此信實係謠傳並無其事
日前有英國礦師數名由湖南勘礦回來取道湘漢小作勾留即行他往
聞比人某君集款在漢口大智門外擇地起造學堂一所廣延教習教授各種功課大約開工在即矣
山東臨保甲總局何令石策近日仿照警察之意擬定保甲章程人皆稱便
江西○派辦政事處提調徐守元綬委署贛州府遺缺委趙守格年接辦
官書局近向歐購鉛印字機器一具擬印行各種書籍
武備學堂已考取二次學生入堂肄業派委令文瀾為漢文教習夏丞朝宗為提調兼辦支應
電報局向只委員一人近來已添委會辦幫辦各員
蘇州○前紀銅元官局為奸商販兌出口一事茲併悉陸續飭司以江淮各屬錢價日貶致奸商以販兌為利惟搭用銀元一半或可銷杜其弊一面飭令各縣局宜力禁各奸商之偷運出境者並自本月初將官局由元妙觀移設本署附財帛司室發兌云
浙江○浙省錢業應完之捐向派專員設局抽收今聞由道運司於藩署籌餉時填稿下札先將派定劉均照知縣翁縣丞分赴各次計已經局者如同知翁形合辦合籍知縣方炳文揀派嚴會同辦蕭山潘誠志辦梅餘恩觀辦上虞叉獻發辦諸暨佐雜稽分弧辦平湖吳文鑾辦分水張東亮辦臨安陳之銳辦仁和汪長恩辦嘉善
廣東○省垣保甲局撿商詳在門牌捐茲因該局曾々辦以地方盜匪遞漸猖獗殊於時日特撥委員四人協同各段保正分頭查核俾可剋日竣事核辦總督四委員現已遵示奉行
現辦賠款捐大憲派委黃龔前往潮郡勸辦茲有汪道宗翰謀就江以現在捐款收數衛未暢旺欲請領官收回鈔勸捐以期集事惟此舉應稟督撫暫明該省大憲行司出示曉諭方能開辦云云

事件擇要

揚州知新算社改良章程

一　定名

本社係同志創辦名知新算社

二　宗旨

研究學理聯絡聲氣切磋討論以輸新學之進化

三　約束

本社諸友中成材有緒程度不齊務宜謙讓相識且相砥礪一切驕吝傲岸攻擊標榜之習俱當屏除淨盡

四　職任

社長二人　經理全社之學務
總理一人　經理全社之事務
書記二人　管理書報及來往信札

五　社所

本社現設揚州北門[illegible]廟西首巷內外埠從內可以運寄如有遷徙當隨時登報告

六　會期

每月例會三次除正月上旬臘月下旬外其餘俱以逢八之日為聚會之期自午後一點鐘起至六點鐘止或演說學理或討論問題質奇析疑互相研究其外埠學友會期不能親到者可將算稿函寄本社至期宣示同人
本社與日本各算學社會學校俱擬聯約有所發明互相報告有所疑難互相質問故彼國算學界上苟有新理本社無不其知每至會期由社長擇其新奇者演述大略以供同研究之資料
社中備有各種算學書報至會期之日任人觀覽不時亦可來社

調査惟不相拘壞遺失亦不得擒川例會之外有臨時徵集會有特別大會凡本社，學務事務知會者或有外來通人調査本社者則開臨時徵集會於先一日發傳單告知本城學友以便屆期齊集特別大會無定期約一二年舉行一次於先一月將開會日期刊發傳單分寄外埠學友以便週知大會以五日爲期或有展限臨時酌定遠客無臨入地生疎者本社當派人照料一切特別大會應講何學應議何事若何之組織臨時酌定隨傳單告知大會後將同人所討論辨難有關學理者刊爲報告一卷分贈臨會諸學友

七　入社

本社爲鼓通風氣誘及文明起見故凡入社者皆不收費亦不須介紹祗須將姓名籍貫年齡居址詳細開明隨算稿送入本社登錄社友題名記即爲本社學友遇事盡知如仍有願歷無算稿者不錄算稿不論多寡淺深但以爲介紹之具而已凡學友居址有遷移者望隨時函告以免報札遺失　未完

中國教學同盟總章

一本會宗旨　組織學界同盟以立國民同盟之基礎

一同盟綱領　對內則交換智識互相提攜對外則期懇切勸獎擴張開徵凡有益於本會之事來無論或直接或間接皆當熱心提倡或贊成之

凡本會會員皆有分擔本會經費之義務

凡本會會員皆有保全本會名譽之義務

凡本會會員皆有公舉特別會員及被舉爲特別會員之資格

凡本會會員皆有提議修改會章及表決會章之權

凡本會會員皆得享受本會利益之權

中國教育同盟分會聯合擬章

一設立分會　各處所立之社會或由本會會員創設之社會苟不背本會宗旨則一經正名皆可互相聯絡

一交通經濟　同辦諸事在在需費聯合之會分會互相維持則費交通經濟惟以彼此不能強人從己爲限

一各守規則　分會既立彼此規則或有不同當各自遵守毋得互相干預惟確知利害可規勸改良

一互相考察　彼此分會年中一切進動及規則皆當詳細知照以備考察改良凡分會員有遷徙各分會調査情形者宜一體優待報知細情

一建設總會　分會滿十以上各派代表議立總會以統轄一切分會

學界風潮

記江西大學堂改良事〇江西大學堂案以頑固聞近日學生反由壓力生出種種文明思想去歲對撫請改習已經辭退今年所延張方二教習皆能發揮新精神故學生受其教育知自立近因議辦樓究程腐敗所備諸書非無新者僅學生集資二元至各大書坊選購上海新譯諸書數百種同一時共計有三百餘元之多新民叢報及湖北學生界新譯世界亦皆購有數份總辦欲設法阻之衆皆不聽昨日月課出題爲湖廣總督令司道祖餞出洋學生於漢皋各兵船中砲致敬序願作古今體詩者聽題各生卷中有三詩頗有新精神茲錄於下（旅於整紅蛟龍走亞東風雲一盃酒虹旗飛砲孔波弄少年現出自強魂黃鶴樓頭留樽俎黃浦江上氣如虎擊空而同博望漢開新世界哥命布君不見當與當年稱三傑披艱涉險爭遊歸來盛氣作維新湧現星球新帝國況復惡惡中禮遊亞東從此風波時好作維新世界之羣靈眼前此發君須勉我亦豪游志不灰從將此發祝將來閉風何處雞鳴起橫劍中歌日未頹　沈沈大陸竟如何喚我黃人感慨多從此學生即自立不敎煙艸蔓銅駝　國魂惟賴學生喚物競都從學界爭我願同儕此行去但求保國勿沽名）雖詩中多幼稚之句及頂說之處然亦可證其進步之猛矣聞總敎習大加贊批其上日海上潮音論者謂近日學堂改良較去歲對照時代眞有天淵之隔學生文明總敎習文明分敎習亦文明總辦乂安得不文明云

函述漢陽學堂事〇漢陽府之中學前堂晴川書院所改創也管院本六縣一縣之地其斂恐山之漢漢各縣務商故額設數十名廩額外課及去歲余守改建學堂又復捐資歎乃收考時競爭取本籍者甚而有籍貫命守難允於本屆時漢陽致各人盛以駁衆紛來幾糸以功遲剃倒即以此事委諸後之者之積守程以錄於府試院命委員將甄別揭曉顯倒紊亂情賄紛出有憤於抄襲之韓某列冠軍揭有文理未通之宋某列超等爲有十三四齡之童子兩卷鑑列首茅爲而其殿可怪者漢陽一縣入堂第六十餘名餘均十名爲商籍則至今未聞一人爲不嘆夫聞一人入堂即挑選入堂之惜亦且作然嗚呼人不不則嗚然內外諸生皆有激福決裂之勢當局者其亦早爲之計乎

本埠紀事

官紳紀事〇辦理絲茶北卡委員郭令曾陞近奉上憲檄委遣差札委張令旭初前往接辦又前廣西南寧府惠守昨詣道署及上海縣辭行又淞北營徐參將吉堃昨至上海縣拜台

航船被劫〇前晚有香溪酒航船由南滙開駛來滬至本邑西鄉龍華浦江被盜劫去布疋等物甚多及英洋百數十元又偽船夥阿炳昨日H船主嚴庚榮協同地保府朝昌投上海縣具報矣

商船撞沈〇南市張長發商船于上月中由滬開駛出洋不料念五日行至佘山附近被某商船所撞全船傾沒溺斃九人其餘幸慶更生刻已返滬訴知號主想當控官申理矣

抄案候訊續誌〇昨報登逃案候訊一則茲悉詳細探悉其行洲控弟汝榮分產一案因所告未到故將楊福逆將其汝榮等管押

盜賊蠭起致動川陝各帑公憤議論紛然即如各商亦聞信舊集鋪戶遂飭門稿再四勸慰並准交保然黃向爲商務中最有體面之人凡業行端正此次因家庭細故遽被嚴押黃介綏尤爲無端受累因此各帑公憤已爲派傳單定於初七日兩點鐘在商務公所會議矣（）昨談黃介綏作王介綏所述情節亦有未免傳悞處

押候移提○流氓朱阿本陸天宗宗阿福曾桑泉陳阿林向張安福及女子蔣翠紅等滋擾拆梢行兇將張毆一併戳傷由探捕獲解送法廨訊實判押候懲辦在案昨日提案晉柳示外朱穆兩捕實則因在英界毀傷夏三福等共犯三四起案件故判令暫押候英包探解來提回以憑歸案訊辦

縣訊劣弁被控案○去歲浦東高家行局董與被控劉某由柏林營汛弁駐防前營弁顧少云即顧國泰本係武生擅受民詞案革差保出立花條並用關防告示被該處董事環控提傳札縣查究汪令前訊因實於前晚提訊董事顧梅翹顧慶安均遣家丁高升王大信投汪令訊本縣已經訪明劉實背等毋庸備質即提顧國泰供是武生入伍吃糧多年因有習醫科醫痊某慈之傷被保舉五品軍功後又蒙前孔督劉委署外委期滿奉撤去年又由林督憲札赴高行駐防有札呈驗並無關防各董呈出告示恐係捏造惟紅論革條因丁役抗稅是以懲做汪令以劉僅五品軍功不應在紅論大書欽加五品銜賞戴花翎實屬虛妄申斥外判發交典史看管候核

英廨訊案摘錄○協豐土棧執事鄒清即鄒濟泉以族兄鄒永楨於陷逆詐爲山東探捕鄒河從案永楨供此土棧乃先父遺業被濟泉覇阻求斷讞員商之參預酬以訊係家務糾葛判一併押候過堂訊斷○女孩福寶年祇七齡其母蘇楊氏在滬以女紅過度邀來棣欠房租洋銀四元經二房東某甲向索氏無以應將女寄甲處出外措借詎甲串通徐阿福婦人陳徐氏乘隙將女抱出攜至虹口向某麥婦兜售得身價洋銀三十元瓜分而逸追氏尋女不見向甲追索支吾以應旋即逃避經氏查明前情報由包探劉光福將陳徐二人拘獲昨由該探將男婦拘解公堂並傳同某麥婦領女抄案伸訴前情並呈身據以張讞員以拐案人口屬實判責五百板枷示一月滿押西牢一年氏雖背三百下分別回籍女交蘇領回完案

光緒貳十玖年三月初八日

蘇報

總發行所 上海英租界三馬路中

分售處

西曆一千九百三年
日曆明治三十六年

每號大錢十二文

外埠價目

每日一寄連郵費全年六元八角
七日一寄連郵費全年六元
西洋加倍
東洋照加
郵政不通處酌加寄費

告白刊例

第一日每字收錢四文第二日至第七日每字收錢三文第八日以後每字收錢二文封面告白照後幅加倍論年論季面議長行告白二百字起碼短行告白以五十字起碼不滿以十字遞加

論說

記俠之洞敲詐李占椿事　來稿

癸卯之春薄遊滬上以二月溯江上行猶出澄江時淫雨數旬大風激波濤驚掉耳目篤小舟渡江自北岸抵南岸行乎狂飈駭浪之中僻登一夕輪船返滬險舟甚小僅堪容膝上支蔽篷不蔽風雨余笑與舟子貽容亂談內有一人爲何亦誇甚某哨官湘中人能道文字且所大義者也

余在滬時聞張之洞赴澄江閱操命各防營將軍對壘如臨大敵敵頗以務不遺餘力因以問某哨官某哨官笑曰噫然之洞爲此者乃藉以濟其敲詐之計也

余聞而駭之夫敲詐何事閱操何事乃可合而一之乎願聞其詳

某哨曰張之洞好大喜功所至爵異甚且此次入京凡以獻媚於榮祿李蓮英者無所出乃欲出之於李占椿甫登岸即索借三十萬金謂之曰今欲令公麾下與予合操如公勝則已如我勝則必借二十萬金兩操督〻缺予自有人督理之李敏多年就將積貸甚富然心不甘乃飭其各營號足彈藥準備拒敵洪亦弄假成真騎虎難下勢將決裂而澄江北門外居民驚擾異常一日之間遷徙爲空其凝驛之狀與學匪時無異

斯時江陰縣令聞之不知所小告急於學使李殿林李急電至蘇撫恩以恫嚇赴日聽至相與戒李占椿曰君武職彼文職如果獲勝則勝之不武且必有後憂如不勝則三十萬金不能免不如與以十五萬金李首肯文出兇像十五萬金事方已張乃命其護軍自爲操演以誇耀於李此則當日閱操之實情也

余曰噫嘻敲詐何事閱操何事乃合而一之乎余聞滬瀆流氓挾短銃懷利刃日以敲詐爲事又聞兩廣盜賊聚衆不過之徒擄人勒贖亦以敲詐爲事而官實力禁之緝之捕之戮之身爲大員如張之洞者乃竊其術行於整軍經武之地其罪豈可勝誅而曾無過問者莊生云竊鈎者誅竊國者侯不其然歟

雖然吾中國自秦漢以後二千年之君主皆盜賊之梟桀也有盜賊之君宜有盜賊之臣宜有盜賊之民彼張之洞者值不過敲詐伎倆猶流氓耳小竊耳不足當盜賊之名也然盜賊之君盜賊之臣則不能盜賊之民則必誅撲之公理其能合否此所以二千一行省中擾亂殆子無日而熄也

且以張之洞推之凡中國官場何一非敲詐之類乎榮祿李蓮英者以其術施之各省督撫督撫皋臬以其術施之道府州縣道府州縣即以其術施之全國人民全國人民亦欲效其術而無所施則人民施之人民而刑戮隨之矣層累愈多則敲詐愈甚衆而謂流氓盜賊皆懸河之毋亦彼有所受之而窮無所之者也嗚呼貧窮無告之民雖欲爲之孰令致之言念及此余所以痛心疾首而不忍言

哨官聞而愀然曰然哉然哉

時事要聞

專東會黨二十四誌〇會黨洪全福自事敗後當時已傳其剃髮易服逃往外洋嗣由某員弁查得近仍匿跡香港乃多方購線自往設法拘拿線人某故與洪相識誘令彼不疑日前乃治飲某酒樓投以迷藥醉後乃昇登小輪駛返來省經九龍洪已甦醒疾呼救命線人等恐有外援急勒其頸斃之於二月念八日午後抵省念九日晨將由南海縣委員前往相驗併在監提出梁平耀居勞同往認識據梁蘇二人皆識屍骨下無疑且其面貌亦較消少十餘歲云

又聞此次洪之被獲係在香港內舊盤有人手持布袋於香港之際出其不意從頭罩下頁之而去恐其叫喊乃以繩力勒其頸迨出發舟則已僵矣

又聞洪之死係被黨中人自行弊斃以邀官賞云

又聞官場曾懸重賞購洪有能生致之者賞二萬金若致其屍首者賞二萬金重賞之下故圖之者多然聞官場中仍疑此次屍首非洪氏身而外間傳說洪之被獲亦紛紛不一

日前拿獲之梁慕信劉玉岐梁亞居梁亞昌梁學林何亞酉等六名已押赴天字碼頭斬首其蘇子山梁平李順仍押監中聽候核辦

滋船聚衆三誌〇滋船聚衆圍滬院刷華盛盤卡舊泊皖江三卡委員亦藏匿憲派兵保護復會銜出示令商人折完盤院撫又委彭令鴻仲會同三卡委員督同司事與衆公評乃滋商不容查驗船分三幫共數六百十餘隻船之大小運貨多寡由各幫爲首者報捐聞有兩小幫各輸儘金二千四百串尚有三幫大幫未肯捐輸三卡委員無可措置不知如何了結也

錄天津日日新聞要事〇內廷隨扈官員云　兩宮初八啓鑾初九謁陵行大饗禮初十日行敷土禮成後即日啓鑾駐蹕保定二十日到圍河二十八日還宮蓋因四月一日孟夏時享與四月十三日天壇行常雩之祀典均須親詣行禮此還宮消息也惟在保定駐蹕十日一節刻下尚未決議云

自庚子以後理藩院被焚佔後現在另行修建聞一切工費等項攤派之蒙古各旗各蒙旗想必樂從也

日前駐日本公使來電達於外務部謂刻下中國留學生自本月不准剪髮以後即須行嚴論無如諸學生染習過深均不認許漸行一一承食者亦滿人爲多特爲此達伏候示覆云云

英派兵來華〇文滙西報云英國因中國現又有亂事之謠故央計將駐札亞洲之水軍力加增聞係另派巡艦三艘云

滿洲俄兵之舉動〇朝日新聞云俄兵占領鴨綠江西岸糧食武器等搬運甚忙有汲汲備戰之諸傳土民等以爲日俄開戰即在目前多有避難者並俄國名爲撤兵實舉集軍隊於停車場附近故起此謠云

俄國實狀〇又云清廷思念日本東亞同文會長近衛氏逝於

邊陲有險有功者以賞第二等从此以下皆爲之勳章也

直隸匪亂○又云直隸滄州鹽山慶雲等縣有匪徒潛伏直隸警察飭捕倪氏與地方文武官合力搜捕

博覽會員○又云天津道赴日本博覽會之官吏爲洋務局會辦候補道張及農務局會辦候補道劉現已經同會辦補用道張某銀圓局總辦候補道朱學務官報局總辦候補道張某天津知府練關邦諸人及工藝學堂學生二十名農務學堂學生十名師範學堂學生四名

世界要聞

英皇抵葡　字林報三號路透電云英皇愛德華現已抵葡京利斯白其時百姓在中觀瞻色云

德丹交誼○文滙西報三號柏林電云德皇維廉至丹京時該國人民皆甚歡悅當與丹皇宴會時丹皇發欣祝云彼甚願此後兩國之交誼益形親密而德皇則亦相謝丹皇任以爲水陸統領之任

法外部宣言遊約○叠新西報云法國外部大臣德爾開斯於四本月二號當宣言云去年十月七號四國所立之約頗於本國利益有碍

英軍戰耗○字林西報倫敦電英統領雅夫所帶之軍於上月二十九號在非洲森台馬蘭地方與敵人大戰敵軍竭力抵禦死二十七人失去四百匹馬英軍則幸未受傷云

英藩部之言○又電云英藩部大臣稱伯倫現已告知英國總督特悲遊及該島之特人所以不安之故并謂此可不久將傳至及佛島云

俄報痛詆法外部○又透德文報云俄國各報以此次法外部大臣提爾開斯不但於梅內度尼改良政策故皆作論痛詆之謂國人民聞之皆極憤怒云

埃王允遊柏林○又電云倫敦某報言埃及王已允德王之請將於夏間至柏林遊歷

俄兵受傷○字林西報三號路透電云駐札土耳其國面脫者納柴地方之俄國領事官斯耶則那當該處亂事已過後帶領土國護衛兵往該處巡視被愛爾尼阿人用鎗擊傷耳時護衛兵亦以鎗抵禦將彼擊退云

阿兵被殺○又倫敦電云在摩洛哥之非獨特地方日前有阿剌百人一百五十人被法國護衛兵所遣之隊伍殺十一人傷二十人并獲去牛口四十頭

南阿時政計畫○英國殖民大臣此次南阿之行其目的在調和人心計畫群上之統一建設大帝國主義之基礎以爲將來欲之統一殖民之以國有礦務保護礦山課稅及勞動問題與使用支那人等問題正在商議決定關於戰後經營在定財政之計畫英國政府以特蘭斯法爾及奧倫治兩殖民地在英政府保護之下抵當其資產額共三千五百萬磅之事業公債額所定之各案

南阿新事業公債總額	三五○○○○○○
一奧倫治殖民地	一○○○○○○○
二特蘭斯法爾	二五○○○○○○
甲鐵道收買及新設	一四○○○○○○
乙殖民事業	一○○○○○○
丙從前負債	三○○○○○○
丁關於殖民及土地之費用	五○○○○○○

譯國民新聞報　未完

烏拉乖亂平○自本月十九日烏拉乖共和國[illegible]流血現已平和

大統領辭職○委內瑞拉大統領克士托斯現已辭職[illegible]第一數拒其辭職以上譯東京朝日新聞

各省紀事

湖北○漢口設商公司自開辦以來虧折甚巨茲[illegible]與該官商已定辦法[illegible]因輪太壞仍擬向[illegible]現下兩[illegible]一同不免對簿公庭矣

湖南○湘中學務學務處以鄂省尤為踴躍茲因又設[illegible]一所功課極嚴四湖北則對未為辦云

蘇州○本省選舉人員自到省一年試用期滿照由游司照例致別與有府縣選缺主事許本鼎從九陳嗣借三員由驗送而傳于初五日到轅考試

昨紀蘇城官錢局元局由候補道主事十傳財齊[illegible]等情茲悉陸藩近又設于蘇官錢局并奉恩准批准批該知錄監今錄梁以坐辦之更替日佐貸倉備員

鎮江○鎮令楊聞有大華山合匯在於地暗設賭局因示諭該色人等如有慎賭者撤票銷燬准予自新倘仍治罪[illegible]不貸一經犯案或被告發定即按律嚴辦

各猪行肉舖近日議定宰猪一隻捐洋一角以充小學堂經費該關該學堂前因經費未足洪令復擬各魚行初一日[illegible]捐一千文捐大洋二角茲成該行董事經理收捐按[illegible]寶戶于寶戶無涉云

前聞有西商以鎮城西北濱地方荒廢擬築馬路一條由迎河口起直至象山以與商務中隔小閘并在港二處擬造[illegible]二座以通馬車往來至其塢則用土填平上建貨棧此[illegible]汪一帶房屋均須拆去矣

本部學員師範[illegible]年所[illegible]近年來[illegible]自今年起凡經平代理之人[illegible]長[illegible]理[illegible]

揚州〇上月杪運司接准兩江督轉奉到吏部咨開一併錄下
吏部為咨覆事文選司案呈准前任兩江總督劉咨稱淮北監掣同知一缺應即行裁撤將所裁之員歸於裁缺即補班內序補烏沙河白塔河兩巡檢缺均一併裁撤至兩淮巡檢一項僅此兩缺現既全裁併所有裁出兩員查烏沙河朱錫恭因案撤任尚應查辦請示外所有北塔河巡檢裁出之員及在淮候補試用巡檢各員兩淮既無缺可補應否改歸長蘆河東有缺省分照章補用抑或改歸蘇省以地方巡典補用及不願改省者應仍照常各還相應咨部核覆等因當經咨查兩淮淮北監掣同知一缺既據該前督奏請裁撤其現任之繆廷恩一員兩淮尚有淮南監掣同知一缺可補自應將該員仍留兩淮歸於裁缺即用班內補用其烏沙河白塔河巡檢二缺亦奏請一併裁撤究兩淮鹽巡檢僅此二缺其現任裁缺之員係屬無缺可補除烏沙河巡檢朱錫恭一員該前督咨稱因案撤任尚應查辦另行辦理外其兩淮白塔河巡檢裁出之員及在淮候補試用巡檢各員應否改歸長蘆河東各省有缺省分補，抑或改歸江蘇地方以巡檢典史兼用該今該督查明現在裁缺應隨即用之馬炳鑫一員並候補試用巡檢各員何日到改有鹽巡檢省分補用何員願以巡檢典史改歸江蘇地方補用何員仍願留於兩淮等因造冊咨部本部再行核辦相應咨覆可也

廣吳兩山及梅閣安梅師課試題錄下　梅花賦　賦安宅而弗居舍正路而不由　大爲之坊民猶踰之　君子關予利與論　安定題　蜚儒市君子以經綸　淮海惟揚州　李贊吾題寇萊公江陵論

浙江〇大嵐山路連嵊紹台三府七縣內有四十八堡後通洋面向爲盜匪淵藪時出擾害前省憲飭派兵分路進剿殲除多匪始稍斂跡派有防營扼要駐紮既而漸次裁汰日久玩生以致匪蹤復熾剽又密派勁旅突入嚴勵搜獲首要著匪數名起出巨匪因即飛函省憲一俟飭官即當就地正法矣

正任武義縣黃令福元茲已因病出缺當由金華府海守福派員代理詳報省藩當查有前署分水縣之李令紹祐名次在先所即飭往接署矣

廣東〇嶺東同文學堂創辦四年迭著成效經前督陶奏准咨部立案本屆院試學堂監督邱仙根比部數習何士果合商將學生名冊詳咨院署考試以符京師大學堂奏定章程上月念九日失學使抵汕監督請于行轅學使面及學堂規制及一切課程極力稱許謂辦學堂自此宏大規模實爲傑出云

專件摘要

揚州知新算社改良章程　續稿

八　研究

本社研究之學理分爲四科

普通研究科　數學　代數　幾何　三角

高等研究科　近世幾何　高等代數　弧三角及圓函數　圓錐曲線　平面及立體解析幾何　微分　積分　微分方程式

特別研究科　整數論　決疑數　變分法　定紀法　最小二乘法　有限較數法　動量法

應用研究科　測量學　星學　動靜力學　物理計算

九　社課

每月社課一次就普通科之程度分爲中等初等兩級每課問題約二三條本城限一月繳卷外埠限兩月繳卷由社員公舉甲乙擇尤付刊如所作實能宣發獨造秘蘊出新者更擬贈以本社同人著述一二種以誌欽佩外埠學友願應課者其課題可由本社按期郵寄惟須來函訂明先寄郵資方可照寄

本社課題務求簇簇生新不落陳腐而又宜能發明學理啓人神智者所選課題皆取之中等級中其中等級之有巧思者間亦附錄一二惟必註明初等以免紊亂現已將第一集課題刊行以後擬每年刊一如北高等學理不入課題將來或刊在雜誌或印行專書以揭載之

十　質問

無論是否本社學友苟有疑難之理求商本社者本社有知必答惟須函止限問所條且必須將疑難之點確實指明不得泛濫無歸使人無從著手

十一　著述

凡我學友有著述者無論淺深所將稿本或刊本寄至本社評備考原稿並加評語如學友中有無力刊刻而其書實能發明新理有裨學界者本社當酌資代爲刊行

除應社課外有能思寄算稿者無論淺深本社無不樂視其尤精者當附刊入課藝中以揚作者名譽

十二　推廣

本社係同志數人綿力弗隆經費支絀所未備將來逐漸推廣之事尚未易揭於左以爲前途之希望

普通數學教科書我國無一善本而茲事最要亦最難擬依中學程度編撰數學代數幾何三角各教科書務求盡善俾合學校教授及獨修者之用

近世發明之高等學理我國未輸入者尚多如特別研究科中所列之各目皆是也擬採擇東西高等算籍編譯，行使我算學界上放一異彩

趣味淵深名理精釋以啓學者之神智

交通錯綜莫雜誌若擬每月刊行雜誌一冊揭載高等算理以使應用算學不徒之實驗測如製行，擬擬購辦測量天文力學各種儀器以備演習之用

如右種種將於經費所限無同人等與大願力終必達其目的

而後己尤望海內同志補助貲財或慨助巖泉或捐贈書器報章無論多寡俱將台銜榜示報中以矢弗忘更酬以本社同人著述數種以答雅誼

學界風潮

童子世界簡章

一定名 古今事業俱爲成人所創造而童子實爲成人之基礎居今日之中國童子之位置特爲重要因定名曰童子世界

二宗旨 以課餘所得印証同儕

三辦法 每日一次用石印大字間以圖畫兼用五彩色

定閱本報全年者大洋二元二角半年一元二角閏月照加另售每份六文外埠酌加寄費

報中內容如左

論說〇講義 歷史地理〇小說 寓言 笑話 妖怪 傳記 叢記 海外奇談〇問答〇遊戲圖解〇演說〇來稿〇時事 學界風潮 國事 外國事

本報總發行所在上海英大馬路泥城橋福源里愛國學社分發行所蘇報館

四柳濱 本報所行僅辦報者不足有熱心贊成助捐者謹當拜錄列名報端藉表謝忱本報所函請將該所行所願遊覽望股暑報（每股小洋

記常昭公校

丙申之歲風氣初開[illegible]在下村祖蔭等款未擬設立小學社於東門隣[illegible]官監學常昭邑令李恂孫部然臣頗費遺之先後撥有官入房舍魚捐兩費復請於南洋得水利公產三成川总歸充經費後潘君保瀛即由丁君同季川充時等力支持之戊戌庚子之變各處學堂多廢而該山獨保存近歲遂漸改良程度如尋常高等小學添設師範一科尋常科科目如修身讀書作文習字算學史地理算學理科體操高等科如法制經濟師範科添以教育學文學體操師範及甲乙班交替演說因丁班自由講話授長徐君余照管各教習皆熱心教育諸學生亦如家國民思想進步數最成績具者近學幾理由致學同盟會會員中被選以今歲付託祖蔭任之惟入款不盈千數經演上困難由諸公理担承之力居多云

本埠紀事

會館被訟〇昨日會務公所因某次揀貨介受橫被拘押各商合議一篇採得是日兩點鐘到者即已當場座爲之滿仍陸續而至後竟有以停車望塞不得入者於是舉王二人及當日目擊情形者將當事向衆觀陳聽不皆必距料正辯論間有與此事反對之某某等數人聲言此係家事與衆無涉云云衆皆不以爲然某等難去而復來仍未能解散也鐘鳴四下衆猶不散局滋周施出直商之故席裁君議定三層辦法一查氏家庭細故由官符與閉之同鄉諸君出而調停一查王兩君被押一節由局道面謁道憲請示辦法一議定嗣後章程此後各商如有冤見打押再議會衆宜皆各無異詞於是遂散是日除到而未入者無從計數外先後會集約七八百人云其餘細情俟明日探明再錄

紳商公宴〇滬邑各紳商今午特假味蒓園安塏第各紳公讌某巡撫到關宴飲並延宴滬道上海縣汪令等爲陪客

上海官場〇江蘇候補直隸州王文仲江蘇候補道松秀等奉賀撫傳令等均於昨日到中午後旋上海照拜會

循例晚陰〇上海縣汪令以本月初九日爲清明令節本邑城隍循例出巡昨日循例派差晚諭會首所有應禁各名目不准擾皆跟隨違則拏究

限期破案〇嚴根榮航船被盜一案已紀昨報昨日縣諭河井龍華營地方勘得該航船被盜情真並被傷數處飭令將盜犯所遺兇刀帶同協同金四保八圖地保唐某赤同縣某役汪令限令三天破案

米行失竊〇閘市老白渡義生米行主昨日開單投工程局報稱前晚被竊銀洋等物約值一千餘元請爲查緝當由捕頭飭探查緝矣

縣差被押〇小東門外六板橋肉店主魏金坤投大馬路巡捕房毛王紀才唐維生等把持蓄情即將縣差張某許玉成帶回捕房上[illegible]內向[illegible]十元否則拘入城中究辦故先付洋八元後被包探一併拘獲押提並指控求究經供並非爲首其控求要懲等三人同供並未向曾等索賄陳供或係同村中此事實未干涉孫葵長判押候二人各枷一月各責一千板陳德寶免其枷責押捕房兩月候押追贓首具控之人到案訊辦

追獲身價〇楊春元湖北生福全泉稱英成等串拐浦東徐姓使女金香假立木香爲其妻已經成婚所有身價由各人分用徐知明稟請投控須泥浪總巡局請令飭嚴徐結逃出外經跡拘獲案前日提訊徐稱金香既與張完婚木已成舟只可酌索身價今人兒捕議追身價以充金香衙令飭將諸費生等枷號具以懲儆詳辦核

漁婦被毆〇浦東陸家嘴紗廠主近小工陳鳳山與其[illegible]和尚等三人在總巡局控稱花廠員役心論令提訊拔嚴供說與宋兇毆張供縣差僧汗不遂故被毆兇友人宋和尚上當勞動亦遭毆擊宋同供認命判責二百板枷具精與張宋一併開釋

西門會操〇在滬西南各團練昨午特假黃島與會操各種陣式正午下鐘始行收隊

上海縣案〇陸姓訴在工程局控莊文發擅將米船一案已經莊保出避復不料陸又將莊之船移陸阿千扣押投局晚經汪令復訊給照特供稱上海小姓托在米四十担陸莊二十担

（四）

于上月十三開駛來滬十四號抵閔行北首[illegible]船揚帆而來將船撞沉以致全船[illegible]在船即投救生局報告撥派火輪將莊船追獲一面將沉船撈獲並扭莊主工[illegible]局控准將莊押賠距被毆病由郎洪森議袖出外避匿不理情急扭陸到案求追陸阿五供在莊文發船上爲伙是日因潮急支持不住以致撞沉實出無心郎洪森供開水木作莊文發因病保出送回甯波醫治未回現留代爲料理此案求勵汪令姑念俯求仍人判郎代莊賠給陸米洋一小合洋一百六十元並將陸[illegible]船修好所交押款各着之船亦准交還各具遵結○衛阿桃前日扭戴月來到[illegible]喊控[illegible]等情亦經提訊衛供住浦東耕種度日昨日來滬售得花洋二十餘元至老馬路[illegible]物被戴來開將袋內之洋[illegible]去悉將戴扭獲並奪回經十六舖地甲理[illegible]令分給[illegible]五元各散將原洋交還距戴[illegible]小交與其友某甲收去硬[illegible]爲扭求究戴供搭船度日昨在馬路行走被衛誣竊扯去衣褲又扭案兵控判戴交差[illegible]候

中[illegible]會訊○德商奕敌時洋人投該管[illegible]稟控丁長華沙船撞壞輪船[illegible]追修費經[illegible]具於昨[illegible]會同[illegible]訊原告洋人供商人之輪船進口[illegible]丁長華沙船出口不[illegible]定章將船傍[illegible]桁[illegible]撞損有十丈多長開[illegible]主在[illegible]追修費銀兩丁錫年[illegible]同供在丁船[illegible]此次撞損實係老大許[illegible]春之過船主丁長華現在山東即求兩[illegible]中西會商准原告所[illegible]自行查核船主[illegible]復核[illegible]丁押還押

陽歷四月六日禮拜一

光緒貳十玖年三月初九日

蘇報

總發行所◉上海英租界三馬路中

分售處

[illegible]

西歷一千九百三年

日歷明治三十六年

每號大錢十二文

外埠價目

每日一寄連郵費全年六元八角

七日一寄連郵費全年六元

西洋加倍

東洋照加

郵政不通處酌加寄費

告白刊例

第一日每字取錢四文第二日至第七日每字取錢三文第八日以後每字取錢二文封面告白照從前加倍論年論半年論長行告白二百字起碼短行告白以五十字起碼多則以十字遞加

論說

讀時論　來稿

有亦諉諸盜匪者以爭匪之亂以開不法礮轉與州人在湖南鎮祠同也者承公司之折耗以輪由行與日人此二事近日各報均責之痛恨之作以絕可解於之問題實則質乎此種小者幾乎常常有之又爲歷有之此等亡國之大夫皆應運而生非此輩不能亡此國又無此輩則固然劇烈上之丑淨腳無所施其技此乃點綴亡國所不可少之材料斷斷不足責者也

然國者四萬萬人共有之國經此輩之手則不將人而發民自懸史計之已送過二三十次吾民未有以爲可怪者即或怪之亦止以爲不忠于君此而送之人之寄手未有以爲罪非於萬萬人者民格之卑下此可深痛

持此義則宜無所責于政府無所責于大官亦責好商惡買作類乎滿奴之事者而已專責刁紳劣衆作類乎賣祖國之事者而已非恕滿奴及賣祖國賊也我以爲好商惡買刁紳劣衆雖好賊惡賊刁雖劣猶是清白之民不失其爲中國主人之資格若滿奴若張祖同雖亦占直隸及湖南之民籍然一行作吏久忘其爲四萬萬人之服役卑自認爲何人之世僕受何人之深恩所謂莫非王土莫非王臣習爲口頭禪之謬解先據原有之土地權及做守權於中已別有所屬是其止具奴性無一息主人氣概故宜擴所責哀哀吾四萬萬主人果欲不爲外人分裂使吾中國內名詞不爲世界所唾此所謂我〻本與我家之服役何涉西當切責吾民斷不必指斥政府並恨大官也各報之于盛張祖同若以其爲侍郎及以其爲督撫大臣之兄又牽涉險〻則以擁護故責之恨之或又因其不忠于彼之一二主人故切責之痛恨之此正所謂報館文章半生暮死之舊雖中小而皆無異灶婢之怒妒極矣而吾以爲今日之各報記者類皆高識之士當國家之想不責之恨之決非因〻居高位因其証朝廷而已必以爲爾不顧者吾四萬萬人之礮湖南輪埠者吾四萬萬之輪埠斷不能聽吾服役私送外人不過問也此則責之恨之誠宜矣以如此手段責政府主如此之點汕大官累爲吾四萬萬主人所公認

惟欲以如此手段責政府立如此之點汕大官何所責張恨盛祖同何敢但見其有開平煤礦及湖南輪埠則稍問沿諾者何人割旅順者何人失威海衛膠州灣者又何人收各國使館周地於我公司之權所內者又何人不此之責而責盛張與張祖同不此之恨而恨盛與張祖同不擁護而收此人之罪無數張張與張祖同之罪證未爲失算然究未能盡主人之監督也

時事要聞

電諭照錄〇三月初七日奉

上諭閩浙總督許應騤著即開缺欽此

電諭補送〇三月初六日奉

上諭那桐現在出差其所署之務部左侍郎著各部方調暫署外務部右侍郎著顧肇新暫署欽此同日奉

旨胎常縈神樂部改從古律應用之材准其行使欽此同日奉

旨胎谷變種中止殿下論旨着邵行偏命欽此同日奉

旨鐵振現在出差應派湘潭都統著着符珍兼理欽此同日奉

旨那桐現在出差正黃旗滿洲副都統著英佑暫理欽此同日奉

上諭那桐現在出差左翼總兵著溥頲暫理欽此同日奉

上諭那桐現在出差戶部右侍郎兼管錢法堂事務著陳璧署

欽此

電傳宮門抄〇三月初七日召見軍機王大臣絲縷提調

上諭梁坐明日寅正至代殿恭行耕耤禮畢還宮皇太后

安用鸞輿初啓鑾北還事從迎少坐等候扶接皇太后

奉至西陵行禮後駐蹕行宮內事

廣西匪務彙誌〇桂省來函云匪首李老二被獲後其黨羽經官軍於二月十二日在湖界況地方擒獲多人並搜出槍械二百餘枝據於某日將李凌遲處死

柳州思恩兩府各府之匪聚散無常尚非省垣思州等可比

已投誠故地面稍爲安靜

探聞王撫折回柳州督兵往勦已有拿獲止匪之說永州總

王撫既移節柳州誠恐北竄故飭該營右旗郭參將開

林府劇之船勝路北札與柳屬之洞迫縣交界故亦飭

旗貴鎮亦率部一旗駐湖南之城步縣

思恩府屬上林縣古遊北更一帶聚匪甚多不易剿辦

廣西撫台擬派於候補道班候補員培楷率勇赴桂勦匪茲

道已將剿匪情形電稟至省所謂月中行抵永淳該屬有匪首何大英隊伍第二等分紮盤踞水匪王厄那女殺齊各村出剿殺水匪均受其害而永淳以上直抵邕城沿河兩岸匪邕商旅不通正擬沿途搜勦節節掃蕩適調各營哨勇及衛隊來共有四百餘人因於二月十六日由水道行至興該村三匪之巢經地方傳令該處團紳派出團丁前於是晚四更隊往勦黎明始到紮營村距山惡險石逕崎嶇匪見勇到抗拒以故鏖戰半日未下勇由村後衝圍放開花砲轟毀其巢既破匪衆逐亂勇即乘勢殺入焚殺匪徒以白計匪首何力不能支率死黨白數十人衝出經官軍追殺三十餘名生匪首及匪黨共三十五名婦孩二十八名奪獲槍械數十件共二十餘頭時因日暮勇已饑疲而匪王厄陀曲各排村尚匪衆兵單頃俟加派營隊方可一律剿洗擒收隊回船查驗李守右眼角受傷并傷右營勇丁吳玉文黎有衛隊勇文通三名我何大英已經西撫憲懸有花紅洋三百元除獲懲將該匪等及婦孩分別辦理外所有受傷員勇應懇懲獎核給

貴以示鼓勵非謂泛泛起紳其擬一併按則各獎矣
卑東會議二十九號○少各營伯均按到局勘論防嚴緝匪
首交摘錄於下　閱出納相總而非會務出示各伯光緒一
十九年正月十一日[illegible]打面諭總督部堂函嚴札明錄照去年
十二月省港合匪勾結滋事會經本部堂將在辦情形令洞撫師
院電請外務部奉代奏在於本年正月初六日承准外務部
電開奉　旨德諭等僅奏悉仍著嚴密訪拿匪首洪春魁梁慕光
等務獲懲辦並隨時超查防範毋稍疏懈此次英領事香港總督
不分畛域協力查拿匪領事亦能破除偏私實力相助得迅速收
成深堪嘉尚著候定案時由德宗等證明優獎以私減其火之和
記公司若一併查明究辦欽此等因當來合就檄行札飭即便遵
照密飭地方文武嚴拿匪首洪春魁梁慕光等務獲懲辦毋違計
粘抄電奉稿一紙等因奉此除咨行外合就照會該督仰即便遵
照嚴拿匪首洪春魁梁慕光務獲懲辦毋違須至照會者

江西各縣每年撥選教案賠款數目清單○南昌一千串進賢七百五十串又三十五千九百文洋七百五十元新昌四百八十三串上高一千串豐城二千元新喻五百五十元南城一千一百元鄱陽二千七百五十元瑞川一千五百元浮梁二千五百元金溪二千元安遠七百元安仁一千八百元泰和一千一百九十元吉水六百三十五元信豐一千一百二十五元廬陵一千八百元南豐一千六百六十七元貴溪一百五十元高安二千元南城一千七百五十元共計錢三千二百六十八串洋二萬五千九百七十四元

世界要聞

俄國財政及經濟界○國民新聞云本年俄國財政預算會區別歲項對照前年歲入總額二十億七千百六十六萬餘而歲出亦如之屬於歲入內經常部者十八億九千七百四十萬餘留其他屬於歲入二百五十萬留為中央銀行永久存金要有一億七千二百十餘萬留自國庫非常準備金內支出以保歲入之平衡俄國歲計二十億萬留之巨額為該國財政史上空前之事而十年前(即八百九十三年)歲入十億四千零四十五萬餘留較之殆增加二倍兩數此非常之增加要自大亂大原之數政鐵道本國有燒酎政府專賣之二大事業為政府增加收入之原因俄國政府於最近十年買收私設鐵道之大部分更以公債布設新線鐵道又不但布設而已燒酎製造及販賣悉皆為官業本年於燒酎專賣約得五億萬留於鐵道得四億一千二百餘萬留注已於鐵道及官有燒　專賣等俄國歲入大半全自官業及國有財產之收入即徵於本年豫算之官林官有鐵道官業礦業等之國有財產總約得九億二千三百四十萬留(內森林收入約六千百萬留製造收入千三百五十萬留鐵道收入約達千二百餘萬留)以上生自燒酎專賣被營業郵便電信[illegible]礦山事業者政府經營經濟事情之收入約達五億六千二百餘萬留以上二者合算所得十億八千五百六十餘萬已及歲入總額之大半　此稿未完

附南阿財政計畫○國民新聞云特爾斯法爾抵當其公債一千萬鎊三千萬鎊之公債於戰後賠償金與倫敦因歲入缺乏不別課賠償金云又關於事業公債中一千萬鎊特別撥出或餘款撥作支之理發特南斯法爾地方有密接之關係及其他公債於倫敦募集其成功定不容疑該公債募集確定與南阿採掘礦山影響不少

各省紀事

北京○京師所設醫學館因赴辦會京都赴日本博覽會歸期約在端陽前後故開學須在六月初開云

奉　旨在南苑墾荒一事茲悉該地水道頗多宜於種稻工藝學堂所留之二十頃水田土脈腴厚將來擬即種稻所需有土壩可以蓄家餘米又紳士某某亦購一頃將來變好亦作水田按直隸水田係磁州一帶仙如涿州出產不甚暢旺南苑之地將來開墾一律種稻其天然之利也

天津○津河廣仁堂自亂後被洋人佔據作踐不堪現雖交還而修葺頹敗殘缺已無此力歎南北各紳心誠虛之近聞盛侍郎筱澤[illegible]將此中情形報聯並請援款接濟以保善局擬以該堂為昔年創辦力任不辭尤[illegible]另行設法

濟安自來水公司創立後已于本月初二日開張預期邀集中外股友及地方官於是日親臨查驗並閱其水先自芥園至西北城角水塔先行汲引皆賀云

法租界所設鐵橋業經開工刻開橋之兩岸業已先行支搭木架修建碼頭其東岸並有席棚甚多為工人棲止之所

直隸一帶官地所有居民盜造房屋向章錢當徵收租款前經奏派四門汎勘丈清查註冊在案並詳奉直督批行照章收租辦理茲因該開此項租款於三月間開辦分別等次傳出四門汎按月收租云

保定○有大名棟軍三營自京來省於上月二十四日一律遣散是日在保定北關外每兵發給餉銀四兩五錢以作路費將各兵軍械分別收繳云

省垣近日錢價已漲每兩換京錢二千三百零五洋元之價亦隨之而漲惟香港人洋元價更高拾云

山西○省中設立礦務局以經理山[illegible]紳道與議試辦現山設督辦汪道司理與開行有無妨礙再行核准開辦云

江西○柯觀察日前往九江謁見鄂督俱現已返省

近有某員稟設吳城茶稅局以裕九江關稅聞已批准即委其往辦

江省景德鎮磁器近年已稍減色聚上年富道委二紳士倡辦磁器公司開窰中所出之貨皆由該公司定價收買致磁器利息盈滯今年故此項尤形減色云

博爲局常年經費定計四萬餘兩附柯設院以爲太費擬以八折
覆核　該局所招學生多不能合格肄業近均紛紛告退

商務會議公所于初四日在文廟公祠開辦

江寧○九省鎮釘王以來要求延用官僱除欸洽茲又於初三日東招江寧京口將軍都統領速撥臨並召江寧藩司率糧道胡巡撫徐支應局都勸防局洋務備用總辦杜五道同與議焉

事務李見省垣游民甚多大半工藝之流以過年物力艱難以致半途失業謀食無所爰創設周急工藝所招集各項工藝匠作人等入所各執所業製造物件由官給以伙食免致流爲餓殍昨委朱守承辦其事朱守已於初三日租定觀音街所事宜金陵郵政總局西人多君以杭新關稅務司安格聯君辦事赫總稅使徹飭已將郵政逐加推廣所有城中闔市及城外鄉間各巨鎮並外屬繁盛之區早經陸續添設郵局或設信箱或設分局茲因海鐵路將次興工湖熟上河句容等三處地方市面尤臻繁盛多君昨已招人承領信櫃分赴該三處分局收寄信函矣

蘇州○長元吳三首縣示論齊行已詳本報乃初四日有絲綢一業在積船街聚園茶肆邀集同行聚議初五日有綢作一律在閶門東大街中和樓茶肆齊行議加工價

鎮江○金君公壽由鎮遷居泗陽多年係兩湖書院學業生才具開展西學精通詳守以其名特聘爲中學堂西文教習每月脩金二十千文昨聞金君已由鄂省附輪抵鎮矣

洪令以各土棧所出膏捐多延欠不繳前聞有棍徒新端粥詐情事故已出示嚴禁矣

浙江○嘉興西門外向本設有杭州分關稽徵稅則近因收數日增應須添派供事人等辦理公務因房屋非常擬就左近購置民地填工建造距有人出而阻當經稅務司函致關道即飭查究並派委某令赴禾欲以善言調處未識能妥貼否

浙學張先期札行上江各府屬限行縣府試後由該府試竣即省撫飭台州府徐守承禮限月之十　日取齊各生齊聽候院試因於日期由省起馬赴台

安慶○皖省創設大學堂仿照江南湖北章程已於前月二十日開學其入堂肄業者尚未滿額擬於日內招考又因堂內所備書籍甚少已由大憲委前川縣張男文台赴上海專採大學堂所需各種書籍

巡査東門內街道某委員則滿道某委典史黄行將接辦於本月初一到差稽查東門城巡檢石錫瑞護送前滿營總札調北城局員張開甲接辦所遺北門城差尚未委定

日前有桐邑七子河　城投學堂肄業談及桐鄉民風挾資年來忽變爲刁悍正二兩月迭出命盜案多起推原其故一則官不肯究二則民深冤不敢報官以致搶案日多云

廣東○朱怡然此次科考廣府其所取文字大都皆以描摹剔劃者居多而狹弊考據者亦間或有之至雖辯爲談氣充洞沛者一切指斥不錄以故名進學門者非宿儒即小子而稍習新學者則十四閱竟無一人云

鎔銀局需用紋銀由永興等店承辦已詳前報日昨厚豐銀店具禀善後總局擬請紋銀換領局鑄大小銀圓銷售周圓擴充以本年上半年鎔局所需紋銀已核定由永興等十家錢號承辦未便續添着即遵照云

前有儒官代哥序爲招工一事乃在汕頭倡議茲聞近日澄海縣進士會與儒□亦作此爭論所訂合同有損害工人之處無不力與辯駁又聞梁牧亦竭誠贊助

事件擇要

常熟數學同盟分會章程

一宗旨　組織學界同盟以立國民同盟之基礎

一會地　塔後小學校

一會員　如捐助款在小學校及任義務者本會公推爲名譽會員　擔任月捐逕名入會者爲通常會員　會員中公舉總理一人副總理一人常議員四人幹事五人書記員一人會計員一人大會時糾儀一人皆總理於幹事中派定爲特別會員

一入會　同志有入本會者由會員一人引進二人允許即爲入會　各地同志有入本會者在未設分會以前即照本章程辦理入會續設分會即照分會聯合之章辦理　名譽會員繳照月捐即可入會不必引進允許

一會費　會員納入會金一元每月會費二角於月會時交本會外埠會員按季繳

一會期　每月望後第四日於下午二點至四點齊集了所未盡期月會一次以討論一切每年終擇日大會爲年中大會公舉職員　會期職員須　點鐘以前齊集事務所會議至三點鐘將其所議決覈定則公決

一建設　附屬本會有特別小學校一借得樓一既租處一本會並設有演說會一城西小學校一

一權限　總理有事得假由副總理攝事平日則歸總理居常議員之一席　常議員有決議之權如兩數相等則由總理可定之或否定之以指揮幹事員如幹事員不然其議出而反對者如在多數以上則總理再與常議員議之亦以多寡爲感如幹事員持反對議之數多於常議員者即作罷議如兩數平均則以總理之言爲定　職員辦事皆須在事務所先行議定不得在演說台輕行駁論以杜紛歧

一除名　本會會員有背謬宗旨及傷本會名譽放棄義務者即由會中決議除名

一雜事　幹事處收支款目每季開清單一次細支費如在入款三分之一以上者非經會員公同允許不得開支各持一說者

以多數爲定議
本年收入會金一元月捐癸卯年爲始　本屆大會有因假者
續願入本會即可入會收投如例　此次會章非經會員提議
更改公議核准者即當一律遵守
再同人擬公舉會員與上海中國教育會訂立分會與發以
期推廣教育俟有成議再行宣佈

寅楠被晉茶盜詞照錄

具呈職員寅楠爲晉茶爲家庭細故被提橫加肆辱叩請公鑒事竊職楠兄弟七人長寅來四森和六銘洲七福康先父母在時早經分出二益洲三行洲五汝梁即職楠合夥茶業盤記生意迨庚子匪亂行洲見市面不靖夾失紳保册錢錢茶所非同鄉謝輪輝非已故錢業董事公親居紳黃某等介紹提出銀款意在分析職楠與仲兄益洲悉聽公斷無不聽從而行洲受人唆使屢允屢翻去冬又經諸兄長公斷行洲當衆允議事後即悔爭吵不休竟至涉訟職晉茶因代朱紳傳其調處並被波及此等家庭細故孰是孰非難逃公論如蒙官長勸論嘩寧更自樂從不意有出於意料外者初四日蒙英會公廨張背天簽差協探將職等拘入捕房捕頭見職等均以紳商極承優待論令保釋次日赴案蒙簽原告并未到案遽將職等兩人分押職賊罪犯般子內職等何辜而至是遍殊屬不解該差協探索賄不遂史令職等卸去長衣嚴搜身畔更令脫股迫在汚穢地方坐立一切苦狀直難枚舉維時觀者有川陝會商暨同鄉職等目睹情形同深憤懣恫願公保而該差猶復恫嚇擋衆聲言欲將兄大憲非須赴府務公所會議始允取保議商等於保單上敘明並非干預訟事實因商家生而有關以由直未分之細故致清辱虐不忍坐視等因在案伏念職等雖以經商公業而於紳家世職楠仲兄係補缺人員職茶皆秩居府佐即或罪有應得亦當俟定讞後例須被如此虐辱與防禁者擊向自作於人何尤若未受判斷待質之人有何重罪而蒙職雖商上海爲中外觀瞻之地職等爲紳商體面之人自今而後何能恐顏立於文明世界職晉茶尤爲冤抑不逐連情何以堪爲此懇請安撫吞扶公職各大憲以維商業而全體面幸其幸甚

附保狀○其保狀川陝兩幫錢業業商暨東和公號等具到公祖案下竊寅行洲弟兄口舌細故聽從唆訟之人將寅汝梁黃介受架詞遲控牽提到案押入包探龍子堂等不恐以體面之人須學爲此將寅汝梁黃介受求情保釋在案倘俟訊一候傳案隨傳隨到不敢抗違公具保結是實

學界風潮

某君得東京兩學某生來函録登館特爲照登○（前略）此間留學生當以湖南爲最著及以前之事無不人人切齒其最人人曾具上等思想遊學以編纂爲數千分之多浙江人才濟濟惜心不一而所出浙九湖則其住江蘇似不其出色所著江蘇報尚未出版究竟如何亦不知也湖北官派者人人腦中只有一保官保然所著之學生界頗可觀或自費者所爲乎抑官派中亦有一二人物亦未可知直隸官派者腦中亦只有一保官保又加了奴才滿洲人可謂最腐敗然在清華學校自費數人另印文明不能一筆抹殺所著直說亦未出版廣東在此六七十人幾無作爲福建只三十餘人外府二人餘皆福州人也無思想者其多（中略）某君論任公二次談論均頗久言語甚多不能全記茲擇其要者爲公等述之任公謂今之議論不怕多惟不可有意見互相攻擊若互相辯論則於中國民智之發達大有神益如勤王革命立憲共和自裝面觀之似乎反對然其目的實同即愛國是也其異者實手段耳今日大家斷勿懷以手段爲目的宜如牛計學所謂分功各認一門結一大團互相辯論實行其主義則吾國民智發達之速真有不可預料者又謂俄國專制極烈行政機關極嚴故虛無黨雖盛而不能起事現虛無黨大變其手段傚倣其黨於通國由皆於內地至下除貴族官吏其不有其蹤跡他日必至舉國皆爲虛無黨則專制政府不攻自倒中國則作事極易政府腐敗行政機關廢弛而吾黨以前有爲做政者實吾黨比之腐敗非彼之力足以制我也使吾黨稍高一籌未有不行者也又謂欲革命斷不能專恃下等社會彼等之思想實與上等社會無異仍不過升官發財而已然彼等實居多數其力充足吾等有所建設斷不能不借其力惟非設法中等社會[illegible]之斯爲吾等計也則投殺無擇不已亦只以瓜分之禍而已然，因做到此步也速總須十年然革命實係中國今日至急之務然欲急又不能云云此實實時實無匹（後略）

記者江蘇學堂○城南上年創設之蒙學堂本係民捐民辦今年經理者因該學堂尚有成效因與諸洪令立案並由縣詳兩院及學務處准學生畢業後擇尤升入小學堂以資進步之階

女士演說○廣東時敏學堂於本月初一日開演說會假堂演說者爲張竹君陶梓木程式穀梓林龍煥綸段之姪女龍孔哉女士按張君皆專論教育極爲詳盡而龍女士所說大致以開女智始能與女權現今女子無學故女學尤須極力提倡不可過倡平等自由反滋流弊也一時聽者拍掌稱善是日到會者共二百餘人

本埠紀事

參將拜客○崇明營標營備介英督帶潘兆麥將楚材昨日因公至上海謁拜謁

總辦接差○江南製造局總辦魏道溫在蘇公畢於昨日乘輪來滬即於昨日到局接差

儕萃迎迓○江蘇糧道局總辦孫守述因公將次來滬故於昨日飭人預備一切以便迎迓

致祭先農○昨日清晨滬城文武各官皆至南門外致祭先農壇

（四）

行牌神道

賽會路由〇今日係清明令節本邑城隍神循例率同四司出巡賑濟乏嗣孤魂前晚神像升堂行點卯發牌畢即將路由發貼今特錄後出廟朝西過舊校場北轉花橋往東過佑聖天官牌坊過海防廳過鹽廒橋往東過中街朝西彩衣街過曲尺灣過縣東縣西往南至虹橋往東太平街過平民橋太興坊陝籮桶街至大南門出同仁里過永興橋過候家弄過竹簡街走菱笠橋出大東門過吊橋如意街往大過關德橋走荳市街花衣街至王家碼頭往南范家渡過陸公祠過梅家弄潘龍橋過東西鈞玉弄過桑園過沙家石橋一直到城隍廟上起馬進西門穿心河橋過杜家濱過舒家橋往西過倉橋出北界過察府署楊家橋胡家橋過守府衙前家橋出西王家弄過陝籮桶街過倉家濱過道前街至縣笠廠過彩衣街果子巷太平街過縣西縣東四牌樓過長生橋往

西四廟

賽會違例〇浦東各屬賽會定例不准經行設家樣大主堂曾為時已久距日前浦東共有千餘人迎賽三林鎮神會違例耗過設教堂並敢將堂內大門損壞堂中神父猶得會中有私販之人甚多特于昨日至法總領事署請領事照會道憲查明究辦惟首數縣署由汪令飭差協同浦東總巡局董于昨日拘獲儲青全之子儲某一名解縣一面再提會首究辦云

私運出口〇風北制錢日少商情支絀推原其故實係各奸商截運小口所致誠恐前日復有某奸商等又將制錢數千千僱雇小車公然由某輪船私運出口不知商務公所及有地方之責者亦有所聞否

派探彈壓〇昨日法捕頭以適逢天主教大瞻禮之期故飭各探捕均至新北門外教堂會彈壓

光緒貳十玖年三月初十日

總發行所◎上海英租界三馬路中

分售處

蘇報

西歷一千九百三年

日本明治三十六年

每號大錢十二文

外埠價目

告白刊例

論說

二十世紀中國民之慘劇　來稿

嗚呼竟有二十世紀立之論說諸國民自由之花僅爲老大國人獨據暗世而對僅者非他二十世紀慘劇之見徵也殆甚哉哉乎中東開戰以來我十萬同胞亂離大噬我滿洲唯完之支那久既爲列上因英與俄之何故拔越南日德據膠俄佔伊犁嗣曰藩籬撤除而遂不知故也者籍旗於英屬州佔於奧蘇割於日族順轄於俄猶曰之口失而腹地無恙也者乃挑戰數十萬而民命頷危則一紀大創矣而政府者不知也不論所數千兆而國債累積則血液立枯矣而政府若不知也者而且虎狼之俄張牙舞爪以踞伺於遼北即英德之相視而未敢先下箸者矣不思年踞中原之應則十八行省之身家財產將不可保矣兩收膊賽下知之者夫下知豈足以免禍哉吾恐勢不保神州之版圖而割裂之不止不得黃帝之苗子而奴隸之不止斯時將軍殊調必有甚於庚子津沽之變者也雖不欲實行鐵血政策安得而不行然使政府於此果能翻然爲國民樹獨立之旗揭自由之鼓由專制政體一變而爲立憲政體再進而爲共和政體如日本三十年維新之治斯民悅服而民氣伸國勢即立見興盛亦何難轉弱爲強跨亞洲而雄視五洲哉乃不特此之謂也始之反防撫抑之不特不力保護之反加猜忌之有不惜必殺盡戮吾生儕與流涕長太息者決非幾舜禹湯文武相傳之國民獨見於往海而遇颶風非徒抱槐號泣足以僥倖免死必同舟共命以求相濟然後可望出險以全生吾觀歐美各大邦所以有今日富強者不知百年前經劃幾何如彼犧牲此幸福也則以魁梧奇偉之國民冒日以身命投於彈我族類之手不得不棄而始棄之何如今日而犧牲之以爲四百兆同胞之先覺令後之人皆崇祝兩神明奉也爲法國革破命爲英國華盛頓救種救國之事功非異人任加吾國民深思之願吾國民深思之

時事要聞

電論照錄〇三月初九日奉

上諭閩浙總督著鐵良補授未到任以前著□□署理欽此

召見大臣述電〇初九日北京來電云是日　皇上召見軍機潤全榮慶福

駐蹕良谷莊捷電〇又電云　皇太后　皇上於初八日一點二刻到良谷莊行宮駐蹕

幾錢天津日日新聞要事〇法公使干預廣西戰事故前延將蘇元春離任所有蘇軍概歸王之春統帶而制清廷並允法公使之請再加兵助王之春剿匪云

日前駐日公使蔡鈞達外務部事頗緊要蓋已探悉派蔡使云現接日本政府照會謂貴國國事犯某可使不在敝國境內云云故此電達政府當有設法令其他往謂矣

卯來相山日己無此稿不過手腕徵摘備得動靜此稿其外部日部之偶一非常大意如今皆是否前日之事不於日十四日必要變失其實情相當爲難也云

三月初七日駐京俄兵撤退事外務部已接俄使照會某某來函照錄〇中國留學生有長崎實行發行者日一期於古物共有門報首出是日到者已有萬數望不泰斯事爲以資經濟不知何人意欲豪傑出自因此大聲疾呼亦即有志士之力排除之竟日在公所會議并非以袁氏之事所以將來出版與其刊行斯事凡我商家自當力籌大局公議辦法云云　按此函係退不可以加採訪係國情故照錄之

世界要聞

日俄開會〇字林西報四月四號東京電云日本因俄人於滿洲撤兵遲緩之故已勸公使方伯罷兵與國會此會皆特解散於俄人約許撤退滿洲駐兵之時也

英皇定期遊歷巴黎〇倫敦電云英皇定於本月念七號至三十號遊歷巴黎焉

德皇行程〇又云德皇已行抵加木海琴地方衆皆歡迎之

英葡交涉〇又云英皇愛特華第於林頓四地方召見大臣時葡萄牙國會進行諷以英葡二國聯約已歷五秋皇頗納其言以此爲二國重修和好之證

英兵派隊備迎〇又云英國內閣軍隊衆赴阿爾北扶以備迎接大統領羅培因統領將來遊阿爾北扶及土耳其之處

英庫購銀〇又云英國與葉葉塢之國庫已購得白銀三十八萬四千五百兩每兩出英金五十錢以備鑄造比沙（幣名）行於菲律賓

土國鐵軌被毀〇又云因悔西度尼搗亂之故在敘降尼之鐵軌已毀壞兩處矣

滿洲商務減色〇又云朝鮮報論滿洲財政於俄人之商務自一千九百年以後已減少三分之二

韓政府意見〇又云朝鮮政府意欲令朝鮮內地之日本郵便一併收回

俄國財政及經濟界〇又土地官出年賦金（一八六九年內帑之領主年賦屬於皇族之土地僅存於農民者）私設鐵道會社之義務稅款及軍事償金其他數種之收入合之則約占一億七千萬（盧布）之多此外直接稅地租營業稅家屋稅之類取自國民之租稅共少亦年不過一億一百萬留編稅酒稅煙草稅石油稅砂糖稅等取諸製造業與商人之稅金多不過四億另五百餘萬所以俄國恐租稅之力非鮮也雖然自全局觀之俄國之財政決不爲好況其財政經濟界困難相顧國中皆政官業獨行民間之事業不起加一層困難既如設之鐵道築屬官業陸海軍之施設亦不鮮政府撥款非大業製造者偏待政府之給照而於政府所備實際無大利益製造業反益衰落此所以俄國布鐵道造船艦製兵器擴張亞細亞之領土之資金求之國內尚不能足而取外

借政界如去年於巴黎及柏林兩處借款亦以其計畫不慎
貸欵於柏林市場爲俄國所妨害現對抗德國新聞從此即驀
公債買獨逸之歡心因以傳其要旨俄國外國之市場斷然打其
政略限民間事業進行政府亦爽其結果民間亦來不發達人
民益生依賴政府之心如上之政略果可以收好結果乎雖不能
驟爲判斷俄國今後行動可觀也云國民新聞

各省紀事

湖北○漢口大智門外之鐵路學堂行將落成所有齋舍講堂均極寬敞不似從前窄狹聞須俟學部即於月內開考云

江西○製造局刻下尚未鑄造物件不過修理手鎗刷防已十日前刊發矣

南昌方洲田地派撫辦派員往勘二次擬就種植云

參將陳永濟由武備學堂派充教習員

江寧○甯藩李因省垣銅錢缺乏請設官銀錢局刷行鈔票以維圜法惟鈔票自東洋一時未能印成故迄今尚未開局選派錢價益昂銀價益跌省紳稟司由官定價汇兌亦仍可挽論錢業將銀價提高乃江寧商會求准藩臺遂漸加增故制以下流錢價雖見稍平而日來銀價又復跌落觀察現飭藩司趕緊開局以平市價李藩遵於月之初一日委札朱守其爲辦理局務朱守已於初三日蒞局到差

蘇州○恩撫於上月二十二日開考大班月課現經評定甲乙十初六日發榜計取超等知縣陳令光照等八員特等直州判方佐元照等十員一等知州陳牧維屏十員二等知縣孫令文照等三十一員應給獎件當即札司發給云

浙撫陸道由杭赴蘇與蘇撫籌議直隸商起運漕米事宜故即定于初八日偕同赴滬查看滬局兌收各米並須赴淮說見陳漕督籌陳一切云

蘇省應道由滬主事婿路札委漕道爲總辦已于初七日赴省恩撫即加札辦理總滬蘇松常鎮鐵路工程令即赴滬勸路開辦而漕道因須致祭封翁專祠故乞假一月一俟返省再籌開辦云

松江○江南提督李於三月初七日回松各營員及止副兩營兵士均至南門外大涵涇河干恭迎

由滬涇恢復勸之吳姓要犯於上月在華亭縣獄脫逃後迄今已十餘日尚未弋獲又經華亭陳令將平頭吳德裕等提出審訊命貸二千下其餘亦予寬貸仍飭差勒限緝獲

松郡東門外典當僱某姓婦辭歸母家後忽圖賴婚地以陳姓亦係與附和之婦懼怖赴某敎民處控華亭縣經陳令飭差提拘原被告訊問反覆研詰得其真情命將地保笞責一千四百下該婦斷歸某姓具結了案

續潤庠之妻吳氏係西門外開街吳某人之妹現於清明節候遊三松城乘僞出探其親戚云

徐州○本院創設二江師範學堂計經學務處由防所屬保送錄取應州赴省考試者恐有將來屬佔數太多外邑及北皖額取者百分中止得其一因札行揚州府趕緊保送限二月抄截止惟新係擬任人數仍照所剛學務處所又來札以二月抄止限且須俟二省公事返轉後示期考試

新例自徵貨物捐省憲派委朱道判赴協設局委同地方官諭開辦茲悉此事微有無格非各衆各坐一董不能照案故經二十兩縣傳集各業商人令其公舉董事會議給以舉費成一時頗眾紛紛多有推諉不就者恐其捐亦不易辦成也

城守千總沈紹金收受煙館各棧陋規每年數逾巨萬近經勸察城察月費大者五十元至少以十元爲度所計城內大小煙館台基花谷開共有六十餘家惟上海縣添雲史小舍子等家有大煙力倡議與該千總相抗故該十總先將張等送縣管押釋升迅詳准張督俟撫准後復飭海州分司札迅到縣紀補茲於上月念七日到署茶到上諭即行飭知三月初二日杜迅到縣後與詳細禀見以將州學以辦局公大之差云

揚江都典史丁以年深日後沿著四醫班在署訊制晚間復傳妓女術閩卧赴局之妓有七八十口之多當時強江令在堂驗拘獲訊收該典史抉取術關口供外隨即赴府院明開已不示其詳委劾矣

史紳有令如臘一杯酌水十兩各冬已不致而飛令因保甲李道與史有佈告特給拘六紳四人發總巡查令帶赴中有一伕劉氏共夫因八邑器累責係經服該氏逃吞煙斃於羊肉巷地甲之家初三日報解江都吳令親往檢驗起疑踏驗驗訊詳也

廣東○上年八旗改設學堂其常年經費經將軍等咨付大憲行旗營按局核議亦定由局按月籌解經費銀五百兩歷撥按月照擬飼因榮議學堂爲進步之階尤爲緊要又准將軍咨改敘營學堂經費不敷請飭局按月加撥經費銀一二百金以得一律再辦經大憲行撥司局核明准司局各庫均形匱乏實因無可再撥惟榮君學堂培作育人材基礎自宜兼籌并顧勉爲其難擬加冊來咨每月由局加撥銀二百兩連前每月共給銀七百兩以資學費嗣後如有不敷應由旅營另行籌撥詳請咨覆查照云

暨如丁五事出限久居京津來南學經管學大臣張保送赴清特科因咨送十一年內令得應試而西川學督認之飛電調恐試並主持於削奴以乘輪赴中恐必應咨之聘矣

大學堂總辦丁君物以川派諸公咀於時四十無子勇人有詬丁閩天閩在詔丁妻爲有山者未其是否則非外人所得而知矣去年丁以情殷抱孫爲丁納一妾謂柔枝勞出猶勝於無也乃自妾入門後丁不敢往與殺殷勇銀者所以爲丁果介而辨者也不料前月下浣丁妾候其夫之外出也竟逐其妾丁尚出爲救援丁妻竟揪其頭指駡其姑之左相咒罵之聲直達戶外而妾卒爲所驅後丁自外歸審悉其事但以吾言勸內不敢貰妻一旦可開與

突

惠秀書院每年甄別　次其名列正外課者月與膏火額兩原以爲培植寒儒也乃近年來該院考諸人竟以爲瓜剖私人之具本年甄別考爭論命常備軍赫赫徐某操去取之權徐有三弟均列正課日前紛士論爲之譁然然亦可異矣

學界紀要

▲無錫教學同盟會附設閱書報章程

一教學同盟會會員及名譽會員均有借閱小學校藏書及報之權利或來校或限日換閱

一教學同盟會會員有保舉借書者之資格（被保舉者不得借報）惟須經會員一人允許注册始可給借

一借書報者須以掛到先後爲斷

一書籍每部過十二册以上者不准作一次借盡其書籍與經藏書須監督核准允許者不得允借

一同盟會會員有欠繳月捐金者則於繳清後始有借閱權利而書報逾期三四日始繳者罰去權利十五六日始繳者罰去十五日十日內外罰去一月十五日外者撤回借摺

一教學同盟會會員在納罰期內保舉允許之權利一并削去

一被保舉者有借書之權並無保舉及允許之權

一凡書污損者概須由借書者賠償或出相當之罰金如不出者即[illegible]者且續犯者仍撤閱書摺

一日報非訂成册者只可來校閱看不得借出

一各項考試不論會員及非會員均不得借書入場違者查出議罰

塔後特別小校規則

一校地　常熟東門內老塔後

一職員　本校總理一人協總理一人由同盟會特別會員中及[illegible]班教習甲班教習乙班教習丙班教習丁班教習各一人監起居一人由同盟會公議後選舉總理延訂書記兼會計一人由總理自訂惟先擇之同盟會員中如會中乏材方可另訂

一權限　總理有辭聘教習之權教習有辭涉學生之權　辭退學生由監起居及本班教習簽字送於總理由總理會同副總理開除無論學生不服得申訴於總理由總理商副總理調查核定以相當之罰則本生不得再行申訴惟本班同學生四人以上有願保其無罪代担責成者得公具申訴書於同盟會由會中評判所議其去留如評判員有即任該堂經理或教習者應行迴避（凡評判員以常議員任之總理爲判事長）或留或斥悉由評判員多數之決定惟既由本會決定斥退者即爲有犯文明之公德論其保生資格由該生自認或由本會酌奪　總理有事請假則由兩總理議總理事　總理一年一任聯任至二次必間一年始得再行被舉

一經濟　本校經濟爲專定本邑水利田三成及游沛魚捐三百千文

常州圖書館簡章

第一章　總則

第一節　本館廣備新書並中國圖文報以爲造學界同志而助成中國文明之進步爲目的

第二節　本館俟經費稍充即購最新輿圖及未譯東書以備已解東文法諸同志之研究

第二章　辦事規則

第三節　同志各將自有書報證明圖記存於本館專備學界同志領閱倘願捐作館中永有之物者聽

第四節　有熱心熱力扶植本館或助圖書報助金錢或以書籍報雜誌送入本館借閱者一律收受

第五節　助圖書報分三項　一散各種圖書報永遠捐入本館者　二各種圖書報借給同志閱看有收回限期及無收回限期者　三撥購圖書報籌款由該發行所直寄本館者

第六節　助金錢幣分三項　一願捐錢以一元起數　二常年費以每月二角起數　三圖書費不拘多少

第七節　常年除投送辦圖書

第八節　捐圖書報一種以外或寄圖書雜報雜誌等送館借閱三月以外或助金銀幣者爲贊成員

第九節　由發起人及贊成員中選派理事員數如左

一　總理一員

二　幹事二十員

三　會計一員

四　書記一員

第十節　每月月終列一會計之支出收入（指示館中

第十一節　理事員理事之方法別有細則

第三章　館閱圖書報規則

第十二節　逢一六日下午二點鐘起四點鐘止爲領閱書報之時先期逾限均不候

第十三節　本館除與國日報外各同志領閱詳請如願在本館過目者不得逾四點鐘之限將原稿交明幹事員收人

第十四節　學界同志領閱書報必由本館幹事員紹介其有紹介與本館方能照給書報　未完

學界風潮

童子世界出版○本埠愛國學社衆學生合創之童子世界昨已出版議論精當體制美備詢爲有目共賞將來紙貴洛陽可預卜焉

蘇州學堂近狀○蘇省中學堂開辦已久日前恩撫莅堂察課而

告其教習某總辦曰現在中國古文失傳已久諸君須同學作講究講究某教習某部恩撫一物不知從此而訓之曰大公祠賜學生講究古文確是要君但古文派別甚多不知大公祠所謂何種恩撫聞之良久始曰只要是古文就好諸君斟酌辦法教習又曰坊間所刻的古文觀止大公祠以爲然否恩撫答曰好很好

小學堂行將開辦總辦劉令歌稚擬辦章程日前特謁[illegible]和免令調畑面商一切劉令訓劉曰閣下何必煩神只要將大學堂章程抄來就可刊行了劉令聞之欣然而退遂至省學堂面索章程現已開刊矣聞堂中將藉已購置交三縣轉飭計五大部內有九通全書二十四史等類

蘇州演說會近狀〇蘇州演說會今年第一次演說者祇[illegible]人主亦者因經費不敷遂行中止聞須改閱報社未悉能如願否

來函述如皋學堂〇如皋自奉開辦學堂之詔老紳沈等均執己見不肯開辦而少年之刁紳沙元炳劣董張詧鑿乘間而入把持一切己亥十月開辦將劉舉人所辦久著成效之蒙幼塾裁去壬寅年復將團練義塾皆借口爲辦學堂起見至今年既將書院裁爲一年兩課又將縣令所捐按月[illegible]入二成更向各團私斂銀錢沙紳自命爲總辦張紳自命爲提調每月支薪水七十兩飯[illegible]一切如辦亦尚有名爲客座號爲苑若衙署辦至二年有餘今春[illegible]月始先開一蒙學堂以眾人爲開學之日令教習向該紳加三拜從無[illegible]令[illegible]比附該紳三罰[illegible]教習一齊[illegible]頭執事行禮[illegible]被該紳居然公然[illegible]名出入學[illegible]近因考運令某入學該辦出房限啟爲小學堂從辦王縣[illegible]學[illegible]將辦字拆爲平地另行起造以國政利村有人作詩云東[illegible]直到存何天上西學堂祠[illegible]亦如在華[illegible]中[illegible]嗚呼堪方有如此紳董而地方官反倚之如左右手於此而欲開通風氣其難幾如登天無余圖

來函述揚州儀徵學堂〇揚州儀徵學堂開辦將近一年成效甚著去歲總教習居新就京師大學堂之聘改聘王君[illegible]其人頗有理想與學生極能聯絡爾教彭君圖赴汴梁會試其族人某君代庖與文分教朱君已他就現聘[illegible]君[illegible]不良於行上下講堂需人扶持然教授方法好故學生亦相得體操分教雖已聘定尚未到堂且文算學理化分教均仍舊惟聯絡因教習不敷海聘飽姓爲副教位在總教之下彭君之上刻已到堂其人極有因見課程表有唱歌幽默體操三科飽指唱歌以役人體操爲拜餘除圖畫爲賤工與學制毫無關涉云云擬又言學堂宜力崇正學何繪演出許多名目作如此無益之事大爲誹謗不止遊儀遊日內將有衝突之事矣

熱世界學報來函〇甘肅館主耶先生[illegible]未取候款存款出有同人有[illegible]錄刊新報錄不日即將完稿恐有重譯誤者特將書名及原著人名譯者一紙可否登諸學界一門俾免複譯想貴報深心學界諒亦不弃也須作之界乙　大雅鑒席　啟白[illegible]不發以此[illegible]爲呼恐會果日臨[illegible]鄙史毛則林史二圖[illegible]

悉論　法國萬權利忍原著　日本松平康國譯述　社會問題　法國利樂狗山本前田長太著　法律教科書　民法總則　日本法學士小山溫著　教育上之常識　英國神奈何原著　好本館抄譯

本埠紀事

官場紀事〇製造局總辦道府沈鄉又法號員孫令赴日又茫航波巡局員協巡檢聘僕又相縣丞堃常陳蘇丞石生昨日先後至上海縣拜會

上元例令〇昨爲上元令節午刻本邑城隍神率同四司山巡會中一切儀仗仍循舊例神會亦出大東門到壇晚間進西門回廟本縣汪令恐與史趙政臣花壇致祭

令節停訊〇昨爲英法會審之期縣汪明令節故均傳諭丁者照暫停

行兇送縣〇浦東鄉婦陳氏日前同長子阿毛投稱洗渡總巡局控被流氓陳老六向次子阿二備洋不遂致遭凶毆受傷當經謝令岳松提訊後將即備函一併移送上海縣訊辦

浙江海運滬局自去冬開局驗收各縣解滬之糧約有十八萬石之多現將儲存浦東招商局棧內訖因來天時稍暖以致儲米業有發變故招商局特擬函致滬南總辦林守于昨日請合辦尹令前往驗看矣

[illegible]〇[illegible]已作嚴核悉本縣汪令飭差拘命同浦東總巡局羞拘獲積賊全之手積增桂解縣君飭票訊在案昨至前日滬報[illegible]亦不備即行逃遁差役究明汪令[illegible]務獲拉迅提奮中首要剿案以便嚴究

亦弁解館〇[illegible]局亦沈郡司[illegible]斜於昨日起程向吳門進發矣

失火誌聞〇前晚四點鐘時英界徐家匯弄第百五十六七兩號門牌怡康洋貨店與毘連雲江樓番菜館內失火旋即熄滅計燒去市房三十四幢事後爲包探寶如海偵查成將怡康與雲江樓主一併解到捕房研訊何人起火距料該此推誘不認起火云

流氓被辦〇已故巡丐鄔子明羽孫暨阿本與王阿寶榮阿根等時將向開設容店之顧三福無端勒索被包探偵悉成方長獲在押晉等近在法界硤石由法公堂嚴辦在案遂借三十六號西探同沿法解訊將暨王蔡三名押同巡捕並同該流氓等已由袁探等押同英捕房解公堂嚴究矣

新諧錄雅

老學究問答記　五載[illegible]學究曰世間不晚將來武人爲最盛首以八股文不晚將來者乎馬値不可制般一學中腦甚地馬懷副逸去回憶視見腦傷甚劇悲泣如注[illegible]效必擇東手學究自言所以科閣解和燒稿取散悉悉臨立恭武之病已已傷萬不能口採咳嗽之餘[illegible]批觀門何乃

在學究泣訴來意且請借箸毛曰君與八股家沒齒不二之恨告
愛　矣自何介被議後余三人皆屏氣凝聲如立仗馬罔敢以
負綠為孤注妄有所獻替雖然不可不為君一籌學究稍謝林曰
此事惟何公最中窾竅往商之頃何雖滿腹借逗遛絮近蕭綠
條復用綜跡隨稱非膠漆交莫悉所在乃共詣何告之故并呈投
稿乞斧正焉何曰此作理想大佳但類議論須作違心語從大處
著墨乃易此詞畧言八股即孔孟孔孟即八股爾今已廢是復孔
孟之道賴以不墜制作膠庠莫不賴乎栩庭應請援照前案罷試
策論仍用八股以端士習而拔真才云云乘驛節頌官惟學究以
不用已作頗快快毛覘其意謂曰吾有兩全策卽作由君約同人
聯名呈請斂衙門代奏何公作則由僕上封事此雙管齊下術也
學究稍舒兩眉先後上竟林不行列名者皆蹤重謁官免職士紳

矜此乘大出與學究尤痛不欲生何苦某間兩公之召興語曰八
股文氣數已終此殆天意非人力所能公今京師方廣設學堂延
致賢才為此項者皆學大臣學究頓首謝曰若得一噉
飯以糊口不打緊且換衙世游版鍋哲學大臣大臣問汝習什麽
收習乎曰某不敏授徒鄉有年矣大臣又問　所習英文乎法文
乎俄文乎日本文乎抑精於算學乎化學乎光學乎聲學究
瞠目結舌半晌不能答已而問曰學堂不習八股文耶大臣聞言
怒其騷之出說憤填胸無可告訴決計自裁泉師伏子亂挾市頭
多投官廁一日前傳某官廁中有誤首死者相官詣驗檢衣帶中
有絕命詞一首云孔曰成仁孟曰取義吾與八股之死靡二臭味
相投惟君官廁投命此間以求吾志米著老學究三字令都中人
多傳誦其詞云

陽曆四月八日禮拜三　一

光緒貳十玖年三月十一日

蘇報

總發行所●上海英租界三馬路中

分售處

[illegible]

西曆一千九百三年
日曆明治三十六年

每號大錢十二文

外埠價目

每日一寄連郵費全年六元八角
七日一寄連郵費全年六元
西洋加倍
東洋照加
郵政不通處酌[illegible]費

告白刊例

第一日每字取錢四文第二日至第七日每字取錢三文第八日以後每字取錢二文封面告白刊後加倍論年論季兩議長行告白二百字起碼短行告白以五十字起碼多則以十字遞加

論說

待時與造時辨　來稿

今日之時何時乎今日之勢何勢乎民族競爭優類相角非二十世紀之大勢耶陰霾四布暗無天日非今日中國之現狀耶環顧政治之腐敗而心爲之痛目覩少數之旁觀而目爲之眩髮是吾知英雄之愁淚不能乾英雄之肝腸不能斷而與吾同一境遇同一感情無有絲毫異也

風雨淒慘虎狼環列前後左右無從置足試問吾同胞當此危急之秋將待時乎室中失火棟樑已焚燬顧出路覓而不得試問吾同胞當此拮据之秋將待時乎二十世紀之大風潮其勢豈特虎狼其禍豈特焚棟可比例哉吾等不幸而居此二十世紀此不幸而處於老大帝國一身不遇不幸則已既遇不幸而不思脫之吾敢爲吾同胞々聲疾呼曰我漢族從此滅矣我黃帝子孫從此掃地矣願其所以致吾漢族滅亡其咎不在他人而在我等也是故滅六國者六國也非秦也亡漢族者漢族也非他人也我同胞若不願受亡國之苦不願爲亡國之民則宜造時無待時

待時者恆爲中國之痼疾天命所至不可挽回與其逆天行事不若我々坐待天命之爲愈嗚呼是何言歟是何言歟夫待天命云者旁觀者之託辭耳縱人四百兆人衆坐繫使天果能爲吾等一一治事也吾將馨香而祝之惟其渺乎天空無形無踪故不得不疑吾待天命之心以造時勢中國之衰弱至今日而極矣漢族之受困亦至今日而極矣居此艱難拮据之秋而仍待時吾恐不出數年而於地球上已變顏色矣我黃帝子孫可以自知矣

黃帝子孫其果可爲文明人耶則今日言論舉動何至若是之不自由哉其果可爲英雄志士耶則今日之漢族何至如斯之困阨故吾不賁不能造就英雄之人吾獨惜夫有英雄之才而坐觀成敗者人生與憂患俱來與之創落險矣時勢與英雄相維待之即倒俱矣須知天下之事無有不可挽亦無有不能成今日應挽者以待明日明日應挽者以待來日因循推諉坐失事機其惟我同胞之積習乎其惟漢族衰弱之一大原因乎前途茫茫惟英雄能挽回之是依時勢岌岌皆英雄能造之是依是則時勢者依英雄爲變遷者也我黃帝子孫可以興起矣

今日之中國爲我漢族競爭之大舞臺也今日之時勢爲我漢族振興之時勢也有可爭之舞臺有可興之時勢而坐以失之可恨可悲孰有過於是者吾恨之吾所以告我同胞之不可待也吾悲之吾所以告我漢族之宜造時我倚同爲國家一分子各有應盡之義務各有應受之責任以己之義務而望他人爲我盡之以己之責任而望他人爲我任之使四百兆同胞人人存此理想則漢族之絕種可翹足而待也然則造時者爲漢族之元勳爲中國之主人翁而待時者實我等之蟊賊也吾爲吾同胞賀造時并爲吾同胞弔待時凡爲黃帝子孫者可以自擇矣

嗚呼茫茫大陸吾不知其能爲我漢族造是否耶四百兆人吾不知其能爲黃帝留一線之續否耶居此[illegible]之舞臺而猶欲待時則非特我之罪人抑亦黃帝之不肖兒孫耳與言及此淚涔涔下矣良口苦口惟我同胞行之亦惟我同胞念之

時事要聞

電諭照錄〇三月初十日奉

上諭良谷莊看守行宮之千總外委兵丁等均著加恩賞給半月餉糧欽此同日奉

上諭永興寺達喇嘛著賞給小卷綵緞一疋德木齊格斯貴收習喇嘛等四名着賞給一兩銀錁各二個班第僧名着賞給一兩銀錁各一個欽此同日奉

上諭連日恭詣崇陵佑陵昭陵莊誠恪欽獻崇熙皇太后轎及御前隨扈侍衛較射著加恩每名賞給一兩重銀錁一個由度支部司給發欽此同日奉

上諭熱河都統松壽補授欽此

電訊欽州匪耗〇欽州函云日前聞統帶郭勇營欽州李牧電云據府左兩營協佐英營稟稱初六晚被十萬大山匪徒圍攻宮塘斃匪十一名傷匪不少有一持旗匪首被傷未知姓名該匪前營祇有兩哨紮大直街堵禦三哨分防那天等處是夜匪黨千餘四面圍攻勇丁受傷數名傷能抵禦始將賊匪分向剿及大直街堵禦紮宮館有蘇姓貨店被該弁勇親見復列拾隊追擊匪被擊斃由高跌下復從旁攻進刧搶財物擄捉男婦二十餘人上山等情即飭各處嚴密防範以該匪迭次受傷聲言報復若向來無此惡戰者姿難始忍滋受難圖乘此營威奮力攻剿惟地勢太寬四面人逃防城尤爲吃緊請選撥快鎗一二百枝船足子碼備用云至東興電稱被匪攻已修好失散工人今已逃回初十接東興洋務委員蔣令電稱昨往使函稱芒街至下街路中有做工廠被匪攻擊斃傷斜豐一名失槍九枝等情該函爲義勇對汛已電飭勇林特飭迅查此股賊匪從何而來如何竟越受傷斜豐傷勢如何一面勦辦賊匪查起所失槍枝免貽外人口實又據林令電稱初六酉刻左哨弁黃國棟陳文忠由那捆率隊沿路搜剿直至東興以孤軍深入險地遇匪拒敵鏖戰竟日斃匪二名陣亡勇丁二名失去毛瑟槍四桿等情連日接統帶郭瑞祥函探得匪首婁七股黨羽二百餘人竄聚距小路八十里之那陳村立即督勇馳抵該處匪已遠颺詢問居民均云匪已西竄立將匪屋焚毀又據劉統報稱距營十九里之大坡村有匪屋聚匪多人即於初七日四鼓鎗拔隊起行天明行抵該村據稱匪屋相連派定分路圍捕該匪開鎗抵拒相持一點鐘之久當擊斃匪七名起獲槍械六枝子碼一袋餘匪撲槍狂奔等情　未完

桂省匪亂近誌〇初一日羊城來簡言有武員由廣西來者言及西省大半爲亂黨所據亂黨多係從前勇士賊有十餘萬衆軍械精

良材籍手續官署取緩必將祇有相州不樂桂林三歐首發小烟邊

罷首數人一為蘇元春之舊部下守備官、又云雲南提督馮子才辭官歸隱道回欽州原籍途經西省馮平亂黨甚為欽仰相隊迎迓願為沿途護送至三孔口請辭却亂黨遂與去

西士演說○上禮拜四英儒李佳白先生在尚賢堂院演講坎英同國政府與同聽者以衆今又訂於月之十二日即禮拜四晚八點鐘仍在該院演講英屬之坎那大與印度政治之異同云

道批附錄○英廨拘押莊黃一案由商衆公所與道署據情禀批錄下

該紳等故理應飭令押於公為調處卽使調處不明非既不足以昭折服儘可傳取各被到案以至情至性之理開導則紳方不愧慈父母之心以企广被手足之誼乃張丞計不出此而猶不提巳開堂而況任令差役禁入下等押所殊無體察尤開亦起應先記大過三次以示薄懲至公廨差役如何情弊仰上海縣汪令立即提案嚴訊務得確情從重革究無稍瞻徇至若洲所控各節仍仰親於衆公開總此一人所恐合貽後悔惟莊氏弟兄以分析未勻控各紳公議調處莊黃皆不過代人傳言何以莊若洲不控各紳偏指控莊黃皆委殊屬不解莊黃皆委有無偏袒不合之理由卽飭明具覆

來函照登○江西南勝門外機器製造局係仿河北造局中困設自來水於河之中流築壩水勢甚為衝激過往小船每被傾覆上月二十七日有鄉人柴船一隻被至該處適値大風將桅杆吹折乘以下流水勢將沉沒竭力呼救幸局中委員楊君聞聲往視卽飭華洞水之工匠數人押令飭划相與施救拯起一舩人得免溺斃似此該局救生船之設實宜從該局如能辦理此舉則誠一莫大善政如官款支絀未暇及此可出示募捐俾人輸助經費伏祈居上者以仁命為重那視為不急之務而漠然置之也

世界要聞

公使函詰○新日報得漢城函云日本駐韓公使有函致韓政府非難私雜製造紗票一千萬圓之事蓋因見俄政府存貯之細及其不能顧制銀圓之流行故也英學部大臣亦有極技之函至韓廷駁其建設銀行之事云

英總統宣言○字林西報四月六號倫敦電云英總統在明尼亞發利司宣言、英人斷不能變免稅之說惟所論應當更改之處則準視情形之應改與否隨卽舉行可也

遣使議和○又電云土廷已遣使與阿爾巴尼長議和大約舍賠償外別無他條也

英軍獲勝○字林西報四月六號路透電云英軍已先佔搿米爾地方與敵軍相衝突傷斃敵軍五人傷十五人敵軍大隊共計一萬二千人駐札於梭樓衛撥地方離搿米爾不過一日半路程

□□行抵、又同日路透電云日本兵船三艘已抵澳大利亞西濼謝省證速紡將行設法派赴往

弗事發故而詞曰

英葡交誼○又同日路透電云前禮拜六英皇與葡萄牙皇會於葡京列斯門觀劇其款待迎迓之盛禮節殊為一時之盛葡國崇拜殊注意以慎英皇所欲之處英葡二國之相好似有不以意於德國之狀且此次英皇會阿爾其狄大約係增培之舉專以示威阿廷起兒云

探獲金礦○又東西報載三月三十號倫敦電云俄羅斯近來函述及西比利亞與尼貝司克地方已探得極佳之金礦一處

工人罷發○又電云烏拉山左近之村拉某地亂耗一節工人與官軍供開衝相殺時俄工人斃命者二十八人被傷者五十人

摩洛哥亂耗○錄新日報云摩洛哥匪黨巳駐紮於言斯外兵中之遇卒頗有受傷及斃命者

土屬亂耗○又云檢西度尼亞之亂日甚一日阿爾巴人又攻擊希羅活于地俄領事當被擊傷時土耳其官軍與亂黨皆互相交戰數次云

日本新學制○東報云日本高等教育會議決定以日歷三月十七日公布新校令於官報　其一

專門學校令

第一條　教授高等學術技藝之學校為專門學校

除專門學校有特別規定情形外可依本令規定之

第二條　北海道府縣或市依土地之情況限必要之情形得設置專門學校但沖繩縣不在此限

第三條　私人得設置專門學校

第四條　公立或私立專門學校之設置廢止應受文部大臣之認可

第五條　高等學校之入學資格當卒業中學校或修業年限四個年以上之高等女學校者或有同等之學力核定後合於以上之程度者定之但關於美術音樂的教授學術技藝就專門學校文部大臣得別定其入學資格關兩項核定規程文部大臣定之

第六條　專門學校之修業年限定三個年以上

第七條　專門學校得設豫科研究科及別科

第八條　官立專門學校之修業年限關於學科學科目及其程度並豫科研究科及別科規程文部大臣定之

公立或私立之專門學校修業年限關於學科學科目及程度並豫科研究科及別科規程在公立學校管理者在私立學校設立者經文部大臣之認可定之　未完

各省紀事

河南○開封二月二十八日來函云近日公車北上者紛紛而來而到省人數尙屬寥寥聞信陽州有舉子一千餘人旅車就道該州

二月十四日課吏館考試正班各員報考者三十餘人共七十餘人凡曾經署事之員一概免考照自錄下　守令爲親民之官說　仕而優則學論　綜漢循吏傳書後　擬通飭各屬辦理民教爭訟宜持平審斷札稿　問豫省應興應革之政宜於何者爲先各抒所見　擬勸民弭盜告示稿

大學堂續招學生已於二月念一日在考棚考試

省城之南近爲南方來往孔道因而盜風日熾公車之過盜被劫者頗有所聞

江寧○省垣水西門外覓渡橋於今年正月間開工重建上下游河道均經築有土壩壩下復植木樁以阻舟行邇來橋工尚未告成土壩木樁亦未拆卸適值陰雨匝月山洪發致將十壩冲坍壩外船隻順流而下有某船觸於樁木致將船隻撞沉船戶於初四日具控監工南捕姚通判姚以工人不先將木樁拔起以致撞損行船即將工頭某甲片送江寧縣責八百板

蘇州○現辦車坊釐局恩總辦近因所用文案沈某藉事招搖撇抑不稱爲省憲得悉故撥將恩令撤差即省察看不日當見明文

蘇垣賭禁綦嚴府縣一再出示禁約在案惟各賭徒仍陽奉陰違而各衙門差役及地保人等尤以賭局爲漁利之計得規包庇遂賭風日盛近爲蘇府向守祥悉已密札及元吳三首縣出示嚴禁矣

蘇郡各屬設立航船[illegible]而各屬紹之原有航船行駛者例不准私自添設以啓爭端乃有車坊鎮航船戶丁姓近因某某等私向總捕船政局請領船照竟自開行故已控諸元和縣館爲押令停駛云

揚州○余守已於上月念八日由金陵旋署

武衛楚軍初駐揚州紀律嚴明士民愛悅不意上年春間李統領乘統蘇湖某營接揚日多該營管官及哨長弁勇僨受濫刑並究校平民威脅多命前府吳守曾詳請禁止並飭示曉諭旋由程運司欲保甲力反吳守之示乃另刊示諭授該營以生殺之權自去秋至今肆虐益甚上月下旬有拐案一起竟由該營准理時適原告在甘泉縣具訴乃該營哨官率領勇丁數十人赴縣搶奪原告之父原告某甲在甘泉縣擊鼓鳴冤經張令升堂訊問而營勇數十人竟敢衝突暖閣大肆咆哮張令萬難隱忍勵於余守返揚時面明此事余守飭查詳大帥候示矣

冬令粥廠刱构歷屆皆不平安自首事紳宗徐某接辦即商之蓀將遞派標下千總沈某赴廠彈壓迄今三屆不竣廠中人役及乞食之人每日兩餐數至千萬該千總照料周詳寬嚴互用並無滋事踐傷人口情事故昨由徐紳稟請文武印官合詳保獎

鎮江○留稅司批商人三月初四日詞云所述紙箔係由和記行報關完稅貨係代客報關歷次據混本關迭經註冊存記此次所報紙箔斤兩與原報又不相符顯係故意違犯所以礙難准理

小學堂中文教習已聘定張友白每月脩送二十五元飯食三元惟須試辦三月後果能勝任始行訂聘

近有不肖小錢舖將制錢剔選銷燬以致市面行使者多半私鑄之新砂完及小鉛錢若以大洋兌換銅元僅元須少四五十文不等奸商抑勒坐使圜法敗壞殊可痛恨

中學堂自叶守出示招考以來已經半月赴堂報名入冊者合四縣不過十數人因該堂學生備有膳宿故願貲生監多不願往受約束也

福州○閩省課吏館開經省憲定於本月初八日考內外課佐雜各員一律赴館甄別錄取

廣東○現聞朱學使奏保經濟特科者二人一爲沈道員樹一則未知其名而廣東道員姚文倬江西道員徐紹楨亦經由某某大員奏保但均經粵省督撫奏留差委恐不克赴試云

廣府中學堂經沈守招考并將招取名次懸掛示諭於三月初二覆試聞此次投考卷共一千二百餘本在署閱卷者共八人其中年貌在二十歲外者先行屏退所取列者率是二十歲以下之少年云

昨有瑞安公司做商鄧灼林耀堂赴府稟具稟認餉承辦廣州全屬傢伙人等稱廠燈籠衣人物五行經投停充工藝廠經費等情沈守批云據稟已悉查迎神賽會本屬新例之常即冠昏吉凶等事亦俱有定制以辦等減乃各處踵事增華加傢伙綵仗等類無不踵多門雖誠爲民間無益煩費所用承辦全屬傢伙人香廠燈於綢衣人物共五行仿照飲捐成案於雇用之家每該傢伙一兩加抽經費五分責成出賃之店代繳合計每年繳洋銀一萬元以充工藝經費之用等語府屬所設工藝嚴收無業游民教以工藝製造洋貨挽回地方盜耶利以地方與無窮之利現因經費不敷四處勸捐倘若資本充裕一切尤易措施如該項傢伙等件雇用之戶多係富貴之家以及各處街坊社廟宗祠積有常款者今乃稍分餘貲以充經費化無益爲有益於事似屬可行惟本府到任伊始凡所興革必須博訪周諮以昭慎重已札南番兩縣悉心查覆速留著該商先行來署聽候問話以憑核明詳辦云

番禺坑頭鄉有古松一株乃當時陳元德將軍所植兄弟南山聰松底在樹大數圍樹腹中空內可容數人兩枝葉甚茂其枯枝人爭取之以斲成器其皮藥焚之發異香近數年來復茁數株其一株本年結一松球大如竹籃高約三尺餘球外三層松針宛若蔥參天氣色其鼻嘗傳於衆附近鄉人往觀者日不乏人日來更有遊處文人墨客買舟攜酒作拜松詩者慨張南山六朝松歌有句云商量添個拜松亭松亦欣然作提嚨即謂此也

事件擇要

常州圖書館簡章　續稿

第十五節　凡館出報先至幹事員處掛號並註姓名住址以便稽核

第十六節　館中出報無論爲本館公產及同志借閱者均照

志必交本館以價值相當之洋銀以爲信物當付本館收單一
紙執以領徵收微報信物者槩不給付

第十七節　信物分三項

一　領月報一册或值價在六角以内之書一册交信洋五角

二　領值價過六角之書一册交信洋一元

三　領值價過二元之書一册交信洋二元

第十八節　憑單至幹事員處領閱本館已備之書報閱一種畢
繳還本館以憑單相示再付第二種無憑單者不得擅領

第十九節　備閱第一種畢不願續領他種將所憑單交本館注
銷信物交原人收回

第二十節　創辦伊始書報份數不多以掛號之先後爲發書之
次序

第二十一節　學界同志曾捐款本館者如有信洋不符定數
即不給發書報

第二十二節　學界同志領閱書報皆有維持本館之責擬定戒
約如左

一　所領書報限下期繳還不得展緩

二　所領書報不得污損裁割

三　所領書報不得轉借未掛號者

第二十三節　凡破壞第一戒者即由本館追繳破壞第二戒者
須令照原書報價值本人賠若不繳惟紹介者是問破壞第一
二三各約者永不准至本館閱報若仍縱橫不遵本館當揭
其姓名登發行之國文報與海內學界同志評其是非

第四章　理事員之義務

第二十四節　理事員不得放棄應盡之義務

第二十五節　理事員皆有保全本館名譽之義務

第二十六節　理事員皆有推廣本館之義務

第五章　理事員之權利

第二十七節　理事員皆有提議修改本館規則之權

第二十八節　理事員皆有議決可否本館事務之權

第二十九節　理事員皆有紹介入館閱書報之利

第三十節　理事員皆有不由紹介入館領書領報之利

第三十一節　捐款員得與理事員同享第二十九第三十兩節
之權利

第六章　餘義

第三十二節　本館暫設常州城內織市巷伍宅

第三十三節　本報係爪瞻者及薪水之資由同志集合不取閱
者分文

第三十四節　本館規則未完全者由館中同志續議改良

學界風潮

南京陸師學堂之衝突○金陵陸師學堂之學生初六日與總辦衝突哄堂而散其原因乃學生在京求貽書道諫其辦理不善僉君心甚不適有學生八名特派赴東某待竣以爲派遣非計遂因寬魏督總然停派學生謂其無端阻止遊學遂各散去

紀武陽公立小學堂奴隸教習○武陽小學堂教習張某僞字懷榮素以虐生課徒謀生糊又納粟爲佐貳去歲百計夤緣始得武陽公學調查差使假謂某至武進學堂同居堂內張某假恩挾是滬上繁華心不自持遂聚款於野雞妓院語而學堂已閉門毀人知乃踰墻而入一時有虐生騎墻之誚移就武陽小學堂之聘奴隸性成頑固難改八股之毒深入腦髓惟以虐生恫愒爲生之手段施之於學生以佐貳恭惟大人之鄙態爭之於總教夫畢總教素講禮而寬恭因已囮其術中矣爾今日之學生則非昔日之學生卑鄙醜態只知得一矜爲騎墻虐生爲奴隸教習而爲虐生之日遂甘受虐生之種種虐待而不辭也人人有世界主人翁之思想不屑以奴隸自甘故學堂學生之有國民資格者如陶君自元張君鉞楊君同穫楊君閎等同志十餘人均於前月二十六日退學改遊溪以武陽之名邑業爲人才之藪今乃一學堂尚不能爲學界保全名譽誠可悲矣豈非惟紳等徇面專用私人之過歟當事者倘其有以改良之武陽幸甚學界幸甚

紀學東大學堂現象○有某者性聰穎入大學堂肄業將一年矣日前休息日歸家其戚見而問之曰西文二十六字母猶未上口也戚大詫問何荒嬉至此某生爲言獄中總教某以奏定章程有習西文一門故不敢公然廢去而意實深惡之凡學生聲明不習西文者雖連月告假必曰日記功勤於習西文者則吹毛索疵本本記過且每夕必巡視一週遇於溫西文者則明日必記大過堂中仰承風旨遂以學此者爲大辱云

又言堂中各學科以經義策論爲命脈此外講史學者不得干外國歷史講修身者不得言西國倫理講地理者不得背地文地質各學日前某教習偶談及地球繞日月繞地等事總教怪大不謂然翌日讀之曰君亦殊博雅但此等異說總不宜使學生聞之耳噫此等學堂我中國前途爲進步耶爲退步耶不禁一笑

本埠紀事

蘇儲抵滬○江蘇糧儲道陸公於前日來滬假滬北錢江會館暫駐昨日南市海運滬局總辦孫守曾往拜謁埭陳糧務事宜

公文照錄○上海縣汪令接到會丈局員陳令來文内開法華一帶由法工部局開闢租界開築馬路前經會縣會勘後所有各業戶因假因無華民山租契單併經山局飭各圖地保將該地築路之各戶姓分割田單號數戶名畝分詳細開呈以便批註蔡迄未開呈法總領事催迫甚急公此移請貴縣立傳念五保四圖念七保五七圖念八保十二圖地保諭令速即開明呈局批註等因汪令接文後已遵照辦理矣

飭甲繪圖○水利局委員某守昨日飭傳各舖地甲到局飭令將南市沿浦之河面情形以及深淺與偏檢碼之人將成送局以備查考

示禁馬路○南市大碼頭裡街經工程局總辦鈕守提禁馬路直達東門之已放難責道於昨日出示曉諭矣

飭拿禍首○浦東嚴家橋南九團鄉民與南匯縣鄉民昇神賽會行經張家樓竟與教民齟齬以致將門墻擊毀由堂中函明領事並函請上南兩縣嚴拿滋事之人一案茲悉本邑汪令因浦東總巡局解縣之禮拜桂潛管脫逃後立飭差即全順協緝一面訪悉洋涇等處鄉民日內尚有賽會之舉故昨日飭吏繕就告示派差分投浦左各鄉示禁旋覓得此次在教堂滋事並起意賽會者實係六團樗著名匪棍周象䧳所為故即會營拘拿奈已逃逸惟諸增辯則已獲縣候訊矣

革差送縣○英公廨差役楊福即楊阿狗因其行洲兄弟涉訟與人私押一案茲悉公廨員以素商公憤知事不諧立將楊福斥革並備函於昨日移送上海縣核辦

滬南火警○滬南關橋碼頭協興煤油棧於前晚二更時失火經城內外各業洋龍馳往撲救約一時許始熄然已殃及元太豐蘇莊店沈立和烟包棧約焚去房屋四五幢當火熾時文武印委各官均臨場彈壓時西都右賞得協義什保火險故皆噴有煩言工程局亦已訪聞已飭探密查矣

拘獲盜犯○金山縣人鈕邦占家於前月被盜劫去衣服其首飾該縣派差帶同眼線追蹤來滬昨由包探趙銀河獲住正盜汪家海及其妻方氏並抄出手鎗兩支彈子數十粒金戒指兩枚銀鐲一副暨現洋等物解請公堂核示英讞員以案關罪名不入判汪與氏及贓物一併交給來差押帶回金山縣案訊辦

嚴懲流氓○著名流氓管阿本王阿寶魚阿根王阿方等專以冒詐行兇為事曾將顧三福華小弟等毆傷逃逸昨由包探趙銀河方長華先後拿獲送入捕房昨解公堂請訊訊悉其兩之奕為擬判各責五百板各押二年王張各責三百板各押西牢一年分別遞解

法廨訊案摘錄○猺監將婦向其兄猺炳臣滋擾扭控公堂經孫讞員訊押在案昨日期滿由局交出猺供以後必當改過不再滋鬧判還押捕房俟其兄到案再行核辦○大昌洋行東投稱於十月內失去花十八就查係管花園之顧菊生串同竊賊朱金鈺所竊請為追究顧供並未串竊朱認竊不諱判顧責二百板朱枷號一月責三百板

陽曆四月九日

光緒貳十玖年三月十二日

蘇報

西歷一千九百三年

日歷明治三十六年

每號大錢十二文

外埠價目

每月一齊連郵費全年六元八角

七日一寄連郵費全年六元

西洋加倍

東洋照加

郵政不通處酌加寄費

告白刊例

第一日每字收錢四文第二日至第七日每字收錢三文第八日以後每字收錢二文封面告白照後幅加倍論年……面長行告白二百字起碼短行告白以五十字起碼多則以十字遞加

總發行所○上海英租界三馬路中

分售處

論說

體育演說

此係二月內梁君在我圖之演說由友人錄示以其發揮 來稿
體育頗爲切要特補錄之 本館附誌

中國之亡久矣何以亡亡於文弱而無尙武精神予今日演說即說尙武精神中國文弱其總原因由二千年來獨夫民賊重文輕武之故然亦關於地理風俗北方土厚水深風俗朴雖重文輕武然文風之不昌如故武藝之習練如故其人之體魄強健此非由於地理風俗乎然而體魄強矣而無新學術新思想飽食終日無所用心其舉動不過拳匪而止不能救中國也南方處於澤國風俗繁華加以尙文輕武文風愈昌體魄愈弱然此南方之人豈本因故矣然嘗考中原淮泗之間崛起帝王項羽八千子弟橫行禹域江東英雄皆出此州人何其弱也在魏晉六朝以後一尙空談一味聲色從此遂造成江左浮靡之俗直至於今今之少年拖大辮效女服腿遂於發伎自以爲玉樹臨風者以予觀之皆人妖也吾我江南人自入腐儒[illegible]豈關地理哉大半由於風俗也然新學術新思想皆由長江以南輸入明達之士所在多有諸君試思之新中國之責任將委諸誰知之北人乎抑委諸明達之南人乎則必日南人南人然吾觀明達之士大半皆病夫也何能爲救豈知朽骸可轉則成網無機物且如是況人爲有機之靈物而反不能練乎又況吳越淮泗之人本非柔弱者乎是故當練練者何體育是也體育有柔軟體操兵式二級中國柔軟體操皆取諸外人勃北附辦最早雜取德國操法自成爲北操其口令盡成中國語有多至十餘字者用之不便是以南人所設學堂多用英美操又太柔徒取好看其口令亦用英語夫體操取諸外國且有德操英美操英美操已可爲混雜之極隨便口令而猶不能編成中國口令成語編兩字多不適於用豈不可歎耶試思兩軍對壘我則口令繁敵一則口令簡則我口令尙未畢完而敵軍已搶至矣此理極易明也今中國欲興體育必先齊操法而口令求其操法敏捷口令編成華語簡而適用者莫如東操蓋日本即取法德國而改之從加便捷[illegible]人之用也其柔軟體操可直接兵式非如英美操之徒取好看而已乎非欲亦[illegible]崇拜日本者惟[illegible]數國操法莫如東操爲合用於中國耳今中國教育會設體育部於滬上其操法口令悉取日本吾願會中各省當共思體育爲新中國之根礎必期操法一律其禁習過英美操者勿以改換爲不便而推以爲中國爲念則幸甚會員某先生等年已四五十尙服衣體操不以爲難況諸君年少人究如何奮勉乎諸君諸君當知人體育會人不限於一省某省某府某縣來學者非爲一己學也爲某省某府某縣多數人而學歸而傳習之則體育部之宗旨也在會之人良人有勸人入會之責人人有歸而傳習之責滬上體育部影響及於內地能處處分設支部使江南人士[illegible]體魄強健不獨江南使中國全體人人體魄強健所謂尙武精神庶可[illegible]民則何事不可爲乎方今中國譬如人家有良田美宅而不自保護使別姓強據其權今日割一田明日分一地以迄乙至八難[illegible]旋殘疾苟有一線生機未有不勃然大怒思有以收回其權者諸君諸君中國者中國人之中國也今日割地與俄明日割地與法後日割地與德且以[illegible]其力以淩虐主人將我四萬萬人付疲於殘疾之主人亦勿如而一線生機將與國同滅危乎悲哉一線生機豈不猶我江南人士之明達者植之哉奔走呼號人人爲病夫之續入此國民之域者又豈非吾江南人士明達者之責哉是體育部之設之不可以已也

時事要聞

[illegible]錄○三月初十日奉

上諭朕欽奉慈禧端佑康頤昭豫莊誠壽恭欽獻崇熙皇太后懿旨此次祇謁西陵所有經過之宛平良鄉涿州新城涞水易州房山清苑安肅各州縣地方應徵本年錢糧著加恩蠲免十分之三欽此同日奉

上諭工部左侍郎著[illegible]補授欽此同日奉

上諭正藍旗蒙古副都統著正黃旗[illegible]常山補授欽此同日奉

上諭著派盛宣懷[illegible]凱與之[illegible]呂海寰伍廷芳會議商約事宜欽此

侍御駁奏[illegible]○[illegible]侍御史[illegible]以[illegible]科舉一摺內有天下[illegible]人才予以[illegible]等[illegible]保[illegible]非[illegible]所宜有且[illegible]以[illegible]天下之[illegible]遲到奏駁之其摺中起首則稱[illegible]臣[illegible]闡失[illegible]之[illegible]若文[illegible]科舉中人[illegible]本科舉出身[illegible]以人[illegible]爲[illegible]論今以[illegible]論爲[illegible]且[illegible]過[illegible]志在要君則其心可知摺中大略如此云云

保薦商臣述聞○[illegible]以[illegible]政[illegible]派一二人[illegible]相[illegible]以[illegible]同[illegible]才[illegible]卓[illegible]保薦上[illegible]未允許

臺州[illegible]十二誌○[illegible]以會[illegible]排[illegible]日已派出大委五名一爲彭合植[illegible]山一爲周[illegible]三多祝一爲[illegible]排[illegible]一爲姚[illegible]淡水一爲[illegible]雨帆[illegible]白[illegible]花西山月每[illegible]一百名薪水[illegible]一百兩另派小委員十名[illegible]薪水銀一十六兩又[illegible]已封[illegible]山[illegible]日前[illegible]而附近村[illegible]於是晚被封而不[illegible]一[illegible]亦連封十七家

張[illegible]假[illegible]○[illegible]現[illegible]假而政府則[illegible]令其速入京師閱[illegible]科[illegible]之[illegible]

俄撤滿洲駐兵[illegible]要○字林西報[illegible]上[illegible]二十一號[illegible]台[illegible]云駐[illegible]地方之俄兵將於四月八號撤退駐[illegible]台外之兵亦在[illegible]東[illegible]國[illegible]台不日即將[illegible]任[illegible]將[illegible]已於上月二十八號至旅順口[illegible]兵[illegible]

揭同日天津報云盛京俄兵於上月二十二號起六日間共撤退九百人騎兵俱爲旅順口尼古來及撫納之部下者除旅順獨納二部下之兵仍歸入原營外餘兵均集甲而另設開礦等業矣

俄人要求牧畜場○又云俄人欲於滿洲地方設立牧畜場一所以滿洲將軍不願允從俄人即遣人往北京要求此事外務部接見俄使後當即允以在該處建設牧場云

爲鐵天津大公報要事○英國運路易發會現經政府議定發銀七十五萬兩其五十萬兩爲建造房宇之費其十五萬兩交赫總稅務司辦理歲修水利其十萬兩作爲赴會監督及副監督川資及薪水之用又聞貝勒溥倫定於 兩宮起行赴 西陵後即由京赴上海登舟到美辦理建房事宜

奉天專函云巨盜張海豐俄人深惡之曾派兵剿捕而彼竟誓死相拒俄人屢次失利於是賊勢愈猖出而擾擄民一千數百人逃口標子樂赴山中據險而居俄人又向盛京將軍求借營兵協剿馳赴賊穴邀圍賊未敢輕出俄人亦未敢近逼刻下尚兩軍相持不下云

探聞有某大員奏有封奏入告擬印花稅俟行後再於直隸一省先爲勸定地畝按照畝數加賦一倍可立得鉅款與練兵等語未知政務處如何議奏也

又聞奉天將軍日前來電云俄國仍擬在關外遼河一帶地方開採礦山刻下見礦苗者已有五處故云將來開辦時願與中國合股開採各等情特爲聯達迷請核准以便遵辦等語據外部人員傳說云此事業經稟准仍歸日間電覆云

京東北函云日前玉田縣與薊州河交地方拿匪倡亂經袁世凱札調駐紮遵化之李綸率所部往勵計捕獲匪犯二十餘名其匪首係室大某氏一併就地正法惟一著名匪首梁天保漏網刻聞梁匪潛至三河縣地方糾集餘匪竄諸縣刻多人擬赴復現在玉田一帶均日夜戒嚴云

又聞遵化所設中小學堂均已開辦中學堂係就燕山書院改建共招學生三十名小學堂則就義塾改建擬招學生四十名尚未足額云

北京函云北京官場傳言 皇太后萬年吉地工程於今年五月間上樑九月抄即可全工告竣在事各員係按照異常核獎自下京外各官謀此項保案者紛紛奔走聞由天德木廠所遞銜條已有五六十名之多云

又云北京要津傳說此次京察人員恐初八日以前引 見不能完竣 上諭所有未經引 見之員須俟謁 陵後齊赴熱河召見又有謂須赴保定行宮引 見者兩說未知孰是大約自謁陵以次之京察各員總須出京引 見也

奉天函云俄兵之屯紮盛京城內者現已移至城外刻聞俄官照會奉天將軍云我國保護鐵路政權既經貴國允准自行主張將來我國四月撤兵時應酌量減退且須增加騎兵以防貴國之紮賊發撤兵 流路云云

探聞日前外務部接到將軍來電云俄國此次撤兵定於西曆二月十六日至四月初四日即中曆一月十八日至二月初七日一律撤退外務部已照會於俄兵撤退之日即派旗兵前往駐紮彈壓地面云云

世界要聞

英商部宣言○字林西報四月七號路透電云英商務、匠業兩部在議院中宣言當於倫敦地方建築海口船塢一所已撥用一百五十萬磅爲浚深泰晤士河之費時在會者共有四十人

添派兵隊赴遠○又云菲猛頓來函謂及英國現添派駐紮中國之兵以爲將來遠東之預防事云

英德交涉○益新日報德國柏靈電云英法各報載英皇近歷巴黎之舉爲反對德國之起見此事實非英皇及諸大臣之所願且此舉因宋必能以德國爲鑒意英政府於九日業已照告德政府故柏靈地方已先知此事也

土國亂事情形○又云據西地方傳亂情形尚未能預料土延燬力與西爾巴人理論事辦理現尚爲俄人所保全惟俄與二國則兵爭停之舉現尚未議定云

印兵耐勞○字林西報路透電訪事從藩來第來電云英國派往藏國之印度兵經過許多沙漠無水之處能不疲意足證印兵及其將官之耐苦能忍矣

紀譯日本學制

第九條、關於公立或私立之專門學校之教員資格規程文部大臣定之

第十條 關於公立專門學校之職員旅費及給與規程經文部大臣之認可地方長官定之

第十一條 公立或專門學校當徵收授業料但有特別情形可減免之或不徵收

第十二條 不合於第一條之學校不得稱專門學校

附則

第十三條 本令明治三十六年四月一日定之

第十四條 廢止明治二十年勅令第四十八號

第十五條 既設之公立或私立學校當依本令自本令施行之日一個年以內遵此第四條申請認可

第十六條 予業醫學專門學校仙台醫學專門學校岡山醫學專門學校金澤醫學專門學校長崎醫學專門學校東京外國語學校東京美術學校及東京音樂學校自本令施行之日爲專門學校

依右例既設公私立專門學校之入學者缺第九條之入學資格當不少此等學校從一年以內本令規定及申請認可時依第七條設別科或豫科研究科其無資格者當採處理之特例外今後入學者之數可改正彰顯云 其二

實業學校令中改正之要次如左

ノ實業學校而爲高等之教育者爲實業專門學校　照于實業專門學校依專門學校令之所定（錄東京朝日新聞）未完

各省紀事

天津○現時河道疏通各處來往輪艘帆檣林立時有擁塞之患通田巡警局長趙君本擬傳諭各船戶一體排裝停泊均須靠近河沿不得向河心擁擠致礙他船如違送局罰辦

近來火警時聞居民鋪戶咸有戒心城內某水會自亂後久未舉辦因此於日前復邀同辦并有某善士助多金以資經費云

崇宮保赴西歐閱視工程所有署內一切來往公件已札委天津道龍代拆代行以專責成

保定○省城倫排大差凡行宮及火車站並門街衛均照搭蓋彩棚前由京中雇來彩匠在唐家胡同彩局內結成新樣牌樓欄杆五彩紛紜才巧奪目實非他處搭匠所能及也

直省藩將奏請行使印花章程刊刻告示使民週知原定四月初一日開辦茲各府人以印花爲民間必需之物日後自可暢行均擬呈請認辦分售處所

省城北門外遣散兵丁三營資給每名恩餉銀四兩聞所遣之兵係大名練軍

省城近日銀價已漲[illegible]大洋圓之價[illegible]橫洋大小減五六十文

湖北○將弁學堂現因額滿候補文員入堂肄業因武弁額已滿實均不能得中殊要也

總督發出告示兩道一保部咨議限御史陳請年前展限信票期一係英公使照會咨部改會所陳患監兩種簽條說

江西○柯護院初二派司道及候補六員赴瓷器製造局即將提調劉世芳運文沖一併撤館因該局機器工程均由劉提調經辦所用甚費且工程本不堅固云

商務會總理公所于本月初四日在沈文肅公祠內開辦當道紳士均于是日設酒演劇

山東○瀛洲書院自改爲中學堂後額設六十名開辦二年之久學生只剩在二十名上下因以譯書教授西學不授西文故也自去秋添授英文一門日下學生將近四十名之譜云

周撫新政以籌款保甲學堂三大端爲急務通省做周以辦理此三大端爲急爲升降之準前由首府首縣公函通知全省各屬矣

蘇州○本郡逸紀縣城勸定館門內瑞光寺內空地數畝建造館造銀元廠屋等情茲悉共項約需銀二萬餘金由縣辦陸守莊中共領即傳集工匠於初八日會同該管吳縣勸界開工

現辦常昭海口鹽局知縣現奉令撤差自去冬奉委到差迄今一載

已仍飭湖廣循撤回惟須令接辦以來所辦盈餘四項比較均能盈餘至二成以上故由陸續詳明援照比較成案札飭留辦以示鼓勵

協州○初二日爲程運司安徽候士之期各題照錄　安陶五行機辨明哲似魏武忠順勤務似孔明論　問外務部礦務章程十九條各報多所論駁華人多謂不便究竟得失若何　伊拉瓦底江支派攷　擬齊高帝欲使金土同價論　問西人謂帕米爾高原爲中亞細亞之中南中亞所當山川起於昆侖此人則直稱爲道鄉者是一是二其引據圖詳爲攷訂　宋游道傳於朋黨辨　又六部院與今式錢糧課關陝榷士論　苟有用我者一章義以閏月定四時成歲解　問直隸總督兼官保君兩江總督兼官保會奏遞減歲科鄉會中額酌量移爲學堂取中之額以收實學直才兩湖協館破停明經進士令州縣舉孝廉其益是否相同試申論之　漢封建與唐藩鎮論

浙人公稟墾闢請運司撥防堵及各界冲要口以免漏私當蒙批准於初三日牌示前該商辦理巡營堵亦係於鹽務攸關者勤擬派都司的幹人數名往界冲各要口堵緝但練兵富由數習陸營訓練新法便久日離營恐荒本業然後撤回歸伍至該商所容飯食一層照貼若干本司衙門無案可稽現作練兵業已加增假食可不必加至前往船假設每日油燭等項應由該商津貼若干仍飭照舉都司核議照辦可也

○湖口自大[illegible]相對[illegible]英國郵船駛到鼓浪[illegible]而沉該船經英國領事在該處建設浮標以爲往來船隻認識准俾免遇險等情業經咨行已於二月中旬興工建造所有工程係匠首鄭某托由英國領事文榜等往馬江認兌上海特派總監工直君商訂承辦計需經費一萬零六百八十元云

上月廿六日電　論到閩時成議將某儘革職永不敘用實不足蔽辜因與化捐一案實係某爲禍首也

福建官紳福清連江羅源古田屏南閩清永福七縣文童歸福州府王守於初一日在貢院開考駐防及閩侯兩縣文童則於初四日首場

學界風潮

湖南多派學生之由○月初湖南官私費學生共四十人同時東渡監督者爲梁孝廉煥奎能派遣留學生如是之多者外間或云由學務處羅君等慫恿之力或云欲攬欲盜守舊之惡其實原因尚不在是有知之者云戊戌張之洞派學生東遊已在政變後當派行之時張三致函於俞廉三不得你衛之去年湖南開武備學堂求東洋學堂生於張張亦固不許俞亦恨公私函牘凡十數迄不得其隻字俞乃怨甚而君茲乘間言之遂無不許諾先後已派學生近百人矣

一督之換○小蘇某君與日士某君相狎熟於前月遊留福建某君習語於日士亦某君戲謂之曰此你們努力從國閩中人教一

之當異於常。　君曾次質名醫張日人益而國中留學諸君
則以其遂而矣　而欲留學某君歸得同學力勸閣中諸君亦以
某君忠厚長者素抱愛國熱腸諒其語別有用意卒恐之按此事
某君以徵召學殊覺甚之無益而閣中諸君愛私國不介遊戲
之詞稍加侵犯可想見愛國之誠矣

監督不堪○南京東洋留學監督某爲錢念劬君之小裝錢君對於學界頗肯盡力以是人亦稱某甚知某乃齷齪小夫自認事南京官場得爲留學監督遂忘其本來日日趨承于蔡使之門凡拔送學事常有贊成不料近在東京忽出誹謗酬酢甚稱蟬於清議頭學諸君公其共對其發揮亦懇會亦容座然某無去志向欲頭從其事仍貪南京留學生之監督頭銜不妨負荊請罪嗚呼南京留學諸君其倒樹而有此好監督

開設旅學館○武昌江蘇會館現開與人旅學館分高等尋常兩科凡欲習學生與係蘇人無論仕籍商均可

江寧小學堂之現狀○元寧縣小學堂去歲忽忽開辦學生頗多缺乏乃開堂不及兼旬遽放年假各學生中之有志學業者見該學堂之留學識淺薄不足以爲人師今春假滿開堂到者大減其有照常就學者刻更紛紛告退十去七八幾於不能開堂總教習某急與常四處粘貼招考告白無論年歲學業是否合格一例濫收云

誌陳女士演說○日本東京來函云陳同壁女史將往美洲游求政治道出東京於七月廿四日抱打本町治具館之清國青年會演說是日到者二百餘人中國人居大半演說大鼓動日本人宜助我國民以改造政府政府雖不可恃國民尚可爲若徒利支那之瓜分恐瓜分後日利俱爲強歐所有日本必不能立於東亞故願日本人負心助支那以保黃種云云十九日又演勵志會（留學生所設）之請在富士見軒演說三時開會至者百餘人（內女學生九人）演說大旨訓論我國大勢恐革命之事適足以亡國故勸諸學生宜倡保皇當以革命以戒次陳懋禮女史演說勉學生各宜自愛次欽嘉樞君演說訓各人皆有改良社會之責以爲仙日著辦法之人才次君宗解君演說謂陳女史研究政治實開我國女界之先又論男女平權即是男女分治并駁女子腦筋不如男子之非次王維祺君（清華學校舍監）伸君未盡之意次金邦平君演說育自國之政治萬不可恃外人代理且不可倚極力讚之他人陳女史在青年會演說之語可爲吾人自之而我猶不可存此心也　時已五時乃開夕食會會員與女學生共宴宴罷者各散則陳女史不日東航日本報紙並頌不置不懈此弱女宗國之顛危而慨其所遭不時者要之女史非惟支那之豪傑其亦東亞之女豪傑乎許語我國女青年無自薄以求也

林女士東遊（福建　君少泉之妹宗淑女士慨爽有大志在上海已兩年上海女傑有一留心學者不熱心辦事者皆足轉移女界影響大陸去年薛女士遊奧今月十四林女士復將遊日而上海之女學會女學報亦可有駸駸直上之勢焉

來函照錄○昨得東京來函照錄於後
貴報四年以來主張學界不遺餘力於僕等附學海外之人尤殷殷力發同情故貴報來東歡迎者衆茲見紹介新譯一本熱心贊助遠過往年某當今有敝友譯成受驗用東洋史一種遠勝舊時諸譯又單刀直入錄一種亦爲國民教育中緊要生機附呈以告學界風潮俾海內知不日出世以免複譯

本埠紀事

官場紀事○北京工巡局收並黃道中憲昨日至道署謁各署拜謁

示期頒別○本城福門外院應行光緒念九年分徵行頒別之期已由該道牌示定於本月十六日在學宮鄉試云

合辦抽捐○馬路工程局自將裡街推廣馬路並派捕巡緝泠裝燈好後所需經費至今尚未抽捐故前由總辦俞守屢次邀集各董等議抽捐事宜法在米業昨日南市錢花米業各董邀請各行主在錢業公所集議捐事宜聞須照新馬路章程一律收捐云

畫定界限○滬南馬路工程局總辦俞守近因華捕不守定章已飭匠製造木牌按段豎立以定界限茲悉木牌業已造就故昨日由俞守飭匠按段豎插後仍各捕到局面諭嗣後不准滋亂章程務須各守定章如違嚴加查究

備文解犯○本年上海縣憲解犯審人犯業由汪令備具文牘定於望日發有起解

燒傷火頭○關橋頭協茂煤油棧于初九晚失慎由經工程局總辦俞守查得該棧失火情形可疑昨日飭探將棧主并鋪夥店主朱某到局訊問因朱已逃匿故即函局稟知總辦核示

縣批英廨○英廨讞員因吳行洲兄弟涉訟一案業將卷宗移請上海縣汪令提集研訊據供在案解案已歷多年此次奉本官牌提其如果黃介級二人限令交爲解案故而往提擬即時論令管押並非擅押汪令以該差任意妄爲激成公憤殊屬可惡喝責三百板收押候訊明其追再行核辦

馬路竣工○法界八仙橋西首顧家宅徐家匯滬家灣等處前三年經法工部局開作新租界後所有小路均由打樁西人竭力經營訓練大小馬路十餘條現已竣工總路可達靜安寺北準鎮滬爲顧徐家匯等處四通八達不似從前未放租界時矣

相驗戳斃○前日傍晚時有住居吳界七浦路之小販王榮桂因與劉根山口角突取傢店王阿福之甘蔗刀連刺劉刀劉即負痛奔至比鄰某餅店倒地身死兇手即行逃逸捕房聞信立飭顧包探先將王阿福拘獲並飭該管地保沈仁和報縣請驗昨午一點鐘汪令駕臨尸場飭件檢驗喝報死者頭面等部共受刀傷三處惟右肋一刃深有寸餘委係因傷致命當有尸妹驗自相殮求免發封汪令准之王阿福仍押捕房候送英廨解縣緝兇究辦

(1?4)

縣案摘錄、[illegible]合折毀教堂門窗之褚坍桂逃後復被縣差拘案
張[illegible]等四人前晚經汪令升與均不承認判王吳各責三
百板[illegible]案一月汪責[illegible]百板與尤收押褚交差候訊
○某甲因子[illegible]大[illegible]子[illegible]衣服等情頭供愛妻鄧氏[illegible]月
[illegible]
[illegible]
[illegible]
英界訊案摘錄 [illegible]王渡[illegible]人[illegible]老秀陳杏生蘇茂生錢桂卿等西牢三月

因某洋婦馬車壓傷女孩將馬車扣住並將馬夫細縛解送公堂
稱陳云忠防地保邵德華將陳等四人查送公堂請訊原告[illegible]婦
稱是日另有老者在內滋擾[illegible]提訊[illegible]商之英捕[illegible]判一
併還押候地保將老者[illegible]送案復訊再將孩傷送醫候示○外
國牢監內犯人[illegible]非犯人假[illegible]時有所聞昨包探方長華解王阿
三[illegible]到案稍認犯向勒犯曹之鄉案詐洋元不允兜毆送案
[illegible]大令判王責七百板再加押西牢六月願責五百板再加押
[illegible]

一 陽歷四月十日禮拜五

光緒貳十玖年三月十三日

蘇報

總發行所 上海英租界三馬路中

分售處 [illegible]

西歷一千九百三年

日歷明治三十六年

每號大錢十二文

外埠價目

每日一寄連郵費全年六元八角

七日一寄連郵費全年六元

西洋加倍

東洋照加

郵政不通處酌加寄費

告白刊例

第一日每字取錢四文第二日至第七日每字取錢三文第八日以後每字取錢二文封面告白照後幅加倍論年論季面議長行告白二百字起碼短行告白以五十字起碼多則以十字遞加

論說

東京留學界紀述

近日最得東京述姚文甫王季貞及弘文學院三事弘文事抗幽衛之爭戰爭宜有之權利吾於留學諸君無間然王季貞與日人之鬨誠道可謂乏愛心持狂其開人之見怒然留君及清華學生之辯難亦各有其原因激怒於督而欲毆之抑未免過矣日日人之秘密延攬勢力到内地已非一日而我國居行政界者亦若久承認之嗚呼以一豈兩怒士君當何以處此等[illegible]間狐理吾國諸君子姑舍是而以其實為括可也姚文甫不尚衆論已非一日事知剪辮爲其罪然其所居在日本國境為其治外法權所及非公使館可比做介執此詞以為干涉我支那留學界雖然無色矣統觀三事姚及[illegible]留學生處之亦殊其然則激烈之舉動誠其人所自取髮術皆裂有由來豈足為留學生咎順吾思之留學諸君皆慎國人之野蠻腐敗而欲進之以文明法律者也則莫如於此數百千人中先定一自治之法律能自治然後人惟之孟施舍北宮黝與於標創疾視者矣　本館附誌

弘文學院同盟退校其故因嘉納欲學生届暑假時仍照例納按月之學費又以洗衣等事包在學費之内限一月祇能洗衣三次且須係學校中之制服否則不在所包學費之内須自給錢以此二事與學生約學生不允繼至留學有某生於退校之後指汪總監督云予係速成六月生現已四月不久即可回國予實不欲退校為衆所迫事出於不得已汪大稱賛之謂如公者真可謂明白事理之人豈有學生而可與彼國之大教育家鬥乎必一一塗地矣其語之可笑如此現由學生要約六條　一撤去舍監與嘉納直接　二改良課程　三洗衣之限約作罷論　四添修教科書　五六未詳又昨日共傳學生有滿二十人須另開一班不允出一千元則辦理之要約（因嘉納近與官場約添一班即須出開辦費一千元也）今則聞無此一條云

南洋學生監督姚文甫者本東京之留學生也現時出入於汪總監督處有人云唐經為諮人之不送成城劉豫生之不送聯隊姚實獻策為謀主焉其事雖無在證而人皆[illegible]咸有染矣於姚之心實非竊無因者又送成城學校時有某生數人因不合格斥退亦多歸怨於姚又南洋學生之在成城者以事故八人共毆一人致一人負重傷姚顧於其間有所袒爲罰軍人打降乃係常事八人共毆一人其人必犯衆怒欲斥革負傷之學生一人學生聞有斥革之事慮速累俱斥兩造和解祇賠禮了事而共怒姚負傷之學生一人事不得直且慮斥革其同鄉大譁罪抱不平謂如姚皆云云我輩毆姚亦以多數打少數我輩之理直矣姚既為衆怨所歸而私德不彷尤爲衆所齒冷一時數百於會館論擬部者凡數十起又數著於浙江同鄉之幹事擬於大會時提出付議且浙江先開一同鄉會辦理此事其中有數人者欲動姚到同鄉大會之先皆行知此則此事可以暗消之於姚不料辦事之發難然發難於然會此則無所致於二日內之歸即行作公自欲同鄉者此初三日事也議而定而是日夜十時有數人往姚寓所而數姚之罪恐姚不拼染、不送成城則之罪也爲君武之不送聯隊則劉豫生之不送聯隊則之罪也劉籍小學．御八人共毆一人之袒傷者一之事理不公則之罪也凡汪監督所辦不合者我皆知皆謝爲之末乃論及其案行不難之事有人起捽其辮髮或出剪刀剪之而辮根仍在衆人以為不可乃盡剪之而舉其頭曰屬明日早五時即出東京否則不汝恕於是時姚之家人已自報警察者及警察至而此數人者已去矣姚僱科有人尋事俯遲至王偽辦來館次日五時來汽車往橫濱日本外務部知有此事次日遣翻譯官至汪監督處詢問其始末於有干涉之意現在姚辦擬於會館設日南洋學生監督留學生公敵姚某某辦此事結果尚未能定距大會之時不遠聞擬共派一辦理之法云

清華學校管理寄宿舍之王季貞以有覆延學生數人欲延日本人為教習以託王君王君與日本人籌議會有稱延不久為日本管領之地此數人在他日即日本之子民也須召教集之云云諸為覆延諸人所知、怒已在會館理論一次一時風說聞有數人欲往毆王某者日本人聞已寫信拼明此事於開大會時必提議當有一中大爭端也現時會館中懸姚某之[illegible]而傍作貼多非議王季貞之皆有數某者爲王辯護衆人欲毆者以王爲可憐之人不足較而曾當非常之以浚慎清華學校學生亦不能為王辯護者遂以清華學校無　行管理之人日人漸欲役其小機學生以王爲宜於交涉方與日人訂約矣而王與日人籌議之事心然此事十之七八均不直王欲令同鄉此次大會時當公議矣

時事要聞

京函錄要〇浙藩翁什桂去冬入都論　銀融案　召見一次而擢授無期於是徘徊都中以入貲金路榮相始得浙藩之命今復護理浙撫錢可謂神非虛擲也〇傳聞直隸入順[illegible]亦有升浙臬之命未知確否

粵西亂耗要〇粵督岑帥統桂撫王日前會奏陳桂亂情形現得他傳　險目前該督撫派出各員搜捕餘黨嚴禁米火並成王撫新同員提督是所認咸則以期一律肅清云

[illegible]耗述聞〇粵東縣惠州不遠某縣八尺城離州百餘里近日因亂黨潛同紛紛聚衆欲謀起事因之各處拜會日見其多[illegible]閩粵省大憲昨接桂撫電以西省兵與民役迫香關田禾多未種饑民流離餓斃日數十人鬻兒賣女慘不忍睹去歲災歉米價驟然昂漲[illegible]目下柳潯街衢[illegible]流亡載道亟思賑濟而[illegible]如洗又值川兵之際餉不敷[illegible]束

省各教堂歷年辦賑恐數難於西省從前偶遇偏災貧教堂源源運米接濟刻此時節旅飢饉相逼而來困苦情形較往年更爲悽慘務請教堂籌款採購米石大批解陝接濟轉解柳寧各屬望該堂總會諸華醫院並各教堂一同援救現在飢民載道朝不保暮米石早到一日即可多活數十人之命故勸各教堂迅速籌解云云現聞大意特行司局傳諭教堂設法勸籌購運接濟矣

衛輝近事錄要〇一福公司鐵軌現已釘至衛輝以西十里頃有迅將其公司房亦已設在南門外靠鐵路旁

一豫省因道清鐵路與河北路礦事務紛紜地方重要原存各營不敷分佈彈壓故撫特於去臘奏明添練常備新軍十營惟餉項無從籌措故仿東省奏定章程自今年七月起徵收地丁連正耗火工解費等項每兩加收現錢二千四百文准地戶自行投納以免中飽規由署司出示遍貼各屬曉諭矣

一滑縣商人陶殿宗因福公司需用煙煤甚多故擬與津人叔全孚合夥在磁州連五坡開一煤窰專供福公司火車之用其資本數萬金

一上月初五日上午離衛輝六十餘里小屯地方有頑民在鐵道上築泥堵一道阻止火車行走故停車一日其故尚未查出

一衛郡紳士邵介容補今春在衛創辦蒙學堂兩所每堂約容學生二十名其經費均由紳富捐助聞現今尚擬與韓絜石劉伯紳兩君籌欵辦一中學堂云

世界要聞

英國延晉緣由〇字林西報八號北京電云英京華盛頓消息謂英國所以延晉欲於中國將盛京省新古塔太古山兩處開作通商口岸者實欲中國踐與俄國約以滿洲開作通商口岸之旨也

英皇離英赴阿〇字林西報八號路透電云英皇愛德威第現已離英京前往阿刺伯其白爾脫海口矣

英皇定期赴法〇又電云英皇將於五月一號至巴黎并須作二三日之勾留云

英財政辭職〇又云英國財政大臣非吸現已辭職因當其辭職前曾於下議院宣言謂某裁判官於判斷彼所管理某行之事實爲其告退之原因云

英文部下令〇又倫敦電云英文部大臣伯脫現下令廢去倫敦小學學務部而歸其權于地方議會惟進取黨首領亨來則頗非非之若此恐上年學務之爭又將重見于今日也

英國進出口貨之增加〇又云英國今年一月間之進口貨較之上年增六百萬磅出口貨增三百萬磅

德皇離丹〇德文報傳單云德皇已離丹京并聞擬於夏間再往云

德赫倫將遊羅馬〇又云前駐北京聯軍統帥瓦德西將偕德皇同往羅馬

執事船工〇又云倫敦及各附地方輪船執事人現皆罷工

續日本改革學制

一商業會議所得設立實業學校

一實業學校之上加公立或私立學校

一札幌農學校及岡高等農林學校東京高等商業學校神戶高等商業學校東京高等工業學校大坂高等工業學校及京都高等工藝學校自本令施行之日始爲實業專門學校

右令自本年四月一日實施之

小學校令改正之要文如左(其三)

限本令自明年四月一日施行

第二十條第二項之次加左之一項

修業年三箇年以上之高等小學校男兒加手工農業商業之一科目或數科目但加數科目在使兒童學習一科目

同條第三項中農業商業手工之一科目或數科目女兒之手工改第五項中第二項第四項

第二十條第三項之教科目得酌量情形(東京朝日新聞)

學界風潮

江南陸師學堂散學之原因〇江南陸師學堂三月初五日德教習在講堂講解軍械體操劉某不知此種學問故習之不明學生徐某起問之劉某不能答又不便復問德教習因老羞成怒大罵曰我只說一遍汝不盡心記憶輒敢瑣瑣徐某對以聽不明白是以詰問何不許我質疑乎劉某怒斥之即叱令滾出徐某不得已退出至堂外遇監院馬某問汝功課未畢何先出堂徐某告之馬曰無傷也仍速入堂聽講徐某不得已復入堂劉某見大怒曰我叫汝滾出去汝竟敢不遵乎徐某不得已又出堂及講畢兩劉某餘怒未息即函告總辦俞道(明震)即出革條將徐某革除時已三更馬協管監院飭其師將徐某欽候至明晨不許使其家丁拖之而出徐既出有馬掛遺在友人房中復入取之馬又大怒使親兵將亂拖亂扯不許停留一步於是闔堂鼓噪但見監院散習親兵家丁與學生等各叫罵而已翌早總辦俞道到堂學生將公訴其宛苦而馬監院替之無如總監院及總辦之言即拂衣而入學生等仍立待命而俞不肯出學生在上請者愈乃怒曰該生等膽敢聚衆亦知此爲何等罪名乎學生無可奈何亦有散去者即紛紛散去少頃總辦出示將衆滋事等之張黃章徐四人革除并云面稟督憲從嚴懲辦大張曉諭其實此四人并非力爲衝突者馬監院以私嫌指此四人爲首而俞總辦爲所愚也於是學生大抱恨各束裝而去計共三十四人安徽與江西兩省皆散盡惟湖南浙江尚留其少半云然未出者皆有去志不過因資斧短少或爲父兄所迫不能告退耳諸生自謂在堂一日實慚愧一日也先是

僉初到堂頗與學生親近聲名頓起及張督大考之日天大風沙欲行停止張督亦恐學生不耐辛苦則其可能操演學生對曰能張督欣然而操演乂甚縱眞有整齊嚴肅之觀張督大悅頒發僉道能辦學堂因賞識之令兼辦營務學務處乂令間日入署陪夜飲且近憲頗然自尊大不喜與學生相見至大致評定甲乙乂採司事及左右之毀譽將平日能蹈事諸生增加分數列於優等其負氣倘志者卜係類客節減其分數降於二等三等故學生大都而深恨之此一原因也畢業諸生既派送東洋積不能平因以其所見所聞上書總辦直言極諫僉乃大怒遽撤派學生八名赴東已上詳矣遲三日僉忽遽手摺謂學生到東則沾染惡習好爲邪說請停止學生亦深恨之此二原因也操衣操靴帽敝朽不爲更換一任破爛侵蝕其報銷册則云按季更換學生所知謂每件只去錢二千三百文而報銷册乃云四兩也査某稽査某蕭某等皆流氓而僉獨信任之其於學生各以師道自居每遇歸途學生爲下輒立正否則訴於總辦記大過一次矣學生各深恨之此三原因也積此三原因乃至今日鬨鬧請將派公正大員査辦而僉則欲彌縫掩飾云

粵東群益學社○粵東群益學社爲陽朝方逵君募欵創辦取締人與敎員均不受俗令所定敎科分倫理歷史輿地國文體操算學東國語西國語六門方君任算學孔昭焱君任歷史餘各科均已有人學徒自十三歲以至十八歲以下現額收五十人每人每月學費二元不受任徧亦不從報考但來報名者卽將以人與謂數育青年而所聘者必留學校區卽稅定小北門大石街粵秀山腳揭秀園于本月初六日行開學式其內容殊甚精美爲廣東群學界上革命之一大現象但現在所籌經費無多恐不易支持耳

粵東武學之精神○中國自辦學堂而于精神教育素所不講其各學生之有精神者大都由平日自修而來而非受影響于教育者也以某所聞如去歲南洋公學澄衷公學及日本師範退學各生其于獨立之精神庶乎近之矣則廣東武備學堂各學生有獨立之精神者頗不乏人其中有得于平日之自修者亦有得于學堂之敎育者蓋敎習戴君于此事極爲留意也惟自前月學生中有同家爭學田者有傳假應童試者一時名譽爲之頓減然各學生既受軍國民之敎育將來達其目的者固自有在斷不能因一時之毀譽而預卜其前途也諸君子勉之矣（錄羊城報） 按近來學界日益知有以先覩爲快者特于今日起移置前列 閱者鑒之

各省紀事

江西○贛道近擬飭爲勻缺之舉令査各優缺分別酌提津貼各瘠缺以免偏枯

警察局所設路燈由各店舖每月出錢三十文爲洋油經費

警察局近派員査各店向有捐欵擬撥充經費

九江○督撫會檄補將弁每月下旬由制府委派中軍暨城守協左營游擊分試打靶以定等次從前每多類混觀督有鑒于此特諭傳下大小武官此後月課考槍每次能五鎗全紅連取超等三次立即委以差缺不及此格者決不准補缺委差云

嚴官鑒見上而其不能然門包而以督轅衙門爲尤甚觀督下車伊始即將門丁革除不用以巡捕官代司通謁手諭嚴禁門包敢有不遵將受並加發處無論何人晉見均應衙到隨稟不准稍有耽延違必重究云

蘇州○元和縣金令准糧道藩司札飭開征本年分闕上忙條銀故特頒示會計山蕩高低田畝應征升斗勻合飭令經造櫃書迅卽造具易知由單正副櫃册統限于本月十五日前造齊送核

前紀震澤縣土民客民爭墾涉訟控由撫藩札委孫守展吉觀令寶臣前往査辦及飭飛划等營馳往彈壓等情茲悉刻已會同該縣妥爲斷結嗣後有墾熟客民准卽照常留墾無照各民勒令出境其所劃出荒地飭列字號編換執照墾種故文武各委均于初九日由震澤返省矣

長元兩邑附郭鄉鎮河工告竣業經開壩放水婁門外斜塘王石橋一帶附郭地方亦經金令督董開浚竣由蘇府向守于初九日驗收工程即日開壩

揚州○文生朱蔭因私開浚田渠請運司查辦業以有所淹潤迎司閱其後大加小斥謂該生因海水衝刷壩岸請移閘座以洩滿田水閘丁溪小海草埝莊白駒千閘水利何至今並無鄉紳者聯名公稟獨該生一人來轅瀆稟況該生於去冬甫博一衿不思安分讀書貿然出頭干預公事才志向上者斷不出此然移近閘座關緊重大姑候札飭太分司轉飭各商查察具復核辦

近日運司懸牌示差委各員照錄如下分司姚允世委海州總巡林之楨委泰興總巡葉公楨委泰山總巡沈述曾委通州總巡汪蓉祺委泰興水勢丁士年委皖岸聽差大使洪宗遠委北壩知事沈鼎採委西岸聽差大使金上迪委代理呂泗場大使孫貽谷委總局額外聽差祝傳皋委呂泗漁汛經歷陶潤照大使顧燊增均於總局額內聽差大使孫錫坤委皖岸聽差各員於奉札後已先後稟辭赴差矣

本屆南京餉由運司札委大使劉以楫往解蘇餉則委巡檢汪圻往解京餉則委大使王永祺往解各員業已領銀買輪行矣

杭州○杭省武備學堂學生自去歲推升後所遺之額出總辦伍守於今春出示招考舉業紛紛覓保報名計有二百餘人當由伍守一再考覆挑取八名補齊原額示期到堂肄業外另取備額八名以便隨時傳補

浙省鼓鑄銅元自月前廠房落成裝機試鑄以來所鑄新銅元不日卽可發商行用惟派員赴東洋采辦紅銅雖出春假亦不多再因日本所產之銅已將罄竭故也

福州○本月初四日福州府玉在貢院覆試院試防閩縣侯官長樂

文藝述其首題楚漢中分天下論備與次題前漢出師表將校有某竟不知出師表爲何物及如何作法但閱其所作首句云孔子者萬世之師表者也以此出語便能駭人誠不可多得之才是日終日大雨各童生皆淋淋若雨鵠一般可笑亦復可憐矣

閩垣敎用書院學敎謝君枚如自光緒丁亥主講該院以來已經七載本年正月念五日因病仙遊已于上月三十日開弔門下士之往弔者以數百計

廣東（　）現在武備學堂學生操演均須用新式快槍故由堂中提調敎習請領無煙支利快鎗二百桿並配藥彈皮帶等項以資應用詳請大憲飭局撥價發給經督憲批示云査軍械局所存無煙支利快鎗一千枝昨據統領常備中軍徐道禀請撥給該軍應用業經批准在案據詳前由仰軍械局査明有無別項新式快鎗酌量撥給具報並先移該學知照云

前年省後局與怡和洋行訂購機器二十九種以資各局製造該洋行已運到鑽床鐵臥式因拳豎省煤汽鼓三種尚欠陸續修齒輪器具一副又欠兩帶抽水機一副又運到造小口徑彈子機器二十六種內有初次造子完底機暨造成子完底機兩種與原訂圖式不符當向該洋行駐粵司事相驗先將相符機器價値照給其少欠不符四項價値暫行扣留應俟辦交清楚再行付給現該洋行人已到粵聞來粵設新造子完底機兩種原訂圖式不符實由造法日新之故祇有較勝斷無不及如再拖延賠息更多局員以該兩種機器用法與圖式稍殊辦理不符與之辯論謂洋人不服再四由排始允減收英金七十五磅作兩種機器收回至所欠齒輪抽水機一副已購妥裝價亦稱給至所欠兩帶修齒輪器具一副據稱實無此件係洋人合同錯誤既尊易加價款扣除應無庸議云

時論擇要

論俄歐政局　譯東京日日新聞

自俄國外部大臣拉姆斯獨夫有訪問維也納之事土國政府汲汲盡力於梅西度尼之改革從更造成綏靖馬官憲與將校等因此梅西度尼之人喜土國政府之誠心改革稍稍安堵然干聚於梅西度尼有奥俄二國先以匈牙利直接干涉之兩欽宣行改革以土國之舉動猶未足保梅西度尼之秩序維持巴爾幹之平和不過．時張継策因此俄國外部大臣拉姆斯獨夫訪維也納時與奥相戈爾許斯魏爾定一改革案此改革案俟照射奥國俄帝不久即可傳布世闻兩相議定之改革案足數厲正不和而俄奥二國議定之後想必使土國政府實行之　未完

事件擇要

常熟塔後小學校章程　續稿

一校規　共分六部

甲敎科　敎科分十門曰習字讀書作文史幽修身理科算學歷史地理體操師範班添西文敎育二門甲班添法制經濟二門

乙敎習　敎習上課均有一定時刻不得稍遲　敎習不得已有事託人代課　學生在堂內如犯大小過失則由敎習將條送監起居記過　學生有事請假則敎習會同監起居准給假單

丙監起居　按時鳴鐘換課　學生游息督率緩步閒談有吵擾者分別懲罰　學生缺課時有滿五過者傳令面壁獨立以示懲儆　學生有犯校種規則者監起居分別記過備懲

丁學生　學生入校據由同盟會員一人作保合外一人作保每月考課一次每年大考二次　學生在丁班一年升入丙班再一年升入乙班又一年爲尋常小學卒業出校者聽留校者升入高等小學三年卒業　卒業期內不得中止如違向原保追繳學費

戊會計員　堂中夫役有督飭賞罰之權如有必須開除者知照總理開除　兼管藏書樓借書還書往返之事

己夫役　本堂雇用門夫一名廚役三名廚夫二名其一切作規均須遵守　本堂學生如有呼喚務須和氣使喚即有不能亦當協同辦理

一課時　本校年假三十日暑假三十日春秋節日各假二日除星期外假　學生非有重大事故不得擅自請假　早晨八點鐘開課一點鐘休息五下鐘散學　每禮拜六下午四點至五點師範甲班學科演說乙丙丁班自由談話　學堂每星期敎授時間表　（班次課目從略）

本埠紀事

浙儲抵滬○浙江陸稞計於前日乘輪抵滬假寓滬北吉陞棧昨日至上海縣及南市江蘇海運局拜會

拜會總辦（二）上海縣汪令昨在製造局拜會總辦潘道協商一切公務

局員調縣（三）滬城改過局員李浩然西局委員吳峰等赴王渡局員協聘候昨日先後至上海縣拜謁

疑案待驗○昨日午後浦東念四鋪地保投上海縣報稱有住居婀泥渡南之王谷保向與山東人某甲等同居今日據王之叔戚王大到來吝稱王谷保已死地有血跡不知何時身死惟某甲等皆已逃逸爲此投案稟請相驗汪令即飭令預備船隻俟聽候訖驗

職緝首犯○浦東九圖鄉民因蒙會滋擾教堂由堂移縣飭差拘到王林發吳阿根等解縣提訊將王吳笞責枷號發教堂示衆在案惟堂中以爲首之人尚未獲案且以辦理太輕不肯將就了事汪令得悉除飭皂頭余順嚴緝正犯外昨復將情稟道核示矣

抗捐受責○南市馬路工程局收捐人程來化昨日向揚州人米船收取捐款突被揚州張一出爲阻擾當即扭局請究昨由袁

（四）

帮街提訊風貫判張枷示三天
妖言惑衆○帶髮女尼謝徐氏向在南市青龍橋海潮菴住持前
年創立坐關哄騙人財前日忽稱即將開關惑夫婦之迷者資助
者紛紛不絕事為本城朱總巡查知立帶差勇到菴將香客驅散
並將該氏掌頰二十下地甲容隱不報責四十板一面照明道
可行核辦
見証解縣○王榮桂戳斃劉根山經上海縣相驗後包探顧阿六
將見証王阿福解送公堂請示求[illegible]王已逃避張讞員爾之英白
縣歸判押送上海縣歸案訊辦[illegible]之正兇仍由包探拘拏○韓
亭生竊取洋人密司華光之牛皮[illegible]報探方長華查出原贓并
究司[illegible]韓供[illegible]錢仍有此項牛皮七張在內判押候查辦
拐賣[illegible]從江北將王姓家婢女拐來上海販賣

為包探錢盈堂獲案張讞員判責三百板發押捕房半年[illegible]
購田控訟○孫新號主投法解控稱上年十一月初七日向劉沈
氏購田若干畝當時定價二百兩言明每畝銀一千五百兩約於
十四日立契成交詎到期邀約據稱田單被該氏兒子劉竹生誑
去轉立道契[illegible]向氏取洋四百元旋將單去出單交於伊媳已則
逕往天[illegible]致不能成交求請追究氏供確收定銀二百兩求提
到兒媳[illegible]交出孫讞員判氏具結交保提兒媳到案訊追
縣案摘錄○收吞寶山縣漕米[illegible]兩逃回揚州之陶子卿由本縣
汪令提案訊明發縣看管後前晚復提追比陶尚妄稱[illegible]員汪令
小斥喝責始供願繳洋求交妥保判先繳洋二千元餘立期[illegible]仍
發還限嚴不准交保○又提訊不拆房屋案內之淺茂全判繳
自向洋人商酌限半月拆房

光緒貳十玖年三月十四日

蘇報

總發行所：上海英租界三馬路中

分售處

[illegible]

西歷一千九百三年
日歷明治三十六年

每號大錢十二文

外埠價目

每日一寄連郵代全年六元八角
七日一寄連郵費全年六元
西洋加倍
東洋照加
郵政不通處的……

告白刊例

第一日每字取錢四文第二日至第七日每字取錢三文第八日以後每字取錢二文封面告白照後幅加倍論年論月面議長行告白二百字起碼短行告白以五十字起碼多則以十字遞加

論說

釋仇滿　來稿

吾國人一皆漢族而已，烏有所謂滿洲人者哉。凡種族之別，一曰血液，二曰風習。彼所謂滿洲人者，雖往昔嘗不與漢族通婚姻之制，然吾所聞見，彼族以漢人為妻妾而生子者甚多，彼族婦女密通漢人及文彼而生漢人者尤多。江浙駐防殲於洪楊之禍，其招補者多得與彼族遊處之漢人，此皆血液混雜之證據也。彼其語言文字、起居行習，早失其從前樸鷙之氣，而為北方稗士秀民之所同化，此其風習消滅之證據也。由是而言，則又烏有所謂滿洲人者哉。然而滿洲人之名詞，則赫然揭著於吾國，則亦政略上占有特權之一記號焉耳。其特權有三：世襲君主而又以少數人專行政官之半額，一也；駐防各省，二也；不治實業而坐食多數人之所生產，三也。其二其三，在今日既為貧窮困苦、男盜女娼媒介兩其　亦適足為論瑣々，將招怨之的，然自一方面觀之，要不得不謂之政略上之特權。世界因果之理不爽毫髮，所謂種瓜得瓜、種豆得豆是矣。其因之動力在政略上者，其果之反動亦必在政略上。故近日紛紛仇滿之論，皆政略之爭而非種族之爭也。夫吾人所謂最多數之漢族，果無種族之見存也。所謂生降死不降，老降少不降，男降女不降者，吾自幼時習聞之，而於成之間刻文集者，尚有仇滿洲之微文。粵西三點會以洪字為記號，示滿清無主之義，持之二百數十年，洩於洪楊之事，而至今未已。此皆種族之見之未泯者也。然從之者和之者，率出於子女玉帛之嗜好，其所殘害無所謂滿漢之界，而出死力以抵抗之破壞之者，乃實在大多數之漢族，是亦足以證其種族之見之薄弱也。且往者暗於生物進化之理，謂中國人種由天神感生，而所謂猺玁苗狄者乃犬羊獺鹿之遺種，不可同□，故種族之見熾將自啟。化輸入，粲知人為動物進化之一境，而初無貴種賤種之別，不過進化程度有參差耳。昔日種族之見宜若為之消釋，而仇滿之論反熾於前者，則以近日政治思想之發達，而為政略上反動之助力也。蓋世界進化，已及多數壓制少數之時期，風潮所趨，決不使少數特權獨留於亞東之社會，此其於政略上所以有仇滿之論也。

此稿未完

時事要聞

電召學生〇張之洞有電至東京，令湖北學生界中主筆三人即回湖北，聞各省留學生擬竭力反抗之。

中日商約讓步〇字林西報得九號東京電云，日本與中國改正商約之事，現已盡行妥協，惟其間有一二端尚待妥議，大抵專指設立廠言也。

江南陸師學堂告退學生名單〇陳道謨　鄧質敏　姚慈仁　□□　東采深　吳萃　王懋章　林毓均　陶懋　榛　吳麟芬　張榮嵩　章十彧　駱勁武　夏嘉庚　周維翰　李振琛　胡立澄　賀宗琊　李代新　周栢年　胡思敬　黃國錦　余慶澈　盛民啟　陳孝芳　盧命芳　胡駿　朱曦　計共三十一人

常昭漕弊情形〇常昭漕弊前已兩記之矣，然猶未有盡者，今特續錄於下。常昭自己亥清賦以來，紳衿先遭其刻，如庚子正月初三日，昭文縣舉人王賦竟無下忙，仍有潛欠，將緩其納，亦欠下忙，竟於是日橫受文致，於大雨中提至漕上，完清釋同。以後差役四出，勢如破竹，小戶之不敢欠，不待言矣。辛丑壬寅之歲，大小戶皆已加五百文，於年內趕緊完清，所餘彼其時漕書亦夢想所不到，可以知常昭民外剛強而內懦弱矣。查於雍正二年新刊昭文縣志四本，其時適值康熙之季，世界豐盈，人民亦豐。聖祖仁皇帝諭令該管所過漕糧，貼費祇許收五十二文，不許加公費一千文。斛米之時，糧戶自行執概，不許斛腳尖淋尖踢斛，其時人民恐擾完清之畫，貼費少而米價賤，所供者人夫廩止供俗儀罰道及府州縣，不敢役蝕。於斯時常昭二縣糧米貢入京者約有十餘萬石，而上下忙亦分三時啟批，皆係城邑府州之力，非欺昭文之分縣之第一縣志，不可謂無徵也。迨至今時，無論糧米之中上忙之條銀、下忙之地丁銀，以及貼費一千零五十二文，必須一盡完清，此常熟人所以有四杯同時之謠之流也。如本年三月初四日，昭文大東門內清河埠錢君燭昭，上年新入邑庠，欠文漕米十餘石，本欲完清，以米其糧遲遲未付，昭邑張令聽信總書曾潤生之言，即出簽提至縣。縣令大堂審役到役家將行，以錢君年幼而輕侮之狀，發出老母，曾欲開其門，錢挺身至縣，差役即搜押待質公所一日夜。其中已先有糧戶朱某拘押在內，聞其已完過八百元，祇欠四百餘元，已押數月不放。朱某自言亦入邑庠，頭令故意辱朱，使之雜於盜案之中，同衙同問，并令跪在一旁，聽盜供跪至半夜，仍間押所。錢君以為既無待質，不肯退出，其族中亦以為然，而其戚吳三保開水菜店於方圓案館於坊橋之北境，與待質相近，聞之大驚失色，以為見官之後將何以了，遂與木鄉愚不知欠糧之缺，急急勸其了結，親為之退保狀，先付番蚨六十元，尚欠七十元，約十三日入兩分付，硬將錢君押出，渦然自以為功，而不知適啗差役之計也。次日常昭漕總新立定例，凡差役討得洋百元者，賞洋十元，故差役愈有恃而無恐，并且有賞，何樂不為。觀於差役之虐待士林，頗剛彥朱二人之餘威，而不知剛彥身為幽匪之首，已伏王章，亦不過戶部餘黨假清賦之名，以行其貪詐也。現聞虞邑紳衿，蘇已從漕書將得常昭實征正數約有十五萬石之多，而兩邑之解之數不及六萬石，此中弊竇難行揭見。京控部駁，應遂於常都矣。並聞常昭漕上客腿皆用大斛，斛米每糧戶須石斛去五升，是又漕書吏之作弊虐待常昭兩邑之民也。按之大清律例，貪官污吏殊不勝誅，是所望於賢明之督撫也。

世界要聞

英國學校章程○字林西報九號路透電云英國現定學校章程頗不滿于衆意云

英皇行踪○又電云英皇已抵折白爾脫海口

派迎法總統○又電云英政府現派砲船四艘至北非洲阿爾其阿地方以備於本月十四號在該處迎接法總統羅孛脫云

英總統謝辭○又路透電云英總統羅斯佛在法哲地方演說時嘗謂英非利加總督塔夫脫為公僕中之最有表率者云

請廢憲法兩誌○又電云歐屬絲維阿國國王亞力山大現下令將其一千九百另一年四月九號所定之憲法廢去幷將上下議院及其向來所定之法盡行作廢不久又將斯令收回不知何意

俄國亂事○又倫敦電云得柏靈電稱俄國尼尼孛瑞維地方現有亂事發處駐防炮兵前往彈壓即與亂徒殺斃一百三十人

荷國不靖○又電云荷蘭國勢未見和平國內亦時有騷亂之事

梅西度尼亂事○啓新西報云梅西度尼孛爾司斯地方現雖無劇戰然仍有亂事致革命黨皆乘機而起殺土國兵無算幷開山間居民大半皆心向亂黨且為供給糧食云

波土不和○又云波斯人及土耳其人向相仇視以故常有戰事現仍不和且時有劇戰聞土人曾越界至波焚其村市殺其居民波人無如之何內政府亦無有出而調和之者

學界風潮

南洋陸師學堂退學生公函照錄○敬啓者竊以時局阽危學生孤立為端沈黙　綠希明僕等肄業江南陸師學堂既為學生頗明義務然而運動一度限制力必加一度以故相與維持服從規律萬不得已乃至有初六日甲乙丙三班學生三十一人同時退學之事其顛末甚長敢為貴執事略一陳之總辦陸師者為俞道明震初辦時頗講求公益自娛督來爾風潮一毀種種之壓力遂漸而生然識者猶以為當局自有苦心而已而爾皮受代斯班開學總辦更訂章程數十條學生權利一槩抹煞升漢文教習馬某為監院院爲某以遂迎合總辦所欲為而為之倀者則有經理股某李某某某均小人之尤其鉗制學生較馬某更甚學生等言論行動無分毫自由權利有以偶然獲譴者一日監院白于學生曰汝等毋好讀新書閱新報此等書論最易壞人心術自後除武備課程不得旁閱一字所有舊藏書籍盡拉燒之學生曰新書亦能開智識監院大怒曰何謂智識我向無情理講我不知情理為何物都依我則留不依我則去遂傍搜索書籍學生大譁□乃雜然由是箝制之術亦工矣本堂軍器繪圖教習某賜僕目川其平時虐待學生也甚無狀有應嚴適於初五日乙班講堂講軍器功課驗看砲彈有徐大純者問此砲彈何名川於何砲繪譯當斥以教習來講學汝不必亂問時學生樂積砲彈有同學語大純曰此砲彈乃制式者究何以故大純曰我正疑之猶謂兒之指為怨謗斥其不守講規紛詰無狀將令大純繼而大純乃出述遲監院問其故仍令大純至講位跪禱謝見之乃大譁詐然覩諸者將大純拖出講堂此時同班學生已萬不能平因擬於講堂之前皆忍氣而下此上午九點鐘事也至晚七點鐘諸學生中有在後門立者監院以有違犯規殿加學罵曰汝等皆係受大純學時大純在旁曰今日講堂之事並非學生犯規監學□□□□□□□兵將大純打李請出立逐出堂並劉棟鐸之□□□□□□忍之除其之責大純也學生亦忍之及□□□□□□□引咎已萬萬無不發之理各學生皆曰徐某□□□□□□規避不能容伊一夜況□鼓後令衛何處乎□□□□□□□不以學生視學生以盜賊視學生士可殺不可□□知此言自不能一日安置歟學生等相約結隊偕總辦□□□□諸生何事聚衆不上講堂為首者可斷言同學等數十人齊□□□□公堂無分首從爲揣曰汝等意欲何為學生乃□□□□請□學生等非非爲徐某某事有所要挾實因劉某何遂□□□拉於學生頭而大批赫然記監院嚴錄等皆從旁譁毀□□已究入之影響乃大聲曰汝等各上講堂不願者聽於是上□□者三分之一立而不移者占大半總辦反身即走作生詩□□□監總辦不顧而去學生乃魚貫入自修室少頃總辦亦□□□□女等究者如何學生曰不知老師何處置學生等意□除李某總辦默然無一詞從容走出學生等既不能甘□能將陸收執事開除一二不得已三十一人為告退呈詞諸際師槍點行營相率至各教習處拜辭聞其□□□初六日學生三十一人同時出學之顛末也夫此壞之事人誰忍冒至萬不得已而為之其心良苦海內大雅其有以此責僕等者乎僕等何敢辭有以此哀僕等而因以勉勵僕等者乎僕等又何敢辭謹略陳顛末以質諸文明之君子　江南陸師學堂退學同人公啓

蕭縣學堂之腐敗　錄吳稿○蕭縣學堂就本地書院改設所有也經費每年約二千元左右於今歲開辦定於二月內到齊不可稍遲之情狀竹證得閱貴報有學界風潮一門敢述一二乞登諸報端以示公是公非堂內學生六人教習二人維持頑固未化學生國文卷有不學□記大過一次且曰姑念初次從寬懲治以後再用新名詞不貸更有一生用議院二字亦謂腐敗尤可笑者本地各學堂以考求新學堂為最要科學例為究備而彼等奴隸根性人則斥為忘本務未禁學生與之往來乘於科舉試經義策論之外無他事除四書五經之外無讀本而東西文則以為猥褻好之且斥而不用其他尚有宣傳謂學費多為辦事人中飽以恐擋之彼猶五官四肢俱在皆頑逸自比於孩獃哉吾願吾國人有興學之責者勿蹈蕭縣學堂之覆轍也則幸甚

來函所錄□即某君以其東京友人函見示謂弘文教學事有為昨報所未錄者茲節刊於下

習既為之個月速成師範可以畢業出到後見有力者必云非一年至一年半不可夫華生東首東文一學未知誠哉非半年所能卒業然就該院之欵則亦不在此也按院章每月學費宿費念五元初進院時每省又另送洋一千元以為開辦費不為不厚矣（北京王某者進院即付三個月之費七十五元并出月收條載明何日為止也）該先因教法不善欲換學堂定欲再找每月十元始許取回行李王某不得已至今仍在該院）乃近時幹事忽出新章十二條娶各學生再添納用如洗衣錢等項學生不允幹事遂下逐客之令并限當日出院不能暫遲所以逼成散學之事也該院院長嘉納氏從前頗有教育華人之美意欲以助開文明自去年遊歷我國見各校之總辦提調教習待學生多不如法回國之後一變手段遂奴視留學生也加之在東小監督以媚外為主實該院長在旁攛掇慫恿得加以保庇故在該院長及於事處則該師範生不應出院我當代詳本國官出云云在學生則又謂其出來得好刷而喚怨宜其多非為今之計各省監督宜擇品行端方知外交而不兩邊媚人則諸生大受其益矣 x 留學生從前來者少而有人才目下人衆而雜如崇明某學生（隱其名）常不到館聞該校考則逐往別校以避之將校綫佈衣服不喜穿學生之衣燕寄傳物以媚悅東人為其所詆就此等人頗為全體之累欲禦外侮非先自治不可也

紀學東武備學堂○武備學堂自去臘散學後多有前往志者今年啓館僅得一百人有[illegible]行考選以符原額現聞定期於月之下旬出示招考但尚未見明文也

各省紀事

保定○山撫爲由省武備學堂挑選學生王慶宗等四十一名咨送直督歸入將弁學堂肄業已由該學堂遵照辦理矣

前聞淶水土匪搶掠行人經該縣令稟報到省經各處委督務總辦趙守帶兵前往該土匪見兵到境紛紛散去所調隊伍仍行駐紮彈壓趙守現已回省矣

欽使那到省以兩江會館為行轅聞俟迎接　聖駕後再行南下至磁州查驗路工前月三十日同鄉各員假館公請

奉天○管理俄口事務俄監督格羅思君因交還營口尚無定期於二月念八日往旅謁見該國將軍阿勒克賽夫商妥同督以便如期交替

俄監督格羅思君在營口河神廟內設立俄淡文學堂一處招募聰穎華學生三十名入堂肄業俄語兩課已於上月念九日開學是日俄提督倭君適由奉天省城到營口　俄人士齊萃一堂參觀並迎拍一照影而散

吉林○吉林各商局駐吉林俄武官近來屢向各商民恐嚇謂俄兵退後華官不能防勦馬賊華兵[illegible]致令商民保護於此可見俄人之狡詐也

實錄在吉林辦理清賦行將一年曾在賓州廳設立分局一區撥派員司就地勘丈其荒田招墾計分三等租價云

蘇州○前紀崑撫札委楊守赴安徽同紳商前赴日本大阪博覽會等情茲悉楊紳商所備就獎商品處設商務局蘇州關驗明後填給護照故至初十日始能束裝赴東

蘇城馮昭科悲四與苑西樓境隙地數十間近由地主擂紳勘定擬即建屋設立學堂已稟准吳縣立案以便開工附近地基如無地主認領亦須一併歸入學堂建屋云

長洲縣蘇令以鄉民顧少卿家於正月杪被盜搶劫拒傷事主一案因盜犯迄未就獲已懸出賞格一道如能將此案贓犯全獲者賞洋二百元互賊每名五十元知風送信因而獲案者賞洋二十元此係本縣捐廉懸賞一經查實立予給賞決不食言云云附開失單現洋一百五十元田單十二張皮衣十一件棉夾衣二十餘件大小皮箱五只

揚州○武衛營勇梁衆衝打甘泉署搶物要證一案經甘泉縣鎮令稟明運府正在通詳嚴辦間該營統領李定明得龜山蕪湖聽問親詣甘泉署賠罪並將揹使之哨官斥革責辦其為首之勇插耳游街以示懲儆揚州發審局委員大非與李同鄉不忍坐視極力調停縣令始從其請惟受冤小民有赴府喊冤者有沿街揭帖者不知如何了結也

史紳和因失竊令挨經押女僕劉氏等四人以致劉氏服毒而死茲經江都吳令親往覆驗[illegible]飭令劉氏之夫縣署具控劉淦先行收屍並以屬惡良為盜威逼服命[illegible]理聞此案已由史紳託人出為理處矣

杭州○新選奉化縣鄒令汝駿因奉浙撫留辦省城洋務局事宜故由藩司札飭以錢塘縣缺調署現已受篆按浙省仕途中人鮮有能明外交者惟鄒令遊東出洋精擅公法故邀上峰器重云

藩轅牌示署歸安縣鄭丞刑司巡檢缺委試用從九品孫曾祐署理餘杭縣教諭缺委候補人就職教諭汪楓成署理

寧波○日前搶劫與士潘某當舖一案當時未將盜匪獲住茲悉該盜身掛號衣冒充營勇搶劫即逃往橫溪王某當舖質錢當經察係盜物陰使人邀集伙人多名手持柔相燒擁至當閣將六名盜匪捆縛一面使人邀失主認物無訛即細送鄞縣研訊該盜直認不諱遂訂鐐收禁

奉化紳士胡駿文等以該縣[illegible]地近山陬宵小易于藏跡欲設關卡以防不虞爰云稟由縣核准即札飭當府移文至本今查辦有無流弊以便覆核

寧城米價近來每石已跌五六角惜洋價甚短每洋祇可兌換制錢八百七十文角洋每角七十八文

安慶○皖省外保甲向來概委佐雜分赴各州縣會同地方官辦理由縣酌給經費毋許向民需索不意某委員向民苛派經費乃為上台所聞擬將各縣保甲一律撤銷惟[illegible]

合肥七區保甲委員富經各縣試辦就泉司准即更委康員接辦
福州○閩垣致用書院掌教謝枚如于上月仙逝後繼其席者現尚未定

時論擇要

東報論張之洞

自劉坤一去世南清之天地宜全爲張之洞之舞臺豈知張之近情頗有索寞之感目下方傳聞其北上之至其心一若有玩弄北京朝廷於一掌之勢力視袁世凱甚如小今湖廣之任方在端方署理端光緒既任兩江張則促無歸處乃不得已奏請北上蓋張久雄據南清封疆廣容嫉北京政府之施政因上此奏北京之老猾政治家乘機欲使彼當外務重職之要衝而陷苦處之彼去就兩難北上之志遂決古之君子難進易退張自以爲能識者而不明此義頗可惜也

東報論東歐政局　續稿

當該報四紙所報右條件有自茲督數從中任命知事數名以歐洲武官監督憲兵巡查之條項土國政府於此事直聽之而全國中以歐洲干涉內治物論紛紛起而抗拒加以宰相蔡特巴休最不悅之兒政府有不能峻拒輿論之勢及早辭職土帝遣許之舉爭留克巴休繼其任爭留克者爲梅內度尼改革委員會會長通時務而解事理之年少政治家善知外交其任命也合社會歡迎之

土國政府因此事[illegible]西度尼當有一大變亂之虞度尼監督長官以全力訓令執維持秩序平和之策然尚不免紛亂土國歷恐列國之干涉蓋爲此也要而論之土帝久日夜焦慮梅西度尼之改革土國政府感於土帝之意氣執解釋之策防巴爾幹半島之禍亂於未然云

專件擇要

江南格致書院增訂章程

一新立格致書院原爲培植人材而設[illegible]中諸人務宜各除官場習氣節省糜費爲第一要義

一各種西學無不始基於文字造端於算學入學之始應令諸生先習英文算學俟英文能明繙譯算學能於幾何方准肄習格致之學

一光緒二十七年升撫恩前在江寧詳准以工藝學堂歸併書院辦理將來畢業應以格致工藝爲主義

一光緒二十七年兩准選派學生遊學日本學習理化礦務等學係爲格致工藝預儲教習地步應俟學業回華再行稟請開辦工藝廠機器而從不致糜費公款

一院內執事人計總辦一員院長一員醫官一員收支委員一員司帳一人雜務司事一人看管機器兼工程處一人掛稿書記一人書記二人丁役廚夫三十九名

一英文算學各分四堂授課每堂延聘教習一人共八人各以第一堂兼教漢文教習一人講解經史開說倫理改正課文發稿食課程教習二人專司經堂經典并功課分數講習出入等事又自光緒二十八年始添聘化學礦學教習一人薪伙之外均假不開支

一各教習因自己私事離館有數逾至二十一日以外者不論何項事故均須自請代者之人薪水伙食書院概不過問

一招選學生以一百二十名爲率內計江蘇正課附課各三十名安徽正課附課各三十名

一正課學生除前高等學堂留院肄業之學生每月照高等學堂資章領膏火銀四兩已出院復願准入院肄業者月支膏火銀三兩九錢其餘凡光緒二十九年以後續補之正課學生每月均給膏火銀三兩附課學生每月量發伙食銀一兩八錢正課缺額以附課學生考試分班名次先後依序升補附課缺出每年招考一次平時不收學生以免班次參差不齊　未完

本埠紀事

糧儲調省○江蘇糧儲道昨日因有要公赴[illegible]排台

頓事宴賓○駐滬法總領事巨籟達君訂於十四日在署筵請英道在余等飲宴昨已具柬至道署邀請矣

擬還借款○中國內地自來水廠盛年因資本不敷由總辦二總辦向瑞記洋行借銀七十餘萬兩始得全工告竣近日瑞記西人經門柴已病故因欲將款收回楊君二總辦即稟知江督札道札縣飭日照在任令赴本地各紳董集議籌有捐公款先行撥籌分期陸續還各董皆以無款可撥均以詳備各分散當即將情稟道核示

首犯被獲○昨報紀浙江撫首犯一則茲悉汪令以浦東九圍鄉民在余縣兆控及教堂嗣已拘獲九名惟首犯陳[illegible]尚未鄰狗等在逃未獲故嚴飭皂頭徐順四處查緝昨經訪悉將陳先行拘獲解縣收押候訊矣

浦江驗屍○昨紀疑案待驗一節昨由本縣汪令帶同仵作人等渡浦前往爛泥渡驗屍填明仵作驗得死者太陽穴受有刀傷一處委係致命身死掛斷屍族王才備棺收殮一面飭差保趕緊緝兇封案以憑訊辦

吞帑先聲○湖北各西商寄昌已擇西五月五號即華四月初九日爲始共賽三天

買辦被控○禪臣洋行買辦徐某昨因不交股份銀兩爲英商萬隆洋行具控英廨由中西官准即簽票協同西探將徐提到公堂縊死居姓出爲具保候訊廨員准之

函請停訊○昨爲出捕房發落案犯之期適逢那蘇緝日故由捕房咨照廨員暫停發落

續案二則○蘇鼎效九分署元直上控李思拐娶陳氏一案到縣前晚經汪令升坐提供陳氏被李思拐兩次拐佑來滬究陳氏供丈夫顧承川故在絲廠做工李供並不拐佑陳氏云　汪令控判李

（四）

責二百板交保陳氏發堂一年潘貼飯食洋念四元〇又拟煙泥渡巡局函解楊大等男婦三人切究陳氏供夫楊大茂在江北販鹽將婦人賣于陳扣為妾計洋八十元近忽糾同袁墜等七人于夜間來到陳家強搶到浦東被巡局解案楊供非來致擾實遭陳扣拐佔故往搶歸袁供向在蘇埠與楊大同在傭工相識的供[illegible]楊判陳氏發堂楊袁交保候訊

英晚堂案〇拱[illegible]人紀朱氏與黃慶[illegible]前妹之丁氏柴輪出氏翁鮑萬[illegible]將氏及[illegible]一併[illegible]抓轉送公堂分別押候訊[illegible]堤供飽為新仲所前[illegible]給領回將丁供因鮑托找是[illegible]黃慶[illegible]供與氏同居並無姦情供[illegible]判行枷具不准再有往來甘結送[illegible]氏交[illegible]當堂領回[illegible][illegible]完案

陽曆四月二十日禮拜一

光緒貳十玖年三月十五日

蘇報

總發行所〇上海英租界三馬路中

分售處

西歷一千九百三年

日歷明治三十六年

每號大錢十二文

外埠價目

每日一寄連郵費全年六元八角

七日一寄連郵費全年六元

西洋加倍

東洋照加

郵政不通處的日寄費

告白刊例

第一日每字取錢四文第二日至第七日每字取錢三文第八日以後每字取錢二文封面告白照後幅加倍論年論季面議長行告白二百字起碼短行告白以五十字起碼多則以十字遞加

論說

釋仇滿　續昨稿　來稿

雖然人之神經昔爲狙獷彼染於歐化者未能盡滌其舊慣性也是以其動機雖在政界而聯想所及不覺自觸於昔日種族之見且適聞西方民族主義之說而觸其格致古說凡攷大同之故習則以仇滿之說相號召之故雖明知其非弗昔日種族之見而亦不求認也然吾爲細剖解之而見其重心乃全在政界上何則果其注重於種族上者則其術不外兩端一日暴動二日陰謀暴動者如義和團之惡洋人也不問其爲教士爲商人凡洋人則殺之使以此術而仇滿也則今之所謂滿人者自京師及東三省外已殄戈無遺矣陰謀者如周之於殷越之於吳以敵之治焉而姦內其亂焉而喜進謀者以間之貽玩好以惑之術是也論則彼李蓮英之惑溺士文紹閉翊織張之洞端之貽而各省官吏勒索賄賂之歛公行賄賂以爲彼政府歛怨於下民不幾足以動搖滿洲人之基本而爲多數漢族之功臣如張百熙之流宜心服行新政者宜斥爲助桀之民賊而誅之至於滿洲人之中如光緒帝醇王醇王肅親王者當行間而殺之倆如剛毅榮祿則惟恐天奪其疾而圖所以保護之而漢族之稍有權力者宜遣辨士說以帝王之業此皆陰謀者之所有事也要之無滿不仇無漢不親事之有利於滿人者雖吉亦惡而非之有害於滿人者雖凶亦吉此則純乎種族之見者也而今之唱仇滿者其所指揮其所毀貶一與吾前者云云相反是非真仇滿者也

雖然今之真仇滿者則有之矣分爲二派甲黨出於少數號爲滿人之中堅漢人強滿人亡之論而密謀所以壓制漢族者也乙黨出於多數漢族之中欲顛行立憲收欲來今之朝廷爲萬世一系之天皇而印滿洲人以爲貴族華族院者也乙黨要求甫以適越其皆否固未可必甲黨之舉動多類兒戲其孔者如禁滿族學陸軍於日本如日殺一人是一人是皆喚醒多數漢人使之並入種族之夢夢者也而兩黨相合之一點在保守少數人固有之特權此其仇滿之癥之中心點也世運所趨非以多數幸福爲目的者無成立之理凡少數特權未有不摧敗者且今日少數滿人中固亦有一二開化者然以與多數漢族中之開化者相比例孰強孰弱較然易睹果爾兩黨之策是樹此少數者以爲衆射之的不啻陷法國貴族之覆轍不止也

夫民權之趨勢若決江河沛然莫禦而我國官行政界者猶欲以螳臂當之以招他日慘殺之禍此固至可惻歎者也而甲乙兩黨又欲專其禍以貽少數之滿洲人是豈非仇滿之尤者乎吾所謂仇滿固不在彼而在此

時事要聞

電論照錄○三月十三日奉

上論鑲白旗蒙古協領員一摺熱河都統平泉州知州陳慶颺恣意婪索因懼民擾勒革職著赴昌黎知縣陳錦燁即行前往抗拘將辦強迫中飭各國直隸另稱籍家心洋檢王誠灌提各家丁訊辦提出案未取未不敘用以敵官方該督所該辦理該部知道欽此

電論補錄○三月十二日奉

上論兵部左侍郎著升崇肯署理欽此同日奉

上論朕欽奉　慈禧端佑康頤昭豫莊誠壽恭欽獻崇熙皇太后懿旨載灃載濤著賞戴三眼花翎皇族貴胄賞戴花翎欽此

電傳宮門抄○三月十二日召見軍機徐世昌袁樹勛

北京要電○昨閱湖北官報接北京電報副榮中堂於十三日晚因病逝世

湖州路事紀聞○杭州府有林王二紳議開拱宸橋至湖州鐵路以聯上下游路線人但提倡者均為官紳而頭瑣公司中止已歷二萬餘金追至今復由紳李守文等集資再向商家募款亦未集成則又有人以今昔情形不同各紳路已明年　上論給紛前了故邀同志具稟當道先將前定之開口至拱宸橋軌道俟有成效再籌辦延築杭湖之路惟因資本浩繁不易籌措擬與洋商合辦以底于成未知能邀批准否

實開權要○日前有上論着琦善龍元等迅速來京陛見聞該員以廣西全地日就糜爛自得此旨頗為憤懣乃託問京中樞要此次陛見廷意若何惟尚未接到京中覆信云

天津青年會第七次大會○青年會報云天津青年會第七次大聚會已定於二月廿一日即禮拜四晚間八點半鐘在英工部局戈登堂內舉行此次儀式節目十分熱鬧無論中外各國友人凡與青年有益者均可蒞臨與斯盛會　東方青年會總幹事巴樂滿君將於日內由香港來津是晚特請巴君爲最大之演說題爲　遠東之青年　巴君在亞洲美洲歷辦青年會事業故所言尤爲親切有味　此外又請最有名譽紳商之官紳多人以中西語言極力演說大致係謂中國青年如何獲益及青年與國家之關係等語蓋國家之前途惟此青年人是賴洵可謂有直接之關係者矣　是晚又承北洋德國提督准派德國軍樂四十餘衆在戈登堂更番奏樂以助盛會　凡中外友人赴會皆均須執票入門並據此項樂據務請先期向青年會華總董張汝楫君或新學書院收習餘樹人君等處領取　是晚并備有燈籠贈給赴會華人之未攜燈籠者俾散時不致有犯夜之險

四紀常昭漕弊情形○前紀常昭漕弊情形具實官道爲民請命以蘇窮困而不知當道受命之時固若罔聞是必有過問獄之一日敲脛折骨然後默出雖私萬也方已亥之春漕賦初行有等被戶挺身至縣懇令不能折服復將根戶解省至蘇州發審局聽審斯時局中有委員四十人人將根戶長跪案前委員見聽訊問根戶不堪其苦而得賀衣完納此香彥秀之爪牙相串以為得計加以昭文張令又不準完以致民不聊生如庚子辛丑二年中昭文東鄉花田皆爲風潮吹落張家市師家市一帶土民皆食裝

旣藝非之有花田者大受其累有與家田玉姓名悄刪識古玩若然典賣殆盡以宗族猶嫌不足再行稍貸於人始得了事歸家市有歸姓者有祭田一百餘畝皆是花田其年無收而糧仍不免則戕良法聽糧紮之苦夫上堂酸令即將歸某鎖於堂柱之上二日佐凍餓殆斃此人措資代完保出求死故昭酷奔役倖其貪勢護爲十林狀懸猶懸竟爲長枝匠剛差役有二百餘名之衆張令皆以爲腹心以千禍事生風詐訛索無所不至前有三年佐漏成兪幾有萬斤萬姓無皮剝之惟恐不盡之語此張令貪囊之實在情形也又庚子之年閏八月中忽生小黑蟲此蟲文梅塘湖梁橋一帶稻根皆死顆粒無收張令慨不准荒而業主之賠糧者盈千累百竹林之物爲之殘滿皆長張令之上非而糾糧戶山是剛彥朱爲三魏而張則爲一邑之約也命稽孫氏爲邑中之首富以加粗佃戶張令硬派孫姓激發其直梅塘百姓之燒稽任縣百姓之衙租皆歸孫姓之佃戶孫姓因此破數萬金不敢居常熟而歸令轉斜宏然無事有孫姓之枷木相也又辛丑之夏西鄉早荒常令爲公額免七千餘畝之荒而城中大小糧戶有此荒田而根有未免者紛起疑後者得西鄉總董作弊將七千餘畝之荒勻派於各更有田而熟之家以爲討好上司之計盜經道之兒張更獨州縣之兒上司也常事至於如此之極故目下常昭差役皆係經營肥爲勞若加入爵試以後之事也

世界要聞

德擬商務○法國政治報云德政府現欲振興商務擬將德國在各國之領事署內設立商務局各商局所人員皆以各國之領袖並非國家指派之官員所有各局員有須稽查遊歷五洲商埠之權凡各外埠德商以爲不便公商務部如政府必欲設局各埠必須由國家設立非官方可議所設局員須爲於衆商反自為題以保商之利也

英築道員專劃屬地○又云駐英英使臣於前月內與英外務部商定各道官員專劃英洲屬地與英國北境交界以免爭端惟交界路之海口及全礦地係屬英國抑屬加那大尚須再議

阿國擬設領事○又云美洲阿爾路的諾民主國政府欲在中美國南省設欽使署并在美國各埠設立領事以保本國商民利權

人類館○日本大阪博覽會之人類館中置支那人與種中與亞非利加人爲伍上海等處頗怨支那人之感觸有其大員發出北京政府止振貝子赴會之說

本館按近來優勝劣敗之風潮磅礴於東亞小學自作宇宙間殆無我支那人容足之地日本之舉動上海志士亦有欲設法阻止之者而卒無如何蓋不能競爭自存徒爭空理亦無益也如英大員之阻止振貝子更何益於毫末哉

海軍擴張○英國衆議院以多數議決海軍經費六百三十一萬二千八百磅海軍預算案朝野輿論皆承認鉅費之不可以已自由黨雖亦得力持者皆帝國防衞於分擔各殖民地又議當中封斯塔者言海軍費取於英國死活之問題也收於大陸而國江河之沙汰也他國若無此新海軍費之前英國不可不急圖之

俄開博覽會○俄國動物學士苦球奇會議游極東地方於學術上蒐加種種材料兩歸於二月十四日在俄京開支那滿洲博覽會其收入之款以充明年游朝鮮之費以上譯東京日日新聞

考查疫緣由　英國新聞報云現有醫生非利文由中國回金山據說向在中國內地親見各處疫症情形今我國醫生勤見金山大埠有疫者此乃未知疫症如何爲此臆說耳其實提彈風不值識者一笑也發疫症之原因係窮餓之人得病致死者則有之此外則無也予亦在香港正當疫癘流行凡中西人等之身體壯實飲食調勻即與疫爲鄰未聞染受即操作各工之勞碌日夥苦但能飽食亦未聞有染受爲其西人之間有得疫殞命者係富兵兩滿飽之後治並微渺不名一錢缺食饑餓無依疫症始能使人耳如謂金山有疫者由中國帶來更不足實太平洋遠隔數萬里即使果有疫症一搭船後沿路吸海上清空之氣疫蟲已除孑孑遺況疫病從人死亡以鴻以熱針試之初時九十九度半再遞動點鐘則漸至一百一十度再遞至一百十五度則死矣將近死之際其熱之熱有如火爐此疫病實在情形予之所目覩者也今金山大埠醫生之所指爲染疫者不過廿將久病致死者之時剖驗間或有以疑爲疫其實久病之人氣血不行其腳未腫其膝腫折處爲核凝滯無所宜泄死後不免有此但非疫症之熱耳發以美國十地而論雖購買疫症藥來亦可決其不能到埠也中國疫病之起俱由窮乏之人日中所入無多衣食不給形容枯槁而血銷亡其地暑熱夜涼而晚間又露宿無歸一旦感受寒邪失於調理久病而疫撻生疫爲至于傳染者亦乘虛而入全在枯瘦抱病飲食短絀之流除外不能波及云云

學界風潮

江北高等學堂招考始末記　來稿○嗚呼學堂使支那演成文明枝爛之世界在乎樹使支那洗一挫再挫之辱係乎樹使支那奴隸變而爲國民關乎樹嚶嚶學堂學堂其責任固不重且關係固不大哉若是乎學堂者乃造時勢之英雄之公所也然而其稱和嚇於陳腐所建設之江北高等學堂

甲　高等學堂開設之起點　壬寅冬陳夔龍奏請創辦江北高等學堂收學生八九十名入堂肄業於是江北學界之耳目一新然其所聘請之教習皆頑固不能向其責任絕未有合教育家腦筋者擇其一端以見其餘體操一科教學生初階必自徒手始繼也操器械此體操家教學之階級人人所同認也而彼始則教以操器械皆有及稚之赤子尚未能循伏而即教其飛步能乎吾敢斷言其不能也彼初進堂之學生本無素知體育爲何事不先教以徒手操而先教以操器械何啻教未能循伏之赤子以飛步耶其英其醫也並於英文教習則爲沈某僅粗愛皮西提之音中文教習則及范某唯數八股摺帖之學其頑陋無比不待言而

知矣

乙　高等學堂招考之原因及其結果　沭發卯年陝甦相仿然欲擴張其學額行文准撫徐酌飭其各府選送學生若干名於風宿遷縣考有學生拾伍人其腦力精神冠乎時其氣魄理想超乎世自憤生於野蠻縣不得發達至極點而勵效用之學則有高等學堂之設遂頌稱邑令咨於邑令詞外界之事非學生所宜自請煩爲反對邪乃聯附有庭泣七日之苦始給與公文遂至浙江投文時而高等學堂視爲利藪公文不收需索賄賂將各府所咨送學生溷滯旅館絕不出牌示以何日開考有宿遷縣學生某奮然怒謂其請同學曰吾輩學生耶抑錢樹耶既有咨文則爲學生矣既爲學生矣可以賄賂進也豈非合羣與之理論不可遂邀山陽阜寧諸縣所咨送學生而諸縣學生均無反動力毀搶而不敢前大有足進趦趄以望崛崛之態宿遷諸生不得已遂挺身直出責其扣留公文抑制學生之罪彼見勢將決虎突如趁奸卽住之爲欺耶遂於一月十八日出牌十九日開考諸將題目錄下

孟冊增修國政論　仙邑所作不知其主選云何推宿遷縣學生以優勝劣敗天演公理爲主義孰知彼乃第四等野蠻視新學界人爲仇讎凡有新理想者槩不錄取嗚呼閱卷者彼何人彼前任松滬督之私人范某也充蘇汀巢寶山長數年每歲修金八百兩及松雖任彼猶注心營求不肯他適近學堂開設山長當去矣而彼哎哎哎一二百兩有學堂中文之職嗟乎以如斯之野蠻鳥得不視新學爲仇讎耶

丙　高等學堂之總論　論曰使我國民享平等自由之福學生蹶蹵之義務也而學堂實先爲之基礎濟成支那文明燦爛之新世界學生不可棄之天職也而學堂實先爲之根帶他日收學生之良結果皆賴學堂造就之蚓江北之風氣未開野蠻之積習未脫吾撥拭目而待者惟望受此學堂之賜而今日陳腐所謂之教育家如斯待學生如斯將以啓江北乎抑以腐敗江北乎試問既名爲高等學堂當請此等教育家乎亦當棄斯學生乎寧不愧死高等二字之名詞乎

各省紀事

北京〇內閣翰林院等處考供事業係開考之次日出榜上月二十日上諭處投考之供事共有三百六十餘名探王相國詞員閱卷評校去取並嚴定甲乙閱共取中一百五十餘名

天津〇天津工藝學堂本已開工聞該學堂所佔面積甚大形如凹字除現樓房外並設化學樓製造廠數處

本月杪即直隸開辦印花稅業經通行各府州縣一體遵辦在案聞此後印花例由殷實商民兜攬代售日前有楊姓稟請包攬粮保設文銀千兩包攬博蠡縣兩屬印花稅紙業已批准並按二分給用以資辦公

北洋銀元局前已開製銅洋流通市面茲聞有某洋商以此項銅洋不敷過輸頗有換資得造之志以其鋼質強而工本輕也惟圖法爲中國內政豈容識外人覬覦耶

蘇州〇蘇省各屬分捐均由縣資成圖鑒經收乃司事者往往于收捐之時遇有錢串故意挑剔作假則任意高下此風城中尚少而各鄉鎭則到處皆然以故鄉民咸嘖有煩言云

前紀太倉州崇明縣解到秋審人犯一節茲悉十一日又擬定縣吳令於委本縣詳督飭識巡檢鄉椹解到審犯一起當由效臬發本司獄收管

常熟〇客民種田多在常熟南鄉一帶地方該縣郭令以若輩多無妻子又皆壯年恐致可疑爰率炮艇兩艘民壯數十人將客民所蓋草棚焚燒殆盡客民暫時避去及郭令回城客民又復重新蓋造安居如舊矣

無錫〇北門外徐氏新設一普通蒙學舍來學者自十二歲起至二十五歲止分爲四班授以經史輿地算學以二十人爲限每月宿膳脩脯五元現開學日期尚未擇定

前上海防疫章程曾載明花草一項黏帶泥土最易傳疫宜先防範當稅司恐各商未及周知特牌示商人如有進載各項由南方來者用潔淨之件包裹完密其根株不帶泥土或所黏無多方准放行進口云

廣東〇粵省督撫飭嚴防務李牧家焯稟請將留防各營酌改營制及裁併[illegible]赴西省四營衛隊一百二十六名所有勇餉經費以及薪弁帶識薪水等項仍由東省發給豈和訓之餉皆該牧撥將義勇正副營校遞年後盡一律改作底營每月必須增餉一千五百五十餘兩而營勇增添一百人似於邊防無甚裨益又綏遠軍[illegible]擬改爲卓勇中營係爲營名劃一起見但邊防各營將來擬[illegible]爲常備軍此時新製旗幟號衣口後又須更換未免糜費且須經[illegible]安勇營花營名總未能一致不如仍其舊但於邊防要事辦理[illegible]慎營名[illegible]當無大碍仰候東[illegible]補局會同藩後司詳細核明妥議飭遵具報云云

兩廣鹽運司籌現經德督札委[illegible]道[illegible]所署理已詳院[illegible]所遺粮道一缺現聞擬委姚道文[illegible]小北云

會黨首領陳某山等常在福建武平縣拜會聯盟經閩省派兵購拏現訪聞該首領潛回廣東鎭平[illegible]寓地方故閩督咨文粵[illegible]節地方文武嚴密查拿云

蠶桑局前經委員赴蘇購運桑秧到省給發民間領種業限自二月念六日起至三月初十日止聽民赴局領種因桑秧爲數甚多恐民間未能盡行領種經局員赴各城外履勘地段由官僱工栽種云

時論擇要

錄東[illegible]論[illegible]之洞

張之進退至今日之境遇亦非無故劉坤一之病革也雖在後任

第一發之禍第一貎大發其蹂躪不在彼而在我將以多年共事有關係先之北京朝廷故先使彼轉而江彼止恨湖北之對乏維誕而江之官裕不迫深慮而到任忽還湖南人之反抗不能全其地之兩催原須之所以迫此排斥亦與鐵根日本公使而反失敗之隱森甲等其間消息亦可緊而知此等一班之奸佞人爲自己利慾之故狐羊顧瀦進退失據可笑亦可鄙也。已完

論挽回銀價降賤之法　節錄大阪朝日新聞○據最近統計表千九百一年世界產金總數共十二兆七十四萬七百四十九安士較前一年增三十七萬四千安士產銀總數共一百七十四兆九十九萬八千五百七十三安士較前一年增二兆安士夫銀數之增僅二兆安士苟無他因以厄之世界銀價似不至驟起況近來製造銀器之多供求相劑因不患不均也然則近今銀價之一再降落因必有他因存焉矣其一在千八百九十五年印度之禁鑄銀幣先是印度每年進口銀數可三十兆至五十兆安士自有此禁進口者驟而出口千八百九十九年及千九百年出口之銀竟多至三十兆安士且礦發日盛銅鉛等礦提取銀質之術漸精而墨西哥澳洲之開採銀礦者亦加推廣故銀塊積存市上者愈多其二在日本之改用金幣然此二因之力終不及中國償款之鉅拳匪之亂中國償外人者合本利計誠六百八十兆兩均須一付金雖係三十九年分交然每年所付既不能以出口貨相抵勢不得不運[illegible]銀價[illegible]不[illegible]則運出銀數不得不增因求過於供銀價因而銀價之漸跌正不知伊於胡底也或謂銀價跌至[illegible]礦者必至出入相抵產數漸減運之既久貨歸其平似已然銅鉛之礦日盛就令銀礦漸少而由銅鉛提取銀質不可得禁則恢復銀價之策不當減其產而當增其用理甚易明矣試觀世界大勢幣之用銀恆必日少暹羅既改用金幣矣而斐律賓又令新議全球用銀之國僅餘中國及[illegible]各國與此兩國貿易者咸以銀價降落致出口貨物受[illegible]美國倡議令中國償款用銀半由於損失之不忍[illegible]困亦非欲維持銀價匡救本國之商務也不然他國政府各與新議鑄格而不行爲國貨幣價值至此爲第五次歟千八百六十七年巴黎第一次會議外餘皆以維持銀價以主前四次所議雖係究論生計之學然不得竟視爲與銀幣無關也此次會議結局如何雖難逆料若諸國能切實研究挽一易行無礙之策程或不難於挽救時局也

要件擇要

江南格致書院增訂章程　續稿

一凡報考院肄業考之學生必年在二十五歲以內十五歲以外讀文精通方爲合格投考錄取後須繳同江蘇城內同鄉切實保人一同到院填結註册簿以後如有違背章程一切惟承保人均須擔承無的保者不收

一招考學生先試漢文一篇凡曾經讀過英文者必將所讀書籍挑出本院由英文教習當面考試算學者由算學教習命題面試凡以前不識漢文不通或不合班次者均不錄取錄取之後示期入學過期不到者除名入學之後試習一個月不能造就與不耐攻苦者均除名

一每年三節擇期甄別一次稟請滬台親臨會同分日分堂考試英文算學漢文三項均限時繳卷彙齊　由滬台核定甲乙榜示每課一項並給獎銀三十兩均分照式等名次分別批給三等均不給獎凡不堪造就之學生除非有特別退不計外仍於三節甄別後酌停去留臨考不到規避其因病或有不得已事須臨准給假另行補考

一英文算學各分三班英文頭班五名一班十五名算學分班亦同此數頭二三班膏火除原支四兩二兩及三兩五錢仍照常支領外凡分班後加獎錢數頭班第一名加獎二兩第二三名各加一兩五錢第四五名各加一兩二班首二名各加五錢第四名以下各加三錢事關每屆甄別之後照合正課各班學生重行考定一次另造花名清册呈送督撫存核附課學生雖不分班亦於每屆甄別後將各生優劣次序考定先後以備依次提補正課

一每月房課亦是四期以兩期爲小課兩期爲大課正附課學生合併考試各一次小課以上月試算學下月試算學由第一堂次習輪流考試大課英文漢論一篇或論一篇上月試經義下月試時[illegible]史事均由漢文教習命題[illegible]以定甲乙每課分一二三等一等約取二十八二等約取四十八考列三等者不給獎賞凡遇甄別之月停止大課小課遇[illegible]之年按月加課漢文一次照章給獎　未完

本埠紀事

監督官胡○楓蘇藩錦森奎行司王觀察陳亭昨日因公先後至上海縣拜會

飭造糧册○上海縣去年冬漕將次掃數故汪令擬于日內開征本年上忙錢糧故昨特諭飭各圖册書迅將本年上下忙條銀册造齊呈縣蓋印以憑發串開辦

備祭海神○浙江陸糧道定於今日偕同南市海運滬局總辦林守以及會稽尹令等至浙甯會館恭祭海神昨已諭飭辦祭人等預備一切

改築馬路○南市馬路工程局總辦姚守現准開闢道改關大碼頭起至大東門止馬路一律劃直定已擬定款項有擇於四月初一日興工改築之說惟該段兩傍店鋪房屋不無侵佔官地故前日飭知縣守轉諭各店一律拆讓並將於日內出示曉諭矣

押交首犯○浦東九圖擁民因突合搶及毀家樓教堂由府中飭縣飭差獲到各犯訊明枷責示衆而教堂中以搶匪太輕不足以儆將來故與縣[illegible]上海縣汪令迅提爲首各

(四)

犯議法收懲汪令得函後幾得介中滋事之人大半住于十二十四二圖令十二圖地保包庇抗延汪令着犯逃于昨日着提到縣看押候究

路斃報堂○昨日寧波路倒斃[illegible][illegible][illegible][illegible][illegible]浙無屍屬報由捕房捕[illegible]飭傳該管地保代報某善堂給棺收殮舁往義塚掩埋

衙例停訊○昨日係耶穌令節英法兩廨均飭捕房停解案犯

驗屍兩誌○昨晨新租界寶昌路亭子內有某甲不知因何縊死在內當由巡捕報明捕頭飭探協同該圖地保投報縣署午後一點一刻錢汪令帶同刑件人等至屍場飭仵驗視喝報委係自縊身死惟無他故判飭善堂棺殮候屍屬到堂認領○又有年約五十左右之某甲同日自縊在法界招商局棧房門首之屬籍內由捕報明捕頭飭探報縣汪令亦莅驗屍檢驗亦係自縊身故並無傷痕經善堂給棺收殮舁厝義塚

工程局案摘錄○糧米小工張三昨日忽與臨斛之姜某口角兇毆擊破姜之頭顱故彼此扭至工程局請究於總辦命押候訊○南市生義碼頭東來客棧近因窩留竊賊當經工程局包探訪知即往查獲竊賊王阿榮陳阿福劉金海徐阿二等四人解局請究奉諭押候訊究

縣案一則○本縣汪令前晚訪提毆傷李渭卿身死之兇犯孟掌林等訊究孟仍照前翻供及行要証王虎全供掌林與胞弟當夜打死一偷菜賊喚同帮抬屍首因賊未氣絕故即歸家汪令訪將掌林上天平架一點鐘釋下還押退至簽押房提王復訊後判亦還押○又訊浦東總巡局函解周金標與被同類任麻子戳門一案判任責二百板與周斥退了案○曹家河江東輪船串竊彭姓洋銀由法公廨解縣訊押飭晚復訊判押改過局一年保[illegible]

光緒貳十玖年三月十六日

蘇報

總發行所◎上海英租界三馬路中

分售處

西曆一千九百三年
日曆明治三十六年

每號大錢十二文

外埠價目
每日一寄連郵費全年六元六角
十日一寄連郵費全年六元
西洋加倍
東洋照加
報費不論遠近均須先付

告白刊例

第一日每字取錢四文第二日至第七日每字取錢三文第八日以後每字取錢二文封面告白照後幅加倍論年論季面議長行告白二百字起碼短行告白以五十字起碼不滿以十字遞加

論說

寄社榮國牧師邑學某君　來稿

曾君亢與人曾辦粱南洋公學客歲退學同人建設愛學校會社亦與有力焉今仍在愛國學社也有數李某某君屬稿掛以示余余勸之登諸報紙俾大衆共見無偏私爭某一人以其得遇亢輿之風氣不開人心錮蔽深爲痛切憑藉於中國內地皆不易矣吾獨宜輿吾不知宜地遷時志士合盡於而外能有幾何人不亦深可慨哉然使如曹曰之君日後得伸其志則亢輿之前途固未易料矣而吾胡爲乎惜之　沈公附識

得手書勤勤懇懇不我遐棄其音其辭僕雖不敏亦嘗側聞教誨之方今承明問敢不一一詳述於僕之未至南洋公學也聽居一室不與外事相聞聞所見者無非衣冠之正統所見者蠢蟲魚鳥之非釋何有一瞬時非沙漠於學解蘭蕙於晦朔蟪蛄蛻於春秋較彼蟬入旗幟群比者之心思正不過多識今何如矣潤底潛魚忽然擺脫迷途到院中有仙鄉凡外界之風潮激射我感發我喚醒我一之數以二二之數以三於是腦筋中之微垢悉已得上池三斛水蕩滌而濯洗湯滌使心頭含利子大放光明如由地獄中直升登洪始知世棲傑闊天下人間去歲公學之事實僕有生以來最得意最光明之歷史也茲亦已詳見報我蹤吾兄早知無待贅言雖茲何時哉茲何世哉天人交迫之時代內外交訌之時代也弱肉強食優勝劣敗之時代也萬般危險都在目前有心人痛哭流涕焦頭爛額爲國民告爭奈吾公在壑谷仍作楊妃之醉雖嘔盡心而血終不能救彼溺之死滔滔逝水及此東流則印中埃也我也非也皆吾國前途之倒影也我兄明達當早看破無俟我絮語發疑然我和所見不以告人我之過我既告人人之不留意非我之過因無間乎知與不知我兄在卑深故不顧屈然東方受僑僕非坐井觀天以爲中國遂相對將何之大厦將有孤撐塹貌之兒齊幸遺一脈圖除發民斷有子遺之詩可無歸矣僕願磐香膜拜而祝之外受期望愈重者則天職亦愈重固不得將常人爲比例而自誤者也足下之家境求之梓里殆如鳳毛麟角之不可得足下既居此最高之點則爲此天職者當何如天職非他聽吾力竭吾能竭吾智散吾舌灑吾血濺拼吾頭顱以喚醒國民也苟有未解此天職者則當口而強聒之熱心而發明之務吾髮之役僕亦未敢謂諸他人也奈族居異地遠別故鄉求足以當吾力者其鮮又不得聯合梓鄉同志以有所成就撫心清夜實不自安如足下之優游故里與二三同志相結得同風氣以盡天職誠愧不如也抑僕聞之天下事大都不有恒心難竟微妙之絕詣僕從事學問于茲有年雖不敢夜郎自大亦自不謂斗筲居愛國學社科學紛多不可輝流僕朝而習焉夕而究焉非特不覺其難反從游自得繼續不忘以此日發進步如駛浮路如窮桃源無物不引人入勝我兄得無聞乎世界文明今尚當比十年前窗下中我[illegible]誤靈英雄不止嚮彼小兒牛[illegible]幽囚暗室布帛菽粟之不知孤觸過墜之未解試問以天笠地枰之陳義亞歐白之現狀能言之乎以我兄之才之識而甘爲箱下之枯學縱有所不取學問豈有窮期進步庸有涯此人方開躍進競而我則僅學識尚不及三四年恐龍伯大人之足趾終亦僅僬僥之頂豈所能比倖也吾敢實肺腑之曰不遊學不能成人不遊學不能得學問則又自告我者曰阮氏蘆空誰上計然之策期猴利厚誰追劉鮑之蹤吾敢饞之曰孔方兄豈足爲英雄哉我自有目的自有方針爲我不可擁阿堵之情而造大丈夫之氣節耶冉人子豹出林籃之林胥半數中豺亦再興甚大利之加坐放的鵠而吾之映雪處螢者何人鑿壁偷光者何人金盡裘敝者何人夫豈當以區區幻想誤所志耶時乎時乎不再來願足下三思之　未完

論南京陸師學堂退學事　蔣竹莊來稿

奴隸之劣根性價於二千年矣而習之於而安之生而從之死而莫知之可哀哉我黃帝文明之子孫也今日吾學界風潮彌乎大江南北自南京陸師學堂退學之事又見告矣蓋奴隸束縛達於盈滿之時代而獨立性質方萌芽之時代乎吾爲之惱惱其獨立之萌芽乃幼稚而不克標榜也吾爲之喜蓋其獨立之萌芽如冬蟄蟲四成物以群既死而復生也物之始生也其形如幻人事之進行也循乎曲線進行益遠其曲亦益多是故古今中外英傑之成大事也其所遭之拂逆摧折有不可思議者以今日各學堂學生之所處方之如世界之微塵耳吾知退學諸君既有獨立性質其必不至棄而忽散其必能如愛國學社諸君之成一團體者然萌芽之時代危險危之時代也諸君子之責任殊艱鉅之責任也彼頑固黨中必將設種種惡毒方法以破壞諸君子之團體者諸君其遂爲其法律之自由抑守法律之自由其能愛萃真能成抉團循乎曲線有進無退以與拂逆摧折之境相遇以維持此區區獨立之萌芽其艱鉅亦有不可思議者吾故爲之惱也濁世昏昏奴隸芸芸沈沈長夜渺渺千年有豪傑之士出而喚醒之其功比於大禹之治水周公之驅猛獸有過之無不及也方且固結法團自成一幟使獨立知識能普及全國而海上設總[illegible]掘其機關發然而成立國合獨夫民賊不足平也吾故爲之喜也且諸君子獨不見俄國之學生乎地球之專制之國惟清與俄伸皇之威權所謂暗鳴叱咤足以震動全球者獨國內人學之學生僅如敵國焉何以故惟學生之團結力能以彼方我則我學生界之團結力千不逮一也然以俄之專制比清之專制則清專制之權亦百不逮一也惟專制之力益甚則學界之團結亦益大何以故重學之理抵力必與壓力相因故頑固黨中豈其默術而息而不設種種惡毒方法以破壞之乎然吾觀學界風潮溯江沂上昔年肄發於海上今已流入金陵矣自金陵而安慶而武昌而重慶必有

相繼而起者可預信也長江上下游風潮怒起而黃河南北亦必有起而應者可預信也自北而南而西江上下游各行省如廣東奴隸根點之學堂亦必有起而應者可預信也以長江為中樞北而黃河南而西江風潮洶湧及由水而陸則可普及全國吾惟日夜禱祝此力之日益擴使抵力日益強大而後度盡全國奴隸根性而我黃帝文明之子孫可自立於二十世紀之天地也

時事要聞

電述欽州匪耗　桂撫〇又田李牧電云十二接前左兩營協管帶飛字左哨李弁內初七晚馳至大直援救初十帶隊仍回那天行未美竹岡被匪數百重重伏截各勇奮力迎戰相持兩時之久山路窄狹遠近山上均有匪黨吹螺助勢督帶派勇往尚前追擊時已天黑匪始退去計斃匪五名傷匪甚夥勇丁當由被匪斃二名重傷一名失去九响槍三枝下午又派隊同往那天九點鐘時又有匪黨數百身穿號衣往竹截路彼此放槍鏖戰互有傷亡此面皆有匪黨埋伏各踞一山自高擊下我軍不能仰攻以致陣亡勇丁七名失去無烟槍一桿單响槍六桿賊匪傷斃不計其數查係十萬大山王光山之匪首於晚騰入梁殿十號秀廷許五等多名糾黨分路與何不下千餘人或隔水攻或上山連擊四面受敵防不勝防該管帶前營一底營共分五哨一哨駐那天一哨駐洞岡一哨駐攻武廟一哨紮大直新墟一哨駐山相為犄角勢本單薄以兩哨四丁敵數日悍匪猖獗已可恃見左營遠在扶隆頭難抽調所謂後營哨勇及派去衛隊尚未到防無可援應致有挫失計卑職所部四底營均是分哨紮岸散紮相隔數十里百餘里不等未能聯絡一氣惟望安勇到後再行妥為佈置或出左營與前營聯絡方可合力剿攻近因四省攻則匪竄東竄匪多勇少勢頗危急祇可就現有兵力嚴防堵禦陣亡勇丁三名統計陣亡共一十二名重傷四名均請核給郵賞云云

世界要聞

俄國內情〇俄人近來增派東洋軍艦及滿洲北部西伯利亞陸軍似有與滿韓兩國構兵之狀實則俄人自啟設西伯利亞及東清鐵路以來財政頗覺困難國內工廠雖若許達向外資本皆出自英法德美諸國故其事業亦為各國人所經理前因謀製鐵紡紗等物以保護稅輸出之額驟減公司股票價目低落以此觀之紗與各國開釁其力恐有不逮然今日有此舉動者蓋因日本第二期水師擴張漸次告成恐日本乘其不備藉此以示威於人也且日俄人之□日本者日多一日或以遊歷為名或作奸細人之狀態無非□□其事情以報告政府耳

俄學改良〇俄國國家設立之商務學堂因從不求盡善經管學大臣擬定專門各國文字課程節北界如左一訂立課程宗旨首先講求英德法三國語言文字必知語達無遺方准入會肄業二課程方為女學訂定者須擇中學堂卒業女學生入學肄業不論家世惟年十六以上兼通一國文字其資性不□者方為合格三學堂分別專門科課所須學門以每年終課以一年為期四學堂應習各課細目甲　歐美他國語言文字　乙　學習文法文牘及稅務章程　丙　學習帳務　丁　習練楷書　戊　學印機刷字　己　學打草書

俄人移民〇俄政府已籌鉅款欲設東三省鐵路然不移民以實之終恐不能坐收其利近戶部尚書維特擬先移六十萬人分布沿路各區及鐵路經過之地期以五年成功云

俄貨暢銷〇俄國稅司各員會查一千九百零二年進出口稅項始知去歲旅俄諸洋商運入內地貨物減少較之一千九百年少收稅項約八兆盧布去年入口稅項共收五百二十三兆盧布出口稅項共徵七百二十九兆盧布出入相較尚盈餘二百零六兆盧布於是知俄貨外銷日盛總不但一千八百九十九年時出口貨稅僅有七兆盧布俄國商務既有進步出口貨物價值不妨加增如增價後俄貨輸出者益多洋貨運入者日少則俄國商戰不難雄長全球矣

常蘊須臾〇印度孟買洛衍英人所立商股鐵路公司已有四五十年獲利甚鉅現公積一項約有五百五十餘萬金鎊二月初特請該省總督央世俄頗撥森在公司蓋宴並由各股東演說頌詞略謂貴督才猷卓絕實深欽佩而維持商務勸求民隱地方日臻豐盛商民歡騰不淺頗君答云莅任以來日夜籌思替扶整頓一切所幸商務民均有起色私衷得以少慰然尚有兩俗弊政未盡革除深望央政府多遣幹員來印相助為理以期日益振興庶足慰諸君之雅望耳

使才難得〇英人與東方各國交涉已久而東方情形尚多隔膜即以遣使論薩道義充日使三十年通曉日邦語文政治舉凡英日交涉皆能辦理周妥中國拳亂後英廷派使臣駐華以薩君在日辦理交涉既甚穩善則移駐華京必能勝任殊不知華日情形迥異利於此未必利於彼耳

議建塔燈〇俄海部大臣因東方行駛船隻僞不一若即於小測貿為行船之恐不得不思患預防現擬第一在東三洋海中多設塔燈以資瞭望自定議後先派快輪一艘試行於臨東半島東方詳細察看何處能安設塔燈幾座此外尚擬安設警號數多處以期有備無患

日加官俸〇日本維新迄今已三十餘年從前官祿俸給九千六百元各部尚書每年六千元近因百物昂貴政府諸臣懇恩加祿首相每年一萬五千元或二萬元其餘各部尚書每年一萬元日皇已允交議院核議其事矣

學界風潮

論真實之教育〇教育先施於家庭繼以大中小各學堂一生之中耳目所及思想所至隨隨可得教育之功能收教育之實效雖然教育之所關甚廣固非能執其一端而遽謂得其全體也之世

人什往事注重智育前於智育稍有發達則欣然以告人曰吾于教育之功效已全得之矣（如俗語所謂舉包反身其實則不過於智育上稍有發達獲一秀才之名稱即以為教育之能事畢矣可嘆）嗚呼其亦謂全得者不過教育之一端未能得其全體也人無受偏頗不全之教育不過為世之傀儡而已何足貴哉教育而偏知不全即非真實之教育然則真實之教育為何曰所謂真實之教育者必智德力三者並行發達則完全之人可得而教育之能事備矣昔日若徒注重於體育者則為強壯有力之人否則為野蠻無禮之人專注重於德育者則為熱心愛國之士否則亦不失為迂腐之儒惟獨注重於智育則其結果必成一偏僻不完之怪物一無所適用也是以欲得真實之國民必有真實之教育欲得真實之教育必以智德力三者調和而并用之方能收其效也嗟乎吾譯論此者不禁擲筆而嘆曰我國人日言教育彼等非智育之是重餘如德育體育等所不知者也國中公私之學校多矣然皆如是其所謂倫操諸科不過掩人耳目而已若論及德育更缺如也各學校未容無法律無規則然其所謂規則法律者不過為養成奴隸之器具雖有猶無也是中國之教育為偏頗不全明矣嗚呼以此教育施諸國民他日必釀成一種不適用之怪物中國其猶有望乎吾之所以譯此篇者正欲告吾國有教育責任之諸公俾一變其方針焉庶幾中國尚可望也

請看[illegible]學　江南留學人士因[illegible]心[illegible]一江南旅學現已招考學生內分尋常高等兩級修身國文歷史地理英文算學理科體操等科各六年畢業月取修費一千文外省附學取費二千文住院另加各門科習均系自願武備兩學堂畢業學生[illegible]俱能將心研究必於江南旅各大有裨益也

記浙江大學堂○浙江大學堂自去年冬聘請某君為總教習並君仔遊學日本一年當其初來人皆不崇拜之以為從此可受完全之教育矣乃數月以來其所設施不過略仿外國之形式而於各科學實未窺門徑也而某君方且師心自用儼若為師訓學生未諳文理須以野蠻待之壓制手段率不可收內地教習者並之所恥也抄與陳編述源字句而不知詞章教習戴君名稽充之弟收支之兄而監倉為君之妹婿也上班時為學生所糾駁而不能出言物理教習則不許學生問難果問之則曰吾未試驗若亦不知嗚呼教習如此教育可知矣至於幹事員則弟兄朋戚朋比為奸遏抑自由食物無厭飯食課紙無不尅扣某遂夫國家雖當提倡以開此學堂試非易易今徒為若輩之利藪豈不惜哉然則學生之受教育也如彼受壓制也如此國乃樂野蠻之號甘奴隸之為彼輩自由忘其責任者且崇拜之敬仰之視為固然恬不為怪以此而閩人每暗嘆稱大學堂學生而不說云

各省紀事

湖北○自鄂學生郭會雲於初六日晚在鐵馬歐從步過工程營兵三名以瓜子洗面將其面部叱之三兵乘醉將郭拿下一執其揚一人坐其身上一人舉手痛打至胸間受傷甚重郭手持一兵領口不肯放鄂左見而不平假勸解將四人喚至自強學堂門首入呼各人堂內將兵出各道脫二人其餘往之一人供出三人名姓當往工程營調其營官劉某將某到學堂稱已將逃歸之二人責過五百板仍行留在營內候郭病愈再定罪名倘有不測即行抵命而郭已由日本醫生松保檢視未知能否無礙惟聞學堂諸生尚不答應不知何以慰衆情也

江寧○魏督以軍功出身頗心武備初八日致祭先農壇後即赴觀音門火藥局查勘軍火旋赴南門機器局查勘礮械復策馬馳勘雨花台礮台是日適又出閱先鋒小隊由四面挖之壕溝馳出太平門策馬登附郭山以統籌沿形縱亦策馬隨行後又馳勘下關沿江礮台順勘船廠商埠良久入儀鳳門登獅子山閱礮台凡所經各台礮兵開砲時均指示區處且親扶機括以教之旣下獅子山乃策馬皮輅車收道回署

金陵新關稅務司安格聯昨接總稅務司赫然飭以天津海關乏人著該稅司即往辦理所遺金陵關稅務司缺另派上海關稅司某君代之金陵關監督徐道洋務局汪道暨各國駐寧領事均往道賀安君頃已將箱公務一律交某君接收刻即將啓行赴津

常熟○南門外距城三里地名白鑑卯於二月十五日突來客民數百人以車田為名搭蓋竹棚茅舍聚族而居並無老幼婦女其頭目九六人裝束類如教匪十七人靜甘城中陣僧白為姻乞丐草鞋中死一婦人年二十許似為間婦女致布上城中途為人盤驗搶奪致斃者地保不敢稟官鄉以事無佐證既若主自為收殮了事現客民仍盤踞如故土人以其人衆而橫不敢過問常熟縣令恐釀大戀亦佯若不聞云

附文東鄉白茆市於本月初突有光班船十五號泊於白茆市之東河頭約有二百餘人欲於該鎮開賭土人不許鳴鑼聚衆與光班相敵焚其一舟光班等即退歸該處小強行某賭謀無可如何於是每鎮上各店舖攤贓一二百元給於光班始相率而去

揚州○瓜揚貢品業由瓜商辦齊於初八日由揚起解程運司當即派兵護送至金陵赴督轅呈請檢驗

新月迷何[illegible]庫款滿兩赴寧省[illegible]四局托鑄十銅元於初七日一律解到留備淮南局員來揚面論分別多鑄並以濟錢市

江甘五岸鹽銷某委員因岸商設局詳境內各場坊設鹽棧擬論改鹽為錢免致虧折詳為運司批駁乃承行之戶書張某勾串書差沿街某科某書坊數十家托詞打酒關節可以改鹽當時各書坊故不知強可已邀批駁後公真殊禁入百元以為打酒之川米幾為李大成書坊察知知為該書等向人所索遂將賄情形稟名公縣矣

鎮江○西督在鎮江時曾與李沂光璣奏禁私運米糧出境力照辦理平糶簽捐在吳淞設立總局鎮江及仙女廟瓜洲等處人委員設立分局官月稽徵在案現因上海鎮江米價日昂逾係

奸商偷運出洋情弊札道飭縣出示禁止米糧出口凡行海之船均不准裝運以順民食而杜偷漏云

洪令現奉憲札催提捐因飭各坊地保分示鳴鑼傳諭城廂內外各舖戶限本月十五日一律如數繳清以便彙解

上年創設英學堂收習陶瑛輝等現請杜統領在常備右軍添練行軍砲隊一營並飭任魏督同任杜統領赴省謁見時面陳砲隊之利益將甚以爲然杜統領即函致陶等迅即投效聽候甄錄督憲核奪

十二日常備右軍各營官督飭各勇丁在大教場合演洋操自九點鐘演操至一句鐘始畢

浙江○浙省關市交易共訂刻因開辦在即各洋莊綢絲商等分遣夥友分赴內地廣收鮮繭所帶現銀爲數頗巨深恐中途或有疏失均投府縣求代保護故當飭派兵役隨送並札水師砲艇分頭巡緝以衛商旅

安徽○新撫某公子與原任兩廣學政楊之女公子聯姻于初八日文定是日適某四公子三周歲之慶設筵讌客轅門內外冠蓋往來頗爲熱鬧

大學堂肄業學生額設二十名已於初八日招考計投考者共有三百餘名題目錄下　問中國各口租界外國人處其中者多不過千少不及百其制度何如若論國而外吾閩廣民走南洋美洲者所在以萬計約不免爲人奴隸於人辱斥其得失之原安在試縱論之　秦人以急農兼天下漢武以屯田定西域論　徐貽書作

安慶阜陽縣民風強悍歷年命盜巨案指不勝屈去春閔令恩培蒞任竭除積弊復籌款設學以及辦理各項要政百廢俱興茲因瓜期已屆闔邑紳耆已公同稟請大府乞留未知能邀允准否

候補縣戶令接奉總學使行文五月間按臨皖省舉行科考等因遂即示期於三月十五日縣試先於初十日取齊聽候考試

福州○省城武備學堂近日所派各員名單如下　總理一員　施景徵　周辦三員　施景琛　葉可樑　施景崧　監督兼漢文教習二員　林琪　宋鶴年　漢文教習三員　蔣仁　林瑜　施景琛　英文正教習兼理化體操教習一員　葉可樑　英文教習一員　戴希坡　法文正教習一員　林福貞　法文兼圖畫教習一員　陳寶煊　譯班東文教習一員　施景崧　收支　李幼齋　書報李獻廷　正附備各班學生計陳寶瑞等六十二名

閩省武備學堂選成班各學生理應練習野操課餘夜戰等事須擇城外空曠之地以爲試演之場茲閩臬楊會同營務處孫示諭擇于西門外天壇及附近西禪寺等處擇日前赴操練六天惟恐附近鄉民不免驚駭特行諭知並該處田禾菜蔬如有踐踏損傷情事即由委員勘驗給價賠償云

○閩糧道委署鹽運司所遺之缺德督欲委候補道蔣式琛李[illegible]署理不日當有明文矣

派營兵于初一日已派往各街巡逛每街一二人初派二三天似甚勤近日則或在轄所坐談或在廟中敘話晚上亦虛應故事二鼓後街上則不見有所謂巡警兵者與所習章程大相懸絕恐將來行之日久必彼此懈弛更不勝言矣

月之初六日司道延請省中各書院山長赴廣雅書局議事聞所議之事則係裁撤報國大票之舉是日各山長皆唯唯諾諾惟大學堂總學丁則力排報國大票斷不能行云

廣府中學堂其去取之權爲府幕徐某主政並徐爲常備軍統帶之弟故沈守信之甚深聞近日之欲入中學肄業者多願託人向徐說項

專件擇要

江南旅學章程

總章十條

一宗旨　我江南同鄉旅鄂者衆而鄂學設額甚窄素心用集同志諸君創設江南旅學俾我同鄉士子進德修業養成大器

二學級　暫士子學力程限分尋常（略如小學）高等（略如中學）兩級

三學舍　暫就省垣花園江蘇會館開辦

四學額　暫限六十人倘來者衆再議推廣（現因各種經費僅蘇省同鄉捐集故來學之士亦僅取蘇省倘他省能同時捐款位可另議撥充）

五教習　館聘兼備專心教育之士分授各門功課因此舉爲江南之公事理應協助一概不受束脩此條以指表務教習其由延聘而來者不在此條

六功課　另表

七年限　尋常級兩年畢業高等級亦兩年畢業

八考試　每月舉行一小考暑假時舉行年中大考年假時舉行一年終大考核定分數酌獎

九課本　先用通行課本如不合用由教習商改編授

十經費　學堂諸費爲數甚鉅列開辦常年兩捐務須同鄉同志熱從豐捐助多多益善藉資擴充地步　開辦一層草創全賴同志玉成無論有無子弟在學肄業應請捐助以登盛舉年捐　每月自一千文以上皆可另名　未完

本埠紀事

官場紀事○電報局總辦吳作鎮湖北候補知府[illegible]吳公熙遴選戴令候補縣丞吳璋昨日先後至上海縣拜會

委員代祭○昨爲南市水神誕辰本縣汪令適有[illegible]故另委捕廳錢典史詣水神閣致祭

運米宜禁○[illegible]於上月中旬稟請院札文出示禁止運米出口時因各商向道請領之護照尚未繳完故同道一再[illegible]得以運出運竣至本月初始行查禁而米價業已不減[illegible]以來米價[illegible]

（四

又油蘭昨兩日由米每石售價洋六元八角推原其故仍有奸商囤積私運情弊不知在上者亦有所聞否

砍害匙犯○去年上海縣屬解秋審人犯傅阿妹等七名奉由江令日委員送司以巡檢閔行司王巡檢於昨日會同提右營武弁康怡堂帶及兵丁十四名於午刻將各犯一併押解赴蘇矣

局員撤差○滬北虹口巡防局員伊杏農茱由蘇道撤差另委姚令慶朝接辦聞定於十六日到差云

控案○滬口報稱小工稅毛林蘭因工資糾葛突被同類許阿六等用刀戳傷報請捕房拘究則在逃祇捉其兄許友生在案茲經包探錢榮堂探得許在匿跡蘇州閶門外投局設法拘獲昨已押解回滬質訊仍候訊斷

英界小火○前晚四點半鐘英界西藏路長義押店失火當經救火會西人馳救得息計燬樓面兩間並延及三盛酒店及□剃頭店樓房數椽云

中國會訊○德商恒泰洋人前向鄉人曹小弟朱旭山吳元祥等租地付交定洋一百元詎作人因糾葛故而曹等即藉故以銀由德參贊摭情照會英公堂與讞員關謹翁將曹小弟拘案會同提訊朱旭山供實未與洋人租地及收定洋五十元之事當經徐文彩所爲求然讞員商之麥君判一併押候交出外行傳徐到案訊追

法捕房事摘錄○武生王三林與妍婦葉氏誘拐陳阿飛花煙間內伴娘桂紅匿在家中被陳得悉向個王索洋一百元陳鑑奈投捕房控究捕頭飭令包探鮑往將王及氏一併拘入捕房管押解堂訊究○英界業探劉昨在法界向東洋木夫某甲拆梢□包探瞥見拘入捕房管押解究

光緒貳十玖年三月十七日

蘇報

總發行所 上海英租界三馬路中

分售處 [illegible]

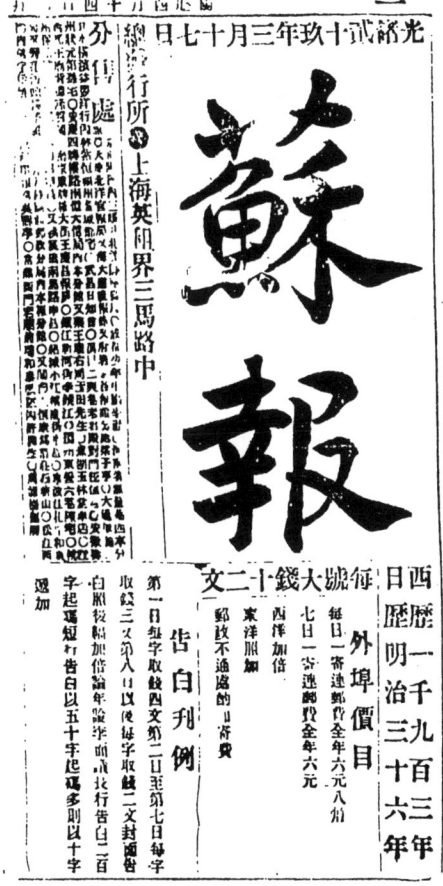

西歷一千九百三年
日歷明治三十六年

每號大錢十二文

外埠價目
每日一寄連郵費全年六元八角
七日一寄連郵費全年六元
西洋加倍
東洋照加
郵政不通處酌加寄費

告白刊例
第一日每字取錢四文第二日至第七日每字取錢三文第八日以後每字取錢二文封面告白照後幅加倍論年論半年面議長行告白一百字起碼短行告白以五十字起碼多則以十字遞加

論說

植實君他因致同邑李某書　來稿

龍水無縱鱗風林無寧巢競爭之世必無安寧之國亦必無安富之人使吾儕而生於西強國也何妨安享以求學問晉業而生老大帝國中雖欲安恬不可得如欲安恬也則支那爲外人所魚肉所牛馬所奴隸所虎豹而不可救矣夫吾人既不得安寧也如是則非汲汲以求學不可求學之不暇又何暇計及學界之苦與樂乎乘脉歸以求舞水之利折枯筍而保堅作之賜猶且不可況日未見海國山河之分斗祇經消路惰作之苦而欲挽亡救危者乎兄果以苦學界爲苦乎俄羅斯之彼得遊學異邦親執賤役豈不居苦學界哉而僕之在愛國學社亦未嘗非苦學界何以竟未覺其苦耶我兄我兄天作孽可爲也自作孽不可追也國者國民公共之器非一人所得私學者不在斗室蝸廬而在佛山航海者猶是酣夢不醒偷安旦夕豈復危亡之苦宜人心頹銷已甚久哉之爛朱漆齊爲補天之技久讀蝸廬役口光如豆不及三寸見一斑而以爲全豹見角天而以爲圓笠者同無足責吾儕既自命志士豈可坐視不救義務自任之自行之自成之欲爲則速爲毋令十日如原猶耽樂山也立學會神上阻我我必立之詞斯學仙人阻我我必講之務令宜邑人皆知愛國皆知愛將來之幸福且立學堂必正其宗旨定其方針不可施奴隸之教育定對地之法律設備之科目以廢鄙風而造新年講動學必求其實際無事空言不可誇怪華貌時好收新名詞徒習皮毛以爲奇異談說妙粗于人數人曰吾邑爲上海動蕩或直冷血動物是所望於足下足下如以愚言爲然俾晉邑其庶幾自強乎近聞晉邑於四月間賽城隍盛會野蠻之風俗不革頑鋼之氣象依然僕聞之不得不傷心流涕矣今日何日國勢阽危如是印度埃及之苦即在目前而猶玩時惕日歌舞昇平真狗彘之不若矣狗彘猶知逃死可以人而不如狗彘乎嗚呼燕遊沸羹之際燕雀處堂燎原之可樂稍有血氣稍有腦筋者當之其感慨當何如也吾獨恠吾邑數萬人惟作土木偶石像木塑無血無氣沒腦筋怪鈍荒謬之極因一事不知一理不聞之陳死人居其多數即稍有一二達者亦溺沒不可得見燕雀處堂安然自安官人時時半夜臨池不爭禍追燃眉凶占滅頂終無悔悟之日也雖然往事已矣來日方長吾鑒其坐視彼等之沈醉乎抑亦思有以拯之乎由前之說吾知不忍由後之說則大聲疾呼喚醒迷夢此其時矣願共勉之附上東洋留學生方戰書勸函數十士君子出洋遊學書一紙傳觀吾邑紳人士亦足以稍稍其智識開其思想閉戶自封不聞時事之風或可稍殺歟銅官　宜興城南高山名銅官　風聲鼓盪月色迴念故鄉風景宛然在目吾願吾邑之文明如久旱之枯苗得甘霖而勃起今荏苒之鮮花經瀛海而争開則他日中國文明史中大書特書曰宜興志士如風起雲湧相繼鼓舞中國之所造大有力焉斯時也僕實樂而忘食喜而不寐自賀並爲志之君何以足下亦表同情否乎頓白

時事要聞

電抄照錄○二月十五日奉

上諭朕欽奉慈禧端佑康頤昭豫莊誠壽恭欽獻崇熙皇太后懿旨現在時事艱難民情困苦深宮時深廑念迭經諭令各省督撫郡縣地方官勸求民隱加意撫綏前因鐵路礦務試辦印花稅非因創辦恐滋擾累著從緩辦理其餘苛細雜捐即行停止如有不肖官吏藉端科派巧立名目勒索侵漁一經發覺即著督撫就地正法以昭炯戒該督撫等務當仰體朝廷恤民如傷之意該道省督撫諄諄勉以舒民困而固邦本將此通諭知之欽此同日奉

上諭朕欽奉慈禧端佑康頤昭豫莊誠壽恭欽獻崇熙皇太后懿旨文華殿大學士軍機大臣榮祿公忠亮達才識宏深由優生起家洊膺正卿歷任疆圻督辦軍務擢授樞揆贊襄機竭力殫心調和中外老成持重匡濟時艱近因患病請假並賞假去冬患病朝廷倚界心股給令安心調理方冀病痊入直克享遐齡長資倚賴茲聞溘逝實深悼惜榮祿著先行加恩照大學士例賜卹賞給陀羅經被派恭親王溥偉帶領侍衛十員前往奠醊賜祭一壇予謚文忠追贈太傅晉封一等男爵入祀賢良祠賞銀三千兩治喪由廣儲司給發其餘飾終典禮再行降旨欽此

川省教匪滋事○川省學匪自去冬滋事後漸已不靖乃近日金堂資陽等處復有匪徒積聚謂其所習神咒符符亦與義和團無異特此次湘皆係白光符咒一唸口中即吐白光復能傷人與拳匪刀槍不進者稍形不同一妄誕非常省派兵往該處搜捕想白光不得匪不同亦如紅燈之滅無疑也

皖撫電報西軍務○皖撫日前接皖南道電西軍務廣西提督蘇軍門於二月十一日督率大隊馳赴邊防則查邊匪人數甚眾皆如虎狼隔林非見軍或血則成擊或敗追搜則十餘化匪始退避軍之威由是一戰而斬斯五巫網能大王湯二等亦自行而搶陳亞輝夾二頭五等又宣示衆三戰而陣亞軍衆敗像逃遁李二老板從人不散亡命奔逃統計生擒陣斬餘黨之匪不下三千所獲餘械三千一百有零西十餘逃匪匪忠州片數平現只李陳二逆尚未殄滅派兵跟蹤追剿計日諒可就擒白色以上一千餘里均已肅清云

法擬築鐵路問○傳聞有法人擬築由廣州至梧州鐵路法京理事院亦甚注意此事謂若有此鐵路廣州利將必與旺其鐵路之股份擬招華股四分之一其軌道則由高州梅菉沿達西江而至梧東云

要錄天津日日新聞要事○廣西匪耗迭誌本報茲悉駐京法公使日前接該處教士來電述及匪勢猖獗該省大員并不十分認真剿辦等語故日昨公使照會中國外務部請催大員率兵從迅剿撫以免釀成大禍云云

聞京師各營武弁日前曾由兵部[illegible]所告是
疑請大蔵以假冊等語彈劾武夫各營互相誣控不數[illegible]
聞奉御史某奏許國營聲望大損近經外務部一律[illegible]太后聞[illegible]
徵發即以原摺示外部某堂官其事曾有證有據去[illegible]
服云

聞戶部銀行於已發關之毛道外既偷挖又派旗人一戶部員外張允言一戶部主事閔荷生一戶部員外郎瓊豐一林紹年等官職

日前某御史條陳請修陵興修鐵路津榆公司承役任意攘果私估搾尋以及民房不必估而勒令拆毀每年撥款數千[illegible]的辦云云故初十日即有此次謁陵其修鐵路以省地方供從非煩[illegible]切求此條該按照民間價值不許官吏從中舞混並究辦等[illegible]之論

滿洲撤兵彈電〇字林西報十一號路透電云俄國政府[illegible]滿之後現已決計將滿洲所駐之俄兵調至[illegible]其催促云

宣言俄國撤兵事〇又同日東京電云日本有某政官宣言[illegible]國應允撤退滿洲之兵係假設之辭其實則並不願和平辦法而所以爲此者乃以其狡計欲以籠絡各國也又云日人大半皆主此義云

藥局炸裂彈電〇字林西報十二號香港電云廣州城門之火藥局忽於上禮拜九傍晚炸裂死二十人仍無算

五紀常昭漕弊情形〇常昭漕災四誌本報然尚有未盡之處亦不可不亟爲錄出猶憶光緒己亥春常昭大小糧戶無不[illegible]有一莊未完者如學前偶然伊御史家亦役不敢違其門兩[illegible]有柳將米串銀串全數拐清持至偶家賬房爲完清也皆其實偶御史一文未完也又卻家巷門卻伯英偶修家有良田萬畝試昭令張瀛以欠錢提之卻即乘輿至昭署祇完六成仍與前清傳時無異而昭邑漕書差役即偶僕於家曰卻亦被提欲米全數清完並無一文拖欠於是常昭大小糧戶爭先恐後盡賣妻鬻子亦情願完納其實所以畏偶御史之權勢蒸天炙手可熱又畏卻紳之仗爲河南學政恐其作難有誤漕賦之名也他如舉人翁廉相尼欠漕糧三百元則被押昭署幾至一夜明日設法完清並秀才臨生錢讓黎縣則不在此數漕書之目矣此名爲清賦而實罹漕之確証也又常昭兩邑漕書各有綠掛五六人又有給頭房五六人又各有親友數十人左提右挈以佐漕書非當熱人呼爲漕奴其名稱其實也此類亦各有田畝欠糧數十石皆可上下其手又有與此類熟悉者轉以洋銀托之或完五六成或完七八成嗾於疲戶民欠之中故常昭自己亥年起百姓完糧歲歲清償而民欠愈與年不可勝數皆此類之作弊也又常昭舉貢生監自清賦後漕規一切革除漕糧一文雖包或變計而爲此漕之奴聯爲衣食或以刀筆唆訟抽頭錢爲常昭東鄉十八鎮皆喜健訟故遊手好閒之徒皆藉此以謀食此亦常昭臨民之積習也同治年間常昭四郊之荒地役者穀去自結乞丐不如自清賦以來[illegible]本擺往小戶之糧向皆歸民有自田者托熟戶代完倉米每畝須昇一元以上年上下忙各串二百文經辦吏役[illegible]元二各文各路[illegible]追[illegible]而地保[illegible]多出息減[illegible]過[illegible]上城描據得盜[illegible]中人其時賦[illegible]弊至於如此之不極深糧[illegible]消漕弊別除吏役之弊多重燈地保經造之法常說廢有象乎

世界要聞

英國財政〇字林西報十一號倫敦電云英聯合黨衣立晤脫現已辭財政大臣以總裁樞之任[illegible]又電云英國政府現仍貸銀於非利濱以爲其造[illegible]之用

[illegible]〇又電云俄國兵部大臣巴尼將於二下拜內起程[illegible]其所重之處爲海參威台納日本及旅順

土德交涉〇又同日倫敦電云土耳其王現賜德國儲君及其弟政等貨以蓋彼現皆作客于土京也

脫國市政〇十號電云脫蘭斯瓦政府現決計實行分配市與之法閱政歐洲准亞洲人貿易

檢舉俄領事〇又同日電駐札梅西拔尼亞脫羅維柴地方之俄[illegible]現已被[illegible]

[illegible]工〇字林西報十號路透電云荷蘭國會近下令[illegible]殿禁罷工之事惟各工人仍無復據云

又一號電云荷國愛姆司脫台姆地方昨晚因煤氣燈及電燈工人罷工之事致各處皆黑暗云

又十二號電云因前所下禁罷工之令經荷女皇允准之後即實行

法總統答謁〇又十一號電述德文報云法總統羅白脫將回謁英皇云

德派戰艦平亂〇又德文報云西印度孫度明哥島現又有亂事德國已派戰艦一艘至彼保護領事署

美刑政斷決〇文匯西報十一號路透電云美國刑政部現斷決謂北太平洋鐵路及北道鐵路之混合實爲非法之舉此斷語繼總統甚悅之並總統甘惑于被告者也惟其結果將損及各資本家之利益故恐有政治上及商務上之交涉也

關係非輕〇又電云當法總統羅白脫至北非洲阿爾其阿日駐札該處英將軍利佛爾之辭職實大有妨礙惟幸所部之軍尚無異端

日本改革憲法〇日本之行政整理勅令以日曆三月二十日公布官報其要領如左來四月一日施行之

法典調查會規則廢止之　勅令第二十四號

內務省官制中依左之改正　勅令第二十五號
第二條鑛務局遵守通則之外掌理賞及關於台灣事務
第五條加左之二號
九於北海道林野關於官設鐵道及拓殖事項及其他北海道
事項不屬於他局所掌者
醫術開業試驗委員官制中如左之改正　勅令第二十六號
第一條第三條及第八條中內務大臣改爲文部大臣
藥劑師試驗委員官制中如左事改正　勅令第二十七號
第一條第三條及第六條中內務大臣改文部大臣
第七條內務屬改文部屬
土木會規則廢止之　勅令第二十八號
港灣調查會規則廢止之　勅令第二十九號
地方衛生會規則廢止之　勅令第三十條
監獄官制中如左之改正　勅令第三十二號
第一條中删典獄監獄書記看守長
第三條中删典獄三人
第四條中删監獄書記看守長改二百九十九人爲二百九十六人
第六條中野縣之下加及字删及監獄
第十六條中删第四部
第二十條中删監獄
第二十七條之二削除
第二十一條中删第四部長典獄及第五項
第二十二條中删第四部長附於監獄事務監獄署長以下四字
京日日新聞

學界風潮

天津遊學會演說○天津遊學會於初七日下午在法界青年會舉行本月份常會到者男女會友六十八人先由主座者宣告本會與駐滬支部情形及以鄂款多設支部爲第一要義次由書記員分計員報告二月份會議情形及出入款項數目情形旋請劉君泉生演說遊學外洋之宜在利益繁盛旁徵博引妙義頗生益劉君菁付遊學西國故所有九年切實關者皆爲感悟次則會友黃君淑女士演說改良風俗之非倡賢天賦人權之理故女子遊學外洋於中國利益最大次則英歎之君演說勸各會友安其操力學其志趣次則英淑仲夫人演說中國男女不能平權之故及中國女子無學之害並勉本會同人立定主義助成此會以救中國聞者莫不鼓掌讚美旋又由會員議決本會事務之二則一宜議果若有紳以本會之舉會員一總推方君將社款美遊學卽於內出諮告詳總成之體頃俟下月聚會時另舉幹事一議舉方君爲本會派往各省各埠創立支部之會員旋於十時散會

常州學堂甄試情形○常州小學堂三月初三日爲甄試學生之期是日到者有五十六名題爲破發乘弱之論成新文卷

閩州縣擬各取四十名惟取中入堂者須令保人衣冠送入又必須人貼膳金每年四十元故多疑足不前且所聘教習係已革粵縣丁國鈞人皆嗤其指爲笑柄現聞二月初九日堂游文書院後面空地另築房屋三間以爲禮拜堂其經理之人皆恐染指借開學堂之名剝削書院田及典當捐之出息地步耳

○粵東大學堂歷史○日前粵省大學堂門首牆上貼有奴隸學堂及半男半女字樣縱橫約有係用瓦片寫成者亦有用鉛筆寫者者或曰自新民叢報有此一段議論而增上之字卽已出現云

杭州來函照錄○昨得馬君由杭郵函茲錄於下
鄙人年少讀書少頗愧當世然區區此心亦竊附名士之後粗識國之務以求無負於祖邦乃茲者以新中國圖書社已印未出版名上海之書因招牌即有上名公亦因而生疑者謂彼自思想然惜憫然不知不白者鄙人請非聞之新中國圖書社前假取居君鄙人案兩去冬居君以上海一書寄稿內分文明野蠻兩上海國目曾居君自定之鄙人僅序其之而已鄙人一時受之代編文明上海數則以下野蠻上海則非鄙人所撰故鄙而未獲其後紀何君擬編則鄙人不敢知殆近日間友人皆謂此書全係鄙人一人手作且野蠻上海內頗多非議滬名公之詞因而開罪名公謂議以增鄙人罪不肖亦何敢不自愛至此滬名公與鄙人奚怨而鄙人乃非議之此智者可不喻而知也且鄙人代編此書亦非爲牟利起見亦無損於居君之固其證大雅或有未知底蘊鄙人故特聲明之至有不然居君可證倘得錄入貴報保衆之疑是所叩禱

各省紀事

四川○川省南關外青羊宮地方每年二月舉行花會須一月始畢昨聞有某某教士稱地方官禁止此會皆有青匪教匪潛伏其中將乘機起事不得不預爲之防此事不知從何說起據稱恐所言即因去歲八月十四日拳匪曾在青羊宮宿一夜次日始進城騷擾故該教士此次特爲口實然青羊宮爲有青匪教亦因此生疑之詞也

省城所設陸軍學堂已各告假已設立路燈約十丈遠立一燈四門外街道均已一律照辦該學堂學生已上二班所派者業已出三月中旬開必照章考選矣

江寧○江南陸師學堂各班學生自年假次日卽由督憲諭令速返訓練惟俞道亦謂見執務爲職一切事宜於開課後學生開命道昨已派人出堂開課以期整齊云

候補總兵鎮山鎮總兵金龍到任未幾即奉劉督札調到省委以是差差已數年茲聞新督將會同任其後來總統派營鎮山營大河鎮總兵罰鍰同年後未然術聞署中見列文山

鎮江　長鎮前因抱恙告假在籍調治現在尚未全愈聞已呈請開缺回旗調治大約此月內即可交卸矣

揚州○揚販十億紙客聯名具詞運司將應繳加價錢文請改歸

銀兩運司問與後飭令示諭凡加價一款經奉院批飭每文改
歸銀八毫獨西壩加價經前總分司詳由本司轉稟前督鹽憲劉
批准收錢另解日前錢價較貴該販遂謂徵錢不如徵銀況錢銀
長落無常何能設爲一定本年除省奏加鹽價淮北出湖西鹽亦
在加收之列本司始則詳奏繼免現又籌款作抵無非欲保全該
販銷數該販祗望銷暢利增不必爭較目前之錢價也仰海分司
轉飭該販不得取巧云

浙江○現署杭州府錢守溯時因與新任翁藩向有戚誼照行迴
避已詳知撫憲咨部核奪刻翁藩懸牌先令錢守迴避暫行離任
所遺篆務即委候補府張守人駿署理

廣東○此次朱學使考試潮屬生員北列優等者大半皆八股高
手有某縣某生進場時帶有大題三萬選一部及蠅紙飛下出其
平日抄襲慣技化裝爲做榜發竟列高等自鳴得意謂詳人所畧
且嘖嘖稱八股有益詢向某齋問而歎曰吾隨行忘記帶來小題
五萬選價昧很一部典林一部恐不能帶裝即拾芥也茲往考棚
前各書坊詢買五萬選得買曰有四萬選無五萬選其人大窘答
曰四萬亦可及檢書目乃僅論四萬選大小所買以爲得買之快
會也乃問書曰有小題文萃否曰無且以冷語戲之曰汝入
場之險旨何日下山某猶厲聲作色曰予不济賣且未知風氣並
不解予之別有新思想也書肆伙們外頭而之仙

專件撮要

江南旅學會學規　續稿

學堂九條

一報名　開明名姓年歲（自十二歲起至念五歲止）學業籍貫
住址幷標保人名姓籍貫住址

二入學　每年正月七月爲入學之期報名者於此時收取

三學費　學生應納修脯宿膳三費其數目徵期開列如左

一脩費（住院走讀）每年十二千文（遇閏加一千文）正月先
繳六千文七月再繳六千文

二膳費（住院走讀）住院生每年三千文走讀生須在學午
飯者每月一千五百文均於朔預繳

三宿費　住院　每月一千文逢朔預繳

四器用費　一切課本操衣紙筆諸費酌存本學隨時代理

四守規　學中所定規條務宜遵守

五假期　年假一月暑假三十五天淸明端午中秋各三天每七
日休沐一次此外不得告假其實有要事告假者以其家屬來
信爲憑其因病不能攻課者住堂諸生由本學驗明准假走讀
諸生亦須由家屬函知

六行李　住院生　行李至多不得過四件並不得攜帶貴重物
件其必備之物如左
鋪蓋一　帳用白色被單褥單亦用白色　衣箱一　網籃一
餘件一

七服飾　住院走讀一律力崇樸實不得侈事華麗以及奇異等
服

八除名　學生不得自行作輟其有曠學犯規情甘出學者自行
報名屏出已收學費概不退還

九附學　凡別省士子願附讀者酌加修脯費各一千文一體肄
業

學規六條

一敦品　三育所尚德育爲先況在士林更宜自愛凡在學出外
須刻刻乾惕皆語宜信習舉止宜溫恭接人宜謙和有一不慎
即非我類

二勤學　逸居無教不足爲人況在壯年尤當奮勵所有本學功
課宜潛究不可忽略攻課時刻宜恪遵不可遲到

三衛身　萬物皆空惟身自有本學所定起居飲食時節類皆有
益無損此外動作各宜珍攝不可偏精勞神自戕自賊

四任事　須人人知本學爲人人應有之學即人人應任之事承
辦之後不可玩忽

五愛物　凡本學堂會書籍器用各物皆人人公爲設辦之物即
人人公有愛護之責

六禁非　一切非禮非義之事有玷修身者皆宜禁

本埠紀事

官場紀事○分省試用知縣陳令盈青于前日因公赴漢晤見兩江
滬關拜任○昨日蘇關道因公赴南京道憲派拜會前赴軍巡道
登轄帮集政府紀略其詳良久

關示節錄○蘇滬昨與江海南關稅務司好君會銜出示略謂照
得大關進出口關山東各項商船近年來所報各色貨物捏脚勸
兩往往不符即如進口豆油一項每件約重三四百斤者僅作一
百五十斤收稅又藥材一項每件約重三四百斤者僅作一百五
十觔收稅其餘類此者難以縷舉無怪常關稅數未能起色亟應
及時整頓—嗣後進出口商船所報各貨擬合悉照江海關秤掕勸
核稅不得仍前取巧蒙陳僞漏案經詳奉兩院憲批准照辦合亟
出示曉諭自示之後即於四月初一日起除向來部定之七折或
八折征收及加一優免各節悉仍舊例以昭商賈外務各據實開
報聽候秤驗其由吳淞進口封渡各貨船已經各口收稅給有照
單者照驗不符仍應照章補足方准給單放行云

翁阻發封○馮燮生在上海縣控陸昌福賬號行主朱石秋吞本
逃避一案嘗由縣提到宋姓稽氏供號堂與交伊夫發迄未交
出故汪令于前日飭差至南市太平碼頭將陸昌福之房屋先行
發封詎縣差往封時見陸昌福已改爲錦記並據稱是房係美商之
產未便發封縣差遂回縣稟覆不日有美商揭紙留到縣稟明錦
記之屋實非宋產現已照美領事訂于十七日照會到縣請暫免
封汪令准之

(四)

為

獲拐匪○拐匪孫和尚前在吳淞路拐得李姓男孩一口轉托
娟投任周氏沈阿榮等價賣與乍浦路乞人吳姓家昨為包探朱
桂生偵知立轉探所拘獲押拿周氏等嚴究
折樹被拘○新租界沿馬路一帶兩旁均由法工部局種有樹木
數百株屢次被人折去以作柴薪辦不勝辦前晚又有張某將樹
折去數株適為巡捕瞥見拘入捕房捕頭飭令押候解堂重懲
發落仍停○昨日禮拜一故法廨停發落案犯之期因上期停訊故
無應發之犯暫停發落一期
廣東紀略○本月初四日晚南潯吾家猶杭船停泊[illegible]中
被盜劫去銀洋衣飾報縣後飭捕查緝在案前晚經汪令偵致盜
夥[illegible]根發及[illegible]保成等緝獲訊問情形再行詳報以去沈協捕趕緊究
辦○山東乞丐李相輝去冬在浦東十圖病深倒斃身死由局子

李小路子帶赴拘候孟李林兩國行兇致斃又復擲拾尸拋棄之
王虎全到案雙訊[illegible]經汪令在案押[illegible]傳王研訊供認拾尸等
情前晚又提質訊先據王供[illegible]孟與伊弟將孫李賊毆斃後
同伊去將拾棄尸是實汪令提孟與王對質供仍狡展汪令命上
天平良久不認爾仍分別羈押候再訊究

新諧録雅

談諧評心○[illegible]件教館之風行鄉間凡有志新學者無不知有也
得不棄苦出氣於明育林即徙遊學歸來於酒筵前極誠此諭
之妙其鄉人某乙乃弄笑之曰君悅此者乎君殆奉教之人也甲
曰君何所爲而云然乙對曰現時頻編乃教育之當今君悅之非
奉教而何甲知之知其習尚未甚乃與之日語[illegible]之片趣乙怒甚
[illegible]而[illegible]應[illegible]去

陽曆四月十九日禮拜二

光緒貳十玖年三月十八日

蘇報

總發行所 上海英租界三馬路中

分售處 [illegible]

西歷一千九百三年

日歷明治三十六年

每號大錢十二文

外埠價目

每日一寄連郵費全年六元八角

七日一寄連郵費全年六元

西洋加倍

東洋照加

郵政不通處酌加寄費

告白刊例

第一日每字取錢四文第二日至第七日每字取錢三文第八日以後每字取錢二文封面告白照後幅加倍論年論季面議長行告白二百字起碼短行告白以五十字起碼多則以十字遞加

論說

旅順沿革及現狀

譯稿

土地沿革變換無常而旅順一區尤爲古今人所注目遡考遼代原爲蘇州地春秋戰國時屬燕燕後遼東郡至金爲金州轄元殷之明洪武四年設金州衛地其間爲朝鮮占據一次唐太宗從山東登州率舟師東渡合契丹同攻之兵與朝鮮戰數十次卒被困於牧羊城間紀將軍者有膽勇奮身救太宗出竟克朝鮮判風皇城以東之地朝鮮降爲藩屬旅順山爲中有明初倭寇至此蹂躪將軍劉江禦以強力其患始絕此沿革之大概也前時不過一小村落耳大海荒山人跡罕到舟楫往來自元明始爲大孤山在於森林村利斤斧斲伐所送各路所必由又自朝鮮往錦口及錦州各處自山東赴遼諸郡自朝鮮各地亦罔不假道於此是以人咸稱之曰此順路也卽於行旅因名曰旅順中日戰前直督李文忠公經營規畫設海防築砲臺於山上復以水師二萬人屯之形勢扼要甲午之役守將未及交綏棄而逃地爲日據以俄法德干涉再歸於淸淸廷卽與俄限以二十五年立有定約俄既得土地權視爲己產經營慘淡不遺餘力蓋夫旅順天險也位關東半島南端距芝罘七十四海里距威海八十九海里老鐵山脈蜿蜒而爲饅頭山至老虎尾扼港之西口黃金山立其東口二山間僅一水道可通港內正面名白玉山他如椅子山鞍子山松樹山二龍山雞冠山勢相連接珠聯黃金山老虎尾饅頭山皆有堅固砲臺聳立黃金山上更有眺望樓及信號臺以備戰用從市內官衙可通電話本港南面狹有口海水灣入陸地山岳突起圍抱雖烈颶怒濤港內仍不靜故爲避風之奧區港中又分東西兩部東部位黃金山背面爲軍港埠頭容巨艦十餘艘繫船處長及千四百七十六尺廣九百八十四尺　此係俄國租借前實測之數目下又變動不少　潮時深三十六尺八寸潮退不過二十五尺其一角設有船渠西部者虎尾之內較東港稍淺從泊船舶只容數艘自歸俄人後注意浚深日設加深此形勢之大略也夫其交通之利便也如彼其門戶之險要也如此地理家稱爲渤海之咽喉豈不然哉港口街市昔在淸國時分爲五區今皆以俄語名凡俄所建設者若總督府海陸軍諸官衙及民政廳市役所警察署郵便電信等局又於各地建有醫院病院倉庫之屬雖區隘狹小而規制整備燦然井然彈丸黑子隱若敵國殆亦用心爲忘其爲別有主權之物矣

時事要聞

電諭照錄〇三月十六日內閣奉

上諭朕欽奉慈禧端佑康頤昭豫莊誠壽恭欽獻崇熙皇太后懿

旨慶親王奕劻著授爲軍機大臣欽此同日又奉

上諭朕欽奉慈禧端佑康頤昭豫莊誠壽恭欽獻崇熙皇太后懿

旨已故大學士榮祿翊贊綸扉適值時事艱難之日竭心於公納閣詳有爲中外所未及知朝廷倚畀之殷相須無切今年正月間因病給假迭經降旨賞假方冀調理就痊共資輔弼乃以醫藥罔效遽以不起披覽遺奏彌深悼惜於國計民生用人行政進忠爲務易勝愴惻昨已降旨賞賜陀羅經被並派員致祭予謚文忠追贈太傅晉封一等男爵入祀賢良祠賞銀治喪在再加恩於其靈柩到京時著一日賜祭一壇生平事績宣付國史館立傳任內一切處分悉予開復伊嗣子員外郎良揆著加恩以四五品京堂候補用示篤念藎臣有加無已之至意欽此此軍機處面奉

諭旨十八日由保定啓鑾駐蹕行宮留京王大臣著都統□位王馬家堡候駕十九日各衙門堂官赴馬家堡迎駕照常值日

欽此此軍機處外務部奉

旨慶親王奕劻已有旨授爲軍機大臣著改派醇親王載灃管理部欽此

電傳宮門抄〇三月十六日召見軍機李紹發

粵東會匪誌聞〇惠州歸善縣地方去臘之杪匪徒四起訂有盟由香港私買軍火嘯聚徒眾圖謀不軌經縣令秋守鎮貢仕爲鄉獲合黨黃耀廷等卽行嚴拘正法又名供認在港拜會聯盟總從仙麻地某公司蔚人余某等起意到惠科聯會匪混入境東省城定於正月揭竿不料事機由港私洩卽被拿獲各詳鞫將該犯正法以安人心矣

又聞惠州所屬鄉委員與紳士羅兆熊等同僚剿匪件營務獲會黨李鎮淸卽春魁搜出僞授太子太保禮部尙書兼吏部天官劉據一張箋記一個匪一大束據供該犯現與鄉獲人約往香港某公司與某同謀攻打埔及惠州各城亦發散等語

粵西饑象述聞〇廣西潛匪劇亂先由王撫電致粵省督撫請扎防各營酌匪前往賑兵一節茲探聞該省自辛丑年不雨者七月至壬寅年始下雨五閱月不止遂成水患屋宇傾欹鄉民無可棲止去秋又遭亢旱計此三年中奇災疊見以致飢民遍地無可得食強者爲盜賊弱者塡溝壑其尤慘者至於易子而食析骸而炊甚至有自殺其妻以供一飽者草根樹皮搜括殆盡餓莩載道慘不忍聞其情形殊可憫也

皖撫省親述聞〇皖撫聶緝槼近因太夫人在衡山珂里抱病甚重因電奏請假一月回籍省親於十四日交卸印務卽服吉安登輪起程

接護撫篆述聞〇皖撫聶緝槼回衡省親篆務交聯藩司護理已于十四日午刻接印矣

借材日本〇益新西報得天津訪函云駐京日使現已允外務部之請將由本國調遣法學家三人來華佐助中政府改訂律法聞已行文照會矣

述俄官之言〇又云某商人自吉林回者述該處俄官之言謂中國之兵向來如何處設日後亦必不能將該處治理臻於盡善者也

稱省不靖〇又云某日於小南捕拘俄人對於俄兵與奉天
將軍令兵防剿仍不能制
紀俄人之牛庄情形〇字林西報十三號俗報云得京函俄國
現雖將滿洲之兵退至鐵路然牛庄治理之權仍在俄人掌握也

世界要聞

英皇閱操〇字林西報十三號路透電云日前英皇於其白爾脫
海口閱視該處駐防兵操練
分治鐵路〇又同日電述某報云上海非英法德三國已議妥將
小亞西亞土國自將達特地方之鐵路由三國分治而其鐵路則
由土國稅關擔保現在已公選英人三名辦理其事矣
蘇國軍情〇字林西報十三號倫敦電云出征非洲蘇國英統領
梅明現進兵仇擊蘇低擬與該處愛白四尼恩人合軍抄閃蘇國
七王已由熹協威爾向西北小走至狄克地方而該處之土酋敵
人亦已逃遁殆盡矣
德儲遊英亞典〇又同日電云德國儲君偕其弟已遊歷至亞典
英皇定期赴法〇法文報云英皇將於五月一號至法國而於四
號由法起程云
選員赴暹　文滙西報云海國現選法律專家二人至暹羅居其
要職聞其一名司脫萊勃德國際乃公法專家且前曾爲英國駐
華使臣者云
統領辭職緣由〇文滙西報十四號路透電云駐非洲阿爾其阿
統領利佛立之所以辭職因與上官可皮利意見不合故也

擬日本改革法典

第二十七條削除　第二十八條削除　第二十九條削除
第三十條削除　第三十四條削除　第三十九條中刪及看守
北海道廳官制中如左之改正（勅令第三十二號）
第一條中刪典獄監獄書記看守長及監獄醫
第六條中視學官一人之下加及字刪及典獄一人
第八條中刪監獄書記看守長及監獄醫改四百五十九人爲四
百二十八人
第十九條中刪及一署及監獄署
第二十條第十二號中刪署字第二十六條削除
第三十六條削除
第三十七條第一項中改各部署爲各部部署長爲上官第二項
中屬之下加又字刪監獄書記看守長
第四十二條　第四十三條　第四十三條均削除
第四十八條削除　第四十九條中除看守字樣
地方官官制中如左之改正（勅令第二十四號）
第一條中除典獄監獄書記看守長
第三條中參事官之下加及字除及典獄
第四條第一項中改屬警部監獄書記及看守長爲屬及警部補

監獄書記看守長改五千七百四十人爲五千七十七人第二項
中屬之下加及字除監獄書記及看守長
第十六條中改部署爲部除監獄署
第二十條削除
第二十一條中除典獄監獄署長
第二十二條中刪或監獄署長
第二十四條中去及監獄署
第二十五條第一項如左之改正
內務部各課長除以參事官或視學官充之之外以技師屬或技
手充之於內務大臣及臨商務大臣指定之府縣依本令第十七
條規定案第四課之事務課長以高等官充之
第二十九條　第三十條均削除　第三十三條中去及看守
第三十六條削除
第三十七條府縣職員之外得設特殊醫待遇之如判任官
第三十八條中刪及監獄
監獄官制（勅令第三十五號）
第一條監獄屬司法大臣之管理
第二條司法大臣得設分監
第三條置各監獄職如左之職員
典獄　五十七人　奏任
看守長　判任七百七十二人　判任
技手　判任二十三人
通譯　判任十五人　判任　未完

學界風潮

揚州儀徵小學衝突事〇儀徵小學新聘劉教師心培曾任戶部
主事人極頑固有謂曾充義和團大師兄不知確否惟談論間頗
有義和團口吻一舉一動亦有義和團形狀種種作爲難以枚述
初入堂時學生欲與爲師爲禮乾干君巡脫所知勸學生毋少動
清明時節于君回籍掃墓節假後劉初次上堂以自出于日學三
字上堂演說又多失辭學生不待講完紛紛出堂即到監督處告
由者共多堂中諸教習知之暗中調和大衆謂此地學堂名聲比
校別處尚不在人下諸君宜爲本學堂前途計不可以鮑某一人
之故遽爾退學勸暫在堂中待王君回來如何辦法再決去就始
得無事惟告假出外者四十餘人留堂者無幾該堂因之停課迨
而發覺請王君從速回堂調停矣鮑大罵學生不敬師長怨己
吃洋鬼子教矣非全班撤退則孔孟之道不行云云
志江西武備學堂事〇江西武備學堂現已開課其分科何如外
人無從知之但每日聞有筋角聲而已一日有甲乙二學生相鬬
偶將緝拾老婆一个六字於紙爲丙生所見丙與甲乙素有夙怨
遂私取去蓋用紀令將夫送呈總辦總辦以示提調提調又以示

監督監督某別駕時滿將積登正有人爲之癥皆見之大憾茲甲乙二生知其事而故蔽之因遂欲將二生開除二生不知其原因學同亦公憤有丁生向監督有違出而排解其事以排解之途重致辯夫乃嘩噪此實學界風潮之非非想者

對塵學動○江西廣信府學堂有某生偶犯小過爲某守所知欲拘辦某生逸某守乃命闔城大索得其人笞臀數百乃釋之噫此又學界風潮之非非想者

紀蘇湖遊學社○蘇湖向無私立學社茲有無爲州王介汝通有志于此創辦遊學社中設中文英文東文算數體操各科聞均集師資不日當可招考開學矣

常州開智會來函照錄○蘇報館大主筆惠鑒案未篤傾珠深歎仄夫居新世界而欲求新學問非新報以啟見聞閱新書以開智識不能完全其性質然而寒素之家每多有心無力須合同志以求進化此開智會之所以興也本會於正月下旬開辦不數日拜而入會者甚衆茲因將本會細章一冊奉上懇祈登入貴報尊件一門雖未必能感動海內大雅之心抑亦可以伸本會同人之氣想 貴報諸公世務凡有關係稿件無不立予登報以作民氣此 貴報素信於人者久知必不因此而卻也云云

各省紀事

天津○津郡自拆十字街工程開辦[illegible]郡城各街道復擬將四街寬展並[illegible]形如井字界內則拆毀民房當亦不少矣

督轅東轅門外房屋以北有碍馬路地界一律拆去茲已研究該業主等復由數家退至河岸沿街地方從新建造現又鳩工[illegible]庀材矣

保定○省城新舍[illegible]凡文武員弁有志進學者先行具稟由其督批准現在學堂已滿而續來之學生須俟下屆方能入學云

烟酒税前由官府特發章程刊刷出示曉諭並籌款局因前項税則報捐滋擾恐有偷漏等情川再出示令烟酒二行凡來貨必須照章納税以重要欵倘有以多報少及隱漏不報查出究罰云云

奉天○各公司輪船由上海運到營口之米八九萬包每包一石計蘇斛八九萬担折計牛斗三萬餘石亦可謂鉅數矣以近日米價跌賤每石上等銀十三兩中等十二兩小錢稍次一二兩故米爲炊或可略增幾粒也

俄人將選所佔營口州會已有提辦交還者如房租作值器之民房及營口局之官房又距營二十里村屯之醫院興場均於二月內提前交還漢由中俄官簽字

蘇州○蘇垣紫陽校士館附課已於上月二十六日由蘇撫向守開課各縣課卷亦於評定于十四日出卷計取內課十五名外課三十名附課 百八十八名餘均不取

現辦捉門外冬防保甲分巡汪佐山懷米爲各紳商鋪戶悅服現因瀕改撥隸各紳商以巡緝須資熟手故特聯名至蘇州府稟請留辦

蘇州府發審局員近因時有委赴各屬會審案件故駐局者員不敷辦公特由效臬添委知縣倪令裴搢到局辦理案牘以清訟獄

蘇城中觀前後面厨化寺橋東開設烟間之甲乙兩人因各懷仇恨甲竟於十四日晨用刀將乙戳斃當由附近四鄰喝保看管解請元和縣黃令往蒞驗

蘇湖○新籍蘇湖道瞿之祚關於十一日蒞蘇湖邑士會已在河南水師營左預備公館一所

蘇湖○二月分蘇關出口米數七十四萬四千九百十七石五十三斤小口雜糧數四萬二千七百三十一石七十一斤遂致近日糧價日昂

浙江○浙東諸曾招募壯丁編爲靜安新勇與防營民團聯絡派駐台州等境以防盜患派武弁柯汝昌等爲嚮官詎有通匪分贓等弊已經發覺由營務處密派眼盜將以德悉數拘獲嚴知撫職先行革職即押同解赴台州質証訊明核辦

黃巖縣典史缺刻由翁藩札委試用從九班付鉞署理德清縣訓導缺委副貢就職教諭謝致幾署理

朱國楨煙奎於前年請假回里省親扣至刻已假滿擬不日赴都供職矣

專件擇要

常州開智會共和憲章

子 全體部

甲 宗旨 內界則期交換智識發明新理以成獨立不羈之人格外界則期互相聯絡擬與各黨對組織運動自由之團體此會當永永保持不令解散

乙 契約 本會規則經會員通決議後本會會員皆當遵守及保全之規則有未妥處可於開會時提議改良

本會會員各給證券一紙爲入會之憑約

丙 會所 本會暫假東城清歎菲摺第爲本會辦事會議所

丑 會期部

甲 會期 每逢禮拜日上午九時半至十一時半爲本會會期

乙 月會 每月末星期爲月會

丙 大會 開會日及年終爲大會

丁 特別會 凡有緊要事宜須特別開會者由書記員發單宣布

寅 會員部

甲 名譽 曾捐鉅款及擔任義務者爲名譽會員

乙 通常　承認經濟助名入會者爲通常會員
同志有願入本會者有會員二人引進三人允許即得爲名
入會

丙 特別　每年投票公舉總理一人副總理一人常議員四人
幹事員六人爲特別會員

丁 出外　本會員不在本地者爲出外會員時得與本會通信
報告各處細情

卯 權限部

甲 總理　總理以特別會員中投票最多數者承當之參數相
等用抽閹例
總理有於特別會員中派定常議員及幹事員之權
總理有統攝會中一切運動之權
總理有行法之權
本會種種執行之方法必經總理認許
總理所執行之事來及法制必經公衆決議特別之裁判總
理爲判事長
總理有連任之權以三年爲限間一年可再被舉

乙 副總理　副總理以投票次多數者承當之總理有事請假
副總理代攝
在代攝期內得有總理一切權利每日到席常議員之一席

丙 常議員　由總理於特別會員中派四人爲常議員
常議員有決議及裁判之權如兩數相等則由總理決其可
否

丁 幹事員　由總理於特別會員中派六人爲幹事員
幹事員有抗議之權如占多數即須就兩數平均由總理
決議
特別裁判常議員如未全到可於幹事員中公舉特別評判
員

戊 普通權　本會會員皆有享受本會利益之權
本會會員皆有公舉特別會員及被舉爲特別會員之權
本會會員皆有提議修改及公決會章之權
本會會員皆有立法之權惟須經公衆決議然後施行
本會會員皆有調查資報及經濟之權
名譽會員有被選舉權惟無被舉之資格　未完

本埠紀事

推廣馬路○法南馬路工程局自去年稟准闢造將裡街推廣馬
路爲大東門外裝設電燈加派巡捕梭巡後已逾半載茲因路
街守又擬將裡街[illegible]推廣至[illegible]街[illegible]處[illegible]亦[illegible]
[illegible]大加推廣[illegible]巡捕巡緝未知能邀批准否

城內宜防○浦東南匯縣[illegible]方近有光棍與[illegible]土棍等彼此
成仇前昨兩日各糾同黨千餘人在彼[illegible]約於日內各持
拾械方門故[illegible]氏、批選　[illegible]

嚴訊拐匪○邇來拐孩之風甚熾有婦人季紀氏被探相偵勾引
成森未久將其十二歲之女孩托係阿榮與王氏賣與任周氏處
得洋四十元將李小[illegible]由包探倪順泉朱桂生同往任處又抄出小
孩兩名一名根福一名真寶年均四五歲知係串拐販賣無疑昨
由包探等解送英公堂[illegible]斷前情根福供年五歲上海人父親名
姓不知惟旁人呼爲名曰小鬼[illegible]供今[illegible]真寶求能取供由讞員
商之英白翻譯以該兩串拐串賣未便從輕判係沈各責五百板
枷示一月滿押一年周氏被責三百下亦須枷一月[illegible]
遊行示儆分別遞解根福等兩孩召人認領

領女控拐○婦人[illegible]小紅前不願爲娼投上海縣求請釋放當經
汪令訊明以發[illegible]作養[illegible]昨日忽有魏楊氏到縣[illegible]稱小紅
係其親女求請給領汪令恐有假冒諭候查明訊核

失孩領回○浦東[illegible]日[illegible]家[illegible]地方[illegible]拐匪某
甲攜帶小孩一口扶行而過立命拘獲[illegible]由[illegible]將孩
帶局詢悉住虹口[illegible]木橋地方昨日孩父[illegible]元[illegible]悉投
局[illegible]領回[illegible]保[illegible]

擬改寺堂○[illegible]女尼[illegible]氏[illegible]立[illegible]名目
如衆[illegible]本城朱[illegible]巡視往[illegible]氏[illegible]一面將情
稟明[illegible]示在案[illegible]朱[illegible]以此等尼庵[illegible]正
[illegible]之際[illegible]公[illegible]
若何辦理也

示禁播謠○近有匪徒播造[illegible]人有拐孩情事以致城
廂內外人心惶惶失孩之家尤深信不疑事爲[illegible]因于
昨日出示嚴禁[illegible]人拐孩謠[illegible]可[illegible]四人[illegible]
之事[illegible]失孩之家[illegible]
云

移提首犯○浦東九團[illegible]前因[illegible]神[illegible]及[illegible]家[illegible]由
營[illegible]犯五六名[illegible]示衆在案[illegible]汪
令[illegible]之[illegible]等[illegible]故于
昨日移文往提矣

失孩涉訟○朱[illegible]氏投法公堂稱[illegible]方正[illegible]水[illegible]
上[illegible]物[illegible]失去[illegible]方[illegible]以[illegible]
[illegible]同其兄[illegible]幸知其
[illegible]不[illegible]
孩判[illegible]三百板正[illegible]出外找尋小孩到案核
失孩[illegible]○[illegible]正[illegible]松江[illegible]失去者
存洋五十九元[illegible]不理[illegible]係
致氏[illegible]不理[illegible]松江[illegible]父[illegible]二十元[illegible]父
被[illegible]故於昨日由[illegible]
向[illegible]父[illegible]正[illegible]包探[illegible]判[illegible]包[illegible]
案[illegible]五十九元[illegible]保[illegible]

四

拐案候查〇流氓王三林與其姘婦李張氏串拐陳蘭卿家婢枝桂仙藏匿在家陳訪見向傾王索洋一百元後陳交九十元仍不肯交出無奈報捕於昨日解至法公堂請訊陳投訴前情求追王供詞不諱拐亦不索洋氏供同張讞員判管押傾探查明候核

章寿成災〇把子路相近周姓家前晚因烘晚造火積薪幾兆焚如後幸加救撲滅祇燬板號等物

縣案研究〇徐永林沵朱氏去臘在法公堂控王張氏包王氏蔣阿大拐賣小孩一案移縣獄抄案汪令訊判王張氏交保候歲

去後投拱潘朱氏呈請追究汪令准詞移請法廨將全案人證傳解到縣前晚提訊供詞以此案均不肯不諱惟蔣亦不應匿婢包王氏拐孩判掌頰二十下潘朱氏退去餘人一併交保候查明再究〇黃了頭控和山氏串同伊兄山維生盜賣公產一案亦經提候判氏不准售賣墳地既已出售一半黃了頭之一半有無缺少呈候丈再核〇上月在北新涇捉獲在光蛋賭場望風之徐行全到案資押前晚提訊徐供推平度日不敢串同光蛋賭賭判從寬

交保

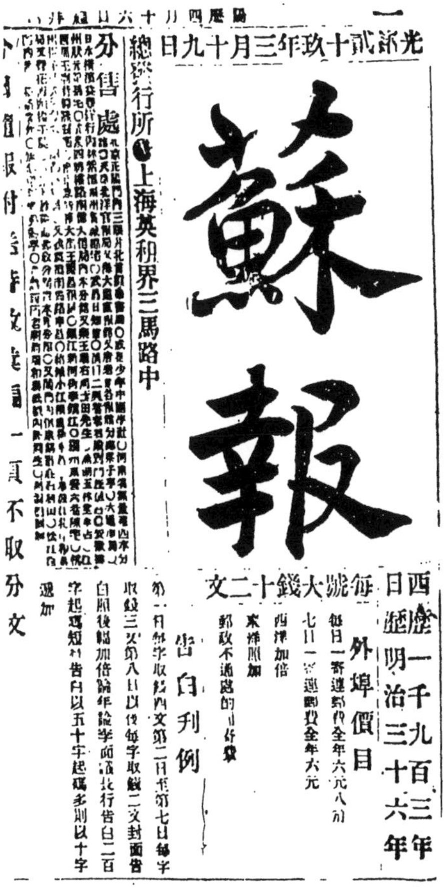
光緒貳十玖年三月十九日

蘇報

總發行所上海英租界三馬路中

分售處

西曆一千九百三年
日本明治三十六年

每號大錢十二文

外埠價目
每日一寄連郵代全年六元八角
七日一寄連郵費全年六元
西洋加倍
東洋照加

告白刊例
第一日每字取錢四文第二日至第七日每字取錢三文第八日以後每字取錢二文封面告白照後幅加倍論年論季面議另行告白二百字起碼短告白以五十字起碼多則以十字遞加

論說

江南陸師學堂之獄垢

江南陸師學堂之建設後於水師學堂水師學堂爲曾國荃督兩江時所建者陸師學堂則張之洞創署江督時所建者也先是乙未之役割地畏師張之洞鋭然欲整軍旅以爲外人所以勝我惟在兵强械利而已然其時士學陋習以學陸師爲恥辱故招募之學生皆穀者不成於而爲此者而初時之總辦爲錢恂德培錢恂隨使德國能操一二句德語遂以此任畀之副辦之始其規則無異於官立之他學校其課程不全率偏大致分之爲外場內場外場習步伐槍礮騎馬等事內場習行軍測繪及國文之類史兵略等皆而聘德教習二人以教外場歲縻巨餉其實則除操演口號用一二德語外其餘德國精髓之兵學曾不施教也錢恂頗施壓制手段陵蔑學生任意叱辱戊戌革政江督議改儲材學堂爲江南高等學堂所定章程做法較陸師學堂爲允洽儲材陸師兩堂同設於南京儀鳳門內三牌樓地方望衡對宇相去不過三十步又高等學堂所招之學生皆爲江南舉貢生監錢恂深思遠慮恐學生將來以高等規則比較必生反抗其上之力遂稟於劉坤一欲令高等學堂移至他處且詆高等學生皆無賴之子弟陸師學生受其薰炙必有同化之慮云云劉坤一不許錢遂嚴定約束陸師學生雖在假期不許入高等學堂犯者記大過三犯黜退然其時之學生本無志趣不過貪圖三兩之膏火及畢業後之保獎固不知自由權利爲何物一切東西學校文明之規則皆未夢見故唯唯聽命馴伏而不敢稍一動所謂順受其正因專制國之效果也及己亥之冬陸師學生第一次將卒業錢密令所喜者若干人捐資招官以爲開保地步於是學生各視其力之所能至紛紛報捐局卒業則捐同知者保知府捐縣丞者保知縣利祿之氣薰染一時而第二次招募之生則舉貢生監皆得投足矣錢道向以功效自鬻劉坤一亦以學生三年安靜無事爲錢功乃以江西督銷局之優差報之繼錢者爲安徽候補道席滙湘席更不知軍事教育祇以京師權貴之囑託劉坤一遂畀以斯任蒞陸師學堂之差使無不及四岸督銷而室中有買馬發馬役及自强軍工程隊爲陸師學堂節制者之月餉可以侵蝕歲入及八九千金在省城中亦頗稱爲優差除籌防支應兩局外無與比隆焉席既受代一切壓制之術非因其舊而督課懈弛適不如錢劉坤一偵知之然困於京城之大帽不敢撤其差使席移嫉出息太少不能填貪壑劉坤一乃以湘岸督銷局委之遂以俞道明震繼其任俞明震者夙有開通之目與各地改革派曾聲息敵游從台灣乙未台灣自立俞爲外部大臣及內渡後乃以候補道於江南宦場之中遂以是疑之屏居四五年不得一差窮乏特甚值恩壽爲江寧藩司俞乃携其往日通殷勤之友某所著逐滿書及其仇滿信函往謁恩壽曰不殺此人其背流禍必亂天下恩大感泣曰子眞大淸之忠臣也吾儕著義俠於人者矣會陸師學堂出差俞遂得以身爲俞初受事頗與學生連絡於往日所定規則之不適者及課程之不備者皆稍稍改良與學生漸亦得以情誼又縱學生閱新書新報於是陸師學生民族民權思想至百餘分可謂盛矣俞雖因此得進名譽士論亦多之四方有志者頗多投入陸師此雖近年以來受外界之激刺知非尙武不足以立國之士漸就從軍之志然亦未始非俞之初心有以感召之也俞之爲人雖似開明而工於趨避其欲登之術往往出人意表如辛丑之冬江督欲遣陸師學生二十人至日本學陸軍既選定矣適以使阻止留學之密電至俞恐遣才志者留學一受文明教育之薰陶必非朽木所能馭而窮其本始則禍且及己乃擇候補官之紈袴子弟及村野愚鈍者三十人以應選視卒之日本又以卑鄙頑劣之某人爲之督視監察數月然後敢歸於是高材生始生絕望而有材志之汪希顏以不得東遊留學抑鬱以死其事殊可悼傷也俞既獲李使得多金遂亦不恤學生之昏習會張之洞復署江督考校陸師學生學生買大以操演始終不懈頗大悅謀寵視俞嘗夜召其入署侍酒質明乃出陸師之教練漸弛俞更赫然樹總辦之讒離授其權於所親之教習過事干涉學生自由而施壓制蓋張之洞最喜開學堂而最惡學生議論行爲其平居之言必欲以古時風習之箝制半幼者施其壓制俞明識先意承志數月之間遂乃激變如此聞魏督欲召此次三十餘人之出學者至署詢其始末俞大恐乃飾詞以朦魏督且親以手書謝過於學生并約某某兩道員爲之調停云

記者曰余觀東西諸國學校章程於軍事教育頗多裁抑學生之規則然彼所以愛此學生望此學生重此學生者無所不用其至耳其規則又皆有至妙之理至當之說施於軍事教育所以重待其眾才而待之之術嚴於他學者此物此志也是豈專制國之敝法可同年而語哉故今日定學生之品評必以衡決網羅爲有材有志佛說能立能破而能破尤難於能立

時事要聞

保定行宮紀事○初十日　兩宮聖駕抵保是日迎鑾則司道分列一班而以盛侍郎爲首次則鐵侍郎其各學堂則均由總辦率領學生以次跪接無冠頂首均執一旗次則耆民耆婦執傘亦迎道左　兩宮下車登御轎耆民等持傘前行繼則儀仗抵行宮少遲辦事　召見軍機故盛鐵二侍郎盛官條陳商務故是日有臨同袁督等會議商約之命

行宮此次陳設較之上年增華數倍　上諭似嫌稍過　召袁督至便殿諭云巡方問俗原欲周知民隱亦朝廷不得已之苦衷若千乘萬騎一至擾衙官民不安豈予本意耶外國國君巡幸不過馬車數乘我中國儀仗則從本係祖制未便更章然節縻費禁騷擾本我所可爲則必力除之汝等敬君上之心原有所當體者此外即仰體我意仍遵並諭袁督所屬大臣一切不許支應內監等

如有勒索騷擾者即奉究辦故此次要務一切均極順手而小股擾附河幹地方離欽一百四十里與惠州府得毗連界近日踞百

竟未使用皆從來所未見也

十一日英國公使夫人恭觐賀之妹姻姑娘觐見 皇太后賞賜赴賀予母綠戒指各一枚及東洋人物煙二十餘架公使夫人回寓後復賞水菓數桶在宮內飯罷 皇太后帶同遊玩花園至兩時之久始出都公使夫人入宮者則王相獨與曾芸皆三人纘譯則馬道拱宸

江西司端志于 召見時 上問鹽務情形汪力陳商情困苦上心惻然又問云我竹記得汝汝是上年在儀鑾殿召見者否汪對云然又問汝到任幾日汪對云去年九月先欲思故賦永遠未到任等語忌語今加上勉數語令退

欽廉欽州亂事○上月杪有大股匪往攻防城之水坡村派總李子亭督勇與戰衆寡不敵被賊擒斃既而防城縣付令鬮親立令營務勇馳往新圍迨本月初二日匪又復至該村鬮攻及另勇來救匪又引退是日安勇令營到防敢付令再派安勇縣勇會同卓勇先鋒營前往則據乃勇到該處匪已移駐茶嶺地方故初五日調除往攻與匪交仗鏖戰一日斃匪十餘名奪馬一匹而安勇卓勇亦均有少傷聞白悍匪三百餘人來援鏖戰用槍轟下我勇奮力向撲戕被匪窮退而至茶嶺地方距防城縣五六十里由縣派勇接應有賴長英及之處故即夕收軍翌日始派勇往剿然匪已先夜竄歸山巢矣

廣西土匪中現有投降之陳秀華與未投降之黃五肥並和順等股該黃晚許五糖勝十探余二黃秀英等踞越欽州防城十萬山黃岡山十二級大山等處結寨聚眾附從日衆以十二級爲大營以黃岡十萬二山爲先鋒營相離數十里以成犄角之勢該山旁密林深箐爲險阻甚為數白里跨廣東西安附數省若東勇攻緊則去西西勇攻緊則去東東西夾擊則去安南現在卓勇防堵生破口行不過二十里每出搶劫砲縛成一細屬人擡抬中途遇賊措手不及被賊搶去槍砲多次未見拿捉一賊以故賊益與盛止月十四日賞台城梁姓與件被匪擊破搶掠一空殺斃多命擄去與主勒贖兼須該與主稱弘到家又將其弟局擄去並擄該墟婦女共多二月初六夜劫大直墟一米鋪之押館係蘇馮二姓貨往該舖週身石磚脚甚固黨從六點鐘攻至十一點鐘乃破適有卓勇一營駐防該墟不敢出救竟被黨斃蘇馮男女八口拘去三十六口途中又殺三口去臘杪劫防城縣二團之觀音廟保西村搬移財物來此藏儲者正二月內被劫之家雖以數計現在業已稱者將滿二萬人之多凡防城東與江坪那梭滑石那良平旺大菉那勤扶隆那天大直各墟市遍地皆紅煙屢稱成欽州附城數里地方自然拜付四墟鄉更甚州縣均有危急之勢

惠州匪耗兩誌○東廣惠州土匪滋動造暨前報現龍門縣屬與博羅河源長寧等縣疹疫各鄉均有匪黨散布飛傳偽檄誘人入會該匪貧民以資衣食多爲煽動劫掠之案偶地皆然

匯報謂有三點會黨將於該處約日起事經前訊撥情申與李同知閉暨即會營統率練勇兵丁於初一日馳往查緝拿獲匪黨甚衆四巨族紳耆約束子弟如有通匪情事嚴懲不貸倘有怒衆亦應合力剿堵勿以稍有疎虞云

八閩訪函錄要○聞日本將在福建包辦鹽務醫佛中人及各鄉以秤手等近頗與皇但如何包辦之處現尚未見明文

建甯府建安縣某令近因辦理某案得罪某某兩姓士恐致獲譴閉門投水自盡

粵東會黨餘聞○日前水師提督部下哨弁獲會首洪全福屍身郭山府驗明在水茲閱該屍身上搜得會牌一面重約一兩零一面刊全福之寶四字一面刊洋字三個聞已繳局驗收矣至前獲會黨除梁慕周劉玉岐蘇居蔡福昌陳學林何亞滿等六名業已斬首外餘黨梁中即毛不一名擬暫行監候待復奏本容李亞順蘇子山三名均認知情並不與謀擬各予監禁二十年黃亞祐張桂與蘇福蘇文劉福等九名僅認受雇以件將來得受銀兩各予監禁十年鄧桂華黃亞二洗十飽梁安周生等九名雖供並不知情貨物疑寶係役生李亞安盛亞城李亞太等四人均認在信義店幫工以上九名應研審確供再行解勘糾擬同擬辦云

西儒演說○英國進士李佳白先生于上禮拜四在六馬路格致書院演講坎印政治之異同其詞已登某報茲告先生又定期本月十九日即禮拜四晚八點鐘仍在該處演講中國與印度兩國政治之異同云

俄商交還牛莊○東文報述六號倫敦電云昨日俄國駐京使臣與外務部會商交還牛莊之事

東三省要事○又閱日天津電云牛莊治理之權明日將歸中國數日前鄉古塔將軍已北程至該處矣又寧古塔城八門其四門已歸中國管理而中國之兵亦已駐於俄兵前所駐之地位矣又云俄國擬於滿洲境內招中國兵四營駐扎寧古塔北八十里相距之地

世界要聞

法總統起程赴非 字林西報十四號路透電云法總統盧白脫已於禮拜日由巴黎起程往非洲之阿爾其阿當其經過麥遇利時該處人民皆歡迎之

摩洛哥匪事○又電云摩洛哥土匪圍脫拉及郡城一禮拜後即將該城及其砲台攜往摩國土王之權治理隣近之利夫地方者當圍城之初即已出走并聞現尚屢次求政府增添兵力云

公司借款○又電云戶爾錄特皇家鐵路公司現已在士耳其與某丹丁借資本一千五白萬佛郎其總理則爲德國某銀行總理某副總理則爲巴黎某銀行之總理而英人則并舉有總理之任云

俄國將來亞東○新新西報云有俄國水兵一隊內欲至一般巡

擬云艘魚雷船四隻已於三月七號假道亞丁來亞東駐札矣

英員定律〇又華盛頓函云英國爲太省上議院議員現已定十云凡英國女多於男之處一夫數妻不爲違法故路諾斯等城等人心現皆紛亂云

光學新奇〇西報言美國芝加哥省有名馬拉衣者好學深思之士也四年前偶因猛法而悟出貯光留光之術於是苦心孤詣閉戶推求近日已得其奧妙製出之燈非電非煤氣亦非火油式圓而長大小舉備上以玻璃蓋之無洩氣處一經燃點可永世不滅緣其光既非火力則無事燃點空氣也其光度約比電燈三十六燭之譜若不用時燈上另有法掩蓋之所用何項藥材其人未嘗明言故外人不知惟現有資本家聯合一大公司倩此人監督製造以牟利大約不久可供世用矣

俄法交涉〇東文報六號倫敦電述某報云俄法兩國現因阿爾開叛亂之事已預妥由兩國合辦惟某報深既法外部大臣之政策并歎…有以使政府鋼處於極東之間題俄國各報則謂俄國之意向注於太平洋利益云

再續日本改正監法

第四條　典獄爲監獄之長受司法大臣之指揮監督掌理監獄之事務指揮所部之職員

典獄專行判任待遇職員之任免

第五條　典獄有事故上席看守長代理其職務

第六條　分監之長以看守長充之

第七條　看守長承上官之指揮從事監獄之戒護及看守庶務并指揮女監管理

分監之長爲看守長承典獄之指揮監督掌理分監之事務指揮部下之職員

第八條　技手承上官之指揮從事技術之事務

第九條　通譯承上官之指揮從事翻譯事務

第十條　監獄除載於第三條職員之外設監獄醫教誨師藥劑師看守及女監管理關於定員職務及懲戒之規律司法大臣定之

監獄醫及教誨師爲奏任待遇或判任待遇教師藥劑師看守及女監管理爲判任待遇

第十一條　事務之分課并處務之規律司法大臣定之

第十二條　監獄之名稱及位置另有別表

各監獄之種類司法大臣指定之

附　則

集治監假留監官制及明治二十九年勅令第三百六十二號廢止之　表略

明治二十六年勅令第百八十二號中如左之改正　勅令第三十六號

集治監改監獄

此稿仍未完

學界風潮

秀水學堂之腐敗總理）秀水學堂自去歲開辦教習得人科學尚完備來學者甚衆有某甲者該處之巨紳也因時與辦經費亦曾與力故於學堂事務頗干涉性情狡猾每每壓制學生頗不平然以其非學堂職員諒不能十分壓制故不反抗迨科目若假後竟自居總理又以其門下孟子紡爲監督學生稍有失檢輒記大過繼以怒罵視學生曾犬馬之不若學生受其苦者不少爲至八月中旬總理偕一洋人來見堂中之號鐘問總理可試一擊否總理答以可于是鐘然一聲驚動學生出問何事監督道是洋先生所擊汝輩何得叙衆諠譁學生退下商議以爲洋人輕視學生故亂擊號鐘我等不可不力爭出欲與洋人辯而洋人已去乃共舉代表人至總理處訴說總理遣書我許他所擊汝欲與彼爲難即與我爲難也且叙衆鬧事本干例禁本總理一來究問汝輩反欲與我爲難喝令退出代表出與衆言衆人大憤感鳴號鐘爲全堂之主權是學生數令所聞今總理以主權授外人嬉弄即學生爲外人嬉弄也士可死不可辱情願明白此事必須力爭再欲與總理辯彼已回家矣至次日三時總理來學生力爭彼竟付之不問少頃貼一條紙將爲首十數人革退於是學生相從而去者亦有數人彼且曾王教習平時演說以自由平等輸入學生腦中故敢叙衆鬧事王教習亦因此辭去孟子紡以演說爲造反之禍根即行黜止至今年添招新班使舊班分開既不得繼居舊班或新班至別班臥室即記大過詭恐舊班以新知識輸灌學生也一日不知何故斥退新班學生數人學生持章程與之辨以章程上所載滿三大過者斥退今一無過失何故即斥總理云是舊班章程非新班章程也尤可笑者彼欲使輿地教習方某講四書五經義方某云我只能講輿地其餘非我所能也總理云是亦不過照八股講法何難之有方某云忘之久矣兩人意見頗不合故方教習漸有去意云

閩省學務彙誌〇閩垣東文學堂新建洋樓兩座煥然一新俟洋教習到時即當開課

共通學堂文明日有進步圖書儀器陸續均已購齊堂中章程課程有條不紊故就學者日臻興盛云

全閩大學堂學生凡二百餘人堂中不敷居住現將鳳池書院學舍重新改建以容多士

福州蒙學堂現爲高等小學堂每年撥請官津貼數百元以充堂費

福建鍊軍武備學堂各委員日來辭退甚多孫總辦極力挽留未知能如其願否推原其故因堂中關應浩繁官場習氣太重委員薪水多半入不敷出者所以有此辭退也

誌汴省大學堂〇大學堂於二月二十一日撫學兩院會考錄招諸生題爲黃帝正名百物義與華博物論二十四日覆試題爲必得其祿義惟總教習孫偏執己見欲令去冬錄招之學生二十四

名與此次考入者一體復試并備牌台告示內稱去冬所招諸生除于紹曾一名已經中式外其學業優長堪爲教習所知其餘各生均須一體覆試以致諸生反唇相稽謂學堂以大考爲目的我輩去冬入學并非不願作文而教習們審口否不令作文并且已應年終大考有取入頭班者何能與此次新生視爲一體于紹曾並經中式仍是學生何得存勢利之見視爲二致後經京中多人調停俾令各人補文一篇始作罷論并聞總教習最重科名視學宮生監多不相同而予以面目亦不同惟最卑薄生因與學使相商欲盡去堂中薦生學使不允且滋不悅此次之欲令一體復試者亦因欲去所惡者三人故藉以大張權力也

各省紀事

北京〇京保火車自初四日至初十日停搭客運專供　陵差運用茲見車站牌示初五六日係恭備各衙門赴保定承差司各官及馬裝兩提督輪班統帶員弁及差役勇丁押解器具行李又統北洋外部諸公亦欲赴保車站執事定加車三次至夜分仍往返馳驅云

京師各項小買賣因恭迎　皇差紛紛至海子西門內外計搭搭攤向地方官役商付地租每攤一丈日出錢五吊如搭布棚席棚以加半價每日兵差役收取小費尚不在內食物因之昂貴

天津〇我蘆鹽商歷年事務莫不延宕奢逐今春各商以逐本不足[illegible]竈戶以晒鹽爲生無不驚異仰屋云

河東駐紮馬隊武官每日督同兵弁在郭庄子前窪中曠地練演鎗炮各操步伐前午後二次頗行嚴整

河南〇開封上月下旬來函云現在禮部辦考公所設於東棚板街行試提調行館之側近日投文者祇有一千餘人向來順天應試無資文者均須取具同鄉官印結方能與考此次借闈汴省外省士子遠道而來或省內印官非其同鄉若於省外州縣官取具印結又致稽擱因而設總辦理所有外省士子若攜有文而不易取結者但有同考五人互結即可一體投卷送考

信陽州撫軍之故因朱道村慎寒士足立官保以致各車戶裹足鬧敲州有士子三千餘人內有一千餘人先具公稟懇請詳省請旨改期知貢舉有不允之意聞一經改期地方支應既繁且久具招出發亦不容易故飭屬下遇行設法行各州縣徵車往援又飭省城首縣及保甲局清查貢考之家各有士子若干以憑查核酌辦

江西〇官錢號開辦至今已有二萬金現在擬出一百文小票以便行用

官錢局開辦以來成效未著當道擬併入銀號辦理

大學堂已於初八日舉行第七次甄別各屬學生考取入學

饒州〇裕蘇製造銀銅元磁器廠歷由總辦陸守洪令會同吳縣林令勘劃地界已于初八日開工茲悉該處本係荒僻瓦礫堆積如山近須雇丁挑去以便築造墻垣房屋惟急于興造故飭諸總辦借撥中營勇丁前往興挑刻已動工不日即可挑平云

蘇垣盤門外開通商埠以後各項商務絕無起色惟絲紗兩廠工程堅固所出絲紗精美絕倫惜折閱過甚致辦理者虧耗不貲去冬祝少英包辦卹滿迄今五閱月兩廠無接辦者新任商務局總辦張道鼎祜以蘇市在即亟須招商接辦故再出示曉諭紳商有志辦理者一體稟局商云

揚州〇兩淮商力苦不能支及如鄂湘西皖四岸各商公請具稟督鹽憲請將歷次遞減鹽價准予規復其以銀購鹽之項仍求改作制錢以免虧折不日當有明文云

府轄刑書王建勳在該科無惡不爲已經前府許守斥革現又隨侯且兼充淮南總局浮書包攬詞訟叠釀命案上年李太守恪飭余守飭拿究辦後以在逃未獲日昨李觀察又札飭從速緝獲該余守出差四路搜尋故將該書卯名先行斥革

江都獲到劫犯一名混名叫天鶴當出具令刑訊已認劫案四五處現已詳請余府亦至省垣候督撫批到即當正法

撫州〇無棹中學堂由劉觀察督定額六十名借中江書院先行試辦日前已出示咨開凡院內二十二州縣舉貢生員若在十六歲以上二十五歲以下一律赴本籍報名申送來撫定於二十四日開考凡錄取者均於四月初四日入堂肄業

前日小輪上水拖船紙藕經新關拌拆平上輪查獲漏稅私貨百餘件聞大半係安慶之貨日內當可拍賣想俱充公矣

近有日商某君在漢湘大荊山勘得地一方擬創設紡紗廠一所並擬由該處建馬路一道直達關廂以便轉運

安慶〇孫撫因太夫人在衡陽病故抱慈而重已出奏准假一月於十四日交卸起程回籍省視其夫人則於前二日率同公子等先行起程以便早日歸省云

候補縣丞陳閬添補潛山縣縣丞候補府經歷□上毅補徽州府經歷候補知縣張振黎補天長縣候補直隸州同薛念□補六安州州同以上均由司詳新撫封奏入告矣

本埠紀事

官與紀事〇湘北貨捐局會辦處令懋業湖北補用知縣陶令劫澄翻令秋舫昨日先後至上海拜會〇上海縣汪令因公於昨日在省從現江寧試用道胡北宙候補知府毛江撫員孫高昌廟同員員馬等到縣飲宴

傳說河工〇西鄉俞塘河由縣籌款開濬因被春雨所阻迄未竣工現汪令因四鄉農民將興河道放開水利亟須稽核因於昨日諭飭准保河差提緊督工務於十日內完工延干嚴究但日來又連陰雨俞塘河中積水既多恐一時斷難報竣也

控案註銷〇邢家瀾假地借款擅吞住居貝小為爲中人投英公堂控張瀾員准防弊役協同該包探提入捕房伊因稱邢買該欠且潮羊欽九十五元爲中一節實係捏造故對來差

四

將和移送法解訊核詢部匯不到案昨日具投稱患病甚重急欲回籍醫治求將保人調去並罰將款作銷孫讞員准之

英廨訊案摘錄、紹興人周赴和在自來水公司收帳與陳將洋東所給之自來水票塗改多收假洋經洋東察出報探趙銀河獲周押查本案昨解復訊周供此票係替工友人陳姓所改現已同紹興原籍供職典商之英翟讞判責二百板枷示一月滿押回籍一年半改票存查〇郭桂方在惠陸公棧為司帳擅將客人所寄之金條九兩竊取逃逸經棧主報海山報捕查緝茲由包探何阿奎將郭緝獲押追昨解復訊郭供無力賠償判責五百板押西牢二年

西曆四月十七日禮拜五

愛國學社暨學會……愛國學社暨學會事務所……名至二十八日九點鐘至……[illegible]

光緒貳十玖年三月二十日

蘇報

總發行所●上海英租界三馬路中

分售處

[illegible]

西曆一千九百三年

日曆明治三十六年

每號大錢十二文

外埠價目

每日一寄連郵費全年六元八角

七日一寄連郵費全年六元

西洋加倍

東洋照加

郵政不通處的另寄費

告白刊例

第一日每字取錢四文第二日至第七日每字取錢三文第八日以後每字取錢二文封面告白照後幅加倍論年論半年面議批行告白二百字起碼短行告白以五十字起碼多則以十字遞加

論說

就敎育界之風潮

氣　梅

敎育界之風潮即南洋公學之腐敗史也公學諸君以直斥當之所以警告我國學界之前途者小而至深僕即公學腐敗政府之舊屬役受其牽掣之如引登孽鏡臺使向固磁老封薄毛髮俱映不忍終卷其間諸君以僕豈甘心懺悔獎之過乎其分似欲激之使不得不鄙然耿耿不可昧不能不直述其失以了當時之代受罪惡者張菊生君以後之時代爲諸君直接時代張菊生君以前之時代則以諸君間接時代雖所敘非詳亦皆采自與論亦有一無所冤而於間接時代之裁判但歸獄主任不及背後主動之人則主任之罪實有所寃張菊生君之先爲何梅生君爲伍敬甫君伍敬甫君之時代在余又爲間接時代余雖稍知伍敬甫君時代之腐敗亦爲如今之腐敗不能徑歸獄於主任然余未日擊不能詳言何梅生君之時代爲余直接之時代其腐敗誠有如此編所載然何君無其責任其腐敗實爲全學所與合余即集合體中之有勢力者罪惡所歸卽當本直接鋼以上何君時代之大罪案爲章程之總則有云凡章程所無非經總理親准行者不得擅自理擅行凡章程所有非經總理親准法廢者不得擅亦理擅廢此總則之外形無所逃於專制之誅然索其內容求其起因則僅文字之失而非心術之惡總則之旨蓋不出於何君卽出於今日舊識之懺悔之余何君受事在丁酉此總則數旨乃庚子十月所定明年正月何以疾歿此總則實於事室者僅四五月非何君一任事即定有此總則也定此總則之起因亦卽由於此編腐敗主人翁之郭某庚子八月僕辭職起居由全學教習輪任之郭某乘全學動搖之際爲非其黨歧且運爲更張時張君茂堂與郭同爲二班教習張君因無可敎■丈夫本館等東發爲日課郭即諧於何君何君惑其說驟並課苛郭與並自八月至十月札練不已余乃忿甚即告何君令就監院福君於室懷西課檢之則美國共和黨史也何君愕然余復罄狀郭之頑劣使遂之何君索冥原不欲暴起風潮則來年辭去而悉其更張學規一任已意乃中舊章痛詆於幹事室復擬總則數語以制之內含如此實忘其外形之學狠此則余與郭之罪何君乃始終爲人所左右耳何君壯年登鼎甲官翰林有名孝廉不願祿仕南洋公學之未起張之洞聘之不應及宜懷乃假以尚之學務以相邀何君為動始而起公學然約盛不干涉乃肯受事故終何君時代公學不知有所謂督辦近二年盛以學款供鐵局者歲二三萬以游學諸者動談欵絀何君時代則盛不能過問故延聘學舍遣東西洋留學生皆取辦於是時又公學附屬小學欵出於廣州張沙張沙者爲紗廠地斷被訟於通州士紳何君調和之强分其餘以設小學何君既歿盛遂其本動言小學非公學所應設屢議裁撤此亦盛在何君時代所不敢言何君初任事二年不受總理俸且隨植□類約以待時則同所謂溫和派會非頑固黨也此編敘何君時代時有起翮訂隱有主張學子之風潮者僕始知之一爲朱君友芝一爲胡君雨人一爲黃君茂堂兩陳君頌平白君撫民亦贊有力焉余子則積威凶厚念之滋愧不與郭某同傳已爲厚幸至於僕之與郭先識所謂冰侯者壬寅之春僕將江陰講院冰侯新從江北來余鄉士夫案附江北人又以冰侯作賦有「陸古懷肚皮」之句同台生歡呼爲古怪肚皮一見傾忽使不禁僕雖亦當與之然念其遠來孤立每處與委蛇加慰藉水逸以冰侯對作賦賦子與古子爲黃君元同所逐冰侯人公學爲師範生與君瑞侯所引進何君受伍君荐私訪於僕僕甚致笑然凝目不能不唯唯而許于將而爲此編之主人特者又爲冰侯所引進僕在公學始識之冰侯但部僚而已子將則聲背笑貌酷似江湖上賣卜者流同人相顧失笑然何君竟安之無小駭怪詢取知其在公學時以常作石油肥皂小本販鄉人嗤之嫌有以嗚呼乃公何恰而得此鄉人則目爲康有爲學人則斥者以之洞南洋公學全班退學爲學界上何等郎重之事乃公居然作主人於江北且爲之生色僕雖未敢爲附爲至交不能不羨其幸然僕知此編一出必有染非芬獎增拜之徒千里而投贄於如是西席者其擇人不知又若何位置之矣

東京來函摘錄

姚某日內風說甚多有謂日人派警察保護人有謂日人欲姚仍回東京有謂汪監督電告政府有謂汪擬出奏然係影響語其實未必然也惟一說謂蔡擬出奏汪恐爲蔡所先事反不妙亦擬出奏云云此說稍近是學生已有函致南京俞恪士云姚煜誘姦女學生公逐同鄉孱告總監督詳情另達云云近日汪總監督送收外間來函均痛詆汪欲殺之以快衆心云云有一函長數千言中有狗頭不足以污我刀云云汪已將此函送至大會公閱（初八日大會選舉幹事）又姚出走時宿王惕齋家王近日迭接信函大致謂王有何權力敢庇姚某如再敢然矢將與汝身云云

弘文事已了聞約六條　一撤退舍監　二自費生亦可進校　三卒業後可由宏文保送人各學校　四與路納直接　五前不允之約（洗衣等事）作廢　六照約錢三角以上之教科書論者謂要約均係瑣小無關緊要凡於公納無損故悉允各人仍進校如常書弘文事未了時日人欲禁中國學生開會大會時亦有警察査詢經幹事告以除選舉幹事報告事件外餘無他事方能開會然是日聞弘文學生多不到

王季貞事江蘇同鄉開會內大王中排經同鄉公斷定除名之罪清華會監亦撤去此事亦可了結矣

前日有人提議撥各省協會浙江已開同鄉會提議此事大部贊成各省當繼開同鄉會然大部必贊成也

時事要聞

電諭照錄○三月十八日奉

上諭欽奉慈禧端佑康頤昭豫莊誠壽恭欽獻崇熙皇太后懿

旨慶親王奕劻昨已授為軍機大臣任職尚多着開去御前大臣
廂黃旗領侍衛內大臣閱兵大臣廂藍旗滿洲都統管衙事大臣
管理上虞備用處捕營虎槍處火器營各項差使以示體恤欽
此同日奉
旨着派博迪蘇管理虎槍處事務欽此同日奉
旨着派秀芬管理上虞備用處事務欽此同日奉
旨那彥圖着補授鑾儀衛掌衛事大臣欽此同日奉
旨載澤着補授閱兵大臣欽此同日奉
旨着派溥興管理火器營事務欽此同日奉
旨着派溥倫管理健銳營事務欽此同日奉
旨廂藍旗滿洲都統着那彥圖調補所遺正白旗蒙古都統着奎
俊補授欽此同日奉
旨廂黃旗領侍衛內大臣着載澤調補所遺正白旗領侍衛內大
臣着奎俊調補所遺正白旗領侍衛大臣着載振補授欽此
十九日奉
上諭昨日消防局開之民人盛之芸據呈子孫在昌平州院屯「
忠義之抱告占起誤均着交刑部嚴行審訊欽此同日奉
旨載瀛着補授內大臣欽此同日奉
旨博迪蘇着補授閱兵大臣欽此同日奉
旨溥倫在總理行營事務欽此同日奉
旨廂紅旗滿洲都統着世續調補所遺正紅旗蒙古都統着鐵麟
補授欽此
電傳宮門抄〇三月十八日召見軍機周浩
錄誌欽州亂事〇二月初十日東勇由大直往那天中途被截擊
賊截擊勇數名搶去軍械餘勇走散有勇八人走至那天地方又被
賊圍焚旗號衣為賊所奪勇搶出六人其火亦失約計自去臘章
勇到欽勢勇內十名左右失去槍械自欽得該處撤去卓勇
有投降割工者有放回者自此卓勇不敢與賊敵賊專擊卓勇
以為搶奪槍砲之計
二月十一日白龍尾營勇同東勇計附近桑山一帶與賊對仗約
二點鐘之久被賊擊敗折回兩營不敢再出
近日欽州方搶劫砲聲日夕然聞各處人心惶惶除從賊外餘皆
慌亂遷徙每日有數，起之多
嚴防盜匪遞委〇廉州門芒花地方與東莞新安毘連可以直通
香港向為匪藏窟穴日前何提分派所部勇勇搶劫安駐紮以
防節近聞大鵬小海一帶近時有蝦尾艇出沒窺伺又恐往
內芒花之匪勾串夾攻將松山船和勝船之匪四出擾擾平海營
參將吳滄何祥派兵檢驗仔梭渦洞由何撫憲特派撥
平瀛首船前往安瀾兵輪由汕尾使道前防以資得力
休戰使之留〇字林西報十四號東京電云駐東俄使向日當局告
某日人云俄國現已決計將滿洲之兵逐行撤退惟日本弗來加
有詔兵未撤處之事則非俄不當服從以自相牽制又云現在牛
庄撤兵所以暫移有實公兵士衛以上起見并無他意蓋以該處
天氣甚劇相宜云

世界要聞

誌日本國會〇字林西報十四號東京電云日本國會議員八十
人現均有解散之勢彼等之意蓋不服其首相之政策也外又要
求謂此種政會職員當由公舉如遇緊要事件亦當由公決此事
恐與伊藤侯有所衝突之處然欲其相安無事自當折中調和也
法總統行程〇又十五號路透電云法總統盧白脫已離麥賽利
司前往阿爾其爾矣
三國水軍會操〇又電云駐扎非洲阿爾其河英俄意三國之水
軍于今日會操演
處分教士〇又電云法首相可姆勃以之子現正擬判罰處分某
教派習教政府允許某派教人出銀若干准其往居法國之事并聞
卸任阿爾其河總督利倫立係某報館主人之任亦將隨與其黨
云
工人解散〇又十五號路透電云南斐開卜之工人現已解散
分塔鐵路公司〇金山西報十九號倫敦電云自海道將築鐵路公
司聘那者有德人九法人三瑞士人一奧人一其餘國股本尚未
確定昨日所記有三千萬佛郎克各乃散股之不差
與土失和〇又紐約西報十九號電云奧大利現已準備與土耳其開戰數禮
拜前其兵已調集于台良河一帶此事如果實見恐各國將有
大半干預云

三種日本改革舊法

農商務省官制中如左之改正　勅令第二十七號
第二條削除　第三條削除　第四條削第二項　第九條削除
明治二十九年勅令第百八十五號廢止之　勅令第三十八
號
四直轄學校衛生顧問及學校生事之諸件
農事試驗場官制中如左之改正　勅令第三十九號
第四條中四十人改三十二人
第五條中二十六人改四十人
第六條中十二人改八人
附則
明治三十四年勅令第四十五號廢止之
通信官署官制　勅令第四十號
第一條　通信官署屬郵信大臣之管理掌郵便郵便為替郵便
貯金電信及電話之事務
第二條　通信官署分為郵便局郵便電信局電話局及鐵
道郵便局
郵便局掌郵便郵便為替郵便貯金事務之外兼掌電信電
話事務電信局掌電信事務之外兼掌電話事務

郵便局電信局及電話局得設支局　未完

學界風潮

浙函論大學堂：作書人姓氏另有存記○貴報主持清議為學界上增特色久為海內所傾佩僕鄙人贊言近來各處學堂衝突之事雖起於學生界之進步推其原因：約以辦理者之奴隸學生逼之使然初則彼等尚恐為清議所不容衝突之事漸多笑罵由他好官如故彼等益悍不為怪即於吾浙大學堂亦可以見之吾浙大學堂稽查戴某以能媚總理得居要缺去年入學之始未敢遽肆其暴制手段於總理之寵已固即已稍稍行其狡志迨今年則大變故常凡事限制與學生為難蔑視學生為刀筆吏學堂情形絕無所知故常為學生所難不自責備積怒成羞遂日以煽惑學生務以散學為事今春開學時之衝突學生雖為所惑彼先鼓動學生與總理為難繼又鼓動總理斥退學生故前日字林西報載浙江大學之事有總理云學生不上班即驅行斥退等云云即是故由後學生知其隱謀忍耐而戴氏之心猶以為未足必使學生退學而後已十三有某生在齋房中失去皮馬褂一件卽知稽查處稽查究稽查即於僕人房中搜索未之得乃唆僕人使言此物為學生所竊於是學生尊大抱不平開演說聚議請稽查處於學生房中亦行查察查察之後學生等以風稽查此非將此物查出不可否則與學生名譽上甚有關係總不肯干休當時總理親到不在堂中故於此事未能深悉前日總理回堂戴即向總理云學生與吾為難欲逐我離堂此風斷不可長此時不辦恐將來必與總理為難請將首事某某數人即行斥退以儆效尤云云並令其弟克紹其戚居元等為證其弟乃[illegible]其戚乃會臨中日猖狂為奸久為學生所切齒故皆樂於證成此議以閒學生於總理總理不察其為自下而為所動不久恐有變動蓋戴氏之心以在學生一日不去不能安枕而況今年浙大學有議許陳稍支江汪諸大教育家分任各科楚楚向有氣象誠如前曾報所云其精神為各省學堂之冠不料戴氏以一人之私見欲破壞大局其肉不足供我全浙人之唉言念及此不禁痛哭流涕裂眥怒髮也竊恐此事若行全堂必散而各教習亦無顏坐擁皋比使如錦如荼之吾浙大學而敗於一人之手不亦悲乎幸而總理勞公尚明通未必能允其所請然勞公頗信任之恐不免將來別生枝節如此敗類之人留而不去總非學堂之幸福戴氏吾浙大學之蠹賊一日不去則學堂一日不安也須貴報登入學界風潮一門俾我浙全省學堂中為我浙留學海外者告也

名為何如○敘格中之杭人公子在東京留學近以鼎辯以倒紫所謂貴公子似若忘之中有蔡伯階與孫孔子稍有涉嫌楊子一毛不拔孟子以為無君：語真可謂名為矣不知乃敘將何說以折之也

公主提倡女學○固倫榮壽公主奏請開設女學堂於京師現已

蒙　慈允即諭派公主為學堂總監督延聘女教習則由公主與駐英公使張格之夫人及日欽使之夫人代辦其學堂即于日內起手辦造云

留學日本修業年限表

普通兼預備學校

學校	學科	卒業年限
第一高等學校	大學六科預備	三年
早稻田大學預科	大學預備	二年
高等師範預科	師範預備	一年
高等工業預科	工業預備	一年
高等商業預科	商業預備	一年
成城學校	武備普通	年半
弘文學校	普通	二年
清華學校	普通	二年
同文書院	普通	二年
慶應義塾預科	普通	年半
愛住女學校	家政裁縫兼普通	三年
帝國婦人協會	家政裁縫兼普通	二年

未完

各省紀事

江西○臬司初八日在課吏館考試各佐雜分為正備取列正取者挨次委署

武備學堂已委巡檢戈銘猷為監督

江寧○省垣電報局向由候補道郭道月樓辦理其總局前設於機器局內邇則移於東關頭郭公□中攻司收發公文其分局自始迄今皆設於郭家巷名曰商局商民電報皆歸收發由總辦委候補州縣一員主之茲奉　上諭電局歸官昨經督辦電政大臣另委王相之孫候補道王道鍛孫辦理金陵官電報局王道奉委後以電報既歸官辦不能仍留商局爰商將郭家巷電局移設於浙江會館緣王為浙省館首事倂設公館於其中現已就付館內外安設機器總線郭道不日即將移交矣

蘇州○陸藩司近據荊溪縣詳令縣稱該邑常平積穀倉去年存穀糶去陳穀以兌新穀迄于今合購補出穀以備歉歲動用該已一律補齊詳請委員赴縣盤查驗收以重倉儲藩司即委戴令出昌前往該邑切實查驗云

蘇省去年行銷順直賑濟彩票近已奉宮保飭禁停止論令該公司收款深恐私相售賣誆騙民財故特咨商蘇撫札飭出示一律查禁云

廣東○中國生計困窮是以沿海居民多往外洋營生所在皆有粵人之旅居各國各埠者幾及千萬而其中以廣東人為最多福建次之江浙又次之其北方各省如直隸山東山西等處則多往朝鮮及俄國各口岸其內地各省則出洋者極少惟廣西自今年正月

以後紛紛來港搭附輪船出洋別由香港轉往外埠者每次均有十餘人皆爲從前所來有盜以該省匪黨滋擾居民避匪其鄉也又惠州近因會黨一事居民恐被干涉故出洋者亦日益多每次皆絡繹不絕而汕頭一帶近因該處瘟疫之故由香港附輪過埠者亦實繁有徒兩月以來港中各輪船均獲厚利云

廣東銀根短絀實因奸商私將銅仙販運出口與稅務司　獲兩起茲悉天津上海一帶錢價極昂每制錢一千可易洋銀一圓三角有奇銅仙一百可易洋銀一圓一角有奇由廣東販運前往可獲厚利故近有奸商貪圖厚利源源接濟遂致廣東銀根日短錢價日昂而百物亦因之漲價計省城每日附輪運銅往港者以數百千計其被緝獲者亦日有所聞數月以來迄不能絕

要件擇要

照錄××君上商務公所改良條陳

一華商寓居租界全恃華官保護凡有錢債細故各業似不必迴行訊押致啓外人輕視之心且各業均有行規各幫亦有董事地方官如以商情便民起見擬請於收呈後照行會章遞與董事同議秉公理處既免原被公庭對簿并免官長案牘勞形洵屬一舉兩得萬一理處未妥必須官爲判斷者亦望改爲差傳并於訊畢後准交各董具保出外免致受縶失業並發押原防逃避起見今既有董担保亦何必任差收押爲差役勒索斷斷步此保仰體[illegible]愛民之心并亦維持地方官之權也

二商務局[illegible]實[illegible]已屬急不容緩擬擬已經股月薪以人心不齊經費無着雖×局所無從展布一任因循至今云云似宜即將已經擬就之辦法請商務局立將公衆並初立時所訂章程與各國原訂之章程十條一并登報廣告以昭衆信

三各業紳商既有心任事者如有變更章程條陳可函告商務局一面登報廣告在本埠著名各大報館如華報中外日報同文滬報新聞報等之大主筆均以主持清議自任而報例本有來函一門若無違背字句自必照登惟須具名在效至各小報編輯所限或難全載此件如能照錄亦所願也

四華人無合群之氣故如痲木不仁各痛癢各不相關此次與會者之衆實可爲將來商務發達之先聲外人作詭爲奇所以借助合力踴躍爭先不可虎頭蛇尾仍爲我華商總而爲旁觀譏笑

五前日染布業宣言以後一業有事各業不分畛域合力相助理直者輔之理屈者諭之如此則西人有工部局華人有商務局可以互相抵制此爲保護商局起見中外官商各宜原諒

六商業以安爲貴者於一要着今雖設有商務局而無常年開支的款以致局素散爲斷連年賠累持久爲難且現在局所規模亦嫌太隘須能可容二三百人之廣廈俾諸事有可措者現自今暫設無着似可暫借大馬路保安會應用一面查察賠的

七各幫各業均有公所各公所宜將董事姓名開送商務局列冊如無公所者亦照舉董事二名亦送以一月爲限一俟各處送齊由商務局刊發傳單註明地址先行照會認捐

八捐款宜分五等各幫各業頭等二千兩二等一千兩三等六百兩四等三百兩五等一百兩以爲擴充公所經費其常年經費即以次遞減總以足敷開支爲斷

九各幫中如有一業不願認捐則該業不在商務局保護之列一業有一店鋪不願認捐即將該店鋪劃出設以臨事欲求保護須繳足應捐之款方准保護

十凡無公所之各幫各業有事會議但認有商業公所捐款者均准借用公所不必另貼經費

十一局中應收支經費文案三席其經費由既爲各商業之捐款應照工部局章程動用銀款必須備年總董簽字准支年終造冊報銷一面擬取×若將舉董至值年總董由各董公舉所有替換之期應與工部局西商公舉董事同時舉換俾足彼此照會

十二除非正經營生外無論何等商業情願認捐者均准一律保護惟須由一幫諸董代爲致函無辦入崗但俟議公認從照辦其或必須稟官而下情不能上達者本局總董并可據情轉達以期迅速完案

十三[illegible]差役[illegible]規制[illegible]以從公從援向例給差役若干由原被造請商務公所轉交官長給發免致暗中需索漫無限制

十四向例造謠訊之後如須交保而無人過保者只能押候復訊然亦宜收入保存班亦不得任令差役串入下等牢間爲伍以上×條係未稿是否可行即請各幫各業紳商細加斟酌於至於倘能允之施行以策群後俾衆各商咸登衽席商局幸甚某某幸甚

本埠紀事

匪犯管押○江蘇候補同知朱道硯詳及嘉定奉賢林杏檢昨日皆詣縣拜會

禁勸街道○馬路工程局總辦翁守與會辦論將南市馬路協建附近崗務碼頭作南市收回馬路一事茲悉昨日翁守乘輿視察該處詳細察看以憑飭店鋪均有侵佔官道故飭甲傳諭一律拆進違則提究

夫婦涉訟○前日寶山縣絕王氏控夫妻絕錢氏在縣喊控夫弟絕桂山霸產欺侮各情當由江令訊得光緒十九年分授與族親立合同今被桂山覬覦故判令原人恪同立據交爲證明一面傳吊與其夫[illegible]詎桂山抗不遵諭[illegible]吳氏及奸兇佬劉德一併逐去求請將伊子承嗣江令親提一[illegible]昨日提訊仍諭遵斷倘再抗違定行提究

買婢被騙○而婦徐王氏與周從某氏將六歲之女孩托吳王氏王金生等價買與問秋月樓之汇[illegible]婢得洋四十元過門未及旬日該婢竊取現洋九十八元逃[illegible]往之小客棧內由江捕探緝獲河濱[illegible]訊判除押限將分得之[illegible]

縣案摘錄○嵇茂林被許四戳傷身死案內先獲許兄家松訊押外近由包探往蘇獲解許六到縣訊問家松供兄弟三人幼弟許六亦未[illegible]見許六供次兄許四與某某戳[illegible]茂林[illegible]身死長兄被捕獲案[illegible]亦即逃往蘇州[illegible]人[illegible]同賭博[illegible]

光緒貳十玖年三月廿一日

蘇報

總發行所◉上海英租界三馬路中

分傳處

西曆一千九百三年
日曆明治三十六年

外埠價目

每日一寄連郵費全年六元八角
七日一寄連郵費全年六元
西洋加倍
東洋照加
郵政不通處酌加寄費

每號大錢十二文

告白刊例

第一日每字收錢四文第二日至第七日每字收錢三文第八日以後每字收錢二文封面皆自開後輯加倍論年論季面議另行告白二百字起碼短行告白以五十字起碼多則以十字遞加

論說

論榮祿之死

來稿

自時□□□□割裂之□械□村內訌外納□之□□以對今□之□□□村□□我□人所據者非□□□□□□□之上一□之下之□□大作士兆機大臣榮公殺乎京師□莽無論外□內政□□榮一人主持朝局在在□有□乘□□之火策彼當戶其爲□是天下之怨之怨之□其疾今□□□□爲□孤魂歸落爲天下之怨榮然榮者乎□嗚呼吾將以□同□大聲疾呼日榮祿死矣榮祿死矣乎□可高□□榮祿嗚呼此□以是而非之吾語吾□榮祿死而何□沙數之榮祿將何□由□以也□□不自請朝論之宗師之□大軍機合榮之外而□□三人何一非親榮之顏色以行政□能者則謂榮死而此三人者之有□於榮誰其□□是三人□皆榮祿私外藩而之各大臣□尸祿兵利上之六個月□二十一行省二督撫□□□使外洋之欽使□□□□成見頑固性成者比比皆是使其得人以□□何一非榮祿也殿試所點之翰林若干人會試所中之進士若而人鄉試所中之舉人若而人院試所□之生員若而人□□□□□抄襲者十居其九使其得以□□又何一非榮祿也□□□□野小民則民智未開□利是視只知□人不知□□只知待人不知待己使其入贊軍機恐非特無與於榮祿且非榮祿而不若矣果也吾中國男子二萬萬人其不如榮祿者幾何哉雖謂二萬萬人皆榮祿可也彼榮祿者不過二萬萬榮祿之一分子耳不過二萬萬榮祿之一代表耳以二萬萬榮祿而失一榮祿猶如九牛之拔一毛彼榮祿以外之榮祿固猶在也吾語我中國志士勿以榮在爲嫌勿以榮死爲喜吾力而果能敵二萬萬榮祿也則多此一榮祿何損於我吾力而不能敵二萬萬榮祿也則少此一榮祿又何益於我況乎榮在之時則政□□□□而猶有專主之權恐榮死而紛紛聚訟築室道謀其腐敗之情形更有甚於今日者可逆料也且榮祿者俄國之好友而英國之深敵是以前歲英國公使嘗擬而勸榮祿賴太后委東撫極力調停始得無事今榮既死承其後者尚未見明文使其爲親俄派耶則英必不許使其爲英□耶則俄又必力爭然則英俄因此而生一大衝突我國復以此而失一自主權固不足爲慮外事而當閑視之也嗚呼榮之死果非我國之福而我國之禍也吾驗吾國之怨榮者勿以榮死而遽相慶幸亦求其所以不自蹈於榮之覆轍也可

時事要聞

廣西近事錄(一)撫王因桂省滇黔楚各軍□□餉糈異常支絀商借上海各洋行鉅款上海某某大臣等恃未允其所請後由幕中某道員電致湖北現任道員某及試用知府某向漢口之瑞士國商人某洋行商借鉅款聞已擬有頭緒並聞該瑞士國某洋行係歸法國保護者其由來於昨該洋行以本年之後擬以絕大

利待云

奧內匪亂日盛有湯桂林等王□黨由之後圍社安□□□清以法國亂□□□山之兵隊入關而□□安南□□□□一面由陸路進剿一面預□小砲艇駛入廣西內河會合陸兵進一□其匪者在一百個馬力上下云

□□□是□□□□湖北□□□則□□四□一第十□□□□□前往□□軍中駐八角山□軍駐劄陸軍□駐八□□□□□□林□□待軍火解足再行痛剿云

奉天近事錄要○俄國第二□□兵原訂西四月八號□□奉天來人云俄國並無撤兵之意各國如□□□□派幹□前往□□將□俄國果不退兵則各國將□兵□□□以作見證入探訪俄國在東三省實爲第二次撤兵之期然據俄國官場稱所謂撤兵者守鐵路以外之兵而實之也然則俄兵之在東三省者猶在奉天鐵路沿線□□路之地力而除小□之外□似無可撤之兵更擬增加力來圖云俄國不但撤兵將有向某方面增兵之形跡云

增將軍電致政務處七大臣云今正念七日因□□□□□□□發蒙古假一個月現在約三月初間須兵一切交□□□□□□由內□□先係□假期雖未滿精力亦未復元不能不勉力支持派□□教□□□□□□□外特先佈達並□俄公使主意之尚有纖芥□□技□佛□陽□云

俄國派兵赴鴨綠江之事已有所聞茲將其詳細情形照錄於下日前日本人與俄人□□鴨綠江兩岸木山彼此不相上下俄人恐□派員占□□一千五百名兵尚不敷用並加派步隊八百名□往相助適太古洋行□□泊在武昌之□船俄兵□借該船載兵往鴨綠江北俄人試探英日同盟是否□是也該船主係一英人□按同盟條約守局外之例不允俄人之請故俄兵仍遵陸無分兩夜馳往鴨綠江矣以上錄天津日日新聞

使臣復電詳要○爲西四十號北京電云中國駐俄使臣現因政府有密電詢問情形日前覆電來京□□□大意以現在俄國交好俄國有兵駐扎鴨綠江在內並有他意也

又云俄政府現照會云滿洲第二次撤兵將於明日□□不能不為擬云

俄國第二次撤兵○又七號北京電云俄國駐扎滿洲之兵擬於明日第二次退出惟營口之兵□尚無定期云

世界要聞

法國迎送英皇俄宿○文匯西報十六號路透電云法人現決意當英皇來巴黎時盡力歡迎之其相敬之誠中有在即該婚禮□英馬及在維□納□□□二事現聞法政府已特派著名水陸僧提督各一員預備□□□□云

英皇行程○又電云英皇已抵地中海之直布羅陀島人民皆歡迎之云

英法交涉〇字林西報十六號路透電云在塞林巴白稅現於阿爾其阿實給駐扎該處之英水師提督及英官九人每人寶星各一座某報電稱此為五十年來英官第一次受法人之賞太晤士報當究英皇此次之往巴黎實與歐洲大勢大有關係日前曾宣言謂此舉非特可使俄法之間漸次疎遠即英法之間亦當從此盡彩難隨云

英蘇戰事〇又電云出征非洲蘇國英將軍指白所領偵探軍兩隊於本月三號及十五號在些兩威爾相近地方與該處土王之兵大戰殺敵軍四十名奪牛二千一百頭羊一千一百頭

東非蘇彝士河〇各新西報十六號路透電云蘇彝士河現已重開

美國稅務〇又七號倫敦電云美總統羅斯佛在明納浦立斯宣言謂美國雖不能將所有稅則盡行廢去然此後此事或亦有所變遷也

兇犯定罪〇文匯報十五號倫敦電云前發出稅羅雜柴路捕事之犯本斷以監禁十九年現聞已改定死罪其故以俄國必欲如是也〇又德文報云俄政府恐僅監死該犯不足以警將來故已曾告各國服刑土京矣

意外部辭職〇又德文報云得羅馬消息意大利外務大臣普林納蒂不日將辭職聞繼其任者爲文森司大將云

遣使美國〇又云太平洋羅克島近有拘拿美國教士之事故美政府遣使前往質問作何辦法并擬政治上之關係云〇又德文報云此事現經由該國調停得以和解云

四續日本改革憲法

第三條　郵便分局爲一等二等三等

第四條　通信管理局管理其所轄區域內之郵便局便爲皆郵便貯金電信及電話之建築事務並掌局舍營繕事務之一部及電信電話之建築事務

第五條　一等郵便局兼掌其管轄區域內之郵便局便爲皆郵便貯金電信及電話之管理事務並局舍營繕事務之一部及電信電話之建築事務

第六條　遞信大臣於二等郵便局指定之區域內使得分掌管理事務之一部

第七條　通信管理及一等郵便局之名稱位置及其管轄區域依別表　別表略

關於鐵道郵便管轄區域遞信大臣定之

第八條　電信局電話局二等郵便局鐵道郵便局及三等郵便局之名稱位置遞信大臣定之

第九條　遞信大臣得於以外之緊要各地設郵便局

第十條　遞信大臣得於以外郵便局指定其區域使管理郵便郵便爲替郵便貯金電信及電話之事務

第十一條　遞信大臣得於必要郵便之地設郵便所二等郵便貯金電信及電話之辦理所

乃未完

學界風潮

浙江大學堂退學風潮〇浙江大學堂之衝突既紀前已詳昨日又得代表人布告書及情節與昨函有異特照登之　辛丑冬杭州求是書院改浙江大學堂當道遴勞玉初爲理總理聘杭人戴某爲稽查戴某者向辦崇文義塾工詔媚手段深得總理信之如性命舉一切以蒞學生　方法惟戴是命老成人偶凡事諾諾而已戴某乃種種之伎倆於學生成爲非之或束縛之敢與理爭者睚眦必報冬夏兩季開除之權藉報私怨其榜示曰凡中文榜上無名者一律除名此皆戴某所啖使者也又復引用私人以聯絡財政則其弟爲掌教育則其兄戴某代人稱浙江大學堂爲戴氏學堂詢一謎也戴氏之內弟居光前目不識丁狡猾異常戴氏引爲監督以極力恐其招界常與戴氏疑曰學生之不受鉗制者盡一網打盡之然後任吾輩所欲爲矣學生聞而語之居然曰不斥退何能吾非屠氏子也於是戴氏學生敢不相能有不可移山之勢矣前十二夜學生某有失竊事呈稽查代糾稽查不肯承允蓋失竊之時未遣而物必猶在堂中責任稽查亦因其所乃戴氏竟以爲學生欲端滋事遂以辭職要挾而迎以斥退學生呈爾斥退學生之名單凡二十餘人戴總理之與稽查即提調亦未得一聞忽於十六夜揭示於堂斥退學生六人其罪名曰借端挾制出言無禮六人者皆平日最不附於戴氏者也學生乃群爲不平求見總理辯六人之冤總理曰諸生與戴氏敵意反對無謂是與非斥退之權操於我即我亦必不收回成命且戴者辦事皆必諮之諸生否則留不合則去毋曉曉爲學生退堂集於講堂欲以戴氏以辭職要挾總理以斥退學生回戴氏以戴居兩人之搗弄而破壞吾同學吾儕抑何如是久居此耶否耶某相哭泣乃皆曰與其學而辯別各教習之教習亦論學莫不曰爲不料事至此然不如姑待吾儕稟於總理後總理執不依數時乃復辭學生曰願諸君少勉自努力言語亦無面目居此矣相對泣下唏噓不已而散學生乃議辦法然欲以持久其退學規條數則　一公舉幹事員數人照辦一切　一不得毀壞公家物件　一禁止智動切戒浮囂　一凡與堂內一切交涉概由幹事人直接以期簡一　一同學有事他出必須知會幹事員方可　一臨退時須由大成殿行謁聖禮次與總理監督教習及辦事人等行作別禮退學魚貫而出切戒喧譁嗚呼國家不惜巨款爲人才而設學堂而浙江竟一敗塗地於一二權恣之稽查監舍吾不知總理何老悖至此而忍公之也故首其略公諸國人告當亦代爲痛哭者乎按昨日本報已述得杭函均係敘述此事者因是函情節較詳故特錄之

自立學塾〇浙江大學堂總理勞乃宣因護私人斥逐學生激成全堂告退之舉聞退學諸君已於石板巷自建新民塾并延請吳稚暉蔡民友兩君往助贊助其事兩君以不能兼顧辭之　按此事起發之由今日另有布告刊登於前時事紀亦可也

杭州學界一斑

大學堂〇總理爲勞玉初史部學生百二十人分爲良於史才於學界則甚瞭然皆倚賴總理照料最勤某專用壓制手段作威作福抵假陳威學生常慣慣不平其他則以未發者皆城桑之習羽學度支者即其門弟也教科今歲稍加改良然皆形式上之改革教習共二十人總會改育者不過二三而已

中學堂〇總理爲樊洲閣學爲公常者館外招其研學堂者用外交政策與教習常有齟齬每因小故輒停課學生六十八人前有思想者該校教習十八人碌碌無短長

安定學堂〇爲胡葆齋部郎捐資創辦頂關生茂才爲總理程度與中學相彷其立科學規則甚精神學生七十人頃附設師範一科爲將來小學教習之用操作技而文優者光稍北等科分四門一教育二地理三算學四日文卒業期以六月不收修不留宿之師皆有志者贊助不取修金今招考未畢即教育及日文師爲大學堂改習汪孟鋒茂才云

小學堂〇仁和總理爲王同伯太史錢塘總理爲林友泉進士二公於新學皆茫然學堂教科學規無足觀不過存其名而已學生四十人

蒙學堂〇已開者計有十所主教者村學究能以史鑑而要地球韻言授課亦有不已嫁婦自師以下可無識矣竊中情形實不值一觀

新民塾〇由大學堂諸有志者自所創其學設在高等小學與蒙常小學之間總理爲汪曼鋒茂才教習爲孫章泰陳文學科頗稱完備於小學界上甚有影響學生二十人今繼起者有史城數塾數智學塾皆用中校校者

留學日本修業年限表　續稿

專門學校	學科	修業年限
帝國大學	法文理農工醫各科	三年
早稻田大學	政治法律文學	三年
高等師範學校	教育學兼各科普通	三年
高等工業學校	工藝	三年
高等商業學校	商學	三年
陸軍士官學校	步兵騎兵砲兵工兵	二年
日本法律學校	法律	三年
東京法學院	法律	三年
慶應義塾	文學法律政治理財	三年
千葉醫學校	醫學	四年
仙臺醫學校	醫學	四年
東京師範學校	教育	三年
札幌農學校	農學	四年
實業講習所	實業	三年
華族女學校	女子六東京高等普通	三[illegible]

各省紀事

湖北〇此次新設商務議員擬將附近各部[illegible]設商務一切要公擬在鄂省川省各村生數人以備翻譯將來之用並部派江漢關道會同鄂省商務務商務一切事宜目前漢口與鄂省商務局有歸併商務局之信並擬併無其事

荊州府舒守江陵縣俞令現已籌有巨款開辦中小學堂所訂章程亦爲鄂中學務處章程云

江寧〇省垣下關有官建碼頭乃候補第一次權任兩江時所籌設設於太古大坂兩碼頭之間當設立時不獨大坂尚未來此設立公司即太古碼頭亦尚未議及設立迨其之事日本大坂公司於去冬與遊艇碼頭工程未竣而七月至有坍塌之慮遂停工作又欲另卜新地未免賴靡時日向當局商借官碼船未允准遂租英商太古碼頭展期未能一時修復亦以日本大坂前請未允之事爲前鑑故此准大約不日即可就官碼船上下各碼矣

揚州〇兩淮鹽運司札委郎大使森錦轄江安糧道大使獻廷秀府京餉李大使兆凱委黃橋鎮私[illegible]知事元叢委宣偕河卡各員奉札後業已分別到差

杭州〇現因秋審屆期當由學憲訪派委員分赴各縣提犯到巳陸續解省分發府仁錢三獄收禁聽候示期提勘云

浙省實程某君心思敏捷仿照新法造成小機若干架可織毛巾已經試用異常捷故在城樓建屋設廠招雇女工即行開織其資本有汝南水利局除主薄爲之籌款所造之機悉用木製上漆鐵絲價值殊廉每架僅銀十元惟未呈准專利恐不免有人仿造云

事件擇要

日本大阪博覽會中國福建出品參出臺灣館始末〇二月十四晚東京留學生稽君鏡得大阪來信謂中國福建出品陳列臺灣館遂召集稽君即邀同學諸君商議浙江出品委員李君宜叢自阪至東京亦甚憤激遂與浙江留學生陳君籌商湯郡議十五日前往詣蔡公使力陳閩品陳列臺灣之大傷國體公使云不郭湘驥皆有公牘福建出品未齊使署究竟此事應即詳查到底是否吾國出品抑係東人購辦者云現留學生已公議須數人前往詳查情形擬酌辦法將得即日退出大會否則請公使徑電閩督商法挽回十六日留學生林君及劉崇傑同學君赴大阪十七晚見秦君蔡君云此件確係福建出品懸牌皆爲清國福建洋務局字樣十八早林君與主博覽會兒出品陳列台灣館大會滑國福建洋務局出品每件繫以紙牌中書某縣土人某某製林君等問台灣館辦事人柳本出品何以置此曰此係個人托台灣總督之間博覽會規則外國出品宜置參考館出品何以獨異

日福建莞貨逾期參考館已無餘地時台灣參事官石塚在閩因向通商局對閩品既備不妨由運我當於台灣館內設法陳列閩官中許之故以留此間此品係何人經手曰前島詳今在北區之田町距此二十餘里林森等四人同往訪前島詰之前島曾此事閩按察使司協文與駐閩日領事暨前及台灣參務官石塚三人商權宗承否但前搬運林君棨曰此事殊未適當應即運往必無餘地等撤回不陳列前島曰陳列台灣館本不得已若以該當之地當即林入室欲撤回須電商該官場乃可時復有日人作山中告作勞向前島言該官場既已委托督君能指另地否前島曾但需徙無雖水否當任之林君曰該省出品委員馮君祥光且到前島曰滿君但來視察非出品代表者無論如何現所若者無地川以君曰君考館中四川陳列場尚寬我等當急商之一得地決即搬徙前島唯唯午後李君宜藍林君長民劉君鼎傑林君棨同到四川出品委托人島田定知處未遇晚間李君宜藍林君棨復往商請島田云四川出品陳列已畢亦不甚寬然閩品陳列非地有傷國際吾力所及當勉為之但我受川省官場之託若無預聞者非得公使或馮委員一信據無辭以復四川主遂移及改製箱架所需經費四川恐未擔任李君曰此兩節可無慮公使當為君證經費閩省亦不能不擔荷島田曰明日當至參考館相度之並與商業所會議所主辦法十九早劉林二君往見前島告以四川出品陳列所已可讓出地島允照此即日至參考館聯絡地苟欲將動閩品非有台督之命不能通融林君曰足下之言何與昨異前島曰昨所言者冀望之辭今乃論事勢林曰中國出品中國人欲動移之何為請命台督前島曰台督頃受該官場之託台灣館陳列本從受台督之命伽本自不敢擅動事之未序如是非有他意時李君宜藍林君棨與島田在參考館相候劉林遂偕與前島同往尋君見前島曰君為福建出品委託人此事何不商之記然四川委員而乃擅出主意曰該官場許之我宜無干李曰該官出當不至爲難使許之今亦不足為據況四川陳列場已有隙地請問到底勞會事務局暨閩運輸出品事前島曰我與事務局係間接不能擅作主君門若爲閩品委託人有該省官出委托該無否曰有曰既有憑據何請間接前島不能答但曰現已決意運林君當時告該官場即將本亦當電與台督一有復電當即隨告午後李君宜藍林君棨同到事務局晤外事課七里恭三郎敘歷節情其知會局及織田一七此旋述織田言參考館既可騰地閩品理應移入但須四川出品委託人島田定知來函承認便由本局知會參考館此事成無不協廿日李林遂同島田入見事務局長織田一織田聞島田曰君爲四川委託人可以干預閩事否島田無條山李君曰此事係中國人委託島田非島田擅撥織田曰現參考館內工事且某做再興動恐稍防日島田曰改製箱側三日可了島田曰既如此先將工事之後遷徙時當再一館人亦當到局證明李林及島田復出見七里七里曰湊督且至神戶俟本宮自往請命此事台督決不敢有異議二十二日馮君祥光至李林二君與商辦法馮君曰台督明日至吾自赴神戶見之二十三日馮君赴神戶而俟本先至台督聞此事中國人慎甚即囑致事務局言閩品應聽中國人遷移二十四日馮李劉林諸君遂同詣島田至台灣館悉將閩品移入四川陳列所四川委員延變亦至李林劉諸君遂偕同馮君廷君并島田交接一切日本海關檢查員亦至四川陳列所查取出品与鎌造島派員閩品先驗台灣然後東渡故遲至此時海關認閩品為台產今移四川陳列所始為更正

本埠紀事

縣署官聲○前任深縣知縣曾令文昭行丈局委員陳令捷生昨日均至上海縣拜會

滬員晉省、英公堂張讞員於昨晚附輪前赴江寧與見魏督所有早晚堂已信驗發讞地代大約勾留數日即當返滬

議捐未定○南市視岸自辦工程局曾稽推廣馬路及派捕巡費以來已逾半載所需經費由總辦敘守邀集各業董決定會議就附於馬路捐內加抽一成以此捐各董以抽捐太重至今尚未議妥

議築碼頭○滬南內地中國自來水公司自開辦給水以來殊無起色現由該廠協理倪道邀請錢米等業董事會議擬築小碼頭上通以輕成本而各董亦斷難允從故會議之事尚無頭緒云

飭拏劣保○西鄉俞姓涵於去冬開挑以來迄今尚未竣工本邑江令以爲辦事要已嚴論辛役下鄉督工茲悉縣中河岸全屬沈翔下鄉查地保何某抗不赴縣開挑以翔即稟知河工委員孫主簿笠於飭差提何即敢抗拒故昨已稟請江令簽差下鄉提何保到案嚴懲矣

拿獲光蛋○浦東陸家渡迤北日前有上海與寶山交界之高橋等處有十七八名光蛋在彼聚賭擾害民間故昨日親赴寶山縣面商會拏矣

印捕殺人○本月十九日即西四月十六號晚九點鐘本埠捕行經大馬路抛球場有一學堂女學生步行至抛球場被一印捕攔住信口胡言該女學生中有能操英語與之詰問者該印捕始含怒而去迨九點鐘時非深夜該女學生等亦非一人而印捕且敢如此無禮若無能操英語者尚難立時解圍則尖孤身婦女將關嬌好者或遇此其猥褻之狀不知何若所望有稽查之責者留為偵察也

私出幽犯○昨日本城某捕頭發出嚴禁私運軍火六十本及大宗禁並進出口糧貨米二日四 本局委送往海關交稅務司

協緝兇犯○浦東陳泥 並即派差由縣詣驗棺殮緝兇在案茲因兇犯日久未獲江令於昨日飭浦東 加緊嚴緝云

光緒貳拾玖年三月廿二日

蘇報

總發行所　上海英租界三馬路中

分售處

西歷一千九百三年
日歷明治三十六年

每號大錢十二文

外埠價目
每日一寄連郵費全年六元八角
七日一寄連郵費全年六元
西洋加倍
東洋照加
郵政不通處酌加信費

告白刊例
第一日每字取錢四文第二日至第七日每字取錢三文第八日以後每字取錢二文封面告白照後幅加倍論年論季面議長行告白二百字起碼短行告白以五十字起碼少則以十字起加

論說

敬告浙江志士

諸君非日日痛詆專制提倡民權者乎人之詆諸君者曰是口說而已非實際家也雖然吾。敢以此疑諸君吾以諸君固有政治革命家之人格者也政治革命家者非必上政治革命之舞臺而後見其手段者也其好之也發其處　也深社會之間無時無地不見有政治革命所胎孕之小舞臺遇專制則破之遇民權則與之必有心喜技癢鼓舞於不自知者矣君而抵此人格也則人之詆諸君也吾亦無以爲諸君辨雖然吾以諸君之人格必如是今日者擺脫專制中國建立新中國之小舞臺已出現於諸君所居之都吾意諸君之被髮纓冠而赴之無一刹那間歇以容旁人之擬議也必矣雖然以吾觀之論師於其他重賦於此之小舞臺而不能置身其間以日睹諸君之所愛演緣念無措則又不能不爲此辭費之說否嗎

諸君吾所謂建設新中國之小舞臺出現於浙江省會者何事乎即近日大學堂退學諸君所建設之新民塾是已彼其脫專制之羈絆秩序非然無一毫動搖真可謂文明自由者彼又同結團體而以自力建設其理想中完全特立之學校是浙江新中國國民之資格者嗚呼諸君而日日欲親此制度推諸而盡於此小試其手段也

吾曾見諸君之發行白話報演說報矣所著皆普通知識之發兩非常異議開發吾等社會及婦女粗識字者說法誠不得不然在諸君之意非此而已也彼其於此種之知識尚未具而躐等以非常異議必格格不相入故欲以此爲進步之基礎爲天下吾社會若婦女粗識字者彼其於諸君理想中之國民其相去尚不知幾級也而諸君尚不惜忍氣抑志以遞級而引之於國民之地位希望之極至於之者如此也則如退學諸君之一蹴而可以及於諸君理想之國民者諸君之希望之而至成之當何如

吾又見諸君之曾任學校教科者矣於文明國國民之特性曰自由權曰權利思想曰義務曰能自治曰能自立類無不津津而樂道之而諸君非以爲此補助而令學生託是於空想也固將使人人以此自任而實行之於實地然而其實地之未至諸君熱心於其預備而所以長養之而鼓舞之者如此也今日學諸君已具足文明國民特性而聞已小試之於實地當然則諸君之所以長養之而鼓舞之者又當何如

夫新民塾之建設吾儕不得其詳其所具備所欲要亦非吾輩懸想之所能盡然校者而曾之則其所賴助於諸君者殆不外三事焉曰經費曰教科曰保護學生者預備之時代非有生利之資格者也而又盛於父兄不得資財自由彼其退學而建設也父兄之聞而者自當什伯其昔之所以資之而頑固者或且故絕其津濟以昔之而學校初立若規植若器具若消耗條件若一切雜費恐決非退學諸君之所能應於是資助之責任學問者與世界而進化非有一定之程度者也故學生者非必求全知全能之教師彼百知而我無一焉其於我誠無也必不得已彼知甲而我知乙爲彼我未嘗不可以互相教也故新民塾於諸君之方相教宜也彼大學堂之教員與退學諸君而退而相與改之尤宜也然學問必不可以自限退學諸君必不以交換知識自足而大學教師未必能盡成新民塾或去其半也或去其二三也且新民塾又必有特別教科出於官立學堂之課程之外者吾知教科之缺乏必不免也於是諸君有教科之責任退學諸君之退學也頑固之紳必嫉之頑固之官必嫉之頑固之父兄亦必因其神之嫉而嫉之於是毀損其名譽破壞其建設諸吾知退學諸君之必不因此而挫抑然而旁觀者類不能錯應辯以恢復其毀傷也此保護之權以抵制其破壞乎於是諸君有保護之責任此三責任者吾非敢專責之於諸君也彼退學諸君固已自當其衝而吾輩之不能直接者亦當視吾力所能及而間接以爲之助然而諸君直接之助則固無可諉也吾亦非敢責諸君之人人而兼之然而或兼之或專之諸君不可不盡其力有一分之力則盡一分有十分之力則盡十分則諸君之可以告無罪者也吾以諸君人格視之諸君因當大有所盡力溢出於吾所懸望之外而無須此辭費之說吾然以吾之不能直接相助而不覺緣念無措以存此也當亦諸君之所諒焉

時事要聞

江寧近事彙錄○常備右軍統領杜道淮駐常州月因恐統督初到不諳兩江情形故特爲備順問歸督亦每事必諮杜道更知無不言聞鋼元局將徹底清查可追出贓款二四十萬而揭劾金陵則須令同任大約軍制必大有一番振作也然杜道於陸師學堂衝突一事因欲附和李瀚調學生刀風不可收拾將退學之二十二人悉予嚴懲魏督竟不以爲然

常鎮道未開缺之前死時杜道愈思代之故任將久而留採委署以得補此缺仍可兼統常備軍也聞杜道已有以自結於某相一俟八督委署之奏上即可放關道云以觀察道甚宏才知必如願以償矣

陸師學堂同時退學者三十二人衆所共知而總辦俞道明震欲掩飾此事因從初七日起每日懸示弟退學生二四人或五六人不等現已將三十二名全數革退矣至招補之三十餘名則蕉徐山推有研究家丁者亦混其中云頃因魏督批示飭令查明取復俞道乃惶恐求計於李瀚聞擬以民權自由之說坐罪學生舞其大獄云

俞明震之某公子在東京留學動志組織自籍擬黃去昨寄信其父言洋千言大致謂監督姚某材朽不稱爲學生之蠹賊今被人剪去辮子人人快人心又謂其父待學生不似前年任人不明

君郵便局長及諸局合設其他職員以起各事務若係改良必將其
敗名毀云云余公有此評予或不至陷於不義耶
銅元有形之盈餘每年計二十餘萬金已撥充師範學堂經費
此無形之盈餘則每年計四十六七萬金全入總辦私囊現經江
浙紳士公函勒追此款敘述明快情形確切果能如數查辦自前
即可追繳三十餘萬以後每年可增款四十萬實大利也取貪吏
之中飽以爲地方之公款想鄉公必樂爲也但聞忠款向以家丁
爲大所恐弊窟所得者亦只二十五六萬金而許大所獲利則已
三十萬金現求李滋圖挽奉勸衍了事又上條陳勸力舉劉道
恩訓自代凡所以爲此款投手彼爲之掩護掩護云維銅元與
銀元共在一局下作劉道係專理此局所發餉各計三十八萬
有奇員司皆能歷歷可之兩行與李滋皆以歸餉爲餘若能於此
兩局徹查日下即可增之款六七十萬豈僅小補哉但破除情面
持正不阿者實無其人耳噫

盛錄天津日日新聞要事○浙江巡撫聶緝槼於日前電知政府
轉下世凱安徽巡撫誠勳大約可調浙撫之缺
蓋良深恐外人執難有其指摘聞去閩浙總督一缺之發電商某
相乞爲先容恐政府之意已決不至再爲調動
國家刪改舊律擬訂新章局已於文明合乎公法也實治國第一
要務聞自廷將日本法律並查照日本新行例案詳細參改凡刑
科戶科各門已經完稿不日即可呈覽頒行矣
日昨有某侍御奏參鹿大軍機搭己緣中惟所參何款則不得知
據聞進稿時約有數千言云

世界要聞

三國聯合築路○字林西報十七號倫敦電云德法兩國聯合在
土耳其之李雅達特建築鐵路已有成議由人某爲學爲該路總理
法人某爲之幫英人亦願出資合辦該路之事尚未釋妥然須俟
英首相發論在下議院演說後方可定其可否也頃英京可達特報
云此次英法德三國所訂鐵路章程業見妥洽云
英皇看閱○字林西報十七號路透電云當英皇在買斯太島登
岸時該處人民皆歡迎之晚間英皇在哇擺拉答辭相謝
英蘇軍情○又電云路透訪事本日得亞丁電稱出征蘇馬里將軍
格明現有文上告謂彼軍已將敵人驅逐至拉地之西南地方是
役敵人死無算英兵則祇死一人云
土王督兵剿亂○又倫敦電云摩洛哥土王現已決計親自督兵
敵亂黨於立夫山左近之塔柴地方
英派監台監督○又電云一千九百另一年英國所派印度提督
台倫刻現已派爲監察砲台監督
法總統行程○又電云法總統已往阿爾其阿北之哇爾地方
不顧日本改革監獄

第十二條　通信官補設左之職員
通信管理局長一等郵便局長通信事務官通信事務官補通
信技師在外國郵便局長電信局長電話局長一等郵便局長郵
便郵便局長郵便支局長電信支局長電話支局長通信事務記
通信技手通信書記補三等郵便局長
第十三條　通信管理局長勅任或奏任承遞信大臣之命掌理
局務
第十四條　一等郵便局長以奏任承遞信大臣之命掌理局務
第十五條　通信事務官以通信事務官補爲奏任承上官之命
掌理事務
第十六條　通信技師承上官之命掌關技術之事務
第十七條　在外國郵便支局長電信局長一等郵便局長電話局
長郵便局長電信支局長以通信事務官通信事務官補或通
信書記充之承上官之命掌理局務
電話局長及電話支局長以通信技師或技手充之承上
官之命掌理局務　仍未完

學界風潮

湖南新派出洋遊學生名單○游漢遊學名錄
湘潭朱德裳　善化陳家瓚　善化劉瑞曦　武陵吳友炎
長沙楊昌濟　衡山彭世俊　湘陰仇世國　益陽黃瑞清
善化王國憲　新化付樾楷　武陵戴修禮　安化陶思曾
湘潭吳家駒　漵浦舒和鈞　湘潭梁煥均　湘鄉周師鍔
邵陽石陶鈞　新化陳天華　藍山歐風韶　芷江張學濟
湘潭王代懿　湘潭許篤愷　醴陵歐陽調　衡州廖楚璜
湘潭楊　政　鳳凰朱樹藩　新化曾家煜　湘潭黃篤誼
寧鄉粟宗恰　以上官費　湘潭胡榮遠　安化李雲龍
湘潭張藻六　湘潭顏宜剛　長沙孫傳鄂　湘潭李　鑑
湘潭吳家駿　醴陵余煥東　衡山劉揆一　善化張振墉
湘潭周大偉　湘潭朱德裘　醴陵劉棣茂　武陵吳友松
江華黃驗　汕　靖州齊　璜　邵陽齊　珠　湘鄉楊樂除
湘潭鄧煥廷　以上自費　統計凡五十人　寧鄉廖楚衡

函駁中學堂總稽查，昨接杭州學界中人來函云大學堂之決
裂由於總理之一示而總理之示稱關係中學堂（即杭州府學
堂）總稽察陳社仲舒所代擬其時有高君公同金君瑞卿力勸
總理謂此示必不可出無如二君所言不敵陳某之力云
續論興學堂之腐敗○論興學堂去歲招考共取三十人而有志
者早知辦事人之不足恃教習之不足爲人師相率至秀水學堂
肄業故今歲所學僅得鄭沈楊等六人而六人中或迫於財力不
足或因此而負名維新或以此爲遊佚之寓所故甫及一月種種
可惜之行爲屢見迭出入花煙館者有人問之則曰我學堂中人
也入茶館酒店者亦有人問之則曰我學堂中人也甚至遊行街道
與他人少有不合即恃勢威嚇此等人非但不能研求新學乃反
從本加厲以致十年守舊之功課亦拋棄于遊佚之中故敬告我
同胞凡爲學堂辦事人與教習與學生切不可如該學堂之所爲

貽人笑柄不然皆恐各西以學堂特我中國反政學堂敗也

與江誠毀什之洄力〇同里各有支部什自正小學學堂演說某紳聞而不從[illegible]所管轄各偕人來演說不府委那姚札那督日會員至學務處演說會會員大憤紳宜偕赴於綢業公所商而格勸立商學公案何行會改良[illegible]有某生某傳單大話謂日何物傳單何人傳我何謂會員云云爾皆論之演說之有益於家國化文明會俗有勝於其人性者莫不公認無待贅言矣列於旁聽之席開民智自由斷然革命而訛此不過混淆之耳君子甚而惜之於其標器以爲之斧斤以繩之則或有開通之一日若夫傳單之言商業會試則門之解神演戲亦用之行時不禁獨於演說之解取禁爲因而惜爲統且對於是何敢故言則惑行之日彼所惜者於有改良之智非傳單之言也演說者老朽頑固之鄙敵而言，學生之好友也鄉曲學究之仇其權力有如逆省之督撫與巳反對新學之風潮掀天動地一一之衣食飯碗ㄙ立足不生之詐欲以其宗傳之腹發文明之花果又恐其膨脹而死世宗於於而ㄙ於色ㄙ以胸襟鄙陋不能發高尚之議論以爲傳我者惟官吏乃在此僅與府委縣札同其氣味耳不哀哉向中副僚林外史而笑嚴貢生張保正之爲人總謂非二洲風土紀而嘆上古之彤狀而孰知其近在咫尺山若而人者不足責獨恐內地風氣不開一過困難因以阻礙設法若之赤則文明公敵非有攸歸矣

梨里鋪向有課訓書院公儲田稿某中飽裁充並不得主利標白改學堂後所收政皆諉於之一席所藏之稿惟皇清程解一部形式不具遺論精神由某甲又乙向以書院爲喉飯路因改學堂之不利於己也仍將堂則開課與課者即某乙之子若弟花紅館脯皆取給焉故二人者互相誣訐各私其私皆頑固之尤者也今年有志十餘某在學堂開演說會說及中國各學堂腐敗之原因犯中乙心病老羞成怒倣傚諸甘演說爲壞人會於學堂門前火焚書院適地則人莫入八字表既改學堂何得仍書院之名即以書院論亦地方之公產爲相謂之亦地既日公地何人不可入況演者會員有擔任教育之義務未爲得謂之開人喉我知之矣彼學堂書院已非一日其以書院爲私產偏忘其爲公地也久矣於演說者猶其故故不得不出全力以阻撓之而又胸襟淺陋文理[illegible]小能顯陽其詞以致招無倫次夫亦可哀也已

川省學務處〇川省學務處前班學生已於正月內卒業二班於二十一三日上學學生共一百三十二人內外文職一百餘人武職僅四八人刻下每日清晨操一門七點鐘赴校兩八鐘半操校九點回堂早飯十點鐘上堂講學十二鐘學生各散回家作課本十日演操一次此此次以四十日爲畢業日來頭班學生均有文憑者已紛紛干得街或安親路給做彩毛房矣

華陽府院已改爲中學堂而成都爲川省首府學堂迄無人提倡茲聞士紳會擬擬將華陽除子修學而與倡來是學堂昨商之李庶己在派九ㄙ日即可出改ㄙ

成都平安橋街法國有教堂在焉現該堂附士顧傳教蜀人習醫者督調選文理精通年富力強無有嗜好者十二人送往學習聞將來學成派往各營以備調理兵勇疾病云ㄙ

來函

來函懷常昭人民沐化事〇常昭風俗前已論之詳矣然尚有未發其詳者請再述之常熟自同治中興以來人民經兵燹之後痛定思痛皆崇節儉其時士民吸茗者每碗不過七文農民多在城外小茶館及湯罐店上吸茗者每碗不過五文至光緒六七年間有紳魏某創議川茶每碗一文於是各茶館爲漁利之計用白瓜楼式茶碗泡茶每碗必須十文後有南北道於內一壺作茶論竟有每碗十四文南門外壩上三府樓茶館每碗必須二十一文魏某勒令各茶館認捐每日或六七百文或三四百文至少每日須捐五十文乃小茶館之類每日捐下之錢約有二十餘千之多無可報銷川納捐夫四人名爲清道局給皆爲魏某侵吞魏某故此則又便宜則人近日則又爲保防巡防之用以至茶館無小文之茶六文之茶矣上年各紳又欲增捐一文一碗茶館由二日幾處大碗事見同文滬報後以向太尊不准加捐各紳始罷其議此常昭紳衿專做不肯恤民艱但近日常昭農民亦學沐化七文之茶亦不肯吃必吃十文十四文之茶以爲闊綽明絕之架同治初年常昭城廂內外不過二十餘月各有煙館大人人多呼爲花煙舖此時人多知有廉恥花煙館究竟未有近則城內城外已有一千零九十六月而四鄉八鎮之煙舖尚不在其內大約亦有此數也城中之花煙舖竟有大半如河東街一條南至小東門北至北水門花煙舖有六十餘月大部油頭粉面列坐開門煙客之過問者出入相繼無虛郭閒時之樂則有劉院遇仙之機其餘如北道等處英坊觀音南門外君子居弄寺前街院弄皆脩門而望煙客之來者不知凡幾而城中上中下三等之人皆樂此不疲尤以鄉民爲最荒落光緒二十七年冬月昭又北鄉謝家橋之死於煤煙如扎珠東北鄉周行得非餓死於向臥民相率提荒歲報過荒米糧大貴民皆關米得錢身遊行鈸角子錢有效於是引朋呼類飲酒吃烟多人花煙館中混相宗親尺在臉後此鄉民之沐化不可以言語形容者也至於城中大小百家皆喜吸蘇若越捲之但竟有三千餘人私街小屯盡是成衣之店而其作樓上無非是新鮮之料豔色之綢一件代去白公永代汁珠嵌空玲瓏如非陶家苍半條短街大成衣店竟有四月其餘或爲大家器牆門或在小街擺作檯者不知凡幾若非常昭人之好者成衣何至如此之多也又常昭人之喜吃新花於器姑如非月中刀魚初出貨至六百文一斤而遊買者何空手而回知如扶魚鰣鯿貨至一二倍竟有貨貴也吃之情狀看新聞報者問城內外竟有千餘張而鄉鎮尚不在內米糧貴至六十文一升柴貴至三百文一担而民即菜色也好遊遊此尤不可思議者也又常加[illegible]少道

□多其利二百餘人借則紙及白人南城中大小戶口各當借債雖極貧之家遇有札設則無不延僧道超度其亡人或大小公醮或火燭公醮或瘟疫公醮或朝天拜斗皆延羽士故上年僧道皆利市三倍此則常昭人民之迷信者由民智之未開也但如紮庫納錢爲錢修墳川紙錠媚神川香燭又結伴進香天竺所費元寶錫箔於途凡此皆作無益害有益之事而常昭之人民一一爲之宜其日形貧困也常昭自名掛漕賦之後大戶日形其富小戶日形其貧者何哉誠以大戶之田半屬好田每畝可收一石餘值此米貴雖完清倉米移覺有餘小戶之田半屬劣田每畝所收不過五六斗最好不過七八斗完清倉米所剩無幾故大戶有日長炎炎之勢小戶則有每況愈下之形而加以各物昂貴日用開銷較同光之際竟有二倍其簡之勢此常昭近日人之情在情形也　小米主人來稿

各省紀事

四川　省城因米珠薪桂今春街市各飾店生意皆無所□□價平和方有生機也

去歲臘底今歲新正城土每百兩售至二十兩二月下旬忽又大跌近已跌至十一兩矣

各煙館自抽捐以來新設者□下百餘家該衙門捐額有定數倘却小者化銷故飛起者無不倍便也

半督現委員練習洋操以備將來各段警查之用其兵由川省各州縣內抽選往衛隊以操練將上月下旬在金堂縣關丁某已經挑選四營後因告假未准私自逃走當即拿獲就地正法

川中米價騰貴民不聊生省城紳士學會面議勸捐開辦粥廠前月在東嶽廟提捐倡首關踴躍二月初十日開辦以來省城內外共設四廠開每廠日需米二十餘石亦可見饑民之不少也

江寧○鎮守一下車以來查勘砲器火藥等局及城內外各處要隘砲台後現查悉砲防各營武備廢弛已久當此長江上下伏莽甚多況中外和局不可常恃不時不加訓練一旦有事何以備外侮而禦內匪昨已通飭各砲台暨各營務加訓練以防不虞自開操武技倘有生疏定即從嚴懲辦決不寬貸如果操防得力亦必從優獎賞以資鼓勵云

江南大勝關設捐局當省垣長江上游第一要卡每年春季江西徽鹽船順流而下沿途關卡捐捐去年經前任劉督於徽船到時飭派重兵駐紮該關並調下關大河口兩處哨勇三處齊捐以資集大勝關一同會交厘捐以免另生波折故去歲徽船到此厘水能照章完納然視非正則已小帖刻下徽船已抵皖江不日即可達省大勝關設捐卡委員上憲恐援去年成案派兵保卡以重捐款而杜弊端已開魏督已派水陸各一營駐往該關彈壓矣

鎮江○長道□病久未痊然茲于新明而後病日增劇服藥無效主十六日寅時在署逝世適祥守赴寧謁見魏督因而稍延回任守得悟後離于十七日下午後巡撫協以代理道篆俟江督委員署理即行交卸云

鎮埠米價自洪令出示禁止出口後逐漸跌落商販由江北運來者上色高米每石售洋五元上下惟各行戶因存貨成本甚巨而價仍然易抬每石須五元四五角方肯售賣云

事件欄

常州開智會北和慰章　擬稿

辰　經濟部

甲　會費　會員各納入會費，每年捐一元於開會時繳會計員

乙　開支　出項過年約三分之一非經曾通決議不得擅支

每季開結徵信錄報告本年經濟出入情形

滅項添備書報或儲作各項運動經費

丙　會計員之責任　由議理於幹事員中派一人爲會計員

會計員有總理會中經濟出納之權

每季結核加開支與實收不符責成會計員賠償或酌相當之罰金

巳　運動部

甲　聯絡　各處社會果有與本會宗旨相合者由會中公舉代表員詳探細情以聯合之

乙　支部　本會於外州中擇有熱心者設立支分會以資推擴

分會辦理宜隨時報告細情

分會章程暫照本會施行

分會有特別限制者益於本會治者可□本會公議

本會會員以遊說各分會考察情形者宜一二人□待

丙　建設　凡有益於本會之事業無論或直接或間接皆當不遺餘力以組織之

丁　小學校女學校演說會及種種精神上教育現擬次第提辦

本會會員皆當熱心提倡或贊成之　仍未完

本埠紀事

官山紀事○江寧候補道范道錫明奉道臺公到滬昨至道轅□謁並會

宴請蘇紳○湘市江蘇海運滬局孫道葆瑨昨日在局設席宴請江蘇羅紳甚多到局商議海運事務云

派差查緝○上海縣汪令昨接南洋大臣呂鏡宇尚書函諭各屬行選派幹役四名並白捕二四十名令勇捕行速即飭令皂班全順快班薛貴解爲二四務于今日赴王家沙行邸候示云

請勇彈壓○光裕店小弟料同棠羽勾串土匪□設搶案略稱以駭聞汪令以誠直知即率勇前往將串然在案茲悉日內擬將伊所過劫搶掠得贓各項究辦該故即將該齊贖黨後明解當社稿候發落

疏濬淤河〇滬南陸家浜河道近因淤塞不堪舟行有礙曾日由該處二十三十七舖保徐姚兩員偕同紳董等合詞稟請道憲籌撥公款以便開濬

解犯發回〇寶山縣陳前由太倉州拘獲匪犯倪寶五等解縣提勘發押在案茲經寶山縣出將文備齊飭縣于昨日派差將該犯押回太倉矣

工部局示〇英美租界昨由工部局遍貼示諭略謂各衙署差役巡丁不准在租界滋擾如違嚴辦不貸並議定稟被控案章程四條務使中西商民一體遵照云云

誣指竊兒〇英毛仁英毛榮兄弟毛林被許四等黠稱上海縣用幼孩兒在家茲英等藉此向陳阿二偏四明朱金友金利才等誣作拐二、餘九不允即誣指為拐兒時陳等稟由英包探沈阿所獲送英廨研究中西官以青所甚多判一併押候過堂訊核

法廨介訊〇立興洋行西人控解控稱已歇買辦裴家駿川假冒章蓋在玻璃定單上經為訊究藥供非定玻璃二千箱一千箱皆與森生泰一千箱售與協昌祥後因協昌祥閉歇又將售與小咸協昌祥圖章共有兩個並非假造孫讞員間能將協昌祥店主交訊否供不能判顧見所供不實罰洋一千元限七天交案充公〇太古仁前有洋擔托介德豐駁船裝運被小工侯阿四協同仙林去十疋售與戴仁生由探拘獲解訊戴供係工頭金德生交下故於昨日傳到工頭質証侯忽改供與金有嫌故此誣攀戴供買收七疋交出五疋尚少兩疋賠洋三十五元包探願告餘與戴已訊明賠洋顧已收到尚要駁船公司賠償實有不合孫讞員判協侯各枷兩月責一千板戴罰洋二百元限七天繳清顧亦判不合罰洋三十元充公金無干省釋

贈書誌謝〇昨日商務印書館以憲政論英國及支秀希臘史新說敘投本各一部見贈特此誌謝

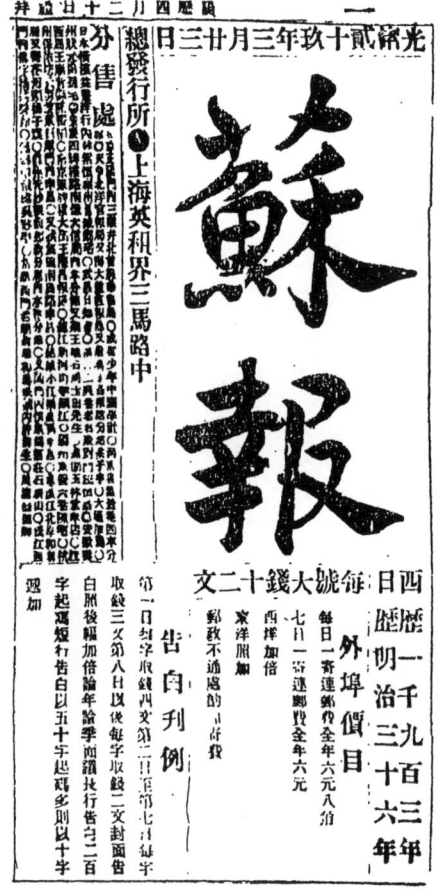

一　西歷四月二十日禮拜

光緒貳十玖年三月廿三日

蘇報

總發行所◉上海英租界三馬路中

分售處 [illegible]

西歷一千九百三年

日歷明治三十六年

每號大錢十二文

外埠價目

每日一寄連郵費全年六元八角

七日一寄連郵費全年六元

西洋加倍

東洋照加

郵政不通處酌加寄費

告白刊例

第一日每字收錢四文第二日至第七日每字收錢三文第八日以後每字收錢二文封面告白照後幅加倍論年論季面議長行告白二百字起碼短行告白以五十字起碼多則以十字遞加

論說

論榮祿之亡於中國無益而有益

榮祿之死也　太后失其手足李蓮英失其股肱北京失其元首而中國奔走鑽營挾位以牟利之人遂其門戶極北京而通天下民族帝國主義於支那之國咸視爲東方政界上變之一問題以是種種故中外各報之議論者不一而足要而言之不過亡一最有勢力之后黨而已

榮一國數年中外人之所屬目之睽睽之者也於其一身無所不至然於　太后則似誠有所謂秘射機伏故西夫西婦之忠者假榮死後之諭旨一則曰其公忠體國有　外侮不及小再則曰贊其謀猷猶諄諄於兩事民生安危大計則榮之得意於　太后其非無故也可知特以　太后視之可謂之曰忠而對於國民則直謂之曰盜賊耳

今有以榮祿之死爲去一后黨所六年年是可樂歟不可樂也榮祿即不死儿於　七后何曾少有所裁建自强利國一試而蹶以子以後手段一變殊缺之狀態爲足以防　太后蹂躪國民耶是不死何可悲也榮祿即死而猶有險阻縮者存爲猶有頑固迂僻者存焉榮祿死而有多數未死之榮祿在是其死又何可樂也吾故一言以蔽之曰榮祿之死無益於中國

不特此也張之洞氏近卸任兩江遂遂於北京將大有所謀此識時君子所爲先事而憂而嘆國事之愈將腐敗也何則榮祿死而政府必還動政府還動而張之洞必竭其生平之力以救於內用張苟得志必盡繼榮之所爲以擾亂社會然則榮之死非徒無益而又害之也雖然吾則謂張不得內用則已使苟內用則中國民權革命之反動力來矣實行民權革命之期不遠矣吾故爲中國前途賀

何以賀之張氏中國之激進爲也破壞爲也（狹義之激進破壞）其所至以擾亂地方之安寧敗壞人民之秩序爲務故其當一地而一地可以亂當一省而一省可以亂苟當一國而一國無不亂夫至於一國無不亂則其反動力達於極點彼時以民權以革命之亂亂當之如水之赴壑如磁之引針又豈必用一反手之勞一轉瞬之力哉吾以是爲中國前途賀

不寧維是法國四之有今日也人咸謂其成於大革命而不知大革命猶有反動力即所謂政府干涉政策者是也凡一國之中民智民力未充之際其人民如幼稚之兒必賴父母師長之從導感化乃能至成人之資格干涉政策遇人民之不桀一不干涉之是即所以啟發其國家思想而與愛國心係有關係者然則苟欲中國民權之發達在今日必自政府之干涉始而欲行干涉之政策則非張之洞不爲功張之洞以內用且謀大用正吾四萬萬人民爲中國所禱而祈恐不得者也吾故大有感於榮之亡而爲張而有望

時事要聞

電諭照錄（三月念一日奉

上諭兩廣總督著岑春煊署理即赴新任毋庸來京陛見以右署四川總督未到任以前著陳璚暫行護理欽此同日奉

上諭閩浙總督著李興銳署理錫良調補河南巡撫著陳夔龍補授漕運總督欽此同日奉

旨都新現在出差所管正藍旗滿洲副都統著某某暫署理欽此

電諭補遺　三月二十日奉

上諭欽奉　慈禧端佑康頤昭豫莊誠壽恭欽獻崇熙皇太后懿旨此次恭謁　西陵乘坐輪車一切蒙宜供備周妥一切出力周妥各部從優議敘所有接駕使臣士請照從優瑞尚辦理差務甚臻妥洽著以應升之缺升用以示獎勵欽此同日奉

旨正白旗滿洲副都統著某某補授正藍旗滿洲副都統所遺正紅旗漢軍副都統著某某補授欽此

電傳宮門抄（三月念一日召見軍機大臣

廣西軍情彙要〇初二日梧州來電云大股匪近在八角山北陂水城地方經督大軍勦辦陳阿發股匪以爲得手陣斬首級百餘顆生擒逆匪九十餘名奪獲槍砲騾馬不計其數現乃榮入進攻搜剿除淨盡云

日前匪黨往攻永福州被官軍擊敗不能得手近又竄去左州一帶奉議州新築土城尚可守禦連日飛檄告急已由太湖就近防營調兵往救矣

教匪歐某哨官總哨黃某向在上思州平福堡駐紮近據附近村民來報言賊匪現在措達村擄人勒贖並打離城只有匪徒二十餘人留守寨棚其餘均往各路打劫等語該總哨聞報當即偕兵前往離村甚近賊始知急登砲樓拒捕陣亡什長一名黃總哨亦被槍傷兩耦仍奮不顧身激勵督飭自晨至夕鏖戰至始得攻進賊巢拘獲十八名餘賊分路逃竄時已深夜未經追捕現總哨已回太平府調治聞尚不致大礙云

奉天近事述錄〇營口道季席珍爲俄官扣留瀋陽不令到任及至第二段退兵之期俄官托詞中國地方官未曾到任無從交還地面故營口仍未交還

營口海關已經俄官將辦事之權擴歸稅務司內雖現在之辦事地方一事自日下本處出懸俄旗至海關之稅務司原係一英人自俄兵佔領東三省之後英人即去歸一俄人接辦所轄之辦事人有八十一名之多

吉林渾海關現在仍未收稅俄人之意擬於退兵之後該處關作爲自主之稅務司不歸赫德節制所有公文逕達中政府目下榮將軍旗順總督派委該總督衙門之文案委員卜內得留夫氏爲吉渾稅務司矣

鴨綠江西岸一帶之木山本係中國封禁不准採伐保存長白山風水之物俄人謂爲己有故日本人爭之現在俄國在韓公使與

日本人交涉俄兵官日日加兵前往保護不過十人

欽州匪黨○廣東欽州土匪月來與官兵開仗勢甚披猖尤以防城爲最前月十六日匪攻那黎二十一日又焚六百村十四五連日非攻那傍那米洞洋廬等村二十八日圍攻水坡石合兩村兩處月初匪黨已竄入各處兇焰益熾該處營縣極力防剿苦於兵力不足槍械亦不敷用現聞已由廣東大憲撥給槍械加募土勇并撥單響毛瑟槍一百枝派馮三成帶派輪遞運以資剿辦云

榮祿臨終情狀○榮祿因病出缺早誌前報茲據天津報登載榮祿臨終情形甚詳照錄於下 榮祿此次病勢原與往常之病無異聞實係醫所誤 醫生屈經邦悉心診視頗有效驗因口內熱度過甚須服涼藥榮祿乃命將所開方騐再用未允榮謂熱氣如此之重不服涼藥必死無疑我死後爾即不能當咎此要我病好快[illegible]能聽爾事本不知榮性由榮口命該醫開小藥方皆三錢石膏之類榮飭目服藥服六脈即伏神氣頹然遂於十四早七時氣絕是日家人求慶王爲存問王已爲東二省木山事數日頻忽忽入門即徑勿哭既而與夫久談不出往中所以則閉人得王已便服往保定去矣榮之門前遂乃立幡又聞榮於十二日因病勢不支口受遺摺囑其公子述句派聽後並令繕畢呈閱未及四看而死矣

湘鄂輪船公司○湘鄂輪船公司已由張朝陽集股諸日商擬內人士啖有紫言茲仙問側自云外商擬收日入資金若干湘可挽回現某紳倡議擬招股附股並求擴張之法業已稟商撫藩妥籌辦法云

湘撫論間所雜○湘撫俞廉三撫抱同之名乃近日接見係屬必間以付香港新民叢報謂其中議論平正思想宏深宜爲租界之錄尤宜熱說云云

世界要聞

六種日本改革憲法

第十八條 通信書記及通信書記補承上官之指揮從事事務

第十九條 通信技手承上官之指揮從事技術之事務

第二十條 二等郵便局長爲判任承上官之命掌理局務

附則

郵便及電信局官制及外郵便電信局郵便局官制及電話交換局官制廢止之

依町村之請願施設電信事件 勅令第四十一號

第一條 遞信大臣依町村之請願得施設電信局所及其他電信事務管理所

第二條 依前條施設電信局所創設費之全部及維持費之一部爲町村之負擔維持費負擔之區分遞信大臣定之創設費於町村預撥交郵政維持費宜納於國庫

第三條 遞信大臣依土地狀況或遇天災事變於誰村得減免町村之負擔

郵便爲替貯金管理所官制中如左之改正 勅令第四十二號

第三條 郵便爲替貯金管理所長爲奏任承遞信大臣之命掌理所中事務

第四條中削依第三條所長者之外數字

通信官署及郵便爲替貯金管理所職員定數 勅令第四十三號

第一條 通信官署及郵便爲替貯金管理所職員定員如左但一等郵便局長在外 通信管理局長二人 郵便爲替貯金管理所長一人 一等郵便局長十六人 通信事務官專任十八人 通信事務官補專任三十五人 通信技師專任四十人 通信書記專任三千三百八十七人 通信技手專任四百五十三人 通信書記補專任三千六百十九、

第二條 各局所之定員遞信大臣定之

第三條 通信事務官通信技師通信書記及通信技手承臨時之命助遞信省通信局之事務

郵便局經費交給規則 勅令第四十四號

第一條 遞信大臣以其指定之郵便局交給經費之一部於交付該局長其餘依科目之區分與大藏大臣協議定之 未完

學界風潮

日本留學生吳江陳佩忍等與本邑人士勸遊學書

同鄉諸君鑒僕等遊學東瀛爲日久矣甚相思但何能已乃茲忽有一言以上煩清聽者何也誠以時局日非人材缺乏數中國非廣植人材斷不爲功而培才之術非遊學海外斷不爲功 朝廷既屢頒明詔鼓勵遊學許以出洋遊歷惟其一隅諸府厚惑深忌者可當喩因是人人奮起矣願出遊現在東日本鄉船而來者絡繹不絕稽之册籍幾有千五百人可謂盛矣然吾邑人士僅僅五六並算人材之不若他邪抑財力有不逮歟是在財力無疑也他且勿論請曾家豐家縣崇成城學校始將卒業徒以一旦財絀遂爾自歸致及今不得入校以甚痛悼僕等雖不自安推內縮萌過而慫及將來勢必至有如家豐之一日則學業可見斷不發達志願可遂而不得遂功虧一簣事敗垂成氣沮心灰從然抛擲中輟念及此勢如何抑思上海無錫等縣其遊學人士類皆出於地方公費以數人數十學來者紛紛總其人數均在三四十內外無佳志氣奪學業稍進對之殊深慚愧而至吾邑人士僻陋之風依然不革閉戶自封放棄公益省學生之勤至東邦者即以家離近來日無他無他惟望會甚盛耳將風甚熾且僕等聞之爲爲汗下雖過休息之而相戒不敢出門何則恐識者已齊之倘其爲私念當此危局而猶不振猶復如是將

歎漏舟之中痛欲焚民之內治為我故鄉山耶同川教育會既設立矣然何嘗派遣一遊學何嘗資助一遊學乎雖曰經費不充然能為役談何妨將諸公各就一地方各盡其義務要路的款或開肉舖或茶館或酒肆或雜貨店等類一一不可以徵收分釐細合之間亦以之資助亦曰不宜在外者既有所恃而無慮在家者亦有所聞而興起若謂遊學之風潮不與此而為之大振乎記近學一事日今已達極點比之開小學堂開縣學堂增勝萬倍蓋首之學堂造未成之人材而遊學造已成之人材學堂造將來之人材而遊學造現在之人材以與未成熟為功現在與將來孰緩孰急此不待智者而決矣是故僕輩叩頭瀝血謹請諸公設法生瀝者諸公學諸公勿以此事為淡關設僕等而不問千萬為一良償于成開一遊學公會以濟僕等而勸來者　其會或在縣學堂開辦或即由同川教育會兼辦亦無不可　如此則僕等在海外可無憂僕等心無急迫心無徬徨窮處無幻想心無一切時作一切雜務心並念盡其寸晷以攻實學既得實力以報上與僕等寄日日頌諸公之少頌諸公作諸公之名與揚揚於各國諸公之德色閃爍於扶桑在諸公不亦大有光榮乎哉頓僕等四月廿一日已抄一與江遊學會於東京神田區錦町三丁目五番地之山下館訂有詳細章程以招待吾邑來東遊學之士並將前情致達兩縣伏祈俯鑒下忱公安商辦伏候動多士負笈前來不勝榮幸之至

各省紀事

江蘇○近來各省垣東一般奇異服之人穿戴前明冠服裝其門者則做戲之腔又雜以遊東山左各處之士話面目黧黑貌類四十許人時散步於街頭或衝遊於城外或著排衣或著搭衫頗似梨園所裝之物獨來獨往向無隨從之人但於茶肆酒肆與人深談自稱朝鮮進士朴姓日昨忽有著黃袍乘綵呢轎人大轎後隨一年約十六七之童子頭帶中國暖帽上綴品頂粉底皂靴蓋裝得很以行舁到一衙門聲稱有事投刺拜謁足可發笑。

揚州○兩淮候補巡判洪良士由其叔父家因為升職病故巡司照職務即歸防總照揭開緞組一百兩為整頓自料理喪事以示體恤揚屬千總沈元鎔二屆冬防巡組其於沿途防緝事務尤能使民賈悉均沾刻由運司今年一來優予保獎以示鼓勵本年上忙及上年所欠米各屯戶多未完納江都縣吳令式政除出示追徵外又出示於初八日開徵限日內一律清繳商人乙相非日前以鹽運司檄上江岸鹽三百六十五引當由巡司飭員按船填給護照并飭赶緊前赴勿得稽延

寧波○寧邵巡防勇丁向由郡令執行前因經費不敷裁去外省丁勇二成於三月初一日始初十日止給於一個月糧十天由給照協無名十八同仲各回額另派生業不准逗留如違嚴究不貸云鄞邑鄞江分司於巡檢呈禀上憲札飭派由東司衙署四明鄞政新務遺缺委巡檢孫登福接署

月由搶劫仍十港某當鋪之盜賊二名已於十二月由鄞令詳提督轉飭令縣赴轅門斬首梟示

蕪湖○南岸巡警局哨弁劉紹簽因巡勇短額將總巡周倅毓珍在杭縣出稟撫院請道轅將劉弁革退送交城內巡營哨弁成因安雖馬路工程由山東督辦總辦都司督辦與修本月當可告竣此間交涉裕東公司定于四月起捐開辦

安徽○皖省池州府建德縣地方開辦風氣未開宜大非易易建縣李令長郁去秋到任即以興學為急務所設課吏學堂於二月朔招考凡城鄉士子願入堂肄業者准其隨到隨考出題面試每日或一次或二三次至十六日止共取學生二十七名留堂肄業捐廉酌給膏火俟經費充足再行添額並捐廉由浙湖購回桑秧三萬有零分給民間種植除先期曉諭並衙外並傳父老面論教以栽種之法。

事件撮要

徐侍郎士作奏請飭令試卅設作文中額摺　此摺昨由京友寄來聞尚未發抄照錄於下

奏為譯才有待時局亟需因時設通籌設大經武備試增設兼通洋文中額以儲通才而應急需恭摺仰祈　聖鑒事竊臣於上論力圖自強欲將西國之文政有用時興學各種取彼之長以參我之短此誠今日切要之圖也以各國教育為外其變法猛而除強盛遠者收數百年之成績．如若日本之維新且即二十餘年之事而所以能如此之速者無非取法泰西諸國其已成之效急起而追故事半功倍化近臣聞明治初年爰法其人子弟無非遊出其學生派往西國中與強兵學歸則因用國其西學梁川西力面將驛之間而我中國遣生出洋之學始於倉國際驗在日本之先今猶論語川其法京師之同文館廣東之方言館以及福建船政上海製造各局均皆有延聘西師教習洋文書以求而學費出自公家成就究屬無幾凡以學者大率子弟與市井之家為多名門望族性聰敏文理通達者往往狃於俗目往往以練習洋文為恥以致與洋人會晤則舌人鮮能遠慕動多隔膜至新譯西書尤為今日之至要然譯於兩書知多得粗遺精者致於致之奧義此皆由才太淺先由中學未深之患也今欲化積習開風氣不拘國家格項而使深通中學之士咸樂從事於譯文則莫如增設洋文中額突衛諸自戊戌大辦試為始凡應試士子有兼通洋文者於試前一月由外務部出示招考該生即隨外務部咨明總署通何國文字先行報明由該部定期考試分名時出題同隨認挨次入場所服之書同文館考試之日考試嚴封試卷由該部大臣的何以及各國將所列名次示與該次日再加覆試以對此相符然後按名冊咨送貢院名曰兼習生監即隨鄉試中試卷加盖兼生之繳仿照官卷之例另編坐號勿令散處以杜鉛暫之弊三場既畢彙明雜職生人數恭候　欽定中額並將試卷另爲一宗將錄發送入內簾其中數在原額之外其名次則仍列同榜中會試亦如之如此則被職科日之榮自足移北轉觀詳文之習也卽宋臣蘇軾所謂利祿使然臣知此議一行必有通人名士出於其中不數年間而譯才不可勝用矣來卽外部之派京與出使之隨員亦均可於此取材而用其所習矣至本屆創辦之初將鄉會試原額不妨暫仍其數以後雜職另案卽中額自必漸增所有順天鄉會試原有正額應如何逐科遞減以劑其平之處由部臣酌度情形臨時請旨辦理臣愚昧之見是否有當伏乞　皇太后　皇上聖鑒飭下政務處外務部禮部妥議施行謹　奏

常州開智會共和憲章（再續）

國民部

甲　講論　本會會員及名譽會員旁聽員均有入席演說之權

演說以鈴聲爲起訖

演說至窒礙處許鼓掌以示讚美

同人各有特見或起反對之議論不妨入席申駁

乙　裁判　會員提議事件先於演說席宣明由常議員評判其可否

凡裁判事件之關係重大或有紛議者投票決議然後施行

公案決議用舉手或投票法以多數爲準

丙　秩序　本會會員就會員席名譽會員就客席餘皆就傍聽席

演說時各宜靜聽禁止放縱之狀態

會員如有駁詰須俟一人說畢後方可入席致詞不得於衆畢時譁然爭辯

丁　書記員之責任　由總理於幹事員中派一人爲書記員

本會之事件與會員之提議會期之議論統由書記員詳錄於記事冊

特別裁判案當記錄其質對及評判詞

未

法律部

甲　條約　本會會員皆當服從本會之法律本會會員有背叛本會之法律者即由會中決議除名

凡放棄義務背謬宗旨毀壞名譽悖戾倫理破壞社約等皆爲本會法律所不許

遇有不違法之舉動得多數決議者可投票另舉

常議員幹事員有不守法律放棄責任者一律提議可公議另舉

乙　糾儀員之責任　由總理於幹事員中派二人爲糾儀員

糾儀員有司法之權

會員不犯法律所禁止者由糾儀員白於總理

會黨禁止紊亂秩序放縱自由及喧譁吸烟等會員有犯否糾儀員可隨時規導之

會黨開會散會歸糾儀員掌之

申

義務部

甲　教育　本會會員皆有被舉爲義務教員之資格

其不願被舉者須先宣明其不得已之實情

乙　名譽　本會會員皆有保全个人名譽及本會名譽之義務

丙　接待　出外會員當接洽本會會員之義務

學界部

酉　月課　本會月課一次以驗學界之進步不願與課者聽

課卷以一月爲限統於月會時繳入會中閱一月披露甲乙

課題分實驗理想教育文學四部

乙　教授　智育同胞新語利國東文宜爲先導本會擬請義務教員教授速成東文文法

算學爲各科學之宗本會擬請義務教員教授速成算學法

仍未完

本埠紀事

官場紀事（一）商約大臣呂尚書昨日赴縣拜會與汪令敘談良久（一）蘇州府向守因現赴寧晉見魏督于昨晨抵滬擬午後分赴道縣拜謁○新任江蘇臬憲朱今月[illegible]小泊昨亦赴縣拜會

學生受侮（一）昨日午後城內育材學堂有學生數人因星期停課赴大東門城上遊散一學生偶拾小石子擲城下一破碗爲戲不料城上駐紮之兵丁遂加叫斥該生告以所擲石子甚小且所擲之處並無行人與你何干兵丁更怒將將該學生中有一人[illegible]告學堂告勤公憤偕往城上欲與理論值監院跡至力勸學生暫歸臨時再商辦法聞各學生散歸之後當卽開堂演說衆心十分憤激云　按學生遊散本屬恒情兵丁以擲石小故遂加凌侮實屬令人難堪不知此項兵丁歸何人統率若不嚴加懲創將學生如此於小民更將何如耶

嚴辦蠹役○蘇汝梁黃介校控英公廨差役[illegible]押侮學赴[illegible]上捕由上海縣提楊[illegible]押在案[illegible]以嚴究楊[illegible]現已由縣管押似屬太寬故特飭上海縣將楊[illegible]三月發英公廨示衆汪令承札後將楊提出交差看管聽候[illegible]究

[illegible]乞恩○本年法工部局總巡及[illegible]總領事等以[illegible]物[illegible]各[illegible]捕所[illegible]新作[illegible]故[illegible]各加[illegible]在案現各[illegible]捕以未蒙加[illegible]於昨[illegible]克[illegible]求酌加薪水[illegible]

[illegible]案○在[illegible]渡[illegible]之[illegible]人[illegible]被人砍[illegible]一案奉汪令提到[illegible]阿[illegible]等[illegible]訊[illegible]供王國[illegible]於去春[illegible]

四

房一間訓蒙本年二月十七日招留彭老三同宿三月初九日清即來借宿因無工可做二月初七日命彭他去王國寶出外招彭
明解初三天後不留讓王彭二人出入十二早上學生到塾不見回到學堂欧箱將風箱租於彭老三日往碼頭扇米毎日租洋
國寶後借國寶親戚王大到塾查看舖上帳被供無旋從舖板下一用國寶遺此兇器彭即從此未同兇手是伊疑又飢餓歸倫
看見血汚尸身頭上砍傷身死即由王大協保報求莅驗但國寶孫ハ許沈氏供各相符地保嚴曉坐供率總??傳喚往驗尸身有
棄無積蓄衣供粗布彭於初九日迄今未回諒必被其殺害逃遁傷六王へ親屬不知彭今逃匿何處判王文高交保候人退去娛
王文高供揭涉發祥表弟清江人彭老三欲做小工正月十七日緝兇犯飢餓

陽曆四月二十一日禮拜

光緒貳十玖年三月廿四日

蘇報

總發行所 上海英租界三馬路中

外售處 [illegible]

西歷一千九百三年

日經明治三十六年

每號大錢十二文

外埠價目

每日一寄連郵費全年六元八角

七日一寄連郵費全年六元

西洋加倍

東洋照加

郵政不通處的另寄費

告白刊例

第一日每字收錢四文第二日至第七日每字收錢三文第八日以後每字收錢二文封面告白間仿論加倍論年論季面議長行告白二百字起碼短行告白以五十字起碼多則以十字遞加

代論

記浙江大學堂戴氏情形　　來稿

戴勍哉之爲稽察也係戴氏弟所薦先時該哉在求是院爲算學教習曾又知其人因陋遂迎之院充作想以自助及改大學堂以副陳故舊錄得爲收支從以副使手段諸努並日相陳之叙又爲勞所信任陳爲某孝廉所痛恨將陳劣跡詳告一信倚仇巨紳某求見於勞勞出見陳陳有謂某欲爲教習爲陳所阻某遂以彩陳及陳舒所勞與教習辦事中無深交者陳職加以詆勞勞遂有非付托戴哉得對人言勞有無我相助斷不能辦此學堂於是堂中上下人皆呼戴哉爲小總理從此氣作威福無所不至其故舉者乃戴扣教習束脩一事堂中一習用銀川洋不一律內有江寧洋文共六教習皆以銀計斷約內載所用各銀計戴哉狀其無知從中使詐每月扣至四十餘元後六教習向致詰始不敢戴扣後以戴知係樓所爲必詐誘樓以報之又串通廚子從中取利勞事不可勝數有謂勞假手於戴哉中抽取錢成及戴哉丁嗣祖還托屆兄勍哉代爲勍哉更冒迎爲勞所歡悅遂得以橫經役與新學求實夢見恐此習氣已乃大言曰學堂內宜分事界學界教習管學界事彼乃辦事界等事惟彼開約中所訂之事同一二全無缺如日本之校陰也試問陰人特學界事乎可發一笑況天下豈有不知學界中事可任學堂任事乎既入堂慨學生識彼凡有與理論者皆視之有金鳴鑾者在學生中素稱卓卓者與勍哉理論數次卒以事去之其文論頗對勞學生皆稱爲生吾去年嫁使孫吳孫二人及附課公學教學事皆言學生無禮直習此次從學年不久定歸堂中如東遊學生不歸因附課公學學生仍入學作爲學生故以爲學生上支兩不過如此未足怪也其好視學生如此今年實戰增學界風潮一門果將爲亂故在可殺之例其對於學動也又如此去年彼兄弟二人慨孤立無助特進其賊居先前居先在某校後以事斥退居入堂不知何名目爲賊照使苟有誘賊者居四告戴人呼之爲包探每月依大元繼以辭事戴至十二元居然于戴孫工戴兄弟計遂某陰會以戚充之皆於總理謂學生欲公舉居爲院會分從之並自戴兄弟亦猶未足有司察教習樓賊將與戴有因勝謀遂樓以兄然戴遂其位時樓以教授法求教與學生小有衝突提遂樓留於勞勞以樓係杭巨紳存不敢言亦戴兄弟遂引可使日哄學生遂樓罷不亦不存戴米之助於後之本年開校後教習一時乏人戴遂與彼以計遊之其兄先爲求是書院內院生後在耶穌教所設之惠蘭書院充教習去秋脫而欲遂樓繼之事家成爲中學堂教習乏人延懋哉亦在中學堂總理以其教授法未善故今年不聘及爲大學堂詞章教習戴氏兄弟心術甚不足惜文筆太劣每遇學生開離必紅現於面此次斥退諸生中多有與爲難者然戴勍哉手段尚有可驚可駭者戴有賊與錯誤爲堂中學生永不上班算學教習支褒術留去年夏季甄別欲退學堂於戴謂支曰何不留於總支乃覺總理告以吳宜除名戴又爲吳投手奸詐如此支每悠忿對人言學生須有奴性者始可爲此地尤其功課入格不入格不計也斯言也可爲全班學生一哭有東文教習汪變評者人皆文明者年金鳴鑾斥退時汪向總理理論待勍哉退之入學每習論勞謂汪與學生積不相能將來勢必衝突恐不利於公宜選去之其對學生亦每習汪教法不善人云亦云同事中又如此有算學教習戍陸民者人和熱心去年學生每與談及堂中代必歎息氣之不肯討論之乃曰此何地可久居乎將會兩已則者不知所指托其友爲學生者詢之乃曰可慨此地教習不論教授法管理法何如但有奴性者可以居之否則恐不能容也且總理教習多與接觸大病今多不好戚否人物慨不免於疑行將辭第去矣學界風潮如此之盛不出半歲此地亦將波及去年底論數科改良學術班學生從而阻止沈竟學生之惡事後沈恐借勞於人會浙中有師範講習所之設沈派入內因此辭職時不知所言今始知之實指戴也沈有幹事才學生極與聯絡慨戴害之可謂見幾矣惟事前不肯稍救未免難對學生有臨行贈辭和管理法頗爲學生所歡迎學界諸事亦極考究在堂中未到一月即辦演說所學生精神爲之一振並斥退一敗類某學生堂中頗有起色戴以其有幹事才隔與戴有隙中傷之欲以居代之戴知不可久居托言赴日本遊學決計辭館勍哉利其去陽留之戴力辭告人曰吾以此位置居某吾一日不去戴心一日不安也托戴告勞勞以魏存辦事不合辭館由三留之魏感勞情以弟某代庖其弟太無才識卒爲戴所算戴之陰謀氣燄有如此者且與某報館有密切之關係想不日爲之割出也　大學堂退學學生謹述

時事要聞

欽州匪亂(四)西黨滕八一股行越欽犯界大山窰人有六七百之多二月十一二日與振新營在陸屋下大步地方交仗殺斃營勇數十人搶去槍砲數十桿貨船七隻

二月十六、防城縣親兵兼練勇與黨目黃得勝在附近防城數里地方開仗彼此各有白人斃戰數時黨斃三名勇斃二名然援兵到來該勇即退回邑市閉門防堵甚爲危急是日縣令曾有數信到欽州請兵使得安勇百餘名派往救援以解是圍現在欽防洞地皆亂人衆餉利卓勇無川失餉亦敵雖有安勇三百名往援仍屬無濟該處紳士欽募團練以助兵力惟苦於無餉徒喚奈何而已

藥局轟炸述要(一)昨省城外橫枝岡永濟局不知何故於十三日兩點鐘失慎當經番禺呂令閣督親詣救援並飭撥水龍趕往撲滅餘燼閩委員吉玉琨與周姓司庫均受重傷庫丁滅斃一名受傷者十五名安勇重傷者三名微傷者八名西庫已焚而東庫

亦被毀壞或[illegible]附近[illegible]山[illegible]搶[illegible]火[illegible]傷或爲飛
石傷斃者約六七人重傷者數人附近瓦礫及黃仔塘等屋多
被震壞[illegible]山[illegible]七甫[illegible]順[illegible]頭店[illegible]作[illegible]搶[illegible]行[illegible]附近亦爲
飛石打[illegible]左[illegible]現有西人數[illegible]到[illegible]用[illegible]數救北
[illegible]探明再錄
[illegible]得[illegible]路透電云[illegible]北京政府以英人之請已
[illegible]北岸一帶鐵路之利權[illegible]法恐各國又將效尤也

世界要聞

[illegible]〇[illegible]林[illegible]十八號倫敦電云英皇愛德威爾於昨日
[illegible]新太[illegible]讀[illegible]水陸兩軍合操
[illegible]〇又電云俄與阿國現因[illegible]利阿人不服梅
[illegible]故已[illegible]之
[illegible]又[illegible]電云[illegible]所部兵船三[illegible]十三
[illegible]
[illegible]王〇又[illegible]十八號路透電云俄與兩公使現已
[illegible]土十[illegible]阿[illegible]尼人
[illegible]〇又報云[illegible]政府現[illegible]上
[illegible]分之一[illegible]不以[illegible]然而[illegible]
[illegible]封者云
[illegible]〇又云[illegible]拉現[illegible]七月一號付第三次賠款
[illegible]文報云[illegible]現已[illegible]阿[illegible]方[illegible]人
[illegible]之ム
[illegible]十八號路透電云[illegible]北京[illegible]斯坦丁消息
[illegible]阿[illegible]尼人之[illegible]去[illegible]百人
[illegible]
[illegible]又云阿[illegible]尼人[illegible]不服[illegible]尼改良
之[illegible]
[illegible]電云[illegible]亂[illegible]首現在[illegible]兵[illegible]土
其[illegible]自立爲[illegible]國王[illegible]各國公認之也
[illegible]改[illegible]
第[illegible]十二分年[illegible]月交付之[illegible]地之狀況有
[illegible]川[illegible]交付數月金
高等官[illegible]給令中如左之改正　勅令第四十五號
第九條中[illegible]省之[illegible]理所長之次加通信管理局長
[illegible]作業局部長之次加郵便爲替貯金管理所長及一等
[illegible]局長[illegible]在外各地郵便電信局長及在外各地郵便局長
同[illegible]第三項中[illegible]學校長之下加通信管理局長
方武高等官[illegible]中[illegible]省之部監獄事務官之次五等乃至
八等之欄加典獄五等乃至七等之欄[illegible]治監典獄及六等乃
至八等之欄[illegible]監分監長遞信省之部商船學校長之次二
等乃至十等之欄加[illegible]信管理局長　鐵道作業局部長之次三
等乃至七等之欄加[illegible]便[illegible]所長[illegible]一等郵[illegible]局長
醫[illegible]之部五等乃至八等之欄[illegible]北海[illegible]典獄及府[illegible]之
部六等乃至八等[illegible]典獄
高等文官[illegible]等俸給表中鐵道作業局部長之次加[illegible]
待[illegible]及一等[illegible]局長[illegible]在外[illegible]郵便[illegible]
及在外各地郵[illegible]長　　仍未完

學界風潮

湖[illegible]〇湖[illegible]胡子靖李[illegible]之[illegible]
創[illegible]明[illegible]學堂[illegible]人[illegible]其[illegible]民
之[illegible]必有成效可觀[illegible]亦[illegible]立女
學校以爲女學之倡不日即可開辦云
武備學堂[illegible]用私人之弊凡與教[illegible]
教[illegible]一[illegible]中[illegible]神大爲惋惜[illegible]
[illegible]三[illegible]下[illegible]高足弟子[illegible]其[illegible]
設之[illegible]學[illegible]分三門一[illegible]功名門[illegible]名[illegible]大
備之類一[illegible]門[illegible]出身[illegible]類三[illegible]門
又云[illegible]大湖之[illegible]將來世界[illegible]地[illegible]知
[illegible]歐洲[illegible]洋人[illegible]歐洲[illegible]
[illegible]去
詳[illegible]生受傷事〇[illegible]紀學生受傷一[illegible]詳[illegible]得
詳細情形錄[illegible]育[illegible]學堂自[illegible]川制服[illegible]人[illegible]宿
舍必行經大東門此處駐有[illegible]防兵十[illegible]入夜[illegible]之
短衣[illegible]疑爲洋人[illegible]中國[illegible]
之[illegible]其與學生[illegible]不[illegible]一日矣三月二十二日[illegible]
期停課下午[illegible]學生甲乙兩人[illegible]遊[illegible]上見城下[illegible]一
破廠[illegible]之瓦[illegible]以小石投之時適有[illegible]兵一[illegible]便衣
笑謂[illegible]下見之遂厲聲大[illegible]城[illegible]曰
我[illegible]小石非[illegible]何[illegible]兵曰我[illegible]兵[illegible]不[illegible]
其胸[illegible]城上[illegible]之大[illegible]其身乙[illegible]此情形[illegible]同學
於是學生[illegible]上欲與理論而[illegible]兵[illegible]來一人
殺一人[illegible]我[illegible]學生[illegible]兵中有解事者
見[illegible]不[illegible]出而勸[illegible]院亦[illegible]學生知不可以理論又
不[illegible]與[illegible]院[illegible]學[illegible]已受傷[illegible]
[illegible]錄

各省紀事

四川〇岑督示諭高等學堂已取各生文錄下[illegible]呈省
城高等學堂[illegible]同學院[illegible]學生[illegible]年三月[illegible]
辦惟查[illegible]規制未[illegible]改[illegible]之外
國[illegible]習所[illegible]本[illegible]亦[illegible]不准
諸未完[illegible]假[illegible]又[illegible]與[illegible]高等學[illegible]胡
再[illegible]時[illegible]同中學之[illegible]數人[illegible]

往東洋效法學校特至七八人月間致于學校者既歸宜飭亦一律
條完外國教育與根本從緩圖功以致彼時再議驅學所遇者不
過數月而彼時或稍完全諸生幫學問既而學完全之學堂必知
且有同情也是多屬設小學堂各學堂之基礎不得與高等學
堂並論即設成各該官紳商籌款設機選良師慎設選辦毋得延
玩為此示仰已取高等學堂諸生知悉暫勿來省守候開堂有日
即行傳知云

湖南○干祭酒先謙任嶽麓書院山長有年去歲閱學日本六月
速成之師範生回國函呈上憲於省城設立師範館復請祭酒任
總教員或謂祭酒素號守舊不宜於新教育也在事者但得祭酒
俯允歲受修金數百兩即終年不到館亦有無窮之利益云

又祭酒在籍新編樂歌名曰勸學班久已傾動一時他部因之減
色於是省城樂部共謀保護生意之術特公聘祭酒為全省大樂
班一概二聘沖衍為湘佳話云

又祭酒所創之工藝學堂自開三月以後即可製造器物以與西
人爭利不料半年閱半年未獲少效不得已乃雇匠織毛毯貨副及
小物器紙燈一座試辦命撥指爲學生所造食繩富即收納并加
意焉

江蘇○派辦政事成效錄作加提地丁每兩六分漕米每石一兩
五錢已奉批准

製造局提調劉世珩擬去差使并有並辦之說

製造局既於內書本廠十作廠機器鐵元近有歸併而必為之十廠
總理上海洋務兼人福山森君月前奉輪來江關繫看附省一帶
礦苗云

江南○江南陸師學堂學生選舉一名現由魏督飭發總理乘公
考取時已將某監督之委札吊銷矣

又陸師學堂去歲年終考取畢業之學生十二名前督派
往湖北試給與卒業文憑擬派往德國遊學乃接他故迄未咨送出
洋現又張督改派陸軍學堂調取學生十二名赴鄂聽候安插命
納辦撥學匯防營即將明現督查遣各學生即日啓行

魏督查督標將弁入課射不論其付兩協例論標下營伍大小
武官此後月課如能不槍精打準取超等三次立將兩差或委署
缺關照例委以協閑得有未能破除情面昨特示論本月課試親臨
校閱以協即遴論介標營將弁選雇縣武生等赴課時務需一
律各具衣冠云

蘇州○督辦政大臣吳侍郎于十九日由滬抵蘇當赴撫藩臬
各衙門拜會聞係因公致蘇城派差局辦云

吳縣林令于正月間赴陸紳陸培與路經某甫某小孩案
因事出無心撥所擬從於擬開禁執不符由府兩督故已
釋放吳某自到縣存同即釋矣

現統太湖全營記名總兵劉岐山近因管領所部合同內外洋水
師合操故率所部于十八日由蘇出口

●蘇垣官銅元局近自加兌二千元一天而搭配銀角致販兌者
獲利較少故近日擁擠、形較前略減而、九日間又解到銅元
一批計共三百三十餘箱即日兌收蘇藩司庫云

揚州○本報紀兩淮貢紙進京後　皇太后甚爲欣賞特傳　旨
再備該商辦貢一次等情當時尚無明文不悉內務府傳宣公文
果於、五日到省督轉交人事告到揚惟轉行文札司署尚未奉
到云

近忽喧傳傳人以重價收買人家新死男子之木主於是小戶人
家有死在一年之內者多被竊兒偷去城內給賊木主指不勝數
而偏僻鄉村竟自拋木主之事鄉間富戶多有以其新立木主
藏之衣笥者蓋必有奸人造謠煽惑為亂不可不先事預防也

鎮江○長道于十六日病故後魏督現已檄委總辦金陵製造局
郭道署理不日即可到鎮接篆現道篆暫由府守代拆
代行

由鎮至清江小輪今昌順昌兩公司所定水腳不論一律茲因于
十五日和公司分班開往秦昌亦于是日減價各船每收洋一
元兩鎮祇收洋七角開船昌亦減減以爭利權

浙江○候補道戴直文其父某公曾於洪楊之亂在杭殉難
功近因在吳中原籍病故藥解撫軍詳報丁部奏設經杭省紳當以
舉功績前撫奏准以政績宜付國史館立傳行知
到浙藉撫咨擬處何未能照允准否

浙省奏鼓鑄銀元初因所購之機未能合用耗費十二萬餘金
始獲蘇購新機開爐去及數月又嫌鑄造因即中止以機借與鄂
省今附工事欲試鑄銅元頂鑄銀鑄銅元附於一廠以省經費
現撥楊倅等擬欲另行新奏不准稍有冒爲以開支一切包於
永撥之員倫色不正亦惟以耳是問云

錢塘貢生陳韶會捐輸合捐分江蘇補用茲因撫憲同里忽接都
中來文已由宗人府親王咨調赴東創辦學堂并須代延文士數人
能操官音官話者同往以充教習除俸給薪水外且可於三年成
效後予獎官階聞因親王欲在蒙古大興學務以求文明進步云

紹紀杭州府宗守培因現在升署關道所遺府篆又因鮑
遊鎮滿例須離任故由新撫另委候補府莊守人貸代理已於月
之十七日午刻接篆至莊守向爲之牙釐局提調差須遴員承代
矣

蘇湖○劉關道首日諮育嬰堂查勘並在堂內與各董商酌舉辦
所贴嬌之久聞有擬在此間辦一勸習工藝所之說

蘇湖馬路經楊健右營都司游擊歷循日內當可告竣東
洋車已於十六日上街行駛

蘇湖常關近日泊有磁船二百餘艘河道壅塞船出入內河殊
屬不便

新聞蘇湖關道審訊在於本月二十一日接印之說

揚州○署穎州府篆通判該文僞以食謊逼仙年內為卜采葵郡

搭已致該令問知以一萬五千金納於上峰幾川夜將當時煩招
追回删去銜名

宋鐵胡儒自正月初旬起邀請都司劉如金卓勝正暨官郭冠軍等役戶滿王坦暨其羅友邢小川等在粤大開賭場月計抽頭賭帳宋鐵胡儒日獲利七百五十餘元劉孔郭二千餘金孔役羅友等亦二千金所有差役羅友等款當即償清惟孔郭之二千餘金尚在拖欠不償郭等其惡追索急因此雙方爭鬥遂訴於宋鐵宋無可說解勉將二人說出看內後經其同賓某人出而調停劉以六百金償郭了事

廣東○粤漢鐵路總局會同洋工匠師人等沿途勘界填地布置一切鐵條先從佛山開辦已於初一日在車站與工砌築至省城官沙車站及對河山村亦將動工而會理委員錫道擬所招募鐵路護勇名名亦經籌備已搭勇廠於鄉家祠初四日進廠駐紮又聞省佛兩頭開築以便速成接續計數月後即有可觀矣

邛郡自開辦鹽捐推行以來即婦私鹽查亦難掘以去而煙捐畝捐紙捐房捐又接踵而起當此連年饑荒民不聊生貧人之變生戀女者時有所聞封川縣前因酒紙物捐不洽輿情以致行店一律閉市旋又因畝捐釀成命案屍親與坊鄰群公憤不平糾衆毀縣署與糧案到縣抄搶幾乎該府恐守卸護兩道一千人証押候研訊

要件擇要

常熟閱書報社章程　三續

戊　書報部

甲　預備。本會書報或由會員捐納或由本會購辦以備閱覽

乙　閱書報例　本會會員及名譽會員均有借閱本會書報及小學校藏書樓書報之權利或來會或限日携回

借書報次序以掛到先後爲憑

書籍每部過十二冊以上者不准作一期借以示衡非經藏書樓監督允許者不得借出曾員未繳入會費及年捐金者無借閱權利

凡有污損遺失均責令原人賠償或出相當之罰金

逾限至五次或十日外者將憑摺撤回或酌罰經濟

日報非訂成冊者只可來會閱看不得借出

在應試期內均不得借藏書樓書報入場違者責出議罰

丙　司書員責任　由總理於幹事員中派二人爲司書報員

司書報員有經理本會書報出入之權無憑摺者不得濫借

書報如有遺失責成司書報員賠償或繳罰金

藏書樓書報由小學校藏書樓監督及司書報管理之、

亥　雜務部

甲　雜事　外埠會員開會時未能到會者先行函告本會收錄如例

外埠來函及書報來往不同郵便已經本會付力均會員自給

本會今值幼稚時代諸未從備一切應用器物暫向地主假用

會中茶水等項均由會中支供

本會雖無聘雇傳喚知日慶節均臨時雇用平日服役皆係宅使承當每年貼與酬資以酬其勞

乙　特別權利　現擬通信收投遞成寄社現擬本會會員可減免入社金　連日所登該會啟事題首常熟二字均誤刊常州合亟更正

本埠紀事

浙撫返杭○浙江馮撫憲在滬公幹於昨日乘輪返杭

堂叙鼎議○本城果育堂董事昨日片請城廂內外各紳董至堂公議要公良久始散

開徵上忙○上海縣汪令因去冬漕糧轉放拮据故擇於本月念六日開徵本年上忙條銀昨已出示曉諭矣

解犯過站○南匯縣汪令飭差押解命犯士莫驛銀山二名赴蘇秋審前晚道經滬上解差投縣過站當經昨日本縣汪令加文派差將王驛二犯由獄提出僱舟解赴蘇垣

准予免究○滬南海潮寺僧發老尼謂錢氏因開關赴會爲朱總巡親往論禁並出示在案茲悉日來謝錢氏一再投轄求恩憐憫即日俯念寡婦過悉錢氏年逾六十既屬挾嫌姑免深究遂於昨日傳局諭令具結了案

押候拘提○英公廨差役楊阿寶稟奉批飭上海縣拘嫂昨日本縣汪令得悉楊阿寶交差候訊孫因不安故于昨日諭仍收押聽候訊供核辦

肉店違章○法界新章各肉店所售之豬如由宰牛公司宰殺給明執照蓋印方准售賣昨有蔡生順將未蓋印之豬混售被包探查見拘解法公廨請示蔡供以我自當遵照新章不敢和違孫讞員判罰洋十元充公繳洋開釋

會訊假銀支票案○大興人盛桂生私將周小帆所付之偽造票銀二十兩向人支取被莊察知扭送包探趙銀河拘送英廨訊判管押四百下枷示一月滿押西牢一年逐出租界在案嗣經代以係周付請提究追並延律師博易代辯中西官以候復訊核奪昨日提訊博律師將盛前情代訴周已到案稱所周供票係棧豐錢莊毛洪元所付毛供票係四馬路客人王洪泉買洋紗所付之人王已赴漢口未申然猶難判得供詞之英簽獲擬判盛交保出外補提人証到日再核

會訊勒索規費案○打包小工李阿春等前投英公堂控同業小工趙宗泉趙和趙森和等勒索規費每人十元由張讞員會同德領事提訊周費判押繳費追各人再押在案前午由趙憲會同麥領事復訊李等三十七人投案請追趙延律師投案

四

辯此項洋元並非勒索乃各小工初次進廠行內工作酬勞之費
現已繳還洋六百七十元號蒙撤銷原價與麥君爭辯將洋發還趙
嗣後不得再向李等勒索了案麥君曰案照原斷不能更改遂向
李等曰候著要洋否稱要㑹 麥君遂判洋交捕房由李等分往具
領趙等三人從寬免辦斥釋
縣判娶婢糾紛案(一)前據趙保控陳裕文潘新泉唆娶使女一案
到縣李冠之呈被趙保吞沒財禮等情當晚即飭汪令提訊李供前
東三林塘人嗣外甥王黃棠爲子外甥早經娶妻因患病不能生
育且王姓亦因無子故擬再與甥娶妾適有陳裕文來稱趙姓使
女欲嫁即央其與趙姓說合出財禮洋二百元去年臘月念九先
付一百元至念八日往娶又付一百元趙姓備辦箱物即於念八
日由原媒及伊家丁等送女到家甫親會晚間門因途中被流氓
拆棺將家丁扭毆挾恨唆使伊家主誣控現願將箱物交還求追
財禮陳裕文供作媒時李冠之告知伊外甥有妻因病再娶故與
金金虎向趙姓說明金金虎供在西門外某弄管門弄內趙姓去
臘稱伊使女長大欲嫁因托陳裕文與李冠之說合餘供與陳同
汪令核得李冠之稱愿無知有妻再娶自取其咎姑寬勿究諭令
將箱物交出歸還趙家惟趙姓不應知使女作妾一面諭令金虎
傳諭趙姓將財禮洋二百元赶速交還如不遵諭准令原人提追
判金交保餘人叱退

陽歷四月二十二日禮[illegible] 一

光緒貳十玖年三月廿五日

蘇報

總發行所 上海英租界三馬路中

分售處 [illegible]

西歷一千九百三年

日[illegible]明治三十六年

每號大錢十二文

外埠價目

每日一寄連郵費全年六元八角

七日一寄連郵費全年六元

西洋加倍

東洋照加

[illegible]不通處的[illegible]費

告白刊例

第一日每字收錢四文第二日至第七日每字收錢三文第八日以後每字收錢二文封面告白[illegible]加倍論[illegible]告白二百字起碼短行告白以五十[illegible]碼長則以十字遞加

論說

勸我國人宜書川學　來稿

嗚呼自開闢以來人類始紛紛而此天則其中擇相爭殊族角逐與至于今陷然一互爭世界也思想與學術爭智力爭土地爭政體爭宗教爭扶持爭工藝爭商業爭軍備爭經濟爭社會爭凡大塊上一切之事物皆間往古時代所未有而別立一徵爭之六地爭也者其天演有必至乎抑物競所固然耳況乎員輿既闢舟車大通世運所趨勢難避我國人欲其競爭眼界發腦質含至人之氣魄具絕頂之膽量其爲一身計也宜擴其現在之勢力圖洗舊于己之可生可死可劍可復可奴可主可疥可肥之兩界核而所爭間不容髮固無論已凡各種所不便于己者似不可與用手段以相與對待之而不達其獨立與自由權不止若夫爲全邦擬也必發大願扶危局存祥無據數其世炯眼之英雄與抱救國熱腸之豪傑以及腦中各有進化公理與國家思想者而結爲一大團體以絡之開陷掃除對於輸進文明其或主權旁落也宜出全力以爭侵抑或政府獨用壓制而當用權勢以改造若不得如此則雖流百千萬億人之熱血終必組織一相合者以代之至于異族凌辱別邦欺侮測其原因皆有自害當其立于外界者以與我開交涉也我苟弗恪守教例而奮用競爭方策彼安敢殺然出力以相爭然計較之舉動既皆必知用心力以排外以達其爭存種界之目的地而後止斷不可預為相國之存小而以卷曲委靡不材之木禁制于神州大陸並以頤等野種高自位置而抗拒太平洋山河驟立之風潮我國人乎我國人乎尙其善用爭之一大動詞啟或者謂爭之一字我國人向所深知者但不能善爲用之耳予實必以此相勸誠恐爲此說者毋乃有所蔽耶夫爭也者固持躬之公例亦涉世之要道我國人實未能知之耳故各類原有之利益竟甘讓與而不覺而失自主之特別權拱手而讓諸外人者尤不可以殫述保且不能爭將焉望自今以往恐拚搏之土地總總之人民敝敝之政府于于之冠蓋則波斯埃及而已矣復何待必爲羅馬猶與波蘭印度而始恍然悟哉嗚呼天演無常紛爭敗往者莫陳來猶可追我國人乎徹論其爲一人計也或爲一國謀也殆非藉力競爭主義以與外族爲角逐也恐未足以絕厥後矣雖然古人有言在醜夷不爭失醜又即所謂同胞也于此不相爭吾知斯人也而與平等者相遇必以消融爲權力與不平等者相遇必以權力爲消滅也然爭之關繫名詞則寄也我國人亦然爲用爭應提倡前途之子孫從此操縱人寰而雄騁和國也乎

時事要聞

電抄閣錄〇三月二十三日奉旨此次會試各省駐防滿洲取中六名蒙古取中三名漢軍取中二名直隸取中二十四名奉天取中三名山東取中二十一名山西取中十七名河南取中十三名甘肅取中九名江蘇取中二十四名安徽取中十六名浙江取中二十三名江西取中二十二名湖北取中十四名湖南取中十三名四川取中十四名福建取中二十名廣東取中十六名廣西取中十二名雲南取中十二名貴州取中十一名欽此

電傳宮門抄〇三月二十三日召見軍機袁世凱

欽州軍情〇西省黨入欽防勾串土民到處拜會凡拜會謂之開增當開拜時黨首披髮高步謂之老披科選者謂之保明進者謂之老半進會後或派往偵探官軍謂之激仮從山一不從者則有若懸刑曾八等欽城黨首則有若劉等約十二萬九千二擾九寬衛秀廷等此黨被解散漫無常遷有官軍來則私伏深處且山深林密水土惡劣各弁勇難以遠戍時荒擴北難經爭故極力布置防剿事宜尚未得手

粵東路礦彙誌〇粵漢鐵路開辦情形已誌前報茲聞十六日有工程師某前往佛山卅泊正爲行將察看地段所須由路基現已由廠沙紅五欄起築有數十丈之遠僱四人有孔由省運解之程大約歲底自能竣事云

從前粵省所辦官礦若嘉應州均無成效此際察狀故今一切礦地均由擊令路礦之程準商承辦惟曲江縣一帶諸礦仍歸火藥製造總收回官辦前經詳局分別詳委另招股經費估小銀四百兩仍恐欠耗公款現聞由遊擊總督辦理大石就具限三個月如無成效甘願受罰李令則擬辦理獅老頂亦具限三個月如無成效甘願追賠云

近聞大吏飭得南海縣三江司屬之飲岡煤礦並作若能如法開採可獲厚利特札委設令前往查勘

藥局轟炸續誌　粵省水南火藥局被轟各記昨報茲據訪函云該藥局內分東西局外以圍牆環繞牆外有小山駐紮安勇兩營局內又駐有常備軍數旗其管理局務委員則寓於東局內是日乃西局轟炸藥分飛片瓦無存地陷數尺門首永濟藥箱四字石額撤於山岡山下東局亦全間毀即所儲之約本甚無猶幸不至燃炸然一帶圍牆盡行震塌其委員僅被震傷可無意外之虞特將侍勇沈把總亦得無恙惟有安勇什長某甲適至西局坐驗從同遇難駐於山頂之勇不致傷人西局圍牆側相離丈餘乃者粵義地其墳墓碑石多被挖拔時廣協鄒鏡孫呂令親詣其地將各勇役並東局瓦礫場中檢出工役人等及西局焚斃壓傷多人計已驗者十餘人驗收殮傷而未驗者五十餘人安置於廣仁善堂嚴內理諸內外調理東局所存之藥即挑運遷移別地時議又有擬遷局於白雲山能仁寺側而山上之半山亭亦被一巨石落下打破一角其尖頂墜炸之山窩不知其底蘊或謂由藥局自行現尚未查悉云

定期演說〇本月念六日晚八點鐘李佐臣先生倒在六馬路格致書院演說各國政治聞本期李君以印度與澳大利亞政治

之[illegible]言說五

世界要聞

英皇閱操〇文滙西報二十號路透電云英皇愛德華在賀崙發島閱視水陸各軍大操及該處砲台

德相回國〇德文報云德國首相樊撒現已回國

宜示加稅〇又云坎拿大加額外稅於德國進口貨之稅現已宜示實行

英軍遊歷海口〇又云英國駐紮地中海水軍現在游歷斯訶北部各海口并德國之吉爾地方云

丹儲遊歷有期〇又云丹馬儲君將於六月間遊歷德京

法股造路〇又云英國已議決入股建造白猾達特地方鐵路

法總統行程〇法文報云總統羅白脫現已起程往遊脫闌姆森

各國干涉土亂〇字林西報二十號路透電云土耳其兵現在與於京利茶維底地方北統領拍夏係奉命往解阿爾賽尼北公使之圍至俄奧兩公使則現在恐嚇土王謂若不將阿爾賽尼人鎮壓則由政府當以此次之亂事歸罪於不能自立之哇太姆政府而該德兩公使日前進謁土王亦要以平靖該亂云

英軍備迎法總統〇又同日倫敦電云英政府現已決計待法總統羅白脫由阿爾及阿回國時命駐札賈爾利司地方之水師迎接俟將該軍遣駐吉爾地方云

議員除名〇字林西報二十號東京電云日本國會解散之說現已確認惟有議員四人已除名出會如此結局頗無與伊藤侯爵有衝突之處然其卒有此舉者亦未始非政務處首領官員之不時退留不得有以致之也

派員研究〇又同日倫敦電云英皇愛德威爾現已尤派專員研究兵戰時運進食物之問題

摩洛哥亂事三誌〇法新西報二十號路透電云摩洛哥勇僭先首今日又舉戰事致摩國土王入水逃遁

又云摩洛哥土王已將賊首正法而將其血衣掛於[illegible]示衆

法文報云摩洛哥亂黨現已圍住阿爾其阿郝近之要隘及城

八級日本改革監法

典獄俸給令　勅令第四十六號

第一條　典獄之年俸如左表

一級	千六百圓	二級	千四百圓	三級	千二百圓
四級	千圓	五級	九百圓	六級	八百圓
七級	七百圓	八級	六百圓		

第二條　司法大臣於八級中特指定監獄之典獄別受二百圓之加俸

文武判任官等級表中加左之改正　勅令第四十七號

文武判任官等級表中削　弟治監督記　集治監北海道廳監獄署　監獄書記　之各項將守長之次加左之一項

監獄看守

監獄看守長勤勉獎勵金　勅令第四十號

監獄官署及郵便爲儲貯金管理所從事現業者依司法大臣所定得給勤勉獎勵金

典獄及看守長特別任用令　勅令第四十九號

第一條　典獄從事五年以上監獄事務在判任官三級俸以上之現職者經現在之內文官高等試驗委員之銓衡得以任用

第二條　看守長從事三年以上看守之職務有權勤設備在現職者考查實務之成績及試驗學術經文官普通試驗委員之銓衡得以任用

前項之考查及試驗典獄行之其方法及科目司法大臣定之

仍未完

學界風潮

嘉興來函照錄〇昨日貴報學界風潮所登秀水學堂事足見公道然尚有未盡僕知之最詳用敢再陳

某君之臨誠出人意外去年乃以朱子小學及伊父所著人範爲修身課本督又勒令學生習字今年不依要諸四書五經月朔且要講聖諭廣訓並教習無人肯講又事事以欽定章程挾制不依方先生自去志郎鄒先生亦因要令每日上四書班[illegible]鄒先生潛收爲由日一點鐘某偵知之心離憾而無如何故亦一二台又不許講天演論不許看中國魂禁閱蘇報謂恐各處風潮之動學生也某既無資格如府學堂總理之做過學台又無舊學如嘉興學堂總理之八股好手又無新學東西文僅認字母算學惟知加減曾監院朱先生敎習學生皆服乃謂之曰君做監院太欺做敎習太弱今朱先生已被杭州中學堂請去又聽外國人之言謂外國學堂教習上班每日要五六小時遂令每日三小時太少推其意不知要如何硬如何做之人皆謂學生此人徒以刻掰時刻頁艱辛又捐館駐此時又不取熱水公費遂無人能去之又非如府學堂嘉興學堂總理但支公費一事不管敎習學生反得自由吾不禁爲秀水青年慮矣惟我某君爲前縣令聘請而來現在新縣令下月可到或有退避賢路之望未可知也

無錫東林學堂之腐敗〇東林者無錫之老書院也自壬寅冬改爲東林學堂學生有三四十人類皆童蒙無知又加以總理一總理爲陶令元世咸月支薪水二十元敎習（不問學務一切皆經之一二腐敗之敎習）不得其人是以開辦未及數月而種種之腐敗情形不可枚舉茲略其大概如左

各學堂之腐敗也非壓制即頑固惟東林則不然彼之所以腐敗者乃因學生等過於自由而教習不加限制一任所爲甚至敎習在堂上課而學生等有遊行街市者有僭監家中者有與廚司爲伍而帮同燒火者有與所役者而代其勞作者種種笑話日出不窮而敎習等不知為弗與不知禁彼之所以就此者原不過為數人薪水起見若夫學生之若否則漠如越人視秦人之肥瘠不關

搪塞者也故彼輩即見之聞之亦若不見不聞或數戒數斥以塞責而已尤可笑者聞此學堂敎習多係鄉村學究不識時務者流彼等以三禮三俳等爲課程且以深奧之題令學生作論又此學堂不設禮拜一日遊息時某生擬出外買物他生謂曰禮拜日出買未爲晚也此語適爲敎習所聞遂戒之曰吾堂本望以豈有所謂禮拜者乎此次記爾大過兩次下次切勿妄言再犯定必開除後因敎習等太勞苦乃設爲休沐日每十日一休沐此等頑固情形令人可笑可嘆嗚呼學生等何不幸而遇此等敎習此等敎習也然官辦學堂大率如此豈徒學生之不幸抑亦紹堆之不中國之不幸也　來函

揚州學堂之現狀○儀董中學堂及篤材小學堂各敎習雖先後更換然其中頑固者居多而監司亦頑固之尤本府年遠向不過問至小學堂由兩縣主持自創辦之甘泉劉令去任後江都吳令致事且不經心遑論學校今甘泉張令外沾辦事之名獨小學堂一切事務悉委之敎習代辦以故小學堂不如村塾且較中小兩學堂各有奴隸學生之舉中學堂尤甚刻下兩堂學生同時告退計一中學堂三十人小學堂則全班散離僅招十二歲以上幼童充數聞中學堂館數習性尤頑固幸有鄰提調極力斡旋小學堂敎習中文且不相通是以但招幼童保全體面云

廣東學界一斑○廣州中府學堂自前府龔守創辦以來一切事務略已就緒旋因丁艱去任繼之者爲沈守聞所有辦法一如前任龔守之所擬定蓋經營創辦之苦心不欲失其興盛也兆定於在城內天官里建造小口興工惟目前假設在衙邊街廣府學內於十八日開館其堂中分任諸職各員爲陸君焯士監起居敎務官話范君季馨課歷史兼地理鄒君儼課算學兼圖畫方君修身敎授陶君惠民課本國文兼經學政治馮君佩若課本國文德功課算學兼稽查文案鄒君叔任課西文兼博物格化鄒君梓軒課西文兼體操其餘徐君梓芝管治全學衛生及兼理藥料等事就中如陸君焯士係江蘇陽湖李郎曾亦曾游日本頗能領會精神敎育者聞該府於學堂一切敎育事務尤托之總理云

中國各處新設學堂多成笑柄然未有如潮州中學堂之甚者其創辦官紳有無能力姑勿具論聞金山學舍本不適於學堂之制而某某等因爲增多房舍起見凡有隙地皆構爲房舍又舊於舍之外大者皆隔爲兩間不過能容一榻一案而已其狹則無處安放也又於舊有窗牖皆移塡塞黑暗無天日有游其間者謂與中國之監獄無異且其保結狀中亦有恐學生私自逃逸等語曉然其待學生如囚犯矣奴隸之未足又從而囚犯之野蠻之度殆將極點矣雖然外國之監獄其潔淨光明實有勝於中國學堂萬倍求比視中國之學生殆外國囚犯之不若哉

各省紀事

江西○各縣所報按日政事月報冊以宜川最揚爲第一

省城外下游一帶地面實關近日且專司巡查以

免各抗稅直滿稅

江省士紳開闢操地以建一所以便辦公

餘干縣吳令李懷前因械鬥案件撤委留緝道缺委董奏祁督經

湖南○某御省以大學堂醫學外科敎員需人特電湘中某鉅公代爲物色某公即以曾公其醫術梅游獲效之某醫與某北上湘撫俞廉三設之醫學堂所聘敎習乃粵省一落魄之醫士而堂中課程祗有惟醫三字經本草諸書

福建候官舉人林君在潮設立中西學堂以爲造成科學人才之地業已陳明學務處經總辦朱道大加獎勵並入監察諸者頗形踴躍云

江寧○李藩司前於藩署設立學務處督辦局所四處既於每府各派候補知府一員專司督理開辦事務委辦江寧府與督辦局朱守以府屬地方巡閱佐理需人爰委候補佐雜多員分赴各縣地方勸民開辦朱守亦即於十七日開局辦公

統領新湘營錢道德培前在江西大學堂差次聞來省委統該營總辦督辦暨督去省錢沅始稱假前赴九右交卸學堂本宜留觀何餘將大學堂經手事件一律清楚於月望後由贛起省論上憲即領餉解返鄉山

正任上元縣戚令光炯由江寧李藩司飭與縣陳令樹勳互調署理陳令已於前日往任戴令宗即安劉北京縣蔡將赴鹽城署任因先赴蘇省謁見恩撫伊碩蘇垣即將李藩行知飭令趕赴署任閱綠某某等案被人列款揭參云

蘇州○蘇撫官電局自何令運甫調辦頗爲妥後迄今未委專員惟往來電文所有格緯故由恩撫札委本局文案姚令恩澤兼攝是差另委道判趙倅溥圻常川駐局以專責成

蘇府向守近因新任魏江督到任後應行赴寧謁見故于二十日乞假赴程先由解餉官輪拖帶至滬川行換輪赴寧

蘇府向守近承江督撤來卸任張觀察在任時報招送三江學堂師範生札文業已錄張示論矣

鎮江○前月有散勇 人冒稱勇丁在儀隴客棧中結黨作某客北得賊款經棧主識破捆送徐營司公館內訊辦都前防將二人縛背數百仍將左耳剔去插一小箭派弁押赴街市遊行示衆

蘇守十四日甄別校士館生童因日刀試院假作杜道行轅爰在府學明倫堂點名給卷八將各題錄下　生　孟子曰乃若其情一節　童　李流識丁謂論　孟子曰有布縷之征一章　學程將兵不同說

杭州○杭省羈押局押犯常逾百名前定新章限令工作即以所得之資開支飯食餘存暫歸俟期滿釋放時給爲謀生之本並可習勞學藝因管局之袁令茂號有差遣故委李令樾祜接代

杭省課吏館定章歲試兩次如能實心論優長可邀列取茲屆春課所取之大抵即用等官施榮棠等同於月之十七日到館名爲學督實則不過月領津貼若干兩以資糊口而已

殃禍逃亂後各營已[illegible]回旋由西教士函稱伏莽未清恐再赶死灰復燃猝不及防故奉飭撫以向駐金華之精捷營新軍後旗移駐嚴州飭令統領黄道[illegible]前往督辦並拿獲匪首果獲到盜犯二名均係[illegible]認供不諱大約即當就地處決矣

杭省前因錢串短絀故設官錢局以為救濟歷年造出新錢甚多而市上仍覺不能周轉各當道知有漏卮[illegible]飭各局卡稽查奈各奸商每向各[illegible]以避查驗境杭市洋價每元可兑錢一千餘文由是各奸商大肆販運致錢荒日甚被新關作拱宸橋查獲一起搜出大錢大千餘串立將[illegible]扣留聞以私錢充公外尚須將人嚴辦[illegible]

蘇州○蘇城街道不甚寬闊乘之所[illegible]本貨攤[illegible]文時有[illegible]懷[illegible]情事上年經商務巡警兩局[illegible]院[illegible]宮巷寺前[illegible]仁局前各段赴守寧[illegible]一所安排今小本[illegible]記以觀街道吉祥寺之市亭[illegible]市場已於止與路成巡警[illegible]日已出示除令沿街各貨攤[illegible]律遷移市亭以易如違提究

蘇州[illegible]捐保聯[illegible]公[illegible]包[illegible]公所行知一律停捐以恤民艱

蘇州二街華商寶昌肥皂公司因經理失察製造肖牌之貨以致銷路甚滯歷年虧折甚巨[illegible]重行開辦

專件照登

蘇州通學社

吾不處天下振商[illegible]之通材兼異材者人類中之至[illegible]者也若[illegible]材則人人皆具有此資格養成之即為異材之所從出且異材經可以[illegible]通材適足以應世變古人謂[illegible]不務[illegible]大器良有以哉以吾今日聰明特達之士與白[illegible]人把臂入林其相去[illegible]者則乏通材之故也維新以後遍立學堂郡[illegible]而未得適宜之教育[illegible]者[illegible]其程度之低下者或[illegible]其高資[illegible]子弟則又憚其[illegible]限太深而不能耐既無力自[illegible]以[illegible]自陷於不學其棄天下之材不少矣不揣[illegible]矢志創立通學社為全國造就通材先於蘇州試辦稍稍成效當即推廣務使人無苦學學無棄材庶士之求學國之[illegible]此其選也順風一呼同者興起大雅宏達幸而教之

第一章　總則

一名稱　道[illegible]普通學科以速成法造就通材名曰通學社

一宗旨　聯合[illegible]講求學業

一科目　經學　通大義　史學　通大略　地理　通大勢　算學　通[illegible]　格致　通[illegible]　英文　通語言　日文　[illegible]　[illegible]　功課各日發另刊

一職務　總理一人　收支一人　中文教習一人　英文教習一人　漢文教習[illegible]　[illegible]教習[illegible]人

[illegible]

一辦法　本社　招[illegible]

[illegible]附設[illegible]兩院批示核定京師另刊　興學　閱報　藏書　社中設閱報藏書二處以資社友取閱　餘見批覆案

一經費　捐款　學金　股款　義捐　贏餘

一推廣　刊報　另設招股　編譯　出版　增科　廣額　傳課　演說　會議　分社　設藥

第二章　英文

一定額　住社二十人　走讀十人

一分級　視已讀未讀者定

一學業　限三年　[illegible]英文數年[illegible]通者非課本之不[illegible]之居[illegible]本社聘定教習採輯英文課本務相授受[illegible]能讀初等書籍譯後近文字一年可讀中等書二年可[illegible]將文字既通[illegible]再求精進者無定限　功課[illegible]刊

一堂課　每日下午一點鐘至四點鐘

一考試　每月一小考　由教習積分以定名次　每季一大考　集考中文課論併定甲乙榜示並[illegible]酌給獎品以資鼓勵

一假期　星期各一日　暑假各三十日　清明端午中秋冬至各三日　萬壽　聖誕各一日　如有要故臨時再酌

一學金　每人月洋二元　一律英洋　本年五月十五日開學十二月十五日放學除暑假一月共七個月作半年每人共繳十二元到學先繳六元餘俟暑假後全繳明年按月算

一糧食　每人月三元　月初預繳一切服役[illegible]水燈火等費均社中供給概自備[illegible]

一資格　身家清白　中文通順　不吸洋煙　身無疾病　十五歲以上　二十五歲以下　合格者無論何處人均可入社

未完

本埠紀事

蘇[illegible]將返○江蘇[illegible]道來[illegible]公畢聞定於即日返蘇

會辦返滬○滬南江蘇海巡局會辦[illegible]前經因公北上茲已於昨日乘輪返滬

勸商赴會○昨日本駐滬[illegible]領事出告示多[illegible]本府許札奉蘇州關[illegible]札准日本領事二日函開今年本國大阪開設第五次勸業博覽會所有出貨赴會規章前經呈請查照札飭各關曉諭在案茲又[illegible]到[illegible]商務省發來[illegible]東及赴會須知本領事[illegible]將[illegible]由存[illegible]隨時填註姓名呈送外先將赴會須知函送貴道伏希再行[illegible]知紳商士庶力勸赴會倘有前往觀看[illegible]將姓名職業函送敝[illegible]以便[illegible]寄東[illegible]因到道即[illegible]札飭到府合行[illegible]札到該縣即[illegible]照等因到縣奉此合行出示曉諭為此示仰闔邑紳商士庶一體知悉須知此係不可多得之盛會務各互相勸諭踴往觀覽[illegible]如有願赴會者即將姓名職業[illegible]明函送日本[illegible]以便[illegible]毋稍觀望云云

[illegible]

傳論購水〇南市中國內地自來水公司開辦以來居民購水殊
不隔闕仍有挑食河水情事故現由公司總辦禀督協二道吞請宣
諭備滬上海縣汪令嚴諭城廂內外各地甲設法嚴禁居民泰
諱挑用穢濁河水務須購用自來水汪令遂擬於日內出示曉諭
一面傳甲劉案分給論單令力禁阻如有故違即行提的
會訊耳屬　人陳金波與周子奐周松亭等設開協大典莊號
新設號張中從於計開本店支不應正款內錢莊銀向九章
卜文記等二十七家抽撥米糧洋貨等物變運逃避各莊號持
票收錢假價共七千六百九十餘兩分毫無着知道匿避由包
探訪知縣作獲金人逃走祇拘股東陳金波庵丁趙少宋二人昨
解英公堂訊供周屬已將貨物運往崇興識藏匿之典白
縣陳以該四等雖覓不另有匿案判押候查明於追拜囚解辦
會訊在押〇沈阿季阿毛串同范阿德誘拐小東門外華昌
客棧內王氏之媳婦阿囡及婢女金珠兩口昨日李潛來探信
被氏拼法公堂求請追究李供范孫拐後逃往寧波私縣某
村地方現在不知仍在家內否孫則員判押候范到案訊究
〇洗娘徐許氏嫁吞陳鳳生之妻范氏逃避昨日輔同家屬徐來
搬物被拘住照除非但不思反糾黨將陳兒毆陳慎吞煙幸

鄰人得悉施救稍間將徐拘控茲捕房徐姑將范氏交小昨日解
送法界讞員訊據役稱在船生理故出外日多致妻被徐姦拐范氏
供實被徐誘拐悔之不及徐囑其殺丈夫並未允從現願回夫同
家徐供成衣爲生不敢唆范氏謀夫判徐枷號一月責一千板氏
不應抓在陰逃掌責二百下交其夫領回管束
縣案訊則〇汪令前晚提訊張茂春扭控金松然等一案據供有
祖坟地八分零皆因需用將單契向叔兄金松堂抵錢十千金令
串同租種坟地之稽裕綸盜賣掘棺求追籍供伊父去世坟地歸
金執管金供與其母勇佛與林姓爲子與其姪子茂春將往房兩
股均分茂春早已賣盡執管之坟地被伴人勸令價收洋五百
六十元後出洋三百元另買一地遷棺埋葬即被茂春扭控汪令
斥供妄控賣求免判金給洋三十元飭伊領洋不准干預了案
〇前據永潤米行夥手孫湧源控蔡金屏買米交下公茂花行支
票兩張共洋五百元公茂倒閉後票洋無着退與蔡洋蔡提假收
清票圖賴一案今奉提蔡供出之勸說張錫文蔣竹船及瓜蔡曾
棉花於公茂之趙少巖令淞查得張趙二人俱有弊混判趙措洋
一百元張措洋五十元俱交保限十天繳案給孫具領各具遵結
了案

光緒貳十玖年三月廿六日

陽曆四月二十三日禮拜

蘇報

西歷一千九百三年
日歷明治三十六年

每號大錢十二文

外埠價目

每日一寄連郵費全年六元八角
七日一寄連郵費全年六元
西洋加倍
東洋照加
郵政不通處的日計費

告白刊例

第一日每字取錢四文第二日至第七日每字取錢三文第八日以後每字取錢二文封面告白照後幅加倍論年論季面議共行告白二百字起碼短行告白以五十字起碼多則以十字遞加

總發行所◎上海英租界三馬路中

分售處

[illegible]

論說

告我國民　來稿

某拜拜泣泣告我四萬萬同胞曰我國爲亞東文明之出產地而世界僅有之大國也有數千年森嚴烈烈之歷史數百萬雄秀之人民我同胞誠能一振精神何患而不能翻我國旗於世界使世界之人無不敬畏懾稽首頓首於我國民之前哉計不出此而甘居不肯貪一寸之安偷一日之息除謀一己之私利而外不知有國事天下滔滔盡爲國民之責任乃至土地盡失而不知惜主權捐削而不知悔同胞盡爲奴隸爲牛馬而不知救嗚呼某誠不解我同胞之所向也

其尤以爲國大可恃耶抑政府可賴耶夫地大可恃則世界最大帝國之印度何亡於英之一商會政府可賴何至一敗再敗三敗而守舊頑固如故視同胞若寇讎如故練兵以防家賊爲目的如故嗟夫陸夫天下無百年仰給於父母之子亦無百世待治於政府之民我同胞其勿仰給於政府務自振起精神以挽回國家固有之勢力而光輝我種族之名譽也

某之欲所望我同胞者非必欲其淋漓湧血以敵百萬衆而借今日之貧政府以支離破碎之中國某知其絕無此勢力且亦無此資格不過欲我同胞惑心皈命發表熱誠時時以國恥爲恥能澳門州之割也吾誓不忘之旅順大連之租也吾誓不忘之台灣澎湖之失也吾誓不忘之庚子聯軍之蹂躪我北方也吾誓不忘之嗚呼吾所望吾同胞者事獨不忘而已乎而吾獨期於是奈何不可得也

且庚子亂後俄人占我滿洲至今兵猶未撤英日有聯合助中國國後入川還滿洲之議嗚呼我國民亦何可不知此舉動利害耶夫今日之中國爲世界第一之肥肉而欲攫之國莫不眈眈虎視之獨佔權不欲擾我之大權歸我同種族俄人尚孤立爲主義無論矣其他之姑徐徐云爾者亦何大國乎今英人既倡與俄人開戰之說日本以聯盟之故且有同利於是亦熱心喝采以贊成之要之此舉果否確能逆料然將來我國之福俄人勝則中國主權歸俄英日勝則中國主權歸英日觀俄七戰史未嘗不投筆痛哭悲我國民亦將入其殼中矣

嗚呼時勢至此我同胞其仍惟私利是務設以恥而不顧抑抑或其方針而與他人之比較耶嗚呼存亡之機間不容髮我國民其知之哉我國民其維之哉

日本小學校之概略

日本學制自學六歲至十歲之兒童不論男女均須入小學校四年謂之國民義務之教育如兒童已屆學齡不進入學者有罰家貧者或入其兒童於貧民學校然小學校入學之學費亦甚低蓋有地方之教育費照地稅加十分之三以支辦之若政府所建設之學校則以國稅支辦之東京市小學校之納學費雖各有高下之不同大約尋常小學校每月自二角至五角高等小學校每月自五角至一元東京市外地方至廉有每月五分至一角者其入幼稚園者每月約納學費五角東京市中之中學校每月學費約自二元至三元東京市外之地方或每月一圓凡學費之標若是皆皆有公納之教育費故也近來文部省改正小學校令并施行規則督責學齡之就學使義務教育普及於全國此事已有顯其功效據最近之調查學齡兒童男女之就學者爲百人中之八十八人五強凡中男子則百人中之九十三人七分八強女子則爲百人中之八十一人八強又據最近之調查全國小學校合尋常高等兩種計之其概數二萬七千十校內本校二萬二百八十四以學生多而設分教場者有六千七百二十六校其收容學生之數則有四百九十八萬六百四人教員則有十萬二千七百人云　按我國今日所最宜注意者爲各府縣州市之小學堂勢分而易與我省而效習處可爲亦人人能爲茲由友人以日本小學校概略見示急以弁數語於此而不能做我東鄰其他更何望哉　本館附誌

時事要聞

潮州近事述要〇三月初九日潮州訪函云前日水口渡船四號由潮郡開行至下溪地方被盜搶劫一空並將渡船搭客數人擄去勒贖聞此皆附近土盜並非游勇祇有手槍短刀而已某商之母亦在其列聞信即行入山往探亦被匪徒扣留但商人何以能知匪穴而地方官竟一無所聞今既有聞又不發兵前往圍捕誠不可解

右江著名巨盜陸阿秋及李二老板現經統領陳大軍在三省邊界會剿已將李二招降陳阿秋亦有意投誠但人多衆恐保不能一一位置無以安頓當日同類且官場反多無常故尚遲疑未決

蘇撫小心調京陸見遺缺由黃臬暫署理前城聞信官民俱爲愕然

滇省近事述要〇滇南初十二月十七日來函云法員勸路委迷勒縣屬某地方路經某人村寨該寨聚衆多人將法員圍繞堅稱不准在彼住紮其時人多語雜幾釀事端幸華員急往彈壓多方解說始各散歸現已派營前往彈壓並諮省以預爲防閑矣

勒縣溪河一帶之法以某夜被盜竊去花銀八百餘元經華員白委員查實將盜犯拿獲起出贓洋七百餘元白君當即解往文山縣訊辦時法員適又被竊八九百元聞由領事照會關道請即撤參現已另委王委員接辦

日下進口各貨極少稅款亦頗形短絀惟貨物市價各較上年須高三倍之一而貨色尚不如前聞因河口鐵路均爲鐵路公司僱用裝載其自港運來者約值二三萬金之譜

昨有客販米糧貨千餘担共有千四百餘人串匪九百餘枚內剿除進滇南赴開臨各屬地發售當經稅湖員電飭各屬稽查凡

到城須由各州縣派人前往各鄉村粘貼姓名收存者中俟臨行時再按名給憑並聞該客等路費以色勒付交納花銀二千元與游歷陝亞秋始能一路乘風

浙省大學堂教習現已由總辦聘定教習赴德本月中已由滬起行從東京專益顧帶各項要籍計日已下月必定抵滬開學也

粵關稅務司來申譯文備前時楊城換折稅關各賠款並無減讓尾數二千六百餘金派索賠二萬正數日前佔關員稅稱現駐師廣南一時不能歸遂應請展緩俟向樓再商辦去云並聞現時衙逐開花砲並火器件廣南一時尚難望肅清也

鎮江錄要○官場傳聞京督召開隨停止科舉一事源陳學堂儲材必以專特為切近要圖講防及速合辦上並非未決但舊學從小路教科舉為易辦理得法自有合從就此之效科舉不減而自廢命題亦自有同原與大臣詳細籌議不得據切然則科舉依然無疑矣

茲由保定奉舉換班人員旋京曾有黃道現自設機器爐作紙烟味香質美托官場所納印館飛鳳舞五色此佛此次向總督備實貢賞於昨日進呈宮殿官收傳聞御用時亦甚稱許

太僕寺街之大學堂推仕科舍聞其規模不過能容三百人

安徽撫聶自衛京來滬曾記督劉為國家福才殺江寧藩庫十千五百兩有奇經李有棻不許減督到任已少為消耗

六紀常昭消息情形○常熟私之寓籍但因為征其與亦較他縣為甚前已五捷本報然猶有未盡者溯光緒庚子之春曾有昭文舉人歸宗鄭與綜掛楊勘鄉因前組紙上控學院為本一無叛衙隸得以四久總而慣聯之咽鼓而攻也昭文縣紳戶撫欠之錢漸徹底開列省縣得擊大怨以為常熟縣科舍蝕如此之飯途立清賦局雖完清仍不去從入文值舉人瑞慶以年外多完五百文加數歲多完一千文思與情由例出濤依令遂仙為否員以因炮綠公宗詳準革因舉人因以一千文失一舉人亦殊可歎當時開彥宋三虎之威聲震於常昭兩縣惟常熟已故謂其時小餘衙有順情桑梓之念細報米量於省不過濕湯勸曾為將其嗣因已故常熟猶有三成之進祇昭文漕米為湯全攬其實占無帶欠一文之糧戶但論者謂常昭清賦之禍湯實作俑城中大小糧戶以米糧之後又值加糧按橫征四鄉佃戶有欠五升租米而用米賦追者有欠租米九斗佃戶遜洋四元而依臨開遊不如上年開家從小家交需等居者其佃戶本不馴良各鄉戶皆不得不用差開追於是常昭差役租為刺戲曾擊束而往日有數十起至鄉後即喚同地保經造佃由社長至佃戶家其男子則望風而逃其婦女則擧家號泣差役如狼如虎將佃戶婦女之有衣服貨換賬片買酒肉等費地保經造算本錢償夜飯就持差役如上前過後仍向佃戶取償雖佃戶之力不給由自取而其中亦有貧在貧苦之佃戶祇得變賣女兒入花烟館者以數千計此皆非驗許開彥宋三虎之所遺也故現在常昭佃戶之流為乞丐者使指不能數昭文宋令自擊此等情形亦不動念祇知日夜橫征又從衙札下鄉征本年上忙此不過循例行札下鄉而已而宋令自恃其詭任不行假值各圖經造日趕本年上忙冊子命恐不及應時秋末總圖謀為賠此等行為詳撫人心者也又三月上旬昭文紳士孫鎮修之夫人欠租二石數斗完過一石數斗昭文因差胥潤生以索錢提案處以見官實押夫人不為所動總將差役無可如何相持至二更始釋放回家孫鎮修與妻別居在外尚未知其事其餘女糧戶之殺者為張令有皮鞭打責提收管者不知凡幾道等自檢以下可也

俄在滿洲之舉動○東文報得牛庄八號電云俄國于滿洲之兵特不退而且加提督勸而勃出長崎烟台旅順三處購煤威六十噸并于旗順購牛包二百萬

俄中斷○又烟台電六牛庄至烟台海底線現經中斷

世界要聞

英皇行程○文匯西報二十一號路透電云英皇已抵馬爾島之西拉哥司

意相辭職○又云意大利首相兼外部大臣撒納底現已辭職

德公主逝世○德文報去德國拔伐利阿女公主遊歷亞洲至現已卒于台灣地方

鐵路進步○又云俄國拍拉與鐵路于一千九百零二年及零三年間可增進款四千萬馬克

日人之議○字林西報二十一號東京電云東京人民頗不以伊國派兵之舉為然若謂俄國之允退出滿洲兵者無非以將古塔易以他處耳彼擬牛莊以為東蒙之所據海參威以為屯糧之所并又於愛東地方設一鐵路公司以通中國高麗將得以進兵滿洲邊訓其無他意耶按日擧匪亂後駐線尚未盡收也

英皇駕○字林西報二十一號路透電云英皇愛德威爾已在貝勞冬島觀睹天主教戒內節今日則由十四號起出境

英國部議○又電云英國陸部大臣海白來在撒來斯登地方演說云以後吾英斷不能徒以豪富之人任官治事此論兵部大臣所謂軍中升降以功勳為準而不以饒富也

土耳兵亂○又電云自俄與兩公使勸土王後土王已電調駐扎土亞細亞兵二十餘大隊來梅征亂云

亂黨戕殺人民○東文報云英國大略士及斯他林尼亂黨擧衛擄林人將搶掠衛門村人民盡行屠戮計共男女大小一百六十人

德設東方船塢○字林報云德國海軍部已與某廠訂約在東方港口設船塢一所

英皇授爵教皇○倫敦西報二十一號路透電云英皇愛德威爾新進爵羅馬教皇之事此間頗為議論現雖無官文佈告然衆皆

政府此事必處云

日本近史○組織日本進步政友兩黨去年以反對增地租案聯合以攻桂內閣自解散議會後現在選舉將竣來月兩黨當開一臨時會以攻之閣○日本全國共□代議士三百七十六人兩政友會可得代議士二百人進步黨可得代議士一百人已占多數一其時政府惟有再解散議會一內閣辭職然內政府必無再解散議會之擧則大約桂內閣此次必將辭矣惟近日聞有日俄開戰之風說以朝有人倡議謂會此無再攻伊國之機會而東三省撤兵一事正可藉口近日天皇以觀軍艦式又聞已有某師團召集豫備兵如果開戰則全國上下仍同心一致以以開地租可以增加此有政黨諸國往往假一事以發洩民氣於外假用之長技也惟此說大抵不實者十之八九備一種風說之新聞而已

日本全國教育會議案○於委員會決定更改該案如左

一尋常小學校之國語科現今擬取消教科書不習大字使於教本中練習而兼此可否

二建議私立之實業學校文部大臣認可者自國庫補助實業教育費之事

三建議師範學校中學校高等女學校等教員合規則換年豫備試驗合格之効力當使二年間有効而定之之事

四建議諸官衙用漢字之種類止於明治三十三年八月文部省令第十四號第十六條第三號表之範圍之事

五建議手工科當爲小學校之正科之之事

九號日本改革憲法

附則

第三條　本令明治三十六年四月一日施行之

第四條　府縣參事官及典獄特別任用令依明治二十四年勅令第百十三號明治二十八年勅令第百一號同年勅令第百二號及集治監典獄監府縣典獄集治監分監長特別任用令任用的集治監典獄府縣典獄或集治監分監長限於監獄官制施行之際得任用典獄

第五條　依明治三十三年勅令第百四十六號明治二十六年勅令第百九十六號警部監獄看守長特別任用令又文官任用令第六條任用的集治監書記監獄書記及看守長限於監獄官制施行之際得任所轄官廳以內之看守長

第六條　集治監或受府縣之屬而監獄官制行施之際採用監獄者爲文官任用令第六條之勤續

在外各地郵便局長任用通信事務官　勅令第五十號

在外各地郵便局長所用通信事務官得以領事官兼之

依前項兼任的通信事務等官以其本官相當之職者兼之

附則

明治三十一年勅令第百八十號廢止之　已完

學界風潮

江南陸師學堂學生退學始末記

退學之情狀

癸卯二月初六日江南陸師學堂三十餘人同時退出此皆因學生界自南洋公學衝突以來實爲第二次紀念先是總辦北洋學生劉維驟隨德教習講求器驗視聽彈徐大純問此何名用於何處總辦不能答遽斥曰講手何處聽者何處何物問大純聞知其語詞也忍而退時學生聚者數彈胡牌耳語於大純曰此彈乃制面式何以用大純曰我亦疑之仍語於總辦總辦且皆已退因兼成怒藏聲責其發問無狀且指與胡牌語爲怨犯講堂規整飭革出大純亦即出後遇監院監院責其不應離講堂應記過仍令赴請大純不獲已從之總辦習見其入也指目之總辦承其頤使縣起如飭謂吾講堂不容有此學生立命監院將其拉出夫一再請求果何至則待無人理如此蓋大純者思想高監院經理員學立爲別而深惡其赤製全堂者也以故總辦欲跌一大純以矜威於總辦且以揚己威其時同班學生三十人皆不能平以礎於總辦亦遂下無事時初五日上午九點鐘事也下午下操後與頭武帶四人出後門閒步經理員胖楷尼而鎖其門欣然邀監院至大廳以俟之而此四人者乃從大門至監院藏之而歸監規無故不得出大門一步胖監聚歡責其過而退此四人入自大門者也監院者即漢文教習爲普發也先是學堂有監督而無能總辦新受兩皮之旨數頓學堂乃假手於教習爲監院以分監督之權以故監督爲掛號權全權一握於監院教習爲人愚頑自負不近人情不明公理專用服從主義鉗制學生學生至有以偽語獲譴者評論舉動無分毫自由權而又有體罰等以爲之假除者以學業生學堂小頭銳面陰賊險狠之尤也以書於監迎監院特任之據久欲藉一二學生以示威而籍間不得其故有此隙立發監院遂倡此四人以示己有權之勢燃燭後乃傳此四學生指名籍記過曰學生有過自有堂規何必學生監院故擯於網至此已憤極不能容忍乃厲聲曰今年不比去年學生有犯不得姑宥鹵無所謂記過一記小過即爲開除等凡自料不見容於本堂者各宜熟思何必俟斯別之期而先時言仙人地步耶全班見其有意樸擊情已而悉涉徐大純謂大純已犯堂規決不姑容大純在側問曰請問大純犯何堂規勝不能答大純因請勝宣布曰無論犯堂規未犯堂規總辦既有條革退汝有何說監止午之事則總辦自總辦逐大純而大純又自願告退者也大純乃曰亦總辦革退大純實大純不願在此奴隸學堂隱爲奴隸一氣不能小乃飭聽差將大純行李刑出立送出堂時已二點半

未完

浙江退學諸君之建設○浙江大學堂全堂退學情形已登本報茲採得退學諸君暫於林司後東文昌閣開學有蔣文櫆汪燮華支雯許炳陸李諸名譽教員教授之茲錄□□悲壯械同佐近

之一洋房爲存放其物辦叙亦各有等[illegible]北間上海嚴道殷女士
打切約五百餘元

杭州大學堂退學名單

吳廷騄　周綸　來競　吳錫庭　蔡維瀚　石永宜
朱元聲　王穎　凌杰　何倚　徐士鑾　王承點
朱豪　陳渠　吳乃璋　陳國材　陳國志　周仲雄
周啓楨　吳鏡第　楊廷燮　俞致中　方鉞　趙繼昌
方珂　陳欽父　王文荷　車鄭　高際來　俞再廉
王冠清　程宗植　張廷綸　洪必淵　汪衍德　陸鳳翔
方炳圻　錢輿　許鉦身　莊臣武　黃振禹　何效煌
傅繼璘　趙文尺　徐川甫　洪杓　王斌　田秋
王烈　朱其烜　周契南　胡國均　周昌璐　施桂馨
張增燦　俞鴻審　柴宗詮　何竹青　王煥央　蔣馥桃
沈遴　盧觀濤　蔣朝儀　熊飛　湯兆豐　沈昀
陳嗣璜　陸永壯　孫洲璣　魏樹甘　周維翰　陸永恒
馬步青　劉彬　厲宗周　馬宗淡　馮譽祥　王樹
邵鵬　陸世勳　增祖銑　孫宗濬　裘嗣芬　李伯庚
李欽　吳賓檀　祝晉　劉保泉　韓志婆　熊文
陳振華　陳汝杭　范光祖

各省紀事

蘇州○蘇府向守胱次由蘇臣市於輪赴寶試與魏沉管開保梁忍撫札派曾往仍[illegible]辦理擬請縣[illegible]宜一俟寄存即行秦納聞辦云

常熟○光緒已丑秋間有客民數千名至昭文東鄉任陽三涇行牌白茆等處墾荒田支搭棚廠樹茅棚畫則耕種炊飯夜則聚賭支更鄉民犬以爲此等舉動跡可疑遂傳至城由城中紳宦稟達官紳由常熟縣官心致函各營統領江陰防軍已故統領張某帶卽率馬隊五百人及泰字營隊軍星夜趕至常熟將客民悉數遞去至去年八月下旬又有客民數千人分至常熟昭文昆山新陽等縣又借種荒田爲名盤踞不去而客民初至常熟時以致故示公平荒田儘力耕種土客亦甚相安今歲新正土客爭據耕種致有毆鬥之事後經常昭二令派弁彈壓亦得無事今聞白茆等處有熟田數百畝亦爲客民霸種佃戶告懇業主主兩縣均無如之何又聞南鄉等處客民亦屬不少熟田多爲霸種大東門外人瑞橋距城三里有客民十餘人祇有一婦人在內亦支草屋三間聚族而居其形蹤詭秘凡在白茆任陽等處強客田者皆暗藏兵器扁担等物俱削尖而嵌以鐵一切犁鋤木耙皆用鋼鐵包紮較之平時農器大相逕庭官府欲撤其耕地畝四角地保亦將其所佔畝數一一竟客民等俱能照章完納官府差役設其人衆而強俱不敢過問云

鎮江○鎮江督委郭道員查勘常鎮道袁郭接准撤後諸縣縣辭於二十一日乘輪[illegible]部文武同寅各員除首縣外均在江[illegible]

千興浜郭道陽岸至南潯學舍行驗即於是日中時授印

鈕郎中心增上年奉派分北閘揚晚後告假回籍省親適太守人病故在籍守制今年兩淮鹽運司之聘充揚州儀徵學堂副教習已於二月間到堂現因太夫人出月初葬事故已由揚回籍料理殯葬事宜

山東兗沂曹濟道曾在任病故公子等雇舟扶柩回南曾日由江北運河停泊清江浦奉憲頒洪令親詣舟中弔唁並將所開行由內河回籍

城內縣行有二三十戶之多北中離甃無帖設充情形故下游廳局院遊每年各戶先將行帖呈驗並認定包捐方准交易刻局員劫守限本月內一律持帖呈送於後預繳該項並事傳知各行遵照云

揚州○內務府傳宣公文已由江寧轉行到揚聲悉十八日程運司謹奉商藥日昇與錢發款因回批示內謂此次內務府奉皇太后特傳兩淮備辦嘉方絹緞等項本文以所存無多急需應用飭令迅呈因務於五月限內到京不得了草率遲誤致干罪戾鹺憲先諭發款已飭庫照撥銀一萬兩該商即查收其役到京繳呈復照亦仿承辦發去云聞 太后預行慶典而有飭傳內務府置品京中已有傳辦消息茲兵燹後宮中缺物甚多全賴各省陸續呈進也

杭州○杭省縣文崇書二書院曾定改爲仁和錢塘小學堂業已停課一年即以舊款撥作修理并延聘教習之用定額三十名以名額取嚇致詳念四元早經出示招考茲屆開課由兩縣送堂傳齊各考生覆試以定去留并取紳董保結以杜冒籍

廣東○廣東武備學堂前經大吏派委員李令光遴前往日本採辦各種儀器物件現已運到共計一百餘箱

新書介紹

科學世界○上海科學儀器館編輯月出一冊第一編已出中列理論實習技萃傳記小說教科論錄諸門條分縷析體例精緻求物理者所必讀之書也每冊洋二角

新說於授學（日本帝國山崇大著是書首列緒論次敘教之目的次教授之材料次教授之作用其於教授新法原本精備洵教科書中別開生面者也每本洋一角半

憲政論○日本法學士菊池學而著侯官林棨譯是書首論國家與余大論統治權及國體政體日本憲法與英美選舉政黨諸大綱中分冊目於憲政之一切組織義務完備簡要亦簡明洵政學家必需之書也每本洋四角半

本埠紀事

示保敕當○曾經北首學亂權奉 撫憲發給諭告示保護教堂限二年內不准損毀由各地保收管在案茲已限滿現奉上台檄頒告示至上海縣由汪令飭差分交地保更換張貼矣

嚴禁私運○近日本埠錢貴銀賤因係之壞於此已極市上兌換宜十餘元每洋兩易錢八百文當經究現有商董夏樹杰曾稟稱乃有奸商私運出口以致制錢日缺小民受虧殊甚故於投上海縣稟請移關封禁等情當經汪令得稟立即照會稟關道以昔年奉蘇藩吝咨請禁封禁在案今既仍有私運制錢銅元出口之作物件分販售圖利情節因於前日照會南北兩關稽查請飭令各巡丁等嚴查私運如再故違拿獲後將錢充公究辦云

蠶絲流氓○前日保甲總巡朱令兆興到局會同局董有流氓多名開上首留有剃髮短髮即令拘拿當場獲住林紀生顧廣寶等四名研訊之下判林李姆十下立傳剃髮匠到堂將四人剃落一併割之從寬交保

英廨訊案雜錄○怡和洋行式拉夫控用銀二萬餘兩者洋東報巾包探李某訊控事波將高提案略解訊原告等人稱呈高之家財約有值銀母親與妾之金飾在方九叔現服和

兩銀樓兌換得銀八百兩歸還怡和行洋安公司銀了步辦五千元之金飾此外有號姓借去銀三百兩魏爾生借去銀六百兩替生借去洋一百元下海關與徐福寶合買地基二畝方單在中執處裕泰祥紗號股開往來與福元錢莊借呂馬山行有洋九百元四馬路天賦昌亦有股分上年在城外與福生號馬夫賭博輸去洋二千多元餘無別情訊據被告之英國律師稱押候補提人質訊再行核奪仍發封裕泰祥候示

法廨案雜錄○陳福生之妻范氏被徐辟鄂誘姦捲逃被陳扭控公堂訊押候一併懲貫在案昨日提案判將徐先責五百板伽號一月期滿責放范氏掌嘴二百下傳其夫來案具領回管束○山西人趙少森前年八月間向姚陸氏騙取銀戒兩枚價值洋七八十元至本年始得被見扭控到廨審訊趙比數次抵押不繳昨又提訊供上海無資可措現至原籍變產歸還孫懇具以懲日久判令免其繳價著枷號兩月期滿責釋

一　西歷四月二十四日禮拜

光緒貳十玖年三月廿七日

蘇報

總發行所◎上海英租界三馬路中

分售處

[illegible]

西歷一千九百三年
日歷明治三十六年

每號大錢十二文

外埠價目
每日一寄連郵費全年六元八角
七日一寄連郵費全年六元
西洋加倍
東洋照加
郵政不通處酌加寄費

告白刊例
第一日每字取錢四文第二日至第七日每字取錢三文第八日以後每字取錢二文封面告白照後幅加倍論年論季面議長行告白二百字起碼短行告白以五十字起碼多則以十字遞加

來件代論

日俄戰爭未來記叙　　吳 金剛華 來稿

靜觀不以力強弱不以形觀國者驗其國民之國家觀念如何爾彼效果可得而見也歟吳之人國家之觀念此幹而切實文人學士以至編訊販走卒之風諸稗官小說傳奇之稱述其矢口皆關於政治術仙國之興衰翻院有一背役犯祖國之權利殘損宗邦之名舉則全國洶怒不惜萬段千辦以爭必得直而後已中國之人則家之觀念也淺而薄平時放棄其國民之責任從事於身家衣食視政府之債金失地如隔岸　火與拆都之踐北如燬如告急而南省猶歌舞以自娛豈病夫之謂歟瓜分之圖寧不怪哉付之一笑酒氣上升忽而怨嘆仲外互相和合相與謂默承小鳴呼觀東西國民對於之狀吾支那人之價值可以見矣一十年之前之國非不廓然大甲午一戰割黔雖香強秋千涉遼執亞東之牛耳持盈保泰如英國者惟知預固其勢力範圍繼頭突飛勁敵後來居上一時扶占旗南德踞膠州倚特強國之援動以向左右追庚子之役東清遂失於是日英同盟之問題起日俄衝突之點線交遼東與蒙古民紀念之塔將遺絕預銅像武士之像撫劍以睨西北破裂之機朝不及夕而吾國民猶馬俄馬大聲疾呼銷以時局頑者猶抵死以救我和黎之忠勇神衛警告日祝諸者備教十國順民之旗幟歡之命以待聯軍之後至問其國之觀念則將向為託邦而求之吁其痛哉日俄戰爭未來記一冊英國木皿司之原著而日本文學士大町桂月之所譯也因於一戰爭小說而支那朝鮮方來之題顯悉備嗚呼以其民氣熱狂吾自恨國民之奄奄無生氣以其政府之方針強硬吾自恨吾外部大臣外交無策聯盟以為得計觀其醜詆支那自居於文明先進吾汗流浹背對案不食如吾國民殺蠢為雄無沒他人以口實觀其占據朝鮮挾國王李氏以去吾悲來集心百端交如覺十年以前韓方朝貢諸影像浮現於腦際而知帝國主義皆為強盜主義之脫化觀其比曖英國吾知去年英日同盟保護朝鮮中國之約其端已兆於國民之理想觀其切齒俄國吾知東洋大亂職其淵封終不可得避清俄兩國首當其衝孰勝孰敗皆有直接之恐怖故吾之譯此非欲揚他人之銳氣而小國之名聲欲吾國民反觀對鏡知所警也嗚呼今則松花江畔之林木已設四國復起衝突矣發口既張而彷彿各國軍艦往來以內省報章其譯竟感慨於此發東亞大局岌岌搖動於吾之紙上也

勸揚州士君子

心亦西學者

今之熱心時局顧威勢之阽危而思有以補救之者無不日倡其說曰吾國其維新乎吾國其維新乎嗚呼斯言也甚已哉者脫悅聞者耳熟矣庸詎知國也者國民之結晶體也全國皆昏庸之民智識不開思想不開合眾之精神不振國民之資格不立譬諸如材則雖日日維新不啻蒸沙之不能成飯磨磚之不能作鏡耳故如謂自進行總之此限為國家要政上下交爭王大臣野相皆

居今日圖智救國其必使一國之民人人能自勵然一國之國民人人能自新尤必先使一身之學術時不時新一日不新互相切磋磨而試之一鄉如是一邑如是州至省全省全國亦莫不如是則吾國民實力進一寸斯吾國實力亦進一寸吾國之與國民如影之隨形然響之應聲有毫不容假借者吾人皆吾國民中之分子謂不放棄今日之義務而失本世　協利亦乃或者謂法非我傳居然太息曰安得賢君相起而振我乎嗚呼彼君相者非可掛治山河吾國之民腐敗朽敗之事狀外交內政兵財工商諸學皆茫然非其人則雖有賢君相又誰與圖與而也今夫舟而求行為航海一大家為不能徒朽木之舟而斷溢海難舉世之名將亦不能禦侮狀之情矣推日本變政之始猶非有明治陛下人限且情騷澤論吉前田君或恐懼計或遊歐西挾其所民以應上之所知則誰能像諸稍稍以治今日之時代得與強國並驅爭兢於東西兩大陸獨立於太平洋中決決乎為世界第一等國故是可知國之強弱在國民從前諸君相者必無由得諸家有子弟各具技能勤勞進取其家未有不勃然興者否則自暴自棄一一待治於家長家長既不勝其勞其能際此我將又我何哉況今子弟終為家之累耶方今　朝廷銳意痛深銳意求勵人材之缺乏廢設以獎勵遊學為務一時應詔而來者旅居三島約近千人而荒僻如甘涼滇黔亦莫不負笈擔簦越海東渡以振風氣之開中於他省淮徐通海且不乏人仗不敏得隨諸志士後從事於東亞一途時號東遊一派考其初意謂吾揚風氣南北之要衝易俗移風應先鞭之猛着其必有慨念時艱揚山航海聯翩而至者乃不謂寂之於同鄉中所謂維揚人物者可與我觀山川江蘇留學同人粉敘同鄉大會即蘇江蘇留學人數達二百人以各省之冠而吾揚州自十餘人主二三十人有奇無不鼓發心鑿氣激揚志與中國惟吾揚州跡焉寂寥則戚痛心今何時矣吾揚人士猶歌舞太平沈醉酣臥而未醒乎親睹揭行賭有不發聾振聵欲嘆流涕而欲為吾揚州呼號痛哭者也

米完

時事要聞

電論照錄〇三月二十五日奉

上諭從來立國之道端在理財川人方今時局艱難財用匱乏之國與民俱受其病若非通盤籌劃因時制宜安定財政日有起色必派員釐定由戶部認真整頓將一切應辦事宜悉心經理即如各省所用銀錢式樣各殊平色不一最為商民之累自應明定章制一律鑄造京師設立鑄造銀錢總廠俟新式銀錢鑄成足數即行發所有完納錢糧關稅釐捐一切公款均准一律行用此項銀錢使官不中飽弊除擾累鹽部庫省庫收放均歸一律不准巧立名目稍涉紛歧其應如何妥定章程著即詳晰分別籌

力任勞怨任定不搖務令國法整頓推行盡利用副朝廷■■宜
民之至意欽此同日奉
上諭前苑丞五員著各賞大卷五絲緞一件苑副四員著各賞
小卷線縐一件委署苑副六員著各賞小卷五絲緞一件欽此同
日奉
上諭管理奉宸苑事務慶親王奕劻總管內務府大臣世續乾清
門侍衛兼管奉宸苑事務訥欽奉宸苑卿景恩著南苑郎中承啟預備
南苑等處行宮差務一切妥協奕劻世續訥欽景恩均著賞加
一級承啟著賞給小卷江綢袍褂一套並賞給紀錄一次欽此同
日奉
上諭通商惠工爲古今經商之要政自積習相沿視工商爲末務
國計民生日益貧弱未始不因至此爲亟應變通盡利加意講求前
據政務處■■載振奏請設商部業經降旨允准茲著派載振爲尚
書伍廷芳先訂商律作爲則例俟商律編成奏定後即行特簡
大員開辦商部其應如何提倡工藝鼓舞商情一切事宜均著載
振等悉心妥議請旨施行總期掃除積習聯絡一氣不得有絲毫
隔閡致啟弊端保護維持尤應不遺餘力庶幾商務振興蒸蒸日
上阜民財而培邦本有厚望焉欽此同日奉
旨南苑團河行宮新宮舊宮之苑戶等著加恩賞給一月錢糧海
戶等著賞銀二千兩所有賞給銀兩由廣儲司給發欽此

二十六日奉

上諭連日恭讀 慈禧端佑康頤昭豫莊誠壽恭欽獻崇熙皇太
后御筆諭語之變像衛校等著再加恩每名賞給一兩銀錁一
個由廣儲司給發欽此

山日本同國者之談話○今年元旦留學會館演說時有滿人長
福聞而鼓掌某滿人怒之以目迨同寓時長福曰彼毀我滿人
汝何鼓掌耶某曰吾未聞其有毀我滿人之語也其所責者吾安
得不鼓掌

湖南留學生富於團結之熱誠故爲學界所稱說

博覽會中有唱歌女人一名據稱係台灣上人而或疑其衣服神
情不類台人因有傳爲湖南人者或又謂係江西人湘人之留學
者即勵公忿現已勅令回湘矣日本政府則謂此係彼等爲競利
起見者所爲非行中之旨也

姚文甫已離日本或云仍匿居某處

王季貞已出清華學校前傳習君潤田爲之辯護聞中留學諸君
欲對曹君不過一時之風說而已並無此事

弘文學院前此學生與學院係有人從中播間所致聞湖南紳
往留學諸君與院約訂立四年之合同此人甚爲失望謂其實円
何其旋之速耶或云日本欲以退學諸君皆有復合之意爲不欲
附入術中也

新書編行政程○字林西報云中國 皇太后現甚欲將國家銀
行早日建設因中國舉行新政皆取法日本故欲遣至大坂閱視
博覽會之專使現已奉命考察日本銀行章程及一切制度俾回
國時小試辦銀行即可於國中建設云

東京日日新聞譯登○某官係此次入京以巨資賄李蓮英又依
榮祿死後介可乘機見 兩宮即授爲通商條約議判委員賦小
人之患得患失真無所不可說

駐京某國公使詰問外務部俄國撤兵之事如何慶親王照會
中曾明後日俟奉天將軍詳報中國必使俄國實行其口約

世界要聞

利政司被刺○字林西報二十二號路透電云布阿爾斐尼人在
該處之司背他利街川爲刺殺俄與改良新派之利政司二人聞
一爲暗殺一則受傷云

俄后患病○俄新西報紐約函云俄皇后親在患病將甚危險
恐難告痊聞其始係患腹瀉後漸次進步諸各國最著名之醫生
立遴維醫治亦未見效茲攻府則此信後亦甚爲之危云

兵丁正法○字林西報云惡俄國君主所屬駐紮非洲操利脫利
阿地方兵隊現有兵丁九人因於三月二十八號年日自暴動
情形已經判定正法

英國改造陸軍○東京日日新聞云英國陸軍改造之說起於南
阿戰爭尚未了結之前邇來陸軍大臣於委員任務著調查既
終草改造案提出於議會得其協贊今述其大要英國本編成陸
軍營爲三軍營防衛本國其他三營當殖民地國防之任邇來六
國之武備平時若不相統一之嫌故此次各軍營師團旅團改常
設參謀部司令部現下第一第二第三第四軍營既已編成第五
第六軍營之編成猶待將來陸軍大臣致公稱於議會第一第二
第三軍營九箇步兵大隊四個騎兵大隊(一駐南阿及其他殖民
地)並補若干砲兵中隊之缺乏使之完實第四軍營缺三個砲
兵中隊與地方砲兵隊所存二箇軍營不可編入而防禦猶不
可不■組織從以時日至改造案實行後英國陸軍加二倍之膨
脹力其強大當可與海軍並峙於地球矣

學界風潮

錢塘縣學堂散學事○現在各處官辦學堂動輒散學大抵總緣
頑固者專制過甚從未有因曖昧之事而頑固總辦反覥顏無禮
人因之散學如錢塘學堂者可謂愈出愈奇矣本月十五日夜堂
中辦事人等均出外有年幼某生與溫生同室溫生以曖昧強某
生某生不從怒詈殿拜告之班徐生於上乃偕溫生同詣總理
徐某處訴其辦理徐某聞言極獎二生之能既而謂曰此事穩娛
遇先生知否二生答以不知徐某似有慍色乃曰予明日准臨堂
爾等先歸及十七日到堂後二生偕二班顧生汪生朱生重至徐
某處詰問徐某竟大背前言語二生曰我觀其生必爲人所蠱
惑曖昧之事溫生決不敢以爾等不必多事二生曰據先生所言
是溫生實無其事矣然某生者又安肯以曖昧之事無端自誣耶
人乎本縣全堂名學尚新先生差緣徐某聞斯言似稍有感悟乃

曰從綴再究而稽察馮某某寵愛厲生聞此事急告徐某曰果欲斥退厲生我必告辭我辭職史ㄑ欸久諸教習亦必辭職汝為總理者將何以處留徐某即責拜二懇留馮某曰果欲我留亦非難事然須斥退顧生汪生朱生三人否則我必行徐某無奈立即允之既而馮復以辭館挾徐其意蓋欲並徐黃二生亦除名也於是二生自詣徐告以故徐曰此舉係爾等受人之愚無端惹事我既不斥退爾等爾等欲自行告退豈爾等不服我斥退彼三人耶謝等不服而欲告退我亦何畏去去我無妨我無妨於是二生收檢箱篋將出堂適見齋夫標貼斥退條上書曰黃生徐生顧生汪生朱生朋黨排擠難以理喻二生見之即持條詰問徐某徐某大呼曰我野蠻我頑固非爾等能以口喻須各從便不必再問於是黃徐等五生於十九日齊退堂中諸生共憤不平陸續告去者復數十人聽此學堂開辦未及一年竟以此等事而哄散不亦奇哉聞散學生亦欲籌款擬自設學堂云

江南陸師學堂學生退學始末記　續稿

退學之情狀

當總辦之辱大純也各學生忍之腠之出語無狀也各學生亦忍之及聽差之拉大純則強哉已漸萬無不發之理林錫均首出抗辯不宜以盜賊待學生喝止聽差聽差不敢動而陳與算學教習李勛自率親兵來拉大純李勛者亦學界生之虎而冠者也於是學生大憤同聲一閧有與學聲言打者陶鈞陳等立ヵ沮止謂吾儕均動公憤斷不可稍涉野蠻只問今日之事是而非者可逕稟而親兵可拉學生顏面何在公理何在勝李見勢大皆逕去學生乃相與聚議二三代表者出而演說謂吾輩服國民之義務奔國民之首途何等關係而今食蠻橫野任此雞魚肉至此將來恐求一完全之奴隸而不可得既不自愛何以愛國遂相約明為要求總辦開除劉細驛維變為監院晉殺縢經理壁李幫教勘四人學生乃無事否者全班行矣議乃定當如議之時副監院王繼英出問各學生告以所求之事繼英唯之謂當以德律風請總辦自有處置頃而總辦至堂不即見學生而與監院等聚議所以壓制學生之法竟旋發號上講堂時諸生齊集站隊排迎總辦面陳一切時監院經理教習細驛等皆至劉細驛高發呼站齊者三隊尾和描動細驛等見之以為人心未齊不足懼也監院乃掛責體洋教習來章士戛曰此事何與洋教習相干必見總辦而總辦至首問謝等何事聚眾林錫均曰學生以公憤有所請聚眾不敢總辦連聲曰此非聚眾而何此非聚眾而何此事果誰為首者學生同聲答曰事關公憤無分首從總辦曰然則何為學生方欲從容曾本而監院等挑起駁詰聲色俱厲幾無學生容喙之地總辦憤指陸學士謝等上講堂有事者請監院曰曰願從者無後悔學生中亦頗有動者而直足以立者仍四五十人總辦曰既不上講堂即入自習室吾有辦法於是上講堂者三分之一歸自習室者三分之　總辦見仍勢大乃尾逾入室開羅講堂何故手引學生謂無為首誰所惑學生不為動林錫均等曰老師有何吩咐總辦曰無吩咐文案薦舞者陰賊無賴之徒也適至指曰學生謂汝等勿以親兵拉徐大純為ㄏ慎怕大純者以不安分而設親兵拉者也如汝等種種之不安分皆須以親兵拉者於是學生大憤斥責某何人敢辱學生來口一聲齊鬧角某逕總辦亦撤行學生以冀得言其狀皆憤又約代表者二四人詣總辦處請命總辦拒不納學生同請總辦傳言且謂家當有信學生擱出久之仍不得要領監督彭某細驛楊某出而關停課所求過多恐一時難副因徒然破壞圖的除李雖即開除且解散學生中持重者故有此意緣相戒無暴動兩監督亦計逃散四不得命學生乃約退告聯名者三十一人單既上總辦以為此係從也思所以解散之乃手寫斥退條貼曉衆其詞曰

學生章士釗林錫均俞鑑成黃宗郊等為首聚衆滋鬧實干例禁着即行革退立刻出堂不准逗遛與明督憲從嚴懲辦以儆刁風此論　仍未完

改入弘文學院○本館昨得東京留學生趙彤三君來函云昨閱三月三日貴館所載湖北留學生鄭方伯學鼎勸趙觀禁之子五人抵東以不能入成城遂共謀歸計為學界一大污點云云揭開之餘驚駭萬甚某等滿甲負笈東小在必成從得以臨陋難遽與學來歸衹以成城故弃例不能入改鴻宏文又因宏文樹木枝吾不得不在外小作勾留現已於前日開學請投云云　按本報前臣一節係抄湖北宋函今得此信則三君已入弘文大約即以成城不合例弘文校吾三君小作勾留時鄂中有此風說也

正宗學堂紀事○直隸正定府學堂開辦以來毫無成效教科學規不能識者一閱不過徒有一學堂之名而已近日某教習在講堂供解字義學生某起而問難某教習不能答老羞成怒逕將某生責辱退辦時學生而以盜賊視之某教習與江西某守（符胡信府學堂某生者一段兒弟哉

泮溪公學紀事（）日前浦術泮溪公學總董顧滸昆之太夫人開喪公學停課致習學生咸往吊祭全班學生均穿白衣執白小執香恭送有致函本館痛詆之者吾不知係學生自願致此哀敬耶抑有迫使不得不然者耶當於足以觀此榮乎徒發觀碍招物議而已

揚州學界中人來函○保護學界目副教飽心增封禁以教學生服大欲敢瞞為諸分教勸往大概以備護教學有關揚州一府大局勸忍耐幾日俟總教到後再決去就於是學生從之仍舊上班惟托故告假者紛紛總總猶不自知與監督某互相倚行其舉動手段有學生說禮拜二字即大加訓責課卷中有用新字即記大過並禁看一切新書在講堂高談仁義道德夫仁義道德本為學生實問之事無舜其實仁義而行不仁義道德而行不道德山且所談之仁義道德又大半錯解待學生如讎拍案怒視為近日學堂教習中所罕見在課堂中日有衝突十六日在堂開講時大聲謂來學生曰你們敢不可存名利心有學生與之反對因辦曰生等逆叛聚皆為名利惟名利有公私之別云云鮑知

爲識刻因似改用柔軟手段自此後見學生坐談若曆不從之怒目挾視無如所言皆鄙陋不近人情學生更厭之先是監督將某與學生素不相能總教王公常留此人必要因爲故時中抵制不使施展自此到後與味相投互相傾助聚[illegible]教不在與鮑某日夜計謀謂非斥出數人不足示儆千八早爲先將在課堂與鮑反對之某生斥退揭示於堂大衆不服謂與學詞[illegible]則去鮑去則留監督求某教習轉圜學生始尤不散鮑某無知罔覺仍然上班做，得該門生洪某一人與之對談良久所談皆天喪斯文之類無異一篇老學究叩閣記出堂後始收拾行李而去而堂中照常上班惟國文停課云

各省紀事

河南○近日省外州縣因將丁地錢改錢串一時乏錢之處小民無可措手傾屋府屬下温縣孟縣百姓聚衆抗官竟將孟縣官署付之一炬

三月初八日爲士子入城之期與考者共四千餘人凡遠道來遲持有咨文者若未封門即可隨到隨補故有將行李車駛至城門下車之時即入場投文領卷者可謂覓矣然尚有入城甚晚不及入場者聞共有數百人之多

湖北○近聞有人稟呈撫憲擬在黃州地方建設女學堂以開風氣未知能邀批准否

近聞有人購買藥茶園地址起造米捐公所惟議價不合難保無中止之勢

設若發價辦理漢口藥局[illegible]所用小工人等弊端百出發名猶現由十六至十七日陸續發行辭退

漢口淮鹽總局總辦與道員此次乘坐火車函行入京聞因料理集相要務故也

江寧○現派支應局郭道前往訪察各路理常鎮關道所遺支應局差已於二十日札委李道兼綜辦理

江南水師學堂總辦黎道錦彝於今年正月到差旋經督院委赴東洋查考海軍及各學堂即就道既抵日本投謁海軍衙門呈遞咨文即入海軍學校查考一切勾留兩月即航海而返已於本月二十一日旋省即日趨謁督憲面陳一切

蘇州○長元吳三縣高等小學堂額設正取學生各十五名由蘇金林三令於正月二十二日考試加額錄取剔下應行開辦經三令定於本月二十二日飭傳取各外生衣冠齊集學堂循例謁見入堂肄業

揚州○前報紀江甘五岸鹽務局以真將淮鹽買鹽銀價錢價請改錢款據鹽其時運司已早批駁拒絕張某與業商因欲算勾串斂錢向同衆詐洋八百元事發後鹽運司究辦正在飭查間旺由岸商具稟乞恩茲於十九日奉運司批示云查現在銀價大賤該岸商發出價飭團之票每包售價銀一兩三錢五分核與定章應售錢數照折計算所稟尚屬實情惟請改爲一千六百五十文雖較欠戶買由尚少三十文而與現以銀一兩二錢九分之數比較所增似覺過多且與滬買鹽向以銀計歷年已久未便忽然改用錢文本司持平酌核此後該岸暫與滬岸一律每包准暫加銀五分共售銀一兩三錢一俟銀價復舊仍照核減仰該鹽局出示曉諭云云

鎮江○洪令前飭發保甲示傳諭各舖戶准照開所給印票均有二十八年字樣各戶詰問其故皆答以上年餘存即用並將八字塗改九字捐戶因之大疑城內堰頭街一帶各戶恐其中有弊均不願繳

山鄉[illegible]所產石灰運往各埠銷售貿易頗旺本年春陰日久各窰所產甚稀價值大漲刻下每担售洋一元有餘且各舖存貨尚屬無多

浙江○寧紹嵊縣毗連之境向多匪黨茲又有巨匪數名糾黨肆劫假借山火以爲抗拒官軍之用迭由紳耆投報奉化縣王令慮其勢蔓延且恐激變不敢與較一再遣人向之解勸以免匪膽大張竟有搶掠婦女擄人勒贖等事其中不堪其擾故已集議分社聯名稟求大憲調兵嚴剿矣

杭省蠶繭將上市本年鮮繭客莊較之往屆爲多[illegible]捐領照大約四月望前當可開市每斤價約六角之譜各當道因恐內地或有盜患分派弁兵四出稽查以資保衛

嚴州○聞姚邦達此次由嚴州返省雖因有電促其趕辦教案實因機不由己且與請辦委員語兩端意見不合借端卸責云

中政府擬日往美國考察各省[illegible]十歲內解送到關矣

本埠紀事

廣令來滬）前署上海縣監令現奉蘇州院札委來滬即日赴縣二署拜謁

押犯兇橫）著名流氓朱蓮生即打綱蓮生及大眼睛毛毛二犯皆由縣訊懲發押改過局在案曾日局內有另案發押之某甲失去煙槍一枝疑二犯即指爲賊某乙所偷且相爭毆局員李浩然喝阻不服函請提城汪令即飭差往提詎朱等竟敢辱罵衆押犯蜂擁出力阻不准提去役將縣差二名扣留不准提出汪令於昨午飭同巡班差役人等親蒞過局提朱蓮生等至案訊起獄情由朱帶同押之十介寫爲首汪令提出押間[illegible]五百板復押朱與毛毛各[illegible]嚴辦

信局公稟○滬南老正大信局等數家前日聯名投馬路工程局稟稱近因各局信船泊在楊家渡時遭各號船戶爭泊[illegible]所請爲飭令遵守定章不准爭泊擾滯情事[illegible]明再行論令各船戶遵守界限不得紊亂當即提究云

因公停訊○昨爲法公堂訊案之期因孫讞員奉道委赴某局訊案無暇到解故停訊一期

陽歷四月二十五日

光緒貳十玖年三月廿八日

蘇報

西歷一千九百三年
日本明治三十六年

每號大錢十二文

外埠價目
每日一寄連郵費全年六元八角
七日一寄連郵費全年六元
西洋加倍
東洋照加
郵政不通處酌加寄費

告白刊例
第一日每字取錢四文第二日至第七日每字取錢三文第八日以後每字取錢二文封面告白照後幅加倍論年論季面議長行告白二百字起碼短行告白以五十字起碼多則以十字遞加

總發行所◎上海英租界三馬路中

分售處

論說

論王之春借法兵必亡中國

宋玉有言曰魂兮歸來其交下兮心傷悲其弟＊魂兮紛紛其交橫兮乃知遺命之將至嗚呼今日何日痛乎瞑瞑乎危疾之將援此危險其我堅遺命之日也

昨日本埠廣西紳商忽發傳單通知桂撫王之春借外兵以救各省寓滬紳商并於今日在張園招集各省紳商會議欲急籌策挽救觀其傳單大意則王之春欲將桂省作一禮物送與法人著欲已久或謂王初放桂撫時即與法人密約爾借其軍路嗚呼吾不知此次廣西紳商能以策以挽救否各省大吏能如爭俄約之出力否與日諸國能如往事之力折俄以否凡此情事皆非吾所敢預知然吾敢下一斷語曰借兵之事若成則吾國之亡必不可以一稔也

何者我國不自振拔腐敗之極早以瓜分之故其所以踐踏審順而莫肯　發難者誠所謂殺老牛莫之敢尸也既合法人爭刀則諸國新發於硎之刃亦肯旁觀而袖手乎此則萬無一線求存之望者也且西人嘗議處置中國不出二策一則為中國剷除朽腐之政府而立新政府一則瓜分而豆剖之庚子之聯軍有為中國立新政府之勢之機矣漢口之自立上海之國會中國有自立新政府之勢之時之人矣顧彼於朽腐者則保之存之於自立欲與國者則挫之摧之規此一端則西人不願中國之興而欲施其瓜分之毒手斷斷然無可疑也嗚呼今日而借外兵虎之倀也砲彈之引火也吾知此借兵事成中國之亡必不能以少待矣

吾有一事敬告我國民足以知法人之用心與此次法兵入桂必至瓜分中國吾今年一月以前曾見有法人持秘繪地圖已將中國顏色改變在英勢力範圍者改從英色在法勢力範圍者已改從法色其餘在各國範圍者莫不皆然吾始見其圖而涕淚下然猶以為彼或遊戲為此爾自今觀之則投受之計已夙成特吾國民懵無所覺耳嗚呼借兵之事成吾敢斷言瓜分之禍即懸於目睫也

吾又有一事以敬告我國民去年皖南有往日本留學生三崎嶋箕璜一生二殺儀二生得抵安南欲乘汽船往日本法國駐安南之總督聞之即令人勸彼二生在安南留學二生不可法督即令巡捕守二生不許往其後二生乃告雲貴總督轉告於法督二生始得釋嗚呼觀此一事法人欲亡我之心如饑如渴吾知法兵一入桂必如[illegible]有之不必如俄人猶須假借兵之口說也且英日連盟俄法日思有以敗之今俄既不撤兵又以林木事將與日本開戰而法乘機而動此其陰謀狡計不待智者而後知吾故以王之春之借法兵為亡國之符劵必然無疑也

與友人論遊學書

今日之通才高識知世界新學問之不可不學又知本國之無學可學於是出洋遊學之舉作漸漸於二十一行省然道赴歐美者猶寥寥大都萃聚於日本

所以萃聚日本之故道近一也省　同文三也此亦自然之階級萬萬無可疑怪

況在本國與世界文明事物接觸較多者宜莫如上海然上海雖寓之外人既皆中下等社會其人數又不及本國人千分之一故文明之現象稍見一斑而文明之精神無從領略但覺其為金銀之世界歌舞之歡場連街接巷一國風俗氣象使人厭苦而已至夫教育之狀況社會之秩序雖移日歷遍市可一無所遇上海尚如此，地更可知

內地之情狀則迂謬氣傲狠氣鄙陋氣合而為一種之腐敗氣如卑溼之臟妖霧山谷間之蒸瘴遊行其中雖如九遙如歷墟墓雖入廣廈如探鳥獸巢而彼所謂大成至聖玉振金聲最高尚之說在我視之亦不過與蠻人之朱漆髑髏生番之麻穿桔梗同其臭味生活此間人真乃對他脾胃之恰相宜以此相較自日本為相接雖彼之所唱國粹以由支那之輸來品或即為民之舊根性者亦沒天荒地荒然而不由不使人嗅其氣味因之作噦然呷一盃之歐水噉一拳之米石者如蚯如蚓游谷滿坑自如好臭腔者初踏津門即意人臨耶一番之羅鼓見九人之傀儡雖未愜人意已相得近似終非窮鄉僻邑華村閑館乞丐聚場之比也則教育似乎有所謂狀況社會似乎有所謂秩序在不耐逐臭者飽嗅商埠之壓俗氣及內地之腐敗氣似乎若得清靜空氣於稍稍彌除之隙非不能不作清淨世界觀也

又自數年有往日本遊學者或友之送別鄉里之驚怪以為遠赴異國曾酒何辭為之探詢前路為之請託師友臨別之際又鄉里告誡以業成相期或有一半年而歸國省親者人必訝其生還或又竊竊私議笑其所業之不移愛其重去之無日今則片言興發穠被即往偶有數相知往上海之公司船步出送者亦因離別之際尚有而為之說藉借送別以敍其詞必無倉皇遠別之感一年之中健於往還者往往有毛細事故返國數次從上海去日本皆無異於去杭州去蘇州去通州此亦從道近省費之語便益生此交通頻繁往來熟達之結果　未完

時事要聞

電阻桂撫借外兵外款○廣西軍事忽聞有王之春借外兵外款之說廣西紳商在滬者以後患不測昨晚集合同鄉同志會於桂林一枝軒樓上公議補救之策廣東寓公亦以事關唇齒聞風而至者數十人咸謂事不宜遲即擬定電稿於入點鐘發桂林北京四川三處茲由粵友抄送電文錄後

一致北京兵部戴少懷侍郎工部唐春卿侍郎云桂事王撫借外兵外款事關大局後患不測務速合同鄉京官奏爭

二電成都岑督護督陳桂事王撫借外兵外款事關全局後患

不測諸滇黔蘇力爭并貸外省皆盟

三電桂林兵變院曾京藩王擬借外兵外賊京聯全局瓜分立平確聞明倫黨並閩省紳商力爭滇兩廣紳商公上阻止借兵發電○本埠滇居兩廣紳商既發電力阻桂撫借口猶恐無濟特刊傳單約期今日午後一點鐘在張園集合埠紳商會議辦法

又聞各省寓滬紳商均以此事為兩國存亡所繫皆有協力阻止之心

又聞日本東京已得[illegible]中國留學生公電王氏力爭矣

滿洲新盟約○滿氏發京將軍增祺氏吉林將軍段祉氏黑龍江將軍薩保氏因保將來於東三省以兵力鎮靜事變與防制他國之干涉事與俄國開議總督協商平時準備及一切防守計畫密約王俄歷三月二十日締約始告成茲探其要旨如

第一　條京將林黑龍江三將軍欲保持各所轄境內之安寧於整頓秩序中特施必要之處置凡俄國敷設鐵道採掘礦山改修道路及一切軍事經濟之施設三將軍宜協力贊助之

第二　如滿洲遇不得已之時因事故不能鎮定而第三國用其強壓手段干涉其中以破壞滿洲之現局使居住之清國民及俄國民抱不安之虞俄國應聽其滿洲將軍請派兵丁並遣已國鎮路守備兵同赴該處共謀援救之策

第三　於前記之外俄國於事變發生時所有三將軍及其親族之生命財產特當與以特別之保護即平時亦宜於保地位安全施適宜之處置

第四　三將軍於該所管轄地方凡關繫於軍事者皆宜優待俄人且與以旅行食料及生活上之便宜

第五　凡關滿洲之統治者如軍事上之防禦物火藥庫兵器貯藏庫等俄兵皆當任保護之責

第六　俄清兩國間必須計設事前之豫備及全般管理權其於奉天吉林齊齊哈爾三府由俄國派員駐紮辦理遇緊要事項則由三省將軍與該辦理員協議之

第七　凡俄清軍隊合同鎮內亂及對抗第三國之干預所有軍隊大統帥由俄國將校中選定之錄北清新報

京師緊要○聞日前停止印花稅及雜捐之論因河南民變而英公使亦忠告慎重辦務勿使發生意外云云故遂決計停止以恤民困

聞此次議設校役以計已有百餘萬矣

廣西軍務緊要○廣西巡撫蘇元春初九日交卸印務及所統各軍暫歸護撫王[illegible]目下該省軍務暫行停頓

廣西之軍在於勇丁因藥餉缺乏遂乘亂搶劫城內外各舖戶四十餘家經護撫桂撫督飭彈壓始克解圍否則不堪設想矣

七起常昭清獎情形○常昭清令乘已起不勝起矣乃近日昭文新山一姿尤足駭人聽聞茲特紀于下　有陶姓者住昭門內西涇岸木常庫在丙申之歲其時常昭[illegible]陶有良田四千畝錢賦一一完清從不帶欠並為人攬納并且口吃兩漕俱目為好糧戶一日偶欠常熟零餘之糧米為差役提至漕上關押待質公所陶以文生關得質不合律例遂自悔其誤摶帶白金九千餘兩至京加捐外主事遂巡都下者半年居然京官矣回家之年適值清賦事起陶欲思拖欠錢糧報復兩漕皆不得逞其志年復一年仍舊完清今年春陶欠昭文漕銀二十元正數如數完清三月二十一日中刻昭文漕書潤生以常熟提陶陶居常熟界并派常熟差一名登門往索陶以正數已完復以錢從心已不甘忍耐完清二十餘元在家付給尚欲以陶大小不得互相爭論昭邑即出門付陶陶將昭邑毆打昭差逃去一名回至昭署喚同承差役六七十人蜂擁至陶宅逃人員打門窗盡毀陶之妻女僕婦婢女號泣四散奔逃差役又將陶痛打并拘其僕人一名及為陶看門之成衣匠一名拉至昭署大堂差役復將堂鼓自行毀壞然後照例報命謂陶毆差毀鼓並將其僕人成衣二名以為証據出差役一面之詞以為陶某非個人何敢如此即將陶僕及成衣匠每人痛責人百板以示威猛打後枷示頭門差役又將大鏈拉起使之不得下坐陶某出洋二元然後安坐頭門路人見者皆為太息聞陶某以糧已完清遭此大辱將與昭令至省評論又將訴諸令縱勸其家被毀之形此富日之實在情形也論者謂昭文差役半屬無賴之徒正役以其舞衝為倉米而用之縱役恃其官勢橫衝直撞與令又包庇其差役以至民不聊生云及京官惟一見教士教民則拱手相讓深恐釀成教案隨時可開邊釁立地可革大員雖猛如虎狼如羊亦變為和風旧日也此案一出常昭為姓吐氣以為康滿清長毛賊之禍乃出之於堂堂官吏亂殺人認問也以前陶與差令為難孰勝孰負再候續聞

德員受傷遇害○字林西報二十二日天津電云山海關某德員于上禮拜日晚餐時被其僕人用鎗擊傷後背[illegible]資該僕故該僕懷恨而為此惟僕[illegible]而該僕人已[illegible]非無大事云

世界要聞

土國派兵平亂○字林西報據德文報云土耳其王因各國欲實行梅西度尼亞改良之議故已允各國之請特派大兵至該處亞境方以平亂為後該黨即反對改良政策者聞各國現暫甘土國不能例不能戢亂各國當出而干預現在俄法各報論臘維亞之亂者謂吾人當出而代平惟英國各報則並不論及並以英皇在法京當必與法政府公商辦理此事也

英皇觀祭○字林西報二十三號路透電云英皇愛德威第於二月二號在法京觀賽鵠可觀看賽馬物賞賜杯一隻價值千金云

升任外部○又電云義大利駐京大臣調提督毛林現已升任外[illegible]

部大臣

西報公論〕又電云英京太晤士報現其以英攻守政之學習特鐵路及授其全權於德國之事爲非各報亦抨擊其議。

德美交涉〇滬新西報二十二號柏林電云自威廉助拉二役後德美兩國將有交涉當先國特命地中海水軍游弋德屬吉樹恐亦以此故云

組織鐵路公司〔又電云此間已組織一有限德華鐵路公司股本十萬馬克德國各銀行皆與並出資爲理爲德人漢司孟云

奉天選舉〇又電云奉天國利乞斯治克國會已下令奉天選舉之舉資

俄兵伐木〇東方日日新聞云三月中旬奉天之俄兵約九百人以上皆易軍服爲佣常之粗服借伐木爲名向鴨綠江流洞溝出發

英皇親睦〇又云法國大統領羅勃因英皇來訪不日必往答禮

俄大臣東遊〇又云俄國陸軍大臣近來爲極東旅行巡遊旅順口營泥窪自木個安威等處

土國叛亂〇又云阿爾倍尼耶之叛亂土國政府患之阿爾倍尼耶人常擾土皇之政府近衛兵中所徵募二大隊悉其地人也此次有叛亂運動土皇不得已決計彈壓之自新爾尼卡派遣大軍於阿爾倍尼耶各地方先日叛徒攻擊來得羅威之首迫附近某市之知事使從事新改革而交付若督教徒憲兵十六名云

德人疑英〇又云德國新聞推測英皇之巡遊其結果必當不利於聯合之一國若與法國大統領羅勃會見後殊於德國不利云

公司集股數月〇又電云德國亞爾鐵路公司現已在伯靈集合股本五十萬兩（魁林英幣）建造中國各省鐵路其餘經費則皆由其鐵路財政部及各公司擔保云

英增艦隊〇又云據英京傳聞英政府恐滿國爲一有亂預爲防備決意增加東洋艦隊之勢力必應於極東駐泊強力之艦隊

日本全國聯合教育會〇又云來五月二十三十間於大阪開第四回全國聯合教育大會日程如左所定

二日　午前行開會式然後至市內各處觀覽

　　　午後職執行之事件

三日　午前議事　　午後出席代議員演說

四日　午前議事　　午後行閉會式

閉會後自帝國教育會授有功於學制者以功牌

本館按日本民間之發達全恃民間教育會之力本部設於京都分部遍於各市府町村今中國上海有教育會本部而各地分設者除同里支部紹興教育會而常熟派代表人來滬謀設支部外尚未有所聞有教育之任者盍聞風興起乎

學界風潮

江南陸師學堂學生退學始末記　再續

退學之情狀

學生界之最爲不平退志益決總辦以懲罰之無當也一變而爲可仰乃令教習監督等私約學生之有願者誑以此時無由總辦必分格外相待之恩我於總辦前亦必極力保舉云云而退告諸人皆掩耳頓足疾走無少動者總辦知事不可爲乃思保全其餘之未退者乃悉驅入講堂講洋教習守其門令內外不得出入時已午後兩點鐘不敢開午飯揚言曰諸君且姑心坐講堂而三十一人者即是時魚貫而出就車共發矣其出也仍雜各教習如常作別而堂中督官總辦已上院赴未拜謁總辦而行此初六日出學之實在情況也顧吾國數歲以來學界時有騷動而南洋公學去歲之事實爲現象之絕大者此次之衝突亦未始不受公學之影響而努力則似不如公學之狂何也蓋公學公發之學堂而陸師官辦之學堂也公學洋務之名目而陸師營兵之紀律也上海洋場而南京官場也當事之急也總辦指學生曰聚衆滋事何等罪名革俱學生曰惟知督憲從嚴懲辦出學以後風潮未已則學生非十分獨立仍有所憚而不敢發至最種種之利益犧牲獨其次也此一原因也公學之二百餘人也前後六班交誼既久團結自堅而陸師爲今年第三屆開辦之始二月二十五日開學距三月初六日不及兩禮拜學生分室而居彼此多未謀面即發少數之舊班亦不過一年或半年之久今遂力謀通於公學而未易以程度之高低論也此亦一原因也要之此三十一人者具有一種特別之精神無般自由無服獨立脫離野蠻桎梏之地共拜此國民無極之長途如汽船之初離海岸後開滿蒸汽直往來駛突於奔濤巨浪之中必求一日得其的岸而後已三十一人對之求達目的地殆猶是也願告同志其各勉旃　仍未完

來函更正〇新民民塾創於壬寅春三月原設於南板巷延聘蔡君競成才爲教習其經費由大學堂諸有志者集腋而成今春始遷於石板巷非退學諸君所組織之新學校也前因退學諸君居留未定故代收函件耳應請更正　按此函昨由杭州寄來亟爲照錄以昭核實

各省紀事

湖北〇漢口淮鹽局總辦與督辦瓜期已滿例須卸差至何人接辦須四月初間必有明文也

近聞蔡甸地方出一交涉重案上憲與委夏口廳馮丞前往查辦昨已事畢昨旋省即上院銷差

江夏縣惠店人向在上海開設機因入某會收入江夏縣有年現上憲已准其具保開釋

江寧〇近外物力艱難民生凋敝而以游兵散勇四處滋擾於防恐民入會以致小刀哥老各等匪日多沿江各處幾于遍地皆是有司防範偶疏即不免乘隙滋動禍江督有鑒於此昨已通飭所屬文武及各府縣台保甲嚴密稽查務獲渠魁以做其餘

江寧課吏館自去年開辦迄今各員猶未普及督撫將垣自知府以下正佐各候補人多于鯽每次傳課不過大班二十員小班倍之課以七日爲期以未澀故有已經傳課者有未奉傳課者且

原奉本大湧無論已課未課均准與試而赴和領卷者殊不捷去在冬季之名以宗章收列超等者立委缺或委從差而上台什未能諳習故凡此不拔錄取也

蘇州〇吳洲縣屬陸墓鄉民究阿根被裴汶傳氏約同奸夫蔡阿出設鬨一案因奸夫作透由縣懸賞緝拏迄未就獲而該犯賓傳氏已供認不諱故經蘇府斜及司桿向守效泉訊問得實即于二十九日呈請恩撫部院是日同時提勘者尚有吳縣兩起並與縣一起及桃源縣兩起并往縣一起

湖澤縣土客兩民爭墾定案後近有夾自該縣之客民黃恐風等因向付投控緊與僞由縣給有准墾照據在縣搭棚耕種恐已五有年近為該邑紳士吳燕紹等訴去任民驅逐出境不許墾種故投蘇州府及撫藩二衙門上控請究

松江〇提標中營張春將花兇陞署江甯城守協副將於念二日交印啓行新任參將桂亭即於次日接印任事

城內西滿濬市河前因二月以來晴少雨多迄今尚未竣工皆由甘姓副兵扣發工食不敷食力故不肯踴躍興挑也

揚州〇兩淮鹽務商人以新莊浦屆扶九廖可亭三家為[illegible]家三四月為計凡西岸運鹽及一切公事必操於廉貿均以鄂湘皖三岸引鹽亦以蘇等為多例準淮南引鹽估去十分之七其中公私各款殊蝕已多伊仙等現商時有改訐之事揭西岸鹽商聯合滲密從無浚淀予人指持近因寧可亭合其姓某甲為江西什前並事於同鄉余守[illegible]任之時以道籍揚州委辦竹學差使在案受所合混樣鎖官鹽帶所損搞其於倉館招存各款侵蝕甚巨及敢謀將蘇商日昨禀商具販運鹽務陳鑒而香款情形求將轉司批飭員委辦現開江西全帮激動公憤故起與廖姓公訐不服陽伯元等約同會館面西商在湖南會館於十六日[illegible]等互用轉誣弊端攻必公同官所勸息欲調停為兩造陳請護運司衙門及淮南總局均非輕易所能解釋云

通州岸商森即廣容以暗充公商故各互攻遂指商號州在安徽恐火藥局差使其子揚升接到其父現在外招探賊與當[illegible]上月私約七歲之小舍子招赴上海臨行在路[illegible]一千二百兩此外虧欠各錢店及運署放借各戶共四五千金因諸債[illegible]故將財西原之銀借付為手飭借被私逃迨伊父由安徽馳回始悉家存數萬余命[illegible]為川招派人尋覓方知在湖州[illegible]以其設計脫騙故莊主侯姓於前日往淘提候拘佳官振登即近捕務追款云

浙江〇湖南機器名茲有人因湖南省城現已大興蠶桑絲之[illegible]工機織在杭城招人促給幸工并購織機及棕格等器冊試織各種網緞擬在該處設立官局設公司以興利源

寧波府高守英前曾奉保以道員仍留本省補用業經開缺以候府應三承補劃下高守應即遴班赴部引　見所遺之缺已由

濟化各卡亦不守派承辦不[illegible]即當赴浙贖新矣

杭省內地土藥自收釐印花稅并增成抽納後漸覺起色設有卅局茲因總辦張守孫生已屆瓜代不委潘守若士承代當于念二日移交將局務清理辦報矣

新書介紹

希臘史〇日本桑原啓一纂譯是書敘事詳密而又參酌而書接引精確其于希臘興亡之迹歐洲文化之原尤能慨乎言之發人猛省誠史學中不可不讀之佳也每本洋七角半

英國度支考〇英國司可得開勒著金匱華龍譯是書研究英國累歲度支之概要凡于國計之盈虛民生之利弊無不詳切言之講求財政者所必需之書也每本洋四角

本埠紀事

藩司辭行〇江蘇藩根道來滬接暫駐鐵江會館茲因公務須赴金陵即須赴試特於昨日分赴道縣各署辭行

官由紀事〇管解雲南京銅委員陳丞赴都公畢由津抵滬昨至道轅稟見〇戊戌科翰林袁仲儒上海縣汪令[illegible]生昨日到滬即至縣署拜會

會辦巡杭〇滬南浙江海運滬局會辦尹令良前日因有要公坐官舫赴杭謁見撫憲商要公

派兵護解〇南滙縣汪令前拿獲梟匪唐小弟一名到案詳供係押解松讞局深恐途中梟黨覬覦故請撥勇兵護送茲悉[illegible]派撥小輪一隻復派護勇丁十餘名護往該縣護解

協獲案證〇南上法總局包探持法嶽頭孫令名片並偕南至南市念三七鋪巡局請派巡士偵侯少華七歲即二人解局長允為派勇協押將侯生提局交案探偵周猫案訊究

擬論核示〇著名流氓朱連生即小巡生與大眼毛毛在改過局押所滋事由縣提訊發落在案茲悉汪令以朱等二犯現雖稍委員赴扣飯食故昨已將情照明瓷關道核示

清理垃圾〇道轄城關道署每日以公出城見途中垃圾層堆積累馬地甲徹應不付夫執除故面論縣主汪令即派隸及二人督同差役每日四鼓稽查一面傳甲地[illegible]船井雇夫挑裝運以後再有堆存惟各該地甲是問

收繭先聲〇本埠各絲廠兩月[illegible]必將如何收繭派人至無錫紹興及洞庭山等處收買鮮繭因將大屆期間日內各絲廠已派人分至各處預備打灶及佈置一切矣

暫停發落〇昨日為洪解發落之期因孫點員另有公務故暫展捕員暫停發落一期

添用探夥〇法捕房於前年起因所有轄地設包探頭目三名包探念名現因地方遼闊不敷巡緝前日三探目與同頭總巡用探夥每探日名下五名共計十五名稟商同辦公堂將准予所請

四

讞案二則（昨報紀押犯男枷一則）前晚由汪令提訊後判朱杖責三十五下復笞小板五百下掌頰一百下飭入矮籠發囘所示衆毛杖責三十下笞責四百下收押自新所○周均蔡前日投縣喊究亦奉提訊據供甯京人叔父福彬在滬開老虎灶兩處於四年前病故將兩店分以歸故叔之子周阿福與婁女薛周氏各得一店詎又強佔周氏一店并論被告求給判周不外訛詐責二百○省釋○去年誘拐某扭控吳炳生拐婁逃往杭州一案延宕迄今未將葉婁交案汪令着保安吳訊究判押所究追改過

英廨訊案摘錄○協文滑受鄭翰臣囑以道勝洋星簽字之一百五十兩銀票至滙豐銀行取銀怛被察出冒簽交探王長桂獲案中西官判押候補提鄭姓到案再訊○倪成蓮與西國將棠記報關行之洋紗私售與水包探黃雙林獲案押繳昨已繳洋爲歸力將付洋四十二元交案由倪請歸判各責三百板枷示一月詐洋之十九日由地保朱伯全責四百板罰洋三十元充公

光緒貳十玖年三月廿九日

蘇報

西曆一千九百三年

日曆明治三十六年

每號大錢十二文

外埠價目

每日一寄連郵費全年六元八角

七日一寄連郵費全年六元

西洋加倍

東洋照加

郵政不通處酌加寄費

告白刊例

第一日每字收錢四文第二日至第七日每字收錢三文第八日以後每字收錢二文封面告白照後例加倍論年論季面議長行告白二百字起碼短告白以五十字起碼多則以十字遞加

總發行所◎上海英租界三馬路中

分售處

□□要聞

粤省旅滬學界□□□勿忘○昨日粤學同□刊發傳單午後一點鐘齊集各外紳商到者三四百人首由龍君積芝登壇演說次徐一□次□君□演次□君君武次梁君嘯庵次段君賢仁次吳君稚威次鄒君無外次倪君其次蔡君民友次黃君濟吾宜明外兵干預我中國亡國之原因粤論亡以全局糜爛之始莫不發言激昂聽者亦多有慘怛形於色者演說既畢僉謂先立一會以資名者紛紛當塲簽名者之時本欲隨同捐資嗣因此時未定所需數請君暫緩俟後再行登報宣布議畢分散已鐘六下鐘矣諸君演說以吳君之最激烈鍾君爲最切至凡採宜晉或演說者恐粤人未能皆由徐君繙譯一遍其詞候明日酌錄

湘人公憤　聞湘省萬公因主之春以此舉犯大不韙於天下尤爲憤怒有欲公電詰斥之者

廣東第二次傳單○昨日粤學均發傳單會議之後廣東同人發憤益深因於今早又發傳單約請同鄉本日於廣肇公所會議

論說

與友人論遊學書　續稿

然而今之新學問乃世界之學問僑不能合世界之交而使互換其智識而國人守舊迂腐之見終不能蠲除冒險勇敢之氣終不能蒸發故不知出洋留學之益則已如其知之若僅以日本自封仍乃胡□之□蟪蛄之智與瑣屑者之見解不過以百步五十步之異而爲世□□無窮之憂慘皆我心之不滿也

然□□聞之學說乃□□□□□□□□□之□以三綱五常當於民權立憲始無不駭而跳卽有譯錄者僞若疑雖恨悍之通人不能無疑此之自惑也故求與日本交通之先亦當有西遊結合之士其勢大而不敵衆口故學說不立自東學輸而全國披靡□子□之□多而民權立憲之說乃大昌普通人以爲兵自惑者今孔尺竄子乎！□□□□□□□行江河對□世而不刊而三綱五常之謬備雖慚悉惑戒我除其擱亦已氣短如疲驢就範如老牛惟有自視其早死而已

夫變通之結果與東來之影響其變換迷捷如此其可駭幾使三綱五常之舊學說質點排列盡改其組織然東學之新舊無異於二十年前之舊譯何以向日之譯書者若視若無視無足據學之毫末今則一開卷而燦如爛如拾□詞復發□指歸學之途此其原因雖甚複雜而總因則歸功於東遊

然日本之與我僅一衣帶之海水使命常通商販絡繹亦已數十年甲午之先彼□歐化告成者近十載□我國學士大夫尙不知陸軍有所謂士官教育有所謂師範□□所謂□□此同□□□聞之冠冕之衣者相率□□□□□□□相告者□來近乎日本開卷而編同文館製造局等之□□上乘之教端□□如列眉安細備具而我則惟曰西學格致學耳西學算學耳不曰此曾文正公之前識卽曰此沈文肅公之□□耳不曰學士叔爲西法之冠卽曰徐壽村□西學之□□□□可笑其□□□□所謂□宗□之惡□附□種此□中□□分□□未

□揚州士君子出洋留學書　三續稿

揚州者位揚子江之正部　按地□志揚子江在□徵縣南□徵縣東江都縣地析□揚子縣故曰揚子江今府城外有揚子橋一瓜洲□鎮卽其沙磧也□晉之□衡而□仰者之流□□□者全國之半此卽所謂廣陵濤也文選之□賦詩之□□□之□召伯之埭蜀山秀水餘韻猶存誠人物□起之大名區□化□□之中心點□□□□者代有偉人證□□之□今□□□之□何□如是□子□變以□國□□□在於□□人士□知時局之日非舊法之當□亦皆議設立學堂以培植人材而□□進矣然試問辦學堂者何人充教師者何人一辦學堂及□教師者非教育家不可豈八股先生□□老□所能任也一是徒有學堂之名而無學堂之實欲求人村□起猶南轅而北轍求□而求魚耳豈不□乎雖然□□國家之强□先於教育而教育之興尤□先於師範□師範者教育發生之□所謂源中之源□中之□者也近者日本高等師範學校□□嘉納治五郎氏所立弘文學院師範科主講者悉其□著名教育家則有譯員爲傳述學業其速（學年分半年八月一年一年半不等聽各人自擇）舉凡施教育之方針辦學堂之□□□□□□其□種□專門學校所□皆是多至二□數千餘所□如外交□□□工□之學無不備□且有□施之標本實驗之儀器□學者□而□行之故所學皆能得其□□見□□川多則五六年少則二四年□□蓋□瞬之流光已□（來習師範者每月二十九元連雜費□人每年約二□餘元□□□□學每月十五元左右連雜費大約每人每年二百餘元惟□海□□年□三百餘元近□譯□盛行爲士苟能備白金來東□以三□師東文後卽可以譯業自給且各校歲放□假□□歸省甚便□時□□□□宜多□□底布□宜特製兩□厚與襪底同衣服□緊身及薄絲□各一作足矣單夾衣隨意酌□）若以□遊□異國□人所悲抑知航海鐵道數日卽達較諸南人之北北人之南者其利便何□□且同志設立會館同鄉□親□舒氣不孤招待極□（上海招待所愛國學校吳君稚暉大東門內育材學堂王君培孫天津招待所玉皇閣前日日新聞社張君亦□一切均可問之）□勵勉亦□□誤近習氣行見學業有成保送□川上爲君國下爲身家兩□其□又何能□□因□□□安□□□數千年之歷史□□□影滅□□無光一任人之文明程度□進□飛而我□□□□廿居其後□哉　仍未完

時事要聞

京□□□（以西□糜爛衆之廣東會黨□動□大政府深憂之故調岑春煊署兩廣□以岑在四川辦事有效也

各國擬闢北京■■崇文門大街以西順治門大街以東自城牆至南大街爲止該地段人烟稠密戶口繁盛且中國皇正陽門大街爲　皇上祭祀天壇必經之道故政府決意不允而外人則索之甚堅雖有某國居間恐亦無能爲力也案北京人多痛恨至今見識未增果能開闢新界則無異使達官貴人以及紳版堅予游歷外國故此舉於中國有益無損政府當勿復阻撓也

李灼華侍御奏請緩停科舉摺中有云張之洞前當八股未廢時則議改用策論今既改試策論矣則又言必廢科舉乃能興學堂然則他日學堂果興張之洞必又言學堂之無用似此反覆無定之詞朝廷不宜過信云云該侍御此摺固不足論惟此數語却與朱君對■發於天下尚未有附而討好而能自立於不敗之地者也

又聞此摺上後交政務處議奏聞已定議俟學堂少效大著再廢科舉同時發後即須遵奏矣

廷寄照錄○廣西用兵一節迭經■■茲聞粵督岑春煊將軍事電達樞廷略稱廷寄奉　旨岑春煊王之春等電奏悉據稱迭次獲勝殲除匪首泗城一帶已無匪蹤仍分派各路搜捕甯餘擊剿梧州百色等處均有人接濟非徒外洋軍火關係緊要云云該督王之春即行嚴密查禁俾斷來源力除後患昨已有旨將黃呈祥■■廣西提督接統蘇元春各軍著即責成王之春督飭該提督認真勦辦務期邊界內外一律肅清以紓■念欽此

粵省軍事彙錄○廣東惠州亂事久未蕆事現所屬平山地方有匪千餘白日肆搶勇猛異常官兵從不過問其附近一帶如良安約大白矮樹等村落皆被蹂躪慘不可言本月十一夜有黨多名圍牛而過大白村鄉人以村中屢次被焚乃率衆突出攔截以搶其錢當場擒黨二人餘衆驚逃黨匪去時發言不久當即回仇鄉人大恐徒避其不能徙者乃於十五日聯合良安永湖二村■約議定倘一遇盜警即互相救援惟以匪黨太多東兇衆甚不敢故鄉人深以爲憂至各處居民被迫入會者十之八九其來入者恐歲歲不自保云云又西江一帶若■■濠若黃牛谿若水背若石咀圍向稱爲四大圍地險人多黨不敢犯乃月之十四夜石咀圍亦被劫則其他可知矣又聞陸路提督飛咨委員督兵帶往省請添派兵勇馳往剿辦矣

廉州黨首張十二即張仲黨羽衆多槍械精良初十日盤踞來安堡地方團勇隊在伯勞之大埔村與黨對敵從朝至暮力幾不支經該管帶督軍苦戰勢不敵當場斃黨黨數十生擒十餘人割取首級十餘顆收隊時已天晚矣此此戰官軍亦有死傷云

廣省官場接廉州來電云官軍初七日分三路搜勦在伯勞之大村與黨開仗惟黨多且悍布置亦頗周密皆用無烟毛瑟館官軍陣亡一名重傷八名輕傷二名官軍揮軍苦戰斃黨約數十名斬首一級生擒一名因黨勢兇猛不能多取首級自辰至酉官軍用

去■■一■於■因■子■■■■■■■■■■■十一■擄伸衆■戰擄此次黨■鏖戰爲廉州從來所無■■■■在內官軍已嚴禁合營協力防禦並設法購草矣

滇黔近事述要）滇黨■自元係年前燒搶蒙自及劫殺鐵路人員銀物之首犯自■小神經前■■追■拿■出逃賞■本村■■獲者現孫令不知如何■線防範該黨在大屯■中當於夜半■■夜爲名糾帶■■前往圍拿當場擒獲梟示於蒙邑東西城等只拾斃一■弁傷■什長餘均無恙此案數年未獲爰■外人早不滿意該令一日不動聲色而竟擒而殲之可謂能矣

滇越鐵路則者街下已動工開挖惟工人均由滇省一律招去當時所發路費未曾照扣到工後該員每日只按名發米不給工資各工多有將衣物典完川資仍不能支故逃走不少又染瘴氣死亡甚多每百中所存小上念人說者謂若不另訂妥章恐以後於大工有礙也

電述鐵路問題○字林西報二十四號天津電云鐵路問題已於今日議決其所爭之地己於一千九百年曾經議立者可抵此路之欸惟路免八■主之爭論此路當歸還■士存本如其所値之數惟■王已將此路讓於俄國則其欸亦自當歸於俄國而遣者己照允云

世界要聞

堅請俄國撤兵○倫敦西報二十三號柏林電云中國官場傳述謂日本堅要俄國撤退滿洲之兵

英相宣言○字林西報二十四號路透電云英首相[illegible]現宣言云英政府并不願入股辦[illegible]達特鐵路云

德政府意見○又德文報云日前英國銀行有入股與德法■■[illegible]達特鐵路之約現已作廢聞係德政府不願英國資本永合辦謂若欲入股須守德國所定一切章程云

英宴德使○又云日前英政府特宴德國駐英使臣司脫克斯欽盛欲明示與德國無他云

英軍小挫○字林西報二十四號路透電云日前英軍在蘇爾遇一小敗傷兵官十人兵士八十人聞英將軍梅明已領兵往哥伐解救矣

東西郵政○東京日日新聞云英國郵政大臣答衆議院曰自倫敦經■行經西伯利亞遞送之信橫濱以三十一日乃至三十三日上海約以四十日香港約以四十三日可到自倫敦經■澳洲及特尼市三十八日經桑港三十二日可達

法國新聞紙○又云巴黎有名新聞非揭載者當特立否斯事件之際據■之議論者頓減殆難苦心維持迎合世論而省報歸於鎮靜再吸引舊讀者當年之利益六萬二千四昨年乃二倍之而爲十八萬一千六百圓　本館按報紙之議論足以左右世界當其始也與世論相違而力持目的不以銷路短少易其心終必能造成與論有益世界方可爲盡報館之責任然吾見迎合世論

以科二倍之利潤者必多矣彼法國有名新聞紙倘然於中國何
貨幣

萬國貨幣會開○又云法國殖民地會議以統貨幣及貨幣制度爲目的開萬國貨幣會議於巴黎可決之

巴爾幹風雲○又云梅西度尼之形勢益危險阿爾勃尼耶人攻擊米得羅威傳俄國領事又被害與土國軍之間屢起激戰

英國出入欵○又云英國三月之輸入比昨年增加六百餘萬磅輸出增加三百萬磅

法退條約○又云法國駐劄羅馬公使照會退廷昨年十月七日之法退條約至本年十二月三十一日展緩批准之期

巴黎市會議長○又云國民黨特威依爾以大多數被舉巴黎市會議長

學界風潮

日本弘文學院學生退校事後始末記○日本嘉納氏某託名熱心於清國之教育者欲按所謂服從主義使吾邦之教育界創設弘文學院立師範科以爲之招其專注意於師範學生之引致也夫人得而知之乃已而迫於基礎之未鞏堅斷之不容已於是不數月而有醫務科速成醫務科六月速成師範科八月速成師範科年半三年各速成師範科本科速成本科等之設其各學科之所由名非取法於歐非取法於英美非取法於彼所謂宗國之日本蓋以吾政府派遣學生之文件上所以名吾學生者名之然此佈自其內部論之則其宗旨之不可問夫何與於留學之目的而自其外部觀之則其管理之荒謬實有足以驅全校之去所者則其教務幹事三矢氏之一語即其發動也先是陽歷三月念六日會計幹事關順一郎由學生部長等十餘人發布新定規則十二條時代表者以示各班經費計費於官私費學生皆無可逃斷之理殊以供商酌對會計曰無庸是固學院所定之規則萬術四月一日即須實行他人無商酌餘地也會計之以此强項語蓋以布辭之三數日彼以禁止全校學生通用電話一事學生爭與理論竟不得直之故是時又不以非尋商酌不能認可相爭者久之乃允是晚學生於同窓會中提出重要件之條議以全力爭稍修改議後復由代表往謁會計關說之將請命於校長而給無給復之意代表須以於施行之期在即因與訂次日來復之約否則後日即須稍停功課以自商於校長至次日果無復　未完

江南陸師學堂學生退學始末記　正誠

退學生之姓氏里籍

孫十艮　陶鑄　湖南長沙人　林鴻均　心樞　江蘇鎮江人
張師武　伯衡　江蘇江寧人　胡宗琊　桂芬　湖南新化人
陶燃樑　方岑　湖南寧鄉人　吳　犇　路岩　浙江紹興人
邵恩綬　仲岑　江蘇山陽人　周維瀚　浩如　安徽合肥人
盧會芳　仲璣　安徽無爲人　吳冠羣　冠生　江蘇鎮江人
黃福祿　聚生　江西饒州人　周柏年　鐵庵　江蘇揚州人
陳家燦　子暉　湖南平江人　馬建勳　來生　湖南新化人
求錫祜　遐青　安徽黟縣人　李振璐　佩之　安徽巢縣人
盧兆駿　伯雄　江西贛州人　王懋章　蘊周　江西贛州人
胡　駿　受伯　江蘇昭文人　李代新　遜雍　湖南湘鄉人
鄧貢儀　賓貞　安徽懷寧人　國勤武　翰英　江蘇江寧人
周炳祖　繩武　江蘇江寧人　余慶灝　幼樂　江蘇六合人
關學芳　　　　江蘇江寧人　楊立澄　可均　安徽
張宗嵩　亞弼　江蘇江寧人　夏弼虞　少蓮　江蘇高淳人
姚懋仁　燧成　江蘇江寧人　永　謙　叔晉　江蘇江寧人
陳文游　　　　江蘇江寧人　徐大純　子然　江西贛州人

惟徐君先時出學

學堂之腐敗

學堂者國民之前途也學堂之良窳國民所得而代議者也今陸師之腐敗出自於退學諸人之口人或謂退學諸人之腹狹者而究不然退學諸人如無國民之傾向則已若其有之又烏可以已於言也

陸師學堂江南官立學堂之稍有一線光明者也計自開辦至今已四期畢業本年乃第三期開學之時未及半月而遽有此變其敗壞之由來豈一朝夕之故哉蓋開辦者爲某甲某甲曾游外洋頗通西學者也堂中一切規章皆其手訂如學生見總辦稱大人見稽查支應文案各公僕皆稱老師自總辦以至稽查等僕皆屈膝請安種種規律至今猶沿習不改故爲某甲開辦之紀念碑甚於對待學生各種不近情之處難悉數若學生有過直手心其著者也某甲受代去繼之者爲某乙某乙紈袴之子豈諳教育而亦全不問事一委其權於監督監督敷衍而已某乙辦一年繼之者即某丙某丙曾從戎嘉爲游有時名初接辦時亦似講求公益時時延見學生盧冒年餘前年曾懇爲其代以某丁某丙乃召學生痛陳熱心辦事有志未逮之故學生感動遂請於督憲以留之既留之後某丙恐學生挾此要挾也漸務抹殺學生權利以削其口逾年冬南皮帥委某丙條陳紛身敗數某居然爲紅司乃移日風車奔馳學堂久不見其跡往謁者學生中敢爭權利者也某丙段之意中斯頗以有起色去夏汪鈞姿平其內以學生無人而一切言論卒全失其自由權矣先是某丙自孔橋流言出新報及新民叢報等禁令學生閱之以故學堂漸有舒學南皮蓋至某丙段以此所南皮之意也極力強起之學生課文點有以參用新字遭斥責者今番開學南皮已受代去矣而監院揚言於學生曰汝輩敢爲大言實以多閱新書新報之故自今除功課外紙閱讀諸其餘各書悉權燒之乃偏聽榜示將挾搜監學生大肆動監院俱知之以爲必樂從服也蓋南皮更訂規制校極嚴某丙承其旨符加其爲鼓學生之動力者其主義也此主義約分爲二　未完

無錫來函附錄○昨日貴報學界風潮所登東林學堂之腐敗足

微公道然似有來證者用敢顯呈
三月初某有事至敢學堂中寂然無人閒問閒人學生何在閒人曰今日鐵舍月課頭別敎習有往考課故停課六日今日適第四日也此時各敎習正在臥室如無要事請勿往擾恐亂文思某竊笑而出

敎習下課後各歸臥室喜課子學生任其出外閒遊一切功課概置不理

其最可笑之事以天命之謂性爲關題請君試思此題非宋於哲理者無從着手爾謂未冠者爲之不亦謬乎

堂中僕役大都總理敎習之舊役無能總理敎習念其舊情不忍驅易揮揩公款私應乎該校總學堂竟爲一班老院也雖然某錫人也閱最關爾讓以今日學界競爭之世人方殫精竭慮思建[illegible]莫志士東林學堂基礎既開經費又充使辦事人立志改良進步未始非吾無錫人之福否則風潮所激瓦解有期不免笑柄謝事諸君子盍三思之

賠資遊學○華亭浦南華樹鎮附生盛杏生向以訓蒙糊口近與同鎮施湖生父子及平上街帶擬欲出洋遊學惟因家境甚窘婉商館東擬預支半年修金以作川資館東不可其妻母吳劉氏聞之慨然典衣售物湊足五十金贈之始得成行不謂鐵女中亦有此特別見識敬佩稱羨者誠可快矣　又同鎮盛迪新家境小康去年自備資斧遊學日本近以完婚回國其妻母恐其婚後復去也囑其女多方[illegible]之詞在一[illegible]事文相類而適相反故并紀之

各省紀事

北京○梁相國小本擬三月底出殯因國變未定故改至四月十九日發引

北京東文學社自中島君因招徐歸京後加意整頓近日仍復舊觀學生亦十分踴躍足見中島君之善辦學務也

北京瑞廠工藝局內文明書局內立閱報所每日有人伺候給往閱者並不取分文自開所以來每日閱者途爲北京風氣不開可見一班

蘇州○蘇省應解本年攤款等項下大部京餉以籌解各項洋款故運準水放近經大部咨催陸藩司撙節籌撥司款四萬三千兩先行設交滙豐號滙解入部

揚州○日前銀號復茂等於領鹽岸銀除每包兩淮貼工炭折耗等銀一兩一錢外仍求照前司另給津貼等情故由運司牌示批駁謂查各岸來銀數號領鹽每百兩准貼工炭折耗等銀一兩一錢從前定數已寬無非爲岸課銀色或有參差故號領鹽京餉務須一律足實一切津貼均在其內否則僅此工炭價值爲用如此之多耶此前司任內或有另給津貼一項要該號等分外多得此此庫欵奇絀裁減冗費之時何得埠以爲例所請乃不准行

北門城外城內行宮一帶官地久爲小民搭蓋茅屋接坑而居緣無際即兩縣什同總局稟請巡府設館廣植桑樹雜糧而城隍行宮一帶官地爲小民佔搬建屋今欲務農興利非令遷居一律拆毀不可經府謂此係興利大政飭令兩縣總局速令該地居民遷徙他處遲則定予重究故孔廿兩令遵即與總局會銜出示矣

邇來私梟之熾尤以五岸境內爲多日昨由鹽商公號暨等稟請運司將該岸內著名私犯朱錦泉飭縣拿獲詳辦並於新城舊港之吉家酒店駐巡弁兵內酌撥於新城舊港要口堵緝程運司閱稟後隨即牌示謂據稟已悉候飭傳征縣迅速將私梟朱錦泉訊明詳辦至新城舊港一帶據該商稟請即于吉家酒店駐巡弁兵內分撥前往以資巡緝但防營練兵甫經挑設尙需詳商分撥等處抵堵一時似難再撥云

鎮江○常備右軍杜統領前因魏督接篆特至甯省謁魏督因杜統領平日講求武備挽留在省諮詢練軍一切事宜統領以營務不便久曠于二十三日上院稟辭二十四日即乘輪回鎮

中學堂擬于三月中旬招考已登前報嗣以報名者人數無多故擬改至月杪舉行現又因郡署遣作爲行轅暫時不及遷移大約須遲至四月間始能招考

城內縣學後有荒山數十畝本爲官地無人執業現有某紳湘欽賴地利擬在該處開墾招人種植桑樹以及桃杏梨栗之屬恐有人阻撓因即稟縣給示諭辦已由洪令批准立案矣

戴生昌小輪公司新造洋式拖船一艘來往於揚蘇州常州無錫[illegible]拼拆之意已于二十四日由鎮開行

本埠紀事

縣署官屯○江蘇候補道吳昌日前由出口局員李明軒派東三林城巡局長孫庚梅保案暨巡局員高文帆昨日皆因公至上海縣拜會

牌示換季○浙江昨日牌示定於四月初一日換戴涼帽仰道屬各官一體遵照云

啓徵上忙○本縣本年上忙錢糧業經汪令于念六日開徵昨爲啓徵之期午後傳齊四鄉及本城各圖地保到縣領候諭單

擇吉迎娶○上海縣汪令之女公子已文字與孫道友蘭之公子訂由孫賀定木城廣福寺旁爲公館擇吉四月十四日迎娶

請驗糯米○近日南市浦中江蘇浙江各屬縣解運糯米船約有一百餘隻皆停泊浦江關俟驗兌無如連日爲雨所阻直至昨日始晴故各船戶咸投江蘇浙江兩海運局稟請驗收以便早卸駛回

飭呈履歷○昨日蘇藩牌示云據三月初一日江督魏批江蘇孔臬所有該省現在候補道府下在任候補敎佐印委各官及鹽關官員之年歲履歷籍貫差缺即飭速造二分申送來院俟將此牌仰道屬在差候補即交公館各員於三日內各開履歷造齊二分呈送以憑轉呈云云

四

貨布失竊（滬北源昌永布號近奉江甯織造衙門發布數千疋存號設卽將號內某甯某合帽候與江寧再行呈解距至前日檢點貨布不知如何失去一百疋竟無踪影聞已稟由捕房派探嚴緝矣

法界訊案摘錄（流氓王晉卿周小毛姚桂榮等前晚十二點鐘時糾黨持刀挑向華小姐們強行閉歇又向拆梢洋十元不遂卽搶案類拾 二枝姚向[illegible]出利刃亂戳無奈任其搶去昨由包探拘獲一人解案請訊姚投稱王等管押後其同黨又來聲稱如不開釋定將爾處死用刀將牌門板砍壞可驗王等同供與此事無干乃係林所為孫訊員判令枷一月各責九百板）侯少華賣叔田[illegible]將前將假方單向潘氏抵押四百元分用被氏在前任讞員案下控追奉判交保清理在案現氏稟求追究叔又提訊侯等同供已付洋一百元餘求恩斷[illegible]供並未分用判侯等三人各繳洋一百元退[illegible]以外自向氏措還候[illegible]管押追繳

陽曆四月二十七日　一

光緒貳十玖年四月初一日

蘇報

西歷一千九百三年

日歷明治三十六年

每號大錢十二文

外埠價目

每日一寄連郵費全年六元八角

七日一寄連郵費全年六元

西洋加倍

東洋照加

郵政不通處的加寄費

告白刊例

第一日每字取錢四文第二日至第七日每字取錢三文第八日以後每字取錢二文封面告白照後幅加倍論年論季面議長行告白二百字起碼短行告白以五十字起碼多則以十字遞加

總發行所〇上海英租界三馬路中

分售處

[illegible]

論說

敬告兩廣京滬諸紳商

曾日設甲禁陽為限止法人干涉廣州之事特立一會各省人與聞此議者無不贊成而兩廣紳商尤多非開兩廣紳商昨日又會廣肇公所特別之會議作故將特辦事之秩序也兩廣者非兩廣人之地方而已實中國人之地方也兩廣人者非特兩廣人之同胞而已實吾中國人之同胞也而且王之春之事其禍固不限於兩廣固將蔓吾中國人而將之是以曾日創設之會合中國各省而保之非限之於兩廣而合辦事之責任亦合中國各省之人而任之非得獨責之於兩廣人也然而其禍雖必延及於各省而今日者方於兩廣發其端各省惟能用其間接之阻力而直接之阻力則仍在兩廣故兩廣人者不特與各省人聯合而有普通兩廣之責任而已又有其特別直接之責任昨曾日創設之會既已籌備一切夫第舉行而兩廣人今日特別之表顯不可不於特別直接之責任更加意焉請以其責任分四部而言之

一偵探之法凡辦事必乘事機而為之始有效力或先為或後為皆足以損此事之作用而阻害進之氣故偵探不可忽也今廣西之事其為王之春初與約法約而未定與其為既與定約而法兵未來與其為既已定約而法兵已進廣西界與阻之之法各各不同今上海惟得京閣爭生之數而獨係關寄兩廣土著之人街無一電夫事機日日變動而吾黨乃僅據此間接數字之電文而推測之而布置之其不免後於事而悞於機必矣故鄙意曾日所設之會以偵探為第一要務而偵探之作用則以兩廣人為尤便何則言語通地形熟而親戚朋友人人可以助力較之他省人便利數倍焉今日諸君宜定設公推奈員甲定來理藉聲氣相通者數人與會中定擬電一冊分往廣中詳探消息責告會員使得乘機應變以盡跟蹤指示之力

二對王之春之手段夫事之最除而最有效力者阻王之春不借外兵而已法人雖耽逐兩廣然礙於公法不能無端而干預內變故必得王之春之一約而後從事焉夫阻王之春之作用上海會員所可以盡力者曰電政府也電岑春煊也電責王之春也其事非不是而曾間接之力且鄙人竊恐其無效何則王之春之巡廣西法人之力也法人主之則法人可以保之故王之春倚法之援自稱巡撫廣西之命而已與法人私訂矣其所以洪遏不發者特以諉其責於政府也今政府忽有岑春煊督兩廣之命王之春也法人必皆知岑之必梗此議而於是先發以抵之最故雖有政府撤王之任岑督阻王之議而法人必悍然而為留王之要約此增祺要結俄人之故智也故此事未必有效且即使有效而政府之更調官吏之諾而例非十日一月不辦而法已從容進取矣其時王之春者近則為增祺遠則為吳三桂政府如之何岑春煊如之何故鄙意阻王之作用必取其最近而最速者宜由上海公推數人速回兩廣多發傳單曰為該說使土著者人人知此事之關係多方設法以阻止用極激烈之手段亦無不可彼王之春者身家以外一無所有者能於其身家需切之門係要挾之必迎刃而解矣　未完

與友人論遊學書　再續

即或有聘紹之咨泛接之侶俞筆紀言傳于海市而人之視之者亦如山海之經志怪之書不過供酒後茶餘之談助而已且此皆記載無論多談市街荒軼金石之作之收遝公貿也即有說國政談學理者亦以張輯世文撰之心胸作漢魏西域傳外之見所為之故鈔襲新聞稗販遊記採拾荒網自欺以世宜當時學士大夫讀之固不解解之而不信為此行籍作之人即今日尚多有在者所謂洋務局所人員外部公使之類無非此類充斥此類學動輒貽笑動輒得咎者無非彼之缺點務也有以自誤誤人思彼緩卻作發者尚以自娛安能望諸其發者稍有開悟耶故我國之開化東西遣使數十年而無其效留學日本數百人而決江河莫能禦者深求其故豈非出洋之後乃出洋留學之益也

然世界之公學說亦求諸世界但求諸日本其結果其影響其時之士以故亦為比例甚不能無惑矣

日本者萬世一系之皇統君主立憲之國也不肯曰忠國愛君必修日忠君愛國又陵君序日本憲政所謂此即所謂日本憲法其國論而多數則熟聞日本之所謂民權所謂憲法閒儼然民權與憲法第不知日本之所謂民權憲法與歐美之所謂民權憲法其與貝若何我觀於日本之留學界中人彼之視日本之民權憲法習慣而不覺無異我國先達習慣我國之三綱五常亦不自覺彼日本留學界中人何嘗不曰歐美之學說同燦列於東亞固盤識之而盤通之矣然安知據東亞而識之通之不與昔年我國人識同文館製造局等之所謂識之通之正相同耶于日本之民權憲法自謂無謬安知不於歐美之所謂民權憲法雖甚懷悍猶不能不自惑其矯妄耶我得而知之矣

不然何以心中目中但有所謂西鄉隆盛大久保利通陸而下之又有所謂大隈重信伊藤博文耶之數人者果盤桓世界之新學說足達其目的者耶世界之所謂偉人不過爾爾耶抑或者與三綱五常之所備稱述所謂曾文正公沈文肅公無異者耶稱述而至於井上哲次郎也給納治五郎也者即無異前之稱李壬叔徐壽村耶

不然何以立憲預備皆早隨以政友黨自況歡迎所謂振貝子者與日本人追悼小松宮無異此豈世界通行之公法耶抑或者如昔年我國之學者不知歐洲有士官教育有師範國政有憲法但日西學格致耳西學算學耳故今已信世界之學即政友而止歡迎而止乎

我心有憂之未敢以為然　未完

時事要聞

京報照錄○三月二十六日

上諭前據御史席式奏參廣西官幕朋比地方各摺片當經諭令[illegible]茲據覆奏查明覆奏廣西桂平梧鬱道黃人驥居心陰鷙取巧貪詐吞食營務廢弛大局桂林府知府孫欽晃不知檢束舉動荒謬平樂縣知縣徐步瀛貪庸闒懦民怨沸騰西川署川知府黃霄齡南北流縣知縣袁寶璜貪婪苛派庇紳病民北流縣知縣梁驥澄信任劣幕恇怯糊塗均著即行革職劣幕宋壽弢即朱文炳縱容撞騙跡近無恥現已捐分省通判名即革職並由該省江浙瑞霖才具平庸難勝正任著以知府道原品休致性近刻薄措施失當以著以知府降補廣東補用知縣黎兆讓廣西知縣湯繼謨捐升通判前北流縣典史賈倬守備鄒世楷等同惡相濟朋比爲奸均著一併革職餘著照所議辦理該部知道欽此

紀兩粵紳商在廣肇公所會議廣西事○廣西巡撫王之春借外兵外款入境平亂消息上海官場公及公事之由河南旅者一聞此信即遍發傳單約同志會議其事粵東紳商聞之復刊印傳單布告同人到會者中國教育會全體會員愛國學社全校生數百人及各省聞風而來者共一千數百人之多已紀昨報人心憤激公議決定立爲一會專以阻止外人干涉爲目的此事切膚之痛關係甚之是以兩粵紳商昨日復布傳單在廣肇公所再議辦法以救急約兩一點鐘開議時紅在公所門首標明其事於是兩粵商家源源而來座爲之滿鐘鳴二點易君季服徐君敬吾先後演說聞者無不拍掌其會議條目如下

首提電致撫王要求三款

一請止外兵入西境對外人以平亂自任

二請起用馮子材蘇元春赴西援之任或罷撫爲欽差大臣督辦軍務尤爲妥愜

三請准撫王之辭去撫之任另簡賢員接理或即派李興銳迅速赴任綏靖聯督之任或派右江道陳昭常或潯州府錫棋暫行護理撫篆

次議款　此事不僅一時議之後議即無事則當擬定善後之法務有三款

一登明本報前幅弊告粵紳公議後之廣告一切事理

二如有慷慨義士先期交付入會者聽

三即日議定公所管總之人存儲之店凡有支應出總理人簽字・交付

演說大半係時來者義多亦有不共計其所以然者但知同心踴躍以爲公所首事某君特出告白一紙大意謂公所乃爲廣肇兩府商務而設與國家大事不相干預云云聞者益知所謂演係與國家大事無不關於疑助來者多者疑慮不能容於中激烈之士聞演說已義形於色忽聞首事有不得干預國事之說遂某起大譁痛詆首事無愛國心不顧大局壓制國民妄施手段無不欲將以老拳首事[illegible]自知失言遂逃去演說既竟人皆感廣西之事亦救廣西即救兩粵救兩粵即救全局又知凡兩粵人皆可開公所之事又可關國家大事嘉不自勝於是自願寫紙捐助用費頃刻間捐款得一千數百元立時標姓名貼於公所左壁鐘鳴五點始各散歸其如何辦法及致電轉本容俟探再報

三月二十八日張園演說摘錄

龍君積之○中國人之爲牛爲馬爲奴隸即在王之春今日之役我們廣西人應共食其肉王之春他省人也不願我廣西我廣西人今日應自籌補救之策粵東人在滬幾十萬人與廣西唇齒相關廣西人在滬者甚少全恃粵東人念同胞同籌救法補救

陳君德甫○廣東斷不可坐視廣西之亡聽王之春借外兵定亂且其所訂之約必係廣東在內若不援手我廣東先受其影響中國自此瓜分矣補救之策富在滬者出資貧者助力合成全省公憤耳

馬君君武○此事應分三節曾之第一節廣西本來情形第二節論廣西此次之事第三節判斷王之春此次之舉動發電力爭已成故事昨日已發電四川及北京雖不爲無見然使中外人視我等依然不過如此有何益係惟望同志於發電力爭外設一妙策必須合成一有勢力之自立會能與外人及頑固者爭衡庶幾可以挽回此事務當視爲切身之事

鈕君裳仁○民變之事各國皆有按公法外人不能干預今王之春與法人之交涉顯違公法惜廣西亂民不知此理如宜告法人爲不堪專制之虐而起法人安敢對壘至此爲一此事已成亦無可如何惟有大家多出資本起義兵出死力以與法國戰耳趁此機會我們中國人能練成兩民使兵民合一是中國危亡之一轉機中國不如外國並非人材不如亦非國勢不如不過少此軍國民之一點熱是一切腐敗之政策趁此可圖改良從前俄國溺死中國數萬人於黑龍江國人寂然若無所聞所以使外人於我輕視至此諸同志如能合力同心乘此時起義兵我可以幫助既是流血在中國地亦我之本分凡我所有皆可充作公用凡有所關者可運動就士之春而苦欲自己不才應盡其能者斷不出此乃欲依賴法人無論借兵即就借款而皆令廣西此之巨毀堪更如此即事已至此我們不能徒作空論當施實事起義兵爲要合公法尤要諸君勉之

吳君稚暉○今日是爲廣人發傳單而議王之春借法兵事我們當認定此宗旨現在所說不外激烈不激烈兩派我非兩廣人何爲干預此事不知我乃中國人也王之春亦中國人也亦安能喪心病狂做出此事大約兩害相權取其輕或者假法人之力今之可以保我祿位耳諸君欲議此事先當知廣西致亂之原廣西之亂不過貧民無生計迫而出此邊省之民風氣剛強中國之官無一爲百姓辦事者百姓不得已而出此江湖會賊無盜廣西有盜無賊不過風氣剛柔之說其受迫而出此皆同也官於廣西者以殺人爲能事以洗村爲常事講到廣西之亂實在可恨王之春[illegible]

乎此亂有何難處簽其野如散沙見利則爭其同類以我計之有本城巴克羅特地方無論何等兵勇二千人即足掃除　彼必以借兵於外人爲不可解了。起義兵之說我我敢以此望之人人我們現在辦法祇有使人人不能進來我講話祇講兩種話不講激烈話發兵因是要起然我不敢冀望諸君之能行只有幾件要求而已第一要求諸君能存平和抵抗力何謂平和抵抗力如四明公所一事諸君所知者法人以手槍寧波人以空拳以血肉與法人格鬬我親見打死七人寧波人預備了一箇打死法人亦遂不敢打可見中國人齊心亦有用此我要求諸君者一又爭立一事發電力爭遂能中止前投所出人人爭給此我所要求於諸君者二又仍約一事上海志士發電力爭至今密約若或若未成此我所要求諸君者三今日政府當探聽此事究竟如何確有此事再開大會然今日先有一言如果確實以後我所要求於諸君者無論工商人等均宜擔市無爲寧波人所笑

饒君資仁第二次演說〇起義兵一事即宜定一辦法無論士及工商人等集成巨數存於銀行作爲軍餉然後將各國留學生調回稍有熱心欲救中國者均捨身從事不但海上我從內地經過各省各處均有熱心之士如舉義兵舍身從事者必不少惟我要求諸君速把巨款我很願望成此事立起義軍對政府很有話講我們打死與他無用我們打勝於他有利我今日對諸君說我流血在中國我之業愈我有巨萬的礦利未能充作軍餉我們不獨愛兩廣愛兩廣即是愛中國能將中國興起來各種人等自有利益

蔡君民友〇此事是全國人的事不是一二省之事此刻應該對付王之春之策當先發電致問王之春與法國有約此刻恐半途爛到後阻止之故法人要挾以速成　現在我等對付王之春與桂省人民先從本地阻撓此事上海及各處遙爲聲援遍告同志就今日起立一團體專爲阻法兵干涉而設願與此合者即請簽名

又昨日演說之人末次蔡民友之後尚有馮鏡如吳稚暉兩君演說又昨日所登倪君係號士銓鄒君係號慰丹合行補錄

傳單照錄〇昨接同人公具傳單一紙照錄於下　啓者俄人據踞東三省久假不歸之意愈益彰著如我國人不行力爭必立兆瓜分之禍必當公籌挽救之法故本埠同志定於四月初一日午後三下鐘至六下鐘在味蒓園安塏第集議凡具有愛國思想者務祈屆時賁臨不勝熱盼　同人公具再辛丑癸卯兩次至張園策術之人仍請同臨爲荷

世界要聞

同盟罷工〇又云荷蘭政府提出制限同盟罷工法律案因鐵道工人總罷工同盟罷工水上輸送工人亦加盟罷工荷蘭之商業機關有爲停止之虞

美軍占城　又云美國軍隊近來占領非律賓群島中之馬羅人

學界風潮

日本弘文學院學生退校善後始末記　投稿

二十八日議停課見校長而以八時頃會計洒至僅允修改三件之一代表者因以是役宜告同窗會中學生恐反以多望而無一成又提出二者中之一件議請必改會計仍以請於校長之樞機議至午後二時頃復集學生等部長等十餘人告以堅不可改之意而所務幹事三矢氏時亦在座因宣言曰余請一語以判諸君之失余度諸君於私心臆計中必劣弘文而優同文及成城然一校有一校之性質余弘文之性質非同文成城比校長已有定見諸君猶力爭如是是誠小解諸君命意何在無已其退校如之何然余決不强留語出未竟同座者以即汚辱語皆離席三矢氏曰其少安毋余說因止之曰予無復管學生之至退校事非得已予旣爲良友余將舉而行之途則是晚每部各以此事分致各處監督十九日午前七時公致嘉納氏退校留別一函擬請各處監督至院知照即退出院乃各處因午前十時赴師範學校會議之約遲至午後始至因告以此係國際名譽所關不得已之苦衷嘗可相諒各監督亦以爲事出於無可如何乃偕赴嘉納氏及總監督處告以退校之說於是年半速成師範科八人三年速成師範科十三人浙江師範科十二人本科五人速成本科十四人同時出院是晚嘉納氏復邀集每部代表之一二人語曰諸生皆官費官費學生非有政府之命令不得擅自退校諸生其知之否因衛之曰不然政府於留學界上之交涉以總監督爲之代表余等退校之說已向總監督言之總監督凡向貴校長言之矣何不得出校之有嘉納氏語塞難仙語鋒少頓及將別復語曰諸生其熟思之毋徒貽後悔也因頷應之而別　仍未完

江南陸師學堂學生退學始末記　三稿

其一堂中之事學生不得稍與其二學生雖無罪而合於堂規之用亦必記過是故學生有以事請者監院至督之曰我辦學堂不假知情理爲何物術有情理勿須向我說俞冠鹹者以病請假經醫官診視歸入病室而仍以臨操不到記過一次於是學生猶不平先是開學之頃學生有以事要求於某丙營規之處惡者稍貲文案等具然爲老師有特權可以愚弄學生某丙皆縱之不問且攜顾爲其媳之父支應爲其子之師稽查文案亦皆爲親友之子若學生者則應奴顏婢膝供奉崇拜於此數之下然後合堂中之格學生既慣擬求稍恢復之稍得與大人只各員請安者狂樂力爭改革之者也而頑鈍者流仍復遊行於稍稍查等老師則已成鐵案今擬所求之件雖有多端而注意推翻此案與冠鹹者力任此事者也乃事未發而風聞監院專謀擊冠鹹之短肆口辱罵章士釗徐大純皆以爭冠鹹事件監院而騷動之機日急一日此距初六日之事不過四五日耳事之發也原因極雜欲溯述之亦詞難也求其所以然者其始積無數以成一果者乎此後

某內將發於蹴徹從容改良以養成學生之資格乎抑過渡已過於雖躬力以倣倖無事乎否非所知也然聞二十一人既去之後某內思所以慰其餘者親至講堂演說以滿出勝謂勝盤己開除之宋某而條出則仍紀過而已又學業生游學東洋者十八人謂某內謂其演說忍耐服從四字之義以為受東洋之文化者其說尚如此則退學生之無理可知既而說者不稱其旨某內借院監督自演而歸咎退學生之行為語決不能涵容之意出學之後群議善後之條件相率不敢散某內聞之以為學生之有抗對也一面稟於總督以學生主張平權自由將釀非常理宜革退一面懸牌於學堂將退學諸人日革退三四人四五人不等某內之意以為疑也刀俟之學生必會迅速不及掩耳若事未發而使人疑之危也遂於初八夜下一手諭於退學生曰

除學生等知悉初六之事出於倉卒本總辦辦理無方深自愧悔數年來苦心經營之事一旦瓦解尤所痛心諸生共患心向學之士一旦事有所激未遂初心此心之悵惘難安當與諸人同也然恐求深明此中原委者俱說紛紜激成事變不知本總辦方自疚之不暇並無苛責於人之意前事不提不忍提惟自傷自疚而已至堂中之事仍當極力改良以圖補救望諸生各努力諸人有厚望焉此不知所云云此代函初八夜　仍未究

各省紀事

蘇州〇官兌局自設立以來均以好販兌出境致市面錢根甚形吃緊近經局將府廳甲乙二人已毀大兌換斗隊兩元頗多當即排往撫由臬兌莊為由條對奉飭令從嚴究辦云

蘇垣水陸防營及府州縣各海關總撫捕防嚴緊督陀山會匪首從各犯務獲究辦立予嚴辦云

揚州〇揚州街道凸凹不平行路頗為不便經議裁減各項捐除修理各廟宇暨橋梁等項餘若干故日前又紳賓以街街道刻已興工修理大約月初可以告竣矣

程運司現委各委員名單大使徐金壽委淮北總分司兼玉委淮北監掣彭年委淮北水鋪委色米照委淮北淮北揚由經歷南如縣南關監掣沈會榮委高何會鈞分司甘泉縣孔林總巡巡檢許承廣委附監掣周加委入聽候各員均於接札後先後到差矣

揚關增工現由委知府凌守家森賫勤攷守已於日前來揚指派關拜謁督各府縣以次各官臨議勸

揚郡之米自出口弛禁米價有增無減督任首行禁止故目下上白米每擔已減二四角計每擔五元中下米來四元五六角及七人角云

常熟〇常熟關藏所盜案近日又獲沙做一名解公研究行選間沙洲又有監盜黨一名與令拿且例極能撥十八省口音輯令無知之何曾將其人管押公所

三月二十九日大東門外有船册烟火城中選舉之役均假大快

船或一餘元或二十餘元或七八元不等又加以酒席等費每員必須五六元毫無者惜廣人沈侈成風於此可見

寧波〇道前有示諭制錢每洋換錢不得逾九百文今每洋祇換八百四五十文兩錢價日短暗中不免運出銷燬道府知會稅務司並拜常二關嚴查一面再行出示曉諭仰諸色人等知悉能將奸商運往銷燬報信者以三成給賞決不食言云云

近日呂從督札飭中軍每日在大校場操練並移知各營嚴飭頓督伍恪守營規如違斥革

福州〇許督于上月念二日巳時將閩防派員護送鼎將軍接受遂於是日午刻啟行同來送行者只一二下僚其各屬及四千餘件之行李則先于十九日附輪同行其檢束行裝時凡關署中公物概行捆載而去將窗格林欄拆卸以行故其行李多至四千餘號恐許督一走而辦亂以備督接任者更覺

閩海洋關近因安溜通事小十餘人派往各洋關學習已于上月念四日由洋稅司閩海報名者有百餘人因日以從故稍聚英不一試也

鹽務學堂開辦數月章程課程悉臻妥協茲閩新關樓屋一座頗擴形勝樓後有山數十笏林木陰翳幽鳥相鳴一幅天然圖畫也山右寺樹林立別具奇趣山外又有一山名曰泉山有古泉作泉字形山泉自此而下近由河工局河丁先將是山行栽工亭屋及設秋千架等件俟工程六十名云

本埠紀事

官場紀事〇蘇撫府向守赴寧謁見督憲已于昨日乘輪抵滬即至道署稟見並至上海縣拜會又縣知縣令調亦因公赴縣拜謁

縣令資〇本縣汪令定於今日午刻在署局委員余守和仲欽於昨日座者係保甲總巡朱令高局巡局員爲巡兩巡仲輔等云

諮員送訊〇英公堂赴事公已於昨日白少搶劫汶林租界入仙橋迤西一帶行人稀少所設巡捕亦以地方僻遠照顧不周稍安頓自去秋以來即有匪徒衣衫襤褸形似海濱之小流氓結隊成群身藏利器恣意佈散路隅伺有單身旅客暨婦女等經過即四面兜抄強行搶劫稍與爭執即出白刃相加惟于淺灘時有之近則白晝亦然實屬肆無忌憚聞本月內鄉人之道經該處被劫銀洋剝去衣服者竟有十餘起之多內有被其戳傷者以致行人相戒視為畏途此等地方官亦應捐房互相查緝庶幾可以斂跡也

嚴辦流氓〇總巡局前日在邑廟拘獲上海有名流氓之流根捨雙牛毛俠與于子帆宋厚資揚子君戟覺仁羅阿毛張叙林等八名到局訊供判得從所將頭犯髮剃去分別責懲並撥巡防

中局解到訛詐王阿六之流氓顧河松陸阿連二名亦由朱□巡輔問以顧供亦留劉淋髮故判枷示半月滿日斷髮釋放即出示論轉復分飭城內外各分局一體嚴緝云

龍坊訟屍○錫邑縣人吳阿大前日攜妻時佯新開十圖地保徐子茂投上海縣報稱兒子案患瘋等係兒表親向在治下錫金公所某姓茶館店充夥三月念三日偶與同夥口角介生口角遺即毆辱延至念六日身死為此投案求驗訖令即備棺保預備屍由於昨午帶同刑仵人等前赴湖州驗實係因病身死飭填明屍格論飭屍親與阿大備棺收殮隨帳再核

誘姦被捕○有因附近將迎春坊某處余文閣之十二齡雛妓康巧寶誘至對街■■設客棧誘姦被偽僕罪避匿串為巧寶之母蔣王氏所知報由英捕房昨由包探查知海將干科役捕頭飭會押該解解訊辦

失火即熄○前晚三點半鐘時小東門外潮州會館內之財神殿不知因何遺火火兆焚如幸得點值早取水龍救滅皮帶車馳救已經滅熄○不費物件等項並未毀穿屋頂

縣案摘錄○錫台山在縣控告丁昧生於去歲十月十四日送寡媳沈氏到家由媳十七日收去洋三十元尚未成親十一月初六夜丁族武生丁開卿糾人將沈氏及衣物等搶去已則被其捆縛丁昧生亦控錢拉信寡媳前　汪令提訊在案茲有丁開卿復訊不認糾搶汪令以錢北家錢則串未妥洽先留沈氏殊屬不合與訊供之沈氏■各堂訊五十下丁開卿■■訓斥有干涉責十下代錢洋念五元沈氏交昧生具領撫孤守節

英晚案案○■人陳金波等串騙貨物一案前晚案飭魏設譯由訊鄒守謂退贓供稱開設同盛土棧多年上年與協太號往來付向揚買川土四箱計洋銀一千餘兩前日忽有同盛公土棧協採來提已買之川土兩箱指為串騙但與交易均有帳簿可查呈電陳金波供實與在逃之周必亭周子英周松亭等股開協太號現在不知逃往何處訊問官披閱帳簿以同盛素無串騙情弊應將提案之土兩箱給還惟須提案一千人証訊明再行核給鄒即斷列嘖嘖退押候追

上海富強善會送戒煙丸人名設○南京○北京○兩湖○兩廣蘇州○杭州○寧波○鎮江○揚州○■湖○四川○常州○常熟

姚楚生　朱頁生　陳毅配　陳瑞利　李少村　金仁德　吳似山　張有元　李利伯　王祥特

張云卿　張正山　王阿寶　胡阿東　李阿生　徐錫寶　王山幼　許松濤　席阿二　金敬濟

夏姐子　王阿生　李德仁　趙川盛　倪德洪　楊本楠　魏金連　楊阿石　方阿生

何元卿　金阿根　王阿福　陳金山　陳阿吳　沙參來　龔培生　朱縉山　孫仁卿

王吉山　王阿三　王子林　金阿仁　李子升　朱阿安　周士齊　沈阿根　沈加林

李文彬　趙阿福　沈海林　王阿大　鄧　洪　唐伯峰　王洪開　李鳳梓　楊本楨

光緒貳十玖年四月初二日

蘇報

總發行所◉上海英租界三馬路中

分售處

[illegible]

西歷一千九百三年
日歷明治三十六年

每號大錢十二文

外埠價目

每日一寄連郵費全年六元八角
七日一寄連郵費全年六元
西洋加倍
東洋照加
郵政不通處酌加寄費

告白刊例

第一日每字取錢四文第二日至第七日每字取錢三文第八日以後每字取錢二文封面告白照後幅加倍論年論月者面議長行告白二百字起碼短行告白以五十字起碼多則以十字遞加

論說

敬告山東旅滬紳商 續稿

三對於外人之手段外人之干涉非有愛於吾人而由之平亂也借此以臠割我牛馬我而已是故一國干之則如彼之於東三省也各國羣起而干涉則如聯軍之於北京也其殺戮之慘淫掠之暴各國既以殷鑒之疑彼國之人亦爲之憤怒而激也諸君思之其視今日會黨之禍何如諸君毋以爲外人橫暴之舉僅加於會黨而已也以東三省北京例之彼何嘗以義和團爲限彼固將以此積威剝吾人自立之萌芽也外人而果干涉也外人者非特會黨之公敵而吾人之公敵也其在上海及通商各埠本會既有所運動而布置矣而兩廣地方尤不可不注其直接之力爲吾同知兩廣民氣剛強決無北方頑民旗匪啟釁之事然不有所布置或先事而嚴視將臨事而徵選爲此非特兩省人生死之關係也諸君宜出全力運動使人人明大義扎公敵官吏通外人者殺之官兵與外人者殲之務使外人不得逞其臠割我牛馬我之手段而已

四對會黨之手段會黨者何如人乎無一非吾人之同胞也彼其於吾人也誠不能無所損雖然爲知彼之所目的不與吾人同彼爲其欲遂而吾人爲其贓累彼不能不慎慎於吾人而以是戮罰吾人乎吾今者姑不論此要之同胞者必有同胞之感情即使彼果損吾人以自利要亦兄弟鬩牆之例耳吾人之所損而同胞利之是亦楚弓楚得之例耳且同胞之所損於吾人者不過財產之一分而已或不幸死一二人而已彼公敵之來將殲吾人之財產生命而傾之且并吾人之權利精神而剝之是故今日非兄弟鬩牆之日而外禦其侮之日也諸君宜設法運動會黨啟發其同胞之感情激勵其禦侮之毅力而吾人亦溢吾感情所稱之能力以副之則吾人之所以對彼同胞者既已仁至而義盡也吾知其必無損吾人之成見即偶有一二敗類者亦必畏衆怒而自斂而相與攜手以保吾固有之土地是則王之猶似法人也滿足爲吾同胞之媒介也願諸君勿辜負焉

與友人論遊學書 三續

雖我國之前途必且豔日本之成文必倣于撲滅推翻幕府無異必忠君愛國擁政府之伊藤博文等作元勳無異此亦予小子之所祝也然日本昔當遊學四出遍於歐美即彼無上之天皇所謂求知識于世界者亦信之不疑值而得此區區之日本憲法我國之士乃欲歸返于日本如法而泡製即能弼成愛新萬世一系之皇統立政府不倒之政黨得無所謂擬除跡而祝滿軍求之太奢徒增旁觀者之冷笑耶

然此皆不在于諸君而在於諸君之僅僅留學于日本欲通世界之學徵僅求之於一隅之產地猶且不可況僅求之於一隅之販度擬乎我願諸君慎之諸君所以張目大聲攻倒我國之舊學說者非有心於舊學好自僭也正以其學之足以惑人束縛子孫之永爲無國奴隸也所以張目大聲疾入新學說者非倡以自謀欲爲洋務人員之候補也誠以新學之足以救國將得最大多數之幸福也諸君將學者世界之學也諸君倘一遊日本且安得厭不惕

雖然即彼慎之徒尚懷疑不利之顧慮而無因相煩吸之習慣者君亦奈此局勢何故我學二十一行省出洋留學之趨向未諧君之誓身報諸君之遊學則厭派與美風早出競於東學者乃我國前途之福

今某省則派人赴美矣某省則遣人留德矣似西海之風潮已動激而欲繼然我國奴性之根據仍莫如官凡事莫不生影響者莫如官辦之事故內遊之士雖歲月不絕惟其出於官派故仍無寸論尺說波動于學界求其風潮之必生學說之能自必難功於私費生而且必以私費生之苦學者爲開山祖

私費生萬歲苦學私費生萬歲時乎時乎可以興矣　仍未完

時事要聞

電諭照錄○三月二十九日奉

上諭廣西桂林府知府員缺緊要着該撫於通省知府內揀員調補所遺員缺著潘江補授欽此同日奉

上諭賜瑛着補授內閣學士兼禮部侍郎銜欽此同日奉

旨庶吉士散館著於四月十八日在保和殿考試欽此同日奉

上諭奉天府府丞兼學政着裴維俊補授欽此同日奉

上諭廣西右江道員缺著嚴璟補授欽此同日奉

上諭直隸新昌道員缺着穆特賀補授欽此同日奉

貝勒于五月十五日在保和殿考試試差人員欽此

紀中國教育會徐園大會事

三月二十九日中國教育會本部支部會員大會於徐園開教育會成立一年以來所經歷者修改章程而一周年中所辦各事以及提議各項經濟之出入宣告全體會員也是日午後一下鐘到會者會員六十餘人旁聽者百餘人愛國務本自立三女學校生若干人先領入坐次入座會員坐中央旁聽者左右列坐別設座以待三校女學生二下鐘開議吹叫號者三先由蔡君民友演說開會宗旨並申言今日宣布報告等事次由王君小徐對衆宣讀修改之章程並本部與支部聯絡規則請會員決議議既決然後投票選舉公舉會長一人則烏目山僧是也評議員十一人爲蔡君民友吳君稚暉王君小徐貝君季美穆君抒齋蔣君竹莊陳君夢坡吳君仲旗吳君丹初汪君允中蔣君觀雲蔡君劍峰敖君夢姜戴君和欽余君桐伯監察員四人爲吳君稚暉蔣君竹莊王君小徐敖君夢姜此外幹事六人會計二人書記二人庶務二人則由評議會公推選舉既舉由蔡君民友宣告一年以來所辦各種事件後由吳君稚暉宣告出入款項大宗細目一一朗誦俾衆周知此報告既付印印畢後則會員須當各送一分使曉然於會中

所捕各小爲前宣告政綱錄明六下然亦吹水救者三數合愛國學社諸君則戎服勁裝列隊齊行步伐整齊不紊不亂女學生校徒則著巨履去兼帥乘車隨後然後會中職員亦步步而隨夫中國自戊戌而後所立之會皆不勝屈從起隨滅忽合忽離從來有秩然不紊歷時長久者惟教育會之壽命獨長所辦諸事尤有條理而自此次大會後閱歷更得逾加完善可無待言吾爲教育會前途賀吾尤爲中國前途賀也

兩粵紳商會議廣西事三誌○前日廣肇公所兩粵人士公王撫借外兵事再開會議法已紀昨報茲復探得公致一電如下

北京軍機處外務部政務處大臣鈞鑒桂撫王之春擅借法兵法欵此端一開各國紛起瓜分全局何堪設想乞電飭阻并奏請另簡賢能撫民皆軍國民幸北京廣西兩粵紳商公叩

又擬致魏午帥岑雲帥一電大意請岑前敵承寵招制軍陳六生護督 信或日來發或曰已發云

又聞廣東同志聚議岑帥不久將到上海昔年在粵布政多可觀擬約廣西同志合成條陳將兩粵一切當興之利及當革之弊以及一切內政外交應如何辦理可以補瓜分之憾於萬一者其到粵辦理勿失人望並聞者皆以爲然擬發公啓遍告兩粵兩省紳士商工一切同胞各發意見無論何人凡有一身一家之疾苦皆可向大衆報告俟岑帥來時爲之代呈此事亟能有補於兩粵也

合肥俄約同人公電照錄○昨由合肥拒俄約同人交來公電二冊照錄於下

呈外務部電○外務部王大臣鈞鑒聞俄人立約數款迫我簽允此約如允內失主權外召大變我全國人民萬難承認

咨各國外務部電 聞俄人強索國立滿洲退兵新約類皆不得簽允現我全國人民爲之憤恚使政府承允我全國國民萬不承認倘從此民心激變俄國之中無論何地再見仇洋之事皆係俄國所激與我無涉幸垂鑒焉

俄人索欵撮要○字林西報二十四號北京訪函云俄國於滿洲退兵一事俄人所要挾各款約畧如左 一當担保不許將滿洲讓與他國 二中國屯兵宜有限制 三滿洲稅則當由華俄會行徵收 四滿洲礦務當聽俄人專利 日本輿論咸欲得一堅力阻止之策且望中國之能堅持不允也

滿洲交涉問題○又二十五號路透電云俄國要求慶親王立約將設辦滿洲之權授諸俄人而其餘各地不在約中德國某報載德國早已將滿洲視爲永遠在俄國勢力範圍中之地故凡有關係於該地之事必經與俄人交涉云在華各國地方諸人之意謂俄人之舉動與英國益無衝突且頗爲英人所信服惟英日美三國倘能合同與中國聯約堅持令中國不允俄人所爲者則所深望者也

俄國東三省舉動○又東京電云北京訪事得牛莊函述俄人堅持滿洲一律退兵之議無改變云

八紀寄昭潭縣情形○前記湘潭縣陶炸處一事因陶家雖甚富爲人驕吝性又庸愚故雖受此大辱士林中亦無一惜之者即昭潭差役自持往諸陶家時不過十六七人轉受陶姓僱傭打傷不得已將該役僕人戴姓匠二名提去縣堂升坐即將三人重答而成衣匠乃係看管之人被累最冤令雖即釋之而已受八百大板矣惟陶之僕人因役以大枷枷號標曰毀衙毆差四字每夜發原差收管當事之初起由陶之僕人與該役相抵陶僕拾得鐵尺一根以爲差役不應攜帶鐵尺即以爲奇貨呈於陶陶將此情上控姓又以息事延不受理令即此信即於上月念三日早密與上游亦以該縣匠所謂十六七人者乃縣差之類有數實有六七十人遊蕩多事即役本什伍謀曰小梁山不日將強奸門人民設之如虎凡遊手好閑之徒皆稱爲依傍名曰上梁山有徐姓者亦無賴也付爲張春余翰今亦上梁山爲昭潭縣役差梁縣同昔以其時過得米行禍如遂故綿以小梁山呼之彼等新用諸計亦自稱爲上梁山而昭文差役兇橫之實在情形也陶以嫁寵之寳而欲當虎豹之威亦太不自揣又聞昭文縣各鄉經遭搶保然非如之則或逢三八墟集之期皆稱鼓吹大要保大快船搖坐中艙備極奢華而其所謂之身地保經過而皆惡劣老醜所得之妻妾皆少艾人皆疑之以爲此等婦女必是強以硬佔而來或娶二婚之婦盜鄉人之是地保經過有若虎狼此皆必非無因也聞治中某地保經過者衣彩錦轎即上城往卯檢期亦不過小舟一葉或乘航船並無如此之大排場自清賦以後此等衙門爲生活者遂異常時則有何等之流氓者何如也世有如尹文端瑞文正其人者則江南之積弊可以澄清常昭之民亦庶有生色不特差役無横行之日卽經地亦無作弊之期矣

世界要聞

英國預算度支○字林西報二十五號路透電云英國預算表每年支出欵項一萬四千三百九十五萬磅歲入欵項一萬五千四百七十七萬磅稅則收入每磅減四邊士共減少八百五十萬磅穀稅亦減每計總數二百萬磅糖煤茶則不在此數工作之欵負餘三十七萬磅在南非洲及中國軍費一千七百萬磅英欲從非洲收回三千四百萬磅從中國收回六百萬磅云

英國擬省軍費○又同日倫敦專電云英戶部大臣兩議海陸軍費一節擬於一二年後而省陸軍費若干惟以海軍爲彼國生死所係故仍不加減也

援兵被傷○字林西報四月二十六號路透電云英將孟鄉已救助大佐茄伯而擊敗斯將摩拉蘇兵傷亡者計有二千人云

學界風潮

日本弘文學院學生退校事後始末記 再續

望日本納氏致函於總監督略示挽回之意總監督亦以爲與其

堅持退校之說俾弘文無以所立之故覺悟師範學生之先路不若與之約法三章使其改良然後全體入校以成就後來者之遺憲並於次日之同鄉會中親莅會場提議是說是日全體會員皆莅會咸以爲既先改良而後挽回則挽回之利益影響於學界者甚大試與立約數事果無一事之不我許堅執不允是曲在我矣是全體咸贊成挽回之議而請監督汪氏與約七事一撤去荒謬之二幹事以服衆望二學生平日得與嘉納校長直接議事以免隔膜三特開通學之例以便私費學生四各科課程皆須更定以圖改良五保送本校卒業學生入各專門學校不得有官費私費留學法學之歧視六實行學生請改之二款規則七實行學校原訂代備教科用書之規則總監督亦以爲甚當即告嘉納氏談頃汪氏因語次之不便於第一條僅措明幹事之一人而第七條亦未議及餘則嘉納皆慨允之無難色者次日適有湖南派遣全京之師範科學生若干人入院以彼等皆與弘文無交涉且此事亦頗就緒也不意嘉納氏以爲是即可恃而無恐者而第二次之決裂起矣四月七日總監督以會私費學生希援通學之例入院者十餘人於是直詣嘉納氏擬締結通學之約酌定學費等事嘉爲實行之例拒嘉納氏謂通學之說祇可俟予與日有另關之外點授課一切皆與本塾派示區別組立既定方可施諸實行若在月前斷難開例總監督與嘉商甚久似無覺允之誠意則欲取故與之慣技也總監督不得已以通學拒絕之說宣告學生令決明日入校之可否初八日全校學生從日議訂當持挽回之說者約七事已而論爲六事今則尙未入校遽却通學六事不諧已見一端不如仍守前說爲便議後仍舉代表以此意於總監督及相見總監督即以唐君蟄鍔所錄嘉納氏已經承諾之條件相示其概略如左

仍未完

神戶中國同文小學商董奴隸歷史○日本神戶有同文小學堂創辦於庚子年其規則章程取法於橫濱大同學校甚盛事也倡始者有商董麥君藍君楊君其經費出自商衆公所者多除收學生所備之學費外每年不敷者尙二千餘金堂中學生約有百人教習則延授中文者三人外務通達熱誠愛國之彥延授英文者二授東文者一諸商董等經營創始條理畢具豈遂不可謂不勉團結不可謂不關中國人海外之教育[illegible]校外不能不以此爲第二之榮光

此學堂事事取法大同學校乃不料並其污點而亦摹擬之大同學校商董爲劉學詢所欺爲蔡鈞所賊者有盧某鮑某等同文學堂商董爲蔡鈞所欺所賊者有麥某陳某等其所持以爲欺之賊之之柄者皆借徑於新黨欺之者曰汝實新黨吾能福汝賊之者曰汝從新黨吾能禍汝大同同文兩學校之前影如出一轍幸而學生退學之風潮日盛一日教習辭職之衙梁日高一日是我國人脫去奴隸性質之一光線也若劉若蔡雖日欺之賊之又將奈何且能欺乎賊乎性質猥鄙之義商[illegible]而不[illegible]尙之教習與學生也大同學校退學學生其安穩如故其團結如故且來學者有加無已彼我齊心力以欺之賊之者又將奈何今日同文學堂之商董教習既已辭職吾尤願同文學堂之商董學生有以善其後也使彼欺之賊之者如大同學校之始終無奈何也今請略言其事之始末於左方以饒內閱

未完

江南陸師學堂學生退學始末記　四續

學堂之腐敗

此紙之飛來也豈無一二爲之動者繼而思之而氣消意盡某丙純以甘言餂學生而暗中掣之肘見不一見者也無何外間喧言某丙將興獄學生遂亦有稟上總督白其狀十五日督轅有批曰

批陸師學堂學生周柏年等稟官紳學堂所以造就人才並非爲該生等自便起見乃近來風氣日漓多因小忿聚閧挾制官長更誤會平權自由之說一唱百和此破壞學界之大病也本部堂早春必勵懲惡尤殷仰陸師學堂總辦俞道傳諭申飭仍迅速查實情並監院人等有無侮辱學生情事分別撤懲詳候核辦毋徇隱此批

周柏年者此稟首署者也某丙見之以爲在彼不過曰破壞學界在我則曰侮辱學生彼之罪不過曰小飭而我乃有未定之罪曰核辦今以平權自由絕大之罪名尙未足以敵之于學生也於是學生乃大憤至如何以洩其憤之道今尙不可見惟平權自由名詞之爲厲禁者也吾恐三十一人中求有此資格者渺不可得乃某丙不吝而畀之學生此必學生稽首稱祀以求者也學生乎學生乎某丙以平權自由須去者而以服從忍耐慰留者是留者有服從忍耐之義務而去者有平權自由之義務也當局者不足責公等果何所取乎　按某甲殆俞搭某乙殆酒徊某丙殆明瑞某丁潘學亂也

未完

各省紀事

江西○各縣地丁平餘錢價每兩加提八分漕米每石一錢

柯羅院擬四月初間武備學堂各生操演其時督撫須令一律軍裝排隊站立

吉安府自設清賦局後完糧大有起色較往年多徵一萬餘兩

江西官報同人並見不合往辦機器之人消息杳然恐有中止之虞矣

江寧○督標某營兵丁勳概三五成羣出外滋擾茲因日前有該兵在牌樓街某錢舖換錢口角[illegible]人內擲搶去一空當經該店夥竭力捉獲兩人送入北路保甲局仙兵同營[illegible]信同哨黨排闖局當將兩兵劫去並將公案及衆武架兵械悉數沖毀局中巡丁等人當時不敢與較旋由總巡稟經保甲總辦面稟督轅魏督聞稟大怒飭將滋事營兵就地正法該營管帶哨弁一併撤差並由總執將[illegible]并置軍棍數十旋將首先沖毀保甲分局之中乙兩犯[illegible]示營門

省垣官電報向与 山東道辦理茲因委署鎮江關道故由鈕督另委李道維翰□□電報昨已下札飭遵矣

下關太古碼頭本由江漢塡築加高去臘今正迭次崩陷觀者皆謂當日工料不堅致遭此禍茲者鑿商業地而經中外官商再四核議仍歸於劃定租界內不復遷移太古公司自墊碼頭坍陷以來上下客貨皆嫌不便現雖借官塡船碼頭上下客貨然只可暫而不可常日前重復塡工仍以前築碼頭地方培土植樁重行興築矣

蘇州○齊門學門盤查文委周佐國瑞近因□□須撤選遞員接辦故由效泉另委縣丞吳德培往承其乏已于上月二十八日下札飭知矣

蘇省□自開辦以來即委江蘇紳董郭道安庭辦理惟勢資自出入冒碳故由恩撫改派同知鄧丞鳴鑣為代即日到局接管案卷清查各戶云

現辦客棧局提調孫守近因辦理水利茲亦該局公務不追兼顧故由恩撫另委知府陳守綸接辦並飭將司文案以專責成

羅福山在淞免漕代祀海神廟近槓未久茲已于上月二十八日抵蘇禀投禀牘真知一切然後回署

蘇城野□之久設舞辦旋即中止茲悉川來武總捕及七路總巡野均未效其速上訪傳判聽商閱醫察一節大約不日即可開辦矣

蘇郡本坊設局總辦恩令前因辦理不洽商情行中有撤調之信茲悉恩令旋即呈稟訓對□聯來現已發至三成其外嶺溯要案訂辦章程稟准予照辦矣

揚州○三月十六日爲安徽府山長節課之期◎題列下 安吉爲爲飯四句義 君子聽鼓鼙之聲二句義 管仲治齊去猛劉縣論 梅 君子依乎中庸三句 條拜立其誠二句 風謎現治論

蕪湖○新開蕪湖音閱報已於上月二十七日已刻開演

蕪湖近有同志多人擬創一演說會以開風氣

專件擇要

蕪湖蒙學社簡章 一續

第三章 收女

一定額 住社二十人走讀十人

一分級 一律

一學業 限五月 本社重在淺東文教習本不論月訂明包介翻譯能看和文各種普通科不在此例約以五月為限如至期與考及格者再行選習不取學金者以及格而後止下則另招授新班

一聽課 每日上午九點鐘至十一點鐘

一考校 畢業時考校一次亦定甲乙榜示社堂以分優劣

一假期 同英文例

一學金 每人一學期繳洋十元願學全體兼習英文東學者照加倍 同內文例湛習者不遽取

一資格 身家清白中文通達不吸洋烟素無惡疾二十歲以上三十以下合格者無論何地人均可入社

第四章 算學

一定額 兼習者十人

一分級 視已習未習者定

一學業 限一年

一授課 每日分兩次授課讀英文者上午九點鐘至十二點鐘讀東文下午一點鐘至四點鐘兼讀東英文者晚八點鐘至十點半鐘

一考校 同英文例

一假期 同英文例

一學金 每人月一元

乃未完

本埠紀事

蘇臬令來滬○寶山縣王令蘇辰昨日因公到滬即詣道轅稟見後復至上海縣拜會

局員接代○湖北天試巡防局員張令毓時現欲入都 引見故投由轅請假二月並乞委員接辦寶道准即札委姚令駒往代姚令業於前日到差

抄換捐照○上海縣汪令奉到蘇省府捐局札發去年十月至十二月三個月捐照三聯執照到縣汪令當即諭知各捐戶將小照持代縣衙掉換執照爲憑

紗廠失火○浦東陸家嘴源源紗廠機器間忽於前晚失火幸賴中人赴即救熄僅焚燬房屋三間

竊案五抄○張貴如爲安棧客楼開來安平輪船北行乃行李由家丁管福押同棧內茶房挑送至船後在船中被竊少棠等箱去已由包探游什少棠等五人一併拘獲日前解送縣衙核辦棧茶房知情故爲提押棧中賬房劉濟川移悉於昨日投案稟稱委自不小心以致失竊當時茶房挑送至船交什隔早已回棧並有知情之理孫大令飭收押候訊

訊案三則○英廨差役楊鴻不□批勤□□□□□□□□姪近令飭提□與北縣衛巧生詐索前到案驗得□□□□□□□□□□蔣金訂兩人供稱數公廨前示禁三月○顧阿祺控與天生與叔阿弟硬估公路一案亦提質訊天生阿弟供供房屋在顧住宅西首中無公弄祇有餘地實未硬佔鄰人朱學全供同顧供宅基本與叔父合産嗣由叔父將一半售與西首小弄被叔姪逼屈佔弄近令察核前呈圖與西首並路造爲止判不准再築所爲二案○改造所屆來押犯未連生由縣管監發回示衆仍不悛改柔判收外監懲辦

英廨訊案捕鎖○幼孩朱紅卿孝娛被老姣季蘇玉波虐待探實知海解案訊供并候補候□究辦在案昨由該探將揚解訊朱供十六歲于十三歲時即被逆媧拷客稍不遂意即遭責打凶

四

與媛媛捲出叩求超豁媛媛供同新寶供六歲餘含糊中西官以該抱逼良爲娼罪有應得判被責一百下戒責二百下具改過結與親生女兒阿二一併遞回原籍所有朱李兩女准交濟良院由女稱夫留縵洗人擇配新寶年祇六歲頗稱憐幼女會西人留養擇配○新衙陸橋執事王國培訴森由巧寶一案昨由包探[illegible]如海帶至解訊據十氏挽巧寶投供[illegible]日曾被王藉誣機內第十五號森[illegible]脅賊由陳客[illegible]見不肯，並作証言以干堅不承認[illegible]送上海縣驗辦應自行借女投[illegible]備質

上海富強齊食送戒煙丸人名設○蘇州○杭州○常州、兩湖兩廣○南京○北京○鎮江○寧波○通州○無錫○湖州○浦東○紹興

王阿寶　何元公　李兆五　王阿大　魏金蓮　陳金山　李小和　姚楚生　李和尚　陳機配　俞丹先

張云卿　徐福寶　李阿升　周士齊　陳阿仁　陸松濤　王福生　鄭錫注　石運生　王夫生

徐太立　王阿十　王阿三　趙云卿　陳阿山　錢云庭　王子林　劉元生　王象云　席阿二

宣榮備　方永堂　王士興　沙鑾來　王阿大　朱阿安　仙桂全　唐伯峰　李洪生　李文彬

王小五　吳金先　金阿機　王阿九　陳有山　陳阿波　陳瑞利　卓小根　王金先　張堯樹

王阿五　沈海林　趙月廣　李阿三　夏娘子　葉培生　方一梓　王錫祥　金仁生　張阿東

光緒貳十玖年四月初三日

蘇報

西歷一千九百三年
日歷明治三十六年

每號大錢十二文

外埠價目

每日一寄連郵費全年六元八角
七日一寄連郵費全年六元
西洋加倍
東洋照加
郵政不通處酌加寄費

告白刊例

第一日每字收錢四文第二日至第七日每字收錢三文第八日以後每字收錢二文封面告白照後幅加倍論年論月者面議長行告白一百字起碼短告白以五十字起碼多則以十字遞加

總發行所 上海英租界三馬路中

分售處

論說

莠言辨　來稿

何謂莠言顛倒是非變亂黑白之奇衰邪說是也夫使人親見其事或射擊其境曉然明白於此事之黑白是非則雖有此輩莠言而聽者不爲受惑若乃事在異國而造此等莠言者爲其本國或同種之人則未有不爲所惑者姑舉一事例之中國三十年前已有人遊歷外國而當時遊歷者不愿外國之歷史學術及其國體詐而播告國人其言皆似是而非中國之人又不以此言而準則不加外國之所長其害在何處遂乃深受其害易地而觀外國之於中國何獨不然彼不深探造此言者之是非則未有不受其害之害也

吾作此論非有意以詆毀外國之人但吾見近所謂上某西報登有一說痛詆此次張閣學請歸廣西事者一則曰此次集議中國上等階級之人皆不贊成再則曰此次公議凡事皆主於倣學日本之新派學生及南洋公學之斥退學生其意若以此二種人不足以爲中國之代表則中國將視此等爲無效而欲離其與中國協力拒去之念然爲此莠言者其用意何在明者當自知之吾不具論特吾所甚怪者則間造莠言之某人爲生於地球上最文明之英利堅國而其始來中國之宗旨則固挾一視同仁之耶穌聖教有心以救中國者也特其人德性本未堅定一與中國官場相接遂爲習氣所染儼若成一中國頑固之人不特此也其人卑媚中國有權位者蠅營狗苟無所不至某省總督欲開一學堂則某即千里奔至百計營謀得一諮議大人卑職之稱呼甘至脫口而出矣某省總督欲聘　外國顧問官某自千里奔至百計營謀得委此任而上顧詞謝大帥栽培之恩之宗又傳播於遐邇矣吾今舉發某之莠行非有意揭某陰私蓋人苟欲知其言之不足信必先知彼爲一卑鄙之人也

如上所述某之卑鄙如是則無怪此次張閣學請歸廣西之事爲中國何等人而皆爲某之所不滿斷端可知也

某詆此次張閣學請　非不特詆毀此次會議有體面之紳商與最有名譽之學生　上海極有名譽之字林西報泰晤士報曾贊揚中國人此種行爲某之遷怒更及兩有名譽之報乎誠不解新世界最文明之國何以有專制思想達於極點而欲禁言論自由之人也然則某殆受專制國之感化耶中國專制之力竟能感化最文明之國之人耶噫異矣

中國今日學生之名譽在識者皆以未來之主人翁目之必不因某之詆毀而稍減其價值所可怪者某受中國專制力之感化既毀其面目并其爲學生時所讀之歷史而亦忘之不誠可怪也哉蓋泰西諸國有今日之文明者無不由於破壞舊制建設新制而考其破壞之人無不有學生在其中如當梅特涅勢力最強之時代日耳曼學生係特者排當時之事例最有聲色於歷史此種事類不勝枚舉其一入中國何遽忘之而乃曲詆中國之學生乎

吾作此論既覽深悟某報其文明之資格又悟某西報平日頗有名譽特以拘於國界遂昧良心而發邪說將年中國志士爭滿獨密約時該報曾以巧言詆中國之女士所招他報之攻駁而其名譽在中國者因此大減今又用其故智又將招他報之攻擊矣不可謂非一大汚點也

與友人論遊學書　四續

倘上海大馬路諸洋行過香港下環而駕從皮包挾氈毯與西人士女同輪共渡者我國之舊年月必數數觀西藏巴蜀北包燕趙南而上南凡今私役有之深頭及志士女俠之手筆必有柏林遊學指南及巴黎小包郵便人所信倫敦支那留學生前某某次報告紐約支那留學生與保皇議院改良議協而且暑假之時結隊走西伯利亞旅行回國者必有若干人歐美各國遊學生紛紛踏擁國內航海同觀者又必有若干人如此則風潮自世界四面而入影響由全球學界而來庶乎獨立國之上現文煌煌製出而支那之新政史亦錚錚有聲矣

嗚呼我非謂日本之留學可以截止不過就理想而論實有不能不及早推廣者若內地初出之留學子弟原亦甚望其遠遊日本稍洗腐惡氣習於此者有數術無待贅論至夫豪傑熱誠之士已飽揭東海之波流者終當及時早興冒險而爲西方之哥倫布也倘黏戀於本鄉區之帝國大學徘徊于河原町之成城學校崇拜夫五軒町之弘文學院心中目中止有所謂哈哈沙烏台斯卡那泥台斯卡等之惡劇則無怪人之恆言曰東京留學生已組成立憲政友黨人人以元勳自命矣究其功業則官人來設歡迎會公子來設招待會所未入家之大僚死以追悼會如是而止故東京之爲東京初去之子弟而觀父兄幾許爲道以革命少年之市場及留學二五歲殆將卒業父兄始信爲鑄造文明奴隸之工局于是遊揚食道其險之以目以爲此味不惡強似當年之仁在堂此日之新科舉也盡使子弟共皆之故勸學之語往往有斑髮斑知者肯脫眼鏡而互相傳觀以爲此事大要此事大要也雖然北僕沿點小小事始不陷此失先驅之惡趣雖其自生自滅塗附于野蠻之官吏宿六千年之腥穢孽海而同戕我所痛哭流涕日夜明念者必在繼起之傑須有取憎言盜竊竟無任主臣維附西遊記要數則以爲冒險航海者告并望海內西遊前輩詳記寶貴情形時郵報章傳州以燭爲具之其行者　未完

時事要聞

電論照錄（三月初一日）

上論前據御史王乃徵奏參四川團亂由文武官員種種不法所致等語當經論令岑春煊確查茲據查明覆奏四川建昌道曹穗預嘁廳滿迹近習功惟才具尚優著革職留任並撤銷頂品項戴保案以觀後効候補知縣關守鈞約束不嚴復有缺額提督丁

逾限應時妥協辟名不常均著即行革職保標弁將重慶中營遊
擊王殿臣署協副將城守營遊擊程福維武經營缺
查催惟辟名惡劣均著革職永不敘用以示懲儆該部知道欽此
同日〃
上諭前據御史高枏奏參道員縱兵傷民並胆列該員營私舞弊
各節當經諭令岑春煊確查據實明覆奏四川繼辦邊詞候補
道華國英雖無私賣民田侵蝕公項實據惟於勇練變訂一案治
理不嚴擬請賞還華國英仍著交部議處其所劾川賑銀六萬
兩著戶部步行核議該敘餘著照所議辦理該部知道欽此同日
奉
上諭前據御史徐德沅奏參四川知府各員當經諭令岑春煊確
查據稱查明四川敘州府知府文煥失察委員濫用刑訊若
著部議處附遷縣未入流高發較閩知自愛物議沸騰均著
革職永不敘用瀘州直隸州知州戈鴻不勝繁劇著開缺另補新
留緊縣任家丁時有裁索著革職永不敘川餘著照所
議辦理該部知道欽此同日奉
上諭岑春煊奏特參局員請旨懲處各摺四川試用道林祐炳
徵收銀錢部委私賄候補知縣思澤縱丁需索狠劣均著即行
革職候補知府勸補府經歷楊渠沅候補縣丞熊均請候
補州判丁世瀛恢公均著一併革職餘著照所議辦理該部
知道欽此同日奉
上諭新勒令一因病請開缺一摺江鄂副都統勒春著准其
開缺回旗調理欽此同日奉
上諭廣西右江鎮總兵員缺著丁槐補授欽此同日奉
上諭廣東鹽運使員缺著信勤補授欽此
初二日奉
上諭廣東雷瓊道員缺緊要著該督撫於該省道員內揀員調補所
遺員缺著陶補授欽此同日奉
上諭江蘇蘇州府知府員缺緊要著該撫於該省知府內揀員調
補所遺員缺著丁之栻補授欽此同日奉
上諭各省翻譯舉人著于四月初八日在保和殿覆試欽此同日奉
上諭江蘇翻譯著李芳補授欽此
東傳宣門拉〇三月初二日召見黃楨賞汪康照
提及事略海上志士三月念九四月初一兩次集國大會議
三省事西報論之稍嫌不謹可見中國人心之可用也昨
閱某某諸公復擬有章程將合同志組一議事處於上海地方即
由從中國四民總任之中心點已定於初四日在徐園會議諸公
然事不過急則治標而已移必應急而實濟以籌其後有見其卓
特著商稱公會云
廣西軍志〇探得三月念二日南寧官軍於初十夜殺敗軍中營
岑春進剿都安山賊斃五十餘生擒黃仁順等十五名奪獲十
餘搜小號衣物十件陣亡勇七名傷二名又會同營兵次

下坂村擒獲賊首等一十四名擊斃九十十餘名追斬十餘名獲鎗
二十一餘杆馬三匹陣傷六名兩處賊黨已殲滅殆盡又云武緣屬
之那諸賊把持村寨聚數百人已有線道虎勇剛軍馳往
合勦勇分兵在要隘堵截云
演說印埃政治〇本禮拜四即四月初四日晚八點鐘英國通士
李佳白先生仍在六馬路格致書院講論印度與埃及政治之異
同
俄謀吞佔於俄人要求屯兵之情形〇森新西報德京伯林電云
英與各報於俄國撤退滿洲屯兵所要求各節無論俄人之非但
彼等皆未知所傳俄人要挾各節是否確實也伯爾林則於此
問題頗守中立主義焉
文滙西報二十七號路透電云英國駐俄京欽使公使奉英
政府命向俄政府以俄國滿州退兵一事質問中國俄人皆約
之非其辯論均為激烈云
又同日德京伯林電云伯林及維也納二處皆於滿洲問題無
不甚注意不若倫敦官場之較為重視也即英國各報紙亦無甚
議論德之伯林新報各地並不以俄人之舉動為因滿洲問題
英日二國與俄國將有衝突也
英國忠告〇字林西報四月二十七號路透電云英國行政府
於俄歷二月十九號付有南京中國駐英欽使中論中國
將國地讓人之禍甚將該國原稿遍呈各國政府云
九紀常昭清賦情形〇常昭清賦獎議於燈竹然惟其所以致
此之故則由於諸大紳之坐視不救及諸小紳之不能同心協力
也庚子年蘇府整頓清賦惟江震二縣人民為強紳拚繼革
而繼起者仍以抗拒且執例以相檢點小戶一齊逃出不役無從
問邵香伯不可收拾而清賦之事遂止故江震至今未
請也雖以剛毅之威不能施之於江震惟常昭二縣獨受
其茶毒故清史馬山同義隆番莊於常熟邑年竹園攻常
略各紳士詞道可以捐資宜審之而副任當令協却已首肯
昭文令獨不許紳士又不力爭以致元氣未復民困未蘇故
兩縣人民皆痛恨而又疾各紳之祇知肥己不顧小戶也何
以疾各紳者常昭紳士如龐道邵伯等可竹桂
皆在大紳之列亦以承順為事名為本戶皆完十成之數其實有
完四五成者有完五六成者皆不明言其故坐以賄小戶為辭
而兩邑借以威小戶日某大人某老爺已完清汝何人
斯敢拖欠者更抵括小戶如數之事也又有一
種小紳如宗某某者專為兩縣已戶即使而一項
閱宜借此可以千預一歲之中有三四大紳手官則比包
紛雖賦亦情作此又則出心哉之
法也以此令不欠之已心故過
有官彼一大紳尤且令其分
發

如此打罵此等刑罰祗宜施之於大盜不當施之於粗戶況陶僕爲主受屈非非無賴之徒而常服紳衿皆默無一言任聽命之殘虐橫征不爲動咀此常叫人民之怖無恥亦乃出於紳衿之奴無怪官橫於上亦恣於下吏飽于中而酒小之腐爛至於如此之極也

世界要聞

英蘇戰紀○字林西報二十七號路透電云英順大佐之平民隊於附近達莫脫地方與蘇國之兵開仗計陣亡者十三名中有哨官二人被傷者計共四人敵兵計共傷斃二百人而兵頗見勇往惟蘇王與拉之兵還來大加增多約裝度之富有械精良之馬兵三千長槍手一萬八千云

同日倫敦電云與拉之兵勇往無前戰地積屍如山而氣猶未殺其熱誠眞可謂未曾有者

土國戰紀()又云維也納接梅字度尼亞兩郡學兩人之情形目下日見勇猛有雅人數百成隊與亂黨相結該地無日無格鬬之事云

日本陸軍改革　譯東京日日新聞

自日歷四月一日預備整理陸軍調查已妥定於五月一日改爲實施陸軍整理之勅令以四月十五日發於官報今擷其要如左

陸軍省官制改正

於大體無特別之變更現在軍務局中有軍務課全廢儀制課而移其事務之大部於副官部一部於軍務局軍務局之獸醫課移其事務於騎兵課經理局之被服課合併糧秣課置衣糧課此皆變更之重大者也

兵器監部

全廢預擬事而移其事務之大部於兵器本廠移其一部於軍務局砲兵課

兵器廠

現在全國有三個兵器廠此次整理之結果東京設一兵器本廠他悉爲支廠屬於所在要塞司令部之直轄其職員之多數使所屬要塞司令部員兼之

築城部

其本部比現在之規模少縮而無大變更因各地支部之特轄而分離之移於所在要塞司令部而定其職員於所屬要塞司令部員兼管之方針

臨時陸軍建築部

此際全廢以其職務於經理局建築課

砲工兵會議

合併兩議於陸軍技術審査部其技術與少將之結果比現在制度減少將官一人

火藥研究所

依今之整頓自其根本上新設火藥研究所而今日學術日進所有研究火藥之性及製造法皆在等當視爲軍事上之要務

學界風潮

日本弘文學院學生退校始末記　再續

一弘文學院與住院生外除教師學生

一通學生祗限於自費生

一通學生之權利義務如住院生一律

一通學生之入學按其志願學力分編各班其志願一科者滿二十人以上時得另添一班

一通學生暫不設細教院教室可容即得編入

一通學生按月納在學費四圓其餘所飯食被服費等學院概歸學生自理

一通學生須同住一寄宿舍由院長派人同住監督品行照料學事並監督一身之費由學院支給

一通學生須著學院制服

一通學生寄宿舍應供用器具學院得量力借與應需各款學院亦得代墊

一此學之事主是如諸代表因請以此宜告同學次日復有反對者十餘人提出條件中未臻完善有礙實行之數事擬仍請總監督與嘉納氏重爲更訂是亦磋商於嘉納氏前此之狡變始爲足踏實地之爲後復有研究此股者和倘此數事於同院後乃可而改倘必迫於今日認爲已甚之舉次日遂將是二紙底求同人之研究因事諸頗難並無決者十四日乃與會館各幹事及各省同鄉會各幹事開談話會以解決之遂定次日入院之議

神戶中國同文小學商擬奴隸歷史　續稿○同文小學堂有商議麥某陳某皆中國籍者而麥之所中尤深初蔡以仇新黨毀於世從日本公使任首敗無賴及大同揮賭徒劣運如怨幾復施其慣技以恫嚇同文諸子弟將投匪梁則玷汚名譽奇禍並小麥等恐而受所恐今年春麥演悅於各館之日日往例每年公舉值理多人麥浮於事自今以始可無是顧不佞願負總理責任再得如陳君二三子一扶翼之足矣半歸其上之際梅其鋤懷尤爲不佞致力所應預的責任云此演說殆渲壹悅人耳故衆贊之充溢危廉時以爲財勢如麥能排衆議而獨斷故收其熱心能力移國鮮而不爽其早懷而機樣也

初蔡有欲汰除諸教習至是麥遂仰承風旨獻一秘計時日皇遊歷神戶麥受蔡意到堂當衆宣布謂日皇明日出遊諸教習可督同衆學生到車站歡呼迎駕云云此媚外恐劣之詞而謂能入於教習之耳乎衆教習以爲該學堂乃爲中國國人之學堂何必獻諂至此不得已對各學生而言曰昨麥總理有令我等歡迎日皇之舉我等爲生無媚骨者請先生爲從總辦吾明白稱行不願行者聽於是學生中各有去　麥遂以教習學生之有違其旨也諂學怨嘗諸使中文教習直將逆命之諸生逐出而中文教習三人亦嘗時辭職云

嗚呼此我熱心公使所稱道之第三次紀念碑也此賊內弟所代表之第二次奴隸性也嗚呼大同爲同文之母其何以奈此不肖之同文受衣缽於大同其奚以洗此傳燈之玷乎

各省紀事

江西○德興縣令鳴珂因城門之案奉撤任省息

大學堂監督之缺曾經然現已改就柯撫文案之席

江蘇○營防營元兩營去年張督來檢督時特委沈由邦總辦理營防各營元局總辦忠道約被人列款訐控故由魏督飭將忠道撤去茲委聽候部即調沈道辦理銀元局委楊道加度辦理營防局務

已革阜甯縣王革員以察富參 旨革職拿問時先已潛蹤逃竄不知所之江督蘇撫一再飭屬防查莫得蹤跡茲魏督又准奉文催緝故復飭下江寧藩司轉咨各省通飭各府州縣一體嚴密查拿務獲解京云

三江師範學堂該堂創始公從經費多經該學堂同辦詳請魏督添派揚關兩員幫辦庶可迅赴事即以兩江營務處繁援例請添提調除原設提調外另設會辦提調一員魏督准之日前已由司道會札作補知縣陳令其瑱充當劉已札委到差矣

安徽○鄭州洪牧已於上月十九日接印

安徽揚州府鼎標河務同知陳丞瀚於上月念一日接印

鎮江○郭道春徵奉檄署鎮道時在省恕促起程來及擱帶各局接篆後始於丁日到省接收現因行職太平關與副都統商借將軍行轅以作公館擬暫行居住

丹陽縣施令於上月二十七日舉行校士館月課各題列下 生吳南諸學校一律義 子產治鄭民不能欺子賤治單父民不忍欺西門豹治鄴民不敢欺三子才能孰優論 旅 製以天下爲以天下義 杜牧之作罪言論

上年太平洲民私運米糧出口爲防部飭寶山都下巡江水師營彼後扣留船隻從嚴懲辦洲董事至都司處求情准予釋放洲民因此感頌不忘今年特製成民傘德政牌于上月二十八日具衣冠鼓樂送到公館都司收受後並設筵款待云

小學堂自前月十六日興工後所夕建造已在規模除由總辦派司事監役外洪令不時到工監察聞月初即可告竣擇期招考矣

巡警○吉祥寺市亭業已落成長街下段各攤戶均奉巡警局示飭一律遷入市亭內交易

蘇湖江口陶蕩等處上年有開闢租界之信洋商購買該處搵地先恐後以外地價日昂

劉道交卸蘇關關篆仍赤院撫札飭兩蘇煙捐皖南中學堂以資辦下

蘇湖食鹽已於三月起每斤加價二文其所加之數由鹽行代扣繳解省城賠款公所以濟賠款

各煙館自上年正月起煙燈每盞繳捐錢十文歸當商辦理公司包攬現當道已以省撫札飭於上月二十日起將煙燈捐一律停止以示懲儆

蘇湖爲路工程經橋健右營組發帶管帶督勇赴修將次告竣東洋車已於上月十六日上街行駛因未能遵照定章仍在長街一帶橫衝直撞有礙行人經各營商董在巡警總局稟請在禁

本埠紀事

連甄議縣○江蘇候補知縣孫令星源昨撤員孫令赴院江蘇海運局會辦顧令凝閣昨日先後至上海縣拜會

堂董坊人○本城補元堂眾善育嬰堂董曾將耘因捐告衰縉紳商大動公憤於次上控現雖經保全案亦可了而當事自知不利於衆赴縣與汪令准之日來經各紳士公舉徐闐甫補元堂董並甫號子鋒錫綸姚佑生天來四紳爲補元堂董又以陸棣華佳棠爲普育堂董汪令准即給諭發各該堂視事昨日各董紛至上海縣拜謁

俄輪獲獎○俄國長夥商船前由牛莊裝油回南途遇暴風失事幸經俄國滿洲商輪經過救起該商船夥蔡扶等三十餘人當由駐滬道與由江督及外務部旋奉外務部札文將該商輪不分畛域洵屬不避艱險致船主勇力救護實可嘉由江督奏獎並從優給三等第二寶星以示獎勵該船大副舒姆等同時在旁相助亦屬有勞應由該道照給功牌等因袁道奉札後刻已遵札辦理矣

逃犯被獲○湖州人柴桂寶在逃正兇甯波杏生於二十六年二月十六夜在小船上砍斃陳姓黨匪即逃逸通緝獲縣令林福福內犯供雖作船裝未動手判收禁在案供逃避三載前晚十點鐘在南市十六鋪被巡捕拘獲汪令正訊仙案飭先提審訊初狀相提田大林時犯對質始認川小刀戳破後腿兩下杏生撲戶而中爲實到斷發一併收禁

誘拐逃獲○新北門客棧執事王阿珍誘拐幼妓唐巧寶受傷由探獲解央公堂訊供拔旗昨日偽又將王阿珍送上海縣訊辦汪令論將收押而原告唐王氏幼妓唐巧寶亦投縣候訊

西商小竊○昨有西商某因病去世其箱柩於午後四下半鐘經英大馬路泥城外外國坟山發葬一時各西人之執拂送葬者途爲之塞

管收舖被○法商祥什買辦陳松卿於前月經手買呂記煙運行煙葉一宗成交後將貨送到該行原貨原派司而交無能讓該行自若定銀未給洋行手續收包以代呂記貨行稅而陳松卿貪心不足復暫已被洋商詞訟二十五兩硬扣呂記貨款無理商勸歸欸交出小關呂記將延律師追問云

法廟訊案摘錄○女子陶悅氣和被賣於錢氏借去洋二十元至今未利無落日前在南城借姻向索氏非但不還反糾邀犯友楊王小妹將陶兒毆辱扯陶室拆房搶被搶去金圈一隻捕頭以所控撫擾逐出稅務途經由捕拘解公堂請訊陶供被賣挾索

四

欠之嫌遽搶拾物有借款為証質供實係拾去孫獻員判陶交保
着賠洋十元陸買轉借洋如數繳出給陶具領〇孫莫氏帶皮箱
一隻內有洋銀首飾等物私逃至女子范稱兒家寄存范父審全
不允滿披氏之伯母赫見控解鼎稱氏本姪妾姪在旅順生意求
講究解氏供後當改過范供所禀情孫鼎員判氏發堂領發候其
夫給領

上海宏強藥行送戒煙丸人名錄〇蘇州〇杭州〇常州〇湖
州〇南京〇北京〇鎮江〇寧波〇通州〇無錫〇湖州〇松
江〇浦東
陳阿山　吳阿新　張繼生　李洪生　邵仁山　王雲軒

王福生　夏四子　陳瑞利　李文彬　王阿生　王阿寶
王子林　王阿五　沈海林　王阿清　徐文清　趙月成
李初生　朱阿安　陸一之　王阿桂　王阿玉　王阿三
王金先　張阿東　周士齊　劉福河　張仁卿　錢六卿
李三春　王子彬　陳阿寶　徐夫寶　葉培生　朱阿五
金仁德　彦仁慶　郭全三　方金生　周阿四　陳阿仁
陳金山　楊春山　姚德生　方永堂　沈阿根　石連生
席阿二　沈阿三　吳金先　顧湯注　高阿大　張純子
李金山　沙泰來　楊本石　方阿生　俞順元　李睿山
陸松濤

光緒貳十玖年四月初四日

蘇報

西歷一千九百三年
日歷明治三十六年

每號大錢十二文

外埠價目

每日一寄連郵費全年六元八角
七日一寄連郵費全年六元
西洋加倍
東洋照加
郵政不通處酌加寄費

告白刊例

第一日每字取錢四文第二日至第七日每字取錢三文第八日以後每字取錢二文封面告白照後幅加倍論年論半年論月另行告白二百字起碼短口告白以五十字起碼多則以十字遞加

總發行所○上海英租界三馬路中

分售處

[illegible]

特別告白〇近有閱[illegible]者以[illegible]規[illegible]報[illegible]格式不[illegible]本報[illegible]不惜十反熱心討論必期盡善盡美謹於下禮拜[illegible]改換形式特此預布

論說

論士之春借外兵平亂事

嗚呼邇來最奇極最危險最妖孽之現象未有如王之春借外兵平亂一事者也此語報之飛來也舉國嘩然嗚呼士夫狂走莫知其所措吾今有一言正告天下曰廣西者何人之廣西乎自今觀之固法人之勢力圈也固朝廷之直轄地也試問法人無勢力以前朝廷未直轄之頃廣西所以存者何物得非黃帝嫡派之子孫最親愛最團結最獨立之數百萬同胞聚族於此以保我乾淨之國土者乎今法人自擅其勢力圈之物夫何足怪朝廷背讓其直轄之地亦何足怪所可痛者外人勢力不一圈朝廷直轄不一地倏然從而讓之相將而讓之而吾四萬萬最親愛最團結最獨立之同胞其將何以為地乎嗚呼吾中國其真亡矣黃帝其餒矣

廣西兵事者影響及於全世界而關係於中國前途極重要者也朝廷以其妨害治安也目之為亂賊為叛逆於國體宜然而自歟人眼光視之則固與民權革命黨不相違者也夫既目之為亂賊為叛逆剿之可也斬僇之可也殲戮其同種可也而必引異種胡為王之春之全無心肝不足置論吾獨怪夫法國西者全球革命軍之產地也今中國革命風潮方在萌芽不但不助其獨立而竟與王之春私立合同強欲干涉（已見各報）法人又胡為者嗚呼吾知之矣列強之議瓜分也自甲午以來而期以五年也彼列強洞悉政府之頑固封建之腐敗如是乃熟視不即發何也彼蓋懼夫中國民氣未衰黃人為禍若強取之國民之抵抗必有一番慘劇猶蹈滅國之法之未善也故拳匪之役北清已為聯軍所得而仍以和平結局者一則使全國感戴消耗其能力而漸引為順民一則以各國屯兵連鎖不使互相殘殺而其先發也彼見夫數年以來政府之頑固愈甚封建之腐敗愈甚廣西雖小小蠢動不能出五嶺一步而四處亦無能響應之者則民力之消耗可知而又各國勢力範圍確有所定支那地圖改塗顏色約相與乘間而起也今法人有王之春天然之傀儡又確得其勢力範圍之地果何憚而不發乎嗚呼茲特發難於廣西耳列強之耽耽逐逐各注意於劃定之某某地者皆廣西之例也嗚呼吾中國其真亡矣黃帝之子孫其將漸滅無遺矣

雖然中國之亡其將任其亡乎黃帝子孫之漸滅其將任其漸滅乎吾知其不然也蓋此亦者非王之春與法人交涉之問題亦非朝廷與法人交涉之問題乃吾國民國脈存亡種姓絕續與外獨立民族建國之一大問題也李鴻章之平吳也得力於英人華爾戈登也左宗棠之平浙也得力於法人托格比吉格術也時各國

新訴尚志不在[illegible]地而[illegible]於人[illegible]者無[illegible]宗棠引虎入室稱戕同種亦得以[illegible]爭今何時乎外人之欲行志於中國也已岌岌不可終日而民族[illegible]亦既循環東洋而歸貴吾國則此事之起吾知國民腦筋中必存有一種同種同胞之激汁相注射相激發而共與國家之前途也嗚呼今者舉國驚呼士夫狂走竊揣之策當何如耶國脈存亡種姓絕續排外獨立民族建國吾國之果有人將否耶

來稿

書近日新聞後

滬報載有學堂近論一篇其用意甚謬想學非同浸為且某以為我國開通之[illegible]惟其執筆人為平日之熱心愛國者非如某守舊報公理漸滅全無氣骨雖亦常論學堂無非再續笑林廣記三續笑林廣記而已故某守舊報雖有云云可不置辯若某報之責則如與海內學人暨有異同不能不各立一說藉為評及公世之宜因無責也

其報云有心人觀於各學堂學生動輒以散學為豪舉慨然於中國學堂之難以辦理也

解曰我亦慨然惟以為豪舉之豪字此乃謝官學人動輒出[illegible]氣矜驕之告示設欲頤指之官話其氣甚豪故以豪待豪他學因乃來惡果

又云總辦專制教習頑固暴房蠻野各學堂誠不免

解曰此在各國或亦不免全視學生有以抵抗之使之不敢耳昔年英國東方有一學堂其學監以學堂公款販油為學生所覺及令其放學時英國學生有在學堂演戲之舉學監等亦必邀貴紳士女臨觀先一學生扮為學生又一學生扮為學士兩人相遇於途中學生忽嗅鼻而作驚訝之狀曰何油腥乃爾耶學士曰汝為誰耶學士曰我某學堂之學監也學生既之搖首曰不確不確得毋為販油郎而冒為文人學士者耶演至此滿座失色明日學監託故辭去英國風俗厚來未學監雖偶不自檢竟能翻然悔悟犧牲一人之利益以免全學之騷動有心人乎我國之總辦教習暴房如何耶寧使全學退學而可強顏留終以多一天好一天為目的其護身符則我當學生之刀風將長九大字為飯碗之金剛箍

又云然亦不無然也

解曰此公言但能盡不然為尤佳然雖不然三字英國尚難之豈可驟求諸我國但某敢斷言曰如然者在二三成以下當無自檢點若至四五成不幸即可起大衝突過五六成而不起大衝突者幸也近日紛紛全散之學堂特其求幸而不得者耳我亦哀之然其存心求幸而竟不可得者又未嘗不謂之也

又云今日各學堂學生皆謂總辦專制教習頑固暴房蠻野矣[illegible]飯之微則散學一事之末則散學一言之，則散學有因辭辦而散學者有因教習而散學者有因暴房而散學者甚有因與廚司與齊夫爭論而散學者夫至與廚夫齊夫爭論而散學且全行散

學亦殆無所料酌矣
解曰瀋陽學之風潮前川總則在孔君因以下數語欲以鼓動學生然此無弱狀誠挑起之官話國氣於風之念甘今之學堂總辦教習般般日作此語以爲娩止學生之秘訣而不知適以召其不平我不敢謂我國學生中好與官府爲難夫全力對付者無此野蠻之人然此等人似亦不過偶有一二我國之文明程度雖低亦不可妄自菲薄必謂全學散學即全力用於官府何竊夫恐所謂總辦教習般般者平日不積忿於人亦幽時不使氣於全體斷不致無所料酌用意氣於可哀矜之僕役而犧牲其學業也如以爲因則上有因盛水猴猴無知之物者矣杭州有因猴物之毛賊者矣寧可謂與無知之物及毛賊爭論而散學乎我國傳思想牢把在腦中者每好曾少年無知不可輕及其刀風其實無甚不識無端不問是非曲直即窩子亦能分別特我國長者所指氣使慣於待人無禮而不見耳
然所謂有識者當平其階級各守規律而已非如某學堂提調其頑舊雖如故然駭於學風潮之大色厲內荏口誤牌九之發徹戶外絕不辨過問惟日思汰學生之良而存庸下者以便駕馭此又近于足以大令學生難受矣
又云自散學之習氣開一致行之各感因之不辯事理之是非不辯彼此之曲直其意以爲但能聯衆一呼自應即爲英雄
解曰是非曲直乃根天賦似所謂不辨者亦僅在階級之僻見但實抵抗者之當辨者實被抵抗者之所辨耳果　呼自應自然英雄恐我國文明程度高不至此求必有其人
又云不知有實在不能不散學者亦有不必散學而可以挽回可以改良者何必全行散學而後快哉
解曰誠有如公所言我國前途實故疊次散學雖云全體終受挽回散波以供改良無必以不全爲不快早當慎死　未完

最新之新聞

俄人決占滿洲（　）電　本埠有人得東京來電俄人已宣言不將滿洲歸還中國矣（一說俄保持北京之電）聞日政府決意與之宣戰英美二國助之故日本備於一旦開內其假與前相去甚遠即因此也但日本甚欲之其各報亦不登張

來函照錄（）啟者公所三月念九日之公函有阻撓者粘貼紅條今已查明係某路路局和某所爲鼠與王之密從事在滿江因得被相識者欲私所挑爲租界擴張西捕兵之事爲中國全局所關與增租之可我國之異凡有血氣者不憤怒於增租之事但約則攻之耳以王爲漢人而強恕之耶吾則以爲漢人尤不可恕乃有以私交忘公義誠意某者豈不傷耶

東報之浙林○日本某報浙林中載有時事一日萬古要一日只爲私因俄人有席捲而東之概滿其政府之不以置意也聲稱人所佔者我中國土地也我不要之而誰要之且彼所指爲俄某占息者於我今日行政體公何如耶俄形之下令我恰然因錄其詩而介以數語聞者勿以視爲詩人之言

（一萬古要一日）憶昔旗幟遍湖北只有什色洞是州頭因滿足諸公醉後約如四百事休自古盛衰多少國于今始息是招羣相淵穀日移誰挽東頭北道爲古要

（只爲私）牛李紛紜只爲私偷安今日是何時疏東靠合眞吳晴朔北風聲正菲菲吹社稷自亦無本動乾坤一髮但危楸將公不破太平夢倒地狂瀾誰共支

時事要聞

改地爲商議聞○昨紀某某諸公擬合同志建一議事廳於上海定期初四日在徐園正壁開議一節茲已改於張園大洋房集議矣

中國四民總會啟知啟○外辱亟矣我國民無死所矣俄人有佔據滿洲之凶法人有調兵平亂以爲割據之紛耽耽逐逐狗鼠如狼瓜分之禍不日而至受此禍者非他人我國民也欲抵拒外禍保國內權亦非可望於他人其責任惟在我國民而已茲事體大非結合大羣不足以幾之故同人堅欲立一團結公約凡我國人誰不當愛國則誰不當合力捐財共支此會各發愛國之血誠視國事如家事愛國土如家產勿任他人竊取一寸之土宜從滿我一著之權利國者非獨廣西人之廣西而爲我全中國人之廣西東三省者非滿洲人之東三省而爲我全中國人之東三省既入此會之人福則同享禍則同受同生同死只知勿負國家勿負國民茲將簡明辦法列下請諸明哲斟酌焉

一此會以保全中國國土國權爲目的凡一切與中國有關係之事會中人皆當設法干涉之

一以後同志聯絡衆議一切與中國有關係之事而忠無一衆議之從所擬由同志合力建一議事廳於上海以爲各省議事總之先聲

一本會團結已固勢力已強則本會人可與各國政府直接交涉如俄國欲佔據我國東三省我亦可要挾俄政府曰望彼得京城不得讓與他人此言也我政府不敢言而我國民敢言之如之有禍則我國民任受之不特任受之且宜自以當其後

一本會定名曰中國四民總會凡中國人不論住在上海者各地方人皆可入會會員當助資無力者簽名既簽名後則皆當担負本會之義務以達其目的凡各內地並各省分入會者可在上海會中代表者一人以便會時商議且代表各內地省分之見解言論

附啟者本會創立伊始力籌事體之先行上海一埠公議商議之地商家作店者以各國由多數舉代表人之例皆之是我國人宜好愛國之熱誠本愛國之天良團聚多來衆同勸法勿失商家名譽爲要　謹擬中國四民總會啟公啟

俄使函告東三省事（）字林西報二十八號北京訪事接俄公使函稱云英日二國於滿洲議未能財發師若俄國則於該處既失財復發師今日之中國非無因彼二國安得有干預之

樵又云日本當自知足安據高麗現又得于涉滿洲疆界且謂俄人已於滿洲經營種種艱鉅故今已決計將東三省歸入俄國版圖矣

日俄衝突〇字林西報二十八號日本東京電云日本各日報均將俄人於滿洲政策布告全國並痛論竭力阻止之法云

世界要聞

日韓交涉〇字林西報二十八號東京電云日本因高麗政府應允俄人於鴨綠江畔伐木一節亦向高麗政府要求在鼓八瀬伐木之利云

英將報告軍情〇又路透電云英將孟當由西藏內達英政府謂因槍彈力劇故致大兵失利云

英皇近歷羅馬〇德國西報德京伯林電云英皇已於羅馬駐蹕三日刻在羅馬預備啟動駕待云

土國軍情〇又云土耳其官兵邏來勦阿彭尼人頗得勝阿彭尼人仍未見有敗退情形土兵所用計謀頗能獲勝匪黨也

小亞細亞問題〇東京日日新聞云巴古達德鐵道會社已重設成自現在該處德國人九名法蘭西人七名瑞士人二名澳地利一人英國資本家之加入該會社條件尚未確定該會社之名義資本總額三千萬法郎近日報告資本額千五百萬法郎爲股本額

暹羅沈船〇有似古巴形船一艘自前月以來梗塞於此港土遂向爲俄國巡洋艦驗沈

學界風潮

日本留學陳君去病致友人函〇國民教育會諸同志鑒不佞曩以遊學東邦承諸君子殷殷祖餞規我以遠大之道戒私心爲勝感激倘不加之勉勵不特不能答爲厚之期望亦幷無以自解何敢然何敢然

不佞自到東以來聯綜我留學之界其外貌色若可羨至欲實究內容則腐敗殊甚有形式而無精神此種留學之現狀不啻於其海外得之豈所謂銅山崩而洛鐘應耶不然何其返光之擊射如是竟司）之有隙必穿也可爲浩歎可爲浩歎

我國下等社會之腐敗也不過曰盜竊曰淫慾曰諂媚自損三者而已綜其實亦不過曰無公德心故中等社會識之於是乃曰日尊公德曰公德者人生不可須臾離者也有敗壞公德者必當屛嗚呼哉哲也仁哉之言也然則山之不亦可乎而不然口所能道者此心未必其能踐小之姪娼已投險毀人姪有所知而不去有所聞而不答自私自利以日游於學界之中其人比比而是我初到時以爲此在學生固有所不宜矣乃不料我國下等社會腐敗之風潮竟能渡大東洋而來者若盜竊若淫慾其事皆既日有所聞而諂媚外人立國失體亦往往而有私心實爲傷痛一附近事則如下

一江蘇人金某騙貴州學生銀幣二百兩

一上海人王季貞與日人鐘陂以福建省爲日本勢力範圍

閩囑其將閩學生　鼎皓帖

一南洋學生監督姚文甫誘脫某姓女子

一松江人潘某將盜取城學生陳定保銀幣二百兩　陳定保銜恨入骨到東我友宗求之弟也

失留學生者我國將來之主人翁也於世界一切腐敗之情形宜何等深惡而痛絕屛獨不能力勉恐舉以下等社會之惡習一一運輸入於東瀛學界之中而竭力以演出之然則東瀛學界其負何罪乎微特損害全體爲外邦人笑而阻礙遊學之前途殆有因此口實此其敗壞公德何可限量然而不覺有相混不顧如彼者嗚呼予於留學生將何責予於留學生將何望

大抵留學生分三等　此三等人上等最少中等最多下等者亦不乏

志願宏大氣魄沈毅而思有所作爲者爲上等

官宦子弟或卑簡小生欲藉出洋遊學之名以爲梯榮弋名謀祿射利錄充教習等助者爲中等

一浮浪輕薄全無根底以自由平權民主革命爲口頭禪枕中秘者損害公德無盆個人大抵皆屬此類爲下等

雖然吾人亦具自治耳人不自治則他人將代我而治之及其爲人所治也爲一舉一動悉受他人之法律如有繩索然來縛其身而不能退豈非不自由之極乎夫不自由毋寧死此西哲之名言也然而自由者豈誠浮浪之謂乎蓋止所謂自治之兩字而已人能自治斯自由矣嗚日自求多福所日求人不如求已此自治之謂也亦自由之謂也　未完

記蘇州中學堂八邑六生告退事

今年春蘇郡中學堂開辦吾江邑兪君嚴君等六生往焉不三月而以衝突事悉行告退走詣於余曰自入學堂後數日委員姚寅恭以吾邑六人夜相討論風色而來謂曰子不聞蛉聲乎且不見鼠規乎兪君以討論之學對姚曰毋多管迷歸臥室否若是必嚴督辦不汝貸也兪君等乃佛然曰朋友講習本分者事非嬉戲笑者之有犯紀規也然予之以督辦恐嚇我者不過有斥退一字耳我等固不願此學堂而爲生活也即斥退何傷姚乃喃喃走出此委員與六生不相能之原因也嗣是姚開刖何隙深夜巡稽欲得口實以挾吾過以伸前忿卒不可得然恨我六人之心未嘗一日忘也因時於督辦前將乾嘉江邑六生恃才傲物不肯遵守堂規宜申斥之督辦積毀銷骨竟亦漸信其言乃告語教習曰堂中苟有不遵委員等命者則雖有馳虎雕龍之技經天緯地之才必斥退之否則雖中西兼通諸學無一可稱固無妨也且囑教員於吾等吾等自順從堂男子入學堂以來則視民爲報等之析者不許閱自由民權不許着新聞紙理之許見於文字封日卸耳本府與辭而又橫指委員之含沙射影吹毛求疵有人心者誰堪忍諸乃聚相告退以未經數週別不許至上月二十四日乘行甄別物爲中之以孝弟之義恢恢之以爲以之嚴君見之笑不止且微佩爲委員聞而告之督辦以是銜恨爲之傳嚴君入令默寫

叛則竟作嫌君以其事、忘默未竟即曰子再無倩人提刀乎、君曰無之曰出自心乎、無怠却再三辨不得已即以毆君卷大於此卷乃倩人提刀者入字以示教習曰此某學生如是而已挺督辦之命嚴君默認者欲以小斥洩昨日之憤也欲小斥必加以罪此所以誣陷而不顧也吾等聞之憤懣填胸齊向伸排委員令從人叱之諸教習恐傷督辦委員之面壞學堂之名聲出為排解勸令歸齋吾等不能忍遂束裝歸里改入吾同川學堂凡日姚委員待學生以孩童而已則珍味羅列叱學生如牛馬而動輒盛氣凌人迎合督辦之外無他見長然姚本一贅花使酒之徒其對人爬已媚上凌下為其常態獨惜其餘學生懾於委員之積威而奴顏婢膝恬不為怪吾六人之告退同學生皆笑以為狂暴以斥逐領袖之鄙人文淵殺之恩而其所立之學堂所造之人材猶復如是吾中國之前途亦殆可知矣吾為薛懼吾以吾中國懼為吾中國前途懼爰取余君等言錄之以警世之督辦學堂者有所改良焉是為記

癸卯之南洋公學○南洋公學學生去歲以與附辦顧鼎全堂散學於是主其事者再以軟款為辦事總辦所延教習亦無不以是為不法門故今歲之與股較諸壬寅十月始有退之無不及學生中班次高者解散更甚專以陷擬為事是真所謂奴隸製造廠矣聞堂中火山不久又將爆烈近以張園會議學潮漸起自行告退者已十餘人云未知將來如何也

事件擇要

南洋公學學生王君衡沂啟○前月二十六日午時沂等在公學接得廣西巡撫借法兵戡平匪亂兩廣人在味蒓園集議之傳單聞之不勝駭愕即於下午一句鐘同偕同學六七人至張園同時公學中學生相繼至者約數十人沂敬聽諸公演說所謂辦法及一切提議之事無不極力贊成并誓以血身殉國故簽名時沂居其首同時同學簽名者十餘人蓋聯沂即同堂因思吾等入保國會之事非敢冒然自以為名日始即於業已之身家性命誓以保國無論何國侵吾國土奪吾主權因不極力抗拒乃入會之本分遂與簽名之人如議皆若聽保國會指揮當同學之離堂而至張園也提調張讓三氏母教習某君囑一班生某君告以公學學生不得入會簽名等事托某君照會來同學某君答以可又恐不濟中途復致字條諸及歸堂時同學皆傳說沂等在張園簽名入會并謂吾等在學中又勸他人來簽名者入會事為提調所聞立傳沂至總辦間此事沂答以沂昨日確為簽名入會但並未要求他人入會耳

提調云該你們小孩子不識時務一無感悟至死不悟廣西之事朝廷自有辦法安用你等起義兵試問中國四萬萬人果能皆為義兵否沂答以國以一人而敗必一國之事起點於個人既沂有此心則若種人亦有此心若等人亦有此心以是推之安見四萬萬人之不皆兵也若已無此心則若種人亦無此心若等人亦無此心以是推之則四萬萬人中似乎無一兵矣一人致則四萬萬人中已有其一吾等決不以革命[illegible]人致大[illegible]嘆事乃非也以身殉國不知其他

提調又云吾儕學生無知何能妄言保國吾試問儕等義兵下無寸鐵果足以為洋兵之對抗利砲乎洋兵果至以儕等之出舉動乎死且不利後悔無及速改速改祈答以法人果不以吾等義兵為何則吾儕國民緣可以束手無策將廣西全省甘心讓與法國乎況乎廣西而讓之法國則吾敢言所割者必不一廣西所謀者不獨一法國也勢必召瓜分而後已吾決不愛區區七尺以與其害國十奴隸吾身也與其[illegible]父[illegible]朝廷不用[illegible]命起義即為叛逆[illegible]知革命之義乎革命自有朝廷否決不容[illegible]等革命況此地乃官辦學堂毋斤斤以愛國自名欲愛國速愛國學社去祈答以一國之事一國之人共[illegible]之今政府既不能為民平亂則國民起而自平之乃吾儕之天職政府萬無阻撓之理今日中國內亂外患無時或息政府因循苟且難以圖存非革命無以自立欲以改革國之朝廷則吾恐地為人割民為人奴彼猶文恬武嬉歌舞於小朝廷之上將南宋其已事也吾雖處官辦學堂愛國心未嘗無之若欲以愛國之人盡推之愛國學社豈愛國學社之人皆愛國南洋無一愛國者乎毋亦太重視彼而輕視南洋矣

嗚呼欲愛國者往愛國學社去則入南洋公學者必不愛國而後可必不愛國而後可雖然提調之居心同狂不足道教育之頑固無恥不必言而同學有數十人除國志十餘人外幾無一不逢迎和附痛詆同人倡亂四面楚歌之狀危若朝露非特我無以自存然同人年少學識恐定力不足遂為反對者所牽累有以阻救為幸朱君傳附注

後又談論沂之家世數往返吾非惟與之反對彼再後乃曰爾保世家子弟犯大逆不道不顧身家亦知顧這主義耶身敗身平無陷諸內之[illegible]也　答以何惜犧牲吾一身吾一家而有利於我四萬萬同胞者則沂唯知有國不知有身家云云彼知吾之終不可以勢誘也乃脅而至他沂即退出同學會同志外皆勸余從聞提調某君即答不簽名之人曰十某知此無礙不受約束并斥沂不足以附其某某君業工狐媚盡力勸提調切勿用激烈手段若遽將王某開除則彼簽名者必出而力阻一旦說則必同時出學並以區區小事而遽致弄成事端不若以不和力法處置之為得宜也等言嗟乎嗟乎提調之頑固不足責者也所可怪者吾南洋學生百數十人會同志十數人外竟無一愛國之人耶是亦可悲也矣然沂等既具此熱誠心血之人對此相攻雖堅守所持無少氣餒猶常恐毀力小足智識不周不足與此敗敵爭高則一一指教以鼓舞同人愛國之心則同人幸甚保國會幸甚中國前途幸甚

本埠紀事

四

江督將來○聞南製造局總辦魏道允恭日探悉魏江督將次來滬閱看各廠故於昨日飭派龍驤虎威兩兵輪前往迎迓一面飭令各廠委員司事預備一切以便隨時閱[illegible]

縣署官示○[illegible]令汪[illegible]放因[illegible]昨日先後封懸拜付

法界火災○昨日一點鐘時法界馬路源泉少[illegible]莊樓上失火幸經救捕門洋龍到場救滅祇焚去樓面一間事後包探將該莊夥拘入捕房押候訊核

上海富強丹行近戒煙丸人名數○蘇州○杭州○常州○南湖南廣○南京○北京○鎮江○寧波○通州○無錫○湖州○松江○浦東

李洪生 李德仁 劉陽河 夏[illegible]子 沈達林 何[illegible] 徐本立 張阿福 [illegible]培生 席阿二 王泉云

王子林 張純子 徐阿二 沈阿根 陳阿仁 楊阿六 郭阿得 姚楚生 王寅庠 朱阿五 沈阿三

王阿生 高阿大 王阿王 陳阿三 毛阿發 沙[illegible] 方一桂 陳金生 李三春 王阿三

陳金山 [illegible]阿來 王阿山 金仁[illegible] 王士興 王阿大 李金生 楊本楠 錢云卿 沈海林

周寶林 王阿五 李少村 張鳳升 方阿生 王阿洲 吳阿新 徐金虎 王阿十 周士齋

李[illegible]彬 王金山 李阿水 陳瑞利 徐培生 周普章 朱阿安 趙月庭 王阿寶 徐靜先

陽歷五月一日禮拜五

光緒貳十玖年四月初五日

蘇報

總發行所◎上海英租界三馬路中

分售處

西歷一千九百三年

日歷明治三十六年

每號大錢十二文

外埠價目

每日一寄連郵費全年六元八角

七日一寄連郵費全年六元

西洋加倍

東洋照加

郵政不通處的加寄費

告白刊例

第一日每字收錢四文第二日至第七日每字收錢三文第八日以後每字收錢二文封面告白照後幅加倍論年論季面議長行告白二百字起碼短行告白以五十字起碼多則以十字遞加

論說

書近日新聞後　續稿　　來稿

又云夫中國學堂無辦理者也不咎於經費

解曰此私立學堂之共笑其爲者者也

又云即管教守舊

解曰此官辦學堂亦不能不咎何也情面學則明知如此不得不然。

又云自東上陸留東學堂各省各府各邑一律行之此何等慨合以極守舊之中國忽能維新此在維新之人又何等愛情

解曰愛情 字作者自身吳拼出血之辛拔敬起立表同情快云忽能維新作者必云曰某有爲人必知之我亦不忍將下斷語

又云駿求文明之總辦駿求開通之教習大開維新

解曰故權以野蠻總辦頑固教習先之此誠笑駭實有至理

又云故各省設師範學堂以先之造就教習之善法

解曰雖名師範猶學堂也問其造就教習之實者何如歟然教習乎將亦駿求之而不得姑稍之以野蠻頑固者乎如此極稍流傳誠不如作者所云嘔啟之發愛情乎何有

又云學堂學生不能體念中國人才之難及官與辦事之窒礙

解曰學生不體念中國人才之難早應科舉不作學生矣至官場辦事之窒礙惟學生深知之故極鄙之一曰頂戴窒礙二曰飯碗窒礙三曰錢漕窒礙四曰殺頭窒礙五則曰性命政者亦窒礙一之爲甚重之以五且悉數而離移故即不能管得道理之窒礙與否學生深知之故極鄙之若作者再令體念吾恐教學者更多我殺賣使其稍稍塗此也

又云凡一入學堂即謂一學堂總辦之如何不善教習之如何不善司事之如何不善

解曰學堂本以野蠻頑固之人搪塞各處此所謂不善不善不善真心教見之官即亦何必自辯以答學生之一入學堂即有所謂取償必溺其有官不妨於招考之先預作禁約列爲專條否則老實辦扶於開學之時演說此官只代外行千乞包涵亦無不可也　　　　卅梳未完

勸揚州士君子出洋留學啟　再稿

況夫招勞已停科舉將廢昔日所賴以仰事俯畜者今已無倚賴矣重之賦桑不興漏卮外溢國稅增徵物價騰貴商民交困生計維艱試思吾揚州三年前之情景何如九年前之情景何加十年二十年前之情景又何如斯民之以饑寒爲盜賊豈無因哉當此若尚不急圖自立吾恐異日之困苦顛連更將十倍百倍於今日者矣夫自立之術維何曰學其實由抑更有不忍言而不得不言洋洋口爲爲與揚君子病習者嗚呼二十世紀之時代萬智交競萬能畢現環目之光棧而注吾國之時代也自民族主義發達一變而爲帝國民族主義帝國民族主義者合同國民之能力擴張國勢擴張其權利於不能獨立自治之國擴其實權奪其主權專制支配使彼人種永無復興之一日如英於埃及印度日本於朝鮮俄不扶此帝國主義以增殖其殖民地今者狂瀾駭浪挾其帝國主義來吾支那茫茫之大陸遂將爲世界之競爭場俄之士使英俄人侵占東三省英人注力揚子江流域之於路法之於廣西之於閩以及鐵路礦產（我國民不知礦也）佔奪我關稅（我國民不知工也）握我兵制（我國民不知兵也）彼我商權（我國民不知商也）此帝國主義之風潮陷我國之火泉血風血雨皆身受而始知所感觸者耳快英雄豪傑與夫俊亦苟生存以吾揚州之民族爲雜處天演之淘汰也可不懼哉可不慎哉夫國之存亡於世界也往往有主義交代之際為大人物造之劇烈競爭此亡國亡民於斯世中恒於斯時也因此於斯者即吾揚州君子知吾揚州之術決不可斷其上知識界之必不敢藏其中原幾紹佛民族取長補短拯我民族興我國家合我同胞在東方大陸造成一等優等民族學商者團結其商力學工者振興其工務學農與兵者改良農業與兵制學內政者整頓治內之機關學外交者研究對外之政策同心戮力以抨擊此劇烈之潮流而謀全球其立腳地有吾揚州之子孫爲民族之靈魂國乎存亡繫焉問今容錢以爲坎坷之會英雄佃發之秋孟子曰天之生斯民也使先知覺後知使先覺覺後覺使自衛為其能效遠望雖然知而不實行者等之而不實踐者壅之亦何惜嘔心吐膽大聲疾呼以冀諸君子俯採愚誠奮勉激厲拔袂而起振袂而來爲桑梓前驅縣祝鄉紛之至　日本東京留學揚州汪頤林方成五同啓

最新之新聞

留學生已結義勇隊○昨日東京留學生來電云俄據東三省日急留學生已電北洋主戰結義勇隊赴敵望協助云云一時知此電者莫不精神奮發

時事要聞

張園拒俄會○昨日各省寓公開立中國四民總會開事務知啓傳單已於昨傍晚時一點鐘齊集張園安塏第大洋房愛國會材館學社學生成服齊隊而來務本愛國諸女學校學生亦皆入座先將開會入座次序及提議各事揭示於台上及左右墻壁復各立題名冊一本分處標明各請一人司之又將某報附錄愛國歌四章印送到會者既先後一千餘人開議之後經衆協議改爲四民總會爲國民總會公議之始蔡君民友發演說演說會大意大爲贊助君君武演說夫歸愛國歌前二章千人同聲音節甚壯既而留日先名中國義勇之壁壘屬東京留學生所組織提議辦法後在日本東京之中國留學生所組（電文已見前報所錄）張君友實派舉

同人聞之猶慨然曰此事必關乎大局諸一君可對保許上海同志獨非中國民乎東京學生可結義勇隊赴戰吾輩豈可放棄責任耶遂偕來會々君步出大堂編排成軍隊兩東二精神以表同情於留學生操演既畢列隊而入復入座咸鼓之氣象蓋我國所僅見也

附錄本及開會規則

一來會諸君就本會所提出之議案欲發揮意見者請於開會之先簽名議事簿上且須指明所議事以便由於來宣布衆人

一議事時遇有反對者須俟先議者議畢始可起而申說留勿於演說之際攻駁致擾同人聽聞

一議事須依簽名之先後以爲次序

一議事首詞以簡截爲主如人主久不得過二十分鐘

一議事時遇有反對過來料理有停止之權

一臨時推舉議長二人監會主開會散會及停止議決各事舉幹事十人辦理一切應辦幹事如有失儀料理亦得糾正

一會場中及來會及臨時職員均有一定坐位請勿紊亂高年位歸本位不得侵坐

一來會者遇有故須先料來滋擾等事料職有權其退出之權

本會提議各案

一此會以保全中國國土國權爲目的凡關係于中國之事本會例得干涉之惟須商定如何辦法始可實行干涉之能力

一本會須設立一議事廳於上海惟如何籌款始能作此籌款事成立

一本會有與各國直接交涉之希望而非開團體勢力不可惟所以固之之方針如何

一本會名曰中國國民總會區域甚廣則將來重大義務持辦不難凡我國民悉負此責任惟如何辦法始能鼓起國民大義務之實任并如何能鼓舞我國民負此責任之實力

又特別提議一條

今日之事急矣現同人各就所知公推熱心愛國之士充職時節議得若干員惟倘有熱心如者中國人才繁庶恐以增勢懸隔無從知名或即在上海而耳目有限恐難遍知然事關大局人人負有責任無容推諉如各省志士到會集議願爲其本省調查可設立分會并任其事者則不嫌毛遂自薦國民幸甚

京函照錄○榮祿死後某權臣與作領袖凡某議臣漆與某武員不協凡事排擠各行其是惟一人皆奔門下故一至某商近日某權臣知朝廷與同僚皆不直己故甚頗不安欲急覓一得勢如榮者以爲己之奧援顧彼之才此事殊易易也

大學堂提調某少年嘉行爲榮祿生前耳目凡學堂事無巨細概往告榮且有時做行弥聽故學生私下議論往往爲榮所知

朝鮮使臣近在工藝商局定造木箱數十隻極大者約八尺見方訓俄廷命將領火械定期由此路以便運兵疑可謂不慎之防矣

摘錄天津日日新聞要事○奉天消息云本月以來俄國在營口旗順口之兵開赴鴨綠江者約計步兵五千餘騎兵千餘大車五六百輛由遼河道東十里河等經迎水寺東京城通山關抵遼陽故鳳凰城至九連城進北一帶兩鴨綠江駐屯云

英商在庫倫地方爲俄國領事驅逐出境會紀前報茲接庫倫通信云英商協郭羅初次到該處時有德國領事同中國參贊大臣不能保護該商深恐他處乃求德國所發之護照惟驗俄國領事不允因領事因該商係英商不應持德國護照故將驅逐出境該商情急電求英國公使設法作主近聞該商已抵北京將訴其公使已經發給護照並照會中國外務部飭令地方官妥爲加意保護想該商當不至遭俄領事驅逐之辱矣

西報紀俄事○文匯西報二十九號倫敦電云俄京官報謂俄俄人宣布謂此次所俄人要求中國各條已均關傳聞之說云云然此次得以拒絕俄人之要挾實緣各國公使在暗中彼得堡協力既議所致此後要求中國一節實須無可疑者現滿洲正在盼望政府協力加意也

又同日德京伯林電云俄國報紙極力設辦謂英日二國各報所稱俄人要求中國之新條約全屬謠妄且云刻下俄兵已在內由滿境矣

又云英國聯合政府決意與各國聯合共謀滿洲問題日與德國表同情以爲滿洲自政治上看去已落俄人之手矣

字林西報四月二十九號日本東京電云東京接官場所述盛京俄兵實已全行撤退矣

又同日路透電云華盛頓地方均信俄人所要求中國各節不過聊試其伎倆而已其終必收回要求條約諒料俄人早已料到著得失熟慮一番矣

世界要聞

照例免稅○文匯西報據東報二十三號漢城電云駐韓俄公使屢有欠項至韓國外務部請准各海關於俄國所運進之在鴨綠江所伐木懸州器具均免徵收關稅所有該已人應用之糧食等一律欲令免稅云

兩君相見○又二十八號倫敦電云英皇於本日謁見羅馬京時並無他人在座

俄兵部將去○又云俄兵部大臣高洛帕特金已起程往私來東事務昨日曾於俄京晉謁德使中國使臣內用膳云

英緬戰事譯○字林西報述東京倫敦電云西藏木蘭地方多報云英兵失利於蘇拉第四四十里之地陣亡官十一名兵一百八十名並被敵兵擄去大砲二尊

又倫敦電云英國某報載英兵因在蘇國失利英兵部已特派援兵從印度往蘇矣日內蘇以多雨難拉退兵或可暫行停止云

俄國不餘〇又東報倫敦電云梅靄度厄情形並未改變爲斯堪
殺地方殷有格鬥之事云
土耳其兵（一）又云土耳其現正增添其兵力於亞宇爾地方且陳列
邊境前者本可指顧之時

學界風潮

日本留學陳君去病致友人書　樵按（一）敷祥陳君者則不然口能言自由心實未能了解此自由因是任性放蕩同願禮法以爲另女相悅平權也（此語文會今日留學生之語）朋友通財亦公德也（此亦近人爲金須解嘲之語）檢閑蕩檢殆無人心察其狀態幾幾視中國了無一愛必須脫身海外一一擺棄其嗜好俗尚而躬行之實踐之亦別開其純粹學說與否惟私圖其他利益爲斯爲快鳴乎此種敗類抑何其昧本忘原乎無論我中國爲世界文明第一先進之邦若帝堯舜之時周公孔子之教俱足以權衡宇內而雄全球蓋無有自卑自屈自賤自賊之理即以公理論之則環瀛各國無不自尊自貴自愛自護以與他國相對待其定學制編教科書也必首重國語必首講倫理其於地理必首授本部而本邦而外國而全球其理極也必首推祖國是故有愛國歌有軍國民歌蓋其拳拳於我所生長之地者若斯其懇摯故其團結力極密切而堅實即遇大敵亦不至爲摧破此各國之所以爲各國也而我國乃反是鳴乎此吾所以痛心飲恨箝口結舌而不忍空談維新變法的字面也

若至此得讀西醫報有王之春將全省電線鐵道礦產權盡與法人謂其助戰之耗痛哉此間留學生將于明日大會矣今日者國亡矣內地朽腐之人□日顛倒于醉生夢死之中而尖可矜都其所謂留學生者顧又若斯鳴乎我西望神州祖國不幾土崩瓦解泥塗銷沈于此茫茫黃海中乎我幽泉我四二六四四七三　五數之同胞不幾得化爲魚乎藉曰不然其爲猶太人無疑矣鳴乎奈何鳴乎奈何

稽首我同胞祀禱祝我同胞當起舞而徘徊乎盡悚息而知懼乎醫醫醫白話燃眉塵走挺身醒醒然互勵勿高枕發奮奮偉人國民其投身與捨身救國爲犧牲

復去病曰匈奴未滅何以家爲

夫霍氏當漢隆盛之朝殺塞外匈奴之寇與今時局雖易判然而尚發此慷慨發憤壯烈激切之旨此非其氣象何等雄邁其公德心何等恢廓況生當叔季時値淪胥強俄瞰北英陝于西法日圖南德據東海瓜我族類日屆瓜分之慘行將實驗使霍氏遇此不知其當若何痛心擲與一決而順難今日莫不熟視無覩委心任運安居自足侈然以爲於國分上若涼血性類的動物於人萃上若臟血肉的猛獸全不知國破則家亡家亡則身死而一切附屬品的財產即擲屬之他人矣於我身究何有所利益乎於我既無所利益則不如率自毀之以起與之爭爭而勝猶可自存至不勝斯亦已矣雖幾完全萬一之計乎今不侫既抱定此主義矣尤願我同胞猛醒此主義而發揮之而活演之毋任千載上不學之武夫笑也

顧炎武曰天下興亡匹夫之賤與有責焉

夫匹夫則匹夫耳何有於天下何有於興亡天下興亡無所係屬何有於責任耶然而顧氏曾之且斤斤曾之一若匹夫卽天下匹夫卽任責之人此其故何也我得而疏之曰个人者團體之一分子也一分子不切實卽全團體不以解散假而個人盡漫假而又個人焉則全體毁矣敗矣一散而無復聚矣此羣學所大戒也若顧氏者其殆我中國解說羣學之理之先民乎顧在先民猶解說此羣義以告我矣而我從嘆幾三百年卒無有繼顧氏而躬行之實踐之者嗚乎此顧氏之所以獨爲顧氏匹夫之所以長爲匹夫而天下之所以至于今日至于亡歟痛哉痛哉我同胞其永念之我同胞其勿再放棄之

紀續派南洋監督事（　）江南陸師學堂監院馬倨吾者此次學生退學之原動力也馬以全堂青年被其淫威亦遂忸怩不安於位適東京學生有剪監督姚文甫辮髮事姚文甫者即陸師學堂總辦俞恪士派之駐留南洋學生者也馬乘機欲乘此席而去與俞謀俞亦思查辦此事乃亦求與馬謀而速電召沈君幼沂由滬至寧的辦此事將使赴東京接姚之任馬聞之窃甚以己意真於俞爲者俞素倚之如手足者也不忍拂之乃命其速即赴日而別覓計以却沈比沈應電至寧而馬已抵滬矣俞謂沈曰吾以制軍敎迫之故不及待君故先命馬調查此事馬不久仍當返國比時仍請君往繼其事云云蓋沈者去歲在學堂充敎習頗能與學生聯絡者也俞聞姚事頗思沈往以靖其後故速電促之而今乃以委馬者則以俞耳根柔軟而爲浸潤之力亦微至也或曰馬之此去並不止爲姚事乃俞之子懼修現居東京極有志趣曾以下裝事與俞及函抗辯俞深恐其入革命黨也故特遣最親信之馬川計押懼修回國云

浙江大學堂戴氏之餘談（　）威劫哉兄弟親戚盤踞大學堂狼狽爲奸三月二十四日報已詳言之然有未盡者茲特舉其侵吞公款并另事彰明較著者數端爲浙江告焉　一姑扣教習束脩前報已及　二廚房除學生之膳資外堂中津貼每月八十元故有菜不豐潔隨時可換之例戴乃僅貼二十六元其餘五十四元盡入私囊以致食難下箸學生循例要換戴衛之竟因此斥與一生盛某意欲辯以禁之而一年可積吞六百四十八元也　三學生課稿本及算學簿體操衣操等例由堂給發自求是書院以來皆精良適用戴氏接手後體操衣概易泥爲布其課稿本每本値錢四十文者開銷七十文後改發紙頭以爲製訂費可以稍少以多於家中不無少補其草簿用紙不紅格每本値錢七十文者開銷一百四十文後復改用毛紙每本値錢三十文開銷一百文侵吞之數如舊而用錢較省故總理能之細微如課本且如是其他可

想見矣　四壬寅夏某生私議曰此間可謂戴氏學堂矣爲其威權務居先甫所聞者戴乃於夏假時借端斥退冬假時劫哉觀者榜求曰凡中文榜上無名者一律除名藉報夙恨於無形者黜陟之權務食安逸素不與聞而戴獨操之　五算學支陸英文陸朱君文汪諸習教皆卓卓有名戴不敢藐視其餘多仰鼻息詞章樓之代庖瞬教習不肯媚戴以去年遂攫之故之不果也因再三示以意使告退即以其兄懋哉代於是教習界上又闖一戴氏殖民地矣　六戴氏弟兄欲孤遊日本博遊學之虛名增館瑕學堂之勢力乃借師範會之月報堂中公欵作遊費又以形跡太露任意另派數人製共之劫哉當謂某生曰吾兄懋哉雖不在此作教習亦可領公欵與師範會噫外人可領公欵大學堂之公欵何其裕耶堂中教習之齊年者眾多人耶　七算學陸教習之子狀僴年方幼稚業於本堂去年八月間忽得病驗以病勞未投藥順無人視送回家恐碍學生課乃誤離臥房中戴不許因以死被害時陸與戴幾起爭端　八劫哉以有學問之教習必不受羈棄設一默媚計開教習聚集所每星期聚一次美其名曰會所不過總理不偶於主位劫哉當人其間樂談說結裝愛情而已故教習每日名無聊尋扯談幾何不令人發昏欲聽至斥退學生時又另結一秘密社令學生反不得措矣以上九條皆其劣跡之顯著者尤大學堂爲一省之淵保現在欲設支那塲力以排此乃爲戴氏所壟斷所敗今其賊黨將成傲戴仍不受臉面靦然有留堂意豈謂一般學之求益者如何之學堂也由於傲哉傲哉不去死灰將復燃吾不知浙江果何仇於戴氏也吾不知浙江人之知與否也

來函照錄○寄函者之姓名另有存記

東林學堂者無錫人之學堂也豈一二混沌總理頑固教習可得而私之哉學堂之名舉總理即前貢生所謂之陶會元世風也此人尚在水母世界討生活誰處之爲名譽總理者吾謂在白黑之外一時不得而知之若其總理姿態壞穢緣係人股舉人即人股功夫亦不過附會而何況其他爲村學究之時耳何能當此總理之重任者其總教習係將就朽木之貢生李雨華其子李激即去年在湖演公學究作東文教習與學生反對首先鼓動學堂之風潮者也李某在東林之教育手段誠如貢生所擬以三傳三禮以搪門面者謂東林之腐敗非由專制非由頑固則不必要然無錫學堂之專制的頑固的固非僅一東林而東林在無錫各學堂爲最專制最頑固其不准學生閱看新報如有犯者即扣除分數非專制頑固之尤者乎演文與教習李瀚企中即李雨華之姪亦人股中人而不知新學爲何物者餘倘有正副總辦二人監起居一人其人且尤下之又下與胥吏爲伍之俗物爲學堂之內情其代表諸人無一非學堂之蟊賊而李老爲尤甚其餘不過伴食之處耜耳迫懂李者之稱居是職係明達紳士裘某所推轂以裘某之明達乃推轂李某吾尤不能不爲裘某咎東林爲錫邑公衆之學堂非一二守舊頑固之紳衿所可得而私之吾輩少年與有責任李老如仍戀棧不去則吾等將羣起而攻之務必使之出校而後已洪筆直書不勝激烈之至并附友函一通

（附函）久不相見甚懸念也初十日接得手書未欲從頭細說無奈俗務錯雜不得抽身幸恕勿罪今探得陶仲貢君係無錫河上人前在南洋公學今在愛國學社渠痛吾鄉各學堂之教習頑固者多故特爲之發起仲論無錫各學堂之教習惟在東林者最稱頑固總教習李老先生雨華不識時務不諳西學且不知教育爲何物所授者春秋三傳三禮等爲時務西學等書非獨不爲學生講授且不准學生購閱其有購閱此項書籍者即扣除分數若於其他種種頑固非楮墨所能寫無怪乎陶仲貢君爲之發難爲無錫各學堂之頑固諸教習痛下針砭也弟在東林本非久計况四文教習又不甚與本擬二月間即欲出校他往無奈家兩學社已告額滿不知蘇州之東湖大學堂與上海中西學堂目下可進去否如足下深知底蘊即望示知弟在月內即欲出外不肯一日安心于奴隷教育也倘使以上兩學堂皆不能進弟亦願仍舊安居無錫他處尚有好學校否伏望足下示知

伏祈登入貴報學界風潮一門以爲東林之忠告則鄙人幸甚東林幸甚無錫幸甚各行省之學堂幸甚

各省紀事

蘇州○撫憲恩中丞以冬防漸畢恩撫札飭于三月二十九夜撤防營勇一勇於四月初一日起撤夏防除緝捕營分巡外其餘概分別札飭革改辦警察一節開緝捕警務學堂故現暫從緩

鄞縣○魚花一事我恩撫以魚花一項爲貧民一大生計故已飭札福滸各關州縣及關卡巡一律遵照于此次船隻經過地方時訊即驗放開行不准藉端索詐致誤生計云

紫陽侯士紳附課貢生由向守甄別分別去取于上月念二日開館應考三月分官課給由長洲縣令于念八日考試所命各題錄下　天地位焉萬物育焉法立而姦生令下而詐起論

揚州○兩淮鹽缺巡檢二員業經運司飭同北掣同知水運監掣同知一併裁撤惟裁去巡檢一班此後候補人員必致無缺可補嗣又詳奉劉前督咨補從寬安插還已奉到吏部咨文除現裁鹽缺二員照有鹽省分長蘆河東兩省遇缺即補外其有願歸地方補缺者亦准其改歸江蘇之巡典兩班序補或有不願離淮者亦准照奔在淮者委即造册送部核辦等因迅運司詳文核即示論官廳仰各該巡檢剋日具稟以憑合詳辦奪云

本埠紀事

縣署賓館○南市貨捐局會辦盧令翁山江蘇海運滬局總辦孫守逃率及委解京木委員鄭令鳳錫奇因公先後來滬昨謁縣署拜會

購米將屆○本屆購辦米收往歲稍形減色因各米廠以外洋先

…日增辣假，自此公務深恐將來無利可圖，虧耗已[illegible]，故不許[illegible]

協云

僱用看犯〇浦東無賴周祥慶趙阿芳等因逆犯潛逃，在嘉慶收堂一事由寶道派防水[illegible]汪令發出[illegible]獲看犯分別查押候核辦在案，惟悉日來該收堂因看犯未獲一名，已飭該管事[illegible]會到滬，由縣[illegible]汀令許仰追緝，[illegible]竹逃[illegible]南匯縣境，故移請該縣幫同協拿矣

監押逃犯〇縣署[illegible]務及[illegible]辦前日將[illegible]球波杏生命案中幫兇徐[illegible]、宋鐵在法界乘間逃逸，嗣至法界，[illegible]不將信[illegible]是送領事衙[illegible]拘提，後亦不投捕房，[illegible]擅帶入城，[illegible]捕房得悉，以其違章，即將張[illegible]約解法公堂，[illegible]示[illegible]供，擅帶人犯入城，係曾作主，判押候令西[illegible]捕[illegible]得[illegible]核辦。

上海[illegible]強[illegible]會[illegible]送戒煙丸人名錄〇蘇州〇杭州〇安徽〇湖南〇湖廣〇南京〇北京〇鎮江〇寧波〇通州〇無錫〇湖州〇揚州〇浦東

沈阿三	李洪生	張炳堂	十手林	夏順子	王阿皮
李文彬	李[illegible]洪	周士齊	高阿大	王阿貴	王阿生
許阿三	王阿[illegible]	徐阿義	王阿[illegible]	趙川廣	李阿生
王阿與	李少村	張德升	王阿十	劉陽河	楊阿東
徐東五	莊有原	陳阿仁	孫阿生	楊存山	陳阿大
金仁德	王阿[illegible]	吳阿[illegible]	金阿三	王金明	徐雨豐
王阿寶	王金山	沙秦來	王阿山	方一桂	趙六旋
周阿四	王瑞林	張阿福	朱阿安	姚德生	石地生
陳石山	徐阿大	楊本楠	李金生	沈阿根	陳氏
張海林	席阿二	王象云	王阿王	沈茂林	陳瑞[illegible]
李正生					

西歷五月二日禮拜六

光緒貳十玖年四月初六日

蘇報

總發行所：上海英租界三馬路中

分售處

游學譯編第五期已到本埠定閱者請即持條來取爲禱

公啓

西歷一千九百三年

日歷明治三十六年

每號大錢十二文

外埠價目

每日寄送郵費全年六元八角

七日一寄連郵費全年六元

西洋加倍

東洋照加

郵政不通處的日寄費

告白刊例

第一日每字取錢四文第二日至第七日每字取錢三文第八日以後每字取錢二文封面告白照後幅加倍論年論季面議長行告白二百字起碼短行告白以五十字起為多則以十字遞加

論說

錄近日新聞後　二續　來稿

又云和尼欽食吹毛求疵稍拂其意輒掀飯桑桌哄堂何其志之鄙歟

解曰似不足恚諸不過誠如斯學生既容彼野蠻頑固之保飯碗自然有施必之卽以吹毛求疵相贈此實出於情理之平惟學生之目的爲文明開通者也必斤斤相報是自狹矣學堂何物聚衆何事我請直下斷語學堂者鎔鑄聚衆之工廠故各國有一學堂卽收一衆志成城熱心愛國之實效中國多一學堂卽多一如黎初倪推翻聖制之戰場剛毅之徒思之爛熟悍然指謂之曰多一學堂卽多一漢奸此所以不能不推爲野蠻時代之名言實與丹苔十四脫卽國家一語同其千古語並此吾知作者必頓足急捶吾口曰勿聲張此言一出必致觸穴嗚呼作者此論全篇之用意卽往注在此豈知全身之新術新報退中國四面而與入而肝臺之教育如水出峽汪洋恣肆幾竟合全國爲一學堂之勢矣如鍋之洞之徒知不可收拾欲籠抵禦之方以非攻非亦謂非廢闢學堂永停科舉不可卽海內之和不從亦日望學堂之開以關二百五十年食毛踐土之恩故有舊學深而不信古而深復不倫不能爲教課必欲使人共奮而設學堂者又有拾國粹之謬說自以爲能調停中西立不可駁之章程技癢欲求一試而設學堂者有封墨死戰頗作野蠻之後勁自以爲中國本有學堂學堂原當如此而後設學堂者又有憫私立學堂日多人持一說破壞秩序不得不特官立學堂致之統一而設學堂者作者乎維新黨然其目矣而學堂則將日熾若就維新是痴於惘懨學是爲故余之洞恢開學堂仇絕新黨自以爲功而不知政府未死之關款尚恐諸之而深惡之盈朝之八股京官方將開明倫堂食其肉也

又云其入學堂也尚無多日乃一啓口便爲人對說又或放蕩不受約束指揮紡者爲奴隸違背章者爲專制以推翻章程違學堂爲宗旨以紙毀紙擲指斥教習爲能事

解曰入學堂縱多日而遇人對說者實在我國野蠻太多之故學生之放蕩自有其人我亦不敢爲曲然欲以野蠻頑固之人之章程學規約束之實之能受則又蒸沙造飯必不成也蓋學堂者求世界之公學說也世界之公學說秩其大綱曰自由恐各人之侵犯自由於是有法律恐法律裁制其身子是有自治今野蠻頑固之人全不知自由爲何物一聞此二字掩耳而走惟恐不速彼所謂法律不過鐵約奴規而已法律卽從使人之自由而出於是學生亦以使人自由報之是發成其不能自治卒至于放蕩也故學生之放蕩卽可云近日官辦學堂之章程有以造就之亦無不可放蕩者世界之所公惡也慎勿徒怪激烈者之振撼之而不給數術者之釀成之也譬之於醫死于極涼極熱之猛烈者常少死於溫暖軟軟之痛苦不戒事知其幾萬人之也　仍未完

與友人論遊學書附錄　五續　初三日稿

美國留學生致友人書云我國留美學生近日有創設遊學會及學生會之舉勵○美國各省大學堂無論何處必有日本學生一二十人在堂肄業三十年來絡繹不絕○我國昔年出洋學生除高派一百二十人之外幾數年始有一二人來學卽有之一百二十人曾入大學畢業者不過數人其餘或入大學而未畢業或但入中小學而已○華商之子弟十四年來如舊金山之大埠華童之在此等學校畢業者止五人在大學畢業者止一人○日本學生卽如加利福尼亞大學一處畢業者已有二百餘人其盛可知○日本學生大都皆自費生皆操工以給費英國大中小學校無有取脩者所謂學費不過自己之食宿費書物費而已○食宿費與書物費每月由美國百一百元至四十元不等○作工之事或爲人打掃房室或洗滌碗碟或於夏季暑假二月內爲人傭工英人皆學生無不從事於此等事業○近數月來吾國志士之來游美國者多風發泉涌之勢如某君乘洋行大船之職携其所餘三四百元毅然西來又某學堂著名教習及某女士學相繼借來由南洋羣島來者亦不乏人○現我國操工給學於美者亦有多人○籌款之法第一法自籌千二百元或借諸親友或變賣田產每月以至儉之數計算年需美洋四百八十元已足去美船費至滬者二百餘元○第二法現有館地事業者趕早積費俟有成數卽可來美○第三法籌四五百元以百元製備西裝餘取要書籍照至美後設法操工給學此乃誠心留學無愧中國志士○餘或到美後由學生會補助一二百元然仰於人者亦可不必也

吾聞諸友人操工之日又有往市肆爲人包裹紙包者或爲人鈔書者有某君者辛丑秋自舊金山回國時途遇兩婦人疑其爲日本學生卽叩之曰予願至我家爲我執炊飯役之役乎如願承其役每日但於飯時一來此外無他事我願歲助學資六七百元某君宦家子方窮困都之西裝不知此婦何以出突歪此想風俗如此並不以爲忤也某君無備此故笑謝之

又或不必作工卽仿東遊學生之法作報譯書籍輸入之文明得遊學之資稿尤爲一舉兩得至於西方萬里異風殊俗以法英政見諸學問者皆精密而呆滯見諸日用瑣細者機變而活潑凡異國之一塵一市一孔一草一斷石一表木入其境者習慣而不覺爾入諸記載無不令神魂夢想之人流連顛倒愛情纏綿也諸君鄉者其友付諸鈔賓資其稿于國中書市也　仍未完

時事要聞

俄國對付滿洲政策○字林西報三十號東京電云昨日論及盛京退兵之事係見於披順俄國某報報提督阿立息夫之曾阿提

晉ク晉及限制俄國人平於京加歷史事惟在日本則并無此項緊要事情日本當道各報皆甚願悉於俄國之經營而謂其必有有他意現在東京以俄兵大集於鴨綠江之北故詔曾亦相並云又同日路透電云俄國外部大臣拉姆斯獨夫現在俄京對駐俄美使云凡他國人在滿洲境內所有之一切權利俄國皆不願奪去之且尤願美國亦務發木能多進逐彼國云

世界要聞

英殺獄變○上月二十九號德文報傳單云英皇愛德威昨晚在羅馬宴飲時曾謂有將英意兩國可聯合以拒各野蠻國云

俄法外部○又云現在英德各報皆極誹謗法國於建造蘇彝台傳鐵路入股一事謂法外部大臣擬兩斯舟恐佈於英首相致福之處置則由旗尼阿至歐來斯利之鐵路可讓德國獨造云

德國作古○又云德國外交家稱特爾現已逝世年七十九歲

俄帝改革行政詔勅○東京日日新聞云俄帝尼哥拉士第二以前月先帝歷山三世誕辰紀念日頒極長之詔勅公示地方行政改革之方針其譯文如左

朕今敬告朕之忠良臣民朕賴依天佑力承祖宗之位對於天帝對於朕之良心守持神聖俄羅斯帝國之國是以朕之生命可供保我所愛之國家之務立神聖之誓

朕夙夜以移念臣民故不敢忘朕之祖宗以繼承先帝之遺業務謀臣民於增進幸福之途

依天帝神明不測之叡旨先帝早世崩御亦朕中止今國家之需要當完成先帝所著手國家之秩序及公議確立之事業以帝之義務使朕負擔之

一爆動陰謀紊亂國家之秩序矛盾於俄國國情悖於理論以醸發亂阻害國民之幸福致幹之公務朕深憂之朕深患之此爭亂人心洶洶起於不平朕今當重視國家使青年之勢力益行發達

按俄皇憂慮無黨之進動久有革新之志今果頒詔曾改革行政雖其稱天帝祖宗仍帶專制口氣而地球上第一專制之國至今亦不能不改革然則今日國於地球者尚得永保專制政體而不變哉　本館識

學界風潮

浙江大學堂學生退學如來記

辛丑冬杭州求是書院更名浙江大學堂當道聘勞玉初主政乃宜爲總理王寅審務公聘杭人姚克叔敬爲稽査戴某又引其兒之甥陶居元禮光甫爲監舍戴某鑑湖標軍文素小有致才居某則僅知之無行間無敬故戴某承乏以後頗具能名然常與所私謂曰非散此存有之學生則不能正本清源也居某則揚言曰晉不斥退某某架晉不姓居也是二人之皆私周利紹姻華龍久爲學生所憤恨卒癸卯三月而春雷一聲鬱之久者而發之驟矣先是十二日學生陸某失去皮馬褂一襲稽查之職責有攸歸因作校試答以待作學生謂自去歲迄今失職察百無一得必將因擧一爭辯以此後前乃辦粉總理所共爭之戴某鑑湖非陸莫肯擔任帶搜檢衕依涉無所得時陸便私語使及學生學生以爲有關名學也聞檢查亦涉無蹤跡仍須稱我一紙策久不獲命因稱之稽查乃曾日搜査不獲我失職也我既失職我願辭某學生聞之疏從促乃各散去是日總理適赴桐廬翌日學生上課如常戴某則於十六午前歸為十四日總理歸堂十五日期十六日總理牌示曰

學生總聚處所未經頒有定一規條所埋尙未議定現擬暫行停撤另籌規條俟頒有大綱再令諸生各呈所見以憑採擇定擬擬定後再行頒設

又囑監舍開斥退名單二十餘人四句鐘又開名單傳十一人集於辦公所挨次進見及見一人後復命十人出去明日再傳而頃刻間又復傳見勞日據戴稽査及居監舍帳學生以停課挾制教務請告退此等舉動太覺無理吾必辦爾學生以戴居之枉誣也告以此係一面之辭學生等上課如常教習均在請公察之總理曰吾意決矣無嘵嘵爲學生等色俱厲學生皆退時方陳仲恕者壬寅秋爲任小丞所請之監院也等謂其事先得總理兩示曰

一現擬整頓學規並議講堂齋舍飯堂等項規則暫行停班俟擬定後再行示知開課

二學生某某等六人倡端挾制出言無禮即行開除

於是學生憤懣勃勃不不則嘩矣十七日八句鐘彼斥之六人及告退之陸某偕諸齋同人數則詳極悲壯滿坐皆泣公議當請總理斥退六人之原因九句鐘居某嗾學生詢其停課挾制之說君若曰不在座何得歸口妄言居某聲勢洶洶舉手欲毆學生某學生等怒不平咸至總理辦事處聲訴并詢以六人所倡何端挾制何人出言如何無禮且六人中有某生於十二晚既假時業已早假並未與聞因某稱迎得非私總時總理上坐旁列侍者手執禾杯而言曰吾雖未在堂中然戴居非妄吾若吾老矣不能爲爾辯論者也且爾聚衆於此得毋藉端挾制出言無禮耶至於居戴學生待吾非教學生曰戴居陷人如何不察總理曰戴居皆陷人者適報某客至學生皆退聚議與總理約三事一留六人二退戴居二學生有議事權二者行則留否則去而又因人少語雜恐爲總理所厭煩乃公舉代表七人於午後至總理辦事室陳開六人罪犯何抑疑六人有竊衣之形迹而借此八字以定讞耶敢乞詳示總理曰即使斥退六人有未雖當然牌示已出尙難收回學生曰君子之過如日月之食及其更也人皆仰之總理曰若如此則將來誰於辦事矣學生曰恬過不悛搀可以辦事乎總理默然久之曰學堂乃我之學堂所以之權操自我爾輩毋得顧問學生曰總理既無此學堂爲已有則無惑乎由一人之私意以斥退學生但國家設學堂與格開設學堂今以一私人而破壞之非特負浙江而直負國家耳且即與約三事總理曰第一事某生既不與聞當明再核至於收回成命則不能第二事戴某舍於辦事

分敎習人等亦由東洋總辦高等省學堂胡道乃多行蘇皖望事爲各府州縣傳諭前次考取各學生迅速來寧並飭取學生中送前來寧於四月初四日續考遴取四十名以足一百二十名之額於是月十三日一律送入學堂開學其前次已經考取者須於開學前三日來堂報到以免臨時貽誤云

前管帶開濟兵艦黎鼎革因解往京台効力贖罪之事亦員早經判故督委員起解↑知鼎革夙何以至今延宕不行逗遛在省日前就督接到電傳部文飭即將黎鼎革迅即查明委解赴部以贖罪狀因即飭發局官立飭發官驗北下囑鼎革悲痛鼎革語不能介之節三弟咨後再讀學生曰公習此於是乎總理曰然將奈何學生曰公習兼此吾發志已決矣於是咸有出學之志聚衆講堂簽名皆謂滿由一致無一願留乃公與幹事員公議出學規則仍以團結團體以達求學初心故任尋覓房屋者若干人俟有定所即行退出繼館各教習各別學生曾曰繼爛至此吾何忍背學生等將辭各教習而他適矣所希冀者教習所以教吾儕學生者教後來學生則浙行幸甚中國幸甚言畢掩面皆泣教習中洋洋灑下者亦居其多數矣總敎習蔡繼棠以補救無曰吾輩任以三事請總理無能爲矣君自爲之乃散去時陳仲恕與總理擬一示於七句鐘發出其文曰　　　明日續登

四川學務一斑○成都錦江書院山長伍崧生老朽昏庸自辛丑上諭改書院後伍仍以入數擬士者十年將曾教錦江爲學堂總派伍充採訪學總辦值下有札文各官與之間道於伍者甚多伍對人只八字云形如木偶貌念皆深未母比西人之衛生學尤爲十倍耶

成都中西學堂原設法文生三十名英文生三十名乃監堂委員伍論學生不准習洋語只准寫存字問其所以然乃知委員恐學生罷他仙不知道也

專件擇要

蘇湖通學社簡章　二續

第五章　簡約

一崇實　朔望日講習

一尊君　萬壽行敬禮

一擇友　既名學社即爲學堂凡入社者俱爲社友

一勸學　上課授課時習溫習不得玩惕休暇時日餘力研究中外自作或論學文可呈於習批改如有疑義或心得各抒所見互相砥礪不得攻訐以杜紛爭之漸

一攝身　每晚五點鐘習體操一次以強筋骨和血氣

一嚴禁　吸洋煙飲酒博奕游蕩嫖賭等事有聞則議罰重則出社

一遵規　所定規約以不逾越爲準凡欲入社者自度果能遵行方可入社

一改良　凡所劣風俗乖僻性情泛濫交遊紛繁禮節所以致積弱之原因阻文明之進步者皆不可不急求改良

一更訂　創辦伊始章程有未盡事宜及未妥者隨時更訂

第六章　入社　凡入社者須知

一社地　蘇湖陶堰葛仙翁祠暫爲風雨棲住惜房屋無多暫擬賃爲立社之地俟覓有相宜處再行遷移

一報告　願入社者開明名氏住址投交蘇湖商務局普通學社報名處挂號填明註明願習何文住社走讀以定額數限五月初一日截止遠地函告亦可現已定若干人缺額無多

一到學　準五月十五日開學屆時住社走讀各友一律到齊逾則不收遠地早來一二日亦可

一自備　凡試習者筆紙筆墨等件各友自備或繳價由本社代購

一試習　英文試習五日東文試習二日彼此不合均可辭退繳還原費試習期後如稍犯規不得已而辭退者或半途輟業因故不能來社者原費概不繳還

一證憑　畢業後本社各予證憑俟漸次擴大再立案分赴官學堂肄業以期大成或遊學或隨別擬生業

各省紀事

北京○內監的人們太后記性很好曾住在陝西河南去年在保定凡行官執事人員曾經過者往往能記其姓名若復遇其人倘熟識問且贈於物體均入見者無不喜顏色甚若係爲大恢並進貢物者尤殷恩賞有加

四川　武備學堂開設時有候補雜人與致諸生不服大爲喧譁由提調查出係太洪班之武小生三毛雲卿發縣諸可詞求榮反辱南沙帽街初不生設一少半小社近來代派各報入其開通並在社內開設郵政分局

河南○懷慶府河內縣近日亦因地丁改爲錢串百姓聚衆滋事聞將河內縣苗令擊破頭顱武陟縣河北道署亦被圍困該道以好言慰之乃稍散去現聞上憲已派候補府許守葆運赴河朔一帶會辦相機此次地丁改錢串州縣官以爲自己不除賠墊被上台一概打碰於是每畝地丁於額徵之外加徵七錢故百姓有此舉動其首先發難者則孟縣令孫容彭也

福建○閩省侯官縣附生林騏章蕭生劉鼎楨陳綱等如自備資斧赴日本成城學校肄業籌請給咨聽往給照督撫咨送各案有閩省東文學生林葆劉崇傑劉崇楷及船政學堂學生梁訓勤李錫齊陳琳等自備資本赴日遊學均經先後咨送乃准給林蔚等咨文

江寧○江南高等學堂暫假鍾山書院改之府學堂爲敎育之地先收學生一百二十名去年考收本城及蘇皖兩省舉貢生監僅八十名尚缺四十名本擬陸續顧考乃緣學堂屋宇爲前任總署督駐節其間而總敎分敎各員又辭擬近東瀛考定敎育之法未能如期開學暫假鍾招生督解緣督經旋將學堂修整適

員遠中皆嚴飭派弁州判偽瑜即日押解入京

蘇州○蘇郡木瀆鎮山爲開鑿山石之地該處遺棄石屑本可任人載取惟前撫省中種葬安葬局並及木瀆保節各局稟准府縣無論何民到山載取石屑按船各捐洋一元以爲善堂經費近因各善堂多有稟請照章抽捐者故由該處紳董稟請以現抽各善堂經費爲數已鉅若再抽加勢必力有不逮請爲立案除現已奉文抽助各局外以後概不加抽以紓民力云

蘇垣近日制錢缺少各錢肆兌價每洋已短至九百及八百九十五文日來又短至八百九十文且全換制錢一槩不兌云

前報紀查獲販兌銅元兩犯已發交長洲縣訊辦茲悉該兩犯即閶門內原生錢門外正太兩錢莊夥所販銅元六百千文係在城外符獲現奉上憲諭飭蘇令嚴辦云

常熟○常昭東西北三面沿海盜賊之出沒客民之雜處豐梟之私販光張之幫衆皆以常昭爲淵藪客腹常熟凶鄉周家橋頭周姓二家及西塘橋典舖被劫皆此盜所爲當時有趙姓一人在福山衙被差役及引線人偵知即行關常署旋川供保爲從並非爲首並認搶周姓一案郭令飭令認西塘橋一案趙堅不肯認此去年十二月事也今年二月趙姓在監中外間忽有送信者二人偽獲一人二月中旬又在擴勝塲茶館中獲住一人當云女盜乃將開之悅三月二十七日又於縣內街獲住二人皆有引線人認識所謂引線人者乃[illegible]人所謂沙[illegible]者也沙[illegible]自首亦是梁精趙姓亦是[illegible]出首並居間被搶之事沙精自言不在其內趙亦不認沙精又言恐趙黨復仇故妻子等五六人皆居常署中郭令僅以爲與竟許沙精一家搬入於是沙精又行誣認謂報以與常熟捕快同遊街上凡其同黨皆認沙精一言即行誣捕於是獄中纍纍皆盜黨矣至於盜黨供詞有封監之說常令關擴勝檯所捉之某盜則供云梁精天下皆有現在伏於城中者有三百餘人西鄉沙墩最多皆其同黨皆等情恐投監替趙姓代死或與趙姓同死皆可故劃下投監者不絕外間謠傳劫獄之說亦沸沸揚揚即稱盜黨所爲亦有可疑故三月二十七日起常令知會營汛可黃昏九點鐘將六城門即行關鎖不得擅開夜巡兵役嚴密於夜間一點鐘起巡至天明而止較之冬防尤爲緊急目下寺前大街黑夜行人雖甚多大半操外路口音或扮小生意皆江湖賣術之流常令甚爲焦急欲提事主周姓婦女到案以捕姓所供並未捆綁周姓一家不過搶物周姓以爲捆綁一家報在先郭令欲令事主婦女到案與盜對質周姓婦女到案又郭令聽信沙精之言謂其家屬用爲腹心其實沙精非周姓案中之人亦不得援自首之例安知非盜黨詭計也

鎮江○許守接到新任鎮江督行文因長江一帶會匪羽黨甚多誠恐伏戎於莽病發堪虞因札飭丹徒縣嚴密訪拿等因并移咨李協督札飭各營員弁認真查防云

揚州○前辦保甲章道因局勇不敷調遣函之前府將紳商士民合力倡捐已故之團練局勇八十名仍歸保甲總辦節制不意本閏多時團練勇丁爲保甲局裁去十之二三其勇糧均充私橐故日前有某某紳士公稟本府請設局章仍歸紳士公舉公正耐勞之武弁督率練勇大加巡緝衆經余守移局仍縣妥商辦理矣

史紳被竊金如意將捐出服役之婦四口送局究追致劉顧氏在押自盡一節上月念三日江都吳令提到屍夫劉某到堂飭勤具結領棺諭令史紳家丁賠助棺殮訟費若干以免纏訟飭劉某領屍其棄不准判斷不知如何了結也

杭州○浙省鹽斤收數甚鉅茲因新約所定裁釐加稅之期已近佐班中人向以此等優差爲生財計者僉無所措昨忽有一偕謂俟加稅後所有內地各鹽卡悉數併入常關并再另行籌一名目爲辦理地方善舉各事按貨抽捐由委員會同紳董承值此議若成則鹽金雖裁而官吏之利權仍不全失云

浙省新鑄當十銅元發商行用因洋價甚大每元可兌千文故由官出示將銅元小色作十一文乃各店鋪咸謂不但以數未能通行閒因錢荒中恐銅元漲出不能換雜小錢祗利可圖故先阻抑未識有何善法疏通也

寧波○專理寧波府篠守雖已於初一日午時接印視事而守交卸後仍留衙署幾天即須晉省

安慶○皖省每年應解京餉若干以供內用日前已由聯護撫奏[illegible]赴豫劉探辦[illegible]上月二十日[illegible]即雇民車四十輛由[illegible]縣派同兵役護送於二十四日押運北上

[illegible]課吏改以四季因監督[illegible]課嚴除[illegible]習之弊凡向收超特等者皆不能應[illegible]惟[illegible]恐將不成耐令仍考列[illegible]等其餘記過者共有七人名

本埠紀事

撥款仍辦○滬南製造局總辦[illegible]道自到差後查得各廠司事約有二百餘名之多宜[illegible]擬於日內擬將各司事大加考核以分優劣而定去留云

[illegible]免加稅○南市[illegible]記等各商船號主因奉[illegible]關道與稅司會銜出示加收[illegible]稅後各商即聯名投道[illegible]求免[illegible]批飭不准在案昨日各商又復邀集各號主在[illegible]船會館會議求免之策

另募精壯○南市製造局前年北省匪亂招募巡軍救兵營勇丁共五十名現經總辦道查得該營勇丁中多年老力衰故即裁去念名各給恩餉三月俾得回鄉一面另招精壯者補充以足其數云

[illegible]查私運○本埠錢荒已極由[illegible]董[illegible]樹杰等稟請[illegible]照會稅務司查禁在案詎日來錢價忽又加昂[illegible]道[illegible]查知奸商更換化樣將當十銅元裝入[illegible]箱以[illegible]洋[illegible]稅海關而沙船則[illegible]船裝出與滬私運出口故昨日[illegible]道等會齊各商在邑廟[illegible]議[illegible]日[illegible]

四

圖實係照會北關及吳淞關川私販司請於嚴緝糾關務督扦還
關查驗船亦當嚴行稽查俾挽錢荒□免民困
辦究逃妾○無錫楊怡曾在滬北娶妓女洪氏爲妾嗣因後氏憤
私逃來申仍在三馬路賣娼日來楊怡亦知翻遣丁灿升段英公
堂具控由張司馬會審將洪姓提案收押同時役案具保者共有
復據由錢篠文將洪妓及本夫某甲一併送縣汪令驗交官媒收
押嗣經汪令亦得此案亮無關緒以於昨日審將洪妓與本夫
仍交回領辦
案懸未結○樂錦芳曾向王芬甸歸小麥吞沒銀二千一百兩上
年由王具控法廨押追案懸已久至今抵押不繳錢日前由孫廉
員訪探移文無錫縣將其屋轄住房三間地若干畝發封作抵昨
日王投案稟稱房不值錢所虧甚大懇求追究因又提案諭訊供
小麥稱與劉子英其銀實未收到求恩與縣保出往天津找尋劉
令具結交保候州 內尋到稟覆

上海富強會送戒煙丈人名數○蘇州○杭州○安徽○兩湖
兩廣○南京○北京○鎮江○湖州○寧波○無錫○湖州○松
江○紹興○常熟○浦東

沈阿波 楊春山 吳阿新 劉錫河 張道金 王順生
張皮林 李洪生 李德仁 李文彬 陳元生 陳壽山
陳阿仁 夏順子 于子林 李阿三 沈洲林 王阿吳
孫阿大 王阿十 張石峰 顧阿東 方瑞堂 陳瑞利
陸阿生 楊國石 王阿柏 王春山 金阿毅 方阿生
沈阿三 王阿玉 陳金山 王阿三 朱阿安 王阿二
金仁德 王阿大 夏金生 莊有麟 汪子卿 王金山
孫壽山 張德升 沙攀來 鄒海林 許瑞生 李少村
王雲祥 馮文貴 張阿福 姚澄生 方一桂 石蓮生
李國洪 王阿寶 趙月廣 周阿四 彥仁卿 陳金先
沈阿根 陳阿甫

一 西歷五月三日禮拜日

光緒貳十玖年四月初七日

蘇報

總發行所●上海英租界三馬路中

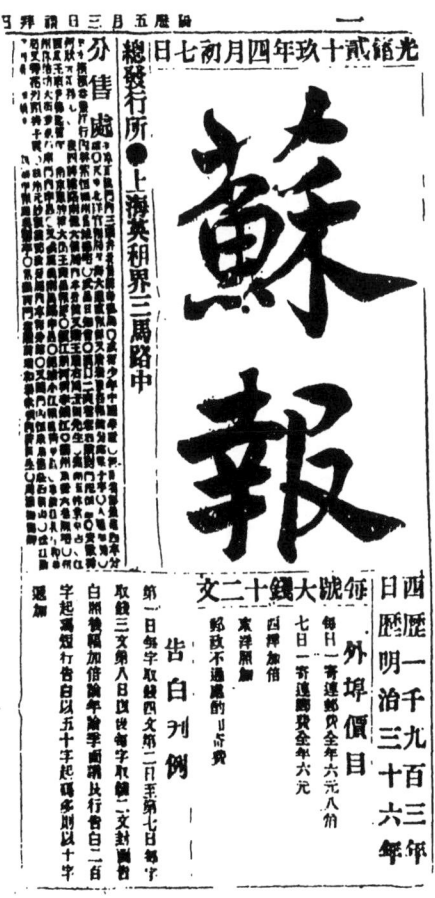

分售處

[illegible]

西歷一千九百三年

日歷明治三十六年

每號大錢十二文

外埠價目

每日一寄連郵費全年六元八角

七日一寄連郵費全年六元

西洋加倍

東洋照加

郵政不通處酌加信費

告白刊例

第一日每字取錢四文第二日至第七日每字取錢三文第八日以後每字取錢二文封面告白照前幅加倍論年論季酌減長行告白二百字起碼短行告白以五十字起碼多則以十字遞加

論說

論國民公會

國民公會何爲乎國民者以國家爲公會者也無國家則無所謂國民又何所謂國民公會有國家則國民固自有公會矣又恐得別有所謂國民公會然則今之國民公會何說與曰我國之民本無所謂國家也惟實際無之并觀念而無之還者以外界之比例志士之號呼而國人士間始稍稍存影於其腦中於是有辛丑年張園之議俄約之舉幼稚時代一發即止還者又以廣西之問題而法國消日久以東三省之問題而後國家之觀念銳之而愈深俠之而強固乃有此國民公會之提倡而一日間簽名爲會員者數百人其續簽者尚未有艾是誠新中國之小影而國民集合之初步也夫吾不敢謂支那之有國家思想者僅備此數百人且此數百人者於支那人數中不過百萬分之一是果足以代表百萬倍國民之意合而平雖然時地之所逼機緣之所凑於四萬萬搏沙積礫之人民之中而忽有此數百人者以爲國民集合體之發起此一時中誠不能不暫以國民之先覺自任而又不可不自省其人格之合否與夫其介體組織之齊否也凡國民之品格係乎權利而權利又生於義務權利莫大於參與政治而義務不外乎從軍與納稅之二者不盡此二者之義務而求參與政治之權利必非公理之所許者也夫此二者世必待新國建設而始生即此數百人公會之建設而其義務固已生矣以言從軍則有軍國民學校以言納稅則有捐助經費吾亦知此數百人中不無軍籍人者不合於軍人之資格者也然而其於軍國民學校也或助資或任事務斯亦間接以盡從軍之義務者矣吾又知此數百人中不無苦學界勞働社會之人雖以應捐助經費之求者也然而吾欲分捐助爲三列其一資產家者有儲蓄者各捐其十分之一也其二爲小生計者於其所得捐十分之一也其三爲力不能捐助而日以數時間勞役於公會之事也此三者皆盡義之法其有熱心高志出全力以圖之而所助所勞倍蓰於吾所謂普通法者是亦公會會員以國民先覺自任者之中所必有者也會員能盡此兩義務而後可以言組織之方法其法維何曰審議案之事而其議決則付全體會員以多少數可否之是爲師三權分立論之意可矣由全體會員公舉評議員以任草案是爲立法部公舉幹事主計書記任運動交涉調查會計記錄之事是爲行政部公舉監察員任稽核糾正之事是爲司法部三部之材不可限之以上海寓公宜廣邀各省志士及海外遊學諸子共任之祖國前途人人有責雖非國民專已自棄謹陳鄙見之概略以與會員及未爲會員者共商推之

錄近日新聞後一稿

又云破壞主義

解曰學生挾破壞主義海內之盼望學生者亦挾破壞主義此云

的第國民中國之主義皆以破壞之事皆者必從學高擧關其結體之民皆者亦必持批評駁論其弱點之所即就學堂論學生即持學者職員即爲攜者今欲以開創破壞敢肆而攫取其之食已既無此擧之取信又恐猛擊之步事真太不知學堂者矣天下事大抵如此其可謂學之活歎也

又云必使國家之公學堂盡廢而悉將入其私學堂而後快也

解曰推此數語爲作者柔情實則之處然詞句之間殊不易曉想其作者忠告之不聽故從而快怒之血熱氣憤遂不暇修飾其詞句耳

孟子云天下者天下之天下則國家者亦即人人之國家此作者不以官辦學堂爲國家學堂必分明解之曰國家之公學然則從對待形式說之尚有國家之私學堂矣若對外國人自稱即稱我中國之公學堂我中國之私學堂是也作者深明世界之公學說故能作此語推私立學堂之上着一其字大雖索解其者即彼之二字之替代名詞也所謂彼哉彼哉其意何指將從國家之對面着想而彼之耶則此所謂其者乃獨立于國家之外者耶抑或即指學生耶則假破壞公學堂之學生皆先豫設一私學堂矣所以舍其私學堂考入公學堂者何爲悉廢公學堂而入私學堂之張本矣又作者或於學生團體之外探有特設極廣大之私學堂隱謀聯全國之公學堂入其私學堂故惡其壓制而憤憤不平以責之耶一個其字破空而來何其忽耶孟子曰不可以有挾也此不免於有挾乎否則其字者必於字之訛以排字所誤歟不然亦如張提調所謂你要愛國當入愛國學社積不平已久故脫口而出不暇別擇如此乎乃完求

特別告白　愛國學社賴滿已久實無房舍可容如海內同志有遭橫逆之壓制脫離羈絆而出如本社同人所遭遇者即請自行建設校舍本社願爲聲氣

時事要聞

北京告警○初六日午後五時北京有電至滬電文爲俄約危急請設法救之時北困于俄南困于法區區熱心之國民有心無力將奈國勢何以抗此虎狼耶

工師被戕詳電○德文日報香港電云廣州府西北一百五十英里地方有名容縣者現忽有土人阻撓鐵路之事聞有廣漢鐵路外國工師一隊已被殺斃現在中國及英法德各國兵船皆至彼鎮壓云

世界要聞

俄事○字林西報五月一號路透電云英國外部大臣克來蓬在議院宣言云俄人并不認外人得有謂其有要求滿洲之事亦并未將索他項特別利權蓋不願違背向與各國共立之約云

英兵部宣言〇又同日路透電云英國下議院因議及蘇國之事兵部大臣李爾特立竟宣言云英國并無有占據其地之意不過欲保守其海岸權利並保護吾國地之民故以後亦并無有遠征之事宇對又云將軍流事能北那占先雖曾添兵而此失殖稱得手軍隊減單惟因反對者甚多故無成議云

德皇擬赴羅馬〇倫敦電云德皇威廉現已起程前往羅馬

英皇已離羅馬，又電云英皇愛德威第七已離羅馬

數致英皇〇又同日路透電云法國駐奧領事當英皇至巴黎時命法戰艦皆懸旗致敬

梅國亂耗兩誌〇又電云梅西度尼之亂已于納老哥撥地方殺斃衛林人三十二名而于寸瑟排拉之附近則殺亂黨一百人云

又云在合斯尼加地方遇日餘彈如雨有某某等二銀行及某輪船已被焚毀

俄皇改革詔勅，朕不問職之高下皆得倡行政得失凡有擾亂民間之舉動斷不可不防止之各人皆當行其公務上公共上之義務照此國家之需要如左記之事項速施設之

於崇於宗教不妨礙官吏規定俄羅斯帝國之根本法當守信教自由之約而不逾背擴張法以正教會爲首先之宗教奉他宗與教許我臣民以自由奉其宗教從其宗規而行其拜禮儀式之權利

在村落改並止致俄官之財產情形依然實行其主旨與循望使彼等于與俄國人之宗教上及公共上之事業以收好結果而不滋事端

欲固民間之產業懇著意謀俄國國家之銀行機關士族及農民貴族銀行之業務執定對進俄國上及民之幸福之方針

村度於察調查之件經朕喻示而審議後更應調查地方特別事情付縣會集議有公衆之信用而擔任之人與其議以不可侵犯農民共同土地之所有權爲稱查之本義併備商之農民組合求其施行簡易之方法

感農民之苦痛當謀採用遠選擁保廢止之方法　東京且日新聞

學界風潮

浙江大學堂學生退學始末記　　續稿

本總理以薄學之躬承乏此堂一年有餘竟竊以要學生保學堂宗旨不殺本日以斥退六人諸生等竟挾多人附和決至本總理辦事處及住宅無理取鬧殊失學生身分此皆本總理平日教育無方未能變化諸生氣質致釀成今日腐敗情形深爲負疚惟學堂章程宜求精嚴該生等名譽亦應相與保全現擬會同教習辦事各員重加整頓將各項規約詳加訂定以昭於公平共同遵守爲主由該生等各退課再行定期開課茲此示論在堂諸生一體知悉自示之後諸生如在堂都候者即係與本總理意見相同之人自當照辦理不斷者本總理亦難相强惟相是之諸斷斷無怨然當亦諸生所共諒也

八句鐘學生將告退名單與總理九句鐘卽退出規則張貼大堂其文曰

今者同學因事不平決然舍去然必有一定秩序以保文明之資格故議規律數則於左

一公舉幹事數人照顧一切

一不得毀壞公家器物

一言語行爲切戒粗魯

一退學日期以覺得住屋爲限

一各人行裝預爲整頓其挑費應歸公派

一凡有交涉需由幹事直接以昭劃一

一日內同學有事他出者須知會幹事方可

一臨出學時均須孔子殿行禮　聚禮次與總理送別教習辦事人等行告別禮禮畢魚貫而出勿得喧譁

以上暫擬數則各宜遵守如幹事有不盡職之處各宜規勸各同志有不守規則者亦宜婉言勸勉不得各存意見以乖公誼

十八日各教習聚議學生之稍可留者共召留名具函與總理辭而總教習並曰總理意決爭之無益且此風亦不可長也乃不果提調蕭太守亦斷斷力爭總理毅然固執至四句鐘某學生歸云覺得貢院前東文學堂館塔容膝來必乃慰是晚同人聚議者後事決議十九搬進行李二十出堂并識稅成敗之原因苦樂之異相人皆激勵相爭歡呼移情始於十九日搬運物件二十日行退學禮

退學禮節

辭集孔子殿先謁

至聖行二跪九叩禮大謂各教習上立各首各職員上立行首學生下列行三揖禮禮畢魚貫而出

揚州學堂衝突後情形〇揚州中小兩學堂退學一事屢誌前報茲悉兩堂教習提調均係頑固之尤中學堂定章非附生不得入堂今則全非因此教習乃招錄幼稚致小學堂定章非考過縣府考童生不收今則並收將班反招入歲至十二歲之幼童充數其故均因教習學植荒落英文算學又付闕如自開堂至今教習皆三月一換去而學生問難無以問答自行告退從前至此方悔此聘教習之不得其人云

來函

陸師退學生與陸師學堂諸君函〇此稿昨由友人郵來據云梁邑竣湖鄉爲登報

同學諸君公鑒猿以外患迭來國勢太甚至之故滬慶國以而假人今又決然不還半壁一波未平一波又起凡我國民諒生義

懺東京留學生已電請政府與俄實戰而自結成義勇隊願爲前驅又電上海教育會請爲協應而教育會全體會員與愛國學社全體學生閱之不勝奮迅立與各省志士大會於張園擬開一國民總會且即在滬上組一義勇隊與東京遙遙相應一時赴會者歡呼頓足萬千規模粗立不日即可成軍矣夫軍人者國民之眞價也當國家存亡危急之秋而不提出一種軍人之精神竭力奔赴眞可謂之無心肝也故國民總會之立人人有入會之資義勇隊之成人人有當兵之責此普通之義也分別言之則素負軍人之資格諸軍人之學問者果當何如慷慨涕泣爭死不顧以擁國民之義務以救國家之危亡者乎此僕等不得不爲諸君言之者也中國之有武備學堂也自二十年以來也而成效最著者以南北洋湖北爲最近今畢業者已四五期二三期不等此畢業諸君操法非不熟習也戰術非不精熟也而試問諸一人曰操法何以須整齊戰法何以須精熟其目的何在其義務何在諸者必啞然不知其所對應者必徐徐曰喚口令耳求薪水耳嗚乎吾爲此言非敢以諸君全體皆爲如是然豈無其半如是者哉此猶文官之也而腐敗之甚者實至殺於鄰述五尺童言學生之前途其何可言國家之前途其何可言今者東瀛學界中放出異常光彩而內地之應之者不在官界十數年成材數百輩之學生而在上海初立不完備之一會之一學社未練操法不諳戰術之數十百人此吾不能不爲[illegible]也諸君諸君非皆第一等資格之軍人者乎非常自命爲[illegible]者乎吾聞豪傑不待時勇者不留決今何時乎不[illegible]雖決乎國家之造人才豈只望其喚口令求薪水而危[illegible]顧而不扶乎諸君諸君其熟思之僕爲此責並欲爲全國學界中人鑒而尤不能不有望於吾陸師諸君以諸君者與僕等之關係者也僕等同學既一年於知諸君中有熱心愛國者曾於舉動皆足令人矜式僕誠私心慕之去冬畢業諸君皆學成而僕等以後進仍留學僕等以榮譽之日長而磨激之仍有自也乃者事有所激群動公憤僕等相率退學有所組織而不成乃與海上諸君子聯而濟之後此僕等與諸君聚散之歷史而僕等之出學亦頗承諸君贊成者也今危機[illegible]逼謠傳迭至海內外志士無不以國仇公憤欲雪此恥義旗所[illegible]志在動干與從前各省團練之兵殆無二致既有人人可殺之[illegible]旨即有人人必擔之責任僕等與奔走國事諸君子同心聯機[illegible]復中原殺身成仁豈不反顧孫思諸君中表同情者必多多也僕[illegible]學而未成毫無把握此間之人式偏教科亦皆未曾從事諸[illegible]旣已學成即爲先覺僕所願望於諸君者於附近學界中激[illegible]志結成團體請於當道練成勁兵可東則東可西則西既[illegible]界之特色而不然東京留學生之發起而所要求於諸君者則[illegible]間以校中創辦甘託律諸君中熱心國事者有數人然皆來試[illegible]器敢以速成戰[illegible]義勇隊頭到可成諸君諸君其許我否如某某君者素爲僕等之所崇拜所期望今正練兵勿宜行[illegible]致也各陸師中在武備者近三十人則東京之義勇隊此三十人者必與有力行者如此而居者豈得讓彼以專美乎吾知諸君競爭之心不至如此之消耗也且此次於學八人者歸東邦之氣象必多沾染此義勇隊之組距十八人之歸時未一月耳側十八人之仍在東京也則此義勇隊者吾知十八人亦必昂然爲其領袖在東京之情形既如是今雖同國諸君又何至相換其面目也且東京之義勇隊東京豈有用武之地勢必返國遂用而後可則諸君之在內地較東京猶少一番周折諸君諸君倘願爲之乎夫學生者方今在社會上占無上之名譽而確爲中國之主人翁者也諸君豈得妄自菲薄而置國家於弁髦乎諸君中之佼佼者吾又何言全體中萬望勿以喚口令求薪水爲陸軍最大之能事最大之目的也是則學生之榮譽亦即中國之榮譽也謹之祝之政予望之　林獬均　黃宗那　楊國弼　黃福錦　章士釗　邵恩梭　吳琴胡勝　陶熾榛　徐大純　吳鍚芬　周維瀚同頓首

新書介紹

筆算課本〇算術爲任何教科所不能外夫人而知之矣然往往行之學堂不曾及於鄉塾者其種種原因雖多未始非無完全之教科書故也筆算數學一書久供教科之用惟譯作俚語反爲難解且於國文有害是書借此册爲材料增補各種圖形及教授案等用中土易曉之文書世界共同之橫式凡必經之階級難領之法理無不詳細抉發務盡不但教習可依此教授即粗知文字者六禮拜亦可通其法都八卷現已付印不日出版

各省紀事

四川〇陳道錫堂到將四川保富公司藥已開辦參督有擬改派陳先哲濟公司總辦派嚴道卜參允忠蜀公司總辦之信現在嚴道總辦保富公司正在招股

前奉督委劉道子珍在日本刊印之鈔票三十萬張今已發交計投去工本銀一千五百餘兩刊刻精細絕倫每六張爲一連

醫學局已派委員在街市安設路燈掛路木爲之染以綠色

現在醫學局刊印教授巡目課時兆是白話人人知曉近已印成五萬本

省城四門設金一切附規今已由法寧發委員僅有二十兩薪水事務其苦而商民則稱道不謬

湖北〇宋道育仁張觀察均應經濟特科之召昨已上院叩辭逕赴京師矣

昨有英國兵輪一艘係游歷上駛取道過滬小作勾留即須返申

漢口米捐公所擬就賣樂園內故址改造因該價不合遂作罷論則下該園已更名林覺改演髦兒戲矣

江寧〇魏督到任時行手論嚴飭門包並飭悉有號房棄中閽等

陞遷仍於各官督撫肆其貪黷除革去取名重責革枷外並令荷校示衆汀泳李藩司因念藩署家丁吏役人等不免亦有需索情事因前亦嚴飭門丁不准收受門包往來公文毋須成號房隨時呈送發行不准留難或稽延需索倘敢仍前納賄准屬官指名稟辦云

長江上游自蕪湖至京口洲渚錯出蘆葦叢生如九洑入卦七里洲子永新等洲名目紛繁殊難僂數各洲蘆葦茂盛每年出息甚夥例由江寧京口駐防將軍收取以資旗營辦公之需惟承收蘆租向未派有專員致多中飽今信將軍思除積弊特委現辦金陵保甲總局徐□□觀察收各洲蘆租故並即設立蘆租局於保甲總局內以別簡稽

李藩司以省垣街道汚穢現將夏令穢臭蒸蒸恐易釀疫疾由派辦省垣清道章程飭據保甲總局札飭各路總巡勸令民間多設廁所城外居民人烟稀少則由官捐設務此後責成各路巡丁留心查巡偵遇有當街洩溺者即拘入保甲究辦已移請保甲總局分別飭遵辦矣

蘇州○總辦上游水利張觀察遠胡守玉璽近奉恩撫札飭查勘常熟昭文兩邑之耿涇官塘故于日內遄札前往矣

常昭兩縣常平官倉自去冬由縣令于舉人□令張仙洲防將存穀出糶以免朽爛仍于秋間採買補數以防荒歉業經會詳到司在由陸藩札委知州錢牧爾鋼前往盤查矣

松江○提標三營兵餉及中左前營額外千把總等因額減兵餉故上月念九日由□□李提督點驗後自於四月初一日為始裁去四成并給發恩餉三月

常熟○常昭兩縣自尋常物產之家惟人民之福熙可推與中巨邑惟人情澆薄幻以秀才舉人以開無恥紳衿竟有以縣令走狗者如前任陶某一事可謂斯文掃地矣茲再詳述之陶某之長媳係常邑紳衿曹姓之長女故有田二千餘畝又以貲捐有京街衍錄列入紳衿之籍得以出入衙署平日奔走趨承尤較□□得寵陶某抗糧之日誠值其媳自母家回昭書幾及六七十人皆為陶宅時陶某伏而不出差役乘勢拿人將其媳鳳輦傾覆其之途往拜謁黃令張令知為陶而來拒不見欲恩欲與黃令為難海甲曰又當官吃飯為一得罪必致謀託不靈深為可惜祇得忍恥飲恨張別而歸論者謂常昭紳衿幾無廉恥亦等有關風化之事豈可不與張令理論使之直辦差役令竟默無一言何段張令至於如此殊不可解前聞上月念五日由蘇同常復出會議以捉獲戶井聞與陶不肯干休必欲詳革其主事而後已惟常令以盜案之故大為撫憲所追緝之事將縣篆飭署紳董學素紆保又生錯令傷腦用士人為吏胥之良法故設縣與訟學業尚稱厚待士林之事今聞將以盜案去官士林惜之

揚州○揚州製造河隄工竣督辦河運同□□丁□□上年奉撫憲奏委辦理團練及子嬰隄□□□□□□□□□□□□委員按段疏濬至今年三月上旬一律工竣以示督催爾一俟曾委知府鐵守家森來揚驗收河道堤工疏浚邗防以上月念九日返揚赴運司衙門署見即于次日赴省銷差

泰州分司所屬十一場運鹽河道上年經運司詳委分司督率場員商灶修濬築壩以利鹽運現已工竣由前運司親臨督派委員督揚州府吳守炳仁前赴東臺一帶驗收濬各工吳守於上月念四日捧札來揚禀辭啟程

江都仙女鎮米案自前署縣劉輝將祈究辦平民符監生即羅市舉首督率發審府石守以下各委審訊事而劉令及鎮人祭某黃王某三人均拖斃乃至今皆被冤死之為大冤陷命而死者奉訊堅有據詢可異已

鎮江○郭道到任後將接管各卷宗精為稽理即于初一日下午附坐招商輪船至浦由浦赴蘇謁見撫台大約初十日左右即可回鎮

黃絲一項銷售甚盛凡客商自他埠販運至鎮者定章先赴下游厘局掛號報捐方准投行售賣詎近來各商往往將絲寄頓客棧並不投報局員胡守訪知其弊即令各棧以後如查出漏捐黃絲即拿□充公並移縣將棧封禁

洪令曾飭將小學堂常年經費除稽行魚行兩款中分別抽捐撥助清明節文盧發勸城廂內外凡無寺之有恆產者每月酌捐酌數計自一千餘元之數綜核一年捐款可收六千餘元云

安徽○皖郡六屬漕糧太守宗丁續開學堂行照書院已開考□□桐城縣不知因何出有闈考之事竟致波及殺其幸已拿獲數人不致釀成巨禍云

滇事縣于上月二十五日二堂懸目錄下黑西哥銀幣盈行院中西受虧甚巨而其弊於川宜如何抵制使利不外溢矣學堂以將西人為之教授凡品行之端方學問之優深者聘請一律如何而為得無失策

本埠紀事

總辦閱廠○製造局總辦潘道自接任以來於查閱各廠故昨日親蒞各廠詳細查察畢即諭令砲廠教習滿都司國士速將教勇花名清冊一律造齊以便閱呈

總辦局務□昨報紀製造局總辦潘道自日前各廠司事到局謁見諭令各將所屬廠內情形呈出以便酌核現已飭去六七名並將設立之各廠購辦各料向有總局司事總理似為不妥故立定新章嗣後各廠辦料專歸各廠委員經理以除弊竇

縣佐丁艱○上海縣縣丞劉縣丞前日接到陝西家信知太夫人在籍病故當即循例丁艱故於昨日詳報本府許守委員署理以便交卸

接任領事○本埠法領事署翻譯官□□若昨由上海縣拜□□□□□公館

會訊設河〇昨日本城轄元亢新濱片請俱市各良戒至黨鑲關
匯發薛家浜一帶

示禁買賣〇滬南馬路工程局新總辦近因訪聞不法之徒在外買充本局差探私和公事任意嚇索以致外間啖有煩言故於昨日出有示諭略謂嗣後遇有民間訴訟鬥毆竊盜各事准其悉出自主倘有原告自願息訟亦應各具甘結呈案備案方能銷案差探不准任意私和如再有假冒及在局差探遇事招搖詐索一經被控嚴辦不貸

示辦流氓〇本城保甲總巡朱令奉上台札飭嚴拿額頂剃髮流氓經於在案昨日復發出六言韻示云照得滬上流氓百屬有害地方口唱淫詞山歌勾肩搭背成行頭留劉海短髮裝扮奇梳異常此等行為形狀決非安分善良查獲從重懲責倘毋以身試當官行出示諭禁其各凜遵勿忘

移請緝盜〇金山縣境富室阮姓家上月初被盜搶劫銀洋衣飾、約失二三千金當由事主報請金山縣蔣令照勘飭捕緝踩迄今無獲蔣令誠恐此盜遠颺故於前日移文奉賢縣並賞格一道請為派捕協緝如有能將此案贓盜全獲者賞洋四百元拿獲首盜者賞洋二百元夥盜全獲者賞洋二百元知風[illegible]獲者賞洋五十元云

法廨訊案摘錄〇 [illegible]

三千兩被控到案延宕不理奉判將該行拍賣作抵餘去拍賣外尚少銀二千兩因保出後歷不清理殊保交案押追昨又提訊初供出立期票於明年五月起陸續撥付判交妥實人保出立票〇何云祥前將田九分山與法工部局收因田地不符不能轉換道契由該圖地保康子云交出原單在彼刑事略訊其掉換不允故於昨日投案求究何供查明收回掉換不致再延判准俟繳單

上海富強會公送戒煙丸人名錄〇蘇州〇杭州〇安徽 兩湖兩廣〇南京〇北京〇鎮江〇常州〇通州〇常熟〇湖州〇揚江〇紹興〇寧波〇

姚楚生　沈阿波　陳梅林　陳金山　石蓮生　吳阿新
李洪生　夏娘子　王福生　李阿生　李德仁　徐福寶
于子林　李文彬　王阿順　王阿大　趙之仁　高阿大
鄒元榕　陸阿生　王金山　金阿義　楊阿石　蔣阿三
趙月廣　汪子卿　毛阿三　陳阿五　陳瑞利　劉陽河
陳阿皮　孫蓉山　金仁德　吳少慶　錢阿東　鄒金全
于金明　于子清　王存山　吳阿仁　陳松游　王阿石
李阿有　王照祥　陳金先　王子城　周子香　張進金
沈阿根　沙葵木　宋河安　丁[illegible]　允阿泛　[illegible]培生
李少村　鄭全全　徐甫賢　錢云[illegible]　邵阿福　徐文卿
周士齋　莊有原　楊桃德

西曆五月四日禮拜一

一

光緒貳十玖年四月初八日

總發行所◎上海英租界三馬路中

分售處

[illegible]

蘇報

西曆一千九百三
日曆明治三十六

每號大錢十二文

外埠價目

每日一寄連郵費全年六元八角
七日一寄連郵費全年六元
西洋加倍
東洋照加
郵政不通處[illegible]

告白刊例

第一日每字取錢四文第二日至第七日取錢三文第八日以後每字取錢二文封[illegible]
[illegible]

論說

儆國民

敬告我同胞國者俄之形勢滿洲國民被佔我滿東者三年矣我同胞志士曾於其初發難之時大聲疾呼一提國人之酣夢然莊嚇不醒至今猶嘻嘻乎人心之已死而日本國民三島之民乃因俄人計據我人之[illegible]心積慮不敢片刻忘者積數年如一日其衝突大衆之勢益漲而愈高哲叔愛之同胞知之乎

夫我日本之內閣與議院其影響反對叢有傾倒內閣之勢然熾發之士知曾代無人且動興之國一日忘戰即漸耽於樂民風國政可因之而顛欲以其室內之軋轢移諸城外者數可挽狀惰強俄俄適有新約之要求自抑觀英日同盟之威亦決行其急外思紓內憂之政策矣

何物日本政府竟有此操縱內外呼喝東亂之策彼同不能不屬其桂大郎輩之從換現獨附展有餘然與內閣對壘者爲伊藤諸老猶聯非桂氏所能敵何以一為外發飛國聯其內鐵人人[illegible]而於動雖伊藤老猶無如之何其故何歟此尤不[illegible]不服其民氣之[illegible]愛國之熱有以勝其私欲近語老朽之日本諸人會皆不逆者尚詞沙旅大[illegible]那即恨恨可想見其少年之郁國民

前日俄之政府突然[illegible]於日本謂日本探有防範已足慰情勝無而英日之於東三省[illegible]耗[illegible]芥之力我[illegible]絕於慘淡[illegible]全球所北瞭則東三省肉當爲我俄之[illegible]土殆無疑義如此黷日而告[illegible]情事乎日本之好與見其大呼氣然人人欲流熱血之月裂目[illegible]之赤與俄人不並立于世[illegible]故宣戰之[illegible]如在

又論者以爲日本金融[illegible]狀恐兒全[illegible]商市之[illegible]戰事之在邇

嘗聞日本[illegible]壞之深者有俄客貽食物於道間之稚子已受而擲之矣[illegible]問其爲何國人客以俄人對幼者所贈之物於地唾之而奔可見三尺童子心中已非祀俄人之計[illegible]大以爲我大日本之旭旗不能招展而揚朝暉於黃海北岸者無非賊俄之爲之我誓不食其贈物也[illegible]此兒今已能執兵矣安能不出於惡戰

同胞諸君諸君觀日本人之風氣如此因是誠可佩況我同胞必以爲甲午之役旅大者已爲日本人之旗大俄人嗾遼使德無端逼其交還最無異挖活鐵于貓口奪冷飯于丐嫗是可忍孰不可忍其痛之之深而日思與之開戰也亦宜

然日本人之不可忍宜矣而我夢中之同胞奈何從東一隅者在日人爲勝利品在我則爲世產日人因强俄奪其勝利品雖稚子亦知飲恨故戰約一宣舉國同仇而我之世產[illegible]之子日則日吞之于俄則俄我同胞皆[illegible]承一頭儼然具人形何以淡不動心曾日本稚子之不如嗚呼傷哉我之中下等社會之同胞且不知有日本及俄羅斯其且不知有遼東其心之淡然不動自不待言可憐我同胞之居上流社會者亦且不知[illegible]國[illegible]之[illegible]務雖外人借割其土地亦知恥之亦知辱之然十人而九莫不曰此貸[illegible]機者[illegible]至文關係隨錄之使所當[illegible]恥曰此[illegible]兵[illegible]者如[illegible]世[illegible]之桂[illegible]諸人所宜實力而兩反[illegible]己」則曰予小子[illegible]生無貢[illegible]觀于此而[illegible]不享自由之學說「不[illegible]徒[illegible]模[illegible]則[illegible]立奴隸之[illegible]終無國民日本[illegible]俄[illegible]物[illegible]稚子非[illegible]之一種子乃民族[illegible]之小國民[illegible]也而我國同胞可[illegible]者曾無國民之[illegible]不過[illegible]之[illegible]奴[illegible]人[illegible]日中[illegible]自由所理由[illegible]其言[illegible]也[illegible]自由[illegible]不可犯之[illegible]所[illegible]世界之以及[illegible]民之[illegible]兵[illegible]國之不二法門也

不教育之于[illegible]而[illegible]喻之于一[illegible]而[illegible]者十人各抒[illegible]論以[illegible]然[illegible]而聽者聽不知何[illegible]立而笑者笑不[illegible]何衆鼓掌而稱[illegible]者亦不自[illegible]其[illegible]之[illegible]何[illegible]之[illegible]何[illegible]由[illegible]力爭者[illegible]氣[illegible]亦不過如孔子之[illegible]成沐浴以告君至于[illegible]予告不可則亦曰[illegible]之後[illegible]力[illegible]矣　此稿未完

[illegible]近日[illegible]開[illegible]　來稿

又云少年子弟無不[illegible]往往人[illegible]志大言大不遵父母之命不受師長之訓

解曰少年無不[illegible]從對面觀之即可見老[illegible]人[illegible]不怕[illegible]所謂父母之命師長之訓無非老年怕[illegible]者之[illegible]志小智卑[illegible]其利己求其吃飯如此而已不遵不受獨[illegible]少年耶

又云其出洋遊學者[illegible]服制[illegible]其便也

解曰[illegible]學堂而[illegible]於出洋此[illegible]謂拉拉扯扯然[illegible]云[illegible]服制爲其便也一[illegible]作者之[illegible]不能作此[illegible]彼[illegible]習去[illegible]爲[illegible]新者固可笑[illegible]去[illegible]爲[illegible]逆者亦可[illegible]矣

又云乃或不中不西不今不古成一怪怪奇奇之服制

解曰作者既有中西今古之見者存安能充有[illegible]之一[illegible]即此可見近日我國之學士大夫理想已[illegible]耳目終不能不安於近[illegible]怪怪奇奇四字是否是[illegible]惡之名詞抑[illegible]絕[illegible]之名詞亦不可不一審定也

又云或浪蕩或佻達甚且冶遊非禮[illegible]染卑汚之習

解曰學生諸君聽者我國浪蕩佻達冶遊非禮之人所在皆是作者不責人人但責學生則作者[illegible]中自許學生爲第一流人物所以知學生爲第一流人物者因學生能抵抗頑固之總[illegible]教習不甘爲奴隸即具[illegible]尚之品性具高尚之品性即第一流人物而浪蕩佻達冶遊非禮者皆我國無恥之學士大夫奴隸不如之人爲之學生而爲之是大學學生之名而爲國民之大罪人也我不敢謂近日學堂學生必無其人我不敢謂出其學生必無其人學生諸君聽者爲一有此事不聽作者之[illegible]而愧然然我但祝此種學生早自滅亡我斷不敢[illegible]生預爲此[illegible]作惡[illegible]少即減殺其抵抗力我深願此種作惡學生亦能悔悟

相涉而關者世之第因此猶將不能力抵抗山

又云父兄期望之誤解

昔日歐人樂育賢父兄吾儕今日若中國之少年耶生悲於不論父兄之期望則已一論父兄之期望我爲火爲之中燒父兄之期望不啻禁猶可父兄之期望一般禁我爲火爲之中燒此小話頭太良兄亦非作者所忍聞我但問當世極開通之父兄則望他人子弟成學以爲國民矣或望其爲軍國民而股肇有加矣試思期望自己之子弟若何情狀吾且不下斷語請公自悟彼作者論及父兄期望之般肇作者以爲道理最大我則以爲可笑之甚

又云慨我請讀之擬雖

解曰我亦不能附和其實甚長以無關緊要不駁　仍未完

時事要聞

福州發開社祝典○上月念九日福州發開社舉行週年大紀念是日在閩社員咸集社中於上午十鐘舉行開社祝典十一鐘各社員合一拍照以爲紀念十二鐘由該社代表人林叔村演說立社宗旨及設立此報所以來所結果勉勵諸同志各盡義務提倡並籌辦學堂內新日等進步時福州同志如發行漢旭福字陳以閩部滿洲爲社社祝賀以次演說同設由林君演說一番並申明道與諸君之意悉學行各抒議論以相研討北晚開筵稱賀並歡而散是日同志贈何題多不備錄錄下　集全地球言論思想發新學界精悲見聞　發聽風求朋來自遠日新月異蔚爲有餘　辯論鋒鋩能卓越人詩稱獲賽錦州友故如取徒在於閩中外朵見聞博論無標世志賢朋羅鄉運縱橫同其感時亦開設其替滿風氣啟文明進化潮流　志願合符千里以外文明發軔一年於今

世界要聞

日本陸海軍情形○東京日日新聞云日本陸軍追加預算提出於臨時議會關於陸軍者所費者不可從前年發源流自軍備擴張第七師團完成設置基隆要塞砲兵隊等兵員亦因之增加自昨年十二月至本年三月共四箇月間自本年四月至十二月共八個月間所增薪水不少云

海軍之追加預算因於前議會不成立海軍第二期擴張預算提出其間預定第二期擴張之結果增加艦艇要求追加預算經常費約四千萬圓

支那海警備艦本年自常備艦隊分遣支那海警備艦決定派秩津洲須磨高千穗千代田愛宕五艘秩津洲向上海須磨向南清高千穗向北清當不日發行又現在警備之大島不復將與千代田交代歸國

於嘱守備交代駐隊本年當派遣步兵第三十八聯隊(伏見)一大隊豫定以來月五日由神戶起程該隊大隊長及中隊長三名日內在陸軍省受訓令

練習艦隊立於島嶼三千二十二日投錨巴倫斯陳示以來月三十日起從又來備艦隊二千噸吉野於日曆四月二十二日在岡山無故起火二十三日內門司拔錨

再續俄皇改革行政詔勅○又云對於俄國政府之責任者指導所有官吏以地方　民之擁護直接而於地方人民信任之關要擴與方法當改革各種制及郡制共同役所使與正教會附屬之權家各等人說明爲以改革地方將來之情態以主腦

朕對於臣民就家庭學校及其共同之生活上確立信義之原理求贊助於朕婦女關係於諸大臣及本件命各部管理主任者提出意見及朕之要策以期實施之

俄國海備方針○又云俄國海軍省設委員而議將來軍艦製造之方針俄國擬擴張海軍決意製造戰鬪艦與六千噸以上之巡洋艦并水雷艇依此未巡洋艦裝甲之巡洋三千噸及六千噸形之巡洋艦非特無充足之戰鬪力并缺遠洋航海之能且全不適於軍事上而俄國將來製造艦艇特形必與俄國有設之民設之造船所訂合同使用本國之材料且必成於本國之技師工人之手一切不仰給於外國云

學界風潮

勸學會同人公啓○此函係甘中郵遞其友吳君吳君因以囑本館記者要而載之公啓也爲照錄於左方

拜啓者嗚呼我國之時勢其術不至如印度如埃及如波蘭之續爲仙族之殖民地者不過幾希之間我國之主權其術不至如緬甸越如暹山如航海之操於外人之掌握中者不過幾裂之微若並此幾希絲髮而失之則我國國民將求爲奴隸爲牛馬猶不可得其必有淪於滅亡之一日矣可不痛哉願吾所謂幾希絲髮者果何所指乎曰惟我族青年之學界夫學界者關我國國民所當珍重之鍾愛之維持而調護之可建設而不可稍有破壞者也內地學堂盡成奴性者十有八九就中之一二能稍備學堂之資格者自形式上觀之未嘗不首推江南陸師學堂也不幸自光緒二十七年春俞明震觀察接辦論俞之履歷當甲午之役台灣失守時俞方代理台灣布政使棄官逃竄和議既成僥倖免於參劾仍以原官歸江南候補鑽營時務以求容身其實西學之皮毛並未有一二道論其他也及接辦陸師學堂之初貌爲整頓未及半年狐尾盡露學堂中之教習委員吏以私人矣如馬晉羲曹獬霖曹廣濤羅良鑑諸人皆其心腹也武備功課飭令改文教習講授矣無故將肄業已久之學生斥退爲安插同鄉私戚之地矣以學生之演習畢兒戲今日講某觀察閱之明日講某洋人閱之教爲諂媚已功之本矣糊學業生之衣使而暗蝕其薪水爲囊中物矣甚至有只給一半而自吞一半者昨年春季委送留學生至日本歸而竟無所得只知時頭衛服從並不知所以能使服從者何在爲國植壓制之手段對待學生矣在日時將公款存部小飽行生息

無法可同歷而不留矣不行之姚煜彼因與之有狼狽之行以南洋學生監督之差為木橋之報復所激之留學生有因病假歸之徐廣鑄病未愈而彼已給其名於補其子致生聞之嘔血而死矣並以學堂之經費不派學生出洋而派其未得入學堂之親友其子冒充代替弊端百出有礙學務之進步污學界之名譽者亦之不勝背之不遑我國國民以學界為不必尊重不必愛不必維持將獲不視為我國前途之一大光明珠則已如以學界為我國前途之光明珠則必不容有此假名混賞給挾於彼遂失權於外人也昨閱三月十三日錄錄蘇省臨師學堂數十人退學之事並有江督擬委大員查辦之說不禁距躍三百為臨師學堂之前途賀且為吾國學界之前途賀快哉此退學之數十人壯哉此退學之數十人吾敬服之吾崇拜之吾願吾國民俱敬服崇拜之惟現在執師操縱大局者有此舉則今之劣跡必將昭昭在人耳目間不附以風我後來公辦理為我國學界去此一大蟊賊也是所望於公正之查辦者

教習貴惠◯秀水縣學堂教習方君伯同名粹字啟龍湖州人學問前達教育勤懇前日偶患疾閉中西醫藥罔效竟於上月念七日丑刻逝世距起病僅兩日偶致方君宗旨甚新思想甚高該者方以遠大相期詎竟志以歿在在諸人無不痛惜初四日舉殯於城內全體學生會同教習[illegible]一旦擊不偕秀水一堂之不幸也

專件擇要

代郡迦陵女士留淞江退學生辭　　丹山山僧稿

敬祝者學界推崇過者即迦陵者非所敢當然迦陵亦少誠懇雖及於嶽獄浮世界幻境耳僅又驗觀小外一一對照每款我國之中我輩學子自居於奴隸界二千餘年今見之醒近始放一線光明有諸君子之組織自治教育前者方使後者繼起其隱障奮勵之志氣有足令人起敬者是不啻於四萬萬奴隸之中突然降生國民也迦陵之平素布衣粗食未敢妄我而逢諸君之舉動關係中國前途故竭其綿薄盡力贊助夫迦陵之贊助諸君子豈贊助諸君子哉乃贊助國民也而君子之受此贊助實必感激於余一人哉余亦國民一分子諸君子貴受，民之惠也諸君子凡精神結團體為國民榮則俱榮辱則俱辱貧則俱貧苦則俱苦饑則俱饑死則俱死昔我佛釋迦牟尼與其徒千二百五十人乞食城中食已收鉢跌坐樹下對衆說法欲救濟世界衆生嘗曰我不入地獄誰入地獄觀世音大士發救苦亦誓發誓言我若向刀山刀山自摧折我若向火湯火湯自枯竭我若向地獄地獄自消滅其無盡仁者發願入地獄求苦者佛此何等願力何等慈悲何等氣象何等壯嚴余雖不敢以釋迦牟尼望諸君未嘗不以觀世音地藏望諸君而竊祝其發慈悲施大願力以救中國也諸君子之代價若何諸君子之責任若何若夫立志不堅乘一時客氣陵過切說以能小備人恭然復入奴隸之界又或以新學為附梯粗有所得漸以干預學界之中若斯類者海外海內比比皆然為迦陵之所望於諸君故此迦陵之所以贊助諸君子之故哉諸君子勉之只宗旨不可不定必立其足於民黨之一點然後可以為完全之大國民夫而後不背今日退學之志也諸君異日學成而後無幾毋忘予言

江南格致書院增訂章程　　續三月十五日稿

一各堂學生逐日授受功課　多不得過三班能通堂合為一班於授課尤為有益該生等如有因請假闕誤功課不能附入本班者須令按日補習不能補者降附下班或改派他堂如有不願降班改堂者除名

一教習逐日授課所定分數由教課教習考其月終彙算總數各按本堂分數優絀列榜曉示首三名照章給獎第四名以後分數與第三名相同者一例給獎

一學生逐日常課課算分數除按月合計優絀榜示外每屆甄別仍將各人逐月積分總數並入甄別試卷分數內一併計算此分數之法以本堂本班分數最多之人為比較課算均不及半者除名因請假未與甄別者於補考時計算

一凡因婚喪疾病骨肉事故不得已而請假者酌核路程遠近及其事之輕重給予假限逾限仍按每日上下午所闕功課記過二次

一每月除星期及因事故疾病骨肉要故請假不計外各學生每日照算兩課上堂缺課一次作一功缺大事故而請假或未請假而不上堂者一次作一過均於甄別之日按照課算兩課分別計算以五功抵一過多一功者於甄別試卷內加分數一分多一過者於試卷內扣分數五分以此為率

一各學生逐日功課有無長進每月終由各堂教習會同院長查課教習分別勤惰開列清單凡不堪造就之學生均於單內切實註明以憑查核

一每年以正月十六日開學十二月十六日散學開學之日諸生務必一律到堂如無大事故遲至正月抄者到堂後正課罰扣火食半個月附課記過一次遲至二月初十仍不回院者無論正附均除名另補　　仍未完

各省紀事

蘇州◯蘇藩司恩奉大部札飭代籌解遼海派解給新案作欵銀一萬零三百二十三兩師交蘇沅麻號代匯去訖

六合淮學提督於初四日因公來蘇寓閶門排倚則此來係〻科及江督在范山前僕堂合圖又新委常鎮通海郡道及升授蘇狀〻鄭錄呈兵巡北縣徐協統陸均於是日抵蘇謁見恩撫

常熟◯曾紀常熟文牛陶顯與別令公籍一事久悉此舉之不陶亦甚詳其始緣陶有上腴田四千餘畝常邑各居其半近日清賦之後每畝約共完糧一元上下陶已完過二千元之譜所欠昭文讀假不過十八千數百文陶因外價與從役爭論南堂嚴毀

婁前紀差役自行毀斷者實係傳聞之誤乎差役成群結隊將陶姓痛打者以其事與陶某與其子四人俱伏不敢出門蓋恐差役與之爲難也昭文縣令於上月念九日回常後卽簽差會同常熟差往拿陶某以抗糧毆差之罪陶伏於國中不敢出境若役皆行橫肆經官明日再來而陶已聞[illegible]不貸矣聞昭令已回京上台必欲治陶之罪上台租令文卽允准故昭令前回卽行提陶也又聞常令將逐極大之四版裝載陶之伙、飯頭使之站立頭門以爲聞糧抗糧之戒

揚州○兩淮鹽運第三批三月分京餉經鹽運司派委大使王永祺於上月念九日領兩支銀五萬餘兩批解起解又四月分四批京餉先期札委候補鹽經歷賚旗爲解餉委員亦於上月下旬起解金陵月餉并先期籌解所有四月分金陵餉銀經鹽運司派委候補經歷朱乃庚領銀四千兩管解赴寧

程運司以泰州實運判新揀放缺二萬四千兩上月中旬曾委總局員辦方運判前往清查距泰屬十一場商人爲食分司所恐公款細代理運使引扣銀四分以還清實分司虧空爲止且聞遊方委員同揚各說[illegible]收等爲運司所知除將商款留中不批外又於方運判同揚面時大加申飭仍令將虧空各款數項悉數提同實運判並叫往揚一面另委杜運判隨辰趕往提實分司公款不准絲毫拖欠云

鎭江○前報紀中學堂已[illegible]子時[illegible]學恐才不勝任已經告退未知繼守能否[illegible]」

杭州○鹽運司已奉到部文升[illegible]於月望[illegible]交卸、後卽行入都　陛見

錢塘江中波濤險惡流沙浮擁無常往來船隻偶一疏忽卽蹈危機念年曾經公呈撫憲請[illegible]船以資救護[illegible]一輪船由龍子[illegible]駛入賓至[illegible]川[illegible]大湖退出以示[illegible]茲又[illegible]在[illegible]學習行輪之兩人蔣某選在江中測量水道復厲[illegible]於泂水[illegible]外國皮衣[illegible]行水底考[illegible]流沙[illegible]大[illegible]共有應行十九處大小不一繪成圖形丈尺可設燈塔浮球以示區別[illegible]知[illegible]欲[illegible]設公司遞行輪船卽可直達外洋甚[illegible]近之[illegible]因該處[illegible]一[illegible]外人知之勢必[illegible]開租界反[illegible]故未允准

杭省赤金市價開[illegible]以來逐漸增至每兩六十四元近以連日大跌已減至五十九元[illegible]之是業中人皆云皆因外洋金磅漲落之故此[illegible]貨賤仍難預料也

安慶○[illegible]六安直隸州[illegible]除補通判[illegible]委赴[illegible]江縣於初二日[illegible]案撤任[illegible]應兩[illegible]寡定。[illegible]

由桂貿舫率所、卽當料理刑差矣　[illegible]訖]　赴院內備用大約日內

本埠紀事

漕督行文○陳漕督日前行文江蘇糧道浙江糧道[illegible]解倉米皆非[illegible]自解[illegible]以致米多[illegible]色[illegible]令[illegible]漕米務[illegible]道親解京倉以免[illegible]云云[illegible]糧道奉文後[illegible]已遵辦矣

浙漕將竣○浙江各屬縣應解去冬漕米共四十萬石現經南市浙江海運[illegible]總辦林守驗收三十萬石左右尚有十萬約本月內卽可陸續解齊驗竣矣

[illegible]○署理常鎭道郭道臺前昨日由蘇[illegible]假[illegible]馬路何公館暫住

獲盜解縣○三年前浦左[illegible]陳[illegible]被李[illegible]杏生[illegible]金[illegible]等[illegible]至舟中砍斃擲屍浦江由[illegible]報縣詣驗[illegible]緝兇[illegible]本案日前經縣捕[illegible]將[illegible]獲解到縣[illegible]汪令訊明[illegible]務[illegible]悉[illegible]犯[illegible]在租界拘拿竟不[illegible]知[illegible]提[illegible]逆[illegible]移[illegible]令查辦汪令以該犯在南市所獲[illegible]既在南市拘[illegible]將[illegible]解送法公堂一訊汪令因[illegible]案兇犯不[illegible]所[illegible]不識作何了結也

相[illegible]○[illegible]在崇明縣洋面[illegible]搶劫[illegible]之盜犯[illegible][illegible]小[illegible]等九名由[illegible]縣拘獲訊[illegible]解[illegible]獄[illegible]今[illegible]六[illegible]已有六名[illegible]病[illegible]日來[illegible]小[illegible]又[illegible]曾晚[illegible]卽[illegible]汪令于昨[illegible]後[illegible]件作人等[illegible]明[illegible]給[illegible]收[illegible]封[illegible]

[illegible]令逐將[illegible]情[illegible]約來水[illegible]○馬路工[illegible]本局水巡[illegible]中向各船戶索收私[illegible]互毆[illegible]故於昨日出示曉諭嗣後船戶人等如[illegible]卽來局稟究云

香煙兇殮○鎭江人[illegible]前吞煙在該許氏花[illegible]間內[illegible]一節昨午後上海縣汪令帶同刑件[illegible]仁濟醫院先訊地保曾[illegible]中[illegible]供已死[illegible]係兄弟[illegible]船[illegible]因其不[illegible]正[illegible]吞煙住在花煙[illegible]內將[illegible]送救不及[illegible]在院[illegible]求免驗李王氏供係死者之[illegible]供[illegible]同[illegible]供已死王[illegible]甫[illegible]不[illegible]初五晚出洋十一角[illegible]此在[illegible]汪令[illegible]予免驗[illegible]等[illegible]兄[illegible]保[illegible]去[illegible]保人保[illegible]

[illegible]形迹可疑○[illegible]晚十二點[illegible]界[illegible]小客棧[illegible]投[illegible]房[illegible]形似[illegible]中[illegible]甲乙[illegible]人[illegible]來[illegible]示[illegible]一併拘入[illegible]刀手[illegible]洋[illegible]等物[illegible]以[illegible]近[illegible]令[illegible]解[illegible]訊[illegible]晚[illegible]公[illegible]一案[illegible]王氏[illegible]十二[illegible]女[illegible]金文[illegible]服役[illegible]月[illegible]不見[illegible]在[illegible]往[illegible]

光緒貳十玖年四月初九日

蘇報

總發行所：上海英租界二馬路中

分售處 [illegible]

西歷一千九百三年

日歷明治三十六年

每號大錢十二文

外埠價目

每日一寄連郵費以全年六元八角

七日一寄連郵費全年六元

西洋加倍

東洋照加

郵政不通處酌加信費

告白刋例

第一日每字取錢四文第二日至第七日每字取錢三文第八日以後每字收錢二文封面告白照後幅加倍論說後學術前及行告白二百字起碼短行告白以五十字起碼求則以十字遞加

論說

書近日新聞後　四續　來稿

又云乃彼於此學不甘肄習仍從同學附和謬論以遂行其猖狂而已不甚可惜哉

解曰此實可惜有若牛祇犢舜義之書函故來其子害羣敗類猖狂之舉報館以中國父兄猶然省悟驅督中國少年學生引鏡自照

又云凡夫學堂者爲國家造就人才者也

解曰作者意中之人才大約即指國民而言所謂爲國家造就人才非爲國家造就奴才耶請諸君聽者

又云今則學堂林立有開數年成效未見流弊已多總緣監督有專制教習僅有頑固

解曰作者謂無奈今之學堂何

又云學堂可以從此散已可以退步

解曰恐學生一日不散彼且一日不去可以更易四字作者頗者蔭諸公勸助勿扣保存體面

又云乃急不可待一聞而欲速事挾制抑獨何哉

解曰如此然後可以倚行作者之可以迎易四字作者傚必以獨何故爲問我即以獨爲此二字爲對

又云凡亦有文明之總辦維新之教習而爲學生所哄鬧者矣

解曰當即指所謂上海某黨者所謂經濟特科人才者所謂出洋人員者所謂外少好手者這些言之確矣以爲同類我不忍言

又云亦有日請合眾兩從之並所兩學生相處已不能容互相攻訐者矣

解曰此即上文所謂爲同類謀最爲緊要也否則人必議其日請合眾而互相攻訐矣

故此謀非近日新聞後我則以爲學堂之極當即作者亦必以爲各有見解不以爲仇然備紹內地爲八股先生所見必大喜曰同是斯文敗類我黨日將合羣而不知其互相攻訐如此乎作者之所謂學生們做八股先生之所謂我黨正相同

又云甚且文明之學生行徑之事

解曰此種學生事知作者如何知之誠有其人我不敢爲諱飾必我國少年之根性於貽我余輩學生之羞然此皆野蠻教育所製造與文明何干況此種學生必卑污無恥中日最有者取總辦教習者奴于登太散學而偶有一二留者無非此輩也

又云血氣未定者而未去說爲飛揚不可遏制與散學又何干

解曰作者滿肚皮之不合時宜一齊傾出

又云斷轉吾故於今學堂學生之動輒聚眾散學總官長不肯開學堂而有所以十分不敢開學堂而有所懼矣

解曰放心放心

又云即當據開學堂朝廷開學堂亦不過敷衍其事並約束學堂之章程大有不可施行之勢矣

解曰可憐可憐惟於事實則大不合作者欺騙哄惑之精神病又發矣

又云然則阻止開學堂者豈非散學學生之罪爲口實耶

解曰以如此大罪坐遞少之學生文士之流錄真可殺

又云不肯開學堂之官長可恨

解曰今則開學堂者皆美之矣

又云官長肯開學堂而學生又欲鬧學堂相習成風此行效則又可寒心者也

解曰既名曰官長開學堂乃不過以求奉承起見彼此一鬨即寒心而故意設置中國之官與中國此等之官長不死中國無望矣爲之悲痛者乃上官於其如此智識而欲爲今日學生之總辦教習乃所謂咄咄大怪事可稱爲好大膽之奴才已完

與友人論游學書附錄　六續初六日稿

嘗人在英國高等學堂此學約有數百人每四五十人爲一班大都女多于男如一班九十人女則三十男則二十也即大學亦如此

某君等皆有學生留久在中國之英人某氏西去某氏爲諸君覓屋舊金山飲食房舍皆劣遠不如自覓寓處之較省物美外國學校有寄宿舍者甚少大都賃屋而居或賃下宿近學堂之下宿與北京之試寓同全不似上海之客棧故我國未遊歷者聞某人居外國下宿即以爲怪訝者全以上海之客棧比例之也

常州孫君在美國紐約近處美人與同學者皆厭覩之然最相契之友不嫌與吳前告孫君云吾與子在校內親如手足然道途相遇不可招呼恐我國人嘲笑我之與劣種人爲友也孫君氣極卒咯血死

又有人曾與國火車無所謂頭二三等但皆一律然黃人自覺有船圖者占精潔處有鎖面人亦車必關鎖道必遠免不致侮慢黃人

美國東國黃人甚多皆業於飲狀實不可得往往有自殺者華工取值太廉美工有礙之故華工若抵行僑道必爲美工致死蓋華工之入口亦爲美人不得已之舉而商家則其感華工之價早臨此稿仍未完

中國教育會　愛國學社公啓

啟者會員兩告訊外間有頑冥之徒假冒本會本學社之名招搖撞騙之事此皆爲公理法律所斷不能容凡加愛於本會本社者請留意之切勿受其愚是爲至望

時事要聞

德使向詢東三省事〇字林西報五月一號路透電云英外務部大臣藍斯忒在上議院演說云俄公使已有函致藍謂近日在北京所辦論滿洲之事不過欲於俄兵撤退後必須之担保以保護俄人利益起見而已並非欲排斥他國商業或阻撓他國商務正欲與他國商務之發達耳

英儀對俄政策〇路透西報五月一號德京柏林電云英國華盛頓於俄人所陳滿洲各節頗覺懷疑非無反對之意且以爲此事已可了結德國之意亦然

俄兵增兵〇又四月二十五號北京電云據中國遊什滿洲委員來函云俄兵實未退去不過易其屯駐之地而已且俄人現正招集中國兵將以俄人兵法加訓練云

世界要聞

俄日反對情形〇字林西報五月一號東京電云近日屢有謠傳謂俄人閣下之中國兵現正徵集於滿洲之鴨綠江畔托名保護伐木人此事頗召日本人之怒惟此等謠傳於官場中則不之信云　日本各新聞紙於刊論近時危局俱謂彼等並非阻撓俄國之擴張其國勢因土地與人民繁殖若欲增進通商非交戰以保全中國之獨立則彼等斷不承認故日本已顯然與各國并力逐次反對俄人云

英俄之新交際〇又五月二號路透電云英皇於法京巴黎頗得殷勤款待廿八日晚法國總統宴英皇樹叙金二十分鐘之久英皇旋回至英國使署時由英商務會館呈遞一頌云彼可確信英法衝突之事目下業成已往兩國關係可非敦睦證永孚文明進步之福云

日得利益〇又三號東京電云韓政府已允日本在韓國東海濱捕魚之利益許以在韓海岸設立三漁場因一千八百九十九年時韓國曾允俄國此事日本援利益均霑之例以要求韓國故也

坎屬地震〇路透西報路透電云北美坎拿大近見地震胎脫耳山忽崩裂被划死者約百人云

俄國學生大衝突〇東京日日新聞云各地學堂學生彼官廳苛酷制縛處人心憤激時時有暴動之事惟俄國新聞條例此類事件一切嚴禁不准揭載故知之者鮮也近西伯利中央烏馬斯克市大起風潮本館友人目擊之該處大學學生中向例如有行爲損污體面者依學生同志之決議除名學籍既除名或開刑事犯罪公判時學生例得往法廷傍聽前日內有學生犯此例開廷裁判時同學聚來傍聽者二十餘人爲時已遲不許入僅有二三名人與他學生以不得入失望而返途中遇同學生來者益多漸加至三十餘名乃自相組成隊伍俄國警察法所嚴禁者有結隊旅行高聲放歌一條而茶毗叔希皆者俄人嘲笑專制治下愚民叔悲憤慷慨之歌也此時恰如其約三十餘名學生合唱是歌行至警察本部之前放歌不少止遂往拘捕愈猛習罪拘留之事一團警察守…氣滿而遊學生之曾聚合學生解散五號斯倫日西伯一八達之既行人聚不能足數則其目見學生與警察有衝突者亦加而觀警部長與學生問答二三皆叙超爭論觀者從衆皆歡呼而與學生等…新聞…部官…學生　未完

學界風潮

記北京五城學堂林教習　來稿

五城學堂開辦以來外間屢有謗議其中原由初未盡悉今訪察得其記其原因及林教習舉動如下

五城學堂創辦者爲福建人學生中福建人居其半數故有福建會館之謗福建人亦何嘗能得其優等欲得其福利非他省人所能享用夫國家培養人才本不限以某省況京師之五城而乃呼朋引類專以福建人爲之所名思義之謂何此其不洽輿論一原因也

林教習紓者福建人以與例斷學堂人俱同鄉爲得總教習一席始而咨請不得拾其鄉人所譯之天演論原富群學三書之唾餘傍然自負既而且得辦此職遂欣欣向榮有二年得保之心戊戌成黨人林其子出恐當道目爲康黨因急急避嫌時以痛罵牢籠自由深自掩飾而又恐諸新學者發其隱於是上堂宣講則極詆康梁下堂則又對諸生云康梁我之敵人及新黨逆我有著作將儕梁登新民叢報云云其反覆無恥類如此此其不孚衆望二原因也

中國爲制科所困向不講求實學故所譯西書甚少即有譯本非艱深即蕪雜不適用故有志之士急欲研究西學往往無路問津於必借道東洋所譯之書以貫歐西之學亦向學之苦心也乃林教習並未潛心東籍而聽聞曰東文狗屁最足誤人汝等幸勿閱閱夫演論原富群學足矣故學生有閱東書者勸遊呵責此其不洽輿情三原因也

英文教習莊小坪教授法學生爲數等其屬於英文總教習胡輔告莊教習宜竭時須稍詳細此本並非越分犯也乃林教習亦無率涉乃林以莊以進與敵學且其所授引間之勤然怒之罵爲敵國色俱厲欲去之而無可措辭乃遂以好議論平等自由立即斥退夫其最不知平等自由者也林教習排斥異己動輒以此四字爲罪案莫須有三字而外又添出四字獄矣此其不洽輿論四原因也

學堂中有同鄉間解散學課歐本舍會有特別議去年福建人陳仙海孫竣等愈居其間三人自去廿告假此房已爲他省人所住今年二月三人銷假來林教習囑監督居住此房之他省人立刻他移與以不遜之語據此房仍令福建三人居住夫學堂之房本係公產自應照列番號按到學之先後分派何得任意遷擇使福建人獨居優地而以下文者住他省人乎一學生如此枝視此其不能服衆五原因也

中生等見有以上各原因久積不平而林教習亦自知無以對諸

生於是乃制服抑鬱受壓團迫而有三十二十二日之事先是二十五晚在堂讀散列其對諸生發見錄之於是拔以宜諸指大鍛地喻喻若狂徑試學生自燃自用以令人難堪者題目出題課諸生臨如左　問外國之恩遇學生也以分而約午發不過一生咸脫冷不適口夜則聯拔觸而臥寢者因拘水師陸軍學生非學堂入制嚴酷然考試之法至爲公允但以法京師大學堂論之學生之應試者自明考何門發則抽書即數自就案板以之主司立其校中試者立加三閱堂下公之數學公前不榮然於時嚴而于此從來聞有搶堂而去者此總由一切而不忍去耶抑甘受壓力而不求退耶諸生試論其所以不去之故

於是諸生卷中多用冷嘲熱諷教習而卓換李宗瀛諸卷尤激烈林教習閱之恚忿笑怒一發逐學生人曰此種叛徒非教不可以己不能每要出題遂集有力者商量一告夜間可奈何乃以在退聽候懲處了結而同卓李學者從不能等立時紛紛告假李瑞述諸生以向受教習恩厚不忍逃去來至堂中一空而卓李亦不欲以己之故累及同學爰勸告假諸生復歸學諸生歸而林教習亦怒較平而竟貸於次日卓李宗瀛實屬可教實屬可教謝諸生幸各安本分毋自貽戚學生之生殺權我自操之真謝我不能殺汝等也云云愛國教習而有生殺學生之權實屬駭人聽聞夫中國而不講維新則已講維新必自教育始言教育必自學堂始各省學堂尤以京師爲表率而乃不倫不類致文明界中有此野蠻舉動貽笑外人豈非怪事所以教習之謂何有心教育界者能不慨然憂也特記其事爲人之愚弱者告之

事件擇要

江南格致書院增訂章程　三續

一凡端午中秋兩節均放假二天年時每月亦務應乘是四時除所非二期月課以上學入考課下半天放假凡占大兩期各放假一天又年月准假一大是公例假凡私事假外請假必赴在課教習處報明核准發給假條持條赴號房掛號出門回堂仍送教習處銷號不領假條者記過一次並而不銷者同罰

一每日晚飯後不得請假違者記過如遇重大急事不在此例

一諸生在院因病請假亦必報明教習課教習以方准病假不報則者仍記過

一諸生請假須親身面詣課教習當面稟明不得遣託他人代說並須先稱呼而後言事不得突如其來漫無禮法銷假亦如之並須先銷假而後上堂不得去來隨意違者記過

一凡學生請假既經查課教習准許轉給假條持照課教習一面知照本堂教習各堂教習遇有學生不上堂又無查照之說則請假之事教習亦應知照查課處以照由號房照章核辦

一凡教員司子弟如有入院肄業者不得列入正課平日仍須遵守一切學規如有違犯尤宜從嚴責遣免致袭情不嚴

一齊各學堂均有限年畢業之例今訂譯算課程年限如後其化學課程應俟教習到館後再行酌定

英文課程

第一年　初學讀本　三始讀本一習　波而晶讀本二習　文法課程　文法初法　字學

第二年　波而晶讀本三習　小理演說　文法拾級　文法淵源卷一　翻譯

第三年　亞東遊歷志　萬國通鑑知錄　文法淵源卷二　文法進階　地理初志　翻譯　信札

第四年　萬國通鑑　地理全志　文法撮要　文法精[illegible]　翻譯　信札　作論文

以上功課分四年肄習及格者畢業不及格者展限一年如仍不及格令其輟學　此稿仍未完

各省紀事

湖北○鄂督張宮保近日牌示略謂督轄爲風憲重地理應嚴肅整齊乃近來文武各官大半不遵定制所帶家丁尤肆無忌憚即如本月初一日本部堂在大堂上謁只拈香行禮有無數家丁在肯案兩傍圍觀擁擠不堪實屬不成事體家丁尚在本督衙門尚敢如此無狀若至所屬赴任所則其恣睢驕矜更可想見嗣後凡該文武等赴轅謁見大門以內准府縣武職將官止准帶家丁二名首縣州及同通州縣雜武職實缺都守止准帶一名其文職之佐貳雜職及武職之候補都守以下均不准帶自此次示之後該文武等務須恪遵體制以昭儀度其准帶家丁之各文武亦須嚴行約束勿任再在官廳左右喧嘩混鬧如敢再蹈故轍將該家丁重懲嚴懲外該文武等亦同干未便云

江西○省城近有日昂上台懸賞奸商私運米出境恐致荒歉飢民不聊生特飭各營卡盤查客貨船隻所往厘稅准川官錢完納其攜川現錢不准十千以上以杜外溢

各貨自改收錢抒後近日兩卡日過仍有私帶放行如或又存中途沒收之發現上台已採下游各處派委知府　八路司巡查之事上遊一帶亦須採擬

何端院本定四月初一日考各營及武備學堂學生操法嗣因兩阻展至初四舉行

派撥局提調諮守恪年與牙釐局提調諮守若潮對調有昌縣倪令廷凱委署東鄉縣知縣而以何令啟鈞委署南昌

河南○三月十三日藩牌南陽府知府傅鳳颺在任丁憂遺缺委試用知府何望霖署理孟縣知縣孫傳彭撤省聽候查辦遺缺檄委分缺間知縣陳嘉謀署理

江寧○該省以營務廢弛亟宜整頓故於初四日親赴小校場閱操各營幸各營先已操練數日不致過於生疏惟某營操放抬砲有一砲後門走火傷斃兵丁一人

執管幽省埋支應籌防善後電報釐元機器火藥軍械各局所均嚴緊要高宜認加查勘積與以資整頓日與本府劉同知庫試驗令將業竟令刷標與令和施令據以夫撿臨各局所籌事委員盤查一切數日始畢

三仕師範學堂經費前督憲派委候補道籌辦工程之姜令宗仁赴滬招工估造竟令往滬多日並無承辦之人遍召瓦木工人估價亦多不合刻始招得某匠承辦已飭收圖樣估定工料一切用款于初四日回省稟復然皆須由閣核明計需經費二十萬金云

常熟○四月初二日陰晴參半常昭舉行龍舟距常熟南門外三里許名荒涸邨有龍舟三起一起三只一起七只一起六只此日賽會船價皆貴三倍極大之無錫快須三十元其餘快船或二十餘元或十餘元或七八元五六元不等城中紳富大家婦女等均僱敞艙泊船於花園浜中竟日中隔一水為龍舟往來之地又有靴船老鼠船搖船來往如梭又有所謂老鳥船者有六七百只乃是閶口小船非無錫遙盪凡男女客之欲得觀者必須乘坐此船每人只須十文故坐老鳥船者紛至沓來不可數計有一等身坐大舟又洗上老鳥船滑起洋眼鏡口含呂宋煙招搖水上以便評紅品綠一年祇此一日人皆不以為異也又有叫小火輪一只泊於大舟中間以為閣綽又有手執紅旗風帽鬼名為叫劃使龍舟[illegible]環繞以為笑樂是日也婦女皆觀高彩烈傾城以出舉國若狂故蘇州網快亦來趕此熱鬧市以被者與有之民食芋栽條家市之民吃草根者甚樂眞有天上人間之別迨夕陽在山始各分散而同則花煙館小酒館又復門庭如市就肯相為股以交錯可知虞山人之性情遊日日龍舟日日勝會亦覺樂此不疲四月中旬則又有入廟盛會城中女子皆雜紅倚門看會渡子東奔西走但圖眼前不顧將來此因常昭之風俗向來如此也

揚州○甘泉縣與令近來調署桃源遺缺以在省候補大挑知縣沈令兆禔權理聞沈令不日實到接履新矣

日前吃商恒順與的各周潤餘呈請商建周本梧祠入儀徵學堂考試當由總局呈請運司核奪運司飭牌示謝該商媽既濁來棠辦學務於初七日來堂聽候考試

上月泰州附貢生餘大埠稟經運司將泰州鹽宗廟西偏小香嵓庵屋改為學堂當由運司批示將該生稟將鹽宗廟西偏小香嵓庵屋改建學堂並非不准於小香嵓以名與商與辦學務公所非係強學堂房屋入官者可比所請礙難相強云

新選荊州同知魏丞[illegible]以鄉試出京道經邗江當經[illegible]小作句留兼赴運府文武各署投刺晤逢劉[illegible]特赴揚關總巡兗揚州河務同知陳丞淵與辭赴高郵[illegible]府權守該事由令陵公幹來揚長江通書閣卡委員[illegible]同知曹丞榮款摧[illegible]司委丞九北鹽捐漢口[illegible]北順[illegible]一案昔遣於上月念七日來揚前往晉齊矣運屠部印之[illegible]新大使陳元[illegible]現奉丁憂由總運司札委[illegible]新大

杭州○卸任廣東學政文學使治於客歲來杭督寄居已逾半載茲因奉召內用[illegible]整裝起程將其已故胞兄前任[illegible]大臣某之靈櫬隨扶回藉各省[illegible]以學使此次到鄂即[illegible]均送至西興寄[illegible]架安云

杭省現有人運到勝家公司大小縫衣機器數十架手搖腳踏[illegible]不皆備頗精巧精緻并可授人用法在便估給[illegible]惟杭地女紅均以蹲箝給經為事故購者甚少尚無人問津云

杭省邀四十餘里之留下鎮地方邇來每有盜匪滋跡上月念八夜突有匪黨數十人明火執仗搶劫該鎮某姓飲傷傭工內名夬主投縣呈報當由錢塘縣飭令緝拿後因該事主所遇匪係避勇即報所為并有某禁卒於同日黃昏時被匪托稱夜乞火而入突[illegible]搶去洋包二千餘元刻已飭捕嚴緝懸賞購緝惟該處之汛弁及砲船哨弁均因防衛不力分別撤差記過矣

本埠紀事

官場紀事○委署常鎮道郭某觀察於昨日至道轅二署拜謁

防疫街道○湖南馬路工程局紹屬排巡自新閘一帶街道馬路後復與准查照將扶衣街理外瓜鄉一帶挨家在案昨日復飭派局差協同十六舖地甲將各街道房各行號門前之地掃刷杆有無估[illegible]以便派捕巡[illegible]設電燈云

英界失慎○前晚十一點鐘英大馬路三百廿四號門牌王元興外國點心店樓上失火延及中國大藥房及博古齋古玩舖事開山救火會西人驅救始息共毀樓面數間

盜犯收押○陳福生汪茂生馬阿名劉阿步陳步云林鍾生陳杜忠王阿[illegible]等[illegible]手槍洋貨等[illegible]探捕以為[illegible]等身帶手槍刀[illegible]衣物[illegible]形似游勇故一併拘解捕房[illegible]陳福生供伊衣在[illegible]洲[illegible]屬某寺院[illegible]來汪茂生供在[illegible]利[illegible]上[illegible]得手[illegible]一枝[illegible]均交官捕頭飭令管押解請中西官徹底根究

交保候人○[illegible]錦芳前被王芬在[illegible]解其控吞[illegible]一案提押不繳上月[illegible]孫[illegible]員[illegible]備文牽[illegible]將榮[illegible]一間發封估價不敷甚巨昨又提訊供亦與劉欠[illegible]收到[illegible]往大[illegible]劉封[illegible]方能清理[illegible]限二月內[illegible]如不交案[illegible]作抵[illegible]後該縣交保出外限籌

縣案[illegible]錄○徐金氏控徐氏同控徐瑞林[illegible]存[illegible]一案前提訊金氏供有洋六百元存於[illegible]大米行[illegible]行之[illegible]瑞林[illegible]手家及一年倒閉[illegible]去年瑞林回[illegible]到來[illegible]將存[illegible]去徐氏供故父去世以瑞林之三[illegible]大行[illegible]即[illegible]瑞林執[illegible]婦人有洋八百元存于[illegible]大亦[illegible]欠[illegible]山[illegible]大[illegible]瑞林自開之[illegible]徐米店亦欠[illegible]七百七十九[illegible]求[illegible]瑞林供伯父延山[illegible]行[illegible]仍由[illegible]手[illegible]佩芳主[illegible]大之[illegible]不干預汪令

甲帳欠最大之戶甚多理林亦欠存款二百元着先將繳到俱調
出候從中與房訊飭索欠料理存項○張北祥被鍋鑑次扭控訊
究其祥供曾以鍋鑑一塊存與兩造相交一番故僅付洋一百十
餘元扣留一百七十元須俟價兩交況伊伯母在總巡局控伊盜
賣公堂[illegible]介變事不合反被控實批未索下案控鑑實供未
付一氏伸手入向其祥索找價一百七十元以便贖鑑奈伊不
從抗控作介紹為證巾斥分判限明日各將方鑑找洋呈案給
領

英界巡捕房錄　怡和洋行證明[illegible]紡用銀三萬兩由[illegible]供稱前
已訴本捕昨日包探查見新將高姓訊繳有[illegible]傳易投稱將審
洋紗在係股兩對素之范悅與[illegible]股計洋四百元[illegible]殺勢存
姚姓六股計洋一千二百元[illegible]非高一人獨開有[illegible]
與高伯同[illegible]之[illegible]
委[illegible]幫同料理

上海寄發捐介送戒煙丸人名錄○蘇州○杭州○江西○四川
成都○南京○南京○北京○福建○陝西○天津○寧波○紹
興○安徽

沈阿大	王阿元	李阿有	王阿四	陳阿威	楊松山	趙月紅	王阿王	江阿三	沈阿根	沈壽林
方才忠	夏雲子	王金先	趙月康	陳仁生	徐鶴寶	王茂林	楊阿石	錢阿三	朱阿安	
胡子川	杜阿寶	梅進卿	李阿二	張錦金	顧阿東	金仁德	趙云樹	張阿福	王金明	
楊松山	陳阿二	陳金山	王阿卿	陳阿生	周士福	衛仁卿	陳松濤	顧阿旗	洪錫文	
陳阿寶	王滋軒	陸阿三	于子達	郭阿卿	王福生	汪子卿	姚進生	邵全全	石進生	
于子林	高阿大	陳森山	王云先	王阿寶	沙秦來	王阿三	陳錦山	周子香	吳阿新	

光緒二拾九年四月初十日 [illegible]陽曆一千九百三[illegible]

蘇

分售處

北京正陽門內二眼井北
首擷華書館[illegible]○文東華門
外[illegible][illegible][illegible][illegible]○天津北洋
官[illegible]局又海大[illegible][illegible][illegible][illegible]
又府署東各[illegible][illegible]分[illegible]梁
子[illegible]又鄉[illegible][illegible][illegible]茂林
[illegible]都少[illegible]中國[illegible]社○武
昌文明書莊[illegible][illegible]口[illegible]
北老君殿對門生恒[illegible]○
安徽[illegible]州狀元第孫[illegible]
安慶四牌樓路南億大信
局內本分館久藥[illegible]千廟右
周玉田先生○[illegible]湖玉林
堂筆店○大通[illegible]○江
西馬干[illegible]背[illegible]隆[illegible]同又
百花洲[illegible]智[illegible]京[illegible][illegible]中
省城[illegible]宅○[illegible][illegible]東牌樓
大街王[illegible][illegible][illegible]房○鎮江
新河街李鏡江[illegible]揚州東
營六悲[illegible]宅○杭州保佑
坊大街[illegible][illegible]右[illegible]門[illegible]巾

每號八錢十二文　本館開設在上海英[illegible]

年五月六日禮拜三〔第二千四百五十一號〕

昌又拱宸橋南門路中昌
（）紹城小江橋南街中昌
（）寧波江北岸和泰局又
湖化河頭江錫子昇（）蘇州
八炒硯前郵政分局內木
報分館又閶門內恒康錫
館莊石橋山塘○松江西門
內佛字橋姚弄如○無錫
中部處吳淞琴亭（）常熟西
門老閘瑞莊（）紙號內
許潤生（）前開沐楊鑑甫（）
日本橫濱谷豐泊行內林
號泊

告白刊例

第一日每字取錢四文第二日至第七日每字取錢三文第八日以後每字取錢二文封面告白州段稿加倍論年論季面議核行告白二三字起碼惟短小告白以五十字起碼多則以十字遞加

租界三馬路中市□　外埠酌加寄費

特別告白⊙本報因閱報諸君有翻閱不便之言務求盡譯不憚十反特於本日起改爲每面四頁閱者鑒之　本館告白

論說

海上熱力史

昨日海上同人又得東京女學生來電謂東京支那女學生已共命身於赤十字社俟男學生義勇隊北征有日即共偕行嗚乎癸卯年萬歲何其民氣之奮進步之速如是其驚人倘而內顧和者能感發愈厲豈非我中國得見天日之日正不在遠此次上海女界當張園屢會之後亦躍躍欲奮及聞此電表同情者甚多適以紹興黃夫人以憤國事時而正股諸女傑未能偕往大會遂協議辦法得東京人函章程排闢頒議

上海自前月念八偕西同人磋商之君等發起阻我官中國教育會之愛國學社諸君於此會最表同情故其日親到會者數十元即由教育會獨捐然發電阻止之事皆龍君自與兩學商紳擔任因教育會諸君不甚與政府所訊故僅發滬州一電就間親友以探抉約之成立與否其費共十二元尚爲某書局所代墊並未募捐一錢也是日簽名者共三百餘人皆指名願與於阻俄會者是日另有上海商董周公胡公頗感諸君之熱心愛國願開商會協辭嗣某公持董以爲版糾議亦必敵同者今日無一人臨場恐我等勢起商會反召商董之衝突宜斟酌緩辦既而果如斯相謂公之料大約如某而之祖阻之亢力拒今日之官已全無心肝即如與官人往返者亦無非賣國賊也

二十九日兩學人又集議于廣肇公所中國教育會擬舉行一年大會于徐園故教育會同人未能與議于廣肇館是日學士紳商者甚衆惟頭而之種事皆不至凡有擁某者貼匿名帖于議所謂公所當議商務不當談國是衆皆嘩之繼經事經馮鏡如君龍積

此激則軍國民之精神大振凡人皆注重于俄事我清國東新政視彼操諸事一洗文弱書生之腐敗氣象云云阻俄會但邀人贊助議論求欲簽名國民會則簽名者近五六百人嗣經簽名者又千人義勇隊則僅與園草地一站隊既無章程亦未有實在發起之人尚待續會也

此館旬日間海上民黨之歷史我所注意者阻法阻俄皆不可稍卻國民會之議事總必當婉設爲一法假有出義勇隊尤爲必要即女子舍身赤十字會以與男子共祈戰死其事亦當集一大會以提倡之不可默默任東京之盼望如是男女國民相戮力無不愧四萬萬人數最多之大國矣

時事要聞

學堂電爭〇杭州來函云杭地熱心之人知俄事日迫而拒俄之事紛起遂不期而集者數百人約電致直督袁公力阻止之，不意總理勞乃宣知之即往中學堂會潘鳳洲總理謂學生干涉國事必須斥退北主動者數人潘答曰學堂培植人才原爲國家起見學生愛國心之發達必不可遏且其電文亦無紕繆處云云勞乃快快而去即暗中設法至電局阻止故發電時再三磋磨始允打去據其人云此電已由電局留中不發究未知能達否嗚乎表愛心于區區一電猶爲種種所阻撓可痛孰甚哉

茲將聯約致電之學堂列下杭州府學堂即中學堂　仁錢二縣學堂　開智學塾　勵志學社　安定學堂　蠶學館　方言學社

又一函云初二日杭府中學堂發一電與直督云某某官保鑒桂撫借外兵事關全局請堅持力阻浙杭中學堂全部叩初四日又由中學堂發電致管學大臣各學堂咸列名惟大學堂與仁和學堂不願列名電文云桂撫借外兵與東三省事均關全局已請直督納其議之浙省勵志杭府泉唐安定方言求是蠶學浙民各學堂公叩　按勵志即大學堂改班學

之君等以文明識見調和之卒成議目皆推舉近千金是即阻力
會之中堅
四月一日汪穰卿君以俄索新約甚急緻開拒俄會于張園是日
之會投電覆皆汪君自招及捐之於來會者見日中國教育會同
人雖臨會者甚衆皆不過與汪君表同情其如何集會如何電爭
皆汪君苦心主持自阻抗會倡始而拒俄會繼起而國民愛國排
外之感情勢力陡增然其排外之法實皆出於文明之舉動並無
無意識之行為實議成演說偶有因宗旨不合相對駁詰閧然非
散之事然同人皆侃侃皆其粗暴海上名報亦作論料之則足見
我國士大夫文明之進步又有非常之效果矣
是月五日馮鏡如君易洋服君等喜海上聚議之發達欲建設四
民總會遂議事聯為民會之基礎且親於靜事聯所在之處關係
草如茵之廣場建高聳雲霄之鐘塔為海上文明士夫別創公園
以適於衛生諸事以發其高尚品性故端君近日遠極度之熱誠
雖與阻抗阻俄等會聯結而生然四民總會自為久遠事業實與
阻法阻俄諸會之因事而立者不同命之曰四民總會者欲合農
工士商全國之民共為一大團體也故括而言之又曰國民會窃
日幾無一人不贊成祖積之君尤力參馮易諸君之間期其必成
能若中國教育會中之發表者日與其事故人疑國民會即為教
育會之改設其實教育會中人贊成國民會者不止諸君一人如
某諸君蔡民友君烏目山僧王小徐君與穉暉君等皆表同情
若以為國民會即教育會所發起則小外矣發起國民會者實為
馮易二君故開會之投皆給自新民報支店而租地建設等事亦
二君日夜籌畫之此會關係甚大甚願我同胞竭力襄助以盡國
民之義務
開國民會之一日中國教育會得東京留學生公電謂日俄如將
開戰留學諸君願編義勇隊赴遼東決戰教育會同人借國民會議
事餘暇宣示其電於同胞諸君諸君聞電人人感奮故有願應東
學諸君為義勇隊者出站草地之報其實此事又與國民會截然
為二也義勇隊之結果以未得東京詳細章程且日俄之開戰亦
止傳聞尚無確據惟教育會之體育部及愛國學校育才學堂經

生所立之學社也
西報裘電發誌〇廣西文涵報載廣西要電一則據云日昨駐京
法使曾到外務部晤慶邸及聯芳欲派兵入廣西代平匪亂並
會同俄使商議
又云法使連日到外務部蓋因西亂日熾欲借此恫喝以要利權
也
又云越南法官行賄於桂撫王之春許允其借兵平亂云
衆目難欺〇日韓文滙西電所述廣西軍情甚為危急乃本館接
之之春幕友來函尚言務得手官場掩飾出於情理之外任征
如此真為可笑
英日會告公文〇係據西報云近日駐京英日兩公使奉本政府
之命聯合告照中國政府論及滿洲俄約之事其文云一俄國
不將滿洲之兵即日退出乃顯背東亞之約而損害英日兩國之
權利如再延遲則英日兩國不得已將起而自保其利權 二中國
當得俄國第二次退兵之確期 三中國與俄國立滿洲之約論
及退兵之事如有損及英日兩國權利者英日兩國斷不能緘默
無言 四滿洲俄兵已退後中國必不得已與立新約當將其稿
送呈英日兩國使臣 五以上所立諸約當於五日內回音文後
又加云駐俄英日使亦已照此告照俄政府矣聞慶王得此文後
即進見 兩宮奏呈此事云
天津日日新聞錄〇日前法派陸軍上洞庭查一事原聞
係查大學堂學生有無通會黨之事
廣東新報發表逃外洋兵艦紛來之信
前報紀將中派丁內根蕊探悉乃其應辦例不丁艱故只請假一
個月云
二十六年亂後吉林盜匪日甚官場向俄員諮商令擇由長將軍
添抽盜隊一萬零三十餘名乃得相安無事但既將本省邊防各
營裁撤僅此萬餘人實不足分布上年九月另委吉哈爾將軍時
又與俄戶部大臣維德將此情形與其竭力磋商始允回國酌辦
旋經俄國伯利總督轉奉俄兵部應許吉林再添招巡及巡江兵
勇二千七百數十人初以餉項缺乏槍械無有未便開招茲已將

續招練三千人

閘東邊道在東溝設一木植公司其章程木排至岸售出每兩銀內收納一錢五分又每排捐銀百兩約計可捐二十萬之數

北京醫務學堂目下約及二千人其卒業者已及十分之四聞不日即可按照各省疆域大小撥派巡官巡弁各若干人一律舉辦巡警事宜

演說中埃政治○本月十一日晚八點鐘英國進士李佳白先生在六馬路格致書院演說中國與埃及政治之異同云

世界要聞

英皇答詞○字林西報四號路透電云英皇覆倫敦商務會館之晉書謂法國與吾為最近之鄰自當互相和好而盡釋從前一切嫌疑仇怨云云

法國款待英皇○又電云英皇昨日在巴黎所受之款待甚為豐盛其間有筵席及演戲等事云

兩君宴會○又電云英皇嘗與法國外部大臣提爾開斯私談兩次又云法京英使署亦設宴款待法總統聞當時英皇曾親陪總統及其夫人同時到者有八十二人其間外部大臣及其夫人等皆到座云

德皇謁見教皇○又電云德皇威廉已進謁羅馬教皇

德意邦交○又電云當德皇在羅馬與意皇宴飲時嘗議三國會盟之事并冀各國亦從此永遠和好云

意法派員○又電云梅西度尼之亂土人已有攻圍含者尼楷之意故意法兩國現已派兵至彼征剿矣

殺戮俄國學生大衝突○壓制達於極點之俄國醫部長一發此命俾下之醫官一時羣集不辨曲直追逐學生種種暴亂之狀不堪寓喻并有拔劍擊學生者學生狼狽自威解依克河岸數丈之斷崖絕壁飛投河底冰上積雪中若有如赤血鬼飽於鐵拳而昏倒者有鮮血淋漓者白雪大道之中現出慘澹之修羅場當時生傷者七名并有四五名紳士被警察及愚民於紛亂擾攘

士發商一切適開第三屆演說大會於告閩旅滬提議此案頗承諸同志樂與贊成懿均二人歸約退學諸人挺身赴滬即與愛國學社諸君合班請學愛國學社者乃南洋公學退學諸君所創立者也其名譽其關係於世已有定評而吾同學實與之有倒影之觀故亦願得隨其後以吾乃出學於陸軍者也學雖未成而無不有陸軍之傾向愛國諸君之歡迎吾同學者尚出愛國諸君近方提倡軍國民主義而吾同學亦深慨其愛國之誠必有所以愛之者在故吾同學與愛國諸君其目的既同注於一點尤必自愛愛他通力合作結成一堅固不拔之團體以鑒戰於狂濤駭浪之中天下方多事急用急辦綫川綫辦總須為國民擔得幾分義務然後不負吾同志求學之苦心是說也同志之人皆堅持之而有不能自保無可如何者一事則經濟之困難是也今之與愛國諸君相提攜也既獲教育會諸先生之熱心贊助吾同學莫不感之而教育會仍須間接以呼斯伯於海內外志士夫海內外志士有欲勉進吾同學者乎吾願其有所以勉進之者也雖然求助於志士固已而自營自給之道又烏可廢擬合力從事譯編輯書報各體其才力日以課餘為之而推學稍優者一人總其成彼稿之時仍請教育會認定出售二者相輔而行或可以持久而不至有他變然吾輩本堅苦之志願行以強忍之力天下果何事不可為吾同志勉之若後之規則略具於是矣夫學生者所稱中國之主人翁者也而退學生之資格尤高今繼吾陸師而退學者□願吾識喜同志之益多而又竊以自負昔美洲開國之初有名一人苦英苛政辭英而竄於北美其後二百餘年乃建義旗血戰八年卒離英而獨立其所以能獨立者皆由有一人之種子也今吾退學之三十一人亦既站定腳跟求以發抒之道停辛佇苦為死不辭吾逆將來為中國之事業即基礎於吾輩陸軍第一番衝突學生之三十一人如美洲之百有一人者然誰謂非國民之大目的而將仕倫快鳴呼吾同志聽者吾同志聽者

江西武備學堂之腐敗○學堂之腐敗以江西為獨占特色夫人而知之矣其武備學堂則尤有令人噴飯者賤笑話中之不可思

中不非何人亦識亂擊屯頁頂隱彷觀其抱不平及翌日恰値亞歷山二世發布解放農民命之記念日夫此暗澹慘烈之俄國專制之治下放出一線自由之光輝者非此解放農民之記念日乎青年有血氣之猶少年者自由民權之美政夢想專制政治之顚覆者値此記念日其愉快踴躍可不待言然則學生之因此而惹氣激昂非常或亦自然之事況忽起如是之大衝突乎則謂爲萬騷動三近來未有之奇禍非苛論也

二記撰俄國學生之大風潮其起原已非一日所以世人多不之知因俄國禁新聞揭錄故也今者風潮日甚一日政府畏之視如大敵雖禁新聞登載而他國人頗有論列之者今西伯利亞有此殘暴舉動嗚呼學生何人而遭此毒乎然壓制愈甚抵力愈大故其處無窮之勢力過非他國人可比況改革政治無不從學界起點此東西各國通例也我中國專制之毒寢於俄故學界風潮至今始有萌芽而其前途之變幻必波詭雲譎發現於二十世紀之大舞臺故特譯是篇以告學界我同胞其念之哉我同胞其念之哉

學界風潮

江南陸師學堂學生退學始末記　五月初二日稿

脊後之述者

事既發學生中建言以謂破壞者建設之起點即破壞則建設破壞者之功也不破壞無建設則破壞者之罪也吾人欲爲學界革命之歷史可放棄其功而承其罪乃約退學三十餘人而居一寺集議有以消其後擬仿照愛國公學之例組織一學校共和辦法推舉學生優者自教自學捐資補助辦有緒矣乃棲息於南洋官場數重壓制之下而陸軍又非尋常科學可比彼偵知吾黨之也其不敢也嚴苛以革命自由之罪欲鋤其首者而解散之風潮之至今日數猶同學以爲南京非獨立之地無辦即成亦必爲綺頑固之所摧阻也遲回者久之而上海愛國學社與張之友諸先生公推王顥協商此事同學乃推代表者林礪均章士釗一士釗先事約兩禮拜出學以其新訂之章程與己以對山丅與海上志

識者也先是武備學堂派錢道爲總辦錢復援引其嫡親俞之陳伯文通判爲監督堂中一切章程規模皆其手定他人不得預聞其中有學生犯規者除記過外皆有用軍棍懲罰一條一時省城傳爲笑柄前有某學堂因飲食小件監督錢即用軍棍痛責諸生大怒日小恐吾學生亦奴隸性成叩首請罪求免總辦怒稍釋監督俞總惡之遂行革去學生中有三十餘人蓋欲以學風相關聯總辦此一舉也一日有某學生親屬有事至堂訪其學生甫到大門即爲親兵所斥監督不准進堂學生聞信至小營親兵親兵即同監督監督面詰學生曰汝乃官兵何等無知乳臭膽敢對之頂不知王法云云學生含怒歸堂翌一日遂記大過一次此又一事也學堂例有郵政信箱一具以便學生寄信無論本省外埠均可權力所及有學生某寄上海某報館信一封爲監督所知即訴之見有苛如猛虎厲如嚴霜二語詆指學堂野蠻現象也監督大怒即同總辦欲斥退之某生大懼即自求免遂重責軍棍二十間此生亦因此致病不起嗚呼此諸小學生與奴隸名詞固一而二二而一也總辦監督之野蠻貫各省所學兒學生然求如南京學堂之裝水烟而不可得矣叩首認罪豈學生所應有其爲學界污點固不待言然無恥亦甚矣而又不得專責諸總辦監督者也竊以近日學生之于總辦諸人不知以奴隸學生往往反以加諸其身以毅力自治以團體自固將來能力大進則一衝突即收自由之效一破壞即收建設之功彼之公德完全彼雖野蠻亦無所施其計矣若因飲食小故任血氣之勇行衝突之計驟力一盡則又從而叩首請安以求免吾有以知總辦諸人腦筋中學生即奴隸一語益牢固而不可破矣嗚呼總辦聽者學生聽者

來函

杭州來函(一)吾湖大學堂有如是之一切情形貴報中已得其大學然其中非監督首中學堂中之惡作俑者是也半初想起即日夜與勞運籌難解斥退六人之勞又皆不許其一人之言以與手籌其用意因中學堂與濟大衝突欲乘此闊勞以得載其驅除手段妄諸波瀾現在湖各學生作始末記詳述其以論此惡罪惡以

曉皎皎皎猶未然今日彼反犹欣得意稍圖後第道豚犬之不若者矣乞登報一篇之

各省紀事

蘇州

籌設賑局○在蘇開辦兩廣賑捐王道慶雲早經設局籌募惟王道以浙中各屬尚未分設總局故於初五日由蘇赴浙與浙中當道籌商開辦云

定期校士○蘇垣紫陽校士向自恩撫甄別後應出陸游於五月分考試嗣因揭曉較遲不及舉行刻已定期本月十三日考試矣

隨巡易委○蘇城文武向分巡已承文於辦夏防向悉今屆七路總巡惟閶胥門外尚未更調故現由效梟另委直隸州牧勝臣前往接辦

松江

提督赴澄○李提督於上月杪點驗綠營兵士分別裁汰後即於初二日由松啓節前赴江陰

招考學生○雲間書院自改爲小學堂後重加修葺規制一新現已工竣經許守札飭華婁兩縣出示招考如有聰穎子弟年歲合例情願入學者由縣報名赴考云

塘工告竣○西門外東古浦塘自二月初築壩開濬因雨遷延已及兩月刻始竣工於初四日開壩而城內市河自開浚以來已逾七旬而工程尚未及半無不詒各董之辦理不善嘖有煩言云

常熟

漕弊十二誌○常昭漕弊歷紀本報推原其故實緣近日官吏一氣串通知常昭人胆小如鼷可以威脅故所下之令一味用猛所用蠹役一味用强而常昭竟無完卵矣按常昭之田有高平區低平區最高區最低區故雖有水旱偏災而常熟從無全荒者如道光二十九年之大水咸豐六年之大旱尚有一半收成又兩門內

本埠紀事

官場紀事○浙江候補道汪道及稽查釐卡總巡李皆因公于前日到滬昨至道轅拜謁

局員易委○浦東塘橋巡防局蔣委員昨奉道憲札撤准道憲另委任縣丞接辦

示禁運錢○上海縣莫大令昨日發出嚴禁運錢出口示略謂案據職商夏樹杰等稟稱商務繁興全賴圜法近年制錢缺乏各省鼓鑄紛紛實可補救不料錢價較前愈昂商民交困推原其故實由輪船沙船私運出洋燬作他物以致南北市面竟有缺錢之患環求據情轉稟道憲照會兩關稅務司請將制錢銅元嚴禁出口無論何項船隻一律嚴查倘將制錢銅元私運出洋概行充公從嚴究辦以蘇商困並據職商裘鎔等亦以前情具稟各到縣當即據情詳奉道憲批示已函致新關稅務司切實查禁在案茲又據該職商夏樹杰等來請照會錢業董事嚴查販運出口及提重私燬之家公議嚴罰章程官商交禁以維商務而蘇民困等情具稟前來除照會南北市錢業董事遵照外合行出示嚴禁自此次示禁之後如敢再有以上情弊一經訪聞或被告發定即嚴提到案從重究罰照例嚴辦云

嚴防押犯○改過局所押之著名流氓蘇阿如戴阿尙等三犯前因患病由委員發交育嬰堂醫治旋被脫逃茲經本縣汪令以押犯發堂醫病往往逃逸故與明府關道以後改過局押犯如有疾病由委員函致本縣驗明由官醫到局診治以免脫逃云

約期械鬥○浦東南滙縣境某處前有光蛋隊光升科同黨羽與本地光蛋林德勝等格鬥鬨陳黨傷斃二名受傷數人後陳不服號召外幫梟匪約期報復茲悉昨日兩下梟黨齊集有定期今明日互鬥之說居民大爲畏懼不知官長亦有所聞否

春賽初志○昨爲滬西人賽馬之期是日共賽十次第一次念一爲賽立覺小架門賽 第十二次七馮賽裕隆培培代某西

四月初十 曆五六

荷香館前有田十餘畝名常熟田當時因之以名其縣今此田悉爲我紳買去起造花園亭臺樓閣窮極壯麗費十餘萬今與西城倂闢爭勝其家即居於內今爲浙撫則門庭高扃雞犬無聲惟翁相常在西山白鴿峯雖城中追捕緊急日夜叫囂兩翁含以世外閒人不之問也嘗考常昭之爲衙蠹爲差役名色繁多非如濟糧一事有正漕總一人副總四五人又有結頭房十餘人糧串房十餘人催糧房十餘人文移房十餘人又有兵房亦管捉賭之事凡欲開賭者必與兵房串通方可無事而兵房共有自行開賭者此足見蠹吏之舞弊也又常昭糧差各有花名常熟有十六糧差昭文有十二糧差各糧差又有副役四五人副役亦各有依傍四五人所以常昭糧差正副大小共有六七百人皆賴正漕賦稅滴歸公若輩何以爲生至常昭地保多係無賴所充平日扛孀逼醮無惡不作如南門外壇上地保每年出息有二千餘金梅里鎮地保每年出息有三千餘金兩處人烟稠密遇有小事喚齊地保必須厚謝其出息實較他縣之佐雜爲優惟當此亟粗之時而大小紳花煙舖座客皆滿酒館店點心店利市三倍其主顧皆係蠹吏差役故目下常昭蠹吏差役皆樓閣雲連呼奴使婢若非漕弊橫濟安能如此

揚州

添設分卡○揚州捐局奉到金陵總捐局來文會同兩縣出示於各城門均設分卡以稽查商販貨件出入免主以多報少化有爲無凡從前繞越偸漏等弊至是悉除惟各舖戶於稽查時有意支吾殊屬目無法紀須知行鹽收爲坐誠本非另生枝葉値此庫款支絀軍需吃緊之候各商舖其各發天良照章辦理可也

人勝　第三次念七馬蹬培培代牛庄二浙司勝　第四次十一馬賽香港泊此勝　第五次十二馬賽蜜司克來得勝　第六次十六馬賽怡和洋行勝　第七次十馬賽蜜司小美登勝　第八次十五馬蹬祥茂白格而代瑪禮遜打樣西人勝　第九次十九馬作怡和洋行勝　第十次念三馬賽密司禮代老勃牛勝

虐妓提訊○的和坊小張媛媛之假母張氏性極兇狠近將其督慶里雛妓金湘闌自般凌虐爲英包探張寶成查明獲解英公堂請訊金供蘇州人年十五歲自十三歲時被父親賣與張氏妓院因學習彈唱欲對不堪即求超豁張讞員以惡鴇虐妓法所難容商之美白領事判將妓准交濟良所西婦領去俟簽提該鴇到案訊辦

上海富領許竹溪戒煙丸人名設○蘇州○杭州○江西○北京南京○[illegible]○廣州○九江○鎮江○安徽○紹興○寧波○湖州○松江

沈阿大　王子林　趙阿福　夏娘子　李文彬　杜阿寶
陳阿三　李德仁　周阿四　李阿二　方阿生　王福生
高阿大　王阿三　陸阿生　李洪生　王阿五　王子庭
葉培生　沈阿二　朱阿安　陸仁生　沈海林　趙月廣
郭月賞　魏阿三　吳阿新　方才堂　徐宏亞　陳阿五
王阿大　張榮生　王阿王　汪子卿　沈阿生　沙秦來
陳璐山　王子連　王雲祥　李少村　陳阿皮　王阿白
王春山　陳金山　李阿有　楊本楠　楊四岳　魏阿三
王云先　王阿寶　李阿三　周士齋　姚楚生　楊春山
方一桂　彥仁生　陳瑞利　陸松濤　陸阿成　陳錦山
陸仁卿

光緒二拾九年四月[illegible]一日[illegible]陽曆一千九百三

蘇

分售處

[illegible]

每號大錢十二文

本館開設在上海英

報

年五月七日 禮拜四 [第二千四百五十五號]

昌又拱宸橋南馬路中昌
〇紹城小江橋直街中昌
〇寧波江北岸和泰局又
灣化河頭揚子渡〇蘇州
九妙觀前郵政分局內本
報分館又閶門內恒達錫
箔莊石斷山〇滄江西門
內佛字橋姚聲如〇無錫
申報處吳淞亭〇常熟西
門老閘前瑞和祭紙號內
許潤生〇閘浦楊館卿〇
內本橫濱谷豐洋行內林
紫垣

告白刊例

第一日每字收錢四文第
二日至第七日每字收錢
三文第八日以後每字收
錢二文封面告白和後幅
加倍論年論季面議投行
告白二百字起碼短乃告
白以五十字起碼多則以
十字遞加

租界三馬路中市　外埠酌加寄費

論說

與友人論[illegible]日錄　七月初九日稿

赴歐洲之輪船其價[illegible]日本之郵船會社大約較歐洲公司可減至十分之三四

其船會社本店在日本之橫濱走歐洲者有丹波丸[illegible]參丸阿波丸數船每兩禮拜開行一船由橫濱而神戶而馬關直至上海經香港新嘉坡檳榔古倫母抵法國之馬爾賽又至倫敦而止

在上海泊吳淞口外於開船之時會社中特設小火輪於三菱公司碼頭渡客至船不取渡價甚為便利

會社在英大馬路黃浦灘口北第三家斜對黃浦灘之巴夏禮銅像赴東洋留學買船票亦在此處其與買歐洲船票之帳房與買日本船票之帳房同居一室惟各異其席耳

其船自東洋來必在禮拜其開往香港也必在禮拜一本年正月初五有船開行至十九日復有船開行即此可以例推否則記定上海開行之日為二十八星之兩日尤為[illegible]須在開行之前一二日以免臨時之怱促

從上海至法國馬爾賽共行六禮拜第一禮拜之禮拜○在上海開行至第七禮拜之禮拜一抵馬爾賽自馬爾賽至倫敦行兩禮拜第一禮拜之禮拜三開行至第三禮拜之禮拜三到着也

從上海至香港頭等艙墨洋六十元（凡書中所舉洋數皆以各國銀折為墨洋計之雖不甚合亦無大差）二等三十六元特別三等二十一元三等十三元

從上海至新嘉坡頭等一百二十一元二等九十元特別三等五十元三等四十元

從上海至法國馬爾賽頭等九百四十元二等三百七十元特別三等二百十元三等一百八十元

從上海至英國倫敦頭等六百元二等二百九十元特別三等二百四十元三等二百元

讓與俄國惟外蒙古與西比利亞相接當可貸與俄人設立工商埠慶親王竭力反抗此議　良上亦並不贊助惟王文韶鹿傳霖則尚不加可否云

俄人自佔據東三省後已於該處開礦數處茲未向中國政府說明英日兩國駐京公使已向中國政府辨論此事中政府至日昨下午尚未回覆云

駐京俄公使又向中國政府新加要約謂遼河嗣後不准有他國船隻往來當獨聽俄船往來蓋俄人之意因欲於牛莊以北振興商業故特於遼河開通航路其商務之旺更勝於寧古塔又俄人刻已於遼河設立厘卡數處寧古塔市面因以衰減

駐京英公使因得倫敦緊要公文即往謁慶親王竭力抵抗俄人密約云以上譯字林西報

東報錄紀俄事○俄國近又增派極東艦隊計戰鬪艦二隻巡洋艦二隻水雷艇二隻於本月八號到新嘉坡將進駛旅順口云

近得確實消息俄兵於滿洲除奉天一小部分外其餘地方均未撤退而又於牛莊營口買入石炭無數於烏港購入[illegible]此據其會社密電是知俄國撤兵一事不可深信也此外又聞於韓國滿洲數設[illegible]於義州安東縣皆設電線要求韓廷一任其經營[illegible]韓公使亦出而抗議謂該電線[illegible]我當[illegible]不允准事尚未揭曉未知究屬誰從懸而揣之恐不能謝絕俄國云

奉天城內俄兵退歸租界事已誌前報茲聞於四月十號十一號兩日間前駐屯之兵丁具兵營速來該地將其一部撤退城內分駐宜省各處[illegible]合隊准備[illegible]為演習一[illegible]官民人[illegible]咸驚惶失措人人戒嚴現聞此項兵丁有將撤退之說究未知其確否如何也

鳳凰城南大東溝一帶及大孤山[illegible]各要地方刻下甚為戒嚴計有俄兵一萬四五千名以外，供給軍需品向由遼陽一帶運來近頗供給不足故日來來往於大連灣大孤山之汽船甚為忙碌每日裝載[illegible]以輸送軍需云

其船皆載重六千噸以上頭二等則餐室寢具皆備且極華麗特別三等則寢具亦備所食亦爲洋餐三等則日本飯及中國飯其清潔仍較天津輪船之統艙爲佳日本學生遊學及旅行坐船坐車皆以三等爲合分因學生乃分利之人求學問時又爲宜習勞苦之時若乘頭二等船車反令人譏笑謚學生與出使及遊歷之士大夫衆彼乃爲全國之代表若儉陋取譏自是辱國至學生當開苦學之風氣衣華服乘美車不待細論即可知其不合也

馬爾賽郵船會社之代理店有法人批發羊謂其人者接遇外國旅客如橫濱高野屋之主人一切旅行之事可與商量

從馬爾賽乘火車至里昂約行六七點鐘至巴里約行十四點鐘馬爾賽至巴里火車價頭等四十八元二等三十四元三等二十二元從馬爾賽至德國柏林約行三十點鐘至奧國維也納約行五十點鐘

馬爾賽之海關檢貨極嚴凡帶有納稅之物及烟酒者當慎之此處爲法國南部第一商港街衢宏闊房屋高皆六七層有砲台博物館公園等暫時旅客中等旅店三餐者具每日十元食一餐者四元然此特商市之旅店耳如求學之人則有省約法如下 此稿仍未完

時事要聞

述張督由鄂起程情形〇張督於上月二十八日由鄂起程瀕行時將商務大臣關防交漢司存庫並未帶往聞先一日傍晚接到慶王來電催令兼程趨進務於四月望前趕到京城又聞張督途中旅費知數躊躇向端護督在善後局挪銀十萬兩端未允所請彼此大爲齟齬

議事處房屋已租〇探聞國民公會議事處租定美界者閘橋北唐家弄徐家花園隔壁鞍順里第二百二十四號門牌業於昨日遷入矣以上新稿

西報紀俄事〇四月三十號北京電云滿洲將軍昨日有電致政府謂俄兵數隊已過黑龍江北往駐紮於所派定之某地云

昨日將大臣召見時 皇太后云滿洲爲列祖宗發祥之地斷不能

金州地方俄人甚爲注意現有俄兵約計萬名以外皆特銳勁旅勇不可當當率天演習戰鬪時大連灣金州旅順均同時下令操演一時上下鼎沸繼而如將開戰情狀云一

遼陽現有多數俄兵來駐營築建造所五十間兵房之駐兆令亦已着手云

俄人近於遼陽地方所擇山上要隘修築砲臺分配砲兵大部隊又於同地中央之南端派遣兵士係爲此新來編成第二黑龍江軍團之旅團司令部而設而近今二四日間忽施行戒嚴令致該地方又驟加一層嚴觀光者云以上譯日本朝日新聞

接倫敦電頃俄國陸軍大臣將由本國出發往極東觀察一切事宜於西歷四月二十八號赴滿國駐俄京公使即午發云

俄國所募兵之請與原定每月兵餉不均一人得銀十兩而俄官及指揮官兼張古元等吞沒其九兩僅每人給銀一兩以至彼等到處擄掠民財與回教徒互相衝突按此兵丁本係不法之徒向騷擾黑龍江一帶今得此募集爲護衛其膽益壯於蠢騷動亂省內之秩序影響時局上不利者不少云

俄國此次募集支那人在黑龍江一帶均斷絕其營業非常俄國村卡公司所使用而凡行動如彼人之聚多又如此者亦可怪我邦人不可不注意云以上譯北清新報

津報紀俄事〇探聞南洋大臣初三日夜間有電奏東三省事不可輕易簽押等語

日本政府日前電致中國政府謂東三省之事不可輕易與人如中國不顧利害允俄人無禮之要求恐各國亦又從此多事等語以上錄初六日大公報

北京函云東三省事外間相知時事者無不注目目前開軍機處人語親 兩宮意思非常深恐其事難挽 皇太后年高又增煩惱故無人敢據實陳奏也

京師大學堂兩館學生因東三省事商之副總教習上堂會議至衆均以總教習允准即鳴鐘上堂先由范助教謝說利害演說畢全班致若有太息者有流涕者次由各學生暨台議論思辯力斜者

俱擬辦四事　一各省在京官紳皆電該省督撫電奏力爭　二全班學生電致各省督撫請各督撫電奏力爭　三全堂學生電致各省學堂由各省學堂稟請該省督撫電奏力爭　四大學堂全班學生上稟管學代奏力爭當學生會議時各教習各職事員均在座點頭歎息兩級學生惟有河南進士現在仕學館學生靳某獨不到堂會議蓋彼尚在寄宿舍習演殿試俟予以便今年補行殿試眞可謂至死不悟云以上錄初七日大公報

北京消息俄使服會當約七條外務部覆以東三省條約已定不可節外生枝授各國以口實云云不知俄國尚有何舉動錄初五日日日新聞

魏午帥電致政府大畧謂俄使要挾七條應請婉詞謝絕以免各國從而生心云

俄約七條勒准又增一條遼河以內駛行小輪只准清俄商辦別國不得干預

又據確消息俄官不准別國在東三省通商因英日美三國人往來皆非商人須五六年後各國方可通商

俄人退還營口本定華三月十一日及期爽約又送密約七條之故乃恐他國欲於奉天省城暨岫巖州所屬之大孤山口岸開關通商之事未洽其意以故為先發制人之舉

俄京聖彼得堡消息俄國實有要求中國滿洲之密約其不敢斷曾者特有礙於各國之耳目也以上錄初六日日日新聞

英使要求○北京電云駐京英公使請中國政府允准自直隸至四川建築鐵路一條政府即與鐵路大臣盛宣懷商議此事盛云謂英使此次要求即欲藉以抵拒中俄密約云譯字林西報

世界要聞

日俄海軍○字林西報五月五號日本東京電云日本現擬擴張海軍其預備□費每年須一千一百五十萬兩云

英皇□□巴黎○又同日路透電云英皇已離巴黎往□□及諸

來函慨杭州美國浸禮會蕙蘭書院學生退校始末記○語杭之有蕙蘭書院也自庚子年始建設之費出於美國浸禮會之公欵主持其事者為美人甘惠德甘惠德者一教士耳在華日久深染華習其□□之手段狡詐之心腸較之華人有過之無不及焉始之入校者教中人□□繼因風氣日開學英文者漸多外人亦漸漸入之殺是規模日大事務日繁以甘氏一人之不足也公會中復舉教士密拉德補之密氏之為人平和中正與甘氏異甘氏深惡之又欺其未通華語而事事蒙蔽之故今日罷學退校之原因給全在甘而不在密云

今請先言其總因甘惠德於教外之學生必勸其入教一而再再而三再三而仍不願則彼必揚言曰若某某者不信上帝終身其無復望矣然彼之目的在此外跡原心猶可說也其甚不可忍者則彼之自背其教而專用壓力一事教中人之貧苦無告者收膳食甘惠□欺其貧苦不以學生待之而以奴隸待之然尚以奴隸待一二人者繼而欲以奴隸待衆人甚而加之以呼叱甚而加之以夏楚學生等志在卒業故專用和平主義不用激烈主義罷學界之風潮日甚而蕙蘭終無恙也然退校之萌芽則已種於是矣所謂總因者如此

請再言其分因蕙蘭飲食之惡劣為各學堂所未有衆學生屢與甘惠德熟商請其改良甘惠德不之聽三月初某日衆學生以飲食惡劣之故聚議喧譁甘惠德即向衆宣言曰有不願在此者儘請出學條詳照日數扣除外餘均歸還云云統計首先因此離校者有三次衆學生退校之舉於是乎躍躍欲試矣所謂分因者如此　未完

來函述嘉興塘灣蒙學堂俗□習之野蠻(一)具函者之姓氏另有存記

可憐可憐我嘉興塘灣之窮千也嘉興為浙江省之一府地居蘇杭之衝故塘灣為嘉興商務之中心點因而發達人口亦因之而衆人口繁多則童子亦多矣去年□任邑令許惡嚴處有關當

大臣但應具說有自皇帝詔諭明之威信營[illegible]不[illegible]此失自治團體地方在局中與英法諸官員會商[illegible]城醫治國會之

俄國改革政治[illegible]議以內閣責任為[illegible]由之[illegible]日發其之詔書公示改革地方行政及保人民信教自由之力針其詔勅皆已[illegible]令報令又設日令[illegible]日經同接[illegible]改革地方行政故內務大臣及[illegible]自接下[illegible]當下被在事件其供同門政改革之[illegible]可具[illegible]國日由日[illegible]之[illegible]極速極人民有可徵出等[illegible]亦賠[illegible]保成之[illegible]英國一報[illegible]者觀察俄國見時改[illegible]有論[illegible]

未完

學界風潮

錄某君自東京成城學校來函（前畧）嗚呼今日此間有最傷心最羞恥之一事公等聞之當亦同聲一哭也則三月二十六日成城學校開運動會張掛各國國旗而獨不見我中國旗於是同人往詰其故於學校彼謂中國未入萬國協會故不懸掛同人問謂中國人在此校者二百餘人且此次中國與日本人一同運動中國旗何以不懸同懸與萬國協會無涉彼謂所不過顧[illegible]排掛紅紅綠綠[illegible]若與[illegible]與不掛無異學堂同人謂既係顧面掛掛即可令行協人若謂宜中國旗而往返詰作答者有中國旗自則掛無則不掛時往詢者不過十餘人於是其人衆於[illegible]堂由設君爾相助告日自日淚衆皆痛哭哭聲震堂用約不准至運動場者此他　未幾之中國人皆出立之而運動場遂無一中國人日本人見此情形即往他處借得中國旗一面懸之然仍無一人往者南北洋及湖北官派學生向來皆相仇視者至是亦能協心足見中國人尚有愛國心也今日成城學校日本人縣掛結綵放燃火爆歡樂異常而觀者以數千計其樂無比文明國民固應如是嗚呼吾中國前途無論如何吾等必不能見吾國民有如是之樂之一日也此猶不足悲吾所最悲者吾國民永無是樂也嗚呼傷哉吾書至此吾心酸吾肉顫吾手冷吾淚下不能復書矣

歸之顧局面大學智充感紳士預國志之[illegible]揚其能剛之化界大[illegible]無用[illegible]有用計一堂設學堂不料諸號為方開遊雜分條[illegible]組[illegible]聘[illegible]人讀停改為時務學舍如同院[illegible]例維命[illegible]昔[illegible]日[illegible]日前然此亦不過稍[illegible]人為日新面目[illegible]而[illegible]個館[illegible]但惺惺自命維新之責有命即[illegible]因[illegible]予於[illegible]世界地球中其沒[illegible]而[illegible]不知[illegible]有內不[illegible]在[illegible]學堂中之教習[illegible]者余之[illegible]畢即衛口而出日擇新足下代[illegible]一席地俾有余則[illegible]者[illegible]而[illegible]為[illegible]義學堂起點之所因也今成[illegible]日之[illegible]學堂開其招學生[illegible]中之荒謬[illegible]之對[illegible]教習樓[illegible]忽聞之野[illegible]出[illegible]日有所聞即時時刻刻[illegible]出而[illegible]今客記一二於左該學堂課本難用新式之文學的階[illegible]其[illegible]不事論解[illegible]熟背背錯一字則罰[illegible]尤為[illegible]由教習[illegible]者[illegible]予之[illegible]日[illegible]中有錯一字代令打[illegible]法之[illegible]斷[illegible]狀而若[illegible]日[illegible]打為背不出[illegible]由[illegible]打[illegible]學生結[illegible]一[illegible]內言令背書試[illegible]而[illegible]細[illegible]歸如[illegible]我國[illegible]學日受[illegible]予何[illegible]知而不[illegible]則何[illegible]我了該學堂[illegible]何不[illegible]之[illegible]而[illegible]此荒謬極倫之[illegible]教習[illegible]力[illegible]中國第一[illegible]堂其章程[illegible]不合規則自不待[illegible]日[illegible]之[illegible]令人聞而掩耳[illegible]而生[illegible]文教習[illegible]人[illegible]學英國之[illegible]學生外國語[illegible]之外[illegible]極[illegible]之理化學此外一無所知[illegible]方[illegible]之教習[illegible]所排去者已數十人學生亦恨之[illegible]以[illegible]界之風潮不[illegible]

亦制之舍[illegible]衝突之者甚少近[illegible]某老而[illegible]於[illegible]中傑[illegible]選任[illegible]破壞[illegible]使之[illegible]而[illegible]止[illegible]教習[illegible]求認[illegible]員必[illegible]排為於本月初[illegible]日不知何故忽[illegible]學生之公[illegible]員全體退學之說[illegible]於昨午[illegible]交涉[illegible]總辦[illegible]若人[illegible]急函告學生[illegible]將[illegible]改良[illegible]留又[illegible]人[illegible]以兵力威嚇學生使不敢動求知究竟[illegible]兵力威嚇之說[illegible]若[illegible]非頑[illegible]野[illegible]必無其[illegible]而為[illegible]之[illegible]知[illegible]知之[illegible]一[illegible]之[illegible]學生亦[illegible]斬中不可[illegible]人物也

[illegible]向米[illegible]六元[illegible]日[illegible]月初[illegible]四月米價[illegible]須九十[illegible]東[illegible]以[illegible]米論[illegible]有[illegible]中[illegible]不[illegible]同[illegible]員[illegible]不知民間[illegible]記[illegible]設[illegible]

龍[illegible]

民[illegible]龍洲[illegible]去年[illegible]收加[illegible]不能[illegible]有[illegible]減[illegible]民日[illegible]一日[illegible]且[illegible]長[illegible]不能[illegible]明上思太平各[illegible]有[illegible]法可[illegible]不[illegible]搶去且[illegible]不[illegible]價[illegible]與常平[illegible]也

各省新聞

湖北

委補首府（）武昌府知府[illegible]任[illegible]補[illegible]初二日由[illegible]陽府知府[illegible]

調補

考試新章（）[illegible]一律赴仕學[illegible]名[illegible]

仕學改章（）仕學院[illegible]功課只公法算[illegible]兩門[illegible]亦[illegible]現[illegible]大[illegible]改[illegible]之改[illegible]化與地算學律學六門堂中[illegible]挑選[illegible]四十之如[illegible]下官入十員住院肄業則以兩年畢業兩年之內[illegible]不准[illegible]畢業[illegible]分派赴東西洋遊歷俟予升階此改章之大略[illegible]下[illegible]選先儘原取[illegible]中[illegible]川[illegible]各[illegible]之合格者如[illegible]額再[illegible]放一次至於各門教習丁題良教公法[illegible]方教兵法[illegible]化[illegible]教[illegible]湯金[illegible]算學[illegible]君教與地

蘇州

本埠新聞

[illegible]（）[illegible]

[illegible]（）[illegible]

[illegible]閣（）本埠[illegible]定於十一[illegible]十二三日在邑廟內[illegible]行[illegible]

[illegible]二[illegible]昨[illegible]兩人[illegible]第二日是日共[illegible]一次第一[illegible]十四馬怡和[illegible]格[illegible]勝 第二次十八馬[illegible]代[illegible]打[illegible]人勝 第三次十弍馬[illegible]代怡和勝 第四次六馬小[illegible]代[illegible]勝 第五次十六馬小[illegible]門代[illegible]生勝 第六次十九馬怡[illegible]行勝 第七次十一馬小[illegible]門代[illegible]生勝

分委籌賑○蘇省奉文開辦山東省河工賑捐已由陸撫札委蘇
命寅伯設局開捐茲悉設局以來報捐者仍屬寥寥而東撫周已
電請籌解振款以資接濟故陸撫特再札委同知楊丞賢者通判
沈倅召知縣順令鈞崛呂令慶堂等分往常鎮徐太四屬設局勸
辦以期迅速集款云

示儆錢販○前經兩紀奸商販兌銅元由楓橋經卡查獲訊辦各
情茲悉長洲縣蘇令已訊明該船係丹陽船戶承裝之銅元為城
中厚生錢莊該莊與友陸春山均已分別訊責並將獲擇情形函
長元吳三縣會銜出示曉諭奸商勿再嘗試然近日官錢局依然
擁擠因仍由各錢莊收販山塘蓋各莊本有錢船裝載銀洋出入
現將銅元裝入銀洋箱底仍以銀洋安放面上故不易破獲云

武員開弔○蘇撫標中鎮升任四川建昌總兵升署蘇督閱敦
魁在蘇逝世後由其公子江蘇候補同知閱國賢定于月之十二
日在省中衛前街開弔

總設沙局○省垣設立清丈沙洲總局後凡常熟南滙徒陽等縣
均已分設沙局惟靖江縣屬未經委員設局茲經該縣許令詳請
派委前往設局清查故已經委派判丁交軒前往開辦矣

常熟

沙弊十三誌○常熟江陰交界處有沙田幾個資多孫沙舊長額
甚輕每畝不過完[illegible]百餘文光緒念四年風潮坍見沙田不少二
十七年夏秋風潮多壞沙田沙洲災歉待賑孔殷當昭官紳合辦
賑事至二十八年沙田大熟凡支種者每石只得六元[illegible]
主所收每畝至多一同有餘餘皆歸沙[illegible]上年十二月中沙
墾有自佃面升科者[illegible]與業主爭訟者凡業沙田之紳士
多有未交國課況[illegible]升科者故本年[illegible]月中上游特派周委員會
同常熟郭令大丈沙洲設局於[illegible]門外以杜欠課[illegible]之弊可知
上游之於常昭[illegible]不[illegible]又派[illegible]常熟[illegible]後[illegible]日
下常昭二令籍此為名雖一錢[illegible]事[illegible]不設因出道
呼如[illegible]日昭文陶某之[illegible]經[illegible]同[illegible]請[illegible]將陶僕二人釋放
然陶某已耗去千金矣[illegible]
之毀壞一[illegible]

第八次九馬吉港拾此勝　第九次十一墳禪臣保險西人勝
第十次十八届小組門代君學生勝

盜犯逸獄○[illegible]目稱拘獲拾到常州西門外其寺院之盜犯
陳鶴生汪茂生等八人解經該縣訊供陳鶴生供係汪茂生糾首
借同拾劫不諱孫默[illegible]以案情重大昨日飭探一併送上海縣訊
汪令訊辦

刮物傷人[illegible]法租界一帶地方僻靜時有流氓搶物之事[illegible]
探捕嚴緝[illegible]日有[illegible]乘腳踏車行經[illegible]彼流
氓七八十人[illegible]內[illegible]行[illegible]打[illegible]戒銀
銀[illegible]將一併[illegible]後[illegible]請[illegible]傷[illegible]立飭包探
往[illegible]武[illegible]一把[illegible]解訊
[illegible]

[illegible]

州[illegible]
江西○[illegible]四川[illegible]福建○[illegible]
上海[illegible]蘇州○[illegible]
[illegible]

光緒二拾九年四月十二日禮拜 陽曆一千九百

蘇

分傳處

[illegible]

每號大錢十二文

本館開設在上海英

年九月八日禮拜五 總[第二千四百五十三號)

報

昌又拱宸橋南馬路中昌
〇紹旗小江[illegible][illegible]街中昌
〇衙波汀北岸相泰局又
灣化河頭揚子[illegible]〇蘇州
汇妙觀前郵政分同內本
報分館又閘門內恆浜錫
縮莊石斷山〇[illegible]江西門
內佛[illegible]橋姚聲如〇[illegible]錫
申謝處尖[illegible]亭[illegible]當熟西
門老廟而[illegible][illegible][illegible]紙[illegible]內
許潤生〇周浦楊蘊[illegible][illegible]
日本橫濟[illegible][illegible][illegible]行內林
紫項

告白刊例

第一日每字取錢四文第
二日至第七日[illegible][illegible]取錢
三文第八日以後每字取
錢二文[illegible]面[illegible]白[illegible][illegible][illegible]
加倍論年論[illegible][illegible][illegible]長行
告白二[illegible]字[illegible][illegible][illegible][illegible]告
白以五十字起碼多則[illegible]
[illegible][illegible][illegible]加

租界三馬路中市 [illegible] 外埠的加寄費

論說

箴國民　稿初八上稿

所以民族排外本同胞義務之責今中外論皆合否則歐洲政界之新學說將認排外為不祧之祖而孟德斯鳩盧騷等之著書必將政學說之公敵矣今乃何如故不使其民自知為國家一分子徒於緩急之際欲其報答千年養士之恩彌與攘外而保土則如唯維持而一發一躍情態經頓必為日本稚子所拍手也不觀夫戕蹈剛毅之徒乎以忠義激厲其土民握背一呼扶清滅洋之旗幟中外連騎駢肩於都下彼猿方撼舞色喜以為敦睦親上之效果而有識即有識之士論東亞民族胚胎之迹者亦且屢指及之然試問扶清者何親之大義滅洋者民族之觀念我不敢謂其不似何以上為神拳團攻使館兩月不下無聞姦淫擄掠不堪義民之提倡壺漿迎聯軍以解倒懸順民之旗又高颺矣扶滅之義果以姦擄之結果徒令我國民者一辭獻醜則所謂敦親者何物而民族者又何在此不能欺日本之稚子可紿天津北京之居販傖佬村巫而祀者也

彼無意識之排外雖甚劇烈其賢念不過從耳目接近之忿恨點而起而非從愛國心之一點而起故雖謂敦親之母深厚如徐桐尚不知割台灣租膠州借旅順廣灣為何事惟使兩市街有侵其府第一寸土者即忿忿不能平適舉民亦如教士之勢橫兩行同意二聯軍決戰餘除東交民巷使館及燒燬四牌樓教堂以為如此　人則可為子謹島乎此即挾民族主義之國民且勵乎抉清者仿於中國民志及四牌樓諸在者保護公使館及天主堂如此彼尚自國家國民將何解乎

故有鞭撻而紛躍蹴狗而反噬者是即可別與其厲其狗于萊塍而曰此忠識教親大義為者為此狗挾民族主義為狗欄拒人乎爲乎公其國者其民公私其土者其民私如影之隨形也哀哀我同胞受數千年奴隸之教育習慣成自然叙其特性惟知

斷為評貴鄉如何

譯西報紀中國會議事○字林西報云日前張園連次開會議論國事由東京留學人愛國之誠上禮拜四所開者乃得東京留學生電訊廣而特報而起到者千二百人其間學生社會中人來自愛國學社育才學堂及愛國務本女學者最多而愛國學生尤見踴躍誠足以代表新中國之前途也先由蔡君某演說上海應設國民公會以議論國事如東三省廣西等之最要問題總乃分派在座者章程各一紙次由馬君某請在座諸君同唱愛國歌一時愛國之忱隨聲而起聞者莫不感發誠歡舉忽接東京電云俄禍日急留學生已電北洋主戰結義勇隊願赴前敵求協助云云聞者皆目眥欲裂君某乃對衆宣言曰吾猶非中國人耶聞留學生如此舉動而忍坐視以放棄天職耶有表同情者請從吾至草地向東鞠躬以致留學生之愛國心習舉乃首出向東立從之者幾盡座乃成列而行禮此為上海新中國少年慶祝留學日本新中國少年愛國心之第一次也禮畢復入座議編義勇隊以應留學生臨時簽名者甚衆乃復電東京表愛國之忱始也夫中國立國以來二千餘年其人民有愛國心者自此次會始為顯其此心者好自為之以成新國民

東報紀俄事○慶王拒絕俄國之要求日英美三公使頗注意於俄國中國放棄滿洲等事令後向中國政府非常留意

俄國近來要求各款聞張之洞袁世凱致強硬意見於慶王儼然拒絕其要求云

有某重臣次臣日俄國今此要求不合情理已極欲於滿洲獨占權利謂何情如非一止並用他國人是主權乘使各國利權也俄國失大同情亦甚矣

德國新聞皆宜以滿洲認作俄國勢力圈以上譯東京日日新聞

譯各國要聞

議論未案○字林西報六號路透電云意大利海部水軍大臣裘

者我史不知有所謂我們何況國家尚遑邪乃其不見其弟洋老子雖盡讓國土殺盡同胞無傷也如其輕視我則洋子洋孫盡以子亦無所謂邦交及公德且不問其為俄法德美英意日本也故即所謂大清億萬年有道之長亦不過受恩深重時之欺誑語耳如其不信則主頭義和團之學實自以順民自居遂獨占勝利故崇拜洋人之熱如有洋人手賜之物則其銜恩感戴躍山自曾好其母其妻之聯軍亦勿以為怍現今日本之稚子豈無羣北京之壯麗泛海而來遊觀見此猶之狀態者當吃吃笑不能休矣然而命石雖固尚無此猶頑皮之固所謂籠絡由他笑罵好官我自為之實無如之何也　此稿仍未完

時事要聞

電諭照錄○四月初十日奉

旨粵海關監督著常恩接管欽此同日奉

上諭此次覆試各省駐防繙譯鄉試舉人著列一等之恩特亨額等六名二等之額騰額等十五名三等之李銘發等十名均著准其一體會試欽此

紀鄂藩營謀升缺事○當許鼎霖被議時湖北鹽法司頗欲推升一撫缺由天順祥票號以洋銀二萬兩交某軍機章京代送榮相以斡旋之詎不數日而榮死升缺亦寂然無聞猶無計索還其為悵惘

議設國民中學校○國民公會同人公議即在會所建立一國民中學校其六累章程業經訂定明日續錄

議設放足會○常州同志議設風俗改良會公議窮先去其重內地風俗之腐敗以女子纏足為最於是先立不纏足會發起人許君志毅莊君旭喻徐君个人等擬定簡便宜行規則暫借育志學堂為會所於本月初七學堂休沐日宣布會章到者數十人簽名者三十六人現已議決宗旨約言至聚理事及以律經費等下一休沐日再議并約此後每逢休沐聚議又約擬辦女學會云

學生公電○粵省時敏學堂於初三日接上海來電言桂撫王之春借法兵法款剿匪後患不測經中外學校電達政府阻止請速照辦云云該學堂以兩粵存亡關係立從其請惟電局以[illegible]

西利在議院宣言謂英國因財政未有減少水軍之章程宜布即使減之而如此章程亦難施於一時宜蓋吾意大利已減多時而各國則轉有加增也然觀吾意現時之地位尚需練一能勁之水軍方克雄長他國也

英皇回國○又電云英皇愛德華已回英倫敦居民迎之者皆非常歡愛足見其此次出遊之甚有功效也

英國辦理波斯灣政策○又電云英外部大臣蘭斯唐在上議院宣言云英政府將反對各國在波斯灣暨英管轄內設立水軍之事然一切時決彼亦當能先知大抵政府之政策欲在該海灣保護英國之商務而并不阻止他國侵奪之也

鐵路條約签問○又電云英外部大臣蘭斯唐回答議員某所問登之言云英國並未與他國立合同擔保特鐵路之約惟有與英國資本家議及此事云

英藩戰事○又電云亞丁附近蘇國土王近率軍襲英軍英軍用之殺敵大半而英軍亦死傷不少云

俄國改革政治　續稿○俄國政局之重大自古以來未有如今日者也國內人民屢要求立憲政治而起紛擾因不自今日始然多種之分子適箇孤立而無組織團體之抵抗政府不難彈壓之今則此等諸分子聯合協同而向政府近日俄帝特發詔敕保人民信教之自由解地方農民之困難已見諸施行實不外乎去年有自由主義之反抗由因得激而學生與農民四五十年來常藉擾亂反亂之事此尚止一派之擾亂而已政府每以兵隊之力鎮壓之後亦畏擾亂之蔓延三項於政府施行立憲政治亦不以專制為然而一時革命運動之發盛歷山二世為兇徒所弑遂達於極點當時政府本欲採納人民之意向此事一起更謀加以彈壓而不其初意而當時革命運動所以不奏効者蓋國民政治思想冷淡不能得後援故也然今此等情形一變而學生擾亂以民叛亂繼由我族之各地騷起而行為有力的平和反抗又其始不過數百名今以數萬計一切強力的革命軍驗搗之勞働者皆脫其用欲而難協力協而一致反抗政府以衝決獨裁政體設立各國謂權利自由為惟一主義中俄國最可恐最長久之專制

政治一律推翻之為止　仍未完

學界風潮

蘇州美國浸禮會萃閣書院學生退校始末記　續稿

綜此兩因衆學生退校之宗旨決為衆學生退校之團體結團乃初二早甘愿德斥退高姓學生一名衆學生以其無故被斥也咸不平至晚七下鐘紛紛向甘告退并請還銀甘答曰可厭者某某六人同往彼怒曰不須管爾遂揮六人於大門外時適風雨徘徊於街頭其苦況何如衆學生知之與甘力爭且曰爾教士也耶教所云愛人如己者果若是耶彼亦自知理屈不得已啟門將六人放回則日人情洶洶若不可遏而彼乃以平日慣待下等社會之法待學生大言曰速呼地保速呼地保夫欲借地保之力而壓制學生斯眞不值識者一笑矣初學生之皆退者止二十餘人至是聞有呼喚地保之說願與者驟而至五十餘人甘既知衆怒難犯忽變其强悍政策而為柔媚政策左向人曰子是好人姑毋退右向人曰吾與爾好請勿去而衆志已決竟不理遂於八下鐘五十餘人全行出學暫假嵊縣試館為短滿館主呂」極開通者也則不受學生金下午搬取行李其萃閣應還之修膳銀八元或九元不等除前之十人已收外其餘至初五日僅每人歸還五元半學生不可與之爭而甘則曰吾並無全還之說也華人動稱西人為信實若甘氏之不信不實將何以解之乎初六日甘挽萃閣前中文教習戴君代辦歸還修膳一事戴君以甘氏之反覆無常不願干涉托萃閣之學生於是親詣甘面議甘氏不敢見而學生宣言曰每人歸還五元半萬萬不可若甘氏自認一錯字即少數元亦不妨甘氏緊重利而輕名譽經教習調停其間自認無禮罰洋五元以了此事學生以其服罪也亦姑聽之

學生之始退校也五十三人或以父兄之壓力或為甘氏所慫慂不克自主有出而復入者有不願組織新學校者然亦居其少數不害其多數也茲將學生之名單開列於後

敢極矣敝友有自河南來者述學堂數事以足挽頹風道其詳聞辦之初人皆以為得不收也不與考者乃聘孫佩蘭君為總教中州人士知其不然者乃入學堂閱孫君演說曰今朝廷設學校門育人才儲學有成者自勤勉其業爾等在學堂讀書數年得一舉人進士即所以報國家養士之恩也如唯唯及入學則課以中學一日西學一日每日八句鐘入堂一日九句鐘則出中學則御批通鑑御選唐宋文醇古文辭類纂略講一二頁且作論數篇八多者之西學則英法文一課而已而學生則以應各書院官課三課不認則記過與學堂祇其文章不荒也一切新書報章皆不得觀余嘗面孫君教育宗旨孫君曰吾之宗旨唯不背而已吾見余不懂余亦不甚識其理在新書一二種試觀之孫余往觀則遊局吾之新石印書局今所謂之富強叢書也

又聞八閩友人云中外日報房莊江西學堂詆諆難更僕數緣江西將軍人無高尚之理想不知教育界為何物學堂總辦徒觀察辦事勤有熱心名譽性其不學無術而頑陋特甚之為人是以人多非之現在規模粗具宗旨何合吾人明一切多總教主持總教劉君歸湘陰所教授皆師範科精□日帮教張君汪總辦之同學替問南洋公學學生開其中學的監督者太淺耳開辦伊始得此已難況民智閉塞至此極乎然欲追文明之目的際實難期總教學名譽胆亦委屈以達其宗旨而已總辦常試其變亦少年未經閱歷之論而已此數端皆與學界有密接之關係乞登之大報以的我國民之留心教育者

學界擇要

在日本東京之湖州留學生函稿照錄

湖州留學生全體敬告鄉之士者農者商者工者女者曰諸君諸君亦知數日內有極悲慘極慘烈之東三省一事乎甲辰二月之杪俄國以七條約要我政府俄欲獨踞東一省一部英美日怒俄使權利獨占而反對之茲等居閒之日本當鳴鑼傳警之日全國四民日而致書於下三省天下女亦莫不發手加額揚眉狂喝

和比次，數 拔巨下覽留二十三人

丁嘉均　周永輔　陶家暘　金兆鏞　王漢鼎　劉樹淵
馬奎全　王昭識　潘祥瀚　姜嘉泉　胡國燦　趙守章
羅餘三　馮邦彥　丁宗濟　郭成清　錢俊漢　金朝芳
潘生祿　金如鏞　馬學先　裘慶煦　顧本立　保姍綠
孫延颺　勞篤祜　莊運元　沈步涵　凌得惠　孫蔭綬
朱之棠　邵煥臣　費紀洪　范煥利　陳兆澄　張瑞鵬
任永昌　費炳然　姚體乾　柳子賢　夏士頤　高其新
費玉良　陳慶增　莊雙元　蔣夢熊　朱昌熾　孫以楠
陳慶熙　邵文華　黃鍾銓　張頤業　劉浚宣

蘇州中西學堂近事

一襄辦梁佩祥自二月間到堂後每日在洋樓吃鴉片叫夫與學生交談一次

二前月忽有名徐嘉湘者來堂辦案並非考取乃由私習所薦文理不佳時局猶沈然

三化學體操科學不備堂中所備各種儀器陳設大觀為堂外人觀瞻之美不許學生借用試驗

四中文學長俞鑑卿洋文學長吳鳳樓與號閣算學教員鉅華四人兩相和皆結盟制學生以保其五洋薪水

揚州爲材學堂來函○貴報前登來函所述爲材學全係子虛北原因以俄山鮑教習陰怪奴隸學生學生積不能平憤然散學鮑其亦到告　體術系然以陰僻頗不理于傾譏而是時爲材于學界上毫無汚點致習學生間固非機如故也爲材儀董兩兩相形原某爲術根證，揚州府學老師因囑在坐廩生某之家諸事老師皆輕重其詞巧為斡旋以為材與諸落瑤而迴護為其恩老師解嘲故有為材全班散盡之說孰知彼一二經紀為材學生畀之付之一笑精神益振團體益固而儀董之為某競將不齒人類矣此等事於學界大有關係倘能將實情詳登貴報為材幸甚揚州幸甚學界幸甚

來函述學界中○貴報於學界特為開闢實為報界特色改良社會學界風潮一門遍徵來函以開同人不勝欽佩今日所有應

因與俄戰我知一週日出東北一片肥土地必變爲蒼鯨號吼亦洶洶然翻之大血海諸君諸君中知斯戰與非獨東北偏部之關係而我國南部之關係乎因國所省必不我存可決則長江流域必入於英山東必入於德閩建必入於法福建必入於日而我揚之發親切之痛陰擾安然行乎諸君諸君得上分裂瓜分之國乎然則日之大紅字出現於南部而冠履於我浙之黑字上者非意太利乎嗚呼噫嘻諸君諸君掛號作名崔水奇花落為之一輪血淚觀

留學生聞警覆俄警告全部九百餘人開臨時大會於東京錦輝館痛哭流涕大聲疾呼曰留學生編成一隊火將泥新鐵之義勇隊到兩大部一部由直隸遼門乞師抗俄若不出兵亦以死戰一部分往內地及新加坡夏威夷澳洲日本沿岸運動華商以結其成議既決者百餘人皆告林宗素與焉偉矣哉斯舉壯哉斯舉我國留學生於是組織第二次之流血矣

雖然以百餘人之義勇隊援千百萬鐵騎之司出蜉蚍抱卑做出聽石碣不撼滅諸君諸君試一思之孫諸動之義勇隊非一擊死就死之險乎明知必死而樂就之樂赴之以表我血國尚武之精神以溺我同胞尚武之朝氣落汎哉百餘人之怒火捲黑風而倒浪

雖然留學日本九百餘人胡列名入隊者僅此數乎諸君諸君試一思之等生也有公生有私生等死也有公死有私死義勇隊既公死公死即公生非義勇隊既公生公生即公死不死者孰結國魂而有生者孰爭國命彼為模嬰北從拌門但之識百餘人之勇氣直矣哉八百餘人之責任

甌人留學十六人矣而挺身不願為民成命於死不復須之義勇隊者獨一樂清之石綜鐸而君諸君皆以等之畏死逝死哉我十七人公任其第二義務俟開戰期決東北與諸君同死力鼓我甌人尚武之精神造就軍國民之價值而一獨立軍以待死由之至左乎客旅石手懸首局敵而之獨見碧眼紅鬍兒決一德非逐大之大戰於數百里之江心群身

腹猶不認作一刻之奴隸一時之牛馬則我既已爲支那之人上

放一縷之光線而留一大紀念

諸君諸君不聞印度波蘭滅亡旅大膠台分割之不可說不忍說之慘狀乎苟非禽獸曷能勿笑曷能勿哭嗚呼印波之慘狀於今膠之慘人人痛哭人人號啕而今萬倍印波億倍旅大膠台之慘况吾悲其痛哭無人號啕無人諸君諸君勿謂朝廷去而我國家尚存勿謂東部割而南部尚全勿謂吾浙分而我甌尚保勿謂我甌亡而我家妻子財產依然無恙一我支那數萬[illegible]種絕命之日也諸君諸君試忍思之瓜分以後異族烈燄其熾此胡食之毒念演出牛馬不能忍之辣手亂鋒閃天山水變色我財[illegible]異族之彩腹我母我妻必爲異族之玩器際斯時立斯境爭則死忍亦死汗洋萬里腥血戰風茫茫四郊跬步死地吾知黃河揚江之水將爲吾數萬萬同胞之藏尸穴而我最切最親之數萬甌[illegible]亦將飲甌江之一勺水與日披腥臨風而弔古于河之濱江之干者豈尚是我支那之人乎我流至此哭無泪哭無聲

悲哉痛哉我等何忍述是書我述是書一字一泪一泪一滴鮮血而詰識一幅江戶川畔墜淚背裂餘哀繞梁然我等焉敢下筆述是書與我諸君我少年我同胞公哭之公哀之

新書介紹

英國官典（一）是書英國高爾敦著金匱許呂肖學編譯共分二十卷一憲法二君權三上議院四下議院五大臣六議政院規制七戶部八賦稅九內務部十外務部十一藩部十二海軍部十三陸軍部十四庶職十五學部十六宗教十七勳爵十八裁判所十九刑法二十訴判按是書體裁彷彿我國會典而詳及制度之沿革間論利弊着墨不多而英國政治之本末已囊括於其中非空談拉雜者所可比譯筆亦極淵[illegible]凡我國民讀之其政治之思想必勃然而起其政治之識解必更進一級矣今由文明書局印行分訂兩厚冊定價大洋七角想幼學之士當必爭先快睹也

各省紀事

本埠紀事

（一）前任粵東鹽運使國鈞於前晚抵滬假寓全安棧昨滬道蔡觀察往拜會

（一）上海縣汪令以恭出使比國楊星使誠之業丁父艱[illegible]於日[illegible]回[illegible]故特飭差人等預備迎逆並悉星使之兄已賃屋滬北垃圾橋北近擇於今日開弔

局裁司事（一）滬南製造局總辦趙倫彥自到差後將各廠司事人員等裁並定有新章嗣後各廠辦料須由委員承辦毋庸庫房經理故將庫房司事裁去矣

對請開壩（一）本邑西鄉俞塘河去冬由縣籌款築壩開濬至今未完工該處董事汪錫珍以目下農事方興稟縣要求開壩俟秋後再行補浚故禀請汪令准如所禀除詳報上峯外並於前日開壩昨日出示曉諭矣

推廣磚廠（一）英商麥某思所營浦東之磚瓦公司現欲推廣廠屋擇在該處購地建造廠屋請日前稟由該管領事函請蔡觀察道核示（一）即飭該商將圖樣呈送到道察照情形以便建造

送縣核辦（一）昨有南匯縣五圖七八圖地保姚禮元在南市新馬路途遇該縣犯事在逃之著名流氓[illegible]阿[illegible]林上前拘拿不服以致互扭被工程局巡街捕查見一併拘局訊以供詞各執况該保亦無牌票豈容在境遠來拘人故備函將兩造一併移送上海縣請爲提訊核辦

拆坊涉訟（一）濬城縣西向有石牌坊一座係鄉間鈕姓祖傳去年自被火災後鈕[illegible]售與李姓得洋二百五十元近日李竟將石坊拔去蓋造樓屋事爲鈕得悉牌坊與路並非李售去何得擅毀故投上海縣稟控

春賽三志（一）昨爲寓滬各西人春賽第三日是日共賽十次第一次十七馬密司杜高步勝第二次十五馬小蘭司代老公茂保險西人勝第三次十六馬小架門代老宰生[illegible]勝第四次六馬留亦李代跑飛客勝第五次五馬公平代小[illegible]子勝第六

湖北

冠告行程〇張督于初五日由許州來電云擬渡黃河後即由衛輝乘船向天津直下以期便利

女學將開〇端兼督倡興女學之志頗切現已與師範學堂總教習戶野君籌商一切教育事戶野夫人任之經費事兼督夫人任之聞即假八旗會館開辦

冒官事發〇巨騙施煥即施燮前冒充知府偽雕關防冒充收捐輪刻以無照可換致被捐生聯名告發經武昌府拿獲搜出偽造名摺等訊數堂尙多方抵賴想必按律定擬也

河南

會場談藪〇會試二場題目第一道中何如等字有刻作如何者第四道中其等字有刻作詳旨者皆係刊誤經士子請示知貢舉乃出示曉諭所有錯誤者一槩不碍中式說者曰雖係刊誤亦可見場中各員之漫不經心也

蘇州

蘇撫課吏〇本月分在省候補撫者大班各員月課已由恩撫期於初十日在課吏館局門考試

縣准立案〇蘇鄉木瀆鎮馮紳以鼓風集山石將來抽畬堂內設擬於周急安老保節掃墓四善堂外槩不加抽等情稟由吳縣立案吳縣林令以事關商民生計自應稍有限止以紓民力故已准如所請通詳司府立案示禁云

預備祝壽〇駐蘇督銷局程滸紹聞以封翁長江水師程提督於一本月十三日六旬壽誕特至長江衙轅恭迎來蘇預備慶祝

鎮江

備迎江督〇探聞魏督不日將由金陵啓節乘兵輪至下游察看沿江砲台並至上海製造局查閱工料鎮埠官場已飭差傳辦一切預備迎迓

小輪開班〇日商大東公司小輪與招商局所轄內河小輪往蘇常鎮各埠大東已於本月初一日爲始招商小輪亦於初五日爲始日錫開行其馬頭均設於獅子街口一併搭客上下云

次念四馬蔣〇代馬留生勝　第七次十七馬克來得勝　第八次十四馬〇〇門代老李生又勝　第九次十一馬金山大馬賽瑞記弟二勝　第十次念一馬新祺昌小主人勝聞定於禮拜六即十二日跳浜

英界火災〇昨日午後英界中英大藥房後某姓家失愼經皮帶車救息僅燬房屋半間

法廨停訊〇昨爲法公堂訊案之期因案犯無多故由克總巡照孫讞員停訊一天

路劫詳誌〇錢正祥日前身帶金鐲銀表金戒大小洋照驅腳踏車行經新租界寶昌路被流氓數十人由侯兆邦翁少林王文順生等爲首下手入陳涇廟前吊在柏樹上始用手槍恐嚇山川鐵尺兇擊以致受傷嗣經錢、祖錢與姨母錢方氏得悉往求侯等除將所帶各物奪去外又逼出票據洋數百元始釋案後錢投控捕房立飭包探拘到三名昨又將兩夏獲住承認不諱捕頭以事關擄人勒贖又飭包探多名四出嚴緝將此案人犯一併拘獲再行解堂重懲

上海寄售戒煙丸人名錄〇蘇州〇杭州〇安徽〇紹興江西〇四湖〇兩廣〇四川　陝西〇福建〇天津〇寧波〇湖州〇浦東

李德仁　應者二　王阿九　徐金虎　沈海林　楊春山
姚楚生　趙月廣　陸來生　三王阿　杜阿高　俞受堂
陳阿四　王子云　沈阿生　王子林　張寶林　王阿元
金福齋　楊玉齋　王雲庥　沈阿二　徐阿東　孫德成
王金先　周士齋　徐有源　李阿生　嚴阿詳　朱酉安
丁阿二　丁吉九　四王阿　趙阿三　馬永如　陸阿興
王阿王　陸潤生　金阿四　徐德生　李胍相　方瑞棠
沈茂林　郭阿卿　王阿大　陸阿三　高阿茂　朱春訪
李阿大　方才生　吳阿二　方一桂　陸瑞川　陸阿二
沙泰來　楊阿君　汪阿三　魏仁卿　楊伴哲　嚴丙如
王金明　楊士帆

光緒二拾九年四月十三日禮　陽曆一千九百

蘇

分售處

北京正陽門內三眼井北
有撒華書館〇又東華門
外敵衕書司〇洪津北汴
官報局又府六書由報館
又府署東各刻道分處號
于草文錦[illegible]國非茂林
ㄙ都少十中〇學和〇武
昌文明書江門[illegible]口二爽
兆滬君毅對亦王恒[illegible]〇
安徽壽州狀路第孫蛇
安陵四静樓又南億大信
局內本分館〇樂王湖右
開汪田先生通燕湖玉林
堂鎮店〇大也盛〇汇
西馬干廟背書隆齊圖又
百井深居智內並〇書內
省城鄰宅〇江泉東牌樓
大街王路口淮房〇鎮江
新河街李錢江[illegible]揚州東
營六悲門宅〇杭州保佑
坊大街胡同石牌門內中

每號大錢十二文

本館開設在上海英

年五月九日禮拜六 癸 〔第二千四百五十四號〕

報

昌义拱宸橋南馬路中昌
〇紹城小江橋直街中昌
〇甯波江北岸相泰局又
灣花河頭楊子譔〇蘇州
元妙觀前郵政分局內本
報分館又閶門內恒興錫
箔莊石塘山〇松江西門
內佛字橋姚逵如〇無錫
中報處吳添亭〇常熟西
門老廟前瑞和癸紙號內
許潤生〇周浦楊松鄉〇
日本橫濱谷豐洋行內材
紫垣

告白刊例

第一日每字取錢四文第
二日至第七日每字取錢
三文第八日以後每字取
錢二文封面背白照後幅
加倍論年論季面議長行
告白二百字起碼短小告
白以五十字起碼多則以
十字遞加

租界三馬路中市　外埠酌加寄費

論說

箴國民　再續稿

夫人之子儼然耳目口鼻無以異他國之國民而其識儕乃同於狗馬此皆舉世相承之專制學少有以造成其怪異之品性今全球民族主義之熾張白種之蠶食異類如巨靈之奮擘我同胞乃欲以散渙之羊群狗隊當之是真以求為奴隸為可望乎吾恐將爽而為七治也

吾同胞之壯老且死者無望矣不得不哭告我少年之可為軍國民者往者不足論來者方無窮我亦不必深有所責備但聞日凝想今日本全國之老幼男女其摩厲以須幷力一心之氣象何如我同胞亦有發急能充義勇者矣其處戀畏怯休戚直不相關之情狀又若何抑任其淡而安乎將猶可醒而熱乎果何以拋却鮮衣華服搖擺與闘明獄澤几之舊習慣而為彼蓬頭赤腳倦遊粗食旨觴意氣之新生涯乎

我但驚日本稚子之資格遠過我同胞殊不知當幕府之季稚子之祖若父其蠢然無所覺淡焉無所歆向於我全國之同胞其國民之資格原非自源乎歷世以來為彼日本之產物不過由少數人以腎血沃此種子使遍植也

三十年後支那之稚子今種子已胚胎蘊結但當絞腎瀝血行吾心之所不忍死以蘊吾少數人灌沃之義務而已故六千年之兆錯已歸往事不必重提所謂吾同胞中之壯老且死者雖謂世界未嘗有此人亦無不可而今而後惟嚴切以責我少數之少年譬東大陸如初發見之荒島瑩少年必墮落而同於南洋各島之原人是即瑩少年之罪

多一明哲理排政黨而利己主義極熾之人不如多一普通學不完能確立國民點上毫無歧貳之人此我所禱祝我同胞者我同胞少年義勇隊之魂渡海歸來歸來東望三神山泣涕而涵洳勿為歡迎具子會而逗遛勿為餞別親王會而徘徊我國民中本味

然又恐學生之不明剛毅之意也故此日又掛一牌照錄於下

昨敝處懸牌學生中竟有扯碎棄置者既准函陳白乃有此狂妄舉動殊屬不守學律應出班長齋長查明呈候管學大臣核辦三月初五日副總教習處白云云聞諸生不以為然仍各盡其義務云

探聞前日外務部接得沿江沿海各督撫電奏以拒俄為然

又聞俄人已將牛莊衛生局英國醫生某君辭退以便悉歸俄人管理

又聞日本派僧職兵輪二十七艘滿載鎗砲火藥駐紮對馬島以備戰事

蔣性父御史有力爭俄國將約之封奏續就術遞云照上錄初七日大公報

日昨軍機處接得兩江要電力阻中俄密約之事業已議

專派軍事訪函云現在瀋陽省城俄國留兵三百名偵備將來保護俄務衙門之用

俄官云此次七條暗約中政府擬准之後如無別國干預則俄兵先將吉奉兩省退還中國然後徐議黑龍江之事因黑龍江與俄國邊界犬牙相錯故須另議條約以定疆界

近日增將軍緣灼異常因有八旬老母求死不得但願朝廷開恩撤任回旗以便息肩見人輒哭情狀可憐

滿洲境外四十里大石村電報局移至城內僅至新民錦州止不能入關故日前所發各電係托人帶至營口交大東公司或鐵路電加發行

遼河兩岸俄兵云將赴各處保護礦山以防別國侵佔利權現占元又來遼河兩岸搶掠復聞馬賊二千名均帶快槍馳往鴨綠江西岸一帶駐屯傳聞鴨綠江西岸計有俄國兵隊一千名合計將及萬人左右現在華人赴鴨綠江俄兵盤查凡服即領有俄官護照者亦然

關外鐵路中國係三成榜收回今俄國已將該款任意口海關

當有此事菜也
嗟乎割地而曰敦睦誼借兵而曰聯歡外交之奇聞自足令人莞爾然此實大命諄諄告語我同胞此所謂惡因惡果之間滿亦不啟往復之機關也
我同胞乎不當更俟佩菊花章揚金旭旗之大元帥出臨廣島督師海上然後求乘鷸蚌之爭以收漁人之利始圖狎弃歐突門關西歸也當知兩況既酣鬥於我之臥榻雖必有一鷺我終欲酣睡而無所矣誼不臣處於北庭必且俘囚於東軍也
所以不曰中俄將開戰乃曰我日將啟釁則似我遍與中升姚懸於中衛新遭大變全國無孑遺日本斷焉窺経以承我四萬萬同胞之遺產故俄師南還而日兵義當西狩否則我同胞談笑而論日俄之構兵在即果是何理解耶初不料無民之國竟有如此之昏瞶齁睡使人放肆大哭也

時事要聞

電諭照錄（）四月十二日奉
上諭本年順天鄉試仍在河南省舉行着即派陸寶忠前往監臨欽此同日奉
旨遣所奏疏防越獄之管獄官江蘇寶應縣典史查有鑑着即革職拿問交恩壽提同刑禁人等研訊有無賄縱情弊按律懲辦其獄官寶應縣知縣朱士俊據報先期公出是否屬實查明另行參辦仍勒限將逸犯左趙鳳綁拿務獲嚴懲餘著照所議辦理該部知道欽此

電諭補錄（）四月十一日奉
上諭江蘇常鎮通海道員缺着郭道直補授欽此

譯錄紀俄事（）東報云月初三日俄政府與中政府來電略謂敝國將與英日開戰事望貴國以全國之力幫助敝國如貴國援局外之例不照助俄則敝國將開戰於中國留於二十點鐘內復作答語未悉中政府如何答覆也

京師大學堂初四日兩館學生合議拒俄一事已誌本報茲悉是日晚飯後副總教習張鶴齡懸牌示嚴禁以爲此事非學生分內之事故有此示此示一出師範學生扯去次日不敢再懸此牌

耳下略去十二款
北京電俄國要挾東三省密約先七條續添一條現由胡欽差在俄京與俄外部商議清外部已向覆文拒絕俄國尚堅執惟對各國則不敢承認云

又聞近日俄國政權皆在戶部大臣掌握所有外務設施悉聽戶部命令以上錄初六日日日新聞

蔣楷文御史聞俄人要求十分動容聞日昨有封奏請千萬不可許俄密約以保大局其准議與否尚不得其詳

又聞王相亦已決計不許俄約以各國將援爲口實措詞云

中國沿江沿海各省擴埠有案賞約以其所謂不可允俄之請以上錄初七日日日新聞

東報譯錄（）○日英同盟公使於十月十號以滿洲撤兵事向清國外務部出照會謂俄國要求二面撤兵未見實行於該地阻害日英經濟之利益使英人貿易不能自由且旅行甚危險是實害東亞之和平此次滿洲條約中貴國宜速照會俄國促其實行撤兵否則日英於北滿又將起第一大之要求云

俄國要求滿洲密約事各國群起而阻止故日本外務部照會俄國堅不許其要求云

代理俄國公使於日前訪問盛宣懷未知所訪何事所談何語

駐韓俄公使於二十一號照會韓國外部云聞鴨綠江沿岸伐木事有特許俄國商人之說眞否請速照覆現經外部照覆謂並未訂立特別約云以上譯北滿新報

俄請開關滿洲商埠○字林西報五月七號日本東京電云英國保護蔡已有電致袁世凱與之商議請於滿洲開一商埠并請允准英日美委員會自高麗至牛莊建築鐵路一條此電係爲江諸袁王簽名云

撤兵未確○又云日本歷接北報謂俄已允撤出滿洲之事俱屬虛妄云

女學生編成義勇隊○又云中國留學東京之女學生已編成一義勇隊還日習練兵操云

承認滿洲俄約○東報檢致北云英都俄教地方各新聞紙因俄

俄兵撤退盛京消息莫不賊有慶賀之詞且已承認滿洲更定之條約云　按此條恐不確實

世界要聞

脫國借款定議　字林西報五月七號倫敦電云英國下議院已定議當貸與脫國借款三千五百萬磅此欵專爲撥與脫國之用如興築鐵道水利開闢租界代償舊債等是也

借欵躊躇○又云昨日期排街來往之人擁擠異常大半爲預備脫國借欵之人銀行及支付旅忌所與不暇其存儲所有銀行借出之欵我欲將從歐洲大陸運往脫國之銀錢亦因其貸欵之故存貯不移云

土廷詰責○又云土耳其政府因色弗尼楷地方槪騷情形特有函致孛爾京國以彼邊境守兵之無狀詰責孛國云

土孛開戰○又本月八號倫敦電云土兵與孛爾兵在穫利司附近之地開戰孛兵死者六十人土兵亦有死…　…號云按穫利司約在色弗尼楷西北四十里

濠皇巳離羅馬○徐新西報本月七號倫敦電云…已離羅馬矣

土京戒嚴○又本月六號伯林電云各國將不復派兵往色弗尼楷地方土孛二國刻下勢力頗弘土京君士坦丁爲之戒嚴各國使署及外國人住宅俱用兵看守云

俄國改革政治　二續稿○政府陷於今日之難局不復敢彈壓革命運動非無故也否則前數年俄國政府嚴峻酷烈務於國內之諸市府諸村落撲滅內敵所派遣之軍隊軍樂之聲響應道上許多之縣及市射臘行戒嚴令且政府中立於內政上之大臣古未有如今之大臣敏捷手腕勇於斷行富於經驗也今內務大臣勃烈威之勢力能操縱少壯之俄帝帝一言一動皆出其意近於南俄苦爾斯蓮巫行陸軍演習時帝會貴族農民而賜以勅諭令其各安生業就中說及帕爾威山爾苦二縣之暴拠或慰之或戒之聞狀爆而語塞面赤其時勃烈威急進御前與帝耳語帝聽後

函述嘉興府學堂之近史○來函云此學堂自去年十月初開辦即爲湖書院所改設每年經費約二萬餘元辦事者徒知中飽雖辦五月與不辦同一切規模皆非府學堂本旨教習祇有三人一中文兼地理一英文一算學加習局者果能專心教育以開通民智爲目的此三人亦足爲念惡之主腦無如此三人者頑固未化以教育爲應科舉之具而已故於此而不禁爲入學者憂并爲中國前途憂也雖然…習亦何足怪乎益教習者原由於總理者也今其總理爲饒子…之長子…彼其祖皆爲高官奴隸性質傳延已久故以二萬餘元開如此之腐敗學堂其殆祖宗之遺術乎又何怪焉近來各教習笑柄極多茲將最可笑之二則錄下　一監督沈某刁詐不堪堂內所定之報章據爲己有不與學生閱看最可笑者每日燒香點燭念金剛經三卷并附經兩卷以爲修行　二英文教習李某粗言謬說地理教習諸某於地理茫然不知故學生於經緯線及五帶等名尚未知不僅如是且各教習有曾凡學生詰問有疑難處一槩不能答問名習否則作爲強辨云

又一函云夫此競爭之世界優勝劣敗雖我中國自甲午一役始明此義于是廣設學堂亦完全不缺之科學俾他日與外族競爭庶免滅種之禍而尤以體育智育德育爲最要武備體操算學地理所以強健其身爲後日疆場之用設英取文所以辦交涉設演說所以廣智慧發見設修身所以修其品行而嘉興府學堂則與此大相反背體育爲最急此夫人而知之也而監督沈訟梅以因諸生共請設一武備教習彼答曰體操即修身故此課不備又曰諸生閒暇不得擲至校內此公理也嗣是遂以幾種細拘…房內不與諸生共閱嗚呼平等之道果安在乎由是觀之可見壓制力之如何又近日諸生共起欲請立一演說會以開智育一課監督曰如欲演說者一槩除名于是諸生群起而不上課不知此事將何以結局耶嗚呼彼不知壓制力愈甚則反動力愈大不觀乎浙江大學堂之學乎然此皆不能監者而在總理者君者不識不知者人又數十年奴隸之心有之已久故無足怪而嘉興府有總理之名無總理之實身在北京府以全學堂之權盡付之於

始能躬其罰此一事亦可以徵勃烈威氏之勢力矣　仍未完

學界風潮

敬告江西大學堂教習諸君　來稿　江西學生全體之師範諸君閣下近日學界風潮幾徧全國有志之士莫不津津同聲作〔?〕民之基礎而自治之先聲昔日之倡言自由平等者今且倡言慈俗公德矣可不謂世界進化之徵乎雖然自由平等之說自盧孟發端而後全球幾咸受其賜其說之可以質諸鬼神而不惑揭日月而常行明矣竊以我中國必有享其幸福之一日而今日非其時也今諸君亦知眞自由與僞自由之分乎眞自由者非言語自由乃實際自由也非軀殼自由乃靈魂自由也非個人自由乃團體自由也吾嘗言之則欲求自由必先自修自治非可蕩檢踰閑放浪於禮儀之外也諸君之學問膽識智識道德久爲江省人士所景仰莫不引領相望爲江西學生前途賀乃不意耳鼓中忽有一莫須有之謠詞日日環往來於其耳而竊以諸君之必無此事可斷言也雖然亦不可不爲諸君道有則改之無則加勉可也近日聞省中莫不喧傳大學堂教習有相聯串謂往百花洲一帶狎妓聚飲招搖街市致揮拳相歸聯排〔?〕之途各聞教習束脩一半以成將來且有諸君此舉不但于自己名譽有礙于學堂全體皆負莫大之恥之語嗚呼諸君聞此說抑或乎解自由而竟有是也竊以此事之有無諸君惟自證之不必以自省察而已今日之中國岌岌矣雖有志士豈自治能力爲熱愛國熱心咸維持學界識新少年尙未知前途何若而況假文明之外容以自欺欺人者乎諸君之精義之可師者良也何一不可少之而獨假其一二少年微瑕遂又過以行其私也今日諸君之口頭禪莫不以奴隸牛馬爲戒以自由平等爲僞假使喧傳之事果眞吾未見如此之自由平等而即可免于奴隸牛馬者也豈適足爲奴隸牛馬之先聲而已況諸君皆有教育之責爲學生全體代表者乎中原多故習俗日非號稱愛國之士而尙如此他何論矣嗚呼諸　寧有此故雖明知爲無此事然不敢不爲諸君言亦聊備規過之義務云爾僕知罪矣　學生一分子頓首

彼不知沈爲何人而能任此責乎能付此權乎而諸君自知辦事不能身居北京遙隔千里則當即辭去此責任何必擁此虛名乎此而不答諸君而答何人耶奴隸奴隸乎自改之慎不爲後人笑罵也

學件輯要

國民中學校擬定章程

第一章　宗旨

生於此國而爲國民與遊牧部落野蠻散漫之民族異即當養成一國民之資格最要既能養成其資格則團體可以鞏固國運可以興國土可以保國權可以復而凡國民之生命財產權利三者無一不堅固無一不發達是則本校發起人希望而顧禱者矣

第二章　定名

滬上學校林立其規矩整齊各省冠許是大都求合國民愛國者終居少數凡程度高尙如譯以精神爲勵愛國如是者備大校規模若業學之嚴格者則獨迴流與惟中學之規則現尙闕如且普通教育全國民者尤亟乎亟之是本校之所定爲國民中學校者竊附斯旨也

第三章　擇地

此校爲國民教育之公務則凡設成立必得有可以爲一國代表者但儲款甚鉅非糾合全國之努力必無可觀若待至款足始行興辦則一無以救目前二無以鼓毅力其間可立而待故本校不得已先租定本埠上海英界某附偏北患家弄新馬路某三百二十四號門牌暫行開辦一俟諸精士籌捐充足再謀擴充

第四章　規條

此條俟規議後再行與全高明斟酌列表

致李徵沈數兩是諸君子者〇沈頓首僕覺於各國諸君子閣下從此罷業之下無完卵覆舟之中無全人鑒此之境亦必無乾淨土牛斯與斯七爲國民之一分子即有盡國民之義務以自保其身家者保其國土斷不忍坐視宗社之傾亡聽同胞之呼籲諸官吏之貪賄卑之觀火察人之視魚媢矣恐蹈於其

側而不忍一補救之策也土老春一無知無識之鄉愚不無任封疆之材其撫我皖時以不理於衆口致潰劾參旋以乃弟鐵督之力得調桂撫夫以皖省民情之悍猶土地之貧瘠歎瑣之支紲盜賊之猖獗誠者已早知其無能為力至今日果有借外兵外款之說嗚呼今日何日此事何事稍有人心者莫不知其利害而彼乃思出此下策是直舉我數萬里土地無數人民一援手而送諸外人以作酬謝保其桂撫之祿使其欲而不遂也則是我同胞之福使其欲而果遂也是不第一廣東廣西已也且將舉我二千萬土地四百兆人民因法人之紹介轉送諸碧眼紫髯兒以永保其性命病殆之夫雖恐其死之不速抗其喉拳其背更召有力者扱諸刃以劃其腹授外人以政柄貽强鄰以口實其皮足凝其肉足食哉且列强對中國之况象如箭在弦之援弓而斯發如騎在隧一揚鞭而即馳其猶未肯發難者非有所觀望有所牽掣也特假手於我官吏使之自戕其同種而彼坐收漁人之利耳自戕不足從而召之一雞唱於前衆雞和於後將見英據揚子江俄據東三省德據山東日據福建美與意比各就其勢力之所及而據之一髮之微牽全局而亡國敗家相隨屬勢有必至理有固然王氏特不知其慘耳竊聞之治病當治其本急則治標今日之事誠危矣急矣間不容髮矣而諸君猶必待電達仕外諸君子悉猶力爭竊恐諫書未上而我師已入廷旨未下而要挾已來為今之計莫若由寓滬諸君一面聯名巡電外務部請其向駐京法公使詰問并婉言辭謝以緩其期一面電達同鄉諸京官請其即日擬稿再向各部省諸京官處曉以利害使之聯名呈奏務使降旨嚴責王之春從速將此事謝絕明白回奏并專使至省立一社以探此事隨即電告各處俾消息靈通不致濡滯梗阻似此辦之總可挽回於萬一夫以數什百之督官數千萬之黎庶爭拯梓之存亡痛大局之糜爛衆口嗷嗷其去一萬的所歸之巡撫殆拉朽摧枯耳特恨其閉門揖盜持餌誘狼而啓瓜分豆剖之端四分五裂之禍也吁別得予以之錐以擊之

公司爭利嗣因由滬至清江浦開支煤由各費貼折不少此二公司會議自初六日起一律加收水腳客艙每人一元四角煙篷每人一元不得減讓

盜系被獲○著名土棍梁某往年犯案收禁保釋出外仍日與匪徒往來前日梳兒巷陳錫二姓劫案捕役訪悉值知梁某所為僧約至茶肆中故意盤詰梁即色大變言語支吾當即扭赴縣署嚴究洪令升堂刑訊梁供認不諱並招出同黨多人洪令飭即釘鐐收禁一面諭通班捕役按名緝拿解案嚴辦毋任漏網

本埠紀事

蒙藩閱廠○蒙古喀喇沁親王前赴日本觀操回滬暫假洋務局為行邸昨晨九句鐘時親王由行邸乘坐轎馬車率同隨員人等前往南市製造局遊覽當由總辦道潘觀察率同各廠委員在廠前恭迎入隨者談片刻偕遊機器廠砲廠等處一一遊觀畢仍由據道請至客廳坐以盛筵至二句鐘始返行邸

鎮艦回滬○長江水師提督文某因事來滬時至滬縣投刺拜會江南蘇提督亦於昨日由其莅滬停泊官碼頭

總辦閱操○江南製造局總辦趙道黼於昨日偕前砲隊管帶管帶傅濟升以及主廠督官地操演中西陣式趙觀察親校閱

縣佐丁艱○上海縣根縣劉縣丞定榮因丁母憂除詳請不附委員署理外茲悉特於昨日在署開弔

發貼賞格○行竊守護家鉅賊之竊犯吳桂金由上海縣拘案訊實備文解府奉詳守發郵號數禁能於二月念二晚越獄逃遁華亭陳令飭緝無獲故於前日移文並賞格一道至上海縣汪令即將賞格發貼告謂該竊犯吳桂金年二十九歲湖南湘潭人面白無鬚如有能拿獲到案者賞洋二百元云云

誘拐宜懲○虹口某菜姓家所雇之傭婦某氏被其老嫗誘至小東門七十一號門牌花煙間內為娼事為其姓訪悉尋至該花煙館欲將傭婦領回鴇婦不允互相爭論適某老嫗至遂鳴捕一併止送捕房昨日捕頭訊悉情由判將鴇婦暫行交保傭婦老嫗一

來函

南昌郵政局腐敗之情形○南昌郵政局自辛丑年開辦以來初由王君顯理經理一切認眞遠近相信往來信件日見其多蓋王君乃九江局中人不能久駐五月間派黃君忠諒前來接替初亦頗能繼王君之任故生意頗有蒸蒸日上之勢如與號錢莊之滙票蘇杭之綢緞向由民信局遞寄者均改向郵寄後黃君稍涉外務然局中公事猶未嘗貽誤去年秋間因事調回九江派傅君受君繼其任到局後因循敷衍毫無振作終日不見其人在公事房局中除□住有女眷常見公事房有男女嬉笑之聲尤有甚者常將信件任意抛投且膽敢索取酒資商人至局追詢置若罔聞局務日見腐敗奉勸寄信諸君愼之愼之

各省紀事

鎮江

據稟批示　前報紀抄捐所給印照有二十八年字樣各戶鋪懷疑延不清繳等情嗣悉洪令據實稟明請示旋奉蘇省總局批云此項印照係上年餘剩棄之可惜飭於收捐之時將八字改爲九字加戳塡給

測量繪圖○昨聞寧省某學堂派來學生至城外各大山測量繪圖如北固山九華山寶峴山等處均用西法繪成一圖遠近村莊樹木纖悉靡遺不知何所取用

督兵操演○鎮埠各防營探悉江督將次至鎮閱看洋操連日各營官督率勇丁在大校場認眞操演各種陣式預備屆時臨閱

公議加價○前報紀順昌泰昌兩小輪公司互相減價以與豐和

併解押解堂訊究

嚴緝流氓○鄉人錢正祥在新租界馬路被流氓軋至陳涇廟內肆行毆辱搶去金戒銀表洋銀等物勒出籌據洋二百元釋出後報知捕房捕頭立飭包探前往拘拿連日拿獲夏順生等五人押候懲辦捕頭以該流氓人數衆多昨日又派包探偕同原告至四鄉法華漕河涇等處指拏同黨內有侯兆邦一名前因販地涉訟公堂業准交保着保人交案從重懲辦

英廨訊案摘錄○寶太洋行出店毛中世竊取金表千里鏡等物經洋東報由包探徐阿華獲押吊贜解辦在案乃流氓顧光裕糾同任金發范榮林郁泉榮等向迎春坊二弄某妓處嚇詐金表聲言如不允許即拘入捕房送究妓傭王阿秀告知包探徐阿華一併獲送公堂訊辦張讞員商之英領事判顧罰洋三十元再押一月任等各罰洋十五元充公斥釋

上海富强善會送戒煙丸人名錄○蘇州○杭州○江西○南京北京○兩湖○兩廣○安徽○鎮江○松江○寧波○紹興○湖州○常州

吳阿新　陳賢生　夏仰子　王阿五　李文彬　杜阿高
張寶林　陳阿四　方瑞堂　陳阿鶴　李德成　李照和
方宏全　李貫亭　方阿生　李培生　王子林　王春山
陳瑞利　王云生　王金先　王阿十　朱阿公　顧阿東
王阿三　趙月廣　沈阿根　郭阿卿　張德仁　李阿水
李培生　姚楚生　金仁德　王瑞祥　李少材　方一桂
楊松山　陳阿三　王阿大　沈海林　杜阿來　李阿四
王阿成　魏仁卿　王全卿　汪阿王

光緒二拾九年四月十四日　西陽歷一千九百三

蘇

分售處

北京正陽門內二眼井北首擷華書館又東華門外 [illegible]

每號大錢十二文

本館開設在上海英 [illegible]

年五月十日禮拜日 卄〔第二千四百五十？號〕

報

昌文拱宸橋南馬路中昌
〇紹城小江橋直街中島
〇寧波江北岸用泰局又
灣花河頭楊子堤〇蘇州
凡妙觀前郵政分局內木
報分館又四門內恒張錫
箔北石橋山〇松江西門
內佛字橋姚聲如〇無錫
中報處吳譯亭〇常熟西
門老閘前福化冬紙翳內
許潤生〇周浦楊滿轉〇
日本橫濱谷體汀行內林
紫逭

告白刊例

第一日每字取錢四文第
二日至第七日每字取錢
二文第八日以後每字取
錢二文封面告白取後幅
加倍論年論季面議提行
告白二十字起碼短行告
白以五十字起碼名則以
十字遞加

租界二馬路中市　外埠酌加寄郵

論說

與友人論遊學書附錄 八續十一日稿

法國費用之大以巴黎爲最若附近巴黎或里昂或馬賽等鄉邑反宿皆能從廉有一二千戶之鄉市須多市上必有下宿及學校等此等鄉市之下宿大約每年租值終不至過五十元即在巴黎如就僻小街之客棧在三四層樓上租一不臨街市窗小庭隘之臥房其房若止容丈室中床榻几桌四五事每年大約五十元左右又有居六七層上者更可低廉然所住皆工作之貧民學生較少

每日早起食牛乳五分麵包四分雜吸咸鹹菜食之晚兩餐買牛肉或雞蛋一二角又蔬菜二三分就火油爐煮之更食麵包一角左右大約每天食用五六角每月十七八元

初至彼國從一習語之師大約月俸十元左右如是連洗衣等費每年有五六百元粗可敷衍極儉約者四百元亦能支持

某君在裕則四時法法其時公使館不願與聞入學等事某君探知彼國文部有一官專供學生入學之顧問某君即告知自己之力量與希望求其介紹一學校越日其官函復指定某處某校與某君相宜其校在巴黎近鄉某君如其指復函問此校校長欲先入觀然後定約校長許可某君往觀甚合遂進此校

此校爲農科高等學校寄宿食等皆備學內學費膳宿費每年止二百九十元所食必有牛肉雞肉等兼味日每餐供葡萄酒一小瓶洗衣等事亦校中承管可謂極廉極廉

巴黎亦有一處與市街稍遠其處學校凌囂附近往來者盡爲學生惟學生除海陸軍學校外皆不着同一之制服華樸新舊各隨人意

英語嫻熟者在法境到處可通酬答因法人能操英語者十人而九英與法本隔一海灣而相望倫敦之人甚長無事即渡海遨遊於巴黎巴黎之人亦一輛腳車朝去暮歸輕車而遊於倫敦在英國留學者於月尾或衣去脊雖遊於英境而英幣盛行於法市大學之課程較倫敦爲廉格蘭稍形冷而市街亦繁華異常倫敦下宿最廉者每禮拜約十五元

僕所聞止此甚願有深知英德留學之狀況或兼知伊比等國之學事者惠報館以告學子以發起我國人遊學之興味則鄙人所禱之 已完

時事要聞

東三省近情○俄戶部大臣維特因財政之故力主退滿洲之兵外部拉姆司獨夫不能抗日前旅順總督阿立格色夫已將俄艦久佔東三省之意對人宣示云 本報按此說不確

前有日本漁船一在旅順口小泊有二日本人形似商賈川邊鏡境探砲台壘中俄兵見之立放杉板船往捕幸日人先覺得皇往南逝去

俄人某向當誌書述史廣購華籍之有關東三省事者如朔方備乘小方壺輿地叢鈔皇朝通志中東戰紀本末滿洲源流考等籍不搜羅現又出重價購買內商幣之輿地鑑綱目不知何故

又俄人現派人尋訪新刻之浙江通志安徽通志等書聞係查究中國絲茶出產之地云以上訪稿

津報登紀俄事○近日外務部會議東三省密約之事頗爲謹慎雖該部之章京譯員不與議此事者均不得而知云

探聞東三省俄國兵隊尚少惟旅順營口駐兵甚多但奉天吉林黑龍江一帶等處竟于前退俄兵即來俄兵前退翻子又來至於旅順營口兩地則俄人屯兵無數以備戰事

近日日本公使因東三省事終日在使館會議所有中西官紳往拜均不請見

探聞東三省現約一事俄人現候俄公使拉薩君來京始能定議刻聞拉君已由聖彼得堡起程月內即可抵京

京師大學堂仕學師範兩館學生因東三省消息不佳多有議去者後經各教習開示一切謂將欲助俄以攻日乎抑或助日以攻我乎多士目睹時艱不無抱負有能條陳一策者不妨自抒己見

普通學未完者但嫺習法語後彼國有公立之市學到處皆是各種高等中等之普通學每校各有其專長其中教師皆係國中之有名望者其課程貼於門外某時課某書亦詳標於課堂內但擇己所欲習者即可依時挾書往聽既無學費亦無人詰問姓氏為誰也

從前公使所携出洋學生僅在使館靜候三年期滿未有能入學堂者去年孫慕韓去時携有官生數人又隨去私費近十人大約風氣一變必能各入相當之學校矣

如普學作工等事法人太窮想無美國之易然有能販賣物品貼補學費亦未嘗不可自給大約販物品多以茶磁兩項為最宜某君付販茶數次贏得數百元後因携貨不甚易厭苦而罷大約中國半元一斤之紅茶運至法境運費亦半元在法可售至四五元不等在上海有人可託打包納稅甚輕便至法後提貨運送亦甚輕便也

法郵局在上海二洋涇橋其郵稅規則未詳付見有由虹口日本郵局代遞者每一小包計重九斤左右郵費止一元八角故寄帶物件等亦頗便利也

磁器尤易賺錢惟在中國購貨非老於磁學者不可其他又有顧繡紙屏各物皆可販

從前付君剛去者留滯有二人一謝姓現頗饒於資取法婦生子僑然巨富大約有數十萬金之產其初甚窮迫即轉販茶磁等物於法肆裏以中國紙器以其為華人易售因而起家又有一人法語極熟常有人延說支那風俗每次有賄以四五百元者後其人隨中國赴博覽會者同返國又一人喜飲不能貯錢甚困迫年來為法肆賣支那物者所雇使日就肆前立見有中國人愈信其中國貨物之非偽

德國學費有信較法國為廉歐洲之學問亦以德國為最優今年三月湖北曾派八人去

英國學費最貴倫敦近鄉每年須少需二千元然蘇格蘭則甚廉每年亦止四百五十元已可支持並謂蘇格蘭

以規經濟（日本報告書電所發之議論）自是謠諑息以上錄初九日大公報

聞廟第門按察花駐由俄國係因東三省之事

傳聞　兩宮因俄日將自戰事有西幸之說　按此說不確

達侍講壽遐封奏凡陳拒俄之策洋洋大篇聞中激發

奉天將軍增祺日前電奏?數罷參各部俄人已准退兵然未知其確有斯事否抑捏詞耶

前報紀京師大學堂內有學生因東三省俄約事議欲罷課因條請管學大臣代奏一條茲聞有仕學館學生傅某達某吉某文某四人因未及列名不勝憤悔乃作書上張邸以盡義務云

又聞京師大學堂學生上書請管學大臣代奏議約事件管學大臣頗以為然

探聞滿洲西部電線自俄人歸還後當須即修上沿途修繕現已一律報竣於本月初一開辦傳遞南北各省電信云

又聞滿洲東部電線庚子亂時悉行毀斷刻下經俄人修理將次竣工詎俄官近日忽有謂此項電線俄權不得遽還中國故日來奉天官與俄人爭論此事甚為焦急以上錄初十日大公報

俄國要求東三省私利之約七條續增一條均已經據路透電俄政府堅不認有要求私利之約今本社北京特派員又訪得原稿大略譯錄俄人此稿確否又按此稿與前稿有相同者閱者以此為准

一俄國欲在東三省通商處之首城並各埠設立領事官

二滿洲讓俄國為商不與別國相干

三凡牛莊營處之埠均歸俄國作通商口岸不許別國為商岸

四東三省路礦處俄國與中國商辦不與別國干涉

五俄國在滿洲各處設立領事而鐵路亦由俄國自行派兵員保護凡東三省城之商務衙門亦須設立兵員以便保護

六東三省於練兵諸事皆宜俄國將領代辦又海關亦歸俄國委員代理抽收稅項

七請俄國認此次訂立條約決不與他國有關以上錄初九日天

津日日新聞

西報紀俄事〇西報接倫敦訪電云英國近來於清國東三省甚爲注意逆料俄人必無實行退還之事故近來政府商議甚爲注重於籌備戰鬥軍艦石炭等事連日會議已經決定云

又云英國民黨集議如俄國不實行撤兵我國決計與之決裂云

又云傳聞英美二國將派大戰艦巡洋艦水雷砲艇若干號即日開來太平洋云

又云民黨現又會議軍事之說主反對俄人不實行撤兵者占多數云

又云西報均痛詆俄約且謂此事非黑海可比因俄人對清國政策手段特別不同雖揚言未訂滿洲密約實則此約已牢固不破我若不先發制人必爲俄人所賣故今日無論其事如何當以預備戰鬥爲要因此事非戰不能了結云

又云英美政府言此次俄約事若開戰英國不得陽稱局外暗結俄人果爾則我國亦必并清國而決裂云

又云傳聞俄國已有決計與各國決裂之確信并與在滿洲之俄國官兵以上錄天津大公報

東報紀俄事〇日本朝日新聞云目下牛莊停泊之各國極大兵艦計美國一隻英國二隻俄國二隻近日俄國又派遣極大兵艦一隻前來云

又云俄國現於張家口科布多一帶開辦俄國郵便線路現已準備漸次擴張云

又云四月十九號有美國大兵艦四隻經過我國下關遠方往太平洋進駛云

北清新報云就俄國之滿洲撤兵問題其事實大要如左 一爲俄國於滿洲盛斯德準備戰鬭爲貯糧食事 一爲於牛莊一帶地方買入石炭契約實行估價各方面事實 一爲在香港一帶及北方買收石炭事 一前年韓國義州宮騷亂時所切斷清韓兩國間之電線當時俄國即請出占修繕爲清國所阻仍歸清國

又電，與京維也納當日因土字之事現皆望其私利并聞二十四點鐘內將有影響云

選用新銃〇又電云英國陸軍部現已選用新銃一種其彈房係用木造較舊者縮短一吋如四寸云

英議反對〇又電云英國同盟黨反對免除穀稅之事現在日見頭緒故衆議十有贊勸政府再加詳審於舉行此事云

俄國改革政治三續〇此時俄國政府偏於任用政治家取其材而不依門閥尤不次錄用異能之士內務大臣勒烈威由憲兵司令官超升現在地位就其一例也

查勒烈威氏世代均俄國之多數高官大員其祖父係德國人以千八百四十五年生今年五十九歲生勒烈威幼孤寄於波蘭一貴族家之如已出則加教育入莫斯科大學既而勒烈威之繼父以與波蘭叛徒通謀被告發政府捕之處死刑氏此後始入官場千八百六十七年（年廿九歲）卒業大學奉職於司法省爲檢事官歷料彈劾國事犯者千八百八十一年舉警視總監專查察國事犯者八十四年任內務次官辦後政府重大事件之處分無一不與其議千九百年舉芬蘭總督專務破壞芬蘭人之獨立自由芬蘭人向在俄國專制政府之下有自家之憲法保護其獨立自由悉爲勒烈威之鐵鎚打成粉碎氏之辣手腕人皆知之其升任內務大臣也由于專力排斥一切之自由政治確信獨裁政治之利也因此與大藏大臣威德氏全異其宗旨而威德氏之意見在當內務大臣希瓢根之時能運動政府至勒烈威之時代不能復有前日之勢力　仍未完

學界風潮

廣方言館風潮始末記　來稿〇事不能有成而此敗尤不能因敗而不求成此廣方言館四月初七日風潮之所由起也查該館開辦已四十餘年其課程學規毀敝不可言狀本不足論又明進步乃近年以來愈趨腐壞課章日見因循學徒無非酣嬉嗚呼我中國沾危殆矣欲圖自強首貴教育欲新教育尤重師資該館總

修造乃淸國至今尚不着手俄國遂於淸國安東縣（一在九連城下流三里地隔鴨綠江與朝鮮野一浦相對）新設電信局一所遂使往時電信甚不靈通者今則足以頻頻探聽個中消息事一除奉天牛庄外近來於連山關鳳凰城遼遠堡雪裡店安東縣（日本二十七八年之役第一軍進取道路之要點）等增派重兵之事實　以上皆俄國不實行撤兵並廢棄全條約事實也按俄國此次係以年㽵黑死病流行該國衛生機關不完全爲口實致淸國緊要民政機關至今不實行還付云

又云日來俄國在奉天地方命淸人冷張東招募淸兵現已招得數百名編爲保護隊駐紮北滿地方按彼等均係蓋規囚徒久處牢獄者今一旦充大俄國親兵配以黑地赤字制服悠然馬上頗爲淸人之奇觀云以上錄天津大公報

靑年會演說〇探聞大馬路靑年會于本日即禮拜日下午兩點鐘特請尙賢堂總董美國進士李佳白先生在會中以官話講論要道並請中西音樂隊音樂班到會歌唱云

世界要聞

脫國借款續電〇字林西報八號路透電云英國允借與脫國二千五百萬磅之款現已付出三千萬磅如數以三厘行息每年每百攤還一磅至一千九百五十三年而止　又聞日報云今歲英京會議行紛紛傳論以爲付脫國借款之用

伊侯宣論（又同日東京電）當日本國會大會時伊藤侯曾對官紳云吾日本向來最足以傷壞政事者莫如內務大臣不時更易一事自中日戰後其更易尤有定期每年一次故吾于政治上一切同膜皆不忍坐視而務使上下相安然如此政策皆吾一人之私見故于立法行政上亦非未有自由之影響也自以爲宜布後聞者皆欽佩即激烈黨亦稍斂跡不敢遽言解散國會矣故此係國會黨派間甚可望其相和好也

土美交涉續聞〇又電云學關利阿政府現請土耳其政府將其前所附會之事作廢又聞法國駐札倫頓之水軍現已派至會者見加又云土耳其風潮現甚猖獗

致習舒高第係自幼出洋回國後即入館現已三十餘年國文不通毫無理想其平日惟以把持爲主義以自私爲宗旨於其根深蒂固之資格以施其野蠻之權力鄙人身居局外固亦不必與聞然吾輩既爲國民當求公理公理所在焉得背之顧將今日所聞隙之無謂該館課程向無一定課本乃館總教任意擇定習一千八百年前之舊書遷延歲月誤人子弟夫治中國學界向無宗教崇奉周孔講求政治則用之學該總教每日來館必令人讀儒約聖經誘人入教學生日坐以下小有不順其意輕則辱罵譏嘲重則施以敲扑頤指氣使俚俚不堪夫教習既以教育爲責任則宜熱心教授聲和氣平總以日望成一國民之資格爲志今乃日以敲扑從事是奴隸國民也奴隸國民是奴隸國家也習至于此可爲寒心去歲毛追殷雖在館因其性情固執不受八習始欲去而不能繼乃分延分教三人始則熱心教育旋遭反對以盤家國乃該總教自本年春間削總辦總運學實與儒實學一外部郎舉以是職後益妄自尊大作威作福不但盤剝學生而且盤剝分教並以權力壓制法文教習勒其一律背書減少功課任力首館之設初以繙譯爲宗旨故歷來幾以協工藝學堂則既省與法文總教必取其法文精通並能精通各種科學與曾通工藝宗旨由合之人方能克當其任今該總教則不通法文科學中所長者惟醫學化學既與總教之資格不符亦與工藝之章程不合而況種種把持有害無益，非特方言館之不幸亦我中國之不幸也聞該館諸生遇事之時實由監督梁某爲之主倡且許以去就從之以該學生之關係甚緊務期忘私利明公理求合天演之旨而同日全班退學之設亦因之以成該監督熱心世道有經濟才將人有造于我四萬萬同胞局外人聞之未始不欽佩無已由乃聞今總辦趙公有調製造局砲隊營勇彈壓以懾惕之不附且將招局內工匠以拇與學生一搏且爲心至惡其爲計可笑趙公素號明通奈何竟出此野蠻之舉動亦有隘之氣屬者存耶乃總辦之壓制愈重而學生之公憤愈熾于是趙公始有難以維持之約諸生遂留館中以觀改良爲何若是亦敗中求成之說也以改良言則破壞後之破壞直不堪設想豈不令豪傑灰心

丈夫短氣耶相距匪遙佳音在邇眞令人望眼欲穿也　按本報前紀廣方言館教習施其之歷史茲據來函始知係舒高之誤附誌于此

勸告學界志士　來稿〇近日學界風潮亦可謂劇矣讀蘇報不及兩月學生退學之事已數見其各地論學堂之腐敗者更難僂計而細察其內情則非盡關教育之不善或因一二細故或因一二人之小節頑固極力指斥竊以謂過矣夫今日彼政府之防我國民甚於盜賊其設立學堂徒爲掩飾外人耳目計非欲養成我國民之資格也故學堂之腐敗可不待言然爲諸君計苟有可學則就之耳何則今日中國尙無完全之學校諸君舍此末由學則委曲遷就亦勢不得已也若曰獨立不羈爲個人之資格則未能獨立固不能脫羈束勾踐之事諸君所悉也勾踐不能脫吳羈束至身爲人僕妻爲人妾不以爲恥夫然後乃有獨立之一日諸君日言自立日與政府相抗竊慮諸君之力尙未足以抗政府也轉滋政府之忌耳其冥頑者必詆學堂爲敗壞士習其奸黠者將益謀所以束縛我　民氣有不幸竟施行其賤家奴不如贈友朋之政策藉外人之力與吾爲難諸君之力足相抵否不佞之見毋寧稍緩須臾各自努力羽毛豐滿然後可以高飛革命流血非口說辦也某雖不學然國民犧牲之義則固知之矣用敢佈其區區凡相警勵焉

各省紀事

四川

武備開堂〇武備學堂總辦爲示諭此次督憲甄別列榜各學生及附學致習挑選入額者限於初七八日陸續入堂以便定日開操遲則不准入堂聞初七八兩日一律均已進堂不日即當開操矣

警局淸道〇各街廁坊業已改修齊潔經過其地者不聞穢臭三月初十日由警察局派員驗視如有未經修理必向某街保正甲

禁運牲口〇日前洋關奉到外務部來電禁止牲口現經稅務司出示所有馬牛羊不得運往越南云

本埠紀事

前員詳語〇廣東候補道汪道衡甫昨至上海縣拜晤商一切

縣令嫁女〇上海縣汪令之女許字孫道葆花樓之公子爲室擬於今日迎娶昨由汪令派差數名赴本城土地堂後孫公館當差

械鬥宜禁〇前紀浦東南匯縣境之辛莊等處與甯北幫光蛋鄧海清等與南幫光蛋林阿務結有仇隙以致各糾同黨約期互鬥彼鄧黨竟斃二人傷者數人故鄧復召外幫光蛋與彼以圖報復等情茲悉前日鄧黨仍齊後正欲約期與林丑門時適林遣同黨沈名阿懋者前往探鄧氏黨總部知即將阿懋拘住束縛樹上將雙目耳挖去嗣因氣絕遂將屍拋於附近白蓮涇河內嗣後鄧黨林前來械鬥改即命同黨持械在彼嚴防鎗聲不絕以致該處居民鋪戶咸有戒備之勢不知在上者亦有所聞否

呈報盜案〇浦東念二保九圖湖保莊裕良於昨日午後協同事主顧紀良投縣報稱此人在本圖鄉中橋相近開設雜貨舖昨晚三更後被匪劫去衣服及洋共失二百數十元今特告知爲此協同呈案請緝汪令著將其具呈候核奪

賽跑尾聲〇昨爲賽馬各西人在賽跳浜之期是日共賽十次第一次十七馬賽滙豐西人古夫勝　第二次念二馬禪臣六班仝小太興勝　第三次九馬大馬跑克來得代龍飛客勝　第四次十七馬小來何代驗牛西人勝　第五七馬跳浜密司六葛立司代美立登勝　第六次十四馬培培代牛莊號司勝　第七次九馬愛律師勝　第八次十四馬天津客代源和洋行勝　第九次八馬大馬賽天津客代鐵路公司大寫西人勝　第十次念二馬馬夫跑賽滙豐西人排夫之馬夫賽發勝

英廨停訊〇英公堂張讞員昨因要公飭丁知照各官及各捕房停辦瑣案一天

會審各力〇設正洋前在法租界被夏少林等糾黨軋入陳涇

兵是問

江西

護撫閱操　柯護院於初四日五點鐘親赴大校場閱常備軍武備警察各生操演大加獎賞

委查巨案○餘干縣前因洋員勘礦鄉人羣向阻撓有某武舉從中鬨迫鄉人詛其附和洋人將其戳斃已派委員前往查辦

銅元發行○銅元現由製造局製成二十萬發交官錢局行用矣

碾製洋藥○軍裝所於山廟興工碾製洋藥

江寧

保甲派委○省垣保甲自剛毅南來以後城內外併歸一員介吞經總辦徐道正辦王道興接辦前督加委城內總稽查一員茲奉魏督飭由兩道加委中府潘守永齡為城外總稽查以資臂助

選解新書　督署前接京師大學堂咨調官書及新譯各書以供該堂藏書樓儲藏並備各學生閱讀當經前張督飭令官書課書兩局查解書籍官書局前已遴諭將各書每種檢出兩部解送京師譯書局昨始將新譯書籍每種各檢若干部稟檄委員令齎押解北上

銀廠開工○江南銀圓局前經魏督飭調沈道幼彥辦理沈道奉委未幾即與到差惟該局自前總辦志道被控撤差時各廠即停工作此次沈道到差後查點一切故未遽令開工刻始摒擋一清遂於月之初六日飭令各廠工人一律開工鼓鑄

揚州

封犯止法○上月杪江都吳令接奉督撫來文飭將上年東陳莊陳姓劫案內已獲之甲乙兩犯就地正法故吳令即詣府稟商督同營兵將該犯由禁提出督堂細綁押赴西門大汪邊梟首並傳首至東陳莊示衆

給照護鹽○商人乙和祥請摺運上江岸鹽四百二十引已由運司飭員按船給照護運出江

龍州

蘇撫行程○蘇撫聶督已於上月二十日由南寧起程回龍州大約本月初間可到州即須取道邊南北七較西河稍爲快捷云

府新樹上吊打搶去金釧洋銀等物報捕後已拘獲夏等五人昨由捕房解送法公堂請訊錢借同趙雪華趙東林父子投訴前情求請驗傷夏少林供有徐姓喚去做坟山並不行兇高坤賢供隨少林做坟山並不幫同行兇順生供並未幫毆泉生供是日路過該處亦未幫毆銀衣一襲兄弟有崇明阿二取去尙有金飾係順生拾交錢之族長錢尙斌取去官判一併管押候拘到各同黨到案再訊錢送仁濟醫院驗明傷勢再核趙父子被搶之物並非此案之人驗令與去候拘到正犯再行傳訊

攙水受罰○包探與宋順鄉牛乳棚混售和水牛奶已傳同該棚夥沈子卿到案訊明中西官判將牛乳和水倒去罰洋四十元充公

英廨訊案摘錄○嘉定人廖世蔭遣抱張廷淦即鑑卿投案公堂呈控朱永沂悔議吞洋求提究追等情經張牧於前晚堂提訊據供在廖所設之益昌地皮公司執事邀中陸棠華向朱購買地基計價銀六千餘兩先付定洋二千元向催交地一味遊約情急控追朱供此地均胞弟與顧意俠從中阻欲將該地轉賣於弟岳求提到案即可成交定洋定單均小的收立求宥司員得供判朱交保候補提人証復訊核斷

上海富強莽會送戒煙丸人名設○蘇州○杭州○安徽○兩湖兩廣○南京○北京○鎮江○九江○常熟　嘉興○寧波○湖州○

應理庭　吳阿新　高阿發　石連生　陳阿四　陳呂原
徐丙立　李洪生　李德成　王祥生　王雲祥　李順和
于阿生　戴培生　楊阿六　徐阿根　陶阿舍　王阿水
王金山　陸阿三　陳士彬　陳阿寶　夏仰千　王子芸
陳元元　陳阿三　陳阿五　王金明　王阿八　徐緝香
周士齊　朱貴生　王阿發　沙黎來　方瑞堂　王阿三
趙月廣　吳阿城　王阿成　方一桂　王少虎　顧九好
張阿東　王春山　王子林　邵山仁　姚魁生　高阿二
王阿生　杜阿高　仇阿四　金受全　陳阿皮　陸松濤
錢阿二　沈阿根　沈海林　李云貴　盛自全

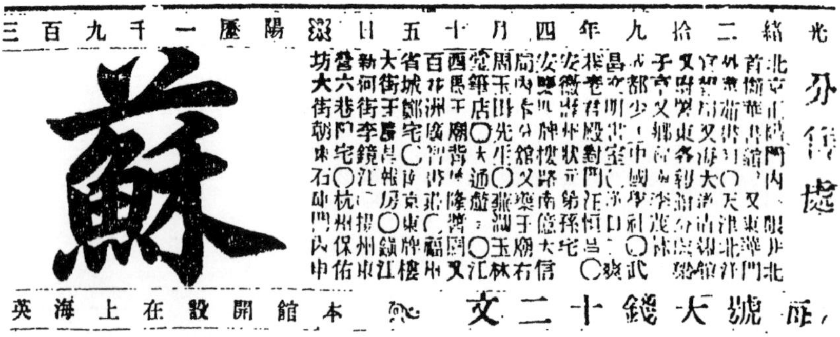
光緒二拾九年四月十五日　陽曆一千九百三

蘇

分售處

號大錢十二文

本館開設在上海英

報

年五月十一日禮拜一 綴 第二千四百五十六號

昌又拱宸橋南馬路中昌
〇紹城小江橋直街中昌
〇寧波江北岸和泰局又
灣花河頭揚子號〇蘇州
八妙觀前郵政分局內本
報分館又閶門內恒康錫
落莊石樹山〇松江西門
內佛字橋姚聲如〇無錫
申報處吳譚亭〇常熟西
門老閘瑞仙發紙號內
許潤生〇周浦楊鎮〇
日本橫濱谿豐祥行內林
紫垣

告白刊例

第一日每字取錢四文第
二日至第七日每字取錢
三文第八日以後每字取
錢二文封面告白照後幅
加倍論年論季面議長行
告白二百字起碼短行告
白以五十字起碼多則以
十字遞加

租界三馬路中市

外埠酌加寄費

論說

讀杭州蕙蘭書院學生退校始末記書所感

鄙哉吾國平民之性質也其所恃以生存之一策曰弱者服從強者強者而壓制弱者以至於不可受也則服從尤強者以抵抗之至於尤強者而亦如前者之壓制而更無尤強者可以倚賴則不抵抗而已矣忍受而已矣自有歷史以至今日其現象何一不然者吾今者姑以地方行政之範圍言之鄉里之民受里正之壓制不敢抗也然而有所謂士豪者能與州縣胥役而聲氣持里正短長則悉以其所以服從里正者服從之城鎮之民受州縣官之壓制不敢抗也然而有所謂紳士者能與大吏通聲氣持州縣官短長則悉以其所以服從州縣官者服從之省會之民受督撫以下諸官之壓制不敢抗也然而有所謂大紳士者能與京師權要通聲氣持督撫以下諸官之短長則悉以其所以服從督撫以下諸官者服從之其他相鉗制相維繫之故無不類是而要皆統一於君主強權之下至於其事見上諭號欽定則翕然無復有抵抗者矣無何而有西洋教會者乃能凌駕一切君主所統屬之強權而使一切有服從性質者以此為服從之極點庚子以前尚為官紳與教士爭權之時代其時燒教堂殺教士諸野蠻之舉貌若平民縱官而為之而推原其故概有仇教之官若仇教之紳隱主持之是以外人恫喝政府反汗拘人索賠則一鬨而散無能堅持者莊周所謂君形者亡也義和團之役宜若平民之自力矣然而非端剛之提倡則不能以蔓延則亦有受動之性質者也自有此役而公行勢力已在中央政府之上地方政府崇拜教士之笑談日出而平民所認為最強權乃翕然歸宿於教會夫教會之在西洋嘗為抵抗專制政體之助力且其去專制政體之重壓制而歸之於惟一之壓制猶之易多神而為一神宜若無罪矣然而世界進步決不容復有壓制之一境其可以受一種之壓制者又何所擇而能不受他種之壓制且內地教士亦已久染於政府之腐敗而

威德氏之農業調查會　先是即千八百九十一年二十二縣報物不實於露國政府緊利害人民之死於饑渴疾疫者不下六十五萬據當時之調查農民失去所畜之牛馬二分之八犬豕家禽四分之三租稅極重殆不能負担復二三年荐饑農民始無恢復財源之望衛來歲歲無收獲可憐農民困於饑饉疾疫殆萬爾中無此苦況也以上譯東京日日新聞俄國自由主義篇

學界風潮

浙江大學堂雜俎　來稿○勞總理自嘗學生中和識者不滿十人此次斥退六人中面目長短如何恐亦不知幾戴勘哉間接可冒名頂替安住堂中

體操教習亦其嘗謂勞論汝在何班張徵笑不答教習尙如此學生更可想而知此次事變之初勞適在桐鄉同堂後不問是非聽一面之詞即行斥退學生

凡科目當由勞始終不贊一詞任教習為之戴勘哉亦不敢過問嘗詣此學堂事皆不管

堂中人謂勞任用私人須改戴任川私人云然戴用私人實勞之過此罪名恐難辭

戴偉哉曾刀監堂中人皆側目呼為小總理

戴勘哉管具地不潔呼役丁打揣偶謂學生曰如外國人來看豈不何樞聽中國開學堂徒供外人看乎

戴燃武上課時有問難者即納納不能出口一日有將上次講義詢之者又不能答良久曰待吾查明明日再告

有引內舉不避親為戴仲篪者惟親若屠氏弟舉為安

堂中因戴氏權重人呼之謂戴氏學堂雖堂數武有三忠祠屋極大係戴叔祖父暨別姓共祠有當其兄弟而嗣之者謂此地開一學堂可名戴氏學堂凡下等可行無限全權

事敗一戴歸家其父曰汝猶不自安欲亦得如此上好飯不要安穩吃過去到如何地步始合汝輩之心哀哉其言

同其手段和護罪人也強佔地盤也凡昔日平民之依賴政府而爲之者今一切可以倚賴教會而爲之而至於教會之壓制則閉無尤強者可以倚賴而抵抗之又烏得不忍受乎嗚呼使吾國平民之性質而移吉如斯也則吾亦可以無言雖然吾嘅於今日之學生界而知吾國民改變性質之時期漸矣學生者於學堂有服從規則之義務者也然而學堂有不規則之壓制則學生有反抗之權利吾國學堂以教會及官立者爲多而多有不規則之壓制官立學堂政府壓制之小影也教會學堂宗教壓制之小影也自南洋公學學生之退學而半年中反抗官立學堂之壓制者屢出是爲政治界反抗力之先聲而反抗教會學堂之壓制者實自蕙蘭書院與學而君始諸君[illegible]教會[illegible]力[illegible]之時而毅然以此動必以律師直爲壯而又合力以有所建[illegible]人[illegible]卒業者之對[illegible]舉動也是真不媿文明國民之資格者嗚呼吾安得不崇拜讚歎而以爲我國民之一大紀念乎

時事要聞

[illegible]○四月十[illegible]

[illegible]日[illegible]中[illegible]在[illegible]封[illegible]摺內[illegible]令[illegible]入[illegible]分字[illegible]傳旨申飭欽此

[illegible]會議○昨日國民總會[illegible]簽[illegible]約[illegible]時[illegible]會[illegible]學堂又[illegible]決定[illegible]一元[illegible]仿[illegible]之[illegible]也當時[illegible]亦不乏人云

世界要聞

俄國[illegible]政治[illegible]○大藏大臣[illegible]之[illegible]思想[illegible]爲自由[illegible]之政治[illegible]決非專制政[illegible]之政治[illegible]始[illegible]一私[illegible]歲[illegible]會[illegible]之理[illegible]傳[illegible]名[illegible]而[illegible]之[illegible]擁[illegible]大[illegible]時[illegible]亂之[illegible]民生[illegible]民[illegible]之[illegible]世[illegible]民[illegible]之[illegible]北[illegible]民間自由[illegible]行之[illegible]一[illegible]內[illegible]民[illegible]因[illegible]其心之[illegible]之[illegible]

監督[illegible]爲[illegible]學生曰我已[illegible]公[illegible]信我謂好好辦事不[illegible]用

陳[illegible]雖[illegible]然[illegible]力[illegible]大會大事必要預之[illegible]學[illegible]皆陳醜成了足之[illegible]至死不僅[illegible]然

此次[illegible]鐵兒弟全[illegible]者爲陳仲恕教習僅稍遜二人知之近有人稱之爲七巧謂戴氏[illegible]三人爲[illegible]陳[illegible]也然[illegible]文[illegible]遊學日本[illegible]戴所[illegible]不辭

居[illegible]十[illegible]推事界中人皆畏之猶未婚娶

有吳生[illegible]二月初四夜屢謂學生某曰汝若有姊妹請[illegible]作代監督如此成何話說

[illegible]不敢[illegible]戴氏[illegible]學生[illegible]用[illegible]手段

戴[illegible]到堂去更[illegible]故謂算學其教習[illegible]理[illegible]學生不[illegible]就者此時除名以與久假宜除名[illegible]汝[illegible]總理[illegible]之某[illegible]勞勞將以與除名與求救於戴戴爲與[illegible]對人[illegible]吾老無能爲小子所給

大學堂分三時代曰[illegible]仲恕時代曰戴偉哉時代曰居[illegible]時代

收支並委員共三人委員則大權[illegible]祇有[illegible]一扣而已[illegible]二人一曰偉哉是收支而[illegible]小[illegible]者也一爲余姓是[illegible]是書院舊收支亦[illegible]名[illegible]偉哉[illegible]中飲[illegible]一錢必[illegible]必向名教習借錢

國文某教習爲杭州才子[illegible]無根柢當[illegible]史云歐洲四界太平洋學生與之反對[illegible]良久不得[illegible]位

英文某教習[illegible]科教習以爲今日中國能[illegible]者全無英文[illegible]東文教習某曰吳[illegible]我[illegible]見學生[illegible]聯盟矣

英文[illegible]見學生[illegible]曰如[illegible]英文何用[illegible]試[illegible]人亦不歡喜也

[illegible]與[illegible]係湖北某學堂高材生學生詢[illegible]不能答[illegible]程度較之高幾倍某教習自[illegible]不足教人辭館去

[illegible]人[illegible]歎息不置云

某敎習向藏書樓借書書單上有借東西二大球地圖一幅爲學生所見皆大嘩曰地球又多一個

新聘輿地敎習某總敎習友也精神衰頹講義皆鈔襲東搭西鈔課本國地理始終不出胡文忠地圖暨五洲圖考

算學某敎習勞者友也其子在堂讀書染疫而死不肯殮謂古人有云人死三日復活俟三日後再入棺學生恐染疫逃去停課八日　未完

記無錫城北學堂（）無錫城北學堂爲汪君贊卿蔡君禹門所創辦者規模宏敞敎育合宜後以經費支絀蔡汪二君不能支持遂將學堂責任交付顧君述之黃君淡如二人擔任之當顧君述之之受此北學時也據謝余君小禪秘君紹周爲分敎習余以余稱二君不暇他出故荐黃君淡如任之黃君淡如性情敦厚敎育有方日夕講求學學不倦顧君以學生水多非二人之精力所能及遂延請蔣君哲卿幫敎蒙學蔣君係侯君保三之私親僻居鄉間一無所識既不揣己之程度所不及又不能示之於大公竟遝而應之儼然爲城北學堂之敎師矣既爲城北敎師又不知從加討憤悉心敎育無論拾得一報冊一書籍即在課堂中高聲朗誦學生之門扭亦不問學生之出入亦不理僅知朗誦報冊書籍以爲自修地步耳嗚呼蔣君何其愚之甚耶城北學堂爲城北一邑之公學也當悉心盡力俾學生得有進步是爲盡敎育之責任若得一學堂位置即以爲自修之位置者非今日之時代所能如此又今日之時代組織新中國之萌芽時代也今日之學堂造時勢之英雄之公所也苟欲造此英雄成此中國敎育者其可以忽乎哉嗚呼蔣君覩此報後幸勿以學堂位置爲自修之位置也可幸勿在課堂中朗誦報冊以擾學生也可

郵件擇要

四川諸君公鑒　來稿

榮昌謝健敬告我四川寓滬諸君今日之事迫矣法人干預我廣西亂事俄人據我東三省悍不交還累卵之形已見瓜分之禍即

算學課程

第一級　筆算　代數　幾何

第二級　數學理　代數　幾何

第三級　代數　三角　幾何

第四級　代數　圓學　重學　解析幾何

第五級　重學　微積分學

第六級　重學　積分

以上功課分三年肄習及格者爲畢業不及格者展限一年如仍不及格令其輟學

一畢業學生如何考試給予憑照或送京師考試肄業均俟京師大學堂頒發詳細章程再行遵辦

一凡學生因犯規除名者隨時揭明姓名年貌籍貫咨明省內外各學堂不得收錄

一恭遇　皇太后　皇上萬壽　皇后千秋及每月朔望恭謁至聖先師均由總辦院長漢文敎習率領學生敬謹行禮

一諸生每日上堂肄業均有一定時刻聞鐘則到飯廳餐飯聞鼓則上堂肄業四季時刻長短不同按時酌定牌示不得遲悞

一堂上問答凡能英語者均用英語藉資練習

一正附課學生堂上功課應用書籍均由官給應用時由各敎習開明書目持條至收掌書籍處照發入院時每人發給石板一方墨水瓶一個和季發給鉛筆一枝石筆二枝水筆桿一枝鋼筆頭四個墨水約三兩應用洋紙隨時酌定數目均由敎習知照收掌處隨時發給以上書籍器具各件除帶張筆墨外如因事除名均須如數繳還畢業出院者不繳所發各件每年終彙報一次

一學生疾病由官醫診視凡時症應用之藥由官發給補劑則由學生自備不住院就治者醫藥費均自備

一本日諸生發飯均與在事員司人等同廳分席而食不得在齋另飯如學生患病方准在齋另飯仍須稟明院長暨查課敎習

於海上焉！特開議會于張園初會議拒法事再會議拒俄事三會則議聯合中國國民總會設義勇隊以拒外侮爲目的二次到者均不下數百人中以廣東江蘇爲最多而我蜀則一二人而已聯合國民會時各省分簿簽名鄙人簽名之時不禁隕涕謚我四川滬中除健齋外僅巴縣鄒君一人而已嗚乎我蜀人其尙鼾睡未醒乎以我四川疆域之大出產之多其地足稱也哥老諸會革命先聲登高一呼應者雲集其民氣足稱也滬上商務指不勝屈姑以川土一項而論已逾鉅萬如此之地如此之民如此之財而十三次議會中無人與會無人捐財豈芸芸謀其身家而於切膚之痛反不暇注意乎嗚呼愚哉諸君試思我蜀被張獻忠之亂時其財產性命完全者幾何人今不逢明末大順之亂時其身家性命完全者幾何人同種之蹂躪已如是外族之蹂躪當如何邪諸君諸君何以處此

諸君其以爲此件不足與邪中國魂之失而復得在此一舉愼勿小視之也其以爲此士人事非商人之事邪同爲中國國民同負國民責任誰不當擔荷此任也其以爲數百人不能成事邪人人各奮其志則四百兆當合爲一體此不過起點邪其恐政府壓制因而得禍邪革命自主各國均有爲民流血千古不死又何懼也其恐出捐需款畏而不來邪外人入主身且不保畢傾產以保國猶有殘希之望否則徒滋他族耳以上種種皆可無慮既論事之不協則何爲而不〻

吾故大聲疾呼以告我蜀人曰二十世紀中國過渡之時代也國民總會中國自強之起點也成則存否則亡死生爭於[illegible]覆巢之下無完卵亡國之民無子遺諸公念之雞既鳴矣天將曙矣我蜀人其將醒矣

我蜀人其既醒邪即可福行簽名富者出貲貧者效死合全力以赴之舍生命以爭之使後世歷史敘之曰中國之強由于蜀人之財蜀人之力豈不樂哉豈不快哉苟其鼾睡不醒執迷罔覺或固守其錙銖或蕩心于花月大禍既至張皇無措生作異族之奴死無埋骨之所然後悔當時之計左也豈不晚哉嗚呼豈不晚哉

江南格致書院[illegible] 四[illegible]

平時過有親友探望留飯時不得留飯　（未完）

新書介紹

十九世紀列國政治史編（仁和沈鈞選輯）是書廣集十九世紀全球各國勢力之消長種族之異同以及國際外交並現時近狀將來效果凡有關于各項政治上者無不詳搜博采探本溯源足以資人觀感啓人見聞原書皆由東文譯出纂輯成編洵史學家必需之書也

各省紀事

山東

請獎展限○山東藩司現備札各屬云奉撫憲札開光緒二十九年二月初三日准外部咨電內開各省股票請獎奏准展限半年統扣至本年七月二十九日限滿各省可於限內趕辦不准再行推展等語於是各府州廳皆出示曉諭各州縣從前認捐股款未經請獎之紳商士民人等知悉務各遵照趕於限內呈請核獎並將原領執照隨繳州縣以便詳辦毋得仍前延緩自悞上進云

巡警有效○濟南巡警局之包探現拏獲山東著名賊首綽號法一名經協道小川親訊已供認上年糾同賊夥在東門外搶劫由烟台運來之鎗械並歷城齊河濟陽等屢次打劫之案矣蓋馬得法積爲著名乃四五縣皆懸重賞弋之而不得者今巡警局開辦未幾即已破案亦可見巡警之有效矣

江西

考取委員○各縣收發公文及保甲委員已十日間傳集課吏館考取各員擬議爲定

額滿課吏○陳藩司於初四日在課吏館考試同通州縣論題爲民之父母論應試者有六十餘人

大雨沖隄○江省連日大雨有數處圩堤被水沖倒

職滿牌示○陳藩司牌示署理正佐人員各缺同年一律更代自乘者固不免粉飾敷衍有爲者恐亦止不久又不免瞻顧畏葸從政吏治民生隱壓不修職務吏皆[illegible]似此多況州縣地方

本有大小之異而居官才具實有長短之分本司但求人缺相宜與民生有益原不拘泥常格嗣後凡關督理人員果有循績可雖暫即必准予久任設有過犯當經即實任亦立予罷斥務使正署各員均得及時自効庶幾吏治日有起色煥然有司爭相濯磨勉爲循良云云

江寧

犯官起解○犯官李田前因犯事奉旨革職戍邊滿洲經鈐迄未赴配現魏督撫准部文咨詢始知該犯官仍稽省會應即解送入京前已委有州判一員慈恐文員防範難周中途不無疏失又添派城守左營頭司把總孫成春會同率帶兵役押解該犯官於初八日由省啓程

援例批駁○已故江甯府沈守錫晉前奉上台保升道員引見赴都在滬病故嗣經其家屬將靈柩盤寄省垣會呈現已將扶送回鄉遣丁具稟藩轅懇照知府例給䘏昨奉李藩司批駁以該故守病故時已解江甯府篆非病殁於任所者可比所請礙難照准云

常熟

漕獎發談一○常昭漕獎業已綱原竟委纖悉臚道矣然尚有一事於業田者大有妨礙尚屬闕如緣光緒己亥以來[illegible]信漕書湯幼卿之言以常昭有極貧極疲之糧戶或係秀才或係貢監關之不勝其關革之不勝其革於是思得一勒租之法將本戶所欠之糧米若干刻一票板內載某戶抗欠錢糧若干開提催頭到案使之代完至冬季催頭收租於佃戶佃戶馴良者向其扣除若干桀黠者竟至粒米不還以爲代業主完糧租田變作自田也當催頭之被提也差人必須四班全到催頭開銷差役必須四五元七八元不等其費亦必取償於業主業主因欠糧之故而又多出此款故昭文業主從不敢欠糧也此法乃湯某獨出心裁以算計常昭之糧戶而業主有田之名無田之實佃戶本業佃而變爲自田又有業主代爲賠糧佃戶故自有勒租之法而常昭之租事愈壞如大東門外梅坨一帶北水門外謝家橋閘行橋一帶

知其弊現已出示嚴禁矣

拘獲私鑄○省垣市面大都行用日本一仙銅元郡武進士某甲膽敢架集匪徒開爐私鑄中名[illegible]鉛板以[illegible]射利近爲某巳察睹線拿獲私鑄匪徒八人已於昨日解送有司究辦矣

官辦學堂○閩垣文功崇學堂本年改歸官辦由官中每年籌款五百千酌貼故本年該堂添聘英文教習高等蒙學生以求速成

種桑利○閩縣所轄之中洲尾端一帶洲田近多現經某紳等籌有巨款租爲種桑之地並已購辦桑秧萬餘株廣爲興種矣

本埠紀事

公宴大僚○呂尚書海寰伍秩使廷芳吳侍郎重熹等定於今午在垃圾橋侍郎公館內設筵恭請蒙古喀喇沁親王及新簡皖撫誠升任皖臬濮等午膳

新撫拜客○新任皖撫誠在浙交卸撫篆乘坐輪船到滬假寓泰安棧昨日入城分赴道縣各署投刺拜會

皖臬北上○新升任皖臬濮果司定於今晚附乘招商輪船晉京

[illegible]

漕糧兌竣○浙江糧道於昨日乘輪抵滬暫駐觀音閣碼頭督押漕米兌竣後即會同江蘇糧道押解糧米赴太倉交卸俾免遲誤云

提督到滬○[illegible]因公抵滬暫泊[illegible]道家渡浦江昨日[illegible]拜會[illegible]介辭

[illegible]盤○上海縣[illegible]令之[illegible]四日午歸孫宦昨已屆期滿職十何餘[illegible]至縣迎請同赴[illegible]寺隔壁孫公館行令發禮[illegible]書及本城道縣以下文武各同寅並闔邑紳董均至縣署道賀

擇吉到差○新委南市[illegible]七舖巡局蘇委員已擇定十六日到差接差

匪棍擾民○上海南匯川沙交界之周浦有外來光蛋勾串土棍在彼聚賭擾民前日該處紳董等詣泉浦東謝總巡會同局保

同治年間皆稱好田今悉變爲劣田以佃戶之心皆皆變也雖遇熟年亦霸租不還稍有水旱偏災卽相率觀望田價亦爲之驟落此皆清賦以後勒些二字誤之也近日常昭之田惟南鄉之田稍爲上上至高者田價每畝須五十元次則四十元三十元若梅李等田至高者不過二十餘元若任陽石牌等田每畝三元無人過問蓋糧重租輕常遭水沒也又常昭之田皆按照千字文排就每一號田極少七八十畝極多一百餘畝同治初年髮逆甫平各圖經造皆失其魚鱗册於同治五六年中重造各業主賄通經造將三斗二升糧田改作二斗三升二斗三升糧田改作一斗九升其賄嘱田之家大爲獲利今自辦清賦後各經造皆暗行升糧漸復其舊以致有田之家愈受賠累推經造升糧之心不過欲售其飛灑荒熟之計使業主畏糧重而行賄賂可以上下其手也至於勒租一法在官吏追糧固爲得計而業主則大受佃戶之累霸租不還抗租不繳皆由於此此又清賦以後業主受困之實情亦卽常昭清賦之餘波也

鎭江

鎭道返署○郭道於本月初一日赴蘇謁見恩撫後已於初九日晚間附輪回鎭

棍徒兇橫○近有無業棍徒勾串口袋斛手及船戶人等在江邊設立樣台一過米船抵岸卽硬行兜攬私取行用且自恃人衆力强百般兇橫一與較量立時禍端因此城外楊億和劉義順等各米行邀約同業十數家聯名禀求洪令出示嚴禁

獲解匪僧○前日東馬頭新湘營勇丁扭解一僧送至縣署據聞該僧在鎭間代會匪散賣票布爲該營哨弁訪知拿獲地方官訊辦

福州

招考通事○伊犁貴州雲南等省通因添設洋關需用通事一二人當在福州洋關由杜稅司於三月念四五日招考計報考者有六十餘人現在尙未發案聞稅司之意擬隨取隨調不再揭曉云

禁造僞茶○閩省爲產茶名區上游各處出産尤多乃有不肖棍徒卽採水楊造作僞茶以致中外茶商稍一不辨卽受其害當道衛之事謂總巡尤候轉稟寶道出示嚴行

押解盜犯○搶劫無錫縣境某步富之盜犯蔣阿二得贓逃逸來滬後經無錫縣李令飭捕拘獲任阿三一名訊悉蔣犯逃在滬上故派差到申會同英廨捕役拿獲送縣訊候移解昨經汪令備文飭捕押赴無錫歸案訊辦

縣案兩則○前晚提訊吳炳生姦拐有夫之婦一案據楊氏供前年三月內被吳誘勒成姦後復在外揚言致被丈夫知悉四月十一將婦人毒毆吳又到來恐嚇被拐出外隨同到杭州陸續被吳將金銀首飾綢衣騙盡當洋四百餘元後復到上海命炳利來杭强將婦人價賣爲娼因此急想赴保甲局控告移縣遞解至案求追衣飾金鐲吳供支吾判令掌嘴一百下飭錄分別交保收押服姦拐罪懲辦○又據胡裕昌成豐兩木行控太倉木行主俞庚哉共欠木價銀八百餘兩由二妙堂鑑臨店股東爲擋手之族人俞鑑湖作保等情曾奉訊押飭提保人于前晚復訊成豐行夥吳昌禧投案求追鑑湖供未作保亦非同族庚哉供欠兩行銀兩今願變產料理判飭鑑湖並無作保証據無干省釋庚哉變產還欠

上海富强春會送戒煙丸人名設○蘇州○杭州○安徽○兩湖兩廣○南京○北京○鎭江○九江○常熟、嘉興○寧波○湖州○

何允受 夏仰子 王如祥 莫才堂 王阿大 王子林
王阿三 杜阿高 李阿生 王子芸 王士順 趙玉慶
沈海林 金阿山 王雲祥 趙月波 高阿二 王阿五
陳阿三 方阿生 王阿三 徐阿四 王阿王 沈阿生
方瑞堂 陳元元 趙月慶 張氏 陸阿三 沙銮來
季少村 方阿延 方阿來 王金生 方一桂 馮阿四
李阿三 倪阿金 陳食寶 吳阿生 高阿大 張阿大
楊白軒 金仁德 王云先 楊本蘭 吳阿新 李德成
沈阿根 陸松濤 席阿二 金仁峰 徐緝晉 魏金連
王金明 楊泰來 金福才 沈茂林 郭阿坤 馬內如
陸阿興

光緒二拾九年四月十六日[illegible]陽歷一千九百三

蘇

分傳處

北京正陽門內又眼非北
首擱華書館〇又東華門
外燕近街同〇天津北洋
官報局又海大沽南報館
又府署東各報館分處發
于亭又鄉試南李茂林武
八都少年中國學社〇爽
晶文明書室〇漢口二〇
非老君殿對門江恆昌
安徽蕪州狀元第孫宅
安慶北牌樓路南億大信
局內本分館又藥王廟石
閣玉印先生〇燕湖玉林
寧鎮店〇大通村〇汀
西馬王廟背後隆興園又
百花洲廣智書局〇福州
省城鄉宅〇南京東牌樓
大街王慶昌報房〇鎮江
新河街李鏡江〇揚州東
登六悲門宅〇杭州保佑
坊大街胡小石師門內巾

每號大錢十二文　本館開設在上海英

年五月十二日　禮拜二　[illegible]　第二千四百五十[illegible]號

報

昌文拱宸絡南馬路中昌
〇紹城小江橋直街中昌
〇寧波江北岸相泰局又
灣化河頭楊子碼〇蘇州
元妙觀前郵政分局內本
報分館又閶門內恒泰路
落莊石路山塘〇門松江西門
內佛字橋姚聲如〇無錫
申報處吳錫亭〇常熟西
門老閘前瑞和泰紙號內
許潤生〇周浦協盛坤〇
日本橫濱谷豐洋行內林
紫垣

告白刊例

第一日每字取錢四文第
二日至第七日每字取錢
二文第八日起每字取錢
一文封面告白照後幅加
倍論年論季者請該行
[illegible]告白[illegible]字起碼[illegible]告
日以五十字起碼多則照
[illegible]字遞加

租界三馬路中市[illegible]　　外埠酌加寄費

代論

教育會會員蔣君性才由日本寄來演說稿

諸君諸君現在中國的人統統眼睛注定了愛國學社海外的留人熱心的同了海外的留學生聽見了有個愛國學社彷彿同了中國第一次才有學堂的樣子敬重得了不得盼望得了不得這部是我親眼見的他們的社中彷彿這个學堂這樣的來歷這樣的人辦理又有這樣的學生而特得了不得是我們的老中國漸漸活動起來了照這个樣子這个學堂是一定辦得好的將來必定有人才出的彷彿像這個學堂可以造就出來許多拿破崙華盛頓加富爾瑪志尼加里波的西鄉隆盛的一般人才出來他們其間的官場又說這個學堂希奇得狠他們辦下去必定要造就出來許多造反的傢伙彷彿什麼宋江李自成張獻忠洪秀全孫文康有爲一般人才在這個裡邊這個說話看是兩樣其是一樣總之是看重愛國學社的一句話他們這麼看我們辦事的人同了做學生的人自己想想能够不能够照他們的話這個學社建議的時候我亦在場後來開學的時候我卻回了上海不知什麼樣是不能懸斷的但據我想來辦事人是有的學生是好的但欵行不多且教習必不能齊備的功課定有欠缺的教科書是沒有的儀器是備辦不起的課級是學生年限不齊不能有妥適的編法的這都在情理之中他們日本的學堂辦了三四十年又有教育費欵仔是足的我們勉勉強強辦了一個學堂要想一辦同他們一樣這是爲萬不能底事我們皆是自己的人不妨實話但是這個學堂放在他們文明的國裡實是草草算不得一個學堂在我中國卻是一個極大底關係差不多要賭中國的存亡都要在這個學堂了這個學堂辦得好中國辦學堂之風氣可以漸漸裡的開現在官立學校是靠不住的私立的學校辦得好些亦是少少甚的所以人家辦學堂底與子鼓勵不起來若是有一個學堂辦好了名譽一些中國人底性質是看人學樣底你看辦了夠所以要進了學校學習學習我們中國人懂了我們學校就是幫我自己一樣這是個大義之所在他們明白的人也都明白了所以他們把愛國學校當了中國全國人的學校所以人人應該幫助的人人應該希望的就是人人可以責備的而且教育會與愛國學社名目是兩個實在就是一個我不知道那個叫教育會那一個叫愛國學社我總是認了是個中國的教育會中國的愛國學社也了昨日有個美國的信來說道愛國學社現在還立得住立不住辦理得什麼樣款仔則美國可以籌些但多少是不能定我同他一個信說道愛國學社的人是那怕無飯吃無衣着終了要拉東洋車作學費他們這個團體是不散的海外的人肯幫助這个學校原是我同胞相親相愛不分彼此的樣子了雖是這樣說但我們總不可盼望遠處的人近處的人先要擔任擔任才好况且現在當地的事歸當地的欵這句話也同了民權自由一樣在理論上是顛撲不破的所以內地的事應該歸內地的欵而且愛國學社底人人敬重他們是苦學界底人應該立一個法制不用他人底欵也可以自立若有人幫欵把這個錢置辦了儀器藏了書了這就是第一個上等底辦法眞是有自治底能力有自治底制度了　篇中的字多有用底字者　附誌於此

時事要聞

西報紀俄事○譯新聞報五月九號路透電云據傳聞華盛頓政務大臣約翰海曾商美總統羅斯福欲與英日二國并力拒敵牛莊之俄兵云

又同日北京路透訪事來電云俄人又已將大隊之兵佔據牛莊及遼河口砲台知有準備開戰之勢云

字林西報同日日本東京電云據傳聞俄兵近已往高麗北境者絡繹不絕凡二三十人成羣咸扮作檢查委員云

又據數處傳聞謂俄兵駐紮於鳳凰城且有數百成隊越圖門江及鴨綠江之下流向高麗進發云　按以上各論傳均爲俄人故

時務報便有許多報起來辦了新民叢報又有許多報起來庚子年底時光上海譯書祇有金粟齋一家後來接二連三不知有許多底譯局起來東京地方留學生有了一個同鄉會以後一省一省底同鄉會同了現在要辦各省協會底亦是接二連三底樣子這是中國人的性質辦好了一個學堂人人要想去辦个學堂試試看而且服愛國學校底樣子可以做了榜樣接二連三底辦起來我們中國辦學堂底風氣是大開了那時節辦底學堂必有進步中國前途便可有希望了我是日日夜夜盼不得中國辦學堂底風氣要時間大開起來這是我們一個頂開心底事體但是中國人性質一樁小事辦得好便有人接二連三的去做一樁事辦得不好便是看見老虎沒有這麼樣怕永遠也不敢動手了并且聽都不敢去聽一聽我們要想救中國第一是要曉得中國人的性質中國人之性質是這個樣子這樣看起來我們愛國學社之責好辦不好辦得下去辦不得下去不是關係中國的大局麼不是差不多中國的興亡都賭在這一个學堂麼我們辦事的人同了作學生底想想看恐怕天天空談要想救中國今朝把一个中國興亡底担子担在我底肩膀上了我想把這个事體想一想人人要害怕起來辦得好是我們應盡底義務應盡底責任不過可告無罪倘了辦不好我們作了孽害了中國從此中國頂要緊關頭底幾年個個人不敢辦學堂中國便從此斷送了這個斷送不是做官底不是政府亦不是守舊底人就是我們這一般人就是我們辦愛國學社的辦理得不好愛國學社的學生出來的不好送了彌天的罪惡把中國便斷送了你們想想要害怕不要害怕起來而且還有一句話這個學社名字叫得愛國明明的說道我們的出　要替中國辦事的中國人亦稍有了這個學社裡的人要替个　全國辦事的所以我們可向許多中國人說他們應該出錢出　了這個學社什麼樣這個學校是中國全國人的學校不是一個學生說不起我要你幫助幫助若是這樣他們可推諉的說我們親戚朋友窮的很多我幫也幫不了許多但是這個愛國學社是與這樣的情形不同的他們不是要設法求自己一身的富貴是要把中國的事自己認了去不過現在時節學問還不

議徵布以誘各國欲令人莫能測其舉動云

抗捐罷市迭要○揚州自上年創收房膏兩捐以來商民怨恨今因又加鋪戶稅叅發認捐辦法陳紳員會同江甘兩令往十城門會設捐局無論肩挑驢馱小販凡係貨物一擔抽捐近且於糞桶柴担亦勒認捐每擔十文五文不等該印委會銜出示限定本月十一日起捐有綢商許洪源綢貨包蔘行進南門爲扦手搶去適城各棧深恐牽連故於十二日一律閉門罷市大有洶洶之勢江甘兩縣邁若罔聞十三日新舊兩城無一開市者尤以極盛之缺口門橋教場街左衛街太子街碑街五大埠爲甚云

青年會公啓照錄○啓者本會今有特別之聚會公議體操之事凡拍球戲嬉一切舒暢筋骸強固精神之法洵於人身神益匪淺茲於十七日即禮拜二夜八句鐘集於本會即請本會總書記巴君樂沃暨約翰書院西教習諸君以英語演論約翰書院教習顏君俊人以華語演論并已聚定數人爲組辦體操之董事妥籌一切辦法俾臻美備務維此事實爲養生之要務強國之始基華人素不講求遂致積弱難振本會深願青年之體壯而有用之身故特行集議屆期務祈諸君咸賜光臨以襄此盛舉是爲幸也　青年會經辦體操董事公啓

世界要聞

輪船遇險譯電○倫敦西報五月九號倫敦電云彼本月一號來電述怪大雖輪船遇災一節謂該船方離色弗尼格時被風衝搖致裂爲二二刻下已得消息搭載之人盡行救出云

鐵路罷工○又云澳大利亞洲近有鐵路罷工之事因此派兵隊在街市巡行彈壓云

鐵路作罷○又云據某報訪事來函云因刻下英國財政不甚充裕且土耳其亂事未平故非擬造特鐵路一節已作爲罷論矣·

俄國自由主義　五續○如此比年饑饉耕地之大部分均委之於荒蕪不納租稅加以國庫不足貧民之撫恤又不可緩年年貸與數百萬金又創立國家公債凡事亦不可成既往十年財政局面如此大藏大臣威德氏一面徵召國內各地精通經濟之人講

求救濟之法一面普施教育思想上中流社會之信望期一舉而貫徹兩樣之目的乃轉皇帝裁可起中央調查委員會別起委員會於各縣各郡其中其意見於中央委員會以大成其事業各地方委員會選其十分之目的者卽在委員會特許言論之自由就時局方圖所見而無愚怖也

然各地方委員會既組織後皆得貸論自由公然乘機縱横批評政府之行政政策及財政政策平日之不平皆得發洩大聲疾呼以施行立憲政治爲當務之急此運動尙未成而內務大臣將瓢根爲學生所排

未完

學界風潮

養才學堂〇上海美界德安里養才學堂創設戊戌之正業以啓發蒙士智識輸入文明爲宗旨教授功課中西並重中文課程略分修身國文習字作文歷史地理算數體操八門西文課程悉照梵王渡聖約翰書院教授而其功課之嚴肅教法之精良詢爲蒙學初級之進步其歷來畢業生送入約翰書院考取肄業者亦屬不少因是學堂有約翰書院之預備科度也茲聞擬於夏間擴充屋宇加廣學額家有子弟而欲從讀者盍去諸乎

來函論東林學堂〇作函者之姓名另有存記

貴報屢登東林腐敗情形原欲冀其改良但教習李雨岩及李企中不過不學無術頑鈍無恥一味戀棧苟有賢總理主持其間或隨時規勸或竟辭去尙非難事所難者名譽總理陶世鳳賢總理秦牧柳帳房秦守緘華學乂等盤踞不去卽各學生羣起而攻李老遂之出校恐伊來者未必優於李老所謂本根已壞不可收拾也陶世鳳丁憂之後窮凶極惡秦牧柳恐其攻己乃將公欵月奉二十元陶得此欵甘爲護符人有諷其既不辦事不應食俸者陶卽揚言曰我係會元適遇丁憂例得爲山長今山長被汝等裁去是區區者而不余畀何人建議卽與何人拚命陶又嘗告人曰如有訟事來求余者必先向學堂捐欵小事五百元大事一千元收

一書衣架一書箱架一張洗面盆架一具二人公用條桌一張各房器具開載明白實貼門首不得彼此遷移任意搬動某齋某號某姓某名均於門上題名他人不得擅行諸生在齋肄業之時亦不得此赴彼致誤阻擾別人功課

一每學生十二三人派用齋夫一人服應茶水灑掃門戶各事不得爲私事使喚出門其出入床鋪均自行料理藉以習勤免沾習氣齋夫不聽學生使用由學生逕告院長如四人以外皆曾說齋夫不妥者卽將該齋夫逐出換用如三人以內言該齋夫不妥者由院長將該齋夫嚴加訓斥再三不改者逐換

一諸生如有信件亦務於前一日晚飯後送門房發存如有等待購物於前一日晚飯後開條給門房統交買辦照各人於次日七點鐘上市時代送代購逾七點鐘卽歸次日代辦

一凡諸生隨帶衣物各自照料如有貴重之物切不可携帶入院以防竊盜遺失者查出以犯規論淫穢書籍尤干例禁諸生齋房每日不拘時刻由院長查課時督巡察數次不得視爲具文

一諸生不得沾染嗜好及歌唱喧嘩雜交聚鬭口角爭鬭滋事生風一切違背禮法諸事其功課高下聽教習所定不得不服違者除名

一正課學生凡未經總辦教習允其離學或因犯規除名或以請假爲名自行退學臨時酌核情節追繳膳火飯兩如抗不遵繳惟保人是問實係家貧不能力學者免罰

一凡書院開支經費照章通用湘平因遵例照扣海軍平餘部飯每百兩扣二兩六錢八分七釐八毫始有海軍平之名惟各錢莊無海軍平砝碼是以教習員司學生以及丁役人等每月應支薪火膏火工食銀兩均除扣海軍平餘部飯外實發銀若干仍以湘平核算揭付天地人三聯紙票由各人自赴錢莊兌錢每季將各項用欵照章造冊彙報一次

一凡用天地人三聯紙票由司帳人算定數目編號塡寫並加蓋戳扣海軍平餘飯訖伙食扣訖戳記將票根內註入經手姓名

到之後方爲入瞽説情乃自爲總理以來經手訟事如北門渡船之案陶念鈞與仁茂薛篛失與周彝卿等不下十餘起無不親自見官硬説人情而學堂未見絲毫捐欵收到是可異於蔣牧卿本爲書院董事因與守殘狠狽爲奸且不肯將書院改爲學堂被桑是縣斥退改請薛君南溟爲總董薛任事後即停請山長建議改設學堂與該董通力合作頗有改良氣象乃牧卿自在董之後暗中與必純合一班頑固生童紛紛具稟請復書院月課薛恐學堂之不成也與楊緘甫謀不如仍以蔡齋具設學堂徐圖改良忝於是復充總理如做目之開復綜未接照會先行任事而守絨等亦一併開復先借道揖器具修理房屋爲名用欵數千元實則侵吞分肥反居大半其謀開復時事事尚與楊薛商酌今則一味專擅楊薛無從過問浩歎而已觀以上情形雖去李氏兩總理仍無裨如故恐東林水無改良之期僅攻李氏終屬隔靴搔癢耳

來函述浙江大學堂之餘錄○連日因浙江大學堂非學事發覺貴報宣布具見大公惟所事尚有前函未盡者用敢再瀆清聽此事起釁於戴君已詳告無遺現知堂內主持者則有教習孫君澂君陸君堂外贊成者則有中學堂之陳君安定學堂之項君北斿若去歲之總教習某孝廉竊與之某紳紳均與有力焉總辦勞君輕聽偏信率爾施行卒致釀成此錯嗚呼以孔諸君平日固皆以新學自命而辦學者乃亦喪心病狂貪奉如此不知諸生何辜於諸君諸君必欲從非下不戴君何厚於諸君諸君必欲爲虎作倀是則浙省學堂竟無一文明之人吾挖學生竟無一託足之所哀我學生哀我浙江敢請貴報揭以告我同胞

事件擇要

江南格致書院增訂章程　引錄

一諸生肄業時不得會客尋常過有親友因事來見者由號房通報生如可接見則引至學生會客處不得引入齋房倘學生疾病親友來看者須同則總辦或院長查課教習由號房引入齋房不得明者查究

一每齋房一間住學生二人由人派定牀一張書桌一張几

送呈防長加章訖再送總辦處蓋用騎縫照防仍交司帳人分別轉發如銀數有錯惟司帳經手人是問其地字聯與發給領銀之人天字聯根留帳房存查人字聯與元明送總辦處比對符合照付每月終彼此核對結算其空白聯與存總辦處照用若干張則前發若干張　仍未完

各省紀事

武昌

總辦撤差○宜昌川鹽局總辦殷萊峯觀察因作事收不委員來經楚舞弊經人告發當奉端督飭令撤差總辦則行接辦

先爵承志○湖北學生界所聘名譽會員如係湖省紳人員武昌府梁鼎芬承恭恪誌自概行辭卸分別記過撤差端督雖不以爲然亦無可如何

優待屬員○端督恪現將作新衙署改爲學界其餘司道衙仍立譚如故

旅學開館○江南旅學已於二十一日開館

安慶

催繳鈴記○防江營邵守備出差上憩孔防務行哨弁誤江安等三省會商裁兵各營除外哨官一律裁減如有身壯無嗜好者仍留營充當哨如或作作缺補原領鈴記刻日呈送核轉并地防身兵丁一律撤歸大營操練由地方官商辦團練仍將裁減弁兵所省餉米各數造冊呈送核轉毋延暨因本此照分行外合亟札飭該哨一體遵照云

鎮江

防營合操○十二日統領常備右軍杜道調集駐鎮五營齊至大校場會操以備總督派員閱

匪僧定罪○前報紀勒湖營勇拿獲匪僧一名解送縣署嗣因當晚洪令提訊該僧供認充當會匪當日不諱洪令俟供後當即申詳上憲按律擬罪據聞此僧係普陀山匪云

揚州

押議官地○北門城隍廟右首一帶官地民房現經紳局兩縣押議以爲栽種桑麻地步茲恐有程沈兩姓在另二十餘間並非官地兩縣勒令騰出程某等遂將印契呈驗兩縣其可如何

不准改銀○湖販大德通等稟請運司將堰收加價改錢歸銀希圖取巧運司閱稟後隨牌示謂查制錢短絀困局實情惟堰收加價備抵賠款每斤自有準數以錢照收並無出入若以錢改銀則有長落如斷懸解之數將何彌補事關洋款[illegible]分毫[illegible]切實難從核稱

提倡工藝○上峯來文飭府縣於各屬紳富工商能有製造新奇者由地方官籌款保送監督處以備明年美國賽會之舉刻已示論遵辦矣

示諭場商○淮南鹺商於竈丁桶價任意剋扣或擡小角或搭洋價値山蕩草價昂貴竈丁已不勝困苦日前公稟運司由示曉諭謂此後各鹺商不能再有以上情弊商竈亦當循分守禮不得再生枝節云云

常熟

漕弊贅談二○常昭自糧胥逆之後凡業戶之租簿經造之成冊皆蕩然無存後雖漸漸舉辦然遺漏未經升糧者此多非特官吏不知即經造亦不知此等山畝或爲業主故意隱藏或爲佃戶竊種近聞西鄉佃戶某甲隱藏業主之田二畝有零歎生息收十九畝有零而佃戶只種念二畝有零按之糧冊亦只十九畝零[illegible]總糧仰梅查知其事欲佃戶每畝出洋念五元盜濟乘充該圖經造因該圖與保攻訐所以查知也由此觀之常昭經造之權以最大有田而可以使之無糧無田而可以使之多糧鄉間小戶受經造之害者不知凡幾又遇小荒之年多造數百畝之荒在衙門中多出數十元爲師爺稿案等潤筆即敷尤非否雖實在實荒亦多將荒冊擲還此等弊端不一而足又常熟上年四鄉實旱荒而上忙在七八月中各糧戶已經完清而下忙糧串及上年米串有未過者即在催荒數內已完之上忙留抵今年上忙之用此定例也

憑紳詣兵○現聞惠州闔郡紳士人等以地方多盜兵力亦單人心惶惶何以鎮靖甚爲大慮大意謂惠郡現在勇少未能分防近訓山有三洲盜匪披猖得吳鎮蒞任而後不靖致請簡派幹員如吳鎮之威望素著者前赴勦捕庶不致蔓延日久地方不堪云云現聞大憲已如所稟飭令吳鎮回惠辦理矣

籌款賑糶○前惠慶仁善堂紳董等奉督憲諭購米西上平糶惟籌款無多恐難爲繼前日赴督轅懇請撥官款俾資接濟昨奉批示謂該紳等籌墊巨款購米運往西省辦理賑糶洵屬見義勇爲殊堪嘉尚如果籌司能籌官款十萬兩由紳董辦事後繳回官款不能應折自應從速籌撥仰廣東布政司會同善後局迅籌給領以報立案俟稟覆即飭撥西去

本埠紀事

臬憲赴杭○皖臬濮臬司子潼昨日在文武各衙門辭行定於昨晚乘舟赴杭俟公幹畢再行回滬啟行北上云

委代縣丞○上海縣糧廳劉縣丞宗榮稟請丁艱現奉松江府許守札委候補縣丞翁汝江先行代理翁縣丞即於昨日領發紅諭遵告本月十六日中時接篆

南兵遇匪○浦東南匯縣境下沙等處前有日林仿勝因與南匯光班頭目鄒開菁結有仇隙各召同黨衞此械門以致竟傷斃一人受傷數人鄒心不甘服復復召外幫匪黨圖報欲報復前日林某得名閘黨者往鄒處探聽消息被鄒黨逃脫遂日與山控去即拋屍于附近河內並令羽黨嚴加防守昨日又有人向鄒介紹索鄒擬欲賠償船資以作班協辦之人撫恤等項約計四千餘元始肯干休否則俟同黨二百名到齊後即須前往林家大門林匪聞信因又預備銅砲二尊關鄒亦有快鎗并人各執一支在嚴家橋等處幷夜嚴防凡船隻進出恐有林黨混跡[illegible]看前晚經本城官道訪知即電稟滬撫[illegible]派飛划營勇丁前往彈壓緣匪勢披猖深恐釀不測急云

移請緝盜○松江婁縣民人戴九齡家某歲底被盜搶劫贓[illegible]

若熟諳上年年栗未留抵其中弊竇何可勝言此因常昭老於漕中者皆能盤盤算之又常熟書吏漕差皆有姻親故舊完糧不爲一半串亦不取多寡於民欠之中故極疲之糧戶亦用此法賠累役五六成者役即將全串徵[illegible]上而半完糧戶之五六成糧戶亦以少完三四成之故而不必取串此等作弊亦屬不少而書吏從若之肥可知矣

松江

參將接印○江南提標中營張參將花苑自上月[illegible]副將新後即將印信交中軍守備暫行收掌茲新任撫標營參將張冠亭本月督轄將斯缺已於十一日卯時接印

松郡錢荒 城廂內外錢市之荒爲從來所未有皆由奸商囤販運出境所致各號結中每洋一元作錢八百八十文而以洋易錢者僅有八百三四十文甚有往換不得者貧苦小民何以堪此

校閱營兵○江南提督於初八日回松後即於初十日在校場中校閱水師營兵弁鎗礮閱畢中有點缺者須補云

福州

[illegible]捐消息○閩省自從捐輸停後籌捐辦起以[illegible]物翔貴嗣以興郡仙遊因勒捐釀變傷害多命故現有請將捐務一[illegible]撤辦之議尚未見明文也

閩學閩省○閩學秦學使現在考試福州已經竣事於初七日起往[illegible]省舉行歲科試

致期院課○閩垣鰲峰鳳池兩書院經理[illegible]督學將課擇於三月念六日開館其課期則於四月初六日考試因府課被誤督延故不及於念六日開考云

[illegible]中

恭迎岑督○滇黔總督岑於上月念七日由川界啓程來粵計月之下旬可抵省垣督轄人員已往前途迎接[illegible]茲聞滇省兩司及[illegible]於差員連日請查款項計存若干仰俟督以俟岑督稽查並聞司道各官議派伏波輪船前往瀧口迎候即於日間啓輪又聞岑帶來親兵一千人亦有[illegible]派[illegible]輪往迎載矣

縣控由府令親勘斷結者令[illegible]備[illegible]格外[illegible]捕協解押在大[illegible]獲全案匪竊者賞洋三百元

法界[illegible]○新租界捕房[illegible]當法[illegible]界之[illegible]裝[illegible]跡法界解同捕役張順來不將票呈領事[illegible]押入城[illegible]捕頭將張順扣留管押在案昨日有張[illegible]投補[illegible]曹勝捕役自知理虧懇求恩鑒讞員大[illegible]中[illegible]之得有備洋三十元賴順即送還[illegible]

美界火災○前晚[illegible]點餘鐘英界虹北[illegible]將救火[illegible]共[illegible]北[illegible]二人[illegible]錄○毛中[illegible]在[illegible]約[illegible]十元[illegible]鍋[illegible]只手[illegible]並[illegible]在日新[illegible]詔[illegible]押店[illegible]首板[illegible]押[illegible]元一[illegible]光公[illegible]上海[illegible]飛類犯人名[illegible]州[illegible]

嚴道林 倪[illegible]由 金瑞堂 郭[illegible]生 王阿五 徐阿根 張永祥 陳瑞利 錢阿濤 方一桂 王子[illegible]
陳阿[illegible] 陳[illegible]心 王雲祥 蔡增生 黃子仲 陸阿五 張金才 金仁峰 李德成 吳少臣
王阿二 宋[illegible] 錢元元 趙月庭 王永祥 徐阿[illegible] 徐阿生 王阿義 陸阿興 陳錦山
王永[illegible] 周士壽 陳阿二 王子林 李[illegible]和 方才堂 陳宗榮 李少村 吳阿[illegible] 趙阿東
李[illegible]生 王關[illegible] 徐[illegible]成 王[illegible] 金仁德 李[illegible]森 王子[illegible] 王阿[illegible] 陳連生 夏[illegible]
張金生 江阿山 高[illegible]義 方阿生 李阿二 王[illegible] 沙[illegible] 王阿福 陳根[illegible] [illegible]茂[illegible]

光緒二拾九年四月十七日 禮 陽歷一千九百三

分售處

北京正陽門內乚限井北
首擲華書館乙又東華門
外戲新書乙〇天津北洋
官報局又海大丁市報館
又時署東各報館分處集
于亨又鄉可兼李茂林
心都少十中國學社〇武
昌文明書室〔漢口二爽
排老君殿對門江恒昌〔
安徽蕪州狀元第孫宅
安慶以牌樓路南億大信
同內本分館又藥王廟右
周玉田先生〇張湖玉林
堂筆店〇大通盆〇江
西馬千廟背後隆發園又
百花洲廣智書局〔福州
省城郎宅〇府京東牌樓
大街于圖書報房〇錄引
新何街李鏡江〔揚州東
營六巷門宅〇杭州保佑
坊大街朝日不邱門以小

蘇

每號大錢十二文　本館開設在上海英

五月十三日 禮拜三 〔第二千四百五十八號〕

報

租界三馬路小

昌又拱宸橋南馬路中昌○紹城小江橋南街小呂○寧波江北岸和泰局又灣化河頭錫子號○蘇州小妙觀前郵政分局內本報分館又閶門內恒號錫酒莊石耕山○松江西門內佛字儒珊發如○無錫中部與嬉夢○常熟西門老廟前瑞和紙號內許潤生○周浦楊鐵牌○日本橫濱祥豐洋行內林紫垣

告白刊例

第一日每字取錢四文第二日至第七日每字取錢二文第八日以後每字取錢二文刊閱告白以後編加倍論年論季者雜誌行各告一[illegible]字起碼短[illegible]告白以五十字起碼多則以十字遞加

外埠酌加寄費

論說

敬告守舊諸君子

來稿

某頓首敬因報章之間接力欲有所陳於吾守舊諸君子足下諸君子其聽之吾以守舊冠諸君諸君得弗以吾為慢乎然至今日而猶守舊諸君其亦太弗自諒矣雖然諸君固弗任受守舊之名也曰吾何嘗守舊昔而八股者今而策論矣昔而高頭講章者今而御批通鑑矣在諸君中且有自命為維新者夫維新則甚佳吾日夜馨香跪祝諸君之維新也諸君而維新則吾將為中國前途一賀

諸君雖守舊吾知諸君中必有一二可與談時務者諸君其思之今日中國（泛指）之痼疾扁鵲所望而卻走者也諸君能以通鑑救之耶能以古文救之耶能以策論救之耶能以經義救之耶即如其能爲一二部時務書買一份新民報抑能以空言救之耶如其能也則固甚善而無如其不能也然諸君亦知其不能也而諸君之意則以為姑如是亦無妨焉得志則翰林進士赫耀一時不得志則坐擁皋比猶不失蓄妻子之資計日未嘗或左也而吾以為諸君慨矣今之政府其不至破壞者五年內事耳而諸君猶昏昏然猶以功名為榮乎如欲坐擁皋比諸君既以此自慨更欲慨彼少年乎此吾不能為諸君解者也

居今日而欲救吾同胞舍革命外無他術非革命不足以破壞非破壞不足以建設故革命實救中國之不二法門也革命乎革命乎諸君聞至此必將掩耳咋舌相顧而駭走矣雖然革命庸何傷吾非好言革命也吾欲救吾四萬萬同胞則不得不革命吾非敢強諸君以革命也諸君既為四萬萬人之一分子則不可不革命夫革命與流血固聯稱者也英克林威爾常曰非以血洗血則不能改造社會而將揚世界之大精神是故革命固於吾何利吾之目的固欲救吾四萬萬同胞也何有絲毫益於吾同胞則雖劈吾頭顱灑吾頸血而吾不知痛吾不知變奴隸者至舉之名詞也吾願以一身為四萬萬國民之公奴必不願吾四萬萬國民為世界之

也故日本即一躍而三島之日本亦孕育之胚胎之後然以武士道大和魂驕我沈睡千年柔不經風弱還易斷之祖國矣嗚呼民族生殖之發達而體育一部之大有造於國民固如斯耶今者我無錫社會諸青年不自菲薄思以實驗教育各盡其國民一分子之義務且懼於天演優勝劣敗之公理也謂我國民之所以劣所以敗即根於體育不興之惡原因而成此惡結果設及今不圖自全自保自治自立不受天然之淘汰亦受人為之淘汰周餘黎民之詩將為吾同胞諷矣故立起自勵招集同志數十人建設體育會一部於城隅擬訂來復第某日延請某某演習體操數小時先由柔軟體操立其程式其兵式體操則期以次遞及懸其鵠於習諸以後至體操為體育之一部分東西各依體育之部有所謂競漕擊劍競走擊球海泳射靶用撲競馬競射競輪者本社會祇取其力所能勝者措置一二餘則草昧伊始不求其備且海泳競輪諸事本社既困於內地又無大宗經費以達其目的只能付之缺點而已雖然偏而不舉少體育部苟求其全求其備吾同志或自能達之一日特規則不立無以為吾黨同志勸且後之來者均無由知本會目的之何在而躍然思返其一二喜動惡靜者並以本會之志趣未及揭示公衆而騰無意識之口說焉則阻力不可不防推動之防之有共和憲章三條在

一（愛國）歐美各國恆醜詆支那人無愛國心謂彼民常抱一種服從之根性而可以強硬之手段懾服之嗚呼此吾國民之實情即吾亦不能代為諱也不然彼以強硬手段來吾豈不能以強硬手段往所患者缺乏軍國民一般之資不格足以禦外侮而充國防耳苟膂力強氣體壯則並駕齊驅正未多讓然印度之土著與美洲之紅種澳洲之黑人其膂力未嘗不強壯其氣體未嘗不健全何以常服從於英人之下而不知自立也則吾可斷言之曰無愛國心無愛國心今吾黨既從事於體育以為作強體魄之用不可不以愛國二名詞印入吾黨之腦底鑄為吾黨之靈魂蓋從知國為吾個人之國而以吾個人充國防即保全吾個人之身家財

賤奴諸君聞此言其以爲否乎否之何妨諸君固幼稚人物也目未嘗見耳未嘗聞善哉否之善哉否之吾猶崇拜諸君之有眞實性也

抑吾更有所忠告於諸君者無謂維新守舊諸君必當足踏實地新則竟新舊則竟舊若人言新則吾亦曰新人言舊則吾亦曰舊此必具奴隸之大特性者他日亡中國之種子也吾往者亦嘗守舊矣見有言革命者則駡之惟恐不力雖然吾非守舊也吾以爲非守舊不足以存吾中國也今則一反從前之宗旨矣雖然吾非維新也吾以爲非維新不足以強吾中國也吾最敬最愛最希望最有爲之守舊諸君子其幸勉力前途毋使余言之幸中也歲不我與前塵無限余言祇此惟各勉之近人詩曰一紹華不限輕消遣過後思量總可憐一守舊諸君亟須擲此萬金不換之光陰於煦煦會廳中也

無錫體育會共和議章　來稿

慮念世紀初民族主義過渡之時代欲以黃種與白種競優劣而國不敗種不亡其根據非一要以鼓吹體育振勵國民尚武之精神養成軍國民一般之資格爲惟一無二之方針今日料涉泰西教育史者人人能言之曰欲施完全無缺之教育非德智體三者並習不爲功而規之實施猶偏重德育智育而以體育之一科殿焉至詰其用意之何在則又謂我漢種之所以劣敗於拉丁種條頓種斯拉夫種者一原於公德之缺乏一原於民智之未開故諸制之奴隸之牛馬目之固待之而付無反抗之心自強之志爲其說固矣而其義則猶未全也夫民族主義之盛行人人既各爲其國之主人翁則人人有當兵之義務然則軍事爲國民負一語非吾人與歐人共爲者乎然吾觀泰西各強國之所謂國民兵者於編制成兵之始必先檢查其體格體力目力耳力呼吸力之強弱與否以爲合格健康氣不發達腦格不充盈精神不作強壯特無以完國防而亦無以鑄國魂即一切通商航海殖民之偉業其何以爲自全自保自治自立之地也耶。蓋[illegible]播孫人種所以能爲全世界之主動力者其軍國民主義之實行殆已濡觴於希臘之斯巴達而胎息於現今歐美強國之林且浸浸乎西漸而

產如是則雖欲國民不發義勇出死力以與外人相抵抗而不可得矣且若人人聞此心以吾錫數十人爲江蘇全省之代表以江蘇一府一縣中之數十無錫人爲各行省之代表則吾中國人者既有堅壯不拔之體魄復有百折不屈之精神既有百折不屈之精神復有鬼神不測之智識他日負荷重遠而開拓世界也不屬拉丁人不屬條頓人並不屬斯拉夫人而屬吾漢人則黃禍一語安知不竟見之實行以褫落西人之膽耶　此稿未完

時事要聞

電諭照錄○四月十五日奉

上諭升允奏特參管帶營官請旨懲儆等語各省勇營優給餉項迭經嚴飭不准有缺額冒餉等弊茲據該護督查明管帶綏備屯軍左旗補用遊擊毛吉斌管帶前旗補用參將王得貴均有缺額剋扣情弊王得貴並有役使勇丁營造私宅之事實堪痛恨僅予革職不足蔽辜毛吉斌著發往軍台王得貴著發往新疆效力贖罪以示懲儆該部知道欽此

西報紀俄事○字林西報十一號路透電云本屆駐京勒事云牛莊官場皺稱俄人占據該處砲台後現又電北京云俄人此限爲暫時之計并不欲久佔蓋現已退出故也

又云美國政務大臣約翰海中明謂與英日聯合拒俄之舉現可作罷若此則美國將作壁上觀矣

又電云約翰海君現已將駐俄美使之文件宣布該使頗能先見于俄人之舉動而注意于俄大臣拉姆薩之約束東三省開作通商口岸之事也

又云拉姆薩旨中俄之約無礙美國條約俄政府亦甚願將東三省開作通商口岸也

又電云駐牛莊日領事近電稱諸傳俄國于該處有添兵等事[illegible]

[illegible]事○京函云岑督此次調督兩粵恩命既下後政府[illegible]諭飭宜與岑公現在廣西軍務倥傯黨蹤叵測而[illegible]欽州一帶亦屬出沒靡常該督諳悉梓情形周悉

門以收效宜飭同雲南貴州及廣西諸路兵力兜剿以絕根株主內政官吏治積弊已久亢宜竭力整頓云云聞已復奏謂西藏目下情形未經親勘不敢率陳惟軍務緊要當即迅赴任請准其調用四川幹員張鳴岐段駿照等十名隨行一面在四川籌康借支銀二萬兩並刻木質行營關防一枚以便沿途辦事聞政府已將樊允行矣

世界要聞

借款事件〇字林報十一號除透電云脫國借款之事現已告竣人民之簽名向借者非常踴躍原定二億之數現已增至五億矣

檀島報紙來電〇又電云馬西度尼之亂雖則俄人已在喀納斯脫地方將毆居其者概從殺死無數又云土耳其人現在有政府將合師尼所有之兵艦退出蓋恐該處居民誤解其意也

貽書卸貸〇又電云孛爾撈利阿親王宮狄倫武現致書法京爵郤梅西度尼禍亂之責任

俄國自由主義　六續〇希瓢根氏之干涉　近希瓢根氏新設內務大臣之任勃烈威氏見此情形分立各地委員會宛如各地均已設置小國會者然大有關礙於俄國獨裁政治且欲殺大藏大臣威德之勢力卽在停止委員會之一舉乃頻頻倡言運動政府部內威氏則以爲所創地方委員會均得討論時局之危急無所顧忌蓋不害也　國家而勃烈威氏訓令地方長官監督其會論若有委員會反抗卽決計取强硬手段彈壓之以委員唱自由主義爲抗皇帝之謀叛人奪其有力者之職務或流竄或下獄其結局使皇帝不可信賴地方委員會當時威德氏不深抗之一任勃烈威氏之所爲各地方益怒內務大臣之專橫人民見獲罪委員人人歡迎之張盛宴以示反對政府之意且自此各地方議會之議員益秘密開會某處討論時局意氣激昂愈挫折愈激烈至各地方農會委員會之結果處今日之勢正益加其反抗中央政府之念而呼號立憲政治可無疑也　仍未完

學界風潮

神必具其目的而始九等志而結其心力身力財力勢力而川之以陶冶此身者完全無缺之一人格而以能力及同志及親戚鄰友聚精會神必涉此數目而皆第十等誌十也凡若此者皆專注於德智力之三育謂惟此足以保愛而愛人餘外俱無足以動其心者也是故誠人總其心力身力財力勢力而川之於仁國民份子智國民份子強國民份子自治之義務推各人總其心力身力財力勢力而川之於仁國民全數智國民全數強國民全數此義務之自治而夫自由者自治之效驗也若以縱情恣欲爲自由而自治者亡誰撫利者義務之食報也若以國爭擴奪爲權利而義務者其誰平等皆合力自治各極義務之結果也若以彼此勝負爲平等而力自治極義務者誰成平等學堂生之事幾近乎僞起矣西人命之曰此誠野蠻國之君影響上位壓制下位終則多數壓制少數以演成一彼高此低彼低此高之平等吾聞此言羞之羞之羞之羞得告上天無路入地無門竟被大辱不見客者三日諸君諸君親聆斯語乎有一人焉昂然入一壓制之學堂專心致志惟以德育智育體育三者之是務居處者何弗知也飲食若何弗知也間作若何弗知也司事若何弗知也雖之弗知軒之弗知也學成而退人謂之曰是堂也極壓制子以爲何如答謂我實不覺其爲壓制嘻異矣嗚呼吾知之矣以彼自治之嚴義務之謹蓋有百倍於他人之壓制者嗚呼其他之壓制可說也惟學堂之壓制無可說何則其壓制也無非壓制我之荒怠德智體三育焉已耳是以若人之入此學堂也但覺闊地空天倘仰而游自由之極也若嫌其規模茍嚴可以要約同志組織一完美學堂以爲各學堂之矜式不妨從容告退嘻果有財力勢力不川之於是處卻待何川要而皆之特荒廢其心力身力各當其財力放失其勢力而濫用之於無謂有害之處以爲快焉耳是誠奴隸根性之卒不可拔者矣不仁不智無禮無義奴隸也奴隸而恥爲奴隸則莫如爲仁正已反已責己成己如斯而已矣故必如上十等之志士方始不爲奴隸也諸君御無以吾曹爲夷落諸君乎非也今我中國前途想望者惟學堂諸人耳望之厚待之重責之

百憂生與浙江大學堂求學諸君書

此百憂子者不知何許人其言重其心長殆世之有心人也記者雖不盡以其言爲然而不忍沒其苦心特爲錄之

本館附誌

兹事也始聞而驚旋而喜終而懼　見於南洋公學二見於潯溪公學三見於江南陸師學堂是中國之關係甚大直且影響全球非但我國已也爲有誥教於諸君者夫壓制奴隸一病兩痛惟奴隸人爲壓制惟壓制人爲奴隸是故當其居上也既無德足以化人又無才足以教人非無智術足以馭人左思右想而不得不出於壓制也壓制技窮退爲變懼既變懼焉其中有三轉念焉一則精其壓制之法一則務爲媚悅之計一則力自議其義務進步改良也然非有德才智術則不可試請與諸君言志士諸君自擇焉總其心力身力財力勢力而用之以仁國民者智國民强國民而因以仁全球而因以仁世運會元循環之全球聚精會神必以此爲目的者第一等志士也總其心力身力財力勢力而用之以仁國民者智國民强國民而因以仁一時之全球聚精會神必以此爲目的者第二等志士也總其心力身力財力勢力而用之以仁國民者智國民强國民俾我國足以統一全球聚精會神必以此爲目的者第三等志士也總其心力身力財力勢力而用之以仁國民者智國民强國民俾我國足以魁冠各國聚精會神必以此爲目的者第四等志士也總其心力身力財力勢力而用之以仁國民者智國民强國民俾我國足以爭雄各國聚精會神必以此爲目的者第五等志士也總其心力身力財力勢力而用之以仁一省民者智一省民强一省民以爲全國倡聚精會神必以此爲目的者第六等志士也總其心力身力財力勢力而用之以仁一府民者智一府民强一府民以爲全國倡聚精會神必以此爲目的者第七等志士也總其心力身力財力勢力而用之以仁一州縣民者智一州縣民强一州縣民以爲全國倡聚精會神必以此爲目的者第八等志士也總其心力身力財力勢力而用之以組織一純白完美資格頂上之學堂陶成同志以爲全國倡聚精會深計之直中隱微似覺雖堪耳是故當謂必如上者所言乃爲我國之人格乃爲我國之特色嗚呼有一大漏船焉駛入大洋風潮洶湧頻危皆屢矣其中有適當其位但一舉手足以彌漏定風者亦擁有彌漏定風之才者皆自私焉妄用焉而不爲之一補救也無何船沉矣向之自私妄用者均不知其何往矣諸君諸君曾念及此乎尚肯心力身力財力勢力自相踐踏乎興言及此一縷酸絲兩行珠淚前鑑僨行嗚呼吾亦不自知其從何來也鄙不盡言惟亦亮

事件擇要

江南格致書院新訂章程　六則

一光緒二十六年十一月十八日奉升任傅憲恩督憲劉先後札開嗣後各處學堂學生如有情弊妄爲把持要挾情事即將爲首之人分別發縣或發學嚴懲照例大憲概予革退追出繳膳火銀兩縱使全堂撤換亦在所不惜行令由實整頓在案自應編入章程永昭警戒

一凡院司各習學生借看院中所儲書籍均於每月朔望日自行借條持向收掌書籍處查明照發收掌處隨時登記限半月繳還請假出院亦須一律如有損壞油污按值繳價不准攜帶出院亦不准借與友人凡借書每一人不得過五本前書未繳不得再借他書

一凡給假二日以內者不扣膳火此年例假亦不扣因祖父母父母大故者亦不扣因疾病而住院醫治者亦不扣出院則照扣年終散學則照扣散學而仍住院者不扣餘仍按日計扣凡請假逾期至一月者均除名另補父母大故請假雖不以此爲例但請假一月以外者只發膳火一個月以爲定限

一每逢鄉試之年凡生院應試者自七月十五日給假八月二十日銷假不扣膳火其赴童子試者不得以此爲例仍照扣膳火久不回院銷假者亦除名另補

一正課學生伙食按每日扣銀六分由帳房交廚房包辦每月於給發膳火時按大小建盡數扣下月終交廚夫具領餘銀除

遵例照扣海軍午餘部飯外將貯存之銀發給諸生領用其附課學生每月應繳夥食銀數與正課同惟須於每月初一日先繳足一个月方可包飯逾月不繳者除名無論正附均不得自行造飯所需茶水均由官備

一發給正課學生膏獎多寡時有不齊每月應將各生所領銀數列爲清單令諸生各自簽字給領完畢榜示院壁九天即將原榜揭下按月申報

一帳房無論何人不得懸借預支教習薪俸以每月朔日致送員司薪水學生膏獎丁役工食以月晦日照發以上人等有應給廚房伙食均由帳房扣存轉給如少扣多扣及濫扣等事亦惟司帳人是問

一帳房不便令各教習學生人等無事亦不得至帳房閒坐

一凡自教習以下人等無故不得擅離書院因私事出院必須與總辦說明如遇公事冗雜不得請假私行以致曠事

一以上五十四條如有未安未備仍應隨時稟明修改以期盡善

已完

各省紀事

武昌

學生被辱◯武備學生因在某娼寮冶遊爲地痞所辱嘗就近赴工程營請兵卻後營官揮之使出方督部學生因與護軍營勇口角後毆受傷甚重刻下學生於營兵有勢不兩立之勢

安慶

衛田繳價◯安省衛田有九萬餘畝散落寧池安廬各屬設有衛征收漕糧現將衛官一律裁撤衛田應征錢糧歸縣併征經督撫會議凡屬衛田無論自案典業均令每畝繳庫平銀一兩並照置產買民田之例按畝另完稅銀三分

揚州

更換教習◯鮑郎中心增前充揚州儀董學堂副教習因與各學生不治已經辭退現府守擬聘爲鎮郡中學堂總教習以李子均

自強軍教法倣成勁旅劉已演習多年頗有成效呂提憲函請寧道諮大校場會同閱視云

高守回省◯寧任寧府高守於十二日挈眷赴省

縣令接篆◯署理鄞縣周令延祚於十三日午時接篆

福州

閩臬卸任◯閩臬楊文鼎因參案撤任已於日前卸事遺缺經省憲派委柯鹽道鴻年行兼署

閩學請假◯秦學使現在按臨興郡科試業已竣事於本月十一日旋省聞因近得瘧疾福州府屬科試不能即行故特已稟請病假十天俟稍痊愈即行銷假考試云

本埠紀事

備迎江督◯前日滬南時滬城文武各官接到金陵來電得悉魏江督定於十六日出巡赴沿江察看炮台並順道至滬赴製造局查閱各廠故本縣汪令飭丁差預備迎送矣

赴淞迎送◯江南爭現督得悉魏江督將次到淞口察看砲台故於前晚乘舟赴淞口候迎

官場紀事◯浙江陸糧道到滬後昨至上海縣拜晤代理上海縣糧廳翁縣丞玉江於昨日申刻接篆後即至道縣兩署稟知任事◯滬軍巡捕營管帶沈守庭颺赴蘇公幹茲已於昨日返滬

貢物過滬◯蘇州恩撫札委武巡捕蔡參將羅松浦千總永新押解貢物入京於前日到申本縣汪令即諭差捕飭役護送昨日換輪押解入都

局員到差◯南市十三七舖巡局徐委員錫臣奉道撤委後另委韓委員接辦茲悉昨日韓已到局接差並至各憲處拜會

攔劫駭聞◯提標程守備淳菴之夫人前日乘輿出城至北邑陳某姓家賀壽飲宴迨回城時已二鼓距行經學宮東荒僻之處忽被匪徒多人攔住去路從轎中拖出將金鐲簪釧珠飾一併硬搶而去輿夫見勢不佳飛報程守備帶勇往捕而該處鄰人聞聲齊出當場拘獲金國寶張利娥二楊金德四名解入守署並將夫人

另覓他事故也

常熟

漕弊瑣談三〇常　至各有圖分有一人而當四五圖者有一人而當十餘圖　人必係漕書之爪牙與差役地保通氣力甚大作弊　鄉民之有自田者悉托其完糧任其取求無敢偏強故　息有千金者托有五六百元者有三四百元者至少亦有　，每歲做齋祀神鄉民送禮尚不在內則名辦清賦適爲此　開一生利之門而勝浩歎矣常熟西北老沙田糧輕而租上　有沙田者皆以　力相爭不問有買實之名惟昭文東北鄉之　生花田同治中年及光緒初年恒多風潮歲歲失收因其時尚辦濟漕民不知苦近數年來改辦清漕花田每畝完清正以加賦亦須七八百文民始不堪其苦猶記光緒十七八年間花田每畝價洋二十元今則每畝七八元亦無受主皆由昭文頻令屢次不准化田報荒以致業戶賠糧太苦無敢過問也東北二鄉農民素馴習自免糧而後鄉民因之不肯還租故梅堘一帶民皆刁悍異常一交冬令動輒糾衆其人多附郭之人或爲大家打米或作富戶傭工敢抗租業主之開追竟同兒戲至北水門外李家橋謝家橋一帶農民人皆稱爲肩担是蓋以其人常肩挑貿易熟識城中無賴故以欠租爲能事或遇業主送縣枷責亦不以爲恥此租風所以日壞也昭文張令圻已三年期滿聞鄉民有稟請留任之說此蓋由於常昭小鄉紳素於張令諂媚以便已之私圖故假託鄉民而爲此稟俾張令感德於小鄉紳而後來之請托干求可以如石投水此正小鄉紳之詭計也

松江

府縣閱塘〇松江府許守於日前赴東南鄉一帶巡閱海塘華亭婁縣兩令偕同前往

通緝盜案〇松郡西南鄉得沭塘阮姓家於三月初八日夜半時被盜搶劫去銀物件甚多雖報縣緝拿迄今尚未拘獲現經金山縣令出有賞格移知各屬一律嚴拿矣

寧波

會同洋操〇寧郡副[illegible]營向不演習洋操近呂提督責令管帶寧

石鏈生　王自辨

送回署中時已狼狽不堪程守備旋即函致上海縣由廷令曾諭飭值捕總往將所獲四犯帶回縣中釘鐐收押並經捕甲在搜物處尋獲手鐲二副及耳環等送還外間尚少贓物値洋七百餘元云

暫停會訊〇英公堂昨日美白領事另有要公飭丁知照各捕房停解讞案一天

扶病停訊〇昨爲法公堂會訊之期因翟翻譯另有要公故晉照孫讞員停訊一天

莫麻煩紀〇婦人杜氏與族叔謝明山姘識被謝托替名蟻姝葉老八押入某妓院賣娼故名竹雲昨經其夫某甲偵悉報由包探賀知詢拘入捕房解送公堂奉諭將氏與楊母李周氏分官媒押候會訊究辦

[illegible]捕房承辦錄〇王因因父母雙亡遂將六歲之胞妹托飯店夥吳甲撫養與朱姓作二十五元立有契據前日王忽向浦東某廟前訴甲誘拐妹子等情廟甫函致法捕房請究捕頭飭探將甲及朱與女孩一併傳到甲供係王自願出售可以面質朱呈身契王至此語塞捕頭飭將女孩交朱領回王及甲一併押候解訊

上海富強善會送戒煙丸人名設〇蘇州〇杭州〇安徽〇南湖廣〇南京〇北京〇鎮江〇九江〇常熟〇嘉興〇寧波〇湖州〇

李少村　陳阿生　金才甫　徐木年　陳阿大　李阿長
方一桂　李阿生　張敦林　王子芸　鄧金元　高阿義
金大寶　陳元生　王子林　李德成　夏仰子　李文彬
張阿東　陳子卿　沈海林　高阿大　王阿三　楊睿山
楚培生　徐阿根　陳阿芸　趙月廣　于阿湖　張阿二
趙阿福　王永滔　朱阿安　周士齋　朱桂生　王子辦
李阿二　馬木林　陳錦山　李阿皮　張金才　王阿義
陳瑞利　徐宏棠　金仁德　陸阿三　王阿五　陳阿元
徐阿生　王福生　沈阿根　徐金甫　王雲祥　李洪生
陸松濤　吳阿[illegible]　趙阿東　沙黎來　李照和　應利亭

光緒二拾九年四月十八日禮 陽歷一千九百三

蘇

分售處

北京正陽門內三眼井北
首擲華非館○又東華門
外嶽茹書局○天津北洋
官報局又海大津直報館
又府署東各報館分處樂
于亭又鄉而南李茂林
外都少外中國學社○武
昌文明書莊○漢口二爽
非老君殿對門汪恆昌○
安徽蕪州狀元第孫宅
安慶川牌樓路南億大信
局內本分館又樂于廟右
周玉田先生○張湖玉林
堂鐘店○大通鹽○江
西馬干廟背後隆興閣又
百花洲廣智書局(福州
街城鄉宅○南京東牌樓
大街王廣昌報房○鎮江
新河街李鏡江'揚州東
營六巷門宅○杭州保佑
坊大街胡東右廟門內中

每張大錢十二文 郵 本館開設上海英

年五月十四日 禮拜四 號 [第二千四百五十九號]

報

昌又拱宸橋南馬路小昌〇紹號小江滙直街中昌〇街波江北岸州綮局又潮花河頭楊子讓〇蘇州八妙觀前郵政分局內本報分館文閱門內恒瑞錫絡非行對山〇嶔江西門內佛字儲銚許如〇無錫申報處吳錫亭〇常熟西門老剛瑞相參紙張內許潤生〇閩浦楊鹽神〇日本橫濱裕盟洋行內林紫垣

告白刊例

第一日每字取錢四文第二日至第七日每字取錢三文第八日以後每字取錢二文封面告白照後幅加倍論年論季面議長行西占二百字起碼短行告白以五十字起碼多則以十字遞加

租界三馬路中市

外埠酌加寄費

論說

照錄體育會共和經畫 續稿 來稿

一公德體育之精神多端而以體乎會操則欲聯一隊之人如一人聯一隊之心如一心斷不可無公共之思想蓋體操者卽發皆各國國民兵之基礎而爲備兵之先聲也如以名學家之例解釋之則軍隊者爲公共心之組織體育部者起點之影子之體育部而可不以公共心組織之乎且昔法人決來喀克士之殺斯巴達人使之其首面食戰時則相約共死以激發其親愛之心也昔又見夫我國管仲之作內政寄軍令軌里連鄉之制使卒伍自治之民入與人知保家與家相望以至夜戰則其聲相聞足無以亂晝戰則其目相見足以相識歡欣足以相死也其激刺國民之精神而以公德爲之魂魄之手段也如是其體顯昭著故底此不可思議之實力耶故今吾我同人設此體育部以驅放一種團結不解之團體則已苟其設之則在會數十人不啻合數十人之心而要必融化爲一人之心且不獨於會操一時始貫注其精神而已且人則必相提攜患難則必相扶持除自私自利之有損於社會者以於社會上之公利如謀身家者分秀也功之意以謀益其公益在[illegible]不然者非吾人此會中之同志也

一致斥軍國民主義之最要點雖不在形式而在精神然一切生代行仙進退皆依[illegible]式要會守整齊嚴肅之約以爲自範自治之憲章所以體育部組織之蓋大主義一則日親愛一則日秩序順親愛之目的已於公德一條括之今既以秩序爲綜始體操之法據吾黨乃不可以不守吾觀夫東西各國之會操也排列則整然如劃一運動則穩然如矢平頓足如平沙之落萬籟旋身如遊龍之掉其尾而且爲足齊舉萬首齊回行如飄風怒潮忽止如山岳屹立然雖從容練習之時猶必範以軍律部伍整然儼如臨大敵而決死戰此各國民兵之所以可用一旦有事皆足充常備兵之數而鼓勇以前也今欲祝吾黨體育會脫中國軌兵而戲之故態以智識之前及進入各國軍事教育服從法律之林則體

然之則皆之和謂他人無論矣君等皆上等社會之人乃亦識之度外乎又謂他人謂支那人係凉血動物吾始不信今果然矣當時學生大爲感憤遂有退學之事現聞管學大臣極力勸諭謂公等俱皆愛國然實之無從共至並一線之學堂而敗之諸君爲謀讀學堂於不敗之地勿以曉曉致禍也學生聞其言遂少安靜

聞政府已照復俄國不允改約既而又約各條皆與中國主權有礙又謂現得英美日三國照會皆不以此約爲然故政府是以尚不能允云云

津報傳紀俄事○聞俄國前來照會謂俄人代中國保護東三省如他國不允俄人代請兵事相見惟將來兵費須出自中國並僱用俄人爲會亦謂中西排俄如有戰事亦須中國代償兵費云

外務部堅請密約東三省各節近日英美兩國爲此亦有照會致外務部力言此約不可照准日前外務部已將英美日三國照會原文一并咨照俄國告以所約各節中國勢不能允許云云

探聞俄國山西的利里連紮東三省各地軍火器械水陸軍隊數十車之多均駐紮沿路一帶人有預戰先防之勢

月前有人赴外務部某旗員問及東三省事答以目下頗安定并無緣密事故又問以何故外人傳說紛紜均謂俄人有密約要求中國又答以此等謠言皆係漢奸所造萬不可信況俄人十分講交誼與中國所辦各事均係商議妥治之後方可施行云云噫俄國之要求以及歷觀在開上之識外人皆知之各報皆曾之而外部人猶作此如醉如夢之語國事秘密不敢宣布耶抑各報皆所錄者果盡誣傳耶眞不值識者一笑

本月初四日日本照會外務部有果認俄人密約七條則認中國爲公敵外務部接閱 皇太后 皇太后甚爲憂慮云

北京函云官場傳言日前有某大員往謁慶邸談及俄人近日要求各節見慶邸辭色之間甚覺平淡若無關重要也者蓋已有成算在胸無勞紛擾此可見俄人此番要挾當不難以理折服云

以上錄十一日大公報

育之組織當以軍隊之組織組織之使本社爲器社員爲水水從器爲方員即吾同志自不得不從社會之模型爲規距而秩序主義之所由爲軍事上絕對之要素化學的而非器械的亦即主動的而非被動的也或者曰子言秩序其界制頗未清猶令人莫知所從事焉則吾得舉最簡單最切附之兩名詞以重申 [illegible]聽分守紀律

以上所陳三者之約旨於體育之詳細子目雖未畢舉然激濁同胞愛國心則民有守戰效死不偽其上之決心而私鬭則勇公鬭則怯之風可以革提倡社會之公德則民有患難相死同仇敵愾之義俠心而與子同袍與子偕作之義可以明以守秩序爲最終之一級則體育上之運動得以軍隊上之機括活潑之以軍隊之之定律部勒之而後體育爲活動之機之中樞伴同志內志正外體直成爲一種杭髒子特之大國民即其壯往也亦無敢事無失機而體育之大端似已立矣

時事要聞

拒俄義勇隊（）聞南京官場中人言魏午帥聞學生有結成義勇隊頗助拒俄之事深爲歎美以爲中國國民猶有生氣也

京函附錄○直隸遵化州屬之豐潤縣近已設立小學堂一所現又議立中學堂一所已由學校司批准該縣官紳現正運動此事也

榮祿之死太后甚爲傷心以爲臂失一也某督召見時太后面加詰責詞色甚厲謂榮祿死於某督之藥某督係汝所薦是榮祿不啻死於汝之手也云云某督汗流浹背脫冠叩頭不敢置一詞然知之者謂方榮病時某督於署中夜設齋案焚香默禱求其速愈以二人有密切關係故也以此苦心乃不見諒哀哉哀哉

京函述中俄密約○京函云露人要我立東三省新約之朝官多有不知者僅聞大學堂學生亦不知一日某日本教習於功課畢後言曾曰近有一極大事我國人人怨詞非獨我國然也五洲之人莫不震動而貴國人皆不知也皆非何因故學生言即何事

出東三省密約事德國近日仍堅守局外例以觀舉動頗不以英國爲然

內廷傳來消息　皇太后確有拒俄之意以上錄十二日大公報

探聞俄人言約一事近經英美日本各國向俄問故而俄人則對各國曰并無此事皆係外間訛傳云

此次俄約關係重大聞外務部擬暫緩期仍以阻止爲宗旨不料日前接俄公使照會云頃接敝國來電已遴派欽差雷薩君來京專議此約以定可否云云

又聞日前外務部將俄國密約一事擬至三禮拜覆電未知俄能允否以上錄十三日大公報

北京外務部接到魏午帥及寓滬十八省紳民電請拒絕俄約慶邸王相均欲依議商請各國公使從中調停適值外務部侍郎以次同詣賢堂亦請堅拒俄約慶邸王相主意乃定故邀集各國公使會議於外務部嘗議將密約七條並締條遼河口輪一案一一揭明請各國公使秉公斷結拒俄使託詞係代理公使事務未奉聖彼得堡政府訓命即無權議此約之全權然俄公使之意仍欲令中國派駐俄京公使向俄國外務部商議也

增將軍日昨電奏云俄人已有退兵之意暗飭領事相待甚爲禮並云英日之仇視俄人非有他意不過欲將東三省請其勸中以清貴國之內亂藉以保護敝國之鐵路云以上錄初十日大津日日新聞

前者蔣侍御遞封奏力拒俄約一事已誌本報今日又有王侍御乃徵遞封奏亦力陳俄人之居心叵測萬不可允其所求以免他國效尤等語摺留中未發

前日午後有俄使參贊官至王相處請見坐談未久情形甚密昨日下午又至瞿尚書宅請見爲時甚久至所議何事雖亳中人均莫能知以意度之必爲密約無疑

自東三省新約消息傳出後英日美三國公使迭次詣謁慶親王請問此事確否請將法慶親王始尚游移無據嗣經各欽使一再開誠始實言堅拒俄人要求

英公使向華政府質問曰中美新訂商約內有二條　一東三省

辦理一切政務添聘外人爲顧問應允僱ㄟ國官員一爲京設立美領事官開埠通商如果東三省密約照行與此ㄟ條顯悖矣國當向華政府詰責以上錄十一日天津日日新聞

月初俄國代理公使面致外務部謁見慶王王相當所述之約乃大約內應有之義王相力駁之後俄使云貴國大國也敝國亦大國也兩大國交際切勿聽小人之言如果不能允許則本公使亦可向敝國政府婉商似已有自爲轉圜之道又聞日英美三國相約定閱察俄國所送之約文一觀

大學堂仕學師範兩館肄業生日前上禀學大臣張係懇請拒俄代奏事昨管學大臣批示云當日時局甚處萬端披閱來禀慨爲之歎該生等忠憤迫切自與虛憍囂張妄思干預者有別至於指陳利害洞若觀火具徵說國之識迫非無病之呻本大臣視諸生如子弟方愛惜之不暇何忍阻遏生氣了爲非營惟大局之利害固所必爭而當局之情形亦宜備悉本大臣初閱茲事即思抗疏陳奏嗣知外務部王大臣於一切因應之方均有定見辦法既無偏戾議論亦大略相同是以疏稿已具複而未上本大臣受國厚恩事關大計斷無自安緘默之理若夫涉要務艱於措手有專責者身處其難既已仰奉　宸謨悉心區畫亦不欲涉於激烈干竊時名區區此心總期有益於　國而已嗣後諸生研究國聞確有見地可隨事隨時著爲論說是候本大臣批答藉可考見學識不以浮繩何必聚論紛紜授人指摘切切此批以上錄十二日天津日日新聞

新約一事代理公使已口氣漸軟此事如何結局俟正任公使雷薩爾君會議聞雷薩爾君已到不日即當晤會矣

俄提督巴克提洛夫君亦訂於西四月間回國惟目下行程忽止似乎有所待也

聞派軍事訪友函云俄國兵官擬在遼陽車站附近地方闢一大操廠以備駐屯軍隊春秋兩季操演該廠長十里寬九百丈共計七千餘畝已經該國兵官與業主議定每一畝每年納租銀一元

東三省已入俄勢力圈內清約之成與否無甚緊要彼狡焉思逞者何能爲力云云以上譯俄國報

東報紀俄事○駐北京訪事於西四月二十五號電稱據前往東三省察看事情之某君來電云俄人在東三省之所謂退兵者不過將駐地改易並無撤兵之景象惟招募華人爲兵用洋操訓練之事則辦理甚爲忙迫

軍機處於俄國所索之約款奏聞　皇太后太后笑云若果如此則俄人所允退兵之事全係有名無實矣

本月二十二號慶王命外務部侍郎聯芳往見俄公使並將中國難以允從所索新款之情形告知俄使答云我不能致電俄政府謂中國難於允從但彼定欲中國速允不允二字已足促之措詞大有恫嚇之意

英日兩國之公使與慶王彼此頻頻來往以上譯朝日新聞

駐營口日本參謀本部附川崎大尉因有緊要事宜於日歷四月二十九日抵奉天并造訪增將軍及俄兵官定次日即歸營口云

按東三省俄人不撤兵并訂密約事刻下謠言於滿洲地方日俄即已開戰復喧傳日俄及其他各項舉動一謠再謠靡所底止以今日形勢觀之俄國豈敢開戰乎抑自問有能戰之力否乎而猶有此舉動者是不外演其恫嚇手段也以上譯北清新報

滿洲訪事傳來消息俄人於東三省一帶有決計收入版圖之意其如何籌備殖民如何改治興商已給有明細地圖云

近來對抗俄約之美日人咸傳言清俄密議已經破壞誠有風平浪靜之事其目該國於辦理此事探訪查察甚爲嚴密忙迫惟不願傳播外間免至撫與俄人決裂云

美國增派軍艦一事確有此信一因近日粵漢鐵道事欲藉伸勢力於彼一因俄人雖陽允美國在東三省自由貿易而與清國訂立密約至今不改故滿洲通商事終難深信不得不厚集兵力以謀抵抗云

風聞俄人有已別講的款若干萬兩爲賄賂清國官紳訂結密約

五角鐵路總督紀道夫氏兩囑交涉總局限五日內出示曉諭居民

遼陽俄兵計兩炮隊百餘名馬兵步兵共八百餘名

續由遼陽馳驛晝夜兼程五十里至東京城八十里至黑子山五十里至甜水站九十里至連山關七十里至通遠堡六十里至雪裏站四十里至鳳凰城沿途按站均有俄兵扼守驛站每站駐兵不過步兵五十名左右惟鳳凰城駐兵最多有砲隊百餘名馬兵步兵共計五千餘名距鳳凰城一百二十里九連城即鴨綠江口所駐之軍隊係依古元所統之部距沿鴨綠江進西往北[illegible]議紛岐皆由依古元派兵扼守所有濱江之木山均由俄人採伐設立公司其名不一有曰樹藝公司有曰山林公司有曰材木公司皆有俄國東方商務大臣羅克喀司夫氏派員辦理東邊道台與大化亦欲招集俄股合辦名曰義礦辦理究竟仍係俄商也其木山之長由九連城起程經輯安山人吉林省界　費德里山止距入圖們江水源不遠計長六百五里政府諸公好談風水則此與長白山之風水有無妨礙何以獨不計及之

鐵嶺俄兵砲隊百餘名馬兵步兵共五百餘名

營口城內除巡捕兵不計外馬兵步兵約計二百餘名餘皆分駐村鎮布若星棋無從查考以上錄十三日天津日日新聞

西報彙紀俄事　五月十二號路透電云英克敦能在下議院宣言云俄國因數日前奉美兩政府協商理論之故答以東三省撤兵之舉刻下雖猶遲延惟終當勉力從命撤退云云俄人之意非不欲屏斥東三省之國館事或阻撓他商業及干涉東三省商埠之建設等事故英美日三國并力拒俄之策亦可作爲罷論云譯字林西報

近日英日公使與外務部人往來甚密爲議所以對抗俄約之策聞外部甚有倚重英日出全力以抵制俄人之意

紐約報謂美政府不願與滿洲事美報云德人默許俄人要求密約各執一詞然細因察之美國於此事甚特別注意觀各路因此事所發之消息日共不下數十起然得謂美人不與聞云以上譯九字報

之用并交此次赴東之俄大員帶往之說

日來有英美大兵艦共十餘隻一由印度洋一由太平洋開駛前行大約係往亞東海面云

有某國駐俄公使及該國報紙均發成俄人之滿洲密約并謂清政府如力拒此約我國願爲挾制清政府必問於成若不幸與各國決裂我國亦當以兵力相助云以上譯亞東新報

津報要事彙錄○日昨外務部接各國電云禁止貴國輸入軍火之條已滿二年之期以後可釋此禁云云聞外務部已電達各行省矣

聞醇親王日前上一封奏係參劾兵督十款摺留中未發

傳聞張督入京　陛見後即入軍機

圖河一帶派人購領墾荒任種田地一節本報已詳誌之茲悉該處地土紫泥蔓草頗多十分肥墾有領墾承移業地而走者聞日下已墾成者尚不滿十分之一云

世界要聞

美總統宣言○字林西報十二號路透電云美總統羅斯佛在舊金山獲松維地方宣言云現世紀美國所占有上權之太平洋必能歸入美人勢力之下故凡擔任其大不宜疏忽云

商議鐵路運輸事○益新西報倫敦電云英理藩大臣張伯倫在下議院宣言云倘西伯利亞鐵道果能運輸較速諸事得法則彼國亦當利用之現彼正在與各國商議往北京及泰東運輸之事但尚未定約云

注意北事○又十一號香港電云據傳聞謂得英國司巴達茲威羅所派巡洋艦二艘到後與兩各兵艦當傳令停泊東亞逼近北事今定後方再退歸云

梅士衝突○又十二號路透電云近日義南德聲及尼亨爾人陸危之屆因字爾裕利與土耳其互相衝突之故其勢愈亟云

貸款訂數○又同日倫敦電云英政借與脫國之款統計一億一萬七千四百萬鎊云

一字王回國○又云字爾爾利王已歸至索非亞都矣

學界風潮

國民中學校特色○我國學界之風潮日有起色而以每一爲中心點近又有國民中學校之設矣聞發起諸公實心實力絕不爲浮誇虛名之事由同人首輸鉅款酌訂章程延聘術達淵深教習各省本埠偏發緣簿勸捐諸同力之愛國志士亦復竭力提倡認捐捐冊纍纍以養成全國國民之資格結果雖不能預計就其現象觀測之亦差足爲我國民賀矣今抄得該學校發議所確定之規則數條如下

一議由有熱心有實力者認捐捐冊一本捐得款項注意於辦理國民中學校以其有餘復推廣創辦一國民學報以發國民之德智一以振國民之發氣也

二議認捐捐冊諸君所捐之款項均交到暫設之國民中學校四馬路[illegible]支店收下取回國民中學校收單爲據至款項之出入每[illegible]由會計員將徵信錄[illegible]於學校[illegible]事中以昭大信

三議學校之設首重教科事關全國教育第九宜慎擬延聘學識淵博人心服從之中西教習數員且我國國語未經審定語言不一授受皆形隔膜尤甚者爲閩粵兩省其餘似當可暫通聽受故現擬聘閩粵教習各一二員以爲特別教授閩粵兩省來學者起見其他則不分省界以求通才

四議建設房屋訂定學規必經博雅諸君子斟酌完備方臻妥協茲[illegible]始不容[illegible]容當詳細列表佈告海內

來函述松江學堂　僕松郡人也郡城自辛丑年始有興辦學堂之議至去年而決意以辦今則小學堂已修葺完工中學堂亦已鳩工建造在事諸君力任其事大有振興教育之意豈知頑固者流既已甚爲嫉忌嘗思阻撓而當局者亦並非真心興學不過以此爲紳董餬口之計其中之最有才氣而敢於任事之某君僕與之有休戚相關之誼當因其兩往復勸以時事頗危不可徇己之私敗壞公益乃勸之者年餘而一片忠誠終不能入其腦筋又[illegible]

同情發不避嫌怨之嫌實一二并[illegible]服官與[illegible]他鄉者各出熱心相與贊助桑梓幸甚大局幸甚時乎時乎不再來諸君其思之

各省紀事

武昌

即補服新○新授安襄鄖荊道朱道已於初六日接篆

赴鄂赴日○前漢陽縣張令棻於日前乘輪前往日本從行者有農務學生二名

教士遊湘○有四國女教士數人乘坐民船赴湘遊歷

女學將興○鄂中開辦女學一節久未實行[illegible]道已籌有的款數然開辦[illegible]某女教士[illegible]研習

福州

法人招工○法人魏池因法國[illegible]需用華工[illegible]往新[illegible]作苦工者在閩託人代招聞本月十一日該招得福州僑民人二百名附輪西往矣

本埠紀事

將軍蒞滬○新任荊州將軍綽哈布昨乘新[illegible]輪抵滬即在英界[illegible]棧暫駐

蘇撫將臨○昨日滬城道縣接到吳門來電[illegible]人等預備迎迓矣

訂期宴客○魏江督[illegible]十六日出[illegible]已紀昨報[illegible]十九日即可到滬並定於念三日恭請[illegible]日恭請駐滬各國領事[illegible]札飭[illegible]道分別照會矣

關道請假○[illegible]關道[illegible]

日局員到差○虹口虹鎮巡防局委員[illegible]經關道[illegible]接辦孫[illegible]後已於前日到差昨傳各地保到局諭話

以英文教習一席牢籠千僕僕亦以為苟能身在局中或可補救一二使我郡學堂與當世新學界逐漸交通庶我郡學界之氣尚有振消之日故亦未敢以學業淺薄決意推辭不意某君乃竟有强僕同流合汚始肯引與共事之意不知僕之所以願就學堂不過欲為文明之一助故上月屆期未現有之職業而不願非為自私自利計也僕所痛心者時事如此財力艱難文明風潮日高一日我郡既為時勢所迫不能不開學堂而某君之材似尚可有為而僕無以警醒其昏迷使盡國民之義務而開我郡之文明是豈我松郡竟無開通之望耶抑某君未悉國中之變故求明全球各國之大勢故僕之所言不能使之動聽耶抑僕學養未到智知力絀而不能迫之使從耶因思我郡之從事於學界者不乏人矣倘能聯合同志籌補救於事前亦我郡人應盡之天職也因 貴報於學界上頗持公道敢將卑陳梗概倘能將此意兒代為佈告郡人之游學於外與在鄉而熱心時事者不勝幸甚

笠澤揀雲子敬勸同鄉諸君設立學堂啓○諸君乎諸君乎今何時乎而猶墨守舊章以待斃乎僕不遑與諸君他論但與諸君論教育一道泰西各國學校林立無論婦女及賤工皆買知書者多不知書者少甚且到若干歲不進學校者有罰今中國所推為識字者惟士而已間或間有之至農工婦女竟絕無而僅有者也須知彼何以强强在學者多我何以弱弱在不學者多近有友人自日本遊學返國謂彼處車夫身畔皆藏有書籍閒時即閱云云噫此日本所由能以區區三島而戰勝我人民四百兆行省二十二之中國也然則欲圖自强非遍設學堂不可欲設學堂非遍設蒙學小學成蒙學以備豫科不可諸君乎諸君乎不必怨學堂之難辦不必患辦學堂之無具也學堂宗旨大要不離乎德育智育體育三者德育可免習染之習智育可免空疏之習體育可免恇怯之習諸君萬勿言區區一鎮與一國無涉也須知一國者一府縣之積一府縣一鄉鎮之積近世與非公學白書中論之又甚願諸君爲勿謗經費之不易籌也須知我不辦此他人必將起而辦之諸君諸君不見今日之中國不能自振權利盡歸他人乎僕本淺識不敢妄議第甚悉諸君學實兼優望能乘此提倡爲邦諒

拐素經謀○昨報載拐匪一則茲悉程守備之夫人是晚被匪徒糾衆搶刼首飾外手臂上亦受有刀傷昨日程守備以匪犯四名皆由該處汛捕奮力拘獲不無微勞故特先賞洋四元俟贓物吊齊定案後再行賞勞云

押候遞籍○楊德堂在英公廨控稱韓氏與王姓夫陳大設拐誘發媳一案由張讞員訊供屬實將陳大判責交保李韓氏押候遞解蘇州長洲縣原籍昨日張讞員備文飭差將氏解縣請派差遞籍汪令即諭女官媒收押候示

情同放鴿○有蘇人仙者原名剛發綽號白牡丹李中在新鼎陞棧與人在相識日積月累積欠甚資剛無以應識托婦人顧趙氏將牡丹抵押在某富堂洋二十一元交陳寶智招在三元棧內用牡丹自稱已棧中收起協同捕房派探查獲河南往捕婦及抱婦顧阿發張趙氏並牡丹一併拘解英公堂請訊魏讞員之英資給碎上聞情同放鴿太傷姑寬判將男婦分別押候懲究究辦

仍停拍賣○昨為法捕房發落之期因□□停訊應提之犯故仍暫停一期

上海富强辭館戒煙丸人名○設蘇州○杭州○嘉興○湖州兩廣○南京○北京○鎮江○常州○天津○紹興○寧波○浦東○揚州○通州

王子裴 王阿四 吳阿新 王阿三 周氏齊 王阿義
高阿二 徐本立 杜阿高 顧何玉 周士濂 張□來
王阿五 王子林 葉培生 趙月廣 朱河安 王□華
李阿三 周阿若 馮甫樑 李阿皮 夏仰子 王阿王
王子卿 王福生 魏仁卿 陳錦山 李少村 金仁德
王金先 王雲庭 汪阿四 沙葵來 張德仁 陳宋□
王小芳 沈阿根 王子甫 花和尚 李照和 王□□
王金林 姚捷生 王阿生 徐阿正 宗阿四 李洪生
李步彬 沈海林 陳元生 郁金元 金木齊 方一□
李德成 陸松濤 徐阿根 王阿義 陳瑞初 □□□
徐宏榮 陸阿三 王福山

光緒二拾九年四月念一日 [illegible] 陽歷一千九百三

蘇

分售處

[illegible]

每號大錢十二文

本館開設在上海英

年五月十七號禮拜日 總〔第二千四百六十二號〕

報

昌又拱宸橋南馬路中昌
）紹城小江橋直街中昌
（寧波江北岸相泰局又
灣花河頭揚子號〇蘇州
〃妙觀前郵政分局內本
報分館又閶門內恒康錫
箱北石鼓山〇松江西門
內佛字橋姚聲如〇無錫
中銀處吳詩亭〇常熟西
門老刷前瑞桐發紙號內
許潤生〇周浦楊鑑撫〇
日本橫濱谷豐汁行內林
茶垣、

告白刊例

第一日每字取錢四文第
二日至第七日每〃取錢
二文第八日以後每字取
錢二文封面告白照後幅
加倍論年論季面議長行
〃白二百字起碼短行告
日以五十字起碼多則以
十字遞加

租界三馬路中市 外埠酌加寄費

論說

敬告國民當助國民中學校之成立

關德甫稿

今日中國外侮亟矣法人之干涉廣西俄人之占踞東省其餘口岸各國虎視內一變亂乘機吞併瓜分即在日前淪亡切於膚痛凡有血氣者孰不髮指眥裂思食其肉寢其皮以洩我國民之大辱復我國家之大權哉然而國民日日呼號志士日日奔走欲保身家而不得思救危亡而未能其故何哉豈天心之未厭亂耶抑亦人謀之不臧也滬上志士朝夕謀挽救之策上被嫉於虎狼下未喻於族類發聾振聵口苦舌焦而舉國國民鮮能明其利害奮其精神者豈不哀哉豈不痛哉日前滬有推廣借洋兵入平內亂之事引虎入室夷我種族此即吳三桂喪心病狂賣國民之覆轍稍具識見者莫不痛之疾之思有以驅除之而補救之三月念八日上海同人所以有張園集議電呈政府阻止洋兵之事也然而見患始救猶恐不及況有陰力於其前復有讒言於其後不幾令英雄氣短志士心灰委國土於荒烟置國民爲奴隸也哉海上志士痛心疾首大聲疾呼不忍我同胞爲牛爲馬爲魚爲肉於是四月初一日復有張園集議建設國民公會之舉也臺上演說國家興亡大勢及國民身家安危之關繫言皆痛切座上俱已感憤一時簽名入會願結團體者已千數百人公會開辦以來僅旬日耳而滬上人心大爲振作西報論說特深嘉許此足揚我一國之光而救國一線之生機未必不於焉是賴也公會之設所以固結團體爲民一心相望相助相扶持即公會之意也公會之名既立而實事不可不急講求公會之因既成而結果不可不早預備我國民智初開凡百未舉即有公會以聯絡之而言論紛紛宗旨不一當此外交頻繁內故迭起築室道謀其何能濟國民中學校實今日公會所產出而救國下手之第一方寸也嗟乎國將亡矣種將絕矣教將滅矣而猶癖於講學明知爲國民所竊笑貽頑固所藉口矣嗟乎嗟乎我國民我國民其亦一曾思之否耶學校之不興久矣道義不講則利害不明試問我國民有能知亡國之慘者

英倫有中國留學生二十餘人有自備資斧者有同文館派來者有南洋公學派來者然入高等學者祇六人餘者非論尋常人學幾句英語即入一尋常學校此等學校向[illegible]就者大約非爲商家寫字即爲人司雜務然學費之最省者已非數百元不可云

北京工程局工程師高爾業由肅王辭退

探聞張督十四五日可到京政府並無以軍機相待之意又聞盛侍郎有十七請訓之說

俄國之蒙古新要求條件○俄國近日對清國又提出蒙古事項第一之重大要求茲舉其要點如左　一蒙古設置軍務監督由俄國軍人中選定管理蒙軍隊配置操練貯藏兵器建築砲臺壁壘等如遇事變時一切軍事行動大權悉歸其制裁統治　一因圖俄滿兩國人民之親睦於蒙古一帶地方須以自由婚嫁制度又各地設立俄語學堂並希臘教傳教士喇嘛改附與同一之特權　一於蒙古一帶地方所有敷設鐵道採掘礦山及其他營利事業悉許中俄銀行經理且關此項事業所有各種輸入品不得徵收稅銀以上譯北清新報

彙錄迅報紀俄事○聞日本公使向中國外務部大臣言如日俄開戰請撥兵四成助日云云外務部尚未應允

官場傳說奉天增將軍祺因俄事有遷動之說

探聞俄人近日于所約各條頗有變動但於鐵路礦務二款仍分毫不讓云

探聞十一日慶邸晤俄公使將所有各款盡行不允謂如東省之兵不退是汝失信各國將惟汝邦是問

又聞美國荷蘭國因俄人之事現擬出爲調停

外務部確實消息俄人于滿洲各約漸有破除之意惟撤兵之期尚不能定必中國與以東省利權實據始能決議云

探聞駐京某國使署近接該國駐牛庄領事來電云本月初九俄人復據牛庄並占遼河口之砲台又調集一萬五千可薩克兵駐紮旅順一帶顯然有所作爲云

乎有能知絕種之慘者乎有能知滅教之慘者乎黑龍江投於河者五千人夫非我國民乎天津大沽財產傾百萬身家蕩無數夫非我國民乎然此亦不過偶一亂耳尚非國亡也尚非種絕也尚非教滅也而猶若此夫復何堪我國民借曰未知不可不急求其知借曰既知尤不可徒貴其知當今明詔令開學堂各省亦次第舉辦凡造因如何其結果如何我國民鮮有知者我同人亦難以預言惟是學校官立則爲力有限學校私立則推廣無窮泰西各國初莫私設學校所在林立至今彼國國民猶食其賜吁乎我國民如榮國之亡也任種之絕也聽教之滅也自棄爲一國之民也則亦已矣如不然也誰非性命誰無身家誰乏財產學校廢則智識塞智識塞則外患來無以禦之內亂起無以應之性命身家財產三者亦因之而煙消而雲散而冰消瓦解再欲求爲今日之觀然人面也亦不可得矣傷哉痛哉禍患之將至也誰見之哉其誰信之試不觀之印度乎昂然七尺之軀而受制於英吏下不得爲其官不得入學校頹然喪氣唯唯諾諾如喪家狗如耕稼牛卽英人僕婦亦不屑一與語夫非猶是有口耳舌鼻之一丈夫乎夫非猶是泱泱大風之國民乎僕忍淚稽首敢進而言曰我國民可以思矣我國民可以興矣我國民中學校其無自餒矣

時事要聞

京函述中俄密約（）外部現擬俄約異常祕密傳聞業已回復不允簽約俄人尚未正覆言俄人則有深意現值英美日三國勢欲干預之時故少緩須臾以試與中國另立密約彼於中國情勢揣摩甚熟久能玩我政府於股掌之上此次不妨暫爲擱起一面賄賂我政府一面於外面暗中布置然後再用其恫喝手段則密約成矣卽使不成而彼第二期退兵則可因此挪遲數月半年之久固時或再要我以萬不能允之事則東三省固安然在其掌握中矣

京函錄要（）張督將派水軍學生十人到英習水師不料英國水師執意已不准他國人兩學所幸者此十人尚未到英吾人揣度大約必須改道美洲矣

傳聞　兩宮因滿洲一事近來甚爲焦慮已面諭某邸所有正陽門樓工程暫時不必舉辦

日前有人晤日本某員談及東三省事謂貴國如允俄人之要索日本將以全國兵力與俄決使敗於戰場倘能獲勝東三省一帶地方須租與日本若干年方可歸還

傳聞東三省之事仍恐不免於俄日衝突日前有營口電頗爲急切云以上錄十五日大公報

奉天來函云俄人雖已退出奉天省城其兵仍在車站兩傍駐紮與未退無異

又云俄人在該處招鬍子數千爲親軍隊華官詰以何不容服中國據云日本在高麗亦招華人訓練故我國亦以此抵制之云云

又云日前俄人忽照會增將軍轉知東邊道爲有鬍子數百人（卽俄人所招者）須假道東邊道往朝鮮東邊道袁大化不允謂猶可與之背城一戰決不任其至高麗致交涉又生枝節閒彼此幾至決裂彼時東邊道有隊數百力爲攔阻鬍子有所恃執意欲往遂至彼此開槍袁大化隊死五人鬍子及俄員亦有死傷現在袁大化請開缺增將軍尙無主見云

又云近十日內俄人更加意嚴防遇有華人出入皆須清查至官場如有戴紅纓帽者若居客棧尤不准逗遛必下逐客之令日前增將軍曾有電致外部請示外部復電只云已照會俄國係用模稜兩可之詞並未切實駁詰以致奉天無可遵循云

又云俄國於遼河營口各地方又添派兵一萬四千名大砲十八尊又於該處築礮台三座其戒備之勢槩可見矣

日前夜間十鐘時有俄國政府密碼電達於外務部細譯時甚爲祕密莫能得其詳細總之不外東三省密約之事也以上錄十六日大公報

傳聞政府因東三省交涉棘手率多歸咎于增將軍又因目下增將任滿故　兩宮之意擬卽將增調回另派大員接任云

日前外務部接駐美公使梁鎭東電述美政府照會力陳俄人破壞東亞大局藉以東下其居心甚很倘中國政府不趁此時拒絕

其後密約更多貽害既淺他國將各保護固有之利權於各行省等語幷竭阻止俄約以安大局云以上錄十七日大公報

兩宮注念東三省之事近日頗形憂慮茲聞垂問當道有云俄之要挾許之則貽人口實拒之則有何權力應應辦時宜而持定論執兩用中之道其各抒扼要之見以策萬全上錄十三日天津日日新聞

十三晚營口電云遼河兩岸及營口突增俄兵一萬四千名于田莊台趕築砲台儲戰具錄十四日天津日日新聞

聞日本某員言及東三省事云俄人決計强佔不肯退讓貴國雖視同不關痛癢而敝國决意與彼開戰以決雌雄云錄十五日天津日日新聞

誌錄西報 誌俄報○從新西報載大阪某報五月十一號北京電云中政府以俄國第二次要求東三省利益于其所求七款內許以特別利權三條一各國不得干涉東三省事宜二他國不得調兵至東三省三該省境內礦務樹木均由中俄二國保護此事恐慶王必不以爲然必由政務處各大臣主持之耳

又云此間確然得英江議者 交涉數次咸謂有俄兵一萬三千名現在預備進據牛莊可見俄國已志在全佔其治權於全中國駐牛莊日領事雖無文告然在遼河及英江之間實駐有兵一萬四五千也

東報云昨日俄國照會清外務提篇公文附俄促要求密約七條交換事並限三日內回答云

俄公使於本月二號對清國外部又提出密約三項錄左 一此後東三省附與他國之特權必經俄國之承諾事 一現俄國人民獲得之權利不得侵害 三東三省電線歸俄國軍隊保護以上三項限至五月二十號止必須回答俟承諾後再提議撤退吉林兵云

中俄密約中關緊條件有要求溜京清鐵道電線及北京牛莊間電信各項施設年限云

慶王本與日本公使有面會之約忽於一兩日前因病請假遂不華兵而施以兵式之訓

日本朝日新聞云俄官對此次滿洲密約既定後始全撤清國各吉林省再定黑龍江境界條約云

刻下遼河兩岸俄兵皆已暫保護礦山蒙古元亦率所部前來

按照上下在鴨綠江左岸者有馬賊傭兵四千名俄國騎兵一千名步兵五千名云

昨夜本國青年國民齊集會其所決議者略謂俄國於滿洲撤兵向清國密結種種之要求無論其手段如何陰險總不外攪亂東洋之平和我日本帝國此際決計與彼干戈相見爲自衛計實爲不得已之舉云

據最近調查俄國太平洋艦隊之在旅順口者計(外灣)戰鬥艦一號一等巡洋艦一號(東灣)海上砲臺一號港內船一號水雷巡洋船一號水雷艇一百零八號又二百十一號運送船一號戰鬥艦一號一等巡洋艦一號砲艦一號水雷巡洋艦一號叉攻擊水雷艇隊六號(內灣)戰鬥艦一號水雷運送船二號砲艦一號(船渠)一等巡洋艦一號云

俄國正公使現已抵北京五月二號夜由日本內田公使招請赴宴云

接北京特電謂俄國近日於密約七條外又提出制限清俄在遼河行航他人不得干預之要求云

紐約電云日英美三國聯合迫俄人撤退滿洲兵丁事近由美國國務省宣言一時起外交社會之動搖矣

駐美俄使喀希尼伯近對美政府謂滿洲撤兵不過暫時遲延幷無違約之意而美政府深笑其爲外交遁辭然亦不以此言爲然

俄人傳言謂日本目政困難無對抗之勇氣甚不足畏

東報云俄國因日英兩公使暗與清外部籌畫對抗之策其密約卒不能成功故近東又羅織駐俄清公使胡維德氏促其於彼得堡訂結第二之喀希尼條約

聞此次俄人要求新約內有關涉開放奉天哈爾濱紅家門寧古塔其他隨要而出各百爲呼應

果啗而傳說因俄國別項要求促其回答故假病暫避一時云外務部已將滿洲事詳細上奏 兩宮日來愈形憂慮云

英公使向外部詰接々國政府懷清政府若允俄人密約一條英國將起多大之要求云

日々西報云接西四月二十八號北京電稱慶王於俄國所索新欵槩不應允俄國代理公使因此要挾更甚聞俄人除慶王一人以外於索欵密約之事將北京所有領袖官員播行賄賂聞所送之銀共有十萬兩之多

東報云本月六號日本孖鳥海軍豫備兵八號卽由佐世保出航前往旅順口云

俄國艦隊已於一日夜全數向旅順口出發云

在佐世保方面一 之軍艦如秋津洲浪速高千穗千代田等近均向支那海進發云

金剛軍艦陽炎曙遂艦今朝均西向往支那海云

日本已派陸軍佐某大佐親赴滿州視察實狀云

由遼陽五十淸里之東京城次八十淸里之㷊子山又五十淸里之甜水站以至五十淸里之連山關七十淸里之通遠堡六十淸里之雪裏站四十淸里之鳳凰城所有沿道各驛俄兵之駐紮者每處有五六十名鳳凰城之兵最多計砲隊百餘名馬步兵共五千餘名距同城一百十淸里之靉城卽鴨綠江口皆張古元所屬靉匯兵丁守備渡口之木山云

目下在鐵嶺之俄兵計砲隊百餘名馬步兵五百餘名云

俄國近日在旅順口一帶設備軍事非常銳意進行於旅順口港內安設裝甲大砲數尊已於日前着手設置云

在北京某國通信員近日以滿洲軍事吃緊事件由京發急電於該國本社其電文甚長聞電費已費三千兩云

西報云有砲兵六千名由哈爾賓動身向南而去究竟往至何處則不得而知但據傳聞則謂係往旅順口也

據由中政府所派遣之滿洲視察員之最近報告謂俄國在滿洲各地祇係移動駐兵之位置非出於撤兵之實且尚從新募集中國政府雖明知俄國要求終難承諾但尚不示其斷然拒絕之

奉天俄兵漸次撤動東西南北四小關已於上月三十日退還惟金縣殿街有數兵居住前月五號已將大部兵丁同停車場引去旋經接來復返城內並有準備戰鬪之態度至八日又稍稍撤去一二焉

傳聞遼河西岸及營口地方突增俄兵一萬四千名巨砲十六尊又在田莊台地方設築砲台兵勢洶洶大有東犯營午之勢矣

頃一二日俄公使又有照會致外務部 其中所言甚爲秘密外間尚未得知

西報云俄兵輪之在各處者近紛紛調往旅順牛莊一帶以備戰事

滿洲一帶地方日來甚爲戒嚴其在滿洲之俄兵大有預備開戰情景

俄人在滿洲邊境招募華兵任其滋擾其謀欲藉此推託不退還滿洲

奉天俄人於四月八號已將兵丁漸退矣忽於兩日後全數復返將城門占踞此後俄兵來去無常而來數較去數爲多俄官嘗謂十號以至十二號由海城蓋城金州復州今則非惟不退反將兵日有增加並預備戰事殊爲可怪

朝鮮專電云風聞俄日在旅順牛莊一帶不日開戰已各預備一切

又函云近日日本社會運動均有決與俄人日內開戰之意

西電云本日駐俄英使曾會俄政府力阻俄人在滿洲之舉動駐華英使亦奉到英政府訓令照會中政府謂英國於俄國所要各欵亦不以爲然

東報云俄向清政府要求事變時修理保護關內外鐵路並三百萬元事茲悉俄人已將其所占領牛莊海關一切稅皆歸其收入以充鐵道賠欵約可得金百二三十萬元由中俄銀行經收於牛庄海關稅與他之關稅等當北清事變時已議定將其撥作賠欵而近日列國視俄人此等舉動又甚不以爲然云

意而俄國公使則已以其意告中政府謂其要求各欵如不見許則不行撤兵云

俄國近日對清國外部氣雖稍柔和不似從前之非豐諸密約而不可者而暗中於滿洲日日增加軍備大張聲勢情殊洶洶其大半爲恐嚇清人之計夫以清人之懦怯昏庸一聞此言自無不膽寒心戰々求將就了事豈知今日竟可强出而抗拒之甚足喚醒清人沈夢扶持於不敝彼俄人何所售其詭謀云云

世界要聞

議減水軍○倫林西報十五號路透電云英國下議院議論水軍之事英大臣狄爾克宣言倡促云英法和好當早與俄立減少水軍之約海軍大臣禍斯脫宜言云水軍當行實事不可徒恃理想各國勢力皆日增强盛而減少水軍之議遂因之以起蓋水軍者徒藉以備一時之不測固無諸多增爲也

派員議減茶稅○又電云英政府現派委員一名佐理首相裴嫡稅務大臣利各辦理酌減茶稅事宜蓋以廢去穀稅之議現已作爲罷論也

學界風潮

在日本東京紹興人致呈同鄉公函　再續

一曰政治說國者行其國之市路而其國之治亂可知日本道路間寬中如砥無汚物々發於目無臭味之刺於鼻途衛低高若阜夾道溝洞流水映帶其間而又擇市中佳勝之處以爲公園林木蓊鬱亭榭參差設動物園植物園水族館博物館圖書館等於其間以供人之游覽養其性情而助其學問至道路之稍遠者又有鐵道馬車以便利行人而電燈電話（以電氣傳達言語中國人譯爲德律風不如電話之切）上水（自來水）下水（排除汚水穴）醫院之設備消防器（救火器）之速捷蓋皆屬乎市政而有賴乎警察之事者也日本變法以警察與海陸軍爲最要其所謂警察者非如吾中國上海之所謂警察上海之警察有執罰而無

又古人謂地不入而各國以爲野蠻誠我國事中一大汚點也夫虛犯者罪者之多則亦學校以教之工藝以寓之而已豈有恃刀鋸枷鎖而能化彼梗頑致世於太平哉盍亦借鏡於日本矣此其政治之大者也　　仍未完

本埠紀事

江督行轅二誌○魏江督抵滬後以南市製造局爲行轅迨昨爲八點鐘欲祭閱各廠實由總辦趙滋彥與常關道袁觀察令等導行姚督即率同前製造局提調現爲隨員王道世綬等隨至砲廠及練綱廠遂一一閱看然後即回轅接見駐滬各國領事告辭後遂入臘午膳至一點鐘率同武巡捕及隨員人等乘坐雙馬轎車出轅至電政大臣吳侍郎並荊州將軍綽提誠二處答拜至三點三刻鐘始同行轅四點鐘仍乘車至堂赴鈴飲宴薄暮後始返轅所有營來勇丁現在裝束於局內聞該局總辦本道有更動之說以照縣沿案於昨日出轅今日可以抵滬云

官場紀事○張山鎮蔣鎮良谷江陰南字營陳統領東陽松江府許守依身昨日先後到滬晉轅姚督午後皆至道縣拜會

上海六馬路格致書院內尚賢堂三月課案○品行　愈乃璜　誠德中　司徒衍　各國條約　薛翊之　鄧瑭生　各國地理　鄧瑭生　程穀　各國史記　陳大圭　鄧瑭生　漢文策論　蔡日興　吳增裕　吳文貨論　金鈞　沈鵬程　英文特班　胡詒芳　鄧瑭生　頭班　沈鵬程　劉季康　許寶鑾　二班　曾志鈞　許寶五　司徒衍　三班　吳敬宗　吳增裕　四班　郭仲康　秦自興　五班　張遞五　王者初　上等文法　鄧瑭生　金鈞　中等文法　沈鵬程　許冬黎　司徒鼎　頭班算學　鄧瑭生　司徒鼎　二班算學　黃德中　曾志鈞　吳增裕　漢文勸學　吳增裕　黃德中　沈鵬程　體操　沈鵬程　黃德中　袁晉初

押解難民○粵東人羅仁等三十二名在山東遺風由登萊道援

保衛乃異種人管理我種以便其居住所特設之警察而非一國自治之警察也而尤有要者戶籍丁口無不纖悉舉載蓋嘗聞之矣一國生產之數必與其生齒之數相準設生齒之數過於生產之數則治國者必設法以振興工商獎勵殖民（擇本國外一土地令民經商營業而以本國之兵力保護之久則土地即爲其所有如今日歐洲各國之東來大半皆用殖民政策也）以爲酌盈劑虛之用而盜賊之數罪犯之數疾疫之數比較歲增歲減政治之良否治化之進退於是乎見而又爲一國編制國民兵及爲地方公設學校皆有賴乎此是故版籍者一國人民之統計譜而消長盈虛之現象器焉我中國以茫茫大陸聽民之自生自長於其間上不之問而下不之稽至於地利不足以供其養工業不足以給其求乃溢而爲盜賊爲乞丐爲流氓甚者乃特水旱疾疫刀兵以消耗而亭毒之可謂無人治之國其衰弱貧賤爲宜也且夫國之名義何謂也者曰人人所共建設之共居住之而非一家之所得而私一人之所得而有也此西國民權之說所有日月江河不廢斯義也矣日本自維新後民知此理乃立憲法設議院民若納若干租稅以上皆得有選舉議員之權國有大事非經議員多數之許可者雖君相不得而專行之若宰相措事戾多數議員之所抨擊則宰相必去位以避輿論此民權之效也非若我中國人民賤賤若奴隸然任殘民汚吏之束縛剝割不能援律法以與之爭此各國之所以強而中國之所以弱也而尤慘虐無人理者則中國之刑獄是也不觀日本之監獄乎地廣數十畝厦屋嵯峨林木蔥茂凡監禁其中者皆予之工作之事酌予以高下之值爲之公儲而給之於出獄之後往往有人獄踰學成手技而又稍得資本歸乃是以營生而爲良民矣而其中又有醫院有講堂有溫燰之室防有潮溼之虞地衛其身體而革其心性惡不滋而善乃日長矣而犯人之未成年者則又不令作工而教之以讀書習字算學體操唱歌不啻若入學校然若因此出獄而年幼者諸罪之後皆習歐民失其幼年之時而不學他日以不學之故而淪爲罪惡非刑期無刑之道若夫訴訟之人在裁判所半理官數人聞之無論小亦無須給以原之中以上見我中國同者地方獄吏若牢

起儲亡飭去派輪押解到滬投上海縣與請安插汪令即派值差同須秦順輪船將人以便安置距羅仁等走散無存縣差即取招商局出總辦名片返輪與羅汪令即將來文發還來差攜同山東別有隱情○揚右營稽守備之夫人鳳氏被誆金谷寶張禮號二等擱封後由縣提訊金等堅不認却收押在案距昨日忽有崇守備之姪孫程少卿投縣懇認此次擱留之金谷寶張禮張二係伊料來緣叔祖在此不合故而不平爲此洩忿惟並未攜物汪令得悉吿即收押候訊

操演洋龍（ ）昨爲救火會西人操演洋龍之期午後三下鐘即經該會西人駕駛皮帶車並跑馬場比較高下至晚始散

仍停會訊（ ）英法兩讞員昨因江督蒞滬例應前往伺候故各皆照禮仍停會訊一期

催發匪黨（ ）流氓侯亮邦夏仁生夏小林高坤詩夏泉生夏栢生等糾同二十餘人在寶昌路將錢正祥私刑吊打強搶洋銀金鐲金戒由包探拘獲夏等五人解送法公堂訊實後因侯及各同黨未獲故仍押捕房昨日捕房以侯日久未獲恐被遠颺特飭各探嚴拿侯等各同黨到案以便解堂判結

上海富強善會送戒煙丸人名設（ ）蘇州（ ）杭州（ ）江西○安徽兩湖○兩廣（ ）南京○北京○天津（ ）鎮江（ 紹興（ ）寧波○福建（ ）四川

陸松濤 周九爲 趙阿福 張阿大 張有元 王阿四 王阿六 朱任生 朱大生 方一桂 沈坤度

陳阿五 王云立 李德成 沈海林 沈阿發 翁阿根 陳元元 魏少石 陳九寶 王丁發 魏仁卿

周士齋 江坤山 王云立 王雲祥 姚梵生 王之爺 陳義和 李阿三 王阿寶 郭福金

王阿五 吳元爵 夏仰子 王阿生 趙川廣 高阿二 陳瑞利 沈阿根 王金陵 陳小升

沈阿大 陳阿大 陳阿三 朱阿大 馮良和 杜阿高 張德升 李云三 蔡培生 王象六

王子芸 李文彬 王阿與 李少村 王阿寸 金本立 王金生 費阿中 郭阿桂 張子記

光緒二拾九年四月念二日禮拜　陽歷一千九百三

蘇報

分售處

北首外官只于成昌保安安局园堂西百街大新譬坊
京隔势樹府亭部文老徽慶内玉簿馬花城街河六大
正華茹局醫文少明右醫中木川店下洲鄉于街悲街
陽書書文東總中書殿州牌分先○廟廣绝盛李門胡
門館局海香師中道對狀樓館生大背智○學鏡绝水
內　○人報南國○門前路文○通街書街報江○石
二文大清泰學瀛江紡南榮瀟湖隆北京房○杭節
眼東津南分花計口恒孫億王湖　街○東○揚湘門
井華北都總林○二局大廟玉○廚福牌鎮州保內
北門洋館樂　武爽○　信右林江又州樓江東古

每號大錢十二文　　本館開設在上海

年五月十八號禮拜一【[illegible]】第二千四百六十三號

報

昌又拱宸橋南馬路中昌〇紹娛小江橋直街中昌〇衙波江北岸胡泰局又灣化河頭揚子錢〇蘇州九妙觀前郵政分局內本報分館[illegible]潤門內恒遂鎮館非不[illegible]山〇松江西門內佛字橋姚聲如〇撫錫中報處吳嘉亭〇[illegible]熟西門老劇南磁山[illegible]紙新內許潤生〇冠浦楊舖轉〇白本[illegible]街[illegible][illegible][illegible]行內林紹埴

告白刊例

第一日每字取錢四文第二日至第七日每字取錢三文第八日以後每字取錢二文封面告白照後例加倍論年論季折算長行告白二百字起碼短行告白以五十字起碼念則以十字起加

租界三馬路中市　外埠酌加寄費

論說

譯中外日報

人事之形式至繁變也而以保守之思想迎之則不免少見而多怪人事之內容至複雜也而以簡單之思想迎之則不免混與而爲同世俗之論不有此銷者不暇鏡責也若乃案以主持清議自任而其實又爲世俗白選上流社會者之所歡迎乃怨纏綿於二獎之間如中外日報十六日之在誠篇十九日之乘時篇者吾不能不爲之靜友而糾正之言誰彼主筆此二篇之旨皆爲近日張園之集議而發然第二次集議爲彼報館之所發起當不在指斥之列而其時亦有他團體之舉動爲彼主筆所不喜者則亦得曾通而論之前書非三次集議之形式演說也贊成也反駁也痛哭也怒罵也閱報也歡迎也排除也祝也有爲暫遊之形式者有發於情之不自已迫於事之有所激而爲特別之形式者彼主筆乃從而怪之曰激發語言也曰跳擲叫囂也曰譁謾扮演有同兒戲也彼不聞文明國之議院同有極急劇之爭論乎彼不聞某國唱保種者方且升壇論同劇演戲乎何獨於此而怪之且有跪之嘗而笑怒而罵與夫婚喪之儀式拜跪之節日思之何一不可怪者何獨於此而怪之彼亦知多數之人方且即此習通之形式爲彼主筆所認可所身試者尚以爲說邪教不安本分乎而彼乃與之同所見乎而言內容此三次集議者非有機之集合體而爲擇沙聚米之狀者也其分子之性質甚爲駁雜而由此集議所生之現象亦至爲淺弛約略舉之有本有宗旨而不過旁見側出於此者有本無宗旨而激而欲有所爲者有依附他人之宗旨而借以行其籠絡欺詐之術者有本有團體而經外界之激刺益以堅其結力速其進步者有本無團體而一擊不中徼倖以了事或多方迎合冀以遂其所素所歡求而未能遂欲者此數十日間其中同異向背聚散進退之跡亦至繁矣而彼主筆乃同類而共笑之曰自炫自媒也覬覦功名也無實力實事也無同心同德也哄動也

信函致某中學堂學生付函致留在學之某甲其信云嗚呼湖師範各學堂學生公誌一信前來因俄索東三省各國干預人有瓜分之象政府將此事秘而不宣罰首各學生聞此消息俱鳴鑼上堂一時到者二百餘人現同時停課發電至各省有熱血督撫與外洋留學生上海各學堂大旨以不予俄東三省爲已定之目的寫信散米令我學堂亦發電至各處而我學堂中七八多八四顧茫茫閒信之下有笑者有不以爲可者有趕緊做功課預備升天上堂者弟目擊傷心雖有熱心而獨木不成火向來湖北學堂中我們外省人故嗤笑本省人一旦有事本省各學有此盛舉而外省人轉如此閒僻何從結舒氣何從鼓兹特拳以上聞不知執事有何計較火速覆示不勝近切待命之至云云

某君在某學監遞居頃又有其同學某乙來函詞情與前書少但異甲斷定各學生決無此熱心乙言明日盛攤緊死非甲尊我必擔任一分即作代表亦可惟明日有兩點鐘之學課設至擴署過學堂時聽出否則當課舉後必到學至明日到學則亦隨衆停課矣乙皆以攝示八口東三省事因英美日三國有襲俄主義事將中止大約仍可望和平諸生忠誠可嘉停課似可不必一甲言示內一安二大約字一似乎皆宜勸遊多推諉之故技不可信乙復學生已有設事務請端撫電阻因政府照會各省電局凡學生所發之電報概行截不外發各督撫均未接有學生電者因此故請端撫電阻并言如端撫不允學生仍以死爭等言雖如是然端撫必有善策推諉學生中亦僅一二人有定力昨皆某君信內所言諸種其團體能否不散於事能否有益尚不得而知

至鄂省私設學堂更無動靜惟江南旅鄂學生在漢報發一告白略謂一我學之設未至十日而僕等之爲中國已數十百代近聞大禍將臨俄鐵從我無論東三省爲我國重地即一草一木既隸我國亦肯讓人乎東三省之割將召瓜分即從此久安亦豈能雁棄雖我學初立亦難坐視願全國學堂合力奮舉刀俎斧鉞僕等必受一分」云云

煽惑也彼何其不辨皂白一至此乎彼不聞義和團之仇教不問其爲教士爲商人爲使臣而一切欲殺之乎彼不聞奴隸滿之說强權不問其爲同族人異族人或異種人而一切願爲順民乎彼何與之同所見乎莊周有言空谷之中聞人足音跫然而喜我國人國家思想之薄弱甚矣彼夫一切宗旨不問但見有形迹之近於革命者則起而附和之此雖其識力稍不足乎要不可謂非國家思想之萌芽者也吾固將引而進之而不知彼主筆之一二用消極手段者何爲也或曰彼主筆者素與康梁爲緣者也戊戌政變幸以時務報之孽而免於拘連常以此自慶及庚子漢口之變又拘連矣以官力得脫今者又聞有上海由電告南洋大臣之舉恐又以第二次之集議被拘連也故亟爲此論以自解於官場也然則彼之論固自有意故雜引多數不關痛癢之古語以爲門面而吾之饒舌誠不免斷斷也與

時事要聞

電諭照錄〇四月二十日軍機處面奉

諭旨此次散館庶吉士着於本月二十八日帶領引見欽此同日奉

上諭甘肅西寧道員缺着胡孚駿補授欽此同日奉

上諭前據御史李灼華奏參直隸宣化鎮總兵何乘鰲縱匪殃民各節當經諭令袁世凱確查茲據查明覆奏該總兵被參各款或事出有因或查無實據惟於營員多所徇縱未能隨事究辦實屬辭咎何乘鰲着交部議處留直補用副將周得勝剿匪越境着即行革職永不敘用游擊銜都司前署鳳林守備胡立於匪徒搶劫衙署捏報規避暗冒千總高清遐畏葸無能着一併革職都司銜東林以濮弁留營辦搶探現復在逃着即革職仍嚴緝務獲就地正法以肅軍紀該部知道欽此

電諭補遺〇四月十九日奉

上諭陳夔龍已令來京陛見漕運總督着陸元鼎暫行署理欽此

宮門抄〇四月二十日　召見軍機綿榮李士瑛寶棻布木札普恆那木倫麟

湖北學生議阻侯謝〇湖北各學堂於十六日得京師大學堂公

世界要聞

日本教育會之擴張〇日本全國聯合教育會於日曆五月五日午前九時開各部委員會午後一時開本會開議文部省諮問案東京之日下部三之介氏提議教科書事件責文部省之辦後策無責任且不知責任文部省所出答案不足緊要應反對之議場大鼓動既而緩靜再審議數條議案而後散會　本館按日本全國教育會分支部於各地聯絡一起勢力甚大於教育一事足以左右政府故其學術日就發達教育日益改良我國教育會去年方始萌芽今年始有支部然僅杭州同里常熟二處而已在會諸君子其務擴充之哉

郵局訂約〇美國舊金山聯邦政府照會英國總郵政局謂該局以後與郵船訂立合同皆帶書信該船如用黑人充役則舊金山聯邦政府不與聞此事

奪寶與京〇俄國歷代帝王加冕皆在舊京莫斯科之錦遊宮故歷代帝王之寶座均在該殿內附敬師收藏各帝王自出匠心製造之器用及珍寶冠帶服飾金銀器皿之類皆藏該處府庫今計所值約一百二十兆磅另有銀桌二張爲遊戲紙牌之用該二桌所值之鉅足敵二三等國之聲價云

敦大醫院〇英京敦大醫院爲英國首屈一指之醫局其醫術既精而藥料亦備院內又極傲潔大紳富戶皆常就醫焉茲據去年報銷院內藥料等費共用藥丸二百九十萬枚治嗽之藥術餅共重三頓各種藥水共重十二頓裹傷白布共長四百七十六英里敷藥棉花共用六頓雪塊每日約用半頓病人所食之雞子若以通年所銷之數連絡而排之則六英里有半云以此推之該院濟人之廣可見一斑

學界風潮

駁白溫生書　來稿　作函者之姓氏另行存記〇爲我旅服胥睡之中國之前途放一線之光明生一逵之希望者其惟吾最敬愛最崇拜之學生乎學生則何能爲學生者國民中之少年他日當中國强中國之主人翁也惟然則吾儕國民宜何敬之愛之崇拜之服從之如以孤舟遇颶風於巨海惟激厲其舟師利用其機

器同舟相瞭以必達彼岸爲目的或[illegible]尙有生留者專[illegible]晶入[illegible]快馬舟師爲舵工耕且爲及機器吾見其[illegible]閉兩舟日流矣固轉漂尸河上之將日猶喃喃不已旦者亦弗謂之勇也

大抵中國人之性質不動則已動則必[illegible]能步中者循行一事制乙丙之步趨甚役者惟恐不及而[illegible]去[illegible]洋公學之散學乎亂其後者不下十處而散學[illegible]風[illegible]而[illegible]者已矣而不見南洋公學去歲所散之學生乎組織一[illegible]潔淨完全獨一無二之愛國學社教育[illegible]亡之大間裂且猶於[illegible]中國之大機關爲我演嬉遊不[illegible]之極樂[illegible]方[illegible]起有及之[illegible]新活劇者也

[illegible]生散學本非善事雖然吾亦知其非善事中即含經驗學諸君[illegible]亦知其非善事也而無如有不得已之苦衷焉浙江學堂之退學吾聞未嘗身與其事然吾遠[illegible]上之所記使[illegible]指使吾眉豎吾不過聞其大略而猶如[illegible]退學諸君身受其壓制之苦非全無心肝之人孰謂可以已乎自非[illegible]病狂一物不知之妄人必不願爲野蠻總辦頑鋼教習之辯護人而反爲學生以多事者也百愛生何人吾何[illegible]知其底細其所[illegible]等[illegible]華[illegible]其有特識惟欲以個人之力而仁過去未來之世界其尊至大無[illegible]高不可攀不過[illegible]得黎爲諾邦之例耳此姑[illegible]論請摘其中不解之處段中而發解之

其言曰（初則上位壓制下位繼則多數壓制少數）其意以爲初則總辦教習壓制學生繼則學生壓制總辦教習夫學生則方亦免於壓制而不可得何能壓制總辦教習我初聞之而不解繼而恍然蓋其眼膜過厚差認學生之退學爲要挾總辦教習起見豈知退學者急無能擇之事也若以最愛自由最愛平等之學生而施此要挾之手段則穢汚學生二字多矣一按此二語顯係百愛生自撰而必假稱西語豈欲以文其醜耶抑欲恃之以動人聽耶吾以是知百愛生之有服從性質也一 未完

華裝阙茂才能致爛方言館其君書（）去臘[illegible]督諭台端未獲

洛宜用人工而[illegible]當用機器[illegible]知[illegible]機器[illegible]之者[illegible]需人工以[illegible]必[illegible]是[illegible]工廠少而出物亦少[illegible]有人[illegible]千是而[illegible]彼工[illegible]足[illegible]器之[illegible]慮人滿之爲患乎增機器必增局廠增局廠必增工人[illegible]廠中其用人[illegible]三千人一印刷局三千八[illegible]兵工廠若干人一[illegible]使無機器[illegible]一萬而[illegible]多[illegible]知此者乎若[illegible]猶[illegible]餘人[illegible]當增機器[illegible]銷納之[illegible]多而[illegible]若干即令如是工業膨脹[illegible]銷納[illegible]富奏美國今日之現象蓋知是也[illegible]人工之工藝亦有須[illegible]一[illegible]中[illegible]其來自[illegible]洋者[illegible]十之一二十之八九皆[illegible]之所[illegible]製也或因[illegible]洋之物而仿造[illegible]或因[illegible]國[illegible]之物而[illegible]長之試一入[illegible]工藝[illegible]衛[illegible]中其[illegible]雕刻[illegible]銀洛[illegible]若刺繡若[illegible]若[illegible]色物皆[illegible]而[illegible]若造紙（近日新發明用木料造紙）若銅板若[illegible]事無不[illegible]工[illegible]巧日[illegible]進[illegible]我中國[illegible]若今[illegible]欲爲而上之其[illegible]出物[illegible]中國之途而中經之夫我中國非無材料也非無物產也徒以拙於工作遂至日用百物事事仰給於人且有各國販中國之原料回國製造[illegible]轉賣於[illegible]國一山東[illegible]遂[illegible]不人[illegible]他國[illegible]利[illegible]知此者甚多一或再進口入於中國而[illegible]厚利者此[illegible]再[illegible]法以與之爭款[illegible]之無[illegible]也難矣且夫[illegible]閉[illegible]有百物[illegible]仰給於他人之國而能久立者然或因此而欲邀絕洋貨使不流通此又愚者之所爲也夫物以便用爲貴人能造之而我亦能造[illegible]將在我力推行之不暇何以禁爲若人能造之而我不能造之雖[illegible]禁止[illegible]之猶[illegible]一手[illegible]而欲塞全河也亦終無效而已今者世界各國莫不以富國爲[illegible]見二十世紀之中國非工藝無振興之策蓋必有工藝而後有實業有實業而後中民

耶教悵悵甚悵甚吾師比年以來歷遭大故哀慕之甚自不待言然歲月代序尙望　損毀痛爲歸自去年南洋公學解散學界雖然從風頃聞報端廣方言館亦有衝突之事此公學解散之腐敗赫然在人耳目懸揣其事想非無因特未悉所以起事之緣及其善後之策老師處此其爲難之處可以想見暇時望加詳示爲盼北年以來新理新學日輸入學子之腦筋辦學務者非復可以塗塞耳目敷衍了事即以龍前歲之事而論處於今日亦難免變爲急激之手段然此亦無足怪蓋以所知之學理較所遇之現象自覺無有是處少年氣盛雖辦事者并力以營尙有不暇深謀者況有無人顧問而頑固深據者乎然以學生論之其間志操堅卓不忍壓制起與爲難者固不乏人然就中絕無意識隨衆附從者亦所在多有但以平等自由之說習口頭禪至於愛國自治之理則毫不講究專論主破壞安危利害者亦大抵厠身其間辦學務者自偏重此學堂之所以難辦而足爲學界前途慟也雖然又有說焉少年好求新知識純係躍躍爲吾國一線光明惟社會數千年惡習根深抵固自必不力雖有志之士其惡習亦難免隨時發見故教育惟在因其所知所能而淬厲之務去其舊染之惡習以保其純粹之資斷無阻絕摧鋤一任頑劣者之所爲也然宜立學堂實無可改良之善蓄上之所取者是必不敢矯其所好以行其所惡藉謂其中如果有好學深思愛國有志之士亦勉其自治自立合羣講求然不去其頑固壓制則有志者必不能安於所又堂中教課宜有急應改良者今世非復以語言爲尙必授以普通各學今英文教習既有四人法文既有二人則當各專一門教授然最要者則講求愛國自治之道不然徒供西崽之用於國家仍無絲毫補益若能通諸學既有普精復勉學生自行講學表裡相資似乎有濟又學堂管理監督之法亦宜嚴密開發其心志約束其行檢者亦相資爲用也竊有所見不敢不直陳於前願長者裁教之甚者[illegible]頑學堂辦事尙無阻力惟學識淺陋未能有所補益耳餘容後詳

在日本東京紹興人會員同鄉公函　三綱[illegible]一曰工藝工藝別爲機器之工藝曰人[illegible]國人民得有所發富者乃有餘資由是教育可行陸海軍可與彼日本今日之勝於我中國者觀其工藝之開已高出我數倍而況其進步之彌有已也此其工藝之大略也以上三事自爲不謹諸端不詳雖然曾歸一轉而知全球觀海一遍而知全局是固不在多言矣其等九識以一言正告曰我中國空疏陳迂之教育必不能敵各國之教育我中國腐敗朽蠹之政治必不能敵各國之政治我中國枯[illegible]劣之工藝必不能敵各國之工藝[illegible]日本者其初時守舊亦猶之我中國耳震驚於各國之聲影便[illegible]朝野上下翻然變計以[illegible]與各國爭必先師之而後[illegible]之欲與各國敵必先學之而後能敵之我中國自甲午戰敗庚子拳匪歷此二大變也賠款二百兆賠款四百兆皆民之膏血也海疆要隘割棄殆盡我祖我宗之土地中原[illegible]關閩及於內地奴隸犬馬之禍轉由此而不動[illegible]情慣思[illegible]故則無奇乎有人類智識矣日本伊藤侯答中國某官之言不聞之乎某官曰我誠知變法之利其如內地人士不以爲然何伊藤侯曰一[illegible]之而不悟再觸之而不悟天下有是人情乎嗚呼我神明之胄爲黃帝堯舜之允胄胡爲頑鈍至於此極誰非子弟誰無姻好不以[illegible]則兩以[illegible]自安下愚之愚不出此化東海之水以爲血淚哭諸眞北區盡若大不知諸習別有肺腸爲謂曾謂亦狂瞽是則合化聽言非吾等之罪案等頓首　乃詳稿

學堂笑柄〇神戶同文學校教習鍾齡滿年何大臣三人爲識後該學校又新立章程數條均足令人噴飯雖不宜在十外而據友人來書則云實有是事故援其必錄之例登諸報端以資談柄　一凡中國大官到神戶由學校值理定生徒人數必須齊衣冠到碼頭迎迓生徒違例者初次罰九元再則罰十九二次則驅逐出校　一生徒有過值理可到校以鞭撻從事　一生徒途遇值理必須侍立路旁俟値理既行然後行此章程二條爲近日各處腐敗學堂所未有誠不料海外華人有此污點也

學生軍名單〇學生軍全隊分爲甲乙丙丁區每區隊分爲四分隊其人數如左

學生軍隊長一名藍天蔚

甲區隊長一名甘光明
甲一分隊長湯標 湯穆 夏清馥 陳如昌 韓永麟 章仲良 黃華植 石鐸 沈鵬 翁浩 何世堆〇甲二分隊長鄒憲成 鄒憲成 胡鎮超 吳欽廉 劉景烈 黃潤萱 劉鈺錦 李天錫 方聲濤 唐寶祺 盧紹鵬〇甲三分隊長楊明鑾 楊明鑾 林驥民 劉忠芳 馮啓非 許嘉樹 王季鎮 鄭延美 歐陽幹 張光斌 高光奎〇甲四分隊長陳秉忠 陳秉忠 羅元照 蘇子穀 吳寶璇 何厚佃 李齊城 伍嘉杰 周維楨 楊百倡
乙區隊長一名敖正邦
乙一分隊長王渭忱 王渭忱 葉瀾 蘆鴻禕 甘啓元 方舜階 張浮 徐家瑞 陸規亮 張殷熊 張丕元〇乙二分隊長尹援一 尹援一 劉景沂 何數 劉崇瑂 李宜威 鄧宜霖 張魁光 陳之虓 許繇蕓 盛智崇〇乙三分隊長鈕永延 鈕永延 徐秀鈞 劉景熊 黃畛 方聲洞 王季結 黃立猷 蔡文鐸 龍鴻 楊士照〇乙四分隊長荊蔚樞 荊蔚樞 胡克猷 周宏業 王兆枏 顧樹屏 林先民 蔡毓鑾 黃猛 王贊基 吳雄
丙區隊長一名吳祐貞
丙一分隊長劉蕃 劉蕃 江爾鶚 陸翱翔 劉希明 陳英昌 盧啓泰 謝曉石 王明芳 黎勇錫 黃鐸〇丙二分隊長林獬 林獬 高柟 施爾常 李炳章 諸翔 王學文 鮑應鑅 任賁 黃宣存 吳治恭〇丙三分隊長貝均 貝均 朱少穆 施傳盛 王永圻 陳去病 蔡世浚 周毓璣 張啓熊 倪壽齡 沈成鈞〇丙四分隊長王璟芳 王璟芳 胡濬濟 張啓桐 官桂 鄧國元 潘國爵 廖世勛 戴賞

來函更正〇頃讀十六日貴報學界風潮內有來函論浙江大學堂事其間謬誤甚多如安定學堂之項君去年總教習某孝廉嘉興某巨紳並未有從中干涉之情祈執事諸君從速更正是幸㘈

赴省經理
同邀保荐〇署糧道丁道乃揚江蘇候補道文苛聚奎近聞柯護院以排理新政得力均列入剡章

江寧

整飭吏治〇魏督以江省候補人員過多品類不齊不獨賢否混淆甚有假冒撞充如周煦出履歷不符之事故特發派委所親任之牧令數員密訪所屬現任候補各官賢否優劣稽其事實詳記密陳以資舉劾

嚴申門禁〇省垣儀鳳門密邇下關通商埠城門官輙借洋員出入為名遇有馬車抵門雖深夜莫不啓關放行蓋出車夜間出入每輛納投小洋一二角管門者視為利藪現為魏督訪聞以門禁廢壞如此何以備禦非常飭特飭江寧司城守協立將該管城門官弁撤委詳候懲處將此照賞放匪盜例從重懲辦以儆其餘

福建

書報設社〇閩省興化府崇實學堂董理等以該處風氣未開因議在涵江創設一社名為共和社購辦書報供人披閱以為輸入文明之舉現在各種書報開已陸續購到大約月內當能開社也

開闢風氣〇福州連江縣邑也向無新書報到彼故邑中人無所聞見邑中某青年嘗往來省中見南台學術益闡社大有觀感現擬仿照該社章程在該邑設立社會舉辦閱報所蒙學堂等事以開風氣云

本埠紀事

江督行轅三誌〇昨日午前十點鐘魏督率同瑞道及道轅繙譯萬君並隨員人等由製造局行轅乘坐轎馬車赴滬北洋務局後再赴各國領事署答拜至三點鐘回轅是日在滬各大員及本埠文武印委各員均詣行轅稟見

蘇撫抵滬〇恩蘇撫已於昨晨由蘇抵滬舟泊老閘大王廟碼頭本埠文武印委各官均往迎迓旋登岸至洋務局駐節

領事宴客〇法總領事巨籟達君前日發出簡帖飭丁分投恭請

各省紀事

北京

總裁定期回京○此次會試大總裁聞已於十九日由河南回京

賜宴紀略○兩宮明日赴園於十六日筵請各國公使人等十七日筵請各使館女眷已由外部知照領袖美公使康格有□赴頤和園宴游等語並請領袖公使將赴宴各人開單以便預備

四川

差役作盜○雙流縣孀婦某氏家資頗富三月初一日夜被刦隨拾官票一張係差役某人所遺該氏當即進省在府具控旋經督查訪聞詳票督轅乃該縣白令不知而於初六日申詳言初四夜被刦時日不符顯有隱諱情弊現將該令撤任並飭拏獲匪首不願肄業○華陽學務處改取師範生定於三月十一日開學肄習物政教習係舉人徐子修聞內有寒士十餘人不願肄業隨將備取者調入以足其額

擒釋巨匪○金堂縣巨匪丁蟲蟲現被李令拏獲解送進省交營務處審問飢無供詞為趙道孟雲釋放岑督向趙索人補獲未得大受申斥

湖北

營務易人○趙道鎮齡辭退營務處事奉委以賀道綸夔接辦

護軍兇橫○浙江會試公車在河南新安店與護督相遇道路極狹行李車彼此爭行因而用武各舉人出為排解護督護軍劉哨弁遂指揮勇丁將各舉人毆傷而去刻已有十餘公車齊赴端督衙門指控該管弁犯黎元洪未識如何了結

改充醫學○端督前聘日本稻並幸吉君來鄂充當仕學院理化科教習爲村君充當經濟科教習刻以講堂尚未完工故未能上堂徒耗薪資現當開辦官醫學堂之際即以稻並君充藥物科總理而爲村則改爲文高等學堂教習云

江西

擬設分號○官錢號官錢局欲于上海設立分號已派王道鵬九

兩江總督魏商稅大臣呂電政大臣盛長江提督程江南提台李及關道以下文武各員十一位爲陪客訂於今日午後六點鐘赴宴及法國官商十二位爲陪客訂於今日午後六點鐘赴宴

案關閩內○昨報紀州有隱情一則茲悉程少卿投案後至前晚由汪令提齊在押四犯嚴訊據程少卿供向在守府署當差程守備係太叔祖曾年太叔祖娶杜鄉亭之使女何氏爲正室迨後守府任後又娶戚氏爲妾遂日聽妾言欺侮何氏後竟休還母家現住甘城鳳氏又播弄是非唆使太叔祖將我逐去故糾張二顯禮等於初一晚阻毆並不搶取飾物與張二顯禮楊錦德同供由程少卿糾什惟未動手搶物判令一併還押候再嚴訊

梟黨械鬥駭聞○浦東下沙李非等處光張王勝奎李秀卿等與南帮光張鄧海青等結仇械鬥傷斃鄧黨二人受傷數人鄧逢號召同黨外帮鹽匪到彼意圖報復至前日鄧率同梟黨二百餘人往下沙肆鬧王李得悉即率黨迎拒在南匯縣境之板橋相遇即出械格鬥鎗彈亂飛李等力不能敵被鄧傷斃三人擄去五人李等遂大敗而逃惟鄧黨亦傷斃二人並不追赶始收隊駐紮聞李黨被傷後擬即與鄧大鬥以報仇隙云

上海富强參會送戒煙丸人名設○蘇州○杭州○江西○安徽兩湖○湖廣○南京○北京○天津○鎮江○紹興○寧波○福建○四川

徐阿根 王阿福 李文彬 楊阿浩 王阿壬 王子年 陳錦山 王福生 陳金生 趙阿福

陳南生 盧阿生 何元鑿 王阿惠 王阿四 馬本喜 周士賓 郭阿卿 朱棠生 李德成

王子雲 周黍和 張子卿 王阿義 汪之榮 夏仰子 張阿東 沙黍來 方一桂 王海山

王坤山 王阿生 王金先 鄒金元 王阿五 朱阿安 陳老五 高阿二 王阿三 沈海林

姚莛生 王阿大 李照和 趙川廣 陸松堂 李少村 陶阿東 王象五 王雲畔 王庭林

陳阿寶 陸松濤 葉培生 陳五培 沈阿根 顧德升 杜阿高 王小鐵 王春生

光緒二拾九年四月念三日禮陽歷一千九百

蘇

分售處

北京正陽門內二眼井北
首撕華書館二又東華門
外洋茹書局〇天津北洋
官報局又海大洎吉報館
又府署東各郭館分處樂
于亭父鄉試南李茂林
成都少年中國學社〇武
昌文明書室〇漢口三爽
北老君殿對門汪恒昌〇
安徽寧州狀元坊孫宅、
安慶四牌樓路南億大信
局內本分館又藥王廟右
周玉田先生〇蕪湖玉林
堂鎮店〇大通藝二〇江
西馬干廟背傳隆齋局又
百花洲版智書莊〇福州
街城鄭宅〇南京東牌樓
大街王慶昌報房〇鎮江
新河街李鏡江〇揚州東
營六悲院宅〇杭州保佑
坊大街胡中石庫門內中

每號大錢十二文　本館開設在上海英

三年五月十九號禮拜二 [illegible]〔第二千四百六十四號〕

報

昌文拱宸僑南馬路中昌
（　）紹墟小允綢首街中昌
（　）術波江北岸和泰勵文
游化河頭楊子裝◯踩州
[illegible]妙觀前郵敢分同內木
報分館叉以門內恆遠錫
舘非行對山◯沿江西門
內佛字橋姚聲如◯撫錫
中報處央話亭◯菓熟西
門老廟前瑞用茶紙號內
許潤生（　）周浦楊識抑◯
日木橫潞谷豐汴行內林
潽垣

告白刊例

第一日每字取錢四文第
二日至第七日每字取錢
三文第八日以後每字取
錢二文封面與門[illegible]後幅
加倍論作論季源議長行
[illegible]白二[illegible]字起碼短[illegible]告
白以五十字起碼多則以
十字遞加

租界三馬路中市　外埠酌加寄費

代論

國民公會章程擬稿

國民來稿

國民公譽敬啓者公會開辦業已旬日凡屬國民者想無不樂助其成惟是公會下手工夫最難完善者則章程是矣月來滬上人心振作團體現象頗可足觀然我事不前作傍觀者仍復不少蓋凡辦一事必有一事之宗旨先將宗旨昭示然後人更樂從而事鮮不有濟僕與會事日淺未嘗一覽其章程私竊憾焉茲不揣固陋擬爲是篇伏乞垂鑒幸甚

妄擬章程如下

一此會以救國救民爲宗旨竊取合羣之義凡屬國民均准入會

一公會開辦之始由發起人暫舉會長一人協理一人糾儀二人議員六人幹事二人書記一人會計一人

一國民願入會者隨時到會所簽名納會金一圓即給回入會證書無資不納亦聽

一既入會者有負擔會事之義務

一會中職員以一年爲期每年三月念八日爲公舉職員之期

一公舉職員以投票多數爲定

一會外人無職員之任無舉員之權

一會中人有犯會章者集衆議定即行黜退

一會章首貴名譽若自爲稍涉污辱者即是有犯會章

一逢禮拜日爲本會議事時期下午一點鐘會中職員必齊到會所如不到者罰銀念元以示辱

一逢議事期會中人到會會議其未入會者到坐末席無議事之權

一事關本會所應議者會員可關照會長臨時開會

一有願捐款助會經費者其有捐款過百員者許爲特別會員居上席

一會議時各就位次欲有提議事件者可就議事席宣說

躍躍者頗多亦常州一振作機關也

梁鼎芬演說之荒謬○日前武昌府梁鼎芬因湖北學堂中各學生憤於俄法東三省廣西之事公同停課欲籌所以挽救之策梁乃親至學堂召集各生反覆演說大旨以俄人要東三省法人要廣西政府且不能攔阻何況爾學生爾等不可聽信人言無理取鬧只宜用功寫字讀書以圖上進此等不干己之事管他則甚就使以東三省送給俄人以廣西送給法人爾等亦不必干預云云

世界要聞

英日對俄之關係○字林西報五月十六號東京電云本月十二號所傳英克蘭勒君在下議院宣言謂俄兵在滿洲不過暫行遷延不日即當遵照撤退等情前太晤士報亦載有此說當時日本東京於此事大爲評論東京諸公法家均以英政府爲不揣此事關係重大而輕信俄人之說者豈知俄人之手段於實際上極狡猾兇惡安可以不甚介意之狀對付之惟各報紙則以爲倫敦及東京內部諸臣均於此事固洞悉無遺且明言兩國中關係於任一國之權利者若果有所制縛則彼聯盟之國自當立有對付之策而聯盟之效將於是乎見斷不至漠然而不理也

日議擴張海軍○又云日政府已於議院中提議擴張海軍之事計預備一千萬磅以爲製造戰艦之用又預備一百五十萬磅以爲於十二年內操練海軍費云

軍費律定議○又云日本國會中所議軍費律之問題大約定可成議矣

議更茶稅○同日路透電云英首相巴爾福已擬欲變更茶稅矣

開工察結○又云澳洲胡爾地方鐵路開工一節刻已了結矣

分佈傳單○又云孛爾加利政府已發傳單通寓外國之各代表人請彼等邀求諸强國注意於土耳其人因在馬西度尼暴亂情形致令孛人不能禁抑梅人等情云

內閣辭職○同日倫敦電云孛爾加利內閣大臣現已辭職

一堂內時傍聽者毋得錯雜反駁必待其人說畢方可就席辯論
一會議時會中人等一律肅靜
一會長有決事之權而會員多所反對者仍可擇日再開會議
一議員有詳論可否之權
一會議時有不守議規者糾儀即可指摘之
一所有提議論說書記人隨即登錄以存證案
一開會時之接應及會中一切運動係幹事人應盡之責任
一會中支用欵項未經會長議員兩人簽名者會計人毋得提支
一每月終由書記人開列收支數目宣帖中堂以昭大信

時事要聞

電諭照錄）四月念一日奉
上諭甘肅蘭州府知府員缺緊要着督撫於通省知府內揀員調補所遺着欽派懿補授欽此同日奉
上諭五月二十七日大祀地於方澤朕親詣行禮四從壇遣延康德茂貢永安奕俊各分獻欽此
附傳宮門抄〇四月念一日　召見軍機提督玉麟
議阻俄謀續誌（）昨紀湖北學生議阻俄謀各情至後各學生議見不一乃在會公祠公議一次兩湖書院監督王勝之甚順學生之情武備學堂總辦李文石亦極獎嘉學生端製督亦獎嘉且允爲諸生連名打一公電與張之洞由渠在外務部力阻李告諸生亦許必伸諸生義氣爲各學堂之最辦理者惟梁鼎海則純用奴隸壓力其演說尤爲荒謬（演說容見本報）現各學生已波平浪靜矣湖北學堂實學界汚點可嘆可恨
議設不纏足會續誌〇常州不纏足會續議於四月十四日開會公舉會長一員稽查六員書記二員會計一員又擬題名會員入會四人并宣明專教將來廣爲勸導之宗旨由許君志毅莊君博喻次第演說略謂注意女界將然必先不纏足而宜接辦女學又謂如會員仍有犯此者酌罰銀元學費外并登報告海內人士不與結婚演畢有願寫捐冊捐者劉君葆元許君志毅曹君尚祥楊君雪餘莊君博喻等寫畢散會擬刻定章程俟下星期宣布同志

俄人毒手〇同日路透電云俄國排斥猶太人之意今又復見而復施其種種酷虐手段暫時驅逐猶太人之私律又復行於克衣夫地方刻已驅逐猶太人三萬七千出城矣

學界風潮

駁百爰生書　續稿〇又曰「有一人焉昂然入一極壓制學堂專心致志惟以德育智育體育三者之是務（中略）學成而謂人謂之曰是堂也極壓制乎以爲何如答謂我實不覺其壓制」此必百爰生所崇拜不退朝夕夢想深願全國學生界之盡如是者也嗚呼誠如是而中國亡矣大抵國之所恃者少年而人之所恃者血氣血氣不旺則少年變而老朽國多老朽則强國亦必滅亡夫天下未有壓制之不知奴隸之不知禽獸之不知牛馬之不知而尚有血氣者也設學堂而以養成此等人才爲及格雖無異因噎而斃其喉因病而倒其軀也中國其亡於此矣
又曰「其他之壓制可說也惟學堂之壓制不可說何則其壓制也無非壓制吾之荒怠德智體一育耳」吾說此言而知百爰生蓋未嘗放目一觀今日之學界者也夫人何自怠家居未嘗不可其有志入學堂者必將引天下以爲己任者也況壓制與規律法然　物壓制不可以充法律法律不可以概壓制以文明之督察課學生之勤惰者曰法律也非壓制也此總辦教習所應享之權利應盡之義務也縱使聚二三十村子弟於一塾亦決不至以督察功課而倒必齊退百爰子不知此理誤認壓制爲法律以退學爲荒怠其亦非思而已矣
又曰「要而言之特荒廢其心力身力者誘其財力放失其勢力而濫用之於無益有害之處以爲快耳是誠奴隸根性之牢不可拔者矣」如百爰生所言誠其奴隸性之尤者然以之冠近日之學生其然豈其然哉夫退學固有害無益之事然當爲不得已之時而欲有益無害非隱忍偷安相率入於奴隸道中不可況各處退學之事皆有不可語曾之苦衷局外者何能聞悉若以此爲少年豪舉兒戲事情效行之以爲快者吾信其人之無人心也吾之爲此駁非好爲辨難而必欲與百爰生作反對也亦非謂百爰生之旨盡無從　於吾學界也白爰生因熱心教育熱心世界之

大害蓋吾將率天下人而與之頂禮焉觀其始而蹣旋而蹣旋而慣旋而叢終而哭不憚苦口婆心再三勸誡以視彼不知愚自徒口爲人者詎徹有間矣然彼之冒名僞背學生雖留之甚則責之深彼亦具有成見吾恐其冒足以阻學生之氣而銼學界之鋒也吾故不得不駁人有以吾爲好辨者乎百喙莫解人必當以己之苦衷諒我之苦衷也

湖南學界雜俎　湖南學堂官辦有高等師範及長郡兩小學堂師範館附屬之小學堂武備學堂尚未開學私辦有明德周南兩學堂各學堂之比較明德爲[illegible]神振師範館之小學堂次之武備規模亦甚闊大

湖南學堂之稍有起色也師範生十人之力也（壬寅春派日本學速成科者）高等之總辦爲俞伯鈞伯鈞一委其權於總會監總會監者即師範生胡子靖也子靖辦學堂極熱心頃邇來亦頗覺誘俞伯鈞稱病辭子靖力辭此席學務處不聽

明德者即子靖所創之私學校也子靖之熱心此時已遂辦度不顧勞怨公私交困一意求達其目的未知諸頑固之終不掣其肘否也明德之經濟由醴陵黃溪劉巨丞暨各志士擔任子靖運動之力最大湖南之風氣頓賴此一洗其舊

師範館附屬之小學堂劉巨丞（亦師範生之佼佼者）所創設也其經費官私各半巨丞自認教科兼爲總理形神俱振堂中課級謹嚴以兵法部勒學生十餘齡之童子皆有一種軍國民精神也

澄衷學堂又有笑話〇澄衷待教習素刻其致送薪金以時刻計每日多課一鐘薪金多送一角每月每日多課一鐘薪金多送三元名曰加敬此例創自前總理劉葆良氏劉去後總教習章一山攝行劉事一以劉之政策爲圭臬而無識之苛刻過之近章自汴省第[illegible]歸來仍以澄衷爲飯椀根芽不知何計營謀遂得以學教名目掌握該學堂一切權利其薪金亦由百元驟加爲二百元章既得此爲自[illegible]計乃以節費爲取媚當道之具嘗與字課教習高某商令多課時刻而扣送加敬高某不允[illegible]起口角甚至章以

總有發本省數人聞說此事有某已彼至日來亦甚[illegible]之段其益此議爲然而在鄂人僻放[illegible]者爲某庚丁戊[illegible]告某卒[illegible]與庚官庚官甚好丁戊卒各大歡將附和者亦有數人隨出揭浙論紹丁弱自元復代二同歸官各發百元復有一同學官浙江自元卒業六十元餘附和者各數十元甲乙丙及他在鄂之江省學生壬癸等各認數十元甲即欲發報起事戊甚阻之丁亦曾惜字[illegible]房屋尚須與浙江人商量因浙江亦與此事也凡得[illegible]試發還得[illegible]題再不遲甲從之至二月三十日丙使遊學美洲往丁處辭行丁大厥心中既與丙議[illegible]忿欲了此間數倩七往討措[illegible]組者國丁改俳遲不報之意也越二日壬巳得允借之[illegible]甲卽擬兩[illegible]以告丁戊丁不甚是乃向告惡辦但得[illegible]我甲者告復示敬惡派學堂常年經費濟籌者落斷難開辦丙係發起之人事未成而出[illegible]組聞下跡而行之又將何如弟論知學堂經費[illegible]請定教習不可此兩端實非易易[illegible]均不設一制似此情形恐難成局如即須[illegible]因臨醴陵務學堂上惡急催開工此後逐日下鄉有事通函可也中卽刻教習辦事不能因經費而作輟須有[illegible]性質丙他去[illegible]者有人卽丙與甲不去亦不能常任教員之職因事忙也丁[illegible]云初次來議兩兄爲教習弟故樂從果如[illegible]甲知丁之已行放棄也往告癸癸旨既收束節束節卽經費仍不與我等由小辦起以至於大何如甲齊[illegible]往告戊戊初不以爲然後亦然之甲卽在漢報登一告白通衢徧貼招帖訂約圖學教員及戊於三月初六日在曾館聚議某子先至亦一學生也乃竟大聲相阻言萬不可[illegible]與丁同一主義子一少年人而至於此者蓋已升入官途受他人相之者閉口者遊出者在在有之惟甲與力爭半以所答丁者答之暫丟急烈處[illegible]一語曰汝慮得如此周到卽使各教習[illegible]得薪水立下賣身契萬一起了瘟病倉猝畏命又如之何呢然終不能破其網圍竟終定以報者有二十八卽行開學而散孰知報名之人人人觀望交口相譽而必待開學之

放屁斥爲高欲以嘗蠻爲報章貌爲大度包容也者唯唯聽命嗣經慣用狡滑手段之白繩蚊調停其間爲始悻悻辭去嗚呼章之待教習如是待學生可知吾不爲爭薪金之教習高某惜吾亦不爲取媚官董之章氏惜獨惜在堂肄業之二百餘青年受此等掌教教習之薰染寧有進步耶嗚呼章一山何以對學生幷何以對校主

記武昌江南旅學自起議至開學之始末○有某甲在武昌某學堂肄業有年又在他處稍任教育之事亦中具一點國民思想今年春間仍由他處返鄂來乙與其擬設一學社施實在之教育甲言凡事必有一定宗旨方能立一定名目現在地方自治最爲要事我江南人在鄂者衆盍江南設學所乎乙是其言乃告某丙甲乙丙之程度學級亦相彷彿丙聞此言亦甚喜遂以□月十日在乙寓草擬章程□名爲江南旅學當以築室爲難思及江蘇會館兩會館爲蘇皖兩局所假甲丙二人遂謁會館值年某丁蓋在鄂舉動非賴官字虛名則制令停止而會館非值年不能作主也丁因鄂之老紅員聞其事則曰我本久欲辦一學校重以經費未售教習無人故未舉議甲丙謂我等願爲教習不受束修除束修之外則經費有限矣丁曰旣汝等不受束修而肯教人則我之應出効力義不容辭矣丁誠未知教習之可不要錢也甲丙言會館可否與同丁說會館索同不難惟亦不甚夠用會館對面有一惜字局亦□□人之產可以借作附舍汝等且□詳細章程及究竟需開辦費幾何常年費幾何計算一定再說其後□日甲乙丙將各件定好仍由甲丙交去並約十六日會集同鄉在會館聚議丁言十六日太促二十□日閒暇不如就二十一日開議爲妙甲乙領之丁復將可以辦事酬欵各人姓氏開出約計發此事亦不甚難後丁又以告戊戊甚言不要設之教習爲甚不任經費籌捐欵亦難一定且謂甲丙二人在鄂必不能久甲丙一去校事無人甲丙皆謂未有我等之時亦何嘗知有我等我等旣去之後安知必無我等乎甲丙於辦理簡法如有二十二日發想人演說緣起丁兒演說二字而大懼戊更恐怖逕二十二日到客聞此風聲多有待聽演說者後往丁戊諸人之欵未與聲商於衆客雖去之後爾有聲後始肯繳名甲急無可待遂欲令已出迫丁戊各人使□得不出又因不識已而使倩並往達初七日在癸處兒並並示以所定章章並允所求越日得覆云旅學賴閣下提倡先聲得覩厥成同鄉聞之無不共聲欣羨弟昨晚趨謁已仰窺已意甚以爲然惟請爲總理之命因已公忙體弱弟一人之口恐故□陳不如請丁會已時而商此節爲安甲又因與子爲知己開規其提維依賴委讓等待諸大病其覆所云接書不禁大駭江南旅學吾弟一腔熱力之我議阻固不相宜然實以難字爲解說持道爲官爵亦無須深辦他義務教習能否一一持久及經理人員是否可託吾弟赴歐洲將國之何人旣聞之後萬不能今日懸牌明日即撤也此時甲動甚孤丁戊諸人且背言有甲則事必不成如甲不聞則事或成然甲果不問則事必敗甲受毀無數周思無法遂請某貨者無三等學堂開辦之初以集會有關所成□□□□□□一會總其會總二十人每期付洋五元得五百元即可□□久甲乃之於二月二十一日在癸處會集□得會總十餘人乃稍稍舉動定以四月初六日開學戊聞此會乃致甲書曰明悉一切爲公熱力較循奚啻霄壤昨日晤已亦已詳述各節渠亦甚爲傾倒惟執路不達驟思展輪敗怨之數不待智者而決擬當時何如引而不發耶總之私家學堂開閉無關大段此事殊不可少甚一點取快一時遺笑萬口言盡於此公其念哉甲閱書自下示甚惡會一事系實仿已成之無錫三等學堂辦法曲□□意自聞人言早已隨波逐流惟亦不能全行放棄倘能大衆□相與共濟後勁必步否則各行其是各展其能可耳詎戊聞□乃化同心力爲怨氣惟丁則決計不問四月初六日知請□多員到會能集□惟丁不至許一忠厚者立意□□者教員□□日准以初十日開學各科課本由各科教習自留其稿□□□□□□□□肄業之某已有力甚辛什告庚時其提倡謂此間日□□□□銷公款日餘並旅學事同一律須從善法庚曰乃是我做不到□□日給須大人提倡決日在鄂之江南人類我戚友只要你們辦得好我總歸怎麼一兩百就是了又因鄂學取外省學費姪議不令兩湖士子在內附學甲有已報名者仍應照取來報名者從此截止戊不肯因此停競

一次至初十日大雨終期學員半阻於雨惟各教習及幸戊寅與某卯到堂成禮外亦紅員尚以此爲然捐洋百元并諭諸學衆講究德育次由甲演說學之不可不求中國人更不可不求旅容求學爲難而愈不可不求江南鍾秀之地尤不可不學曉間閉放影燈亦附演說幾經磨折方有此象幸開學之後各被動均已發生倘有保護之議當可持久內容亦富守之之入其亦念創立之難而加之力乎

在日本東京紹興人俗呈同鄉公函　四紙（）附陳方法以備採擇

年少之士亟宜游學歐美歲須千金或缺乏力若至日本歲不過二三百金由上海坐日本郵船二日至長崎又二日至神戶又二日至橫濱由上海抵橫濱首尾不過六日長崎神戶停船一日總計七日已達由橫濱至東京即日本都城也乘汽車祇一小時許郵船頭等艙洋四十餘元二等艙洋二十餘元三等艙洋十二元啓行之先函知東京神田區駿河臺鈴木町留學生會館會館有招待人屆時可至車站相接輪船鐵路規矩嚴肅行旅稱便非中國鐵路輪船之比東京天氣四時和煦風景清佳城市中饒有山林之趣令人發生清明之想中國在留學生去歲已至七百餘人先學語言半年即可入校習山門者至五六年畢可畢業若年齒已長而文理優者宜學速成師範短期半年長期年餘迴國便可任教習之事若身體強者可入體操學校習體操一年或至二年回國可任體操教習之事至中等人尤爲善於入手工學校不過一年或二年可習數種技藝回國後藉此營業或傳授鄉里一生吃着可以不盡此尤求速效之良藝而謀利之捷徑也中國今日正當學校設立教習乏人又以工業未發達製造易獲厚利學此二項爲身家謀計亦良得至於紳士夫爲根本計宜籌立學學校之程度高者辦理不易即使辦而獲益亦少最切用者莫如立小學校如慮經費難籌吾郡各處有善堂有祠堂善堂之款以辦學校學校者善舉中至大之善舉用祠堂之款以辦學校學

初十日爲關帝誕辰一股房屋塌爲平地其內所有鐵板若干亦均損壞

警察滋事○警察已定五月初一日站街近該學生每在外滋事提倡者以爲此舉不爲路警察頓將來必非地方之福也

官報撤局○溫州官報現已撤局溯自二月十五日開辦至今并未出報

江寧

學堂開學○省垣高等學堂去冬經總辦胡觀察會同總教習諸取寧蘇皖三屬學生多名因蘇皖學生尚未到齊先行錄取四分之三以待續行考取遣經胡道選定中文各學教習並經總教習由東洋聘請日本學士日河次郎兼寧與司令同延充東文兼教育學等習先於本月之初四日考取學生足額旋於十三日開學

分籍巨款○前紹省祖有人聯請撥辦自來水一事茲悉承辦者爲諸道保泰魏特特派惟濟擔保籌有資本六十萬不敷甚巨由魏督飭江藩司設法力籌百萬預備可以濟用惟處思爲衆擎易舉之計會於日前在派辦處遴聚糧鹽兩道暨首府並元寧兩令集議籌後籌防支應撥捐等款各盡其力籌或或多百萬之數總期蘭而集

擬開官報○省垣風氣未開當道議仿北洋官報章程創行南洋官報擬由三江學務處承辦行銷之法亦如北洋之例由南洋大臣札飭所屬各府州縣分別地方之大小人民之衆寡派銷官報每日若干惟主筆尚未延定聞江督學擬司之意不必另聘即令學務處諸員分司筆政云

鎭江

緝漁販私○鎭江沿海每年三汛捕魚船隻往往私帶鹽觔藉漁販私質于官銷有礙洪令現奉省憲文飭即責成各魚行于漁船未出洋捕魚之先查明何船捕頭汛不捕二三汛何船捕二三汛不捕頭汛分別出具保狀呈候備案

本埠紀事

校者所以代祖宗爲子孫謀久長之計也稍明事理之人必不至橫生阻力又開通知識洞曉時事莫亟閱報除日報外近歲旬報出版甚多擇其佳者若新民叢報 一月二冊橫濱發行 政法學報 一月一冊 譯書彙編今年正月改名 浙江潮 浙江留學生合辦之報一月一冊 游學譯編 湖南留學生合辦之報一月一冊 湖北學生界 湖北留學生合辦之報一月一冊 新小說報 一月一冊橫濱發行 各報上海及杭州皆有寄售亟宜購辦以資瀏覽若能各鄉立藏書閱報所購儲新書新報近來各省各府縣設立者漸多採取章程易於仿辦數百金或數千金均可惠茲一方尤爲無量至各處高明紳士能出外游歷雖未往歐美僅至日本已可擴充眼界開拓心胸冀抒一二不盡云云

癸卯正月初三日我紹郡人在留日本東京者共二十有七人開同鄉懇親會於牛込區之清風亭衆既集乃興言曰我紹郡古有越王句踐王陽明黃黎洲煌煌人物之歷史我等宜益砥勵以無先墜前世之光榮又曾曰各處游學來者益衆我鄉人盛纔此者寥寥乎落各府後爲吾鄉羞又曾曰我桑梓之鄉風氣痼閉若醒若睡雖然無有操吾鄉人之耳而使之覺者或出門不遠不獲見外事我鄉人宜無罪告之而不聽即吾惟鄉人是咎知而不以告我輩又何所逃其責又曾曰近來各省流寓若湖北若湖南若四川若鎮江皆有公函歸遺其鄉所以關陳之者良多我輩盍馳書以告我父母之邦我所至敬至愛之諸君子僉曰善哉善哉書既成乃并識其緣起如此 已完

各省紀事

湖北

委辦輪船○兩湖輪船向歸商董辦理現經端藩督購歸官辦委金守鼎充當總經理

誤開尸棺 土藥局招局紳私委員兒有下遊流來罈柩一具以爲土也開棺檢驗內有尸身一具恐此事不易和平了結

江西

藥彈炸裂○進賢門外法輪巷內藏有內河水師營火藥砲彈於

嘉湖返滬○炎哈喇沁親王赴杭後昨本埠官場得電知親王准於昨日到滬

江督行轅回誌○魏督昨晨九點鐘由總辦道汪道彥導引至水雷廠工藝學堂鎗械機器廠砲廠砲廠軍火廠等八廠逐一閱看並仍回轅接見端撫張撫蘇撫恩以及荊州將軍綽並傳見滬道汪令劉海防等七點鐘即乘雙馬車赴洋務局會客至暮時赴法日兩領事署飲宴

蘇撫行轅初誌○恩蘇撫蒞滬駐節大王廟碼頭舟次前日四下鐘魏江督乘車往次拜會適恩撫已往南未會至晚十下鐘始返舟次昨晨有電報局總辦楊道製造局總辦[illegible]及陳道作霖翁道組謙等即至各官至碼頭謁恩撫傳論一一見兒並於下鐘乘坐雙馬車至製造局拜會魏督並於今日會同魏督在洋務局請法美各國領事赴宴

官場紀事○新調英美公堂孫讞員昨因要公詣上海縣拜會○湖北候補知府毛守承霖前日因公來滬昨赴道縣拜會

讞員更調○法廨孫讞員調充英美公堂事務孫奉札後擢於今日上午已接鈐任事所遺法廨一差即委英廨魏讞員兼辦

上海富強者會送戒煙丸人名數○蘇州○杭州○江西○安徽兩湖○南陵○南京○北京○天津○鎮江○紹興○寧波○福建○四川

石蓮生 朱阿安 王阿生 姚楚生 王阿升 王雲[illegible]

陸佰醉 王金林 沈海林 王阿步 王坤山 高阿二

王阿十 趙月廣 王阿五 王金光 李照和 楊阿若

徐阿根 鄧[illegible]元 夏仰子 王子芸 陸松濤 張有東

王子卿 王阿義 王阿福 陶阿東 王阿恭 陳老九

周泰和 方一杜 李少村 沈德成 李又彬 王子年

陳錦山 王福生 陳金三 趙阿福 江之榮 沙榮榮

王海山 謝阿生 盛阿生 馬本喜 周士齋 郭阿[illegible]

王阿四 何九壽 朱榮生 陳阿寶 葉培生 陳五培

沈阿根 吳德升 杜阿高 王小寶

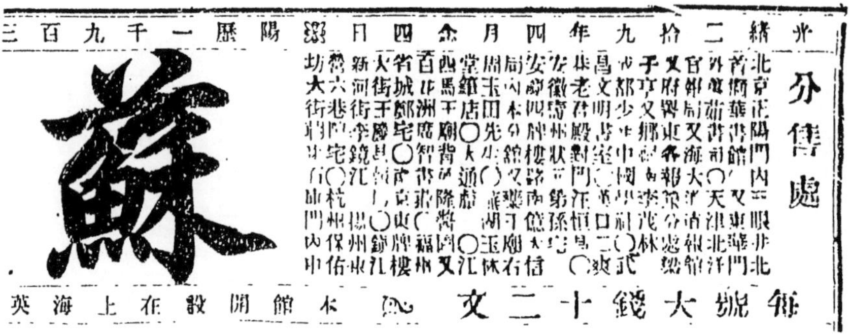
光緒二拾九年四月念四日[illegible]陽歷一千九百三
蘇
分售處
每號大錢十二文
[illegible]本館開設在上海英

年五月二十號 禮拜三 第二千四百六十五號

報

昌又拱宸橋南馬路中昌○紹城小江橋直街中昌○寧波江北岸相蔡局又湖州化河頭協子營○蘇州妙觀前郵政分局內本報分館又嘉興門內恆泰錫箭非石街山○松江西門內佛字橋姚聲如○無錫中衖處吳淞亭○帶熱西門老城前協和各紙號內許潤生○周浦楊鎮徐○日木橫濱和盟洋行內林紫垣

告白刊例

第一日每字取錢四文第二日至第七日每字取錢三文第八日以後每字取錢二文封面告白照後幅加倍論年論季面議長行告白五字起碼傷短行告白以五十字起碼多則以十字遞加

租界三馬路中市 外埠另加寄費

本館特別告白〇昨報所登國民公會章程本爲國民之擬稿刊載甚明乃聞竟有疑爲公會擇定之章程者殊屬誤會按本館此後擬於外間送來公會擬章擇其有條理者彙行登報以備將來發起諸君有所取裁閱者稔之

論說

敬告國民當急其所急　來稿

擾擾而往熙熙而來者果何爲乎吾知必爲名也爲利也爲固性命也爲保身家也爲謀財產也此非吾鄙薄國民之旨也無論爲聖爲賢爲仁人爲志士亦必不能舍此數途以別成一國民然則吾何爲不憚煩不自揣摯摯焉爲國民告告之國民以爲善吾無所加告之國民以爲不善且以爲大惡則吾頭可立斷也吾亦何樂而爲此噫乎噫乎我國民我國民其亦知有急其所當急者在乎今日之日何日乎其鑿井而飲耕田而食含哺鼓腹載歌載遂之日乎抑手胼足胝民無恆產餓死塡壑朝不保夕之日乎我國之國何國乎其四夷賓服來享來王足食足兵歌舞太平之國乎抑主權已墜利權盡失豪雄割據野蠻煽亂之國乎朝於斯夕於斯甘日苦日國民所同享也生而養死而葬窮國樂國國民所同居也執途人而語之曰黑河之投江五千人天津之慘戮過白萬爾其樂之否乎吾知聽者必色然驚頹然喪豈特不樂之且思有以避之也又執途人而問之曰可以投江者其僅黑河矣乎可以慘戮者其僅天津矣乎爾所踐之土其非國民共踐之土乎吾知聽者必躊躇四顧茫然不能答蓋國同是家家同是國無所逃避也噫乎我國民可以思矣性命之不固身家於何有身家之不保財產於何有固性命也保身家也謀財產也吾非謂不當急也有求其所以固之保之謀之之道在則更有當急焉者也吾見有固性命保身家謀財產者矣第欲之嬉戲酒食之微遂姑無足論即近何日間海上志士於廣西事有爭於東三省事有爭見患始救猶恐不及而試觀於所謂紳董者則何如吾昨當入一某醫院適

不爲控其輕侮我國貽笑可言某學堂中小使（伺候飯食者如工人之類）亦以支那不日將印度相譏詬稍有人心者聞之無不垂首喪氣今東京義勇隊之起緣始聞俄人有七條密約之事初三日開大會湯儀銓惕生始倡此議同時編入隊者百餘人（一最可敬者有女學生數名及小學生數名均欲編入其志甚堅牢不可破後經同人力勸以婦人無當兵之責任童子未及當兵之歲年故後有成立十字軍之議）一并分出發本部兩部尋改爲學生軍數日來日人干與謂學生舉力自不可及但無論如何不可在我國練兵云云現又改爲體育會矣但面目雖改精神尚存會中已編成數隊日習打靶數小時并派出湯儀銓惕生等若干人入北洋將不日啓行湖南學生中有錫毓麟周家純亦有往南洋運動魏年師之衆回湘運動者則有陳天華許翔二人現今欲救中國之亡學生固佔一大部分每逢禮拜無不開會者其好運動可知也內地人聞之其感情當何如

抗捐罷市三誌〇揚州向無聚衆械鬥及通城罷市之舉自上年江都縣境仙女鎮米市釀禍鬨鬧嗣後入邑時有械鬥之案日前以苛征捐稅遂至揚城罷市數日而十二圩沙子幫淮北私梟將州幫同時來揚思欲乘機起事十四日晚間土娼曹如法家突來洪匪百餘人冒稱鹽營兵勇奉公查禁娼寮竟敢搶刦衣物砍傷龜鴇妓女五口並縱火焚掠幸經保甲局馳救未致殃及池魚復在當場拘獲搶匪四名衆皆逃散

世界要聞

土李戰紀〇字林西報十八號路透電云當士耳其兵進擊伊撥城時爲阿爾尼阿人所襲擊彼此死傷甚多聞伊撥居民皆已降伏土兵惟阿爾尼阿人仍堅守山間不降云

英大臣宣言〇又電云英理藩大臣張伯倫在伯明罕城宣言云近當有人誤解自由貿易之主義以爲英國不能待其藩屬較之待他國爲優而他國亦優待英國而薄待英國之屬地英國皆不能報復之云云此實誤解自由貿易之主義所致蓋英國必不應

是日爲某神誕吾國民祭神求福之日也燈燭煌煌衣冠楚楚然時聞嗚嗚聲時聞得得聲吾知其爲行恭贊禮九跪九頓首以求福也吾亦以爲齋戒沐浴可以祀上帝福固無不可求之者也禮畢俄然鼓鐺鏘鏘歌唱鏗鏗吾知其爲肆筵設席鼓瑟吹笙以娛賓也吾亦在座飲半於是擬近日海上所謂救國第一方策所設國民中學校之捐冊而商於紳董以求合郡之助語未半有慼額者有頷之者有搖手者有以飲爲樂未暇他及者有以是日非議事非捐題之日者有以學校爲無益者有自認少年而求之老成者有稍知利害略明世故者則曰俟諸異日嗟乎之數紳董其心術腐敗至死不悔本不足爲吾國民之代表然莫爲之前雖美不彰之數紳董本有提倡國民之責任者也若此地紳董如是彼地紳董又如是舉國紳董亦莫不如是天下尚堪問乎今日之日正臥薪嘗胆之日而非絃歌酒宴之日我國之國富殫竭力之國而非閉關獨守可能自立之國我國民其知之耶其未知之耶其知之而若爲未知耶吾不暇爲我國哭吾不禁更爲吾國民哭矣

時事要聞

電諭照錄〇四月念二日奉

上諭張人駿奏要缺需員請將新授貴州貴西道文悌與河南河陝汝道崇春互調一摺着因貴西道爲邊要之缺文悌政聲尚好特予簡放朝廷量材擢用自有權衡張人駿所請與崇春對調殊屬冒昧着傳旨申飭欽此

電傳宮門抄〇四月念二日　召見軍機袁玉錫承澍

東京要函照錄〇頃得東京陰歷十七日來函言日人恨俄已甚亟思一逞十一十二兩日沿街發儧報一買報者手搖鈴而口喊閱之令人不堪（大致謂俄人已將東省佔據并殺傷日人二名清政府猶熟視無睹日人正有與俄開仗之勢第一師團已經調出紅花橫濱殺牛製麵包甚夥又正金銀行亦有停止支出之語其勢已不可遏雖俄人慣用狡猾手段近日報中登其對各國答詞并無挑釁及與滿洲政府重訂密約之事而日人之氣全

限制于自由貿易之事名凡他國不損及吾英或吾屬者無論地在何處皆須恢復者也

英人意見〇又電云英人聞殖大臣之演說皆以爲實能於本國及其屬地財政交際上作一新時代之起點然因此事現發生一英國與萬國自由貿易是否於國家最有利益之問題也

英報議論〇又電云英國各報皆主持殖大臣之議論惟某某兩報非難之而一則不加可否德國各報皆以爲重要問題而疑慮之坎拿大各報則以爲政治上之基礎而皆論斷之矣

學界風潮

京師大學堂學生公致鄂垣各學堂書〇附北吳處紫未晤面悵甚悵甚但報巢之覆燕雀何分游釜之魚湯火並受事急言直唐突之罪諒所不免奈迫於萬不得已之衷只有奔號呼救願諸兄發大志願結大團體爲四萬萬人請命俄之近密約政府割東三省弟等雖就學都中初未之知（政府秘密之至管學來做堂亦未示知）而外人已先知之英調兵船泊政府不准俄日本繼之威海衛一帶兵船布滿聲言與俄開戰並問政府東三省是清國否屬滿則當問俄罪不屬滿則我等協力征爲萬國公地政府央央無策又電政府如將東三省割俄則應將各國範圍所有之地割於我等惟俄與日兵船彈藥俱裝好俟政府電報即開戰嗚呼瓜分之期至矣平日識時之士所言之瓜分乃虛擬之瓜分至今日某等與諸兄爲目不忍見耳不忍聞之瓜分而目又不能不見耳又不能不聞處此之境思此之情諸兄以爲何如敝學日本教習紛紛請假弟等初不知何故因法律教習嚴谷先生謂中國存亡在此一舉乃外國觀士夫歌舞昇平安然無恙內國觀學堂學生出入講堂絕無憂色士夫無論已若中國所有幾希之望在教育教育者發全國忠愛之精神者也處亡國之時學生絕無影響以日本學生例之實痛哭流涕結大團體發大志願次不令政府以此地與俄中國學生俱屬亡國性質我不屑故當即同國矣其實某等皆不知政府之秘事也是日仕師兩館鳴鐘上堂來者二百餘人首係范靜生助教演說利害我輩宜阻此舉並逃若

谷先生譏學生等語是人素有血性者至痛哭流涕同學齊聲應許怨撼天地依次演說者近數十人無暇細述現在某等約辦二事一條一仕師兩宿聯名稟督學代奏二批各省督撫阻政府二飭各省學生合稟督撫阻政府四各省在京官紳電告該省督撫力爭其中有阻撓之人者同學擬不用大學堂名色（此中苦衷難以盡述）望諸兄發大志願結大團體合與端撫督電阻政府總之東三省係我等四萬萬人之東三省非政府私有之東三省割之而能保中國愚猶可割之而揚子江一帶保能不與英乎山東保能不與德乎福建雲南保能不與法與日本乎然此猶割東三省以後之情形至若未割之前俄以索東三省爲目的英日以不允俄得東三省爲目的勢必兩虎相鬥爪牙相持試問中國聯俄乎亦聯英日乎聯俄則東三省失而又不僅東三省失聯英日則兩國所用之兵勢必出自我庚子之亂數年割喪吸髓尚不能救又添英日之兵費中國尚能存乎總之聯俄則中國爲有形之亡聯英日則中國爲無形之亡諸兄之高才卓識自能燭其利害豈待某等贅言但某等身留都中以日所已睹耳所已聞以補諸君所未睹所未聞諸君乎諸君乎某等固無足論也獨不見岩谷先生之譏某等安知不以某等之腐敗轉以概諸兄乎某等與諸兄同爲中國之人當爭中國之事明知此舉無濟大局然其愚而亡不如爭而亡厥海外各國見中國尚有士氣也庚子之亂薛錦琴以一女士猶能爭東三省之約某等同爲男子獨甘出女子下乎錦琴今遊美矣中國何無第二之薛錦琴以爭之則此約之爭之必在某等與諸兄決然無疑設猶疑而不爭恐錦琴將笑中國無男子也此事萬不可遲務速聯名轉請端撫督力阻政府無將東三省予俄是爲至要

湖南學界雜俎○高等者其先爲大學堂大學堂之先爲求實書院求實書院之先爲時務學堂名凡四易時務學堂創于陳佑帥梁任公爲教習熊秉三爲經理蔡松坡周伯勛等爲學生其程度爲近今學界所絕無後由俞帥挑高材生五十人派赴東洋以致

來此制學堂所未有然當事者見日日學堂衝突之數而爲之懲前毖後設此之計以爲鉗制之地然從此各省官學堂愈縛效尤而相聯約文網之密殆如天衣之無縫無一人能出其牢籠令而後可以施其釘壓萬鈞之豺無上之威權以陵轢學生而莫我抗矣哀哉學生何罪何辜偕大中國竟無一立足處也夫以近日學界之衝突其曲非由直自有公論語不必辯卽令定讞已其絲毫無枉而以一告之疵逐其身使終身不願于學界又爲之盡斷形移文各省使之窮於所往竭澤而漁焚山而獵其心計之工密而狠辣亦可驚矣昔漢高怒黥布曰使布北走胡南走越吾不汝恕也古今民賊之聲口何相似若是耶咄學界諸君讒者此等主義將來必通行各省學界之大魔力至矣諸君自度尚與爲奴隸之資格則可入官學堂肄業否則不如早自爲計或劇貧裂根游學海外或私立共和學校如上海愛國學社杭州勵志學社之類若恃政府所設之官辦學堂以爲育才之地是猶龜毛兎內無有是事也噫嘻賞報自設立學界風潮一門不過三閱月其載學校衝突之事已有數十件之多種種奇奇怪怪專制腐敗之情形日有所見讀之令人或驚或怒或笑或罵或叫或哭如讀儒林外史如讀笑林廣記如讀封神西游如讀齊諧志怪聊齋誌之事亦可謂濟勝之具矣午夜月黑一燈如豆讀至江南格致書院章程之某條不覺背芒股慄心惕手戰如有奇鬼來攫何咄咄逼人若是耶噫

時論撮要

論日本用戰之準備○俄林議會之席上英相別公沙爾特侯發我已有利戰用於之準備一言恐俄相稱謝措爲之膽至使彼不可不屈從是豈以雄欺人之術耶彼英相外交之黷血備極銳的武力不論何處有與俄國開戰之準備也試問我帝國對俄之準備果如何其決心果如何

俄國於滿洲之行動彼於表面上欲破世界之公論於事實上則蹂躪清國之主權也破壞腐敗之清國而將分割之端由此開展列

變而不果行此時而留學東洋者中國僅章宗祥等四人譯者附
以此五十人之不果行關係不止湖南學界也改變後陳佑師龍
歸湖中志士是徵此五十人者皆出學俞廉三乃改時務學堂爲
求實書院其腐敗日甚一日至以時堂之滿代漢狄澤洪升爲
致習學生仰前者所不少久之朝廷催設學堂俞廉三商之王先
謙　湘省之紳俞耆權力凡事須就商之者多湖周之孔憲教葉
德輝與先謙所稱湖南三妖者也王葉又稱二麻　又改爲大學
堂延俞伯鈞爲總辦伯鈞頗自知其無學乃派其弟敕華子勤儉
游學日本　皆師範生勤儉尤明敏有才・歸而諮之故改爲高
等且聘他師範生爲顧問尤信任胡子靖故近今稍有氣象於昨
四川初病卒繼之者頗難其人云

武備學堂近造一洋式於于教場規模甚宏敞其餘器械儀器
亦皆備備教習亦聘日人總辦者乃江南陸師學堂俞恪士之弟俞
爵臣也其先兄弟齊名今恪士與學生大衝突名譽頗損影響及
于爵臣然爵臣幹才似有以稍于乃兄且處事任人尤所難得將
來或能有所成惟聞尙未聘學各教習空受薪水仍不免于舉國
思攬教權諸君是誠何心

師範館之學生乃去歲搜取歸試落卷百人以二十一人派東洋
其餘充本省師範生開學未久有一史學教習黃山　王先謙之
頑徒此席亦王把持之　講史學謂禹貢九州而堯典云僅十
有二州其　州大約如割臺灣朝鮮之類爲人割去又謂歐羅巴
即洋人也滿堂爲之大鬨散學之際結之後去滿山捨聘者化

小學堂教習皮鹿門袖之附開風潮仍未息云

長普兩小學堂皆腐敗無規則而者俏傲於長長乃嚴租皆爲總
教習嚴乃湘中獨一無二之老朽則其揚力可知者化自皮鹿門
去後如赤子之失其母俞數難從中主持未見十分完美

無生來函照錄（）學界風潮日見其劇而當事者防閑鉗制之手
段亦愈出愈辣近見江南格致書院增訂章程第某條有云凡在
生有滋事者除除名外更將其年貌籍貫通咨各省內外各學
堂不得收錄云其布置之密手段之毒鉗制之工念製之巧殆自

國之獨占而占壟斷之利也攪亂東方之平和而破壞列國之均
勢也日英同盟之主旨日維持協商之本義於事實上今已爲俄國
歸於支離滅裂矣今不制其暴橫豈僅於東方失墜帝國之利權
而已抑我帝國復有何面目立於地球之上耶
遂東原我帝國軍戰所得之地一旦而還之清國者也而我帝國
主平和主義忖傍觀屈巨弱之俄國干涉我兩布設橫貫滿洲之
東清鐵道占旅顺亦傍觀其占領旅順口之軍港租借大連灣之形
勝地者也忖傍觀其於滿洲壟斷一切礦山之利權者也又傍觀
其屯駐軍隊於滿洲一帶要地者也　未完

專件摘要

論常州武陽兩縣令之荒謬　火　稿

中國之官皆無一不荒謬者然未有如武陽兩縣令之荒謬可笑
可恨者也今舉其荒謬之事如左一暗阻開學堂一禁演說體育
一禁阻女塾而連及與女學一暗阻開學堂也武陽舊有龍城書
院甲午後改爲致用精舍專課輿地算學經史詞章總教習爲無
錫華君若溪小子後上游催開學堂公文急迫乃不得已而議及
遲回年餘始有成議將書院改爲武陽小學堂而頑固紳董如惲
某等亦委蛇其間去年七月因屠君敬山在里力持以教育權財
政權授華君若溪爲總辦定章程延聘教習各界有條理而紳董中惟
屠君稍明自屠君既赴京華孤立無助華之爲人於教育本極
明而柔懦之根性與生俱來不可磨滅則以惲紳挾制以選擇
教習之權授諸劉樹屏（劉作爲惲紳之一）而退於惲其情面收納
有痴病之王某爲算學教習騰笑而兩縣令又與華反對
謂其所訂英文教習趙某每月薪水百元價值太昂教兒童用不
著此等好教習迫令辭退若溪無可如何乃吶吶然曰約已定不
能反汗必欲毀之我唯有辭退之一法耳兩縣令恐搖動全局乃
止而暗中設一阻撓法與一校士館以寒士爲大名爲小學一
經費公然於每月命題課士陰使學堂不能成立也此武陽公學首
猶自歸家縣令亦何必自計破壞之其居心之不可解者也其禁
演說體育一節也因去年七月間屠君敬山在常州偕有志士創

演說會適時風氣初開能務演說任者亦鮮冬底諸志士自學堂返里乃大興演說首創體育會與華若溪曾明假武陽公學操場若溪亦知此事有益亦不能顧晦盲否塞之縣令紳董而首肯之且第一次應諸志士之請而發增體育演說二事諸志士定為正月元旦起月半止當時操畢即演說入座聽講者上自士林下至販夫走卒每日有五六七百人座爲之不容而縣令紳董之責言起一則曰擅動公地何人答允再則曰假用公學喧賓奪主詰問華華無可如何乃於正月十二三日勸志士還第別處我鎮矢之的勿令左右爲難云云諸志士求之允仍照定章至月半爲止兩縣令恚甚始則出照會交董董宜擱繼而禀詳上台以爲有人在內地演說及體育且有興女學等事幸紳學職等設法禁止云云會諸君子本皆官私學堂中人年假同里藉開風氣正月下旬畢皆赴堂肄業兩縣令以爲其果能禁止也故其詳文如此其最可恨最可嗤者爲近來禁女賭而株連及興女學一事諸志士各赴學堂後其居鄉里中辦教育者仍於每星期開演說照常體操邇來復會不絕足會之設武陽兩縣令忽然會銜出示又不敢直斥乃假女賭一事吞噬女賭之風比歲頗連牽及女學堂并旨上海女學堂已奉飭禁云云夫此陽湖縣翁令武進縣吳令尚其稍識時務亦應知女賭女學不可相提並論而爲此糊塗告示而又欺常州人無女界知識以上海已奉飭禁等語欺之常州人雖僻居內地略有知識者當不至爲此等告示所欺然我恐常人有爲所欺者故大聲正告常州人曰上海之女學如城內務本學堂大馬路之愛國學校屹然立於東南學生之報名入學者無月無之而湖南文化學堂且繼起矣萬勿因武陽兩縣令之言而爲之中餒也

各省紀事

常熟

盜案續誌○昭文六河鎮馬姓被劫槍斃一案略紀前報茲訪得詳細情形蓋馬氏兄弟二人一字達卿一字仰卿以醫起家遂成

膳畢即乘雙馬車偕同隨員翻譯赴斜橋南新造湖南會館由道事陳濟南迎入祭閱一切旋後至洋務局與恩睿撫李提台公宴各國商約大臣各領事及稅務司各員飲宴至三下鐘散席旋于五下鐘魏督由洋務局乘雙馬車至小東門外換坐綠呢四轎入城赴道轅答拜袁道辭不敢當其餘各處飭丁飛片遂出城乘車返轅

官場紀事○江蘇候補知縣陳令文藻曾令瑞五昨日皆至上海縣拜會

總辦請假○湖南製造局總辦趙道滑卿近因染恙請假四十天調養聞魏督諭飭安心調理局務暫委王道世綬爲提調暫理總辦　差聞有委江蘇候補道陶森甲來滬接辦之說而趙總辦俟假滿後尚須另委要差云

法員讌賓○前晚爲法總領事巨賴達君宴賓之期下午八下鐘時諸賓除荊州將軍安徽撫帥未到外餘如魏江督呂尚書伍京卿吳侍郎蘇撫恩長江水師提督程江南提督李上海道袁金陵洋務局總辦江道及洋務局繙譯萬丞法國官紳到者有法水師提督水師參將法督信鐸主公副行首董天主教江南全省主教神甫等共十二位既入座巨君舉杯致進頌詞魏江督亦互相酬答直至十一點鐘時始各散宴

主權已失○新委英公廨孫讞員擬于昨日巳時接印各情茲探聞紅示發出約半時許忽將其撕去並聞各國領事援孫令拜會照會或云因公不在上海或稱已赴山東各等語謚爲挽留張牧之意也

法讞拜客○前日新調英廨孫讞員及英廨繙譯姚君會同新委法廨魏讞員至法總領事署及法捕房拜會總領事巨君副領事蓋君繙譯狄君總巡克君現魏讞員已咨照捕房擇於禮拜四即二十五日到堂視事

失慎被拘○四馬路元豐衣莊於昨日九點餘鐘忽然失慎當經鄰人帮同救息未釀鉅禍事爲捕房查知立飭李包探往將店中

富富本月初六晨突有槍划六號來泊鎮河港內彪形大漢八十餘人似巡緝者不盤其公盜也至人定後遂入馬宅初無所得則將達卿兄弟背剪牢縛然後條炙其胸問以銀錢何在始告以埋於地窖盜依言掘之先後果得二院獲木洋二萬餘元金飾珠玉英洋不計其數始一哄而去翌晨鎗划尚在迨向午始駛去蓋槍斃之隣人係翟姓其父亦業醫聞馬兄弟被炙哀啼心知爲盜潛起糾伺十餘人伏暗隙伺其出持械向前翟恃勇先進盜發槍中其腿即仆餘衆四散奔逃翟被擊滿地狂滾極聲呼救命無一人應之者血盡力竭而死事後馬不敢投縣道兩鳴於書吏央其代作呈詞吏紿謂爾所報失數太多恐官反疑爾誣衊盡力減爲是馬唯唯及至翟姓亦則謂非爾家人不便羅入故呈詞內但言失去衣服首飾及銀洋約五千兩余并不及翟姓死事迨張令下鄉踏勘畢翟氏妻子攀輿號哭堅稱伸冤爲差役及隨從之闕防勇丁推去

鎮江

統領移轅○常備右軍統領杜道前假京江試院爲行轅現因該處係校士之所未便久居爰在新河街租得候補縣陳令新宅于十六日挈眷移居云

講求武備　常備右軍統領杜道經辦滿洲武備兩學堂成效大著現聞魏督飭將兩學堂移至省垣並左右軍中抽調精銳即督來省屯劄以便訓練聞已在省建造洋式兵房云

福建

照請辦米○閩中米石向賴外埠接濟現値米價昂貴經商民具稟督轅請給免征米照前赴外埠採辦以資接濟當奉署督崇批示云食爲民天自應極力籌畫所禀米價昂貴民食維艱自是實情惟請給免征米照可否照辦仰福建藩司會同稅務局司道察奪核詳云

本埠紀事

江督行轅乃誌○江督行轅業已四誌本報昨日本城道營廳縣以及文武各官皆赴製造局行轅稟安並見撫軍哈喇沁親王恩珠撫誠皖撫綽留守全提台等各大員到轅拜會逕午刻魏督午

彩反禁運元沈泊衙二人一併拘入捕房押候覆訊再行核

航船被沒○前日有老木金東滸航船由鄉間駛來滬當行至傍晚時在陸家嘴浦中忽遭狂風因以覆沒而男婦搭客約數十人幸經傍船援救得速未致全數溺斃然已有六七人未經撈獲昨聞船主已投縣報案矣

實收遺失○四川賑捐局仿差接姑蘇送到實收三百號至滬捐局交收詎半途遺失茲經川督岑移文到滬並函江令嚴查以憑捐生收領江令遂即飭差查訪

人犯過站○前晚蘇垣差役押解川沙廳命案兇犯唐月生南匯縣兇犯邢錦山王木三名秋審發回道轅並上投縣過站寄禁昨由江令備文將三犯分別發回廳縣收禁核辦

解犯發回○上海縣命案兇犯沈阿昌傅阿林江品山顧培生朱錫春張錦山等七名由江令備文解蘇秋審茲經恩撫於十六日提勘秋審畢即行發回於前晚抵申投縣遞文江令諭飭分別收禁

法廨停訊○昨日爲法公堂會訊之期因孫[illegible]兩讞員新舊交替無暇訊案故由公堂飭捕房停解案犯一期

上海富强齋什遊戲烟丸人名錄○蘇州○杭州○江西○九江安徽○南京○湖北○鎮江○北京○常州○松江○寧波○紹興

陸松堂	王子芸	張士山	周士齋	周阿四	朱棠生
王阿二	王阿和	杜阿高	金白生	王雲祥	陳阿三
王坤山	沈海林	王子卿	王阿十	徐阿根	趙月廣
王金升	高阿二	戴利生	李阿生	王阿五	金仁德
沈德福	王阿生	徐阿五	金阿灝	王阿大	周齊齋
王金林	張仁升	陳阿二	朱阿友	金阿四	王福生
郭阿卿	沙黎來	王阿五	陳五培	王金明	陸松濤
吳阿新	沈阿根	姚楚生	李德成	王海生	丁大洪
趙云卿	石蓮生	王阿生	陸臣祥	張有元	王子林
朱棠生	方一佳	王小福	王阿生	金才甫	馬木喜
陶阿東					

光緒二拾九年四月念五日 [illegible]陽歷一千九百三

蘇

分售處

北京正陽門內三眼井北 [illegible] 天津北洋 [illegible] 報館 [illegible]

每號大錢十二文 [illegible] 本館開設在上海英

年五月念一號禮拜四 〔第二千四百六十六號〕

報

昌又拱宸橋南馬路中昌〇紹城小江橋南街中昌〇寧波江北岸相泰局又湖化河頭陶子號〇蘇州八妙觀前郵政分局內本報分館又四門內恒號錫箔莊石排山〇陰江西門內佛字橋姚聲如〇熊錫中閘鐵吳聯亭〇笑熱西門老刷所瑞相發紙號內許潤生〇周浦楊樹浦〇日本橫濱裕豐洋行內林紫垣

告白刊例

第一日每字取錢四文第二日至第七日每字取錢三文第八日以後每字取錢二文封面與白附後幅入倍論作論季面議長行告白二百字起碼短行告白以五十字起碼多則以十字遞加

租界三馬 中市 外埠酌加寄費

甲辰四月念五日
西歷五月念一日

論說

書梧州友人書後

梧州友人來書云借法兵剿匪得諸傳聞諒無其事王撫於本月初七抵梧暫駐此間以候朝旨傳聞其已奏報全境肅清並開保舉未免虛僞邀功夫西匪甚不易剿官兵未到則爲盜官兵一到即爲民且備有各軍號褂官兵一到即披號褂以混之官兵剿匪亦不得法凡到一村未知匪迹所在即洗其村凡民之財產性命概付之一炬小民何辜而罹此毒故民間有畏兵勝於畏賊之語西匪現有二種曰遊匪曰土匪然皆無大志只求搶掠糊口而已即或勢大亦不過爲無紀識之破壞黨無足觀法兵助剿亦未必得法緣彼所居者在大山中之平原我未見彼彼已先見我矣法人雖長於地理亦將奈彼何蓋忽出忽沒忽民忽盜殊難辨別也所苦者良民而已至於官場之腐敗則固不可勝書總之政以賄成阻新守舊二言蔽之可矣

讀竟嘆曰借法兵一事始而傳聞於西報繼而傳聞於東報繼而華報則謂其傳聞繼而海外留學生則爭其傳聞之可怪繼而海內各地之紳商士庶則爭其傳聞之當阻繼而王撫則自辨傳聞之爲謠言嗚呼嗚呼當本埠紳商士庶之會議爭之也固嘗言王撫而喪心病狂全無人理也則借法兵以引外寇亦無不可若王撫尙有一線天良代爲思之當必無其事嗚呼嗚呼今果以傳聞報矣果以諒無其事報矣言者無罪聞者足戒王撫王撫過也人皆見之更也人皆仰之意者其君子人歟當爲王撫原也

雖然同一傳聞傳聞借兵人皆曰傳聞王撫亦曰傳聞傳聞奏報肅清王撫之奏則不以爲傳聞而竟以爲實事據來書所云匪情如此可曰肅清則法兵已借亦何不可曰謠言我非幸災樂禍祝王撫之必借法兵也特以其肅清之奏荒唐失實如此不能無疑於中是其一也今東三省糜爛矣而手是密約者我國民健忘之耶非駐俄使臣王公也耶當時亦以爲傳聞及各言今竟可知已

並有謂中俄密約將次簽押各節均係其事

傳聞俄約一事凡在京日本人自公使以外皆關心近日來有出資覓人代訪此中之消息者

北京通信員函云本報記中國外部大臣云將來俄日開戰請援我軍四成助日一節昨晤日本某參贊問及此事據云敝國水師陸軍雖不敢謂強於歐美然較之貴國新練各操強些若敝國力有不支而求助於貴國試問以貴國四成之我軍即能保我必勝乎果爾是敝國自取其亂也幸勿爲傳言所誤云云以上錄十九日大公報

北京函云聞前與傳說日前外務部已將俄約七條逐條議駁其滿洲鐵路附近之礦山一事尤加詳駁決不出從仍催俄國從速撤兵以免他國覬伺紛紛探詢云云

又聞外務部所駁俄約其最要關鍵謂須開作萬國通商口岸並引美日所請爲詞至蒙古一條駁文亦力言之日內又電駐俄使與俄外部力爭外部答謂所派專使已奉有本國訓條來華申議此事本大臣不預聞此事云云

傳聞俄約一事到經美國出而調停俄國已允出兵據稱俄國對美國之言曰中國以公心保全大局俄國無不從命若日本迫俄撤兵俄決不能應允即與國合力相拒俄亦不懼等語並俄兵何退法亦尙未議定云以上錄二十日大公報

俄約事外務部即日決意不允　皇太后慈意亦以拒絕爲是皇上要意現在情形仍有委日相助將來善後事宜總難爲計太后默然

日前俄公使另提三條　一不准別國再開通商口岸　一不准改設行省制度　一不准別國分佔遼河利益照會外務部先將三條從速開議議妥之後即議退兵及善後事宜自不難議外務部當即復一函仍舊不允其意甚堅

聞張督致政府電報謂俄人要挾各節請政府力持成約以拒之切勿游移云云

不能無疑於中又其一也
王撫而果具天良之一線堅拒法請使國人東望隕涕者更無南
顧憂則雖為之手溺器傾吐壺亦未嘗不樂也若僅有所懼而不
敢而終且兼問以為之國人之爭之者將如故而對付之定有術
也吏願以回吾友曰所謂法兵亦未必得法又曰法人雖長於地
理亦將奈何是詞氣之間以為廣西亂黨之弱無論王撫法人皆
將屈服此等議論失實太甚又似以為王撫今尚未借法兵倘借
法兵亂黨足制法人雖借無妨此等心思愚騃太甚烏乎烏乎官
之舉動如彼國民之知識又如此我心惻惻倘亦賢者聞之自悔
其失言乎

時事要聞

電論照錄○四月二十三日
上諭湖廣總督張之洞加恩著在紫禁城內騎馬欽此
電傳宮門抄○四月二十三日召見軍機張之洞聯魁日付煜齊
曾松武
法索要地訊聞○頃聞法人要索南京儀鳳門內獅子山未知確
否按此山向有砲台為北門之鎖鑰
錄錄津報紀俄事○茲得外務部最確之要消息云慶王此覆俄
國致府云前約既定永遠遵守貴國今日之論約實有礙難遵辦
之處以上錄十八日大公報
探聞俄人現已有意違約退出滿洲地方然不能即退
又聞俄人宣言云俄人無意將駐滿洲之他國領事逐出境外並
未曾阻他國商人在滿洲口岸通商之事美總統聞之謂若果如
此英美日同謀拒俄之事作為罷論
北京官場相傳俄約一事定于三個禮拜內定議退兵云
傳聞政府某君日前在政務處宣言此次滿洲交涉外間謠諑紛
紛甚至學生商庶均呈請代奏大抵謂宜聯合英日以拒俄此等
議論于局中事勢全不了然不知現在無論何國均不能輕開釁
端凡事皆當以和平了結云云
外務部人云刻下外間傳說俄國要索各款我國已有允許之意

駐紮奉天營口美領事梅提君於禮拜一日忽忽來津旋即乘坐
火車入都與駐京公使康格君商辦要務西人咸謂梅提君此行
必係報告牛莊俄人舉動
英日兩國政府以東三省事已各電致駐俄公使直向俄外部詰
問在東滿舉動係何宗旨以上錄十八日天津日日新聞
聞近因日間外部稍暇因與約事少緩再議
近日各省有拒俄約電到京日有所聞
又聞各員遞到奏者甚多均留中未發以上錄十九日天津日日
新聞
錄錄東報紀俄事○北清新報云英政府以滿洲事照會俄政府
近由俄國回答其要領如左
一俄國欲於滿洲撤兵後保護在留之俄人故求中國之保障並
不侵害他人既得之權
二欲向後無事變發生之處俾商業之安全至□□放滿洲為通商
市埠亦吾人所極意歡迎
三祇圖不侵害俄人之權利其他國經濟之施設並無反對之意
且發達滿洲之對外貿易亦俄國本來之希望
四第二期撤兵之約並無違背之意惟須回滿前記各項始將全
部一律撤退淨盡云
又云近日直督袁慰帥以滿洲事上奏茲節錄其大要如左　謹
按俄國還附條款原定諦歷三月十一號即俄歷四月八號將盛
京省東北地方及吉林省所有駐屯俄兵一律撤去今則已至而
不按撤兵之確期加之現在之駐兵為永遠駐留之設備或增築
堅固兵營或輸入銃砲兵器或傭役中國臣民或變通搬運糧食
臣誠愕然不勝痛惜俄國何故如斯而出此背約之行為耶又何有
所據如斯而敢為此非理之行動臣嘗聞其致外務部公文曰土
匪猶往往蜂起難保俄國在留民之安謐又曰若該地方全交還
中國一律撤兵無如中國軍隊訓練不精不足以鎮靜匪賊又曰
俄兵撤退必知他國有勢力轉增中國之一虞又曰若無俄兵不
能在東鐵道工事及採掘礦山其他一切實利但以為運輸便
恐我國當路者信今不悉其虛之一言以為之此等言辭無非達

皆係約遲延而不撤兵也夫中國自庚子亂後瘡痍未復國力弱徵猶斷然獨立宇宙間一土廣民衆之邦國祖宗發祥之地尚未可遺失放棄任外人久占不歸是宜以全力爭之況滿洲與我商貿易上有要接之關緊今日英日兩國以強硬手段對抗俄人與我援助依時局之發展自宜乘勢以對抗俄人今外務部諸官尚何所用其躊躇乎伏乞　陛下乾綱獨斷毅然舉行內而獎勵羣臣外借英日兩國之協援上下一心對抗俄國迫脅之密約以恢復發祥之地云云

又云駐國公使又向清國要求提出左載三條並促從速議允然後撤兵商議善後事宜茲照錄於左　一不准他國再開通商口岸事　一不准改設行省制度事　一不准他國分佔遼河利益事

又云俄國於北京開議密約事外間無不知之故俄國又於聖彼得堡開議第二條約由俄外相與清國公使胡惟德氏會議一切事宜幷聞駐滬俄使已將第一密約撤回後情形詳細電告俄政府云（按第二密約為滿洲及蒙古重大問題）

抗捐罷市四志○揚州辦捐之陳委員苑恭在十城門內各立一局多派司丁勇役任意苛捐不遺巨細先是城內肉舖向在城內設立湯盆另有屠戶宰殺猪仔無遏稽數乃有肉舖毒皮徐開陳長根陳滿恒三人平日專以同業有事為業從中漁利此次赴局投效獻策收捐即在各城門進口猪仔計數認捐與陳委串通侵蝕每月銷猪約二千餘隻徐等以三十隻為額每隻捐錢二百文且以七折歸公陳委但求認捐明知徐等所吞甚巨竟於遍城肉舖認捐具稟以後頓時出示諭自十一日起計猪收捐徐等知為所給遂合同業三百餘家一齊抵抗故罷市之舉肉業先各業一日陳委見肉業初十日罷市乃商之甘泉張令於是日午刻派差鎖拏徐等三人示威詎衆同日南門適有局勇扣勒布店補貨店之事鈔關又將洋貨及過客行李衣箱私勒罰捐於是遍城各業在初十日申酉之交各發傳單就轅門橋定安堂聚衆相約罷

一暫緩撤兵○同日倫敦電云英話與俄因阿比利尼人進兵一節以為若俄兵之有或逕行之險擬欲令其將兵駐於□拉第地方退留不進焉

定明遊英○本月十八號柏林電云法總統□□擬於西七月遊歷倫敦謁見英皇云

土使謝罪　又云土耳其人已遣使至俄京彼得堡因土人謀害俄領事衛脫洛維柴君故特往謝罪云

英德對待政策○又云英理藩大臣張伯倫於□□學地方演說各節雖經各國報紙大加評論然恐英德二國何以有稅戰之德政府現已將報復政策擴大之施策提議矣

借款承認○又路透電云北婆羅洲借款二千萬磅刻已完全承認其帳目刻已清結云

論傳襲替○據□傳訊阿比□□人已□□□□□拉□□□云

學界風潮

來函述山陰縣學堂改制達材學堂之原因○嗚呼我國學界之風潮　近日而益盛矣不謂山陰縣□□□□□恃自立學堂之弱點制民立學堂之舉所因學界之蟊賊紹興教育之污點而我達材學堂之公敵也山陰縣學堂設於蕺山上公縣副堂縫繩武為總理其內容之腐敗姑不暇言達材學堂設於蕺山下由周君德鈞等同志捐款□辦本日錢繩武時有忌達材學堂之進達材學堂為所擠壓不一而足其尤甚者四月十七日山陰縣學堂之英文教習張□樓□□□何故良率學生三十二人均遣體操衣服闖入達材學堂四處遊玩比之來往且謂吾輩學堂者乃達材學堂之上司一一若有監督之權其實達材學堂一切規制教科均仿小學堂之式並非學堂所缺者惟公款耳斯時達材學堂學生聞其語有某翁何二人起與之辯論同學堂官立民立何分上下險張月樓特率學生三十二人謂汝等敢與官縣學堂抗大聲呼獸遂將朱姓學生扭住辮欲曳至縣學堂究辦於是諸何兩生□同

市陳委知之復曾同江甘兩縣示諭為首抗捐之人仍用威逼手段以都與令不允甘泉刑錢兩幕均不核稿獨甘泉張令任聽陳委所為趕發印示此示一出各街店鋪同心遂於十二日一律罷市本府余守是日卯刻登舟晉省不料城內有此大事也辦捐之陳委住居甘泉署側百姓圍繞其宅欲與為難該委由局所上轎曉諭眾人赴甘泉縣商議停捐立即出示眾不之疑放陳委出局尾隨赴甘泉縣將為本料其自此逝也時甘署門口入小東門城內大街東西兩頭百姓愈聚愈多陳委入報陳於甘令知事不了乃使陳委改服踰垣從甘署後牆而出乘坐女舖轎出北門由五台山上船逃出揚城止瓜洲鎮齊令堯年尉中躲避迨至薄暮百姓見陳委之人而不見其出似然情洶洶而甘泉前令復調到武衛軍一哨出示之處並不問知飛傳張令到司面加申飭一面發電至省乞訊撥營來揚保庫魏江督回電令其和平辦理始於十三日會同江都吳令步行上街挨戶勸諭本府余守途中得電亦回命駕至三義閣對眾宣言除將絲捐不善之陳委等撤委外一面詳請免捐各業董務各照常貿易是時眾心始平是晚余守發出印示十四日始克一律開市

世界要聞

韓俄間之新交際〇字林西報五月十九號東京電云俄人現願然欲於高麗西北海岸之雄江浦（譯音）闢一租界因大沽山對峙放兩商埠以拱守鴨綠江之口而總攬其權利雄江浦本可改作極善之港口俄人託辭欲於該處停泊船隻速收其皮山（譯音）一所刊之木此山擁有麗人之業並不在允許俄人伐木之約中漢城政府因此竭力抵拒俄人在雄江浦購地之舉日本政府現於此事甚為注意

英兵部宣言〇同日路透電云英兵部大臣學洛列克在下議院宣言云刻因運輸艱難政府已飭令將軍孟寧將各地之兵匯集於薄化脫兒地方且刻下阿比西尼人正從南方蠢起該處較便與阿人聯絡故在蘇國之兵並無撤退或改變計畫之意至遣派援兵之問題孟將軍亦尚未之及也

朱生彼學生隨取器械兩下相持居君出而和解且親赴張月樓何敬良與其學生至縣學堂面謝錢繩武故次日錢繩武亦至達材學堂復禮一番風潮似乎息矣不意錢繩武同黨後聽張月樓之唆以為縣學堂為彼私立學堂所辱於是十九日錢繩武何敬良張月樓又至達材學堂向周君要挾三事一斥退朱翻何三學生二達材學堂學生至縣學堂復禮且懸一達材學堂學生冒犯山陰縣學堂之牌於縣學堂門外三達材學堂學生均須服從縣學堂而制伸種種無禮要挾出之於山陰縣學堂之總理錢繩武斯亦紹興教育之惡現象矣噫今時錢繩武以教科相形見絀懷心嗇之已久又懷兩廳特豚之意故有此三端要挾現達材學堂特別開會公議對付方法嗚呼我中國向稱官勢以壓民事者多矣而不謂山陰縣學堂亦蹈此惡習□立學堂之總理備尉知此恐後來有志興民立學堂者因之裹足則紹興教育之前途與中國教育之前途不其遠歟謹識諸報以告我同志

湖南學界雜俎（一）竊勸撥歸補女學堂湘撫王壬秋之女護非為教習幹化江鄰邦之女姪左如為陪督擬四月初間開辦而勸撥有要求出五月初一準開學云亦湖南之一大希望也

各府州縣通設小學堂所須教員無從羅掘乃以從前求賢書院舊有之學生悉數充當學堂之空額者學者新招生也故負之之人亦可憐矣

湖南風氣有不可解者一事則所興三中學而淺通是也前應三少子殺戮人命其他開辦學堂之事不可一二數而忽解散之多派東游學生日本只手社民資給由時所激刺而結黨一有原因為學務議之設名為公益而實縱循梁壁凡二人主持之一宗在游自計推翻此二人而學得謀此二人者論曉一信之議為二人亦借以推行一己之私其志以文明之起點終二人卒為諸頑固所排暗循隨其慰學之謂而去歸凡赴東游為留學生陪宿於是胡子靖等遂出而任事且所以整頓之事以撫道之繼命也而亦隨通勢各舊派區自請組織十年且相視看為民發起一日短衣快靴招勸武備學堂若建造不放其小撥以一城南書院為全省武備學堂嶽麓書院為全省大學堂云

長沙風俗淫靡日甚，一日其所以然者省中有四五部戲班爭妍鬬豔皆有文人學士扶持之如許季原吳蔭雲之流皆自負名士而各以結識一著名之相公爲高品子弟爭羨之富商大紳之家輪演無虛日有聲慶部者嶽麓山長兼師範校長王先謙爲部頭者也日召其頑固猥賤之門徒演劇爲樂而先謙尤有斷袖之癖有欲諂之以求名者袁之以聲無不立時傷風敗俗莫此爲甚士習之壞皆先謙一人之罪也聞趙撫主意此科參之豈其然乎

專件擇要

節錄鄂省文高等學堂上兩湖總督叩請罷爭俄約稟

伏思學堂之教育生徒原以培人才國家之培植人才原期禦外患頃據京師來函中俄將立密約割東三省與俄英日兩國照會政府謂如將東三省割予俄國則宜將我等勢力圈地割與我等如俄人自行强佔則我等將用兵征爲萬國公地云云噫我中國何國中國之地何地中國之民何民地爲萬國之公地歟民亦將爲萬國之公民乎況乎和奴隸待我牛馬役我以欲求爲萬國之民而亦不可得乎禍機發于俄國糜爛將及全國此生等如燕雀之處危巢魚遊之戲沸釜思及此後慘劇不免玉石俱焚何時何事而猶晏然處之而不以公理爭乎彼京師學堂法律教習日本岩谷先生之言可三思也助教范靜生先生演說亦可三思也嗚呼列聖陵寢之所在京師屏蔽之所關全國存亡之所係其亟大迫切如此政府豈竟諸公當亦明其利害何漫不經心甘入俄人牢籠中而不之悟乎君門萬里天遠聽高洛陽少年無路自達既不能泣涕痛陳于殿陛復不能呼籲奔告於政府惟有懇祈大力轉旋電致政府阻止此舉中國之幸天下之幸如電奏而政府不允或政府允而俄人不從違背前約悍不撤兵肆其强橫手段虐我東三省人民侵我東三省政權是東三省不割猶之割也英日諸國或干涉而與俄開戰或不干涉而各以兵力佔據勢力所及之地二者均爲中事俱非中國之利則請正告政府弭患未然將俄

禁止賽會，鎮郡都天勝會已擇於本月二十五日出行新任郭道恐人衆滋事已飭縣諭令停止

會友演說○益智會自上年九月起逐月延請會友在瀛音堂演說以開風氣旋於本年三月間中止茲於二十日李君紹堂在該堂演說往聽者座爲之滿

揚州

委署類誌○運署于日前牌示著委各員錄下知事鍾樹屏委京餉經歷孫振豫委淮北票鹽收發局程元洛委淮北聽差巡檢蔣忠委順清河卡黃鏡仁委淮北聽差大使顧普委五河聽差大使郭竹偷委通太水勢知事周如瀛委總局額外聽差分司姚楫委委通關查輪船河道水勢大使于獻廷委大伊山卡各員於奉札後已先後到差矣

本埠紀事

蒙藩訪客○蒙古喀喇沁親王由杭回滬後仍以洋務局爲行邸昨午親王往道轅拜會袁道飭丁擋駕親王復定於今日拜會駐滬各國領事昨日已飭袁道分別照會

江督啓行○昨晨黎明時本埠道營廳縣以及駐滬各大員皆至製造局碼頭候送行迨七下鐘魏督帥率同隨員起程由製造局碼頭乘普陀小輪文武各官及各營兵皆站班恭送未幾展輪赴吳淞換乘鏡清兵輪逕回省署

蘇撫啓行○恩新撫於上午親蒞製造局恭送魏督起行後復至洋務局午膳畢即至大王廟碼頭登舟返省本埠文武印委均往恭送

拜會領事○昨日蔡關道因公出城拜會駐滬美總領事古納君敘談公務

縣署賓塲○湖南候補道錢道康榮蘇垣牙釐局提調吳守枚新任閔行司徐巡檢兆祥昨日先後至縣拜會

慨助經費○湖南會館董事稟請蔡關道及製造局趙總辦轉請

人背約之罪布告萬國興師抵拒聯和與日以作後援學生等既披甲執戈供大人麾下甲士以一吐我椎心泣血之隱痛一雪我四萬萬人同胞之大恥雖飲俄人之刃食俄人之彈而不恤也先軫喪元狼瞫馳師汪錡執干戈衛社稷童子・武夫且知如此矧其爲學校中也者希臘死守雅典而英法俄三國卒以公理揹土耳其俾得爲自立國脫離斯法爾不顧屍與血戰數年猶不失爲斯和國歐非小國且能如此矧其爲東亞[?]名文物之堂堂國也語云狂夫之言聖人擇焉敢以一得之愚以作芻蕘之獻草茅下士罔識忌諱伏求原宥不勝迫切待命之至

各省紀事

湖北

參紀梁鼎芬近狀〇初放外任時頗畏清議飾做好官現又故態復萌〇凡鄂中差缺均以梁主持雖藩臬司莫可如何官場賄以性理升遷調補說合兩省盤金頭銜〔梁門生極多以五百金拜門即可立委優差否則非粵人不可官場有五世同堂之稱譏其門生又收小門生如馮啓鈞等是也又有廣東會館之稱〇難而安者梁已出之妻弟也梁屢委優差顧某者其妾之嬖人也史招搖撞騙無所不至〇候補道素爲梁最惡係陳當道不准該道等坐級呢大轎端督未允所請〇凡與梁不合者梁莫可如何即以其名書於廁屋板下以辱之右文廷式盛宣懷岑春煊鄒孝背余聯康趙爾彥朱滋澤均在其內另立一本的凡有深仇者則書之每日令其子以箭射之若李鴻章陶模榮祿鹿傳霖端方均在其內〇凡到道札武昌府封面止書武昌府不敢有梁守兩字

江西

同任先聲〇瑞泉司俟辦定暫緊後擬仍回九江道任

私出冶遊〇某道府好色自到任後常於夜靜偕某某兩令私出冶遊故該二員爲某道最得意之人現在皆有優差

擬調總教〇課吏館館長吳道慶燾丁憂後柯護撫仍擬留充斯差因恐滋外論故有劉道人熙接充館長之說與則擬以大學堂總教位置之

鎮江

魏督被命[?]閱看後魏督以該會[?]經費[?]殘缺將切故助銀數爲兩以資接濟

[?]請加恩〇淮南製造局自趙總辦到差後[?]局中[?]員司[?]加裁汰昨日總督起節時未裁人員皆持香求〔請賞給飯食經提調王道世綬一再開導允爲商議衆始散去

派兵彈壓〇浦東南滙縣境下沙一帶有南邨〔光蛋與北邨光蛋械鬥各情迭詳前報茲悉恩縣[?]到滬後經袁觀道將情面稟恩以該匪屢日無法紀即飭撫標滬軍營管帶龍[?]葆珊者帶兵前往勦辦

失物報紐〇前日本邑西鄉諸姓到浙江西德〔化縣姓氏男婦二百餘名攜至張鏜家討收食米張即將其伴春〔耕而撤距橋點失去金銀首飾七八百金昨日張協同二十保四圖地保謝仍失單投上海縣報請查緝

獲犯被割〇著名蟻棍翁正南近因誘拐〔某家婦〔女被人在英公堂具控山前讞員在知翁避匿滬將救諸上海北[?]協提昨日汪令飭差金同捕差王斯將翁拘獲北欲帶回〔忽被翁黨劫去旋將差役毆傷縣差赴回縣禀請核辦

上海官強奏行述戒難九人名數〇蘇州〇杭州〇衢州〇常州滋口〇九江〇安徽〇鎮江〇通州〇常熟〇南京〇徐州〇紹興〇寧波

王炎生　王阿太　王福生　陳阿寶　陳益三　陳阿利　陳阿福　李阿生　張正山　許松水　方一桂

吳阿毛　王子林　張阿濤　徐金林　姚炎生　王海山　夏仰子　陸阿發　楊阿掐　周阿狗　王子清

王阿心　王阿金　高阿大　朱阿峰　周阿金　王阿福　李阿高　王志蓮　王金明　徐金力

陳和棠　王祥堂　沈海林　毛炳如　馮木水　朱阿安　王阿五　李少村　陳錦山　方阿三

趙月殿　李文木　杜阿金　朱阿陵　陶芝之　王朋齋　陳瑞利　張阿二　徐阿根　吳阿狗

王阿大　石蓮生　王阿五　王阿四　王子榮　趙洪榮　趙阿品　顧阿高　陳財生　陸松福

光緒二拾九年四月念六日 [illegible] 陽歷一千九百三

蘇

分售處

北京正陽門內二順非北
首衚韃書館二又北華門
外燕茹書局〇天譯北祥
官錫局又海大路局銀館
又府署東各報箱分處瑩
于亭又鄉局右李長林
步都少正中閩學社〇武
昌文明書室〇巷口二爽
非老君殿對門江恒具〇
安徽譽州狀元錦孫宅〇
安殿四牌樓路南億大信
局內本分館文譯干廟右
周玉田先生〇蘇湖玉林
堂鄣店〇大通盛局〇江
西馬干廟背院隆醬岡又
百花洲順智書菲〇福州
省城鄰宅〇內東山牌樓
大街干隆具路房〇鎮江
新河街李鏡江〇場州東
贅六悲內宅〇杭錫保佑
坊大街胡東石康門內中

每號大錢十二文 [illegible] 本館開設在上海英

年五月念二號禮拜五 [illegible]·【第二千四百六十七號】

報

昌义拱宸橋南馬路中昌
()紹城小江橋直街中昌
◯衛波江北岸相泰扇又
滸化河頭錫子濟◯蘇州
〃妙觀前郵政分局内本
報分館又凶門内恒號錫
箔莊石耕山◯松江西門
内佛字橋姚聲如◯無錫
申報處吳記亭()裳熟凶
門老剛前瑞怡冬紙前内
許潤生()周浦楊讀腳◯
日本横濱谷豐洋行内林
緒垣

告白刊例

第一日每字取錢四文第
二日至第七日每字取錢
三文第八日以後每字取
錢二文封面告白照後幅
加倍論年論季面議長行
告白二百字起碼短行告
白以五十字起碼者則以
十字遞加

租界三馬路中市 [illegible] 外埠酌加寄費

論說

改造形性說

國之強弱係乎民之形性之優劣優者強劣者弱自然之公理也今之談國是者莫不曰中國弱矣中國弱矣某吏當去某政當革政清弊絕然後中國可得而強也嗚呼斯言也但知弱之形而不知所以弱之實也中國政府以國家為一人之私物以平民為無知之徒不得干預國事且壓制之奴隸之一任政府之操縱數千年來拔出一轍是以民亦奴隸成性習慣自然以壓制為政府之義務服從為平民之職分故一與外國交涉備受欺凌民乃優游自若不置一毫慣心於其間以為受凌於他國者朝廷之恥辱也我何與焉惟守我職安我分保我妻子護我家產而已嗚呼政府如此人民如此而欲與歐美爭雄何啻卵與石鬥鼠與貓角哉然則如子所言中國永無強之日乎曰否人人能改其形變其性中國之強可立而待也雖然其實固然然人之形性一成難變有何術能使之變乎曰是不難也不觀夫日本乎三十年以前其形性之劣與我無殊以今校昔不啻天壤此可改造之證驗也今欲改造中國之形性必先廣設學堂以開民智導其性感其情使服從之性質易而為獨立個人之性質變而為合羣以國辱為己辱國事為己事性質既變而形自漸改不期然而然矣所謂近朱者赤過墨則白人之形性必不至一成而不變也夫形性既改劣為優矣人人樂以中國強以中國而國有逾於歐美者吾不信也

俄國內政之改革

前月十三日俄皇發布敕諭許宗教之自由及地方之自治蓋俄國累年以來農民對敵俄皇欲調查之原因及其救濟之法乃設委員以司其事而命大藏大臣威烈為中央委員長威氏者固熱心改革欲以自由主義輸入于農業社會之間者也既受任命遂抗屈內務大臣佛烈夫宗教大臣阿斯那特夫之反對而將見之寔行

教會集議　探聞本埠各教會中人因俄國在東三省用欺詐之術要挾政府居心叵測殊害中國與各國和平之交際深恐將來釀成瓜分因此各公會約於二十八日晚八下鐘在英界慕爾堂聚會先為東三省祈禱並議抵制之策又聞同日四下半鐘美華書館亦集眾為東三省事祈禱

派兵勦捕梟匪○浦東下沙南幫光蛋與北幫梟匪糾衆械鬥一事業由蘇撫札飭瀏河營游擊督帶督兵往勦茲悉本縣汪令以若輩盤踞奉賢南匯上海三縣地界必須會兵兜勦故由汪令移會奉賢縣傅令南匯縣汪令訂於昨日會剿前晚汪令復函致浦東謝總巡及三林塘巡局飭先知照居民屆時恐梟匪拒捕切勿出觀免遭不測前晚九下鐘瀏河營游擊督帶親督兵丁二百名渡浦至三林塘等候汪令亦率同通班夥捕至三林塘與游擊督帶會齊遂排隊往南匯北幫梟匪早已匿跡追至下沙南幫光蛋李秀卿等膽敢拒敵啟開槍伯與橋鎣莊亦已被李搶去勦辦而汪令直至薄暮尚未返衙云

世界要聞

俄約譯要○字林西報述東文報北京電云俄國駐京代理使臣日前照會中國政府云如中國政府現在能允許俄國所請之條約中第一第五第六三條則俄國准將滿洲之兵退去其餘諸條亦可逐漸商酌但中國政府回言如俄國能將滿洲之兵即時退出則中政府可允其半非疑則之事其餘諸款則甚難見允云

美國開通東三省○又二十一號路透電云美政府現在預備在滿洲貿易所得權利一如俄國云

俄督被刺詳電○字林西報二十號路透電云俄國為番省總督納騰拿維區現忽為人刺死此又俄國一大亂之兆也又聞俄王現已將克司輕納失街總督撤任蓋以彼不能將該亂事立時鎮定故也

英許匯豐賠款○又電云華盛頓政府處現得消息謂英國已答

俄國專制嚴酷之國也其苛重不平之租稅權利互異之階級官吏過度之干涉貪食權利之限制出版自由之缺乏保商病農之關稅旅行不便之制度凡所以困苦其民者無所不至今忽悉此敕諭實如出黑闇地獄而重覩天日東西人士無不驚此特舉然或者曰俄國政治之腐敗豈能行此美制一切希望終歸泡影而已然深觀俄國之內情則此舉實有二因

一曰對內法人鮑爾之言曰二十世紀之中必無專制政體立足之地亮哉言乎今日自由之風潮漫天捲地而來雖以頑悍之俄國寧能深閉而固拒故邇來改革之運動擾擾而未知所屆觀前年學生之暴動則勢固岌岌不可終日俄皇迫於時勢知大勢之終不可抗也故不能不稍以權利餌其民一曰對外俄人之野心雄畧累世相傳而未嘗或息者也今方蓄精萃力將大肆侵畧以啓其東封內亂紛挐則神有所分將牽掣其外侵之肘故及此亟先鎮撫以絕其國內騷擾之原因然後聚精會神出全力以謀其侵畧由此觀之則俄人內政之改革其影響之及於我國者至重且劇俄民內寧我國將不得安枕矣不識吾國人將何以禦之

時事要聞

京函述東三省近情（）黑龍江西伯利交界處有地名滿洲站者俄設關征稅查驗甚嚴此地為哈爾濱至依爾古慈克之大道故行旅甚衆華茶由陸運俄近亦由此然收稅過重故華商本小者均無力運往近有某員擬聯合諸人稟請將軍與俄使理論請減輕此稅然恐徒託空言也

東清鐵路之火車凡三等以下均為華人乘坐日前有一日本人身服華服操華語乘坐此車至哈爾濱時為俄兵窺破詰其何以改裝日人支吾以對搜其身則藏有地圖一幅凡吉林等處城鎮砲台均瞭如指掌黑龍江則尚未譜全俄兵大怒立欲解赴營中幸車中有一旗員善操俄語向兵緩頰告以此日本人係一商賈并非官員日人亦再三祈請乃將日人髮辮割下縱之使去

自東三省某俄人擬買小方壺輿地叢鈔皇朝通志等書之信傳至牛庄於是寓牛莊之英人亦照式託他地英人購買一切干涉東三省之書籍兩國國民之相感於此可見

中又云彼甚願得中國賠款一如美國所許云

英倚簡任農部○又電云英國翁司羅伯爵現已簡為農務大臣以繼渭學來之任

蘇國亂事○又電云日前有蘇國土因所領兵一千一百名進擊愛白新尼人被愛人同擊殺斃三百人愛人祇傷三十人云

英德之乖離○國民新聞云自英德近來日見接近英國之輿論恒有憤慨德國之處前此英國於威納塢辣島根據海軍一問題已遭德國之忌今更加法國之接近故益取德國之忌

英法親睦○又云英法兩國隔一衣帶水為鄰其經濟上之關係有一氣呼吸之感應相爭則兩受其害相協則兩得其利不待知者而明白也

英國殖民○又云英國哥侖比亞洲議會為本洲紹到之移民為昨年有教育試驗之規定而議定移民法本月十四日經同州知事之認可而頒行之

學界風潮

南京高等學堂腐敗之起點

高等學堂者江皖兩省之師範學堂設于南京鍾山書院本月十六日始開堂者也其總教習某甲素稱頑錮去年聘督來辦此邦命伊游歷東洋稍開知識不料今春回國其腐舊習氣非獨不能稍減又從而益堅焉如日本教育以服從忍耐為主義而某乃誤以服從忍耐為壓制下最近之附屬詞其他所心得者大率類是嗚呼見界如此思想如此無怪乎南經翻撥其腐敗情狀即層見疊出而不窮也今姑就其最近最確之事實分爲數條錄如下

一教習兼稽查王某出示迎某甲之意以壓制爲事嘗言近來各學堂退學舉動其禍根皆種于新書新報於是嚴禁各學生不准擅閱新書及各報惟偶于一禮拜內選擇中報論說數段與學生傳閱否則必記大過　一漢文教習某日課學生以朱子小學數頁其案頭皆置陰騭一本剃頭會客諸事必擇一黃道日　一算學教習某上課時但令學生自看算書不曾接教授　一體操教習某每日上操令諸生用一大鐵棍周身盤舞皆此等操法最為緊要　一堂中另設師範生四十名大半皆窮鄉僻壤山　脫八

謂本省某甲謂此等學生尙守規矩云　一開堂分班以洋文做長者爲頭班某甲之少爺歐皮西地尙不知如何寫法亦廁居其列　一開課之日監督章某以洋文書籍給發學生每取書者繳錢若干時有某生以未取書倖家中寄錢來時再爲繳還請者章某不肯某生復以旣無書籍不能上講堂爲請章某大怒乃與某甲以諸生挾制不上講堂某甲大加呵責某生不得已乃典質從事而文案某所薦之門人則固未出一錢各取書一部云其間惟東文敎習某君與諸生尙相得思想亦能發達惟各敎員忌其反對咸冷眼相待以故孑然孤立殊形落落嗚呼師範而稱高等其關係于學界非淺鮮矣而乃鉗制如是壓抑如是若惟恐其不爲奴隸而速成之吾恐學界之前途其尙可問乎總之近時學堂幾無一處不腐敗無一處不蠢動其原因果何在歟蓋官場與學堂不相類者也惟官場裝演奴隸惟學堂鼓鑄英雄奴隸與英雄類乎否耶官與學生不相容者也惟官能服從惟學生能獨立服從與獨立容乎否耶夫以不類不容之人而必使之翕然與處且冀其有益於事是猶以冰置炭而欲其投以枘與鑿而欲其入也然而今日之學堂必歸官辦而始有出身今日之學生必稱爲官學生而始有榮譽爲乎以二十世紀之主人翁而與三等奴隸同事且受其牽制焉無怪乎學界之風潮日洶湃而未有已乎然吾聞高等學堂之學生頗能謹守範圍研究功課想此種舉動可決其必無也

廣方言館舒高第罪狀　來稿〇噫嘻咄咄怪事吾不解吾近日中又欲令吾哭又欲令吾笑又欲令吾鼓之舞之崇之愛之莫知如之何而令吾若是也是非以學生退學之風潮耶夫學生至於退學非有榮譽之事也吾亦　學生耳而論及於退學吾心欲悴矣吾淚欲竭矣然試謂諸君一置身於今日所謂官辦學校者其腐敗酷烈果可以一日居耶不然如廣方言館三十年來無名譽無聲氣其學生亦向以服從爲主義者而以今日學界風潮猶能撼之使動振之使起姑無論其事之成與否是固可驚可羨而爲敎分敎之衝突是也星期五學生敎習相就談論之時而是日分敎處學生皆不到於是舒大怒二分敎謂之曰咄咄我是廣方言館總敎習你知道麼分敎微答之曰我有所聞舒又曰我的權柄是頂大的總辦亦未有我的拔子你知道麼分敎皆曰總敎習係子我知之其權若是之大則今日始知之舒又曰你旣知道即告知他們學生我這裏敎習繼復向提調曰他們竟有膽子不認我爲總敎習聞者爲之失笑　此稿未完

金山縣學堂之腐敗情形〇金山縣拓湖書院改爲學堂已今々始經理陳某程某所延敎習李某閔某兩人皆松江融齋書院之規步蕭朱者也開辦未及兩月而百病叢生筆墨難遽舉其目槪略書之

該學堂經費合計各項每年約有五千餘金經理人惟利是圖以一切管理學生事務責之敎習而未嘗過問額四十名每名收膳洋念八元在敬洋四元走讀每名收洋十二元在敬洋二元其額利可見

凡來入學堂多風流子弟敎習等又無良法以範之但嚴禁黑籍夜間用封條封門無如學生之在煙傢放縱者時有所聞敎習等無可如何欲告退又戀此三百金之束修不忍棄進退兩難其心良苦

監起居倪某者皆名之者學究也以鑽謀而得一飯碗於管理學生之法未嘗夢見某日學生至烟館中渠尋得之倪某慎甚自記一過從此學生益輕侮而倪某記不勝記笑話門中又增材料矣

嗚呼中國官辦之學堂何一非金山縣學堂之類乎其宗旨則發財也順情面也以此爲謀衣食地步中國之危急彼不知之學界之風起風潮彼亦不知彼實凉血部之水族豈辦學堂之人哉余故皆之以告辦學堂者倘該學堂聞風知悟不特一縣之幸亦中國之幸也

來函述蘇州府中學堂〇蘇州府中學堂者係正誼書院舊址其房舍略爲更動落成於去秋開辦於今春仿照中西學堂成章敎

吾國家教育前途放一綫光明也其事之原委前已見諸報端惟其衝突之起由由於攻英文教習舒高第夫舒特一教習耳至於聚數十人而攻之攻之而仍不能去之或且以學生為多事為好動余四者皆游於該館矣故吾於該館前日之風潮而深信該教習之劣狀且有以知諸生之萬不得已而非其所欲者也蓋舒高第者固曾經出洋於西人曾抵學亦略知一二自為該館教習以後驕蹇二十餘年視其位為天賦權利歷任總辦大都官場無賴者無為就人才之心該教習乃以巧詐之技倆施其野蠻之手段種種齷齪卑鄙之事皆有令人髮豎眦裂而無可如何者徒以該館壓制太甚諸生思想薄弱矣由自其罪狀與人子弟至二十餘年此余所身親目擊不得不取其罪之犖犖大者條列之以告我學界

一玩課　該館向有章程課目課不定則學規不齊方該館向無一定課程學生之去留課程之多寡悉隨教習之私從不過問乃該教習天資蠢訛既無識者時來督課遂益行其自私自利之心廢力督館舊章一星期洋文四日中文二日洋文上午二句鐘(自九至十一)下午二點鐘(自二至四)上午二點鐘舒教習定為背書授書之時下午一點鐘為作洋文論之時每日學生功課祇此而已然使能於四小時中悉心講解則學生自有所受益不知其功課名為四小時其實在教授之時不過一點半鐘一上午二班背書一書一點鐘下午作洋文論半點鐘一其餘時刻該教習不過到堂數行耳日身倚藤椅足擱木凳昂然高臥其所用課本則一千八百年前之舊書如所教文法則印度奴隸課本且每授書甚少不過數行次日必責令背誦不熟則所教愈少有請其增多者必厲聲痛罵辱及父祖竊該教習之心蓋借此以為遷延歲月之計耳

二把持　近來方言館改良事業所以屢興屢輟者則以舒高第橫梗於中之故而此次學生之必欲逐去舒高第者蓋深悉非去舒則該館無從興耳該教習自到總辦鄭蘇龕派為總教習氣燄益熾有不可嚮邇之勢現有英文分教二人爲毛慶蕃氏聘之於總轄書院者彼必欲驅逐之使不得安其位尤有最可笑者則補

習六人學生六十名學中生英算體操諸科教習均尚開通惟總理候補道劉燕乾幔年浮極以耳為目學事辭輒同與規任用匪人非故不錄漠蔓流染一味孫多況其本銅臭者流以順直賑捐資內報納知縣數分江蘇腦無點墨豐隨如豆品敝行卑好詐貪污工於謟附行同野蠻無知妄為與同事縣丞姚恭寶狼狽為姦席同司事朱某洋關支館侵吞的款甚至與廚役分肥暗扣丸折任意敲剝以飽欲壑遍人皆知孫姚二人觀劇留娼殆無虛夕每至下午不肯出堂與附近婦女多方調笑醜態醜容不堪名狀嘗謂人曰吾資稍我於外以防學生偶出非為此其掩飾之語極為悲劣聽竹紅語故意調門君能白其提調中西學堂所謂沈靜者受資蘇省之能員也見其中多歹匪類田君明若觀火嘗不一語偶到堂片時惟一責諸生功課或與教習閒敘而已傭有附黨之門丁馮某狐假虎威目中無人學生偶因細故出堂片時不持假條者輒行攔索使口藉端敲詐生等偶有傭媼或物來堂者則任意調謔因而被辭去習吃退一名今馮某之惡習比前更甚總理留之不以以耳為目任用匪人豈慮設乎學堂儲才之地為虎狼巢穴某等汗顏食祿念切時艱中夜徬徨思無報答且戀款匪易來是萬民膏脂安忍虎狼之吞噬哉負國負民深堪痛恨惟有鳴鳴實由祈貴報節以為通國學堂告為貪污尸位者戒則國家幸甚學堂幸甚學生等曷勝懇切盼望之至

時論擇要

續日本和戰準備(○)雖然俄國背撤兵條約於事實上占領滿洲蹂躪清國之主權壓迫列國之經濟利權閉鎖之而破東方之平和如此行動我帝國國民果得而忍乎我帝國以擔保東方之平和自任決不得默忍其行動也

今我帝國於外交上不僅立於與英國同臨之位置平和主義之一大友國如北米合衆國亦為正義故表同情於我彼蓋謂俄國者迫清國當賴我帝國制其縱橫此自然之理勢也而今日表面上與俄親睦者德國德國不為此無謀之戰爭固不待言法與俄為同盟國或以間接應援俄國容或難辭如以兵力援助之恐爲為不忍也故目下帝國外交之周圍除俄國之外雖謂無一國

與我爲敵者亦無不可也於此除不得不要求於我國民者在國外交之動作明敏精悍帝國政府之意志確乎不拔而已陸海軍擴張殆完成今日有和戰兩樣之準備帝國政府之決心非確乎不拔者其交涉談判遲遲焉而缺機敏活脫何以能制俄國之暴橫欲如伯林會議之英相一言壓俄相之膽豈可得乎哉而萬一戰端既開亦決一爲我國民利我國民不得不責問現在內閣之決心如何也譯東報　已完

各省紀事

湖北

派充監督○兩洋調來陸師學堂卒業生現經端制軍督派赴各營充當監督官每月每人薪水銀三十兩

江寧

創辦育蠶○江南派辦處創設蠶桑公所籌款六百兩試辦育蠶前於派員赴浙採買桑秧時購買蠶子十張招僱浙湖熟諳養蠶之老嫗四人來寧專司育蠶又於省城四鄉僱得蠶婦十數人同司餵養共以一百箔爲限此係試辦俟辦有成效即將勸令民間廣爲蠶育云

常熟

客民滋鬧○四月十七日昭文大東門內城河中忽來客民船九只船內有捆綁者二十人詢悉係任陽石牌等處土民捉獲客民解城與官者緣任陽等處荒田極多客民於上年八月中自浙湖來至崑山新陽等處約有數千餘人墾新荒田悉爲霸種尚有千餘人散布於昭文界任陽等處初來時土人與客民尚相安無事後漸露兇橫硬搶物件強姦婦女積至半年有餘土民恨如切齒四月十四五等日因事互毆先則土民受窘繼乃聚至數千人凡任陽石牌等五个圖分悉行到齊與客民鏖戰半日客民寡不敵衆爲土民捆縛二十人拘船五只悉行送縣初土客互毆時有土人入客民茅棚中見有皮箱一只係所屬縣王姓所失之物土

帝使康大臣格付郝所輯防訟釋疑書內戒民教用安語皆中肯爲札各關一體出示曉諭茲因汪令遂將防訟釋疑章程抄錄於此日出示遍衢曉諭矣

讞員交替○新委英公堂孫讞員本擇于本月念三日巳時接鈐嗣因奉憲傳問英公廨時不及故于前晚發出紅示擇於念五日午時接鈐昨巳照期孫讞員命駕到廨由前任張讞員飭丁將英美租界會審委員鈐紀一顆交孫接收旋升座點各書吏差役夘名並諭各差役祗慎從公所有門丁一役遵照諭裁革公事傳喚均由派出之姚姓司事經理仍諭夘役李杏將各散役念餘人花名年歲籍貫備造清冊送查

演放新砲○滬南製造局砲廠教習柯尼司前日將造成一百磅砲門鋼砲一尊又六寸口徑四尊運至西砲台會同陳委員演放共爲靈捷云

驗看米樣○江蘇海運北局前將糙米解往京倉交卸當奉陳倉督驗得米色不佳承運收倉飭將解往糙米提選一萬六千餘石並由京倉解樣米四袋到滬以便照樣驗收昨日署政大臣吳侍郎片請南市滬局孫總辦錢會辦赴北市會同驗看以分米色之優劣云

約束巡捕○馬路工程局所用巡街華捕因無定章紊亂不堪故經翁總辦備有仙人名担二副嗣常面試昨局滿晨由翁總辦傳各捕到局逐一考試與面諭各捕習謂以後落差務須伺從捕房以便傳喚倘欲因公出外須向捕頭請領號折易於查考私自出外查出定即斥革云

劫犯續詳○獲犯被劫一則已詳昨報茲悉此案實由江北人錢步高攜同其妻曾氏及子女等在滬北傭工度日嗣爲著名蟻媒翁正南所見遂以代雇乳媼爲名將氏誘至浦東塘灣鎮川強售與某甲爲婦事爲錢查悉投報捕房即稟請英廨由讞員函致上海縣派差協探獲如海隨帶錢步高偕赴塘灣將翁正南拘獲下

民覩此情形知客民俱是盜黨徐動衆怒紛聚衆如此之多新陽捕役亦跟踪斷至十七日傍晚昭文張令坐花廳詢問不料客民中有自稱爲客董八人闖入花廳硬將十四人保出其餘六人僞爲不認識者昭令即將二人下監兩人下所兩人下待質分別管押十四人釋出後土民益不服同鄉將客民之巢悉行放火焚燒而客民亦有自行焚燒者緣客民茅棚中所藏贓物甚多新陽鄉民之被搶陸河鄉民之被刦大都此黨所爲客民恐露贓物故自行焚燒以滅其迹又同時昭文小東門外距城十餘里地名七星橋等處又有土客鬨鬧之事土民傷二十人已於十九日扛至昭署驗傷張令驗傷屬實遂於二十日令親率民壯差役全班又會同留防營兵百餘人馳赴七星橋彈壓驅逐未知果能實行其事否

盜案三誌○昭文張令以六河鎮盜案斃命刦財案情重大亟欲破案故於四月十六日督率留防兵百餘人至任陽石牌等處將開賭之光蛋柳田之客民悉數捉拏約共二十餘人張令悉指爲盜將嚴刑審訊云又聞此案因七客相毆致斃張令拏獲是一是二容俟續聞再紀

鎮江

論除蝻孽○洪令以天氣已暖上年遺蝗難免無萌生之患因論鄉民預備洋鐵及竹製噴筒滿裝洋油或各色桕油和以清水遇有蝻孽澆之即斃此法所費無多其功甚大務各遵辦以除後患

本埠紀事

官場紀事○山西張撫曾敬昨日命駕入城至道署縣署答拜又孫垣藩後局提調陳守編昨亦入城至上海縣拜

委員陪謁○蒙古喀喇沁親王訂於昨日拜會各國領事本埠袁觀道須往陪謁因另有要公故委繙譯萬令錦元赴洋務局行邸恭隨親王拜會云

委辦醫局○滬城藥局施醫局每年由道撥款開辦本年五月初一日又須開辦故昨袁觀道札委天通菴巡局員姚令殿勳爲醫局委員

抄示章程○上海縣汪令接到上峯札文內開外務部接駐京美

船當時由縣探派縣差二人在船看守一面仍各沿岸搜將該氏一併提回不料該處土棍聞此消息婪時齊集數百人突將該探差等兇毆四次並被刦去翁正南搶失袈裟等物現聞該探差等已在仁濟醫院醫治並由工程局函致上海縣務獲各犯以懲儆辦

法廨訊案摘錄○昨日新任魏讞員初次到廨與翻譯曾判各案摘錄於下陳樹棠控洋商伊慶田定買棉花二千擔價洋八元三角後因漲至十元另二角故到期不交人亦逃避昨始尋見扭控到案伊慶田投稱付過定洋六百元由陳收去出有存單有陳樹棠圖章爲憑昨日拘獲自願繳洋七百元因吃虧不少故此未允求請追究陳供前和花行生理茂苓周保仁托往鄉間收購棉花並未認定詰之貨請向張周訊問判押候補提張等到案質訊核奪○滬北侯亮邦爲堆言夏少林夏順生夏柏生夏泉小等糾黨二十餘人在靖昌路將猶民錢目詳拔至陳鄧廟樹上吊打猶出餘據洋三百元又強搶金鐲戒子洋銀錶後由包探往拘被侯逃去祇獲高等五人添判枷拘侯到案一併究辦現因侯日久未獲故於昨日由高等五人提案判令各枷兩個月責一千板

上海富強齋會送戒洋煙丸人名設○淄州○貴州○徐州○泰州○岳州○臨○宿州○涇州○常州○徽州 衢州○宝州○深州○濰州

陸松濤 陳阿波 沈德福 王阿三 王六寶 沈茂林 陸阿鳳 陳少盛 楊阿岳 周秦山 吳阿毛

陳阿四 王阿惡 王阿生 陳阿四 徐惡生 陳盜三 沙添來 張阿東 陳海茂 周阿四 王榮生

王子清 沈海林 高阿義 王阿六 李阿三 周阿金 汪小鳳 趙阿瑞 趙月庭 杜阿金 張阿濤

高阿二 邵進生 王阿十 王子云 朱阿安 王福生 王阿寶 王子林 蔣水祥 顧陳氏

王阿金 吳培生 吳阿四 王巧生 趙文炳 李少村 陳錦山 王阿義 王志生 陳阿妞

高阿大 陳阿五 王阿王 王才新 袁阿仁 王雲居 方一山 王阿金 徐俄仁 王河泰

光緒二拾九年四月廿七日 禮拜 陽曆一千九百三

蘇報

分售處

[illegible]

每號大錢十二文　本館開設在上海英

年五月念三號禮拜六 緻 [第二千四百六十八號)

報

昌文拱宸橋南馬路中昌
〇紹城小江橋前街中昌
〇寧波江北岸知泰局又
壽化河頭錫子裘〇縣州
〃妙觀前郵故分局內本
報分箱又閘門內恒東錫
箱莊石村山〇松江西門
內佛字橋姚巷如〇縣錫
中報處奐錦亭〇※熱西
門老廟廟瑞冊冬紙號內
許潤化()周浦楊讀轉〇
日木橫讚衿盟汨行內林
紫垣

告白刊例

第一日每字取錢四文第二日至第七日每字取錢三文第八日以後每字取錢二文封面告白照後幅加倍論年論季亦議長行告白一百字起碼短小告白以五十字起碼多則以十字遞加

租界三馬路中市 外埠酌加寄費

論說

論青年會體操班事

來稿

本月二十四日上海青年會已入體操班諸君應巴樂滿君及其夫人之招七句半鐘咸至老靶子路巴君住宅到者約三十餘人僕亦與焉時則賓主交錯戲弄一切拍掌歡呼甚覺戶外誠快人快事也十句鐘由青年會主座黃君佐庭宣布暫定體操班章程八條大旨謂入會者已五十五人其中願體操者入體操班否則拍球賽跑及一切別種有益身體之具入體操班者暫時不著操衣俟人數衆多願習兵式體操始置備號衣以歸一律當時方君守六與僕頗反對之方君謂體操與兵操一而二二而一可由徒手體操而遞升至兵操無庸分別僕謂欲習體操必須著號衣方能與趣勃發步伐整齊否則始基不固未有能持久者作事固貴精神而形式亦不可無也且入會人既不多勢不能分之爲二部意已入體操會者皆應習操拍球賽跑等事可於操時前後行之應不背體操之名嗣王君閣臣謂體操二字與文之原義統指一切健身之事而[illegible]故以意義相同之體操二字名之非局於體操之一部分也方君又謂吾輩皆華人須以華字爲準況於十七晚開特別會聚議之華克爾君唐君佐庭顧君儉人王君閣臣丁君汝霖饒君伯瑛方君守六等演說皆爲提倡體操而發而各報之論說中外日報之來函皆殷殷贊成本會體操會者也後由饒君伯瑛請下期開會時通詢同人再行決議會遂散歸途緣寂心緒萬端僕於此時不得不爲吾國活潑潑氣昂昂之青年及本會之同志告焉

吾親愛之諸君亦知泰西各國與亞東日本之所以強乎強在人人習體操人人能隸兵籍其一種嚴厲強武活潑之氣象已令人望而生畏者也其精神健全其體魄強壯故其謀事也周密而作事也堅忍諸君諸君亦知吾中國人之所以弱乎善覘國者覘其民今我國民皆頸拳曲而不伸步履蹣跚而不前沈沈如病其氣薾

紀俄人謀佔林業事○東報五月十三號韓京漢城電云中國人在鴨綠江昨伐木爲業者計有三萬餘人每年出息可得銀七百萬兩刻聞俄人欲將此業歸其掌握故中國人於此職業頗有朝不保暮之勢云

日俄兩國在東太平洋艦隊之比較○俄國現在東太平洋與回航途中之各艦隊與日本比較其數如左

日本

戰鬬艦	六隻	八六二九九噸
裝甲巡洋艦	六隻	五八七七八噸
巡洋艦(二十海里以上)	四隻	一四二六六噸
合計	一六隻	一五九三四三噸
巡洋艦(十六海里以上)	一二隻	四一七三九噸
砲船(二十海里以上)	二隻	二一一〇噸
驅逐艦	一五隻	四七〇三噸
海防艦其他	一七隻	二三八五八噸
水雷艇	八五隻	

俄國

戰鬬艦	七隻	八三八〇四噸
裝甲巡洋艦	五隻	五一二一六噸
巡洋艦(二十海里以上)	七隻	三八八七八噸
合計	一九隻	一七三八九八噸
砲艦(二十海里以上)	二隻	八〇〇噸
驅逐艦	一八隻	五五〇八噸
海防艦其他	一〇隻	一二一八八噸
水雷艇	一一隻	

右日本軍艦爲十六隻十五萬九千餘噸俄國軍艦爲十九隻十七萬三千餘噸日本居於劣勢惟速力武裝艦齡一致之點則俄國不及日本日本六大戰鬬艦及六大裝甲巡洋艦皆于九百九十八年以後進水速力爲十八海里二十海里以上攻守進退得

然徬徨如鬼其神蘊然而我數千年來文明之祖國遂以東方一病夫著於環球矣欲強國先強身欲強身先習體操不特智者而知也近者尙武之精神稍稍萌芽矣上海愛國學社育材學堂俱改習兵操矣各處學堂亦有響應之者其有非學堂而組織體育會者常州開其前而無錫隨其後矣而吾此會之成立又可操券吾料不出一年體育會將遍於國中矣強國之基卽在於是吾欲祝求入體育者急起以圖之

時事要聞

電諭照錄　四月念九日奉

上諭閻廼竹武奏病久未痊懇請開缺一摺該大臣屢次因病奏請開缺業經寬予假期茲復縷晰實陳有心規避閻廼竹武著勒令休致欽此同日奉

上諭張之洞加恩著在西苑門內騎馬欽此同日奉

上諭京師入夏以來雨澤稀少現在節屆小滿農民待澤孔殷允宜虔申祈禱朕於本月二十七日親詣覺寺拈香大高殿著派恭親王溥偉敬謹前往恭代拈香時應宮著派醇親王載灃照顯廟著派貝勒載濤宣仁廟著派貝子溥倫凝和廟著派貝子溥侗同於是日分詣拈香欽此同日奉

上諭丁振鐸電奏匪徒周雲祥搶佔個舊廠當經調營往剿並在乘隙竄進忽擾至臨安府城被匪竄陷等語該道魏景桐等事前既失於防範臨時又未能堵禦實難辭臨安開廣道魏景桐著卽革職留任分統營官魏榮斌管帶[illegible]朝杜[illegible]等均著革職拔去翎枝效力贖罪府[illegible]按察使劉春霖迅卽添募防營由省堵剿並飭同該鎮道等認眞府城克復趕緊捕拏首要盡法懲治如仍不知振奮立功卽行參明從嚴參辦丁振鐸林紹年均著交部議處務飭督飭各軍認眞防剿迅速撲滅並將路工及洋員人等切實保護毋稍疏虞切切貽誤惟該督撫是問欽此

電傳宮門抄○四月念五日召見軍機張之洞瑞[illegible]

俄備戰事譯電○東報五月十五號倫敦電云俄國黑龍江水軍已奉命戒備開戰地步云

一致之勢俄國軍艦皆千九百九十四年及此年以前進水者劇者式速力最上十八海里下至十六海里云

電文照錄○探天津督轄中人抄示袁直督與浙江翁護撫往來電文照錄於下　袁宮保致翁曾電云准部咨北洋協餉奏明仍由各省如數解足查浙省所有北洋防餉賞省鹽金應解十六萬寧關應解八萬杭關應解二十萬上年僅解到杭關二十萬甯關一萬鹽金絲毫未解殊欠兆和竭蹶萬狀本年係有閏之年待款尤急務請迅飭司關籌備大批迅速報解以應急需並照隨時飭催照額解足毋再短欠爲盼乞覆凱印　翁撫覆電云迭悉浙江應解北洋協餉當飭司道籌撥茲據會同覆稱鹽金提撥之款撥補多處與當道事關緊不敷支應解洋款尙難籌撥杭關分認賠款上年奉派之武衛軍餉二十萬勉力湊解亦已萬分竭蹶遑籌各庫情形同一支絀幾難兼顧而前項防餉有關要需祇能[illegible]催容當竭力籌措俟有成效再行撥解等情除先奉達乞查照爲[illegible]叩

世界要聞

英使調停財政○倫敦西報五月二十一號路透電云美國通商大臣已起程赴歐洲考察各國銀幣貿易之利弊及其市價漲落之由以爲整頓財政起見此事或於銀市上有裨益云

改革教育○又云法國國會已允許政府革除宗教教育矣

爭論稅務○同日東京電云日本國會於會議抗拒陸地稅一節已經議定一日前兩黨互相失和惟進步黨刻雖已暫反抗而突而於國會第二次開會時此事卽將預先布置妥當云

[illegible]論台事○又云日本政府已在國會中提議台灣樟腦利權歸[illegible]令全歐其事此利云

[illegible]增兵額○又云日本海軍第一節已提示布告計[illegible]增兵艦[illegible]甲鐵甲巡洋艦三艘及二等巡洋艦二艘云

宣言[illegible]事○[illegible]新[illegible]報倫敦電云英國商務總辦陸雷君在脫[illegible]國會議宣言[illegible]劃下[illegible]合同有[illegible]關外所有銅鐵各礦[illegible]約[illegible]者甚多云

外務政策○字林西報五月二十一號路透電云土耳其獨利無往內閣大臣衛與土耳其和緩而疏遠俄國惟知[illegible]往　[illegible]一味[illegible]

從俄國也

俄國女學生之抵抗　俄國學生之抵抗擾亂每有所聞本年聖彼得堡之女子醫學院與大學校亦釀成抵抗騷亂當時俄國之例付諸秘密不許記載於一切新聞紙處分既終始由文部大臣以官報發表依其報告三月初旬女子醫學院循例行進級試驗發表後女學生有以爲不平者三月念三日午後五時約六百名女學生集合於校內解剖室校長命其解散不聽視學官復來論之亦不聽乃縱議三時間翌日以與於集合休校之女學生交教員懲罰而開裁判該裁判之結果決定處罰二百四十五名內（十八名既加譴責後不許退校復課仲裁之罰自餘二百十七名加譴責而戒將來斯時校長左首級者免之傳命宣告二十八名之懲戒裁判而命出校二十八名皆不應其命文部大臣以此女學生之所爲不僅故意違反規律且對教員之懲戒裁判表不敬之意將來亦不欲聽從合法之秩序命其退校自四月九日如常開校云俄國處無黨中往往有女流蓋出自此等女學生爲多也（錄東京日日新聞）

界風潮

廣方言館舒某第之罪狀　續稿○三卑鄙（一）卑鄙者生人行爲之最大汚點也而舒尚第之專門學問獨長於此其所以保其三十年教習之位者亦以此其前事之卑鄙齷齪者吾不知之吾在該館時所易三總辦其諂媚承迎之術則有令人噴飯者毛實君之初到局也頗不意輕傾方言館章程聞舒尚第在該館二十餘年以爲其人資格已舊則必其人之可恃者也於是深信之舒既已獲寵盤肆蠱惑之伎倆歷揚其出席之情與所學之博大毛既受其愚舒乃繼之以奉承每日夜間舒抱一西洋琴至毛之公館調其琴短足跳舞毛之子女環視娛笑醜態百出舒每月薪水五十兩毛以其善鼓琴再加銀五十兩及毛去而鄒來其媚術又一變鄒某者即鄒孝肯號稣龕又自鄒之繙譯至一學亦出洋學生中舒知奉承伎倆不得逕行於是以愚毛者轉而愚鄒孝鄒乃與列六款以仲鳴鼓共攻之義吾國危亡無日所賴有一綫生機者惟此學生而已然以此教習欲以造國民作主人翁之志猶悼舟於絕港而求至於海也所願當事者聞而知悔圖所以改良則諸生前途或猶可救也

神戶同文學校國文教習辭職源委○三月十五日同文學校國文教習鍾齡馮羣年何天柱三人辭職諸君必有以慰氣鬱不願全局給僕等者輒以辭職源委布告諸君我罪我知是存明鑒神戶同文學校者創設於庚子之春生徒之受教育已歷三年智慧漸開兩隱頭角而剪辮髮好談國家革新之事於是一二頑固者流如陳恩培者以爲此等習氣皆由教習所倡噬有繁言匪伊朝夕近因經費不充其校理主權更集于總理一二人現年與去年總理均爲麥少彭其左右麥少彭者則爲陳恩培陳恩培者思想最舊欲以野蠻手段壓制生徒與生徒久有積怨者也有已剪辮髮之生徒三人某某等性近不觸恩培久欲逐之於校外而終未得間禁生等知其事也已於初九日聲明與學擬暫寓會內敬口揖擋一切然後入東京適月之十三日日本明治天皇到神戶行觀艦式神戶市役所照會同文學校須帶領生徒往迎是日出迎者四十餘人（校內生徒男八十人女十五人）麥陳等以生徒不能全往也於十五日集生徒之父兄於學校協議凡有遠官貴人過境必須率子弟往迎當衆開議之前已標帖將生徒某三人逐出校外「此三人者皆來自內地皆宿於校者亦與僕等相商而驅逐之是卽爲滿僕等辭職地步如此不辭何待一僕等以其未經衆議卽以一人而操驅逐之權且欲奴隸學徒以爲逢迎官場之地於是起而責問諸倘未畢麥少彭卽拍案厲聲曰我今日怎麼樣待你們你們今日何以沒一點良心你們欲以告辭要挾我耶生徒等聞惡聲相率欲入座聽甫至門麥陳等嚴拒之生徒等不肯入麥陳高聲惡語罵之生徒還罵其無理麥陳等卽時洶湧下樓欲喚巡捕生徒有解事者知無罪名恐於法律有礙隨卽下樓强牽其衣麥陳返座復大罵不已僕等見事已至此無

之立四年合同期新水爲三百兩一日鄭來館與舒議改章時諸生環聽舒大聲言曰中國得吾大人者中國之幸大人可以拿中國提起來諸生無不捧腹鄭亦慍然不安鄭去回所謂趙演彥者又來其諂媚政策又一變其所以媚之之術吾不得而聞但一日舒尚第在課堂方約齊諸生及各分教演說某某事忽該館門役疾奔而至大呼曰總辦姨太太至先生家內矣請先生回去舒即倉皇疾趨而歸諸生拍掌大笑噫乎舒之諂媚政策及於總辦并及於總辦之姨太太是眞不可思議者矣

四貪賤）湯方言館每次招試新生則舒必先豫七八人或十餘人不等其人之託薦者皆有定價多則三十元少或十餘元謂之包薦包取故外間有諺曰方言館招學生舒先生騙銅錢此事多有不信者余在該館時有趙氏童亦在舒處買包取者適爲毛[illegible]蕃氏所捐舒伊之求得銜之刺實因渻其弟余始信其實

五猜忌）舒敎習者其責任亟大蓋將以造就國民之資格者也則其心之當如何宏大又豈容有一毫猜忌之心而舒則獨毋日功課敎得甚少蓋惟恐人之早日成就學生以功課外有問者則絕之而不答有已敎四五年者則督之師之必使之出去而後止此其心之猜忌爲何如耶方言館開設已三十餘年而至今一無成效者豈不以此故方言館章程求學生有已敎五六年者不准自行出去有此等敎習何能禁人之不出去耶敎追扃總辦可以發矣

六壓制）學生者他日中國之主人翁也務當有以敎之重之而舒敎習之待學生每日到堂或誦讀之間稍有掛忽者立即督爲其詈詬皆鄙俚不堪如市兒村嫗謔謔他人父祖以爲快心其學生之稚者時見慄慄每諸生上堂皆慄慄不敢出一語其幼者見畏之如虎狼夫敎習之與學生全在以情相聯則敎而易人今待以壓制手段則彼此之間必有格格不相入之勢以此而欲造就人才實爲四人造奴隸而已

以上六端皆其瑣屑細故而該敎習之貪鄙惡劣種種不堪之情態已可槩見還憶歲月時說至今不特身受者之不安即聞者當亦有所共憤其他端者跡史孰可以使有如茲特然于所知者臚

列輯圜於是遂出校此實不得不辭職之理由也

逃學界風潮之奇與非○蘇城陝義莊錢業學堂是陳君鏡泉捌辦自許非十五月開辦迄今將及兩年予念陳君鏡泉慨捐巨實立此學堂爲蘇城各義莊設立學塾之先導故竭力教導期副厚意自謂頗盡此志乃不意彼不族中有野蠻人名子鶴者即上海開天昌棧賬房者也前日由杭州旋蘇者同鄉寓莊內予導司敎育之次也與彼接談彼亦不過以名片及日前已乃本月二十日夜予偕同事黃君頌林陸卧室而卧室樓之下即爲彼寄寓之所者寓所之外有一總門不意爲彼關閉叩之不應良久始由彼僕人來開予鶴又出而止僕人勿開謂爲夜間關閉門必無窮須先詢姓氏然後可開予門外聞之付諸一笑以爲彼誠恐矣若叩太門理應如是若叩內進之門必巡姓氏何歟且予與彼並未接談告以字則亦嫌麻突所以正應之曰我面已且曰門既開先吾問即知彼僕人聽得予言始打開門既而彼子鶴乃叫曰而此曰汝何爲至此時來乎予答曰我等睡時無所汝指彼又曰汝知此時何時乎予答曰本爲晚也且汝亦未睡爲得謂晚乎彼又曰我來此豈爲汝守門乎予答曰學堂內出入自由之門無庸汝守且此門以出入要路終年不閉陳君鏡泉前月亦來住于此從未關閉彼見予言不屈即將伸手擊予彼僕人在旁力阻所以未爲擊君予乃偕頌林上樓不意子鶴在樓下猶拍案叫罵罵之不休以爲爲擯學堂予亦指則洋一百元何得輕視之也言語之間鄙大然態壓壓如給予與頌林怡氣填胸復下樓明酌請養泉之弟孺萊來堂告以情形相率辭退蓋諸來爲莊正而學堂一切亦歸彼經理并喚醒學生囑披衣起床演說彼歸情形是時學生三十餘人年雖幼小頗知台學之理大半皆曰我師一去我等亦不願居此其中本族亦有十餘人予告以外姓知陪我而去本族則不必搖動此中有一本族生志氣甚鋭以爲我雖本族甚愧族中有不肖之人亦願隨去當時予與諸同事及諸學生均爲感動咨以爲可敬可者演說畢即與孺萊約明日與彼理論後即行散學此二十夜之事也及明日即請孺萊同與子鶴理論而諸學生亦簽名闡同去綽孺萊勸稍待片刻乃去喚彼嘯來詰罪何如予以孺萊委出

圓全未便故意爲難另求幾兒子滋覺留儲藥親來謝罪請同事均在旁竊笑而彼亦滿面羞容予正欲責以昨夜何等無禮而予鶴于拜謝之餘即行退去此亦彼之狡猾手段也嗚呼此惟奴隸性質之人斯能爲野蠻情形之事亟二年久之學堂幾破壞于一市井小人之手苟非經孫藥香爲調停則必如南洋潯溪之渙散矣此亦學界風潮之奇局也乞登入貴報以告學界中人知我罪我當有公論在焉癸卯四月念二日朱嘯谷白

各省紀事

四川

師範開考○通省師範學堂于三月念七日開考各處州縣所送之生童已到齊總教習爲周小淮君

領事駐省○英國總領事謝立山現駐省城東珠市巷前領事危禮教之公館內其近日又來一婁姓副領事幫辦

紛聞仿造○華陽小學堂已于三月十六日開堂規模甚好學務處繪成該學堂地位石印多張將通行各屬照樣建立該學堂內背有魁星樓一座又改爲書樓

河南

委員庇丁○本月初開省城大學堂供支委員吳某家丁衆毀凌辱東文教習之僕及學生飯食惡劣學生公訴換飯監督不善調停與講總教習出而壓之而吳亦袒護家丁遂致分教習學生一時告退經延緒司說合始作罷論聞吳既記過而亦撤差

縣令激變○孟縣百姓因地丁改征錢串聚衆鬧衙孫令之姪帶隊抗拒傷斃二命孫欲陷民於罪自赴官衙揑報一切現已將孫奏參撤省聽候查辦

江西

演習武藝○講武館各員日前在順化門外大教場打靶步位眼法頗能有準

改設局所○棲流所聞即擬以育嬰局改設以節經費

蒙藩啓程○蒙古喀喇沁親王由湖同邸後仍在洋務局駐節現聞已定於今晚附招商局安輪船啓程北上

縣署紀事○江蘇候補道唐貞銓及新科進士朱鴻朋昨日皆至上海縣拜會

空勞往返○本縣汪令前日督率差捕會同浦東謝總巡赴三林塘陳家行勘驗彈壓梟匪一事茲悉汪令到彼後查勘一周因未見梟匪蹤迹遂于夜半回縣其週軍營勇前日已至周浦昨日轉往下沙所有匪黨擄人一節現經飭差四出嚴查矣

提勘兇犯○兇犯周阿金前在太倉朱阿福家行竊被朱追獲周即拒捕將朱戳斃由太倉州獲周訊實收禁前日謝牧備文飭差將周解赴道轅請勘奉袁道飭發上海縣寄禁定於昨午提勘適時袁道別有公務故札委工程局總辦翁守至署升坐花廳提周勘問業照原供翁守命仍供單上加盖指印仍發還禁縣臨聽候備文發回太倉

解犯過站○蘇省商船遭風漂流至南匯縣灘被該處鄉擄徐金榮控阿逮與本省等糾黨搶劫由船主在縣控告本汪令飭差往提徐等又並捕獲茲經獲案訊實備文飭差解府請勘即日遵經過上邑赴上海縣投文過站汪令飭收禁候加文起解

流氓逞兇○流氓錢阿妹前日在南市小橋塊吳阿店將吳仁金拆梢將刀戳傷吳不服投十六鋪南局巡捕控由韓委員飭勇前往將錢拘案訊供認不諱傷甚重未便訊斷故即備函移送上海縣訊辦

難民控物○日前西門諸暨鎮張鐘家被江西德化縣難民以求乞爲名擄去銀洋衣飾由張親赴縣請稟在案茲悉汪令得報即飭差捕館往北新涇將難民驅散詎昨晨該難民等又擁至西門外西林巷內將俏人圍住搶劫一空約失洋四百千該僧俟其去後即投上海縣請追

西人行兇○木工張五生昨與學徒沈福生行經新記浜第一千二百念三號某西人門首不知因何口角某西人突出利刃將沈

錢價稍跌○江省自銅元頒發後錢價稍跌

常　熟

漕弊贅談五○常邑郭令自去秋蒞任後於糧米之事極爲認眞至昭文張令則悉聽吏書差役之所爲此昭文漕弊所以更甚於常熟也猶記咸豐初年常昭二縣悉辦渾漕進士舉人貢生秀才等皆以包漕爲能事有包數千担者有包數百担者有包數十担者有欲包漕而無功名籌措二百元捐入太學亦向漕上胡鬧者又有六房書吏差役鄉董皆互相包攬各以勢力之大小爲包漕之多寡賠費愈多正數愈少當時有三石號一石之語何謂自佃三石耽一石蓋有一石之米必需要出三石之數四鄉之小戶在者大受完糧之累凡有一石之米連上下忙貼費公費等項竟有一石完至十三千數百文者小民控訴無門祇得將己戶之有無花名寄於大戶之花名可以少完大戶得小戶之謝亦樂從之或可寄名者祇得將己田賤價售於大戶其時搢紳士林之氣燄猶今日之書吏差役常昭人民皆以識書爲逼而兩漕亦不敢輕視今則異是可知士林之苦況矣目下常昭紳士漕糧則一文難欠館地則盡變學堂書院之稱火又廢關事之刀筆無能頤某有維新之學術亦與守舊之時文同歸於無用言念及此能無浩歎

鎭　江

官爺抵鎭○郭道前飭家丁至省接取爺闔菸眷官爺已由學官乘坐紅船于日前抵鎭當卽入署

常道校士○郭道蒞任後仿照歐風之典于二十一日考試寶晉校士館生童

福　建

議頒銅元○福州比年圜法日壞官鑄銅元爲挽救之計頗有從于市面惟各錢舖多不向領致市上錢法自然敗壞生近由福防廳呂丞籌錢辦法請上憲出示城台各錢舖按照台川坐賈捐若干著令該舖仍領銅元若干以便商民兌換行用但各錢舖以領出銅元須照官價十文行用不能取利轉多受累因于日前會同錢商董事在南台星君殿公議可否遵飭目下尚未定奪云

戕斃黃田報捕房立飭中西包探將某西人拘押捕房候訊屍地保王阿林報縣請驗

縣案稍錄○松林縣廳□張阿伍張連生等聯控蔣妙發盜賣鈔地灘公地一案前晚奉江令提訊張發等供被盜賣情形蔣供該地向由商船董事王介臣經管向各商號抽提八千餘元挂耐升科其舉由商船會館執管並經立案給有諭單剗被證控故請會館取單帶案呈僉江令閱單確鑿斥張發等不應妄控諭與三張各費一百板吐出單交蔣領回會館了案○吳淞高橋船戶黃樑泉控彭群帆沙船在湖絲拔洗伊船致所裝物件全數遺失應海鹽船夥李章一案前晚復訊後以供詞各執判令交保着地保孫雲甫將船追頭大鹹，候訪明驗察斷

吳廨訊案摘錄○吳作寶係原籍常州將亡妹如意與王三發賜來上海托老鴇張氏等說合賣與揚州劉姓氏家爲娼經其父定安追至蘇州山包探方長華獲案請辦新任孫大令以之獎僱續譯犯賣力白板押西牢一年該揚不應買良爲娼罰洋五元不追外仍勒令將王張兩婦交案訊辦女交其父領回管束

上海官場會送戒洋煙丸人名錄○北京○天津○四川○武昌○安徽○南京○江陰○嘉興○清江○京口○吳淞○常州如皋○寧波

王阿大	王子林	高阿大	朱新訪	王阿煜	王天府
沈蕉林	沈任福	王福生	金阿發	倪元富	方阿生
郭德發	陳阿四	王阿林	王連生	陸福利	朱阿安
于阿十	殷禮亭	趙月廣	王阿二	葉培生	姚培生
高阿羌	金阿由	陸阿波	吳阿新	王德誠	夏仲子
席阿二	周士森	周阿金	沈茂林	王阿成	王正福
趙阿福	周阿狗	王春三	沈阿二	李福生	王阿齊
陳錦山	陳阿三	方一娃	應利德	王阿三	金仁德
陳金山	王阿由	金發生	徐本立	沙泰來	李德仁
吳小狗	方阿三	王升生	李阿有	周渙盤	陳尚茂
李阿山	王永香	揚木南			

本埠紀事

光緒二拾九年四月念八日禮拜　陽曆一千九百三

蘇

分售處

[illegible]

每號大錢十二文　[illegible]館開設在上海英

年五月念四號禮拜日 [illegible] 〔第二千四百六十九號〕

報

昌文拱宸橋南馬路中昌
〇紹城小江縊首街中昌
〇寧波江北岸州泰局又
湖化河頭揚子濾〇蘇州
〃妙觀前郵救分局內本
報分貊又局門內恆號錫
舘莊石對山〇陰江西門
內佛宇僑姚祥如〇無錫
中報處吳鄉亭〇里熱西
門老烟前瑞北察紙號內
許潤生〇開浦楊號標〇
日木橫濟谷盟汀行內林
紫垣

告白刊例

第一日每字取錢四文第
二日至第七日每字取錢
三文第八日以後每字取
錢二文封面告白照後輪
加倍論年論季面議長行
亦倍一百字起碼短行告
白以五十字起碼多則以
十字遞加

界三馬路中市 外埠酌加寄費

論說

說社會教育

人者社會的動物也無社會之關係則不特不能有爲也抑且不能生存焉故無社會則無人人者又歷史的動物也無歷史之關係則不特無事業也抑且無此形體是故無歷史則無人類社會者胎於同情而發現於模倣歷史者發於進化而作用於紹述模倣也紹述也皆教育界之事也是之謂社會教育社會教育者於世間教育界占其大部分者也斯邁斯曰人之在宇宙間非孤立也人而互相爲依賴關係之一分一言一動於人類一統之幸福必有增減之關係而其勢力且常存而不滅前人所發既以陶鑄吾人吾人所發又以陶鑄將來如磁電之流行各以其種類而結適當之果焉拔倍籍曰空間者大歷史也人類一言一動無不爲其所記錄雖密雖隱不得遁也人之動也或善或惡無不隨筋力之動以膠連於其原質之分子而不可脫其人已死原質不滅散布空間以侵入人體分子之空隙而與其相宜之分子化合焉此皆言社會教育之最切深著明者也而世之言教育者乃以學校爲之範圍此於教育界中取其公認爲有意識者而以狹義言之耳然而此狹義之教育不得社會教育以催發之則亦不能有生長發達之效彼普之勝法雖曰小學教師之功要非社會同情決不能望小學教師之一致即使一致而其結果亦不能如是之盛大也夫歐美各國學風政論協同無間而義務教育行之已久學校教育實與社會教育有一貫之勢我國學事初萌多委之腐敗官吏之手於所謂國民教育者不特無益而反害之且即使創行義務教育之例而學風果能一改其所造就亦當應用於一二十年之後而所以濟目前倒懸之急者乃委之於無意識之社會教育嗚呼是豈非口惠而實不至索涸鮒於枯魚之肆者耶雖然居今日而言社會教育其道如何曰提倡宗旨以爲輿論之先導如盧索之民約論巴克尼之無政府主義是也實踐公德以爲後

飭將該黨人殺死或拘拿圖華故有此事云云按當時該兇手將根殺死後同粵督由中國官場派沈毅員并以重賞云

世界要聞

俄使要求○字林西報二十二號東京電云俄國駐韓使臣現向答韓國保護樹木之旨謂俄人在韓國預備特別利益當如一千八百九十六年日韓政府當認其保護云

英藩部宣言○又云英理藩院大臣張伯倫在下議院宣言云特爲現又出行禁止亞人入境工作之事聞此係公意故必實行惟當一較前稍寬一切凡有學問及巨富亞人皆當寬待云

英議反對加稅事○又云英國急進黨首領斯本密在該議會中宣言云吾急進黨當團結以拒張大臣所議加稅之事云

英議減兵○又云英國兵部大臣宰洛列克在下議院宣言云現在英兵之駐紮特國將共有二萬三千五百名除留駐四千名外擬逐漸撤回云

英議許款○又云英京某報云上議院議員羅斯宰奈現有入將其在某處之演說以爲贊成張大臣建議改國關稅之事故甚覺奇異云又云羅君現經持以爲急進黨必犯自由貿易之主義由此觀之則英國國家商務會之事恐將有損其國威而起他日之戰爭也

學界風潮

來函論東林學堂得八人人材○無錫東林學堂教習之頑固教育之守舊若某一一於去報三月十五日一無錫三月十五有香會爲本邑最大之簡劇一堂中學生大半出看香會惟有八人(一名曰華士謙華蘅衡過探充李忠植胡大光朱正色俞道五茁宗儀)照常上課教老到堂一觀僅有八人即語之曰爾等竟知香會不足看於平日言傳三禮必有心得吾知爾八人必爲人材且以此八人比昔東林之八君子云云(此八人多是鄉村愚人)噫人材

進之儀表如蘇格拉底之殉哲學馬丁路德之殉宗教是也我國民雖幼稚乎然兩十年之間閩嚴氏浙章氏趙譚氏粵孫氏梁氏皆以民權言革命已大影響於學子之腦海戊戌政變譚瀏陽以爲國流血自命而漢口廣東接踵並起社會教育之勢力明效大驗固已如此烏呼愛國之士盍於此加意焉

時事要聞

日俄將來之衝突○韓事日迫日本對於俄國純用強硬手段月初第一師團已發令旅行所攜乾糧甚多大有不願生還之意觀此則日俄之衝突將來必不能免但不知塊然峙於其傍者作何究竟耳

逆料日俄之結果）日俄自甲午以來積不相能汲汲然修武備近日俄國海軍即較之一二年前已足令人可驚而日本去年以籌備軍經費致解散議院觀列國海軍比較表俄不及日且日人聞有俄鐵均磨拳擦掌以待上命其激觸之心深故敵愾之氣壯俄人適非日人之敵但日既敗俄而太平洋海上權力愈固固所應得吾特悲夫倒持干戈授人以柄而反袖手傍觀者

日俄衝突與留學生之關係○庚子之役在東留學者不敢行路因日人見中國人均以白刃相向也警察對學生云公衆如此吾不能禁幸好自藏匿云云昨東三省問題朝鮮問題繼起日俄大不破裂之勢留學生行於道中者日人皆笑之以目自殺勇懦立而日本報紙詩之不絕始相安於無事外界之來一層刺激則內界多增一層熱度非不幸也

又聞日政府每因戰事關閉正金銀行提其款以實軍用必待戰事平而後開門如此則留學生學費一事亦將躊躇矣

韓邊戒嚴；俄兵入咸鏡道朝鮮人爲之驚惶其勢甚猖獗韓政府已下邊境戒嚴之命矣

萍鄉哥匪又起○江西袁州府萍鄉縣哥老會匪現聞又有蠢動之勢經地方官竭力嚴拏聞已就擒一名

兇手定讞譯電○字林西報二十一號路透電云一千九百另一年間於 港殺死新黨首領楊衢雲之兇手自被拘後現聞已判定處決當審訊時該兇手供詞內有云是年中政府曾派員至港

不過如是乎如不知香會謂之不荒學業可也謂之人材不可也於三傳三禮有心得謂之若孫老之水何世界之人物可也謂之人材不可也至於此八人可比昔東林六君吾不知其自比於何等人也吾始聞而訝之則於某日試問此八人果眞八旬否乃耳不聞五大洲之名目不識紅黑種之別不知新學爲何物（八人中在堂有以賦詩一首者）昏昏沈沈無所顧忌然以比之禽獸則有餘比之人類則不足嗚呼噫嘻吾恐此種不通之會人材居今民族主義新膨脹之時衝突最劇最烈之世界不能容此大人材也流李老之心以出香會爲考試人材起見耶以發香會不看香會爲拔取人材之一法門耶果以不看香會者爲人材則各廟各推之泥人木人均在人材之列矣何也爲終不出外絕不游戲故也然則中國無數之泥人木人皆當今之人材乎然乎豈哉濟濟人材也吾不得不爲中國前途賀何其得人材如此之夥也吾又不得不爲中國前途悲舉國學堂如類此以爲得人材矣則中國之爲中國將何如哉

來函述山陰縣學堂○□□向在家塾受老學究之訓導今歲承祖父命入山陰縣學肄業以爲可稍紓老朽束縛之苦能也本講舍況然下拘束雖減而鞭撻之慾則更加之辦此學堂者爲錢纓武號陰溶本業茶漆具科以賄買得副貢欲進出宦場以自權也適有與辦學堂之論遂百計鑽營塾款俗得求得縣學總理之差程之一條爲吃飯教習者人爲飯學生須自備以外尚有許多事皆顯分教習與學生爲二級者四月初六日夜飯錢欲盛飯而齋夫適在幹他往錢怒錢大罵不可稍息某飯畢退至後堂嘆曰總理架子竟不能一息脫學生殆非人也且所定飯廳之例不准喧譁何竟自犯不謂錢適隨後而進爲所聞遂謂拉嚣以某侵其自由權以名即欲斥退（錢原旨此等新名目以逆其私者）某曰我非不禁僕之使人爲飯僕欲禁止我之僕皆明明汝侵我之自由錢怒不可遏即召全學之人投票以某之罪一僕屢屢投票不合其意則遽作色而去各教習恐大局一動機位攸關故附此言無不力爲調停苦留者錢愈計時以此爲挾制一到者共三十九人錢曰如以爲然者則寫台字不合則寫不合二字揭曉寫不台者十四人寫台者二十五人錢見之愈怒急欲去文案何和良

因此次投票[illegible]決某之應斥與否非決汝之去留也旋聞出斥退某之條予解各教習求情而改記兩大過此等專橫猶欲貌爲和平實則較專橫而又加甚某爲學習英文算學起見始終隱忍且因初次[illegible]家謁[illegible]提事家中不察實情必謂指斥故暫且忍此綜亦不過憫其斥退也以上均係實情堂中人無不親見親聞惟貴報館評論之並請閱報諸君評論之

又有一事聞之必大駭異則錢[illegible]學堂後竟變賬會與土[illegible]某君向之欵實則藉辭詐欺也[illegible]君[illegible]於教育[illegible]期待之而來欲請會中公開評論錢[illegible]不敢去錢之劣性[illegible]銀錢進出亦[illegible]狼藉而竟無人排之者亦足見公理之無存矣

錢在學堂惟與陳邦[illegible]洽因[illegible]係訟棍熟悉衙門錢之得辦學堂[illegible]與有力

紹興學界腐敗羅[illegible]（）徐伯[illegible]年前以重幣拜熊知府之[illegible]爲府學堂算學教習其學問尚不及高級之生日以奔走府署迎合知府之子[illegible]事[illegible]學堂中[illegible]際[illegible]翻印新民叢報[illegible]監督抄[illegible]而學堂中監督之事一任[illegible]者人以徐伯[illegible]之得知府[illegible]待紛紛效尤[illegible]今歲徐改翻辦兼算學半班虛支薪水[illegible]上一課又自開一書局經[illegible]商業[illegible]師門日不暇給[illegible]中學堂之課卷及[illegible]某之授述課本均[illegible]已之版權[illegible]刻[illegible]智[illegible]局之書[illegible]因[illegible]現今世界大勢論而強學[illegible]爲文[illegible]教科書[illegible]某之[illegible]未亦經此估去而通行于堂中學生[illegible]學堂購備之教科書[illegible]買之所扣皆入徐手學堂任[illegible]積之未完學生付十足之[illegible]值學課所給學生獎賞藉口於學生花[illegible]改給其所開之書局票放利而行[illegible]無羞恥總理章君雖[illegible]側目無可如何

朱雨人係某縣之十富[illegible]結[illegible]龍[illegible]歲府試前列遂拜門今年正月知府弟[illegible]爲府學堂文案章總理爲調停計遂

於十八省中亦有[illegible]值之人[illegible]何[illegible]當此滅亡之風潮而[illegible]所動作也吾思之吾重思之而不能[illegible]明君辭也謂[illegible]有所待乎則台灣膠州旅順威海廣州之割亦旣[illegible]有待[illegible]何[illegible]惶[illegible]里[illegible]而想[illegible]不聞有人也人之[illegible]手足也吾[illegible]而待[illegible]吾[illegible]後[illegible]而與抗[illegible]已[illegible]乎[illegible]百[illegible]西之[illegible]特手足[illegible]斷吾首而猶曰有待不知如何而始[illegible]所待也試思[illegible]三省歸俄廣西歸法英日[illegible]能甘[illegible]乎[illegible]月間事也[illegible]悵悵乎何[illegible]圖抵抗乎抵抗死也[illegible]作順民乎殺[illegible]民者亦有人也死一[illegible]或可[illegible]於[illegible]一死於[illegible]死[illegible]爲同[illegible]人而[illegible]死[illegible]人[illegible]以償其[illegible]君[illegible]生不過數[illegible]何事[illegible]之[illegible]劇也印度波蘭非洲之[illegible]將於我中[illegible]之[illegible]威海廣州之民[illegible]一論已[illegible]不能之[illegible]何樂[illegible]此[illegible]尺之[illegible]課[illegible]劇也[illegible]排[illegible]劇[illegible]我[illegible]大宋[illegible]所[illegible]君所[illegible]死也[illegible]而死人孰不畏如[illegible]生之[illegible]避死之方百思不得始敢爲此以[illegible]有[illegible]惟[illegible]利[illegible]逆[illegible]君其有[illegible]死之[illegible]乎則[illegible]王[illegible]者[illegible]天下[illegible]八百萬苟此千八百萬之人[illegible]知[illegible]不[illegible]敵吾知死不[illegible]半[illegible]已[illegible]類[illegible]惟其人人畏死而死[illegible]乃[illegible]之[illegible]人不畏死而[illegible]能[illegible]小之種族奴隸我至大[illegible]中國[illegible]爲外人[illegible]河沙[illegible]無一能[illegible]何以[illegible]故中國人[illegible]歐洲[illegible]國之數[illegible]人之[illegible]一[illegible]畏死[illegible]天下[illegible]強[illegible]而[illegible]有[illegible]絕之[illegible]則[illegible]以故以畏死故是故畏死者中國滅亡一大原因也請君於此[illegible]尚未打破則中國前途[illegible]無[illegible]也諸君勿以此日之滅亡爲[illegible]日滅亡之比也前此之滅中國者其文明不如我其[illegible]殖力不如我故爲我所化而於種族界之膨脹無損焉今則非其倫也民族帝國主義[illegible]

改舊制文案爲君爲經學教習

杜海生蒯壽某爲學堂司事不知因何事撤回總辦總理何君先容得列門牆已計爲今歲財學堂之副辦未成約而章君接任總理後自知因不發願會新新栽之桃李植根未深也現聞又謀得某學堂之理事尚未開學其章程中有學生不得談自由平等之語一條平日個見其餘

孫仁山陳木孫兩人亦係知府門生去歲強薦爲府學堂教習總理何君不允知府遂與事事爲難何終于辭位而去

俞伯晉向爲府學堂英文教習係誤徐伯巖而拜門者今歲因學生程度較高另請陳姓知府百計挑剔竟不得來而俞亦已安置於縣學堂云

紀閩省大學堂事○全閩大學堂肄業各生現因科試皆散給試假但學使于十一日還轅請假十五天方能考試學生既經放假雖試期未至亦未便再召回堂且試假滿後又當接放暑假此學大考與否尚未可定也

又學堂課程極少各生日不遑給計每禮拜中只識得三日而學問之進步自因學途紛雜不得日起有功以故各生有多欲退學者但堂中章程各學生半途而廢應繳還到堂以來所費之膳食銀因此又多不果

又堂中各教習多欲携帶子弟到堂隨班教習以備學習二年後充作學生故雖隨同教育而未經報到求列名冊故總辦亦未知悉

去年捌辦招考以後求經考選者可出銀百元捐入爲學生其銀勻二年繳清彼不知堂中課程而艷羨三年畢業後童生可作秀才非可由堂咨京考選爲舉人唯恐求之不得因此輸捐者頗多今春堂中因學額太多乃下加捐之令有浙生兩名欲留學間中乃各輸捐四百元然入堂後即頻頻催繳全款而勻年輸捐之令已除眞可謂善於改革矣

專件擇要

敬告湖南人

陳君天華來稿

某敬告於所至親至愛至敬至慕之湖南人嗚呼我湖南人豈非

推漸廣初以我爲奴隸繼將以我爲牛馬終則等諸草芥視於澳美之土人及中國之苗猺可以省也人日加增而土不加闢歐洲於百年之中人民陡增一倍之外本國既不能容殖民地又無閒隙其舊不去其新何居然此亦未必草薙獸獮也於我之生計界上漸竭其源久而久之民之能婚娶者愈少不期絕而自絕也自通商以後我民不日窮一日乎近於礦路二事舉用染指此即實行滅絕中國種族之遺策也故今日中國之亡豈僅亡國實亡種也國亡諸君何託種亡諸君何存諸君或猶以奴隸外族爲習慣之舉無庸足怪甚至謂舍此野蠻之外族尚可奴之今日文明之外族豈不可奴而何必排之不知今日歐美列強對於內者文明對於外者野蠻如英人最尊自由平等者也而印人不能與英之齊民齒英人之壓抑印人不與獨英國尚然況虎狼之俄德法哉吾未見爲人所制而能平等於人者也蒸蒸之視我奴也不如其子奴而甘之他又何說且爲奴而即可無學乎列強瓜分中國之後非能相歸於好者也異日者以疆埸之故俄將關驅北人以攻南英法則驅南人以攻北已則燃軾而觀彼此死者中國人也列強之爭無已時中國人之死亦無已時當斯際也吾中國人於列強人人有當兵之義務欲求安逸不可得也諸君此際不爲同種人排外族他日必爲異種人誅同族諸君於排外族則辭焉於誅同族則任焉不知諸君何必他諸君之滅我天良者必有謂文天祥史可法輩之死無救於宋明之亡徒多殺生靈爲藉口者爲斯言者眞吾中國之蟊賊也謂恭順即可以免殺戮乎則革命之際宜所殺者惟執戈執殳之徒耳林林總總之儔聞不敢抗同於強暴之前何以此輩之死者百倍於戰鬥之死者也蓄敵人之所欲者子女玉帛不殺則將焉取之盜賊入門豈可以揖讓退之哉彼外族之入中國也不致殲絕吾種者正緣其初尚有抵拒力操之過急則恐挺而走險故漢種雖伏處外族政府之下權力亦未至全失是誰之賜無數烈士捐身命以得之者而使人盡若夫已氏吾恐漢種之無久矣昔者法滅於英全國皆靡一呼而法國復者非一女子耶今中國尚未至如法之地步也諸君之位置又不僅一女子也苟萬衆一心捨死向前吾恐外人食之不得下咽也中

國之存亡繫於諸君諸君何以爲中國亡則中國亡矣諸君前以爲中國不亡則孰能亡之抑諸君湘人也吾請與君湘言湖南之起都三十萬死者半焉可謂慘矣然湘軍死十五萬人而獲無窮之名譽其餘死於髮捻之亂者無慮數千萬則皆烟銷雲滅歸於無何有之鄉諸君其欲赴先哲之後塵乎則其功豈僅曾左蓋曾左所殺者同胞而我所排者外族耳諸君乎諸君乎以湖南運動中國之言不嘗出諸諸君之口乎何他省先爲之而我尚狃遶逡以避之也諸君其欲勉踐前言也惟諸君諸君其欲甘讓人爲善也亦惟諸君但使異日靑史氏書曰中國之亡湖南與有力焉則吾所萬不忍受者也

各省紀事

四川

示論學生○四川武備學堂總辦馮爲示論事照得本學堂業定學生示期進堂在案惟堂內功程之嚴學規之嚴雖已於試驗時按名論知然學生未見詳細章程或恐尚有未悉茲當入堂伊始進一步之初基即有三年之定限各生自非預決進止先堅其志向不可合將本學堂宗旨所在及功課學規大畧分條示論務期各自揣量能否遵章切不可稍事勉强及存姑且嘗試之思倘志向未定學何由成不特於該生無益而有損且於學堂大有關礙其各凜遵勿貽後悔 計開 一本學堂係奉 論旨籌設不惜歲[illegible]鉅帑原期培育將才爲自强根本起見並非爲庇恤寒畯而設□進德修業他日即爲國捐軀各生皆須先知此義 一所謂培育將才者非徒能高談韜畧帷幄運籌也古名將身先士卒辛苦與共東西軍政雖貴胄子弟無不先充兵隊數年而后漸升將領各生來堂須先各具一苦心志勞筋骨百折不磨之志毅可望造就有成殊非柔筋脆骨驕矜安逸者所能從事 一學堂不外學術兩科術科則鎗礮體操馬隊等項學科如繪圖測算輿地雖近文事亦不外武備所有史學者不過講明大義使之文理稍

紳士徐某知府等人亦非良善恐禍及已相率將局燬去是各民雖非徐某所招實由徐某作俑也

本埠紀事

官場例誌○前任太倉州蔣牧堯臣又江蘇候補道唐道子中昨日皆至道縣拜謁

會驗樣米○江蘇海運滬局日前解往京倉之糧米因米色不佳由漕督發還並有樣米四袋寄申約驗當由憲政大臣吳侍郎電咨蘇撫委羅糧道到滬驗看前日羅糧道乘輪來滬昨日會同滬局孫總辦鐵會辦等赴北市會同吳侍郎詣招商局棧將樣米逐一驗看

批示申飭○浦東南匯縣境下沙等處梟匪猖獗經撫出示札委水師巡營祝管帶會同上海縣及浦東營縣巡防兵勇往捕拏驅逐後已一律匿跡故祝管帶等現皆赴道銷差並稟明一切而南匯縣汪令自梟匪滋擾械鬭以來並不稟詳直至前日始將情稟明蔡觀道宴道得稟即批示申斥略謂該縣境內梟匪騷擾已久本道早已訪聞深明上台派兵搜捕該縣始來稟明實屬玩忽惟飭押已咨詳候撫憲核示批去

緝獲竊匪○浦東老白渡倪鑑明家被盜一案茲經縣捕緝有曾匪易時和陳錦章二名自倪家被刦後即逃至無錫避匿故稟明汪令持文赴無錫將易陳兩犯拿獲並搜出銀表金戒各一枚及會匪盟單一紙遂即解回於昨晚抵埠押解到縣李汪令諭飭分別收押候訊

局丁索詐○現居南市紫陽弄之女巫金仙人近日糾衆賭棍在家抽頭聚賭前日爲十六舖南局之家丁所悉即私率勇丁前往獲住二人帶至某煙室內索詐賄洋私自縱去昨爲該局員所聞立將隨去捉賭之勇丁胡榮生一名先行斥革並將該家丁再行從嚴究辦云

循例閱犯○前日法廨魏讞員赴捕房發落時謝捕頭恭請讞員至八仙橋捕房各監牢閱看各犯排班而立聽候察視閱畢與捕

通理明詞達而已非如習科舉者研究其義如有志仔科舉切不可入勿謂秋闈在邇視學堂爲棲息之所不知告假一日學堂卽缺一課早定進止以免賠還經費一堂內規模甚嚴坐立行止均有一定規則凡已有科名及職官一律均視爲平等如有不遵卽禀督撫自干受罰然雖無夏楚之罰實有甚夏楚之辱至各法均仿照泰西規則輕則罰站立講堂重則責打關閉各宜自愛勿自干咎是所望於諸生云

常熟

續誌客民滋鬧○四月二十日昭文張令親自下鄉會同留防營哨弁至任陽石牌等處驅逐客民因四月十八日昭令信僞客莊之言放去十四人任陽之莊恐客民之報復故十九二十兩日逃避一空加以李市黃[illegible]一望[illegible]因客民搶種熟田五六十畝曾禀縣張令置之不理朱復禀於陸瀚陸貴張畏崑此番客民鬧事張令又慍朱上控故謂朱某自任驅逐之事但客民以新陽爲老巢約有數萬目下常熟南鄉練塘莫城平市黃泥橋等處皆有客民數百人昭文東鄉梅里支塘白茆任陽二涇李墅亦有客民蝟集皆有蠢蠢欲動之意城中紳士知張令必不能驅逐淨盡思赴江陰請李統領帶兵驅逐因經費無出僅托坐營又昭文小東門外七星橋五渠等處亦有客民盤踞北鄉彭家橋福山鎮則光蛋熟梟四鄉鹿苑奚浦則又鹽梟梁秋光斥各鄉賭徒皆與同黨區區常昭二縣若此竟以全力謀之而不紳富僅若罔聞任令客民之燒殺搶掠種種熟田姦淫婦女此盜風所以熾也又聞周家橋頭盜劫一案郭令諱盜爲竊盜首許練之解堂經撫憲駁飭郭令無可如何詭費七百元始將趙智寄吳縣監中而西塘橋當鋪之案尚無弋獲郭令焦灼萬分張令經此客民之案亦在進退維谷蓋新陽縣已有關提文書到昭昭令擅放十四人已難辭咎新陽案中尚有金姓紳士被搶并爲客民姦淫婦女之事案情重大金姓不肯干休新令所以關提也查此等客民上游以其[illegible]於墾荒而招之者緣五六年前昭文東鄉紳士徐某在任陽等處設局開荒招人耕種初原招崇明人來種不料種後數年屢屢虧本仍舊荒蕪適客民自浙東來見之大喜遂以此爲樂土愈聚愈多

頭分追而[illegible]

會同驗屍○木匠學徒沈福生昨在新閘浜被某四人刃斃業經報縣請驗昨午三點鐘上海縣汪令駕蒞[illegible]場飭仵檢驗喝報死者面受擦傷臂際刀傷右肋一刀深入寸餘委係致命汪令命卽棺殮由屍父沈茂茂具結收領西洋領事府亦命翻譯前談半晌判將兇手仍押捕房候再訂期會訊

縣訊命案○三月中旗盤城人王大協保投縣報驗親戚王國璧被戳死在學塾一案當經汪令往驗並提房主鄰右許阿龍等訊問在案今旗盤城來案遞禀之戶叔王渭川稱伊姪國璧被戕王大借洋不遂爲學生散去六七人兩下挾嫌姪於歲底回籍談及今死非命兇手卽係王大等情汪令卽提王渭川汪大其子王小二仵許阿龍王文高楊洪發趙月樓等研詰至再申斥王渭川無據妄禀意圖擇噬喝與王大等退去外知許阿龍王文高交保趕緝彭二到案訊辦

法廨停訊○昨日爲法公堂訊案之期因西官另有公務故知照停訊一期

上海富紳會議戒洋煙丸人名錄○北京○天津○四川○武昌○安徽○南京○江陰○嘉興○清江○京口○吳淞○溫州如皋○寧波

高阿大 夏仰子 杜阿高 趙阿福 張才興 沈阿波
王禮生 陳阿三 朱阿安 王金先 周士齊 張有元
金阿義 姚楚生 趙月廣 張阿東 方阿生 王阿步
王福生 朱新茂 沈海林 王子林 金仁德 王阿福
趙天卿 方芝登 李阿有 杜阿金 陳阿二 李少村
沙泰來 王雲祥 王連生 方一桂 王子林 楊本南
殷禮亭 吳正福 陶凌金 王阿王 陳昌茂 李仁德
王明齋 于阿奴 李福生 何元壽 陸福利 盛培生
王如波 王阿二 吳阿新 沈阿二 應利德 徐木生
周阿金 王存三 金香生 王存生 沈德福 金阿由
周阿狗 王阿白 方阿三 王永香 李文彬

光緒二拾九年四月初九日　陽歷一千九百三

蘇

分售處

北京正陽門內三眼井北
首擲華書館（又東華門
外派茹書局〇天津北洋
育鈔局又海大汫市報館
又府署東各報館分派處
手亨又鄉祠李茂林
〃都少年中國學社〇武
昌文明書室（羊口二喚
非老君殿對門汗恒昌〇
安徽蕪州狀元第孫宅（
安慶四牌樓路南億大信
局內木分館又藥千廟右
開玉田先生〇蕪湖玉林
堂鎮店〇大通錢〇江
西馬王廟背〃隆群同又
百北洲廣智書北（福州
省城邸宅〇府京東牌樓
大街王勝門北局〇鎮江
新河街李鏡江〃揚州東
[illegible]六悲門宅〇杭州保佑
坊大街號口石局門內中

每號大錢十二文　本館開設在上海英

報

年五月廿五號禮拜一　（第二千四百七十號）

昌文洪崑錫南馬路中昌
〇紹號小江品南街中書
〇簪波江北岸和泰扇又
綸花河邵楊子總〇蘇州
妙觀前郵政分局內木
報分銷又撫門內恒東錫
館非石韶山〇滄江西門
內佛寧碼姚聲如〇撫錫
中銀處吳諸亭〇業熱西
門老烟廟碼頭泰紙號內
許潤生〇周浦楊鐵鐵〇
日木橫濱徐豐利行內林
紫垣

告白刊例

第一日每字取錢四文第二日至第七日每字取錢三文第八日以後每字取錢二文封面告白照後幅加倍論年論季面議另行告白二百字起碼短行告白以五十字起碼名則以十字遞加

租界三馬路中市

外埠附加寄費

要件代論

東京軍國民教育會之成就

中國留學生在日本東京者因俄人國佔我東三省各省同時開同鄉會結成義勇隊嗣復改為軍國民教育會編名者一百二十人另設本部事務所茲由友人錄寄會中公約及臨時約以次錄列於後

軍國民教育會公約

第一章　定名

本會名軍國民教育會

第二章　宗旨

發成尚武精神實行鐵血主義

第三章　會員

一會員以留學生中同志者組織之

二名譽贊成員以援助（或為本會盡力或助本會經費）本會之官紳組織之

第四章　職員及選舉法

本會職員分平時臨時二種

一平時職員如左

甲教員無定員　乙事務員經理員四人書記員二人會計員三人運動員無定數　丙執法員四人

二臨時職員如左

甲特派員無定員臨時酌定　乙教員臨時教員亦無定數惟得變通其名稱如隊長隊長之屬　丙事務員種類如平時惟得隨事之大小酌量添舉　丁執法員臨時酌定其員數

教員不限會員由會中公請

特派員由衆投票於會員中公舉

事務員及執法員皆由衆公舉惟運動員用推舉公認自認三

止之

丙臨時設糾儀員三人即以執法員當之

丁舉人決事均用投票舉手之法少數必服從多數既決不得爭執

戊開會閉會均有定時不得後時而到先時自散違者議長及糾儀員有詰問及阻止之責

己在會場不得任意談笑不得作種種輕薄之態

庚開會時書記有記言記事之責

第十一章　附則

一本公約以會員公決後為實行之期

二本會各約章以半年為改訂之期但遇有要事臨時公議修改或另訂臨時公約

三本會事務所暫設日本東京神田區駿河台鈴木町十八番地清國留學生會館內

臨時公約

一此公約之目的全在俄

二本會會員當服從公約犯者由執法員提議公議處罰

三本會會員當振作精神力盡義務所定時刻一如會員操演及職員治事時刻遵守一到會違者由執法員提議公議處罰

四本會會員當互相親愛見同人有過失可隨時當面規勸不得暌視亦不得腹誹背後議論

五本會會員遇有患難當竭力互相保護不得坐視不救

六本會會員當有事時當得無故喧擾宜有整齊嚴肅之氣象

七本會會員遇危急時不得意存退避故意巧言阻撓致惑人心犯者公議處罰

八本會會員當堅守宗旨勿為他人淆亂本意

九未出發之前當時時警戒嚴肅不可以時變勢延遂存怠忽

十有出發之期當一致勇敢前進不得意存畏葸貽誤大局

十一自此約公認後執法員依此執行當晝夜查究不得玩視

法職員任期以半年爲率滿舉連任

第五章　會員之責任

一會員當確守本會宗旨擴張本會事業負保全國土恢復國權之責

二會員遇國事危急之時有遵依宗旨擔任軍務之責

三會員有互相致學互相規勸之責

四會員有調查內地軍情及聯結他種同志團體之責

第六章　會員之權利

一會員皆有議事決事選人被舉之權

二會員皆有查究會中及質問職員之權

三會員皆有受會中保護援助之權

第七章　入會請假除名

一有志入會者須由會員介紹開會時經衆公認方得入會

二會員如有不得已之事故可申明理由向書記請假

三會員有犯本會公約者可由執法員提議除名由衆公決

第八章　課程　另有表

第九章　經費

一義務捐　會員月輸義務捐　角

二特別捐　會員於月捐外有加捐者或海內外紳商樂爲提倡捐助者統作爲特別捐義務捐於每月終由本人交會計處

募集特別捐爲會計及運動員之專責

惟會員亦各有勸集之義務

第十章　會議

一會期　本會會期分二種

甲經常會期會員大會每月一次職員會半月一次

乙臨時會期遇有要事得開臨時大會或臨時職員會

二會規

甲會期由書記先時函告或由通信員函告事急時派舉書記或書記報告即名通信員

乙開會時應公推議長一人如論事時贊成反對者其數適均議長得決定之又辯論時妄用意氣節外生枝者議長得

安徽愛國會之成就

頃得皖友來函本月念一日皖省志士開大演說于藏書樓組織一愛國會同時到者大學武備桐城公學各學堂學生約二百人外來者合計三百人以外（是日大雨到者故止此數書樓甚窄多立門外而聽）衆情踊躍氣象萬千由陳君仲甫開演六旨謂當今非提倡軍人精神斷不足以立國外患日亟瓜分立至吾輩恐有不足爲牛馬奴隸之一日詞情慷慨滿座欷歔繼各學堂科桀均有演詞（演稿續寄）旨趣皆相同而規則整嚴精神團結此吾皖第一次大會而居然有如許氣象誠爲難得大義演畢仍由陳君仲甫發起愛國會立經全體贊成旋議會中分設演說體操（刻已醵款）各會幷附設一報（名曰愛國新報）即公舉七人（陳君仲甫潘君縉華大學二君武備二君桐城學堂體操教習楊君）立時起草向衆宣布如辦有基礎擬與上海愛國學社聯成一氣並連絡東南各省志士創一國民同盟會庶南方可望獨立不受異族之侵凌云云既畢詞與會者鼓掌歡散俟下禮拜再開大會開會之知啓如左

啓者俄夷窺伺北方眈伊朝夕乘我虛弱狡焉思逞本月之八日爲俄兵駐我東三省第二次撤退之期乃俄人包藏禍心怨背前盟另以新約脅我政府追允簽押其約之橫蠻無理無一非奪我主權侵我國土戕我人民者上海各報記錄甚詳聞者髮指嗚呼事迫矣勢亟矣若我國人心稍懦俄約一經許允則東西各國執利益均霑之說幷起而圖德索山東法占兩粵日據閩浙英取長江我最可敬愛最可有爲的大中國豈不胥淪於異域而尚有尺寸乾淨土哉我神州血性男子須知國與人民利害相共食毛踐土具有天良時至今日若仍袖手旁觀聽天待斃則性命身家演巳身目前之慘奴隸牛馬貽子孫萬代之羞神州大陸忍令坐沈家國興亡在此一舉故日東留學生及上海士商均已開會集議熱誠所動海內痛之皖之國民寂無聞焉豈以此事爲僞而非眞耶抑以爲政府之責任而無關于人民之利害耶思想言論事實之冊同人特擬於月之二十一日風雨無阻開演說於藏書樓公大斥斯旨且請補救之方善後之策凡寓皖諸公同斯義憤者乞于

是日下午一點鐘早臨會所以實衆志成城之效焉　皖城愛國會同人敬啓

時事要聞

錄滬報紀俄約事○聞外務部某君云日前俄國政府又來密碼電報謂所約各條如一一駁回敝國萬不能許可末附一行云如萬不得已亦須蒙古一帶租與俄國若干年云云

日前袁督來京在汽車上與侍郎談及東三省事張督頗有難色大約亦非聯俄者也

傳聞奉天將軍有電致政府問俄約之事如何并力請開缺另簡大員接辦云云

又聞政府有請因張督辦理俄約之事未知確否錄二十三日大公報

錄譯東報紀俄事○近來旅順口入港一帶俄國准備昨三日內舳艫相望不絕於途計入大連灣四隻大利士八隻威向灣口寄泊爲攻守之戰備每夜大放探海燈演放空砲以示警云

牛莊近日相傳謂俄不日開戰人情洶洶大有鶴唳風聲之象

俄國於奉天地方近仍募集馬賊其募入方法每人不必携帶馬匹及銃劍等武器惟查驗其體段合格者遂入選云

風聞前四號夜半約有二千俄兵由旅順口乘船向東北出帆其是否向鴨綠江岸尚不可知云

法兵舉動誌要○桂函云近日法人恐亂匪竄入法界業已派兵自保西江上亦派楚軍四營綏遠軍兩營前赴龍州防守矣

惠州防務彙誌○歸善屬內山穴四面高山環繞中有平原曠野祇一小路可通故各匪踞據其中作負嵎之勢附近匪鄉以何姓爲最聯結盤踞皆爲羽翼官軍屢剿未有深入村中者月之初八晚劉令督帶振武軍信字勇各一百名馳往勦捕匪衆起而相抗森鐵振武軍什長火夫各一名擄去勇丁四名其二名用蔴包裹投水中一則投之深林均死一受傷背兩傷幸未致命信勇五有

一到時家偏頭於念八日午前指中民齊三齊且所梟關卡拘齊營到案由祠大使片飭汛官虎營營官及高哨弁查打齊三齊宜仍發時念及大關示衆時有紀少關及蕭事徐姓代齊等求情士把總高哨弁均不允從虎字營反以其船送祠大使出境各砲船放砲恭送每船三砲計九船共放二十七響甫上砲聲擾動徐蕭事不知下落其手疑爲砲傷竄赴鳴鑼四出尋徐不料王同勝不分皂白妄開後膛槍打死二人高萬選亦開槍打死二人祠大使之家丁開鎗打死一人傷三人共鎗斃五人傷三人以上各情淮道滬聞如此與津司提海州分司所報不同現已稟請督撫漕各派大員同往查辦

教會祈禱　昨日教會中熱心之士於午後四下半鐘聚集於美華書館又於八下鐘聚於三馬路慕爾堂皆爲東三省之事祈禱在美華書館演說者以宋君耀如爲最著大旨謂耶教救國首自由之權今俄人奪我之地我欲自保並非奪人之地也教友兩結團體如日方新有蒸蒸直上之勢云云在慕爾堂者亦以愛國愛民同致祈禱

世界要聞

俄國大學校學生之抵抗○俄國女子醫學校女學生有抵抗事件聖彼得堡之大學校學生接該處處分之衆大會表同情於該校女學生者三月三十一日約有五百名學生開會一學生總數約四千八一協議抵抗之運動校中管理職員來解散之不從其命令次校長及視學官來亦勸論之不但不應且加以惡罵遂命其休校開教員之懲戒裁判官召喚煽動者六十八名而審問之其結果八名以無實在證據而免除自餘六十名定罪內十四名命其退出大學且剝奪其入他種高等學校之權利二十一名命停學一年或半年七名受譴責而自七科除名貶爲聽講生外四名自本科除名貶爲聽講生十二名加譴責他二名上戒飭四月十日依舊開校爲迫於巴上幹祭巳休業不授業而豫定祭日之

傷亡終不能入只燒圍外數埠許之茅屋數家
又委撫清鄉委員二人皆姓鄒一辦東江一辦西江土人爲之語曰東鄒西鄒機械掃淨又曰東鄒西鄒草菅人命甚矣清鄉之難辦也據土人云東鄒雖棄無甚短長而西鄒功澤即爾帆自彼各紳與控後轉用嚴刑而獲犯概以白鐵筒注滿滾水灸心胸以竹針釘十指甲故多有畏刑妄供者

又聞惠州清鄉兩院飭令陸路程提督督辦不能蔵退惠州清鄉事宜現已由彭委員酌定按查四段地方情形酌撥綠急辦理條款大略凡海口以及各島嶼有匪徒屯聚者即由各營派勇圍捕其各屬之匪鄉由各紳舉辦團防選丁壯自行細查仍須分別首從不許挾嫌妄捉其偶被裹脅並無作惡實跡者准各紳保釋予以自新之路至團防經費則由各縣按田抽收交廠留存貯如有侵蝕與官追究其有實力查報匪名並拿獲著匪者給予五六品功牌以示鼓勵云云

抗捐鎗斃五志○揚城捕事一案本府派守備悉承辦認捐之委員齊並平與亮恭兩令勘埠不善照請藩司撤委祭辦等情由江督准稟特行藩司將與令亮恭押解來省候提訊辦王令兼辦是差本充瓜酒厘捐其於認捐一差實係會辦並未駐揚應從末減除將齊令兼辦認捐一差撤委仍令專辦瓜酒厘捐外飭司迅即派委押解與令勿延云云

撫官勒贖綁票　揚州安東縣境包家圍私梟把捕撫官撫兵並砍傷營官一案案志本報茲悉包家墻一名時家馬頭兩淮巡司自上月念八日一出此案即據稟海州分司發運判與運發賞飛稟轉覺江督派兵勘洗全村淮揚道則飭安東縣吳令之私調該村私營紫與地保姚德有隙由朱錫九喻宵率同各哨登岸先往姚德家起出鹽十二包又到姚德之兄姚大家起出鹽十二包又到王鳳樓家起出鹽九包砲二桿又到各小民家起出鹽八包計四十一包搜離時家馬頭行二里許至一捕民宅一齊宜家搜鹽無着反調戲其婦女爲齊姓莊鄰所學逃同船中稟請催運委員戈分司祉大使及水師虎字兩營送齊等到汛責辦彼時錢糧局僱僱護勇之把總王同勝在時捻巡私正值大幫私鹽過境王把總係與弁兵船索賄數十元梟衆不允乃率兵槍營內帶僞巡回

後執行試驗之事云俄國大學爲救助貧窮學生故設立學生救助會於校內之食堂學生發亂之變端無不起於此食堂緣學生會食之際文部大臣與內務大臣商議欲開設食堂云譯東京日日新聞

機師巧妙○西報云中外各國愈繁開之市鎮馬電火機等車愈多於是行路之人被觸被壓損傷體傷性命者一年之中不知凡幾蓋非車者每欲快意求捷有不暇顧而行路者或以擁擠不遑避也此等車變國尤甚前本報載美人於二個月內用極速之火車因而脫軌者八百三十八次相碰一千二百二十次○命者八百一十三人被傷者九千九百餘人死者家人控僞之賠共五十萬兆磅現與京有機器師士的芬以車之傷人實爲可惜因苦思力索製一新機可以盡仁此等機附車旁若與人觸則不待路旁便能抱之離開輪之下亦不許物阻經試驗於電車每點鐘有念五英里之速該機師以此完全獨此車復令數人再試直衝撞者爲機器抱出分毫不傷且機器殊無缺憾觀者無不讚美王家已准其專利云論者謂此機將來各處行用多少人命賴以保全該機師濟世之功誠不小矣而此機尤便於電車蓋馬車火車等必須御者若電車一遇此機不慈觸人便無須御夫矣

學界風潮

江西大學堂教習冶遊之歷史○嗟嗟大學堂之總辦實中國制之總辦也大學堂之教習實中國奴隸之教習也總教習以不得遂其宗旨故決意辭退於四月初一日出此大學堂於是學堂之總教將屬之姚某按察使姚擬乃得以總教之地位用其市儈之行爲以求自由益欲自由者野蠻之自由也姚某乃率其分教習吳隆德等由大學堂○人於開中緒拍照之際姚某携以其淫蕩之目瞥見一十八九如花如玉之美人情不自持乃呼吳隆德等觀之皆讚歎乃向拍照者問曰彼何人斯若斯之豔也曰彼人家婦非章臺路旁柳也姚某携乃問其居址而去

翌日遂偕諸分教往尋之至其家果見此女立於門首姚衆闖入恐其鬨笑狎褻備至此女何人也不過小家女而其勢力不能敵大學堂之教習被其無禮亦無可如何教習等正愉快非常之時

忽而門外狗吠則女之丈夫至矣則爲一年少之男子衣服不過一簡非小家子其入門見教習等嬲其婦乃怒睜雙眼呼曰何爲者教習等始避之不遑今則騎虎之勢惱羞成怒矣張雲掛乃向前曰汝何敢咆哮乎右手不敵獮其衛之少年不服與雲掛乃抓其老拳以向此少年之頭與隆德等繼其後而少年頭矣

教習等仍未足以洩其忿乃緊拖此少年以至於保甲分局分局之委員出訊曰公等胡爲者與曰此人無禮於我等我等大學堂之教習也彼何人敢無禮於我閣下必辦此人委員若知其情者堅不允收張等遂悻悻以去拖此少年以至於保甲總局總局之總辦非親察訊大學堂乃往顧稱總辦教習受辱我不辦何以對顧稱遂將此少年杖責二百

發術前程兩雲翻一線之風聲已吹入於總辦之耳總辦極細心辦事之人也然驚帳而方在偎紅倚翠之時忽聞外間之議論乃披衣而起問諸僮僕而備得其情怒氣一沖已安頓明日之大罵矣

次日之九停伺候乘四人綠呢大轎紅傘停處已至大學堂矣總辦一至隨督提調迎接請安落訝總辦若有不豫色然止稱特私議問兒總辦入座即曰請諸位教習來俄而與雲掛張與隆德等至總辦之房一揖總辦不發一言良久乃大聲曰氣死我了諸教習問故總辦面漸漸赤目漸睜厲聲曰公等自爲之事不知耶諸教習乃不復言靜聽吩咐總辦乃開言曰爾等之不自愛何如是乎雲掛我與爾同學數年知爾者深故聘爾爲總教隆[illegible]兄我非你少年老成乃爾等如此眞堪痛恨今日之事須爾等各罰薪水一半以儆將來云云張雲掛究以同學之故獨邀幸免雖曰顧面子然以待朋友之厚亦可以見矣

與隆德者總辦之晚親闢一少年也總辦招之來遂往於總辦之公館是晚總辦歸隆德亦歸總辦乃細問之與[illegible]

公立蒙學堂先借南台寺開辦幾經原有之經費無多由呂省吾集[illegible]開辦再籌的款以期久遠並以區則擇定洋租日月房一所克日遷不日可以興工

安溪學務○安溪紳士會現擬辦小學堂兩所一爲高等學堂一爲尋常學堂即借通學堂經聘呂紳林泉爲總辦其經費由林紳十八里紳商等捐每里認捐六百金統計捐金一萬零八百元購備儀器開學後其國文英文體操各教習亦皆聘定云

本埠紀事

恭頌德政○英公堂張讞員自卸任後租界商民皆循例恭送匾額萬民傘等類以誌去思選日如公廨所董事洋貨公所董事鐵馬路天后宮內醫卜星相暨保安報流兩堂董事各具衣冠先後齊集以鼓吹全副執事恭送到廨張讞員再三而後收受

滬城火警○昨日六下鐘滬城南市某宅作不知如何失慎起火延燒[illegible]地甲鳴金報火經各洋龍趕到撲滅祇燬屋二幢

諭禁流氓○南市陸家浜橋北首鼎大毛巾公司近因招僱婦女至公司學織毛巾迨放工出外時有無賴攔路調戲故業經朱總巡前往查勘飭即諭候出示諭禁矣

提案候訊○坍洋涇橋[illegible]南料[illegible]邀劫回一案現由上海縣汪令派差金順於前日下鄉提獲嫌疑吳小冬及使女楊燮寶之某氏婦並喝黎趙[illegible]沈錫[illegible]男婦三名解縣管押候訊昨午英公廨孫讞員又防案至縣將三犯提回英廨訊辦

嚴飭梭巡○日大橋迤北築虹浜一帶每至夜深人靜時有匪徒東江北等幫流氓行兇攫物搶事非[illegible]館○[illegible]開立即加派探捕嚴密梭巡捕獲究辦

緊案二則○縣捕徐文智緝緊拿汪令飭往無錫拿獲搶劫浦東倪瑞明包錫卿兩家金珠飾物之易聘和張錦[illegible]兩名解案訊究陳供湖北人向當太湖水師曾與[illegible]同籍今春 月來申住寓兄家四月念二附輪往無錫懇李管帶賞差在輪遇易時相同至無錫道念五旁晚在茶館候船被會易 回來詣淡台前報至

昔家貧既蒙栽培求免罰款而總辦大怒謂所責備申斥之下謁飛其知非之遂斥斥斥以落於吳隆德之煩間者三怨聲鳴鳴之聲起於總辦之堂下則吳隆德之哭聲也於是教習等既經此創之後爭自洗磨以從事於教育江西學堂之興敗予望之矣記者曰吾初謂總辦之壓制而深非之而今不敢非矣吾初謂教習有市儈奴隸之性質而今不能責矣張鑾抑者素有名譽之人也而若此則其餘之張鑾抑可知矣今之人其不爲市儈奴隸者幾何耶夫人之所好者色也財也因色而失財又智者之所不爲也吾今而後始知罰薪水之有以也教習者何人乎束脩者何物乎吾不暇論若吳隆德之罰而求求而辱辱而哭是亦孔吳之直子耳總辦之行權那可及已

各省紀事

江寧

咨發自來水公文○江南派辦處咨蘇松太道文爲咨請事案照本處現奉督憲諭飭籌議將辦金陵城內自來水應即先行委員前赴上海各自來水公司切實考查有本處委員候補知縣陳文藻堪以派往除詳請督撫憲外該令現赴上海各公司詳細考察該處現在辦法及議定章程前後約需經費若干並採購機器水管式樣一一訪得的確繪圖貼說開摺回省以憑核辦相應咨請貴道煩爲知照上海自來水各公司俾該令前往考查時得以詳細研究不致或有阻拒爲難之事足紉升誼合行備文咨請爲此備咨貴道請煩查照施行須至咨文者

揚州

捕吏拜獎○儀徵縣朱令士俊於疎防監犯越獄逃脫之案提飭先期公出即就本府一將而論內外官幕丁捕共川賠繳風聞幾及萬兩該承江督委揚州府由某甲翻改公牘又與歐委申合稟起波瀾聞朱令面稟本府據實直陳余守大怒先將刑書王建勳示辦革外發縣嚴辦

福州

創辦壇會○閩垣創設中堂約有幾處而附台各地尚付缺如福防廳呂丞於教育頗爲留心現擬擬奏定章程將附台設學改爲

一併獲案身上搜出盟帖係蕭天寶所給因一不允入盟求將姓名易供前在營中當哨供念六年因需有票事以遣到案蒙恩訊釋今爲糧米工頭因保王某船盤王木昌烊店兩無錫兵卸鹹少三十担被去兩勸賠洋了事照罪上姓名乃謂天抑作倪包兩家於十六夜被刼時適臥病家內惟恐附和出日近與北柵鄧無錢過度或即被捐在浦左懲械鬬鄧邀長江梟匪二百餘人等搶劫汪令盤詰至再各執前供判獄釘鐐與陳押候訊辦○本城守備之發屬凡被姪孫程少卿糾同張理等捆路攔劫一案亦提訊訊供仍如前判程犯上鐐三百板釘鐐收禁附張還押飭傷致保

仰麒戕殺○昨嚴陳洪翁首出來佑身股金帖水堂首捐洋二四元又陳佑堂振捐洋一百元承裕兆洋一百五湖州京數爲案人沈氏覺因求病懸一百元周蘅生來長孫病愈洋五十元發源仙館趙綠卿主合洋三十七元分別派領館感殊深銘以敝辦公堂力細求黎待振情殷乃承推解之恩俾瓶惜之恥所謂側隱之心隨感而應其功德豈復倦揚所可言哉乙附報章藉誌銘德　上海六馬路仁濟善堂董事嚴信厚楊廷杲朱佩珍陳作霖謹啟

上海富商仿送戒洋煙丸人名錄○北京○天津○四川○武昌○安徽○南京○江陰○嘉興○湖州○京口○吳淞　溫州　如皋　寧波

李照和　趙阿福　張才興　王永香　龔培生　金仁德　陳阿二　趙川徽　何元標　方茂聲　李福生
王阿大　沈海林　王禮生　周阿金　徐本立　王金先　王子林　張阿東　沈阿二　王雲祥　王寶波
杜阿高　李秀彬　陳阿三　張有元　金阿甫　王福生　陳昌茂　王子林　王有生　殷禮亭　吳阿則
李少村　夏仰子　周阿狗　王阿福　周士耕　姚楚生　陳福利　杜阿金　李阿有　王連生　席阿二
郭德發　洪德成　王阿自　楊木甫　方阿生　王阿大　應利德　方一生　朱新茂　陶茂金
高阿大　沈阿波　方阿三　李仁德　金阿義　朱阿友　沈信福　王阿王　沙黎來　張阿福

蘇

光緒二拾九年四月三十日 𨒪 陽曆一千九百三

分售處

北京正陽門內二眼井北
首擷華書館○文東雜門
外教新書局○天津北洋
官約局又海大公直報館
文府署東各報館分處柴
手事又鄉函車李茂林
不都少年中國學社○武
昌文明書宅(淡口二爽
非老若殿對門江恒昌○
安徽志州狀元弟孫宅
安府四牌樓路南億大信
局內本分館又葉王廟右
朗玉明先生○燕湖玉林
崇鑪店○大通盤·○江
西馬干廟背隆譜園文
百花洲唐智書(福步
省城鄭宅○局東牌樓
大街干慶昌鄭京○鎮訂
新河街李鏡江提州京
營六悲門宅○杭州保佑
坊大街朝中石庫門內中

每張大錢十二文

本館開設在上海英

年五月念六號禮拜二[illegible]【第二千四百七十一號】

報

昌又供宸臨南馬路中昌
〇紹城小江橋南街中昌
〇寗波江北岸相泰局又
洲花河頭楊子鎮〇蘇州
八妙觀前鄭政分局內本
報分館又門門內恆張錫
箔非石刻山〇於江西門
內佛字橋姚舒如〇撫錫
申報處吳齋亭〇貰熱西
門老剛前瑞用發紙號內
許潤生〇開浦楊籠蟬〇
日本横濱裕豐洋行內林
紫垣

告白刊例

第一日每字取錢四文第
二日至第七日每字取錢
三文第八日以後每字取
錢二文封面告白照後幅
加倍論年論季面議長行
長白二百字起碼短[illegible]告
日以五十字起碼多則以
十字遞加

租界三馬路中市　外埠酌加寄費

論說

論湖南官報之腐敗

報館者發表輿論者也輿論何自起必起於民氣之不平民氣之不平官場每以激之由是故輿論者與官場萬不相容者也既不相容必生衝突於是業報館者以爲之監督曰某事有礙於國民之公利曰某官不能容於國民然後官場有所忌憚或能逐漸改良以成就多數之幸福此報館之天職也此天職者即國民隱託之於報館者也苟放棄此天職即不得謂之良報館況以此國民敬謹纂奉高尙完美獨一無二之特權背而獻之於反對國民腐敗頑劣專制狡詐之官而受役委託我天良反主爲賓認賊作子靦然標之曰官報顏之曰官報館則其弊豈止不良而已哉太阿倒持殺盡國民之權利死盡國民之生氣使中國國亡爲劫不能復者皆此報之罪也

吾爲此言非謂官吏人人與國民反對事事與國民反對也若以報館而論則官場視之當如神聖不可侵犯而報館者之對付官場當如嚴父之教訓其弟子絲毫不肯放過則豈有官場與報館合而爲一者哉以泰西憲法之精美權限之確立而報館猶視爲絕大之政監督或命曰有一反對報館其勢力之可畏比四千枝毛瑟槍尤甚焉此其盡報館之天職者爲何如況以吾國之官吏腐敗頑劣專制狡詐達於極點而各報尙搏擊而打消之者若無所聞乃至獻其狐媚逞其狼心爲虎作倀視民如寇之湖南官報出現於報界嗚呼此何爲哉此何爲哉

湖南之有日報也自戊戌維新始也一時另有何報曰湘學新報亦有宗旨此其論日報一熊秉三爲幹事爲民流血之瀏陽二傑爲主筆與南學會時務學堂以爲機關一時議論風發舉國若狂湖南之進步極猛至驅數千志士于庚子國難中者皆此報之力王先謙葉德輝孔憲教種種頑紳之蝟縮而不敢出聽志士之若何改革者皆此報之力此報風行湖南全省之人皆震動學

檢討朱名炤姚銘珈祖彭梁用振易子猷遊歡鴻汪明源朱永規胡溶何聯恩饒叔光牛東瀋衛倜大鈞余行瀚俱着以部屬用查秉鈞李蘇坪莊清吉何元泰鄧曾蔣廉姿秉奇魏依仍謝鑾戴展誠崔肇曰吳學智龍鎮華龍翊翊伍溥裕陳海衡葉若沖志琮俱着以知縣即用繙譯庶吉士榮光着授爲編修存譯者以部屬用欽此

諭旨補遺〇四月二十七日奉

上諭各部院爲庶政所歸全在堂司各官悉心經理迭次降旨申儆而積習迄未掃除往往公事積壓疎漏仍任聽胥吏堂司各官漫不經心即如本日吏部具奏摺件有上年奏補之缺延至數月始行請旨並有應行開列人員單內遺漏者實屬□積疎忽當此時事艱難朝廷宵旰憂勤孜孜求治大小臣工宜如何激發天良切實講求興利除弊乃竟因循故不知振作殊屬有負委任嗣後各部院堂官務當振刷精神督飭司員親身經理認眞整頓不准假手胥吏倘再仍前玩愒定當嚴加懲處以肅政治將此通諭知之欽此同日奉

上諭榮慶着授爲大學士敬信着以吏部尙書協辦大學士欽此

電傳宮門抄（）念九日召見軍機武玉潤文符

禁止阻俄　安慶士子因俄國密約事迫於本月念一日在藏書樓集議拒俄之策赴會者二百餘人公議擬辦體操演說報館三事事聞於本城官紳大爲譁然咸謂俄約之事全係子虛報館諸書向不足信本府朴守於念四日親赴藏書樓宣諭禁止云

發譯西報紀俄事（）本林西報述倫敦友報傳單二十四號柏林電云德京某報現載俄國在北中國權力全滿之事并謂中國前定付賠款照金之約現已作廢惟此事恐不確聞各國將循之以進索也

又述東文報十六號倫敦電云昨日得英官報告云現有俄國戰艦十二艘日在鴨綠江口操演陣法

又云八號夜有俄兵二千改易兵衣由旅順調遣他往聞彼等係

當演說會不纔足會等到處響應西洋人至呼爲湖南獅子吼則其時湘報之勢力可知也一至今猶有所謂湘學文編者爲戊戌維新之紀念碑一後政變有封禁各處報館嚴拿報館主筆之詔俞廉三在湘首實行之湖南志士皆遁去

湘報之發起也乃由湖北人王華田華田居湖南久故與湘人交最善華田爲人首鼠持兩端與熊譚陽相親而陰與王葉二廉爲莫逆湘報之經費由華田擔任一切皆華田經理之華田故稱商交通官紳理財最密後湘報既經封禁華田猶其資本之折閱也乃哀之于俞廉三准以其舊存之鉛字活版鑄印所行無聊之上論彙摺名曰論摺備覽而湘人初經風潮人心震盪論摺備覽雖經官許而閱者終寥寥旋即停止

王華田自政變後與二廉交涉密出入於花天酒地之中不遑他顧無何庚子難作俞廉三出其狠狽荼毒之手段日殺志士數輩壯志士者亦皆戊戌與華田往來者也華田聞之已戰慄無人色久之俞廉三羅掘爲諸海外志士思所以營救之張超乃書抵陶與華田作爲與聞國事狀請其主持東南聯絡引湯幼安之子兩蘇與德輝之弟默安在內運動長沙縣縣令者即其乃兄王桐軒也桐軒接此信以其弟之謀逆控之於俞廉三俞提華田於堂將陷以不測之罪華田抗辯與王先謙孔憲教交莫逆王孔皆正誼明道維持風會之魁桀可質問既而王孔來三人與爲然至撫轅辯護之勸令釋華田出俞無詞華田得無禍（湖南紳之力實有如是）而鐵禍亦隨止　未完

時事要聞

電諭照錄（四月二十八日奉

上諭此次散館之修撰夏同龢編修夏壽田俞陛雲業經授職二甲庶吉士傳增湘張履春鄧邦述何作猷姚家騑蔭桓陸懋勳蔡舒潞适錫旺朱耀奎潘朋照江志伊于式棱鍾錫璜許埔謝綸瑞何國澧李端棨施恩宗室文斌趙秉階嚴維藩潘鴻鼎管象晉李稷勳雲祥藍鈺袁勵準阿聯黃彥鴻張鴻珂周渤魯爾斌著授爲編修三甲庶吉士林東郊王蘭庭范枝等黃士璇馮沼周俱授爲

假道伊犁懇（譯許）至鴨綠江云

又二十四號東京電云現駐韓俄使同答韓政府之言足以見其要求於得伐木之特別利權亦當如他國所得之礦路各利權也如此則俄國將伸其權力於朋安夫地方矣聞該處已有俄人式百餘云

粵閩匪耗述聞〇粵函云省中傳聞粵陽春縣楊令自明於上月二十八日據探報偵悉著匪李北海率其悍黨約二三百人分合水陽江兩路定於是夜攻撲縣城立即照會原駐縣城之瑞字中營前左兩哨弁及城守千總各率六成隊伍出城堵截距行甫五里即遇匪合水之下股匪百餘彼此開槍對壘陣亡營兵一名受傷勇丁二名左哨哨弁亦被槍子擦傷額皮該弁忿極繞出賊後擲火藥包手斬悍匪一名各勇齊進賊匪受傷不少其由陽春之上股匪亦爲練團堵禦均各退竄時在黑夜各軍未便遠追隨又探聞該匪李北海擬於四月間糾集新興東安陽江恩開各屬土匪並勾引西匪復圖起事先攻縣城等語楊令聞報以匪黨日衆縣城雖有原駐瑞字營勇及商募街練[illegible]惟仍恐賊黨勢盛兵力單薄日前具稟省憲請添派勇營防守俾於福軍右營內酌撥兩哨仍恐無濟因飛稟肇陽羅道及肇慶府請撥一二哨到該縣協捕道府接稟即嚴飭福軍右營兩哨星速馳往一面飛檄陽江新興東安等縣各率兵勇紳團合力約期會辦惟添撥勇丁一節因肇郡無可抽撥復飭該縣確探賊蹤妥速搜捕如果力有不足再行轉商福軍移緩就急酌撥應用云現聞各情已由道府詳稟省中各大憲請示方畧矣

粵西匪耗述聞〇粵西匪首夏廊生等潛蹤懷集賀縣廣寧交界之銅鑼山地方經懷集縣李令督勇緝拿並密諭團紳馳往圍捕詎夏先已逃去旋在各山搜尋先後獲匪陳永貴等七名復查得夏之先鋒張天福一股在藍洞山聚匪又調練勇前往圍捕再行拿獲張天福李昌近梁路遠二名格斃梁洪[illegible]五匪匪鋒大遭挫折云

教會新聞〇前鳴教會中人在三馬路慕爾堂祈禱東三省事已畧誌昨報茲有教會中人來述較詳據云有錢倪二君因東三省

事關重大欲以愛國保教聯合團體付發傳單實明此意是晚二君到會容晚已在祈禱之時未及演說昨早一點鐘因此事往晤該堂牧師方某及西牧師某談及傳單一節囑西牧師勿阻教友愛國之美舉西牧師甚以爲然並云將來建設體操場無論何人皆可入習牧師並無阻止之意云　按去年教會中人有建設中國基督會之舉海上各報各揄揚之今又有此舉足見此中多有愛國之人也

錢業議創學堂○常州錢商汪君春奎前月在錢業公所創議開設學堂裁撥公款若干作經費一時贊成之者有劉君桂馨等不日即將開辦中西課程皆備夫常州各商業均有公所有公款從未聞以開學堂爲急務者今汪劉諸君熱心爲公見義勇爲誠不可多得所望永久維持勿半途中止也

世界要聞

俄土交涉○字林西報二十三號路透電云土耳其王派往請相之使臣現仍被禁當土兵近伊比克城時愛爾裴尼人將彼囚禁於台乞尼遞方俄比所屬之某寺院聞彼等曾聲言云如土兵再往襲進當將該寺摧毀也故俄國現已要求土人將該寺保護云

英議院佈告○又云英國下議院現已第二次佈告過給困窮衰老無所依恃之人與京治理大臣甚爲許可惟其意尚須推廣云

蘇民叛亂　又二十四號電云蘇國現時徵稅之事人民頗有叛亂之心其所募之兵恐不久亦將解散

東京盲啞學校○皇后臨幸開校　學校之舊址賣得五萬三千八百圓加二萬餘圓爲本校基金以二萬二千餘圓及內務省轉管現在七千餘坪之地面內新築木造之二階建本館二百七十九坪與木平屋之寄宿舍二百九十餘坪二十四年十一月舉行第二回卒業式兼開校式此時皇后臨幸而賜本校金三百圓及生徒築物並以內府製作留賜職員及生徒之父兄皆感激不置其後明治三十三年增築寄宿舍全廢授業料年年有盲啞之卒

獄中非納賄不效其無錢而囚死獄中者時有所聞不但俄如是凡亡國之民如印度波蘭無不如此各國將來瓜分我中國其慘狀亦何堪設想我中國人如在夢中尚不知有滅國爲奴之慘即知解而亦淡然視之不思起而救之蓋中國人性質只爭生死不爭榮辱但求偷生苟活於世上滅國爲奴皆甘心受之外國人性質只爭榮辱不爭生死寧爲國民而死不爲奴隸而生其性質相異如是其現象亦各自不同故各國人敢于出死力以衛我中國者皆云中國無愛國心只知貪生畏死雖如何辱之彼亦不敢反抗即瓜分之中國人決不敢多言嗚乎我國人果眞如此耶抑彼族妄言耶思之實一大痛哭我等今日當力破此獎關平日跑反之狂言當盡死守土地之責任除平日爲己之私見當守合羣愛國之目的改平日器量之淺見以振獨立尚任之精神現在俄約事急我等當就力所能及籌一切實辦法諸君必各有高見據僕之意有三要件第一消息如此次俄之密約已在前月本月初上海始知之沿江沿海今始遍傳再入內地不知何日始可得此消息若歐美日本各國前月已喧傳於各報中國人尚不知之其何以防之第二思想謂中國人天然無愛國性吾終不服特以無人提倡刺擊以私見蔽其性靈耳若能運鼓長舌將衆人腦筋中愛國機關撥動則雖壓制其不許愛國恐不可得第三體魄我全國之人皆奄奄無生氣若長此不振即以農工商礦等實業亦必戰敗於生計界而不可以生存況欲執干戈衛社稷乎我等雖人少力薄但能依此三要件籌出切實辦法於國事終不無影響嗚呼此事關係全國存亡全國人尚淡視之殊令人寒心即以皖垣而論赴此會集議者不過二百餘人計此等漠視國事之徒約分四種第一種平日口談忠孝斥人爲叛逆一遇國難則置之不問絕不肯興辦公益之事惟思積欵於外國銀行心中懷有執順民旗降敵一大保身妙策是爲國賊是爲逆黨是等國賊逆黨不殺盡國終必亡波蘭實國貴族私通敵兵攻擊義師前車可鑒也第二種只保身家不問國事以國家之興衰治亂皆政府之責人民

業生本年則有第十五回之卒業生歸中央新聞

學界風潮

安徽愛國會演說

陳君由已、我等今日方開演會議聞俄約事適湖北學生轉咨來北京師範仕學二館學生與各省學堂公函言之沉痛恐諸公閱覽難周茲特照原函講說一通讀畢復泣告諸君曰俄約七條各報雖載諸君諒已見之其約之橫暴無禮處請容曾之該約第一條即東三省官制中國政府不得擅改以本國政府改本國官制與俄何與其阻之者有二意一奪中國設官之權一阻中國革新內政故以第三條爲不准將東三省商開口岸與各國通商通商不通必應爲中國主權內自由之舉動他國何得干涉俄之爲此者欲獨佔東三省恐他國之稍分其利益也第二條爲東三省礦產須獨歸俄人開採一國財源礦業居其大半俄取東三省礦業不啻全取東三省矣第四條爲鐵路歸俄兵保護東三省鐵道沿途已爲俄兵保護今復以此爲言者欲於鐵道之地皆歸俄兵占領耳第五條爲東三省練兵必須延請俄人兵權內政權之大端俄人此計欲奪兵權且使中國出入出師其狡如何第六條牛莊關稅當歸俄人轄以各省稅司延用外人已爲失計然猶由私聘非出其政府逼迫者今俄人挾其國力以取此是俄人直自取牛莊關稅耳第七條爲俄於各省城設商務局商務所包者廣一設商務局三省地方各事皆歸彼族轄治矣誠如是約舉凡政柄商權礦路權兵權稅權均歸俄人之手則東三省已非我有而且要我以設官練兵是猶之田已賣而猶要納稅也我政府若允此約各國必執利益均沾之說瓜分我中國若不許則必與俄戰我國與俄戰之仇固結不解我國之人有一人不與俄死戰皆非丈夫俄人虐待我中國人已非一日僕遊東三省時曾目睹此情形中國人坐火車者雖已買票常於黑夜風雨中無故爲俄兵乘醉逐下或打死於車中華官不敢過問沿鐵道居民時被淫虐者更督不勝言前年金州有俄兵奸淫婦女而且殺之地方老紳率村民一百人向俄官理論一行置之不理且用兵將二百人全行擊斃俄官故驗役所於牛莊納費者則免否則雖無病者亦置諸何必干預不知國事不支豈政府獨受其累各人身家又焉能保全國中無深謀遠慮之紳商皆此類也第二種爲似開通而不開通之士流以空言無益實行實事此論極是但其并不能實行較之空言尚可發人思想猶居其下流也第四種草野愚民不知俄約之迫并不知瓜分之說其愛國思想更何由發達全國中鄉鄙農民皆是也凡我國中人十有八九不出此四種國安得不亡種安得不滅全國人既如是沉夢不醒我等既稍有一知半解再妄棄不顧則神州四百兆人豈非無一人耶故我等在各國中雖居少數之少數亦必盡力將國事擔任起來庶使後世讀中國亡國史者勿謂此時中國無一人也此即今日開會本意諸君如有高見望剖愛國熱腸於大衆之前如再遲疑稍閱時日求如今日之慮議演說恐亦夢想不得矣噫嘻痛哉乞諸君快賜教

安徽省城大學堂第一次衝突之原因○省城大學堂基始於鄧中丞華熙自邢中丞抵任規模益拓經費充裕額定學生二百人緣房屋未齊現收學生一百二十餘人去秋劉保民觀察接手爲總辦於向有之英文法文德文外增設東文並倫理與地中外政治中外歷史諸科體操一節亦未教習延而不到一切規制略做上諸學堂各生徒均遵守輯睦乃於本月二十一日有一游學日本陸軍隊退回之學生陳某在拐角頭之藏書樓開演說會邀集各學堂學生聽講其宗旨各官學堂諸科均屬無用應請停課專習體操以攻打俄人我現接京師大學堂學生來信要運台三江各學堂爲一大團體並雜以革命流血諸說痛詆官場及教習本時適有大學堂某以才華自居之甲乙丙丁四學生在座聆歸述之於姚總教故要約二事一請停課以科學專習體操二請廢日修日記三擬公上一書於邢中丞請總教代遞並敕勸論詔諸君忠義深堪嘉尚惟必須學有本領方可抵抗我國之學堂正爲造就人才以備他日緩急之用借諸君學術尚未至其時至體操教習本學堂久已延請自修日記中外學堂皆有萬不能廢不學堂章程如諸君願遵守固我之願否則可聽自便亦無可挽回於是念四日午後甲乙丙丁四學生告退同時又有戊己二生擬邀集各學生聯名上書於總教請召回四學生並重要前約否

則齊□總教告之於□總辦正在商議辦法適轟中丞之使人召總辦面諭曰各學生不願者可□其自去命首縣勸抑陳某聞此光時馳去各學生意見尚未平靜後事如何容再探明續錄

東京留學生〇君世瑄與何君□雲告〇啓者瑄自三月中旬脫離廣方言館野蠻之牢籠即買棹東游於二十七日抵東京擬入弘文學院惟瑄初以為吾省控長江之上游當南北之要衝其人文發達應著先鞭必不少航海梯山之士負笈來遊乃証之同瀛錄中吾省只十有二人而已較之江浙不啻天壤豈我省之人士猶酣睡沈醉而未醒乎果若此誠可謂燕巢危巢呢喃猶昔魚遊沸釜噞喁自如此吾恐吾省人雖逃天演之淘汰矣嗚呼瑄不禁為吾省前途悲夫江西者江西人之江西也江西為文明其福惟江西人享之他人不能僭江西為野蠻其禍惟江西人受之他人不能代吾江西豈可不日競文明猶渾渾噩噩甘居人後耶與其排歐內地不若來遊海外取彼之長補我之短庶幾乎將來可以獨立於競爭最烈之大舞臺也吾儕果具愛國之心腸何不刮心泣血痛哭而告我鄉人使江西今日多一學生即將來江西多一完全無缺之國民不使文明進步而獨讓諸江浙諸省也則我江西幸甚抑中國前途幸甚

粵東大學堂之歷史〇廣東大學堂其腐敗之現象屢紀前報近日聞本省粵學之信其教習似稍趨重西學一門所出三月份四學課榜計前列者三十名中學課榜前列者僅十名其教忠學堂向無體操一科蓋惡其近於西學也近亦以本服新在師其道事乃議添聘體操教習供議將各教科略為改訂夫維新誠不易實願由斯以談我中國口無實守舊也可哀也哉然既知新機之不可遏不惜變計以從之某氏之學亦駸駸乎有進矣

各省紀事

常熟

潛墾贅談六〇前報所紀賣田宗糧已屬新奇今聞常熟又有分賣祭田人家賠糧其事尤駭聽聞緣常熟有將族之者條將田殘

興裁保甲〇保甲向有專款由自兩淮商捐創辦及今將近二十載念四年曾經裁撤□將揚州府兼理甫兩月而仍復設總辦更換權由江督延司以功屬道員與巳相埒頗有不便故日前已由運司特稟江督請將保甲仍併揚州府辦理大旨以恤商節費為詞未知魏督若何核示也

廣東

武學紀聞〇武備學堂學生日前由各教習舉行甄別將堂內學生各學科評定點數多寡臚列次第榜示優劣分別去留計堂中學生原額一百八十人現時留堂者一百六十人退學者二十人聞此二十人凡從前發學田者均在其內聞者皆稱快本詛又聞堂中某君倡設一精神學會聯結同志六七人以激厲愛國熱心發成軍國民資格為宗旨每禮拜聚集一次

本埠紀事

官場紀事〇江蘇候補道余道聯灝因公到通昨至道縣拜會

督□將開〇本城樂局亦樂王廟施醫官局現由關道札委姚令殿輔經該醫局委員姚令開定於本月望日開局施醫施藥

訂印錢票〇吉林省近因錢荒銀賤市面不敷週轉故由該省長將軍擬行官錢票分一吊二吊五吊十吊四種以補圜法之不足特札委□委員到滬向某書局訂印此項錢票四百七十萬張深恐匪徒日後冒名托印故由明委員投上海道請汪令論飭該書局以後如有人托印須有吉林將軍文憑印信以杜冒混汪令准候論知矣

仍委鞫讞〇（）執委法廨魏讞員蒞讞祇有一次現悉因英廨積案甚多探讞員雖已蒞差惟舊案須人清理故由道仍委魏幫同清理法廨則委曾丈局員李令樹衡代理定於今日蒞廨會訊

失竊案續（）前有高安棧寓客某甲自在輪船失去洋八十元仿丁付稿投法廨控棧中司帳串通賊等情當由包探拘獲長江賊曾少棠五名供認竊洋不諱奉判押賫在案日前棧中人亦

祠原有膳田八百畝祭田二百畝二房分年挨收上年祭田適値旱荒大半無收而錢糧則並無豁免之舉不過九五而已蔣自與子春與同邑錢姓某姓共被戶五人爲前任諸令朱與詳三姓抗糧將蔣等三人解堂其時適値彥秀爲蘇府即將蔣等交發籌局羈管局中職員承順彥旨勒令糧戶長跪將蔣等照數完納不過洋價較下縣每元多二十文其餘一無便宜乃仍又發回原縣收納並上司照順下屆之常例蔣等徒勞往返反貼盤纏此光緒二十八年事也今年二十九年蔣又爲糧事所窘賠糧之費無出於是與族中公議將祭田三百畝均分攤賣然後完糧此前月中事也於是常昭人民之有祭田而受賠糧之累者皆以蔣爲法溝賦之爲害至於如此首屆常閘又常昭游文書院有沙田三四千畝租輕而糧亦輕又有米田千餘畝皆爲學士膏火之用今因開學堂遂廢去四課爲十萬撥給膏火常昭生童公同擬與上游以學堂遲遲不開生廢課上兩無着落其中必有不盡不實者未知上游作何批答也目下常熟學堂所取生童各十六人兩縣祇共三十二人尚未滿額擬俟明年再行收足所建學舍數間報銷甚大亦須俟明年落成再行開學噫常昭積弊如此其重常昭學堂如此尚遲宜乎人心之不服也

鎭江

小輪暢行○內河小輪自英商戴利公司日商大東公司以及戴生昌招商新增小輪行駛蘇常各埠以來搭客甚多茲有義商永吉祥公司仿照四家章程來往內河各處以分利權且可由鎭直達上海較各小輪尤形便捷云

揚州

甘令勤敏○甘泉縣沈令兆祺自十六日接篆後所用家丁閽署止有一名外均在二十以內且供服役一切公事不令與聞即幕友等人亦不過收發文牘而已甘邑差役諒不能再爲蒙蔽也

逃米弛禁○仙女廟米市禁革府縣委蘇綮越一載押鬆米人迄未了結不料新督抵任未久忽准將前米商之請於十六日開市交易則此後私運出口米價日漲民食日艱上年罷市醸亂之案恐將復見也

投案求追欠去房飯洋十餘元官以晏矢洋正賊已獲案無道飭與機涉飭探傳諭晏俟速飭行提一面遁諭搬遷出棧矣

縣訊冒官被控案○前據高行鎭道頭翟堯等聯控顧國泰即少云私設汛署公然擅受民詞一案茲提到列名控告之監廩安黃楨棟十兩晚質訊翟供監生做花米生意向供亦監生教職湖口監生等均是鎭道顧國泰串同葉姓族人吳叟租葉姓之屋設汛署公案並製刑具署前貼有欽加五品銜賞戴花翎江蘇提標柘林營林駐高行汛分府告示上任時前有執事紅傘等項護衛應用棍徒葉毛大諾廣生係差頭在外拆梢詐擾等抱一手顧始出革條將葉孟斥革示係均有關防鈐印生等禁知顧犯案前因本値知底細未便觸動後恐嚇之設局未奉明示故將情濾陳並將告示揭下呈堂且有潘馬兩鄉民因錢債盜兩民爲日具控顧竟出票提人幾蹂躪生等爲與地方有礙環求提究顧供是武生入營當兵後奉督主提拔賞給千總頂戴又保升額外會督委緝捕泥渡汛今又委移高行駐防有札票擂雖設公案並無拉受民詞紅諭街條是生所寫自知獲罪求從寬核供以顧冒官招搖殊屬不法判還押捕廳一面詳革再究

上海寄強浴會送戒洋煙丸人名設○蘇州○嘉興○湖州○松江○揚州○紹興○通州○沙市○平湖○休寧○金華○閩浙

洙涇 周浦

王阿生 王阿山 楊春山 夏仰亭 周十齋 杜阿岡
金鹿生 趙阿福 王子林 王福生 沈流林 郭阿生
李少村 朱謂堂 包瑞生 王阿十 徐春寶 陳春山
王阿岳 張阿二 陶新發 趙月盛 王之屯 徐金虎
劉清之 方阿生 朱阿安 陳貴生 徐木立 楊阿若
王子蛑 李仁德 沈永平 李阿白 張阿申 張明波
陳瑞利 吳阿新 王金先 王阿觀 沙泰來 高阿大
胡元 周阿狗 陳錦山 金仁祿 姚楚生 方一柱
沈德福 徐阿根 趙云卿 王雲祥 揚本南 王阿土
金阿義 席阿二 吳有生 王子云 殷禮亭 王阿大
方阿海